मध्य प्रान्त और बरार में आदिवासी समस्याएँ

मध्य प्रान्त और बरार में आदिवासी समस्याएँ

डब्ल्यू.वी. ग्रिग्सन

अनुवाद
संजीव माथुर

राजकमल प्रकाशन

आदि सन्दर्भ पुस्तकमाला

सम्पादन : श्रीराम तिवारी

मूलकृति *The Aboriginal Problem in the Central Provinces & Berar* से अनूदित

ISBN : 978-81-267-1519-0

मूल्य : ₹ 1500

पहला संस्करण : 2008
दूसरा संस्करण : 2018

प्रकाशक : राजकमल प्रकाशन प्रा. लि.
1-बी, नेताजी सुभाष मार्ग, दरियागंज
नई दिल्ली-110 002

शाखाएँ : अशोक राजपथ, साइंस कॉलेज के सामने, पटना-800 006
पहली मंजिल, दरबारी बिल्डिंग, महात्मा गांधी मार्ग, इलाहाबाद-211 001
36 ए, शेक्सपियर सरणी, कोलकाता-700 017

वेबसाइट : www.rajkamalprakashan.com
ई-मेल : info@rajkamalprakashan.com

मुद्रक : बी.के. ऑफसेट
नवीन शाहदरा, दिल्ली-110 032

MADHYA PRANT AUR BARAR MEIN AADIVASI SAMSYAYEN
by W.V. Grigson
Translated by Sanjeev Mathur

भूमिका

यह निर्विवाद है कि जनजातीय समाज अपने स्वभाव से ही संस्कृति, परम्परा और प्रकृति की धरोहर को सहेजते-सँवारते रहा है। और यह भी कि चाहे प्रदेश हो या फिर देश, सभी अपनी जनजातीय विशिष्टता से एक पहचान और पूर्णता पाते हैं। हर एक सभ्य समाज की यह सर्वोपरि आवश्यकता है कि वह अपनी जनजातीय संस्कृति, परम्परा, आख्यान, मिथक, विश्वास और जीवन से एक आत्मीय परिचय एवं रिश्ता कायम करे। समय-समय पर देश और दुनिया के संवेदनशील तथा गुणी लेखकों–मानव समाज के अध्येताओं ने जनजातीय समाज के सरल और गूढ़ रहस्यों को समझने के प्रयास किए हैं। वेरियर एलविन, ग्रिग्सन, रसेल हीरालाल आदि के अध्ययन हमारी मूल्यवान सम्पदा हैं। परन्तु इन अध्ययनकर्ताओं की पुस्तकें अब प्रायः दुर्लभ हो चली हैं। और दूसरे ये अध्ययन अधिकतर अंग्रेजी भाषा में हैं। यह जतलाने की आवश्यकता नहीं है कि हमारे समाज का एक व्यापक हिस्सा और स्वयं जनजातीय समाज भी अपनी भाषायी सीमा के कारण इन मूल्यवान अध्ययनों और उनमें संचित अपरिहार्य ज्ञान वैभव से वंचित ही है। *वन्या प्रकाशन* ने काफी समय पहले वेरियर एलविन सहित अनेक अध्येताओं के शोधकार्यों को अंग्रेजी में प्रकाशित किया था। अब इन बहुमूल्यवान अध्ययनों को हिन्दी में अनूदित कर *आदि सन्दर्भ* पुस्तकमाला के अन्तर्गत व्यापक लोकसमाज तक पहुँचाने की दृष्टि से पहल की है। महत्त्व के शोध कार्यों के अनुवाद तो इस पुस्तकमाला में प्रकाशित किए ही जाएँगे, साथ ही साथ हिन्दी में ही मूल रूप से किए गए कार्यों को भी लोक उपलब्ध कराने का प्रयास भी किया जाएगा।

हमारा विश्वास है कि *आदि सन्दर्भ* पुस्तकमाला से जनजातीय समाज की एक बेहतर समझ बन सकेगी।

अध्यक्ष, वन्या प्रकाशन

अनुक्रम

अनुशंसाओं, ग्रन्थवृत्त, तालिकाओं और परिशिष्टों का सार-संक्षेप

तालिकाएँ I-VIII

परिशिष्ट

चित्र-सूची

भाग : एक

परिचयात्मक

अध्याय : एक

प्राक्कथन

पहली मई, 1940 को, प्रान्त में, खासकर आंशिक अपवर्जित क्षेत्रों में आदिवासी जनजातियों की स्थिति की जाँच-पड़ताल के लिए विशेष ड्यूटी पर मेरी तैनाती की गई। मेरे जाँच-कार्य के दायरे की घोषणा करनेवाले असाधारण गजट में बताया गया कि पिछले कुछ समय से प्रान्त की और खासकर आंशिक अपवर्जित क्षेत्रों की आदिवासी जनजातियों की हालत सुधारने के लिए आवश्यक उपाय प्रान्तीय सरकार के विचाराधीन थे, लेकिन प्रान्तीय जनसंख्या का यह बड़ा हिस्सा जिन स्थितियों में रहता है उसका परीक्षण अब तक टुकड़े-टुकड़े में ही हुआ है। इसलिए, सरकार ने सोचा कि इस पूरे प्रश्न की विशेष अधिकारी द्वारा व्यवस्थित एवं समन्वित जाँच की जानी चाहिए। मेरे जाँच-कार्य का दायरा इस प्रकार था :

क. मध्य प्रान्त और बरार के आदिवासियों की वर्तमान स्थिति, जिसमें ऐसी किसी आर्थिक, शैक्षणिक, भौतिक, राजनीतिक या किसी अन्य कमी का विशेष उल्लेख हो जिससे वे पीड़ित हैं;

ख. ये कामिया सरकारी नीति तथा कार्यवाई से किस सीमा तक दूर की जा सकती हैं;

ग. प्रान्त के आदिवासी काश्तकारों को उनकी भूमि छिनने से किस सीमा तक संरक्षण की जरूरत है, क्या इसके लिए भूमि पृथक्करण अधिनियम की सीमा बढ़ाने या कुछ और करने की आवश्यकता है, तथा मध्य प्रान्त काश्तकारी अधिनियम के प्रावधानों का विशेष उल्लेख हो;

घ. खदानों और औद्योगिक प्रतिष्ठानों में आदिवासी श्रमिकों को शहरी स्थितियों के प्रभाव से बचाने के उपाय यदि कोई हों;

ङ. आदिवासी खेत मजदूरों के बीच बँधुआ मजदूरी किस सीमा तक है;

च. रसद एवं बेगार लिये जाने तथा विभिन्न प्रकार के मामूल की वसूली का अब भी जारी रहना;

छ. सरकार की वन-नीति और सरकारी तथा निजी मालिकानेवाले जंगलात के प्रशासन का आदिवासी जनजातियों पर प्रभाव;

ज. भारतीय दंडसंहिता, फौजदारी एवं दीवानी प्रक्रिया संहिताओं और सामान्य तौर पर, विभिन्न भारतीय तथा प्रान्तीय कानूनों को आदिवासियों पर पूरी तरह लागू करने का प्रभाव तथा अपेक्षतया सरल मामलों में एक हद तक फौजदारी एवं दीवानी न्यायाधिकार उनकी जनजातीय संस्थाओं को हस्तांतरित करने की सम्भावना;

झ. जिला परिषदों तथा अन्य स्थानीय प्रशासनिक निकायों के प्रशासन से आदिवासी जनजातियों को किस सीमा तक लाभ हुआ है और जिन क्षेत्रों में वे जनसंख्या का मुख्य भाग हैं वहाँ उनके हितों की रक्षा के लिए स्थानीय स्व-शासन के क्षेत्र में की जानेवाली व्यवस्थाएँ, यदि कोई हों;

ञ. आदिवासियों की भाषा एवं संस्कृति के अध्ययन को प्रोत्साहित करने और उनकी संस्कृति के विशिष्ट तत्त्वों को संरक्षित करने के लिए किए जानेवाले उपाय;

ट. आदिवासियों के बीच शिक्षा की वर्तमान स्थिति और भविष्य में आदिवासी शिक्षा नीति को क्या दिशा दी जानी चाहिए;

ठ. सेवाओं में आदिवासियों का प्रतिनिधित्व;

ड. आदिवासी क्षेत्रों में कृषि, पशु-चिकित्सा, सहकारिता एवं उद्योग विभागों का कामकाज;

ढ. आदिवासी क्षेत्रों में चिकित्सा राहत तथा जन स्वास्थ्य व्यवस्थाएँ;

ण. आदिवासियों के बीच आबकारी एवं मद्यनिषेध नीति;

त. सामान्य तौर पर यह देखना कि आदिवासियों की दशा सुधारने के लिए सरकार द्वारा अतीत में किए गए उपाय किस हद तक नियमित और सन्तोषजनक ढंग से लागू किए जा रहे हैं, वे किस हद तक उपयुक्त रहे हैं और किस हद तक उन्हें नये उपायों से सम्पूरित करने की जरूरत है; और

थ. यह देखना कि क्या वर्तमान सरकारी एजेंसियों के जरिए सरकार, एक सुनिश्चित आदिवासी नीति सूत्रबद्ध एवं लागू करने में सक्षम है, या किसी अतिरिक्त सरकारी एजेंसी की आवश्यकता है।

2. दुर्भाग्यवश, नौकरी की विवशताओं के कारण जल्दी ही यह स्पष्ट हो गया कि अपना पूरा समय इस जाँच को देने के लिए मुझे स्वतन्त्र छोड़ना सम्भव नहीं हो पाएगा। बहरहाल, 1940 की गर्मियों और बरसात के शुरुआती दिनों में, मैं छिन्दवाड़ा की जागीरों का एक छोटा दौरा और मांडला तथा बैतूल जिलों के दो लम्बे दौरे कर सका जिनमें अमरावती जिले के मेलाघाट तालुक में बिताए कुछ दिन भी शामिल थे। उन दिनों मेरा मुख्यालय भी छिन्दवाड़ा में था। यह सूबे की सबसे बड़ी आदिवासी आबादी (373,078) वाले जिले का मुख्यालय था। लेकिन जुलाई 1940 में नागपुर मंडल के कमिश्नर की मदद करना जरूरी पाया गया क्योंकि कमिश्नरों के बार-बार बदले जाने के कारण वहाँ राजस्व अपील सम्बन्धी फाइल काफी मोटी हो गई थी। उन ढाई महीनों के दौरान अतिरिक्त कमिश्नर का पद सँभालते हुए हालाँकि मैं मुख्य रूप से राजस्व सम्बन्धी अपीलों की सुनवाई और उनके निपटारे में ही व्यस्त रहा, लेकिन अपीलीय कार्यों के सिलसिले में बैतूल, वर्धा और चन्दा जिला मुख्यालयों की यात्राओं के दौरान अफसरों और अन्य इच्छुक लोगों के साथ स्थानीय आदिवासियों की समस्याओं पर चर्चा कर पाने का मौका मुझे जरूर मिला। सितम्बर 1940 में, मुझे युद्ध और राजनीतिक घटनाक्रम के कारण बढ़े हुए बोझ से दबे मुख्य सचिव को राहत देने के लिए जेल, सामान्य प्रशासन, राजनीतिक एवं सैन्य, तथा धार्मिक विभागों में सरकार का संयुक्त सचिव नियुक्त किया गया। तब यह निर्णय लिया गया कि हालाँकि यह काम मुझे आदिवासियों से सम्बन्धित अपने काम और तत्सम्बन्धी यात्राओं के लिए ज्यादा समय नहीं देगा, फिर भी मेरे विशेष दायित्व को औपचारिक रूप से समाप्त नहीं किया जाएगा। 1940 की दीवाली के समय मैंने

बालाघाट जिले की बैहर तहसील का दौरा किया और 1940 के क्रिस्मस की छुट्टियों से कुछ दिन पहले से लेकर कुछ दिन बाद तक के समय में मैं चन्दा की जमींदारियों का लम्बा दौरा कर सका जिसमें दक्षिण दुर्ग जमींदारियों की एक यात्रा भी शामिल थी।

3. लेकिन इसी के साथ इस जाँच के उद्देश्य से मेरा विशेष दौरों का अन्त हो गया। बस 1941 की मई में बोरी के जंगलों में मैंने दो दिन इस उद्देश्य से बिताए। 1941 की शुरुआत में मुझे श्री आर.एन. बनर्जी, सी.आई.ई, आई.सी.एस. की जगह महामहिम गवर्नर का सचिव नियुक्त किया गया और तीन महीने के अवकाश के बाद अप्रैल 1941 में मैंने इस पद का कार्यभार सँभाल लिया। इस बार भी, यह निर्णय लिया गया कि आदिवासी प्रश्न पर जाँच को औपचारिक रूप से बन्द नहीं किया जाना चाहिए। इस बीच पाँच प्रश्नावलियाँ जारी की गई थीं और आदिवासी प्रश्न के विशेष पहलुओं की जाँच-पड़ताल के लिए कुछ अन्य तहकीकात भी शुरू की गई थीं। इनके नतीजे अभी आने बाकी थे और मुझे अपने आपमें पूर्णकालिक काम के बीच ही समय निकालकर इनकी जाँच और इन पर सोच-विचार करना था।

4. इसका दुर्भाग्यपूर्ण परिणाम यह रहा कि इस महत्त्वपूर्ण जाँच-पड़ताल पर उतना सघन ध्यान दे पाना सम्भव न हो सका जितना इस काम को शुरू करते समय सोचा गया था। यहाँ तक कि जारी की गई प्रश्नावलियों के जो उत्तर आए उन पर भी उतना विस्तृत अध्ययन नहीं किया जा सका जितना किया जाना चाहिए था। मुझे महामहिम हैदराबाद व बरार के निजाम की कार्यकारी परिषद के सदस्य पद पर अपनी नियुक्ति से पहले फरवरी 1942 के अन्तिम दिनों में छुट्टी पर जाना था, इसलिए महामहिम गवर्नर ने मुझे जनवरी 1942 में गवर्नर के सचिव पद के दायित्वों से मुक्त कर दिया ताकि मुझे यथासम्भव पूर्ण अन्तिम रिपोर्ट तैयार करने के लिए लगभग एक महीने का समय मिल जाए। इस अवधि में मैंने रिपोर्ट में 1 से 9 अध्याय पूरे किए। मार्च 1942 में, अपने अवकाश के अन्तिम सप्ताह में मैंने अध्याय 10, 13 और 14 पूरे कर लिए। लेकिन अध्याय 11, 12, 15 और 16, संदर्भग्रन्थ सूची और अनुक्रमणिका को हैदराबाद रियासत में काम के दौरान अलग-अलग अन्तरालों में मिले खाली समय में ही पूरा किया जा सका। ऐसी परिस्थिति में यदि यह रिपोर्ट कुछ बिखरी हुई-सी लगती है और कुछ बिन्दुओं का दूसरों की अपेक्षा अधिक विस्तार से उल्लेख है तो ऐसा होना लाजिमी था। मुझे इस तदर्थ जाँच के परिणामों के साथ ही मध्य प्रान्तों में अपनी सेवा के दौरान अर्जित अनुभवों का भी उतना ही सहारा लेना पड़ा। यदि यह जाँच इस तरह से बीच में ही न रुक गई होती तो ऐसा करने की जरूरत नहीं पड़ती।

5. मई 1940 में, जब से यह जाँच शुरू हुई, मैंने मांडला और बालाघाट जिलों में आदिवासियों की दशा पर दो मुद्रित रिपोर्टें भी तैयार की हैं—*मांडला जिले में आदिवासी समस्या पर टिप्पणियाँ* (गवर्नमेंट प्रिंटिंग, नागपुर, कीमत 4 आना), और *बालाघाट जिले में आदिवासी समस्या* (गवर्नमेंट प्रिंटिंग, नागपुर, 1941, कीमत 8 आना)। इसके अलावा, छिन्दवाड़ा की जागीरों पर एक अलग रिपोर्ट भी लिखी है जो प्रकाशित नहीं हुई है। इसी अवधि के दौरान, सचिवालय के विभिन्न विभाग आदिवासियों को प्रभावित करनेवाले प्रश्नों पर मुझसे परामर्श करते रहते थे, और मैंने इस प्रान्त में आदिवासियों की दशा सुधारने के लिए केन्द्र सरकार द्वारा जारी रु. 1,00,000 के अनुदान के वितरण की भी देखरेख की। इस अतिरिक्त सेवा ने यह दर्शाया है कि पिछड़ी जनजातियों के संरक्षक के सम्भावित पद के क्या

लाभ हो सकते हैं और शायद इससे निर्णयों में कुछ एकरूपता भी आई हो; लेकिन इसका नुकसान यह हुआ कि सितम्बर 1940 से मैं इस काम को जो भी समय दे पाया वह और भी कम हो गया।

6. मैं उन डिप्टी कमिश्नरों का आभारी हूँ जिन्होंने युद्ध, फिर से शुरू हुए सत्याग्रह, और कुछ जिलों में अकाल की स्थिति के कारण अपनी जिम्मेदारियों में भारी बढ़ोत्तरी के बावजूद मेरी प्रश्नावलियों के उत्तर एकत्र कराए और अपने निजी उत्तर भी भेजे। हालाँकि जनता को शायद ही यह अहसास होता है कि हाल के वर्षों में जिला अधिकारियों के रोजमर्रा के काम कितने बढ़ गए हैं। इसलिए, ऐसी किसी भी जाँच-पड़ताल का मतलब पहले से ही अतिव्यस्त अधिकारियों के कार्य में वास्तविक वृद्धि होता है और मैं डिप्टी कमिश्नरों का आभारी हूँ कि उन्होंने मेरी प्रश्नावलियों का जवाब देने और कुछ मौकों पर अपने जिले के भीतरी भागों में मेरी यात्रा का इन्तजाम करने की जहमत उठाई। खासतौर पर मैं मांडला के डिप्टी कमिश्नर श्री ई.एस. हाइड, आई.सी.एस. का आभारी हूँ। मेरी प्रश्नावलियों के उनके द्वारा दिए गए रोचक तथा विस्तृत उत्तरों एवं अनेक अर्द्ध सरकारी उल्लेखों से मैंने जो हवाले दिए हैं उससे यह स्वतः स्पष्ट है। अन्य किसी ने इस जाँच में इतनी प्रभावकारी रुचि नहीं ली, या अपने सहायकों और सभी विभागों के जिला कर्मचारियों के काम को इतना व्यवस्थित और उत्प्रेरित नहीं किया। मैं और भी कई भद्र महिलाओं और पुरुषों का आभारी हूँ जिन्होंने आधिकारिक तथा अनाधिकारिक तौर पर मेरी मदद की। जहाँ इतने सारे लोगों ने इतनी मदद की वहाँ किसी का नाम लेना द्वेषजनक होगा। लेकिन मैं विशेष आभारी हूँ श्री वेरियर एल्विन की तत्काल सहायता और सलाह का, तथा जबलपुर के रोमन कैथोलिक प्रिकेक्चर अपॉस्टलिक के मिशनरी पादरियों के एक समूह, सोसायटी ऑफ दि डिवाइन वर्ड, नीमड़ और होशंगाबाद जिलों में काम करनेवाले आस्ट्रिया से निष्कासित पादरियों के फादर सन्त फुक्स और लर्चर के सराहनीय उत्तरों के लिए। मेरी जाँच की एक लाभदायक विशेषता यह रही है कि मेरी अपनी सेना के नए सदस्यों ने इसमें रुचि ली है। अमरावती जिले में आदिवासियों की स्थिति पर सर्वश्री एन.जे.के. सुलीवान, आई.सी.एस., एफ.पी. मेनप्राइस, आई.सी.एस. और जे.के. अटल, आई.सी.एस. के सराहनीय लेख प्राप्त हुए। श्री आर.सी.वी.पी. नोरोन्हा, आई.सी.एस. ने सौगर के आदिवासियों पर एक अत्यन्त रोचक विवरण भेजा और श्री के.बी. लाल, आई.सी.एस. के साथ मिलकर रायपुर की महासमुंद जमींदारियों की स्थिति पर एक उतनी ही अच्छी रिपोर्ट तैयार की। अतिरिक्त सहायक कमिश्नर श्री ए.एम. जाफरी से सतगढ़ जमींदारियों की स्थिति पर एक उपयोगी रिपोर्ट प्राप्त हुई, और श्री. जे.डी. केरावाला से अहीरी जमींदारी पर। मैं श्री केरावाला को चन्दा जमींदारियों के दौरे के लिए की गई व्यवस्थाओं और इस दौरान उनके साहचर्य के लिए भी धन्यवाद देना चाहता हूँ। इन सभी रिपोर्टों में संकलित सामग्री स्थायी महत्त्व की है और इन्हें कम-से-कम अंशतः तो मुद्रित किया ही जा सकता है। अन्ततः वन विभाग के सभी लोगों से मिले सहयोग का विशेष उल्लेख करना जरूरी है, खासकर श्री सी.एम. हारले, सी.आई.आई., आई.एफ.एस., मुख्य संरक्षक, श्री एच.सी.बी. जोल्पे, आई.एफ.एस., संरक्षक पश्चिमी सर्किल और श्री वी.के. मेटलैंड, एम.सी.आई.एफ.एस., संरक्षक पूर्वी सर्किल। सूबे के सभी मंडलीय वन अधिकारियों के वन सम्बन्धी आम प्रश्नों के तथा मेरी प्रश्नावली के अधिकांश प्रश्नों के अत्यन्त उपयोगी उत्तर भेजे। मुझे अपने दौरों में उनसे अत्यधिक सहयोग प्राप्त हुआ। यह भी ऐसे समय में हुआ

जब छँटनी और भर्ती न होने से संख्या कम हो जाने तथा सुरक्षा एवं आपूर्ति विभाग द्वारा लकड़ी की भारी माँग के कारण वन विभाग के सभी कर्मचारी ओवरटाइम कर रहे थे।

7. मैंने अपने सन्दर्भ के खंड (क) पर जो खदानों की स्थिति से सम्बन्धित है, विस्तृत कार्य नहीं किया है, क्योंकि सूबे की कोयला खदानों में मजदूरों की स्थिति पर बंगाल के श्री ए. ह्यूम्स, आई.सी.एस. और इसी सूबे के श्री जी.एल. वाट्सन, आई.सी.एस. द्वारा एक अलग जाँच जारी है तथा श्री ह्यूम्स द्वारा मुझे ज्ञात हुआ है कि उनकी रिपोर्ट मेरी जाँच के इस सन्दर्भ को समाहित करेगी। जहाँ तक मैगनीज की खानों की बात है मैंने *द अबोरिजाइनल प्रॉब्लेम इन द बालाघाट डिस्ट्रिक्ट* के पैरा 72 से 80 में भी इस प्रश्न पर कुछ सामान्य चर्चा की है। चन्दा जिले और पेंच घाटी की कोयला की खानों में काम करनेवाले आदिवासी कर्मचारियों के आँकड़े जमा किए गए—वह मजदूरों की कुल संख्या का एक छोटा हिस्सा ही है। सामान्य तौर पर सिर्फ पर्याप्त पूँजीवाले बड़े खानों में ही स्थिति को सन्तोषप्रद कहा जा सकता है। बल्लारशाह में स्थिति भयावह है, और मैंने शायद ही कभी मनुष्यों को ऐसी गन्दगी में रहते देखा हो जैसा कि मानसून के दिनों में इस इलाके के खदान मजदूर रहते हैं। मैं सिर्फ उन बातों पर अग्रिम समर्थन दे सकता हूँ, मुझे विश्वास है जो श्री ए. ह्यूग्स और श्री जी.एल. वाट्सन द्वारा इस विषय पर कही जाएँगी। *यहाँ के ज्यादातर आदिवासी मजदूर निज़ाम की रियासतों के आसपास के जिलों से भर्ती किए गए गोंड प्रवासी हैं, लेकिन इनकी रिहायशी स्थितियों की तुलना वारंगल जिले के सिंगारेनी और कोठागुदम की खानों और रायपुर जिले की नई सोना खदानों की नियोजित मजदूर बस्तियों से नहीं की जा सकती।* पेंच घाटी में बहुत सारे खदान मज़दूर हैं लेकिन ज्यादातर रोज़ अपने गाँवों से खदान तक आते हैं। *मैं छोटे खदानों की सफाई की स्थितियों से प्रभावित नहीं हूँ हालाँकि मुझे इस बात का कोई विशेष सबूत नहीं मिला कि खदानों में काम करते समय बने सम्पर्कों की वजह से इन आदिवासियों का असामुदायीकरण हो रहा हो।* इसके विपरीत वे अच्छी दिहाड़ी कमा सकते हैं और खदानों के द्वारा वे सूदखोरों और *बाहरी जमींदार* से बच सकते हैं। लगभग सभी बड़ी कोयला और मैंगनीज खदानें खदान मज़दूरों, उनके परिवार और आस-पास के गाँवों को अस्पताल और चिकित्सा मुहैया करवाकर प्रशंसनीय जन-स्वास्थ्य हितकारी काम करती हैं, तथा पेंच वैली कोल कम्पनी और सेन्ट्रल प्राविन्सेज मैंगनीज और कम्पनी अनमोल मलेरियारोधी काम कर रही हैं। मेरी बालाघाट रिपोर्ट के सुझाव 54 व 55 कि सभी खदान पट्टों के प्रार्थियों के पास खदान मज़दूरों के आवास की सुविधा के लिए वित्तीय क्षमता अवश्य होनी चाहिए और खदानों के लिए पेमेंट ऑफ वेजेज ऐक्ट पर विचार करना चाहिए, इस सन्दर्भ में मेरे सामान्य सुझाव होंगे जो इसके समर्थन में मेसर्स ए. ह्यूग्स और जी.एल. वाट्सन द्वारा आवास और दिहाड़ी में से कटौतियों पर किए जा सकनेवाले सुझावों के अतिरिक्त हैं।

अध्याय : दो

सांख्यिकीय

8. 1941 की जनगणना के परिणाम पूरे नहीं प्राप्त हुए हैं। सामान्य जनगणना की सांख्यिकी को संक्षिप्त करने और कम-से-कम विश्वयुद्ध तक जनगणना रिपोर्ट न लाने के निर्णय से लम्बी और महत्त्वपूर्ण दशवार्षिक सारणियों पर दुर्भाग्यपूर्ण व्यवधान पड़ा जिन पर आदिवासियों व अन्य के लिए किए जानेवाले कई सरकारी कामों की निर्भरता थी। जातियों और जनजातियों की 1941 की सारणियाँ अभी तक पूरी नहीं हो पाई हैं, और इसलिए प्रत्येक आदिवासी जनजाति की संख्या के लिए हम अभी भी 1931 की जनगणना पर निर्भर हैं। लेकिन हमारे पास 1941 की कुछ सामान्य संख्या उपलब्ध है। 1941 की इम्पीरियल टेबल XIII से संकलित इस रिपोर्ट के अन्त में दी गई पहली सारणी 1931 और 1941 में हर जिले की सम्पूर्ण आबादी और सम्पूर्ण आबादी का जनजातीय प्रतिशत बताती है। इस सारणी में जैसा कि सारणी II के अलावा इस रिपोर्ट की अन्य सारणियों में मैंने धार्मिक जनजातीय संस्थाओं के ब्यौरों को हटा दिया है, वे अर्थहीन हैं, यह कहना असम्भव है कि कहाँ एक व्यक्ति का धर्म जनजातीय होना समाप्त होता है या हिन्दू होना शुरू होता है। धर्म के तौर पर जनजातीय या जीववादी दर्ज किए गए आदिवासियों के प्रतिशत में उतार-चढ़ाव अलग-अलग ज़िलों में अलग-अलग गणना बता रहा है और कोई सही सूचक नहीं है जो यहाँ तक कि यह बता सके कि किस सीमा तक जनजाति धर्म का हिन्दूकरण हो रहा है। यह काफी हद तक व्यक्तिगत गणनाकारों द्वारा इस प्रश्न पर लिए जानेवाले दृष्टिकोण पर निर्भर करता है। यदि मैं स्वयं एक गणनाकार होता तो मैं दावा करता कि कट्टर हिन्दुओं में परिवर्तित राज-गोंड जमींदारों के अलावा सभी आदिवासियों को यह स्वीकार करवा दूँगा कि वे आदिम जनजातीय धर्म से हैं। श्री वेरियर इल्विन के हाल के पैम्फ्लैट, *लॉस ऑफ नर्व* के निम्न उद्धरण में वास्तविक स्थिति का सारांश है–

"आसाम के बाहर के भारतीय आदिवासियों के धर्म को हिन्दू परिवार के एक धर्म की तरह ही देखना चाहिए, जिसका एक खास सम्बन्ध उत्तेजक, खतरनाक, विपत्तिपूर्ण, शैव मत से है, लेकिन जिसका अपना एक सुस्पष्ट अस्तित्व है। जनगणना के उद्देश्य के लिए सभी जनजातियों को हिन्दुओं में वर्गीकृत कर देना चाहिए, लेकिन प्रजाति के आधार पर उनकी संख्या का अलग ब्यौरा प्रस्तुत किया जाना चाहिए। आधिकारिक, मिशनरी और यहाँ तक कि वैज्ञानिक प्रयासों द्वारा धार्मिक आधार पर जनजातियों को हिन्दुओं से अलग करने की वजह से काफी रोष फैला है और राष्ट्रवादी गुटों में जनगणना के प्रति रोष भी इस वजह से ही है। शुरू के वर्षों में, जनगणना में आदिवासी धर्म को "जीववादी" के रूप में वर्गीकृत

किया जाता था; आगे चलकर "आदिवासी धर्म के अनुयायी" प्रयोग किया जाने लगा। परीक्षण के लिहाज से यह सुझाव प्रस्तुत किया गया कि किसी व्यक्ति से पूछा जाए कि वह हिन्दू देवताओं की पूजा करता है या आदिवासी देवताओं की।"

"यह भेद अर्थहीन था। एक तरफ, आदिवासी कुछ और देवताओं की पूजा के लिए हमेशा तैयार हैं यदि ऐसा करने से उसे कुछ भौतिक या सामाजिक लाभ मिल सकता हो, दूसरी तरफ, आदिवासी देवताओं को तैंतीस करोड़ देवी-देवताओं के देवगण में शामिल कर लेने में हिन्दुओं को भी कोई आपत्ति नहीं है। गोंडों के भेरा पेन बहुत जल्दी ही बड़ा देव और फिर महादेव में परिवर्तित हो जाते हैं। यह समझ पाना कठिन है कि भारत की जनगणना धर्म की सांख्यिकी क्यों दर्ज करती है जिसका, सर्वविदित है, कि कोई वैज्ञानिक मूल्य नहीं है और जिसका उपयोग या दुरुपयोग सिर्फ राजनैतिक उद्देश्यों के लिए किया जाता है। हर जनगणना के समय हिन्दू मिशनरी गतिविधियों का प्रकोप फैल जाता है, जिनके द्वारा आदिवासियों को स्वयं को हिन्दू दर्ज़ करवाने के लिए राज़ी किया जाता है। यह एक पूरी तरह वैध गतिविधि है और निष्पक्षता के साथ कहा जा सकता है कि मुस्लिम और ईसाई भी अपनी संख्या बढ़ाने के लिए उतने ही व्यग्र नज़र आते हैं।"

इसको रोकने का कोई प्रयास लाभ की बजाय और हानि ही करता है। 1941 में बैतूल के एक डिप्टी कमिश्नर ने एक प्रमुख कांग्रेस कार्यकर्त्ता को गोंडों को हिन्दू बनाने पर मुकदमा चलाने की धमकी दी : परिणामस्वरूप जिले के हर हिन्दू ने गोडों से ऐसा करवाना अपना पवित्र कर्त्तव्य समझा। बिहार में जनगणना आयुक्त ने परीक्षण का एक बुद्धिमत्तापूर्ण सुझाव रखा कि कोई व्यक्ति हिन्दू त्यौहांर मनाता है या आदिवासी : वे उराँव जो सरहुल मनाते हैं उनको आदिवासी धर्म का अनुयायी माना जाएगा, तथा होली एवं दीवाली मनानेवाले उराँव को हिन्दू माना जाएगा। पर कुछ कारणों से सूबे के हिन्दुओं ने इसकी वजह से काफी शोरगुल किया और प्रतिनियुक्तियों तथा एक अख़बारी अभियान की वजह से इस प्रयोग में कुछ बदलाव लाने पड़े। "हालाँकि वास्तविक समस्या यह नहीं है कि गोंड या मुरिया हिन्दू हैं या नहीं अथवा स्वयं को हिन्दू कहते हैं या नहीं बल्कि यह है कि हिन्दुत्व से सम्पर्क इसके जनजातीय धर्म को कहाँ तक प्रभावित कर चुका है। यहाँ एक अत्यन्त असाधारण प्रश्न है। ऐसा क्यों है कि मांडला के गोंड, प्रधान और बैगस जो अमरकंटक के पवित्र हिन्दू तीर्थ के रास्ते में रहते हैं शायद ही कोई धर्म-हिन्दू या जनजातीय मानते हैं, जबकि बस्तर के मुड़िया पास जो हिन्दुत्व के प्रभाव से बहुत दूर हैं, एक अतिरिक्त, प्रभुत्व और कर्म-कांडों से मुक्त पूजा-पाठ का तन्त्र है जो वास्तव में पूरी तरह से आदिवासी होने के बावजूद भी वास्तविक हिन्दुत्व से काफी मिलता-जुलता है? मांडला का आदिवासी पूरी तरह हिन्दुत्व में तब्दील किया जा चुका है फिर भी उसे इस धर्म के बारे में कुछ भी ज्ञान नहीं है; बस्तर का आदिवासी काफी हद तक अहिन्दू होने के बावजूद उसकी देवताओं की देखभाल, उसके छोटे किन्तु सुन्दर पूजा-स्थल, उसके त्यौहार एवं बलि के तरीके, उसके पुजारी एवं तीर्थ हिन्दुत्व से बहुत समानता रखते हैं।"

9. दूसरी सारणी आंशिक अपवर्जित क्षेत्रों के 1941 के आँकड़े दर्शाती हैं तथा इन क्षेत्रों में साक्षर व्यक्तियों की संख्या दर्शाने के लिए इसमें दो स्तम्भ जुड़े हुए हैं। साक्षरता के आँकड़े बहुत सही नहीं हैं; या आँकड़े जिस जनगणना सारणी से लिए गए हैं उसमें संजरी-बालोद, गारचिरनोली, और बिलासपुर तहसीलों के सभी साक्षर उन क्षेत्रों से दर्शाए गए हैं जो आंशिक

अपवर्जित नहीं हैं, जबकि सिरोन्चा तहसील के सभी साक्षर व्यक्ति आंशिक अपवर्जित क्षेत्र, अहीरी ज़मींदारी से दर्शाए गए हैं। ये स्पष्ट ग़लतियाँ हैं और इस भ्रम का बेतुकापन इस बात से उजागर होता है कि यह सारणी सिरोन्जा तहसील के अंग्रेजी में साक्षर सभी व्यक्तियों के खालसा क्षेत्र को दर्शाती हैं जो आंशिक अपवर्जित नहीं हैं तथा इसी सारणी के अनुसार जिसमें कोई व्यक्ति भारतीय भाषाओं में साक्षर नहीं हैं।

10. सारणी III 1931 में दर्ज आदिवासी जनजातियों की सांख्यिकी दर्शाती है। यह योग सर्व-समावेशी नहीं है क्योंकि कुछ जनजातियों को छोड़ दिया गया था। अगड़िया एक आदिवासी लुहार जनजाति हैं जिन्हें हाल के किसी जनगणना में अलग से वर्गीकृत नहीं किया गया है क्योंकि अक्सर उन्हें गैर-आदिवासी खेतिहर *अगड़िया जाति से मान लिया जाता है*। 1911 में सूबे में उनकी संख्या 1911 की जनगणना रिपोर्ट (पैरा 283 और 306) के अनुसार 9500 थी जिसमें भूतपूर्व मध्य सूबे के राज्य भी शामिल थे। अरख जनजाति जिसका जिक्र रिपोर्ट के मुख्य भाग में है तथा जो ज्यादातर मराठीभाषी जिलों में पाई जाती है, की संख्या 1911 में 2000 थी। महत्त्वपूर्ण निहाल या नहल जनजाति जो कोर्कू क्षेत्र में रहती है तथा ज्यादातर क्षेत्रों में कोर्कू भाषा बोलती है, 1931 में अलग से वर्गीकृत नहीं थी। 1911 की जनगणना में उनकी संख्या 12,403 दर्शायी गई है। दूसरी जनजातियाँ जिनके 1911 की जनगणना से उपलब्ध आँकड़े कोष्ठक में दिए गए हैं इस प्रकार हैं; भीमा गोंड क्षेत्र में रहनेवाली संगीतकारों की एक छोटी जनजाति; नाइकर (2,192) मराठा जिलों में पाए जानेवाले भील से निकली एक धारा है; मन्नेवार (1601) 1911 की जनगणना रिपोर्ट में कोआ गोंडा की सबसे निम्न जाति के रूप में उल्लिखित है जिनसे विच्छेद कर लिया है, सिर्फ दक्षिणी चन्दा में पाए जानेवाले; कलंगा (1754) फुलझड़ ज़मींदारी में पाए जानेवाले, सम्भवतः कवर के साथ मिश्रित मद्रास की कलिंगा जनजाति की एक शाखा; ढोली या धूलिया (4914), टोकरी-बुनने के साझा पेशे के कारण कभी-कभी बासोर की उपजाति के रूप में वर्णित; धोबा, मांडला ज़िले की 2000 या 3000 की संख्या वाली खेतिहर आदिवासी जनजाति जो कपड़े धोनेवाली धोबी जाति से एकदम भिन्न है, और इसी भ्रम के कारण हाल की किसी जनगणना में अलग से वर्गीकृत नहीं है; खोंड, जिनमें से करीब 310 का ज़िक्र 1930-31 फुलझड़ रिपोर्ट में है और बिलाइगढ़ काटगी और भटगाँव जमींदारियों की स्थायी काश्तकारी की सेटलमेन्ट रिपोर्ट में भी इनकी चर्चा हुई है। बेशक इनके अलावा और भी अर्द्ध-आदिवासी या आदिवासी जातियाँ हैं। गोवारी चरवाहों की जाति में गायकि या गायका भी शामिल हैं; गोन्डी भाषा में गायकि का असल मतलब गायों का झुंड है। गोवारी और गायकि में काफी आदिवासी हैं तथा गोन्ड-गोवारी पर *ट्राइब्स ऐंड कास्ट्स आफ द सेन्ट्रल प्रोविन्सेज* में एक अलग लेख है। जंगली आदिवासी क्षेत्रों में गोंडा, बैका या कोर्कू तथा क्षेत्रीय चरवाहा जाति में भेद कर पाना मुश्किल है, कि चरवाहे जनगणना में अहीर, रावत, गोवारी, या गायक के रूप में वर्णित हैं। सामान्य गोंड चरवाहे थथिया उप-जाति के सदस्य हैं, जो, 1921 की जनगणना रिपोर्ट के पैरा 382 के अनुसार तब की गोंड सांख्यिकी में दर्ज हैं। *ट्राइब्स ऐंड कास्ट्स ऑफ द सेन्ट्रल प्रोविन्सेज* वाल्यूम I, पृष्ठ 414 में थथिया, गोंड की उपजाति के बतौर परिभाषित हैं जिन्हें गायकि या बैतूल में महतो भी कहा जाता है। वे थोथिया से अलग हैं जो भीख माँगनेवाली परधान की उपजाति है।

11. एकदम पिछड़े आदिवासी क्षेत्रों में आदिवासी रहन-सहन का तरीका सभी ग्रामीणों के लिए एक जैसा है चाहे वे आदिवासी हों या पिछड़ी हिन्दू जातियों या अनुसूचित जातियों

के सदस्य। इस जाँच की प्रश्नमाला का जवाब देने में कई अधिकारियों एवं अन्य ने आदिवासियों पर विशेष ध्यान देने को अनुचित बताते हुए विरोध प्रकट किया है; उनके दृष्टिकोण में ऐसा कोई कारण नहीं है कि सुधार कार्यक्रमों के लिए आदिवासियों को उनके जैसे अन्य भारतीयों में से खासतौर पर चुना जाए। पर इसका विशेष कारण यह है कि यद्यपि वे सूबे की जनसंख्या का 3,000,000 बनाते हैं विगत में उनकी उपेक्षा हुई है तथा वे शिक्षा व राजनीति में अपनी पकड़ बनाने में तथा राज्य विधानसभा और स्थानीय निकायों में या शोषकों से अपने हितों की सुरक्षा कर पाने में असमर्थ हैं। अनुसूचित जातियों या हरिजनों के लिए उठाए गए विशेष कदमों का दसवाँ हिस्सा भी आदिवासियों के लिए नहीं उठाया गया है। इसके अतिरिक्त कम से कम आंशिक अपवर्जित क्षेत्रों में और शायद दूसरे पिछड़े इलाकों में भी आदिवासियों के लिए बनाए सुधार कार्यों के लाभों से पिछड़ी और निम्न जातियों के सदस्यों को वंचित कर पाना असंभव होगा।

बरार में, उदाहरण के लिए आदिवासी जनजातियों और पिछड़ी जातियों के द्वारा अधिग्रहीत भूमि के हस्तांतरण पर प्रतिबन्ध लगानेवाली भूमि राजस्व कोड के सेक्शन 66 के अन्तर्गत दी गई अधिसूचना न सिर्फ वास्तविक आदिवासियों जैसे गोंड, कोर्कू और निहाल की चिन्हित करती है बल्कि निम्न जातियों जैसे भांग, चमार तथा महार और चरवाह, जातियों जैसे गावली और गोवारी, तथा पिछड़ी हिन्दू जातियाँ जैसे बंजारा और वंजारी* को भी सूचित करती है।

12. सारणी IV आदिवासी भाषाओं से सम्बन्धित है। आँकड़े 1931 के हैं क्योंकि 1941 की जनगणना में भाषा सांख्यिकी को व्यवस्थित नहीं किया गया, एक अन्य दुर्भाग्यपूर्ण चूक क्योंकि जनजातीय क्षेत्रों में शिक्षा नीति का दारोमदार इस पर निर्भर करेगा कि आदिवासी भाषाएँ किस हद तक बची रहती हैं। आँकड़े यह भी दर्शाते हैं कि जनजातीय भाषाएँ बोलनेवाले किस हद तक हिन्दुस्तानी या मराठी बोल पाते हैं। मैंने उन गोंडी-भाषाओं के आँकड़े नहीं दिए हैं तो तेलगु और कोर्कू भी जानते हैं तथा उन कोर्कू भाषाइयों के जो गोंडी भी जानते हैं। वास्तव में हालाँकि सिरोंचा तहसील के 36005 गोंडों में से सिर्फ 9,104 तेलगु भी जानते थे। ऐसा सामान्य तौर पर माना जाता है कि सिरोंचा तहसील के हर मारिया को तेलगु का अल्पज्ञान होता है। यह बेहद असत्य है, खासकर मरागढ़ के आस-पास जहाँ स्वास्थ्य विभाग खासतौर पर तेलगुभाषा सहायक चिकित्सा अधिकारी की नियुक्ति करता है, जो जल्दी ही अपनी तेलगु को बेकार पाता है। चन्दा जिले के 400 और यवतमाल जिले की केलापुर तालुक के 252 गोंडों के अलावा सूबे में कोई गोंड अपनी मातृ-भाषा के अतिरिक्त तेलगु नहीं बोलता। वस्तुतः कोई गोंड कोर्कू भी नहीं जानता उन क्षेत्रों में भी जहाँ ये जनजातियाँ अगल-बगल रहती हैं। 1931 में, पूरे सूबे में सिर्फ 260 गोंड कोर्कू बोल सकते थे, और सिर्फ 23 कोर्कू गोंडी बोल सकते थे। बैतूल ज़िले में दिखेगा कि गोंडी बोलनेवालों की संख्या गोंडी की संख्या से 3000 अधिक है, सम्भवतः गोंडी बोलनेवाले चरवाहों का वर्गीकरण गोवरी में होने की वजह से। गोंडी बोलनेवालों की संख्या बहुत अधिक है 2,058,182 गोंडों से 946,702; लेकिन रायपुर, बिलासपुर, और दुर्ग जिलों तथा मांडला जिले की डिंडोरी तहसील के अनगिनत और बालाघाट ज़िले की बैहर तहसील की आधा गोंड आबादी अपनी आदिवासी भाषा कब की भूल चुकी है। दूसरी जगहों पर हालाँकि, तुलनात्मक आँकड़े दर्शाते हैं कि गोंडी

* बंजारा, बंजारी और लभाना वास्तव में एक जैसे हैं, पर स्वयं को बंजारी कहनेवालों में यह प्रवृत्ति है कि शैक्षिक और सामाजिक रूप से कम पिछड़ा होने की वजह से वे स्वयं को बंजारा से अलग मानते हैं।

के विलुप्त होने के बजाय इसे बोलनेवालों की संख्या में निरन्तर वृद्धि हो रही है। कोर बोलनेवालों की संख्या 1931 में 152838 थी जबकि 167,897 कोर्कू थे। यह स्पष्ट नहीं है कि कोर्कू आबादी के आँकड़े में निहाल शामिल थे अथवा नहीं, लेकिन फिर यह स्पष्ट है कि जनजाति का बड़ा हिस्सा अपनी भाषा बोलता है।

13. सारणी में दी गई भाषाओं के अलावा, निम्न अन्य जनजातीय भाषाएँ 1931 में सूबे में बोली जाती थीं जिनको बोलनेवालों की संख्या कोष्ठक में दी गई है :

फिली (25,308 नीमड़ में और 4581 बरार में),
कोलामी (25,647 योतमल में और 2520 बर्धा में),
हल्बी (3,340),
उराँव (2456, जिसमें 2143 बिलासपुर में थे और शेष रायपुर में);
खेरवारी (1525;1170 रायपुर में, शेष बिलासपुर में) और
खरिया (703 रायपुर और 491 बिलासपुर)

14. मैंने विशिष्ट ज़िलों की सांख्यिकी पर टिप्पणी करने का प्रयास नहीं किया है, लेकिन अध्याय में सूबे के 19 ज़िलों में हर एक में भूमि के नुकसान पर दी गई टिप्पणी के पहले सामान्य तौर पर जिले में आदिवासी जनसंख्या में संयोजन पर एक छोटा वृत्तान्त दिया गया है।

भाग : दो

आदिवासी भूमि का नुकसान और ऋण

"Primum Vivere"

"मैंने सारस को मनुष्य के लिए रोते हुए सुना
यह बताने के लिए कि हल चलाने का वक़्त हो चुका है;
आह दोस्त! उसने मेरे दुःखी हृदय को धड़का दिया
क्योंकि मेरी उर्वर भूमि पर अब दूसरों का कब्जा है।"

थ्योग्निस, 11, 1197-1200

"वह एक कठोर भूमि में बीज बो रहा है,
जहाँ हल टूट जाता है और उसे नया बनाना पड़ता है
वह हल चलाता है और बीज बिखेरता है,
लेकिन उसकी मेहनत का कोई फल नहीं मिलता।"

(मांडला का एक परधान कर्मागीत, नं. 242,
जंगल के गीत, एल्विन और हिवाले)

अध्याय : तीन

मध्य प्रान्तों में काश्तकारी एवं रैयतवाड़ी भूमि का नुकसान

15. भूमिका—मेरी जाँच के सन्दर्भ का तीसरा बिन्दु था "प्रान्त की आदिवासी काश्तकारी भूमि को किस हद तक सम्पत्तिहरण से संरक्षण की आवश्यकता है, या तो भूहस्तांतरण अधिनियम के द्वारा या किसी अन्य तरीके से, तथा मध्य प्रान्त काश्तकारी ऐक्ट (सेन्ट्रल प्रोविन्सेज टिनेन्सी ऐक्ट) के प्रावधानों के विशेष उल्लेख के साथ। कई तरह से जाँच का हिस्सा प्रान्त के आदिवासियों की अवस्थिति की कुंजी है। चूँकि वह लगातार अपनी भूमि खोता जा रहा है जिस पर उसका मालिकाना या काश्तकारी है वहीं उसकी संख्या बढ़ रही है, वह उपकाश्तकार या साझा खेती *बटाईदार* के स्तर से नीचे गिरकर खेत-मजदूर बन जाता है, उसी ज़मीन को खोदते हुए जो पहले उसकी थी किसी अनुपस्थित हिन्दू, मुस्लिम मालगुजार, काश्तकार या सूदखोर के लिए और यह स्थानापन्न स्थिति भी जल्दी ही लुप्त हो जाती है और वह दिहाड़ी मजदूर बन जाता है तथा निम्न जातियों के स्तर तक गिर जाता है। मेरी रिपोर्ट का यह अध्याय इसलिए पहले मध्य प्रान्तों में आदिवासी काश्तकारों और रैयतों की परिस्थिति की पड़ताल करता है। अगला अध्याय मौजूदा हस्तांतरण अधिनियम और आदिवासी मालिकाने तथा उसके द्वारा काश्तकार को बचाने में उसके प्रभाव को दर्शाता है और उसके बाद बरार में आदिवासी भूमि के नुकसान पर एक अध्याय है।"

16. 1935 में जब सूबे के आदिवासियों के नैतिक तथा भौतिक उत्थान के लिए राय माँगी गई, मैंने यह सुझाव रखा कि कुछ क्षेत्रों में मध्य प्रान्त भूहस्तांतरण अधिनियम का विस्तार आदिवासी काश्तकारों तक करना चाहिए जिससे कि उन्हें गैर आदिवासियों को अपनी जमीन हस्तांतरित करने से रोका जा सके। तदुपरान्त 1936 में यह मामला कमिश्नरों और डिप्टी कमिश्नरों के समक्ष और प्रचलित मत जानने के लिए उठाया गया। बहुमत की राय थी कि आदिवासी गाँवों और भूमि मालिकों को भूहस्तान्तरण अधिनियम द्वारा प्रदत्त सुरक्षा आदिवासी काश्तकारों को भी मुहैया करवाई जानी चाहिए। इस विषय पर 3 जून, 1937 को कमिश्नरों के सम्मेलन में चर्चा की गई, सम्मेलन का मत था कि इस प्रकार की सुरक्षा लाभदायक होगी, लेकिन केवल कुछ खास पट्टियों में जो आदिवासी इलाकों की परिधि पर हैं, मैदानों और घाटी के बीच में। यह इंगित किया गया कि मौजूदा राजस्व और काश्तकारी तन्त्र के द्वारा सम्पूर्ण सुरक्षा दे पाना मुश्किल होगा, विशेषकर इन इलाकों में जहाँ आदिवासियों द्वारा जमीन तेजी से गिरवी रखी जा रही है। सम्मेलन ने हालाँकि यह सुझाव रखा कि अनुज्ञात्मक विधान लागू किया जाना चाहिए ताकि अब तक प्राप्त दूसरी चीजों के साथ यह भी हो कि वह भूमि जहाँ से आदिवासियों को हटाया गया है या तो उनके द्वारा छोड़ दी गई है, सिर्फ आदिवासियों को ही दुबारा दी जानी चाहिए और आदिवासी पूर्ण स्वामित्व

काश्तकारों को हस्तांतरण के मद्दे नजर आदिवासी भूमि-मालिकों *(मालिक मक़बुज़ा)* के बराबर ही रखा जाना चाहिए।

17. इन सुझावों और इस पूरे प्रश्न पर तदुपरान्त प्रान्तीय सरकार द्वारा विचार हुआ, और भूहस्तान्तरण अधिनियम में सुधार के लिए एक बिल बनाया गया। इसका सारांश निम्नलिखित पैरा 121 में दिया गया है। हालाँकि सुझाव दिया गया कि यह बिल मुख्य मैदानी इलाकों और पहाड़ी क्षेत्र के बीच के पतले तराई क्षेत्र में ही भूमिहरण को रोक सकेगा, जहाँ गृहस्थ आदिवासी और मैदानों से ज़मीन पर पड़नेवाले दबाव के कारण खदेड़े गए हिन्दू खेतिहर दोनों पाए जाते हैं। यह दर्शाया गया कि बिल को मौजूदा स्वरूप में मांडला जैसे आदिवासीबहुल ज़िलों में लागू कर पाना बहुत मुश्किल था। इन जगहों पर आदिवासी खेती स्थानान्तरित होती रहती है, और ज्यादातर खेती की परिक्रमण व्यवस्था का पालन होता है, जिसमें एक समय में करीब 40 प्रतिशत जमीन पर खेती की जाती है। इसे 3 या 4 साल बाद परती छोड़ दिया जाता है और काश्तकार अपनी जमीन के दूसरे भाग पर खेती करता है। इन सीमाओं में हालाँकि वह अपनी बहुत बंधकर नहीं रहता है और परिणामस्वरूप उसके मालिकाने में काफी परिवर्तन होता रहता है। यह सुझाव दिया गया कि इस तरह की खेती के लिए ऐसा नियम नहीं लागू किया जा सकता जो एक समय की आदिवासी जमीऩ को हमेशा आदिवासी मानने के सिद्धान्त पर आधारित हो, कि आदिवासीबहुल क्षेत्रों में भी आदिवासी बिरले ही काश्तकारी के 2/3 से ज्यादा पर खेती करते थे, और तब जब स्वामित्व का स्थायी निर्धारण नहीं था जमीन का आदिवासी और गैर-आदिवासी में सख्त विभाजन अव्यावहारिक था। एक अन्य मुश्किल को उजागर किया गया कि आदिवासी छोटे-छोटे कारणों से एक गाँव से दूसरे पड़ोसी गाँव में चले जाते हैं जिससे कि भूस्वामी भूमि के फिर से वितरण में असहाय हो जाता है यदि कोई आदिवासी उसे लेना न चाहे।

18. हालाँकि काश्तकारी (सुधार) विधेयक जो 5 जून, 1940 को कानून बना आंशिक अपवर्जित क्षेत्रों के अलावा, के आसन्न प्रस्तुतीकरण के मद्देनजर इस विधेयक को रोक दिया गया। यह सुझाव दिया गया कि आदिवासी पूर्ण स्वामित्व काश्तकारों की संख्या इतनी कम थी कि उनकी सुरक्षा करना बेकार था, और हाल के सुधार अधिनियम (अमेंडमेंट ऐक्ट) के सम्मुख *भूहस्तान्तरण अधिनियम* की योजना काश्तकारी अधिनियम से इतनी भिन्न थी कि आदिवासी काश्तकारों को जो भी सुरक्षा देने का निर्णय लिया गया था उसे भूहस्तान्तरण अधिनियम के बजाय काश्तकारी अधिनियम में संशोधन करके दिया जाना बेहतर होगा।

19. विधेयक का मसौदा तैयार होने के पहले और बाद में इस प्रकार अपने स्वामित्व के नुकसान के आधार पर अपनी सुरक्षा के लिए आदिवासियों से प्राप्त कई प्रार्थना पत्र और सुझाव फाइलों में बन्द हो गए। न सिर्फ ऐसी कोई सुरक्षा नहीं दी गई बल्कि काश्तकारी (संशोधन) विधेयक के कानून बनने और उसके द्वारा मालिकाने की शर्तों के नियम में आए क्रान्तिकारी बदलावों, जिनसे कि एक स्वामी काश्तकार अपने मालिकाने में किसी भी व्यक्ति को कितना भी हक दे सकने का अधिकारी था, से आदिवासियों के अपनी जमीन छिनने का खतरा और भी बढ़ गया। काश्तकारी (संशोधन) विधेयक पर चर्चा के दौरान इस समस्या को पहचाना गया, और माननीय श्री गोखले ने प्रान्तीय विधानसभा के समक्ष 14 अगस्त, 1939 के अपने भाषण में (असेम्बली प्रोसीडिंग्स का पृ. 692, 1939 वाल्यूम VI) यह बतलाया कि जबकि हस्तान्तरण का अधिकार आदिवासी और पिछड़े इलाकों को उनके

मौजूदा स्तर में प्रदान नहीं किया जा सकता, यह प्रवर समिति के निर्णय का विषय है। लेकिन दुर्भाग्य से यह विषय प्रवर समिति द्वारा नहीं देखा गया और शायद यह दृष्टि से ओझल हो गया जब मन्त्रालय के आसन्न त्यागपत्र के मद्देनजर प्रवर समिति को रिपोर्ट के प्रकाश में बिल पर अन्तिम चर्चाओं को जल्दबाजी से निपटाया गया।

20. इसलिए बिना समय गँवाए यह निर्णय करना महत्त्वपूर्ण हो गया है कि शेष आदिवासी काश्तकारों की सुरक्षा के लिए क्या किया जाना चाहिए। खासकर इस वास्तविकता को ध्यान में रखते हुए कि आंशिक अपवर्जित क्षेत्रों के अलावा, मध्य प्रान्त काश्तकारी (संशोधन) कानून, 1939 (1940 का अधिनियम) लागू हो चुका है और स्वामी काश्तकार अपनी सम्पत्ति हस्तान्तरित करने को स्वतन्त्र हैं। इस अधिनियम के सेक्शन 5 और 18 सिर्फ दो ऐसे सेक्शन हैं जिनमें उन क्षेत्रों को इन सेक्शनों के लागू होने से हटाने का अधिकार है जो इनके लिए तैयार नहीं थे, जिससे काश्तकारी अधिनियम में सेक्शन 8-A और 36-A दो नए सेक्शन जुड़ गए जो काश्तकारों को मालिक मक़बुज़ा अधिकार प्रदान करते थे। इस वास्तविकता के अलावा कि बहुत थोड़े आदिवासी ही इस वित्तीय अवस्था में होंगे कि इन नए सेक्शनों का फायदा उठा सकें, उनको इन सेक्शनों के लागू होने से बचाने की कोई आवश्यकता नहीं है क्योंकि जैसे ही एक आदिवासी भूमि मालिक मक़बुज़ा भूमि में तब्दील होती है वह भूहस्तान्तरण अधिनियम की सुरक्षा में आ जाती है।

21. चूँकि यह सुझाव मिला था कि आदिवासी पूर्ण स्वामित्व काश्तकारी की संख्या इतनी कम थी कि उनकी सुरक्षा करना बेमतलब था, खासकर उस समय पर जब निम्नलिखित पृष्ठों में उल्लिखित जाँच को पूर्व विचाराधीन मामलों के प्रकाश में देखना था। मैंने उप-आयुक्तों से उनके द्वारा परीक्षित क्षेत्रों में आदिवासियों की पूर्ण स्वामित्व वाली काश्तकारी और इन जोतों के फैलाव की गणना के बारे में रिपोर्ट प्रस्तुत करने को कहा। निम्नलिखित सारणी हर जिले के परिणाम दर्शाती है, सिर्फ सौगर को छोड़कर जहाँ इसे नजरंदाज किया गया था–

आदिवासी पूर्ण स्वामित्व काश्तकार 1939-40

ज़िला	काश्तकारों की संख्या	उनके पास मौजूद पूर्ण स्वामित्व क्षेत्र (एकड़)
(1)	(2)	(3)
जबलपुर	1,267	6,006
मांडला	195	2,475
होशंगाबाद	832	7,204
नीमड़	16	127
बैतूल	1,008	12,005
छिन्दवाड़ा	1,812	20,643
वर्धा	128	1,360
नागपुर	249	1,764
चन्दा	804	37,281
भंडारा	324	2,272 →

बालाघाट	337	3,574
रायपुर	1,952	14,594
बिलासपुर	1,436	5,160
दुर्ग	2,504	15,516
मध्य प्रान्त (सौगोर को छोड़कर)	**12,864**	**1,39,981**

करीब 13,000 काश्तकारों के पास, 140,000 एकड़ भूमि होना इस बात का स्पष्ट प्रमाण है कि आदिवासी पूर्ण स्वामित्व क्षेत्रों को सुरक्षा देनी चाहिए। अगर जाँच सभी ज़िलों और प्रान्त के सभी मालिकाना गाँवों के लिए की जाती तो आँकड़े शायद 15,000 काश्तकार और 150,000 एकड़ तक जा सकते थे।

22. आदिवासियों* की काश्तकारी भूमि की हानि की आम जाँच के लिए मेरे द्वारा बनाए फार्म पर डिप्टी कमिश्नरों के आदेश से मध्य प्रान्त के सभी 15 ज़िलों से आँकड़े एकत्र किए गए ताकि उत्तरोत्तर भूमि राजस्व व्यवस्थाओं और राजस्व वर्ष 1939-40 के वार्षिक ग्रामीण पक्षों के अनुसार आदिवासी काश्तकारों और रैयतों की संख्या और उनके ज़िलों में उनकी भूसम्पत्ति की तुलना की जा सके। कई ज़िलों में यह पाया गया कि पहली व्यवस्था के रिकॉर्ड दोषपूर्ण थे और मोदी या उर्दू में लिखे थे जिन्हें आधुनिक पटवारी जो अधिकतर काम करते थे समझ नहीं पाते थे। इसके अतिरिक्त पिछली शताब्दी के 60 के दशक में प्रान्त के निर्माण के बाद की व्यवस्थाओं के दौर और 90 के दशक में संशोधन व्यवस्थाओं के दौरान कृषि योग्य भूमि के विस्तार की महान अवधि में अधिकतर प्रान्तों में भू मालिकानों, न सिर्फ सभी काश्तकारों बल्कि आदिवासी काश्तकारों के भी, में इतनी वृद्धि हुई कि यद्यपि कई ज़िलों ने पहली व्यवस्था के आँकड़े उपलब्ध कराए उनका कोई लाभ नहीं हो सका, क्योंकि उनसे कोई उपयोगी निष्कर्ष नहीं निकाले जा सकते थे। इसके अलावा कई क्षेत्रों के लिए वे एकदम अधूरे थे। सम्पूर्ण आँकड़ों को संगृहित करने के दौरान कई जिलाधिकारियों ने उन गाँवों को छोड़ दिया जिनमें कभी आदिवासी काश्तकार नहीं रहे और कुछ ज़िलों में काम छोटा करने के लिए मैंने जाँच को चुनिन्दा क्षेत्रों तक ही सीमित रखा।

जाँच के सामान्य परिणाम मालगुजारी गाँवों के लिए रिपोर्ट के अन्त में सारणी V और रैयतवाड़ी गाँवों के लिए सारणी VI में दर्शाए गए हैं। सारणी VII और VIII में मेरी जाँच के परिणामों का आंशिक विश्लेषण प्रान्त को आदिवासियों की भूमि के नुकसान और फायदेवाले हिस्सों में बाँटकर किया गया है। सारणी VII नुकसानवाले क्षेत्र दर्शाती है और सारणी VIII लाभ वाले। आम निष्कर्ष निकालने से पहले आगामी पन्ने प्रान्त के हर जिले की स्थिति का वर्णन करती है। यह वर्णन दूसरे ज़िलों की अपेक्षा सौगोर, जबलपुर, मांडला, बैतूल, छिन्दवाड़ा, चन्दा, बालाघाट और दुर्ग ज़िलों में अन्य की अपेक्षा ज्यादा विस्तृत है क्योंकि इन ज़िलों में आम जाँच मेरे निर्देश में ज़िला आँकड़ों की रोशनी में की गई खास जाँचों अथवा दौरों के दौरान मेरे व्यक्तिगत अनुभव द्वारा अनुपूरित थी।

* निम्न जनजातियों को आदिवासी माना गया है—गोंड (राज-गोंड सहित), मारिआ, मुरिआ, परधान, पठारी, नागरची, ओझा, ठोल्य, ठाठिया, भट्रा, गैकी, परजा, कोर्कू (मौसी सहित), नाहल या निहाल, मोछिया, अगरिया, अन्ध, बैगा, बैना, भारिया-भूमिया, भील, भुईंहार, भुंजिया, बींझवाड़, धांवड़, हल्बा, कंवर या कवर (तंवर सहित), कामर, खरिआ, खोंड, कोल, कोलम, कोली, कोरवा, मंझवार, नगासिया, ओराओं, सोंटा, सवारा और (मांडला जिले के लिए) धोबा।

सौगोर ज़िला

23. इस ज़िले के हिस्से इस मामले में विशिष्ट हैं कि यहाँ आदिवासी क्रमशः अपनी जमीन खोते जा रहे हैं और भूमिहीन मजदूर या तथाकथित बटाई द्वारा खेती में अपनी भूमि पर नए भूस्वामियों के साझीदार बन रहे हैं। सौगोर और दामोह ज़िलों में मिलाकर 1941 में 83,607 आदिवासी थे, जो 1931 से 4,000 कम था; इस जिले और बुन्देलखंड के बीच में अच्छा खासा प्रवास होता है और श्री नोरोन्ध, आई.सी.एस. ने यह पाया कि अनेक गोंड हाल के वर्षों में भोपाल रियासत के प्रवास करने को तत्पर हुए क्योंकि उन्हें वहाँ आसान शर्तों पर अयोग्य भूमि से तोड़ी गई नई भूमि एक नई बस्ती बनाने की योजना के तहत प्रस्तुत की गई।

पूरे जिले में हर 1,000 में से 89 आदमी आदिवासी हैं, या तो गोंड या सवारा। बहुत कम सवारों के पास भूमि है और इसलिए यह माना जा सकता है कि लगभग पूरी 85,500 एकड़ भूमि जो सारणी II में आदिवासी काश्तकारों के स्वामित्व में 1940 में प्रदर्शित है, गोंड काश्तकारों की है। पूरे ज़िले के स्तर पर यह भूमि पिछली व्यवस्था से 14,503 एकंड़ कम हो गई है यानी कि 50 वर्षों के दौरान; लेकिन 2 तहसीलों रेहली और खुराई में आदिवासी काश्तकारों का भूमालिकाना 3,959 से बढ़कर 6,702 एकड़ हो गया है। इन इलाकों को छोड़कर ज़िले के शेष हिस्सों में 50 वर्षों के दौरान आदिवासी भूमि में कमी 96,100 एकड़ से 78,700 एकड़ हो गई है। गोंड ने हर 100 एकड़ में से 13 का नुकसान वहन किया है। इस अवधि में आदिवासियों की कुल संख्या 10,446 से 11,996 हो गई है।

24. यह प्रक्रिया सबसे स्पष्ट रूप में रेहली तहसील में देखी जा सकती है। 1931 में जिले के 58,500 में से 22,500 गोंड इस तहसील में रहते थे और आदिवासी कुल आबादी का 16.2 प्रतिशत थे। करीब-करीब ये सभी गोंड अब सिर्फ हिन्दी की क्षेत्रीय बोली बुन्देली ही बोलते हैं। कुछ शेष बचे मालगुज़ारों के अलावा उनमें गाँवों के परिभाषित क्षेत्रों में रहने की प्रवृत्ति है। पिछली व्यवस्था के समय तहसील में 3,394 आदिवासियों के पास 35,248 एकड़ काश्तकारी भूमि थी। 1939-40 में काश्तकारों की संख्या बढ़कर 3,607 हो गई मगर उनके स्वामित्व की कुल भूमि 29,778 एकड़ तक गिर गई।

हर एक हजार एकड़ में उन्हें 161 का नुकसान हुआ है, जबकि प्रति काश्तकार औसत भूमि 13.9 से 8.25 एकड़ तक गिर गई है। श्री नोरोन्हा द्वारा तहसील के केसली क्षेत्र के 22 गाँवों में कुछ विस्तृत जाँच की गई, जहाँ हर गाँव में गोंड आबादी का 80 या 90 प्रतिशत थे। इस अत्यधिक बाहुल्य के बावजूद गाँवों में कुल 847 जोतों में से आदिवासियों के पास सिर्फ 439 जोतें थीं और गैर-आदिवासियों के पास 408। लगभग ये सभी गैर-आदिवासी दूसरे गाँवों में रहते हैं और उनके खेत गोंड गाँवों में हैं, जिन पर गोंड खेती करते हैं और अधिकतर वे उस भूमि के पुराने मालिक होते हैं।

25. श्री नोरोन्हा ने कारणों की जाँच की और पाया कि आमतौर पर मुख्य कारण बनिये हैं, इस वास्तविकता के बावजूद कि काश्तकारी अधिनियम (हाल के संशोधनों के पहले तक) के तहत स्वामित्व भूमि को कर्ज के लिए बेचा नहीं जा सकता। श्री नोरोन्हा इस प्रक्रिया की भिन्न प्रकार से व्याख्या करते हैं। एक गोंड किसी बनिया से 24 प्रतिशत वार्षिक सूद के दर से 100 रु. उधार लेता है। इस सूद के अलावा उसे अपनी भूमि का लगान चुकाना होता है तथा अपना एवं अपने परिवार का पालन भी करना होता है। इस तरह दो में से एक चीज होती है। यदि वह अपना सूद चुकाता है तो लगान नहीं चुका पाता है और अन्ततः भूमि

से बेदखल हो जाता है। यदि वह सूद अदा नहीं करता है तो कालान्तर में बनिया उसके मवेशी व अचल सम्पत्ति जब्त कर लेता है। मवेशियों के बिना वह अपने खेत जोत नहीं सकता, जमीन परती रह जाती है, वह लगान अदा नहीं कर पाता; वह बेदखल कर दिया जाता है।

श्री नोरोन्हा ने जितने गाँवों का सर्वेक्षण किया सबमें इसके उदाहरण पाए, यहाँ तक कि उन अनूठी स्थितियों में भी जब सम्बन्धित बनिया एक ईमानदार व्यक्ति था। यदि जमीन उपजाऊ होती है, बनिया उसे अपने पास रखता है और गोंड मजदूरों से उन पर खेती करवाता है। इस इलाक़े के 52 गाँवों तक जो मुख्यतः आदिवासीबहुल हैं, नागपुर के बड़े महाजनी परिवार डागा के स्वामित्व के अधीन हैं और उनके दलालों द्वारा प्रबन्धित हैं। ये दलाल क्षेत्रीय बनियों के साथ मित्रवत हैं। जब बनिया अपने अनपढ़ ऋणी पर शिकंजे कसता है और उसकी भूमि हड़पना चाहता है, ये दलाल सहज ही हस्तांतरण के लिए जमींदार के अनुमोदन की व्यवस्था कर देते हैं और जैसा कि श्री नोरोन्हा लिखते हैं, "एक नज़राना अदा किया जाता है जिसका 25 प्रतिशत डागाओं के पास चला जाता है, बनिया भूमि पा जाता है और गोंड के अलावा बाकी सब खुश हो जाते हैं।" श्री नोरोन्हा ने पाया कि अदूरदर्शिता या अमितव्ययिता की वजह से बकाया चुकाने के लिए जमीन बेचने, गिरवी चीजों को ज़ब्ती या कंगाली के द्वारा गोंड अपनी पूर्व-स्वामित्व ज़मीनों को मालिकाना जोतों से भी जल्दी खो देते हैं।

26. श्री नोरोन्हा दोषपूर्ण छद्म उप-काश्तकारी व्यवस्था के बारे में भी बताते हैं जिसके द्वारा बनिया अपने ऋणी की ज़मीन पा लेता है। बनिया अपने-आपको पटवारी के कागज़ों में बतौर अपने ऋणी का उप-काश्तकार दर्ज करा लेता है पर कोई लगान नहीं चुकाता है। ऐसा लगातार 15 या 20 वर्षों तक चलता है जिसके बाद ज्यादातर प्रतिकूल स्वामित्व के द्वारा वह बतौर काश्तकार दर्ज़ हो जाता है। डोंगरिया के घनश्याम गोंड का मामला इसका एक उदाहरण है जिसमें उसने एक बनिया से कई वर्ष पहले कुछ ऋण लिया। विगत वर्षों में 1915-1916 तक (और पिछली व्यवस्था के रिकार्ड में) बनिया पटवारी के काग़ज़ों में बतौर उप-काश्तकार घनश्याम की भूमि का मालिक बन गया। धीरे-धीरे ऋण बढ़कर 1,700 रुपए हो गया लेकिन 1939 में जब घनश्याम ने ऋण सुलह बोर्ड के समक्ष आवेदन किया तब शिवप्रसाद ने सिर्फ 216 रुपए के उधार का दावा किया बिना यह बताए कि वह घनश्याम की जमीन का अधिकारी है। उसका इरादा था कि 1,484 रुपए के बकाये के बदले उसे ज़मीन का स्वामित्व मिल जाए। वह सफल हो गया। घनश्याम हाल ही में मृत्यु को प्राप्त हो गया और उसका पुत्र रुपए 216 के ऋण के सुलह के बाद निर्धारित 100 रु. को 10 रु. की वार्षिक किश्तों में चुका रहा है; इसके एवज में बनिया ने उसके पास एक विपन्न और बेकार की भटुआ भूमि छोड़ दी। धोखा किस हद तक किया जा सकता है यह दिखाने के लिए श्री नोरोन्हा बताते हैं कि इस मामले की जाँच के दौरान घनश्याम के पुत्र परमानन्द ने अपने सबसे महत्त्वपूर्ण स्वामित्वाधिकार-पत्र के रूप में 1918 के सेना और नौसेना भंडार की सूची प्रस्तुत की जिसे उसके पिता ने उसके महत्त्व के कारण सँभालकर रखने को कहा था। पिता और पुत्र, ज़ाहिरा तौर पर एकदम अनपढ़ थे।

27. एक दूसरा तरीका जिसके द्वारा बनिया फायदा उठाता है और काश्तकारी अधिनियम के प्रावधानों को चकमा देता है यह है कि वह गोंड की ज़मीन एक उप-काश्तकार को उप-पट्टे पर दिलवाता है जिसका लगान गोंड के बजाय बनिया को जाता है।

28. इसके बाद सुपुर्दगी का प्रश्न आता है। जैसा कि छिन्दवाड़ा ज़िले (नीचे पैरा 69 देखें) में इसी प्रकार की एक जाँच में पाया गया कि लगभग सभी स्वामित्व त्याग के मामले

अपंजीकृत और इसलिए काश्तकारी अधिनियम के सेक्शन 89 के तहत अवैध हैं। आदिवासी आमतौर पर निम्न तीन कारणों से स्वत्व त्याग करते हैं—

(अ) काश्तकार निर्धनता की वजह से लगान अदा नहीं कर पाता,

(ब) ज़मींदार या उसका एजेन्ट भूमि को किसी गैर-आदिवासी को पट्टे पर देना चाहता है और इस तरह नज़राना हासिल करना चाहता है, यानि बन्दोबस्त कर और नए काश्तकार से वसूले जा सकनेवाले कर के अन्तर का पूँजीकृत मूल्य (इस तरह के मामलों में भू-स्वामी काश्तकार को धमकाता है और बकाया कर का आरोप लगाता है चाहे उस पर कुछ बकाया हो या न हो और इस प्रक्रिया में उसे अपनी चल सम्पत्ति भी गँवानी पड़ सकती है; मिस्टर नोरोन्हा के अनुसार लगान प्राप्ति की रसीद देने और सँभालकर रखने में बहुत शिथिलता है) या

(स) मालगुज़ार ज्यादा नियमित और लाभदायक काश्तकार रखना चाहता है।

सुपुर्दगी को पंजीकृत नहीं करवाया जाता है क्योंकि या तो काश्तकार पंजीकरण राशि दे पाने में असमर्थ होता है या इस मामले में कुछ लेन-देन होता है, जिससे कि काश्तकार को धमकियों या गैरकानूनी प्रभाव के द्वारा कब्जा देने को मजबूर किया जाता है। एक समय में *भूमि रिकार्ड कर्मचारी ऐसे अपंजीकृत* और नए पट्टों को स्वीकार किया करते थे और वार्षिक दस्तावेजों में इस मालिकाने में बदलाव को दर्ज़ कर देते थे। अब वे ऐसा नहीं करते लेकिन इस असाधारण स्थिति का परिणाम यह होता है कि यद्यपि भूमि गोंड काश्तकार के नाम पर दर्ज़ रहती है, यही उस भूमि से उसका एकमात्र सम्बन्ध होता है और एक अन्य व्यक्ति खेती करता और लगान देता है।

29. श्री नोरोन्हा यह भी दर्शाते हैं कि आदिवासियों की भूमि-हानि का एक कारण यह है कि ज़्यादातर उनके पास सिर्फ सबसे अनुपजाऊ भूमि ही बचती है जिसे क्षेत्रीय भाषा में भटुआ कहते हैं। भटुआ भूमि को 3 वर्ष तक लगातार जोतने के बाद उसकी स्थिति के अनुसार 3 से 6 वर्ष तक परती छोड़ना पड़ता है आदि। औसत स्वामित्व जोत, जैसे हम देख चुके हैं, 8 एकड़ है। लेकिन एक काश्तकार के पास 12 एकड़ भी हो तो इसका आधा हमेशा ही परती छोड़ना पड़ता है, जबकि लगान पूरे का देना पड़ता है। "ज्यादा धनी काश्तकार लगान वहन कर सकते हैं क्योंकि अधिक उपज के कारण इनकी प्रति इकाई लागत (जिनमें पूरक व्यय बहुत महत्त्वपूर्ण होते हैं, और इन परिस्थितियों में लगान को पूरक व्यय माना जा सकता है) कम होता है और उनका कुल लाभ भी ज्यादा होता है। लेकिन धनी गोंड काश्तकारों की संख्या बहुत कम है। अधिकतर बकायेदार होते हैं क्योंकि अपनी परती ज़मीन पर लगान तथा दूसरे खर्च दे पाने में सक्षम नहीं होते। इस प्रकार स्वामित्व का जारी रहना ही एक बुराई बन सकता है। उनकी एकमात्र सम्पदा *भटुआ* होती है, जो किसी काम की नहीं होती या जिसे सिर्फ अन्तिम उपाय के तौर पर लिया जा सकता है, कोई बनिया *भटुआ* का एक एकड़ भी नहीं लेगा यदि उसे बदले में एक बैल मिल सकता है। काश्तकार के लिए यह भूमि सुरक्षित है क्योंकि किसी और के लिए यह अनुपयोगी है। उसे अलाभकर खेती और भारी लागत का बोझ उठाना पड़ता है। इसी तरह अन्तर्वर्ती पट्टेदार जिसे चारागाह तोड़कर ज़मीन बनाने की अनुमति है और जो अपनी मर्ज़ी का काश्तकार है, बेहतर स्थिति में रहता है, क्योंकि उसे सिर्फ तभी लगान देना पड़ता है जब तक वह वास्तव में खेती करता है, और वह जब तक लगान चुकाता रहता है खेती करता रहता है, क्योंकि कोई उसके बंजर *भटुआ* में रुचि नहीं रखता—यहाँ उसके पट्टे की सुरक्षा है। कई आदिवासी इसका अनुसरण कर रहे हैं और अप्रत्याशित चालाकी से व्यवहार कर रहे हैं। इस तरह से दो वर्ष पूर्व टुमरी के 31 काश्तकारों

ने अपनी भटुआ ज़मीन सुपुर्द कर दी जिसे तब छोटे घास की तरह दर्ज कर लिया गया, लेकिन वे अपने पुराने जोतों में वार्षिक आधार पर खेती करते रहे।"

जबलपुर ज़िला

30. 1941 में ज़िले की आदिवासी जनसंख्या 199,339 थी; 1931 में 24 से अब प्रतिशत गिरकर 21.9 रह गया है। 1931 में आदिवासियों की आबादी पूरी आबादी का 27.4 प्रतिशत मुरवाड़ा तहसील में, 23.8 पाटन में, 23.8 सिहोरा में, 22.6 पाटन में और 21.8 जबलपुर में थी।

31. सारणी I के अनुसार 1939-40 और पिछली व्यवस्था के दरम्यान पूरे जिलें में आदिवासी काश्तकारों की संख्या 19,823 से बढ़कर 20,105 हो गई और उनकी जोत 216,600 एकड़ से बढ़कर 217,400 एकड़ को गई। दूसरे शब्दों में यहाँ अन्य ज़िलों की अपेक्षा काश्तकारों की संख्या और उनकी भूमि में अत्यधिक संतुलन है। औसत आदिवासी की जोत 11 एकड़ से थोड़ा कम बैठती है। एक कारण यह है कि पिछले 50 वर्षों में पूरे प्रान्त को विशिष्टता के रूप में हुई आदिवासी आबादी की अत्यधिक वृद्धि का असर जबलपुर ज़िले में नहीं पड़ा है, 1931 में आदिवासी जनसंख्या वास्तव में 1891 की संख्या के आस-पास ही थी। 1931 में जबलपुर की आदिवासी आबादी में मुख्यतः गोंड जिनमें प्रधान शामिल थे (35,997), कोल (57,827), भटिया-भूमिया (29,006) और बैगा (2,665) थे। 1981 में गोंड और प्रधान 65,300 (लगभग 1931 के बराबर) थे, कोल 61,705, भटिया-भूमिया 26,541 और बैगा 2,329 थे।

32. परन्तु ज़िले में आँकड़ों के परिवर्तन की कमी भूमि के नुकसान के आँकड़ों से दूर हो जाती है। सिहोरा, मुरवाड़ा और पाटन तहसील तथा जबलपुर तहसील के पाननगर व खमरिया राजस्व अधिकारी के क्षेत्रों में पिछले 50 वर्षों में आदिवासियों की भूमि 136,500 एकड़ से घटकर 1,18,280 एकड़ हो गई है या हर हज़ार में 138 एकड़ की कमी हुई है जबकि काश्तकारों की संख्या 14,775 से बढ़कर 15,383 हो गई है। शेष ज़िले में या कहें जबलपुर तहसील के बागरी तथा कुन्दम इलाकों में आदिवासी काश्तकारों की संख्या 4243 से बढ़कर 4722 हो गई है और उनकी जोत 79,000 एकड़ से बढ़कर 98,700 एकड़ हो गई है। ये दोनों क्षेत्र जबलपुर में मांडला बार्डर में पड़नेवाले क्षेत्र के विशिष्ट आदिवासी भूभाग हैं जहाँ खेती में लगातार वृद्धि हो रही है और जो स्थितियाँ मांडला जिले से भिन्न नहीं हैं : भूमि अनुपजाऊ है और लम्बे समय तक परती छोड़नी पड़ती है लेकिन आबादी ज्यादा नहीं है, और औसत जोत अभी भी 21 एकड़ है, आदिवासी अपनी ज़मीन को थोड़ा परती छोड़ सकते हैं। अन्यत्र, परिस्थितियाँ भिन्न हैं, विशेषकर सिहोरा और मुरवाड़ा तहसील के हिस्सों में। सिहोरा के मंझोली और सलीमानाबाद अंचलों में तथा मुरवाड़ा के बारही अंचल में, उदाहरण के लिए, इस अवधि के दौरान आदिवासियों ने क्रमशः 43,32 और 38 प्रतिशत भूमि तक खो दी है। पहले के दो अंचलों में हालाँकि काश्तकारों की संख्या में काफी कमी आई है पर बारही अंचल में सामान्य वृद्धि हुई है। रीठी और बिजेरागोगढ़ अंचल, जहाँ आदिवासियों की जमीनों का क्षेत्रफल बढ़ा है, को हटा दिया जाए तो मुरवारा तहसील के अन्य तीन अंचलों में आदिवासियों ने अपनी 21 प्रतिशत ज़मीन गँवा दी हैं। लिहोरा तहसील के सभी अंचलों में आदिवासियों ने औसतन 20.5 प्रतिशत भूमि गँवाई है, लेकिन जैसा कि हमने देखा है, दो अंचलों में जमीन कम होने की दर 42 और 23 फीसदी पहुँच गई। यहाँ आदिवासियों की औसत भूमि जोत अब मात्र 5.3 एकड़ है। पाटन तहसील में यह 9 एकड़ है, मुरवारा में 8.2

और जबलपुर के पानगर अंचल में केवल 3.4 एकड़। पानगर अंचल में, जहाँ आदिवासी आधुनिक 'प्रगति' के सबसे ज्यादा शिकार हुए हैं, आदिवासी काश्तकारों की संख्या 599 से घटकर 492 हो गई है और उन्होंने अपनी 29.4 प्रतिशत जोत गँवा दी है।

33. मुखारा तहसील की जमीनें और सिहोरा के आदिवासी इलाके अपनी मुफ़्लिसी के लिए कुख्यात हैं, और यहाँ पर आदिवासी जोतें इतनी छोटी हैं कि भूमि को बोने के हिसाब से परती छोड़ने का प्रश्न ही नहीं उठता इसलिए यह आश्चर्य की बात नहीं है कि यहाँ जब भी बरसात कम होती है तो समस्याएँ बहुत बढ़ जाती हैं। बारही अंचल के कुछ गाँवों में आदिवासियों की तेजी से कम होती काश्तकारी भूमि के कारणों की जब तहकीक़ात की गई तो, खस्ताहाल ज़मीन, सरकारी जंगलों का करीब होना और फसलों को हिरनों से होनेवाली क्षति तथा कोल और गोंड जनजातियों का हाल के वर्षों में इन सभी गाँवों से निष्क्रमित होकर जबलपुर, कटनी और कैमूर की फैक्टरियों तथा चूने की खदानों में मज़दूरी के काम से होनेवाली ज़्यादा कमाई, जैसे कारण बताए गए। कुछ वर्ष पहले मुखारा तहसील में मुझे एक गाँव मिला जहाँ से मज़दूरी करने के लिए मजदूरों का छिन्दवाड़ा की कोयला खदानों और नागपुर ज़िले की मैंगनीज़ खदानों में लगातार पलायन होता रहता था, इसलिए जबलपुर ज़िले के उत्तर में कृषि योग्य भूमि में आई कमी की वजह हिन्दू या मुस्लिम मालगुज़ारों और साहूकारों द्वारा जानबूझकर किया गया सम्पत्तिहरण, उतना नहीं पाया जाता है, जितना कि और कहीं। आर्थिक कारण खदान या फैक्टरी मज़दूरी को कृषि से ज़्यादा लाभकारी बना देते हैं। इसके बावजूद यहाँ भी कर्ज़ से होनेवाले भूमिहरण की मात्रा बहुत अधिक है, और यहाँ ऐसे कई वाकये मिल सकते हैं, जिनमें इस वजह से अच्छी-खासी ज़मीन आदिवासी काश्तकारों से गैर-आदिवासी काश्तकारों को मिल गई।

मांडला ज़िला

34. भारत सरकार अधिनियम, 1935 की धारा 91 के तहत यह आंशिक अपवर्जित क्षेत्र है। यहाँ 1941 में, आदिवासी जनसंख्या 3,21,918 थी और प्रति हज़ार 605 व्यक्ति (1931 के 595 की बनिस्बत) आदिवासी थे। 1911 और 1931 में प्रमुख आदिवासी जनजातियों के तुलनात्मक आँकड़े इस प्रकार हैं :

जनजाति	1911	1931
गोंड	1,91,466	2,19,136
परधान	11,538	12,393
बैगा	18,684	19,938
कोल	10,104	10,924

यहाँ पर धोबा जनजाति की चर्चा भी ज़रूरी लगती है जिनकी संख्या लगभग दो या तीन हज़ार है और इसमें कुछ मालगुज़ारों को भी शामिल किया गया है। जनगणना के वक़्त में इन्हें अक़सर धोबी समझ लिया जाता है। सारणी I के आँकड़े दर्शाते हैं कि मालगुजारी गाँवों में भी बेल के भूराजस्व बन्दोबस्त 1904-10 के बाद आदिवासी काश्तकारों की संख्या और उनकी भूमि पर मालिकाना 23,424 आदिवासियों के पास 479,100 एकड़ से बढ़कर 29,840

आदिवासियों के पास 568,200 एकड़ हो गई है। इस प्रकार औसत जोत 30 वर्षों में 24.5 से गिरकर 19 एकड़ हो गई है। इसी अवधि के दौरान रैयतवाड़ी गाँवों में सभी समुदायों की कुल रैयतें 12992 के पास 223,709 एकड़ से बढ़कर 18,586 रैयतों के पास 296,100 एकड़ हो गई है और आदिवासी रैयतों की, 3669 के पास 182,904 एकड़ से 13,770 के पास 242,513 एकड़ हो गई है। 1928-30 के श्री लिलि की व्यवस्था के बाद से रैयतवाड़ी क्षेत्रों में थोड़ी कमी आई है, लेकिन यह मुख्यतः कुछ खराब वर्षों की वजह से है, जिनमें कई वर्ष भूमि राजस्व स्थगित किया गया, और जिनके दौरान महामारियों की वजह से मवेशियों का बहुत नुकसान हुआ। 30 वर्षों के दौरान सभी गाँवों की औसत रैयतें 17.6 से गिरकर 16 एकड़ हो गई हैं और आदिवासी रैयतें 19 से 17.6 एकड़ हो गई हैं। इस तथ्य को ध्यान में रखते हुए कि इस जिले की अधिकतर भूमि बर्रा है जिसे लम्बी अवधि तक परती छोड़ना पड़ता है जिस प्रकार की भूमि की बात सौगोर जिले के आँकड़ों की चर्चा के दौरान की गई है, यह सुस्पष्ट है कि अब से आगे भूमि पर जनसंख्या का दबाब एक विचारशील कारक होगा। अभी भी कुछ क्षेत्र हैं जिन्हें सरकारी जंगलों से काटकर निकाला जा सकता है। इन ज़मीनों को देने के पहले यह बुद्धिमत्तापूर्ण प्रस्ताव रखा गया है कि इनमें से कुछ को प्रयोग के तौर पर कृषि के लिए सर्वोत्तम तरीकों से विकसित किया जाए, जिनकी ज़रूरी सफाई, तटबन्धी, मेंड़बन्दी इत्यादि 1942 के दौरान अभाव कार्यों की तरह वैज्ञानिक तरीके से की जाय।

35. मांडला तहसील का नैनपुरी अंचल किसी भी व्यक्तिगत राजस्व इंस्पेक्टर का अंचल मालगुजारी गाँवों में आदिवासी काश्तकारों की भूमि में वास्तविक कमी नहीं दर्शाता है। इस सर्कल में बंगाल-नागपुर रेलवे की मीटर-गेज लाइन की शाखाएँ नैनपुर से मांडला, सिवनी और जबलपुर के साथ-साथ मांडला-सिवनी पब्लिक वर्क्स डिपार्टमेंट की सड़कें और कुछ *जंगली शाखा* जर्जर सड़कें हैं। सर्कल के कुछ खास इलाकों में मुख्यतः नैनपुर और पिन्डराई में साहूकार रहते हैं। नैनपुर सर्कल में आदिवासी काश्तकारों में मालिकाना क्षेत्र 56,700 से गिरकर 52,600 एकड़ हो गया है यद्यपि आदिवासी काश्तकारों की संख्या 3263 से बढ़कर 3807 हो गई है। ज़मीन में कमी प्रति 1000 एकड़ सिर्फ 72 एकड़ की ही है, लेकिन हड़पने की प्रक्रिया शुरू हो चुकी है और व्यक्तिगत पटवारी अंचलों में अत्यधिक स्पष्ट है। इस प्रकार विगत 30 वर्षों में पटवारी अंचल संख्या 4 (जिसमें पथ सिहोरा का बजर गाँव शामिल है), 9 (जिसमें पिंडरई रेलवे स्टेशन शामिल है), 10 और 11(पिंडरई और नैनपुर के बीच), 12 और 18(चिरायडोन्गरी रेलवे स्टेशन के आस-पास) आदिवासी रैयतों की संख्या 1028 रैयतों के पास 19,236 एकड़ से 1,131 रैयतों के पास 15,323 एकड़ हो गई है। यह कमी प्रति हज़ार में 177 एकड़ की है। इस राजस्व इंस्पेक्टर के अंचल में आदिवासियों का मालिकाना क्षेत्र 5362 काश्तकारों के पास 85,866 एकड़ से बढ़कर 7,264 काश्तकारों के पास 86,950 एकड़ हो गया है।

36. *मेरे नोट्स आन अबोटोजाइनल प्राब्लेम इन द मांडला डिस्ट्रिक्ट* में मैंने इंगित किया है कि अनेक केन्द्रों जैसे, करंजिया, गोरखपुर, गढ़सराय, बजग, मवाई, समनापुर, निवास, नारायणगंज, बिछिया (निवास) इत्यादि में गैर-आदिवासी कालोनियाँ पहले से ही मौजूद थीं तथा इन गाँवों में ज्यादातर भूमि गैर-आदिवासियों के पास जा चुकी है। इसके उदाहरण मांडला में ही मांडला राजस्व इन्स्पेक्टर के अंचल में देखे जा सकते हैं; यहाँ और इसके पड़ोस के पटवारी सर्कलों में एक समूह (संख्या 20 से 30 और 34) बिछिया अंचल के अंजनिया पट्टे में जहाँ आदिवासी अल्पसंख्या में रहते हैं। इस प्रकार पटवारी अंचल 22 में जो बम्हनी के

पास है जो एक बाज़ार कस्बा और रेलवे स्टेशन है, 30 वर्षों में आदिवासियों में 164 आदिवासियों के पास 2732 एकड़ भूमि से 259 आदिवासियों के पास 2464 एकड़ भूमि का परिवर्तन आया है और पटवारी सर्कल 28 जिससे होकर मांडला-बिलासपुर रोड गुजरती है, में स्थिति 37 आदिवासियों के पास 688 एकड़ से बढ़कर 92 आदिवासियों के पास 382 एकड़ हो गई है। निवास तहसील की पटवारी सर्कल 13, जिससे होकर नारायणगंज और मांडला के बीच जबलपुर-मांडला रोड गुजरती है आदिवासियों ने 4434 एकड़ में 398 एकड़ का नुकसान सहा है। पटवारी अंचल 33 के बद्रज़र गाँव में, जो बिछिया (निवास) के निकट है, 1928-30 की व्यवस्था से अब तक आदिवासियों को 1038 एकड़ में 600 का नुकसान हुआ है। उसी तहसील के पटवारी अंचल 36 और 37 जो शाहपुरा के महत्त्वपूर्ण पुलिस स्टेशन के पास है, में आदिवासी काश्तों और रैयतों (11 मालगुजारी और 3 रैयतवाड़ी गाँव) में 30 वर्षों में 122 आदिवासियों के पास 3320 एकड़ भूमि से 135 के पास 2653 एकड़ का परिवर्तन हो चुका है। पड़ोस के पटवारी अंचल संख्या 38 में 1923-30 से अब तक 6 मालगुजारी और 3 रैयतवाड़ी गाँवों में आँकड़ों का परिवर्तन 223 आदिवासियों के पास 5862 एकड़ से 187 के पास 5130 एकड़ हो चुका है। डिन्डोरी तहसील में डिन्डोरी के आस-पास पटवारी अंचलों (संख्या 17,18,25 और 29 से 31) का समूह है जहाँ हिन्दुओं की बहुलता है (कई गाँव राठों तेलियों के हैं जो एक उत्कृष्ट खेतिहर जाति है।) वहाँ धीरे-धीरे गोंड अपनी शेष भूमि से विस्थापित हो रहे हैं। विगत 30 वर्षों में इन 7 पटवारी अंचलों के 49 गाँवों में गैर-आदिवासियों की संख्या 1376 के पास 18,994 एकड़ से बढ़कर 2073 के पास 21,801 एकड़ हो गई है।

इसी अवधि में आदिवासी काश्तकारों में 716 के पास 11,878 एकड़ से 800 के पास 9635 एकड़ का परिवर्तन हुआ है। दूसरे शब्दों में आदिवासियों को 2,243 एकड़ का नुकसान हुआ है और गैर-आदिवासियों को 2807 एकड़ का लाभ हुआ है। इन 6 अंचलों के 11 रैयतवाड़ी गाँवों में गैर-आदिवासियों की जोत 7943 एकड़ से घटकर 7,879 एकड़ हो गई है लेकिन आदिवासियों की जोत 2837 एकड़ से बढ़कर 2944 एकड़ हो गई, हालाँकि यहाँ 3 गाँव ऐसे भी हैं जहाँ अब कोई आदिवासी रैयत नहीं है। पटवारी अंचल संख्या 37, जिसमें गढ़सराय का कस्बा आता है, में व्यवस्था के बाद से चार मालगुजारी गाँवों में आदिवासियों ने 392 एकड़ भूमि का नुकसान सहा है और 2 रैयतवाड़ी गाँवों में 745 एकड़ का जो कि इस अंचल में उनकी भूमि के 25% का नुकसान है। गोरखपुर के पड़ोसी कस्बे में पटवारी अंचल संख्या 40 में पिछली व्यवस्था के समय की अपनी 592 एकड़ भूमि में से आदिवासियों ने 242 एकड़ का नुकसान उठाया है; गैर-आदिवासियों के पास 1904-10 की अपेक्षा अब 318 एकड़ अधिक भूमि है। यहाँ तक कि इस अंचल के 6 रैयतवाड़ी गाँवों में, जिनमें श्री एल्विन के कार्यक्षेत्र पटन और सुनपुरी भी शामिल हैं, में इस अवधि के दौरान आदिवासियों की जोत 2490 से 774 एकड़ कम हो गई है जबकि गैर-आदिवासी की जोत 424 से बढ़कर 500 एकड़ हो गई है। करंजिया पटवारी अंचल जिसका उद्धरण मेरे मांडला नोट्स में शोषण के महत्त्वपूर्ण केन्द्र की तरह आता है, यही कहानी बयान करता है। इस अंचल के अन्तर्गत 2 मालगुजारी और 2 रैयतवाड़ी गाँव आते हैं, मालगुजारी गाँवों में आदिवासियों को 2344 एकड़ में से 379 का नुकसान हुआ है और रैयतवाड़ी गाँवों में 872 एकड़ में 281 का, कुल मिलाकर 670 एकड़ का नुकसान, जबकि पूरे अंचल में गैर-आदिवासियों को 358 एकड़ का लाभ हुआ है, बची हुई भूमि या तो मालगुजारों के पास चली गई है, या

अन्य जिसका साहूकारों से बचने के लिए आदिवासियों ने परित्याग कर दिया है।

37. ये उदाहरण मेरे मांडला नोट्स के पैरा 26 और 27 में दी गई धारणा को निरूपित करते हैं कि मांडला जैसे क्षेत्र में भी आदिवासियों को बिना सोचे-समझे अपनी भूमि के हस्तान्तरण से सुरक्षा प्रदान करने के लिए भू-हस्तान्तरण अधिनियम में काश्तकारी के लिए विस्तार किया जाना चाहिए।

38. मांडला जिले के सम्बन्ध में इस प्रश्न पर एक अन्य महत्त्वपूर्ण दृष्टिकोण से विचार होना चाहिए। श्री ई.एस. हाईड आई.सी.एस.हाल तक डिप्टी कमिश्नर, बताते हैं कि आदिवासियों की भूमि की गुणवत्ता खराब हो रही है, विशेषकर मांडला तहसील में, और रैयतवाड़ी गाँवों में भी भूमि गैर-आदिवासियों के पास जा रही है; उन्होंने इसके कई उदाहरण पाए। मालगुजारों को सालों से अपने गाँवों की सबसे अच्छी ज़मीन मिलती रही है। ज़मीन पर जबरदस्ती कब्जा और अच्छी भूमि की खराब भूमि के बड़े हिस्से के साथ अदला-बदली आम बात है। 1904-10 की व्यवस्था के दौरान मांडला तहसील के मालगुजारी गाँवों में आदिवासी जोतों का औसत लगान रु. 11-7-0 था; अब यह रु. 7-9-0 है, यद्यपि कि इस दौरान 1928-30 की व्यवस्था भी आई जिससे लगान में काफी वृद्धि हुई। 1928-30 की व्यवस्था में लगान का कुल मूल्यांकन रु. 243,434 था, 1904-10 की व्यवस्था में रु. 160263 की अपेक्षा, पर आदिवासियों का कुल लगान का निर्धारण हाल की व्यवस्था में रु. 105894 था ज़बकि 1904-10 में यह रु. 112513 था। कुल मूल्यांकन में 50 प्रतिशत की बढ़ोत्तरी के विपरीत आदिवासी मूल्यांकन में आई यह कमी इस बात का महत्त्वपूर्ण प्रमाण है कि किस प्रकार आदिवासी अपनी ऊपजाऊ भूमि से वंचित किए गए हैं। इसके अतिरिक्त 1939-40 में जिले के काश्तकारी भूमि का 80 प्रतिशत (1·084591 एकड़ में से 817,231 एकड़) आदिवासियों के पास होने के बावजूद उनका मूल्यांकन रु. 522503 के कुल मूल्यांकन में सिर्फ रु. 290713। श्री हाइड टिप्पणी करते हैं कि ऐसा उस जगह है जिसे मांडला जिला गजेटियर का लेखक हिन्दू आक्रमण के विरुद्ध गोंडों का अन्तिम गढ़ कहता है।

39. आदिवासी रैयतवाड़ी जोतों में बुरी भूमि द्वारा अच्छी भूमि की यह अदला-बदली पटवारियों और गैर-आदिवासी पटेलों की बेईमानी द्वारा सुगम बना दी जाती है। श्री हाइड कहते हैं कि "यहाँ तक कि रैयतवाड़ी गाँवों में भी पटवारियों की मिली-भगत से पटेल उत्तम सर्वेक्षण आँकड़ों से आदिवासियों को हटाकर वह भूमि सम्पन्न काश्तकारों या बाहरी लोगों को दिलवा देते हैं। पटवारी मूर्ख पटेलों को गुमराह करके चालाक पटेलों के साथ अर्जित लाभ का बँटवारा कर लेते हैं। कहा जाता है कि मांडला में पटवारी रैयतवाड़ी भूमि बेचकर थोड़ी-बहुत सम्पत्ति बना लेते हैं। उदाहरण के लिए अगस्त 1940 में डिप्टी कमिश्नर ने मांडला के सब-डिविज़नल अफसर के एक आदेश को संशोधित किया जिसमें एक मरार को बिसनपुरा रैयतवाड़ी गाँव के सबसे अच्छे सर्वेक्षण आँकड़ों से बेदखल किया गया था। मूलतः सर्वेक्षण आँकड़ा बासोदी, गोंड पटेल की सम्पत्ति था। वह और उसके पुत्र ने भूमि सुधार ऋण अधिनियम की मदद से कई वर्षों तक उस भूमि का तटबन्धन किया। 16 या 17 वर्ष पहले पुत्र इस *कर्ज* **(Taccair)** का रु. 200 चुका नहीं पाया। तहसीलदार ने इस सर्वेक्षण संख्या को एक मरार कृषक हो हस्तान्तरित कर दिया जिसने **Taccair** का बकाया और इसके अतिरिक्त तटबन्ध के खर्चे की भरपाई के लिए गोंड पटेल को रु. 200 दिया। दिसम्बर 1938 में मुस्लिम पटवारी ने रिपोर्ट किया कि मरार और दूसरे रैयत भूराजस्व अधिनियम के रैयतवाड़ी सेक्शनों के नियमानुसार गाँव में नहीं रह रहे थे। सब-डिविजनल अफसर ने मई

1939 में इसके अनुसार मरार को बेदखल कर दिया। जैसे ही आदेश पटवारी तक पहुँचा पड़ोसी गाँव में रहनेवाले एक सम्पन्न ब्राह्मण कृषक जिसके पास पहले से ही बिसनपुरा रैयतवाड़ी में 20 एकड़ उपजाऊ भूमि थी, को जून के समाप्त होने के पहले ही उस खाली भूमि का अधिकार दे दिया गया। ऐसा इस जिला आदेश के बावजूद किया गया जो एक आम कृषक पर 20 एकड़ उपजाऊ भूमि की सीमा निश्चित करता था और ब्राह्मण एक दूसरे गाँव में रहता था जहाँ से बिसनपुरा में अनुपस्थित कृषि की अनुमति नहीं थी। जब डिप्टी कमिश्नर के आदेश के तहत संशोधित कार्रवाई के दौरान स्थानीय जाँच हुई तो यह ज्ञात हुआ कि पटवारी के वे सब आधार जिन पर मरार को बेदखल किया गया, झूठे थे। मरार आदिवासी नहीं होते और प्रान्त के जंगली इलाकों में सर्वोत्तम कृषकों में से एक हैं। अगर एक मरार को इस प्रकार उत्पीड़ित किया जा सकता है तो एक आदिवासी को उत्पीड़ित करना कितना आसान है! निरन्तर सतर्कता बरतकर ही ऐसे दुर्व्यवहार को टाला जा सकता है, और अचानक हम इस सच्चाई से मुखातिब होते हैं कि मांडला के सभी तहसील पटेलों, पटवारियों और मालगुजारों पर लगातार प्रभावी नियन्त्रण के लिए अपेक्षाकृत बहुत बड़े हैं।

होशंगाबाद ज़िला

40. 1941 में आदिवासी जनसंख्या 127,147 या कुल जनसंख्या का 154 प्रतिशत थी। इनमें से 50,000 नरसिंहपुर उप-डिविजन में रहते हैं। आदिवासी आबादी के मुख्य अवयव और 1891 और 1931 में उनकी संख्या थी :

जनजाति	1891	1931
गोंड, परधान सहित	112,143	95,732
कोर्कू	36,772	22,015
भरिया-भूमिया	3,405	2,903

होशंगाबाद जिले में कोर्कू की 36,772 से 22,014 और गोंडों और परधानों की 64,665 से 51,118 तक की उल्लेखनीय कमी* आर्थिक गिरावट की लाक्षणिक है। 1931 के आँकड़े

* इस गिरावट का एक कारण होशंगाबाद जिले से नीमड़ जिले में 1896 में चरवा समूह के 192 गाँवों का हस्तान्तरण और 1904 में धमजीपुरा समूह के 33 गाँवों का हस्तान्तरण हो सकता है। साम्राज्यक सारणी प्पए सारणी के पृष्ठ 5, 1931 की जनगणना के खंडों के अनुसार, ऐसे क्षेत्र परिवर्तनों के सम्बन्धित जिले की आबादी पर पड़नेवाले प्रभावों की गणना की गई थी और आँकड़ों को उस हिसाब से समायोजित किया गया था। ऐसा शायद, सिर्फ सारणी II पर लागू हुआ। ऐसा प्रतीत होता है कि सारणी XVII और सारणी XVIII के जनजातियों और जातियों के आँकड़ों में इस प्रकार का समायोजन नहीं हुआ था। 1931 में नीमड़ ज़िले में 11,000 छिटपुट गोंड, परधान और ओझा में से आधे से ज्यादा हरसूद तहसील में थे जिसमें नीमड़ ज़िले के 52,172 में से 23,960 कोर्कू भी थे। 1896 और 1904 में होशंगाबाद ज़िले से हस्तान्तरित सभी गाँव हरसूद तहसील में हैं। 1891 और 1900 के दौरान नीमड़ जिले में गोंडों की संख्या 1,589 से बढ़कर 4,310 हो गई और 1901 से 1911 के बीच 4,310 से 8,221 हो गई। पूर्ववर्ती दशक में पुराने होशंगाबाद जिले की गोंड आबादी 61,069 से गिरकर 48,788 हो गई और अनुवर्ती दशक में 46,796 हो गई जो वर्तमान स्तर से थोड़ा नीचे है। पुराने होशंगाबाद ज़िले में कोर्कु आबादी 1891 में 36,772 से 1901 में 22,571 और 1911 में 20,204 तक गिर गई। नीमड़ ज़िले में यह संख्या 1891 में 10,180 से बढ़कर 1901 में 31,041 और 1911 में 36,929 हो गई। ये हस्तान्तरण हालाँकि इस वास्तविकता का उल्लेख नहीं करते कि 1901 के बाद से पुराने होशंगाबाद ज़िले की आदिवासी जनसंख्या में कुछ कमी आई है।

लगभग 1901 के समान हैं और ऐसा प्रतीत होता है कि स्थानीय आदिवासी 1899-1900 के भीषण अकाल के प्रभाव से उबर नहीं पाए हैं। नरसिंहपुर सब-डिविज़न में 1931 की आदिवासी जनसंख्या 1891 की जनसंख्या से कुछ सैकड़ा कम थी।

41. भूमि-क्षरण के आँकड़े दर्शाते हैं कि हरदा तहसील के राहत गाँव अंचल और कर्पानी अंचल के अलावा नरसिंहपुर तहसील में आदिवासियों ने हर जगह भूमि का नुकसान सहा है। पिछली व्यवस्था होशंगाबाद में 1891-96 और पुराने नरसिंहपुर ज़िले में 1894-95 में हुई थी। तब से, पहले से उद्धृत हरदा और नरसिंहपुर तहसील को छोड़कर आदिवासियों ने प्रति 1000 पर 184 एकड़ भूमि गंवाई है और 9359 आदिवासियों के पास अब 73,100 एकड़ भूमि है जबकि पहले 10,347 के पास 89,600 एकड़ हुआ करती थी। औसत जोत 8.7 एकड़ से गिरकर 7.8 एकड़ हो गई है। यह गिरावट इतनी उल्लेखनीय नहीं है जितनी यह होती अगर पुराने होशंगाबाद जिले में आदिवासी जनसंख्या इतनी क्षीण न हो जाती।

सम्पूर्ण रूप में इस जिले में आदिवासी सिर्फ दक्षिणी सीमा पर के बैतूल और छिन्दवाड़ा ज़िलों से संलग्न सतपुड़ा के देहाती इलाकों में ही सुरक्षित हैं, कुछ ऐसे अंचल हैं जहाँ गिरावट 60 के दशक के 30 साला व्यवस्था से ही लगातार जारी है। ऐसे इलाके सोहागपुर का सेमटी अंचल, होशंगाबाद के बम्बई और दुलरिया अंचल, सिवनी-मालवा के सतवंशा और पगधल अंचल और गदखारा के चिचले अंचल हैं। आदिवासियों के पास 1840 से 1860 से कम जोत होनी चाहिए। एक आश्चर्यजनक बात है जबकि याद रहे कि पूरे प्रान्त में हर जगह 60 और 90 के बीच के बीच की व्यवस्थाओं के दरम्यान कृषि में अत्यन्त वृद्धि हुई थी। लेकिन उद्धृत सभी अंचल नर्मदा घाटी के उपजाऊ गेहूँ की फसल के क्षेत्र हैं जहाँ मेरे आदिवासी मालगुजारों को आदिवासी काश्तकारों की जितनी सम्भव हो सके, भूमि अर्जित करने पर लाभ हुआ है। 1891 से 1940 के दौरान आदिवासियों ने हरदा के हंडिया अंचल में अपनी भूमि का 41.5% सिवनी-मालवा के सतवंसा अंचल में 35%, नरसिहपुर के कर्पानी अंचल में 28.5%, सोहागपुर के बनखेरी अंचल में 26.1% और गदरवारा के धोबी अंचल में 26% का नुकसान सहा है।

42. यहाँ तक कि आदिवासीबहुल इलाकों में भी आदिवासी काश्तकार सुरक्षित नहीं हैं यदि उनकी भूमि अच्छी सड़क या रेल संचार के समीप है या मालगुजार भूमि पर नजर गड़ाए हुए हैं या अधिक भरोसेमन्द काश्तकार रखना चाहता है। होशंगाबाद का इटारसी अंचल इसका प्रारूप है : जो हिस्सा आदिवासीबहुल है वह प्रमुख जबलपुर-बम्बई महान भारतीय प्रायद्वीप लाइन के 1 1/2 मील दक्षिण से शुरू होता है। लाइन के उत्तर में जो कुछ आदिवासी जोतें हैं वे अनुपजाऊ हैं, और जितना हड़पा जा सकता था वह सब कई सालों पहले ही हड़पा जा चुका है।

निम्नलिखित सारणी में पहले 3 पटवारी अंचल सतपुड़ा की तराई में आदिवासी इलाकों के उत्तरी छोर पर स्थित हैं। दूसरे अंचलों के अधिकांश भाग बोर्धा और टाकु के सूबेदारों की रियासतों में पड़ते हैं। इटारसी-नागपुर महान भारतीय प्रायद्वीपीय लाइन इस इलाके के मध्य से गुजरती है और इटारसी-बैतूल सार्वजनिक कार्य विभाग रोड भी। केसला से टाकु और सुक्तावा से बोर्धा तक शाखा मार्ग है जबकि कुछ लाभकारी जंगली मार्गों ने इस इलाके को खुला कर दिया है—

पटवारी अंचल सं.	1891-96 व्यवस्था		1939-40	
	आदिवासी काश्तकारों की संख्या	उनके अधिकार की भूमि की एकड़ में माप	आदिवासी काश्तकारों की संख्या	उनके अधिकार की भूमि की एकड़ में माप
(1)	(2)	(3)	(4)	(5)
21	19	268	10	55
27	24	116	24	46
57	150	1,252	154	844
(केसला) 59	160	1,273	88	866
60	158	2,885	138	2,177
(बोधी) 61	199	2,424	135	2,093
62	177	3,410	140	1,989
63	84	2,152	103	1,554
योग	**971**	**13,780**	**792**	**9,624**

इन 8 पटवारी अंचलों में पिछले 45 वर्षों में आदिवासियों की जोत 971 के पास 13,780 एकड़ से घटकर 792 के पास 9,624 एकड़ हो गई है, प्रति 1,000 पर 302 एकड़ का कुल नुकसान। यहाँ के आदिवासियों की बहुसंख्या गोंड और कोर्कू का मिश्रण है। यह लगातार जारी शोषण का प्रतिनिधिक इलाका है जो *डिस्ट्रिक्ट ग़ज़ेटियर* (जिला गजट) लिखने के पहले से ही चल रहा था। करीब-करीब ऐसा ही हाल पड़ोसी बैतूल तहसील का भी है। 1935 में इसके दौरे के दौरान मुझे एक गाँव मिला जहाँ साहूकार धोखे से दो बुजुर्गों से उस कर्ज की वार्षिक रकम अदायगी करवा रहे थे जिन्हें 1899-1900 के भीषण अकाल के बाद चली स्वैच्छिक कर्ज़ सुलह कार्रवाइयों के तहत माफ कर दिया गया था। और पूरब में सोहागपुर, गदरवारा और नरसिंहपुर तहसीलों की दक्षिणी सीमाएँ पुरानी आदिवासी परिवारों जैसे बरियम पगड़ा का कोर्कू जागीरदार और सोहागपुर, फतेहपुर और चिचली के राज-गोंड राजा से सम्बन्धित हैं। यहाँ भी आदिवासियों की बेदखली चलती है सिवाय बरियम-पगड़ा जागीर के। वास्तव में राज-गोंड राजा सबसे तेज हिन्दूकरण करनेवाला है और उसके तथा उसके गोंड काश्तकारों के बीच शायद ही कोई साझा आर्थिक या सामाजिक सरोकार हो। बरियम-पगड़ा अपनी दूरी की वजह से सुरक्षित था और इस वजह से कि यहाँ का जागीरदार अपनी ज्यादातर गाँवों के कोर्कू समुदाय के साथ रिश्ते में जुड़ा था। 1935 में यहाँ घूमते समय मुझे कुछ हिन्दुओं से यह शिकायत प्राप्त हुई कि पुराना जागीरदार उनसे बेगार करवाता था पर कोर्कू काश्तकारों से नहीं करवाता था। यह आम प्रक्रिया का एक अजीब उल्टा रूप करीब 60 वर्षों से बूढ़ा जागीरदार इस भूमि का मालिक था पर हाल में उसकी मौत के बाद उसके उत्तराधिकारी की भी मौत हो गई। अब इसके उत्तराधिकार के दो दावेदार हैं और दोनों ही कानूनी लड़ाई के लिए बनियों से जंगल लीज अनुदान से धन एकत्र कर रहे हैं। यह रियासत भी अब भूमि के भूखे शोषकों का आना अब देख सकेगी।

नीमड़ ज़िला

43. 1941 में आदिवासी जनसंख्या 1,06,934 थी जो 1931 से 14211 ज्यादा थी। अब यहाँ जनसंख्या के प्रति 1,000 में 200 आदिवासी हैं जबकि यह संख्या 1931 में 193 थी। निम्नलिखित सारणी 1891, 1901 और 1931 की जनगणनाओं में आदिवासी जनसंख्या के प्रमुख अवयवों की तुलना करती है–

	1891	1901	1931
कोर्कू	10,118	31,041	52,172
भील	21,460	22,323	25,993*
गोंड और परधान	1,589	4,418	10,902
कोली	...	...	3,352
योग	**33,167**	**57,782**	**92,419**

1931 में नामांकित चारों समुदाय मिलकर 92,723 की कुल आदिवासी जनसंख्या में 92,419 थे। यह अकेला ज़िला है जहाँ भील बड़ी संख्या में पाए जाते हैं। 1931 में ज़िले के 25,993 भीलों में से 23,379 भील खंडवा तहसील में दर्ज़ किए गए थे, जहाँ उत्तर-पश्चिम में बदूद अंचल में तथा दक्षिण में पन्धारा और सिन्गोट अंचलों में नर्मदा के समीप कई भील गाँव हैं और 1931 में हरसूद तहसील में हर 1,000 में 341 आदिवासी थे, बुरहानपुर तहसील में 188 और खंडवा तहसील में 156।

44. सारणी I और IV में दी गई विभिन्न व्यवस्थाओं के समय के मालगुजारी तथा रैयतवाड़ी गाँवों में आदिवासियों के भूमालिकाने के आँकड़े उन गाँवों के आँकड़े नहीं समाहित करते जिनमें कभी आदिवासी काश्तें या रैयतें रही ही नहीं। कुल मिलाकर लगभग 1,150 गाँवों में से 537 मालगुजारी और 306 रैयतवाड़ी गाँवों के आँकड़े एकत्रित किए गए हैं। पूरे ज़िले के स्तर पर यहाँ आदिवासियों ने दूसरे ज़िलों की अपेक्षा बहुत कम भूमि खोई है। मालगुजारी गाँवों में यह सही है कि 1895-98 की व्यवस्था के बाद से जहाँ आदिवासी काश्तकारों की संख्या 3,930 से बढ़कर 4,572 हुई है उनकी जोतें 56,155 से घटकर 51,358 एकड़ हो गई है। इसके विपरीत हालाँकि, आदिवासी रैयतों की संख्या और उनके मालिकाने के क्षेत्र का सर्वेक्षण संख्या 2,119 के पास 56,812 एकड़ से बढ़कर 4,973 के पास 1,11,015 एकड़ हो गई है। मालगुजारी गाँवों में आदिवासियों के जोतों में कमी के समान्तर दूसरे समुदायों के काश्तकारों के कुल मालिकाने में कमी नहीं हुई है जो कि इस अवधि के दौरान 2,89,783 एकड़ से बढ़कर 409,587 एकड़ हो गई है। अवश्य ही कुल काश्तकारों की संख्या में एक बड़ी बढ़ोत्तरी हुई है। पूरे जिले में मालगुजारी गाँवों में सभी काश्तकारों की औसत जोत 45 वर्षों में सिर्फ 13.5 से घटकर 11.1 एकड़ हुई है; औसत आदिवासी काश्तकार जोत 14.3 से घटकर 10.88 एकड़ हो गई है। दूसरी तरफ रैयतवाड़ी गाँवों में औसत आदिवासी जोत 21.6 से बढ़कर 24 एकड़ हो गई है।

* 1931 की जनगणना सारणियों में भील आबादी को लेकर विसंगति है। पृष्ठ संख्या 457 की सारणी में कुल आबादी 25,993 दर्शायी गई है जबकि पृ. 414 की सारणी इसे 24,993 बताती है। पूर्ववर्ती आँकड़े स्पष्टतः तीनों तहसीलों में दिए गए भील आबादी के आँकड़ों के योग के आधार पर लिए गए हैं।

45. असाधारण रैयतवाड़ी विस्तार ने जिले के आदिवासियों को बचा लिया है। यह विस्तार 1896 और 1904 में होशंगाबाद जिले से हरसूद तहसील में हस्तान्तरित क्षेत्रों (बुरहानपुर के पदलिया और खकनार अंचल और खंडवा तहसील का सिंगोर अंचल) में ज्यादा उल्लेखनीय है। इन अंचलों में मालगुजारी गाँवों में भी कृषि में सामान्य विस्तार हुआ है और यद्यपि कि आदिवासी काश्तकारों की भूमि 1939-40 में लगभग उतनी ही है जितनी 1895-98 की व्यवस्था में थी, दूसरे दो अंचलों में आदिवासियों ने मालगुजारी गाँवों में अपने कुल मालिकाने में वृद्धि की है।

इन अंचलों के आँकड़े निम्नलिखित हैं–

		1895-98		1939-40	
अंचल	गाँवों की संख्या	कुल काश्तकारों या रैयतों की संख्या	उनकी जोत का क्षेत्रफल (100 एकड़)	कुल काश्तकारों या रैयतों की संख्या	उनकी जोत का क्षेत्रफल (100 एकड़)
(1)	(2)	(3)	(4)	(5)	(6)
पदलिया–					
मालगुजारी	39	674	9,4	1,012	22,8
रैयतवाड़ी	78	2,115	65,8	3,781	97,7
योग	**117**	**2,789**	**75,2**	**4,793**	**120,5**
खाकनार–					
मालगुजारी	15	410	8,0	759	14,4
रैयतवाड़ी	65	1,556	39,7	3,485	76,8
योग	**80**	**1,966**	**47,7**	**4,244**	**91,2**
सिंगौत–					
मालगुजारी	51	2,506	38,1	4,240	53,4
रैयतवाड़ी	34	629	18,2	1,498	34,8
योग	**85**	**3,135**	**56,3**	**5,738**	**88,2**
योग–					
मालगुजारी	105	3,590	55,5	6,011	90,6
रैयतवाड़ी	177	4,300	123,7	8,764	209,3
योग	**282**	**7,890**	**179,2**	**14,775**	**299,9**

सर्किल	1895-98 आदिवासी काश्तकारों या रैयतों की संख्या	उनकी जोत का क्षेत्रफल (100 एकड़)	1939-40 आदिवासी काश्तकारों या रैयतों की संख्या	उनकी जोत का क्षेत्रफल (100 एकड़)
(1)	(7)	(8)	(9)	(10)
पदलिया–				
मालगुजारी	525	6,3	515	8,8
रैयतवाड़ी	1,088	32,6	2,041	51,9
योग	**1,613**	**38,9**	**2,556**	**60,7**
खाकनार–				
मालगुजारी	227	4,3	320	5,3
रैयतवाड़ी	567	14,6	1,685	34,3
योग	**794**	**18,9**	**2,005**	**39,6**
सिंगौत–				
मालगुजारी	584	10,6	994	10,6
रैयतवाड़ी	103	2,7	652	13,7
योग	**687**	**13,3**	**1,646**	**24,3**
योग–				
मालगुजारी	1,336	21,2	1,829	24,7
रैयतवाड़ी	1,758	49,9	4,378	99,9
योग	**3,094**	**71,1**	**6,207**	**124,6**

एक उल्लेखनीय बात औसत जोत में बहुत निम्न कमी का होना है। सभी काश्तों और रैयतों का औसत 45 वर्षों में 22.7 से गिरकर 20.3 एकड़ हुआ है और आदिवासी काश्तों और रैयतों की सिर्फ 23.0 से 21.1 एकड़ हुई है। सभी रैयतों के लिए औसत रैयतवाड़ी जोत में कमी सिर्फ 28.8 से 23.9 एकड़ है और आदिवासी रैयतों की सिर्फ 28.0 से 22.8 है। शायद भूराजस्व अधिनियम के रैयतवाड़ी नियम, जो रैयतों को किसी सर्वेक्षण संख्या के भाग पर दावा करने से वंचित करता है, ने जोतों को विखंडित होने से बचाया है। मालगुजारी गाँवों में सभी काश्तकारों की औसत माप 15.9 से गिरकर 15.1 एकड़ हुई है और आदिवासी काश्तकारों की जोत 15.9 से गिरकर 13.5 एकड़ हो गई है। ऐसा प्रतीत होता है कि इन अंचलों में बड़े वैकल्पिक रैयतवाड़ी भूमि की उपलब्धता ने एक तरफ किसानों के बेटों को नई भूमि की संभावना दिखाई है वहीं दूसरी तरफ भूमालिकों द्वारा काश्तकारों की जमीन हड़पने की प्रवृत्ति पर भी रोक लगाई है। इन अंचलों में स्पष्टतः जैसा कि मांडला जिले और बैहर तहसील, दो अन्य आदिवासी क्षेत्र जहाँ उल्लेखनीय रैयतवाड़ी विस्तार हुआ है रैयतवाड़ी प्रणाली आदिवासियों को सुखी रखने के लिए उल्लेखनीय और अनुकूल है।

हरसूद के पदलिया अंचल में स्थानीय आदिवासियों और गाँववालों ने नीमड़ ज़िला युद्ध

कोष के लिए स्वतःस्फूर्तता के साथ रुपए 1400 एकत्रित किए। ऐसा मुख्यतः खाली सर्वेक्षण संख्याओं की नीलामी की प्रणाली को रद्‌द करने के लिए नज़रानास्वरूप था। नीलामी पद्धति का प्रभाव ऐसा था कि आदिवासी बोली लगाने में पीछे रह जाते थे और जब कभी कोई सर्वेक्षण संख्या खाली मिलती, गैर-आदिवासी लोग आदिवासी गाँवों में घुसपैठ कर लेते थे। मेलाघाट तालुक में चलाई गई इसी प्रकार की व्यवस्था की तरह ही यह बदलाव भी हितकारी है।

46. इसलिए नीमड़ में सामान्य तौर पर चिन्ता करने के लिए ज्यादा वास्तविक बेदखली नहीं है, फिर भी खंडवा तहसील (सिंगौत अंचल के अलावा) बुरहानपुर तहसील के शाहपुर अंचल में और हरसूद तहसील (पलिया अंचल को छोड़कर) के मालगुजारी गाँवों में आदिवासी जोतें 1895-98 के बाद से 30,800 से गिरकर 23,300 एकड़ हो गई है जो कि 24.3% की गिरावट है। हो सकता है कुछ बेदखल आदिवासी रैयतवाड़ी क्षेत्रों में चले गए हों। मगर यह भील लोगों पर लागू नहीं होता और न ही इन अंचलों में से किसी भी रैयतवाड़ी क्षेत्र में आदिवासी रैयतों की संख्या में मामूली से ज्यादा बढ़त हुई है। खंडवा के मुंडी अंचल में और बुरहानपुर तहसील के बुरहानपुर अंचल के रैयतवाड़ी गाँवों में जिस प्रकार का विस्तार हुआ है उसका लाभ मुख्यतः गैर-आदिवासियों को मिला है। इन्दौर रियासत और बम्बई के पूर्वी खानदेश ज़िला की सीमा पर लगे खंडवा और बुरहानपुर के सभी मालगुजारी गाँवों में आदिवासियों को काफी भूमि का नुकसान हुआ है और हो रहा है। खासकर खंडवा के पन्धान अंचल में जहाँ आदिवासी जोतें 1895-98 में 11,549 एकड़ से गिरकर पिछली व्यवस्था में 9,815 एकड़ हो गई थी और 1939-40 में यह संख्या 7,993 हो गई, यानि प्रति 1,000 एकड़ पर 308 का नुकसान। इन 45 वर्षों में आदिवासी काश्तकारों की संख्या 640 से बढ़कर 757 हो गई है, जिससे कि औसत आदिवासी जोत 18 एकड़ से घटकर 10 1/2 एकड़ हो गई है। स्पष्ट है कि आदिवासी काश्तकारों को इन पश्चिमी अंचलों में कब्जे से सुरक्षा की आवश्यकता है। खंडवा अंचल में अब उनके पास 1,054 एकड़ बचे हैं और बुरहानपुर में 3,330, पिछले 20 वर्षों में उन्होंने इन क्षेत्रों में क्रमशः 307 और 685 एकड़ का नुकसान सहा है। लेकिन ये बचे-खुचे हिस्से भी बेदखली से बचाए जाने चाहिए।

बैतूल ज़िला

47. इस ज़िले में भैंसदेही तहसील आंशिक अपवर्जित क्षेत्र है। 1941 में इस जिले की जनजातीय जनसंख्या 167,447 थी या हर 1,000 की जनसंख्या में 382 जो 1931 में 377 थी। 1931-41 में जनसंख्या 14,284 से बढ़ी। 1931 में आदिवासियों की संख्या बैतूल में हर हजार पर 502 थी और भैंसदेही में 5441। निम्नलिखित सारणी गोंड और कोर्कू समुदायों की संख्याबल की तुलना करती है, जो 1891, 1900, 1931 की जनगणना में दर्ज कुछ एक को छोड़कर कुल आदिवासी आबादी का निर्माण करते हैं—

जनजाति	1891	1901	1931
गोंड*	94,540	84,513	115,648
कोर्कू	˗1,880	23,868	37,464

* परधान और ओझा को सम्मिलित करके।

1901 की गिरावट भीषण अकाल के असर को दर्शाती है। परधानों की उस समय अलग से गणना नहीं की गई थी, लेकिन 1901 के गोंडों के आँकड़े में 2000 की वृद्धि की गई थी जो कि उस साल परधानों की संख्या का एक मोटा-मोटा अनुमान है। 1931 में बैतूल तहसील में 58,500 गोंड थे, मुल्तई में 29,400 और भैंसदेही में 27,700; बैतूल में 12856 कोर्कू थे, भैंसदेही में 23,246 और मुल्तई में 13621। 1897-99 की व्यवस्था के बाद से पूरे ज़िले में आदिवासी काश्तों में गिरावट आई है जो 20,773 काश्तकारों के पास 336,300 एकड़ से घटकर 23,664 काश्तकारों के पास 316,800 एकड़ हो गई और इस प्रकार औसत आदिवासी जोत 16.2 से गिरकर 134 एकड़ हो गई है। यदि हम 1897-99 में 1462 आदिवासियों की रैयतवाड़ी गाँवों की 35,100 एकड़ और इन गाँवों में 1939-40 में 2924 आदिवासियों की 55400 एकड़ जमीन जोड़ दें तो 42 वर्षों में कुल आदिवासी मालिकाने में अंशतः वृद्धि मिलेगी जो 371,400 से बढ़कर 372,200 एकड़ हो जायेगी। लेकिन चूँकि आदिवासी काश्तकारों और रैयतों की संख्या 22,235 से बढ़कर 26,568 हो गई है, औसत जोत 16.7 से घटकर 14 एकड़ ही गई है। इसके विपरीत गैर-आदिवासी काश्तकारों और रैयतों की संख्या 24,078 के पास 412,985 एकड़ से बढ़कर 34,338 के पास 510,567 एकड़ हुई है और उनकी औसत जोत 17.2 से घटकर 14.9 एकड़ हो गई है। 1897-99 में आदिवासी, काश्तकारों और रैयतों का 48 प्रतिशत थे और 47.3 प्रतिशत काश्तकारी और रैयतवाड़ी भूमि के मालिक थे। 1939-40 में वे 43.6 प्रतिशत थे और 42.2 प्रतिशत भूमि उनके पास थी।

48. जिले के कुछ हिस्सों में कब्जे की प्रवृत्ति दूसरे भागों की अपेक्षा बहुत ज्यादा है। पहले हम भैंसदेही तहसील, आंशिक अपवर्जित क्षेत्र पर गौर करते हैं। ताप्ती के दक्षिण में कुछ एक गाँवों को छोड़कर नन्दा के राजस्व इंस्पेक्टर के अंचल विशुद्ध आदिवासी इलाका है जिसमें अमरावती, खंडवा और होशंगाबाद जिलों के बीच ताप्ती घाटी के किनारे की अत्यन्त जंगली पट्टी शामिल है। यहाँ के 136 मालगुज़ारी गाँवों में (जिनमें दामजीपुरा के कोर्कु मालगुजारी परिवारों के कई गाँव शामिल हैं।) 1897-99 के बाद से आदिवासी जोतें 45.330 से बढ़कर 58.151 एकड़ हो गई हैं, और रैयतवाड़ी गाँवों में 2010 से बढ़कर 4841 एकड़। लेकिन अन्य दो अंचलों, अथनैर और भैंसदेही में आदिवासियों को भारी नुकसान हुआ है। मालगुजारी गाँवों में 72,596 में से उन्होंने 11,071 एकड़ खोया है, 15.2 प्रतिशत की गिरावट। कुछ इलाकों में यह गिरावट अत्यन्त उल्लेखनीय है। ज़िला कार्यालय में बनाए गए तहसील के एक जातिसूचक मानचित्र ने दर्शाया कि भैंसदेही के पश्चिम से लेकर अथनैर के परे मुल्तई तहसील की सीमा तक और लगभग उत्तर से दक्षिण 12 मील अन्दर तक की पट्टी वाले क्षेत्र में आदिवासी अल्पसंख्या में है। उत्तर से दक्षिण तक यह बैतूल-इलीचपुर रोड और बैतूल-अथनैर रोड द्वारा जुड़ा है। पश्चिम से पूरब तक भैंसदेही-अथनैर रोड इसे काटती है। अथनैर अंचल के 11 पटवारी अंचली संख्याएँ 1,13-16, और 18-23, में 1897-99 में 750 आदिवासियों के पास 12,928 एकड़ अब घटकर 1939-40 में 568 के पास 8340 एकड़ हो गया है, यानि हर 100 पर 36 एकड़ का नुकसान। इसी अवधि में ग़ैर-आदिवासियों की बढ़ोत्तरी 1045 के पास 28,805 एकड़ से बढ़कर 1639 के पास 35,939 एकड़ हो गई है, क्षेत्रफल में लगभग 25 प्रतिशत की बढ़ोत्तरी; सभी काश्तकारों के पास कुल भूमि में बढ़ोत्तरी सिर्फ 6,000 एकड़ है। भैंसदेही अंचल के 12 पटवारी अंचलों के पड़ोसी समूह (संख्या 17 और 25 से 35) में 1897-99 में 1113 आदिवासियों के पास 29,693 एकड़ के समक्ष

1939-40 में 1,167 के पास 21,304 एकड़ थे, प्रति 100 पर 29 एकड़ का नुकसान जबकि इसी दरम्यान गैर-आदिवासियों 1,125 के पास 25,418 से बढ़कर 1,823 के पास 35,008 एकड़ हो गए, 9,590 एकड़ या 38 प्रतिशत की बढ़ोत्तरी। इन 23 पटवारी अंचलों में 1897-99 में 46 प्रतिशत काश्तें आदिवासी थीं और 44 प्रतिशत काश्तकारी भूमि उनके पास थी। 1939-40 में केवल 33% काश्तें आदिवासियों की थीं और उनके पास कुल काश्तकारी भूमि का सिर्फ 29.5 प्रतिशत था। इस तरह यह स्पष्ट है कि हमारी आँखों के सामने इस आंशिक अपवर्जित क्षेत्र में काश्तकारी का थोक जातीय रूपान्तरण हो रहा है। जून 1940 में मैंने इस क्षेत्र का दौरा किया। पटवारी अंचल 7 में बैतूल-इलीचपुर रोड पर बैतूल से 45 मील की दूरी पर कोटलकुंड से उदाम गाँव तक गोंड और कोर्कू ग्रामीणों के साथ जाते हुए मुझे खेत के बाद खेत दिखाए गए जो पिछले 10-12 वर्षों में गोंड या कोर्कू किसानों के हाथ से निकलकर अन्यत्रवासी हिन्दुओं के पास या मालगुजारों के फार्म में चले गए हैं। यह याद रहना चाहिए कि वक्तव्य में दिए गए काश्तकारी भूमि के कब्जे के आँकड़ों में सिर्फ वही भूमि शामिल है जो कि काश्तकारी भूमि है, यदि आदिवासी भूमि मालगुजार के फार्म का हिस्सा बनती है तो उसे 1939-40 के आदिवासी काश्तकारी भूमि के आँकड़ों में शामिल नहीं किया गया था, इसलिए वास्तव में गैर-आदिवासियों द्वारा प्रत्यक्ष या अप्रत्यक्ष रूप से की जानेवाली खेती जितना आँकड़े दर्शाते हैं उससे बहुत अधिक है। दूसरा बुरा लक्षण जो मैंने इन गाँवों में देखा वह यह था कि कई मामलों में पुराना गोंड काश्तकार उप-काश्तकार या बटाईदार की हैसियत से अपनी भूतपूर्व जमीन को जोते जा रहा था।

49. बैतूल तहसील में बैतूल अंचल बेदखली का प्रमुख केन्द्र है; 1897-99 से आज तक आदिवासियों ने 32,986 में से 5659 एकड़ भूमि खोई है। गैर-आदिवासियों की भूमि में 10,488 एकड़ की बढ़ोत्तरी हुई है और अब वह 74,028 एकड़ हो गई है। चिन्चोली अंचल में यह प्रक्रिया अभी शुरू हो रही है। 1916-20 की व्यवस्था के बाद आदिवासियों ने 56,026 में से 3000 एकड़ खो दिया और गैर-आदिवासियों को 3116 एकड़ का लाभ हुआ है। केवल शाहपुर अंचल में ही बढ़ोत्तरी पाई गई, और 3330 आदिवासियों के पास 49,652 एकड़ भूमि बढ़कर 3914 के पास 49,783 हो गई है। लेकिन इस अंचल में 35 रैयतवाड़ी गाँव हैं जहाँ कृषि बढ़ रही है, और आदिवासी रैयतें 620 के पास 13,504 एकड़ से बढ़कर 1324 के पास 24,003 एकड़ हो गई है। हमेशा की तरह, जब रैयतवाड़ी भूमि उपलब्ध हो, मालगुजार की समस्या आदिवासी को बेदखल करने की जगह उसको बचाकर रखने की होती है। बैतूल तहसील के जातीय मानचित्र को देखने पर, भैंसदेही तहसील की तरह ही, यह पता चलेगा कि आदिवासी रैयतों का कब्ज़ा बैतूल और चिंचोली के आस-पास के पटवारी अंचलों में अत्यधिक तेज है जहाँ आदिवासी अल्पसंख्या में हैं। तहसील के उत्तर में जहाँ बहुत अधिक जंगल हैं और जमीन अनुपजाऊ है, आदिवासी कुछ कस्बों के आस-पास की जमीन छोड़कर अपनी बाकी जमीन बचाकर रखते हैं।

50. मुल्तई तहसील में आदिवासी कुल आबादी का सिर्फ 18 प्रतिशत हैं। सिर्फ उत्तरी और दक्षिणी सीमा के कुछ गाँवों में ही वे बहुसंख्या में हैं। सभी तरफ वे अपनी भूमि खो रहे हैं और 281 मालगुजारी गाँवों में 1897-99 से अब तक उनकी जोत 83,212 से घटकर 67,016 एकड़ हो गई है, करीब 20 प्रतिशत की गिरावट। आदिवासी काश्तकारों की संख्या 4159 से बढ़कर 4734 हो गई है और इसलिए औसत जोत 18 एकड़ से गिरकर 14 एकड़ हो गई है।

51. कुछ ऐसे जिले हैं जहाँ आदिवासी काश्तकारों की सुरक्षा की आवश्यकता बैतुल से ज्यादा है जो दक्षिण में अति उन्नत नागपुर और बेरार तथा उत्तर में नर्मदा घाटी के बीच में स्थित है।

छिन्दवाड़ा ज़िला

52. इस विशाल जिले का जिसमें भूतपूर्व सिवनी जिला भी शामिल है, अब क्षेत्रफल 7,794 वर्ग मील और जनसंख्या (1941) 1,034,040 है जिसमें 384,681 आदिवासी हैं या प्रति एक हजार में 372, जो कि 1931 में 386 की तुलना में कम है। जिले में छिन्दवाड़ा और अमरवाड़ा तहसीलों की जागीरें आंशिक अपवर्जित क्षेत्र हैं। 1941 में उनकी जनसंख्या 93,823 थी जिनमें 62,792 या प्रति हजार में 675 आदिवासी थे। जागीर में कब्जे के आँकड़े खालसा क्षेत्र से अलग रखे गए हैं क्योंकि पिछली व्यवस्था (1916-20) तक इन जागीरों में प्रत्येक काश्तकारी जोत के आँकड़े उपलब्ध नहीं हैं।

53. ज़िले की प्रमुख आदिवासी समुदायों और 1891 तथा 1931 में (जब पुराने छिन्दवाड़ा और पुराने सिवनी जिले की आदिवासी जनसंख्या क्रमशः 215,737 और 157,341 थी) उनकी जनसंख्या निम्नलिखित है–

समुदाय	1891	1931
पुराना छिन्दवाड़ा ज़िला		
गोंड (मुरिया, ओझा तथा नगार्ची सहित)	139,898	178,253
परधान	4,293	8,698
भरिया-भुमिया	6,801	7,199
कोर्कू	12,559	18,958
पुराना सिवनी ज़िला		
गोंड (नगार्ची और ओझा सहित)	145,270	138,401
परधान	13,035	15,615
भरिया-भुमिया	1,690	1,536
सिवनी में गिरावट स्पष्ट है।		

54. संयुक्त ज़िले के खालसा क्षेत्र में सारणी I दर्शाती है कि मालगुजारी गाँवों में 1891-95 में 30,933 आदिवासियों के पास 514,900 एकड़ के विरुद्ध 1939-40 में 43,078 आदिवासियों के पास 531,700 एकड़ भूमि थी, औसत जोत 17 से गिरकर 12.3 एकड़ हो गई थी। इसी अवधि के दौरान गैर-आदिवासियों की जोत 54,515 के पास 764,000 एकड़ से बदलकर 84,010 के पास 976,600 हुई है, उनकी औसत जोत गिरकर 16 से 11.6 एकड़ हो गई है। यह याद रखना चाहिए कि गैर-आदिवासियों का 11.6 एकड़ के औसत वाली भूमि आदिवासियों के 12.3 एकड़ की औसत भूमि से कई गुना अधिक उपजाऊ है। हमेशा की तरह, आदिवासियों की स्थिति रैयतवाड़ी गाँवों में बेहतर है, जिनकी संख्या 267 है और

जो ज्यादातर छोटी हैं और लखनादोन तहसील में हैं। यहाँ आदिवासी रैयत, कुल जोत और औसत जोत 1891-95 में 1661 लोग, 38,600 एकड़ और 23.2 एकड़ से बदलकर 3,398 लोग, 76,000 एकड़ और 22.4 एकड़ हो गई है, इसके सदृश गैर-आदिवासी रैयतों में बदलाव 1,130 लोग, 27,600 एकड़ और 24,4 एकड़ से 1,523 लोग, 32,900 एकड़ और 21.6 एकड़ हुआ है।

55. ज्यादा सूक्ष्म जाँच करने पर आँकड़े विभिन्न क्षेत्रों में कब्जे की प्रक्रिया में लगातार वृद्धि दर्शाते हैं। सारणी III दर्शाती है कि सौगौत और सिवनी तहसीलों, छिन्दवाड़ा तहसील के मोहखेद और छिन्दवाड़ा अंचलों और अमरवाड़ा तहसील के चाँद और चौराई अंचलों में 1891-95 से मालगुजारी गाँवों में आदिवासी जोतें 18,462 काश्तकारों के पास 279,100 एकड़, 15.1 एकड़ के औसत जोत से बदलकर 23,254 के पास 249,300 एकड़, 10.7 एकड़ के औसत से हो गई है : आदिवासियों को प्रति 1000 एकड़ में 107 एकड़ का नुकसान हुआ है।

56. सौसर तहसील—मुख्यतः मराठीभाषी यह तहसील खासकर नागपुर के मैदानी भागों और सतपुड़ा के पठार की दक्षिणी छोर से लगे तराई में स्थित है। भूमि का नुकसान सौसर और पंधुरना अंचलों में उल्लेखनीय है, पर जंगली बिछुआ अंचल में कम है। पहले के दो अंचलों में 1891-95 से बदलाव 3277 आदिवासी काश्तकारों के पास 48,429 एकड़ रुपया 17,571 के लगान पर से 4112 के पास 38,570 एकड़ रुपया 17,339 के लगान पर हो गया है, 9,859 एकड़ या 20.4% का नुकसान। इसी अवधि में गैर-आदिवासी जोतें 9564 काश्तकारों के पास रु. 1,24006 के लगान पर 123,289 एकड़ से बढ़कर 15,621 काश्तकारों के पास रुपए 169,291 के किराए पर 154,161 एकड़ हो गई हैं। 1939-40 में प्रति एकड़ औसत किराए में विषमता पर ध्यान दीजिए; आदिवासी काश्तकारों के लिए 7 आना 3 पैसा प्रति एकड़, अन्य के लिए रुपया 1-1-1, 1915-19 की व्यवस्था के बाद से यहाँ आदिवासियों के हाथों से कुछ अच्छी भूमि की खराब भूमि से अदला-बदली हुई है मगर यह ज्यादा नहीं है, चूँकि उनका औसत लगान 7 आना 4 पैसा से गिरकर सिर्फ 7 आना 3 पैसा हुआ है, पर सारी अच्छी भूमि पुरानी तारीखों में उनके हाथ से निकली थी।

बिछुआ अंचल में 24,438 में से आदिवासियों के सिर्फ 19 एकड़ का नुकसान हुआ है, लेकिन चूँकि 1915-19 की व्यवस्था के बाद से आदिवासी जोतों का औसत लगान 8 आना 10 पैसा से गिरकर 8 आना 5 पैसा हुआ है, यह दर्शाता है कि मालगुजारों और अन्य ने आदिवासियों को उनकी अच्छी जोतों से खदेड़ना शुरू कर दिया है : गैर-आदिवासी जोतों की औसत लगान 1939-40 में 15 आना 7 पैसा प्रति एकड़ थी।

57. छिन्दवाड़ा तहसील—परसिया और भटोदिया अंचलों में आदिवासियों ने वास्तव में मालगुजारी गाँवों में अपनी कुल जोत में 1891-95 से इजाफा किया है, लेकिन 1915-19 की व्यवस्था के बाद से प्रति एकड़ औसत लगान पहले अंचल में 7 आना 11 पैसा से गिरकर 7 आना 1 पैसा हुआ है, और दूसरे अंचल में 5 आना 8 पैसा से 5 आना 6 पैसा हुआ है। छिन्दवाड़ा अंचल में 1891-95 से आदिवासियों ने 27,561 में से 4,188 एकड़ का नुकसान उठाया है या प्रति 1000 पर 152 का और 1915-19 से प्रति एकड़ औसत लगान 9 आना 6 पैसा से गिरकर 9 आना 4 पैसा हुआ है। गैर-आदिवासी प्रति एकड़ 14 आना के औसत से लगान देते हैं और स्पष्टतः वे बड़ी तेजी के साथ अच्छी भूमि पर एकाधिकार करते जा

रहे हैं। छिन्दवाड़ा कस्बे के आस-पास के पटवारी अंचलों में कब्जे की प्रक्रिया उल्लेखनीय है और निम्नलिखित पैरा में पटवारी अंचल से 20,28,36 और 39 में की गई विस्तृत जाँचों की टिप्पणियाँ दी गई हैं।

58. मौज़ा गांगीवाड़ा, पटवारी अंचल सं. 20–

वर्ष	आदिवासी काश्तकारों की संख्या	उनकी जोत का एकड़ में क्षेत्रफल
दूसरा बन्दोबस्त	36	530,54
तीसरा बन्दोबस्त	41	440,25
1939-40	52	355,43

यह सारणी दर्शाती है कि यद्यपि कि काश्तकारों की संख्या क्रमशः बढ़ी है, उनकी जोत का क्षेत्रफल बहुत तेजी से गिरा है।

(क) गोरख गोंड के बेटों, करिया और गरिबा के पास इस गाँव की 58.21 एकड़ की सिर और खुदकाश्त भूमि थी और प्रत्येक गाँव के 12वें हिस्से के मालगुजार थे। करिया का हिस्सा सेठ देवेन्द्र कुमार को बेच दिया गया था। करिया के बेटे ने बताया कि 11 या 12 साल पहले हुंए इस सौदे के लिए डिप्टी कमिश्नर का अनुमोदन प्राप्त नहीं किया गया था। उसे मूल्य पता नहीं था। गरीबा के पास अभी भी उसका 12वाँ हिस्सा है। उसके और करिया के बेटों के पास लगभग 32 एकड़ भूमि है। मालूम पड़ता है कि करिया के हिस्से के साथ ही लगभग 28 एकड़ सेठ देवेन्द्र कुमार को बेचा जा चुका है और उसे तदनन्तर गैर-आदिवासियों को उप-पट्टे पर दिया गया है।

(ख) देवा के बेटे, अदकु और पैकु, गाँव के 12वें हिस्से के अधिकारी थे और सिर तथा खुदकाश्त भूमि के 28.55 एकड़ के मालिक थे। इस भूमि का करीब 10 एकड़ रुपया 800 के कर्ज के निपटारे में मगनसाव को बेच दिया गया।

(ग) राम और हरिसिंह के पास 4.36 एकड़ भूमि थी और वे गायब हो गए, मालगुज़ारों ने उस भूमि पर अधिकार कर लिया।

(घ) गोरखी गोंड के बेटे दौलत के पास दूसरी व्यवस्था के समय 28.75 एकड़ और तीसरी व्यवस्था के समय 32.40 एकड़ भूमि थी। उसके पुत्र के पास अब सिर्फ 8.44 एकड़ भूमि है। करीब 24 एकड़ भूमि सेठ देवेन्द्र कुमार और रुपया 1000 के कर्ज के भुगतानस्वरूप बेचा गया। दौलत के बेटे सदन ने यह आरोप लगाया कि उसके भतीजे ने ठीक से समझे बिना जमीन बेचने के एक सौदे पर अँगूठा लगा दिया था, और कि छगनलाल ने यह भूमि उसे बटाई पर देने का वादा किया था पर उसने वादे पर अमल नहीं किया। जाँच में पता चला कि मूलतः दौलत के नाती बुथा और उसके बेटे सदन के बीच एक विवाद था। बुथा ने जोत के बँटवारे की माँग की जिसे सदन ने इन्कार कर दिया और फिर बुथा ने अपना हिस्सा मालगुजार, सेठ देवेन्द्र कुमार के पास समर्पित कर दिया। सदन ने मालगुजार को बुथा के हिस्से का अधिकार देने के बजाय पूरी भूमि की बटाई पर रखने को सहमत

हुआ। ऐसा करने में उस पर रुपए 1000 का कर्ज हो गया जिसके परिणामस्वरूप उसे पूरी जोत से हाथ धोना पड़ा। सदन ने ऋण समाधान बोर्ड के चेयरमैन को निवेदन किया पर उसे अस्वीकार कर दिया गया क्योंकि उसमें सिर्फ एक ऋणदाता था, जो स्वयं मंडल का सदस्य था वह सेठ छगनलाल था।

(ङ) रादू गोंड के पास दूसरी व्यवस्था के समय 23.69 एकड़ भूमि थी और उसके वंशजों के पास तीसरी व्यवस्था के समय 26.80 एकड़। अब उनके पास सिर्फ 11 एकड़ है। 1935 या 1936 में 10 एकड़ उसके वंशज गुलाब द्वारा रुपए 300 के कर्ज के भुगतानस्वरूप समर्पित किए गए, जबकि उसके अन्य उत्तराधिकारियों गंजन और धुरिया ने रुपए 400 के कर्ज के निदानस्वरूप अपना हिस्सा सेठ देवेन्द्र कुमार को बेच दिया। इन लोगों ने कर्ज सुलह मंडल को आवेदन नहीं किया बल्कि अपने साहूकार के साथ एक निजी समझौता किया। यह पता नहीं चल सका कि क्यों और कैसे यह कर्ज़ चढ़ा था।

(च) भूरा गोंड के पास 14.42 एकड़ थे। उसके पोते फुन्दन ने बताया कि उसके बड़े भाई ने पूरी जोत रुपए 500 में प्रेमलाल कालर को बेच दी। यह कर्ज तब शुरू हुआ जब एक विवाह के लिए प्रेमलाल के पिता से कुछ कुटकी अनाज कर्ज लिया गया; चूँकि कोई सूद चुकाया नहीं गया इसलिए मूल बढ़ता गया और अन्ततः पूरी जोत मालगुजार के हाथों में कर्ज के निपटारेस्वरूप सौंपनी पड़ी।

(छ) अदन परधान के पास 27.62 एकड़ भूमि थी पर उसके उत्तराधिकारी अब इसी गाँव में भूमिहीन मजदूर हैं। अदन ने स्वयं अपनी भूमि मालगुजार के हाथों कुछ कर्ज चुकाने के लिए त्यागी थी। तब मालगुजार ने यह भूमि मानकचन्द मेहरा को रुपया 700 में दे दी।

59. मौजा परताला, पटवारी अंचल सं. 20—

वर्ष	आदिवासी काश्तकारों की संख्या	उनकी जोत का एकड़ में क्षेत्रफल
दूसरा बन्दोबस्त	20	258,55
तीसरा बन्दोबस्त	20	173,68
1939-40	15	136,91

(क) राधिया गोंडिन के पास दूसरे बन्दोबस्त के समय 37.50 एकड़ भूमि थी पर उसके उत्तराधिकारी सिर्फ मजदूर हैं और यह भी नहीं जानते कि जोत किस तरह उनके हाथ से निकल गई। मालगुज़ार किशनलाल ने यह जोत कोमल ब्राह्मण और अन्य को तीसरे बन्दोबस्त के पहले रुपया 500 में पट्टे पर दे दी।

(ख) दावना गोंड के पास दूसरे बन्दोबस्त के समय 49.25 एकड़ थे। उसके उत्तराधिकारी भागकर कराबोह चले गए हैं जहाँ वे कुछ भूमि पर खेती कर रहे हैं। उनकी जोत अब मालगुजार के सिर में शामिल है।

(ग) सुभान गोंड के पास दूसरे बन्दोबस्त के समय 45.95 एकड़ थे जिसे उसने तीसरे बन्दोबस्त के पहले खो दिया। उसके चाचा का पोता बाबुतसिंह अब मजदूर है।

मालगुजारों ने इस जोत पर अधिकार कर लिया और तदनन्तर उसे गैर-आदिवासियों को पट्टे पर दे दिया।

60. मौज़ा मोवादेई, पटवारी अंचल सं. 20–

वर्ष	आदिवासी काश्तकारों की संख्या	उनकी जोत का एकड़ में क्षेत्रफल
दूसरा बन्दोबस्त	12	273,92
तीसरा बन्दोबस्त	18	193,07
1939-40	18	164,29

(क) अदन गोंड के पास दूसरे बन्दोबस्त के समय 2214 एकड़ भूमि थी। उसके उत्तराधिकारी पिछले बन्दोबस्त के समय उस जोत के अधिकारी थे। 1932 या 33 में उन्होंने रुपया 100 के बदले उस भूमि को मालगुज़ार को सौंप दिया। वे गांगीवारा में रहते थे और मोवादेई में अपनी भूमि पर कृषि कर पाना उनके लिए आसान नहीं था, जिनकी गुणवत्ता ठीक नहीं थी। उनके पास गांगीवारा में करीब 16 एकड़ भूमि है।

(ख) मालगुजार जुगराज ने कुवर गोंड की 13.33 एकड़ भूमि पर उसकी मृत्यु के पश्चात अधिकार कर लिया; उसके कोई उत्तराधिकारी नहीं था।

(ग) डोंगरू गोंड जिसके पास 13.19 एकड़ के उत्तराधिकारी अपनी जोत का परित्याग कर पोवामा चले गए जहाँ वे मजदूर हैं।

(घ) भड़ा गोंड जिसके पास 38.47 एकड़ थे, के उत्तराधिकारी अपनी जोत का परित्याग कर मोहखेद अंचल के पालामऊ में रह रहे हैं। उनके पास बैल नहीं थे और अत्यन्त गरीबी और कर्ज में होने के कारण मोवादेई से चले गए। मालगुजार ने उनको कोई मुआवजा नहीं दिया।

61. मौज़ा सतनुर, पटवारी अंचल सं. 20–

वर्ष	आदिवासी काश्तकारों की संख्या	उनकी जोत का एकड़ में क्षेत्रफल
दूसरा बन्दोबस्त	3	22.5
तीसरा बन्दोबस्त	1	22.48
1939-40	5	34.55

इस गाँव में काश्तकारों की संख्या और उनकी जोत दोनों में वृद्धि हुई है, क्योंकि दुक्लु ने मालगुजार से करीब 8 एकड़ *खुदकाश्त* जमीन खरीदी है और रामू पिछले 2 वर्षों से कुछ खुदकाश्त जमीन पर बटाई के तौर पर खेती कर रहा है। रामू से बातचीत के दौरान नायब-तहसीलदार ने उसे बताया कि अब वह उस खुदकाश्त जमीन का दखलकारी काश्तकार हो गया है। पर रामू ने कहा कि वह बेईमानी करना नहीं चाहता, और चूँकि वह उस जमीन को अपना नहीं मानता, वह कानून का फायदा उठाने को तैयार नहीं था।

62. मौजा कवाड़िया, पटवारी अंचल सं. 39–

वर्ष	आदिवासी काश्तकारों की संख्या	उनकी जोत का एकड़ में क्षेत्रफल
दूसरा बन्दोबस्त	14	46.58
तीसरा बन्दोबस्त	15	11.08
1939-40	13	23.65

(क) कोई पांडु, पुत्र उधो गोंड के पास दूसरे बन्दोबस्त के समय 25 एकड़ कब्जे वाली भूमि थी; उनके दूर के उत्तराधिकारी तिलकचन्द के पास अब सिर्फ 0.19 एकड़ भूमि है। गाँव वालों ने बताया कि पिछले बन्दोबस्त के पहले पांडु और उसके दो भाइयों ने विवाह के उद्देश्य से रुपए 100 का कर्ज लिया था और उन्हें अपनी जमीन मालगुजार को सौंपनी पड़ी। पूरा परिवार इसके बाद मौजा सिवनी-प्रानमोती चला गया। वह भूमि अब मालगुजार माधवराव सालपेकर के सिर में शामिल है।

(ख) एक अन्य 19.97 एकड़ की महत्त्वपूर्ण जोत जुमराज और जुग्गु गोंडों के पास थी। यह पता नहीं चल सका कि यह जमीन कैसे उनके हाथ से निकल गई, जो अब मालगुजार माधवराव सालपेकर के *सिर* का हिस्सा है। इस जोत में 2 आम के वृक्ष हैं और भाँगड़ पुत्र जुगराज अभी भी इन पेड़ों के फल प्राप्त करता है : जुग्गु का बेटा अब घिमरमेता में मजदूर है।

(ग) लुटु गोंड पिछले 3 वर्षों से 12.19 एकड़ की मालगुजार की *खुदकाश्त* जमीन पर खेती कर रहा है। वह बतौर एक कब्जेदार काश्तकार दर्ज है, लेकिन वह कब्जे के अधिकार का दावा करने को तैयार नहीं है क्योंकि वह स्वयं को मालगुजार का आभारी मानता है जिसने वह भूमि उसे बटाई पर दी थी। वह ऋणमुक्त है।

63. मौजा सोनाखार, पटवारी अंचल सं. 39–

वर्ष	आदिवासी काश्तकारों की संख्या	उनकी जोत का एकड़ में क्षेत्रफल
दूसरा बन्दोबस्त	13	146.87
तीसरा बन्दोबस्त	18	152.59
1939-40	16	88.09

(क) करिया गोंड के पास दूसरे बन्दोबस्त के समय 24.66 एकड़ थे। उसके पुत्र सुखलाल के पास पिछले बन्दोबस्त के समय 27.38 एकड़ थे। उसके पोतों कमल और पेशराम के पास अब सिर्फ 1.92 एकड़ है। एक पंजीकृत विलेख के द्वारा कमल और पेशराम ने अपनी 26.28 एकड़ भूमि 23 मई, 1939 को मालगुजार को समर्पित कर दी। इस दस्तावेज के परिशीलन से पता चला कि मालगुजार ने रुपए 60 नगद दिए और रुपए 40 लगान के बकाये में समायोजित कर लिया। उसने काश्तकारों के विरुद्ध गोपाली सोनार के सब-जज प्रथम दर्ज़ा, छिन्दवाड़ा के

कोर्ट के 1939 के सिविल मुकदमा सं. 146 के रुपए 275 के डिगरी को भी निपटाया। कमल और उसकी माँ ने बताया कि 10 वर्ष पहले सुखलाल ने गोपाली से एक भैंस खरीदने के लिए रुपए 100 उधार लिया था। वे सूद का भुगतान नहीं कर सके और कर्ज बढ़कर रुपए 250 हो गया जिस पर दीवानी कचहरी ने डिग्री को जारी कर दिया। कर्जदारों ने ऋण सुलह मंडल को निवेदन किया मगर कोई सुलह नहीं हो पाई क्योंकि ऋणदाता सहमत नहीं हुआ। कमल और उसकी माँ ने दावा किया कि मालगुजार ने उन्हें धोखे में रखा और बिना उन्हें दस्तावेज की विषय-वस्तु बताए उस पर उनके अँगूठे के निशान ले लिए। वे मालगुजार को उसके रुपए 100 देने को तैयार थे पर मालगुजार द्वारा उनके ऋणदाता को बिना उनकी सहमति के दिए रुपए 275 का भुगतान करने में असमर्थ थे। मालगुजार ने स्पष्टतः यह भुगतान गोपाली को कृतज्ञ करने के लिए दिया था, जो उसका खास मित्र था, और काश्तकारों को धोखे से समर्पण विलेख कराने को मजबूर किया। यद्यपि कि डिग्री रुपए 250 के लिए थी मगर मालगुजार ने ऋणदाता को रुपए 275 दिए। तब से उसने कमल को बटाई पर खेती करने की आज्ञा दे रखी है। कमल ने मालगुजार से प्राप्त नगद रुपए 60 अपनी शादी पर खर्च कर दिए।

(ख) धर्मु और कर्मु, पुत्र धोंदु गोंड, के पास दूसरे बंदोबस्त के समय 38.72 एकड़ थे। कर्मु निःसन्तान मृत्यु को प्राप्त हो गया और तीसरे बन्दोबस्त के समय धर्मु के पास 66.18 एकड़ थे। धर्मु के पुत्र बिसन के पास अब सिर्फ 25.63 एकड़ है। गाँववालों ने बताया कि स्वयं धर्मु ने मालगुजार के पास समर्मित करते हुए नन्हु चमार को रु. 60 में 39.8 एकड़ बेचा था। नन्हु चमार जो जीवित है ने बताया कि उसने रु. 200 मालगुजार को सहमति प्रदान करने के लिए दिया और रु. 400 में धर्मु को दिया जिसने छिन्दवाड़ा के पूरन बरई को कर्ज चुकाने के लिए अपनी जोत बेच दी थी। बिसन गाँव छोड़कर कोयला खदानों में काम करने चला गया और अपनी जोत को अपने दो बेटों के जिम्मे छोड़ गया है। वे अभी तक ऋणमुक्त नहीं हैं और ऋण समाधान बोर्ड द्वारा निर्धारित रु. 10 प्रति वर्ष के हिसाब से 10 वर्ष तक उन्हें किश्तें चुकानी हैं। नन्हु चमार ने बताया कि उसने 1933 या 1934 में धर्मु को कुल मिलाकर रु. 150 दिए थे, रु. 50 बिसन पर एक आबकारी मामले में जुर्माने के भुगतान के लिए और रु. 100 पूरन बरई को अदा करने के लिए। धर्मु एक नेक इन्सान था मगर बिसन नशा करता है और अवैध भट्ठी चलाता है। धर्मु, पूरन बरई का कर्ज़दार हो गया क्योंकि उनकी खेती साझेदारी में चलती थी, पूरन, धर्मु को आर्थिक मदद करता था। फसल बर्बाद हो गई और धर्मु, पूरन का कर्ज़ नहीं चुका सका।

(ग) दूसरे बन्दोबस्त के समय चम्मु, पुत्र पित्रु गोंड के पास 12.31 एकड़ थे। वह अभी भी जीवित है मगर भूमिहीन है और गुरैया गाँव में चला गया है। उसने बताया कि 50 वर्ष पहले वर्तमान मालगुज़ार के बाप ने ज़बरदस्ती उसकी जोत पर अधिकार कर लिया और उसे गाँव से निकाल बाहर किया। चम्मु ने आरोप लगाया कि उस समय उस पर कोई कर्ज़ नहीं था और उस पर लगान भी बकाया नहीं था। उसने हालाँकि इस अवैध रूप से भगाए जाने के खिलाफ कोई निवेदन नहीं

किया। 3 वृद्ध ग्रामीणों ने चम्मु के भगाए जाने की निम्नलिखित कहानी बताई। चम्मु का पिता पित्रु चम्मु के बचपन में ही मर गया और उसकी विधवा मेंडों ने अंगी गोंड से शादी कर ली। भंगी के बारे में मशहूर था कि वह जादू-टोना करता है और इसलिए गाँववालों ने उसे मार-पीटकर गाँव से खदेड़ दिया। चम्मु और मेंडों उसके साथ गुरैया चले गए। चम्मु ने स्वीकार किया कि वह भंगी, जिसे वह चाचा कहता था और मेन्डो के साथ गुरैया में रह रहा था, जहाँ करीब 3 वर्ष पहले उन दोनों का देहान्त हो गया।

(घ) बाली, पुत्र फुल्सा गोंड, इस गाँव में 14.87 एकड़ का मालिक था। उसके उत्तराधिकारी बोरिया में रहते हैं और अतरवारा में बटाई पर कृषि करते हैं। बाली पुत्रहीन था और उसकी दोनों विवाहिता बेटियाँ इस भूमि को लेना नहीं चाहती थीं जो अच्छी नहीं थी। इसलिए यह भूमि कुछ वर्षों तक परती पड़ी रही और फिर मालगुजार ने उस पर कब्जा कर लिया।

64. मौजा कुकरा–जगत, पटवारी अंचल सं. 28–

वर्ष	आदिवासी काश्तकारों की संख्या	उनकी जोत का एकड़ में क्षेत्रफल	भूमि नुकसान का प्रतिशत
दूसरा बन्दोबस्त (1892-93)	15	63.95	...
तीसरा बन्दोबस्त (1914-15)	10	23.90	62
1939-40	12	23.75	62

दूसरे बन्दोबस्त के समय सिर्फ निम्नलिखित काश्तकारों के पास बड़ी जोतें थीं, दूसरों के पास सिर्फ छोटी बाड़ियाँ ही थीं :

	मूल जोत एकड़	जोत का नुकसान एकड़
(1) धन्नु, पुत्र मथु गोंड	19.02	18.82
(2) लाला, पुत्र धर्मु परधान	32.00	9.43
(3) रैनी, पत्नी धुरिया परधान	11.16	10.9

(क) धन्नु के पुत्र दद्दु के पास वर्तमान में सिर्फ 0.20 एकड़ की बाड़ी है। जाँच से पता चला कि धन्नु लगान के 4 साल के बकाये में फंस गया था और उसे अपना तक्कावी कर्जे को भी चुकाना था, जिसका मूल अज्ञात था। मुसलमान मालगुजार ने धन्नु की तरफ से *तक्कावी* कर्जा चुका दिया और राजस्व द्वारा धन्नु को पूरी जोत से बेदखल करवा दिया। बाद में, दद्दु ने खोई भूमि पर दावा करने का प्रयास किया। मालगुज़ार ने सफलतापूर्वक उस पर आपराधिक उल्लंघन का मुकदमा चलवा दिया।

(ख) लालसा परधान के पुत्रों दुरगपाल और बृजलाल के पास अपने पिता के 3200 एकड़ में से सिर्फ 22.57 एकड़ है। बृजलाल जो करीब 50 वर्ष का है, ने बताया कि करीब 200 वर्ष पहले एक भीषण ओलावृष्टि ने उनकी पूरी फसल और उनके

घर को बर्बाद कर दिया। इस प्रकार दरिद्रता में गिरने के बाद लालसा ने भगवान कुन्बी से 25 प्रतिशत के ब्याज पर रु. 200 उधार लिए। चूँकि वह चार वार्षिक किश्तें चुका नहीं पाया, सूद बेतहाशा बढ़ता गया और कर्ज बढ़कर रु. 400 हो गया। कर्ज-मुक्ति की और कोई राह न सूझने पर खालसा ने रु. 700 में 7 एकड़ जमीन कंगलु घासी को बेच दी, जिसमें से रु. 300 मालगुज़ार ने बतौर नज़राना रख लिया। लालसा को सिर्फ रु. 400 नगद प्राप्त हुए जो उसने कर्ज़ और ब्याज के पूर्ण भुगतानस्वरूप भगवान कुन्बी को अदा कर दिए।

(ग) रैनी परधान बिना कोई उत्तराधिकारी छोड़े चल बसी। इसलिए मालगुज़ार ने उसकी पूरी भूमि पर अधिकार कर लिया और उसे रोदबा और दद्दु गोंड को बेच दिया।

65. मौजा कपरवाड़ी, पटवारी अंचल सं. 28–

वर्ष	आदिवासी काश्तकारों की संख्या	उनकी जोत का एकड़ में क्षेत्रफल	भूमि के नुकसान का प्रतिशत
दूसरा बन्दोबस्त	21	281.49	...
तीसरा बन्दोबस्त	24	128.64	54
1939-40	24	126.41	55

दूसरे बन्दोबस्त के बाद से सिर्फ निम्नलिखित काश्तकारों को बड़ी भूमि का नुकसान हुआ है :

महल सं. I	मूल भूमि एकड़	भूमि का नुकसान एकड़
(क) किरका, पुत्र मन्दकुर गोंड..	28.73	28.13
(ख) रुप्सा, धोदा और मंगल, पुत्र मचला गोंड..	36.29	35.79
(ग) अम्मर और सम्मर, पुत्र थानसिंह गोंड	4.00	4.00
(घ) हिरक, धन्नु, अमरसिंह और थुथा, पुत्र मचला गोंड	2.15	1.90
(ङ) मारु, गोधन, बैजु, और धुरू, पुत्र चिल्ली भरिया	4.75	4.75

महल सं. II	मूल भूमि एकड़	भूमि का नुकसान एकड़
(च) हिरक, धन्नु, मानसिंह और थुथा, पुत्र मचला गोंड	37.89	13.42
(छ) मारू, धुरू, गोधन और बैजू, पुत्र चिल्ली भरिया	20.23	10.30
(ज) जीरू, पुत्र धोदा गोंड	29.81	29.81
(झ) भुरा, दुधा और भड्डी, पुत्र महाजन गोंड	24.44	24.44
(ञ) अम्मर और सम्मर, पुत्र थानसिंह गोंड	15.23	9.78
(त) उदेशा, पुत्र चन्दर्शा गोंड	32.82	19.09
(ध) दौलत, तुग्गी और फदाली, पुत्र नन्हा गोंड	17.17	14.64

(क) किरका के पुत्र सम्मु गोंड ने बताया कि किरका ने मालगुज़ार से रु. 20 और एक खंडी अनाज उधार लिया था। किरका यह कर्ज़ चुका नहीं सका। सूद बढ़ता गया और अन्ततः 0.60 एकड़ की एक बाड़ी के अलावा जो अभी सम्मु के पास है, पूरी ज़मीन मालगुज़ार को देनी पड़ी।

(ख) हरजलाल गोंड, धोदा का भतीजा, ने बताया कि रुप्सा ने रु. 200 और कुछ अनाज, मात्रा अज्ञात, मालगुज़ार से उधारस्वरूप लिया था। यह परिवार उस कर्ज को चुका नहीं पाया और आधे एकड़ की एक बाड़ी जो अभी धोदा के पास है, के अलावा पूरी जोत मालगुजार को सौंपनी पड़ी।

(ग) सम्मर गोंड यह बता नहीं पाया कि उसकी ज़मीन कैसे हाथ से निकल गई; उसने सोचा कि स्वयं या अपने पिता द्वारा मालगुज़ार से लिए गए किसी ऋण के एवज़ में उसे भूमि त्यागनी पड़ेगी।

(घ) हीरक के पोते दीपचन्द गोंड के पास अब सिर्फ चौथाई एकड़ की एक बाड़ी है। उसने बताया कि उसके बाप ने अपना खेत मालगुजार को त्याग दिया था पर उसे नहीं पता क्यों।

(ङ) मारू भरिया ने बताया कि मालगुज़ार ने उसे तथा उसके भाई को लगान के बकाये के कारण भूमि से बेदखल कर दिया।

(च) दीपचन्द गोंड, पौत्र हीरक, के पास 11.08 एकड़ है और दद्दु, पुत्र धन्नु के पास 13.39 एकड़ जो उनके पुश्तैनी 37.89 एकड़ में से बचे। दद्दु ने बताया कि एक कर्ज़ के एवज में उन्होंने 13.42 एकड़ मालगुज़ार को समर्पित कर दिए थे।

(छ) 20.23 एकड़ में से भारू भरिया और बादल भरिया के पास अब सिर्फ 9.93 एकड़ बचे हैं। मारू ने बताया कि चूँकि उनके पास पर्याप्त बैल नहीं थे इसलिए वे कुछ वर्षों से पूरी ज़मीन जोत नहीं पाते थे और मालगुजार ने परती भूमि को छोड़ा हुआ बताकर अपने कब्जे में ले लिया।

(ज) जोहन गोंड, जीरू का वृद्ध भजीता, जीरू द्वारा गोद लिया गया था। जीरू ने हिन्दू मालगुज़ार से एक कर्ज़ लिया था। कर्ज़ रु. 600 तक बढ़ता चला गया। इसमें से रु. 200 के भुगतानस्वरूप उन्होंने मालगुज़ार को कुछ मवेशी दिए और शेष राशि के बदले मालगुज़ार ने उन्हें उनकी पूरी ज़मीन से बेदखल कर दिया।

(झ) दुधा गोंड ने बताया कि वह और उसका भाई अत्यन्त दरिद्रता की स्थिति में थे और गाँव छोड़कर रोजी-रोटी के लिए बन्दरी गाँव में चले गए। उनकी अनुपस्थिति में मालगुज़ार ने उनकी भूमि पर कब्जा कर लिया।

(ञ) अम्मर और सम्मर के पास 15.23 एकड़ में से अब सिर्फ 5.45 एकड़ बचे हैं। सम्मर बताता है कि उन पर रु. 10 का लगान बकाया था मगर मालगुजार ने उनकी 10 एकड़ भूमि से बेदखल कर दिया।

(ट) गौरा, उदेशा गोंड की विधवा ने 32.83 एकड़ की जोत में से 13.73 एकड़ अपने पोते देल्हु को दे दिया, जिसने बताया कि उदेशा ने मालगुज़ार से मेंड़बन्दी कराने के लिए रु. 30 उधार लिए थे; उदेशा यह कर्ज़ चुका नहीं पाया और मालगुज़ार को 19.09 एकड़ समर्पित कर दिया।

(ठ) भाड़ु, पुत्र दौलत गोंड, के पास अपने दादा नान्हा की 17.17 एकड़ की ज़मीन

अपने पिता के एक-तिहाई हिस्से में से 2.53 एकड़ बचे हैं। उसके अनुसार मालगुजार ने दौलत को नशेड़ी बना दिया और उसे फुसलाकर यह विश्वास दिला दिया कि उसके पिता नान्हा पर उसका रु. 100 का बकाया है और उसने दौलत पर मुकदमा चलाने की धमकी दी। दौलत ने डरकर ज़मीन का एक हिस्सा मालगुज़ार को सौंप दिया। भाडु ने यह भी आरोप लगाया कि फदली ने इस मालगुज़ार से रु. 10 उधार लिए। यह कर्ज बढ़कर रु. 40 हो गया। तुग्गी ने रु. 20 लिए थे जो बढ़कर रु. 200 हो गए। चूँकि वे कर्ज़ चुका न सके इसलिए फदली और तुग्गी ने अपने एक तिहाई हिस्से मालगुजार को सौंप दिए। इस प्रकार दूसरी बन्दोबस्त के समय के 17.17 एकड़ में से परिवार के पास अब सिर्फ 2.53 एकड़ शेष हैं।

66. मौज़ा खजड़ी, पटवारी अंचल सं. 28–

वर्ष	आदिवासी काश्तकारों की संख्या	उनकी जोत का एकड़ में क्षेत्रफल	एकड़ में कमी का प्रतिशत
(1)	(2)	(3)	(4)
दूसरा बन्दोबस्त	63	540.18	...
तीसरा बन्दोबस्त	64	347.67	36
1939-40	67	308.17	43

दूसरा बन्दोबस्त के निम्नलिखित काश्तकारों ने अपनी पूरी या लगभग पूरी भूमि खो दी है :

	मूल क्षेत्रफल	क्षेत्रफल का नुकसान
महल सं. I		
(क) बराती, पुत्र मोहन गोंड	95.59	42.80
(ख) सकरू और कन्हाई, पुत्र सुर्री गोंड	6.43	6.43
(ग) भिखारी, पुत्र सीमा गोंड	21.02	21.02
(घ) झिंगरी, पत्नी गंगाराम गोंड	10.00	10.00
महल सं. II		
(ड़) भद्दु, पुत्र माहु गोंड	26.86	26.86
(च) फागु, पुत्र माहु गोंड	28.20	28.20
(च) शिकारी, पुत्र मैइया गोंड	26.65	26.65
(ज) कल्याण, पुत्र बिरझु गोंड...	23.17	23.17
(झ) चैतु, पुत्र कुँवर गोंड...	31.33	31.02
(ञ) गणेश, पुत्र पांडु गोंड...	14.63	5.24

महल सं. III

(ट) निरनसिंह, पुत्र कुंवर गोंड	37.75	37.75
(ठ) भिखारी, पुत्र प्रेमा गोंड	9.94	9.94
(ड) सकरू और कन्हाई, पुत्र सुर्री गोंड	60.74	60.74
(ढ) बराती, पुत्र मोहन गोंड	9.66	9.66
(ण) अमरसिंह, पुत्र पंचम गोंड	10.90	10.68

(क) मतरू गोंड बताता है कि बराती नशेड़ी था और उसने देबीदीन हलवाई से रु. 1400 उधार लिया था। चूँकि वह उधार चुका न सका इसलिए उसने ज्यादातर ज़मीन देबीदीन को सौंप दी।

(ख) कन्हाई की पोती मुलिया चार वर्ष (1930 से 1934) तक लगान चुकाने में पिछड़ गई। उसके पास खाने-पहनने को कुछ नहीं रह गया था। उसने 13 जनवरी, 1934 के एक समर्पण विलेख के अन्तर्गत रुपए 30 के बदले मालगुज़ार को अपनी पूरी जमीन सौंप दी।

(ग) भिखारी के दामाद पंचम ने बताया कि भिखारी ने अज्ञात मात्रा के कुछ अनाज केसरीचन्द से उधार लिए। उसे चुकाने के लिए भिखारी ने अपनी पूरी जमीन सौंप दी।

(घ) झिंगरी गोंडिन ने 12 जून, 1919 को रघुबीर दयाल मालगुजार से 25 प्रतिशत ब्याज पर रुपए 31 उधार लिए। उधार बढ़कर रुपए 75.12-0 हो गया, जिसमें रुपए 12 का लगान का बकाया और रुपए 2-4-0 लागत जोड़ दिया गया। और इसे चुकाने के लिए झिंगरी ने 14 जून, 1923 को पूरी जमीन दे दी।

(ङ) भद्दु की पुत्री सुकरी गोंडिन ने बताया कि उसके व पिता मालगुज़ार के रुपए 600 के कर्ज़दार थे जिसने एक मुकदमा चलाकर उन्हें ज़मीन से बेदखल करा दिया और पूरी ज़मीन आनन्द राव कुन्बी को बेच दी।

(च) एक वृद्ध गोंड मातरू ने बताया कि फागु पर मालगुज़ार का रुपए 50 का कर्ज़ था जिसने उसके एवज में फागु की सारी ज़मीन हथिया ली।

(छ) यह ज्ञात नहीं है कि शिकारी ने अपनी भूमि कैसे खोई।

(ज) कल्याण बिना कोई उत्तराधिकारी छोड़े मृत्यु को प्राप्त हो गया और मालगुजार ने उसकी भूमि अपने अधिकार में ले ली।

(झ) चैतु गोंड के पुत्र भगलु ने बताया कि दल्लु लोहार के रुपए 50 के कर्ज़ के एवज़ में चैतु को अपनी ज्यादातर ज़मीन छोड़नी पड़ी। भगलु ने स्वयं 16.42 एकड़ देवजी कुन्बी को रुपए 50 में बेच दिया। वह और उसके भाई समरसिंह के पास अब सिर्फ 2 छोटे *बाड़ी* खेत हैं।

(ञ) फकीरा पर 2 वर्ष का लगान बकाया था। इसलिए रेखाब्जी मालगुजार ने उसे 6.00 एकड़ की ज़मीन से बेदखल कर दिया।

(ट) वर्तमान मालगुजार के पास मौजूद दस्तावेज़ों के अनुसार निरनसिंह पर रुपए 274.40 कर्ज था, निरनसिंह ने एक बिक्री विलेख के तहत 20 जुलाई, 1897 को अपनी सारी जमीन रुपए 275 में मालगुजार को बेच दी जिसमें कर्ज के रुपए 245

तक कम करके निरनसिंह को रुपए 30 नगद मिले।

(ठ) भिखारी के दामाद पंचम ने बताया कि दो वर्षों के लगान के बकाये के एवज में मालगुज़ार ने भिखारी को उसकी पूरी जमीन से बेदखल कर दिया।

(ड) कन्हाई की पोती मिलिया ने 2 अक्टूबर, 1939 के एक बिक्री विलेख के अन्तर्गत अपनी जोत संख्या 431 क्षेत्रफल 3.72 एकड़ एक ब्राह्मण को रुपए 87.12.0 में बेच दी। यह पता नहीं किया जा सका कि बाकी की भूमि की हानि कैसे हुई।

(ढ) बराती की पोती सुदा ने बताया कि बराती ने एक बार मालगुज़ार की ज़मीन से एक बबूल का पेड़ काट लिया था। इससे मालगुज़ार नाराज़ हो गया और उसने बलपूर्वक बराती की भूमि पर कब्ज़ा कर लिया।

(ण) अमरसिंह का बेटा अरमू गोंड अभी जीवित है, मगर वह नहीं जानता कि उसके पिता ने अपनी भूमि किस प्रकार खोई।

67. मौज़ा बिन्दरई, पटवारी अंचल सं. 36–

वर्ष	आदिवासी काश्तकारों की संख्या	उनकी जोत का एकड़ में क्षेत्रफल	भूमि नुकसान का प्रतिशत
(1)	(2)	(3)	(4)
दूसरा बन्दोबस्त	13	251.73	...
तीसरा बन्दोबस्त	19	127.58	49
1939-40	15	126.06	50

दूसरे बन्दोबस्त के निम्नलिखित काश्तकारों को अपनी ज्यादातर भूमि का नुकसान हुआ–

		मूल क्षेत्रफल एकड़	क्षेत्रफल का नुकसान एकड़
(क)	देलन, पुत्र धुन्दिया गोंड	44.62	44.62
(ख)	भारती, पुत्र धुन्दिया गोंड	43.29	43.29
(ग)	गुसाईं, पुत्र भुदा गोंड	33.10	33.10
(घ)	रहमान, सरदार, धनराज, जोहर्षा, पुत्र दरयाव गोंड	58.53	11.00
(ङ)	हिम्मत और जुगराज, पुत्र शंकर्षा गोंड	39.87	32.84

(क) मालगुज़ार के दस्तावेज़ों के अनुसार, देलन ने एक कर्ज़ में से रुपए 200 के एवज में मालगुजार बसोदीसिंह को अपने 4 खेत 10 नवम्बर, 1908 को सौंप दिए। जून 1921 में देलन के पुत्र रामसिंह ने शेष रुपए 258 चुकाने के लिए बचे हुए 3.46 एकड़ बसोदीसिंह को दे दिए।

(ख) बसोदीसिंह ने 1914 में भारती के खिलाफ रुपए 490 की एक डिग्री दीवानी कचहरी से प्राप्त की उसके क्रियान्वयन के फलस्वरूप भारती की पूरी ज़मीन पर उसका अधिकार हो गया।

(ग) गुसाईं के खिलाफ गिरवी डिग्री मालगुज़ार लालमनसिंह के पक्ष में थी जिसने ज़मीन का अधिकार प्राप्त कर लिया।

(घ) रहमंशा ने 30 सितम्बर, 1919 को रुपए 1060 के कर्ज के बदले में शेओसिंह मालगुज़ार को अपने 5 खेत दे दिए।

(ङ) हिम्मत ने 23 मार्च, 1907 को रुपए 50 के कर्ज के एवज में बसोदीसिंह मालगुज़ार को 4.74 एकड़ सौंप दिए।

68. मौज़ा रोहना कलन, पटवारी अंचल सं. 36—

वर्ष	आदिवासी काश्तकारों की संख्या	उनकी जोत का एकड़ में क्षेत्रफल	भूमि नुकसान का प्रतिशत
(1)	(2)	(3)	(4)
दूसरा बन्दोबस्त	31	147.08	..
तीसरा बन्दोबस्त	29	106.45	28
1939-40	26	85.73	41

दूसरे बन्दोबस्त के निम्नलिखित काश्तकारों को अत्यधिक भूमि का नुकसान हुआ है—

	मूल क्षेत्रफल एकड़	क्षेत्रफल का नुकसान एकड़
(क) फन्दी, पुत्र बीरबल गोंड	18.18	18.18
(ख) गिरधा, पुत्र बीरबल गोंड	17.27	17.27
(ग) निज़ाम, पुत्र बराती गोंड	21.80	21.59
(घ) उमेंद, पुत्र बुट्टी गोंड	33.20	14.32

(क) वर्तमान मालगुज़ार नाबालिग था जब फन्दी ने अपनी पूरी जमीन उसके पिता को सौंप दी थी और वह इस सौदे का कोई ब्यौरा पेश न कर सका। फन्दी के कोई उत्तराधिकारी नहीं था।

(ख) गिरधा का इकलौता पुत्र मायाराम बहुत पहले मर गया था। उसकी विधवा श्रीमती धनोती ने गाँव छोड़ दिया और अब अपने भतीजे के साथ रहती है। मालगुजार दुबे ने उस भूमि को अपने अधिकार में ले लिया।

(ग) मुन्ने, निज़ाम का पोता, के पास अब सिर्फ एक 0.21 एकड़ की *बाड़ी* है, लेकिन उसे नहीं पता उसके दादा की भूमि किस प्रकार खोई गई।

(घ) रंजीत्शा, पुत्र उमेद, ने 16.99 एकड़ शेओप्रसाद मालगुजार को सौंप दिए क्योंकि उस पर लगान का बकाया और अन्य कर्ज़े थे।

69. स्थानीय अधिकारी जिसने ये जाँच की, ने इसका निम्नलिखित सारांश निकाला।

आदिवासी काश्तकारों ने कर्ज़ की वजह से अपनी ज्यादातर भूमि शिक्षित हिन्दू और मुस्लिम मालगुज़ारों और साहूकारों के पास खो दी है। जिन्होंने कई मामलों में अत्यधिक ब्याज वसूल किए, काश्तकारों को धोखा दिया और उन्हें अपनी जमीन त्यागने के लिए मजबूर किया। ज्यादातर मालगुजारों ने साहूकारों के कर्ज की वापसी के लिए, गोंड काश्तकारों पर जमीन छोड़ने का दबाव बनाकर उनकी मदद की और कुछ इक्का-दुक्का अपवादों को छोड़कर, समर्पण-विलेखों को पंजीकृत भी नहीं करवाया जाता था, जो काश्तकारी अधिनियम की धारा 89 का घोर उल्लंघन था। इसके नतीजतन हुई ज्यादातर विपत्ति को टाला जा सकता था यदि काश्तकारी भूमि के लिए एक भूमि हस्तान्तरण अधिनियम मौजूद होता।

70. *अमरवाड़ा तहसील के खालसा इलाकों* में आदिवासियों ने अमरवाड़ा अंचल में 1891-95 के बाद से कुछ भूमि प्राप्त की है जब 1.647 काश्तकारों के पास 25,070 एकड़ थे जिसके मुकाबले 1939-40 में 2.377 काश्तकारों के पास 29,768 एकड़ है। यद्यपि औसत जोत 15.2 एकड़ से गिरकर 12.6 एकड़ हुई है और औसत किराए में गिरावट प्रति एकड़ 6 आना 7 पाई से 5 आना 11 पाई दर्शाता है कि कुछ गाँवों में उनकी अच्छी जमीन की बुरी जमीन से अदला-बदली चल रही है। गैर-आदिवासियों की जोत का औसत किराया 8 आना 5 पाई है। चौराई और चान्द अंचलों में जो क्रमशः छिन्दवाड़ा-सिवनी बंगाल-नागपुर रेलवे लाइन और मुख्य सड़क के उत्तर-दक्षिण है, आदिवासियों ने भूमि खोई है। 1892-97 में 2647 आदिवासी काश्तकारों के पास 12 एकड़ की औसत जोत से कुल 31,754 एकड़ के खिलाफ 1939-40 में कुल 2,999 आदिवासियों के पास 3.5 एकड़ की जोत के औसत से 28,487 एकड़ थे। इसके अतिरिक्त 1915-19 से अब तक प्रति एकड़ औसत लगान 8 आना 4 पाई से गिरकर 7 आना 4 पाई हो गया है, यानी अच्छी भूमि की खराब भूमि से और अधिक अदला बदली। 1892-97 से अब तक गैर-आदिवासियों की जोत 8.614 काश्तकारों के पास 86,797 एकड़ से बढ़कर 11,941 काश्तकारों के पास 112,474 एकड़ हो गई है, इस प्रकार औसत जोत में मामूली गिरावट हुई है। गैर-आदिवासी जोतों की औसत लगान 1939-40 में 10 आना 4 पाई प्रति एकड़ थी।

71. सिवनी तहसील में आदिवासियों को 1896-98 की व्यवस्था के बाद से मालगुजारी गाँवों में 128,037 एकड़ में से सिर्फ 9,034 एकड़ का नुकसान हुआ है या 7 प्रतिशत का। सिर्फ बरघट तहसील में ही अधिक वृद्धि हुई है। गोपालगंज, कियोलारी, सिवनी और कान्हीवाड़ा अंचलों में प्रति हजार पर गिरावट क्रमशः 325, 233, 145 और 133 एकड़ हुई है। 1918-22 की बन्दोबस्ती के बाद से आदिवासी जोतों की औसत जोत और प्रति एकड़ लगान में गिरावट 19.4 एकड़ और 13 आना प्रति एकड़ से 14.1 एकड़ और 12 आना 4 पाई प्रति एकड़ हुई है। मालगुजारी गाँवों में 9,034 एकड़ के नुकसान के मुकाबले आदिवासियों को रैयतवाड़ी गाँवों में 5,323 एकड़ का लाभ हुआ है।

72. 1896-98 की व्यवस्था के समय लखनादोन तहसील के मालगुजारी गाँवों में 5,509 आदिवासी काश्तकारों के पास 26.5 एकड़ की औसत जोत से 146,154 एकड़ के मुकाबले 1939-40 में 8,944 काश्तकारों के पास 20 एकड़ की औसत जोत से 179, 754 एकड़ थे। लेकिन वर्तमान व्यवस्था की प्रवर्तनावधि के दौरान उन्हें 15,706 एकड़ का नुकसान हुआ है जबकि गैर-आदिवासियों को 13.848 एकड़ का लाभ हुआ है। इन्हीं 18 वर्षों के दौरान न तो आदिवासियों और न ही गैर-आदिवासियों को दो सौ या तीन सौ एकड़ की रैयतवाड़ी

भूमि से ज्यादा का लाभ हुआ है। हालाँकि 1939-40 में आदिवासी काश्तकारी भूमि की प्रति एकड़ औसत लगान पिछले बन्दोबस्त से 4 पाई प्रति एकड़ अधिक है, सम्भवतः उनकी जोतों में कमी की मुख्य वजह कई खराब वर्षों के बाद अनुपजाऊ पथरीली जमीन को त्यागना है। पर इस स्थिति पर नजर रखने की आवश्यकता है। उदाहरण के लिए धूमा के आस-पास मालगुजारी हिस्से गोंड मालिकों के हाथ से निकलकर साहूकारों के पास चले जाते हैं, और गोंड काश्त जल्दी ही नए मालिक के कर्ज में डूब जाती है। सड़क के किनारे लगे गाँवों में ज्यादा आदिवासी काश्तकारी भूमि नहीं बची है। लखनादोन के आसपास ही पटवारी अंचल सं. 16-19 में, गणेशगंज के बाजार केन्द्र के आस-पास पटवारी अंचल सं. 82 में और छपरा कस्बे के आस-पास के कई पटवारी अंचलों में उन्हें भूमि का बहुत नुकसान हुआ है। इस तहसील में अनेक रैयतवाड़ी गाँव हैं और अपने विकास की अवधि में 1896-98 और 1918-22 की व्यवस्थाओं के बीच उन्होंने आदिवासियों को राहत पहुँचाई। जब सभी जोतों और आदिवासी जोतों में क्रमशः वृद्धि हुई जो 1120 रैयतों के पास 28.119 एकड़ से बढ़कर 2323 रैयतों के पास 60,489 एकड़ और 645 आदिवासी रैयतों के पास 16,367 एकड़ से बढ़कर 1748 रैयतों के पास 44,962 एकड़ हो गई। बाद के 20 वर्षों में हालाँकि अधिकार क्षेत्र में सिर्फ करीब 300 एकड़ की वृद्धि हुई है, लगभग सब आदिवासियों के पक्ष में गई है। और अधिक विस्तार मुमकिन नहीं लगता।

73. छिन्दवाड़ा जागीरें—1916-19 के बन्दोबस्त के बाद से आदिवासी काश्तकारों की संख्या 9862 के पास 204,500 एकड़ से बढ़कर 10,108 के पास 220,700 एकड़ हुई है। इसी दौरान गैर-आदिवासियों की वृद्धि 3745 के पास 53,500 एकड़ से 3752 के पास 55,900 हुई है।

जागीरों के प्रति 1000 निवासियों में 675 आदिवासी हैं और आदिवासी काश्तकार अभी भी प्रति 1000 एकड़ की काश्तकारी भूमि में 797 एकड़ पर अधिकार रखते हैं। लेकिन निम्नलिखित उल्लेखों से पता चलेगा कि कुछ कब्जा शुरू हो गया है। हालाँकि ये सभी जागीरें रियासतें गोंड या कोर्कू काश्तकारों के अधिकार में हैं और अपने वर्तमान स्वरूप में भू-हस्तांतरण अधिनियम इन जागीरों में गोंड और कोर्कू दोनों पर लागू हो गया है, कानूनन गैर-आदिवासियों के पक्ष में कोई भी काश्तकारी अधिकार अधिनियम की धारा 4 के अन्तर्गत बिना डिप्टी-कमिश्नर की स्वीकृति के नहीं बनाया जा सकता। किसी भी भूमि पर अधिकार का पट्टा देना स्थायी हस्तांतरण का कारण बनेगा।

इसे आम तौर पर नज़रअन्दाज़ कर दिया जाता है, न सिर्फ आदिवासी जागीरदारों द्वारा बल्कि कोर्ट ऑफ वार्ड्स की तरफ से उनकी जागीरों का प्रशासन करनेवाले जिले के अधिकारियों द्वारा भी। इसका अर्थ यह भी है कि धारा 4 व अधिनियम की अन्य धाराओं के अनुसार धारा 3 के अन्तर्गत न सिर्फ उन जनजातियों को जिनकी प्रत्येक क्षेत्र में मालिकाना भूमि है बल्कि वे भी जिनकी काश्तकारी भूमि है आदिवासी जनजाति मानना जरूरी है, अन्यथा उदाहरणार्थ, बटकागढ़ के गोंड जागीरदार वहाँ की मुख्य जनजाति को धारा 4 के अन्तर्गत डिप्टी कमिश्नर की अनुमति के बिना नये काश्तकार के रूप में वैधानिक तौर पर मान्यता नहीं दे सकते।

74. निम्नलिखित टिप्पणी जागीरों में शुरू हो चुके कब्जे का वर्णन करती है। इस उद्देश्य से अतिरिक्त सहायक कमिश्नर की निगरानी में नायब तहसीलदारों द्वारा सोनपुर, भटकगढ़, हर्रई, पगारा और पंचमढ़ी जागीरों के डिप्टी कमिश्नर द्वारा चुने हुए गाँवों खासकर

हर्रई के चार और पगारा के दो गाँवों में जाँच करवाई गई। सोनपुर जागीर का धनौरा गाँव चुना गया था, जो जागीर का मुख्यालय था। हर्रई के गाँवों में हर्रई के अलावा उससे सटे तीन और गाँव थे। पगारा के गाँवों में पगारा स्वयं था और छिन्दवाड़ा-पगारा रोड पर स्थित तमिया था। पंचमढ़ी जागीर का इसी रोड पर स्थित देलाखाड़ी गाँव था। भटकगढ़ जागीर का एकमात्र गाँव बटकाखापा था जो गोंड जागीरदार का निवास था। यह याद रखना महत्त्वपूर्ण है कि सारे जागीरदार स्वयं आदिवासी हैं और उनके अधिकार की भूमि पर भूमि-हस्तान्तरण अधिनियम लागू होता है और इसलिए उनका बिना डिप्टी कमिश्नर के अनुमोदन के अपनी भूमि का गैर-आदिवासियों के पक्ष में काश्तकारी अधिकार बनाना गैर-कानूनी है। क्योंकि इस प्रकार का हस्तांतरण स्थायी अलगाव का कारण बनेगा। यदि ज़िले के अधिकारियों द्वारा इसका सख़्ती से पालन किया जाता तो गैर-आदिवासियों को इन गोंड, कोर्कू और भटिरया गाँवों में काश्तकारी जमीन हथियाने और साहूकारी तथा साझा कृषि के द्वारा जागीरों में अपने कदम मजबूत करने से रोका जा सकता था। पर जैसा कि निम्नलिखित टिप्पणियों के उल्लेख दर्शाते हैं कि जिले के अधिकारी कोर्ट ऑफ वार्ड्स के द्वारा जागीरों के प्रशासन में सबसे बड़े अपराधी सिद्ध हुए हैं।

75. बटकाखापा गाँव के बारे में टिप्पणी यहाँ नहीं दी जा रही है क्योंकि इस गाँव में कोई गैर-आदिवासी जमीन नहीं है। कुछ गोंड अपनी जमीन त्यागकर दूसरी जगहों पर चले गए हैं। यह एक सीधा मामला है क्योंकि गोंड बंजारों की तरह जीवन जीते हैं और किसी और गाँव में जहाँ ज़्यादा ज़मीन उपलब्ध हो, जाने को तैयार रहते हैं।

76. सोनपुर जागीर (क) धनोरा, पटवारी अंचल 31—व्यवस्था के समय आदिवासियों के पास 510 एकड़, लगान रुपए 257 था, जिसमें बेकार भूमि से लिए गए कुछ क्षेत्र भी शामिल थे। अब उनके पास 468 एकड़, लगान रुपए 241 हैं। व्यवस्था के समय उनके पास जो भूमि थी उसमें से 65 एकड़ लगान रुपए 30 गैर-आदिवासियों के पास चली गई है। दो गोंड इन्दरशाह और सुभान ने अपनी ज़मीनें खोई हैं। इन्दरशाह के बेटे देवीदयाल शाह पर रुपए 150 का लगान बकाया था। इसलिए उसने धनोरा के हीरालाल बनिया के पास रुपए 260 में 30.27 एकड़ जमीन बेच दी और लगान चुकता किया। सुभान गोंड ने करीब 14 वर्ष पहले सदाराम कटिया को 6 वर्ष के लिए अपनी जमीन का पट्टा दिया था। सुभान के भाई बैसाखू गोंड ने रुपए 160 अदा कर अपनी अपने भाई की जमीन वापस ले ली। पर उनका दुर्भाग्य यहीं समाप्त नहीं हुआ। सुभान पर कई वर्षों से इमरतलाल पटेल का एक खंडी अनाज का कर्ज था। इस चालाक हिन्दू ने शरारतपूर्वक इस कर्ज़ को बढ़ाकर रुपए 100 कर दिया और बैसाखू से इसे चुकाने के लिए दबाव डालने लगा जो जाहिरा तौर पर इसे चुका नहीं सकता था। किन्हीं तरीकों से इमरतलाल ने सुभान की ज़मीन पर अधिकार कर लिया और उसे दुलीचन्द धोबी को रुपए 190 में बेच दिया।

(ख) सुरलाखापा, पटवारी अंचल 37—व्यवस्था के समय 562 एकड़ लगान रुपए 261 में से आदिवासियों को अब तक सिर्फ 26 एकड़ लगान रुपए 20 का ही नुकसान हुआ है। जिस भूमि का नुकसान हुआ है वह पुसौआ गोंड की थी जिसका अब देहान्त हो चुका है। उसके भाई धिरसी ने बयान किया कि पुसौआ की मौत के तुरन्त बाद उसका बेटा दिवाली लगान चुकाने में तीन वर्ष पीछे रह गया। चूँकि वह लगान चुका नहीं सकता था इसलिए उसने जमीन हर्रई के जागीरदार के पास सौंप दी, जिसके पास तब कोर्ट ऑफ वार्ड्स के

अन्तर्गत मुक्सा अधिकार के तहत सोनपुर जागीर का यह गाँव है। कोर्ट ऑफ वार्ड्स ने सुपुर्द की गई जोत कटिया को सौंप दी, जो कि अब भी उसके अधिकार में है, उसने बकाया राशि और 20 रु. नजराना का भुगतान कर दिया।

77. हरई जागीर–(क) अंजनपुर, पटवारी अंचल 46–आदिवासियों के पास व्यवस्था के समय के 461 एकड़ के मुकाबले वास्तव में 483 एकड़ थे, लेकिन इसमें से ज्यादातर नई कृषि है और 100 एकड़, लगान रुपए 35 अब गैर-आदिवासियों के पास चला गया है। तीन आदिवासी काश्तकार दुकलु, पीतमशाह, और बसोरी (सभी गोंड हैं) ने ज़मीन खोई है। दुकलु गोंड के पास पिछली व्यवस्था के समय 66.54 एकड़ थे। व्यवहारतः उसकी सारी ज़मीन हरई के छोटेलाल पटवा द्वारा अधिगृहीत कर ली गई है। उसके पोता बजरी, उम्र 21 वर्ष, उसका एकमात्र वारिस है, पर वह नहीं जानता कि भूमि किस प्रकार खोई गई। छोटेलाल ने बताया कि उसने दुकलु के पुत्र दामदु की तरफ से कुछ पुराना तक्कावी बकाया चुकाया था और प्रबन्धक, कोर्ट ऑफ वार्डस (हरई जागीर) ने वह जमीन उसे बेच दी।

दामदु को शायद लगान बकाये के कारण और तक्कावी के बकाये के कारण ज़मीन से बेदखल कर दिया गया। बजरी ने अब कुछ बर्रा ज़मीन खरीदी है और रुपए 13-7-0 लगान अदा करता है। पीतमशाह गोंड पर छोटेलाल पटवा का कुछ कर्ज़ था। इस कर्ज़ का मूल और उसका कारण ज्ञात नहीं है। चूँकि पीतमशाह कर्ज़ अदायगी न कर सका इसलिए उसे भूमि का 20 एकड़ साहूकार को हस्तांतरित करना पड़ा। बसोई गोंड पर हरई के बलराम पटवा का कर्ज़ था; इस कर्ज़ की रकम और उसका कारण ज्ञात नहीं है। कर्ज़ की अदायगी के लिए 33 एकड़ भूमि हस्तांतरित की गई जो अब हरई के फगुलाल पटवा के अधिकार में है।

(ख) उमरी कलाँ, पटवारी अंचल 46–अंजनपुर की तरह ही यह गाँव हरई के समीप है। व्यवस्था के समय आदिवासियों के पास 449 एकड़ लगान रुपए 102 भोगाधिकार में था। अब उनके पास सिर्फ 260 एकड़ लगान रुपए 37 है और करीब-करीब 224 एकड़ लगान रुपए 61 गैर-आदिवासियों को चला गया है। इस *भूमि नुकसान* का मुख्य कारण एक गोंड पट्टाधारक द्वारा धन बनाने की जल्दी है जिसे हरई जागीरदार ने यह गाँव 20 वर्ष के लिए पट्टे पर दिया था। गोंड होने के बावजूद उसका प्रबन्धन अपने गोंड भाइयों के लिए अनर्थकारी रहा था। उसने काश्तकारी अधिकार बेचकर सघनतापूर्वक हरसम्भव पाई एकत्र करने की कोशिश की, अपने पट्टे के कार्यकाल समाप्त होने से पहले के समय में और भी ग़ैर-ज़िम्मेदाराना तरीके से। गाँव हरई के इतना पास है कि हरई-नरसिंहपुर के भी इतना करीब कि गैर-आदिवासी यहाँ भूमि लेने के लिए सदैव तत्पर रहते हैं। पट्टाधारी ने निम्नलिखित गाँवों में ग़ैर-आदिवासियों को काश्तकारी अधिकार बेचे–

(1) कम्मु गोंड, जो बिना वारिस के मर गया, के 50.86 एकड़ एक बिक्री-विलेख के तहत, 23 दिसम्बर, 1927 को रुपए 300 में जमुना प्रसाद बनिया को।

(2) 33.68 एकड़ हरई के उमराव कलर को 22 वर्ष पहले (मूल्य ज्ञात नहीं। यह ज़मीन पहले विक्रम गोंड की थी जो बिना वारिस छोड़े मर गया।)

(3) धन्नु गोंड के 44.18 एकड़ रुपए 150 में हरई के गोरेलाल सुनार को। धन्नु निर्धनता की वजह से यह भूमि ठेकेदार के हाथ में देने को बाध्य हुआ था।

(4) 5 जून, 1935 को रुपए 100 में, बीरबल गोंड द्वारा निर्धनता के कारण हरई के दुर्गेलाल तेली के सुपुर्द किए गए 23.26 एकड़;

(5) 29.07 एकड़ रुपए 125 में बंसीलाल तेली को (पूर्ववर्ती काश्तकार ज्ञात नहीं है);

(6) 7.25 एकड़ बंसीधर कायस्थ को, जिसने पूर्ववर्ती गोंड काश्तकार के रुपए 19 के बकाया लगान का भुगतान किया;

(7) परमू गोंड द्वारा निर्धनता के कारण छोड़ दी गई 30.85 एकड़, लगान रुपए 9-2-0, रुपए 400 में हर्रई के बिपतलाल तेली को (परमू के पास अब कुछ बेकार बर्टा और मुतबर्रा ज़मीन है जिसका मूल्यांकन सिर्फ रुपए 3 है);

(8) 5.19 एकड़ हर्रई की हिन्दू मुगिया देवी को रुपए 15 में;

(9) 17.08 एकड़, लगान रुपए 9-2-0 हर्रई की जानकी साहिस देवी को रुपए 435 में (सं. 8 और 9 के पुराने मालिक आदिवासी थे।)

कुल मिलाकर ठेकेदार ने गैर-आदिवासियों को रुपए 1544 मूल्य की 241 एकड़ भूमि हस्तांतरित की।

(ग) रबरा खुर्द, पटवारी अंचल 46—यह गाँव भी हर्रई के निकट है। आदिवासी काश्तकारों के पास पिछली व्यवस्था के समय के 180 एकड़ भूमि, लगान रुपए 29 के मुकाबले अब 329 एकड़ भूमि, लगान रुपए 54 है। हालाँकि यह कृषि में विस्तार की वजह से है। गैर-आदिवासियों ने पहले से ही 57 एकड़ भूमि, लगान रुपए 35 पर कब्ज़ा कर लिया है और निम्नलिखित तरीकों से वे अपनी स्थिति क्रमशः मजबूत करते जा रहे हैं—

मोहनलाल गोंड ने 6.35 एकड़ की अपनी जोत छोड़ दी और सिरोनी गाँव में चला गया; सुन्दर देवी, गोंड मोकसदारिन ने फिर वह ज़मीन रुपए 10 में नुरखन मुसलमान को बेच दी। हर्रई के छुट्टन सुनार ने कोर्ट ऑफ वार्ड्स (हर्रई जागीर) से 16.17 एकड़ खरीदे; उसने पिछले गोंड काश्तकार पर दो वर्ष का बकाया लगान अदा किया। इसी प्रकार हर्रई के नन्हू बनिया ने कोर्ट ऑफ वार्ड्स से 34.04 एकड़ खरीदा। फिर यह गाँव हर्रई रियासत के अधिकार सहित गिरवी कर दिया गया। इन जोतों के पिछले काश्तकार गोंड थे।

(घ) अंचल हर्रई, पटवारी सर्किल 46—यह महत्त्वपूर्ण और विकसित गाँव हर्रई जागीरदार का मुख्यालय है, जिसके पास पगारा जागीर भी है और जो छिन्दवाड़ा के जागीरदारों में सबसे सम्पन्न, सबसे ज्यादा शिक्षित और सबसे योग्य हैं। गाँव में कृषि के लिए बहुत थोड़ी जमीन उपलब्ध है और इसलिए यहाँ ज़मीन की अदला-बदली बहुत कम है मगर कई हिन्दू जिनमें ज्यादातर तेली और सुनार हैं, हर्रई में बस गए हैं और उन्होंने धीरे-धीरे अंजनपुर उमरी कलाँ और रबरा खुर्द जैसे पड़ोसी गाँवों में आदिवासियों की कीमत पर और अपने साहूकारी के धन्धे की मदद से ज़मीन हथिया ली है। दुर्भाग्य से यह प्रतीत होता है कि कोर्ट ऑफ वार्ड्स के प्रबन्धन के समय में ऐसे प्रवासियों को बढ़ावा मिला है।

78. पगरा और पंचमढ़ी जागीरें—पूर्ववर्ती जागीर की पगरा और तमिया में और पंचमढ़ी जागीर की देलाखारी में जाँच की गई। सभी गाँवों में अनेक गैर-आदिवासी और इतने पुराने निवासी हैं जिनका न तो आँकड़ों और न ही गाँव की परम्पराओं में ही कोई ज़िक्र है कि उन्होंने अपनी ज़मीन किस प्रकार प्राप्त की। कोई ऐसा मामला नहीं मिल सका जिसमें आदिवासी काश्तकार अच्छी भूमि की खराब भूमि से अदला-बदली करने को मजबूर किया गया हो। पगरा गाँव में दो ऐसे मामले मिले जिनमें गोंड काश्तकारों को कब्ज़े की भूमि का नुकसान हुआ। हालाँकि दोनों मामलों में जागीरदार ने स्वयं कर्ज़ का भुगतान करके ज़मीन हिन्दू साहूकारों के पास जाने देने के बजाय अपने पास रख ली। मुरतशाह गोंड पर पगरा

के कुछ बनियों की रुपए 400 की देनदारी थी। उनमें से एक ने इस रकम के बदले मुरतशाह की एक ज़मीन खरीद लेने का प्रस्ताव रखा। यह खेत 4.5 एकड़ था और पूरी जोत का लगभग आधा था। हरई के जागीरदार ने बीच में आते हुए अपनी खसरा संख्या पर रुपए 200 में कब्ज़ा प्राप्त किया और स्वयं बनियों को रुपए 204 का भुगतान करके देनदारियों को निपटाया। इसी प्रकार उसने उन्हीं बनियों में से दो का रुपए 800 का भंडाशाह गोंड पर कर्ज़, भंडाशाह के 7 में से 2 खेतों को रुपए 400 में अपने पास रखकर और साहूकारों को उनके दावों को रुपए 400 में निपटाने के लिए राज़ी करके निपटाया। जागीरदारों द्वारा आदिवासी काश्तकारों को लगान न चुकाने के कारण उनकी भूमि से बेदखल करने और गैर-आदिवासियों के साथ अपनी भूमि का बन्दोबस्त करने के उदाहरण केवल पंचमढ़ी जागीर के देलाखारी में प्राप्त हुए जो कोर्ट ऑफ वार्ड्स के प्रबन्धन के मातहत है।

1938-39 में कोर्ट ऑफ वार्ड्स के अनुरोध पर करीब 6 बेदखली के मामले हुए। तब उन जोतों की देलाखारी में आम नीलामी हुई थी। लगभग सभी मामलों में भूमि स्थानीय ब्राह्मणों द्वारा खरीदी गई। लगातार फसलों की पैदावार खराब होने की वजह से मूल गोंड काश्तकार अपना लगान चुका नहीं पाए थे, जिसके कारण 1939 में सामान्य लगान स्थगित कर दिया गया। देलाखारी एकमात्र जगह थी जहाँ बेदखली और नीलामी हुई। आदिवासीबहुल इलाके में कुछ गैर-आदिवासी क्षेत्र में से एक होने की वजह से यह उन कुछ जगहों में था जहाँ ऐसी नीलामियाँ सफल हो सकती थीं। कोर्ट ऑफ वार्ड्स का दावा था कि उसे देलाखारी में एक उदाहरण प्रस्तुत करना पड़ा क्योंकि वहाँ के ग्रामीण लगान न चुकाने के लिए बदनाम थे।

वर्धा ज़िला

79. यह ज़िला अपनी जनसंख्या में आदिवासियों की किसी खास मौजूदगी के लिए नहीं जाना जाता। यद्यपि यहाँ 1941 में 50,530 या प्रति 1000 में 97 की तुलना में 1931 में 56,566 या प्रति 1000 में 110 आदिवासी थे। 1931 के योग में मुख्य तत्त्व गोंड (43,195), परधान (8,511), कोलम (2,093) और हल्बा (1,227) थे। करीब 700 कोर्कू भी दर्ज किए गए थे। 1891 से इन जनजातियों की संख्या में थोड़ी मगर लगातार वृद्धि हुई है। इनकी आर्थिक और सांस्कृतिक स्थिति इससे सटी काटोल और नागपुर तहसीलों के गोंडों जैसी है। 1931 में 51,706 गोंड और परधान में से 48,718 तब तक मातृभाषा के रूप में गोंडी का ही प्रयोग करते थे पर 42,417 मराठी भी बोल सकते थे, और उपहास के भय से वे अपने जाने-पहचाने आदिवासी नृत्यों और त्योहारों से विमुख होते जा रहे हैं, जबकि अपनी काश्तकारी भूमि के लगातार नुकसान की वजह से वे नीची जातियों के स्तर तक तेजी से गिरते जा रहे हैं। यद्यपि इस इलाके के एक समय में गोंड राज्य का हिस्सा होने की वजह से वे अछूत होने से बचे हुए हैं। 1891-94 के बन्दोबस्त के समय यहाँ 1968 आदिवासी काश्तकार थे जिनके पास 23.5 एकड़ की औसत जोत के साथ 46215 एकड़ ज़मीन थी। 1908-12 के बन्दोबस्त में आदिवासी काश्तकारों की संख्या 2020 तक बढ़ गई थी मगर उनकी कुल ज़मीन का क्षेत्रफल गिरकर 35,759 एकड़ हो गया था और औसत जोत 17.7 एकड़ हो गई थी। 1939-40 में यद्यपि आदिवासी काश्तकारों की संख्या में फिर वृद्धि हुई और वह 2,312 हो गई, पर उनकी ज़मीन के क्षेत्रफल में कमी हुई और वह 12.3 एकड़ की औसत जोत के साथ घटकर 28,674

एकड़ रह गई। 45 वर्षों में इस प्रकार उन्हें 46,215 में से 17,541 एकड़ का नुकसान हुआ या प्रति 1000 में 378 एकड़ का। यह प्रक्रिया जारी है क्योंकि यह साधारण जाति ज़मीन के लालची हिन्दुओं की बराबरी नहीं कर सकती। आम तौर पर ये नए काश्तकार या मालगुजार के भाड़े के नौकर बनकर रह जाते हैं, जिसने इन्हें बेदखल किया था तथा कभी स्वयं अपनी रही ज़मीन पर दूसरे के लाभ के लिए खेती करते हैं।

नागपुर ज़िला

80. प्रान्त का ज़िला मुख्यालय होने के बावजूद नागपुर में 1941 तक 58,720 या प्रति 1000 में 55 आदिवासी थे। यह अनुपात और भी ऊँचा हो सकता था यदि हम नागपुर शहर और कैम्प्टी, कतोल और उमरेर के कस्बों की शहरी आबादी को छोड़ देते। 1931 के बाद से योग में 3634 की गिरावट हुई है और अनुपात में 11 प्रति हजार की। 1931 में रामटेक तहसील में 18,751 की संख्या के साथ सबसे अधिक आदिवासी थे और यहाँ अनुपात भी सबसे ज्यादा था (139 प्रति 1000)। पर नागपुर तहसील की संख्या भी करीब इतनी ही थी और यदि नागपुर शहर और कैम्प्टी की शहरी आबादी को छोड़ दें, तो अनुपात काफी ज्यादा था। गोंड (कुछ नागार्ची और ओझा सहित) की संख्या 1931 में 53,193 थी, परधानों की 6309; और इन 59,502 में से करीब 52,139 मातृभाषा के रूप में गोंडी का प्रयोग करते थे, 3847 हिन्दी भी जानते थे और 39,894 मराठी जानते थे। सबसे प्रातिनिधिक गोंड रामटेक तहसील की देवलापार पट्टी में और सेवनार तहसील के कुछ पटवारी अंचलों में पाए जाते हैं। ये सब इलाके छिन्दवाड़ा ज़िले की सीमा से लगे हुए हैं। नागपुर, कतोल और उमरेर तहसीलों के गोंड, अपने वर्धा के पड़ोसियों की तरह सांस्कृतिक हीनता से ग्रस्त हैं। 1933 में जब मैंने नागपुर तहसील के कौरस पठार का दौरा किया तब वहाँ के गोंड गाँवों के दुख के चिह्न थे वे अनेक मेघनाथ स्तम्भ जिन्हें गोंडों के फाग त्योहारों के परित्याग के बाद से जंग लगने के लिए छोड़ दिया गया था। गोंड नृत्य करने और गोंड गीतों को गाने में गोंड युवाओं की अक्षमता भी ऐसा ही एक दुखद चिह्न था। लेकिन यह क्षरण अभी ज़िले के उत्तर में शुरू नहीं हुआ है।

81. रामटेक के अतिरिक्त ज़िले की चार अन्य तहसीलों में 1890-95 के क्रैडक बन्दोबस्त के बाद से आदिवासी काश्तकारों की संख्या 2044 के पास 42,300 एकड़ से बदलकर 2482 के पास 31,800 एकड़ हो गई है, जो प्रति 1000 में 248 एकड़ का नुकसान है। रामटेक तहसील में उनकी संख्या 1382 के पास 17,400 एकड़ से बढ़कर 2027 के पास 21,800 एकड़ हो गई है। यदि हम ज़िले में भूमि-हस्तांतरण अधिनियम लागू होने के पहले बेदखल गोंड मालगुजारों द्वारा खोई सिर और खुदाकाश्त भूमि के आँकड़ों को जोड़ सकते तो रामटेक का लाभ कम हो सकता था और दूसरी तहसीलों में हुआ नुकसान बढ़ सकता था। औसत आदिवासी जोत रामटेक में 12.6 से गिरकर 10.75 एकड़ हुई है और ज़िले में अन्य जगहों पर 20.7 से गिरकर 12.8 एकड़ हो गई है। पाँच प्रमुख गोंड इलाकों के आँकड़े एकत्रित किए गए थे—

(क) सेवनार तहसील के उत्तर में पटवारी अंचलों 32-35 और 39 में आदिवासी जोतों में प्रति हज़ार सिर्फ 45 एकड़ की गिरावट हुई थी।

(ख) रामटेक तहसील के रामटेक-पारसेवनी क्षेत्र में पटवारी अंचलों 1-6 और 27-39

में, आदिवासी जोतों में प्रति हजार पर 193 एकड़ की वृद्धि हुई।

(ग) नागपुर-वर्धा और नागपुर-अमरावती के बीच कौरस-कोन्धाली क्षेत्र में नागपुर तहसील के पटवारी अंचल 43-56 और कतोल तहसील के 51-54 में प्रति हजार पर 224 एकड़ की गिरावट हुई।

(घ) नागपुर-कतोल रोड और सेवनार-बेतू रोड के बीच के क्षेत्र में कतोल तहसील की पटवारी सर्किलों 13-17, 41, 42 और 45 तथा सेवनार तहसील की 1-9 और 27-29 में, गिरावट 398 एकड़ प्रति हजार की थी।

(ङ) कतोल तहसील की नागपुर-अमरावती रोड और कतोल के मैदानों के बीच की पट्टी के पटवारी सर्किलों 33-34, 36, 38-40, 43-44 और 46-50 में, नुकसान 405 एकड़ प्रति हज़ार था।

क्षेत्र (घ) में पटवारी सर्किलों 41 और 17 में कतोल कस्बे के पास पूरब में गाँवों का एक समूह है जहाँ आधे से ज्यादा ग्रामीण गोंड हैं, पर क्रैडक बन्दोबस्त के बाद से आदिवासी जोतें 1525 एकड़ से गिरकर 738 (513 प्रति हजार) हो गई हैं। मैंने 1933 में इस क्षेत्र का भ्रमण किया और पाया कि लगभग सभी बेदखल गोंड अपनी पूर्ववर्ती जोतों पर कतोल निवासी अनुपस्थित ब्राह्मण और अन्य हिन्दुओं के लिए उनके नौकर या उप-काश्तकार या बटाईदार बनकर कृषि कर रहे थे। एक समय की मजबूत किसान आबादी वास्तव में भूदास बन चुकी थी और अपनी प्रतिष्ठा में गिरावट को शिद्दत से महसूस करती थी।

चन्दा ज़िला

82. यह वृहत और नियन्त्रित करने में मुश्किल ज़िला अब, चूँकि खैरियार जमींदारी के उड़ीसा में हस्तांतरित होने के कारण रायपुर ज़िले का आकार छोटा हो गया है, प्रान्त में सबसे बड़ा ज़िला है, जिसका क्षेत्रफल 8,312 वर्ग मील है। इसकी 1941 की 873,284 की आबादी में आदिवासियों की संख्या 170,126 या 195 प्रति हजार थी, जिसके मुकाबले 1931 में यह 207 प्रति हजार थी। सिरोंचा तहसील की विशाल अहीरी जमींदारी और गढ़चिरोली तहसील में धनौरा, दुदमाला, गेवर्धा, झारापपरा, खुटगाँव, कोतगल, मुरूमगाँव, पलाशगढ़, रांगी, सिरसुन्दी, सोन्सारी, चन्दाला, गिलगाँव पाई-मुरांडा और पोतेगाँव ज़मींदारियाँ आंशिक अपवर्जित क्षेत्र हैं। इनका क्षेत्रफल 4013 वर्ग मील है और 1941 में इनकी जनसंख्या 115031 थी जिनमें 70821 या 607 प्रति हजार आदिवासी थे। 1931 में गोंड, माड़िया गोंड और परधान 157,386 की कुल आदिवासी आबादी में से 151,401 थे। हल्बा दूसरी महत्त्वपूर्ण जनजाति है। तुलनात्मक आँकड़े इस प्रकार हैं–

जनजाति	1891	1901	1931
गोंड	118,256	135,034*	95,358
माड़िया गोंड	32,783	*	34,776
परधान	17,458	†	21,243
हल्बा	7,199	6,153	3,287

* माड़िया 1901 में गोंड में शामिल कर लिए गए थे और अलग से उनकी गणना नहीं हुई थी।

† परधान जाति के आँकड़े 1901 में अलग से दर्ज़ नहीं किए गए।

गोंड और माड़िया के संयुक्त आँकड़ों तथा हल्बा की संख्या में 1901 के बाद से आई गिरावट की वजह 1907 में चन्दा से दुर्ग ज़िले में चार आंशिक अपवर्जित ज़मींदारियों, औंधी, कोरचा, पनबरस और अम्बागढ़-चौकी का हस्तांतरण है। लगभग सारे माड़िया आंशिक अपवर्जित क्षेत्रों में रहते हैं।

83. पहले अहीरी ज़मींदारी पर ग़ौर करते हैं। इस विशाल रियासत में माड़िया आराम से रहते हैं और बाहरी दखलन्दाज़ी से अछूते हैं। उनकी चिन्ता का विषय भूमि का छिनना नहीं बल्कि पारम्परिक परिवर्तन प्रणाली की कृषि या *पोदू* कृषि का वर्जित होना है। आँकड़े सभी काश्तकारों की जोतों में लगातार वृद्धि दर्शाते हैं, 1895 के संक्षिप्त बन्दोबस्त के समय 4010 काश्तकारों के पास 33,141 एकड़ से 1922-24 के बन्दोबस्त के समय 4,871 काश्तकारों के पास 39,850 एकड़ तक और 1939-40 में 8,050 के पास 54,666 एकड़ तक। इसमें इस रियासंत के उन करीब 16 ज़मींदारी गाँवों के आँकड़े शामिल नहीं हैं जो अब गढ़चिरोली तहसील में हैं। निम्नलिखित सारणी रोचक है—

अहीरी ज़मींदारी (सिरोंचा तहसील)

वर्ष	आदिवासी		अन्य	
	काश्तकार	जोत का क्षेत्रफल	काश्तकार	जोत का क्षेत्रफल
(1)	(2)	(3)	(4)	(5)
1895	2,700	25,832	1,310	7,308
1920-22	3,532	32,187	1,339	7,673
1939-40	6,033	43,830	2,017	10,836

गैर-आदिवासियों ने इस क्षेत्र में आना शुरू कर दिया है, खासकर पिछले बन्दोबस्त के बाद से। बगल की सिरोंचा तहसील के *खालसा* मालगुजारी गाँवों में आदिवासियों को दरकिनार कर रहे हैं। क्या वे इस गोंड ज़मींदारी में ऐसा कर रहे हैं? सिर्फ शायद तटीय (प्राणहिता के तट) पटवारी सर्किलों स्वयं अहीरी (सं. 13) और देवलमाड़ी (सं. 14) में। पूर्ववर्ती सर्किल में 1920-22 के बाद से आदिवासी रैयतों को 1,699 में से 323 का नुकसान हुआ है जबकि गैर-आदिवासियों ने अपनी जोतों को 725 से बढ़ाकर 2,478 एकड़ कर लिया है। अग्रवर्ती सर्किल में आदिवासी जोतें 1,244 से बढ़कर 1977 (+733) और गैर-आदिवासी जोतें 913 से बढ़कर 1,443 (+530) एकड़ हो गई है। नदी के हैदराबाद तट पर यह भी देखने के बाद कि किस प्रकार हिन्दू प्रवासी क्रमशः सर्वोत्तम तटीय भूमि को अपने लिए आरक्षित कर लेते हैं, मैं इस बात पर ज़ोर देना चाहता हूँ कि अहीरी के इन तटीय गाँवों में निगरानी की आवश्यकता है।

84. दूसरे आंशिक अपवर्जित क्षेत्रों, गढ़चिरोली ज़मींदारियों में, ऊपर की सारणी में दिए गए अहीरी के आँकड़ों के सदृश आँकड़े निम्नलिखित हैं—

वर्ष	आदिवासी		अन्य	
	काश्तकार	जोत का क्षेत्रफल	काश्तकार	जोत का क्षेत्रफल
(1)	(2)	(3)	(4)	(5)
1895	2,501	28,741	1,975	15,978
1920-22	4,828	61,916	2,603	29,490
1939-40	6,523	76,113	4,012	46,863

आदिवासियों के पास अभी भी अपनी कृषि के विस्तार के लिए मील के मील जमीन उपलब्ध है, लेकिन फिर भी वे अपनी पुरानी पोदू कृषि के पीछे लालायित रहते हैं और बाहरी लोगों की अपेक्षा सामान्य कृषि को धीरे-धीरे अपनाते हैं। पिछले बन्दोबस्त के बाद से 18 या 19 वर्षों में आदिवासी कृषि में सिर्फ 23 प्रतिशत की वृद्धि हुई है जबकि गैर-आदिवासियों ने 59 प्रतिशत की वृद्धि दर्ज़ की है। यह प्रक्रिया पूर्वी ज़मींदारियों के हिस्सों, सिरसुन्दी जमींदारी (पटवारी सर्किल 38), कोतगल (पटवारी सर्किल 49), मुरुमगाँव (पटवारी सर्किल 50 और 51) और झारापपरा (पटवारी सर्किल 52 और 53) में बहुत स्पष्ट है–

कृषि में वृद्धि 1920-22–1939-40

वर्ष	आदिवासी		अन्य	
	काश्तकार	जोत का क्षेत्रफल	काश्तकार	जोत का क्षेत्रफल
(1)	(2)	(3)	(4)	(5)
सिरसुन्दी	+78	+744	+179	+1,308
झाटापपरा	-71	-660	+281	+1,999
मुरूमगाँव	+164	+2,456	+461	+5,718
कोतगल	+45	+451	+52	+539

इन छह पटवारी सर्किलों में 19 वर्ष पहले गैर-आदिवासी काश्तकारों की संख्या 2,163 में से 1,026 थी या 48 प्रतिशत और उनके पास 28,464 एकड़ भूमि में से सिर्फ 12,641 एकड़ या 44 प्रतिशत भूमि थी। 1939-40 में उनकी संख्या 3,322 में से 1,989 या 55 प्रतिशत थी और 41,019 एकड़ में से 23,110 एकड़ या 56 प्रतिशत काश्तकारी भूमि उनके पास थी। लगभग सभी जगहों पर मरार ही अतिक्रमणशील तत्त्व हैं। ये मेहनती किसान बारहमासी नदियों, जिनसे वे अपने खेत सींचते हैं, के किनारों से लगी ज़मींदारियों में घुस आते हैं। पेंदरी, झारापपरा, ज़मींदारी का सबसे बड़ा गाँव अब मुख्यतः एक मरार गाँव बन चुका है।

इसके 451 लोगों में से सिर्फ 40 माड़िया हैं, यद्यपि हल्बा की संख्या काफी अधिक है।

मैंने पहले ही (पैरा 69, दि अबोरिजाइनल प्राब्लेम इन बालाघाट डिस्ट्रिक्ट) पूरे प्रान्त के आदिवासियों को कृषि के मरार पथ-प्रदर्शकों का ऋणी होने का उल्लेख किया है। मैं उनसे बालाघाट, चन्दा, दुर्ग और रायपुर के सुदूर हिस्सों में इस जाँच के दौरान मिल चुका हूँ। और यह दोहराता हूँ कि यदि आदिवासी कृषि में सुधार के वास्तविक प्रयास करने हैं तो मरार किसानों या मुहल्लों को बतौर प्रदर्शक इस्तेमाल किया जाना चाहिए। इसलिए इन माड़िया गढ़ों में उनका अतिक्रमण उतनी बुरी चीज नहीं है, बशर्ते कि इसे नियन्त्रण में रखा जाए। झारापपरा में उनके प्रवास को सहूलियत मिलती है सीमा के स्थानीय माड़िया आदिवासियों के बस्तर राज्य में अप्रवास से, जहाँ जैसा कि वे बताते हैं, वे पोदू कृषि करने के लिए स्वतन्त्र हैं।

85. चन्दा ज़िले के *खालसा* क्षेत्रों पर आएँ तो, सिरोंचा तहसील एकमात्र तहसील है जहाँ आदिवासी काश्तकारी भूमि में 1895 के बाद से कमी आई है। यह भूमि थोड़ी है। यह 1895 में 802 आदिवासियों के पास 4,000 एकड़ से बढ़कर 1920-22 में सिर्फ़ 654 के पास 4,314 एकड़ हो गई और 1939-40 तक गिरकर 669 आदिवासियों के पास 3,843 एकड़ रह गई।

लेकिन इन्हीं 71 मालगुज़ारी गाँवों में गैर-आदिवासियों की ज़मीन 1895 में 2,832 काश्तकारों के पास 12,609 से बढ़कर 1939-40 में 3,197 काश्तकारों के पास 15,603 एकड़ हो गई। आदिवासियों को मालगुज़ारी गाँवों में ज़मीन का जितना नुकसान हुआ है उससे ज्यादा तहसील के 60 रैयतवाड़ी गाँवों में लाभ हुआ है जहाँ उनकी जोत 1895 में 302 रैयतों के पास 1,846 एकड़ से बढ़कर 1939-40 में 416 रैयतों के पास 3,377 एकड़ हो गई है। पर इसका मतलब है तेलुगु किसानों के पास गई अच्छी ज़मीन के बदले मिली खराब ज़मीन से हुआ नुकसान।

86. अन्य चार तहसीलों के मालगुजारी गाँवों में 1895 के बाद से आदिवासी जोतों में ठोस वृद्धि हुई है जो 4,446 काश्तकारों के पास 33,898 एकड़ से बढ़कर 9,553 के पास 91,827 एकड़ हो गई है, यहाँ तक कि औसत जोत में भी वृद्धि हुई है। इन तहसीलों के 316 रैयतवाड़ी गाँवों में आदिवासी रैयतें मामूली अल्पसंख्या में हैं (10,444 में 2,032) पर 1895 के बाद से उनकी संख्या में वृद्धि हुई है जो 504 से बढ़कर 2,032 हुई है और उनकी जोतें 8,170 से बढ़कर 28,853 एकड़ हुई हैं। यद्यपि 1897-1906 के बन्दोबस्त के बाद से यह उल्लेखनीय वृद्धि हुई है परन्तु चन्दा तहसील में 1920-24 के बन्दोबस्त के बाद से अत्यधिक भूमि का नुकसान हुआ है (28,661 में से 3,579 या 339 एकड़ प्रति हज़ार) और आदिवासी काश्तकारों की संख्या 2,673 से गिरकर 2,237 हो गई है। ब्रह्मपुरी तहसील में भी उनकी जोतों में गिरावट हुई है (7,989 से 7,540 एकड़) पर उसकी मात्रा कम है। मई 1941 में श्री जे.डी. केरावाला अतिरिक्त-सहकार कमिश्नर और सब-डिविज़नल अफसर द्वारा चुने हुए गाँवों में आदिवासियों की भूमि के हिन्दुओं और मुसलमानों को हस्तांतरण के कारणों की विस्तृत जाँच की टिप्पणी निम्नलिखित है। यह जाँच चन्दा तहसील के पटवारी सर्किलों 9,11,12 में की गई, जो चन्दा से ज्यादा दूर नहीं हैं। इन गाँवों में अधिकतर गोंड रहते हैं। कुछ गाँवों की भूमि अत्यन्त उर्वर है; और हिन्दूबहुल इलाकों से इनकी नजदीकी के कारण ऐसा विश्वास था कि यहाँ जाँच करने पर भूमि-हस्तांतरण अधिनियम द्वारा गोंड काश्तकारों को सुरक्षा प्रदान करने की ज़रूरतों पर प्रकाश पड़ेगा।

1. मैं जाँच के परिणामों पर निम्नलिखित नुक्तों के तहत कार्यवाही का प्रस्ताव करता हूँ—

I. कब्ज़े के वास्तविक मामले और उनका कारण

II. आदिवासियों द्वारा भूमि अधिग्रहण

III. सामान्य तुलनाएँ

यह जाँच वर्तमान बन्दोबस्त की अवधि तक सीमित है।

2. कब्ज़े के वास्तविक मामले और उनका कारण

पटवारी सर्किल सं.	**गाँव का नाम**	**बन्दोबस्त के बाद से कुल जोतों का नुकसान (आदिवासी जोतें)**	**जोतों का कुल क्षेत्रफल**	**जोतों का कुल लगान**	**कारण**	**उन जातियों का वर्णन जिन्हें जोतें मिलीं**
(1)	(2)	(3)	(4)	(5) रु. आ. पा.	(6)	(7)
9	चिंचपल्ली	5	45.19	34 0 0	सभी लगान के बकाये के कारण छोड़े गए	1 जोत कृष्णपक्षी को। 1 जोत ब्राह्मण को। 1 जोत विदुर को। 2 जोतें "घास" के तहत दर्ज़ हैं।
	जम्ब्राला	1	1.79	3 11 3	उपरोक्त	ब्राह्मण
	सारी	3	4.64	7 0 0	... ...	सभी "घास" के तहत दर्ज़।
	निम्बला	2	11.47	8 4 0	... ...	1 जोत ब्राह्मण को। 1 जोत "घास" के तहत दर्ज़।
	पिपल्कहुट	4	14.38	7 1 20	...	"घास" के तहत दर्ज़।
	बोरदा	4	5.79	13 11 6	...	2 जोतें महार को। 5 जातें परदेसी को।
	लोहरा	1	2.77	4 8 0		कलार को।
	किन्ही	1	0.12	...	...	ब्राह्मण को।
	वैगाँव	4	11.46	11 0 0		2 जोतें ब्राह्मण को। 1 जोत महार को। 1 जोत "घास" के तहत दर्ज़।
	चक निम्बला	6	52.67	16 8 0	...	2 कुन्बी को। 1 कोश्ती को। 2 *क़बिलकाश्त* घोषित।
	चक बोरदा	4	76.9	20 4 0	...	2 ब्राह्मण को। 1 महार को। 1 परदेसी को।
	चक वल्ली	2	18.49	5 12 0	...	2 ब्राह्मण को।
	चक वैगाँव	2	15.70	5 12 0	...	1 महार को।
	सं. 1					1 *क़बिलकाश्त* घोषित।

पटवारी सर्किल सं.	गाँव का नाम	बन्दोबस्त के बाद से कुल जोतों का नुकसान (आदिवासी जोतें)	जोतों का कुल क्षेत्रफल	जोतों का कुल लगान	कारण	उन जातियों का वर्णन जिन्हें जोतें मिलीं
(1)	(2)	(3)	(4)	(5) रु. आ. पा.	(6)	(7)
11	कटरी मक्का	2	2.87	5 0 0	सभी लगान के बकाये के कारण छोड़े गए	ब्राह्मण।
	कटरी टुकुम	1	4.07	11 0 0	उपरोक्त	कुन्बी और महार को
	नीमगाँव मक्का	1	4.77	6 8 0	"	महार को
	मनोरा	5	11.46	14 1 6	"	3 सेव तेलियों को। 1 महार को। 1 घास।
	गिलबिली	8	53.38	62 12 0	लगान के दबाव के कारण त्यागा	3 मालगुज़ार के खुदकाश्त हैं। 2 कुन्बी को। 3 घास।
	मुहड़ी टुकुम	3	7.46	26 8 0	उपरोक्त	मालगुज़ार के खुदकाश्त।
	पलसगाँव	1	0.09	0 4 0	अधिग्रहित	ज़िला कैन्सिल।
	इटोली चक	1	1.83	0 11 0	लगान के बकाये के काश्त छोड़ा	*क़ाबिलकाश्त।*
12	कवदजी	14	69.58	43 4 0		2 महार को। 4 मालगुज़ार के खुदकाश्त। 5 घास। 2 मारवाड़ी को 1 तेली को।
	कलमना	1	0.46	"	"	घास।
	कुटोली	1	0.22	"	"	मुस्लिम को।
	गोगापुर	2	16.77	9 4 0	"	घास।
	रधम तुर्ली	1	12.00	3 0 0	"	घास।
	अली	1	8.77	4 8 0	"	मारवाड़ी को।

सारांश

1. 3 पटवारी सर्किलों में कुल गाँवों की संख्या–39
2. कुल आदिवासियों की संख्या जिन्हें भूमि का नुकसान हुआ–81
3. उनका कुल भूमि नुकसान–

	एकड़
(क) मालगुज़ारी	300
(ख) रैयतवाड़ी	164
	464

4. नुकसान हुई भूमि का कुल लगान–

	रुपए
(क) मालगुज़ारी	280
(ख) रैयतवाड़ी	48
योग	**328**

"3. भूमि नुकसान के कुछ विशिष्ट मामलों की पड़ताल करने पर मैंने पाया कि अभिलेखों में दर्ज़ सारी प्रविष्टियाँ अशुद्ध हैं और उनका प्रभाव यहाँ तक है कि भूमि के नुकसान का कारण सिर्फ लगान का बकाया होना दर्ज़ किया गया है। उनमें से कुछ पुराने ऋण के कारण कब्जे या हस्तांतरण की वजह से भी थे। यह रोचक तथ्य है कि ज्यादातर कब्ज़ा की हुई भूमि आदिवासियों के हाथों से ब्राह्मणों के हाथ में गई है यद्यपि कुन्बी, महार और मारवाड़ियों की भी भागीदारी रही है। एक भी आदिवासी को बेदखल भूमि का कोई हिस्सा प्राप्त नहीं हुआ है।

"4. पलसगाँव के काश्तकारों से मुझे किसी सीताराम, पुत्र रामा गोंड, की विधवा के बारे में एक दारुण कथा सुनने को मिली। उसके पति पर रुपए 62 का लगान बकाया था। वह बहुत बीमार था और मालगुज़ार ने उसे सूचित किया कि यदि वह इस रकम का आधा भी चुका दे तो वह उसके विरुद्ध कोई कार्यवाही नहीं करेगा। काश्तकार ने उस पर भरोसा करके उसे चुकाने के लिए रुपए 33 का इन्तजाम किया। मालगुज़ार ने पैसे रख लिए और फिर भी उसे बेदखल करवा दिया। उसका देहान्त हो गया और उसकी विधवा अब निराश्रित है, लेकिन मालगुज़ार रुपए 33 वापस करने से भी साफ मना कर देता है।

कवदजी में एक आदिवासी को अत्यन्त उर्वर भूमि से बेदखल किए जाने का मामला पाया गया। तेनू, पुत्र लछमा परधान अपना लगान चुका नहीं पाया और पहला मौका मिलते ही उसकी ज़मीन हड़प ली गई।

मनोरा के गुलसिया परधान पर सात बच्चों और एक पत्नी के भरण-पोषण का ज़िम्मा था। वह अपना लगान अदा न कर सका पर उसके लिए कभी-कभार काम करके और समय-बासमय थोड़ा धन चुकाकर उसने मालगुज़ार को शान्त रखा। उसकी मृत्यु के तुरन्त बाद उसकी विधवा और बच्चों को बेदखल कर दिया गया। इसी गाँव में झुंगरिया राजगोंड के पास 2 1/2 *खांडी* बीज की क्षमता वाला धान का खेत था और 7 एकड़ का एक दूसरा खेत था। उसने उन्हें मालगुज़ार के पास दे दिया क्योंकि वह लगान न चुका सकने के कारण उसे अदालत में घसीट ले जाने की धमकी देता था। धान का खेत अत्यन्त उपजाऊ था।

"5. मैंने उन सौदेबाज़ियों के वास्तविक चरित्र को खोजने की कोशिश की जिनके द्वारा अच्छी भूमि ब्राह्मणों और मारवाड़ियों को चली गई थी। सीमित समयावधि के कारण एकदम

सही सूचना प्राप्त नहीं की जा सकी, खासकर सौदेबाज़ियों के असली कारणों के छुपाने की वजह से, लेकिन मैं पाता हूँ कि कुछ अच्छी ज़मीन कम-से-कम इन लोगों को साहूकारी के धन्धे से प्राप्त हुई है।

"6. *आदिवासियों द्वारा बन्दोबस्त की अवधि के दौरान भूमि-अधिग्रहण*—इस विषय पर मेरी जाँच से रोचक परिणाम मिले।

पटवारी सर्किल की संख्या	बन्दोबस्त की अवधि के दौरान आदिवासियों द्वारा अधिग्रहीत कुल भूमि एकड़	भूमि का कुल लगान या राजस्व रुपए	
9	262	205	मालगुज़ारी गाँवों में
	1,305	590	रैयतवाड़ी गाँवों में
11	108	59	मालगुज़ारी गाँवों में
	76	34	रैयतवाड़ी गाँवों में
12	292	213	मालगुज़ारी गाँवों में

बन्दोबस्त के बाद से आदिवासियों द्वारा भूमि अधिग्रहण और भूमि नुकसान की तुलनात्मक सारणी।

	भूमि नुकसान एकड़	भूमि अधिग्रहीत एकड़	नुकसान हुई भूमि का लगान रु.	अधिग्रहीत भूमि लगान रु.
मालगुज़ारी गाँव	300	662	280	477
रैयतवाड़ी गाँव	164	1,381	48	624

"7. रैयतवाड़ी बँटवारे को यदि आदिवासियों तक सीमित रखा जाए, तो इससे इस इलाके में उनकी स्थिति सँभली रहेगी। हालाँकि इस नियम का कड़ाई से पालन नहीं किया जाता जैसे मैंने पाया कि हाल के अच्छी भूमि के बँटवारे नीलामी द्वारा कई बाहरी कुन्बीयों और अन्य को किए गए जो औसत आदिवासी से ज्यादा दाम लगाने में सक्षम हैं। यदि सुन्दर चिंचपल्ली इलाके में बस्तियाँ बसाने की इस नई प्रवृत्ति को प्रभावकारी ढंग से रोक दिया जाए तो इससे वे आदिवासी बच जाएँगे जो अब तक बिना किसी बाहरी दखलंदाज़ी के अपनी *भूमि* पर शान्तिपूर्वक अधिकार किए हुए थे। ऊपर की सारणी के आँकड़े दर्शाते हैं कि कुल मिलाकर आदिवासियों की स्थिति वर्तमान बन्दोबस्त की अवधि के दौरान संतुलित बनी रही है।

"ख. निम्नलिखित सारणी पटवारी सर्किलों सं. 9, 11 और 12 के सभी गाँवों की सामान्य तुलनात्मक सूचना देती है—

पटवारी सर्किल सं.	गाँव का नाम	कुल क्षेत्रफल	बन्दोबस्त के समय आधिकारिक भूमि	वर्तमान में आधिकारिक भूमि	बन्दोबस्त के समय कुल काश्तकारों की संख्या	वर्तमान में कुल काश्तकारों की संख्या
(1)	(2)	(3)	(4)	(5)	(6)	(7)
	मालगुज़ारी					
		एकड़	एकड़	एकड़		
9	चिंचपल्ली	1,865	320	411	58	66
	जम्बराला	179	97	110	21	26
	सारी	134	50	46	13	12
	तेम्ता	37	41	51	9	13
	निम्बला	482	265	237	42	44
	पीपलखुट	189	122	122	20	22
	बोरदा	258	123	228	45	55
	मामला...	697	185	269	33	37
	लोहरा...	330	95	147	23	33
	वलनी...	929	172	230	33	45
	वैगाँव	254	86	147	18	27
	हल्दी...	199	80	85	18	22
	रैयतवाड़ी					
	चक चिंचपल्ली	1,328	...	360	...	37
	चक इम्बाला	1,901	540	810	41	73
	चक पीपलखुट	419	...	156	...	16
	चक कोरदा	2,310	554	716	37	63
	चक वल्नी...	160	81	70	10	9
	चक वैगाँव सं. 1	497	162	221	19	20
	चक वैगाँव सं.2	265	...	16	...	16
11	कोटि मकटा	1,393	679	733	50	60
	कोटि टुकुम	272	114	149	25	26
	निमगटा मकटा	262	256	258	45	54
	मनोरा	886	538	561	114	119
	गिलबिली	1,930	214	233	29	28
	महाड़ी टुकुम	230	134	146	27	27
	किन्ही	2,548	1,106	1,207	64	78
	पलसगाँव	2,288	1,728	1,780	110	134
	इटोली चक I	542	279	378	24	41

	निमघटा चक	620	261	274	21	24
	इटोली चक II	363		114		25
12	अश्ती (12)	1,273	340	396	13	25
	अम्दी (61)	1,596	1,268	1,270	64	78
	कवदजी (2-6)	3,823	832	1,238	90	155
	कलमना (109)	1,310	740	737	53	64
	कटोई (57)	1,391	384	593	39	57
	कटहारी (154) (बाज़ार)	3,062	1.99	1,925	123	137
	निर्जन					
	खमतुर्ली	201	57	126	4	9
	जोगापुर	697	216	226	20	20
	हरम्य	1,993	179	184	10	13

पटवारी सर्किल सं.	गाँव का नाम	बन्दोबस्त के समय आदिवासी काश्तकार	वर्तमान समय में आदिवासी काश्तकार	कुल माँग		आदिवासियों से माँग		आदिवासियों की भूमि	
				व्यवस्था के समय	वर्तमान	व्यवस्था के समय	वर्तमान	व्यवस्था के समय	वर्तमान
(1)	(2)	(8)	(9)	(10)	(11)	(12)	(13)	(14)	(15)
मालगुजारी									
				रु.	रु.	रु.	रु.	एकड़	एकड़
9	चिंचपल्ली	21	19	424	423	82	116	103	118
	जम्बराला	20	22	140	122	94	102	69	85
	सारी	9	9	52	40	38	27	34	31
	तेम्ता	9	13	34	42	33	31	40	43
	निम्बाला	17	20	217	103	54	48	78	68
	पिपलखुट	19	20	76	66	73	63	117	106
	बोरदा	17	24	257	217	94	84	98	99
	मामला	7	8	140	206	31	60	28	46
	लोहरा	14	18	60	83	30	38	6	78
	वल्नी	27	38	147	109	66	64	117	175
	वैगाँव	16	22	107	155	83	129	69	110
	हल्दी	15	19	64	95	40	50	49	55
रैयतवाड़ी									
	चक चिंचपल्ली	—	31	—	338	—	300	—	587
	चक निम्बला	15	30	186	402	46	125	141	272
	चक पिपलखुट	—	16	—	96	—	96	—	166

	चक कोरदा	14	29	148	196	56	93	207	346
	चक वल्ली	10	7	24	30	24	19	80	62
	चक वैगाँव सं. 1	16	15	60	83	49	48	132	128
	चक वैगाँव सं. 2	14	—	?	—	35	141	—	—
11	कोटी मकटा	9	11	533	540	47	40	57	62
	मोटी टुकुम	9	11	161	148	47	35	42	40
	निमगटा मकटा	9	10	258	255	25	21	42	44
	मनोरा	18	17	638	581	59	45	90	61
	गिलबिली	25	26	182	154	153	113	176	136
	महाड़ी टुकुम	17	18	207	194	124	110	70	74
	किन्ही	25	28	417	454	143	156	341	381
	पलसगाँव	12	16	809	818	32	36	76	90
	इटोली चक I	5	11	71	112	16	32	57	104
	निमघटा चक	1	2	103	115	4	12	11	22
	इटोली चक II	—	3	101	—	10	—	16	—
12	अश्ती (12)	2	3	164	210	13	14	20	21
	अम्दी (61)	3	5	748	728	12	13	21	30
	कवदजी (276)	31	37	501	796	137	252	238	353
	कलमना (109)	1	—	509	642	—	—	—	—
	कतोली (57)	4	7	228	320	30	26	6	48
	कटहारी (154) (बाज़ार)	1	1	2,447	2,368	1	1	1	1
निर्जन									
	खमतुर्ली	1	3	25	62	3	24	12	36
	जोगापुर	2	—	123	124	9	—	17	—
	हरनपैली	2	2	74	74	—	8	21	21

सारणी कुछ रोचक सूचनाएँ देती है। बोरदा गाँव में (पटवारी सर्किल सं. 9) आदिवासियों का लगान कम हुआ है जबकि भूमि का क्षेत्रफल बढ़ा है। जाँच से पता चला कि एक गोंड को 5.79 एकड़ की रुपए 13-11-6 के लगान वाली उत्तम भूमि का नुकसान हुआ जबकि एक अन्य आदिवासी को एक बड़ी मगर एक-तिहाई लगान वाली खराब ज़मीन मिली। महाड़ी टुकुम (पटवारी सर्किल सं. 11) में एक गोंड को 7.46 एकड़ की रुपए 26-8-0 लगान वाली अच्छी भूमि का नुकसान हुआ जबकि एक अन्य गोंड को 12.12 एकड़ भूमि रुपए 12-13-0 के लगान पर प्राप्त हुई। निमघटा में माता गोंड ने 4.77 एकड़ की रु. 7-7-0 लगान वाली भूमि खोई जबकि एक अन्य गोंड को एक बड़ी 6.64 एकड़ की भूमि सिर्फ रुपए 2 लगान वाली प्राप्त हुई।

"9 पटवारी सर्किल सं. 12 के आँकड़ों को ध्यान से पढ़ने की आवश्यकता है। अगर इन आँकड़ों का डिप्टी कमिश्नर की आम जाँच के दौरान मिले आँकड़ों के साथ अध्ययन किया जाए, जब पिछली बन्दोबस्त के अभिलेख भी देखे गए थे, तो यह पता चलेगा कि आदिवासी काश्तकारी ज़मीन से किस प्रकार ग़ायब कर दिए गए हैं। मैंने सारणी के स्तम्भ 2 में गाँवों के नामों के बाद कोष्ठक में उनकी आदिवासी जनसंख्या लिखी है। जनसंख्या के इन आँकड़ों की स्तम्भ 8 और 9 में दिए आदिवासी काश्तकारों की तुलना निर्देशात्मक है। यह याद रखनेवाली बात है कि पटवारी सर्किल सं. 12 में कई साहूकार हैं। कोठारी एक कस्बा है जिसमें एक पुलिस चौकी है और यह अल्लापल्ली रोड पर बल्लरशाह से लगभग 10 मील की दूरी पर है।

साहूकारों द्वारा प्रताड़ना की सबसे गम्भीर शिकायतें मुझे इस सर्किल के गोंडों द्वारा प्राप्त हुईं। इस रिपोर्ट के पैरा 2 में दी गई सारणी से यह प्रदर्शित होगा कि किस प्रकार सर्किल नं. 12 में आदिवासी काश्तकारों की सीमित संख्या के बावजूद उनकी ज़मीन एक सेव तेली, दो मारवाड़ियों और स्थानीय मालगुज़ार के पास करीब 20 वर्षों की अवधि के दौरान चली गई है।

"10. इस जाँच और कृषि सेवा पर मेरी जाँच के आधार पर मेरी यह राय है कि हालाँकि इन इलाक़ों में बँधुआ मजदूरी वर्जित करने के लिए कानून बनाने की विशेष आवश्यकता नहीं है पर यह महत्त्वपूर्ण है कि काश्तकारी भूमि के हस्तांतरण के प्रश्न को अविलम्ब हल किया जाए। नया काश्तकारी (संशोधन) अधिनियम, अहीरी जमींदारी जैसे आंशिक अपवर्जित क्षेत्र पर, हो सकता है, न लागू हो, पर वह चन्दा तहसील के इन गोंडी इलाकों पर लागू होता है, और हमें आश्चर्य नहीं होना चाहिए कि इन इलाकों में आदिवासियों ने अपनी सारी ज़मीन एक पीढ़ी या इस दौरान ही खोई है। यह सही है कि यहाँ के गोंड, माड़िया गोंड की अपेक्षा ज्यादा "सुसंस्कृत" या कम पिछड़े हैं, लेकिन सारे आदिवासियों की तरह वे भी उत्सव, शादियों आदि की वजह से कर्ज़दार हो जाते हैं। यह अनुकूल नहीं होगा कि इस इलाक़े को ही काश्तकारी (संशोधन) अधिनियम के क्रियान्वयन से अलग रखा जाए क्योंकि यहाँ कई गैर-आदिवासी काश्तकार भी हैं। यह सुरक्षित होगा कि भूमि हस्तांतरण अधिनियम (लैंड एलियनेशन ऐक्ट) को संशोधित करके उसे आदिवासी काश्तकारी भूमि पर उपयुक्त इलाक़ों में लागू किया जाए।"

भंडारा ज़िला

87. 1941 की 963,225 की जनसंख्या में आदिवासियों की संख्या 111,461 थी, जिसमें 1931 के बाद से अल्प वृद्धि हुई। हालाँकि कुल जनसंख्या में उनका अनुपात 134 से गिरकर 116 प्रति हजार हो गया है। तुलनात्मक आँकड़े निम्नलिखित हैं—

जनजाति	1891	1911	1931
गोंड	88,768	75,871	79,238*
परधान	4,155	2,815	2,874

* इसमें 276 मुड़िया और 673 ओझा शामिल हैं।

नगरची	1,682	1,136	1,353
हल्बा	18,425	9,837	19,233
बिन्झवर	...	5,413	3,737
कवर	625	940	1,382
कोल	17	840	1,775

प्रथम तीन में, जो गोंड आबादी में आते हैं, 40 वर्षों में जनसंख्या 94,091 से गिरकर 83,465 हुई है। लेकिन वर्तमान शताब्दी के शुरू में एक बड़ा क्षेत्र बालाघाट ज़िले को हस्तांतरित किया गया था। 1931 में आदिवासी सकोली तहसील में ज्यादा सघन थे जहाँ वे जनसंख्या के प्रति हजार में 184 थे; गोंडिया तहसील में वे 140 प्रति हजार और भंडारा तहसील में सिर्फ 79 प्रति हज़ार थे। गोंडीभाषियों की संख्या 60,078 थी जिसमें करीब 46,500 मराठी भी बोल सकते थे और करीब 1,750 हिन्दी। सारणी I से IV तक के आँकड़ों में गोंडिया तहसील का तिरोरा सर्किल और इनमें सकोली तहसील का सकोली सर्किल शामिल नहीं हैं और ये 803 1/2 मालगुज़ारी, 438 1/2 ज़मींदारी और 13 रैयतवाड़ी गाँवों को सम्मिलित हैं।

88. जाँचे गए मालगुज़ारी और ज़मींदारी गाँवों में, आदिवासी जोतें 1894-99 के बन्दोबस्त के समय 6,306 काश्तकारों के पास 76,300 एकड़ से बढ़कर 1939-40 में 7,904 काश्तकारों के पास 77,400 एकड़ हो गई। औसत जोत 12.1 से 9.8 एकड़ तक कम हुई; अन्य काश्तकारों की औसत जोत इसी अवधि के दौरान 10.7 से गिरकर 9.1 एकड़ हुई है। लेकिन भंडारा तहसील के 530 गाँवों और गोंडिया तहसील के जाँचे गए 60 *खालसा* गाँवों में ज़मीन का उल्लेखनीय नुकसान हुआ है, जो 1,988 आदिवासी काश्तकारों के पास 21,884 एकड़ से गिरकर 2,113 के पास 17,067 एकड़ हो गया है, प्रति हज़ार में 221 एकड़ का नुकसान, जबकि औसत जोत 11 से गिरकर 8 एकड़ हुई है।

वास्तविक कब्जे ज़मींदारी क्षेत्रों में उससे ज्यादा हुए हैं जितना कि आँकड़े दर्शाते हैं। ऐसा 1918 में गोंडिया और सकोली तहसीलों में गोंड, राजगोंड और परधान जातियों पर तथा 1930 में सकोली में हल्बा जनजाति पर भूमि-हस्तांतरण अधिनियम लागू होने के पहले हुए भू-अधिकार हस्तांतरणों की वजह से है। गोंडिया तहसील के 245 ज़मींदारी गाँवों में 1894-99 के बाद से आदिवासी काश्तकारी जोतें 1,811 काश्तकारों के पास 24,142 एकड़ से गिरकर 1939-40 में 2,166 काश्तकारों के पास 20,891 हो गईं, यानी प्रति हज़ार में 135 एकड़ का नुकसान, यद्यपि कुल काश्तकारी क्षेत्रफल 14,587 काश्तकारों के पास 147,963 एकड़ से बढ़कर 26,169 के पास 168,751 एकड़ हो गया है। सकोली तहसील के ज़मींदारी गाँवों में आदिवासी जोतों में 33 प्रतिशत की वृद्धि हुई है। ज़िले के ज्यादातर हिस्सों में सुरक्षा प्रदान करने की स्पष्ट आवश्यकता है।

बालाघाट ज़िला

89. 1941 में ज़िले की कुल आबादी 634,350 थी जिसमें 137,142 आदिवासी थे। आदिवासी जनसंख्या प्रति एक हज़ार में 216 थी (1931 में 134 के मुकाबले)। बैहर तहसील

आंशिक अपवर्जित क्षेत्र है। वहाँ कुल 112,607 की आबादी में आदिवासी जनसंख्या (1941) 63,591 है या 565 प्रति हज़ार। महत्त्वपूर्ण समुदायों के तुलनात्मक आँकड़े निम्न हैं–

समुदाय	1891	1911	1931
गोंड	87,758	79,158	102,437
परधान	5,172	4,843	4,264
नगरची	2,044	1,579	1,621
बिंझवार	3,449	6,005	8,259
बैगा	3,863	5,070	5,640
हल्बा	1,433	1,298	1,553

1931 में 69 प्रतिशत गोंड, गोंडी बोलते थे, लेकिन इसमें से लगभग एक चौथाई ही बैहर तहसील में थे, जहाँ 73 प्रतिशत स्थानीय गोंड अपनी भाषा भूल चुके हैं।

90. आदिवासी काश्तकारी और रैयतवाड़ी भूमि के हस्तांतरण के सन्दर्भ में, मैंने *अबोरिजाइनल प्रॉब्लम इन बालाघाट डिस्ट्रिक्ट* के पैरा 135-40 में स्थिति का विश्लेषण किया है। मैं नीचे पैरा 139-40 को पुनः प्रस्तुत करता हूँ–

"139. बैहर को समग्र रूप में देखने पर आँकड़े अभी संशय का आधार नहीं निर्मित करते। आदिवासी जनजातियों की काश्तों और रैयतों में कुल वृद्धि द्वितीय बन्दोबस्त के समय 1,737 के पास रुपए 7,090 के 22,313 एकड़ से पिछली बन्दोबस्त के समय 5,951 के पास रुपए 40,036 के 112,120 एकड़ और 1939-40 में 3,281 के पास रुपए 40,036 के 112,120 एकड़ की हुई है। इसके सदृश सभी जातियों और समुदायों के आँकड़े निम्न हैं–

अवधि	काश्तें और रैयतें संख्या	भूमि एकड़	लगान रुपए
द्वितीय बन्दोबस्त	4,199	45,989	15,224
तृतीय बन्दोबस्त	12,008	160,877	63,283
1939-40	15,242	191,351	76,867

द्वितीय बन्दोबस्त के बाद से 3,234 काश्तकारों और 30,474 एकड़ की कुल वृद्धि के मुकाबले आदिवासी काश्तकारों में 3,330 और उनकी जोतों में 24,991 एकड़ की वृद्धि हुई है। लोगों को बसाने की जिस योजना के तहत बालाघाट ज़िले का निर्माण हुआ था वह सफल रही है, और वह भी आदिवासियों की कीमत पर नहीं बल्कि उनको फायदा पहुँचाते हुए। फिर भी अब आगे से सड़कों और परिवहन में सुधार होने से बैहर अलग-थलग नहीं रह गया है, और बाहरी दुनिया से इसके सम्पर्क ज़मीन के लालचियों और शोषकों को अवश्य ही यहाँ लाएँगे। इसलिए मुझे महसूस होता है कि यहाँ भी काश्तकारी और रैयतवाड़ी भूमि के हस्तांतरण से आदिवासियों को सुरक्षा प्रदान करने की ज़रूरत है। अधिकाधिक भूमि की सुरक्षा में हुई देरी की वजह से भानपुर रियासत और चौड़िया के अधिकतर भागों, तथा कई मालगुज़ारी गाँवों को बचाया नहीं जा सका। हमें काश्तकारी भूमि के बचाव में विलम्ब नहीं करना चाहिए। सौभाग्य से तहसील का काफी हिस्सा रैयतवाड़ी है।

"140 वड़ासिवनी तहसील में कहानी अलग है, जैसी कि एक ऐसे क्षेत्र में उम्मीद की जा सकती है जहाँ आदिवासी जीवन के संघर्ष में प्रतियोगिता की आँच झेलने को मजबूर हों। यहाँ के आँकड़े कुछ रैयतवाड़ी जोतों सहित इस प्रकार हैं–

अवधि	सभी जातियाँ			आदिवासी		
	काश्तकारों की संख्या	जोत का क्षेत्रफल एकड़	लगान रुपए	काश्तकारों की संख्या	जोत का क्षेत्रफल एकड़	लगान रुपए
द्वि. बन्दोबस्त	25,327	207,600	2,31,259	3,724	30,624	23,997
तृ. बन्दोबस्त	33,464	224,272	3,25,009	4,937	30,495	31,770
1939-40	41,816	231,001	3,31,981	5,248	28,797	29,696

45 वर्षों में इस प्रकार आदिवासी काश्तकारों की संख्या में 1,524 की वृद्धि हुई है मगर उन्हें 1,827 एकड़ का नुकसान हुआ है और औसत जोत 8.22 एकड़ से घटकर 5 1/2 एकड़ हो गई है।

यह प्रक्रिया बालाघाट तहसील में इतनी उल्लेखनीय नहीं है–

अवधि	सभी जातियाँ			आदिवासी		
	काश्तकारों की संख्या	जोत का क्षेत्रफल एकड़	लगान रुपए	काश्तकारों की संख्या	जोत की क्षेत्रफल एकड़	लगान रुपए
द्वि. बन्दोबस्त	16,738	153,395	1,52,465	1,980	19,365	11,823
तृ. बन्दोबस्त	28,932	169,417	2,26,411	3,591	23,151	17,470
1939-40	33,843	174,621	2,38,956	4,052	22,159	18,893

करीब 1000 एकड़ जमीन या उनकी जोत का 4.3 प्रतिशत पिछले 25 वर्षों में आदिवासियों के हाथ से निकल चुकी है और उनकी औसत जोत 6 1/2 से 5 1/2 एकड़ हो गई है। जमींदारी इलाक़ों में पिछली व्यवस्था के बाद से उन्होंने 6,375 में से 1,298 एकड़ भूमि खोई है। दोनों तहसीलों में अनेक गाँव हैं जहाँ गम्भीर नुकसान हुआ है, और ये आँकड़े यह नहीं दर्शाते कि किस हद तक अच्छी ज़मीन का खराब ज़मीन के साथ अदला-बदली में नुकसान हुआ है, या इसी तरह का भूमि नुकसान जो आदिवासी गाँवों में रहनेवाले निम्न या अर्द्ध-आदिवासी जनजातियों द्वारा हुआ है। और अधिक बेदखली को भूमि-हस्तांतरण कानून द्वारा रोका जाना चाहिए।

यह जोड़ दिया जाना चाहिए कि ये लगान के आँकड़े पिछले बन्दोबस्त के बाद से खराब भूमि द्वारा अच्छी भूमि के प्रतिस्थापन को नहीं प्रदर्शित करते।

रायपुर ज़िला

91. 1941 में आदिवासियों की संख्या कुल 1,525,686 की आबादी में 358,578 थी या 197 प्रति हज़ार, 1931 के बाद से 58,176 या 38 प्रति हज़ार की गिरावट। इस अन्तराल में हालाँकि विशाल खैरियार ज़मींदारी को नए प्रान्त उड़ीसा में हस्तान्तरित कर दिया गया है। पूरे प्रान्त की ही तरह गोंड और गोंड संस्कृति की छोटी जनजातियाँ बहुसंख्यक हैं। नीचे दी गई सारणी 1911 और 1931 में प्रमुख आदिवासी जनजातियों की आबादी की तुलना करती है। मैंने 1891 के आँकड़े हटा दिए हैं क्योंकि 1906 में जब दुर्ग ज़िला बना था तब रायपुर ज़िले के दो तहसीलों के बड़े भूभाग उधर हस्तांतरित कर दिए गए थे। 1911 की जनगणना में यह 38,000 गोंड और 32,000 हल्बा की कमी का मुख्य कारण था। अन्य समुदायों पर इसका प्रभाव नहीं पड़ा था और 1891 के बाद सबकी संख्या में वृद्धि हुई है–

जनजाति	–	1911	1931
गोंड*	–	212,679	240,908
कँवर	–	27,817	31,973
बिंझवार	–	24,358	29,223
सवरा	–	21,702	28,701
कमार	–	7,185	9,244
भुंजिया	–	6,913	7,258
हल्बा	–	4,499	6,068
उराँव	–	1,443	1,472

गोंड काफी हिन्दूकृत हो चुके हैं और 1931 में 2,610 के अलावा बाकी सब गोंडी भाषा भूल चुके थे। कमार, जिनमें से अधिकतर अत्यन्त पिछड़ी बिन्द्रा-नवागढ़ जमींदारी में हैं, अभी भी अपनी कुछ खास विशेषताओं वाली 'झूम' कृषि करते हैं। कँवर छत्तीसगढ़ की सबसे प्रमुख भूस्वामी आदिवासी जनजाति हैं। बिंझवार सम्भवतः विशाल बैगा जनजाति के एक अंश हैं जो चारों तरफ से हिन्दू जातियों से घिरे मैदानी भूभागों में रहने के कारण परिष्कृत हो गए हैं।

92. बेदखली के आँकड़े सिर्फ रायपुर तहसील की पटवारी सर्किलों सं. 74, 76, 108, 114, 118 और 137 (सभी तहसील के दक्षिण में) सम्पूर्ण सिहावा और दरगहन सर्किलों, पंडुका सर्किल के पटवारी सर्किल सं. 66-75 और धमतरी तहसील के बथोली सर्किल के पटवारी सर्किल सं. 33, 36, 37, 41 और 42 और पूरे महासमुन्द तहसील में ही एकत्रित किए गए थे। जैसी कि उम्मीद की जा सकती है महासमुन्द ज़मींदारियों के जंगली भागों में जहाँ धीमे ही सही मगर कृषि में वृद्धि हो रही है और काफी भूमि उपलब्ध है, आदिवासियों को भूमि का नुकसान नहीं बल्कि लाभ हो रहा है, सिवाय फिंगेश्वर ज़मींदारी के। अन्य ज़मींदारियों में 1899-1903 (फुलझड़, 1912) के बन्दोबस्त के बाद से आदिवासी काश्तकारों

* इसमें परधान (964), भट्टरा (363), ओझा (262) और नगाड़ची (34) सम्मिलित हैं; कोष्ठक में दी गई संख्याएँ 1931 में इन जातियों के कुल योग को बताती हैं।

की संख्या 1939-40 तक 8,594 के पास 146,800 एकड़ से बढ़कर 12,938 के पास 195,400 एकड़ हो गई थी, हालाँकि औसत जोत 16.9 से घटकर 15.1 एकड़ हो गई। फिंगेश्वर में आदिवासी जोतें 677 के पास 9,100 एकड़ से गिरकर 858 के पास 7,500 एकड़ हो गई और औसत आदिवासी जोत 13.4 से कम होकर 8.7 एकड़ हो गई।

सभी छह ज़मींदारियों में अन्य काश्तकारों के मुकाबले आदिवासियों का अनुपात लगातार कम होता जा रहा है। पिछले से एक पहले के बन्दोबस्त के समय आदिवासी प्रति 100 में 42 की संख्या में थे तथा प्रति 100 में 42 एकड़ जमीन उनके पास थी। 1939-40 में उनकी संख्या प्रति 100 सिर्फ 33 रह गई और उनके पास प्रति 100 सिर्फ 36 एकड़ भूमि बची रह गई थी। अन्ततः यहाँ भी इसलिए आदिवासी काश्तकारों को सुरक्षा की आवश्यकता पड़ेगी, जब तक भूमि-हस्तांतरण अधिनियम सख़्ती से लागू नहीं किया जाता और इन आदिवासी-अधिकृत रियासतों में गैर-आदिवासियों के पक्ष में निर्मित हर नई काश्तकारी के लिए डिप्टी-कमिश्नर का अनुमोदन आवश्यक नहीं बना दिया जाता।

93. रायपुर और महासमुन्द तहसील के इन *खालसा* गाँवों में पिछले से एक पहले के बन्दोबस्त के बाद से आदिवासी काश्तकारों में बदलाव हुआ है और तब के 2,229 के पास 31,400 एकड़ जमीन घटकर अब 3,218 के पास 28,000 एकड़ रह गई है, यानी प्रति हज़ार में 108 एकड़ का नुकसान। औसत जोत 14.1 एकड़ से कम होकर 8.7 एकड़ रह गई है। धमतरी तहसील में मालगुज़ारी गाँवों में इस अवधि में कुल नुकसान सिर्फ 300 एकड़ का हुआ है, लेकिन चूँकि आदिवासी काश्तकारों की संख्या 3,956 से बढ़कर 6,413 हुई है, औसत जोत 13.8 से गिरकर 8.9 एकड़ रह गई है। गैर-आदिवासियों ने अपनी कुल जोत में वृद्धि की है जो पहले के 68,522 एकड़ से बढ़कर अब 90,644 एकड़ हो गई है, पर चूँकि उनकी संख्या 7,019 से बढ़कर 12,979 हो गई है उनकी औसत जोत 9.8 से गिरकर 7 एकड़ रह गई है।

94. प्रत्येक सर्किलों और गाँवों के आँकड़े तैयार नहीं हैं और क्षेत्रों की विस्तृत जाँच इसलिए व्यवहार्य नहीं है। लेकिन श्री के.बी. लाल, आई.सी.एस. और श्री आर.सी.वी.पी. नोरोन्हा, आई.सी.एस. की रोचक रिपोर्ट का निम्नलिखित उद्धरण वर्तमान प्रवृत्तियों पर कुछ प्रकाश डालता है—

अलगाव और हस्तांतरण—कर्ज के कारण भूमि का स्वामित्व परिवर्तन बहुत कम है। बिक्री लगातार चलती है; लेकिन वे ज्यादातर वास्तविक बिक्रियाँ होती हैं और ज़मीन साहूकार को नहीं मिलती। उसे ज़मीन चाहिए भी नहीं; यह दुर्गम्य है; ज्यादा लाभदायक यह है कि कर्ज़दार की फसल और मवेशी हर साल ले लिए जाएँ।

हम आश्वस्त नहीं हैं कि बिक्री का कितना हिस्सा उसे मिलता है; हालाँकि हमारी जाँच से यह मालूम पड़ता है कि सभी रियासतों में बिक्री का धन्धा चलता है। देवरी रियासत को छोड़कर ज़मीन की उत्पादकता की दर काफी ऊँची है। काश्तकार नकदी की ज़रूरत पड़ने पर ज़मीन बेच देते हैं और हाथ में धन आते ही खरीद लेते हैं। असंशोधित काश्तकारी अधिनियम भूमि-हस्तांतरण रोकने में नाकाम रहा है; यह सिर्फ मालिक को वास्तविक बिक्री मूल्य में गैर-आनुपातिक दावा करने में मदद करता है। एक तय प्रक्रिया के अनुसार कोर्ट ऑफ वार्ड्स, समान रूप से हस्तांतरण को कार्योत्तर मान्यता प्रदान कर देता है और हस्तांतरित भूमि के मूल्य के हिसाब से 30 से 33 प्रतिशत *नज़राना* वसूल करता है जिस मूल्य का आकलन खरीदार नहीं बल्कि प्रबन्धक करता है।

हम बिलकुल निश्चित हैं कि आदिवासियों की भूमि साहूकार के पास नहीं जा रही है, पर वह कुछ हद तक गैर-आदिवासी किसान को जा रही है। देवरी रियासत में गोंड और बिन्झवार, अधड़ियों को हस्तांतरित कर रहे हैं; फुलझड़ में गोंड और सावरस अपनी ज़मीन कोल्टा और अधड़िया के हाथों में दे रहे हैं। पूरी ज़मींदारी में आय के विभिन्न स्रोतों वाले लोग जैसे कोश्त, रावत, कलार, तेलीं, सेवानिवृत्त स्कूल-मास्टर और कोर्ट ऑफ वार्ड्स के कर्मचारी आदिवासियों की ज़मीन खरीद रहे हैं। जहाँ भी रियासत ने गाँव का पट्टा एक अधड़िया या कोल्टा ठेकेदार को दिया है, गृह-कृषि का क्षेत्रफल आदिवासी काश्तकार की क़ीमत पर लगातार बढ़ता जाता है। हमारी जाँच हालाँकि यह दिखाती है कि बेदखली की प्रक्रिया बहुत धीमी है।

भूमि की उत्पादकता का अन्दाजा निम्नलिखित आँकड़ों से लगाया जा सकता है :—

रियासत	नज़राना	भूमि का मूल्य (नज़राना बिक्री-मूल्य) रुपए	कुल लगान रुपए
बिन्द्रा-नवागढ़	8,726	34,904	64,189
सुअरमार	3,584	14,336	21,346
नर्रा	712	2,448	3,392
कौड़िया	3,914	15,656	37,124
फुलझड़	4,106	16,124	88,288
देवरी	575	2,300	6,353

बिक्री-मूल्य के एक-तिहाई की दर से औसत *नज़राना* की गणना करके हमने स्तम्भ 3 में हस्तांतरित भूमि का परिणामी मूल्य अंकित कर दिया है। यह आँकड़े 1939-40 के हैं। स्तम्भ 2 उन सैकड़ों एकड़ भूमि को समाहित नहीं करता है जो अनेक ठेकेदारी गाँवों में हाथ बदलती रहती है, या उन कुछ हस्तांतरणों को जिनका कोर्ट ऑफ वार्ड्स पता नहीं लगा सका।

हमने पहले ही कहा है कि साहूकार सीधे तौर पर ज़्यादातर हस्तांतरणों का ज़िम्मेदार नहीं होता। श्री लाल, दौरों के दौरान अपने अनुभवों और झल्लप (कौड़िया रियासत) में की गई एक सघन जाँच के आधार पर अपनी राय व्यक्त करते हैं कि बेदखली के चार प्रमुख कारण हैं—

(क) **लगान का बकाया**—फ़सल की कटाई के समय साहूकार सबसे पहले आ धमकता है और उसके जाने के बाद जो बचता है वह लगान चुकाने और खाने के लिए पर्याप्त नहीं हो पाता। बकाया बढ़ता जाता है। कोई बेदखली नहीं होती मगर दबाव डाले जाने पर किसान अपनी ज़मीन का एक टुकड़ा बेच देता है। यह मुख्यतः बड़े काश्तकारों पर लागू होता है जिनकी जोत 20 एकड़ या उससे अधिक होती है।

(ख) **बीमारी या जंगली जानवरों से मवेशियों का नुकसान**—जो बैल या भैंस जीवित बच जाते हैं काश्तकार को लगान चुकाने और आजीविका कमा पाने के लिए पर्याप्त नहीं होते। वह नये मवेशी खरीद नहीं सकता और इसलिए अपनी जोत का एक टुकड़ा बेच देना बेहतर समझता है ताकि अपने बचे मवेशियों के साथ

शेष जोत पर कुशलता से कृषि कर सके।

(ग) **छोटे काश्तकार की अदूरदर्शिता और अकुशलता** जो नुकसान सहता रहता है और कुछ साल बाद ज़मीन बेचने को मजबूर हो जाता है।

(घ) **कर्ज़**–काश्तकार अपनी भूमि अलग कर देता है और उसके उत्पादन से साहूकार का कर्ज़ चुकाता है।

निम्नलिखित सारणी झल्लप में की गई एक प्रातिनिधिक जाँच की सांख्यिकी दर्शाती है :–

कारण	संख्या	टिप्पणी
पूरी जोत का अलगाव		
लगान बकाया	3	सभी बड़े काश्तकार
अविवेकी कृषि	2	छोटे काश्तकार
जोत के टुकड़ों की बिक्री		
लगान बकाया	4	तीन बड़े काश्तकार
समारोहों के लिए धन एकत्रित करना	2	एक बड़ा
काश्तकार		
पैतृक कर्ज़	3	
व्यक्तिगत कर्ज़	1	
अविवेकी कृषि	2	

सुरक्षा–हमारे विचार से आदिवासी काश्तकारों को कुछ सुरक्षा प्रदान करना आवश्यक है, इसलिए नहीं कि वे अभी तेज़ रफ्तार से अपनी ज़मीन खोते जा रहे हैं बल्कि इसलिए कि इसकी गति और तेज़ होगी जब सम्पर्क में सुधार के बाद जंगली ज़मीन लेना फायदेमन्द हो जाएगा। यहाँ के आदिवासी स्वयं संरक्षण पाने के अनिच्छुक हैं। इस मामूली कारण से कि वे अपनी सुरक्षा खो देंगे और साहूकार बेहद ज़रूरी चीज़ों जैसे *खवाई* (भोजन) और बीज के लिए भी ऋण नहीं देगा। भूमि-हस्तांतरण अधिनियम अपने मौजूदा स्वरूप में ज़मींदारी काश्तकारों के किसी काम का नहीं है। *मालिक मकबूज़ा* जोतों का अस्तित्व ही नहीं है और दूसरे स्वामित्व अधिकार अहस्तांतरणीय घोषित किए जा चुके हैं।

वर्तमान में एक औसत किसान उधार के बिना नहीं रह सकता, चाहे अल्पावधि के लिए ही सही। हम ज़ोर देना चाहते हैं कि जब तक किसान अपनी *खवाई* के लिए साहूकार पर निर्भर रहेगा उसे किसी भी तरह से नाराज़ नहीं करेगा और शायद उसे उन सभी कानूनों से बचने में मदद करेगा जो उसकी जकड़ से किसान को बचाने के लिए बनाये जाएँगे। दूसरी तरफ यदि आसान दरों पर ऋण उपलब्ध करा दिया जाए तो साहूकार स्वतः किनारे हो जाएगा और ज़्यादा महत्त्वपूर्ण बात यह कि किसान को लगान चुकाने, मवेशी खरीदने, और समारोहों के लिए धन एकत्र करने के लिए अपनी ज़मीन के टुकड़े नहीं बेचने पड़ेंगे। सस्ते उधार की सुविधाओं का प्रावधान अपने आप ही कब्ज़े की प्रक्रिया को काफी हद तक नियन्त्रित कर लेगा। इसके अतिरिक्त, आदिवासियों को कृषि से पूरी तरह निष्कासित हो जाने से बचाने के लिए, हमारी

नज़र में यह आवश्यक है कि आदिवासियों द्वारा गैर-आदिवासियों को सारे हस्तांतरण एक ज़िम्मेदार राजस्व अधिकारी के अनुमोदन की शर्त पर किये जाएँ, जिसे अनुमोदन के बिना कोई जोत हस्तांतरित किये जाने पर स्वतः कार्रवाई करने का अधिकार प्राप्त हो।

मेरा सिर्फ इतना कहना है कि यदि राजस्व अधिकारी इसे उन क्षेत्रों में लागू कर सके जहाँ आदिवासियों के लिए भूमि-हस्तांतरण अधिनियम की व्यवस्था है तब आदिवासी मालिकों के ऊपर कानूनी बाध्यता होगी कि गैर-आदिवासियों को भूमि-हस्तांतरित करने से पहले वे अधिनियम के सेक्शन 4 के अन्तर्गत डिप्टी कमिश्नर का अनुमोदन प्राप्त करें।

दुर्भाग्यवश रायपुर ज़िले में यह अधिनियम महासमुन्द तहसील के सिर्फ महासमुन्द और पटेवा सर्किलों में तथा धमतरी तहसील के सिहवा सर्किल और एक अन्य गाँव में विस्तारित किया गया है। महासमुन्द तहसील में यह सिर्फ गोंड और कमार के लिए है और धमतरी में सिर्फ गोंड और हल्बा पर लागू होता है और वह भी सिर्फ 1938 में। महासमुन्द की इन सर्किलों में सिर्फ *खालसा* गाँव हैं। ऐसा सोचा गया था कि ज़मींदारियों को सुरक्षा प्रदान करने की आवश्यकता नहीं है क्योंकि अहस्तांतरण की शर्त पर ही उनको मालिकाना दिया जाता है। यह तथ्य नज़रअन्दाज कर दिया गया है कि यदि एक आदिवासी ज़मींदार की ज़मींदारी अधिनियम के तहत चिन्हित कर ली जाती है, तब वह एक नये गैर-आदिवासी को बतौर काश्तकार कानूनी मान्यता अधिनियम के सेक्शन 4 के तहत अनुमोदन प्राप्त किये बगैर नहीं दे सकता।

बिलासपुर ज़िला

95. 1941 में इस ज़िले की जनसंख्या 1,549,509 थी जो प्रान्त के सभी ज़िलों में अधिकतम है। इसमें से 323,350 आदिवासी थे या प्रति हज़ार में 209। 1931 में आदिवासी जनसंख्या 328,983 (235 प्रति हज़ार का अनुपात) थी लेकिन भारत सरकार के आदेश, 1936 के द्वारा चन्द्रपुर-पदमपुर रियासत के 54 गाँव और उससे लगे सात गाँव उड़ीसा के सम्बलपुर ज़िले को हस्तांतरित कर दिए गए। इसके परिणामस्वरूप आदिवासी जनसंख्या में थोड़ी गिरावट आई। ज़िले में सात आंशिक अपवर्जित क्षेत्र हैं, पेन्द्रा, केन्दा, मतिन, लाफा, उपरोरा, छुरी और कोरबा की ज़मींदारियाँ जो कटे हुए ज़िले के लगभग 7,500 वर्ग मील में से 3,623 वर्ग मील बनाती हैं। ये सभी रियासतें तनवर सब-डिविज़न की कवर जनजाति के आदिवासी ज़मींदारों के अधिकार में हैं। 1931 में 333,012 के मुकाबले 1941 में उनकी संख्या 379,903 थी। 1941 की कुल आबादी में आदिवासियों की संख्या 186,229 थी यानी 49 प्रतिशत। पेन्द्रा और केन्दा, बिलासपुर तहसील में हैं और 1931 में उनकी आबादी 119,771 थी जिसमें 68,218 या 57 प्रतिशत आदिवासी थे। इसके सदृश 1941 के आँकड़े 131,699, 50,377 और 44.3 है। नये आँकड़े यदि सही हैं तो आदिवासी जनसंख्या और उनके अनुपात में आश्चर्यजनक गिरावट आई है। अन्य पाँच कठघोड़ा तहसील में हैं जिसमें इनके अलावा सिर्फ तीन वर्ग मील का *खालसा* क्षेत्र बचता है, और यहाँ 1931 में 1,477 निवासी थे। इन पाँच रियासतों की जनसंख्या 1931 में 213,214 थी (जिसमें एक छोटा खालसा क्षेत्र शामिल है)। इसमें 115,067 आदिवासी थे यानी 53.6 प्रतिशत। यह आबादी 1941 में बढ़कर 248,204 हो गई जिसमें 127,852 या 51.5 प्रतिशत आदिवासी थे।

96. प्रमुख आदिवासी समुदायों के सिर्फ 1911 और 1931 के तुलनात्मक आँकड़े दिए

गए हैं। 1911 से पहले के आँकड़े तुलना के लिए बेकार हैं क्योंकि 1906 से पहले के ज़िले के क्षेत्रीय संघटन में काफी बदलाव हुए हैं :

जनजाति	1911	1931
गोंड*	154,959	175,300
कवर	53,944	69,786
धनवर	10,416	12,771
बिंझवर	10,792	12,586
मैना	13,222	15,231
भरिया-भूमिया	6,641	9,326
मझवर	6,471	8581
उराँव	2,876	5,003
कोल	2,531	3,521
बैगा	157	2,404**
खड़िया	700**	1,444
भुईंहार	1,650	1,221
कोरवा	864	370
सवरा	—	9,535

97. *खालसा* और ज़मींदारी इलाकों पर अलग-अलग विचार करना ठीक होगा क्योंकि उनके बन्दोबस्त के समय अलग-अलग हैं। खालसा गाँवों में अन्तिम से एक पहला बन्दोबस्त 1889 और 1890 के बीच हुआ था : 1929-31 में इसे संशोधित किया गया। ज़मींदारियों का पहला स्थायी बन्दोबस्त 1906-12 में किया गया था जो 1928-30 में संशोधित हुआ। ज़मींदारियाँ दो समूहों में बँटी हैं। सतगढ़ की सात ज़मींदारियाँ जो सभी आंशिक अपवर्जित क्षेत्र हैं तथा जांजगिर तहसील में चम्पा की और मुन्गेली तहसील में पन्दरिया और कन्टेली की तीन मैदानी ज़मींदारियाँ।

सतगढ़ ज़मींदारियों में पेन्द्रा (कठघोड़ा तहसील के दो गाँवों को छोड़कर) और केन्दा, बिलासपुर तहसील में हैं तथा केरबा, मार्टिन, उपरोरा, लाफा, धुरी और पेन्द्रा के दो गाँव कठघोड़ा तहसील में हैं।

98. बिलासपुर और मुन्गेली तहसील के *खालसा* गाँवों में तथा जांजगिर तहसील के *तालुकदारी* और जागीर गाँवों में 1886-90 के बन्दोबस्त के बाद से पिछली आधी सदी के दौरान आदिवासी काश्तकारों की जोतों में गिरावट हुई है जो 82,100 से 78,900 एकड़ रह गई हैं, लेकिन काश्तकारों की संख्या 10,390 से बढ़कर 14,783 हो गई है। जांजगिर तहसील के शेष मालगुज़ारी गाँवों और कठघोड़ा के लघु मालगुज़ारी क्षेत्र में आदिवासी काश्तकारी भूमि में अल्पवृद्धि हुई है, 23,400 से 24,500 एकड़। पूरे *खालसा* क्षेत्र को लें तो आर्थिक जोतों के हिसाब से सबसे बुरा लक्षण यह रहा है कि आबादी की विशाल वृद्धि के साथ काश्तकारी

* गोंड में परधान (2,653), नगाड़ची (37), ओझा (30), माड़िया (16) और मुड़िया (213) शामिल हैं।

** केवल अनुमान। 1911 में बिलासपुर ज़िले और सुरगुई तथा जशपुर रियासतों में इनकी संख्या 900 थी।

ज़मीन में वृद्धि नहीं हुई है, जो वास्तव में 70 के दशक के बन्दोबस्त के समय से 1939-40 में 10,740 एकड़ कम है। काश्तकारों की औसत जोत (सभी काश्तकारों की) पहले बन्दोबस्त के 10.1 एकड़ से गिरकर दूसरे बन्दोबस्त में 6.6 एकड़, तीसरे बन्दोबस्त में 5.5 एकड़ और 1939-40 में 4.9 एकड़ हो गई। आदिवासियों के मामले में गिरावट इतनी उल्लेखनीय नहीं है और उनके लिए इसके सदृश आँकड़े 10.25 एकड़, 7.4 एकड़, 5.8 एकड़ और 5.25 एकड़ हैं। पूरे *खालसा* क्षेत्र में सत्तर के दशक के बन्दोबस्त के बाद आदिवासियों को 131,200 में 28,000 एकड़ का नुकसान हुआ है। आदिवासियों की बेदखली काफी समय पहले छत्तीसगढ़ में शुरू हुई थी। बन्दोबस्त अधिकारी ने 1869 में इस परम्परा को दर्ज़ किया कि पूरा मुंगेली तहसील एक समय गोंडों के अधिकार में था, जिस पर श्री विल्स अपनी 1912-16 की ज़मींदारी बन्दोबस्त रिपोर्ट के पैरा 14 में टिप्पणी करते हैं–

> "इस पर विश्वास कर सकते हैं क्योंकि राजपूत और मराठों के शुरुआती दिनों में न सिर्फ पन्दरिया बल्कि नवागढ़ और स्वयं मुंगेली में भी गोंड ज़मींदार थे। वर्तमान समय में गोंड, ज़िले के पश्चिम में जनसंख्या का अत्यन्त छोटा हिस्सा हैं। पन्दरिया के उत्तर में मान्डला सीमा की तरफ वे अनिश्चित संख्या में पाये जाते हैं। इसी प्रकार की एक प्रक्रिया भटगाँव और बिलाइगढ़-कटनी की रायपुर रियासत में भी पाई जाती है। यहाँ भी यद्यपि बिलाइगढ़-कटनी का ज़मींदार स्वयं गोंड है, उसकी अपनी जाति के लोग दक्षिणी पहाड़ों में फुलझड़ सीमा से लगे जंगली गाँवों के अलावा और कहीं नहीं पाये जाते। इन तथ्यों को देखने पर एक निष्कर्ष निकलना लाज़मी है कि सिर्फ एक आदिवासी ज़मींदार की मौजूदगी इन सुगम रियासतों में ज़्यादा ताक़तवर *खालसा* प्रवासियों ब्राह्मण, क्षत्रिय, कुर्मी, तेली और चमार के हाथों उसके अपने जाति वालों की बेदखली के ख़िलाफ पर्याप्त सुरक्षा नहीं दे पाती है। प्रवास की सुविधा प्राप्त होते ही *खालसा* लोग पुराने निवासियों को पहाड़ों की तरफ खदेड़ने लगते हैं।"

99. ज़मींदारियों की तरफ आने पर, सारणी VII और VIII 1928-30 के बन्दोबस्त के बाद से उतार-चढ़ाव की तुलना करते हैं। 1912-16 और 1928-30 के बन्दोबस्तों के दरम्यान सभी दस ज़मींदारियों में कृषि में विशाल बढ़ोत्तरी हुई थी और काश्तकारी भूमि 483,379 एकड़ से बढ़कर 622,283 एकड़ हो गई थी। हालाँकि पिछली व्यवस्था और 1939-40 की व्यवस्था के बीच के 10 वर्षों के दौरान भूमि की वृद्धि सिर्फ 622,283 से बढ़कर 643,911 एकड़ हुई है। सतगढ़ ज़मींदारियों में आदिवासियों द्वारा भूमि का नुकसान हाल ही में शुरू हुआ प्रतीत होता है और पिछले बन्दोबस्त के बाद कोरबा ज़मींदारी के गाँवों और पेन्ड्रा ज़मींदारी में पेन्ड्रा के आस-पास के गाँवों और केन्दा ज़मींदारी में कोटा के आस-पास के गाँवों के अलावा, जहाँ कुछ वर्षों के दौरान आकर बसनेवाले हिन्दुओं ने अपने स्वामित्व का लगातार विस्तार किया है– उदाहरण के लिए, पटवारी सर्किलों 47, 48 और 49 जो पेन्ड्रा रोड रेलवे स्टेशन के पास–शेष में आदिवासी जोतें 1906-12 में 5,876 एकड़ से बढ़कर 1929-30 में 6,590 एकड़ हुई मगर 1939-40 में वे घटकर 5,102 एकड़ रह गईं। गैर-आदिवासी जोतें इन्हीं तीन चरणों में 7,788, 9,300 और 10,435 एकड़ थीं। कोटा की तरफ पटवारी सर्किल 39 में इसके सदृश आँकड़े 2,131,2,992 और 2,517 एकड़ रहे जिनकी तुलना गैर-आदिवासी आँकड़ों 1,065, 1,952 और 2,458 एकड़ से की जा सकती है। 1928-30 के बाद से आदिवासियों ने वास्तव में सतगढ़ ज़मींदारियों के कोरबा, पेन्ड्रा और केन्दा तथा खुले मैदानी

रियासतों के कन्टेली और चम्पा में भूमि खोई है, यद्यपि कि कुल कमी 225,400 एकड़ में सिर्फ 4,900 एकड़ की रही है।

100. श्री विल्स की प्रसिद्ध बन्दोबस्त रिपोर्ट में ज़मींदारियों में आदिवासियों की सुरक्षा के लिए ज़रूरी उपायों पर की गई लम्बी चर्चा को देखते हुए, नीचे दी गई सारणी के आँकड़े रोचक हैं। सारणी में क्षेत्रफल सौ एकड़ में दिए गए हैं–

गैर-आदिवासी काश्तकार

ज़मींदारी	1906-12		1928-30		1939-40	
	संख्या	क्षेत्रफल	संख्या	क्षेत्रफल	संख्या	क्षेत्रफल
कोरबा	6659	45,4	8,291	64,5	10,122	68,9
मतिन	855	5,9	858	8,4	1,024	8,2
उपरोरा	501	2,1	496	3,2	649	3,8
लाफा	1,088	5,7	1,355	9,1	1,612	9,3
छुरी	2,311	13,4	2,684	16,5	3,199	17,3
पेन्द्रा	5,495	48,5	5,684	49,5	7,098	52,9
केन्दा	1,164	7,8	1,778	11,3	2,229	12,8
आंशिक अपवर्जित क्षेत्र	**18,073**	**128,8**	**21,146**	**162,5**	**25,933**	**173,2**
कंटेली	757	9,2	1,057	9,1	1,420	9,5
पेन्दरिया	8,172	78,5	8,802	84,7	10,705	89,6
चम्पा	3,489	31,2	5,120	33,1	5,732	33,3
अन्य ज़मींदारियाँ	**12,418**	**118,9**	**14,979**	**126,9**	**17,857**	**132,4**

आदिवासी काश्तकार

ज़मींदारी	1906-12		1928-30		1939-40	
	संख्या	क्षेत्रफल	संख्या	क्षेत्रफल	संख्या	क्षेत्रफल
कोरबा	6,966	77,6	8,593	102,4	9,871	101,2
मतिन	1,737	15,9	2,610	32,2	3,109	36,2
उपरोरा	1,039	6,8	1,197	10,7	1,519	11,7
लाफा	1,610	14,8	2,201	20,2	2,631	21,9
छुरी	2,237	19,3	3,009	27,7	3,706	29,3
पेन्द्रा	6,550	68,9	7,961	94,8	8,688	91,9
केन्दा	1,442	15,1	2,277	20,8	2,461	20,4
आंशिक अपवर्जित क्षेत्र	**21,581**	**218,4**	**27,848**	**308,8**	**31,985**	**312,6**

कंटेली	105	6	117	8	136	7
पन्दरिया	1,257	11,6	1,249	16,8	1,485	18,7
चम्पा	628	5,1	907	6,6	966	6,3
अन्य ज़मींदारियाँ	**1,990**	**17,3**	**2,273**	**24,2**	**2,587**	**25,7**

1906-12 में गैर-आदिवासियों के पास आंशिक अपवर्जित क्षेत्रों में 46 प्रतिशत काश्तकारी थी और 37 प्रतिशत काश्तकारी भूमि उनके पास थी; 1928-30 में उनकी संख्या 43 प्रतिशत थी और 34 प्रतिशत भूमि उनके पास थी, 1939-40 तक वे संख्या का 45 प्रतिशत हो चुके थे और अल्प वृद्धि के साथ उनकी जोतें 35 प्रतिशत हो चुकी थीं। ऐसा प्रतीत होता है कि श्री विल्स के अड़े रहने के कारण ज़मींदारियों में आदिवासी ग्राम मुखियाओं की स्थिति की सुरक्षा के लिए की गई कार्रवाइयों ने उनके अधीनस्थ आदिवासी काश्तकारों की स्थिति को भी काफी हद तक मजबूत किया है। श्री विल्स की बन्दोबस्त रिपोर्ट के सुझावों के परिणामस्वरूप भूमि राजस्व अधिनियम (लैंड रिवेन्यू एक्ट) की धारा 115 और 121 को लागू किया गया। श्री जयरत्नम की 1928-30 की बन्दोबस्ती रिपोर्ट का पैरा 43 दर्शाता है कि 1920 में सात सतगढ़ जमींदारियों को अधिनियम के सेक्शन 115 के तहत अधिसूचित किया गया और कि 1924-25 में 151 मुखियाओं को सेक्शन 115 के तहत सुरक्षित घोषित किया गया। 12 और मुखिया को 1928-30 के बन्दोबस्त में सुरक्षित घोषित किया गया है। श्री जयरत्नम ने पाया कि 1924-25 की सुरक्षा कार्रवाईयों के दौरान एक भूल की वजह से जनजातीय मुखियाओं के लिए अभीष्ट यह सुरक्षा 19 प्रवासी मुखियाओं 19 या पट्टाधारकों को प्राप्त हो गई थी जिनमें ब्राह्मण, तेली, कवर और एक मुसलमान भी शामिल थे।

101. ऊपर की सारणी दर्शाती है कि अभी भी सतगढ़ ज़मींदारियों में काश्तकारी ज़मीन का ज्यादा हिस्सा आदिवासियों के पास है। हालाँकि यह कब्जे की सही तस्वीर पेश करता यदि आदिवासी और गैर-आदिवासी *ठेकेदारों* और *गाँवतियों* के गृह-खेतों के तुलनात्मक आँकड़े भी एकत्रित किए गए होते।

102. तीन खुली ज़मीदारियों में जो आंशिक अपवर्जित क्षेत्र नहीं हैं, आदिवासियों ने वास्तव में भूमि नहीं खोई है पर उनकी औसत जोत कुछ कम हुई है। 1931 में पन्दरिया में आदिवासी जनसंख्या का 16.9 प्रतिशत थे; 1939-40 में उनकी संख्या रियासत की काश्तकारी का 12.2 प्रतिशत थी और उनके पास 17.3 प्रतिशत भूमि थी।

103. यद्यपि बिलासपुर ज़िले के *खालसा* इलाकों में आदिवासी भूमि के अधिकतम नुकसान के दिन बीते बहुत समय हो चुका था और यद्यपि ज़मींदारी क्षेत्रों में यह प्रक्रिया शुरू नहीं हुई थी फिर भी ज़मींदारियों में भी आदिवासियों को धोखा देकर उनकी भूमि हड़पने के कई मामले श्री ए.ए. जाफरी, अतिरिक्त-सहायक कमिश्नर, मुंगेली और कठघोड़ा तहसील के सब-डिविज़नल अधिकारी, द्वारा एकत्रित किए गए। उन्होंने विशेष रूप से ज़मींदारियों के पहाड़ों और मैदानों के बीच की भूमि में गैर-आदिवासियों द्वारा अच्छी भूमि अधिग्रहीत करने की प्रवृत्ति का उल्लेख किया जबकि आदिवासी अपनी अच्छी भूमि के बदले में बड़ी मगर खराब भूमि पाता है। वह बताते हैं कि यह ख़राब भूमि आदिवासी के परिवार का भरण-पोषण नहीं कर सकती और उसे खेती के लिए ज़रूरी मवेशी खरीदने में मदद नहीं कर सकती।

उसकी फसल का मुख्य हिस्सा साहूकार के पास चला जाता है, और बाकी बचा हिस्सा वर्ष भर नहीं चल पाता, जिससे कि वह अगला कृषि वर्ष कर्ज में शुरू करता है और उसके पास कोई नकदी नहीं होती। उसे अपनी कृषि में लगाने के लिए, वर्ष के एक हिस्से में परिवार पर खर्च करने के लिए और सामाजिक खर्चों के लिए फिर से उधार लेना पड़ता है। अन्ततः यदि एक या दो फसलें ख़राब हो जाएँ तो वह वास्तव में साहूकार का नौकर बन जाता है, और यद्यपि वह कहने के लिए अपने नाम पर दर्ज़ भूमि पर कृषि करता है, मगर साहूकार फसल कटाई के समय आधे से ज्यादा हथिया लेता है जिससे उसकी स्थिति साहूकार के किराए के नौकर से थोड़ी ही बेहतर होती है। यह प्रक्रिया उससे काफी मिलती-जुलती है जिसकी चर्चा सर्वश्री के.बी. लाल, आई.सी.एस. और आर.सी.वी.पी. नोरोन्हा, आई.सी.एस. ने रायपुर ज़मींदारियों में की है। बिलासपुर ज़मींदारियों या अन्य पिछड़े इलाक़ों में आदिवासियों के कर्ज़ों पर बहुत कम ध्यान दिया गया है और आदिवासियों ने ऋण समाधान बोर्डों और कर्ज़ राहत न्यायालयों का बहुत कम लाभ उठाया है। यह अक्सर मान लिया जाता है कि ऐसा इसलिए है क्योंकि आदिवासियों में कर्ज न के बराबर है।

बैंकिंग जाँच समितियाँ सुदूर क्षेत्रों को छोड़ ही देती हैं; और कर्जदारों के शोषण से बचाव के लिए जो भी कानून बनाए जाते हैं, इन जंगली इलाकों में उनका कोई अर्थ नहीं बनता जो राजस्व या पुलिस अधिकारी के मुख्यालय से इतने दूर होते हैं कि जिन गाँवों में ये अधिकारी दो या तीन सालों में एक-दो छिटपुट दौरे कर लेते हैं वे सौभाग्यशाली होते हैं। श्री जाफरी द्वारा दिए कुछ उदाहरण निम्नलिखित हैं—

(क) सुन्दरसाईं राजगोंड, चकबुड़ा के सुरक्षित *ठेकेदार* ने छुरी के एक साहूकार से नमक, *गुड़* और कपड़े जैसी आवश्यकताओं की पूर्ति के लिए कर्ज़ लिया। वह कर्ज़ चुकता न कर सका और अपनी ज़मीन का सबसे अच्छा आधा भाग और रुपए 1,500 नगद साहूकार को सौंप दिया। वह अब इस दुनिया में नहीं है लेकिन साहूकार उसके पुत्र रामचरन से रुपए 600 की माँग करता है जो घटी हुई भूमि से अपना परिवार नहीं चला पाता है।

(ख) इसी गाँव के एक गोंड काश्तकार बिहारी ने उसी साहूकार से *लोटा* और *साड़ी* खरीदने के लिए कर्ज़ लिया। उसने कोई अदायगी नहीं की और साहूकार ने कर्ज़ रुपए 200 तक बढ़ा दिया। यह बिहारी के बस के बाहर था और अपनी मृत्यु के ठीक पहले उसने अपनी सारी ज़मीन साहूकार को हस्तांतरित कर दी। उसकी विधवा और बच्चे भूमिहीन श्रमिक हैं।

(ग) उपरोरा ज़मींदारी के कुनकुना में बोधराम राजगोंड ने एक बनिया से उधार लेकर रुपए 1-8-0 का लाख का एक आभूषण खरीदा। उसने इसे चुकता नहीं किया और बनिया के बही-खाते में कर्ज़ बढ़ता गया। तीन वर्ष पहले अपनी मृत्यु के पूर्व उसने कर्ज़ चुकाने के लिए अपनी सारी ज़मीन बनिए को सौंप दी जिसने यह ज़मीन किसी और को बेच दी।

(घ) कोरबा ज़मींदारी में मुदुनाडु के देवसिंह कँवर ने 1931 में बनखेटा के एक ब्राह्मण से कटाई के समय चुकाने के लिए 100 प्रतिशत ब्याज पर 10 *खांडी* धान के बीज उधार लिए। 1932 में उसने 12 *खांडी* वापस कर दिए पर ब्राह्मण 8 और की माँग करता रहा और रुपए 4 प्रति *खांडी* की दर से उसने इस कर्ज़ को रुपए 32 के

नगद कर्ज में तब्दील कर दिया। देवसिंह को 2 आना प्रति सप्ताह के हिसाब से ब्याज चुकाना था। कर्ज़ बढ़कर रुपए 192 हो गया। ब्राह्मण ने तब देवसिंह को तीन दिनों तक एक कमरे में बन्द रखा और उसे तब जाकर छोड़ा जब वह उसे एक एकड़ भूमि हस्तांतरित करने को राज़ी हुआ और शेष रुपए 20 के लिए जमानत देने को तैयार हुआ। खेत इस समझौते पर दिया गया कि ब्राह्मण हर साल रुपए 4 उसके खाते में जमा करेगा। अगले दिन उसने रुपए 20 चुकाए, अगले वर्ष 1934 में रुपए 35, 1935 में रुपए 14, 1936 में रुपए 12, 1937 में रुपए 14, 1938 में रुपए 20 और 1939 में रुपए 20 चुकाए। उसने अपने पुत्र को आठ वर्ष के लिए साहूकार के पास बँधुआ-मजदूर रखा, जिसके लिए ब्राह्मण ने उसे रुपए 80 दिया। इस तरह दस *खांडी* बीज के मूल उधार के लिए जिसकी क़ीमत ज्यादा-से-ज्यादा रुपए 40 होगी, उसने ब्राह्मण के बही-खाते के हिसाब से भी उसे रुपए 228 चुकाए और उसे अपनी सबसे अच्छी भूमि में से एक दे दी।

(ङ) मुदुनाडु के लगनसाईं कँवर के पिता ने उसी ब्राह्मण से 1931 में 10 *खांडी* धान के बीज उधार लिए और 1932 में 11 खांडी वापस कर दिया। ब्राह्मण ने शेष बचे 9 *खांडी* (सूद की दर इस बार भी 100 प्रतिशत थी) को रुपए 36 के नगद कर्ज़ में परिवर्तित कर दिया, फिर से 2 आना प्रति सप्ताह के ब्याज पर। 1939 तक कर्ज़ बढ़कर रुपए 216 हो गया। एक बार लगनसाईं के पिता को दो ईंटों पर पैर फैलाकर मई की तपती गर्मी में खड़ा रखा गया। लगनसाईं को रुपए 80 में अपनी भैंस का जोड़ा बेचना पड़ा जिसे उसने साहूकार को अदा कर दिया, जिसको उसने एक एकड़ धान का खेत भी इस शर्त पर दिया कि हर साल रुपए 8 उसके कर्ज़ के एवज़ में काट लिए जाएँ। अगले पाँच वर्षों 1935-38 उसने रुपए 20, रुपए 20, रुपए 6, रुपए 20 और रुपए 20 चुकाए। वह स्वयं एक नौकर की तरह अपने साहूकार के यहाँ 8 वर्ष तक कार्यरत रहा जिसके लिए उसे रुपए 80 के कर्ज़ से छूट मिली। कुल मिलाकर साहूकार के खाते के अनुसार उसने रुपए 310 चुकाए और एक खेत भी दिया।

कब्जे या बगैर *कब्जे* खेतों के तथाकथित गिरवी रखने के कई मामलों का उल्लेख है। यद्यपि कई मामलों में साहूकारों ने गिरवी भूमि वापस कर दी।

104. उस समय बिलासपुर के डिप्टी कमिश्नर रहे रावबहादुर एन.आर. चन्दोरकर, सुझाव देते हैं कि ऐसे इक्का-दुक्का मामलों से कोई निष्कर्ष नहीं निकाला जा सकता, इस असंदिग्ध तथ्य के मद्देनज़र कि सतगढ़ ज़मींदारियों के आदिवासी काश्तकार लगातार अपनी जोतों और कृषि में वृद्धि करते जा रहे हैं। लेकिन फिर भी, ऐसे उदाहरण पूरे प्रान्त के आदिवासी इलाक़ों में इतने आम हैं कि इन्हें इतनी आसानी से खारिज़ नहीं किया जा सकता। डिप्टी कमिश्नर का सुझाव है कि अच्छी भूमि की ख़राब भूमि से अदला-बदली काश्तकारी अधिनियम का उल्लंघन करनेवाला हस्तांतरण है और इसलिए यह बहुत आम नहीं हो सकता। लेकिन अक्सर ज़मींदार या कोर्ट ऑफ वार्ड्स का एजेन्ट जैसा हमने अन्य जगहों पर देखा, साहूकार के साथ साँठ-गाँठ करके रखता है और हस्तांतरण की जानकारी रियासत को नहीं हो पाती, या अगर कर्ज़दार एक संरक्षित ठेकेदार या मुखिया हो तो हस्तांतरण गैर-कानूनी नहीं होता। इसके अतिरिक्त कभी-कभी काश्तकार किसी भी माध्यम से कहीं से भी कुछ

पैसे चाहता है। श्री जयतराम रिपोर्ट के पैरा 50 में वह वर्णन करते हैं कि किस प्रकार बन्दोबस्त के समय यह पाया गया कि ज़मींदारियों में लगभग 50,000 एकड़ काश्तकारी भूमि बिना लगान के अधिकार की हुई भूमि के रूप में दर्ज़ है। इसमें काश्तकारों की भूमि की सीमा पर लगी बेक़ार ज़मीन से तोड़े गए ताज़े ज़मीन के टुकड़े शामिल थे, जो पटवारियों द्वारा पाए गए और गाँव के खातों में दर्ज़ कर लिए गए। बिना आज्ञा के ज़मीन तोड़ना अभी भी चालू है और इन बगैर मूल्यांकन की हुई भूमि के होने का कारण मालिक़ों द्वारा अयोग्य प्रबन्ध और भूमि रिकार्ड स्टाफ द्वारा ग़लत रिकार्ड है। ऐसे "अतिक्रमण" बन्दोबस्त के समय सटीक पुनर्सर्वेक्षण के साथ प्रकाश में आते हैं और श्री जयरत्नम के शब्दों में–

> "ये प्रविष्टियाँ, यद्यपि काश्तकारों को शर्मिन्दा करती थीं, मालिकों द्वारा इनका स्वागत हुआ, जो तुरन्त *'नज़राना'* वसूलने चल दिए; और जिन्होंने अपने दावों को पुख्ता करने के लिए बेदख़ली के मुकदमे दायर कर दिए। मैंने कुछ डिग्रियाँ देखीं और यह स्पष्ट था कि उनको क्रियान्वित नहीं किया जा सकता।"

नजराने के इस रूप को सतगढ़ जमींदारी में काश्तकारी अधिनियम की धारा 87 के क्रियान्वयन के जरिए और पुख्ता किया गया। इस धारा के तहत किसी भी काश्तकार द्वारा उसकी जोत से सटी उस भूमि के मालिकाने के दावे की पड़ताल के अधिकार दिए गए हैं, जो पहले उसमें शामिल नहीं की गई थी और जिसे उसरने या उसके पूर्वजों ने अपने हिंत में खराब भूमि से अलग कर लिया था। इस दावे की पड़ताल के साथ ही धारा के तहत राजस्व अधिकारी को काश्तकार को उस भूमि का कब्जेदार घोषित करने के साथ ही जमींदार को देने के लिए किराया और मुआवजे के रूप में मामूली रकम तय करने का अधिकार दिया गया है। यह हैरान करनेवाली बात होती कि ईसे इनमें से कुछ जमींदारियों में लागू नहीं किया जाता, जहाँ काश्तकार पिछड़े है और इसे आसानी से लागू किया जा सकता है। इस या इस तरह अन्य नजरानों की पूर्ति के लिए काश्तकारों को साहूकारों की शरण लेनी पड़ती है, जो कि आदिवासी क्षेत्रों में हमेशा ही अत्यधिक ब्याज दर वसूलते हैं, जिसके वही परिणाम निकलते, जिनका जिक्र श्रीमान जाफरी ने किया है। स्वयं राव बहादुर चन्दोरकर ने अपनी राय निम्न रूप में व्यक्त की है :–

''हालाँकि, उपलब्ध आंकड़ों में आदिवासियों को भूमि से बेदखल किए जाने को गंभीर समस्या के रूप में नहीं दर्शाया गया है, लेकिन मुझे नहीं लगता कि यह खुशनुमा स्थिति हमेशा बनी रहेगी। काश्तकारी अधिनियम में संशोधन के जरिए बेदखली के अवसर उपलब्ध कराए गए है और साहूकार या अन्य लोग उनका फायदा उठाने से नहीं चूकेंगे। भूमि हस्तांतरण अधिनियम केवल मालिकाना भूमि पर लागू होता है। इस तरह, काश्तकारी भूमि इस अधिानियम के दसायरे से आहर है, जिसके चलते आदिवासियों को उनकी भूमि से बेदखल किए जाने से तब तक नहीं बचाया जा सकता, जब तक उन्हें तुरंत ही प्रभावशाली कानूनी सहायता प्रदान न की जाए।''

स्पष्टतः, ऐसा बिना यह समझे लिखा गया कि अगर जमींदारी क्षेत्रों में मालिकाना भूमिक पर भूमि हस्तांतरण अधिनियम लागू किया गया है, तो नई काश्तों के निर्माण के लिए भूमि हस्तांतरण अधिनियम की धारा 4 के तहत डिप्टी कमिश्नर की अनुमति आवश्यक होती है; हालाँकि, यह आदिवासियों के रूप में अधिसूचित जनजातियों से संबंधित व्यक्तियों के मामले में लागू नहीं होता। यह अधिनियम सतगढ़, पंडारिया, कंटेली

जमींदारियों एवं बिलासपुर व जंजगीर तहसीलों के गोंड, राजगोंड, कंवर, तंवर और पब (बाद की ये जातियां आदिवासी ने होकर पान, पंक अथवा गंड जातियों की उपजातियां है) पर लागू किया गया। इस अधिनियम को इन क्षेत्रों में पाए जानेवाली आदिवासी जनजातियों पर भी लागू करना होगा। *खालसा* गाँवों में भी कानून की जरूरत है, जहाँ भूमि मालिक आदिवासी नहीं है।

दुर्ग ज़िला

105. जैसा कि उल्लेख किया जा चुका है, यह ज़िला 1906 में बिलासपुर और रायपुर ज़िलों के हिस्सों को निकालकर बनाया गया था, जिसमें 1907 में चन्दा ज़िले की चार ज़मींदारियों औंधी, कोरचा, परबरस और अम्बागढ़ चौकी को शामिल कर दिया गया जो अब आंशिक अपवर्जित क्षेत्र हैं। 1941 में ज़िले की जनसंख्या 928,851 थी; इसमें 192,285 या 207 प्रति हज़ार आदिवासी थे। 1931 में अनुपात 219 प्रति हजार था, लेकिन यद्यपि इस दशक में आदिवासी जनसंख्या में 12,949 की वृद्धि हुई, वृद्धि की दर आम आबादी की दर से कम थी। 1941 में आंशिक अपवर्जित क्षेत्रों की जनसंख्या 82,202 थी जिसमें आदिवासियों की संख्या 51,452 या 626 प्रति हज़ार थी। तीन प्रमुख समुदायों के तुलनात्मक आँकड़े निम्नलिखित हैं–

जनजाति	1911	1931
गोंड*	116,436	116,477
हल्बा	49,199	55,437
कवर	6,297	6,124

1931 में अन्य छोटी जनजातियों के 1,298 आदिवासी थे। उस वर्ष प्रति हज़ार में आदिवासियों की संख्या संजरी-बलोड़ तहसील में 461, दुर्ग तहसील में 99, और भीमतारा तहसील में 98 थी। संजरी-बलोड़ में वे 6 ज़मींदारियों में सबसे सघन थे (612 प्रति हज़ार) और *खालसा* क्षेत्र में भी 364 प्रति हज़ार थे।

106. सारणी I के अनुसार पूरे ज़िले में आदिवासी काश्तकारों की संख्या और उनकी जोतें नब्बे के दशक के बन्दोबस्त के बाद 13,958 के पास 281,200 एकड़ से बढ़कर 24,921 के पास 313,800 एकड़ हो गई है, औसत जोत 20.3 एकड़ से गिरकर 12.8 एकड़ हुई। इसी अवधि में इसे काश्तकारों की औसत जोत 12.4 से गिरकर 7.8 एकड़ हुई है, पर उनकी ज्यादातर जोतें धान के खुले मैदानी इलाकों में हैं। सारणी III दर्शाती है कि तीनों तहसीलों के *खासला* क्षेत्रों में और थोड़ी विकसित खुज्जी जमींदारी में 50 वर्षों में आदिवासियों को 197 एकड़ प्रति हज़ार का नुकसान हुआ है और क्षेत्रफल 164,900 से गिरकर 131,700 एकड़ हो गया है।

हालाँकि जिले के खुले मैदानी भू-भागों में वे अपनी ज्यादातर जमीन से बहुत पहले ही बेदखल किए जा चुके हैं : नब्बे के दशक में 1656 *खालसा* गाँवों में आदिवासी काश्तकारों के पास 185,146 में से सिर्फ 158,593 एकड़ थे और अब उनके पास 881,000 में से सिर्फ 126,700 एकड़ है। खुज्जी में उन्हें कम ही नुकसान हुआ है और उनके पास अभी 10,486

* इसमें परधान (433), नागर्ची (265), ओझा (48) भट्टरा (45), प्रजा (34) सम्मिलित हैं; कोष्ठक में दी गई संख्याएँ 1931 में इन जातियों के कुल योग को बताती हैं।

एकड़ की काश्तकारी भूमि कर लगभग अधिक का मालिकाना है। ज्यादातर *खालसा* क्षेत्र ऐसे अनेक गाँव हैं जिनमें आदिवासियों के पास एक भी एकड़ भूमि नहीं है और अन्य जिनमें उनके पास बिखरी पट्टियाँ हैं, यद्यपि दुर्ग और भीमतारा तहसीलों में कुछ पटवारी सर्किलें हैं जहाँ आदिवासी काश्तकारी कर प्रमुख अवयव है।

संजरी-बलोड़ के *खालसा* क्षेत्र में जहाँ 1931 में, जैसा कि हमने देखा प्रति 1000 में 364 निवासी आदिवासी थे। नब्बे के दशक में 4.759 काश्तकारों के पास 108,880 एकड़ के मुकाबले 1939-40 में 8,916 के पास सिर्फ 36,248 एकड़ थे; अब प्रति 1000 में 290 आदिवासी हैं और उनके पास प्रति 1000 में 401 एकड़ भूमि है। 90 के दशक में यह संख्या 466 प्रति हज़ार थी (तब से कुल काश्तकारी भूमि में सिर्फ अल्प वृद्धि हुई है)।

तहसील के दो राजस्व इंस्पेक्टर सर्किलों, गिरूर (टन्डुला सिंचाई परियोजना के आस-पास) और बलोड़ सर्किल जहाँ मुख्यालय हैं, में अत्यधिक भूमि का नुकसान हुआ है। आदिवासियों की जोतें नब्बे के दशक में 48,481 एकड़ से गिरकर 30,673 एकड़ हो गई है, यानी प्रति हज़ार में 367 एकड़ का नुकसान।

107. जमींदारियों में, खुज्जी काश्तकारों के अलावा, कृषि और आदिवासी हिस्सों में लगातार बढ़ोत्तरी हुई है। 985 गाँवों में काश्तकारी भूमि 260,644 एकड़ से बढ़कर 373,932 एकड़ हुई है और आदिवासियों का हिस्सा 117,070 से बढ़कर 186,379 एकड़ (यद्यपि उनकी औसत जोत 20 1/2 से घटकर 16 1/2 एकड़ हुई है।) हो गया है। आंशिक अपवर्जित क्षेत्रों में स्थिति चन्दा ज़िले के साथ में लगी हुई गढ़चिरोली ज़मींदारियों से भिन्न नहीं है।

निम्नलिखित सारणी यहाँ और इसके जैसी संजरी-बलोड़ तहसील की डोंडी-लोहड़ा जमींदारी में आदिवासी और गैर-आदिवासी बन्दोबस्त की नब्बे के दशक और अबके दरम्यान प्रगति की तुलना करती है–

रियासत	**आदिवासी**				**अन्य**			
	नब्बे का दशक		**1939-40**		**नब्बे का दशक**		**1939-40**	
	काश्तकार	**क्षेत्रफल**	**काश्तकार**	**क्षेत्रफल**	**काश्तकार**	**क्षेत्रफल**	**काश्तकार**	**क्षेत्रफल**
(1)	(2)	(3)	(4)	(5)	(6)	(7)	(8)	(9)
अम्बागढ़-चौकी	1,343	27,0	2,509	44,2	2,080	24,7	2,429	30,8
औन्धी	155	2,4	387	4,0	36	3	44	1,3
कोरचा	145	35	409	8,1	80	1,3	79	1,1
एनबसर	1,339	30,3	2,488	54,7	1,172	8,3	1,817	14,9
आंशिक अपवर्जित क्षेत्र	**2,982**	**63,2**	**5,793**	**111,0**	**3,368**	**34,6**	**4,369**	**47,8**
डोंडी-लोहड़ा	**1,606**	**35,6**	**3,032**	**45,8**	**1,002**	**15,6**	**1,67**	**17,7**

[क्षेत्रफल सौ एकड़ में दिए गए हैं।]

108. जहाँ तक काश्तकारी भूमि की बात है, सभी पाँच रियासतों में आदिवासियों की बहुलता है, डोंडी-लोहड़ा जिसे इस आधार पर आंशिक अपवर्जित नहीं माना गया कि यहाँ के लोग अन्य जगहों की अपेक्षा अधिक उन्नत हैं, में अन्य दो सबसे बड़े आंशिक अपवर्जित क्षेत्रों से ज्यादा आदिवासी हैं। औन्धी और कोरचा सटे हुए-चन्दा रियासतों झरापपरा और मुरुमगाँव की तरह ही पिछड़े हुए हैं। डोंडी-लोहड़ा काफी हद तक कांकड़ रियासत के पनबरस और अम्बागढ़ चौकी जैसा ही है, और उसके ज्यादा उन्नत होने का अर्थ यह है कि यहाँ के गैर-आदिवासी प्रवासी अपनी आदिवासी जमींदारीन के प्रति समय-समय पर मुखर प्रतिरोध प्रदर्शित करते हैं। भूमि-हस्तांतरण अधिनियम संजरी-बलोड़ तहसील सिर्फ बलोड़ और भंडेरा राजस्व इंस्पेक्टर के सर्किलों में ही लागू किया गया है, जिसमें डोंडी-लोहड़ा ज़मींदारी के हिस्से शामिल हैं। पर हल्बा के अतिरिक्त तहसील की अन्य ज़मींदारियों पर लागू नहीं होता है जिनमें खुज्जी के अतिरिक्त सभी आदिवासी मालिकों के अधिकार में हैं। यदि यह अधिनियम अब पूरे ज़िले पर लागू कर दिया जाए तो कई जमींदारियों में खासकर आदिवासी अधिकार वाली ज़मींदारियों में आदिवासी काश्तकारों को सुरक्षा दी जा सकेगी क्योंकि ज़मींदार गैर-आदिवासियों के पक्ष में काश्तकारी अधिकार बनाने में असमर्थ हो जाएँगे। एक गैर-आदिवासी द्वारा किसी आदिवासी जमींदार से ठेके पर प्राप्त गाँवों, चाहे ज़मींदार सुरक्षित हो या असुरक्षित, की कानूनी स्थिति स्पष्ट नहीं है। यदि ज़मींदार सुरक्षित नहीं है तो गैर-आदिवासी काश्तकार सिर्फ जमींदार के लाइसेंसधारक की तरह होता है और इसलिए उसके पास भी काश्तकारी अधिकार बनाने के लिए ज़मींदार से ज्यादा अधिकार नहीं होते। यह एक महत्त्वपूर्ण बात है। इस जाँच के लिए कोर्ट ऑफ वार्ड्स के प्रबन्धक द्वारा पनबरस ज़मींदारी के कुछ ठेकेदारी गाँवों में कराई गई जाँच से पता चलता है कि कुछ ठेकेदार आदिवासी काश्तकारों को उत्पीड़ित करते हैं और उन्हें ज़मीन से बेदखल कर देते हैं। कोरचा के अतिरिक्त इन ज्यादातर रियासतों में ठेकेदार हैं, जिनमें कई को 1921-24 के जमींदारी बन्दोबस्त के समय या उससे पहले संरक्षित दर्ज़ा दिया गया था। औन्धी में 26 गाँव सामान्य ठेकेदारों के पास हैं और दो सुरक्षित ठेकेदारों के पास, एक मामले में एक आदिवासी गाँव में एक मरार ठेकेदार को संरक्षण प्रदान किया गया, 26 असंरक्षित ठेकेदारों में 25 गोंड थे। पिछली व्यवस्था के बाद पनबरस में 39 संरक्षित ठेकेदार थे जिनमें 34 आदिवासी थे अन्य में 2 कुर्मी, 2 ब्राह्मण और 1 तेली था : 99 गाँव सामान्य ठेकेदारों के पास थे जिनमें 68 आदिवासी होंगे। कुछ जिन पर बन्दोबस्त के समय संरक्षित का दर्ज़ा मिला वे वास्तव में *गेवंतिया* थे, लेकिन भूमि राजस्व अधिनियम का सेक्शन 115 दुर्ग ज़िले की सिर्फ अम्बागढ़ चौकी ज़मींदारी पर लागू हुआ था जहाँ 75 सामान्य *ठेकेदारों* में 46 संरक्षित मुखिया घोषित किए गए। एक सामान्य *ठेकेदार* और एक *गेवंतिया* के बीच की विभाजक रेखा वह भी तब जब व्यक्ति एक स्थानीय आदिवासी हो, को परिभाषित कर पाना आसान नहीं है और किसी को यह लग सकता था कि दूसरी जमींदारियों के ये अधिकतर गोंड और हल्बा ठेकेदार वास्तव में गाँव के मुखिया या गेवंतिया हैं जिन्हें संरक्षण मिलना चाहिए। अम्बागढ़ चौकी में 44 संरक्षित ठेकेदार भी थे जिनमें 32 आदिवासी थे।

डोंडी-लोहड़ा में सिर्फ 19 गाँव संरक्षित *ठेकेदारों* के पास थे जिनमें 15 आदिवासी थे लेकिन तब सिर्फ 3 गाँव सामान्य *ठेकेदारों* के पास थे क्योंकि संरक्षित दर्ज़े की बढ़ोत्तरी रोकने

के लिए जमींदार ने कानून बनने और दुबारा बन्दोबस्त के बीच के समय में अपने सारे साधारण गेवंतियों को बेदखल कर दिया, सिर्फ उससे सम्बन्धित कुछ को छोड़कर।

109. पनबरस ज़मींदारी में मैनेजर ने ठेकेदारों के अधिकार वाले, जिनमें चार संरक्षित थे, 9 गाँवों में जाँच की। सिर्फ एक ठेकेदार आदिवासी था, वह संरक्षित ठेकेदार था। इस गाँव में यद्यपि वर्तमान ठेकेदार कर्ज़ में है और उसे बुरी आदतें हैं, पर आदिवासी सन्तुष्ट हैं और उनकी संख्या तथा जोत में वृद्धि हो रही है। 1902 में 43 आदिवासियों के पास 916 एकड़ तथा रुपए 238 लगान 1939-40 में बढ़कर 60 के पास 1,050 एकड़ और रुपए 466 लगान हो गया। इसी दौरान 12 गैर-आदिवासियों के पास रुपए 38 के लगान पर 145 एकड़ से बढ़कर 23 आदिवासियों के पास रुपए 140 लगान पर 285 एकड़ हो गए। यह गाँव ज़मींदारी का सबसे बड़ा और सबसे सम्पन्न गाँव है और यहाँ अच्छी भूमि की खराब भूमि से अदला-बदली नहीं हुई है।

110. मौज़ा डुन्डेरा, पटवारी सर्किल 10 एक ब्राह्मण ठेकेदार के पास है जिसे पिछली बन्दोबस्ती के समय संरक्षित दर्ज़ा प्रदान किया गया था। यद्यपि आदिवासी काश्तकारों की संख्या और उनकी जोत में वृद्धि हुई है, गैर-आदिवासी पिछले बन्दोबस्त के समय से 90 एकड़ भूमि खो चुके हैं और वर्तमान ठेकेदार उत्पीड़क हैं। एक आदिवासी काश्तकार से दूसरे को भूमि का विक्रय काफी मात्रा में लगातार चलता रहता है और ठेकेदार हमेशा नज़राना वसूल करने की फिराक़ में रहता है जो ज्यादातर दोनों पक्षों की क्षमता के बाहर होता है। अनेक ऐसे मामले हैं जिनमें उसने बाहुबल से काश्तकारों को उनकी जोत से बेदखल किया है और उसे दूसरों को बेच दिया है, लेकिन उसने अपनी गैर-कानूनी हरक़तों को आदिवासियों तक ही सीमित नहीं रखा है।

111. पटवारी सर्किल 108 में समटोला अब एक कुर्मी के अधिकार में है। पहला ठेकेदार एक माड़िया गोंड था जिसने गाँव में माड़िया लोगों को बसाया और 1898 तक ठेकेदारी अपने हाथ में रखी। इसका मतलब वास्तव में यही है कि वह सिर्फ एक माड़िया मुखिया था जो अगर गाँव में रहा होता तो संरक्षित मुखिया बनने के लिए उपयुक्त होता। 1899-1900 के भयंकर अकाल के दौरान उसके इतने रिश्तेदारों की मृत्यु हो गई कि उसने गाँव को कोर्ट ऑफ वार्ड्स के हवाले कर दिया। रियासत के सीधे प्रबन्धन में कुछ समय रहने के बाद उसे एक हल्बा को पट्टे पर दे दिया गया जिसने पिछले बन्दोबस्त तक उसे अपने पास रखा और इसके तुरन्त बाद उसने बुढ़ापे के कारण उसे समर्पित कर दिया। 1924 में तब उसे जमींदार के *दीवान* के भाई को पट्टे पर दिया गया जो इस गाँव का पहला गैर-आदिवासी पट्टाधारक बना। हालाँकि उसने भी इसे जल्दी ही त्याग दिया और फिर सीधे प्रबन्धन के एक और दौर के बाद 1931-32 में यह मौजूदा कुर्मी पट्टाधारक को दिया गया। इन उतार-चढ़ावों के बावजूद गाँव ने कुल मिलाकर प्रगति की है। इस समय 12 गोंड और 8 हल्बा काश्तकारों के पास 430 एकड़ हैं जिनका लगान रुपए 162 है। पर पिछले बन्दोबस्त के बाद से आदिवासी जोतें 97 एकड़ से कम हुई हैं और गैर-आदिवासी जीतें 154 से बढ़कर 306 एकड़ हुई हैं। आँकड़ों में गृह-खेत भी शामिल हैं।

112. इसी पटवारी सर्किल में मौज़ा सलहेजलहल एक माड़िया गोंड "ठेकेदार" और छह अन्य माड़िया निवासियों द्वारा 90 वर्ष पहले बसाया गया था। इस माड़िया और उसके

साथियों ने 1899-1900 के भयंकर अकाल के समय इस गाँव को छोड़ दिया। वे इस गाँव में बरतन बनानेवाले कुम्हारों को लाए थे। कुम्हार रुक गए और उन्होंने उनकी कृषि पर अधिकार कर लिया। उनमें से एक को ठेकेदार बनाया गया। उसकी मृत्यु के उपरान्त उसके उत्तराधिकारियों ने पट्टा छोड़ दिया जो 10 वर्षों के लिए एक तेली को दिया गया। उसकी सेवानिवृत्ति के बाद राजनन्दगाँव के एक कोश्टा ने उसकी जगह ली, जिसका पुत्र वर्तमान *ठेकेदार* है। इस गाँव में आदिवासी जोतें 1902 में रुपए 59 के लगान से 221 एकड़ से घटकर 1939-40 में रुपए 68 के लगान पर 139 एकड़ रह गई। जबकि गैर-आदिवासी जोतें 1902 में 50 एकड़ रुपए 15-12-0 के लगान से बढ़कर 1940 में 218 एकड़ रुपए 72 के लगान पर हो गईं। उन सभी सौदों में जिनके द्वारा गोंडों ने ज़मीन खोई है कोई ग़लती नहीं पाई गई है। ठेकेदार की सहमति से बहुत काश्तकारी भूमि बेची गई है जिसके लिए उसने सहमति-मूल्य वसूला है।

113. पटवारी सर्किल 111 में दोखला एक माड़िया गोंड और उसके 10 साथियों द्वारा 1868 के पहले बसाया गया था। इस माड़िया का परिवार अकाल के समय सब कुछ छोड़कर चला गया। फिर एक अन्य गोंड को ठेका दिया गया जिसने ठेकाजामा न चुका सकने के कारण गाँव समर्पित कर दिया। कोर्ट ऑफ वार्ड्स ने एक कुर्मी को *ठेका* दे दिया जिसने रुपए 211 का *नज़राना* भेंट किया। उसका पुत्र वर्तमान ठेकेदार है जिसे 1922-23 में संरक्षित किया गया। 1902 के बाद से आदिवासियों ने भूमि नहीं खोई है, मगर ठेकेदार उत्पीड़न करता रहा है और उन गोंडों की ज़मीन हड़पकर जिन पर उसका ऋण बकाया होता है, नये काश्तकारों को बेच देता है। उसने दशहरा के समय काश्तकारों से एक फीस वसूलने की कोशिश की। एक मामले में उसने एक गोंड की ज़मीन अपने ही भाई को दे दी, क्योंकि गोंड उस गाँव में नहीं रहता था। और अन्य मामले दर्ज हैं जिनमें उसने बूढ़े या बच्चे आदिवासी काश्तकारों के अधिकारों को नज़रन्दाज करते हुए उनकी ज़मीन दूसरे आदिवासियों को बेच दी। कोई भी कब्ज़ा पंजीकृत नहीं कराया गया था।

114. पटवारी सर्किल 114 में रानाटोला जिसे सलहेज़लहल की तरह एक माड़िया द्वारा बसाया गया था जो भयंकर अकाल के समय गाँव छोड़कर भाग गया, अब एक मारवाड़ी के हाथ में है, 1922-23 में जिसे संरक्षित दर्ज़ा प्रदान किया गया। गोंड रियासत के एक गाँव के मारवाड़ी पट्टाधारक को संरक्षण देने का विचार ही मुझे ग़लत मालूम पड़ता है। इसके अतिरिक्त उसे संरक्षण मिलने के पहले के 20 वर्षों में गाँव का अधिकृत क्षेत्रफल 120 एकड़ कम हो गया था, आदिवासी काश्तकारों की संख्या 26 से घटकर 11 और अन्य की 11 से घटकर 5 हो गई थीं। तब से कुछ हालत में सुधार हुआ है मगर गैर-आदिवासी तत्त्व वृद्धि कर रहा है। पुराने मारवाड़ी *ठेकेदार* को अत्याचारी कहा जाता है और अपने काश्तकारों के प्रति उसके उत्पीड़क बर्ताव के कई मामले दर्ज़ हैं। पर उसके उत्पीड़न की वजह से उसका गाँव छोड़नेवालों को दूसरे गाँवों में वैकल्पिक भूमि मिलने में परेशानी नहीं हुई है।

115. ये कुछ उदाहरण हैं। प्रबन्धक का निष्कर्ष है कि अभी तक गैर-आदिवासियों से अलग आदिवासियों का शोषण नहीं हुआ है। रियासत के राजनन्दगाँव के मैदानी देहातों की तरफ के उत्तरी किनारों के गाँवों में उन्हें लगता है कि आदिवासियों को भूमि के नुकसान का खतरा है और इसलिए चुनिन्दा सर्किलों में भू-हस्तांतरण कानून द्वारा उन्हें बचाया जाना चाहिए। वह बताते हैं कि कुर्मी और मराड़ पट्टाधारकों को आदिवासी इलाक़ों के गाँवों का

पट्टा देने के कारण आदिवासियों ने कृषि के विकसित तरीक़े सीखे हैं। हालाँकि किसी को यह महसूस हो सकता है कि ऐसा सीधे या *खम* प्रबन्धित गाँवों में कुशल रियासती खेतों द्वारा भी किया जा सकता था। अनेक मामलों में गाँवों के मूल संस्थापक माड़िया गोंड मुखिया थे जिनकी हैसियत पट्टाधारक की थी, यह दर्ज़ा उनके दिमाग़ के लिए असहज था। वास्तविकता में जब गाँव पर अकाल या दूसरी विपत्तियाँ आती थीं, वे गाँव का *ठेकाज़ामा* अदा करने का प्रयास करने के बजाय गाँव छोड़कर भाग जाते थे। उनकी नज़र में *ठेकाज़ामा* सभी माड़िया काश्तकारों का कुल बकाया लगान था। इन छत्तीसगढ़ जमींदारियों में गाँवों की *ठेके* पर पट्टा देने की व्यवस्था मध्य-प्रान्त की सरकार द्वारा बस्तर और पूर्वी राज्यों की कुछ रियासतों में, जब वे इस सरकार के साथ राजनीतिक सम्बन्ध में थे, जिस व्यवस्था को लागू करने की कोशिश की गई थी, के बहुत समान है। मैंने इसकी कुछ झलक पृष्ठ 142-145 पर *माड़िया गोंड्स ऑफ बस्तर* में दी है। सौभाग्य से बस्तर में यह व्यवस्था समाप्त कर दी गई है। यद्यपि यह छत्तीसगढ़ ज़मींदारियों में जारी है, *ठेकेदारों* और मुखियाओं के संरक्षण ने इसके सबसे बुरे लक्षणों का उन्मूलन कर दिया है, फिर भी मुझे यह ग़लत लगता है कि आदिवासी ज़मींदारों और आदिवासीबहुल रियासतों में गैर-आदिवासियों को पट्टे दिए जाएँ जिसमें उन्हें आदिवासी काश्तकारी का नियन्त्रण प्राप्त हो और जो उन्हें गैर-आदिवासियों को ज़मीन देने का आदिवासी ज़मीन पर कब्ज़ा करने का अधिकार बख्शती हो। कोर्ट ऑफ वार्ड्स जिसने एक अन्तराल के साथ करीब चालीस वर्षों तक पनबरस और औन्धी का प्रबन्धन किया है, स्वयं इस व्यवस्था की बहुत आदी है। अब भी यह सम्भव है कि ऐसी सहानुभूतिक जाँचों जैसी श्री विल्स ने बिलासपुर ज़मींदारियों में संस्थापित की हैं, के साथ कुछ बचे-खुचे मुखियाओं और गाँवों को बसानेवाले मूल निवासियों के वंशजों को संरक्षण देने का और अधिक प्रयास किया जाए।

116. इसी के साथ मध्य प्रान्त के विभिन्न ज़िलों में परिस्थितियों की जाँच सम्पूर्ण होती है और परिणामों का सार संकलन अब सम्भव है। रिपोर्ट के अन्त में सारणी V से VIII एक आम सार देते हैं। पहले काश्तकारी भूमि को देखें तो, सौगोर, होशंगाबाद, नीमड़, बैतुल, वर्धा, और नागपुर ज़िलों में नब्बे के दशक की व्यवस्था के बाद से आदिवासियों को भूमि का स्पष्ट नुकसान हुआ है। प्रान्त के दूसरे ज़िलों में कुल क्षेत्रफल में बड़ी वृद्धि हुई है; पूरे प्रान्त के तौर पर औसत आदिवासी जोतें 13.54 से घटकर 11.6 एकड़ हुई हैं। सारणी VII और VIII मोटे तौर पर उन हिस्सों जहाँ आदिवासियों ने भूमि खोई हैं (सारणी VII) और उनमें जहाँ उन्हें भूमि का लाभ हुआ है (सारणी VIII) में फर्क करते हैं। प्रति हज़ार एकड़ पर नुकसान की सीमा वर्धा ज़िले में 378 एकड़ से लेकर बिलासपुर ज़िले में 26 एकड़ तक की है, पर इन "नुकसान" वाले इलाक़ों में औसत कुल नुकसान 133 एकड़ प्रति हज़ार है। यह वर्धा ज़िले, नागपुर ज़िले की नागपुर, काटोल और सेवनर तहसीलों, खंडवा तहसील के तीन सर्किलों, बुरहानपुर तहसील के शाहपुर सर्किल में और नीमड़ ज़िले के हरसूद तहसील के बड़े भाग में, दुर्ग ज़िले के *खालसा* क्षेत्र और खुज्जी ज़मींदारी में, होशंगाबाद ज़िले में (हरदा तहसील के राहतगाँव सर्किल को छोड़कर और किटपानी सर्किल के अलावा नरसिंहपुर तहसील को छोड़कर), और गोंडिया तहसील (तिरोरा सर्किल को छोड़कर) में तथा भंडारा ज़िले की भंडारा तहसील के 530 गाँवों में सबसे तीव्र रही है। इन इलाक़ों में सबसे छोटा नुकसान 74 एकड़ प्रति हज़ार है। पर प्रान्त में ऐसा कोई ज़िला नहीं है जहाँ आदिवासी काश्तकारों

की बेदखली चल न रही हो। इस प्रक्रिया का प्रभाव मांडला ज़िला, बालाघाट की बैहर तहसील, छिन्दवाड़ा को जागीरों और चन्दा तथा छत्तीसगढ़ की जमींदारियों या विशाल राजकीय रैयतवाड़ी रियासतों जैसी कि मांडला, बैतूल, चन्दा और छिन्दवाड़ा ज़िलों में पाई जाती हैं, के इर्द-गिर्द के इलाक़ों जैसे भागों में इतनी शिद्दत से महसूस नहीं की जाती है। प्रान्त के 1869 रैयतवाड़ी गाँवों में जिनके आँकड़े सारणी VI में दिए गए हैं, आदिवासी जोतें नब्बे के दशक के बाद 326,100 एकड़ से बढ़कर 603,300 एकड़ हो गई हैं, यद्यपि यहाँ भी औसत जोत 20.5 एकड़ से गिरकर 18.5 एकड़ हो गई है।

"नुकसान" वाले क्षेत्रों में न सिर्फ आदिवासी काश्तकारों का कुल क्षेत्रफल 130 एकड़ प्रति हज़ार की दर से कम हुआ है बल्कि औसत जोत भी 13.3 एकड़ से गिरकर 9.2 एकड़ रह गई है। उन इलाकों में भी जहाँ आदिवासियों को भूमि का लाभ हुआ है या जहाँ उन्होंने भूमि नहीं खोई है (सारणी VIII) औसत आदिवासी जोत पूरे प्रान्त में 16.2 से घटकर 14 एकड़ हो गई है, लेकिन यह गिरावट कुछ भागों में दूसरों की अपेक्षा अधिक है; उदाहरण के लिए नागपुर के कमिश्नर के मंडल के "लाभ" वाले इलाकों में गिरावट 16.1 से 13.8 एकड़ की है और बालाघाट ज़िले में 12.3 से 7.5 एकड़। नुकसान उन क्षेत्रों में सबसे तीव्र है जहाँ आदिवासी इलाके पठार के किनारे पर या तराई में और उसके नीचे हैं, पर सबसे जंगली पट्टियों के अन्दरूनी इलाक़ों में जहाँ कोई कस्बा है या जो रेलवे लाइन से या लोक निर्माण विभाग की सड़क या सिंचाई नहर से लगे हुए हैं वहाँ सबसे सुगम गाँवों में गैर-आदिवासी क्रमशः भूमि अधिग्रहण (और सबसे अच्छी भूमि) शुरू कर देते हैं।

117. यह सही है कि औसत आदिवासी जोत औसत गैर-आदिवासी जोत से बड़ी है लेकिन यह याद रखना चाहिए कि बची हुई आदिवासी जोतों का मुख्य भाग पथरीली या *बरी* ज़मीन में है जहाँ आर्थिक जोतें 16 एकड़ से कतई कम नहीं हैं और शायद 20 एकड़ से अधिक हैं। इस तरह की ज़मीन में एक एकड़ का नुकसान गैर-आदिवासियों के धान या कपास की जोतों के एक एकड़ नुकसान से ज्यादा हानिकारक है। जोतों में लगातार घटोत्तरी और जनसंख्या वृद्धि से उत्पन्न होनेवाली समस्याएँ सभी समुदायों के काश्तकारों के लिए एक जैसी हैं। लेकिन चूँकि ख़राब भूमि से जो आदिवासियों के हिस्से में पड़ती है, जीवनयापन करना अत्यन्त कठिन है, और जैसा कि अन्य मामलों की तरह मैदानी भागों में कृषि विभाग द्वारा किए गए कामों की तुलना में आदिवासियों को कृषि के उन्नत तरीके सिखाने का काम इतना कम हुआ है कि आदिवासियों की समस्या बहुत गम्भीर बन जाती है। इसमें यह तथ्य जोड़ दीजिए कि वे शैक्षणिक और राजनीतिक दृष्टि से गैर-आदिवासियों की अपेक्षा अत्यन्त पिछड़े हुए हैं और अपने कानूनी अधिकार समझने में सक्षम नहीं हैं, तब यह स्पष्ट होगा कि यद्यपि अच्छी खेतिहर जातियों के काश्तकारों द्वारा भूमि-हस्तांतरण पर एक आम प्रतिबन्ध लगाया जाना चाहिए पर आदिवासियों के संरक्षण का पक्ष अत्यन्त मजबूत है। यदि वर्धा ज़िले की चरम स्थिति की तरह वे संरक्षण के बिना 45 वर्षों में 378 एकड़ प्रति हज़ार का नुकसान उठा सकते हैं और वह भी उस ज़िले में जहाँ औरों की अपेक्षा शिक्षा की अधिक सुविधाएँ हैं, इसकी और भी आवश्यकता महसूस की जाती है कि दूसरे ज़िलों में जहाँ नुकसान की दर इतनी ज्यादा नहीं है कि आदिवासियों को इनकी पूरी ज़मीन खोने से बचाया जाए, जैसा कि भू-हस्तांतरण अधिनियम के कानून बनने से पहले कितनी ही बार आदिवासी मालगुज़ारों के साथ घटित हो चुका है। यह समस्या 1939 के काश्तकारी

(संशोधन) अधिनियम के क़ानून बनने के बाद अब और भी बढ़ गई है। असंशोधित अधिनियम के काश्तकारी जोतों के हस्तांतरण पर लगे प्रतिबन्धों से ज़मींदार को कपटपूर्ण समर्पण के द्वारा और उसके द्वारा विक्रेता के "समर्पित" भूमि के अधिकार क्रेता को दिए जाने का अनुमोदन प्राप्त करके बचा जा सकता था, फिर इसमें ज़मींदार को दिए जानेवाली सहमति-राशि शामिल थी।

हालाँकि अब आंशिक अपवर्जित क्षेत्रों को छोड़कर (जिनमें ये नए प्रावधान लागू नहीं किए गए हैं) अधिनियम की संशोधित धारा 12(1)(ग) के तहत एक अधिभोगी काश्तकार अपनी जोत में कोई भी अधिकार किसी दूसरे को विक्रय के द्वारा हस्तांतरित कर सकता है। नये अधिनियम ने पूर्ण अधिभोगी जोतों के हस्तांतरण को भी आसान बना दिया है, क्योंकि सेक्शन-क के अन्तर्गत अधिकतम राशि जो ज़मींदार सहमति करने के लिए माँग सकता है वह निश्चित कर दी गई है और यह बहुत कम है। यह राशि विक्रय मूल्य के 3 प्रतिशत या वार्षिक लगान, जो भी अधिकतम हो, उसके बराबर हो सकती है। जिन क्षेत्रों में बचे हुए आदिवासियों को सबसे ज्यादा संरक्षण की आवश्यकता है वे आंशिक निषिद्ध क्षेत्रों के बाहर है। इसलिए जब तक आंशिक अपवर्जित क्षेत्रों के बाहर आदिवासी काश्तकारों द्वारा भूमि हस्तांतरण पर लागू होनेवाले कानून को संशोधित नहीं किया जाता, यह सिर्फ कुछ वर्षों की बात है जब आदिवासी अपनी बची-खुची ज़मीन या नाममात्र के कुछ हिस्सों के अलावा पूरी ज़मीन से हाथ धो बैठेंगे। जैसा कि पहले इंगित किया गया है (पैराग्राफ 19) यह वास्तव में काश्तकारी (संशोधन) विधेयक पर बहस के दौरान विधानसभा में मान्य हुआ था जब राजस्व मन्त्री ने कहा कि चयन समिति को यह निर्णय लेना पड़ेगा कि आदिवासी और पिछड़े इलाक़ों में क्या किया जाए जहाँ हस्तांतरण अधिकार फिलहाल सुरक्षित रूप से नहीं दिया जा सकता। हालाँकि दुर्भाग्यवश अन्त में विधेयक के अन्तिम चरणों को इतनी जल्दी-जल्दी निपटाया गया ताकि वह मन्त्रालय के त्याग-पत्र देने से पहले कानून बनाया जा सके, कि इस मुद्दे को पूरी तरह नज़रअन्दाज कर दिया गया।

118. कभी-कभी यह तर्क़ दिया जाता है कि कमजोर को दीवार की ओट में रहना चाहिए, और भारत के व्यापक आर्थिक हितों की माँग है कि यदि आदिवासी अपनी भूमि का प्रभावी उपयोग नहीं कर सकते और आर्थिक रूप से मजबूत प्रतिद्वन्द्वियों का मुकाबला नहीं कर सकते तो उन्हें बेहतर लोगों के लिए रास्ता बनाना चाहिए और राज्य को इसका स्वागत करना चाहिए, इस पर लगाम कसने के बजाय यदि वह इस प्रक्रिया को तेज़ नहीं करता है, इस प्रकार श्री विल्स बतौर बन्दोबस्तियों के कमिश्नर अपने पत्र में स्वयं अपनी बिलासपुर ज़मींदारियों की बन्दोबस्त रिपोर्ट को प्रस्तुत करते हुए 1902 में बन्दोबस्तियों के कमिश्नर स्वर्गीय श्री सर फ्रैंक स्लाई द्वारा दी गई एक राय को उद्धृत करते हैं जिसमें वे काश्तकारों की सन्तुष्टि प्राप्त करने के लिए आदिवासी मालगुज़ारों के संरक्षण का विरोध करते हैं, इस आधार पर कि "आदिवासी एक मृतप्राय जाति हैं जिनके अच्छे दिन अब बीत चुके हैं, जिन्होंने गाँवों को विकसित करने और कृषि का विकास करने में अपनी अयोग्यता प्रदर्शित की है, और अब वह सिर्फ लकड़ी रँगने और पानी खींचने के काम के योग्य हैं।" अन्तिम बिलासपुर ज़मींदारी बन्दोबस्त रिपोर्ट के पैराग्राफ 12 में श्री जयरत्नम मैदानी इलाक़ों की ज़मींदारियों के संयोजन पर टिप्पणी करते हुए कहते हैं कि जैसा खुले मैदानी भागों में सरकार के पिछले 30 वर्षों के प्रयासों ने अकाल और महामारी के आतंक को एकदम कम

कर दिया था, जीवन-स्तर अब जनसंख्या वृद्धि पर प्रमुख नियंत्रक था, जीवन निर्वाह व्यय एकदम नीचे आ गया था, इसलिए उत्प्रवासन अवश्यंभावी था और चल रहा था। बिहार के कोयला क्षेत्र और कलकत्ता तथा आस-पास की अन्य जगहों की फैक्टरियाँ बिलासपुर ज़िले के खुले मैदानी पट्टियों से बड़ी संख्या में लोगों को आकृष्ट कर रही थीं। श्री जयरत्नम का दृष्टिकोण था कि मैदानी भागों के छत्तीसगढ़ी का भविष्य कृषि में नहीं है। वह भारत के भविष्य के बड़े उद्योगों की मिलों में पिसनेवाला अनाज है। श्री विल्स ने, वास्तव में सर फ्रैंक स्लाई की आदिवासियों के बारे में राय को यह कहकर चुनौती दी कि यह बिलासपुर के उत्तरी जमींदारियों की विशाल आदिवासी आबादी पर बिल्कुल भी लागू नहीं होती। उनकी समीक्षा वास्तव में प्रान्त के ज्यादातर हिस्सों में आदिवासियों का पक्ष लेती है।

> "सरकार जिसने अप्रवास को सरल बनाया है तथा सड़कें और रेल बनाकर आर्थिक माहौल निर्मित किया है जिससे आदिवासी अपरिचित हैं, वह मेरी राय में इन बदलावों के प्रभाव पर विशेष ध्यान देने को बाध्य हैं और यह निश्चित करने को कि कहीं वे आदिवासियों को अनुचित नुकसान न दें। पर यह एक बढ़ती हुई आबादी के लिए अस्थायी सुरक्षा होगी, न कि एक मृतप्राय आबादी के लिए स्थायी क्षेत्र जिस पर मैं जोर दे रहा हूँ। क्योंकि मैं आश्वस्त हूँ कि बिलासपुर की उत्तरी जमींदारियों के जंगली लोगों को यदि उतना प्रोत्साहन दिया जाए जिसके वे लायक हैं, और यदि सतगढ़ एक पिछलग्गू प्रशासनिक क्षेत्र न रहे जैसा कि वह रहा है, तब गोंड और कवर अन्ततः मैदानी भागों के लोगों से खुली चुनौती ले सकने में सक्षम होंगे।"

119. विल्स की रिपोर्ट से एक और उद्धरण यहाँ पर ,दिया जा सकता है जिससे आदिवासियों को उनकी पैतृक सम्पत्ति पर पड़नेवाले खतरों से सुरक्षा प्रदान करने की सरकार की ज़िम्मेदारी पर ज़ोर पड़ता है, जो संचार-सुविधाएँ प्रदान करने की सरकार की स्वयं की नीति के कारण खतरे में पड़ी हैं (रिपोर्ट का पैरा 18)–

> "यह तर्क करना स्वाभाविक है कि यदि सतगढ़ के लोग ज़मीन के अधिकार के लायक हैं तो वे प्रत्यक्ष या अप्रत्यक्ष किसी भी प्रकार की बाहरी सहायता के बिना ऐसा कर लेंगे, कि उन्हें स्वयं के हित के लिए प्रयत्न करने को मजबूर किया जाना चाहिए कि उन्हें खालसा खेतिहरों और व्यवसायियों को बाहर रखने का कोई नैतिक अधिकार नहीं है। और यदि खालसा लोग ज्यादा अच्छे हों तो सरकार की यह नीति होनी चाहिए कि उनके आगमन को बढ़ावा दे। इसका एक जवाब यह है कि सतगढ़ की वर्तमान परिस्थितियाँ प्राकृतिक नहीं हैं। सदियों तक यह जगह एक अवरोध बना रहा, छत्तीसगढ़ जैसे पिछड़े इलाक़े में भी। ब्रिटिश हुकूमत के पहले 30 वर्षों में यह प्रशासनिक दृष्टि से एकदम उपेक्षित रहा। लोग साधारण, आदिम और भोले थे और भूमि की अधिकता और प्रतियोगिता की कमी ने उनकी सरलता, उनके पुराने कृषि के तरीकों और उनकी निश्चिन्तता को और प्रोत्साहित किया। लेकिन पिछले 20 वर्षों ने स्थानीय परिस्थितियों में क्रान्ति ला दी है। रेलवे लाइन की एक शाखा सतगढ़ की दो सबसे पश्चिमी ज़मींदारियों से होकर गुजरती है जबकि मुख्य बंगाल-नागपुर रेलवे इसकी दक्षिणी सीमाओं से सिर्फ कुछ मीलों की दूरी पर है। यह पट्टी आम राजस्व कानून द्वारा प्रशासित है। पुलिस, आबकारी और धन का प्रबन्धन ज़िला अधिकारियों के जिम्मे है। एक नया तहसील मुख्यालय सतगढ़ के केन्द्र में निर्मित किया जानेवाला

है और एक अच्छी सड़क प्रणाली इन सभी रियासतों के साथ संचार को जल्दी ही सुगम बनाएगी। लाख और लकड़ी का व्यवसाय अभी से ही काफी बढ़ गया है और ठेकेदार तथा साहूकार नई ज़मीन का फायदा उठाने के लिए तैयारी कर रहे हैं। धन की मुद्रा लागू की जा रही है, कर्ज़ को बढ़ावा दिया जा रहा है और किसान को यह बताया जाता है कि उसका कर्ज़ कितना है। संक्षेप में, इस क्षेत्र में एक नये प्रकार की परिस्थितियाँ थोपी जा रही हैं। इसके लिए हमारा प्रशासन ज़िम्मेदार है, और निश्चित ही यह मत अकारण नहीं है कि यह प्रशासन आदिवासी के लिए जीने भर की जगह मुहैया कराने को भी बाध्य है जिससे उसे इन नई परिस्थितियों में स्वयं को ढालने का सुअवसर प्राप्त हो।"

120. अब हम उपायों के प्रश्न पर आते हैं। विधि-निर्माण का असली रूप वास्तव में ज्यादा कठिन नहीं है, व्यावहारिक समस्या उसको लागू करने की है क्योंकि हमारे ज्यादातर ज़िले काफी बड़े हैं और करीबी तहसील न्यायालयों से आदिवासी इलाके काफी दूर हैं। दूसरे शब्दों में, यदि काश्तकारी जोतों का हस्तांतरण प्रतिबन्धित करने का कोई कानून बनता है, तो भूमि स्वामित्व सम्बन्धित जो भी अधिकार वर्तमान भू-हस्तांतरण अधिनियम के तहत सिर्फ डिप्टी-कमिश्नरों के पास है, उन्हें तहसीलदारों और नायब-तहसीलदारों तक के निचले स्तर पर प्रदान करना पड़ेगा।

121. सिर्फ मालगुजारीवाले क्षेत्रों में यह पहले ही बताया जा चुका है कि 1935 में इस प्रश्न की प्रारम्भिक जाँच के बाद एक अधिनियम बनाया गया था जिसे अन्त में त्यागना पड़ा। इस अधिनियम के मुख्य प्रावधान थे–

(क) भू-हस्तांतरण अधिनियम की धारा 3 के प्रावधानों में शब्द "अधिकार" के बाद शब्दों "या पूर्ण अधिभोगी अवधि" को जोड़ना, और

(ख) एक नई धारा 27 (वर्तमान धारा 27 को धारा 28 बनाते हुए) बनाकर यह प्रावधान करना कि यदि कोई आदिवासी काश्तकार काश्तकारी अधिनियम की धारा 12 का उल्लंघन करके किसी गैर-आदिवासी को भूमि हस्तांतरित करता है तो डिप्टी-कमिश्नर उस हस्तांतरण को खारिज करके भूमि आदिवासी काश्तकार को वापस कर सकता है या किसी दूसरे आदिवासी को हस्तांतरित कर सकता है, जबकि यदि आदिवासी जोत के हस्तांतरण सम्बन्धित कोई आवेदन धारा 13 के तहत राजस्व अधिकारी को प्राप्त हो तो उसे वह आवेदन डिप्टी कमिश्नर के हवाले कर कार्यवाहियों को निरस्त कर देना चाहिए; ऐसी हालत में यदि उपायुक्त कमिश्नर हस्तांतरण को निरस्त करता है तो धारा 13 के तहत कार्यवाहियों को रद्द कर देना चाहिए।

यह विधेयक सही दिशा में था, क्योंकि 1920 के काश्तकारी अधिनियम की एक चीज जिससे कि आदिवासियों को सबसे अधिक नुकसान हुआ है वह यह है कि अधिनियम एक कल्पित समर्पण के माध्यम से आदिवासी द्वारा उसकी भूमि को मालगुज़ार के पास हस्तांतरण को बहुत आसान बना देता था।

122. मसौदा विधेयक के लिए मुझे एक वैकल्पिक मॉडल का उल्लेख करना चाहिए। उड़ीसा के गंजम और कोड़ापट ज़िलों और मद्रास के विशाखापट्टनम और पूर्वी गोदावरी ज़िलों की एजेन्सी पट्टियों में एजेन्सी क्षेत्र हित और भू-हस्तांतरण अधिनियम 1937 लागू

है। इस अधिनियम की धारा 4 इस प्रकार है—

(1) किसी भी कानून के बावजूद या क्रियान्वयन के विपरीत, एजेन्सी क्षेत्र के अन्तर्गत स्थित किसी भी अचल सम्पत्ति का एक पहाड़ी जनजाति के सदस्य द्वारा हस्तांतरण बातिल और शून्य माना जाएगा जब तक कि वह पहाड़ी जनजाति के ही एक दूसरे सदस्य को न किया गया हो अथवा एजेन्ट या किसी अन्य निर्धारित अधिकारी के हस्तलिखित पूर्व अनुमोदन द्वारा न किया गया हो।

(2) जहाँ सम्पत्ति का हस्तांतरण उप-धारा (1) के उल्लंघन में किया गया हो वहाँ एजेंट या कोई अन्य निर्धारित अधिकारी, किसी भी व्यक्ति की प्रार्थना पर, हस्तांतरण द्वारा प्राप्त भूमि से बेदखली की डिग्री जारी कर सकता है और वह भूमि-हस्तांतरण करनेवाले को या उसके उत्तराधिकारियों को सौंप सकता है।

(3) निर्धारित शर्तों को लागू करते हुए, किसी डिग्री या आदेश के खिलाफ अपील जो उपधारा(2) के तहत यदि एजेन्ट द्वारा की गई तो परिषद के गवर्नर के पास की जानी चाहिए और यदि किसी अन्य द्वारा जारी की गई तो सह-एजेन्ट या एजेन्ट जो भी निर्धारित हो, उसके पास की जानी चाहिए।

123. अति पिछड़े इलाक़ों में जैसा कि हमने पिछले पृष्ठों में कई मामले पाए जिनमें कब्जे पंजीकृत नहीं हैं, जो कि काश्तकारी अधिनियम की धारा 89(2) का उल्लंघन है। जहाँ तक वर्तमान में जिस सुगमता के साथ आदिवासी नामित बेदखली के द्वारा ज़मींदार को अपनी भूमि का कब्जा दे सकता है, उस पर लगाम कसने के लिए बने किसी भी कानून के प्रभावी प्रशासन के लिए हमें सभी बेदख़लियों के पंजीकरण पर निर्भर होना पड़ेगा, यह आवश्यक महसूस होता है कि बिना बेदखल-विलेख के बेदखल स्वीकार करनेवाले मालगुजारों पर जुर्माना किया जाए। अधिकतम जुर्माना नए काश्तकारों को मान्यता प्रदान करने के लिए जमींदार द्वारा लिया गया प्रतिफल या जोत की लगान का छह गुना, जो भी अधिक हो, हो सकता है। हस्तांतरण और कब्जे के सन्दर्भ में काश्तकारी कानून में किए गए परिवर्तन के प्रभाव पर *रिपोर्ट ऑफ द सम्बलपुर लैंड लॉज़ कमेटी, उड़ीसा,* 1939, के पैरा 32-38 में एक लाभकारी चर्चा है।

यह कमेटी नये प्रान्त उड़ीसा की सरकार द्वारा अपने कार्यभार ग्रहण करने के तुरन्त बाद जो प्रान्त के गठन के परिणामस्वरूप नवगठित सम्बलपुर ज़िले के लिए एक आत्मनिर्भर भूमि राजस्व और काश्तकारी कानून निर्मित करने के लिए आवश्यक कार्रवाइयों पर रिपोर्ट प्रस्तुत करने के लिए नियुक्त की गई थी। प्रान्त के इस ज़िले के हिस्सों के उड़ीसा में हस्तांतरण की वजह से यहाँ मध्य प्रान्त काश्तकारी कानून अलग-अलग हिस्सों में तथा कई स्तरों में जिनसे होकर वह इस प्रान्त में गुजरा था, लागू रहा। ज़िले के ज्यादातर हिस्सों में जो 1905 में इस प्रान्त से बंगाल के उड़ीसा डिविज़न में हस्तांतरित हुए 1881 का मध्य प्रान्त भू-राजस्व अधिनियम और 1898 का काश्तकारी अधिनियम अभी भी लागू हैं। उड़ीसा प्रान्त जिसका गठन 1 अप्रैल, 1936 से हुआ, को हस्तांतरित खैरियार ज़मींदारी और पदमपुर पट्टी में 1917 का मध्य प्रान्त भू-राजस्व अधिनियम और 1920 का काश्तकारी अधिनियम तब तक हुए संशोधनों सहित लागू था। 1898 के काश्तकारी अधिनियम के अन्तर्गत अधिभोग अधिकार सिर्फ निम्न मामलों में हस्तांतरणीय था—

(क) एक काश्तकार ज़मीन को उपपट्टे पर दे सकता है मगर यह अवधि एक वर्ष से ज्यादा नहीं होनी चाहिए; और

(ख) वह किसी ऐसे व्यक्ति को स्वामित्व अधिकार हस्तांतरित कर सकता है जो, काश्तकार की मृत्यु के बाद स्वामित्व अधिकार का उत्तराधिकार प्राप्त करेगा, या किसी ऐसे व्यक्ति को जिसका साझा-स्वामित्व के कारण उत्तराधिकार बनता है, या जो उत्तराधिकार के कारण साझा-स्वामित्व का अधिकारी बन गया हो।

इन प्रावधानों का उल्लंघन करके किया गया कोई हस्तांतरण रद्द नहीं होता था, मगर वह किसी ऐसे व्यक्ति के अनुरोध पर रद्द किया जा सकता था जो कि काश्तकार के बिना कोई करीबी उत्तराधिकारी छोड़े बिना मर जाने की अवस्था में उसका स्वामित्व अधिकार ग्रहण करने का हकदार था, या उस ज़मींदार के अनुरोध पर जिससे काश्तकार ने भूमि प्राप्त की थी। यह अनुरोध राजस्व अधिकारी को प्रार्थना-पत्र के द्वारा किया जा सकता है जो कि काश्तकार द्वारा हस्तांतरण के माध्यम से भूमि अधिकार से वंचित होने के दो वर्षों के अन्दर किया जाना चाहए। 1920 के काश्तकारी अधिनियम ने यह सीमा दो वर्ष से घटाकर एक वर्ष कर दी जो स्वामित्व हस्तांतरण के बाद के कृषि वर्ष के पहले दिन से शुरू होती थी। यद्यपि 1898 का अधिनियम इस प्रकार एक सहभागी या प्राकृतिक उत्तराधिकारी के सिवा किसी अन्य व्यक्ति को वार्षिक उप-पट्टे के अलावा किसी अन्य तरीके से हस्तांतरण को प्रतिबन्धित करता था, सम्बलपुर में, इस प्रान्त की तरह ही, ज़मींदार को अप्रत्यक्ष कब्जा और उसके द्वारा हस्तांतरण के पुनर्बन्दोबस्त के माध्यम से हस्तांतरण बेरोकटोक हुए हैं। इस तरीके से जमींदार को काश्तकार की कीमत पर लाभ होता है। रिपोर्ट यह ध्यान दिलाती है कि यद्यपि 1898 के अधिनियम के तहत हस्तांतरण करनेवाले काश्तकार का कोई करीबी रिश्तेदार हस्तांतरण पर आपत्ति दर्ज़ करा सकता है फिर भी चूँकि *गेवंतिया* इस सौदे में मुख्य भूमिका अदा करते हैं, यह हमेशा सम्भव नहीं होता कि हस्तांतरण करनेवाले काश्तकार के गरीब रिश्तेदार ज़मींदार के खिलाफ जाएँ, और यह श्री देवर की सम्बलपुर बन्दोबस्त रिपोर्ट में निम्नलिखित टिप्पणी को उद्धृत करता है–

> "ज़मींदार को उपहार देने के माध्यम से इस प्रतिबन्ध से बच निकलना सापेक्षतः आसान है, जिसका फायदा इसमें है कि वह एक कर्जदार रैयत की जगह एक सम्पन्न रैयत को तरजीह दे। उसकी सहायता सूचीबद्ध हो जाने से, यह शायद ही कभी होगा कि हस्तांतरण करनेवाले का कोई रिश्तेदार हस्तांतरण पर विवाद खड़ा कर कोई लाभकारी नतीजा निकाल पाएगा।"

124. 1920 के अधिनियम में 1898 के अधिनियम के उन प्रावधानों को रद्द कर दिया गया जिनसे बेदखल हुए काश्तकार के करीबी रिश्तेदारों को आपत्ति करने का अधिकार मिलता था और इस परिवर्तन के प्रयोजन और कारणों को निम्नलिखित तरीके से व्याख्यायित किया गया–

> "स्वामी काश्तकार के उत्तराधिकारी को स्वामी काश्तकार द्वारा किए हस्तांतरण को निरस्त करने के लिए आवेदन करने का अधिकार देनेवाला यह प्रावधान 1898 के काश्तकारी अधिनियम में इसलिए शामिल किया गया था ताकि स्वामी काश्तकार द्वारा किए जानेवाले हस्तांतरण को प्रतिबन्धित करनेवाले प्रावधान और मजबूत बन जाएँ। ऐसा सोचा गया था कि ऐसे प्रावधान के बिना, एक स्वामी जो धारा 45 के तहत स्वामित्व अधिकार पर प्रतिबन्ध के बिना अपनी *सिर* भूमि बेचना चाहता हो, बिना अनुमोदन के अपने गाँव के विक्रय का विलेख सम्पन्न करा सकेगा और फिर स्वामित्व

अधिकारों का कब्जा देकर, जो उसकी *सिर* भूमि में प्रोद्भूत हुई थीं, वह ऐसी भूमि को क्रेता के पास हस्तांतरित कर सकता है। अनुभव दिखलाता है कि इस धारा ने ठीक से काम नहीं किया है और अधिकारिक तथा गैर-अधिकारिक सुझावों की भरमार है जो इसे निरस्त करना चाहते हैं।

वर्तमान अधिनियम की धारा 45 के प्रावधानों से बचने के लिए पुराने स्वामी काश्तकारों द्वारा कब्जा देने के मामले बहुत कम हैं, और ऐसे हस्तांतरणों से वास्तविक सुरक्षा यह है कि किसी भी हालत में ऐसे हस्तांतरण को लालायित क्रेता *खुदकाश्त* अधिकार से ज्यादा कुछ न पा सके। पूर्व स्वामी काश्तकारों के अलावा अधिभोगी काश्तकारों के मामले में, यह पाया गया है कि सभी या लगभग सभी आवेदन जो हस्तांतरणों को निरस्त करने के लिए राजस्व अधिकारी के पास आए वे सभी अत्यन्त सन्देहास्पद थे। निम्नलिखित एक प्रातिनिधिक मामला है जिसकी अपील हाल में वित्तीय कमिश्नर के पास पहुँची–

"एक काश्तकार ने रुपए 1,000 के भुगतान के एवज में अपनी ज़मीन का कब्जा मालगुजार को दे दिया। कब्जा देने के तुरन्त बाद एक नाबालिग पुत्र ने हस्तांतरण निरस्त करने के लिए आवेदन किया और यह आवेदन अन्ततः मालगुज़ार द्वारा रुपए 500 और मिलने के पश्चात वापस ले लिया गया। जैसे ही यह आवेदन वापस लिया गया, एक नया आवेदन काश्तकार की पत्नी की तरफ से हस्तांतरण को निरस्त करने के लिए दायर किया गया, और यह आशय किया गया रुपए 500 का एक और आदेश मिल जाए तो इसे भी वापस कर लिया जाएगा।

ऐसे मामले बिरले नहीं हैं, और यद्यपि यह कहा जा सकता है कि इस धारा का प्रयोजन ऐसे कब्जों के परदे के तहत होनेवाले हस्तांतरणों को रोकना है, बहुतायत की राय है कि किसी एवज में मालगुजार को होनेवाले कब्जे को प्रतिबन्धित नहीं करना चाहिए। यह अधिभोगी काश्तकार को अपनी भूमि जिस पर कृषि करने में वह असहाय है, के बदले में कुछ धन प्राप्त करने में मदद करता है और बहुधा यह काश्तकार के लिए उतना ही लाभकारी होता है जितना कि मालगुजार के लिए।"

इससे स्पष्ट है कि नए प्रावधानों का उद्देश्य किसी एवज में मालगुजार को कब्जा देने को कानूनी मान्यता प्रदान करना था, भूमि के अन्तिम भविष्य की चिन्ता किए बगैर, यानी कि वह मालगुजार के गृह-खेत में संलग्न हो गई या किसी और काश्तकार के साथ इसका पुनर्बन्दोबस्त हुआ। ये प्रयोजन विकसित ज़िलों के उन्नत मैदानी इलाकों में न्यायोचित हो सकते हैं, और ये प्रावधान स्पष्टतः आदिवासी इलाकों की अपेक्षा ऐसे ज़िलों को ही ध्यान में रखकर बनाए गए थे। सम्बलपुर कमेटी की रिपोर्ट आगे बढ़ती है–

"मध्य प्रान्त काश्तकारी अधिनियम, 1920 ने ज़मींदार को कब्ज़ा और उसके द्वारा पट्टे के माध्यम से स्वामित्व अधिकारों के हस्तांतरण को आसान बना दिया। अधिनियम के हस्तांतरण निरस्त करने के लिए आवेदन करने की अवधि को भी हस्तांतरण के दिन से दो वर्षों तक से घटाकर स्वामित्व हस्तांतरण होने के बाद के कृषि वर्ष के पहले दिन से एक वर्ष तक कर दिया। चूँकि एक साल के लिए उप-पट्टा कानूनन मान्य है, इसलिए किसी हस्तांतरण का विरोध कर पाना मुश्किल होगा यदि वह कृषि वर्ष की समाप्ति के कुछ दिन पहले ही प्रभावी हुआ हो क्योंकि नया

काश्तकार सीमा अवधि खत्म होने के पहले सिर्फ एक वर्ष के लिए ही भूमि पर कृषि कर पाया होगा। इस प्रकार यह पाया जाता है कि नया मध्य प्रान्त काश्तकारी अधिनियम हस्तांतरणों पर प्रतिबन्ध को ढील देता है।

"जो लोग मुक्त हस्तांतरण के पक्षधर नहीं हैं वे आमतौर पर यह कारण बताते हैं कि मुक्त हस्तांतरण की अनुमति देने पर भूमि साहूकारों और अमीर लोगों के पास चली जाएगी, भूमिहीन वर्ग में वृद्धि होगी और बाहरी तथा शोषक लोग खेतिहरों की भूमि पर कब्जा कर लेंगे। इसमें कोई शक नहीं कि कानून का इरादा लगान देनेवाली भूमि को सट्टेबाजों के पास जमा होते जाने से रोकना था। इस सम्बन्ध में श्री देवट ने अपनी बन्दोबस्ती रिपोर्ट में इस प्रकार लिखा–

'इस ख़तरे ने सम्बलपुर को जोख़िम में नहीं डाला, और यह अधिनियम गरीब लोगों की ज़मीन को अमीर और ज्यादा परिश्रमी किसानों के पास चले जाने को रोकने में विफल रहा है।'

"हम इससे सहमत हैं कि अधिनियम अपना प्रयोजन सिद्ध कर पाने में असफल रहा है। वर्तमान प्रतिबन्ध गरीब किसानों को कोई वास्तविक सुरक्षा देने के बजाय उसकी कर्ज़ लेने की क्षमता को काफी कम बना देते हैं और ज़मींदारों के लिए यह सम्भव बना देते हैं कि काश्तकार के परेशानी के दिनों में और जब वह अपनी ज़रूरतों की पूर्ति के लिए कुछ धन चाहता हो, ऐसे मौकों का लाभ उठाकर वे मनमाना पैसा बना सकें।"

"खान बहादुर मो. हामिद, बन्दोबस्त अफसर कहते हैं : 'मेरे ख्याल से मुख्य व्यक्ति जिसे कानून के इस प्रावधान, जैसा कि यह है, से लाभ होता है, वह ज़मींदार है जो आमतौर पर काश्तकार द्वारा किए गए हर हस्तांतरण पर भारी-भरकम लाभांश (जो प्रतिफल के 25 प्रतिशत के ऊपर कुछ भी हो सकता है) प्राप्त करता है। यह काश्तकारों द्वारा बताए गए दुख के कारणों में से प्रमुख था जब मैंने बरगढ़ तहसील में नए आकलन की घोषणा करनी शुरू की।' श्री देवट ने भी अपनी बन्दोबस्त रिपोर्ट में यह स्वीकार किया कि 1898 के अधिनियम ने रैयतों की कर्ज़ लेने की क्षमता को घटाया और जमींदारों की क्षमता को बढ़ाया है।

"यह अवश्य ही स्वीकार किया जाना चाहिए कि 1898 के मध्य प्रान्त काश्तकारी अधिनियम ने रैयतों की जोतों का मूल्य काफी कम कर दिया है। यदि ऐसी जोतों का हस्तांतरण पूर्णतः प्रतिबन्धित कर दिया जाता तो रैयत उसकी सुरक्षा पर कर्ज़ लेने का सारा प्रोत्साहन खो देते। पर चूँकि वह प्रोत्साहन बना हुआ था, अधिनियम द्वारा आरोपित प्रतिबन्ध ज़मींदारों की शक्ति बढ़ाने और रैयतों की कर्ज़ लेने की शक्ति घटाने में फलित हुआ। यह भी ज़मींदारों और काश्तकारों के बीच तनावपूर्ण सम्बन्धों का कारण बना। इस बारे में खान बहादुर मो. हामिद कहते हैं–'जमींदारों और काश्तकारों के बीच सम्बन्ध समग्र रूप में उतने मधुर नहीं रह गए हैं जैसा 20 वर्ष पहले होते थे। रैयतों की मुख्य शिकायत यह है कि उनके द्वारा किए गए हस्तांतरण पर अपनी सहमति देने और बेकार ज़मीन से खेत बनाने देने के लिए नज़राना वसूलने में ज़मींदार ज्यादा से ज्यादा लोभी होते जा रहे हैं।' जिले में अपने दौरों के दौरान हमने पाया कि ग्रामीण लोग प्रबन्धन के सारे अधिकार ज़मींदार से छीनकर ग्राम पंचायत को प्रदान किए जाने के पक्ष में एकमत थे, जिसका कि चुने गाँववालों द्वारा चुने जाने पर ज़मींदार सिर्फ एक सदस्य बन सकता था। यह भी माँग की गई कि पंचायत अपना अध्यक्ष और अन्य अधिकारी चुनने के लिए स्वतन्त्र होनी चाहिए, और ज़मींदार के

साथ सिर्फ अपनी स्थिति की वजह से कोई पक्षपातपूर्ण व्यवहार नहीं किया जाना चाहिए।

"हमारे द्वारा एकत्रित प्रमाण यह भी दर्शाते हैं कि इस प्रतिबन्ध के कारण नैतिक पतन भी हुआ है। हस्तांतरण अधिभोग एक छद्म रूप में लगातार जारी है। लगभग सभी लोग जिनके सौदों पर कानून के प्रावधानों के तहत न्याय-निर्णय करना पड़ा था, सच्चाई से कतराते हैं और काश्तकार को यदि कुछ मिला भी तो उसकी खोई भूमि का पूरा मूल्य शायद ही कभी मिल पाता है। भूमि छोड़नेवाला काश्तकार अपने पुत्र या अन्य सम्बन्धियों को वह भूमि वापस लेने को लगा देता है जिसके लिए उसे तय प्रतिफल मिल चुका होता है। इस परेशानी से निजात पाने के लिए भूमि जिस व्यक्ति को हस्तांतरित होती है वह आमतौर पर पूर्व तिथिवाले फर्ज़ी दस्तावेज बनाकर सीमा-अवधि के समाप्त हो जाने का मामला बना देते हैं या उस प्रभाव के ज़ुबानी गवाही उद्धृत करवा देते हैं। कुछ काश्तकार उधार की रकम से स्वामित्व जोतें खरीद लेते हैं और साहूकार से बचने के लिए ऋणशोधनाक्षम अधिनियम की शरण लेते हैं। ये असमानताएँ मुकदमों का कारण बनती हैं और सम्पन्नता को पसीने से भीगे और परिश्रमी सुदूर क्षेत्रों से आरामपसन्द कस्बों में लगातार बहाती रहती हैं और सरल भोले श्रमिकों को उनके खेतों से खींचकर न्यायालयों में पहुँचाती रहती हैं जहाँ उसे झूठ बोलना पड़ता है या उनसे झूठ बुलवाया जाता है।

"ग्रामीण अपने प्राकृतिक वातावरण से निकलकर और लोक-लज्जा जिससे वह दबा रहता है से दूर, और एक नाटकीय वातावरण में थोड़ा-बहुत झूठ बोलने में कोई शर्मिन्दगी नहीं महसूस करता। भूमि से सम्बन्धित प्रत्येक मुकदमे का लक्ष्य खेत पर काम करनेवाले वास्तविक श्रमिक के नैतिक व भौतिक हितों की सुरक्षा करना होना चाहिए। मगर यह देखने में आया कि 1898 के अधिनियम द्वारा आरोपित प्रतिबन्ध से उनको गरीबी प्राप्त हुई है और उनका नैतिक पतन हुआ है।

"अब अगर स्वयं कानून पर ध्यान दें तो वहाँ गम्भीर विच्युतियाँ नज़र आती हैं। श्री हामिद अपनी बन्दोबस्त रिपोर्ट में लिखते हैं–

> 'एक आम असन्तोषप्रद स्थिति निर्मित करने और अपने प्रयोजन को हासिल करने में बहुत पीछे रह जाने के अलावा इन दो धाराओं में गम्भीर असंगति है। धारा 47 के तहत यदि दो वर्षों के भीतर किसी काश्तकार द्वारा किए हस्तांतरण को रद्द करने का अनुरोध नहीं किया जाता तो इसका प्रभाव यह होता है कि हस्तांतरण फिर शून्य नहीं किया जा सकता और हस्तांतरित ज़मीन का अधिकार जिस व्यक्ति को हस्तांतरण किया जाता है, उसे मिल जाता है। लेकिन यदि सम्पत्ति का मूल्य रुपए 100 से ज्यादा हो तो हस्तांतरण सम्पत्ति हस्तांतरण अधिनियम की धारा 54 के तहत सिर्फ एक पंजीकृत विलेख के द्वारा ही प्रभावी हो सकता है, जबकि काश्तकारी अधिनियम धारा 46 का खंड (5) एक पंजीकरण अधिकारी को रैयती भूमि से सम्बन्धित बिक्री-विलेख का पंजीकरण करने से प्रतिबन्धित करता है। हाल ही में बरगढ़ तहसील में कुछ स्वामी काश्तकारों ने सिविल कोर्ट (1924 का टाइटिल सूट नं. 142) के द्वारा इस असंगति का फायदा उठाकर अपने पिता द्वारा सात वर्ष पहले हस्तांतरित भूमि को वापस प्राप्त करने में सफलता पाई। मैं अपील सम्बन्धी कोर्ट के निर्णय से निम्नलिखित उद्धरण प्रस्तुत करता हूँ जो इस असंगति के बारे में न्यायालय का दृष्टिकोण दर्शाता है :
>
> 'अब धारा 46 अनुच्छेद (3) के अन्तर्गत एक अधिभोगी अधिकार का हस्तांतरण

मान्य नहीं है लेकिन धारा 47 के द्वारा उपलब्ध तरीके द्वारा और उस सीमा तक मान्य है। धारा 47 यह बताती है कि इस प्रकार का हस्तांतरण भूस्वामी या अगले उत्तराधिकारियों द्वारा हस्तांतरण की तिथि से दो वर्ष के अन्दर विकल्प चुनने पर मान्य होता है। हस्तांतरण 1918 में हुआ था लेकिन उत्तराधिकारी ने कभी इस पर सवाल नहीं उठाया और भूस्वामी ने प्रतिवादी की पहचान कर ली। कोई सन्देह नहीं कि इन परिस्थितियों में प्रतिवादी ने एक वैध अधिकार प्राप्त कर लिया लेकिन धारा 46 अनुच्छेद(2) एक न्यायालय को बिक्री के लिए डिग्री जारी से रोक देती है और धारा 46 अनुच्छेद (5) एक पंजीकरण अधिकारी को रैयतवाड़ी जमीन के विक्रयविलेख का पंजीकरण करने से रोक देती है। इसमें कोई सन्देह नहीं कि यह अनुच्छेद धारा 46 अनुच्छेद(3) और धारा 47 के कई प्रावधानों को निरस्त कर देगा जिनके लिए इन धाराओं द्वारा बिक्री की तिथि से दो वर्ष के अन्दर बिक्री मान्य है और यदि पात्रता रखनेवाले व्यक्तियों द्वारा मान्यता नहीं दी जाती है तो हस्तांतरण को सभी के विरुद्ध बेहद अच्छा स्वामित्व मिल जाता है और तब स्वाभाविक रूप से सारी धाराएँ 46 अनुच्छेद(3) व (5) असंगत हो जाती हैं। हालाँकि इन अनुच्छेदों के प्रावधान गैर-जिम्मेदार भी हो सकते हैं कि हमें कानून को नियन्त्रित करना पड़े, जैसे यह हैं और धारा 46 के अनुच्छेद (2) और (5) के सामने, यदि वादी विक्रय के अनुबन्ध को निर्दिष्ट रूप से प्रभावी करने के लिए मुकदमा कर दे तो उसकी याचिका पर गौर किया जाएगा कि भूमि के काश्तकारी कानूनों के अन्तर्गत ऐसे विक्रय विलेख प्रवर्तनी नहीं हैं अतः अनुबन्ध प्रभावी नहीं है।

"यद्यपि ऊपर लिखित निर्णय यह मानता है कि एक उत्तराधिकारी दो वर्ष के बाद भी दीवानी कचहरी में हस्तांतरण के स्वामित्व पर दावा कर सकता है, मध्य प्रान्त में यह नियम है कि चूँकि कोई हस्तांतरण सिर्फ एक पंजीकृत विलेख द्वारा ही कानूनी वैधता प्राप्त कर सकता है, और चूँकि ऐसे हस्तांतरण के अभिप्रायवाला कोई भी विलेख पंजीकृत नहीं किया जा सकता इसलिए जिस तथाकथित व्यक्ति को हस्तांतरित भूमि मिली है उसने अनाधिकार प्रवेश कर रखा है और वह जमींदार द्वारा कभी भी बेदखल किया जा सकता है, लेकिन उत्तराधिकारी को कोई आधार नहीं कि वह स्वामित्व के लिए अनुरोध करे।

"तब फिर एक स्वामित्व जोत के हस्तांतरण का अभिप्राय रखनेवाले किसी दस्तावेज का पंजीकरण अधिनियम द्वारा प्रतिबन्धित है।

सम्बलपुर कमेटी ने आगे बढ़कर मैदानी भागों की आम काश्तकारी के हित में स्वामित्व भूमि के हस्तांतरण पर लागू वर्तमान प्रतिबन्धों को हटाने का सुझाव रखा। उनका यह सुझाव था कि जब तक एक काश्तकार आज़ादी के साथ अपनी भूमि का हस्तांतरण नहीं कर सकेगा तब तक ग्रामीण कर्ज़ में सुधार की उम्मीद करना बेकार होगा। दूसरी तरफ उन्होंने सुझाव दिया कि ज़िले में निवास न करनेवालों को स्वामित्व जोतों के हस्तांतरण पर पूर्ण प्रतिबन्ध होना चाहिए। इस सुझाव को *रिपोर्ट ऑफ द पार्शियली एक्सक्लूडेड एरियाज इन्क्वायरी कमेटी, उड़ीसा, 1940* के पैरा 402-3 के निम्नलिखित सुझावों द्वारा अनुपूरित समझना चाहिए—

"इस समय कोई भी भूमि आदिवासियों द्वारा विक्रय या हस्तांतरण के लिए नहीं है, और ऐसा ही गैर-आदिवासियों के साथ है। लेकिन कानून के इस प्रावधान को

एक से ज्यादा तरीकों से घुमा-फिराकर हस्तांतरण के अनेक मामले हो रहे हैं। इसके परिणामस्वरूप आदिवासियों के पास बहुत कम भूमि बची है और जो है वह भी उनके हाथ से निकल रही है। इसलिए भविष्य में ज़िले की जो भी राजनीतिक स्थिति हो, कमेटी का यह विचार है कि एक समुदाय के तौर पर आदिवासियों को नुकसान की सम्भावना है जब तक कि उनकी सुरक्षा के लिए कुछ कदम न उठाए जाएँ और जब तक वे गैर-आदिवासियों के बराबर के ज्ञान स्तर तक नहीं पहुँच जाते।

"इसलिए समिति का परामर्श है कि उनके हितों की रक्षा के लिए ज़रूरी कानून लागू हों। निम्नलिखित सुझाव भी दिए गए हैं–

"(क) आदिवासियों के अधिकारवाली भूमि के कब्ज़े और हस्तांतरण पर अब से पूर्ण प्रतिबन्ध, सिवाय उन परिस्थितियों के जो नीचे(ख) में दी गई हैं–

"(ख) डिप्टी-कमिश्नर को यह अधिकार प्रदान करना कि हर मामले में सम्पूर्ण जाँच के बाद वह विक्रय या किसी अन्य तरीके से किसी अन्य आदिवासी को भूमि-हस्तांतरित करने का अनुमोदन करे, बेहतर हो कि हस्तांतरण करनेवाले के रिश्तेदारों को और यदि वह सम्भव न हो तो किसी अन्य जनजाति के सदस्य या सदस्यों को। ऐसा करते हुए उसे ध्यान रखना चाहिए कि भूमि कुछ सम्पन्न आदिवासी लोगों के पास ही न जाती रहे, जिनके पास पहले से ही भूमि का बड़ा क्षेत्रफल हो सकता है। किसी आदिवासी द्वारा लगान न अदा कर पाने के कारण या कृषि न करने के कारण हुए भूमि नुकसान या किसी अन्य वजह से हुए नुकसान के मामले में भूमि का पट्टा दोबारा किसी आदिवासी को ही दिया जाना चाहिए और वह भी उस पर डिप्टी कमिश्नर की अनुमति के पश्चात ही।

"(ग) गाँवों में बेकार भूमि को कृषि के लिए पट्टे पर देते समय आदिवासी जनजातियों के सदस्यों को वरीयता दी जानी चाहिए और उनमें भी भूमिहीन लोगों को।

"(घ) आदिवासी जनजातियों से आनेवाले ज़मींदारों पर यह संरक्षण नहीं लागू होना चाहिए। आदिवासियों की सूची सम्बलपुर ज़िले के लिए भारत सरकार अधिनियम 1935 की 13वीं अनुसूची में उद्धृत सूची के समान ही होनी चाहिए।"

125. ये सुझाव (क) और (ख) ऊपर पैरा 121 में समाहारित प्रस्तावित भू-हस्तांतरण संशोधन विधेयक के भाग (ख) से काफी मिलते-जुलते हैं। सम्बलपुर सुझाव (ख) कदाचित ज्यादा बेहतर है, क्योंकि उदाहरण के लिए यह स्पष्टतः सही है कि एक कोर्कू इलाके में डिप्टी कमिश्नर की एक किसी गैर-आदिवासी को किए हस्तांतरण को निरस्त करने की कार्यवाही में यदि भूमि किसी दूसरे आदिवासी को दी जानी है तो प्रयास करना चाहिए कि किसी गोंड को मिलने से पहले वह किसी अन्य कोर्कू को मिले। हालाँकि इन प्रावधानों के क्रियान्वयन के लिए यह आवश्यक होगा कि उपायुक्तों के पास अपने ज़िले की आदिवासी इलाकों में जातीय संयोजन की उससे और अधिक तात्कालिक और सही सूचना होनी चाहिए जितनी की यह जाँच दिखलाती है और जो इसके शुरू होने के पहले उपलब्ध थी। यदि जातीय आधार पर बनाए गए विस्तृत मानचित्र (कुछ ज़िलों में दूसरों की अपेक्षा ज्यादा सावधानी से बनाए हुए) बिल्कुल सही हैं तो अब उन इलाकों को ज्यादा सटीकता के साथ परिभाषित कर पाना

सम्भव होगा जहाँ गोंड के अलावा अन्य आदिवासी जनजातियों को हस्तांतरित या छोड़ी गई भूमि का अधिकार देने में निम्न की अपेक्षा वरीयता मिलनी चाहिए—

(क) अन्य आदिवासी, और

(ख) गैर-आदिवासी

वास्तविक रूप से पिछड़े इलाकों में जहाँ एक जनजाति के आदिवासियों के बड़े सजातीय क्षेत्र हैं यह होना चाहिए कि ज्यादा आबादीवाली जनजाति के अलावा किसी अन्य जनजाति के काश्तकारों को ज़मींदार द्वारा भूमि प्रदान करने पर प्रतिबन्ध लगाया जाए। हालाँकि निचली जातियों या शिल्पी जातियों जैसे कुम्हार, लुहार, बुनकर, चरवाहे, बढ़ई और मेहरा ग्रामीण पहरेदारों या अन्य कोई स्थानीय जाति जिसके सदस्य ग्रामीण पहरेदार* होते हैं, के पक्ष में कुछ अपवाद करने पड़ेंगे।

126. इसका तात्पर्य है कि काफी कुछ हर ज़िले की जाँच के आधार पर सावधानीपूर्वक नियम बनाने के ऊपर निर्भर करेगा, जबकि अधिनियम स्वयं यह व्यवस्था करेगा कि कुछ अनुच्छेद सिर्फ कुछ खास इलाकों में ही लागू हों जब कभी उन इलाकों को उस उद्देश्य के लिए घोषित किया जाए। हालाँकि इस मामले में एक निश्चित जाँच प्रत्येक ज़िले में गठित की जाए और डिप्टी कमिश्नरों को सुझाव जमा करने के लिए समय-सीमा निश्चित की जाए। भू-हस्तांतरण अधिनियम का अनुभव यह दर्शाता है कि जब अधिनियम को क्षेत्रों या जनजातियों पर लागू करने का सुझाव बनाने का जिम्मा व्यक्तिगत रूप से ज़िला अधिकारियों के विवेक पर छोड़ दिया जाता है, तब यदि डिप्टी कमिश्नर अधिनियम के प्रावधानों में रुचि नहीं लेता या उन आदिवासियों में रुचि नहीं लेता जिनके लिए अधिनियम निर्मित हैं तो वे वर्षों तक उस संरक्षण से वंचित रह जाते हैं जो प्रदान करने के लिए वह अधिनियम बनाया गया था : बाद में जब (भू-हस्तांतरण अधिनियम के मामले में कई बार ऐसा 22 वर्ष बाद हुआ) इस मामले में रुचि लेनेवाला कोई डिप्टी कमिश्नर आता था तब तक प्रायः अनगिनत आदिवासी अपनी भूमि खो चुके होते थे, जिसे बचाया जा सकता था यदि अधिनियम को कानून बनने के तुरन्त बाद उन पर लागू कर दिया गया होता।

127. आदिवासी उम्मीदवारों को खाली भूमि के बँटवारे में वरीयता प्रदान करने का सिद्धान्त स्वयं सरकार द्वारा प्रान्त के कुछ रैयतवाड़ी इलाक़ों खासकर बरार के मेलाघाट तालुक और नीमड़ ज़िले और बैहर तहसील के भागों में मान्य था। यदि यह कार्यवाही सरकारी भूमि के लिए उपयुक्त है तो यह ज़मींदारी और मालगुजारी भूमि के लिए भी उतनी ही उपयुक्त है। यह *नज़राना* और सहमति-शुल्क से होनेवाली मालिक की आय को घटा सकता है पर यह आय वास्तव में बन्दोबस्त के समय बन्दोबस्त अधिकारी द्वारा आकलन की गई लगान के ऊपर के धन में परिणित लगान के रूप में होता है। सरकार बन्दोबस्त के समय मालिकाना सम्पत्ति की गणना करते समय ऐसी आय को ध्यान में नहीं रखती है, और न ही इस पर आय-कर लगता है। नज़राना वसूलने की पूरी प्रथा ही प्रान्त के मूल रूप में रैयतवाड़ी गाँवों में यूरोपीय भू-सामन्तवाद की अवधारणा थोपने के सिद्धान्त के कारण होनेवाली अपरिहार्य

* मेहड़ा या मिलती-जुलती जातियों के ग्रामीण चौकीदार कभी-कभी आदिवासियों के बुरे उत्पीड़क होते हैं। कुटरू जमींदारी की सीमा पर अहीरी जमींदारी के पहाड़ी माड़िया गाँवों में और बस्तर राज्य की अन्तागढ़ तहसील में वो केतवार जिनके सर्किलों में ये गाँव पड़ते हैं और जो नीचे मैदानों में रहते हैं, जब पहाड़ी गाँवों का नियमित दौरा करते हैं तो पहाड़ी माड़िया लोगों से कई तरह की वसूलियाँ करके ले जाते हैं।

परिघटना है। कामकाजी तौर पर यह सुझाव दिया जा सकता है कि सभी गाँवों में जहाँ 1941 में आदिवासी जनसंख्या 75 प्रतिशत या ज़्यादा हो वहाँ कानूनी तौर पर कोई भी भूमि आदिवासियों से गैर-आदिवासियों को हस्तांतरित नहीं की जानी चाहिए और यदि कोई आदिवासी भूमि कब्जे के कारण खाली हो जाती है तो उसे सिर्फ आदिवासियों या निम्न और शिल्पी जातियों के सदस्यों जिनकी सेवाएँ ग्रामीण अर्थव्यवस्था के लिए आवश्यक हैं, को दी जानी चाहिए। उदाहरण के लिए मेलाघाट में, जहाँ बरार भू-राजस्व संहिता की धारा 66 के तहत, जो कुछ आदिवासियों और पिछड़ी जातियों के भूमि-हस्तांतरण के अधिकार को प्रतिबन्धित करता है, बलाई, महार, गावली, मोघिया, गोवारी, चमार और माँग अन्य निम्न जातियों के साथ सूचीबद्ध हैं जिन पर यह धारा लागू होगी।

128. उन क्षेत्रों में जहाँ कुछ खास आदिवासी जनजातियों को दूसरों पर वरीयता मिलनी चाहिए उनमें डिन्डोरी तहसील में बैगा चक और डिन्डोरी, बिलासपुर और मुंगेरी तहसील के मालगुजारी क्षेत्रों से लगे हुए बैगा गाँवों और बैहर तहसील (मालगुजारी, खालसा और ज़मींदारी); छिन्दवाड़ा जागीरों में भरिया-भूमिया गाँवों और इनसे लगे गदरवाड़ा, नरसिंहपुर और सिवनी तहसीलों के हिस्से; नीमड़ और बैतूल ज़िलों के कोर्कू इलाक़े और होशंगाबाद के हिस्से; नीमड़ ज़िले के कुछ भील क्षेत्र; बिन्द्रा-नवागढ़ ज़मींदारियों के कमर क्षेत्र; सौगोर, रायपुर और बिलासपुर ज़िलों के सवारा क्षेत्र; और कावट, कोटवा, धनवट, बिन्झवर और भैना लोगों वाले छत्तीसगढ़ के इलाके, खासकर बिलासपुर शामिल हैं। दूसरी जनजातियों की अपेक्षा गोंड लोगों को वरीयता देना गैर-जरूरी है सिवाय अहीरी ज़मींदारी और गढ़चिटोली ज़मींदारियों (हल्बा और मुस्लिम ज़मीदारों की ज़मीन को छोड़कर) के मामलों में।

129. अधिनियम की रूपरेखा बनाने के लिए काफी कुछ किए जाने की आवश्यकता है। उन इलाकों में जहाँ आदिवासियों का काश्तकारी भूमि से बेदखली का खतरा इतना ज्यादा नहीं है जैसे मांडला के ज्यादातर हिस्से, उन जैसे क्षेत्रों में भी इस कानून का विस्तार करना किस हद तक आवश्यक है इसका जवाब अलग-अलग ज़िला अधिकारियों द्वारा अलग-अलग मिलेगा। मेरे अपने दृष्टिकोण में यदि मालगुज़ारों को आदिवासी इलाक़ों में गैर-आदिवासी जातियों या समुदायों को बसाने के लिए प्रोत्साहित करने की छूट मिल जाए तो इससे उन इलाक़ों में ग्रामीण भाईचारे की भावना निश्चित रूप से खंडित होती है; देर-सवेर जनजातीय जीवन की सभी परम्पराएँ अतिक्रमणशील तत्त्व से दबकर रह जाती हैं। इसलिए, सामान्य रूप से कहें तो, जमींदारी, मालगुजारी या रैयतवाड़ी किसी भी प्रकार की भूमि गैर-आदिवासियों को देने से पहले उपायुक्त की सहमति आवश्यक होनी चाहिए।

मैंने उस कर्ज का पता लगाया है जो प्रान्त के कुछ भागों में आदिवासी किसानों पर मरार या दूसरे हिन्दू किसानों, जो उनके बीच आकर बस गए हैं, की तरफ से बकाया है। पर ये लोग पहले से ही काफी बड़ी तादाद में यहाँ बस चुके हैं और उत्तराधिकार और यहाँ तक कि हस्तांतरण के द्वारा अपनी भूमि गैर-आदिवासियों को देने के लिए स्वतन्त्र होंगे। यदि किसी क्षेत्र में कृषि बहुत पिछड़ी हुई हो और उसमें सुधार करने के लिए अच्छी कृषक जातियों के उदाहरण की आवश्यकता हो तो यह नीति अपनानी चाहिए कि ऐसी जातियों के निवास चुनिन्दा इलाकों में, सम्भवतः कस्बों के आसपास बसाए जाएँ, जहाँ जाकर उनके उन्नत कृषि के तौर-तरीके स्वयं जाकर देखने के लिए आदिवासियों को प्रोत्साहित किए जाए। उदाहरण के लिए, अमरावती ज़िले के मेलाघाट तालुक में यह बेहतर होगा कि कुछ निश्चित

गैर-आदिवासी कृषक गाँव बसाए जाएँ इसकी अपेक्षा कि जैसा धरनी के आस-पास हुआ कि कई मुसलमान और गैर-आदिवासी हिन्दू निवासियों को कोर्कू लोगों के नुकसान पर स्वयं को जमाने की अनुमति प्रदान की जाए।

130. नए कानून को हर जगह आदिवासी पूर्ण स्वामित्व जोतों पर तथा मैदानी अंचलों और अनेक आदिवासी इलाक़ों के किनारे पर स्थित ग्रामीण अंचलों, यहाँ तक कि सबसे विकसित ज़िलों में भी, की सभी आदिवासी जोतों पर लागू करने में कोई हिचकिचाहट नहीं होनी चाहिए। इस आधार पर यह कानून तत्काल ही सम्पूर्ण नागपुर, वर्धा, जबलपुर, सौगोर, होशंगाबाद और नीमड़ तथा चन्दा, छिन्दवाड़ा, दुर्ग, भंडारा, बालाघाट, रायपुर और बिलासपुर ज़िलों के *खालसा* इलाकों पर लागू हो जाना चाहिए।

मैं इसे सम्पूर्ण बैतूल ज़िले और भंडारा एवं बालाघाट ज़िलों के मैदानी ज़मींदारियों पर भी लागू कर सकता हूँ। प्रान्त की दूसरी जमींदारियों के कुछ अन्य इलाके प्रत्येक ज़िले की स्थिति पर की गई पिछली चर्चा में इंगित किए गए हैं।

131. वास्तविकता यही रहती है कि आदिवासियों के लिए आदर्श भूमि पट्टा प्रणाली उनकी अपनी सहज रैयतवाड़ी प्रणाली है, जिसमें गाँवों का नियन्त्रण पटेलों और मुख्य स्थानीय आदिवासी जाति के *मुकद्दम* के पास रहता है। चाहे मांडला, बैहर, बैतूल या किसी अन्य इलाके की बात हो, गैर-आदिवासी स्वामियों (सामान्य तौर पर अनुपस्थित रहनेवाला) वाले गाँवों और आदिवासी पटेलों के अधीन गाँवों के बीच आदिवासियों के सुख और कल्याण का फर्क बहुत ज्यादा है। यही चीज उन ज़िलों के अच्छे जंगली गाँवों में भी देखी जा सकती है जहाँ एक से एक अच्छे मंडलीय वन-अधिकारी रहे हैं। जो भी इस बात से सहमत नहीं है उसके लिए मेरा सुझाव है कि वो बैतूल से धाराखोह के जंगली गाँवों और रानीपुर सुरक्षित जंगल के अन्य गाँवों से होता हुआ रानीपुर तक और वापस अमधाना से होते हुए बैतूल तक चलने की कोशिश करे,-या बैतूल इलीचपुर रोड पर बरार सीमा के समीप भैंसदेही तहसील में सावलमेढ़ा के आस-पास के रैयतवाड़ी गाँवों या लगे हुए कोटलकुंड के मालगुज़ारी गाँवों का अन्तर देखे। दुर्दशा के मामले में बहुत कम ही ऐसे इलाके होंगे जों नागपुर जिले के विभिन्न भागों, सौगोर के गोंड इलाक़ों, बैतूल और मांडला के अनेक भागों, बल्कि वास्तव में प्रान्त के सभी ज़िलों के अनुपस्थित साहूकारी और अन्य हिन्दू और मुसलमान ज़मींदारोंवाले आदिवासी गाँवों से ज्यादा बदतर होंगे। 1916-21 की बैतूल बन्दोबस्ती रिपोर्ट के पैरा 9 में श्री सी.जी. चेवेनिक्स ट्रेन्च, सी.आई.ई. लिखते हैं कि गोंड और कोर्कू के अलावा जिले के सभी ज़मींदारों की प्रमुख विशेषता यह थी कि उनके और उनके काश्तकारों के बीच किसी प्रकार के सामन्ती या भावनात्मक लगाव का पूर्ण अभाव था। वह आगे लिखते हैं—

> "कुछ बड़े बनिया और ब्राह्मण मालगुज़ारों ने स्पष्टतः स्वीकार किया कि वे अपने गाँवों के पास तक कभी गए ही नहीं। वे प्रबन्धन का काम पूरी तरह दलालों के मार्फत करते हैं और सकारात्मक रूप से एकमात्र प्रमुख मालगुज़ार जिसे अपने असामियों के प्रति कुछ व्यक्तिगत ज़िम्मेदारी का अहसास है वह मेरे ख्याल से नवापुर का कुन्बी है जिसके पास मुल्तई और भैंसदेही तहसीलों में 11 गाँव हैं। लगान (और अन्य बकाये) वसूलना और अपने घरेलू-खेतों पर कृषि करना ही ज़मींदार होने का सारा फर्ज है। दूसरे मामलों में वे अपने काश्तकारों को अकेला छोड़ देते हैं जो उनसे और कुछ उम्मीद नहीं करते। आदिवासी काश्तकारों को "निचोड़ना" जंगली इलाक़ों में काफी

प्रचलित है और गम्भीर पैमाने पर किया जानेवाला शोषण का एकमात्र रूप है। इसमें अनधिकृत रूप से बकाया वसूलना जैसे बँधुआ मजदूरी, महुआ, चिरौन्जी, गुल्ली, घास, जलावन और मुर्गे शामिल हैं, जिसके एवज में उन्हें कभी-कभार कुछ कमोबेश आभासी रियायत मिल जाती है। कुछ गाँवों में इन अवैध वसूलियों का योग (ग्रामीण परम्पराओं द्वारा मान्य वसूलियों से बिल्कुल अलग) ही भूमि राजस्व के बराबर हो जाता है। आदिवासी एक डरपोक और दब्बू किस्म का प्राणी है और जिस उत्सुकता से साहूकार जंगली सम्पत्ति खरीदते हैं, प्रायः बहुत ऊँचे दामों पर, वह इस प्रकार कुछ हद तक समझ में आ जाता है। ब्राह्मण और बनिया साहूकारों के अलावा राजपूत सबसे व्यवस्थित तरीके से बलात् ग्रहण करते हैं, लेकिन यह जाति जिसके पास पिछले बन्दोबस्त के समय 92 गाँव थे अब तेजी से आधार खो रही है।"

इसकी तुलना भी श्री एच.ई. बेल की 1904-10 की मांडला बन्दोबस्त रिपोर्ट के पैरा 72 से निम्न उद्धरण से कीजिए जिसमें ज़िले के 12 बड़े भूस्वामियों (जिसमें सिर्फ एक आदिवासी था जिसके पास 12 गाँव थे) जिनकी रियासत में मांडला ज़िले के 1,446 मालगुज़ारी गाँवों में से 604 शामिल थे, के नाम गिनाने के बाद उन्होंने लिखा :

"इनके अलावा, अनेक छोटी रियासतें हैं, जो आंशिक रूप से अपने ही किसी गाँव में रहनेवाले मालगुजार के पास हैं और जिनका एक अंश एक या दो बड़े केन्द्रों में रहनेवाले अनिवासी मालगुज़ारों के पास है। और 409 से ज्यादा गाँव नहीं हैं जिनमें मालिकों का कोई सदस्य निवास करता हो।"

इसलिए यह कहना शायद ही ज़रूरी है कि सम्पूर्णता में ज़िले के मालगुज़ार उदासीन लोगों की जमात है। एक गोंड काश्तकार और एक बाहरी जाति के अनिवासियों के बीच यदि हुई भी तो बहुत कम ही संवेदना हो सकती है। वे गाँव जिन्हें देखने के लिए एक बार भी उनके मालिक नहीं आए, अपनी हालत पर छोड़ दिए गए हैं, संघर्षों से जितना हो सके स्वयं ही जूझने के लिए, दोतरफा यात्रा से बचने के लिए लगान समय से पहले ही वसूल कर लिए जाते हैं, काश्तकारों को मालगुज़ार के मुख्यालय तक लम्बी यात्रा क़रके *भेंट बेगार* जैसे लकड़ी और घास लदी बैलगाड़ियाँ, उपले और दूसरी चीजें, करने के लिए मजबूर किया जाता है। लेकिन कई मामलों में मालगुजार उदासीन होने से भी ज्यादा बदतर होते हैं। गोंड लोगों की निरीह सरलता और भोलापन उन्हें दृढ़ और शिक्षित आक्रमण के समक्ष टिकने नहीं देती और बड़ी जागीरें जैसे राजा गोकुलदास की, जगन्नाथ चौधरी की, बेउहर रघुबीर सिंह की और देई रियासत, पूरी तरह बेईमान और अवांछित दलालों पर छोड़ दी जाती हैं, और यहाँ सक्रिय शोषण और धोखेबाजी का बोलबाला रहता है जो कानून के किसी दायरे में सीमित नहीं होता है। और नियमतः स्थितियाँ कुछ खास अच्छी नहीं हैं जहाँ बड़े भूस्वामी अपने गाँवों के प्रबन्धन में प्रत्यक्ष भाग लेते हैं। सिंगारपुर के गयाप्रसाद और बीजापुरी के मुकुन्द सिंह की रियासतें, शाहपुरा के शाहजाद सिंह, शाहपुर के जनार्दन सिंह की जागीरों और उत्तर-पश्चिम डिन्डोरी के सभी कतार मालगुज़ारों की जागीरों से ज्यादा शोषित जागीरें ढूँढ़नी मुश्किल होंगी जिनके प्रबन्धन के तौर-तरीकों में बहुत सुधार की गुंजाइश है। लेकिन सौभाग्य से इस थोड़े अवसादपूर्ण दृष्टिकोण का एक दूसरा पहलू भी है। यह सही है कि जिले के ज्यादातर

गाँव अनुपस्थित मालिकों के पास हैं जो उदासीन जमींदारों के अलावा शायद ही कुछ और हो सकते हैं और प्रायः उससे भी बुरे होते हैं। वास्तव में कई ऐसे इलाके हैं जहाँ कोई निवासी मालगुज़ार नहीं रहता, उदाहरण के लिए मोकस, रामनगर, धुगरी और छपरतला के इलाके में 453 गाँवों में से सिर्फ 30 निवासी मालगुज़ारों के पास हैं, यहाँ तक कि *हवेली* या मांडला का मैदानी इलाका, जहाँ जीवन की सभी सुविधाएँ मौजूद हैं और अनुपस्थिति का कोई कारण नहीं बनता, भी कुल 174 में से सिर्फ 55 निवासी गाँवों का दावा कर सकता है : और रामेपुर जहाँ राठौर तेलियों की बहुलता है, एकमात्र समूह है जहाँ आधे से ज्यादा गाँव आवासीय हैं (125 में से 91) हालाँकि कुल 1,446 मालगुज़ारी गाँवों में से 409 या चौथाई से थोड़े अधिक आवासीय हैं और सम्भवतः इतने ही पड़ोसी गाँवों में रहनेवाले मालिकों के पास हैं और आसान पहुँच में होने के कारण वे हर प्रकार से आवासीय गाँव हैं। कृषक जातियाँ—कुर्मी, लोधी, किरार, राठौर और ऐसे अन्य—जो निवासी मालगुज़ारों का मुख्य हिस्सा हैं, आमतौर पर अपने काश्तकारों के साथ उनके अच्छे रिश्ते हैं और घरेलू खेती बढ़ाने की उनकी चाहत जो अगर निम्न काश्तकारी होती तो शोषण को बढ़ावा देती आमतौर पर इस वास्तविकता से नियन्त्रण में रहती है कि उनके निवास गाँव में काश्तकारी स्वयं उनकी या किसी अच्छी कृषक जाति की होती है और आसानी से दबती नहीं है। हालाँकि कुछेक गाँव जहाँ गोंड अपने मालिकाना अधिकार बचाए रख पाने में सफल हुए हैं सर्वाधिक सुखी हैं और सिर्फ इन्हीं में पुरानी पितृसत्तात्मक प्रणाली के कुछ अंश अभी भी मौजूद हैं : मालगुजार प्रमुखों में से एक की स्थिति प्राप्त कर लेता है। गाँववालों को अनाज उधार देता है और छोटे-मोटे विवादों को निपटाता है और कुछेक अपवादों को छोड़कर अपनी काश्तकारियों से कोई लाभ लेने की न तो शक्ति रखता है न मंशा।"

मांडला ज़िले में ऐसी परिस्थितियाँ मौजूद हैं, इसे मेरे *नोट्स ऑन द एबोरिजिनल प्रॉब्लेम इन मांडला डिस्ट्रिक्ट,* पैरा 33-34 में कई उदाहरणों से और डिप्टी कमिश्नर मांडला, के 27 जनवरी, 1942 के हाल के पत्र से लिए गए निम्नलिखित उद्धरण से देखा जा सकता है—

"जहाँ भी मैं जाता हूँ मुझे मालगुज़ारों, व्यवसायियों, ठेकेदारों और अन्य द्वारा आदिवासियों के शोषण के अधिकाधिक प्रमाण मिलते जाते हैं। इस वर्ष मैं कई आंचलिक बस्तियों में घूमता रहा हूँ जिन्हें सम्भवतः बन्दोबस्त के बाद से देखा नहीं गया है और मुझे यहाँ के हालात भयावह प्रतीत होते हैं। गाँवों में लगभग पूर्ण अराजकता है : बाहरी मालगुज़ार जो मर्जी हो, करता है। वह चारे का बकाया या *निस्तार* के भुगतान का दावा करता है और जब गाँववाले विरोध करते हैं उनके साथ 'समझौता' करके वह एक अच्छी रकम जैसे सौ रुपए का दावा कर देगा। यदि वे सहमत नहीं होते हैं तो वह उनके मवेशी जब्त कर लेगा, उनके विरुद्ध दीवानी कचहरी में मुकदमे कर देगा या यहाँ तक कि उन्हें मांडला या जबलपुर से किराए के गुंडे बुलाकर उनका उत्पीड़न करेगा। गाँवों में जो चल रहा है वह अत्यन्त विस्मयकारी है। सिवनी की सीमा पर कोइलरी नाम के एक गाँव में मैंने पाया कि जबलपुर और मांडला के बिहारीलाल नामक एक मालगुजार ने एक बड़े गोंड परिवार की फसलें बलपूर्वक कटवा ली थीं और परिवार के मर्दों को मांडला से गुंडे बुलवाकर पिटवाया था। परिवार

के पास खाने को कुछ नहीं था और गोंड गुमाश्ता-मुकद्दम इतना भयग्रस्त था कि इसकी शिकायत पुलिस को नहीं करता था। उसी मालगुज़ार ने गाँव के कोटवार को करीब तीस मील दूर मांडला में बुलाया था और वहाँ उसने उसकी पिटाई लगवाई क्योंकि कोटवार ने कभी उसको पसन्द न आनेवाला काम किया था। पड़ोसी गाँव अटरिया का नया मालगुज़ार, जो रेलवे गैंग में *मुक़द्दम* है और लोधी जाति का है, सभी निस्तार को रोकता रहा है और काश्तकारों को जान-बूझकर गाँव से भगाता रहा है ताकि अपने तथा अपने परिवार के लिए उनकी जमीन हड़प ले। उसी इलाक़े में कालका प्रसाद नामक एक ब्राह्मण था, जिसने हाल ही में दो गाँव खरीदे थे, और काश्तकारों द्वारा उगाए लाख को लेकर चलता बना था और चारा बकाया का एकदम नई माँग करने लगा जिसका वह हक़दार नहीं था। निवास के एक गाँव में मुझे एक मालगुज़ार मिला जिसने बन्दोबस्त के समय से मौजूद दो गोंड घरों को किसी न किसी बहाने से उजड़वा दिया था। कल मेरे सामने एक मामला आया जिसमें एक गोंड काश्तकार ने 17 या 18 वर्षों से अपने खेत में लकड़ी रखी हुई थी। 1939 में उसने उसे बेचा और मालगुज़ार द्वारा लकड़ी की माँग करने पर मेरे पूर्ववर्ती अधिकारी के पास आया था। काश्तकार को बताया गया कि लकड़ी पर उसका अधिकार था और उसे उपायुक्त का लिखित आदेश दिया गया। मालगुज़ार हालाँकि फिर भी नहीं माना और लकड़ी पर कब्ज़ा कर लिया। परिणामस्वरूप लकड़ी अभी तक बिकी नहीं थी। फिर बेउहर रघुबीर सिंह की जागीर के सभी गाँववालों ने मुझे तीखी शिकायत करते हुए बताया कि किस प्रकार वह चारा बकाया माँग कर, *निस्तार* रोककर, उनके खेतों में लगे वृक्ष काटकर आदि-आदि तरीकों से उनका उत्पीड़न करता है। उन्होंने मुझे बताया कि पिछले वर्ष चारा बकाया लेने के कारण *वाज़िब-उल-अर्ज़* की नाफरमानी के लिए उस पर रुपए 50 जुर्माना किया गया था, कि उपायुक्त और आयुक्त द्वारा उसकी अपील ठुकरा दी गई थी, पर उसने उन्हें बताया कि वह आदेश ग़ैर-कानूनी था और वह उसे बदलवाने के लिए नागपुर तक जाएगा और इस दौरान उन्हें उनके चारा लगान अवश्य देते रहना चाहिए, जो उसने इस साल के लिए पहले ही वसूल लिया था। मैं पाता हूँ कि अनेक काश्तकार चारा लगान न देने के कारण दीवानी कचहरी की डिग्रियाँ लिए हुए हैं। मैं इसकी पड़ताल कर रहा हूँ और मुझे महसूस होता है कि दीवानी कचहरी में इस प्रक्रिया में अवश्य ही कुछ गम्भीर खामियाँ हैं, क्योंकि मैंने वाज़िब-उल-अर्ज़ को सत्यापित करने पर पाया कि काश्तकार मुक्त चरवाही के हक़दार हैं। काश्तकारों की जोतों में लगे पेड़ों की स्थिति अत्यन्त असन्तोषजनक है। मैं बहुत आश्वस्त नहीं हूँ कि नए काश्तकारी अधिनियम का क्या मतलब है, जब वह यह कहता है कि काश्तकार को पेड़ों में वही अधिकार है जो उसकी जोत में है, जबकि दोनों एकदम अलग चीजें हैं। वे एक जोत की शाखाएँ तोड़कर या काटकर ले नहीं जा सकते। वर्तमान समय में मालगुजार अपने जंगलों का भयंकर दोहन कर रहे हैं जिसकी वजह युद्ध के कारण लकड़ी की माँग है और बड़ी संख्या में काश्तकारों के खेतों में लगे पेड़ काटे जा रहे हैं।"

132. मैंने 1935 में सुझाव दिया था कि एक ज़रूरी सुधार आदिवासी गाँवों के गैर-आदिवासी मालगुज़ारों की बेदखली और उनका रैयतवाड़ी गाँवों में परिवर्तन और साथ

ही आदिवासी गाँवों में *मुक़द्दम* और *मुक़द्दम-गुमाश्ता* की नियुक्ति के लिए आदिवासी गाँवों में आदिवासी जनजातियों के सदस्यों के लिए आरक्षण करना था।

दूसरे सुझाव पर आंशिक अमल भू-राजस्व अधिनियम की धारा 191 के अन्तर्गत नियम VI में संशोधन के द्वारा किया गया जिसके अनुसार आदिवासियों की बहुलतावाले गाँवों में कोई भी व्यक्ति जो आदिवासी नहीं है उसे बतौर *मुक़द्दम-गुमाश्ता* नियुक्त नहीं किया जा सकता जब तक कि राजस्व अधिकारी को यह भरोसा न हो जाए कि कोई उपयुक्त आदिवासी उपलब्ध नहीं है। इस नियम के क्रियान्वयन की लगातार निगरानी की आवश्यकता है। आदिवासी गाँवों के गैर-आदिवासी मालगुज़ारों की भूमि खरीद लेने की राह में मुख्य रोड़ा आर्थिक है; मुआवज़े का बोझ प्रान्त की वर्तमान स्रोत-संसाधनों के बस के बाहर होगा। 1921 की छँटनी कमेटी के सुझावों से यही निष्कर्ष निकलता है जिसके अनुसार प्रान्तीय राजस्व में ठोस वृद्धि के लिए प्रान्त के सभी मालगुज़ारों को खरीद लेना ही एकमात्र रास्ता है, क्योंकि रैयतवाड़ी पटेलों की तुलना में जिनका भू-राजस्व के प्रति एक रुपए में एक से तीन आना कमीशन होता है, मालगुज़ार 50 प्रतिशत लगान काट लेते हैं। चुनिन्दा आदिवासी इलाकों में मालगुज़ारों को खरीदने के मूल्य की अब ज्यादा विस्तृत जाँच की जा सकती है। मेरे विचार से यह और आदिवासी इलाकों में गैर-आदिवासियों की भूमि प्रदान करने पर प्रतिबन्ध, दोनों मिलकर आदिवासियों के एकमात्र प्रभावी सुरक्षा कवच बनेंगे। मांडला के उपायुक्त लिखते हैं–

> "मालगुज़ारी प्रणाली का आदिवासी लोगों पर पड़नेवाले विनाशपूर्ण प्रभाव को देखते हुए यह उचित होगा कि आदिवासीबहुल गाँवों से मालगुज़ारों को बेदखल किया जाए, उनको खरीद लिया जाए और गाँवों को रैयतवाड़ी में परिवर्तित कर दिया जाए, इसके लिए कर्ज़ लिया जा सकता है और प्राप्त अतिरिक्त राजस्व से इसके ब्याज की व्यवस्था करने और ऋण अदायगी में कोई कठिनाई नहीं होनी चाहिए।"

1936 में सुझाव के परीक्षण में उपायुक्तों के बीच काफी सहमति थी। इसके पक्षधर लोगों में उस समय के बिलासपुर, बालाघाट, नीमड़, होशंगाबाद, नागपुर और बैतूल के उपायुक्त थे। श्री स्टेंट, जो उस समय नागपुर मंडल के कमिश्नर थे, ने लिखा–

> "नागपुर और बैतूल के उपायुक्त इस प्रस्ताव का समर्थन करते हैं, जबकि चन्दा और छिन्दवाड़ा के उपायुक्त लागत के आधार पर इसका विरोध करते हैं। बैतूल के उपायुक्त ने ज़िले के कृषक वर्गों विशेषकर आदिवासी मालिकों की प्रगतिशील बेदखली के बारे में कुछ रोचक सूचनाएँ दीं। हालाँकि कब्ज़े में स्पष्टतः भारी शुरुआती खर्च लगेगा और यदि मूलधन पर ब्याज को जोड़कर देखा जाए तो यह खरा सौदा नहीं होगा। मुझे कोई सन्देह नहीं कि यह आदिवासी काश्तकारों के हित में होगा। इनमें से अधिकतर काश्तकार *मालिक मक़बुज़ा* अधिकार खरीदने के लिए अच्छी रकम नहीं दे पाएँगे, और गाँवों को रैयतवाड़ी कर देना ज़रूरी हो जाएगा। सरकार को अवश्य ही मालगुज़ार के हिस्से की गाँव की सम्पत्ति मिलने से फायदा होगा। सर्वोत्तम रास्ता मेरे विचार से यह होगा कि हर अवसर पर ऐसे गाँवों को हासिल किया जाए जब उन्हें समाहर्ता के मामलों में कर्ज के लिए बेचा जाना हो और प्रत्येक ज़िले में इस तरह के गाँवों की खरीद के लिए समझौता किया जाए जिनका मूल्य भू-राजस्व के 20 गुने से ज्यादा न हो। यदि भू-राजस्व के रूप में ली गई मालगुज़ारी सम्पत्ति

का प्रतिशत 50 माना जाए, सरकार को मूल लागत पर 5 प्रतिशत मिलेगा, जो ब्याज के वर्तमान बाजार दर से ऊपर है।

सर जेफरी बर्टन, जो उस समय जबलपुर मंडल के आयुक्त थे, ने ज्यादा सतर्क टिप्पणी की—

"गैर-आदिवासी मालगुज़ारों का सम्पत्तिहरण एक अत्यन्त सख़्त कदम है। ऐसे मालगुजारी गाँवों को, जहाँ गैर-आदिवासी मालगुज़ार ने आदिवासी ग्रामीणों का सम्पत्तिहरण किया हो, रैयतवाड़ी में परिवर्तन करने का सिद्धान्त सरकार द्वारा सामान्य तौर पर स्वीकार किया जा सकता है और उपायुक्तों की रिपोर्ट के आधार पर ग़लत मामलों में कार्यवाही की जा सकती है। बिना गैर-ज़रूरी मेहनत किए भूमि अधिग्रहण अधिनियम के तहत ऐसी व्यवस्था कर पाना सम्भव हो सकेगा। जहाँ ऐसे गाँव नीलामी के लिए आते हैं, सरकार को उनको खरीदने पर विचार करना चाहिए। कुछ मामलों जिनमें मालगुजारी गाँवों को रैयतवाड़ी में परिवर्तित किया गया, के उदाहरण दूसरे गाँवों में सम्पत्तिहरण को हतोत्साहित करने में प्रभावी होंगे।"

हालाँकि, आदिवासी इलाक़ों में गैर-आदिवासी मालगुज़ारों के सामान्य सम्पत्तिहरण के आर्थिक निहितार्थों की जाँच के लिए या उपायुक्तों को भू-राजस्व के बकायों के बिक्री में सहायता के लिए या दीवानी कचहरियों द्वारा राजस्व अधिकारियों को राजसिंहासन की तरफ से मालगुज़ारी गाँवों में बोली लगाने और खरीद करने के क्रियान्वयन के लिए हस्तांतरित भूमि की बिक्री की डिग्रियों के क्रियान्वयन में बहुत थोड़ी कार्यवाही की गई है। स्पष्ट निर्देशों कि उन्हें राजसिंहासन के लिए ऐसी बिक्रियों में बोली लगानी चाहिए, की आवश्यकता महसूस होती है, खरीदारी आवश्यक होने पर प्रान्तीय कर्ज़ से वित्त पोषित हो, हालाँकि इसकी लागत बहुत ज्यादा नहीं होगी और इसका अनुमान चुने हुए जिलों से उन मामलों की सूची प्राप्त करके लगाया जा सकता है जिनमें पिछले पाँच वर्षों के दौरान राजसिंहासन इस तरह से कार्य बदलनेवाले सारे गाँवों को खरीद सकता था और इसकी गणना करके वह वार्षिक औसत राशि निकाल सकता था जो उसे चाहिए थी।

133. *जमींदारी गाँव*—स्थिति की चर्चा अध्याय के अगले भाग में की गई है, स्वामित्ववाले गाँवों में भूमि नुकसान के बारे में लिखा गया है।

134. *रैयतवाड़ी गाँव*—रैयतवाड़ी गाँवों में कानून उतना जरूरी नहीं है। हालाँकि यह ज़रूरी है कि ऊपर उद्धृत सिद्धान्त जो कुछ रैयतवाड़ी गाँवों में पहले से ही लागू है उसका विस्तार किया जाए और लागू किया जाए, कि आदिवासी बहुलतावाले गाँवों और इलाकों में खाली सर्वेक्षण अंकों को सिर्फ आदिवासी रैयतों या दूसरी निम्न जातियों की रैयतों जिनकी सहायता ग्रामीण अर्थव्यवस्था के लिए आवश्यक है, को ही प्रदान किया जाना चाहिए। प्रान्तीय सरकार किसी भी समय भू-राजस्व अधिनियम की धारा 211 के नियमों के तहत, स्थिति स्पष्ट कर सकती है और इस प्रकार आदिवासियों को दिए जानेवाले संरक्षण को मजबूत कर सकती है। वर्तमान नियम दो हिस्सों में विभाजित हैं, पहला उन गाँवों के बारे में है जिनका सर्वेक्षण करके सर्वेक्षण अंकों में विभाजित किया गया है जिन पर अलग से मूल्यांकन निर्धारित किए गए हैं, और दूसरा उन गाँवों का है जिन पर भू-राजस्व अधिनियम की धारा 205 के तहत अलग से सर्वेक्षण अंकों पर मूल्यांकन लागू न करने का निर्देश दिया गया है। गाँवों के इन दोनों वर्गों पर इस प्रभाव का एक नियम आरोपित करने की

आवश्यकता है कि आदिवासी बहुलतावाले गाँवों में किसी गैर-आदिवासी को निम्न जातियों, शिल्पी जातियों और चरवाहा जातियों की सीमित संख्याओं के अलावा कोई भूमि प्रदान नहीं की जानी चाहिए। हर तहसील में आदिवासी गाँवों की एक सूची बनाई जानी चाहिए। नियम I(6) के अन्तर्गत उपायुक्तों को यह आदेश देने का अधिकार है कि किसी गाँव में कब्जे या छोड़कर चले जाने के कारण खाली हुई भूमि का वितरण, नीलामी के द्वारा ही किया जाना चाहिए, बशर्ते कि नीमड़ ज़िले में सर्वेक्षण अंकों का वितरण, यदि प्रान्तीय सरकार द्वारा किसी अन्य तरीके से निर्देशित न हो तो, नीलामी के द्वारा किया जाना चाहिए। जहाँ तक आदिवासीबहुल गाँवों की बात है यह ठीक नहीं है। ऐसे गाँवों में कोई भी नीलामी नहीं होनी चाहिए। प्रान्तीय सरकार ने हाल ही में हरसूद तहसील की पडलिया राजस्व इंस्पेक्टर सर्किल को प्रावधान के क्रियान्वयन से छूट दी है; स्थानीय गोंड और कोर्कू रैयतों द्वारा इस छूट के लिए कृतज्ञता के एक व्यावहारिक प्रदर्शन की चर्चा पैरा 45 में पहले ही की जा चुकी है। इसी नियम के खंड (iii) के अन्तर्गत नीमड़ ज़िले को इस प्रावधान से छूट है कि बोली सिर्फ वही किसान लगा सकते हैं जो नीलामी के सालभर पहले से उन गाँवों में निवास करते रहे हैं, गैर-आबाद गाँवों के मामलों में पड़ोस के रैयतवाड़ी गाँवों के किसान बोली लगा सकते हैं, यद्यपि उपायुक्त अपने विवेक से कुछ खास कारणों से किसी भी व्यक्ति को बोली लगाने का अधिकार प्रदान कर सकता है। नीमड़ में कोई भी व्यक्ति बोली लगा सकता है बशर्ते कि उपायुक्त आदिवासियों की सुरक्षा के लिए यह अधिकार उन किसानों के लिए सुरक्षित कर सकता है जो नीलामी के एक साल पहले से उस गाँव में रहते आए हों, या गैर-आबाद गाँवों में पास के रैयतवाड़ी गाँवों के किसानों के लिए। पर आदिवासी गाँवों में, नीमड़ या कहीं भी, बोली लगाने का अधिकार सिर्फ उन आदिवासी जनजातियों के सदस्यों को मिलना चाहिए जो नीलामी के कम-से-कम एक साल पहले से उस पटवारी सर्किल में रहते आए हों या उन आदिवासियों को जिनकी जनजाति या जनजातियों की गाँव में बहुलता हो, जहाँ कहीं भी पहले रहते हों।

आदिवासी इलाकों के रैयतवाड़ी गाँवों में जमीन का अधिकाधिक मूल्य प्राप्त करने की नीति चाहे बोली लगानेवाला किसी भी समुदाय का हो, को समाप्त करके उसके स्थान पर आदिवासियों और दूसरी ज़रूरी ग्रामीण निम्न जातियों, शिल्पियों और चरवाहों को पूर्ण वरीयता देनी चाहिए। यह भी अत्यन्त महत्त्वपूर्ण है कि आदिवासी इलाकों के रैयतवाड़ी गाँवों के पटेल और मुकद्दम भी आदिवासी ही हों। मैंने अपने *द अबोरिजिनल प्रॉब्लेम इन द बालाघाट डिस्ट्रिक्ट* के पैरा 82 में ध्यान आकर्षित किया है।

135. जहाँ तक सर्वेक्षण अंकों के वितरण की बात है, मैं नीचे अपनी बालाघाट रिपोर्ट के पैरा 84 को उद्धृत करता हूँ—

> "84 तहसील के सभी रैयतवाड़ी गाँवों का सर्वेक्षण किया जा चुका है और उन्हें सर्वेक्षण अंकों में बाँटा जा चुका है, और इसी कारण वितरण पटेल के द्वारा नहीं बल्कि तहसीलदार के द्वारा किया गया है। यह पटेलों का कर्तव्य है कि छोड़ दिए गए सर्वेक्षण अंकों की रिपोर्ट करे मगर व्यवहार में वे ऐसा नहीं करते हैं और तहसीली को यह सूचना पटवारी से मिलती है। राजस्व अधिनियम की धारा 211 के अन्तर्गत नियम I(6)(i) के तहत ऐसा कोई सामान्य नियम नहीं है कि बेदखली या छोड़कर चले जाने की वजह से खाली हुई भूमि की नीलामी की जानी चाहिए, लेकिन प्रायः जहाँ ऐसे

सर्वेक्षण अंकों के कई प्रतिद्वन्द्वी होते थे वहाँ उनकी नीलामी उपायुक्त के विशेष आदेश के तहत की गई। न तो ज़िले में ऐसा कोई आदेश है कि जहाँ तक सम्भव हो आदिवासी बहुलतावाले गाँवों में भूमि आदिवासियों को दी जाए। इस दृष्टि से आदिवासी इलाकों में रैयतवाड़ी नियमों को सम्भवतः संशोधित करना चाहिए ताकि मेलाघाट की कार्यवाही को दोहराया जाए जहाँ हमेशा आदिवासियों या अर्द्ध-आदिवासियों को वरीयता दी जाती है। बैहर में जब ज़मीन के भूखंड नीलाम किए जाते हैं, न सिर्फ आदिवासियों को कोई वरीयता नहीं दी जाती, बल्कि व्यवहार में अपने हिन्दू प्रतिद्वन्द्वियों के विरुद्ध सफलतापूर्वक बोली लगा पाना उनके लिए लगभग असम्भव होता है। मेलाघाट के प्रयोग को यहाँ लागू करने में कोई बड़ी समस्या नहीं है क्योंकि कम-से-कम बैहर के गाँव या तो मुख्यतः आदिवासी या मुख्यतः हिन्दू हैं और लगभग सभी में अनेक सर्वेक्षण अंक हैं जिनका आवंटन नहीं हुआ है। नए सर्वेक्षण अंकों के आवंटन में अत्यन्त विलम्ब किया जाता है। यहाँ की पद्धति के अनुसार तहसीलदार या नायब तहसीलदार मौके पर पहुँच हर मामले को देखता है और इसलिए मामला तब तक खिंचा रहता है जब तक किसी नियमित दौरे में उस गाँव के भ्रमण की गुंजाइश न बन जाए। उपायुक्तों को भू-राजस्व अधिनियम की धारा 211 के अन्तर्गत नियम I(5) का प्रयोग यह आदेश जारी करने के लिए करना चाहिए कि पूरे तहसील में सर्वेक्षण अंकों के लिए किसी औपचारिक आवेदन-पत्र की आवश्यकता नहीं होनी चाहिए यदि आवेदनकर्ता आदिवासी हो, और ऐसे मामले में पटेल को आवंटन कर देना चाहिए बशर्ते कि बाद में तहसीलदार उसे अनुमोदित कर दे।

136. श्री हाइड, उपायुक्त, मांडला ने हालाँकि हाल ही में मेरा ध्यान पटेलों द्वारा भूमि आवंटन की व्यावहारिक दिक्कतों की तरफ आकर्षित किया। श्री हाइड, नायब तहसीलदार डिन्डोरी से प्राप्त पटेलों द्वारा रैयतवाड़ी गाँवों में सर्वेक्षण अंकों के आवंटन की प्रणाली पर एक रोचक रिपोर्ट का उल्लेख करते हैं, जिससे, वे कहते हैं ऐसा लगता है कि—

"पटेलों के हाथ में भूमि आवंटन छोड़ देना ठीक नहीं है, क्योंकि, बाकी सभी मामलों की तरह इससे भी वे बाहरी लोगों के समक्ष टिक पाने में और अपनी तथा अपने गाँव की सुरक्षा कर पाने में असमर्थ हैं। वे स्थायी आदेशों द्वारा निर्धारित भूमि से ज्यादा आवंटित करते हुए पाए जाते हैं, सर्वेक्षण अंकों को गैर-आदिवासियों और गैर-निवासियों को देते हैं और भूमि के छोटे टुकड़े ऐसे लोगों को देते हैं जिनका एक उद्देश्य रैयतवाड़ी जंगलों में मुफ्त जानवर चराने की छूट प्राप्त करना है। डिन्डोरी जैसी बड़ी तहसील में जहाँ सैकड़ों रैयतवाड़ी गाँव हैं, यह मुश्किल हो जाता है कि तहसीलदार पटेलों द्वारा किए आवंटन पर प्रभावी नियन्त्रण कर सके। प्रायः पटेल भी पटवारी के मातहत होता है। एक सन्तोषजनक हल सुझा पाना मुश्किल है, लेकिन मेरा यह विचार है कि रैयतवाड़ी गाँवों का आदिवासियों के लिए आरक्षण एक आंशिक समाधान हो सकता है। आदिवासी क्षेत्रों में राजस्व अधिकारियों के पास रैयतवाड़ी गाँवों से अवांछित गैर-आदिवासियों को निकाल भगाने के लिए और ज्यादा अधिकार होने चाहिए। एक बार उनके घुस आने और सर्वेक्षण अंक का आवंटन पा जाने के बाद उनको निकाल पाना अत्यन्त मुश्किल हो जाता है। वे प्रायः एक अच्छे रैयतवाड़ी गाँव पर अधिकार कर लेते हैं और प्रत्यक्षतः या अप्रत्यक्षतः सभी

आदिवासियों को खदेड़ बाहर करते हैं। भुआ और बिछिया, दो सबसे अच्छे रैयतवाड़ी गाँव यथार्थ में पूर्णरूपेण गैर-आदिवासी गाँव हैं, जिनमें बनिया, तेली, ब्राह्मण और अन्य भरे हुए हैं। हाल में एक सर्वेक्षण अंक के आवंटन में एक भी आदिवासी ने बोली नहीं लगाई, इसलिए मैंने कई प्रस्तावों का अनुमोदन करने से इन्कार कर दिया और बिना नीलामी के ही वह ज़मीन अपर्याप्त खेतीवाले गोंड निवासियों को दे दी। हालाँकि पहले ही बहुत अधिक नुकसान हो चुका है। श्री पटेल, मवाई सर्किल की भानपुर रैयतवाड़ी का मामला उद्धृत करते हैं, जहाँ कोई आदिवासी खाली पड़े सर्वेक्षण अंकों को नहीं लेता क्योंकि वे बहना मुसलमानों से डरते हैं जिनका गाँव पर नियन्त्रण है।”

श्री हाइड कहते हैं कि वे जितना ही मांडला ज़िले को देखते हैं उतना ही वे इस निष्कर्ष पर पहुँचते हैं कि आदिवासियों की प्रभावी सुरक्षा सिर्फ एक संरक्षात्मक कानून जिसे बहुत अधिक अधिकारों से लैस कार्यपालिका की मदद से लागू किया जाए, के द्वारा ही हो सकती है। गोंड और बैगा आधुनिक परिस्थितियों के साथ सफलतापूर्वक संघर्ष नहीं कर सकते और वास्तव में अपनी एवं अपने हितों की रक्षा नहीं कर सकते। यदि, जैसा कि अन्य जगहों* पर भी सुझाया गया है, 1906 के बम्बई ममलतदार न्यायालय अधिनियम के समान ही कानून बनाए जाएँ तो राजस्व अधिकारियों के पास उत्पीड़न, कब्जे और गैर-कानूनी ढंग से गैर-आदिवासियों के साथ भूमि के निपटारे जैसे मामलों को दौरों में ही निपटाने के लिए प्रशासनिक स्वतः ही प्राप्त हो जाएँगे, और अभी सिद्धान्तः दीवानी कचहरियों द्वारा आदिवासियों को मिलनेवाले अप्रभावी संरक्षण के बदले में उन्हें कुछ प्रभावी सुरक्षा मिल पाएगी। श्री एस.एस. पटेल, नायब तहसीलदार की रिपोर्ट, जिसका उल्लेख श्री हाइड करते हैं, रोचक है और उसका एक अंश नीचे दिया गया है—

“मुझे इन तीनों राजस्व इंस्पेक्टर सर्किलों से 1940-41 के पट्टे अक्टूबर 1941 में जाकर मिले, जब तक कि वास्तव में 1941-42 के पट्टे बन चुके होने चाहिए थे और काश्तकारों को दिए जा चुके होने चाहिए थे। राजस्व अधिकारी को ऊपर दी गई अवधि तक विलम्बित करके भेजे गए पट्टों को स्वीकृत करने में निम्नलिखित दिक्कतें होती हैं—

(1) आवंटन की शर्तों को न जानने के कारण पटेल 20 एकड़ से ज्यादा *मोटा* भूमि (काली मिट्टी) और 40 एकड़ से ज्यादा *बर्रा* भूमि आवंटित करते हुए पाए गए हैं।

(2) पटेल दो या तीन आना राजस्व के लिए मूल्यांकित 0.25 एकड़ जैसी छोटी भूमि का आवंटन करते हैं, जिससे रैयत को आठ मवेशी मुफ्त में चराने का अधिकार मिल जाता है। ऐसे मामले में रैयत भूमि कृषि के लिए नहीं बल्कि मुफ्त चराने का अधिकार पाने के लिए लेता है।

(3) पटेल गैर-आदिवासियों को भूमि आवंटित कर देते हैं जिससे उस गाँव के आदिवासियों को अत्यन्त मुश्किलें और असुविधाएँ होती हैं।

(4) पटेल उन रैयतों को भी भूमि आवंटित कर देते हैं जो निवास करने का वादा करते हैं पर बाद में उस पर अमल नहीं करते और इस कारण उनके विरुद्ध कार्यवाही होती है।

---

* पैरा 234 और 235 तथा रिपोर्ट के अन्त में परिशिष्ट एफ देखें।

(5) जब एक से ज्यादा रैयत किसी सर्वेक्षण अंक की माँग करते हैं तब पटेल अपनी पसन्द के हिसाब से रैयत को आवंटित कर देते हैं, बिना यह देखे कि रैयत आदिवासी है या गैर-आदिवासी और बिना यह विचार किए कि वह ज़मीन कृषि के इरादे से लेना चाहता है या सिर्फ मुफ्त चरवाही का अधिकार प्राप्त करने के लिए लेना चाहता है। वर्तमान प्रथा के अनुसार पटवारी के पास पटेल द्वारा चुने व्यक्ति के पक्ष में पट्टा बनाने के अलावा और कोई विकल्प नहीं रहता।

(6) पटेल द्वारा किए आवंटनों के अनुसार सर्वेक्षण अंक का राजस्व *किश्तबन्दी* B-1 और B-2 में शामिल होता है।

(7) जब पटवारी के अनुरोध पर अनधिकृत कृषि के मामले दायर किए जाते हैं तब पटेल जो वास्तव में पहले उन सर्वेक्षण अंकों का आवंटन नहीं किए होते हैं, कचहरी में आने पर कुछ अज्ञात कारणों से यह वक्तव्य देते हैं कि उन्होंने भूमि का आवंटन किया था। पटवारी की रिपोर्ट पर विश्वास नहीं किया जाता और अकारण ही उस पर इल्जाम लगाया जाता है।"

आमतौर पर यह पाया जाता है कि राजस्व अधिकारी बिना अपना विवेक इस्तेमाल किए पटेलों द्वारा किए आवंटनों को निम्नलिखित कारणों से स्वीकृत कर लेते हैं–

(1) पट्टे इतनी देर से प्राप्त किए जाते हैं कि तब तक काश्तकार उस वर्ष के लिए उस सर्वेक्षण अंक पर अपना अधिकार पूरा कर चुका होता है।

(2) चूँकि *किश्तबन्दी* B-1 और B-2 में शामिल राजस्व अब तक वसूला जा चुका होता है, राजस्व अधिकारी पटेल के कार्य को कानूनी मान्यता देने पर मजबूर हो जाता है।

(3) काश्तकार कब्ज़ा मिलने, राजस्व चुकाने और गाँव में आवंटन करने के अधिकारी पटेल द्वारा भूमि का आवंटन प्राप्त कर लेने के बाद राजस्व अधिकारी के आवंटन निरस्त करने के अधिकार को कानूनी चुनौती दे सकता है, कम-से-कम उस वर्ष के लिए।

सम्भवतः ऐसी दिक्कतों के मद्देनज़र ही तहसीलदारों द्वारा आवंटन करने की नई प्रणाली तीन या चार वर्ष पूर्व शुरू की गई थी जिसने उन गाँवों में पटेलों के सर्वेक्षण अंकों के आवंटन करने के अधिकार को वापस ले लिया है। यद्यपि कि यह प्रणाली पटेलों द्वारा आवंटन करने की प्रणाली से ज्यादा सन्तोषजनक है फिर भी इस प्रणाली को सभी रैयतवाड़ी गाँवों में लागू करना व्यवहार्य नहीं है इस तहसील में जिनकी संख्या अनगिनत है। ताकि ज्यादा समय नष्ट न हो और रैयतों को कृषि की ज़रूरत के समय ही सर्वेक्षण अंकों का अधिकार मिल जाए, पटेलों द्वारा आवंटन किए जाने की प्रणाली ही रैयतवाड़ी गाँवों में इस महत्त्वपूर्ण कार्य को अंजाम देने का एकमात्र अनुकूल और व्यावहारिक उपाय है। लेकिन इन मुश्किलों के निराकरण के लिए सभी जगहों पर कुछ ठोस प्रक्रिया क्रियान्वित होनी चाहिए।

"*गाँव कायदा* (रैयतवाड़ी *वाजिब उल अर्ज़*) के भाग 2, धारा 1 के अनुसार, सर्वेक्षण संख्याएँ तहसीलदार के द्वारा पटेल के माध्यम से आवंटित होनी चाहिए और भू-राजस्व अधिनियम धारा 211(5) और उसके अन्तर्गत नियम I(5) के अनुसार पटेल द्वारा किया गया आवंटन तब तक अन्तिम नहीं माना जा सकता जब तक पटवारी और राजस्व निरीक्षक की इस रिपोर्ट पर अपनी स्वीकृति नहीं प्रदान कर देता। यदि इस प्रक्रिया का सख्ती से पालन

किया जाता तो ऐसी कोई परेशानी नहीं खड़ी होती। पटवारी और राजस्व निरीक्षक यह महसूस नहीं करते कि यह देखना उनका कर्तव्य है कि रैयतों को भूमि आवंटित करते समय आवंटन के नियमों और आदेशों का पालन करे। उन्हें यह देखना चाहिए कि जो रैयतें सिर्फ गाँव में चरवाही का अधिकार चाहती हैं, जैसे कि लभना और बंजारे और दूसरी गैर-आदिवासी रैयतों को सर्वेक्षण संख्याएँ न आवंटित हो जाएँ, बल्कि जहाँ तक सम्भव हो सब आदिवासियों को आवंटित होनी चाहिए। इस तहसील में सर्वेक्षण संख्याओं की स्थिति और माँग को देखते हुए यह कहा जा सकता है कि आवंटन सिर्फ आदिवासियों तक ही सीमित रहने चाहिए। गैर-आदिवासियों को किए गए आवंटन से हुए नुकसान को मवाई राजस्व इंस्पेक्टर सर्किल के पटवारी सर्किल 58 में भानपुर गाँव के उदाहरण से अच्छी तरह समझाया जा सकता है। यद्यपि कि इस गाँव में कई *काबिलकाश्त* संख्याएँ हैं, इस गाँव में एक भी आदिवासी कोई सर्वेक्षण संख्या लेने को तैयार नहीं होता, क्योंकि उन्हें वर्तमान के गैर-आदिवासी रैयतों, जो लगभग सभी बहना मुसलमान हैं, से डर लगता है। पटवारियों को चाहिए कि वे रैयतों और पटेलों को बताएँ कि वे उन सर्वेक्षण संख्याओं पर कब्ज़ा न होने दें जिनके आवंटन में किसी नियम का उल्लंघन हुआ हो।

यदि उन्हें पता चलता है कि ज़रूरत से ज्यादा भूमि का आवंटन हो गया है या दो या तीन आना राजस्व देनेवाले ज़मीन के छोटे टुकड़े चरवाही के अधिकार पाने के उद्देश्य से आवंटित किए गए हैं या सर्वेक्षण संख्याओं का गैर-आदिवासियों को आवंटन हुआ है तो उन्हें ज़मीन पर अधिकार करने से रोकना चाहिए और तत्काल उस सर्किल के राजस्व अधिकारी को रिपोर्ट भेजनी चाहिए। यदि पटेल अपने द्वारा आवंटित सर्वेक्षण आँकड़ों की सूचना देने या अपने किसी कर्तव्य का पालन करने में पटवारियों की मदद नहीं करते तो पटवारी और राजस्व निरीक्षक को चाहिए कि वे उनको हटाने या किसी अन्य उपयुक्त सज़ा का सुझाव करते हुए उनके ख़िलाफ रिपोर्ट पेश करें। पटवारियों को 15 जुलाई को या उसके आस-पास पटेलों से उनके द्वारा आवंटित सर्वेक्षण संख्याओं की लिखित सूची ले लेनी चाहिए। *गिरदावरी* के समय या उसके पहले पटवारियों द्वारा पाए गए खेती के अन्य मामले अनधिकृत कृषि के बतौर माने जाने चाहिए। तब यह नहीं होगा कि न्यायालय के समक्ष पटेल उन सर्वेक्षण संख्याओं के आवंटन की गवाही नहीं देंगे जिनका आवंटन उन्होंने नहीं किया है, यदि उन्होंने उस सर्वेक्षण संख्या को अपनी सूची में नहीं डाला हो। मुझे ऐसा लगता है कि स्वामित्वहरण की तरह आवंटन के लिए भी कोई दिन सुनिश्चित होना चाहिए। भूमि की ज़रूरत रबी और खरीफ फसलों की तैयारी के समय होती है—वर्ष में दो बार। खरीफ के लिए आवंटन हेतु आवेदन पटवारी की रिपोर्ट के साथ तहसीलदार को 30 जून तक पहुँच जानी चाहिए। तब तहसीलदार को उन आवेदनों पर आवंटन स्वीकृत करना चाहिए जिसे 15 जुलाई तक पटेलों को वापस पहुँच जाना चाहिए जिन्हें तहसीलदार अस्वीकार करता है उनसे ज़मीन वापस लेनी चाहिए यदि उन्होंने कब्जा ले लिया हो। *पट्टों* और *काबुलिमतों* को यदि सम्भव हो तो आवेदन के साथ ही भेजना चाहिए या उसके बाद जितनी जल्दी हो सके। एक बार तहसील का अनुमोदन प्राप्त हो जाने के बाद पट्टों को कभी भी दिया जा सकता है। रबी की फसल के लिए आवंटन हेतु आवेदन 15 नवम्बर तक तहसीलदार के पास पहुँच जाने चाहिए

और 30 नवम्बर तक आदेश सहित वापस हो जाने चाहिए। राजस्व अधिकारियों को उन मामलों में स्थानीय जाँच के बाद फौरन निर्णय लेना चाहिए जिनमें वे पटेलों से असहमत हों। पूरी प्रणाली काफी अच्छी तरह काम करेगी यदि पटेलों और पटवारियों को उनके कर्तव्यों का अहसास करवाया जाए और उनसे सही-सही एवं जल्दी अमल करने को कहा जाए। राजस्व निरीक्षकों और राजस्व अधिकारियों को उनके कामों पर सख्त नज़र रखनी चाहिए। यदि सम्भव हो तो, जैसा कि फसल की जाँच में होता है, राजस्व अधिकारियों को वर्ष के दोनों समय जब काश्तकारों को सामान्यतः ज़मीन की आवश्यकता होती है, लगातार दौरे करने चाहिए और आवंटन निष्पादित करते हुए विवादों को मौके पर ही सुलझा देना चाहिए।

यहाँ पर यह याद रखना जरूरी है कि अन्तिम मन्त्री द्वारा काश्तकारी (संशोधित) विधेयक का रास्ता साफ होने के बाद यह कोशिश की गई थी कि भूराजस्व अधिनियम को संशोधित करने का मामला हाथ में लिया जाए और इसके सम्भावित परिणाम के रूप में रैयतवाड़ी गाँवों में रैयतों को अपनी अधिभोगी जमीन का हस्तांतरण उतने ही मुक्त रूप से करने की अनुमति दी गई जितनी कि काश्तकारी (संशोधन) अधिनियम द्वारा स्वामित्व गाँवों में काश्तकारों को दी गई थी। इसी कारण से यहाँ तक कि यह आवश्यक नहीं है कि प्रस्तावित भू-हस्तांतरण (संशोधन अधिनियम रैयतवाड़ी गाँवों में एकदम शुरुआत में लागू कर दिया जाए, अधिनियम को लागू करने से सम्बन्धित प्रावधानों को स्पष्ट किया जाना चाहिए कि इन्हें रैयतवाड़ी गाँवों में भी लागू करने में कोई कानूनी अड़चन नहीं है।

अध्याय : चार

मध्य प्रान्त में मालिकाना भूमि का नुकसान

137. वर्तमान भू-हस्तांतरण अधिनियम 1916 में अनुमोदित हुआ था। अधिनियम पर श्री जी.बी. डे की टिप्पणी के निम्नलिखित उद्धरण रोचक हैं—

"इस प्रान्त में, वह श्री विल्स थे जिन्होंने बिलासपुर ज़मींदारी रियासतों के प्रथम नियमित बन्दोबस्त (1912 में प्रकाशित) पर अपनी रिपोर्ट में सरकार का ध्यान इस तरफ आकर्षित किया कि किस प्रकार आदिवासी जनजातियाँ मैदानी अंचलों के व्यवसायियों और किसानों द्वारा क्रमशः विस्थापित की जा रही थीं। उन्होंने लिखा : 'अन्य प्रान्तों के भू-हस्तांतरण अधिनियम, बरार के मेलाघाट तालुक में हमारी अपनी नीतियाँ, इन प्रान्तों की काश्तकारियों को कानूनी दर्ज़ा देने का उपहार सब यही दर्शाते हैं कि भोले किसान लोगों के परस्परविरोधी हितों के बीच मुक्त प्रतिद्वन्द्विता का खेल देश के कल्याण के लिए खतरनाक माना गया है।' यह रिपोर्ट 1913 में इस टिप्पणी के साथ भारत सरकार को प्रस्तुत की गई कि आदिवासी जातियों की सुरक्षा की समस्या पर मुख्य आयुक्त का विशेष ध्यान रहेगा। लेकिन बुन्देलखंड भू-हस्तांतरण अधिनियम, 1903 पर आधारित मध्य प्रान्त भू-हस्तांतरण विधेयक (916 का I) मध्य प्रान्त वैधानिक परिषद में 8 मार्च, 1916 तक प्रस्तुत नहीं किया गया। परिषद में यह बिल 18 अगस्त, 1916 को पारित हुआ। अधिनियम 15 अप्रैल, 1917 को प्रभाव के साथ लागू हुआ।

"*उद्देश्य और कारण*—इस कार्यवाही का उद्देश्य मालिकाना अधिकार में हासिल कृषि भूमि के हस्तांतरण को प्रतिबन्धित करना है ताकि आदिवासियों से गैर-आदिवासी वर्गों में इसके हस्तांतरण पर रोक लगाई जा सके। कानून का मुख्य उद्देश्य ज़मीन पर आदिवासी किसानों के कुछ वर्गों को बनाए रखना है। इन वर्गों के सदस्य न सिर्फ अज्ञानी और ज्यादातर निर्धन हैं, बल्कि अपने साहूकारों के साथ सौदे करने में वे बहुत नुकसान की स्थिति में होते हैं, जो प्रायः उन इलाकों में न रहनेवाले पेशेवर साहूकार होते हैं। न सिर्फ इन आदिवासी वर्गों बल्कि समस्त जनता के हित में, यह ज़रूरी समझा गया कि इन हालातों से उत्पन्न होनेवाली बुराइयों को नियन्त्रित करने के लिए कुछ कदम उठाने आवश्यक हैं और यह आशा की गई कि इन बुराइयों को नियन्त्रित करने और उन्हें रोकने में ये प्रभावी होंगे।

"विधेयक को प्रस्तुत करते समय माननीय श्री क्रम्प ने कहा, किसानों द्वारा भूमि के हस्तांतरण का प्रश्न होता है जिस पर भारत के सभी भागों में काफी ध्यान दिया

गया है और पंजाब तथा बुन्देलखंड में यह ज़रूरी पाया गया कि भूस्वामियों के चुनिन्दा वर्गों को कानूनी संरक्षण प्रदान किया जाए। इन प्रान्तों में समस्या की सावधानीपूर्वक जाँच से पता चला कि जहाँ वर्तमान में किसान वर्गों के बहुलांश को कानूनी सुरक्षा देने की आवश्यकता नहीं है, कुछ ऐसे वर्ग हैं जो उनके द्वारा किए गए विभिन्न अनुबन्धों के सम्पूर्ण प्रभाव को आत्मसात कर पाने में असमर्थ हैं और जो अनैतिक साहूकारों का शिकार बन जाने के विशेष भागी हैं। ये वर्ग आदिवासी जनजातियों जैसे गोंड, कोर्कू, बैगा और इस तरह के अन्य लोग, के सदस्य हैं। ये लोग बड़ी तेजी से अपने गाँवों के मालिकाने से वंचित किए जा रहे हैं प्रायः एक अत्यन्त तुच्छ चीज के बदले।

"*अधिनियम की नीति-अनुबन्ध की आज़ादी प्रभावित*—अधिनियम की नीति है कि सुपरिभाषित क्षेत्रों में जंगली जनजातियों के चुनिन्दा वर्गों को साहूकारों व अन्य के शोषण से वैधानिक सुरक्षा प्रदान और इसी के साथ उन जंगली जनजातियों के मालिकाना अधिकारों के हस्तांतरण को प्रतिबन्धित अधिनियम द्वारा प्रभावित अनुबन्ध की आज़ादी के बारे में माननीय रायबहादुर आर.एन. मधोलकर ने कहा, 'श्रीमान, मेरा विश्वास है कि ज़मीन से जुड़े असंख्य लोगों के लिए वर्तमान कानून द्वारा प्रदत्त अनुबन्ध की आज़ादी फायदेमन्द होने की बजाय ज्यादा नुकसानदेह है—मैं इसे अभिशाप नहीं कहता। जो लोग अपनी देखभाल कर सकते हैं उनका मामला अलग है; पर जब आप पाते हैं कि भूमि के मालिकों का बहुलांश ऐसे लोगों का है जो सामान्य सौदों में भी तेज व्यवसायियों जैसे तुच्छ साहूकार और व्यावसायियों के समक्ष भी टिक नहीं सकते तब वे भूमि सौदों में प्रायः होनेवाली धोखेबाजी से स्वयं को बचा पाने में असमर्थ होंगे। मैं अपनी पूरी क्षगता के साथ ज़ोर देता हूँ कि आदिवासी जनजातियों के लोगों को पूरी तरह उनके ऊपर छोड़ देना यह कहकर कि हर कोई अपनी सुरक्षा स्वयं कर लेगा, एक दुखदायी भूल होगी। ऐसा सिर्फ इस मान्यता के साथ चलता है कि सब लोग अपनी सुरक्षा कर पाने में बराबर सक्षम हैं। लेकिन जब आप एक तरफ भोले, अज्ञानी, सरल आदिवासी और दूसरी तरफ शातिर व्यवसायी जो अपनी स्थिति का लाभ उठाने में सिद्धान्तों को ताक पर रख देते हैं, को पाते हैं तब सरकार के लिए यह अत्यन्त महत्त्वपूर्ण मामला बन जाता है कि वह देखे कि उसे क्या करना चाहिए।

'जो मैं कहना चाहता हूँ वह यह है कि कसौटी का पैमाना वह होना चाहिए जो खुले तौर पर उन सभी के द्वारा स्वीकारा जाना चाहिए जो यह देखना चाहते हैं कि एक बड़ी संख्या में लोग जो जमीन पर अधिकार रखते हैं, जो उन क्षेत्रों में है जहाँ हम कह सकते हैं कि जमीन पर अधिकार रखने का इन्हें प्राकृतिक अधिकार मिला हुआ है और जब इन लोगों से सम्पत्ति का अधिकार छीन लिया जाता है और उनकी जमीनें कलार लोगों और अन्य लोगों द्वारा ले ली जाती हैं जो उस जगह के मूल निवासी नहीं हैं, जो बाहर से आए हैं और जो गैर-कृषि वर्ग कहे जा सकते हैं, अतः ऐसे व्यक्तियों के सम्बन्ध में मेरा कहना है कि वे प्रावधान बहुत आवश्यक हैं जिन्हें इन विधेयक में रखने का प्रस्ताव किया गया है।'

"माननीय रायबहादुर बी.डी. शुकुल ने विधेयक के समर्थन में कहा—

'हम सब जानते हैं कि किस प्रकार अनुबन्ध की आज़ादी के शिकार होकर पुराने और सम्मानित परिवार दरिद्रता की हालत में पहुँच गए हैं, और अपने हितों की रक्षा न कर पाने का कितना बड़ा ख़ामियाज़ा उन्हें भुगतना पड़ा है। और मैं यह निश्चित तौर पर कह सकता हूँ कि उनमें से कई जो अभी भी भारी कर्ज़ में डूबे हुए हैं और अभी पूरी तरह तबाह नहीं किए गए हैं, वे सट्टेबाजों और उनके दलालों के शिकंजे में फँसने से बचाए जा सकेंगे।'

"माननीय रायबहादुर सर बी.के. बोस ने लिखा—

'मालिकाना अधिकार प्रदान होने से पहले पुरानी राजस्व प्रणाली के पटेलों के पास उनकी रियासतों में जो हित था वह हस्तांतरणीय नहीं था, सिवाय इसके कि राजस्व अधिकारियों का अनुमोदन प्राप्त हो चुका हो। जब पुराने पटेलों और मालगुजारों के पक्ष में ज़मीन के मालिकाने को मान्यता देने का निर्णय हुआ तब मूल सरकारी आदेश यह था कि इस नव-निर्मित अधिकार को किसी भी हालत में छोटे कर्ज के लिए या बन्दोबस्त के पहले अनुबन्धित किसी भी प्रकार के कर्ज़ के लिए बेचा नहीं जाना चाहिए। लोगों के पास उपलब्ध कागज़ात यह नहीं बताते कि जब मालिकाना अधिकार वास्तव में दिए जा रहे थे तब इस नीति पर क्यों अमल नहीं किया गया। जब तक कि ग्रामीण साहूकार गाँव समुदाय का एक सदस्य रहेगा, अपने व्यवसाय की समृद्धि के लिए ग्राम-प्रधान का कृपापात्र बना रहेगा, तब तक वह पटेल या अपनी रैयतों के साथ सख्त नहीं हो पाएगा। लेकिन जब इस अमूल्य सम्पत्ति के अधिकार के साथ कानून की नई प्रणाली और नए तरीके को लागू किया गया तो अन्तरनिर्भरता के पुराने बन्धन टूट गए। नये कानून ने साहूकार को तथाकथित अनुबन्ध की आज़ादी के सिद्धान्त के फायदों से लैस कर दिया, और सरकार की शक्ति और प्रतिष्ठा से लैस न्यायालय उसके कर्ज़ पंजीकृत करने और वसूली करने में उसके माध्यम बन गए और इस प्रकार वह पुराने बाध्यकारी प्रभावों से मुक्त हो गया।

'परिणामस्वरूप लोगों के अधिकारों को उदारतापूर्वक मान्यता प्रदान करने की भावना के साथ धारित और लागू नीति अपने प्रभाव में पुराने अधिकारों की शक्तिशाली विनाशक रही है। देश के कई भागों में पुराने भूस्वामी परिवार, ग्राम समुदाय के प्राकृतिक नेता गायब हो गए हैं और उनके स्थान पर एक नये वर्ग के लोग आए हैं जो कई मामलों में न तो अपने चरित्र और न अपने अतीत के रीति-रिवाजों से काश्तकारों के साथ बन्धुत्व भाव उत्पन्न करने, उनके दुख-सुख बाँटने और कठिन समय में उनकी मदद कर पाने के योग्य हैं।'

138. जब तक कि यह अधिनियम कानून बना, ज्यादातर नुकसान अवश्य ही किया जा चुका था। और प्रान्त में चारों तरफ बड़ी संख्या में गाँव आदिवासी मुखियाओं और आदिवासी पटेलों, जिन्हें सत्तर के दशक के दौरान मालिकाना अधिकार दिए गए थे, के हाथ से निकलकर साहूकारों, शराब के ठेकेदारों, और अन्य हिन्दू और मुसलमान गैर-आदिवासी अनुपस्थित शोषकों के हाथ में चले गए हैं, या कुन्बी, कुर्मी, लोधी और मरार जैसी बसनेवाली स्रोत सम्पन्न, भूमि की भूखी किसान जातियों के प्रथम निवासियों के हाथ में चले गए हैं। इस प्रक्रिया के वर्णन की एक सर्वश्रेष्ठ व्याख्या फोरसिथ की चर्चित पुस्तक *हाई लैंड्स ऑफ सेन्ट्रल इंडिया* में मिलेगी जहाँ शुरुआत में साहूकारों द्वारा आदिवासियों के शोषण का वर्णन करते हैं जो जनजातीय मुखियाओं को पैदावार बढ़वाने की कोशिश करने के लिए पैसा देते

थे और कलार आबकारी ठेकेदार जो उन जंगलों के लिए काफी शराब दे देते थे जो गोंड रेलवे निर्माण और अन्य उद्देश्यों के लिए निर्ममतापूर्वक काट देते थे। इसके पहले भी कई रियासतों की स्थापना मुसलमानों या अन्य लोगों जिन्हें गोंड राजाओं ने सुदूर और दुर्गम इलाकों का प्रबन्धन करने के लिए रखा था, के द्वारा हुई जो उनके स्वामी बन गए; उदाहरण के लिए छिन्दवाड़ा ज़िले में सिवनी के दीवान की मुस्लिम रियासतें और चन्दा ज़िले में गेवर्धा का ज़मींदार।

139. अधिनियम द्वारा बाधित प्रक्रिया की एक अच्छी व्याख्या श्री बेल द्वारा 1904-1910 के मांडला बन्दोबस्त रिपोर्ट के पैरा 74 में दी गई है—

> "इस ज़िले की आदिवासी काश्तकारी के दृष्टिकोण से गोंड, जैसा कि दर्शाया गया है, अज्ञानी और व्यवसायकुशल न होते हुए भी सबसे अच्छे ज़मींदार सिद्ध हुए हैं : कठिन समय में गाँवों पर नियन्त्रण करने की उनके पास बहुत कम क्षमता रहती है, चूँकि वे नियमतः महत्त्वहीन परिस्थितियों में रहे हैं : और जैसा अभी देखा जाएगा, अतीत के हस्तांतरणों में उन्हें भारी नुकसान हुआ है, ख़ासकर डिंडोरी तहसील में जहाँ उनकी कबूतर जैसी सरलता और नशे की लत उन्हें लम्बे समय तक चलनेवाले खराब कृषि के वर्षों के दौरान अक्सर दिखनेवाले बाजों का आसान शिकार बना देती है। लेकिन ज्यादातर वे आरामपसन्द और ईमानदार जमींदार होते हैं, और उनके गाँव अच्छे समय में सुखी और सम्पन्न और खराब समय में कम-से-कम प्रसन्न तो रहते ही हैं। अब जो बचे हुए हैं वे ज्यादा मजबूत और सतर्क हैं। इन्होंने अब तक कलार, मुसलमान और अन्य ख़तरनाक वर्णसंकर लोगों के उत्पीड़न और धूर्तता को झेल लिया है, जिन्होंने इनके कम भाग्यशाली बँधुओं को खदेड़ दिया है; लेकिन उनके बीच शिक्षा का सामान्य प्रसार करने में असफल रहे हैं जो एक ऐसा वरदान है जिसे हम कई पीढ़ियों बाद मुश्किल से समझ पाएँगे, ये लोग भी बुरी तरह से खतरनाक और लुटेरों की दया पर हैं और उत्पीड़न की प्रक्रिया और ज्यादा अनवरत रूप से चल रही है चाहे धीमी हो गई हो। यहाँ तक कि ईमानदार प्रवृत्ति के गैर-आदिवासी भी आदिवासियों के साथ सौदेबाजी करते समय छल और बेईमानी के किसी भी स्तर तक गिर जाते हैं, कई सौदे जिनमें आदिवासियों ने अपने गाँव खोए हैं स्पष्टतः भ्रामक हैं, और मैं कई मामले बता सकता हूँ जिनमें यदि न्याय हो सके तो फौजदारी न्यायालयों और जेलों को काफी काम मिल जाएगा। इसकी पुरानी कहानी जिसमें वह दारू की बोतल से शोरबे को बदल लेता है, को कई बार दोहराया जा चुका है : जालसाजी एक मामूली बात है, जिसको पकड़ पाना असम्भव होता है जबकि शिकार एक आमोदप्रिय और महत्त्वहीन आदिवासी हो जिसे अपने हस्ताक्षर करने भी न आते हों : और मैं एक मामला जानता हूँ जिसमें एक बदनाम गैर-आदिवासी ने छद्म रूप से और मिथ्या साक्ष्यों द्वारा हासिल करके गाँव का अभी भी मालिक बना बैठा है, जिसके लिए उसने हवालात की सजा भी भुगती है। यह छोटी बात नहीं है कि कलार और मुसलमानों को जिनका दारू के अनुबन्धों पर एकछत्र कब्जा है, हस्तांतरण के 108 मामलों में फायदा हुआ है, यह संख्या गोंडों द्वारा भूमि हस्तांतरण के मामलों का तीन-चौथाई है। अनुबन्ध की आज़ादी और उधार का संक्षिप्तीकरण निःसन्देह बहुत पवित्र सिद्धान्त हैं और साधारण मौकों पर इनके साथ कोई छेड़छाड़ नहीं करनी चाहिए लेकिन अपनी

राय में वे जब आदिवासी और गैर-आदिवासी के बीच के रिश्ते पर लागू होते हैं तो महज दकियानूसी ख्याल बनकर रह जाते हैं। सम्भवतः यह सुझाव एक खूनी उपाय होगा : लेकिन बहुत सोच-विचार के बाद मुझे यह राय आगे बढ़ाने में कोई संकोच नहीं है कि एक प्रिय और किसी भी तरह अयोग्य नहीं, मालिकाना समूह को बचाने का एकमात्र और तर्कसंगत तरीका यह है कि एक कानून बनाकर आदिवासियों द्वारा किसी भी रूप में किए जा रहे हस्तांतरण को निरस्त किया जाए सिर्फ आदिवासियों के संरक्षक जो सहज रूप से उपायुक्त ही, होगा, की व्यक्तिगत देखरेख के अधीन स्वीकृत मामलों को छोड़कर।"

140. इसे श्री लिली के 1927-1930 के मांडला बन्दोबस्त की रिपोर्ट के पैरा 8 की टिप्पणी द्वारा अनुपूरित किया जा सकता है—

"बन्दोबस्त के बाद से छोटे हिस्सों में आदिवासियों द्वारा खोई भूमि 15 महल के करीब है जो ज्यादातर भू-हस्तांतरण अधिनियम के पहले हुई है। यह प्रक्रिया जिसे अधिनियम ने बाधित किया, डिंडोरी तहसील में स्वतः पहचान में आने लायक है, जहाँ आमतौर पर गोंड मालगुज़ारों के गाँवों में एक या दो छोटे टुकड़े मिल जाएँगे जो गैर-आदिवासियों, अधिकतर मांडला के रहनेवाले बनियों, के हाथ में चले गए हैं। 1916 से यह प्रक्रिया जिसके द्वारा अन्ततः पूरा गाँव गैर-निवासियों को चला जाता है, नियन्त्रण में है। "गोंड *मालगुज़ार* अपने गाँव की आम समृद्धि के लिए अच्छा है या नहीं, यह एक ऐसा प्रश्न है जिस पर दो मत सम्भव हैं। पर मेरे विचार से यह वास्तविकता कि वह निरपवाद रूप से गाँव में रहनेवाला किसान होता है, और उसके अपने क़ाश्तकारों के साथ दोस्ताना सम्बन्ध होते हैं जिनके साथ वह अच्छा बर्ताव करता है ये गुण उसकी अदूरदर्शिता और असंयमी होने की कमज़ोरियों पर ज्यादा भारी पड़ते हैं। किसी भी प्रकार से उनके समर्थन में कुछ भी नहीं कहा जा सकता है जिनके हाथों में उसके गाँव सूदखोरी, धोखे और चालबाजी से आमतौर पर जाते हैं। वे लगभग हमेशा ही उत्पीड़क बनिये होते हैं जो अपने गाँवों को सख्त व्यापारिक तरीकों से संचालित करते हैं, हर प्रकार के अवैध शुल्क वसूलते हैं और काश्तकारों के अधिकारों एवं हितों की बिल्कुल परवाह नहीं करते। अधिनियम के न होने पर जिन लोगों के हाथों में गाँव जा सकता था, वही हैं जिनके पास पहले से ही छोटे टुकड़े जा चुके हैं और न तो मैं और न ही ज़िले का अनुभवी कोई राजस्व अधिकारी उन्हें बुरे से बुरा सम्भावित ज़मींदार कहने में संकोच करेगा।"

141. गोंड लोगों के दुर्भाग्य से, शुरुआत में स्वीकृत नीति यह थी कि "चूँकि अधिनियम सुपरिभाषित क्षेत्रों में आदिवासियों की सुरक्षा के लिए बनाया गया है जहाँ साहूकारों और अन्य द्वारा उनका शोषण हो रहा है, यह समझ लेना चाहिए कि अधिनियम का प्रयोग कम-से-कम हो।*"

वास्तव में इसका प्रयोग कम-से-कम ही हुआ। अधिनियम को लागू करने के लिए कार्यवाही दो-तरफ होनी चाहिए : (क) धारा 1(2) के अन्तर्गत उन क्षेत्रों की अधिसूचना होनी चाहिए जहाँ इसे लागू होना है : (ख) धारा 3 के तहत इस तरह अधिसूचित क्षेत्रों में जिन जनजातियों पर इसे लागू करना है वे भी अधिसूचित होनी चाहिए। 1917 में बैतूल ज़िला

* डे, पूर्वोक्त, पृ. 12, वही, पृ. 27।

(दो चरणों में) होशंगाबाद जिले के सोहागपुर, नरसिंहपुर और गदरवाड़ा तहसील, सौगोर ज़िले की दामोह तहसील, मांडला, ज़िला और छिन्दवाड़ा जागीरें अधिसूचित हुए थे। गोंड इन सभी क्षेत्रों में अधिसूचित हुए थे, राज-गोंड भी (अनावश्यक ही, क्योंकि सामान्यतः "गोंड" में राज-गोंड भी शामिल होते हैं), होशंगाबाद की तीनों तहसीलों और छिन्दवाड़ा जागीरों में और कोर्कू बैतूल ज़िले और छिन्दवाड़ा जागीरों में अधिसूचित हुए थे, लेकिन सोहागपुर तहसील में नहीं। बैगा, धोबा और परधान को मांडला के सुरक्षित जनजातियों की सूची से हटाया जाना स्पष्ट था, कोर्कू और परधान सोहागपुर की सूची में नहीं थे। परधान और भरिया-भूमिया, छिन्दवाड़ा जागीरों और नरसिंहपुर उपमंडल की सूची से और सवारा दामोह की सूची से। 1918 में सिर्फ कोर्कू, लेकिन भील, भिलाला, गोंड या परधान नहीं, नीमड़ जिले में अधिसूचित हुए, गोंड, राज-गोंड और परधान (लेकिन हल्बा, बिन्झवर या कावर नहीं) भंडारा जिले के गोंडिया और सकोली तहसीलों में, गोंड, राज-गोंड और माड़िया (लेकिन हल्बा और परधान नहीं) चन्दा ज़िले (पर ज़िले के किसी *खालसा* क्षेत्र में नहीं) के गढ़चिरोली ज़मीदारियों और अहीरी जमींदारी में; और गोंड तथा राज-गोंड (लेकिन परधान, नगार्ची, बिन्झवर, बैगा या हल्बा नहीं) बालाघाट ज़िले* के बालाघाट और बैहर तहसील में। 1920 में गोंड, राज-गोंड, कवर, तनवर और पब** (लेकिन धनवर, बिन्झवर, भैना, भरिया-भूमिया, मझवर, उरावँ, सवारा, कोल, बैगा, खड़िया, भुइंहार, कोरवा या परधान नहीं) बिलासपुर ज़िले की सतगढ़ ज़मीदारियों में अधिसूचित हुए, लेकिन अधिनियम ज़मींदारियों के मैदानी भागों या ज़िले के *खालसा* इलाकों में विस्तारित नहीं किया गया। फिर 1923 में एक शान्त समय आया, जब सितम्बर में अधिनियम होशंगाबाद जिले की हरदा तहसील तथा वरियम-पगड़ा जागीर में गोंड और राज-गोंड तक और पहले की अधिसूचित सोहागपुर तहसील में कोर्कू तक विस्तारित हुआ। तीन वर्ष बाद 1926 में यह सिवनी उप-मंडल में गोंड और राज-गोंड तक विस्तारित हुआ (सिवनी राजस्व निरीक्षण सर्किल को हटाकर, जहाँ तब तक अधिसूचना में इतनी देर हो जाती कि सिर्फ दो या तीन आदिवासियों को ही बचाया जा सकता)। 1930 में इसमें भंडारा ज़िले के सकोली तहसील में हल्बा को शामिल किया गया। 1932 में इसमें जबलपुर ज़िले के राज-गोंड शामिल हुए, पर गोंड नहीं, और पूरे नागपुर ज़िले में कटोल तहसील को छोड़कर गोंड और राज-गोंड शामिल हुए। 1933 में इसका विस्तार बिलासपुर तहसील की उन्हीं पाँच जनजातियों तक हुआ जिन्हें 1920 में सतगढ़ ज़मींदारियों में अधिसूचित किया गया था।

142. 1934-35 में जब सभी आयुक्तों, उपायुक्तों और बन्दोबस्त आयुक्त से आदिवासी जनजातियों के नैतिक और भौतिक उत्थान के लिए ज़रूरी कानूनी और प्रशासनिक कदमों पर राय माँगी गई, हममें से अनेक ने भू-हस्तांतरण अधिनियम को सभी ज़िलों में उन सभी 37 जनजातियों तक विस्तारित करने का सुझाव दिया जो 1931 की प्रान्तीय जनसंख्या रिपोर्ट के अध्याय XII के पैराग्राफ 13 में उल्लिखित है, इसमें आन्ध और कोली को शामिल नहीं किया गया, जिनके बारे में यह सुझाया गया कि वे अपेक्षाकृत उन्नत हैं। इससे स्थिति की एक ज्यादा व्यवस्थित जाँच सम्भव हो सकी, और दिसम्बर 1935 सितम्बर 1938 के बीच अधिसूचनाओं की शृंखला शुरू हुई जिसने अधिनियम को मांडला ज़िले में राज-गोंड और बैगा

* अर्थात् पूरा बालाघाट जिला क्योंकि वारासिवनी तहसील का गठन तब तक नहीं हुआ था।

** पाली चकबंदी अधिनियम के सरकारी संस्करणों में 'पैब' गलत छपा है। यही गलती डे के यहाँ भी मिलती है। जबकि सही शब्द 'पैबिया' है।

तक, छिन्दवाड़ा के छिन्दवाड़ा, अमरवाड़ा और सौसर तहसीलों में गोंड, राज-गोंड और कोर्कू तक; होशंगाबाद ज़िले के होशंगाबाद और सिवनी-मालवा तहसीलों में गोंड, कोर्कू और परधान तक; चन्दा ज़िले के ब्रह्मपुरी तहसील और गढ़चिरोली तहसील के खालसा क्षेत्रों में गोंड और राज-गोंड तक; पूरे जबलपुर ज़िले में गोंड पर; सौगोर ज़िले के हट्टा, रेहली, बाँदा और खुरई तहसीलों में राज-गोंड पर; पूरे नीमड़ जिले में भील पर; रायपुर जिले के महासमुन्द तहसील के महासमुन्द और पटेवा राजस्व इंस्पेक्टर सर्किलों में गोंड और कमार तक; रायपुर ज़िले की धमतरी तहसील के सिहवा राजस्व इंस्पेक्टर सर्किल और खदूमा गाँव में गोंड और हल्बा तक; बिलासपुर ज़िले के जंजगीर तहसील और कंटेली और पन्दरिया ज़मींदारियों में गोंड, राज-गोंड, कवर और तंवर तक; दुर्ग ज़िले की संजरी-बालोड़ तहसील की बालोड़ और भंडारा राजस्व इंस्पेक्टर सर्किलों और बेमतारा तहसील की नवागढ़ और माड़ों सर्किलों में गोंड, कवर और हल्बा तक; और बालाघाट ज़िले की बैहर तहसील में बैगा तक विस्तारित किया।

143. यह एक विशिष्ट प्रगति थी, लेकिन अभी भी काफी कुछ किया जाना बाकी है। पहले तो अधिसूचनाएँ मुख्य जातियों और उनकी उप-जातियों के बीच अन्तर करने में अवैज्ञानिक तरीका अपनाती हैं, उदाहरण के लिए, गोंड, राज-गोंड और माड़िया सभी को गोंड में शामिल किया जा सकता है और तंवर या धंवर की कवट या कंवर में। दूसरा, कि अभी भी ऐसे क्षेत्र हैं जहाँ आदिवासी स्वामियों को अधिनियम की सुरक्षा प्राप्त नहीं है। वर्तमान जाँच में इस प्रश्न पर पुनर्विचार किया गया और परिणामस्वरूप निम्न सुझाव सामने आए–

सौगोर ज़िला–सवारा, खटुल्हा* और भोई तक विस्तार किया जाना।

जबलपुर ज़िला–गोंड (पहले सिर्फ राज-गोंड अधिसूचित किए गए थे) भरिया-भूमिया, कोल, बैगा और पठारी** या परधान तक विस्तार। इन सभी जनजातियों के कुल मिलाकर 321 असुरक्षित आदिवासी मालिक हैं (37 मालगुज़ार और 284 *मालिक मकबुजा,* जिसमें क्रमशः 36 और 192 गोंड, 1 और 53 भरिया-भूमिया, शून्य और 19 कोल, शून्य और 19 बैगा, शून्य और 2 पठारी या परधान हैं।)

मांडला ज़िला–परधान या पठारी, धोबा, पंका, भरिया-भूमिया, कोल और भैना तक विस्तार

होशंगाबाद ज़िला–होशंगाबाद और सिवनी मालवा में राज-गोंड तक विस्तार।

नीमड़ ज़िला–पूरे ज़िले में भिल्लाला और हरसूद तहसील में गोंड तक विस्तार, चूँकि ज़िले में और कोई गोंड मालगुज़ार और *मालिक मक़बुज़ा* नहीं है।

बैतूल ज़िला–परधान (एक मालगुज़ार और दो *मालिक मक़बुज़ा*)।

छिन्दवाड़ा ज़िला–पूरे सिवनी तहसील में अधिनियम का विस्तार और सिवनी तहसील में परधान और अमरवाड़ा तहसील में भरिया-भूमिया तक विस्तार।

वर्धा ज़िला–यहाँ हिंगघाट तहसील में एक गोंड मालगुजार, वर्धा तहसील में 12 गोंड और पाँच परधान *मालिक मक़बुज़ा* और हिंगघाट तहसील में 82 गोंड और दो परधान *मालिक मक़बुज़ा* हैं। अधिनियम इस ज़िले में गोंड और परधान तक विस्तारित किया जाना चाहिए।

नागपुर ज़िला–अधिनियम को कटोल तहसील तक भी और परधान तक विस्तारित

---

* खटुल्हा और भोई, गोंड की सिर्फ स्थानीय उप-जातियाँ हैं।

** कुछ हिन्दी ज़िलों में परधान को पठारी भी कहते हैं।

किया जाना चाहिए, नये परधान *मालिक मक़बुज़ा* को समाहित करने के लिए।

चन्दा ज़िला—आदिवासी मालगुज़ारों के गाँव गढ़चिरोली *खालसा* में (70, जिनमें सिर्फ तीन ज़मींदारों के अधिकार में नहीं हैं), चन्दा में (2) और ब्रह्मपुरी में (3) और अनेक आदिवासी *मालिक मक़बुज़ा* विशेषकर सिरोंचा तहसील में हैं। लेकिन उपायुक्त और आयुक्त के विचार से विस्तार अनावश्यक है क्योंकि ज़मींदार अपनी *सनदों* के द्वारा सुरक्षित हैं। *सनदें* हालाँकि उनके मालगुज़ारी गाँवों की सुरक्षा नहीं करतीं। वास्तव में गोंड और राज-गोंड, सभी ज़मींदारियों और ब्रह्मपुरी में तथा गढ़चिरोली खालसा में संरक्षित हैं। इसलिए अब अधिनियम पूरे जिले में तथा गोंड, माड़िया, राज-गोंड, परधान और हल्बा तक विस्तारित किया जाना चाहिए।

भंडारा ज़िला—कोई सुझाव नहीं दिया गया था, लेकिन भंडारा तहसील में सात गोंड मालगुजार और 34 गोंड *मालिक मक़बुज़ा* और गोंडिया तहसील में एक हल्बा मालगुज़ार है।

बालाघाट ज़िला—विस्तार का सुझाव नहीं दिया गया है लेकिन बालाघाट और बैहर तहसील के गोंड और राज-गोंड भूमाफियों और बैहर के बैगा मालिकों, जो सभी पिछली अधिसूचना के द्वारा संरक्षित हैं, के अलावा यहाँ नौ परधान मालगुजार, एक बिन्झवर मालगुज़ार और एक नगार्ची मालिक मक़बुज़ा बालाघाट तहसील में और 22 गोंड तथा एक बिन्झवर *मालिक मक़बुज़ा* असंरक्षित वारसेवनी तहसील में हैं। 1897-98 से ये 105 एकड़ में से 46 एकड़ खो चुके हैं। अधिनियम को वारसेवनी तहसील में गोंड, राज-गोंड, बैगा, परधान, बिन्झवर और नगार्ची पर पूरे ज़िले में लागू किया जाना चाहिए।

रायपुर ज़िला—कोई सुझाव नहीं दिया गया।

बिलासपुर ज़िला—भू-हस्तांतरण कानून के आधिकारिक संस्करण में पृष्ठ संख्या 4-अ पर क्रमांक सं. 8 में पब के स्थान पर गलती से पाली छप गया है, जो कि वास्तव में पबिया है [पृष्ठ 111 देखें। पब पहले से ही संरक्षित है (क्रमांक सं. 11)] और इसके अनुसार क्रमांक संख्या 8 को सुधारा जाना चाहिए। अधिनियम को अब पूरे ज़िले में सतगढ़ रियासत में पहले से ही उल्लिखित जनजातियों तक और अन्य स्थानीय जनजातियों तक विस्तारित किया जाना चाहिए।

दुर्ग ज़िला—कोई सुझाव नहीं।

144. वर्तमान संरक्षित क्षेत्रों की सूची में से जिन खास क्षेत्रों को छोड़ा गया है उनमें रायपुर और दुर्ग ज़िले की सभी ज़मींदारियाँ साथ ही बालोड़ और भंडारा सर्किलों में आनेवाले संजरी-बालोड़ तहसील की ज़मींदारियों के हिस्से जहाँ गोंड, कंवर और हल्बा संरक्षित हैं। ज़मींदारियों को इस तरह निकालना चन्दा और बिलासपुर और ज़मींदारियों और छिन्दवाड़ा जागीरों की प्रमुख जनजातियों को अधिनियम में शामिल किए जाने के विपरीत है। स्थानीय अधिकारियों के दृष्टिकोण के अनुसार रायपुर और दुर्ग में जमींदारी सनदों की हस्तांतरण प्रतिबन्धित करनेवाली शर्तें पर्याप्त सुरक्षा मुहैया करवाती हैं, चूँकि उनके अनुसार अधिनियम काश्तकारियों पर असरकारी नहीं था। फिर भी वही शर्त बिलासपुर, चन्दा और छिन्दवाड़ा रियासतों पर भी लागू होती है जिन्हें अन्य अधिकारियों के सुझाव पर अधिसूचित किया गया था। [यह स्वीकार करते हुए कि यह भंडारा और बालाघाट ज़मींदारियों पर लागू नहीं होता,

जिनमें अधिनियम का विस्तार आदिवासी ज़मींदारों को सुरक्षा मुहैया कराता है जो पहले बहुत तेजी से अपनी रियासतें खो रहे थे (उदाहरण के लिए बालाघाट ज़िले में आदिवासी समस्या) (*द अबोरिजिनल प्रॉब्लेम इन द बालाघाट डिस्ट्रिक्ट*) के पैराग्राफ 103-4 देखें]) उस पर से यह नज़रअन्दाज़ कर दिया जाता है कि हालाँकि एक आदिवासी ज़मींदार अपनी सनद के तहत अपनी रियासत कानूनी तौर पर हस्तांतरित नहीं कर सकता है, वास्तव में वह उन गाँवों का हस्तांतरण कर सकता है और करता भी है जिन्हें वह 20 वर्ष से ज्यादा पट्टे पर दे चुका रहता है या जिनमें उसके पट्टाधारक सुरक्षित दर्ज़ा हासिल कर लेते हैं, और जैसा कि विभिन्न ज़िलों* में काश्तकारी भूमि के नुकसान पर चर्चा के अनेक उद्धरणों में दर्शाया गया है कि यदि किसी ज़िले में एक आदिवासी ज़मींदार की रियासत अधिनियम द्वारा संरक्षित है, तब उस क्षेत्र में जिन जनजातियों, जातियों या समुदायों को अधिनियम का संरक्षण नहीं प्राप्त है, उनके पक्ष में नये काश्तकारी अधिकार उपायुक्त के अनुमोदन के बिना नहीं बनाए जा सकते। सरकारी कानूनी सलाहकारों के मतानुसार इस प्रकार नई काश्तकारियों का निर्माण अधिनियम के तहत स्थायी हस्तांतरण बन जाता है, और इस प्रभाव के निर्देश ज़िला और पंजीकरण अधिकारियों को जारी किए जा चुके हैं; इस बिन्दु पर चर्चा अधिनियम पर डे की टिप्पणी के पृष्ठ 20 पर स्वामित्व अधिकारों से सम्बन्धित पैराग्राफ में दी गई है। अधिनियम के तहत नियमों को बनाते समय यह बिन्दु हमेशा दृष्टि से ओझल हो गया है। यदि इसे लागू किया गया तो रियासतों के आदिवासीबहुल गाँवों तथा सभी आदिवासी अधिकृत गाँवों में आदिवासी काश्तकारी को संरक्षित करने का यह एक बहुमूल्य माध्यम होगा। लेकिन लम्बे प्रयोग के साथ इसका विरोध होगा, अनेक रियासतों में जो आदिवासी अधिकार में हैं लेकिन जिनके सभी या कुछ गाँवों में सिर्फ नाममात्र के आदिवासी हैं। उदाहरण के लिए नागपुर के गोंड राजा की संस्थानिक रियासत अधिनियम के अन्तर्गत संरक्षित है, लेकिन उसके ज्यादातर गाँवों में 90 प्रतिशत काश्तकार और गैर-आदिवासी हैं, और उसके *कामदारों* से यह उम्मीद करना गलत होगा कि वे गैर-आदिवासियों द्वारा दूसरे गैर-आदिवासी काश्तकारों को किए भू-हस्तांतरण को मान्यता देने से विरत रहें, यदि वास्तव में वह काश्तकारी अधिनियम की संशोधित धारा 6 और 12 के अन्तर्गत ऐसा करने से मना कर सकता हो, इसके बजाय कि वह उसी अधिनियम की संशोधित धारा 6-क, 12-क और 13 के अन्तर्गत कार्यवाही करे। काश्तकारी अधिनियम के इन नये प्रावधानों या उन पुरानी धाराओं जिनको वे स्थानान्तरित या अनुपूरित करते हैं और भू-हस्तांतरण अधिनियम के बीच टकराहट की सम्भावना पर मेरी जानकारी के अनुसार विचार नहीं किया गया है। आंशिक अपवर्जित क्षेत्रों में पुरानी धारा 6, 12 और 13 अभी भी लागू हैं।

145. सम्भवतः ऐसा मानना ठीक होगा कि एक बार काश्तकारी के बनने और ज़मींदार को परित्याग होने के मध्यवर्ती चरण से गुजरे बिना नए या पुराने काश्तकारी अधिनियम के अन्तर्गत हस्तांतरित होने के बाद वहाँ, जहाँ तक ज़मींदार का सवाल है, कोई नया हस्तांतरण नहीं है : उसने कृषि अधिकारों का हस्तांतरण तब किया जब हस्तांतरण करनेवाला काश्तकार या उसका प्रथम पूर्वज जब पहली बार उस जोत का काश्तकार बना या मान्य हुआ। हालाँकि यदि कोई कब्जा भूमि के दो बार प्रदान होने से पहले ही हो जाता है और कब्जा ज़मींदार

* देखें, उदाहरण के लिए, छिन्दवाड़ा जागीरों के लिए, पैराग्राफ 73 और 78, रायपुर ज़मींदारियों के लिए, पैराग्राफ 92 और 94, बिलासपुर ज़मींदारियों के लिए, पैराग्राफ 104 और दुर्ग ज़मींदारियों के लिए, पैराग्राफ 108

द्वारा हस्तांतरण करनेवाले काश्तकार और नामजद काश्तकार के साथ एक कपट-सन्धि के द्वारा स्वीकृत हो, छोटे समय के लिए कब्ज़ा की हुई भूमि तकनीकी रूप से ज़मींदार की पूर्ण सम्पत्ति (यानी मालिकाना और कृषि अधिकार दोनों के मायने में) बन जाती है, जो उसे पुनर्हस्तांतरित करता है यदि वह नया काश्तकार बनाता है। यहाँ भू-हस्तांतरण अधिनियम लागू हो सकता था। यह आवश्यक हो सकता है कि कुछ इलाकों में जहाँ अधिनियम बड़े आदिवासी-अधिकार वाली रियासतों और गाँवों पर लागू होता है वहाँ मालिकों को पूर्ण हस्तांतरण निषेध से छूट दी जाए, गैर-आदिवासी या गैर-अधिसूचित आदिवासी काश्तकारों की उस पूरी भूमि पर जो उन गाँवों में है जहाँ आदिवासियों की संख्या निवासियों की संख्या की आधी हो (या, अगर अनिर्वासित गाँव हो तो, किसानों की)।

146. मैंने कानूनी स्मारिका से अपने इस दृष्टिकोण का अनुमोदन प्राप्त किया है कि जिन इलाकों में भू-हस्तांतरण अधिनियम लागू हैं, चूँकि नई काश्तकारी का निर्माण अधिनियम की धारा 4 के तहत स्थायी हस्तांतरण माना जाता है और चूँकि इसलिए उपायुक्त का अनुमोदन हमेशा जरूरी होता है हस्तांतरण की वैधता के लिए जब तक कि नया काश्तकार सम्बन्धित इलाक़े में धारा 3 के तहत अधिसूचित जनजाति का सदस्य न हो, परिणामस्वरूप किसी क्षेत्र में जहाँ धारा तीन के तहत अधिसूचित आदिवासियों के पास बड़ी ज़मींदारियों या कई गाँव हों वहाँ आवश्यक है कि उस इलाके की सभी आदिवासी जनजातियों को अधिसूचित किया जाए भले ही उनके पास स्वामित्व अधिकार में कोई भूमि न हो। इस प्रकार छिन्दवाड़ा और होशंगाबाद ज़िलों में भरिया-भूमिया, सम्भवतः स्थानीय आदिवासियों में सबसे पिछड़े, धारा 3 के तहत अभी तक अधिसूचित नहीं हैं : परिणामतः कानूनी तौर पर, उदाहरण के लिए, भटकागढ़ का गोंड ज़मींदार, जिसका समुदाय छिन्दवाड़ा जागीरों में इस प्रकार अधिसूचित है, खराब भूमि से तोड़े गए ज़मीन के टुकड़े पर किसी भरिया-भूमिया को काश्तकारी भूमि प्रदान करता है या उसे बतौर काश्तकार मान्यता देता है तब धारा 4 के तहत उपायुक्त का अनुमोदन कानूनन आवश्यक बन जाता है। इसलिए यह निष्कर्ष निकलता है कि सरकार को किसी इलाक़े में एक जनजाति को इस आधार पर अधिसूचित न करने की पुरानी प्रथा, क्योंकि उसके पास उस इलाके में स्वामित्व भूमि नहीं है, को त्याग देना चाहिए।

147. इस खास दृष्टिकोण से और इस रिपोर्ट में लिए गए आम दृष्टिकोण से कि सभी स्थानों पर आदिवासी भूस्वामियों और किसानों को संरक्षण मिलना चाहिए, चाहे वह मालगुज़ार, ज़मींदार, खेत-मालिक, काश्तकार या रैयत हो, परिवर्तन की पहली किश्त के रूप में हमें तत्काल भू-हस्तांतरण अधिनियम को चुनिन्दा इलाकों और चुनिन्दा जनजातियों पर लागू करने की प्रथा समाप्त कर देनी चाहिए। अब यह दो आम अधिसूचनाओं के द्वारा पूरे प्रान्त में अधिनियम की I(2) के तहत लागू होना चाहिए और धारा 3 के तहत प्रान्त के सभी आदिवासी जनजातियों पर लागू होना चाहिए, साथ ही, मांडला ज़िले में उपायुक्त के सुझाव के अनुसार पंका और धोबा पर और बिलासपुर ज़िले में पब और पबियाँ पर जैसा कि वर्तमान में है; पंका (मांडला ज़िले में जिनकी स्थिति के लिए *मांडला ज़िले में आदिवासी समस्या पर नोट्स* का पैराग्राफ 111 देखें) और पबिया सिर्फ अर्ध-आदिवासी हैं, और स्थितियाँ मांडला के बाहर पंका और बिलासपुर के बाहर पबिया की सुरक्षा की चेतावनी नहीं देती प्रतीत होतीं। धोबा एक आदिवासी जनजाति है जो मांडला जिले तक सीमित है और सामान्य सूची

में उनके शामिल करने से दूसरे इलाके में उन्हें धोबी समझा जा सकता है। सामान्य अधिसूचना में शामिल की जानेवाली जनजातियाँ आदिवासी काश्तकारी भूमि की जाँच* के निर्देशों में दी हुई होनी चाहिए और निम्न छोटे समुदाय भी : अरख, असुर, भीमा, ढोली या धुलिया (सिर्फ मांडला और बिलासपुर), कलंगा, मन्नेया मन्नेवर और नइकर। मसौदा अधिसूचनाएँ परिशिष्ट-अ में दी गई हैं :

यदि यह सुझाव अत्यधिक व्यापक लगते हों, परिशिष्ट-ख में मैंने ज़िलों से प्राप्त सुझावों को समाहित करने के लिए निर्मित वैकल्पिक मसौदे दिए हैं, जैसा कि ऊपर पैराग्राफ 143 में सम्पादित है।

148. वर्तमान स्वरूप में अधिनियम अत्यन्त कठिन है, ज़िला अधिकारियों के समझने और प्रशासित करने के लिए, तब भी जब आप किसी थोड़े विशिष्ट अधिकारी से मिलें जो इसके प्रयोजन का हमदर्द हो और इसे लागू करता हो। इस अधिनियम और इसके अन्तर्गत दिए ज्यादा उपेक्षित नियमों की थोड़ी कम उपेक्षा होती यदि अलग से छपे, आसानी से भ्रमित करनेवाले पर्चे की जगह वे राजस्व पुस्तिका के प्रथम खंड में समाहित होते और दूसरे खंड में अधिनियम पर एक विस्तृत परिपत्र जोड़ दिया जाता। इसके निर्माण में अधिनियम सम्भवतः बुन्देलखंड भू-हस्तांतरण अधिनियम, 1903 (1903 का उ.प्र. अधिनियम II) का बहुत ज्यादा अनुसरण करता है, जो अपने फायदों को आदिवासियों तक सीमित नहीं करता। सबसे पहले जिस चीज़ की आवश्यकता है वह है उपायुक्तों को इसका प्रशासन करने की नीति के बारे में स्पष्ट निर्देश। अधिनियम की प्रस्तावना सिर्फ इतना कहती है "जबकि, मध्य प्रान्त में भू-हस्तांतरण से सम्बन्धित कानून में संशोधन करना वांछनीय है" फिर भी हस्तांतरण के अनुमोदन से सम्बन्धित अनिवार्य निर्देशों का उल्लेख करते हुए "अधिनियम से बचने के इरादे से किए गए हस्तांतरणों" और "अधिनियम के उद्देश्यों से सुसंगत" अनुमोदनों की बात करता है। विधायिका परिषद की कार्यवाही से उद्देश्यों के निष्कर्ष तक पहुँचना होगा। मेरे ख्याल से एक परिपत्र आवश्यक है जिसकी शुरुआत अधिनियम के उद्देश्यों के एक वक्तव्य के साथ हो, और नीति जो अपनाई है, उद्देश्यों को संक्षिप्त में इस प्रकार लिखा जा सकता है कि पूरे प्रान्त में आदिवासियों को और अधिक भूमि नुकसान से बचाना है। इस विचार पर जोर डालना भी आवश्यक है कि स्वामित्व हिस्सों के हस्तांतरण के सौदों में यह सूक्तिमय है कि आदिवासी काश्तकारी और समृद्ध हो तथा और सुखी रहे। एक आदिवासी जमींदार के साथ जो उसी मुहल्ले में निवास करता है एक गैर-आदिवासी की अपेक्षा, जो काश्तकारी के लिए हमेशा बाहरी आदमी ही रहता है और आमतौर पर वहाँ का निवासी नहीं होता। ऐसा ही एक मामला जो मेरी जानकारी में आया कि उपायुक्त ने अपने से पहलेवाले अधिकारी द्वारा आंशिक अपवर्जित क्षेत्रों में आदिवासी कब्जे में बचे हुए कुछ स्वामित्व अधिकारों को एक सेवानिवृत्त मुस्लिम फारेस्ट रेंजर को स्थानान्तरित करने के दिए हुए आदेश को बदल डाला (मेरे विचार से सही किया)। उसने भू-हस्तांतरण अधिनियम को आदिवासी स्वामित्व से जमीन के हस्तांतरण को रोकने के लिए विशेषीकृत रूप से तैयार किए कानून के तौर पर देखा ताकि हस्तांतरणकर्त्ता की तथाकथित इच्छा जुड़ने को ज्यादा महत्त्व नहीं दिया जाना चाहिए और कि हस्तांतरण की अनुमति अपवादस्वरूप और मात्र एक औपचारिकता नहीं होनी चाहिए। आयुक्त जिसने उसके आदेशों को एक तरफ किया था इसकी गलत परामर्श

* पैराग्राफ 22 की पाद-टिप्पणी देखें।

और अनावश्यक कहकर आलोचना की क्योंकि उसका मानना था कि इस हस्तांतरण से गोंड का दूसरे गाँव में हिस्सा बन जाएगा अन्यथा जो भूराजस्व के बकाये के लिए बेच दिया जाएगा और यह कि गोंड के पास अपने परिवार के भरणपोषण के लिए काफी साधन मौजूद हैं और वह न तो अज्ञानी है न 'जंगली' बल्कि अपने अधिकारों को पूरी तरह जानता है और निश्चित रूप से हस्तांतरण चाहता है और यह कि कोई आदिवासी खरीददार सामने नहीं आ रहा है। वास्तव में यह बिक्री बिना अनुमति के हो गई और उपायुक्त ने अधिनियम की धारा 14 के अन्तर्गत यह पुनर्विचार आदेश में निर्देश दिया था कि यह 10 वर्षों के लिए रेहन पर भोगाधिकार के रूप में लागू होना चाहिए, एक ऐसी स्थिति जिसमें रेहन को रखा नहीं जा सकता है और जिससे गोंड अपनी शेष सम्पत्ति को भली प्रकार बचा सकता है। आयुक्त का यह विचार कि यह व्यक्ति गुमराह करनेवाला नहीं है, इस तथ्य से साफ हो गया कि उसके द्वारा दो या तीन वर्ष बाद एक मुस्लिम वन-ठेकेदार को दो वर्षों में अपने मालगुजारी जंगलों से मात्र 110 रुपए में 500 पेड़ों को काटने का ठेका देने की जानकारी मिली : उसके पास दस्तावेज की कोई प्रति नहीं है और वह इसे समझ भी नहीं सकता क्योंकि वह अपना नाम भी मुश्किल से लिख पाता है। यह दस्तावेज जब ठेकेदार से लिया गया तो यह बिना अवधि या पेड़ों की संख्या के उल्लेख के मात्र 110 रुपए की रसीद थी; और दो वर्ष बीतने के बाद भी ठेकेदार कटाई करता रहा और जबरदस्ती कई सौ पेड़ ज्यादा काट लिए। इस प्रकार के भोंदूपने से बचाने के लिए ही यह अधिनियम खासतौर पर बनाया गया है। यहाँ तक कि भूराजस्व अधिनियम के अन्तर्गत भी दोषी के गाँव को बेचना ही बकाया वसूलने का एकमात्र उपाय नहीं हो सकता है, और इसे प्रबन्ध के अन्तर्गत लिया जा सकता है।

149. हाल के तीन वर्षों में छिन्दवाड़ा ज़िले में भू-हस्तांतरण अधिनियम के तहत मामलों के निरीक्षण का निम्नलिखित सारांश आमतौर पर किए जानेवाली गलतियों को दर्शाएगा। सरसरी तौर पर यह कहा जा सकता है कि सिवनी, दमोह और नरसिंहपुर के आवासीय उप-मंडल अधिकारी आमतौर पर युवा और अनुभवहीन प्रशासनिक सेवा के सदस्य हैं, इन कठिन मामलों में उपायुक्त के अधिकारों का भरपूर उपयोग करते हैं–

सिवनी तहसील–

(क) एक राज-गोंड गैर-आवासीय *मालिक-मक़बुज़ा* ने मौज़ा गोरखपुर (पटवारी सर्किल 41) उगली के समीप 21.69 एकड़ *मालिक-मक़बुज़ा* भूमि बेचने की अनुमति चाही। उसका घर अलोनी खापा उर्फ लाखीपार रैयतवाड़ी गाँव (पटवारी सर्किल 30) में था जो करीब 12 मील दूर था। उप-मंडल अधिकारी ने 9.33 एक गोरखपुर के एक परिवार को बेचने की अनुमति दी। बिक्री या मूल्य की वास्तविकता की कोई जाँच नहीं करवाई गई : अनुमोदन इसलिए दिया गया क्योंकि निवेदक का कहना था कि वह स्थान लाखीपार से बहुत दूर था और उस पर कृषि करना या दूसरी ज़मीन खरीद पाना बहुत मुश्किल था। लेकिन यह नहीं देखा गया कि उसने दूसरी ज़मीन खरीदी या उसके पास कितना परिवार आदि था। मामले को सिर्फ ऊपर-ऊपर से देखा गया, नियम 12(1)(क), (ख) और (iii) और 15 की पूर्ण उपेक्षा करते हुए।

(ख) एक राज-गोंड ठाकुर, जिसकी रियासत कोर्ट ऑफ वार्ड्स के अन्तर्गत थी, के 12 गाँवों की सिवनी के मुसलमान दीवान, कोर्ट ऑफ वार्ड्स के अन्तर्गत ही को गिरवी

रखने के मामले का अधिनियम की धारा 8(I) के तहत संशोधन किया जाना था ताकि वह धारा 6(1)(ख) द्वारा स्वीकृत स्वरूप में आ जाए। लेकिन यद्यपि कि रेहनदार आयुक्त के आदेश से 20 वर्ष तक सम्पत्ति पर अधिकार किए रह सकता है, इस मामले में फिरौती 25 वर्षों तक चलती रही।

(ग) उप-मंडल अधिकारी ने एक गोंड विधवा को 1 1/3 आना हिस्से में से मौजा दुधिया का 3 पाई हिस्सा रुपए 180 में एक कुर्मी को बेचने की छूट दी, ताकि वह बैल खरीद सके और अपने खेत सुधार सके। उसने *सिर* खेत अपने पास रखे। उस पर कोई कर्ज़ नहीं था। उसका भूमि राजस्व रुपए 60 था और उसके काश्तकार रुपए 41 अदा करते थे। उप-मंडलीय अधिकारी का तरीका सतही था। उसने यह जाँच नहीं की कि शेष मालगुजार कौन थे या कोई आदिवासी था या नहीं जिसे अधिनियम के अनुसार हस्तांतरण किया जा सकता था और जो भूमि का अच्छा मूल्य दे सकता था, और न ही यह विचार किया गया कि हस्तांतरण अधिनियम के उद्देश्यों के अनुसार होगा या नहीं।

(घ) उप-मंडलीय अधिकारी ने सिन्दरिया के एक गोंड मालगुज़ार को रुपए 100 के कर्ज़ के लिए रुपए 0-4-0 के हिस्से में से रुपए 0-2-0 गिरवी रखने की अनुमति दी। अनुमोदन आवश्यक नहीं था जब तक कि रेहन धारा 6 द्वारा स्वीकृत तरीकों में से एक के अनुरूप हो। लेकिन यह स्वरूप का उल्लेख किए बगैर दिया गया। न ही उप-रजिस्ट्रार से रेहन की जाँच करने के लिए कहा गया जब वह उसके सामने आई।

(ङ) बिन्दु (क) वाले गोंड *मालिक मकबुजा* को दो वर्ष बाद फिर से उप-मंडलीय अधिकारी द्वारा गोरखपुर में 12.36 एकड़ *मालिक मकबुजा* भूमि एक बेहरा को बेचने की अनुमति मिली। उसके पास मौज़ा बिभारी में रुपए 50-8-0 लगान वाली पूर्ण अधिभोगी भूमि पटवारी सर्किल संख्या 43 में और रुपए 59 के लगानवाली रैयतवाड़ी भूमि अलोनी खापा रैयतवाड़ी में, जिसका वह पटेल है, भी थी।

उसने अलोनी खापा से गोरखपुर की दूरी और सभी खेतों के लिए बीज और बैल उपलब्ध करा पाने की असमर्थता को कारण बताया लेकिन वास्तव में बिभारी और भी ज्यादा दूर है जबकि गोरखपुर उगली से अगला गाँव है जहाँ तक लोक निर्माण विभाग की अच्छी सड़क अलोनी खापा से उगली तक है। नियम 13(i)(ख) को पूरी तरह नजरअन्दाज किया गया और बिना कोई विवरण दर्ज़ किए अनुमति प्रदान कर दी गई।

(च) उप-मंडलीय अधिकारी ने एक गोंड और उसके दो भाइयों जिनके पास रुपए 0-2-0 के मौज़ा सर्रा हिर्रा के साथ 55-30 एकड़ सिर भूमि और 1.22 एकड़ *खुदकाश्त* भूमि थी, को दो कुर्मी भाइयों जिनके पास पहले से ही रुपए 0-1-0 हिस्सा था, को बिना *सिर* और *खुदकाश्त* रुपए 0-20-0 में से रुपए 0-1-0 एक कर्ज़ सुलह समझौते के तहत रुपए 250 का बकाया निपटाने के लिए बेचने की अनुमति दी। लेकिन इसके बावजूद भी रुपए 150 का कर्ज शेष रहा, बची हुई ज़मीन तीन भाइयों के लिए कम थी और यह देखने का कोई प्रयास नहीं किया गया कि कोई स्थानीय आदिवासी वह ज़मीन खरीद सकता था या नहीं, नियम

13 (i) (ख) और (iii) इस प्रकार उपेक्षित रहे। यह हस्तांतरण बिल्कुल वैसा है जैसा रोकने के लिए अधिनियम पारित हुआ था।

लखनादोन तहसील–

(क) धुमा के ठाकुर शेओ सिंह को रुपए 4934-2-7 का एक कर्ज़, जो उसका एकमात्र कर्ज़ बताया गया था, निपटाने के लिए एक कायस्थ को सहसना गाँव बेचने की इजाज़त दी गई। वास्तव में उसके अधिकार में कई गाँव हैं और अच्छे प्रबन्धन के द्वारा वह आसानी से अपने कर्ज़े चुका सकता है। वह ऋण सुलह का रास्ता भी अपना सकता था। कार्यवाहियाँ अत्यन्त सतही थीं। यद्यपि कि बेचने की अनुमति नहीं दी जानी चाहिए थी, उसे सामान्यतः स्वीकृत कर लिया गया। स्वयं ठाकुर के कारिन्दे ने बिक्री के बजाय पट्टा देने का सुझाव दिया था। उसी गोंड ठाकुर को प्रभावित करनेवाले अगले दो मामले अगले साल हुए।

(ख) 4 जून, 1938 को धुमा के ठाकुर शेओ सिंह को "भू राजस्व" चुकाने के लिए मौज़ा बाराबाती पर 16 आने के उत्कृष्ट मालगुज़ारी अधिकार, धुमा के पंडित रामलाल तिवारी को एक साहूकार को बेचने की अनुमति उप-मंडलीय अधिकारी द्वारा दी गई। कार्यवाहियाँ उपहासजनक थीं–अधिनियम के उद्देश्य की पूर्ण उपेक्षा करती हुई और धारा 27 के नियम 13 और 15 की। नियम 13 (ii) के तहत एक साहूकार को ज़मीन बेचने का अनुमोदन नहीं देना चाहिए था। जमीन बेचनेवाले पर कुल कर्ज़ रुपए 10,000 था। इसे सत्यापित नहीं किया गया। यह पता करने का कोई उद्यम नहीं किया गया कि कौन छोटा मालिक था, या उसे या किसी अन्य आदिवासी को बेचने का प्रयत्न नहीं किया गया। यह स्पष्ट नहीं है कि स्वीकृति पंजीकरण [धारा 18(2)] से पहले दस्तावेज पर अंकित थी या नहीं। आदेश के अनुसार उसके पास करीब 40 गाँव हैं और वह रुपए 5,000 भू-राजस्व अदा करता है। वह कर्ज़ में है...रुपए 10,000 जैसा कि वह बताता है। स्पष्टतः वह अपने गाँवों का प्रबन्धन नहीं कर सकता है और उन्हें एक-एक करके खो देगा। वह कई तरीकों से गाँव खो सकता है यद्यपि कि अधिनियम उस पर लागू होता है। इसलिए उसकी क्रियाओं पर अब प्रतिबन्ध लगाने का कोई फायदा नहीं है। "(दूसरे शब्दों में उप-मांडलाधिकारी कहता है कि अधिनियम बेकार है और इसलिए उसकी अनदेखी करता है!)" वह बारबाती गाँव का उत्कृष्ट स्वामित्व अधिकार बेच रहा है, जिससे उसे रुपए 800 नगद से लिए रुपए 35 का स्वामित्व लाभ मिलता है। यह मूल्य पर्याप्त है और इसलिए बिक्री के लिए अनुमोदन प्रदान किया जाता है, भू-हस्तांतरण अधिनियम की धारा 4 के तहत। मैंने उसे अब सूचित कर दिया है कि अंशतः अनुमोदन के लिए आवेदन करने का कोई फायदा नहीं है। अब उसे कुछ पट्टे की व्यवस्था करके अपना कर्ज़ चुकाने का प्रयास करना चाहिए। यहाँ तक कि वह कुछ गाँव भी बेच सकता है यदि ऐसा करने से वह कर्ज़-मुक्त हो सके।

(ग) उसी उप-मांडलाधिकारी ने उसी शेओ सिंह को अपना 10.43 एकड़ का *सिर भूमि*, मौज़ा धुमा में, बेचने दिया बिना अधिभोगी अधिकारों के बन्धन के। कोई जाँच नहीं की गई और सामान्य तरीके से स्वीकृति प्रदान कर दी गई। मूल्य रुपए 250

था और खरीदार धुमा एक ब्राह्मण था। दूसरी ग़लती थी *सिर* का हस्तांतरण बिना अधिभोगी अधिकारों के प्रतिबन्ध के करने की—एक काश्तकारी अधिनियम का मामला—भूमि हस्तांतरण की कार्यवाहियों में।

(घ) उप-मांडलाधिकारी ने एक गोंड *मालिक-मकबुज़ा* को रुपए 1-12-0 राजस्व वाली 1.80 एकड़ *मालिक-मकबुजा* भूमि रुपए 40 में एक महार को बेचने की अनुमति दी ताकि वह अपनी बेटी की शादी का खर्च उठा सके। उसके पास 36.13 एकड़ अधिभोगी भूमि भी थी। उसे स्वीकृति नहीं देनी चाहिए थी। रुपए 40 एक गोंड विवाह में दुल्हन के पिता के खर्चे के लिए बहुत ज्यादा हैं और ऐसे क्षणिक उद्देश्यों के लिए भूमि का हस्तांतरण रोकने के लिए ही अधिनियम बनाया गया है।

(ङ) उप-मांडलाधिकारी ने धारा 17 के तहत दीवानी कचहरी के उल्लेख पर धारा 19 के अन्तर्गत कार्यवाही करते हुए मौज़ा बड़गाँव के 4 आने के एक हिस्से का उपभोगी रेहन धारा 6(1)(क) के अन्तर्गत कुछ कलार रेहनदारों के पक्ष में किया। उसने पाया कि 4 आना हिस्से में से 2 आना एक कलार को 1926 में धारा 4 के अन्तर्गत बिना अनुमति के बेचा गया था और इसलिए उसने बिक्री को उपभोगी रेहन में बदल दिया। मामले की ठीक ढंग से सम्पन्न किया गया।

अमरवाड़ा तहसील—

(क) दीवानी कचहरी ने धारा 17 के अन्तर्गत एक पूर्व-अधिनियम रेहन की डिग्री सुपुर्द की। डिप्टी कमिश्नर ने न्यायानुसार 10 वर्षों के लिए गाँव के 2 आना 8 पाई के हिस्से के रेहन का आदेश दिया, स्पष्टतः धारा 6(1)(ख) के तहत। इसे कहीं लिखा नहीं गया, और न ही रिकार्ड दर्शाते हैं कि डिप्टी कमिश्नर ने धारा 19(2) के अन्तर्गत रेहन किया था।

(ख) एक कनिष्ठ डिप्टी कमिश्नर ने कर्ज़ सुलह मंडल और उप-मांडलाधिकारी के सुझाव पर, मौज़ा खैरी के आधा-आना हिस्से को (हस्तांतरण करनेवाले गोंड किसान के पास 1 1/4 आना हिस्सा छोड़कर) एक ब्राह्मण साहूकार के रुपए 716 उधार को पूर्ण रूप से चुकाने के लिए हस्तांतरण का अनुमोदन किया। यह सम्भवतः न्यायसंगत था फिर भी इस अनुमोदन ने नियम 13(i)(ख) और (ii) की अनदेखी।

(ग) उसी उपायुक्त ने इसी प्रकार एक गोंड द्वारा एक महल के 4 आना हिस्से के आधे की उसके साहूकारों को सुलह मंडल के सुझाव पर बिक्री करने की अनुमति प्रदान की। फिर से नियम 12 (i) ख और (ii) को अनदेखा किया गया।

(घ) एक अनुभवी आयुक्त ने हर्रई जागीर में एक गोंड *मोकसदार* द्वारा 44 एकड़ से *खुदकाश्त* (मौज़ा सलैया) पर अधिभोगी पट्टा हर्रई के एक चिपा दुकानदार को देने का अनुमोदन किया, ताकि *मोकसदार* अपनी उप-टकोली जागीरदार को चुका सके। जागीरदार की जाँच नहीं की गई। नियम 13(i)(ख) की उपेक्षा की गई। इस गैर-आदिवासी दुकानदार को आदिवासी गाँव में बतौर काश्तकार लाना उचित नहीं था। इस मामले की रिपोर्ट पंजीकरण निरीक्षक द्वारा की गई।

(ङ) एक अन्य कर्ज़ सुलह का मामला। विवरण नहीं दिए गए हैं, चूँकि आदेश *सिर* हस्तांतरण मामले में दिए कारणों को काश्तकारी अधिनियम के तहत सन्दर्भित करता है; एक 3 पाई का गोंड हिस्सा एक बंजारा को हस्तांतरित किया गया;

4.98 एकड़ *सिर* के साथ।

(च) उपायुक्त ने एक गोंड मालगुज़ार को एक कला के पक्ष में नई अधिभोगी काश्तकारी बनाने की स्वीकृति दी, एक अन्य कलार द्वारा त्यागी हुई भूमि पर। पंजीकरण निरीक्षण ने रिपोर्ट किया था कि पट्टा-विलेख, धारा 4 का उल्लंघन करता था।

(छ) डिप्टी कमिश्नर ने गोंड सह-भागीदारों द्वारा अमरवाड़ा बनिया साहूकारों के जून 1929 से प्रभावी 15 प्रतिशत ब्याज पर रुपए 1,300 के रेहन विलेख पर रुपए 3,000 के कर्ज़ के एवज में रुपए 0-1-6 के मौज़ा हिर्री मकसर के हस्तांतरण का अनुमोदन किया। इसके बाद गोंड लोगों के पास एक आधे आना का हिस्सा और करीब 17 एकड़ की *खुदकाश्त* है जिससे उन्हें एक विधवा, उसके पुत्र, और उसके दो पोतों (आयु 22 और 6) का पेट भरना है। सुरक्षित कर्ज़ होने के कारण, ऋण राहत अधिनियम के अन्तर्गत जो 18 जुलाई, 1939 को लागू हुआ, डिप्टी कमिश्नर के आदेश के 6 या 7 हफ्ते बाद, सम्भवतः सिर्फ 7 प्रतिशत साधारण ब्याज लागू होना चाहिए था और इस प्रकार सिर्फ रुपए 2,483 दिए जाने चाहिए थे। यह सौदा गोंडों के लिए फायदेमन्द नहीं था और नियम 13(i)(क) और (ख), (ii) और (iii) का उल्लंघन करता था। दुर्भाग्यवश 1929 में जब रेहन क्रियान्वित हुआ था उस समय अधिनियम अमरवाड़ा *खालसा* पर लागू नहीं था।

सौसर तहसील–

(क) माया के गोंड लम्बरदार को गोंड लोगों द्वारा मुसलमान पिंजरी के पास कब्जा दी हुई 6.28 एकड़ की *खुदकाश्त* पर अधिभोगी अधिकारों के पट्टे देने की अनुमति दी गई। स्वाभाविक तौर पर इसकी स्वीकृति दे दी गई और यह नहीं देखा गया कि गाँव के दूसरे काश्तकार अधिकतर गोंड थे या नहीं अथवा गोंड गाँव में एक मुसलमान काश्तकार उचित था या नहीं (यह विशेष निर्देशों की ज़रूरत की तरफ ध्यान दिलाता है)। मगर यह अनुमोदन नियम 13(i)(ख) का उल्लंघन करता था।

(ख) ऋण समाधान कार्यवाहियों से उभरनेवाले एक मामले में उपायुक्त ने गोंड से कुन्बी मालगुज़ारों को 4 में से 2 आना मौजा नगलवाड़ी बेचने की स्वीकृति दी। सौसर में अधिनियम लागू होने (1936 में) के पहले ही इसको गिरवी रख दिया था। इस मामले को अधिनियम की धारा 27 के अन्तर्गत नियमों 13 और 14 का पूर्ण अनुपालन करते हुए संचालित किया गया।

छिन्दवाड़ा तहसील–एक मामले में उपायुक्त ने अनुमोदन दिया जहाँ कानूनन अनुमोदन की आवश्यकता नहीं थी, क्योंकि बेची गई भूमि पूर्ण अधिभोगी भूमि थी जिस पर अधिनियम लागू नहीं होता था, क्योंकि हस्तांतरण करनेवाला काश्तकार था, स्वामी नहीं।

150. यह देखा जाएगा कि इन 21 मामलों में सिर्फ तीन या सम्भवतः चार मामले ऐसे थे जिनमें अधिनियम और उसके नियम ठीक से लागू किए गए। शायद ही कोई मामला ऐसा हो जिसमें डिप्टी कमिश्नर ने व्यक्तिगत जाँच की हो, यद्यपि यह यथोचित है कि ऐसे मामले में उसे कम-से-कम सम्बन्धित पक्षों की जाँच करनी चाहिए और सिर्फ खास मुद्दों पर ही रिपोर्ट मँगानी चाहिए। अधिनियम की धारा 23 के तहत आनेवाले आवेदनकर्त्ताओं के

प्रार्थनापत्र आम मामलों के जैसे स्वीकार किए जाने की प्रवृत्ति भी पाई जाती है। कुछ मामलों में राजस्व अधिकारियों ने ऋण समाधान बोर्ड को अधिनियम के अन्तर्गत डिप्टी कमिश्नर के कर्त्तव्य विसर्जित किए; सिर्फ एक बोर्ड का सुझाव अधिनियम की धारा 27 के अन्तर्गत वैधानिक नियमों को लाँघ नहीं सकता। वे तीन मामले जिनमें धुमा के ठाकुर को सम्पत्ति बेचने की अनुमति दी गई, अधिनियम की पूर्ण उपेक्षा के स्तब्धकारी मामले थे। यह बड़ी रियासत सम्भवतः अतीत में कोर्ट ऑफ वॉर्ड्स के अधीन रह चुकी है, लेकिन कर्ज अच्छे प्रबन्धन द्वारा अवश्य ही निपटाए जा सकते हैं, खासकर यदि वे रुपए 25,000 से कम हों, जिसके मामले में ऋण राहत न्यायालय को आवेदन किया जा सकता है। यह एक गाँव यहाँ, कुछ *सिर* भूमि वहाँ तथा उत्कृष्ट स्वामित्व अधिकार कहीं और बेचने की खंड-खंड स्वीकृति प्रदान करना अन्ततः सिर्फ पूरी रियासत के लुप्त होने का कारण बनेगी, इसके अलावा यह न सिर्फ अधिनियम के सभी उद्देश्यों के विपरीत है बल्कि उन सभी प्रशासनिक आदर्शों के भी जिनके द्वारा अतीत में आदिवासी भूस्वामियों को अपनी सम्पत्ति के कुप्रबन्धन से रोका गया है। जबलपुर और नागपुर मांडलों में राजस्व अपीलों के अनुभव को देखते हुए, प्रान्त के दूसरे ज़िलों में इस प्रकार की जाँच से ऐसे ही नतीजे उभर सकते हैं।

151. दीवानी कचहरियों की उनकी कार्यवाहियों को प्रभावित करनेवाले अधिनियम के प्रावधानों से अनभिज्ञता भी एक अन्य सामान्य अनुभव है, खासकर धारा 9(3), 16, 17, 19 और 25 यद्यपि हाल के वर्षों में धारा 19 और 25 के सन्दर्भ में सुधार हुआ है। हालाँकि एक प्रकार की गलती अभी भी बहुत सामान्य है; उप-न्यायाधीश जो धारा 17 या 19 के तहत डिग्रियाँ प्रदान करते हैं, धारा 19 के तहत कार्यवाही करने के लिए उपायुक्त के पास भेजने के बजाय उन्हें उप-मांडलाधिकारी के पास भेज देते हैं, जैसे कि वो अचल सम्पत्ति बेचने की डिग्रियाँ लागू करने के साधारण मामले हों, राजस्व पुस्तक परिपत्र III-8 के अन्तर्गत ग फार्म लगाकर और अधिनियम की धारा 25 के अनुसार उपायुक्तों को डिग्रियों की नकल नहीं भेजते हैं। इस बिन्दु को समाहित करने के लिए राजस्व पुस्तक परिपत्र III-8 में खास निर्देश देने की आवश्यकता है। 1940 में राजस्व विभाग का ध्यान इस तरफ आकर्षित किया गया था।

152. अधिनियम और नियमों को समझाने के लिए सुझाया गया परिपत्र डिप्टी कमिश्नरों की खासी मदद करेगा यदि उसमें अधिनियम की धारा 6 के तहत मंजूर हर प्रकार के रेहन के नमूने दिए गए हों।

153. एक अन्य महत्त्वपूर्ण प्रश्न पर ध्यानपूर्वक विचार की आवश्यकता है। अधिनियम की धारा 11 और 12 के अन्तर्गत गैर-आदिवासियों को बीस वर्ष तक के पट्टे बिना अनुमति दिए जा सकते हैं। अनुभव ने हर जगह दर्शाया है कि यह आदिवासी काश्तकारी पर बाहरी अस्थायी पट्टाधारकों को थोपता है जो अपने पट्टे के दौरान गाँव के ज्यादा-से-ज्यादा दोहन के लिए तुले रहते हैं। इसके अतिरिक्त, जैसा कि अध्याय III में ज़िलों पर टिप्पणी में देखा गया है, कि कोर्ट ऑफ वार्ड्स, खासकर छत्तीसगढ़ ज़मींदारियों में, गाँवों को ठेकेदारों के माध्यम से प्रबन्धित करने की प्रथा का अनुसरण करती हैं, और इस पर खास ध्यान नहीं देतीं कि आदिवासी गाँव का ठेकेदार आदिवासी है या कोई और। मुझे कोई सन्देह नहीं कि इन बड़ी ज़मींदारियों में *खम* प्रबन्धन, एक ग्राम प्रधान के द्वारा सबसे आदर्श प्रणाली है, इस प्रणाली के पुनर्निर्माण के लिए हर अवसर का उपयोग करना चाहिए और उन *ठेकेदारों* से मुक्ति पा लेनी चाहिए जिन्हें संरक्षित दर्ज़ा नहीं मिला है। अतीत में कई ज़मींदारियों ने सुरक्षित

दर्ज़ा हासिल करने के पहले इन ठेकेदारों से निजात पाने के लिए जो कुछ भी किया जा सकता था, किया, काश्तकारों के हित में नहीं, बल्कि इसलिए ताकि वे समय-समय पर गाँवों के नये पट्टे बनाकर *नज़राना* वसूलते रहें। ऊपर पैराग्राफ 108 से 115 पर पनबरस जमींदारी के मामले, जो लम्बे समय तक कोर्ट ऑफ वार्ड्स के प्रबन्धन में था, ठेकेदारी उत्पीड़न के अनेक उदाहरण देते हैं। बस्तर राज्य में लागू किए गए सुधारों में से एक अत्यन्त लाभकारी सुधार गाँवों को ठेके पर देने की प्रथा का उन्मूलन था, और मैं निश्चित हूँ कि यही उद्‌देश्य ज़मीदारियों के सभी गाँवों में होना चाहिए, अपवाद सिर्फ उन असाधारण ठेकेदारों के पक्ष में किया जाना चाहिए जो वास्तव में गाँव के विकास और सुरक्षित दर्जा हासिल करने के लिए कुछ कर रहे हैं। प्रधान को संरक्षित करनेवाली प्रणाली जो 1906-1912 बन्दोबस्त में श्री विल्स की जाँच के बाद सबसे पहले बिलासपुर ज़मींदारियों में पेश की गई थी ठेकेदारों के संरक्षण से बेहतर है, लेकिन दुर्भाग्यवश बिलासपुर के बाहर यह सिर्फ रायपुर की सुअरमार जमींदारी, दुर्ग की अम्बागढ़ चौकी जमींदारी और चन्दा की पोते गाँव जमींदारी में लागू हुई। पनबरस गाँवों के बारे में टिप्पणियों ने अतीत में माड़िया प्रधान की स्थिति जिसने गाँव की स्थापना की और *ठेकेदारी* के दर्ज़े में भ्रम की स्थिति दर्शायी है और यह कि कैसे ठेकेदारी को प्रधान के ऊपर थोपा गया। कई रियासतों में अब यह असम्भव होगा कि गाँवों को उनके वास्तविक चरित्र में वापस लाया जा सके जिसमें वे *खम* प्रबन्धन या संरक्षित अथवा असंरक्षित ग्राम मुखिया के सीधे प्रबन्धन में होते थे; और जैसा कि पिछला रायपुर और दुर्ग ज़मींदारी बन्दोबस्त रिपोर्ट दर्शाता है, एक बार कोई मुखिया संरक्षित घोषित हो जाता है फिर उसकी आधिकारिक अवधारणा और संरक्षित *ठेकेदार* की अवधारणा में बहुत कम अन्तर रह जाता है। इसलिए वास्तव में ज़रूरत यह पहचानने की है कि बड़ी ज़मींदारियों में वास्तविक ग्राम प्रणाली रैयतवाड़ी है और मालगुज़ारी नहीं, ज़मींदारियों और *खालसा* के रैयतवाड़ी गाँवों में एकमात्र अन्तर यह है कि अनुमानतः ज़मींदारी गाँवों में ज़मींदार की स्थिति तहसीलदार जैसी होती है।

154. हालाँकि चाहे यह नीति परिवर्तन प्रभावी हो या नहीं, अस्थायी पट्टों के लिए बीस वर्ष का समय जो भू-हस्तांतरण अधिनिमय के तहत बिना अनुमोदन के स्वीकृत है, जरूरत से ज्यादा लम्बा है। मेरे दृष्टिकोण से दस वर्ष से अधिक के किसी भी पट्टे के लिए अनुमति प्राप्त करनी आवश्यक होनी चाहिए और उपायुक्त को पट्टा समाप्त करने का अधिकार होना चाहिए यदि पट्टाधारक सम्पत्ति के साथ छेड़छाड़ करता हुआ या काश्तकारों का उत्पीड़न करता हुआ पाया जाए। यह भी एकदम स्पष्ट कर दिया जाना चाहिए कि पट्टे की अवधि के दौरान नए काश्तकारों को मान्यता प्रदान करने में गैर-आदिवासी पट्टाधारक के पास सिर्फ वही अधिकार होंगे जो मूल आदिवासी के पास थे जिसने पट्टा दिया था जिससे कि किसी गैर-आदिवासी काश्तकार को भूमि प्रदान करना, जिसके कारण मूल आदिवासी स्वामी के शेष अधिकारों का स्थायी हस्तांतरण हो जाए, सिर्फ उपायुक्त के अनुमोदन के बाद ही सम्भव हो सकेगा।

155. अधिनियम की धारा 2(2) में "भूमि" की परिभाषा के लिए जरूरी संशोधन अगले अध्याय के पैराग्राफ 170 में दिया गया है, जो बरार में घरेलू-ज़मीन के हस्तांतरण से सम्बन्धित है। यह परिवर्तन वर्तमान अधिनियम में भी होना चाहिए।

अध्याय : पाँच

बरार में भूमि का नुकसान

156. ऐसा सोचने की प्रवृत्ति है कि बरार में मेलाघाट एकमात्र आदिवासी इलाक़ा है। 1941 में बरार की वास्तविक आदिवासी जनसंख्या 274,112* थी। यदि 1941 के जनसंख्या आँकड़ों की सारणी XIII को सही माना जाए; मैं यह चेतावनी इसलिए दे रहा हूँ क्योंकि 1931 के बाद से आदिवासी जनसंख्या में 24,171 की कमी दिखाई गई है, और यद्यपि मेलाघाट से नीमड़ में कुछ कोर्कू लोगों का विस्थापन हुआ है, मेलाघाट की आदिवासी आबादी में करीब 2,000 की वृद्धि हुई है। बरार के इन कुल आदिवासियों में से सिर्फ 35,528 ही मेलाघाट में पाए जाते हैं। 1941 में शेष अमरावती ज़िले में 26,675 आदिवासी थे, अकोला ज़िले में 34,028, बुल्दाना ज़िले में 19,387 और यवतमाल ज़िले में लगभग 158,494। आँकड़े अमरावती में 8,194, अकोला में 8,296, बुल्दाना में 5,435 और यवतमाल में 2,246 की कमी दर्शाते हैं। मुझे वास्तव में कमी आने पर आशंका है और मैं इस अन्तर की वजह वर्गीकरण में जानबूझकर या अनजाने में हुआ परिवर्तन हो सकता है। 1931 में प्रति हजार में आदिवासियों की संख्या अमरावती ज़िले में 75, अकोला जिले में 48, बुल्दाना ज़िले में 32 और यवतमाल ज़िले में 187 थी। मेलाघाट का अनुपात 1931 में 707 प्रति हज़ार था, और संख्या और अधिक हो सकती थी यदि कुछ निम्न आदिवासी जातियों की अलग से गणना की गई होती, जिसमें निहाल या नहल जाति प्रमुख है जिसकी संख्या करीब 4,000 थी। मोरसी तालुक में इसी प्रकार अनेक अरख और लज्जझर हैं। 1931 में यवतमाल जिले में प्रति हजार आबादी में आदिवासियों की संख्या केलापार तालुक़ में 300, वुन तालुक में 225, यवतमाल तालुक़ में 214, प्रसड़ तालुक़ में 135 और दरवहा तालुक में सिर्फ 97 थी। बरार की मुख्य आदिवासी जातियाँ गोंड [96,853], अन्ध [58,519], कोर्कू [36,361], कोली [37,209], कोलम [29,515] और परधान [23,191] हैं; कोष्ठक में दिए आँकड़े 1931 में बरार में प्रत्येक जाति की कुल जनसंख्या हैं। बुल्दाना के जलगाँव और मलकापुर तालुक़ों में 5,199 लोगों की गणना धनवर के रूप में की गई थी, लेकिन वर्तमान जाँच में तहसीलदार, जलगाँव को उनका कोई पता नहीं चल सका और उसका सुझाव है कि 1931 के आँकड़े वास्तव में धंग़र के थे। बरार में 5,225 भील भी थे। लगभग सभी कोर्कू अमरावती ज़िले में हैं कुछेक को छोड़कर जो अकोट और जलगाँव तालुक़ों में मेलाघाट गाँवों में हैं। और अमरावती ज़िले के 33,869 में से 1931 में 30,273 मेलाघाट में थे। अमरावती ज़िले में 1931

* इस पैराग्राफ में केवल आदिवासियों के आँकड़े हैं और इसमें बरार भूराजस्व संहिता की धारा 66 के अन्तर्गत मेलाघाट में अधिसूचित पिछड़ी और अर्द्ध आदिवासी जातियाँ शामिल नहीं हैं।

में 35,400 लोग मातृभाषा के तौर पर कोर्कू बोलते थे। इस संख्या में कोर्कू बोलनेवाले कुछ निहाल तत्त्व भी शामिल हैं। गोंडों में करीब 69,013 यवतमाल जिले में थे, 23,654 अमरावती ज़िले में और 3,806 अकोला ज़िले में थे। 786 के अलावा बाकी सारे परधान यवतमाल ज़िले में थे। अमरावती ज़िले में 20,333 व्यक्ति बतौर मातृभाषा गोंडी बोलते थे और यवतमाल में 60,747 व्यक्ति। यथार्थतः सभी कोलम यवतमाल ज़िले में हैं जहाँ 1931 में 25,647 व्यक्ति बतौर मातृभाषा कोलमी बोलते थे। आदिवासी भाषाओं के ये आँकड़े महत्त्वपूर्ण हैं, चूँकि प्रायः यह सुझाव दिया जाता है कि यवतमाल ज़िले के आदिवासी इतने उन्नत हैं कि उन्हें संरक्षण की आवश्यकता ही नहीं है। अन्ध में से, जिनके बारे में प्रसिद्ध है कि वे गोंड और कोर्कू से ज्यादा उन्नत हैं, 30,699 यवतमाल में थे, 23,118 अकोला में और 4,680 बुल्दाना में थे। कोलियों में से लगभग 33,000 अमरावती, अकोला और बुल्दाना ज़िलों में करीब-करीब बराबर बँटे हुए हैं, शेष 4,700 यवतमाल में हैं। आदिवासी भूमि की इस सांख्यिकीय जाँच के लिए मैंने इस दृष्टिकोण पर गौर किया, मगर स्वीकार नहीं किया कि कोली औरं अन्ध अब इतने "उन्नत" हैं कि बिना विशेष संरक्षण के अपनी ठीक-ठाक देखभाल कर सकते हैं। मेरे पास उपलब्ध सूचनाओं के प्रकाश में और निज़ाम की जागीरों के पड़ोसी ज़िलों में अन्ध लोगों के बारे में मेरे स्वयं के अनुभव के आधार पर मैंने ऐसा किया। अन्ध और कोली के आँकड़े जाँच के सिर्फ यवतमाल वाले हिस्से को प्रभावित करते हैं।

157. प्रान्त के आदिवासियों के नैतिक एवं भौतिक उत्थान के लिए आवश्यक कार्यवाहियों के बारे में 1935 की जाँच के शुरुआत में, बरार के आयुक्त ने इस प्रकार लिखा—

> "जो लोग बरार से परिचित हैं, उन्हें लगता है कि कोर्कू यहाँ की मुख्य आदिवासी जाति है, परन्तु विवरण से यह देखा जा सकता है कि गोंड जो मध्य प्रान्त की मुख आदिवासी जाति है, की संख्या उनसे काफी अधिक है, और यह कि अनेक दूसरी संख्या के लिहाज से महत्त्वपूर्ण जनजातियाँ हैं, जिनमें अन्ध, जो सिर्फ बरार में ही पाए जाते हैं, भी कोर्कू से ज्यादा संख्या में हैं। कोर्कू पर ही सबका ध्यान केन्द्रित होने का कारण यह है कि सिर्फ यही जनजाति एक सुपरिभाषित और अपेक्षाकृत पिछड़े इलाक़े में रहती है, जबकि शेष जनजातियाँ बरार के मैदानों में बिखरी हुई हैं और हिन्दू आबादी से मुकाबला कर रही हैं, और यदि वे उनके समतुल्य नहीं तो कम-से-कम हिन्दू समाज के दलित वर्गों के जैसे तो हैं ही। यह सही है कि आर्यों के आक्रमण से पहले वे पहाड़ी इलाक़ों और ख़राब भूमिवाले क्षेत्रों में चले गए हैं, और यही कारण है कि उनकी सबसे बड़ी आबादी यवतमाल ज़िले के दक्षिण में पाई जाती है। खासकर उस ज़िले में आमतौर पर एक ही जाति, अन्ध, गोवरी या कोमल के पूरे-के-पूरे गाँव पाए जाते हैं। ज्यादातर आदिवासियों की तरह जो आजीविका के लिए मुख्य रूप से कृषि पर निर्भर हैं, वे अपने हिन्दू व अन्य पड़ोसियों से ज्यादा परिश्रमी हैं। उनकी आदतें सरल हैं मुख्यतः इसलिए क्योंकि उनके पास सम्पत्ति प्राप्त करने के अवसर बहुत कम हैं। लेकिन समय के साथ उन्होंने आक्रमणकारियों की परम्पराएँ और जीवन के तौर-तरीके आत्मसात कर लिए हैं। उनमें से कुछ खासकर अन्ध को ऊपर से देखने पर हिन्दुओं से अलग कर पाना प्रायः मुश्किल होता है। और जहाँ तक मेरी व्यक्तिगत जाँच से पता चलता है, अस्तित्व के संघर्ष में उन्हें भूमि का नुकसान नहीं हो रहा है।

उन्हें कभी विशेष संरक्षण प्राप्त नहीं हुआ, मध्य प्रान्त भू-हस्तांतरण अधिनियम जैसे तरीकों से भी नहीं जो सीमा के दूसरी तरफ उनके बँधुओं को नसीब था; और न ही, यदि व्यावहारिक हो तो भी, उन्हें संरक्षण की ज़रूरत दिखाई पड़ती है। वे स्थानीय स्वशासन और विधानसभा दोनों के, अन्य किसी जगह की तरह समान शर्तों पर ही मतदान के अधिकारी हैं; और यदि वे वास्तविक व्यवहार में अपनी जाति से कोई सदस्य चाहे स्थानीय बोर्ड में सही, नहीं भेजते हैं तो वे उत्पीड़ित वर्गों जितने ही खराब स्थिति में हैं बल्कि कई छोटी हिन्दू जातियों से भी खराब स्थिति में होते हैं। उनमें से जिनके पास अपनी अलग भाषाएँ हैं जैसे कि गोंड और कोलम, वे उन भाषाओं में शिक्षा न दिए जाने से थोड़ा भी प्रभावित होते हुए नज़र नहीं आते। लेकिन ये निष्कर्ष कोर्कू पर या मेलाघाट में उनके इलाक़ों पर लागू नहीं होते। जहाँ तक मेरी जानकारी है प्रान्त की कोई भी ऐसी जाति नहीं होगी जो स्वयं को सभ्यता में ढालने या उसके प्रभाव झेल सकने में इतनी अक्षम होगी। कोर्कू के चारित्रिक लक्षण कायरता और काहिली हैं और आर्केडिया का भोलापन और ईमानदारी फौरन गायब हो जाती है जब आर्केडिया पर अनेक सभ्यताओं का हमला होता है, और जिनका मुकाबला करने में ये गुण, शक्ति के स्रोत नहीं बल्कि कमजोरी बन जाते हैं। इस मौलिक सद्‌गुण और इससे सम्पन्न होने की मूढ़ता का एक सांकेतिक उदाहरण उप-मांडलाधिकारी इलीचपुर की निगाह में कुछ ही दिनों पहले आया जिनके अधिकार में मेलाघाट है। वह एक विदेशी साहूकार के कोर्कूओं के साथ सौदों की जाँच कर रहे थे और आखिरकार वह अनेक सादे प्रतिज्ञापत्र निकाल पाने में सफल हुए जिन पर कोर्कूओं ने हस्ताक्षर कर रखे थे इस आश्वस्ति पर कि साहूकार उन पर वह सब लिख देगा जो सही और नियमानुसार था। इन लोगों को संरक्षण दिए जाने की आवश्यकता का इससे बेहतर प्रमाण नहीं दिया जा सकता। कई अन्य उदाहरण दिए जा सकते हैं परन्तु मेरे स्वयं के अनुभव से एक शायद पर्याप्त रहेगा। 1929 में बुहरानपुर तहसील की सीमा पर के एक गाँव में जहाँ कोर्कू किसी अन्य इलाके से ज्यादा उन्नत हैं, मुझे एक कोर्कू मिला जिस पर एक साहूकार का कर्ज़ था जो साहूकार के मुताबिक रुपए 400 का था। इस रकम के ब्याज के तौर पर ऋणी ने अपना पूरा समय बिना पारिश्रमिक साहूकार की मजदूरी करने में लगाया, अपने शेष परिवार को उसकी तथा परिवार के निर्वाह के लिए कमाई करने के लिए छोड़कर। साहूकार ने कर्ज़ का अंश लेने से हमेशा मना किया और इस बात पर अड़ा रहा कि पूरी रकम उसे एकमुश्त चुकाई जाए। जब कोर्कू से पूछा गया कि वह इस बन्धन से कैसे मुक्त होगा तो उसकी एकमात्र आशा उसका 12 वर्षीय पुत्र था जो कुछ सालों में बड़ा होकर उसकी जगह ले लेगा।"

158. यवतमाल और बरार के मोरसी तालुक में आदिवासियों द्वारा भूमि के नुकसान पर की गई जाँच के इस अध्याय में दिए परिणाम यह दर्शाएँगे कि आयुक्त की यह मान्यता कि मेलाघाट के बाहर आदिवासी अस्तित्व के संघर्ष में भूमि नहीं खो रहे थे, ग़लत थी, और इसलिए उनके संरक्षण के लिए भी कुछ भूमि हस्तांतरण सम्बन्धी उपाय करने की आवश्यकता है। न ही कोई व्यक्ति जिसके मन में आदिवासियों का हित हो इस सुझाव का स्वागत कर सकता है कि बरार में उनकी स्थिति दलित वर्गों से ज्यादा ख़राब नहीं है। बरार में स्थितियों की लम्बी चर्चा के पश्चात् कमिश्नर का पत्र यह विचार रखता है कि मेलाघाट के सिवाय

आदिवासियों को विशेष संरक्षण की आवश्यकता नहीं है, जबकि मेलाघाट के राजस्व गाँवों में उसके सुझाव थे–

(1) भूमि पट्टों का अहस्तांतरण, सख़्ती से लागू किया हुआ;

(2) भूमि वितरण में आदिवासियों को वरीयता;

(3) आधिकारिक और शैक्षिक भाषा के तौर पर मराठी के बजाय हिन्दी के प्रयोग पर ज़ोर;

(4) और अधिक विद्यालयों का प्रावधान; और

(5) ग्राम अधिकारियों की नियुक्ति में आदिवासियों को वरीयता देने के लिए कानून।

159. वास्तव में बरार में आदिवासियों द्वारा भूमि के नुकसान पर बहुत कम ध्यान दिया गया है, सिवाय मेलाघाट तालुक़ और बरार के निकटवर्ती तालुक़ों में 1912 में यहाँ से हस्तांतरित गाँवों को छोड़कर जहाँ बरार भूराजस्व संहिता की धारा 53 और 66 के अन्तर्गत भूमि के अधिकार के वितरण और हस्तांतरण दोनों को नियमित करने की आवश्यकता है ताकि इसे आदिवासियों के हाथों से निकलने से रोका जा सके। इस सन्दर्भ में "आदिवासी" शब्द ज्यादा विस्तृत नहीं है। संहिता की धारा 66 "गोंड, कोर्कू या अन्य पिछड़ी जातियों या जनजातियों" की बात करती है और संहिता की धारा 66 के अन्तर्गत 20 अप्रैल, 1929 की अधिसूचना संख्या 466-XII गोंड, कोर्कू और कोर्कू-ईसाई तथा भील, निहाल, परधान, भोंगिया और भूटा आदिवासी जनजातियों के साथ-साथ पिछड़ी जातियों बलई, महार, गौलन, गौली, गोवरी, सोसाई, चमार, माँग और बंजरी को अधिसूचित किया। संहिता की धारा 53 के अन्तर्गत नियम 4 और 5 यह प्रावधान करते हैं कि पहले जो गाँव मेलाघाट में थे उनमें खाली भूमि के आवंटन में अधिसूचना में आनेवाले आदिवासी जनजातियों और पिछड़ी जातियों को वरीयता दी जाए। लेकिन मेलाघाट और पुराने मेलाघाट के गाँवों में बरार के तीन लाख आदिवासियों में से सिर्फ 35,000 ही रहते हैं। यवतमाल ज़िले में, जैसा कि हम देख चुके हैं 160,000 से ज्यादा आदिवासी* हैं। फिर भी हस्तांतरित गाँवों के अनेक आदिवासी मालिक और काश्तकार और *खालसा* गाँवों के अधिभोगी बचे रह जाते हैं। मुझे महसूस हुआ कि यह आश्चर्यजनक होगा यदि जिन कारणों से मध्य प्रान्त में भू-हस्तांतरण अधिनियम और भू-राजस्व संहिता की धारा 66 के विशेष प्रावधान जिन्हें मेलाघाट में आदिवासियों की बेदखली रोकने के लिए लागू किया गया था वही अमरावती और यवतमाल ज़िलों में भी तो नहीं प्रचलित थे। अकोला और बुल्दाना ज़िलों में आदिवासी इतने कम और इतने बिखरे हुए हैं कि मेलाघाट के पुराने गाँवों और आसपास के गाँवों को छोड़कर नीचे दिए गए गाँवों के अलावा वहाँ जाँच करना ज़रूरी नहीं समझा गया।

बरार में आदिवासियों की भूमि के हस्तांतरण पर अस्तित्वमान प्रतिबन्ध

160. *अहस्तांतरित गाँव*–आदिवासी जोतों पर एकमात्र प्रतिबन्ध वर्तमान मेलाघाट तालुक़ के अधिभोगी जोतों और गाँवठन स्थानों पर लागू हैं और अधिभोगी जोतों पर सिर्फ 1912 में बरार भूराजस्व संहिता की धारा 66 के अन्तर्गत अधिसूचनाओं के द्वारा मेलाघाट से इलीचपुर,

---

* ये आँकड़े सिर्फ वास्तविक आदिवासियों के हैं और बरार भूमि राजस्व संहिता की धारा 66 के अन्तर्गत अधिसूचित पिछड़ी जातियाँ इसमें शामिल नहीं हैं।

दरयापुर, अकोट और जलगाँव तालुक़ों को हस्तांतरित गाँवों में। बरार राजस्व नियमावली, खंड I के पृष्ठ 49 पर दिए गए ये नियम हस्तांतरित गाँवों में उप-मांडलाधिकारी को आदिवासी मालिकों को निम्न अनुमति प्रदान करने का निर्देश देते हैं। (क) किसी सत्यापित किसान को 10 वर्ष तक के लिए अतिरिक्त भूमि या वह भूमि जिस पर कुछ अस्थायी अक्षमता के कारण मालिक स्वयं खेती न कर पा रहा हो, का पट्टा देना; (ख) अपनी जोत को बेचने, गिरवी रखने या उपहार करने की अनुमति यदि प्राप्तकर्त्ता एक *सत्यापित* किसान या उसके परिवार का ही सदस्य हो या जोत इस प्रकार की हो जिसके हस्तांतरण का अधिकार बन्दोबस्त के समय ही दर्ज़ हो गया हो; या (ग) डिप्टी कमिश्नर की पूर्व अनुमति से अपनी भूमि को किसी भी अन्य तरीके से हस्तांतरित करना। ये नियम वर्तमान मेलाघाट तालुक़ में गाँवों के लिए बने *गाँवकायदा* के नियम 9 के प्रावधानों द्वारा कभी-कभार ही हस्तांतरित गाँवों पर लागू होते हैं। स्वयं मेलाघाट तालुक संहिता की धारा 66 के तहत बना है।

161. हस्तांतरण पर प्रतिबन्ध के अलावा वर्तमान मेलाघाट *गाँवकायदा* संहिता की धारा 53 के अन्तर्गत नियमों 1 से 6 के द्वारा खाली अहस्तांतरित भूमि के आवंटन में आदिवासियों और पूर्व अधिसूचित पिछड़ी जातियों के हित में कुछ प्रतिबन्ध लगाता है। जहाँ एक से ज्यादा आवेदनकर्त्ता हों वहाँ आदिवासियों को वरीयता मिलेगी। गैर-आदिवासियों को भूमि प्रदान करने का अधिकार उप-मांडलाधिकारी के पास सुरक्षित है और यह तहसीलदार को प्राप्त नहीं है। आवंटन प्राप्तकर्ता मेलाघाट में गाँव के पाँच मील की परिधि के अन्दर का निवासी होना चाहिए और एक वास्तविक किसान होना चाहिए। जोतों की नीलामी प्रतिबन्धित है और जोतों में आनेवाले खेतों की नीलामी वर्जित है। 29 अगस्त, 1912 की अधिसूचना संख्या 440 के अन्तर्गत मेलाघाट से हस्तांतरित गाँवों में बरार भूराजस्व संहिता (पृष्ठ 23, राजस्व नियमावली, खंड I) की धारा 53 के सन्दर्भ में नियमों के अन्तर्गत बनाए प्रतिबन्ध उतने विस्तृत नहीं हैं। यदि भूमि के लिए कोई प्रतिद्वंद्विता न हो तो तहसीलदार अधिभोगी अधिकार प्रदान कर सकता है बशर्ते कि आवेदनकर्ता भूमि पर लगे वृक्षों का मूल्य चुकता कर दे। यदि कोई प्रतिद्वन्द्वी हो तो वह भूमि किसी आदिवासी निवासी या मालिक को पेड़ों का मूल्य चुकाने पर दे सकता है। यदि एक से ज्यादा आदिवासी आवेदक हों तो भूमि की नीलामी करनी पड़ेगी, लेकिन उप-मांडलाधिकारी उच्चतम बोली अस्वीकार कर सकता है यदि बोली लगानेवाला वैसी जनजाति या जाति का नहीं हो।

162. *हस्तांतरित गाँव-गैर-इज़ारा गाँव*—भूराजस्व संहिता के अध्याय VI के शीर्षक के मद्देनज़र, संहिता की धारा 66 के अन्तर्गत आनेवाले प्रावधान मेलाघाट के जागीर गाँवों पर लागू नहीं होते। धारा 53 और उसके अन्तर्गत आनेवाले नियम इसके तहत हस्तांतरित भूमि पर निश्चित ही लागू नहीं होते। इसके अतिरिक्त मेलाघाट *गाँवकायदा* किसी जागीर गाँव पर लागू नहीं होता : किसी भी मेलघाट जागीर का सर्वेक्षण या बन्दोबस्त नहीं हुआ है और उन्हें संहिता की धारा 108 से 117 और 119 के प्रावधानों से छूट दी गई है और इसलिए उनके अधिकारों के रिकार्ड नहीं हैं। इस प्रकार पूरे बरार में सभी *गैर-इज़ारा* हस्तांतरित गाँवों में काश्तकारों पर लागू कानून संहिता के अध्याय VIII में दिए गए हैं। पूर्व-हस्तांतरण काश्तकार की जोत स्थायी एवं हस्तांतरणीय होती है और उसकी मृत्यु पर उत्तराधिकार या उत्तरजीविता से उसके व्यक्तिगत विधान के अनुसार अधिकार दिया जाता है और वह बेदखली से संरक्षित होता है।

163. *इज़ारा* गाँव बरार हस्तांतरित गाँव काश्तकारी कानून, 1921 द्वारा प्रशासित होते हैं। काश्तकार एक लिखित दस्तावेज के द्वारा अपनी जोतें ज़मींदार को त्याग सकते हैं जिसे "पूर्व-हस्तांतरण" या "स्थायी" काश्तकार के मामले में पंजीकृत होना चाहिए (धारा 36)। ज़मींदार कुछ परिस्थितियों में "पूर्व हस्तांतरण" काश्तकार के सिवा किसी काश्तकार की जोत को छोड़ा हुआ घोषित कर सकता है और उसे किसी और को दे सकता है या स्वयं उस पर कृषि कर सकता है (धारा 37)। "पूर्व-हस्तांतरण" काश्तकारी अधिकार हस्तांतरणीय हैं और मृत्यु पर व्यक्तिगत कानून के तहत उत्तराधिकार के द्वारा दिए जाते हैं (धारा 42); यदि हस्तांतरण होता है या छोड़ दिया जाता है तब सह-काश्तकार या वो भी न हों तो जमींदार पूर्वाधिकार कर सकता है (धारा 43)।

ऐसे काश्तकार ज़मींदार द्वारा बेदखल किए जाने के प्रति संरक्षित हैं (धारा 44)। स्थायी काश्तकारों के अधिकार व्यक्तिगत कानून के तहत उत्तराधिकारी को प्राप्त हो जाते हैं [धारा 48(1)], और न्यायालय द्वारा बिक्री से उन्हें छूट रहती है सिवाय जब कानून द्वारा स्वीकृत हस्तांतरण का मामला हो [धारा 48(3)]; ऐसे काश्तकारों पर एक वर्ष से ज्यादा उपहार देने, रेहन रखने, बेचने अथवा उप-पट्टा देने पर प्रतिबन्ध है सिवाय अपने उत्तराधिकारी या सह-काश्तकार को या सिर्फ तब जब हस्तांतरण तकावी कर्ज़ चुकाने के लिए किया जा रहा हो [धारा 48(4)]; धारा 48 के उल्लंघन में किए गए हस्तांतरण धारा 49 के तहत मान्य होंगे उसी प्रकार जैसे (असंशोधित) मध्य प्रान्त काश्तकारी अधिनियम, 1920 के तहत अधिभोगी जोतों के अवैध हस्तांतरण के साथ होता है।

सामान्य काश्तकारों की स्थिति लगभग गैर-*इज़ारा* हस्तांतरित गाँवों के "मन मर्जी-काश्तकारों" जैसी है।

164. इस प्रकार गैर-इज़ारा हस्तांतरित गाँवों में आदिवासियों द्वारा काश्तकारी भूमि के हस्तांतरण पर स्पष्टतः कोई प्रतिबन्ध नहीं है, और *इज़ारा* गाँवों में ऐसा ही पूर्व-हस्तांतरण काश्तकारों के साथ है। इज़ारा गाँवों में "स्थायी" काश्तकारों की स्थिति करीब-करीब वैसी ही है जैसी अधिभोगी काश्तकारों की असंशोधित मध्य प्रान्त अधिनियम में थी, और इसलिए सम्भवतः मध्य प्रान्त की तरह ज़मींदार को कपटपूर्ण सन्धि के द्वारा कब्जा देकर और फिर जिस व्यक्ति को हस्तांतरण करना हो उसे दोबारा अनुदान दिलवाकर हस्तांतरण पर प्रतिबन्ध के उद्देश्यों को पराजित कर सकते हैं।

165. *इज़ारा* गाँवों में *इज़ारदारों* और प्लॉट-मालिकों के अधिकार हस्तांतरण पर कोई प्रतिबन्ध नहीं लगाया गया है; सम्भवतः वही ज़रूरतें जिनके कारण मध्य प्रान्त भू-हस्तांतरण कानून लागू किया गया था आदिवासी मालिकों द्वारा हस्तांतरणों पर भी लागू होना चाहिए, क्योंकि ऐसा मालूम पड़ता है कि वे अपनी भूमि खो रहे हैं। अन्य हस्तांतरित गाँवों में यह मान लिया गया है कि हस्तांतरणों पर बरार राजस्व पुस्तक परिपत्र I-2 द्वारा पर्याप्त नियन्त्रण है।

166. *जाँच का दायरा*—बरार में दखलदारों के पास समग्रता में हस्तांतरण अधिकार इतने लम्बे समय से हैं कि सिर्फ मेलाघाट, बैतूल और नीमड़ की सीमा पर और यवतमाल के आदिवासी इलाकों को छोड़कर, मैंने आयुक्त के इस मत को स्वीकार कर लिया कि सम्भवतः *खालसा* क्षेत्रों में आदिवासियों को पट्टे पर सीमा लगाने के प्रश्न पर विचार करने का अब समय नहीं रहा। मेलाघाट में प्रतिबन्ध आवश्यक है या नहीं यह प्रश्न उतना महत्त्वपूर्ण नहीं

है जितना यह कि प्रतिबन्ध पर्याप्त है और अहस्तांतरित गाँवों में राजस्व अधिकारियों द्वारा ठीक से लागू हुए हैं या नहीं और जागीर गाँवों में आदिवासी काश्तकारों की क्या स्थिति है, हस्तांतरण-पूर्व काश्तकारों और स्वैच्छिक काश्तकारों के अधिकारों को दर्ज़ करने की आवश्यकता है या नहीं, मेलाघाट *गाँवकायदा* लागू होना चाहिए अथवा नहीं और आदिवासी काश्तकारों की सुरक्षा के लिए और प्रावधान करने चाहिए या नहीं, या तो अध्याय VIII को संशोधित करके या संहिता की धारा 194(1) के अन्तर्गत नियमों का निर्माण करके।

(1) इसलिए *मेलाघाट तालुक़* में राजस्व अधिकारियों से कहा गया–

(क) श्री क्रॉफ्टन की बन्दोबस्त रिपोर्ट के पृष्ठ 6 पर दी गई सारणी के आँकड़ों को नवीनतम स्थिति के अनुसार बदलें, संहिता की धारा 66 के अन्तर्गत अधिसूचित सभी जनजातियों और जातियों के दखलकारों को आदिवासी के रूप में प्रदर्शित करते हुए, जिसमें श्री क्रॉफ्टन की वर्ग 16 के आँकड़ों को आदिवासी और गैर-आदिवासी "अन्य" के बीच विभाजित करना शामिल था;

(ख) उन गाँवों में जहाँ जाँच ने आदिवासियों की संख्या या उनकी जोतों में उल्लेखनीय गिरावट या गैर-आदिवासियों की संख्या या उनकी जोतों में उल्लेखनीय वृद्धि या दोनों ही दर्शाते हैं, वहाँ इसके कारणों की पड़ताल करना और यह देखना कि नियमों को और सख्त करने की आवश्यकता है अथवा नहीं;

(ग) हाल के भू-हस्तांतरण और आवंटन के मामलों की जाँच करना;

(घ) (ख) या (ग) के कारण हो सकनेवाले किसी आदिवासी कर्ज़दारी की प्रासंगिक सूचना दर्ज़ करना;

(ङ) यह देखना कि स्थानीय जाँच (नियम 1), निवास (नियम 3), आदिवासियों को वरीयता (नियम 4) और सिर्फ सत्यापित किसानों को ही आवंटन के *गाँवकायदा* की माँगों पर व्यवहार किया जा रहा है अथवा नहीं;

(च) जागीर गाँवों की स्थितियों की पड़ताल करना, जिनके बारे में हाल की किसी सरकारी रिपोर्ट में सूचना उपलब्ध नहीं है। यह देखना कि आदिवासियों का शोषण उस प्रकार हो रहा है अथवा नहीं जैसा *खालसा* गाँवों के बारे में मेलाघाट निर्देशिका की प्रस्तावना के पैराग्राफ 3, 4 और 6 में प्रचलित दिखाया गया है और यदि ऐसा है तो यह देखना कि जागीरदारों और आदिवासियों के रिश्तों को नियन्त्रित करने के लिए विशेष उपाय करने की आवश्यकता है अथवा नहीं; और

(छ) यह देखना कि संहिता की धारा 66 में आदिवासियों और पिछड़ी जातियों की सूची में और जातियों, जनजातियों को जोड़ने की आवश्यकता है या नहीं।

(2) *1911 के बाद मेलाघाट से हस्तांतरित गाँव*—कालान्तर में एकीकृत गाँवों को एक दर्शाते हुए अमरावती ज़िले में इलीचपुर तालुक़ में 15 और दरयापुर तालुक़ में 3, अकोला ज़िले में अकोट तालुक़ में 31 और बुल्दाना ज़िले में जलगाँव तालुक़ में एक। इन गाँवों में उपायुक्तों को हर गाँव के समक्ष उसकी बन्दोबस्त संख्या, कुल निवासियों की संख्या, उनकी जोत का कुल क्षेत्रफल तथा नेल्सन और क्रॉफ्टन बन्दोबस्त के समय का और वर्तमान का आकलन और धारा 66 के तहत अधिसूचित जातियों और जनजातियों के आदिवासी काश्तकारों की कुल संख्या और उनकी जोतों का कुल क्षेत्रफल और अबकी तथा नेल्सन और क्रॉफ्टन बन्दोबस्त के आकलन का एक वक्तव्य नेल्सन और क्रॉफ्टन बन्दोबस्त के रिकार्डों

तथा पिछले *जमाबन्दी* विवरणों के आधार पर इकट्ठा करने को कहा गया। इस विवरण को इन तीनों अवसरों पर कृषि के योग्य कुल खाली भूमि को भी दर्शाना था। उपायुक्तों को इस विवरण से वो इलाके पहचानने थे जहाँ आदिवासियों की जोतों में उल्लेखनीय कमी या गैर-आदिवासियों की जोतों में उल्लेखनीय वृद्धि हुई है तथा उनके कारणों की स्थानीच जाँच करवानी थी और रिकार्ड-रूम में पिछले तीन वर्षों के मामलों की जाँच करना और यह देखना कि बरार राजस्व निर्देशका के पृष्ठ 23 और पृष्ठ 49 के नियमों को किस हद तक प्रयोग किया जा रहा है और ऐसे गाँव हैं क्या जहाँ इतनी प्रायः छूटें हुई हैं कि वहाँ कारणों की स्थानीय जाँच की आवश्यकता हो।

(3) शेष बरार में परिस्थितियों की जाँच निम्न आधार पर की गई, आदिवासी के अन्तर्गत वास्तविक आदिवासियों में से गोंड, परधान, अन्ध, भील, कोलम, कोली, निहाल और कोर्कू तथा बंजारा या बंजरी, गोवरी और गावली को शामिल माना गया।

क. *इजारा गाँव*—बन्दोबस्त रिपोर्टों की जाँच की गई और यवतमाल जिले के अलावा कहीं और जाँच का आधार नहीं दिखलाई पड़ा। वहाँ उपायुक्त को, ज़िले में इस पूरी जाँच के लिए रखे गए एक चयनित राजस्व निरीक्षक की मदद से, पिछले बन्दोबस्त और 1940 की स्थिति की तुलना करने को कहा गया यह देखने के लिए कि आदिवासी *इजारेदारों,* भूस्वामियों और वरीयता प्राप्त काश्तकारों द्वारा भूमि नुकसान किसी भू-हस्तांतरण कानून की प्राथमिक ज़रूरत रेखांकित करता है अथवा नहीं। उसे चुनिन्दा गाँवों में भूमि नुकसान के कारणों की परीक्षा करने को कहा गया। आँकड़ों के लिए फॉर्म निर्देशित किए गए।

(ख) *जागीर गाँव*—बुल्दाना के जलगाँव तालुक़ में चार गाँव और यवतमाल के केलापुर तालुक़ में छह तथा पुसद तालुक़ में चार गाँव जाँच के लिए सुझाए गए। जाँच यवतमाल के जागीर गाँवों में उस हद तक सीमित रहनी थी जहाँ तक आदिवासी बतौर हस्तांतरण-पूर्व काश्तकार और पुराने काश्तकार तथा कानून द्वारा प्रदत्त हस्तांतरण के मुक्त अधिकार के द्वारा अपने अधिकार खो रहे थे। बुल्दाना के उपायुक्त को वही जाँच करने के लिए कहा गया जो यवतमाल जागीरों के लिए निर्देशित था तथा मेलाघाट जागीरों के लिए उठाए गए प्रश्नों पर भी गौर करने के लिए कहा गया।

(ग) *खालसा गाँव*—अमरावती ज़िले में मोरसी तालुक़ में 45 गाँव तथा इलीचपुर तालुक़ में 21 गाँव दोनों तालुक़ों के उत्तरी आदिवासी किनारों पर जहाँ गाँव बैतूल और मेलाघाट शृंखलाओं की तराई में स्थित हैं, चुने गए, अकोला ज़िले में 1911 में मेलाघाट से हस्तांतरित अकोट तालुक़ के 8 गाँव और यवतमाल ज़िले में केलापुर, पुसद और वुन तालुक़ों की एक-एक राजस्व निरीक्षकों सर्किलों के सभी *खालसा* गाँव। इन इलाकों में उपायुक्त को निर्देशित फॉर्मों के आधार पर प्रत्येक गाँव में मूल अधिकारों के रिकार्ड और नवीनतम उपलब्ध *जमाबन्दी* की तुलना करते हुए कुल अधिभोगी भूमि और कृषि योग्य कुल खाली भूमि, कुल स्वामियों और आदिवासियों स्वामियों की संख्या और गाँवों के कुल क्षेत्रफल और आकलन, और सभी काश्तकारों तथा आदिवासी काश्तकारों की भूमि का विवरण तैयार करने को कहा गया। उन्हें उन कारणों की जाँच करने के लिए कहा गया जिनके चलते किसी

भी गाँव में आँकड़ों के द्वारा आदिवासी जोतों में उल्लेखनीय गिरावट प्रदर्शित होती हो, और यह बताया गया था कि इसमें भूराजस्व संहिता की धारा 66 द्वारा और बरार राजस्व नियमावली, खंड I के पृष्ठ 23 पर संहिता की धारा 53 के अन्तर्गत बनाए गए नियम 4 और 5 और मेलाघाट *गाँवकायदा* के नियम 1 से लेकर 7 तक (उसी धारा के अन्तर्गत बनाए गए) द्वारा मेलाघाट में अधिकार के हस्तांतरण पर लगे प्रतिबन्ध को बरार के अन्य क्षेत्रों में भी विस्तारित करने का मामला जुड़ा हुआ है।

167. विभिन्न ज़िलों में जाँच की सम्पूर्णता में भिन्नता है। दुर्भाग्य से बरार में मेरी जाँच युद्ध और सविनय अवज्ञा के कामों के भारी बोझ के साथ चली और चूँकि मैं स्वयं उस समय आदिवासी जनजाति जाँच अधिकारी के आँठवें हिस्से के बराबर हो गया था इसलिए दौरे पर मैं व्यक्तिगत तौर पर निरीक्षण करने या किसी परिणाम की जाँच करने या भूमि नुकसान के कारणों की पड़ताल करने में असमर्थ रहा। यवतमाल जाँच का विस्तार सबसे बड़े क्षेत्र में था और यद्यपि डिप्टी कमिश्मर की रिपोर्ट यदि कोई स्थानीय जाँच हुई तो उसके कारणों या परिणामों की विस्तृत चर्चा नहीं करती तथापि इसके सामान्य परिणाम आश्चर्यजनक हैं; आदिवासी मालिकों और काश्तकारों की संख्या बन्दोबस्त के समय 4,463 से बढ़कर 1940-41 में 4,715 हो गई थी, लेकिन उनकी जोत 121,712 एकड़ से गिरकर 93,267 एकड़ हो गई थी, जो कि 25 वर्षों में 28,445 एकड़ या प्रति 100 में 23 एकड़ का नुकसान है। डिप्टी कमिश्नर की रिपोर्ट, जो विवरणों के बिना यहाँ उद्धृत की जा रही है, स्वयं ही सब कुछ बयान करती है, लेकिन दी गई सामग्री से किसी विशेष लक्षण या किसी विशेष क्षेत्र या जाति को चिन्हित कर पाना मुश्किल है—

"*भूमिका*—वर्तमान जाँच यह जानने के लिए की गई कि पिछले दो दशकों में ज़िले के आदिवासियों की भूमि का कितना हिस्सा गैर-आदिवासियों के हाथ में चला गया है और इसके परिणामस्वरूप आदिवासी अधिभोगियों द्वारा स्थायी हस्तांतरण पर प्रतिबन्ध लगाना अथवा उनके हस्तांतरण के अधिकारों पर रोक लगाना कितना उचित होगा। आदिवासियों के बतौर वर्गीकृत कुल 160,000 से ज्यादा निवासी ज़िले के सभी भागों में 1,830 गाँवों में निवास करते पाए जाते हैं। आदिवासियों की जनसंख्या केलापुर और वुन तालुक़ों और पुसद तालुक़ की किन्वत शृंखला में सबसे घनी है। राजस्व इंस्पेक्टर डब्ल्यु.डी. पन्धारिपांडे, जिन्हें ज़रूरी सांख्यिकीय आँकड़े एकत्रित करने की विशेष ड्यूटी पर लगाया था, को ज़िले के उन सभी गाँवों के सन्दर्भ में जाँच संचालित करने का निर्देश दिया गया जहाँ आदिवासियों की जनसंख्या कुल जनसंख्या के 22 प्रतिशत से कम नहीं थी। इस जाँच में 754 गाँवों (किन्वत शृंखला के सभी गाँवों को शामिल करते हुए) को समाहित किया गया। इनमें से 493 *खालसा*, 227 *इज़ारा* और 34 हस्तांतरित *गैर-इज़ारा* गाँव थे। 754 गाँवों जिनमें जाँच के निर्देश दिए गए थे, में से पाया गया कि 211 गाँवों में कोई आदिवासी अधिभोगी या काश्तकार न तो मूल अधिकारों के रिकॉर्ड में दर्ज थे और न ही वर्तमान रिकार्ड में। आदिवासी *इज़ारेदार*, प्लॉट-मालिक, हस्तांतरण-पूर्व काश्तकार और स्थायी काश्तकारों की तुलना वर्तमान स्थिति से करने के लिए तहसीलदारों को ज़िले के सभी हस्तांतरित गाँवों के सन्दर्भ में जाँच करने को कहा गया। इसी प्रकार 22 गाँवों में उन्हें आदिवासियों के

विलुप्त होने के कारणों की जाँच करने को कहा गया और इसकी कि क्यों 49 गाँवों में उनकी भूमि 1914 में उनकी भूमि की तुलना में घटकर 33 प्रतिशत रह गई है। चुनिन्दा *खालसा* गाँवों में सांख्यिकीय सूचना एकत्र करने के लिए एक फॉर्म निर्देशित किया गया...ज़रूरी आँकड़ों को निर्देशित विवरण, फार्म III, के स्तम्भ 2, 4, 6, 8, 10, 11, 14 और 15 में उपलब्ध कराने के लिए। जाँच के परिणामस्वरूप एकत्रित सांख्यिकीय सूचना निम्न निर्देशित फार्मों में संकलित है—

"फार्म संख्या 1* *इज़ारा* और *गैर-इज़ारा* हस्तांतरित गाँवों में मालिकों से सम्बन्धित है जहाँ आदिवासी जनसंख्या 33 प्रतिशत से कम नहीं है। *गैर-इज़ारा* हस्तांतरित गाँवों में मालिकों की संख्या या उनकी ज़मीन में कोई परिवर्तन नहीं हुआ है। हालाँकि *इज़ारा* गाँवों में गोंड मालिकों की संख्या में 6 की वृद्धि हुई है, अन्ध में 2 की और अन्य में 6 की जबकि बंजारों की संख्या में 3 की और गवालियों में 2 की कमी आई है। मालिकों की संख्या में वृद्धि उनके व्यक्तिगत कानूनों और रीतियों के अनुसार भूमि का बँटवारा करने के कारण हुई है। मालिकाने की कुल भूमि 7,061 एकड़ से कम हुई है यानी पिछले बन्दोबस्त के समय उनकी कुल भूमि का 33 प्रतिशत। यह स्पष्टतः कर्ज़ और उसके परिणामस्वरूप भूमि के आवश्यक हस्तांतरण के कारण है।

"हस्तांतरित *गैर-इज़ारा* गाँवों में जाँच काश्तकारों की संख्या में 15 और भूमि के मालिकाने में 234 एकड़ की वृद्धि दर्शाती है। दूसरी तरफ हस्तांतरित *इज़ारा* गाँवों में आदिवासियों की संख्या में 9 की और उनकी जोत की माप में 2,518 एकड़ की गिरावट हुई है।

क्षेत्रफल गें कुल गिरावट 21 प्रतिशत है (विवरण II† में दिया ब्यौरा देखिए)।

"विवरण संख्या III* *खालसा* गाँवों में आदिवासी अधिभोगियों के सन्दर्भ में सूचना देती है। ऐसा प्रतीत होता है कि आदिवासी अधिभोगियों की संख्या में 130 की वृद्धि हुई यद्यपि उनकी भूमि 29,261 एकड़ या 27 प्रतिशत से कम हुई। इन गाँवों में 1941 में कुल अधिग्रहीत भूमि पिछली व्यवस्था के बाद 17,861 एकड़ से बढ़ी, लेकिन इसमें से कोई भूमि आदिवासियों के हाथ में नहीं गई जो अनुमानतः बोली लगाने की स्थिति में नहीं थे जब ज़मीन बेची गई थी। 2,518 एकड़ क्षेत्रफल की छियानबे सर्वेक्षण संख्याएँ अभी भी बतौर खाली कृषि योग्य भूमि वितरण के लिए उपलब्ध हैं और यह अच्छा होगा कि इस भूमि को देते समय, बरार राजस्व संहिता की धारा 53 के अन्तर्गत, आदिवासियों के दावों पर ध्यान दिया जाए।

"ज़िले के सभी *इज़ारा* गाँवों में आदिवासी मालिकों और काश्तकारों से सम्बन्धित फार्म (ख) की सूचना दर्शाती है कि उनकी संख्या में 16 मालिकों और 157 काश्तकारों की वृद्धि हुई। काश्तकारों के अधिकार में आई भूमि में 216 एकड़ की वृद्धि हुई है। ये आँकड़े यह दर्शाएँगे कि आदिवासी कृषि को जीविकोपार्जन के स्थायी माध्यम की तरह अपनाने लगे हैं, और इस ज़िले में घुमन्तू कृषि के पुराने तरीके को छोड़ दिया है।

"*खालसा* गाँवों में आदिवासी अधिभोगियों के सन्दर्भ में और हस्तांतरित *इज़ारा* गाँवों में काश्तकारों के सन्दर्भ में स्थिति का समाहार करते हुए; 48 मालिकों ने अपनी पूरी ज़मीन खो दी है जो 22 गाँवों में उनके पास थी; जबकि 49 गाँवों में 265 काश्तकारों और

* इन फार्मों और विवरणों को इस रिपोर्ट में उद्धृत नहीं किया गया है।

† वही।

अधिभोगियों की भूमि 1914 के मुकाबले करीब 33 प्रतिशत कम से कम हुई है। आँकड़े इस प्रकार हैं–

अधिभोगियों और काश्तकारों की संख्या (क) बन्दोबस्त के समय (ख) 1941 में

(क) 4,463–ज़मीन, 121,712 एकड़, (ख) 4,750–ज़मीन, 93,712 एकड़

काश्तकारों और अधिभोगियों की संख्या में 287 की वृद्धि दिखाई पड़ती है जबकि उनकी जोत में लगभग 28,445 एकड़ की कमी आई है यानी पिछले 25 वर्षों में 23 प्रतिशत की। हालाँकि यह सन्देहास्पद है कि इस प्रकार दर्शाई गई स्थिति विशेष संरक्षण कानून के लिए काफी है।

"तहसीलदारों का उनकी रिपोर्टों में आदिवासियों की मदिरापान की आदत के कारण कुप्रबन्धन और कर्ज़ की वजह से होनेवाले नुकसान का स्पष्टीकरण ढूँढ़ने के प्रति झुकाव रहा है। मदिरापान की उनकी लत जगज़ाहिर है लेकिन मेरे विचार से एक औसत आदिवासी को प्राप्त शिक्षा को उनकी आर्थिक अकुशलता और चालाक साहूकार वर्गों से होड़ कर सकने में उनकी असमर्थता का कारण समझना चाहिए। हालाँकि इस ज़िले में यह किसी भी पिछड़ी जाति पर उतना ही लागू होता है जितना आदिवासियों पर क्योंकि आदिवासियों ने गैर-आदिवासी जातियों के किसानों की निकटता से कई बार लाभ उठाया है। यह सन्देहास्पद है कि यवतमाल ज़िले की परिस्थितियाँ, जहाँ आदिवासी आम ग्रामीण समाज में घुल-मिल गए हैं, उनके लिए विशेष कानूनी संरक्षण के लिए पर्याप्त आधार मुहैया करवाती हैं।"

हालाँकि आदिवासी जातियों और पिछड़ी जातियों के लिए फार्म I और II के आँकड़ों की तरफ ध्यान खींचा जा सकता है। फार्म I में दिए गए 18 *इज़ारा* गाँवों में बन्दोबस्त के समय 13 आदिवासी मालिक थे (2 गोंड, 1 अन्ध, तथा 10 अन्य) और 1940-41 में 27 थे (8 गोंड, 3 अन्ध तथा 16 अन्य)। इन आदिवासियों के पास बन्दोबस्त के समय 9,663 एकड़ भूमि और 1940-41 में 7,589 एकड़ भूमि थी, प्रति हज़ार में 215 एकड़ का नुकसान। अर्द्ध-आदिवासी मालिक (बंजारा या बंजरी, और गोवरी या गावली) की संख्या बन्दोबस्त के समय 20 थी और उनके पास 11,354 एकड़ जमीन थी और 1940-41 में उनकी संख्या 15 तथा उनकी ज़मीन 6,367 एकड़ हो गई, प्रति हज़ार में 440 एकड़ का नुकसान। डिप्टी कमिश्नर को जारी निर्देशों में मैंने पाया कि बन्दोबस्त के समय बंजारा और गावली मालिक अत्यधिक कर्ज़ में थे। फार्म II में, जो चुनिन्दा हस्तांतरित गाँवों में आदिवासी काश्तकारों की संख्या और उनकी जोतों की तुलना करता है, जातिगत सारांश निम्नलिखित है–

जनजाति	**बन्दोबस्त**		**1940-41**	
	काश्तकार	**एकड़**	**काश्तकार**	**एकड़**
(1)	(2)	(3)	(4)	(5)
गोंड	100	31,31	74	2,076
अन्ध	142	3,151	124	2,610
कोलम	29	577	34	507
अन्य आदिवासी	123	2,925	120	2,292
कुल आदिवासी	**399**	**9,784**	**352**	**7,485**

बंजारा-बंजरी	314	7,938	360	7,846
गोवरी-गावली	28	786	30	793
कुल पिछड़ी जातियाँ	**342**	**8,724**	**390**	**8,649**

यहाँ यह ध्यान देने योग्य है कि बंजारा और गावली काश्तकारों ने स्वयं को बनाए रखा है जबकि आदिवासी काश्तकारों की संख्या 394 के पास 9,784 एकड़ से कम होकर 352 के पास 7,485 एकड़ हो गई है, प्रति हज़ार में 235 एकड़ की कमी। इसकी तुलना ज़िले के सभी इज़ारा गाँवों की फार्म ख के आँकड़ों के सदृश की जा सकती है; हालाँकि नीचे दी गई सारणी में मैंने अन्य आदिवासी काश्तकारों के आँकड़े हटा दिए हैं क्योंकि कुछ अस्पष्ट कारण से बन्दोबस्त अवधि को डिप्टी कमिश्नर की रिपोर्ट में उनका उल्लेख नहीं है लेकिन सिर्फ 1940-41 का ही उल्लेख है जब उनके पास 2,420 एकड़ की 137 जोतें थीं–

जनजाति	बन्दोबस्त		1940-41	
	काश्तकार	एकड़	काश्तकार	एकड़
(1)	(2)	(3)	(4)	(5)
गोंड	123	3,254	102	2,369
अन्ध	102	2,454	83	1,639
कोलम	10	180	36	569
कुल आदिवासी जनजातियाँ	**235**	**5,890**	**221**	**4,577**
बंजारा	216	5,204	230	4,626
गावली	22	759	42	1,046
कुल पिछड़ी जातियाँ	**238**	**5,963**	**272**	**5,672**

यहाँ स्पष्टतः कुछ गलती हुई है क्योंकि प्रतिवर्तित फार्म II से पता चलता है कि चयनित *इज़ारा* गाँवों में *जागीर* गाँवों के योग में शामिल इज़ारा गाँवों में बन्दोबस्त के समय दूसरी जातियों के 83 आदिवासी काश्तकार थे जिनके पास 2,081 एकड़ ज़मीन थी। यह त्रुटि डिप्टी कमिश्नर की रिपोर्ट के पैराग्राफ 5 में दिए तर्क को अनिवार्य रूप से खारिज करती है, चूँकि उन्होंने काश्तकारों और जोतों की संख्या में कुल वृद्धि की गणना करने में "अन्य आदिवासियों" के समक्ष फार्म ख में 137 काश्तकार और 2,428 एकड़ आकलित दर्शाया है, वास्तव में गोंड, अन्ध और कोलम काश्तकार 235 के पास 5,890 से कम होकर 221 के पास 4,577 एकड़ हुए, प्रति हज़ार में 223 एकड़ का नुकसान जबकि बंजारा और गावली, यद्यपि कि उनकी संख्या 238 से बढ़कर 272 हुई, को 5,963 एकड़ में से सिर्फ 291 एकड़ का नुकसान हुआ। नीचे दी गई सारणी डिप्टी कमिश्नर के फार्म III में दी गई सारणी को संक्षिप्त करती है। इस रिपोर्ट के पैराग्राफ 6 में दिया गया सुझाव कि 2,518 एकड़ की शेष खाली भूमि के आवंटन में आदिवासियों के दावों पर विचार करना चाहिए, इस वास्तविकता के मद्देनजर एक बहुत छोटी रियायत होगी कि 25 वर्षों में उन्होंने 29,300 एकड़ भूमि खोई है; इन गाँवों में अवश्य ही सारी भूमि उनके लिए आरक्षित होनी चाहिए। 25 वर्षों में 8,053

एकड़ खाली भूमि अधिभोगियों को दी जा चुकी है, जबकि गैर-आदिवासियों की जोतों में 47,100 एकड़ की वृद्धि हुई है; औसत आदिवासी जोत 27.5 से कम होकर इस अवधि के दौरान 19.6 एकड़ हो गई है।

तालुक़ और जाँचे गए गाँवों की संख्या	कुल अधिग्रहीत भूमि, 100 एकड़ में		कुल अनधिग्रहीत मगर कृषि योग्य भूमि 100 एकड़ में	
	अ.काटि.	1940-41	अ.काटि.	1940-41
(1)	(2)	(3)	(4)	(5)
वुन (76)	65,2	68,8	471,3	321
केलापुर (111)	118,0	128,4	517	458
पुसद (127)	182,8	184,7	283,2	421
दरवहा (90)	106,7	108,4	153,0	496
यवतमाल (33)	29,4	29,7	983	822
जिला (437)	**502,1**	**520,0**	**1,057,5**	**251,8**

तालुक़ और जाँचे गए गाँवों की संख्या	आदिवासी अधिभोगी			
	संख्या		क्षेत्रफल (100 एकड़)	
	अ.काटि.	1940-41	अ.काटि.	1940-41
(1)	(6)	(7)	(8)	(9)
वुन (76)	466	482	12,8	9,6
केलापुर (III)	597	612	19,2	12,8
पुसद (127)	1,902	2,045	50,2	37,5
दरवहा (90)	827	802	21,7	16,3
यवतमाल (33)	198	179	6,0	4,4
जिला (437)	**3,990**	**4,120**	**109,9**	**80,6**

तालुक़ और जाँचे गए गाँवों की संख्या	आदिवासी अधिभोगी				1940 के बाद से आदिवासियों को हुई जोतों के नुकसान का प्रतिशत
	संख्या		क्षेत्रफल (100 एकड़)		
	अ.काटि.	1940-41	अ.काटि.	1940-41	
(1)	(10)	(11)	(12)	(13)	(14)
वुन (76)	1,634	2,179	52,4	59,2	35
केलापुर (III)	2,330	2,911	98,8	115,6	33
पुसद (127)	3,657	5,165	132,7	147,2	25

दरवहा (90)	2,581	3,277	85,0	92,1	25
यवतमाल (33)	616	816	23,4	25,3	25
ज़िला (437)	**10,818**	**14,348**	**392,3**	**439,4**	**27**

(अ.का.रि.–मूल अधिकारों के रिकार्ड का वर्ष)

168. व्यक्तिगत तहसीलदारों की रिपोर्ट की अनुपस्थिति में, आदिवासियों की भूमि के इस नुकसान पर डिप्टी कमिश्नर की रिपोर्ट के पैराग्राफ 7 के बारे में ज्यादा कुछ कह पाना सम्भव नहीं है। लेकिन इतना निश्चित है कि आम जनसंख्या की वृद्धि और उसके परिणामस्वरूप जमीन पर पड़नेवाले बोझ के साथ ज्यादा चालाक और बेईमान लोगों की आदिवासियों की कीमत पर अपनी मनमाफिक ज़मीन हथिया लेने की प्रवृत्ति रही है। मदिरा एक अवयव हो सकता है क्योंकि आदिवासी विवाहों में मदिरा की व्यवस्था खर्च का एक मद है; हालाँकि मैं डिप्टी कंमिश्नर से सहमत हूँ कि भूमि नुकसान का ये तुलनात्मक छोटा कारण है। मध्य प्रान्तों की तरह यहाँ भी हम जो देखते हैं वह आदिवासियों का अपनी ही भूमि पर खेती करते लोगों के वर्ग से दूसरों के लिए खेती करनेवाले भूमिहीन किसान या गाड़ीवान तथा जंगली कुली के वर्ग में क्रमशः रूपान्तरण है। जैसा कि पहले इंगित किया जा चुका है, 1931 में ज़िले में प्रति हजार पर 187 आदिवासी थे और इस आँकड़े में गोवरी, गावली, बंजारा और बंजरी शामिल थे, जिन्हें शामिल करने पर ज़िले में कुल संख्या में 100,407 की वृद्धि होगी और आदिवासियों का अनुपात प्रति हज़ार में 305 हो जाएगा। फिर भी जाँचे गए 437 *खालसा* गाँवों में 1940-41 में आदिवासी अधिभोगियों की संख्या सिर्फ 4,120 या प्रति हज़ार में 223 थी और उनके पास प्रति हज़ार एकड़ में सिर्फ 155 एकड़ थे। यह ध्यान रखना चाहिए कि ज़िले के सिर्फ उन इलाकों में गाँवों की जाँच की गई जहाँ आदिवासी अधिभोगी रहते हैं, इसलिए यदि पूरे ज़िले के लिए आदिवासी अधिभोगियों और उनकी भूमि का समानुपात निकाला जा सका तो वह इन आँकड़ों से बहुत कम होगा। यह निष्कर्ष अखंडनीय लगता है। यवतमाल में आदिवासी अधिभोगियों को संरक्षण प्रदान करना उतना ही ज़रूरी है जितना नागपुर, वर्धा या चन्दा के आदिवासी काश्तकारों को और लगभग उतना ही जितना मेलाघाट में कोर्कू को। इसलिए मेरे विचार से बरार भू-राजस्व संहिता की धारा 66 को इस प्रकार संशोधित किया जाना चाहिए कि मेलाघाट के अलावा बरार के दूसरे क्षेत्रों और 1911 के बाद मेलाघाट से हस्तांतरित गाँवों में अधिसूचना के द्वारा लागू किया जा सके, यदि प्रान्तीय सरकार आदिवासी जनजातियों और पिछड़ी जातियों की सुरक्षा के लिए किसी क्षेत्र में इसे ज़रूरी समझती है। इसमें संहिता की धारा 53 के अन्तर्गत ऐसे क्षेत्रों में नियम 4 और 5 का लागू होना अवश्य शामिल होना चाहिए। इसके परिणामतः नियम 4 में आंशिक संशोधन की आवश्यकता होगी। राजस्व इंस्पेक्टर की जाँच यवतमाल के उन पटवारी सर्किलों के बारे में उपयोगी संकेत देगी जहाँ यह आवश्यक है।

169. **मोरसी तालुक़**–एक अन्य अत्यधिक उपयोगी जाँच उप-मांडलाधिकारी श्री एफ. पी. मेनप्राइस, आई.सी.एस. द्वारा मोरसी तालुक़ के 70 आदिवासी गाँवों में संचालित की गई। मैं इसे उनकी तालिका के साथ 12 गाँवों में विस्तृत परिणाम देते हुए उद्‌धृत करता हूँ। *खालसा* गाँवों में जाँच के लिए निर्देशित फार्म III की सम्पूर्ण तालिका फाइल में उपलब्ध है और दर्शाती है कि इन गाँवों में मूल अधिकारों के रिकॉर्ड के बाद से आदिवासी काश्तकारों

की संख्या 153 से घटकर 144 हुई है जबकि उनकी भूमि रुपए 2,546 के लिए मूल्यांकित 3,341 एकड़ से घटकर रुपए 1,535 के 2,301 एकड़ हो गई है। इसी अवधि में गैर-आदिवासी अधिभोगी 2,328 के पास 58,005 एकड़ से बढ़कर 4,086 के पास 60,025 एकड़ हो गए हैं। यह वह इलाका है जहाँ जनसंख्या का बहुलांश आदिवासी है और आदिवासी अनुपस्थित साहूकारों एवं अन्य के लिए अपनी ही पुरानी भूमि पर खेती करते हैं।

"मैं मोरसी तालुक़ के 70 गाँवों जहाँ आदिवासियों (वास्तव में गोंड) के पास भूमि होने की उम्मीद की जा सकती है, के लिए अपेक्षित फार्म में विवरण प्रस्तुत करता हूँ, क्योंकि इन गाँवों में भारी आदिवासी आबादी है (और 30 निवास किए जानेवाले गाँवों में लगभग पूर्णतः आदिवासी आबादी)। महार स्वामी इन आँकड़ों में शामिल नहीं हैं, पर किसी भी जगह एक या दो खेत से ज्यादा उनके पास नहीं हैं। मैंने दी गई सूची में अनगिनत गाँवों को जोड़ा है क्योंकि तालुक़ (पुल्सा सर्किल में) के मुख्य आदिवासी खंड के गाँवों को शामिल नहीं किया गया था, और सीमान्त गाँवों को शामिल करने के लिए भी जहाँ मुझे लगा आदिवासी अधिभोगी हैं। गोंड या अरख के स्वामित्ववाली कुछ *भुमक* (ग्राम सेवा) *इनाम* खेतों को छोड़कर और अन्य कुन्बी गाँवों के कुछ गिने-चुने खेतों को छोड़कर, जिनमें से कई में भारी गोंड मजदूर आबादी है, आदिवासियों के पास और कहीं ज़मीन नहीं है, और बैतूल पहाड़ियों से लगे सभी गाँव तथा लखारा और मेहेद्री संरक्षित जंगलों से लगे सभी गाँव शामिल किए जा चुके हैं।

"प्रथम बन्दोबस्त (1873-79) के समय की स्थित का अनुमान लगाने के लिए मैंने उन बन्दोबस्त रिकार्डों के 12 प्रातिनिधिक गाँवों के आँकड़े निकलवाए, जो संलग्न तालिका* में दिए गए हैं। ये आँकड़े अत्यन्त स्पष्ट रूप में मोरसी से लेकर इलीचपुर सीमा तक की आदिवासी पट्टी में गोंड, कोर्कू और लज्झर की प्रारम्भिक बेदखली की तीव्र गति दर्शाते हैं। गणेशपुर और भायोकुन्डी के आँकड़े सबसे आश्चर्यजनक हैं और चूँकि 1875 के आँकड़े प्रत्यर्पण के 14-22 वर्ष बाद संग्रहीत किए गए थे यह सावधानी के साथ माना जा सकता है कि प्रत्यर्पण के समय पहले जो पूर्णतः गोंड भूमि थी वहाँ बेदखली ने पहले ही काफी सर्वनाश मचा रखा है, क्योंकि गणेशपुर की आबादी अभी भी पूर्णतः गोंड और कोर्कू की ही है और भायोकुंड की पूर्णतः गोंड सिर्फ दोनों गाँवों में कलारों के लगभग 2 घरों को छोड़कर।

भायोकुंडी में, जहाँ मैंने अधिकारों के रिकार्ड का अध्ययन किया, 1912 तक यह प्रक्रिया पूरी हो चुकी थी। वहाँ मोरसी से आए कलारों के पेठे परिवार ने लगभग 1895 से कार्रवाई शुरू की और 20 वर्षों में अन्तिम गोंड अधिभोगी को बेदखल कर दिया और *भुमक इनाम* ज़मीन पर भी पुनर्अधिकार प्राप्त कर लिया। फिर उन्होंने कुन्बी और अन्य की भूमि का लगातार अधिग्रहण किया, जिन्होंने पहले गोंड को बेदखल किया था, और अब उनके पास सारे खेत हैं दो या तीन को छोड़कर, दूसरा एकमात्र निवासी अधिभोगी *कामदार महर* है, जिसका एकमात्र खेत भी 1916 में उन्हें मिल गया था मगर 1922 में लम्बे मुकदमे के बाद जिसे वापस करना पड़ा। इस सदी के प्रारम्भ में उन्होंने *पटेल्की* भी प्राप्त कर ली जिससे *गाँवउन* के 5 घटों और जगहों को छोड़कर सबको अधिग्रहीत करने में सुविधा हुई और इस प्रकार पूरे गाँव पर उनका

---

* पृष्ठ 140 देखें।

पूर्ण आर्थिक नियन्त्रण है। दस वर्ष पहले कुछ गोंडों ने भागकर अम्भोरी में एक *बस्ती* बनाई और अब ज्यादा गोंड उत्प्रवासित होकर तेम्भी जा रहे हैं, वहाँ *बस्ती* बनाने के लिए। ज्यादातर मामलों में उपजाऊ जमीन के दाम अत्यन्त अपर्याप्त थे। गणेशपुर में गोंड और कोर्कू 3 मील दूर के दो बड़े केन्द्रों घटलड़की और अम्बादा के मारवाड़ी, कुन्बी, माली और पिंजरा के भूमि की भूख के सामने असहाय थे, जो स्वयं कृषि कर सकते थे या गोंड मजदूरों से करवा सकते थे और अत्यन्त खराब पानी तथा मौसम किसी प्रकार आदिवासियों को नहीं बचाते थे। हिवरखेड़ के चारों तरफ के सभी गाँवों में गोंड और अरख की पूरी ज़मीन रूपराम मारवाड़ी द्वारा हड़प ली गई थी जो अपने अच्छे दिनों में रुपए 17,000 भू-राजस्व अदा करता था। उसके पुत्र मोहनलाल को अपनी ज्यादातर ज़मीन से हाथ धोना पड़ा था और अब वह आर्थिक बदहाली में है, पर ब्राह्मण, कुन्बी और माली उसे ले रहे हैं आदिवासी नहीं (जिनके पास पूँजी नहीं है)। रूपराम के कारण भीलवान, घोहदेव, अम्बाफाटा, पन्धारघाटी और कसारी में गोंड और कोर्कू का लगभग विलोपन हो गया है। इस प्रकार कुमदारा से पश्चिम में मुख्यतः आदिवासी गाँवों में सिर्फ 5 अधिभोगी अनिश्चित अवस्था में कुछ एकड़ पथरीली भूमि से चिपके हुए हैं जबकि सारी अच्छी ज़मीन बाहरी लोगों के पास चली गई है। सिर्फ प्रत्यर्पण और लगभग 1895 के दौरान ही हज़ारों एकड़ भूमि चली गई, सम्भवतः अस्सी के दशक में लूट-खसोट की चरम सीमा पर था। तरोडा के सिर्फ एक हीरालाल गोंड के पास एक अच्छा खेत है जिसे उसने पट्टे पर कृषि से अर्जित मुनाफे से 25 वर्ष पहले खरीदा था और उस पर कोई कर्ज़ नहीं है। कुछ गोंड पिम्परी, साइवाड़ा, दासुर और गणेशपुर में सबसे खराब खेतों के पट्टे से बमुश्किल जीवन निर्वाह कर पाते हैं और घोहदेव में इलीचपुर में रहनेवाले इलीचपुर के पूर्व-सैनिकों द्वारा बेकार भूमि के वार्षिक पट्टों में से (आमतौर पर दो-तिहाई बटाई पर) कुछ पट्टे गोंड लोगों को मिल जाते हैं। लेकिन वे भायोकुन्डी में पट्टा नहीं ले सकते और हर जगह अधिकतर बहुलांश *सलदार* या दिहाड़ी मजदूर हैं। सरकारी मदद और लगातार हस्तक्षेप के बिना इस इलाके में उनकी आर्थिक स्थिति इतनी ख़राब है कि कोई भी कुछ पूँजी नहीं जोड़ पाता और इसलिए उनका अपने पूर्वजों की ज़मीन वापस खरीद पाना लगभग असम्भव है।

हिवरखेड़ के मोहनलाल मारवाड़ी का आंशिक बिखराव इसकी व्याख्या करता है। सिर्फ सरकार ही गोंड और अरख के लिए उसकी भूमि खरीद सकती थी और उनसे किश्तों में उसका भुगतान प्राप्त कर सकती थी।

"धनी मारवाड़ियों और कुन्बियों के कारण धमनधस, शेकदारी, जार्जगाँव, बहाड़ा, इट्टमगाँव और गवहानकुंड में गोडों की बेदखली हुई है। जार्जगाँव, बहाड़ा, इट्टमगाँव और गवहानकुंड की जनसंख्या में कुन्बी की बहुतायत है, जबकि ये सभी गाँव जमगाँव, बेनोड़ा और टेम्बुरखेड़ के बड़े केन्द्रों के पास हैं। सेन्दूरजना *साहूकार* जेतमजीरी, पिम्पलशेन्दा, हुमनपेठ, पुस्ली और वाली खुर्द में भूमि के भारी नुकसान के जिम्मेदार हैं, जहाँ कन्हैयालाल मारवाड़ी, मोतीलाल मारवाड़ी, सलाव कुन्बी, तरार माली और तकरखेड़े माली, सभी बहुत बड़े साहूकारों ने सबसे ज्यादा नुकसान पहुँचाया है। जेतमजीरी और वाली खुर्द में शेष अधिभोगियों की बेदखली त्वरित गति से जारी है

और चूँकि जेतमजीरी के 230 निवासियों में से कोई भी साक्षर नहीं है इस प्रक्रिया के तीव्र और आसन्न होने की सम्भावना है जब तक कि सरकार संरक्षण नहीं मुहैया करवाती। खाला का वृद्ध गोंड पटेल एक सख्त आदमी है जो बाहरी लोगों को अपने गाँव में नहीं बसने देता और अच्छे प्रबन्धन और सेन्दूरजना के प्रवेश पर कड़े प्रतिरोध के द्वारा अपनी संचित पूँजी से कुछ भूमि वापस पा लेने में सफल हुआ है। यही प्रक्रिया वाली खुर्द में भी हो सकती है जहाँ खंडू महाजन ने एक चालाकी के द्वारा ब्राह्मण पटवारी की सलाह पर स्वयं को निराशापूर्ण कर्ज़ की स्थिति से उबार लिया और अब बढ़िया स्थिति में हैं। लेकिन तरार और सलाव जैसे बहुत बड़े भूस्वामियों से कोई भूमि वापस ले पाना लगभग असम्भव है जो अब साहूकारी की भ्रान्तियों के बजाय मुनाफेवाली फलों की खेती पर निर्भर रहते हैं। सिर्फ ज़मींदार-विरोधी कानून ही उनकी स्थिति पर प्रभाव डाल सकता है और भूमि का पुनर्हस्तांतरण करवा सकता है और सिर्फ सरकारी सहायता ही सुनिश्चित कर सकती है कि यह पुनर्हस्तांतरण कुन्बी और माली के बजाय आदिवासियों को ही प्राप्त हो।

"पुस्ला इलाके में ये प्रवृत्तियाँ स्पष्टतः दिखाई पड़ती हैं, क्योंकि यहाँ सबसे नजदीकी बड़े मारवाड़ी और कुन्बी गाँव पुस्ला से छह से आठ मील की दूरी पर एक छोटा आदिवासी खंड है। स्वयं पुस्ला में 1905 में गोंडों ने अपना पूरा 51 एकड़ खो दिया था। यहाँ गोंडों के बीच पांडुरांग नागो वानी मुख्य साहूकार है और आस-पास के गाँवों में गोंडों के शेष बचे खेतों में से अधिकतर उसके पास भारी कर्ज़ के एवज में गिरवी हैं और खतरे में हैं। लिंगा और एकलबिहीर में गोंडों लगभग सब कुछ यहाँ के तेली और कुन्बी के हाथों हार गए हैं। करली, जमगाँव, पिम्पलागढ़, मेहेदरी और करवार के ज्यादा दुर्गम गोंड इलाकों में 1875 और 1905 के बीच भीषण भूमि नुकसान के बाद उन्होंने अपनी जमीन में काफी इज़ाफा कर लिया है लेकिन यह कहा जा सकता है कि यह सिर्फ इस इलाके में प्रचुर मात्रा में पाए जानेवाले खराब, पथरीले खेतों को कुन्बी, इन्जारा और अन्य से वापस खरीदने से ही हो पाया, जिनके लिए अपने गाँवों से दूर एक खेत पर कृषि करना आर्थिक रूप से फायदेमन्द नहीं था। सारी अच्छी भूमि वर्धा नदी के छिन्दवाड़ा की तरफवाले सीमावर्ती गाँवों के मालगुज़ारों-साहूकारों के हाथ में चली गई है और यह प्रक्रिया जारी है। पिम्पलागढ़ में नदी द्वारा निर्मित एक उपजाऊ दोमट पट्टी पूरी तरह मध्य प्रान्त अधिभोगियों के पास है जबकि मेहेदरी की तरफ के ज्यादातर पथरीले खेत जो *नालों* से भरे पड़े हैं, गोंडों द्वारा वापस खरीद लिए गए हैं। उनकी जोतों का निर्धारण सिर्फ 10 आना प्रति एकड़ है और मेहेदरी में करीब 7 आना। मेरी तालिका में दिए गए 12 गाँवों में से किसी भी गाँव में आदिवासी जोतों का निर्धारण रुपए 1 प्रति एकड़ से ज्यादा नहीं है, जबकि अन्य लोगों की जोतों के साथ ऐसा नहीं है। पुस्ला के एक तेली *साहूकार* को जब 1903 में करली की *पटेलकी* प्राप्त हुई तब उसने बताया कि उस गाँव में उसके पास सिर्फ दो खेत थे। आज उसके पुत्र, जिसे मैंने तत्काल ही एक गोंड के पक्ष में हटाया है, के पास 290 एकड़ थे यद्यपि कि वह स्वयं पुस्ला के पांडुरांग वानी के बड़े कर्ज़ से लदा है। धन्बा फकीरीया गोंड, जिसे हाल ही में जमगाँव का पटेल नियुक्त किया गया, छोटे कुन्बी से खरीदकर अपनी जमीन बढ़ा रहा है, चूँकि वह एक अत्यन्त चतुर इन्सान

है, लेकिन इन गाँवों में बहुत कम ही ऐसे लोग हैं जो यह कर सकते हैं और सिर्फ सरकारी कार्यवाही ही वास्तविक पुनर्हस्तांतरण कर मुनाफे की शुरुआत कर सकती है, गोंडों के फायदे के लिए कुछ साहूकारों को पीड़ित करके। मैंने अपनी आदिवासी जाँच की सामान्य रिपोर्ट में 1 जनवरी, 1941 से प्रभावी आदिवासी जमीन के हस्तांतरण पर प्रतिबन्ध तथा विभिन्न आकलनों के द्वारा पहले ही खोई जा चुकी भूमि के आदिवासियों को पुनर्हस्तांतरण सुनिश्चित करने के लिए एक आदिवासी भूमि अधिग्रहण कोष तथा अन्य तरीके सुझाए हैं। उनके बिना तालुक़ के पश्चिमी भाग में स्थिति आज के जैसी ही बनी रहेगी, जबकि बेनोडा-पुस्ला क्षेत्र में बचा रह गया अत्यन्त छोटा टुकड़ा इसी तरीके से लगभग पूरा ही खो दिया जाएगा और मेहेदरी के आगे का गोंड खंड कुछ और पथरीले खेत हासिल कर लेगा तथा शेष बचे लगभग पाँच अच्छे खेत और दो बगीचे खो देगा। मैं जनुना, अम्भोरी और तेम्बी की अच्छी ग वर्ग की भूमि में से अहस्तांतरणीय आदिवासी भूमि का खंड बनाने का प्रस्ताव कर रहा हूँ, पश्चिम में सुधार के केन्द्र की तरह काम करने के लिए, जिससे कि निरक्षरता, कर्ज़, भूमि के नुकसान और इसके परिणामस्वरूप बच्चों को स्कूल भेजने और कस्बे में जमीन खरीद पाने की असमर्थता के कुचक्र से मुक्ति मिल सके, लेकिन यह कई वर्षों तक दूसरे गाँवों की स्थिति पर प्रभावकारी नहीं हो सकता। इसी दौरान यदि साहूकारों को पता चल गया कि संरक्षण प्रदान करनेवाला कानून प्रस्तावित है तो वे आदिवासियों के कर्ज़ों को वार्षिक आय का आसान स्रोत समझना बन्द कर देंगे, जिसे रोकने के लिए साहूकारों की भूमि पर कब्ज़ा करना उचित नहीं है, बल्कि वे तत्काल बन्द कर देंगे, जब तक कि कानून को अतीत प्रभावी नहीं बना दिया जाता।"

तालिका

गाँव	जनजाति या जाति	अधिभोगियों की संख्या	एकड़	मूल्यांकन	अधिभोगियों की संख्या	एकड़	मूल्यांकन	अधिभोगियों की संख्या	एकड़	मूल्यांकन
(1)	(2)	(3)	(4)	(5)	(6)	(7)	(8)	(9)	(10)	(11)
गणेशपुर	कोर्कू	6	132	62 }	7	124	131	3	27	27
पूर्ण आदिवासी	गोंड	23	710	435 }	–	–	–	–	–	–
गाँव	अन्य	7	219	169	27	838	837	36	951	1,147
साइबाड़ा										
पहले आधा कुन्बी	गोंड	–	–	–	–	–	–	–	–	–
अब आधा गोंड	लज्झर	15	198	181	–	–	–	–	–	–
आधा लज्झर	अन्य	25	675	696	–	–	–	61	882	1,389
तरोड़ा, परगना मौरसी										
आधा कुन्बी	गोंड	1	12	19	–	–	–	–	–	–
आधा गोंड	अन्य	7	432	716	14	428	864	23	427	862

भायोकुंडी										
लगभग पूरा गोंड	गोंड	9	272	207	10	196	168	—	—	—
	अन्य	5	113	119	10	300	280	15	502	539
कसरी										
परित्यक्त, अरख	अरख	1	139	72	—	—	—	1	11	8
पटेल	गोंड	1	10	8	—	—	—	—	—	—
	अन्य	14	350	190	5	525	359	11	548	349
धोद्देव खुर्द										
लगभग पूरा गोंड	गोंड	4	97	65	—	—	—	—	—	—
गाँव	अन्य	23	494	418	—	—	—	—	—	—
	लज्झर	5	113	68	25	628	663	38	658	736
गावरी और महार										
मनकापुर										
	गोंड	10	172	124	3	26	25	2	19	11
पूरा गोंड गाँव	अरख	3	32	21	—	—	—	—	—	—
	अन्य	19	333	249	22	408	375	31	423	381
जेतमजीरी										
पूरा गोंड गाँव	गोंड	10	378	124	6	272	130	9	176	83
	अन्य	13	576	217	25	703	382	45	835	460
एकलविहीर										
दो तिहाई गोंड	गोंड	4	65	56	3	60	61	2	7	4
एक तिहाई कुन्बी	अन्य	32	609	580	36	590	723	53	651	828
मेहेदरी										
लगभग पूरा	गोंड	8	375	152	5	115	47	6	172	77
गोंड गाँव	अन्य (महार)	1	6	4	11	411	205	14	377	207
करली										
पूरा गोंड गाँव	गोंड	11	279	93	6	127	59	10	169	69
	अन्य	2	59	31	21	612	274	19	586	295
	गवरी	1	79	28						
पिम्पलागढ़										
पूरा गोंड गाँव	गोंड	8	371	216	1	14	22	8	127	70
	अन्य	3	47	29	13	439	350	19	355	327

170. श्री मेनप्राइस ऊपर जिन अलग-अलग सुझावों का उल्लेख करते हैं वे मोरसी तालुक़ में आदिवासी प्रश्न पर उनकी रिपोर्ट के निम्नलिखित उद्धरण में शामिल हैं—

"**भूमि**—यह सभी समस्याओं में सबसे महत्त्वपूर्ण है, और बेदखल गोंडों की ज़मीन की भूख मार्मिक है। मैं अम्भोरी, जनुना और घोद्देव बज़रूक में अच्छी ग वर्ग की ज़मीन गोंडों को कृषि के लिए दिए जाने की खातिर अलग से सुझाव पेश कर रहा हूँ, लेकिन इससे सिर्फ कुछ को ही फायदा होगा, और बाकी जगहों पर बहुत कम ही अच्छी ग वर्ग की भूमि है जो चरवाही के लिए प्रयोग नहीं की जाती; इसलिए यह कोई हल

नहीं है। *पहली चीज हस्तांतरण को रोकना है* चूँकि उपजाऊ भूमि को अनियन्त्रित पट्टे पर देना लाभदायक नहीं है, जिसे कुछ वर्षों में साहूकार आदिवासियों से हड़प लेंगे जैसा भायोकुंडी में हुआ। चूँकि बहुत कम ही आदिवासियों के लिए बची है, मैं पूरे तालुक में आदिवासियों या सम्बन्धित पिछड़ी जातियों (जैसे लज्झर, गोवरी, महार, भाँग, भोई लेकिन गावली नहीं क्योंकि मोरसी गावली सम्पन्न मराठा है) की जमीन के हस्तांतरण पर पूर्ण प्रतिबन्ध लगाऊँगा, जिसे सिर्फ इन्हीं जातियों और जनजातियों के सदस्यों को हस्तांतरित किया जा सकता है, उसी जनजाति या जाति के सदस्य को वरीयता देते हुए यदि बिक्री में उसकी बोली सबसे ऊँची न हो तो भी। जमीन की भूख इतनी ज्यादा है कि लेनेवाले हमेशा ही मिल जाएँगे, और खाली ज वर्ग भूमि बिल्कुल नहीं है जैसी कि मेलाघाट में है। हस्तांतरण पर यह प्रतिबन्ध 1 जनवरी, 1941 तक अनुदर्शी होना चाहिए और पहले से ऋणग्रस्त सभी भूमि पर लागू होनी चाहिए। यदि अनुदर्शी नहीं किया गया तो सभी साहूकार पूर्वानुमान कर लेंगे और कर्ज़दार की भूमि कानून लागू होने से पहले ही ले लेंगे, जैसा कि हुआ जब 1916 में मध्य प्रान्त भू-हस्तांतरण अधिनियम कानून बननेवाला था।

"दूसरी चीज है कि आदिवासियों को उनकी खोई भूमि में से कुछ वापस लौटाई जाए। इसके लिए एक स्व-पोषित *भूमि अधिग्रहण कोष* बनाया जाना चाहिए। तहसीलदार, जब कभी उसे उपयुक्त अवसर मिलेगा कोष की तरफ से ज़मीन खरीद लेगा और ये खरीदारी डिप्टी कमिश्नर के अनुमोदन की शर्त पर होगी। यह ज़मीन फिर किसी आदिवासी को दी जाएगी और खरीद-मूल्य अदा करने के लिए किश्तें निश्चित की जाएँगी, जमीन और फसल इसकी सुरक्षा प्रदान करेंगी; वर्तमान में बहुत थोड़े आदिवासियों के पास ही बिक्री की ज़मीन खरीदने लायक पैसे हैं पर वे आसानी से किश्तों में भुगतान कर सकते हैं। कोष व्यक्तिगत बिक्रियों से भी जमीन खरीद सकता है या सेन्ट्रल बैंक की जमीन ले सकता है।

"साहूकारों से गोंडों तक पुनःहस्तांतर को तेज करने के लिए मैं यह सुझाव दूँगा कि आदिवासी गाँवों में गैर-आदिवासियों और उन्नत जातियों की जमीन का मूल्यांकन वर्तमान मूल्यांकन से दोगुना रखना चाहिए यदि प्रथम बन्दोबस्त से ही उस पर अधिकार न हो तो और यदि आदिवासियों को पट्टे पर दी गई हो तो मूल्यांकन की 1 1/2 गुना जबकि वर्तमान मूल्यांकन आदिवासियों की जमीन या उनको हस्तांतरित किसी भी ज़मीन पर लागू रहे। ग्रामीण जमीन (*गाँवठन*) की कोई भी जगह चाहे जैसी भी हो, गैर-आदिवासियों को नहीं दी जानी चाहिए और पहले से ही बने हुए उनके *कोठों* पर भारी कर लगाना चाहिए जबकि पहले ही दी जा चुकी भूमि या खेतों पर नए कोठों के निर्माण करने पर रोक होनी चाहिए। आदिवासी गाँवों में कोठों के बिना बाहरी लोग जल्दी ही अपनी ज़मीन त्याग देंगे और यह कानून बाहरी साहूकारों द्वारा, जो वर्तमान में आदिवासी गाँवों की लगभग पूरी ज़मीन के मालिक हैं, जमीन के पुनर्हस्तांतरण की भरपूर मदद करेगा। आदिवासी अभी भी कभी-कभार बिकनेवाली खराब जमीन खरीद पाते हैं पर ज्यादातर बमुश्किल जीवन-निर्वाह के लिए पट्टे पर कृषि करते हैं जिससे *साहूकार* को बड़ा निश्चित लाभ होता है और जिसे अपनी भूमि से जुड़ने की कोई प्रेरणा नहीं होती। भायोकुंडी में कलारों ने पूरे गाँवठन का और

5 घरों को छोड़कर बाकी सभी घरों पर अधिकार प्राप्त कर लिया है और यह सब सन्देहास्पद तरीकों से सम्पन्न हुआ। इसलिए यह अत्यन्त आवश्यक है कि अधिसूचित समतुल्य पिछड़ी जातियों के अलावा किसी भी गैर-आदिवासी को कोई घर, *कोठा* या जगह या कोई अन्य चीज डिप्टी कमिश्नर की अनुमति के बिना अधिग्रहीत नहीं करने देना चाहिए और यह अनुमति शायद ही कभी दी जानी चाहिए।

"गोंड और अरख को दी गई कोई भी *भुमक इनाम* भूमि पुनर्ग्रहीत नहीं की जानी चाहिए।"

आदिवासी गाँवों के *गाँवठन* में नई जगहों को प्रदान करने पर पूर्ण पाबन्दी का सुझाव एकदम दुरुस्त है, क्योंकि ऐसी जगहें साहूकारों के "दफ्तर" या "क्षेत्रीय मुख्यालय" होती हैं जहाँ से वे अपने शोषण के कार्यों को अंजाम देते हैं तथा जिनके द्वारा वे अन्ततः अपने आदिवासी कर्ज़दार की भूमि हड़प लेते हैं और आदिवासियों को बतौर किराए पर या बँधुआ मजदूर की तरह अपने लिए कृषि करने के लिए छोड़ देते हैं या उस ज़मीन पर स्पष्टतः अधिकार कर लेते हैं। ऐसा वे आदिवासियों पर कर्ज़ का इतना बोझ लादकर करते हैं कि उन्हें खेती के लिए बीज और मवेशी के लिए उधार लेना पड़े और आधी या उससे ज्यादा फसल उसे पास रखनी पड़े। बरार राजस्व नियमावली, खंड I में पृष्ठ 49 पर छपी 20 अप्रैल, 1920 की अधिसूचना संख्या 466-XII, संहिता की धारा 66 के प्रावधानों की बुद्धिमत्तापूर्वक वर्तमान मेलाघाट तालुक़ के गाँवों में अधिसूचित आदिवासी जनजातियों और पिछड़ी जातियों के गाँवठन तक विस्तारित करती है, लेकिन इन गाँवठन प्रतिबन्धों से उन गाँवों को मुक्त रखती है जो 1912 में मेलाघाट से दूसरे तालुकों को हस्तांतरित किए गए थे। यह अपवाद दुर्भाग्यपूर्ण है और इसे हटाया जाना चाहिए। गाँवठन स्थानों के गैर-आदिवासी मालिकों द्वारा नई भूमि के अधिग्रहण या अधिसूचित आदिवासी जनजातियों या पिछड़ी जातियों के अलावा किसी और को हस्तांतरण पर कानून को और सख्त बनाने की जरूरत है तथा धरनी और चिकाल्दा तथा सम्भवतः कुछ गाँव जैसे बैरागढ़ जहाँ गैर-आदिवासी बहुतायत में हैं तथा लम्बे समय से रहते आए हैं, को छोड़कर नए गाँवठन स्थानों को कम-से-कम डिप्टी कमिश्नर से हर मामले में अनुमति के बिना प्रदान करने का पूर्ण प्रतिबन्ध के लिए भी कानून को सख्त करने की ज़रूरत है। यह सिद्धान्त इतना महत्त्वपूर्ण है कि बरार के चुनिन्दा आदिवासी इलाकों जैसे मोरसी क्षेत्रों जिन पर श्री मेनप्रासइ ने ब्यौरा दिया, विस्तारित करना चाहिए तथा यवतमाल जिले के पूर्णतः आदिवासी गाँवों में जिनके बारे में कमिश्नर ने ऊपर पृष्ठ 182 पर उद्धृत 1935 के पत्र में उल्लेख किया था तथा मध्य प्रान्त के लगभग सभी ज़िलों के कई इलाकों में भी विस्तारित किया जाना चाहिए। वास्तव में प्रस्तावित विधेयक में मध्य प्रान्त भू-हस्तांतरण अधिनियम का संशोधन करना स्पष्ट कर देना चाहिए, ताकि आदिवासी जोतों को हस्तांतरण से बचाया जा सके, कि ये प्रावधान *आबादी* की जगहों के साथ ही जोतों पर भी लागू होते हैं; और इसमें या अधिनियम की धारा 2(2) में "भूमि" की परिभाषा में से "या गाँव" जैसे शब्दों को निकालना शामिल होगा।

171. श्री मेनप्राइस का 1 जनवरी, 1940 से अनुदर्शी प्रभाव से हस्तांतरण रोकने का पहला सुझाव दुरुस्त है। य़द्यपि कि विभिन्न कारणों से अमरावती के अधिकारी इलीचपुर और दरयापुर तालुक़ों में इस प्रकार की जाँच नहीं कर सके, यह वास्तव में आश्चर्यजनक होगा यदि वहाँ की स्थितियाँ ज्यादा भिन्न होंगी। अकोट और जलगाँव तालुक़ के भूतपूर्व मेलाघाट

गाँवों तथा निकटवर्ती गाँवों में जिन्हें इसके लिए चयनित किया गया था, जाँच का विस्तार इतना ही किया गया था कि उससे इसके पर्याप्त गुंजाइश के परिणाम प्राप्त हो सकें कि ऐसी स्थितियाँ किस सीमा तक वहाँ भी मौजूद हैं। लेकिन श्री मेनप्राइस का सुझाव यवतमाल जाँच वाले ज्यादातर क्षेत्रों पर लागू होगा। जरूरत इस बात की है कि भूराजस्व संहिता की धारा 66 के प्रावधानों का इस उद्देश्य के लिए अधिसूचित बरार के सभी आदिवासी क्षेत्रों तक विस्तार किया जाए, भूमि और *गाँवठन* की जगहों दोनों के सन्दर्भ में।

172. श्री मेनप्राइस का भूमि अधिग्रहण कोष बनाने का सुझाव भी उत्तम है, इसके आधार में वही सिद्धान्त है जो पिछले अध्याय के एक सुझाव के आधार में है कि आदिवासी गाँवों के गैर-आदिवासी मालगुजारों को खरीदने के हरसम्भव अवसर का लाभ उठाना चाहिए और उन्हें रैयतवाड़ी गाँवों में तब्दील कर देना चाहिए। इस भूमि अधिग्रहण कोष को प्रयोग के तौर पर चुनिन्दा इलाकों सम्भवतः मोरसी, इलीचपुर और दरयापुर तालुक़ों में आजमाया जाना चाहिए या मेलाघाट के धरनी राजस्व इंस्पेक्टर की सर्किल के उन इलाकों में भी जहाँ वर्तमान में गैर-आदिवासियों के पास काफी ज़मीन है।

173. हालाँकि श्री मेनप्राइस का तीसरा सुझाव भी लगभग एक दंडात्मक निर्धारण जैसा है और व्यावहारिक नहीं मालूम पड़ता। इन इलाकों में वर्तमान मूल्यांकन सामान्यतः कम है और यह सन्देहास्पद है कि सिर्फ इसे दोगुना करके इससे ज्यादा कुछ हासिल होगा कि साहूकार-अधिभोगी नगद लगान या फसल के मुनाफे में अपना हिस्सा और बढ़ा देगा जो वह उसकी जमीन पर काम करनेवाले आदिवासी से वसूलता है। यह बेहतर होगा कि भूमि अधिग्रहण अधिनियम के अन्तर्गत उपयुक्त मामलों में अनिवार्यतः भूमि अधिग्रहीत की जाए, जिसका उद्देश्य जनहित में आदिवासियों की आर्थिक पुनर्स्थापना हो। अमरावती ज़िला ऐसे प्रयोगों के लिए लाभदायक है चूँकि यह ऐसा ज़िला है जहाँ आमतौर पर भारतीय सिविल सेवा के युवा अधिकारी बतौर उप-मांडलाधिकारी नियुक्त किए जाते हैं। इन भूमि अधिग्रहण योजनाओं को लाभ के साथ बैतूल ज़िले में मुल्तई तहसील और भैंसदेही के इलीचपुर सीमा से लगे निकटवर्ती भागों में आजमाया जा सकता है, जहाँ भूमि का नुकसान अत्यधिक है और इसे वापस पाने की चाहत उतनी ज्यादा है जितनी मोरसी तालुक़ में श्री मेनप्राइस ने अनुभव की।

174. **अकोट तालुक़**—शाहनुर, येल्लापुर, खैरकेड़ा, दीवानज़री, बदखेड़, वारी, वारखेड़ और महगाँव के गाँवों में जो तालुक़ के उत्तरी छोर पर हैं जहाँ यह मेलाघाट तालुक़ की सीमा से लगती है तथा जो हमेशा से अकोट तालुक़ के हिस्से रहे हैं तथा 1912 में मेलाघाट से हस्तांतरित शाहपुर, मार्डी, रूधोदी, मल्कापुर, पोपटव्हेड़ा और चिचारी के गाँवों में भी जाँच की गई। इन सभी गाँवों में कोई बेदखली नहीं हुई है; वास्तव में तीन के अलावा सभी आदिवासियों ने मूल अधिकारों के रिकार्ड के बाद से अपनी स्थिति सुदृढ़ की है। उप-मांडलाधिकारी की जाँच ने दर्शाया है कि भू-राजस्व संहिता की धारा 66 के अन्तर्गत नियमों का ठीक से पालन हुआ है और संशोधन का कोई कारण नज़र नहीं आता। जाँचे गए 14 गाँवों में से छह पूर्णतः आदिवासी हैं। उन्होंने सुझाव दिया कि गाँवठन में स्थानों के हस्तांतरण पर रोक लगाने की आवश्यकता नहीं है पर उनके तथ्य बहुत विश्वास करने योग्य नहीं हैं जब वह स्वीकार करते हैं कि वे सभी गैर-आदिवासी जिनकी जमीन गाँव में है नीचे के मैदानी गाँवों में रहते हैं जहाँ उनके पास अच्छे खेत हैं। इसका मतलब है निवासी

आदिवासियों द्वारा अनुपस्थित लोगों के लिए कृषि और इसके परिणामस्वरूप मोरसी तालुक़ में फैली बुराइयाँ। हालाँकि डिप्टी कमिश्नर का दृष्टिकोण जो नीचे दिया गया है, दर्शाता है कि स्थानीय आदिवासी के लिए कृषि वास्तव में गौण पेशा है–

"हस्तांतरित गाँवों में आदिवासी अपने खेतों पर सघन कृषि नहीं करते हैं क्योंकि वे अभी भी जंगलों में मजदूरी को आजीविका का मुख्य स्रोत मानते हैं। मेलाघाट तालुक़ के सरकारी वन उन्हें पर्याप्त रोजगार मुहैया कराते हैं। मेलाघाट की जनसंख्या सिर्फ पैंतीस हज़ार के आस-पास है जबकि जंगल बहुत विस्तारित है। दूसरी बात है कि हस्तांतरित गाँवों की मिट्टी उपजाऊ नहीं होती या अच्छी हालत में नहीं होती। स्पष्टतः जंगल में मजदूरी उनके लिए सबसे महत्त्वपूर्ण आजीविका का स्रोत है और आनेवाले कई वर्षों तक बना रहेगा। पारम्परिक रूप से गैर-आदिवासी कृषि को जंगलों में मजदूरी की अपेक्षा तरजीह देते हैं। इसलिए अनिवार्यतः इन गाँवों में गैर-आदिवासी किसानों की संख्या आदिवासी किसानों से ज्यादा होनी चाहिए। अकोट तालुक़ का भूराजस्व इतिहास दर्शाता है कि 1935-36 से भूराजस्व के बकायेदार आदिवासियों का अनुपात उन वर्षों में गैर-आदिवासी बकायेदारों के मुकाबले बहुत ऊँचा था। आनेवाले वर्षों में आदिवासियों की भूमि राजस्व वसूली के लिए बेची जाती रही। पर यद्यपि चार या पाँच बार बिक्री हुई फिर भी कोई गैर-आदिवासी नाममात्र के मूल्य पर भी इन ज़मीनों को खरीदने के लिए तैयार नहीं हुआ। ऐसा इस कारण है कि आदिवासियों के पास जो जमीन है उसकी गुणवत्ता बहुत खराब है। मिट्टी खराब है; ज़मीन समतल नहीं है बल्कि पहाड़ी ढलानों पर है; और जो भी थोड़ी बहुत फसल वे उगा पाते हैं वह जंगली जानवरों के द्वारा विध्वंस का शिकार हो जाती है। परिणामस्वरूप आदिवासी अपनी ज़मीन को परती छोड़ने पर मजबूर हो जाता है ओर उसे सिर्फ घास के मैदान की तरह उपयोग करता है। अनेक मामलों में यह फायदेमन्द नहीं है और जब तहसीलदारों ने चल सम्पत्ति जब्त करना शुरू किया तब आदिवासी बकायादारों ने पाँच वर्षों का इकट्ठा बकाया चुका पाने की असमर्थता के कारण सहर्ष अपनी ज़मीन का कब्जा दे दिया। कुछ मामलों में बकाये 1931-32 से चले आ रहे थे। लेकिन पिछले वर्ष 1935-36 से पहले के बकाये सरकारी आदेशों के तहत माफ कर दिए गए। बरार भूराजस्व संहिता की धारा 60 के तहत आदिवासियों द्वारा इस प्रकार परित्यक्त भूमि करीब 600 एकड़ होगी और माफ किया गया भूमि राजस्व करीब रुपए 1,500 होगा। ये परित्याग दर्शाते हैं कि आदिवासियों द्वारा कृषि के प्रति अनिच्छा का एक महत्त्वपूर्ण कारण यह तथ्य भी है कि उसके गाँव में कृषि लाभकारी नहीं है।

"जनवरी 1941 में मैंने पोपटखेड़ा और शाहनुर में कुछ परित्यक्त खेत देखे। मैंने अनेक दूसरे खेत भी देखे जिनका परित्याग नहीं किया गया था मगर जिन्हें या तो परती छोड़ दिया गया था या बहुत बुरे तरीके से खेती की गई थी। जंगली जानवरों द्वारा नुकसान के निशान ऊपर से ही स्पष्ट थे। मैंने स्वयं एक कपास के खेत में साँभर को चरते हुए देखा। जहाँ कोई रक्षक नहीं था शायद इस सीधी-सी बात के कारण कि फसल निगरानी रखने लायक नहीं थी। आदिवासी अधिभोगी, पहाड़ की तलहटी में एक बेहद खराब फसल की निगरानी करने के बजाय जंगल में मजदूरी करके कुछ कमाई कर सकता था।

"अकोट के तहसीलदार की रपट है कि भूराजस्व के बकाये के अनगिनत मामले और हैं जिनमें वसूली की माँग करने पर परित्याग के आवेदन मिलने लगेंगे। इनमें से कई खेत पहाड़ों पर हैं और उन्हें परती छोड़ना ज़िले के लिए ज्यादा अच्छा रहेगा चूँकि परती छोड़ने पर वे पहाड़ों का क्षरण रोकेंगी जो निस्सन्देह बहुत तीव्र गति से चल रहा है। क्षरण के दृष्टिकोण से कई खेतों का परित्याग ज़िले के लिए लाभकारी रहा है।

"अकोट तालुक के आदिवासी गाँवों में मौजूद परिस्थितियों में आदिवासियों को कृषि के प्रति कोई आकर्षण नहीं है। इसलिए ऐसा प्रतीत होता है कि आदिवासी लोगों का उद्धार इन गाँवों में ज्यादा-से-ज्यादा जंगली काम को संघनित करके किया जा सकता है।"

175. **बुल्दाना ज़िला**— 1912 में मेलाघाट से, यहाँ सिर्फ एक गाँव कामोद हस्तांतरित किया गया था। यहाँ जाँच से पता चला कि हाल में तीन भूमि हस्तांतरण हुए हैं। एक कोर्कू ने 1936 में एक रोहिला साहूकार को रु. 17 में मूल्यांकित 15 एकड़ रु. 825 में एक बिक्री-विलेख के द्वारा बेचा। उसी कोर्कू ने फिर से रु. 25 लगान वाले 23.5 एकड़ 1936 में एक मारवाड़ी को रुपए 200 के लिए बेचा और रुपए 25 वाले 23.5 उसी रोहिला को 1937 में बेचा। तीनों सौदों में संहिता की धारा 66 के नियमों का उल्लंघन हुआ था तथा इन्हें निरस्त किया जाना चाहिए।

176. कामोद के निकटवर्ती टुंकी और पिन्गली जागीरों के गाँवों में, जो सर्वेक्षित गाँव हैं, आदिवासी मालिक जाति से कोली हैं, पर उन्होंने बहुत कम ज़मीन खोई है और कहा जाता है कि वे इतने उन्नत हैं कि अपने गैर-आदिवासी पड़ोसियों से बहुत कम ही भिन्न हैं। जागीरदार एक ब्राह्मण है और काश्तकारों के साथ उसके सम्बन्ध अच्छे हैं। इसके समीप ही भिन्गारा और बुजरूक के दो गाँव हैं जिनका सर्वेक्षण नहीं हुआ है। सम्मिलित रूप में इन जागीरों का क्षेत्र 24,000 एकड़ है मगर सिर्फ 62 एकड़ पर ही कृषि होती है। यहाँ की आबादी में 117 निर्धन नहल और भील ग्रामीण हैं जिनकी रुचि कृषि के बजाय वन सम्बन्धी कामों में है।

177. पन्द्रह *खालसा* गाँवों की जाँच की गई जिनमें सात परित्यक्त थे। इनमें से पाँच में नौ आदिवासी काश्तकारों को 197 एकड़ का नुकसान हुआ है। इस खोई ज़मीन में से 109 एकड़ का नुकसान भील अधिभोगियों द्वारा राजुरा गाँव में हुआ जिसे कर्ज चुकाने के लिए उन्होंने छोड़ दिया। अन्य गाँवों में आदिवासियों ने अपनी जोतों में वृद्धि की है। ज्यादातर गाँवों की स्थिति वैसी ही है जैसी अकोट तालुक में अकोला के डिप्टी कमिश्नर द्वारा वर्णित है। वसूली के अलावा यहाँ बहुत कम ही उपजाऊ भूमि है। जामोद गाँव के कुछ मुसलमान साहूकार वास्ली, उमापुर और शेखेद गाँवों में आदिवासियों को भूमि के नुकसान के जिम्मेदार रहे हैं। ज़िले की रिपोर्ट, क्षेत्रफल के आधार पर निर्णय करके यह मानते हुए कि बेदखली बहुत ज्यादा नहीं हुई है, सुझाती है कि अच्छी जमीन साहूकार के पास चली गई है और शेष बची जमीन के लिए कोई प्रतिद्वन्द्विता नहीं है जिसमें भील और कोर्कु ही कृषि कर सकते हैं। हालाँकि इसे उचित समझा गया है कि संहिता की धारा 66 के प्रावधानों को जाँचे गए सभी 14 खालसा गाँवों तक विस्तारित किया जाए और खाली कृषि भूमि के आवंटन का नियन्त्रण संहिता की धारा 53 के अन्तर्गत नियमों 4 और 5 के द्वारा किया जाए।

178. श्री वी.के. मैटलैंड, आइ.एफ.एस., वन-संरक्षक जो कई वर्षों तक मेलाघाट के

मंडलीय वन अधिकारी रहे और अकोट और जलगाँव तालुकों की घाटी में स्थित अर्ध-मेलाघाट गाँवों के बारे में निम्नलिखित राय अकोला के डिप्टी कमिश्नर के दृष्टिकोण का समर्थन करती है–

"मेलाघाट के दक्षिणी किनारों पर स्थित आदिवासियों के गाँवों (जैसे पोपटरा और शाहनुर) की ज़मीन अत्यन्त खराब है जो विशिष्ट तराई भूमि जैसी है जिस पर अत्यधिक अपक्षालन और मानसून के कारण बह जाने का प्रभाव रहता है। इन गाँवों में रहनेवाले आदिवासी ठेठ जंगली निवासी नहीं हैं तथा अन्दरूनी हिस्सों में पाए जानेवाले लोगों की तुलना में निम्नतर हैं। वे ज्यादातर ग्रामीण नौकर या गाड़ीवान की तरह के हैं और कुल्हाड़े के कामों के बारे में बहुत कम जानते हैं। बंजारा और (विशेषकर) नहल जैसी ज़ातियाँ वर्षों से गाड़ी हाँककर, जंगलों में चोरी करके, जंगली उत्पाद निकालकर और कई मामलों में खेती से नियमित चोरी करके गुजारा करते रहे हैं। मैं कई नहल परिवारों (जंगलों की सीमा पर लगे गाँवों में) को जानता हूँ जिन्होंने स्वीकार किया है कि कपास की चोरी करना उनका आजीविका का मुख्य स्रोत रहा है।

"अकोला के डिप्टी कमिश्नर की बात महत्त्वपूर्ण है जो यह है कि इन सीमावर्ती गाँवों में जंगली जानवरों द्वारा किया जानेवाला नुकसान इतना ज्यादा है कि यह अच्छे कृषि-उत्पादन के सभी प्रयासों को असफल कर देता है यहाँ तक कि अच्छी किसान जातियों के भी। यह भी जोड़ा जा सकता है कि ये तराई के क्षेत्र मलेरिया से सबसे अधिक प्रभावित क्षेत्रों में है। दक्षिणी सीमा के थोड़े अन्दर वे जंगली गाँवों में जहाँ इसी प्रकार की स्थितियाँ हैं, कृषि के बारे में मेरा अनुभव है कि यदि आदिवासियों के हाथ में छोड़ दिया जाए तो कुछ ज्यादा हासिल नहीं होता। इसलिए मुझे नहीं लगता कि मेलाघाट के सरकारी जंगलों और जागीर जंगलों के बरार की तरफ वाले गाँवों आदिवासी रैयतों की बेदखली से सुरक्षा वर्तमान हालात को जारी रखने से अधिक कुछ कर पाएगी। जबकि दूसरी तरफ धरनी और खटकुम्ब इलाके के उपजाऊ खेतों में आदिवासियों की सुरक्षा ज़रूरी है (जैसा कि श्री क्रॉफ्टन के बन्दोबस्त में चिन्हित है)। हालाँकि वहाँ ऐसा हुआ कि भूमि के अहस्तांतरणीय होने के बावजूद साहूकार को प्राप्त हो गई और अब यद्यपि कि आदिवासी उसका नामित मालिक है, वास्तव में वह साहूकार के नौकर की तरह काम करता है। यहाँ तक सरकारी जंगलों में रियायती दरों पर मवेशी चराने का अधिकार (भूमि पर उसके मालिकाने के आधार पर) भी अर्थहीन हो जाता है क्योंकि प्रायः उसके पास मवेशी ही नहीं होते (उसके स्वामित्व के खालीपन का एक निश्चित प्रमाण)।

"मैं खराब जमीनों पर बेदखली से सुरक्षा पर जोर नहीं दूँगा–ऐसी बस्तियों में आदिवासी हमेशा ही अन्ततोगत्वा नौकर, गाड़ीवान, *शिकारी* या जंगली उत्पादों को खराब करनेवाले बन जाएँगे। ऐसी जगहों पर वे एक विशिष्ट आदिवासी नहीं होते बल्कि मैदानों की जिन्दगी के सम्पर्क में आकर बिगड़ चुके होते हैं। हालाँकि मैं साहूकारी बँधुआ मजदूरी आदि का सख्त नियन्त्रण कायम करने की वकालत करूँगा, मेलाघाट के अन्दर अच्छी जमीन वाले गाँवों में जैसे खटकुम्ब और धरनी जैसे इलाकों में। वहाँ आदिवासियों ने अपने जंगलों के अधिकारों की हम से जमीन अदला-बदली

कर ली है और वास्तव में उन्हें ज्यादा संरक्षण की आवश्यकता है।

सहकारी विपणन, उदार तकावी, आदिवासी शिक्षा और स्वास्थ्य सुविधाएँ एक पूर्णकालिक अधिकारी के जिम्मे होनी चाहिए और आदिवासियों का हित केन्द्र में होना चाहिए।"

179. **मेलाघाट तालुक**–विभिन्न कारणों से (जिसमें उप-मांडलाधिकारियों के कई अस्थायी परिवर्तन जो कि इस तथा प्रान्त के अन्य पिछड़े इलाकों में पिछले कई वर्षों से प्रशासन का अभिशाप बने हुए हैं, शामिल है) ऊपर पैराग्राफ 166 (1) में समाहारित निर्देशों में सुझाए पूरी जाँच नहीं की गई। जाँच के सबसे महत्त्वपूर्ण हिस्से उन निर्देशों के बिन्दु (क) से (ङ) तक थे। दुर्भाग्य से हाल के हस्तांतरणों और आवंटन के मामलों के कोई आँकड़े एकत्रित नहीं किए गए हैं और न ही इन दस्तावेजों की कोई विस्तृत जाँच की गई है या किसी सूचना का अनुसरण किया गया है जो ये मामले आदिवासी कर्ज़दारी के बारे में दे सकते थे। अनुभवी डिप्टी कमिश्नर श्री ए.एच. लेयर्ड, सी.आई.ई., आई.सी.एस. की टिप्पणियों के साथ इलीचपुर के अस्थायी उपमंडलीय अधिकारी की एक कुछ-कुछ सामान्य रिपोर्ट और कुछ बेहद संयोगिक जाँचें जो मैं चिकाहदा की दो संक्षिप्त यात्राओं और धरनी की त्वरित यात्रा पर स्थानीय अधिकारियों से करने में सफल रहा था, इसके द्वारा अन्त में कहीं और आँकड़ों द्वारा निष्कर्ष निकालने के लिए मजबूत सांख्यिकीय आधार की पूर्ति का स्थान प्राप्त हुआ।

180. मेलाघाट में तीन मुख्य इलाके हैं, जिनमें से तालिका में दिए गए दो राजस्व विभाग द्वारा प्रशासित हैं। 1941 और 1931 की जनगणना का फर्क रोचक है :–

	1931 जनसंख्या	**1941 जनसंख्या**
धरनी इलाका (115 गाँव)	23,962	23,025
चिकाल्दा इलाका (50 गाँव)	9,628	11,149
जंगली गाँव	14,257	12,755
	47,847	**46,929**

धरनी की यात्रा में मैंने कोर्कू अधिभोगियों द्वारा जमीन छोड़ने के दो कारण सुने–

(क) धरनी और बैरागढ़ आदि में बसे मारवाड़ी और मुसलमान साहूकारों के द्वारा, विध्वंस, और

(ख) यह तथ्य कि नीमड़ जिले के निर्माणाधीन रैयतवाड़ी गाँवों में तथाकथित आसान शर्तों पर सस्ती और उम्दा भूमि की कोर्कू निवासियों को उपलब्धता।

यह वास्तव में उल्लेखनीय है कि धरनी इलाके के 115 गाँवों में जनसंख्या में 937 की कमी हो सकती है और जंगली गाँवों में 1,502 की, साथ ही साथ चिकाल्दा इलाके के 50 गाँवों में 1,521 की वृद्धि हो सकती है। जंगली गाँवों में कमी की वजह, जहाँ के बारे में आम सहमति है कि वहाँ कोर्कू मेलाघाट में किसी और जगह की अपेक्षा ज्यादा सुखी है, वन अधिकारियों की राय में शायद लाइसेन्स पर वन उत्पाद निकालने की नीति के कारण 1935-36 से विभागीय दोहन की नीति में परिवर्तन आना है। पहले यह बदलाव बहुत कुख्यात था और जंगली गाँवों के खाली होने का कारण बना, लेकिन नई प्रणाली के अनुभव के साथ आदिवासियों ने महसूस किया कि यह उनके लिए कितना अच्छा था और पिछले कुछ वर्षों ने कोर्कू के जंगली गाँवों में वापस लौटने की उल्टी प्रवृत्ति प्रदर्शित की है।

181. बतौर कमिश्नर, बरार श्री एच.सी. ग्रीनफील्ड, सी.एस.आई, सी.आई.ई., आई.सी.एस. द्वारा 1935 में लिखित घोषणा-पत्र जो इस रिपोर्ट के पैराग्राफ 157 में पहले ही उद्धृत है, में कुछ अन्य टिप्पणियाँ हैं जो कि चर्चा किये जा रहे प्रश्न में प्रासंगिक है–

"जहाँ तक राजस्व प्रशासन की बात है उसकी विशेष ज़रूरतों को पूरा करने के लिए चिकाल्दा में वेतन-कार्यालय और नायब-तहसीलदार के अलावा धरनी में तहसील स्थापित की गई, यह एक ऐसा कदम था जिसे जायज़ नहीं ठहराया जा सकता यदि इन इलाकों पर विशेष ध्यान देने और इसकी देखभाल करने की ज़रूरत न होती; बरार प्रणाली की अपेक्षा मध्य प्रान्त पर आधारित अलग-अलग बन्दोबस्त किए गए; बरार भू-राजस्व संहिता 1928 की धारा 66 को लागू किया गया, जो मेलाघाट में आदिवासियों द्वारा भूमि के हस्तांतरण पर प्रतिबन्ध लगाता है; तथा मराठी, जो शेष बरार की प्रशासनिक भाषा थी, की जगह हिन्दी को बतौर क्षेत्रीय माध्यम मान्यता देना।

"दीवानी मामलों में आदिवासी, दुर्भाग्य से, आम दीवानी कचहरियों के न्याय-क्षेत्र में आते हैं, और किसी विशेष कानून द्वारा सुरक्षित नहीं हैं; और धरनी के तहसीलदार तथा चिकाल्दा के नायब-तहसीलदार की मूल दीवानी अधिकारों के साथ पद स्थापना उन्हें बहुत थोड़ी राहत या सुरक्षा प्रदान करती है।

"प्रशासनिक पहलू में वन-विभाग उतना ही महत्त्वपूर्ण है या उससे ज्यादा ही महत्त्वपूर्ण है जितना कि राजस्व विभाग क्योंकि मेलाघाट के कुल 1,558 वर्ग मील में संरक्षित वनों की मात्रा 1,168 वर्ग मील है; और जहाँ राजस्व विभाग द्वारा प्रशासित मेलाघाट के गाँवों में कुल आबादी में आदिवासियों की संख्या आधे से थोड़ी ही ज्यादा है वहीं जंगली क्षेत्रों में गैर-आदिवासी बहुत कम हैं। आदिवासियों के लिए दोनों प्रशासनों का अन्तर बहुत ज्यादा है। जंगली इलाकों में आदिवासियों की सुरक्षा या उत्पीड़न लगभग पूरी तरह मंडलीय वन अधिकारी के व्यक्तिगत प्रशासन पर निर्भर है। वही है जो गैर-आदिवासियों को जंगली गाँवों में कदम जमाने से रोक सकता है जो आदिवासियों को उत्पीड़ित करनेवाले पर दबाव डाल सकता है। वही है जो कृषि के लिए भूमि वितरित करता है तथा जंगल के दोहन की पूरी व्यवस्था करता है, जिस पर आदिवासी समुदायों की ज़िन्दगी आश्रित है। उसके काम में खास किस्म की समस्याएँ आती हैं। कोर्कू वाचाल नहीं होते और ज्यादातर चुपचाप सहन कर लेते हैं। सब कुछ ठीक न होने का पहला सबूत रात में पूरे गाँव का विलुप्त हो जाना है। जंगली और रैयतवाड़ी इलाकों के बीच आबादी का लगातार आना-जाना होता है, एक या दूसरे इलाके में लोगों की ज़िन्दगी की कठिनाइयों के अनुसार। कोर्कू बिल्कुल अनुशासनीय नहीं हैं और नियमित आदतें उन्हें अज्ञेय हैं। उसे जब और जहाँ झुकाव महसूस होता है वहाँ काम करता है और यद्यपि यह नहीं कहा जा सकता कि उसे भीड़ में डर लगता है फिर भी वह सबसे ज्यादा तभी खुश रहता है जब अकेला या अपनी पत्नी के साथ जंगल के किसी एकान्त हिस्से में काम करता है जहाँ उसे किसी अन्य व्यक्ति की आवाज़ न सुनाई दे। यह नितांत व्यक्तिगतता प्रशासन को सहजतः अत्यन्त मुश्किल बना देती है। इस वर्ष फ़सल बिल्कुल ही खराब हो गई है लेकिन कोर्कू जड़ें खाकर आधा पेट भरे रहना पसन्द करता है इसकी अपेक्षा कि सड़क और

पुल निर्माण में मजदूर के तौर पर काम करे जहाँ मज़दूरों की अत्यन्त आवश्यकता है और ज़िले के बाहर से मँगाकर उसकी पूर्ति की जाती है। उसकी समझ से अकाल राहत का एकमात्र प्रकार यह है कि उसे निम्न जंगली उत्पाद मुफ्त में लेने दिए जाएँ या बाँस और लकड़ी को उसके लाभ के लिए काटने दिया जाय। मेलाघाट में विभागीय निस्सारण और बिक्री हमेशा ही अत्यन्त मुश्किल रहा है। कई अनुभवी अधिकारी यह काम करके निराश हो चुके हैं। पिछले चार वर्षों के दौरान ही यह हो सका कि बाज़ार में जंगली उत्पादों का आधार गिरने के बाद कोर्कू वन विभाग के अन्दर दिहाड़ी पर काम करने को मजबूर हुआ क्योंकि उसे किसी अन्य तरीके से नक़द नहीं प्राप्त हो सकता था। जिस पर भी सिर्फ इस वजह से कि इन कार्यों का प्रबन्धन एक अत्यन्त दयालु और योग्य अधिकारी द्वारा किया गया कोर्कू, मैं यह नहीं कहूँगा कि आकर्षित हुए हैं पर उनमें सन्तुष्ट हैं। यदि स्थिति को कुशलता और करुणा के साथ सँभाला नहीं जाता तो वे भूखों मर जाना पसन्द करते।

"निष्कर्ष स्पष्ट है। जब तक कि आदिवासी वन अधिनियम के घेरे में हैं उनका कल्याण और वास्तव में उनका अस्तित्व इस बात से निर्धारित होगा कि अधिनियम का प्रशासन किस प्रकार किया जाता है। एकमात्र दूसरा ज़रूरी उपादान है सत्ता में बैठे लोगों द्वारा बरार के लिए मेलाघाट के जंगलों के आर्थिक महत्त्व की अनुभूति। अतीत में संगठित प्रयास किए गए ताकि कृषि को विस्तारित किया जाए और कुन्बी तथा बरार के मैदानों की दूसरी किसान जातियों को मेलाघाट में लाया जाय। ये प्रयास विफल रहे क्योंकि सिर्फ आदिवासी ही इस जलवायु को झेल सकते हैं और क्योंकि लगातार कृषि के लिए बहुत कम ही जगह उपयुक्त है। यदि मामला उल्टा होता तो आदिवासी कब के विलुप्त हो गए होते या छोटी संख्याओं में जीवन के हाशिये पर चले गए होते। वह मौसम और कुल्हाड़ी चलाने की योग्यता के कारण बचे हुए हैं। इसलिए जब तक यह माना जाएगा, पहली बात, कि वन मैदानी क्षेत्रों के लोगों के लिए अमूल्य धरोहर हैं एवं अत्यन्त ज़रूरी हैं तथा दूसरी कि सिर्फ आदिवासी जनजातियों को लगभग कहा जा सकता है कि सावधानीपूर्वक देखभाल द्वारा सँभाल कर रखने से ही इस धरोहर का दोहन एवं इसकी उपलब्धता सुनिश्चित की जा सकती है, तब तक उनके लिए बचे रह पाना सम्भव हो सकेगा। कानून का उनके लिए कोई खास मतलब नहीं है। केन्द्र में कुशासन उन पर असर नहीं कर सकती। लेकिन निर्दयी और उदासीन स्थानीय अधिकारी और उनके भ्रष्ट अधीनस्थ उनको बर्बाद कर देंगे।

राजस्व विभाग द्वारा प्रशासित रैयतवाड़ी इलाकों की समस्या दूसरे प्रकार की है। यहाँ भी यह सत्य है कि छोटे अधिकारियों, इस मामले में पटवारी द्वारा उत्पीड़न उन्हें काफी प्रभावित करता है लेकिन यह एक आकस्मिक घटना है और उतना महत्त्वपूर्ण नहीं है जितना जंगली इलाकों में है। श्री (अब सर आर्थर) नेल्सन अपनी 1907 की बन्दोबस्त पूर्वानुमान रिपोर्ट में लिखते हैं कि 1903 में जब श्री डैडीमास्टर मेलाघाट में नियुक्त किए गए तब कहीं जाकर पटवारी द्वारा शासन को तहसीलदार द्वारा शासन से बदला गया; फिर भी सिर्फ 4 वर्ष बाद उन्होंने लोगों को सन्तुष्ट और सम्पन्न पाया। आदिवासियों का निर्माण भूमि के हस्तांतरण पर प्रतिबन्ध में है। फिर से 1907 की पूर्वानुमान रिपोर्ट से उद्धृत करने पर प्रतिबन्ध (हस्तांतरण पर) की

नीति स्वीकार कर ली गई है और मेलाघाट जैसे इलाकों में इसे लागू करना अत्यन्त आवश्यक है। जहाँ एक असावधान आदिवासी को अप्रतिबन्धित पट्टा देना उसे आत्महत्या का निमन्त्रण देने की तरह है। इससे भी आगे एक घटना खाली भूमि के आवंटन में आदिवासियों को वरीयता देने की है। श्री क्रॉप्टन, 1927 में बन्दोबस्त अधिकरी कहते हैं कि 'जनसंख्या में आदिवासी चरित्र की वृद्धि का कारण पिछले बन्दोबस्त के बाद से खाली भूमि के आवंटन में आदिवासियों को पहले दावा करने देने की सरकारी नीति और प्रतिबन्धित पट्टा नियमों का होना है।' पट्टे की यह अहस्तांतरणीयता कभी-कभी आदिवासियों को ज़रूरत से ज्यादा सख़्ती से जकड़ लेती है, जैसा कि उस बन्धक के साथ हुआ जिसके मामले का ज़िक्र मैंने पैराग्राफ 2* में किया है। यदि इस व्यक्ति के पास ज़मीन नहीं होती, वह कहीं और जाकर आजीविका कमा सकता था। लेकिन आकंठ कर्ज़ में डूबे या अत्यन्त निर्धन व्यक्ति को हटाने के लिए एक आदिवासी द्वारा दूसरे को हस्तांतरण के तरीके की व्यवस्था की गई है और जो व्यक्ति अन्य कारणों से अपनी ज़मीन न छोड़ रहा हो वह अपनी जनजाति के व्यक्ति को जमीन दे देगा। किसी भी प्रकार से दो राय नहीं हो सकती कि रैयतवाड़ी क्षेत्रों में जो काफी उपजाऊ है और दूसरे लोगों के आकर बसने के लिए खुला है, हस्तांतरण पर प्रतिबन्ध आदिवासियों के अस्तित्व का आधार था और बना रहेगा। यदि वर्तमान प्रवृत्तियाँ बनी रहीं तो यह पट्टे की अहस्तांतरणीयता को जोखिम में डाल देंगी।"

श्री ग्रीनफील्ड ने प्रान्तीय स्वायत्तता के अधीन कानून के साहूकारी के हितों के प्रभाव में होने के ख़तरों का उल्लेख किया, जो मध्य प्रान्तों में पहले से ही अधिभोगी काश्तकारों द्वारा भूमि के हस्तांतरण पर लगाए गए शेष प्रतिबन्धों को हटाने के लिए शोरगुल मचा रहे थे। जैसा कि हमने देखा है, प्रान्तीय विधानसभा के पिछले सत्र में जो मुख्य अधिनियम पारित किया गया वो मध्य प्रान्त काश्तकारी (संशोधन) अधिनियम था, जो ये हस्तांतरण के अधिकार अधिभोगी काश्ताकारों को प्रदान करता था, साहूकार की मदद करने के लिए नहीं बल्कि इस उम्मीद से कि इसके द्वारा ग्रामीण कर्ज़ पुनर्जीवित होगा, क्योंकि ज़मीन बेच सकने का अधिकार किसान को उसकी जमीन की सुरक्षा पर कर्ज़ ले सकने में मदद करेगा। श्री ग्रीनफील्ड ने पिछले संवैधानिक सुरक्षा के बारे में बताया जिससे कि बरार के हिस्से के तौर पर मेलाघाट को उसके लिए अनुपयुक्त कानून के आकस्मिक प्रभाव से पुराने तरीक से बचाया जा सकता था जिसके द्वारा विधायिका के अधिनियमों को बरार में सिर्फ परिषद में गवर्नर-जनरल के आदेश के द्वारा ही लागू किया जा सकता था। चूँकि बरार ब्रिटिश भारत का हिस्सा नहीं था। यद्यपि यह सुरक्षा उपाय उसी दिन से गायब हो गया जिस दिन से भारत सरकार अधिनियम 1935 लागू हुआ, यह दूसरे रूप में फिर भी मौजूद है क्योंकि भारत सरकार अधिनियम की धारा 91 के अन्तर्गत मेलाघाट आंशिक अपवर्जित है। श्री ग्रीनफील्ड आगे बताते हैं कि यद्यपि यह सम्भव है कि शिक्षा के प्रभाव से कोर्कू बिना विशेष संरक्षण के भी जी पाएँगे फिर भी अभी तक उन्होंने बरार के दूसरे आदिवासियों के जैसी अनुकूलनशीलता और ऊर्जा नहीं प्रदर्शित की है, चूँकि वे अवश्य ही गोंड से निम्न हैं और शिक्षा के प्रति उनकी अरुचि है। वह दर्शाते हैं कि आनेवाली सरकारें मेलाघाट के विकास

* देखें पैराग्राफ 157।

के लिए बड़े अनुदान करने की नीति बन्द कर सकती हैं जो आर्थिक के बजाय मानवीय आधार पर न्यायसंगत था। वह आगे कहते हैं–

"समस्या स्वयं को आर्थिक रूप में निरूपित करती है, और यदि भविष्य के राजकीय अनुदान इलाके के आर्थिक महत्त्व के आधार पर दिए गए तो वे कोर्कू लोगों को शिक्षा के द्वारा अपने पड़ोसियों के स्तर तक पहुँचने में सहायता कर पाने में असमर्थ होंगे। इसके अतिरिक्त रैयतवाड़ी क्षेत्रों में उसके अस्तित्व की ज़रूरत उसके अलावा और किसी के लिए नहीं है। बतौर लकड़हारा जो जंगली इलाके की जलवायु बर्दाश्त कर सकता है वह समाज के लिए काफी मूल्यवान है, वास्तव में उसके बिना काम नहीं चल सकता। शिक्षा की उपलब्धता के बावजूद यह देखा जा सकता है कि उसकी एकमात्र उम्मीद पट्टे के अहस्तांतरण के सिद्धान्त के सख्त पालन में ही है।

"यह स्वयंसिद्ध है कि किसी आदिवासीबहुल या पूर्णतः आदिवासी गाँव में किसी हिन्दू या मुसलमान पटेल की नियुक्ति आदिवासी के शोषण, उत्पीड़न और यदि सम्भव हो सका तो उसकी बेदखली में परिणत होती है। मेलाघाट को बरार पटेल और पटवारी कानून के अन्तर्गत धारा 1 की उपधारा (2) के तहत प्रावधानों से छूट प्राप्त है, लेकिन नियुक्तियाँ करनेवाले न्यायालय इस कानून के अनुसार सोचने के इतने आदी हैं कि वे प्रायः नियम 1 (क) के अन्दर दिए गए शैक्षणिक परीक्षण को लागू कर देते हैं। इसके परिणामस्वरूप एक ज्यादा पढ़े-लिखे बाहरी व्यक्ति की नियुक्ति हो जाती है। पिछले 12 महीनों में मुझे सिर्फ अमरावती ज़िले में ही इसके दो मामले मिले। यह चूक खासकर उन गाँवों में होनी ज्यादा सम्भावित है जो 1912 में मेलाघाट तालुक से मैदानों के कई तालुकों में हस्तांतरित किए गए थे। नियुक्ति करनेवाला अधिकारी हो सकता है बिल्कुल ही न जानता हो कि जिस गाँव के बारे में निर्णय कर रहा है वह इन हस्तांतरित गाँवों में से एक है, और यदि उसे पता हो तो भी यह सन्देहजनक है कि मेलाघाट तालुक को कानून से मिली छूट बाद में दूसरे तालुकों में हस्तांतरित गाँवों पर भी लागू होती है। बरार भू-राजस्व संहिता की धारा 66 ने इस समस्या से निजात पा ली क्योंकि वह 1911 की मेलाघाट तालुक की स्थिति पर लागू होता है।" मेरी राय है कि बरार पटेल और पटवारी कानून को इसी प्रकार संशोधित किया जाना चाहिए और यह कि उसमें ऐसे गाँवों की सूची शामिल होनी चाहिए; और यह कि या तो मेलाघाट में पटेलों की नियुक्ति के लिए अलग से कानून बनाया जाना चाहिए या उनके लिए बरार पटेल और पटवारी कानून में अलग से प्रावधान होना चाहिए। इसके बाद अवसर मिलने पर यह प्रावधान भी करना चाहिए कि पटवारी के पद के लिए एक आदिवासी उम्मीदवार को यदि उसके पास शैक्षणिक योग्यता हो, दूसरे सभी उम्मीदवारों पर वरीयता दी जाए जब तक कि इसके पर्याप्त कारण नहीं मिल जाते कि उसे क्यों नियुक्त नहीं किया जाना चाहिए। मैं आदिवासियों के पक्ष में पटवारी की नियुक्ति की योग्यताओं को कम करना व्यावहारिक नहीं समझता क्योंकि उन्हें लेखा-जोखा करना पड़ता है। लेकिन एक पटेल के लिए साक्षरता उतनी आवश्यक नहीं है और इस पर आग्रह आमतौर पर आदिवासियों को ज्यादा चालाक और शिक्षित बाहरी व्यक्ति जो इस प्रकार नियुक्ति पा जाता है, का शिकार बना देता है। धरनी इलाके के महत्त्वपूर्ण गाँवों में निरपवाद रूप से गैर-आदिवासी पटेल हैं। कुछ गाँवों में

मेलाघाट नियमावली के निर्देशों के बावजूद पटेल का परिवार ही गाँव का एकमात्र गैर-आदिवासी परिवार होता है। इस तरह के कम से कम एक गाँव का पटेल एक बनिया है। ऐसी नियुक्ति भेड़ों की रखवाली करने के लिए एक भेड़िए की नियुक्ति से ज्यादा अलग नहीं है। यदि मेलाघाट नियमावली का अभी पालन नहीं होता तो आगे चलकर इसका और पालन नहीं होगा और एकमात्र तरीका मेरी राय में कानून है।

श्री बाटू, चिकाल्दा के कोर्कू राजस्व इंस्पेक्टर प्रान्त के सबसे शिक्षित और सबसे उन्नत आदिवासियों में से एक हैं, जो धरनी के राजस्व इंस्पेक्टर रह चुके हैं और मेलाघाट तथा समीपवर्ती बैतूल के दमजीपुरा इलाके के सभी प्रमुख कोर्कू व्यक्तियों के साथ सम्पर्क में हैं। उनका विचार है कि पिछले मेलाघाट बन्दोबस्त से पहले कोर्कू द्वारा अत्यधिक भूमि नुकसान के अलावा उसके बाद और नुकसान हुआ है, खासकर धरनी इलाके में और वहाँ ज्यादातर जमीनें मुसलमानों को गई हैं। उनके अनुसार संहिता की धारा 66 और मेलाघाट नियमावली के पृष्ठ 8 पर नियम 16 के अन्तर्गत आदिवासी भूमि के हस्तांतरण पर लगे प्रतिबन्धों को समान रूप से लागू नहीं किया गया है, कई आदिवासी नीलाम की गई जमीन के लिए बोली नहीं लगा सके क्योंकि 1939 तक उन्हें किश्तों में भुगतान करने की छूट नहीं थी, संहिता की धारा 53 के अन्तर्गत नियम के होने के बावजूद (पृष्ठ 14, मेलाघाट नियमावली)।

182. नेलसन बन्दोबस्त 1907-09 के पहले की स्थिति का वर्णन मेलाघाट नियमावली की भूमिका के पैरा 6 में किया गया है—

"कृषि का पलायनवादी स्वरूप अत्यधिक अतिशयोक्तिपूर्ण है, एक बड़े भूभाग में कृषि स्थायी थी, परती जमीन पर पुनर्ग्रहणाधिकार होता था, और भूमि के निजी स्वामित्व का विचार पूरी तरह से विकसित था। अपने आदिम स्वरूप में प्रणाली शायद ही अस्तित्वमान थी और इलाके की जरूरतों ने एक बेहद खराब रैयतवाड़ी प्रणाली को जन्म दिया था। यद्यपि भूमि को प्रत्यक्षतः वार्षिक अधिभोगी पट्टे पर दिया जाता था और प्रत्येक अधिभोगी 6 महीने की सूचना पर बेदखल किया जा सकता था, भूमि का इस प्रकार लेन-देन किया जाता था जैसे अधिभोगी के पास आनुवंशिक हस्तांतरण अधिकार हों जैसे शेष बरार में होते थे। काफी मात्रा में जमीन बेची जाती थी, गिरवी रखी जाती थी और उप-पट्टे पर दी जाती थी और काफी जमीन बाहरी सट्टेबाजों द्वारा ले ली गई थी जो उन पर बतौर उप-काश्तकार काम करनेवाले आदिवासियों के प्रयासों से उसके मूल्यवान सम्पत्ति में तब्दील हो जाने के अपने मौके का इन्तज़ार कर रहे थे। अमनेर परगना के मध्य में आदिवासी अपनी ज़मीन से साहूकार और शराब बेचनेवाले के द्वारा बेदखल किए जा चुके हैं। ये लोग मुख्यतः बुरहानपुर के बोहरा और कलार हैं। और बरार के मैदानों की सीमा पर पहाड़ों की तराई की जमीन लगभग पूरी तरह बरार के किसानों के अधिकार में है। लेकिन बाकी जगहों पर पुरानी जातियों का अभी भी प्रभुत्व है, कुल अधिभोगी जमीन के 50 प्रतिशत से भी ज्यादा के क्षेत्र पर कोर्कू और गोंड का अधिकार है।

183. श्री आर.एम. क्रॉफ्टन, सी.आई.ई., आई.सी.एस. की 1925-27 मेलाघाट बन्दोबस्त रिपोर्ट का निम्नलिखित उद्धरण उनकी बन्दोबस्त के समय तक की स्थिति को दर्शाता है—

"*तकावी और प्रतिबन्धित पट्टा नियमों की कार्यप्रणाली*—स्थानीय *साहूकार* के साथ

उनके सौदों में आदिवासी अधिभोगियों को सुरक्षा प्रदान करने की ज़रूरत मेलाघाट में लम्बे समय से महसूस की जाती रही है। और जो बुराइयाँ इस बन्दोबस्त के समय पनप आई पाई गईं, उन तमाम मामलों में जिनमें आदिवासी वास्तव में अपनी जमीन से खदेड़े जा चुके हैं, सिर्फ हस्तांतरित गाँवों में ही नहीं बल्कि मेलाघाट में भी (सत्यापन के समय धरनी क्षेत्र में नामित आदिवासी अधिभोगियों को 409 एकड़ जमीन से बेदखल किया गया था, सभी मामलों में वास्तविक किसान या पट्टाधारक साहूकार था) दर्शाते हैं कि वह ज़रूरत अभी भी विद्यमान है। इस तथ्य को बरार वैधानिक समिति द्वारा भी पूर्ण मान्यता प्राप्त हुई है जिसने सर्वसम्मति से राजस्व विधेयक में मसौदा अनुच्छेद 66 को शामिल करने का निर्णय लिया, और इस पर इससे ज्यादा ज़ोर देने की आवश्यकता नहीं है। इसलिए मेलाघाट में भू-हस्तांतरण प्रतिबन्धित करने का उद्देश्य आदिवासियों के पास उनकी पैतृक जमीन बने रहने देना है; लेकिन प्रतिबन्ध लागू करने में अति सख्ती इसके उद्देश्य को नुकसान पहुँचा सकती है और इलाके के विकास को बाधित कर सकती है। अब अनेक कोर्कू और अन्य आदिवासी किसान हैं जो अपने मुनाफे में से नकद और अन्न उधार पर देते हैं और यद्यपि गैर-आदिवासियों को शायद ही कभी, यदि किसान भी जाए तो, हस्तान्तरण की अनुमति दी जानी चाहिए, इस बात में कोई ऐतराज नहीं होना चाहिए कि ज्यादा जाँच के बिना भी आदिवासियों को आपस में जमीन हस्तांतरित करने दी जाए। सभी आदिवासी साहूकार मुख्यतः स्वयं किसान हैं और उनके दूसरे अकुशल और मितव्ययी भाइयों की कीमत पर उनकी खेती के विस्तार से तालुक की कृषि-कुशलता में वृद्धि आनी चाहिए। यदि इस सिद्धान्त का अनुसरण किया गया और इलाके में उदार वार्षिक तकावी दी गई तो उधार पर पाबन्दी जो प्रशासन द्वारा नियमों को सख्त करने पर हो सकती है जहाँ तक गैर-आदिवासी साहूकार की बात है, महसूस नहीं होगी। यह विशेषकर उचित होगा कि तकावी को उन्नत बीजों के रूप में वितरित किया जाए और इस तरह के कदम पहले से ही उठाए जाने लगे हैं। यदि मंजूर करने लायक हो तो तकावी की किश्त 15 मार्च को वसूलनी चाहिए यानी भू-राजस्व के *रबी* और *खरीब* फसलों के बीच में। ये टिप्पणियाँ हस्तांतरित इलीचपुर और अकोट गाँवों की आदिवासी जोतों पर भी बराबर जोरदार ढंग से लागू होती हैं, और इस आशय के विशेष निर्देश तहसीलदारों को दिए जाने संभवतः जरूरी हैं।

"*निवास*—आदिवासी अभी भी काफी स्थान परिवर्तन करते हैं, प्रायः छोटे-छोटे कारणों से और एक असन्तोषप्रद लक्षण जो सत्यापन के समय पाया गया वह था अनेक मामलों में आदिवासियों का गाँव छोड़कर जाना जबकि रैयतवाड़ी में जमीन को आमतौर पर परती रखे रहना ताकि भविष्य में अगर वे चाहें तो लौट सकें। 2,609 एकड़ के 144 मामलों में ऐसे अनुपस्थित किसानों को अपनी जमीन दूसरे अधिभोगियों को हस्तांतरित करने के आदेश दिए गए, या फिर गाँव को और अन्तिम उपाय के तौर पर तथा पर्याप्त चेतावनी के बाद 93 मामलों में उन्हें बेदखल किया गया। इसलिए यह महत्त्वपूर्ण है कि आदिवासी अधिभोगियों को अपने खेतों के कृषि कर सकने योग्य दूरी पर ही निवास करने का आग्रह किया जाना चाहिए और इस तथ्य को तहसीलदारों द्वारा दौरों पर जाँचा जाना चाहिए।"

184. दुर्भाग्य से बन्दोबस्त को 1929 महान कृषि संकट के ठीक पहले प्रभावी किया गया था और उदार नीति के माध्यम से भूमि पट्टे पर प्रतिबन्ध के कारण आदिवासी उधार पर होनेवाले नुकसान की भरपाई व्यावहारिक नहीं सिद्ध हो पाई। कोर्कू अभी एक गाँव से दूसरे या एक क्षेत्र से दूसरे में भटकने को प्रवृत्त हैं। श्री लेयार्ड लिखते हैं—

"मैंने ऐसे वाकये सुने हैं जिनमें एक कोर्कू आदिवासी अधिभोगी दो या तीन वर्षों से भू-राजस्व न चुका पाने के कारण ज़मीन छोड़कर चला गया और फिर वन विभाग के अन्तर्गत काम तलाशने लगा। बाद में वह फिर वापस आएगा और दूसरी जमीन खरीदेगा और सम्भवतः इस प्रक्रिया को दोहराएगा। आदिवासी काश्तकार ऐसे कारणों से धरनी इलाके से बुरहानपुर तहसील में भी अप्रवास करते हैं, और सम्भवतः फिर धरनी इलाके में वापस आते हैं। शायद इसका मुख्य कारण आदिवासियों की दरिद्रता है। वर्तमान में आदिवासी एक कुशल किसान नहीं है और किसी तरह बस खाने-पीने भर का जुगाड़ कर पाता है, और जब परेशानी में होता है या जब उसका मन करता है वह कहीं और चला जाता है। बरार के मैदानों के हिन्दू किसानों के विपरीत कोर्कू अपनी ज़मीन से चिपका हुआ नहीं होता और प्रायः ज़मीन छोड़ने में उसे झिझक नहीं होती। निस्सन्देह मेलाघाट के किसान कपास के दाम में कमी आने से बुरी तरह प्रभावित हैं। यह सर्वविदित है कि बरार के मैदानों की तुलनात्मक अच्छी परिस्थितियों में भी कपास के दामों के गिर जाने से अच्छी फसल उगानेवाले किसानों को भी अत्यन्त तुच्छ मुनाफा हुआ है। इसलिए सहजतः मेलाघाट में जहाँ कृषि का स्तर अत्यन्त नीचा है और ज़मीन अत्यन्त खराब है, कपास के दाम गिरने का परिणाम ज्यादा गम्भीर मालूम पड़ता है। कुछ हद तक इसका असर इस तथ्य से कम हुआ है कि मेलाघाट में बड़ी जनसंख्या ने कपास की जगह बाजरे की खेती की थी। बरार के मैदानों में इस पैमाने पर नहीं हुआ है क्योंकि मेलाघाट की ज़मीन ऐसी फसलों के उपयुक्त है। मेरे पास आँकड़े नहीं हैं पर मैं अनुमान करता हूँ कि सिर्फ कपास के सबसे अच्छे दिनों में कपास की खेती मेलाघाट में अन्य फसलों से ज्यादा हुई होगी। यह जानना रोचक है कि धरनी के समीप एक कपास मिल भी थी जो दो या तीन साल चलने के बाद कपास की धूम खत्म होने के बाद विपत्ति में पड़ गई।"

वे यह भी लिखते हैं कि साहूकारी पर नियन्त्रण और कर्जों की वसूली के बारे में हाल के कानूनों की अधिकता के कारण कुछ साहूकार अब खुलेआम मेलाघाट में अपना व्यापार करते हैं जहाँ सहकारी कर्ज की कोई सुविधा नहीं है। उत्तरोत्तर तहसीलदार और नायब तहसीलदार ज्यादा तकावी देने के विरोधी हैं क्योंकि वे इसे वसूलने की दिक्कतों से वाकिफ हैं। धरनी क्षेत्र में कृषि इतनी आपदाग्रस्त है कि इस क्षेत्र के सबसे प्रमुख और उन्नत किसानों में से एक किसान जो प्रसिद्ध मुसलमान बोहरा है, के ऊपर तकावी का भारी बकाया है जो उसे छोटे वार्षिक किश्तों में चुकाने की अनुमति देनी पड़ी; इसलिए छोटे आदिवासी अधिभोगियों से वसूलों की दिक्कत की कल्पना की जा सकती है। हाल के सरकारी आदेशों में तहसीलदारों को उनके द्वारा प्रदत्त तकावी कर्जों की वसूली के लिए उन्हें व्यक्तिगत तौर पर ज़िम्मेदार ठहराया गया है और इसलिए यह अप्राकृतिक नहीं है कि मेलाघाट के मौजूदा हालातों में उन्हें बड़े तकावी अनुदान करने की इच्छा नहीं होती, साझा सुरक्षा की प्रणाली होने के बावजूद। प्रसंगवश श्री लेयार्ड मानते हैं कि सरकार को मेलाघाट में तकावी के अनुदान

पर विशेष आदेश जारी करने चाहिए और वहाँ प्रान्त के अन्य हिस्सों की अपेक्षा बड़े स्तर पर वसूली करनी चाहिए; अन्यथा वह नहीं देख पाते कि किस प्रकार आदिवासी को पर्याप्त उधार दिया जा सकता है। श्री जे.के. अटल, आई.सी.एस., इलीचपुर के उप-मांडलाधिकारी, जिन्होंने मेलाघाट में कोर्कू की बेदखली पर रिपोर्ट दी थी, ने सुझाया कि कोर्कू द्वारा वास्तविक भूमि नुकसान के कोई भी आँकड़े तीन कारणों से भटकानेवाले हो सकते हैं, प्रथम, कोर्कू की अपनी अथवा अपने पूर्वजों की नामित भूमि की अज्ञानता, दूसरे, राजस्व पंजिकाओं में सुदूर रैयतवाड़ी गाँवों में अधिभोगियों और उनकी जातियों की गलत सूचनाएँ और तीसरी, आदिवासियों की घुमन्तू प्रवृत्ति का जारी रहना। उन्हें लगा कि इन प्रवृत्तियों का एक कारण भूराजस्व से बचने की चाहत है, जो आदिवासियों के ख्याल से मेलाघाट में दूसरे जगहों की अपेक्षा अधिक है, या महामारियों से बचने के लिए या अन्य अप्रत्याशित आपदाओं से बचने के लिए जो एक या दो वर्ष लगातार उनकी फसलों पर पड़ती आ रही हो।

धरनी के आस-पास उन्हें हाल में धरनी में रहनेवाले बोहरा या मारवाड़ी निवासियों की कोर्कू की जमीन मिलने के मामले नहीं मिले लेकिन बैरागढ़ के आस-पास के पटवारी सर्किलों में एक अलग ही परिस्थिति उभरी। एक समय यह एक सम्पन्न कोर्कू गाँव था जब कुछ मुसलमान व्यापारियों और साहूकारों को यहाँ बसने दिया गया। गाँव का अब स्वामित्व बदल चुका है। बहुत कम ही कोर्कू अधिभोगी शेष बचे हैं और उनकी ज्यादातर जमीन मुसलमानों के हाथ में चली गई है तथा कुल गावली और एक या दो मारवाड़ियों के पास। बाहरी दुकानदार और साहूकार कोर्कू को धन या अन्न, शादियों या अन्य सामाजिक जलसों और कृषि के लिए उधार दिया करते थे। हर वर्ष कपास की उपज के बाद साहूकार सिर्फ ब्याज का भुगतान लेते थे और मूल का भुगतान लेने से इन्कार कर देते थे या मुल्तवी कर देते थे। अपनी अपव्ययता से ग्रसित कोर्कू इसे अपने साहूकार की उदारता मानकर और ज्यादा उधार लेते रहते थे, तब भी जब उन्हें जरूरत नहीं होती थी। साहूकार यही चाहते थे; और करीब चार या पाँच वर्ष बाद एक दिन वे अचानक अपने शिकार पर झपट्टा मारकर उसे स्पष्ट कर देते थे कि उसके पास अपने कर्ज और बेहिसाब ब्याज का भुगतान का एकमात्र रास्ता उसकी ज़मीन को बेचना है। दुर्भाग्य से उस समय राजस्व अधिकारी आदिवासियों से गैर-आदिवासियों को भू-हस्तांतरण के वर्तमान प्रतिबन्धों को लागू नहीं करते थे। धरनी इलाके में ज्यादातर मुसलमानों की सम्पत्ति की उत्पत्ति का यही स्रोत है। और अभी भी यद्यपि संहिता की धारा 66 के अन्तर्गत नियमों का सख्ती से पालन हो रहा है, कुछ कब्जा जारी है। यह बताया गया है कि कानून के वर्तमान स्वरूप में इसे बचा पाना मुश्किल है; यदि कोर्कू भूमि को गैर-आदिवासियों को देने पर निरपेक्ष नियम बना दिया जाए तो भूराजस्व देने पर मुख्य अनुदान विलुप्त हो जाएगा। यदि तहसीलदारों से कोर्कू अधिभोगियों से तत्परता के साथ भूराजस्व वसूलने की उम्मीद की जाए तो उन्हें कोर्कू बकायेदारों की जमीन गैर-आदिवासियों को बेचने से नहीं रोका जा सकता। सिर्फ मारवाड़ी और बोहरा ही ऐसे लोग हैं जिनके पास बकायेदारों की ज़मीन खरीदने का झुकाव और नकद होगा। श्री अटल के अनुसार खराब वसूली के कारण निन्दित होने का तहसीलदारों का भय राजस्व वसूली की कार्यवाहियों से आदिवासियों की जमीन की अन्य लोगों की बिक्री से हुई बेदखली का मुख्य कारण है।

उन्होंने प्रायः स्थानीय अधिकारियों के साथ यह प्रयास किया कि वे बकायों के कारण बेची जानेवाली जोतों पर बोली लगाने के लिए आदिवासियों को प्रेरित करें लेकिन निरपवाद

रूप से जवाब होता था "कोई आदिवासी खरीदार उपलब्ध नहीं।" वे कहते हैं कि चिकाल्दा इलाके में हर वर्ष 30 या 40 जोतें बिक्री के लिए आती थीं जिनमें से सिर्फ पाँच या छह में ही आदिवासी बोली लगाते थे; अन्य बिक्रियों में बोली लगाने वाले बस गैर-आदिवासियों ही थे। यहाँ तक कि जहाँ बोली लगाना सिर्फ आदिवासियों के लिए आरक्षित करने का प्रयास किया गया वहाँ भी प्रतिबन्धों से बोगस आदिवासी खरीदार खड़ा करके बचा लिया गया। श्री अटल लिखते हैं—

> "इस बोगस बोली लगानेवाले से उसके बन्धु-आदिवासी की जमीन का भुगतान करवा दिया जाता है। अन्य प्रतिद्वन्द्वियों को रिश्वत देकर या धमकाकर फुसला लिया जाता है। एकमात्र आदिवासी होने के कारण और एकमात्र बोली लगाने वाला होने के कारण, ज्यादा उम्मीद रहती है कि बिक्री बहुत छोटे मूल्य में इस बोगस बोली लगाने वाले को मिल जाती है। चूँकि ज्यादातर मामलों में उप-मंडलीय अधिकारी को पता नहीं चल पाता है कि बोली लगानेवाला बोगस है या सच्चा, उप-मंडलीय अधिकारी इस वास्तविकता को ध्यान में रखते हुए कि जमीन एक आदिवासी से दूसरे आदिवासी के पास गई है, बिक्री की रकम छोटी होने की चिन्ता किए बगैर बिक्री की पुष्टि ही कर देता है। जमीन को नए खरीदार के नाम पर परिवर्तित कर दिया जाता है। और राजस्व अधिकारियों की नज़र में परिणाम सिर्फ इतना होता है कि एक नाम को दूसरे से परिवर्तित करना पड़ता है। सभी खुश होते हैं क्योंकि उच्च अधिकारियों को वास्तविक तथ्य ज्ञात नहीं होते हैं। लेकिन यदि वास्तविक तथ्यों का पता चला तो यह सामने आएगा कि वह बोगस बोली लगानेवाला मारवाड़ी का सिर्फ एक शिकार था या किसी अन्य सम्पन्न और चालाक गैर-आदिवासी का; जिसे कानून से बचने के अनगिनत तरीके आते हैं। इसमें उसे कोई नुकसान नहीं कि वह एक ऐसे आदिवासी के नाम ज़मीन ले ले जो पहले से ही कर्ज़ या किसी दूसरी मेहरबानी के कारण उसके अधिकार में रहता है। किसी भी तरह मारवाड़ी को खेती करने के लिए आदिवासी मज़दूरों की ज़रूरत पड़ेगी; इसलिए उसे कोई समस्या नहीं यदि बोगस बोली लगानेवाला उसके नए खेत पर काम करे जो कि बोगस बोली लगाने वाले के पीछे खड़े गैर-आदिवासी द्वारा तैयार प्रणाली के तहत किया जाता है। इस प्रकार का एक बहुत ही रोचक मामला मेरे देखने में आया। धरनी के एक अमीर मारवाड़ी के पास पिछले पाँच-छह वर्षों से कई कोर्कू नौकर थे। यद्यपि उसने पुरजोर इन्कार किया फिर भी मैंने पता कर लिया कि वे बँधुआ मजदूर थे। दो या तीन वास्तव में काम करके अपने पूर्वजों के कर्ज़ उतार रहे थे। मारवाड़ी जानता था कि राजस्व अधिकारी इस तथ्य का खुलासा होने पर सख्ती करेंगे। इसलिए उसने इन नौजवानों के दो या तीन वर्ष की मज़दूरी छोड़ने का वादा किया यदि वे बिक्री के समय आदिवासी ज़मीन पर बोली लगाने का वादा करें और इसके द्वारा उसने इस मुसीबत से निजात पाने का रास्ता निकाला। स्थिति यह है कि आदिवासी अपने मालिक की गिरफ्त से छूटने के बजाय और कठिन परिस्थिति में फँस गए हैं। यद्यपि उनके पास पैसा नहीं है, उन्हें काफी अचल सम्पत्ति का स्वामी दिखाया जाता है। उनका मालिक, मारवाड़ी, सारी पूँजी हड़प लेता है और कोर्कू को सिर्फ खेतों पर काम करने देता है जो काग़ज पर कोर्कू को ही नामित होती है लेकिन वास्तव में मारवाड़ी की होती है। कोर्कू को सिर्फ

यह फायदा होता है कि मारवाड़ी के घरेलू काम करने के बजाय वह खेत पर काम करता है। यह स्पष्ट मामला बहुत कठिनाई से मेरी पकड़ में आया; मेरे ख्याल से आदिवासी इन तथ्यों को राजस्व अधिकारियों को बताने से डरते हैं मगर किसी भी तरह ये बुराइयाँ विद्यमान हैं और सम्भवतः बहुत सामान्य हैं।"

उनके विचार से बेदखली पहले ही जितना असहाय किया गया है, से ज्यादा हो चुकी है और ज्यादा सख्त कदम उठाने की आवश्यकता है, जैसे आदिवासियों की भूमि का गैर-आदिवासियों, विशेषकर मारवाड़ी, बोहरा और पठान, को हस्तांतरण पर पूर्ण प्रतिबन्ध; इसके आगे उनका सुझाव है कि राजस्व अधिकारियों को कोर्कू से नक़द के बजाय माल के रूप में भूराजस्व वसूलने का अधिकार होना चाहिए, माल के रूप में की हुई वसूली अन्न डिपो बनाने की प्रणाली के लिए लाभदायक होगी जहाँ से आदिवासियों को तकावी बीज उधार दिया जा सकेगा।

185. इस पर टिप्पणी करते हुए श्री लेपार्ड सुझाते हैं कि सम्भवतः वर्तमान भूराजस्व आकलन अत्यधिक ऊँचे हैं। श्री क्रॉफ्टन की बन्दोबस्त रिपोर्ट के पैराग्राफ 18 से यह देखा जा सकता है कि कठकुम्भ और गौलखेड़ा बन्दोबस्त समूहों में, जिनमें पहले चिकाल्दा के नाम से जाना जानेवाला इलाका भी शामिल है, में प्रति एकड़ दर सिर्फ 5 आना 2 पाई और 6 आना 1 पाई है जबकि धरनी-बैरागढ़ के सर्वेक्षित गाँवों में प्रति एकड़ दर 14 आना 5 पाई और धरनी-बैरागढ़ के पुराने आषद्ध-दरवाले गाँवों में 6 आना 7 पाई है। बैतूल के भैंसदेही तहसील में 1916-21 की बन्दोबस्त में, जो अभी तक लागू है काश्तकारों के लगान की प्रति एकड़ दर सिर्फ 6 आना 10 पाई है। मेलाघाट की श्री क्रॉफ्टन की बन्दोबस्त रिपोर्ट उस समय बनी थी जब कपास का बोलबाला अभी भी अपने उच्चतम स्तर पर था और 1929 की मन्दी के पहले श्री लेयार्ड इस तथ्य के महत्त्व को इंगित करते हैं कि मेलाघाट में सबसे अच्छे समय में भी खेती दिल दुखानेवाला काम है और एक प्रसिद्ध स्काटिश महिला का मामला उद्धृत करते हैं जिसके पास धरनी इलाके में 300 एकड़ ज़मीन है और कृषि विभाग की मुफ्त सलाह और मदद के बावजूद उसे अपना भूमि राजस्व चुका पाना असम्भव लगता है।

186. श्री लेयार्ड कुछ मामले जानते भी हैं जिनमें आदिवासियों ने साहूकारों के लिए बोगस बोली लगाकर मेलाघाट में जर्मीन खरीदी है। हालाँकि वह कहते हैं कि वास्तव में भूराजस्व न चुकाने के कारण बहुत कम बिक्रियाँ होती हैं; ज्यादातर मामलों में क्या होता है कि आदिवासी अधिभोगी दो-तीन वर्षों तक लगान नहीं चुका पाता और ज़मीन छोड़कर भाग जाता है जिसके फलस्वरूप भूराजस्व के बकाये माफ कर दिए जाते हैं और भूमि को ज वर्ग में डाल दिया जाता है (अहस्तांतरित, खाली भूमि कृषि हेतु उपलब्ध)। मेलाघाट में पहले से ही काफी ज वर्ग भूमि है और इस क्षेत्र के आँकड़े दर्शाते हैं कि पिछले दो वर्षों में इसमें हुई वृद्धि सूचनात्मक होगी। भूराजस्व बिक्रियों में आदिवासियों के लिए भूमि खरीदना आसान बनाने के लिए श्री लेयार्ड ने 7 दिसम्बर, 1939 को स्थायी आदेश पारित किया जिसे इस रिपोर्ट के परिशिष्ट ग में प्रकाशित किया गया है। उनकी जानकारी के अनुसार इन निर्देशों पर कार्यवाही की जा रही है और उनके लिए यह कह पाना मुश्किल है कि इसके आगे जाना सम्भव अथवा उचित होगा या नहीं। उनका विचार है कि यदि श्री अटल का भविष्य में आदिवासियों से गैर-आदिवासियों को किए जानेवाले हस्तांतरण पर पूर्ण प्रतिबन्ध का सुझाव लागू किया गया तो सरकार को कुछ भू राजस्व माफ करने के लिए तैयार रहना चाहिए, चूँकि

काफी ज़मीन पर कृषि नहीं होगी और ज वर्ग भूमि में हाल में आई वृद्धि और प्रबल हो जाएगी।

187. परिशिष्ट ग में उद्‌धृत आदेश सही दिशा में है लेकिन उसे लागू करने में लगातार निगरानी की ज़रूरत है और धरनी के तहसीलदार को वास्तविक आदिवासियों से इस इलाके में राजस्व की वसूली में काफी स्वच्छन्दता दिए जाने की ज़रूरत है। इस तथ्य की रोशनी में कि जब कोर्कूओं की जमीन बकायों के कारण नीलाम की जाती है तब गावली प्रायः बोली लगाते हैं, यह सन्देहास्पद मालूम पड़ता है कि संहिता की धारा 66 के तहत गावलियों का पिछड़ी जाति के रूप में अधिसूचित होना सही है या नहीं। वे आमतौर पर अर्द्ध-आदिवासी गोवाटी से भिन्न होते हैं और हमने श्री मेनप्राइस की टिप्पणी पर पहले ही गौर किया कि मोरसी तालुक में गावली सम्पन्न मराठा संग्रहकर्त्ता हैं जिन्हें संरक्षण की आवश्यकता नहीं है। कम-से-कम वास्तविक आदिवासियों—गोंड, परधान, कोर्कू, भील, नहल, मोगिया, भुटा और गोवरी की गावलन, गावली और बंजरी की अपेक्षा—के लिए संरक्षण के सख़्त कदम उठाए जाने की ज़रूरत महसूस होती है। गोसाईं को संरक्षण देने का कारण समझ से परे है। सिर्फ वास्तविक आदिवासियों के पक्ष में श्री अटल का सुझाव अपनाया जाना अनुशंसित है। इसके अतिरिक्त जहाँ तक नीलामी में आदिवासियों को वरीयता देने की बात है, श्री क्रॉफ्टन की बन्दोबस्त रिपोर्ट के पृष्ठ 32 पर दिए पूर्ववर्ती नियमों के नियम 3 और 4 मेलाघाट नियमावली के अध्याय II की धारा 53 के अन्तर्गत वर्तमान नियमों के नियम 4 की अपेक्षा ज्यादा उचित मालूम पड़ते हैं।

188. संक्षेप में, जैसे नुकसान मेलाघाट में अभी होते हैं उन जैसे नुकसानों का मुख्य कारण भू राजस्व के बकाये के कारण किए जानेवाली बिक्रियाँ और साहूकारों की धन्धेबाजी, जो यद्यपि अब उतनी प्रभावशाली नहीं रह गई है जितनी नेल्सन बन्दोबस्त के पहले थी, कुछ हद तक ही जारी है। इस इलाके में भूराजस्व और तकावी की वसूली में मन्दी करना उचित होगा तथा धरनी-बैरागढ़ समूह में आदिवासी जोतों के मूल्यांकन का पुनरीक्षण भी ज़रूरी है। (हालाँकि कोई कमी सिर्फ वास्तविक आदिवासियों तक ही सीमिति रहनी चाहिए।) धरनी इलाके में आदिवासियों की जमीन (यानी वास्तविक आदिवासियों की जमीन) के गैर-आदिवासियों को हस्तांतरण पर पूर्ण प्रतिबन्ध लगाने की कोशिश करनी चाहिए। मेलाघाट में यदि अन्न डिपो की एक प्रणाली कृषि की वित्तीय मदद हेतु बना दी जाए तब तकावी सिर्फ माल के रूप में ही दिया और वसूला जाना चाहिए और भू-राजस्व को भी माल के रूप में लिया जाना चाहिए जहाँ अन्न भंडारों को बनाने या दोबारा बढ़ाने की ज़रूरत हो, लेकिन सिर्फ वास्तविक आदिवासियों से और धरनी-बैरागढ़ इलाके के ज्यादा ऊँचा मूल्यांकित गाँवों में ही।

189. इसके बावजूद भी मेलाघाट रैयतवाड़ी इलाकों की मुख्य समस्या कृषि का विस्तार और स्थायीकरण ही रहेगी। दस वर्षों बाद धरनी क्षेत्र पिपरिया प्रयोग की तर्ज़ पर कृषि और राष्ट्रनिर्माण के सभी विभागों में सघनित विशेष स्टाफ की निगरानी में बड़े स्तर के प्रयोगों को करने के बाद आदर्श क्षेत्र हो जाएगा।

190. मेलाघाट तालुक के सुदूर जागीरों में स्थितियों की जाँच स्थितियों की जाँच की गई पर कार्यवाही करने का कोई खास आधार प्राप्त नहीं हुआ।

अध्याय : छह

आदिवासी क्षेत्रों में ग्रामीण अधिकारी

"...मुनरो का दृढ़ विश्वास कि भारत में अच्छी सरकार के लिए जरूरी था कि पहले से ही मौजूद देशी एजेन्सियों, ग्राम प्रधान, लेखपाल, ग्रामीण चौकीदार और ग्राम पंचायत का अधिकतम उपयोग किया जाए।"

सर फ्रैंक नोएस, डॉ. के.वी. शास्त्री की भारत में लोक प्रशासन में ब्रिटिश राजकीयता की मुनरो प्रणाली, खंड XVIII, पृष्ठ 148 की समीक्षा करते हुए।

191. इस विषय पर एक अलग अध्याय दिया गया है क्योंकि मेरे विचार से यह आश्वस्त कर लेना महत्त्वपूर्ण है कि जहाँ तक सम्भव है आदिवासियों का प्रबन्धन अपने ही जनजातीय बंधुओं द्वारा होता है। पिछले अध्यायों में इस विषय को छुआ गया है और इसका ज्ञान कराया गया है : पैराग्राफ 25 का उदाहरण दिया जा सकता है जिसमें दागा परिवार के एजेंटों द्वारा सौगोर ज़िले के आदिवासी गाँवों का कुप्रबन्ध बयाँ किया गया है; पैराग्राफ 38-39 में की गई चर्चा कि किस प्रकार गैर-आदिवासी पटेल, पटवारी और मालगुज़ारों ने मांडला के आदिवासियों की अच्छी जमीन पर कब्जा कर लिया; पैराग्राफ 57 और 69 में छिन्दवाड़ा तहसील के गाँवों में भूहस्तांतरण पर दिए गए विभिन्न नोट्स, पैराग्राफ 108 से 115 तक दुर्ग ज़िले में *ठेकेदारी* और *गाँवतिहाई* प्रणाली के बारे में विवरण; पैराग्राफ 132 में आदिवासी गाँवों के गैर-आदिवासी मालिकों की क्रमशः खरीद पर चर्चा; और पैराग्राफ 153-154 में गाँवों के पट्टे पर चर्चा का उद्धरण दिया जा सकता है। ये सन्दर्भ मध्य प्रान्त की समस्याओं से सम्बन्धित हैं। बरार से सम्बन्धित समस्याओं के उल्लेख श्री ग्रीनफील्ड के ग्रामीण अधिकारियों की नियुक्ति में आदिवासियों को वरीयता देने के सुझावों के पैराग्राफ 158 का सारांश है; पैराग्राफ 169 में प्रस्तुत श्री मेनप्राइस की रिपोर्ट अपने आदिवासी गाँवों की पटेलकी पर गैर-आदिवासियों द्वारा कब्ज़ा करने के वाकयों के साथ; और सबसे ऊपर, 1935 के ज्ञापन के पैराग्राफ 181 में अन्तिम उद्धरण जिसमें श्री ग्रीनफील्ड ने बरार पटेल और पटवारी कानून के संशोधन या मेलाघाट में पटेलों की नियुक्ति के लिए अलग कानून का निर्माण करने, आदिवासी उम्मीदवारों को वरीयता देने का सुझाव दिया।

192. मध्य प्रान्त के ज्यादातर आदिवासी गाँवों में स्थिति यह है कि मालगुज़ार एक गैर-आदिवासी होता है आमतौर पर अनुपस्थित, जो दलालों के माध्यम से गाँव का प्रबन्धन करता है। दलाल प्रायः उन स्थलों पर निवास नहीं करते हैं। इसलिए मध्य प्रान्त भूराजस्व अधिनियम के अन्तर्गत मुकद्दम नियमों का पालन करने के लिए प्रत्येक गाँव या गाँवों के एक समूह के लिए एक *मुकद्दम-गुमाश्ता* नियुक्त करना पड़ता है जिसके बारे में भूराजस्व

अधिनियम की धारा 190(2) में एक "दलाल जिसका अनुमोदन एक राजस्व अधिकारी द्वारा होता है जो तहसीलदार के पद से नीचे नहीं होता जिसे *मुकद्दम-गुमाश्ता* कहा जाएगा, मुकद्दम के कार्य करने के लिए" की तरह उल्लेख है; यह अनावश्यक है यदि गाँव गैर-आबाद हो या किसी गाँव में जिसे डिप्टी कमिश्नर द्वारा छूट मिली हो। *मुकद्दम-गुमाश्ता* के कार्य मुकद्दम जैसे ही हैं और मध्य प्रान्त राजस्व नियमावली के खंड I के पृष्ठ 106-114-A में उनकी एक सूची है जो इतनी वृहत है कि यह कहना अनावश्यक है कि इसकी ज्यादातर सामग्री औसत कम वेतनवाले निरक्षर ग्रामीण द्वारा नजरन्दाज कर दिया जाता है जिसकी आदिवासी गाँवों में अनुपस्थित ज़मींदार के लिए *मुकद्दम-गुमाश्ता* के तौर पर नियुक्ति होती है। इन लोगों को जो औसत खर्च मिलता है उसमें उनसे इस कल्याणकारी, स्वास्थ्यकारी, पुलिस, शैक्षिक और अन्य कामों की बड़ी सूची का कठोर पालन करने की उम्मीद करना एकदम असम्भव है जिसमें जमींदार आमतौर पर ग्रामीणों से लगान वसूलने और चरवाही का मूल्य बसूलने में सहायता करवाना भी जोड़ देता है।

193. इस मामले में मेरा सामान्य दृष्टिकोण मेरे प्रकाशित *मांडला नोट्स* के पैराग्राफ 29 में पूर्वलक्षित है, जहाँ मैंने लिखा था कि सभी प्रभावशाली आदिवासी मुकद्दम-गुमाश्ता बनने से बचते हैं जहाँ मालगुज़ार एक अनुपस्थित हिन्दू या मुसलमान होता है क्योंकि भुगतान अत्यन्त अल्प और बेसमय होता है तथा काम इतना अधिक होता है, और मैंने सुझाव दिया था कि उन्हें सरकार द्वारा एक तय भत्ते पर नियुक्त किया जाना चाहिए जिसकी वसूली मालगुजार से की जानी चाहिए। यह स्पष्ट है कि यदि ग्रामीण स्वास्थ्य, अपराध और सामान्य प्रबन्धन अथवा किसी वास्तविक एजेन्सी के द्वारा ग्रामीणों पर प्रभाव डालने के लिए प्रभावकारी नियन्त्रण करता है, जो कृषि और आम कल्याण की तरफ लक्षित हो, तो यह सिर्फ एक प्रभावकारी मुखिया द्वारा प्रौढ़ लोगों की सभा या पंचायत के साथ ही किया जा सकता है। यदि गुमाश्ता एक प्रभावशाली आदमी नहीं है और सिर्फ तुच्छ तनख्वाह पर एक अनुपस्थित जमींदार के लिए नौकर की तरह नीरस काम करनेवाला एक व्यक्ति है तब वह इस उद्देश्य के लिए अनुपयुक्त होगा। बझर के बिठली इलाके के 50 पटवारी अंचल संख्या 19 से 26, के 50 आदिवासीबहुल गाँवों के उदाहरण के लिए, मैंने पाया कि 23 गाँवों में जमींदार रहता था और कार्यरत मुकद्दम था (16 पोवार, 1 बनिया, 1 कुन्बी और 5 गोंड) और कि अन्य 27 गाँवों में जहाँ जमींदार अनुपस्थित हिन्दू था (पोवार 15, बनिया 9 और कलर 3) 27 में 26 गुमाश्ते जो उनके द्वारा नियुक्त थे आदिवासी थे जिनका नकद भत्ता रुपए 3 से रुपए 32 प्रति वर्ष था या जिन्होंने रुपए 12 से 36 एकड़ की लगान मुक्त भूमि उस इलाके में भुगतानस्वरूप दी जाती थी या उन्हें तीन खंडी चावल प्रतिवर्ष के हिसाब से माल के रूप में भुगतान किया जाता था।

इनमें से प्रत्येक अत्यन्त निर्धन व्यक्ति था जिसका अपने जनजातीय बँधुओं पर कोई प्रभाव नहीं था और इसलिए एक एजेन्सी के तौर पर आदिवासी संस्थाओं को बेहतर बनाने या उनके पुनर्जीवित करने में उनकी कोई भूमिका नहीं थी।

194. मेरे दूसरे प्रश्न पत्र के प्रश्न 15 से 17 के द्वारा इस बिन्दु पर ज्यादा सूचना प्राप्त करने के लिए मैंने 11 ज़िलों के डिप्टी कमिश्नरों को करीब 50 गाँवों के चुनिन्दा इलाके चुनने को कहा और यथोचित समय में यह रिपोर्ट करने को कहा कि कितने *मुकद्दम* और *गुमाश्ता* गाँव की मुख्य आदिवासी जाति के सदस्य थे, कितने *गुमाश्ते-मुकद्दम* द्वारा भूराजस्व

अधिनियम की धारा 190(2) के अन्तर्गत नियुक्त थे और कितने धारा 190(9) के तहत मुकद्दम द्वारा एजेन्ट का चयन न कर पाने के कारण राजस्व अधिकारी द्वारा नियुक्त थे। उनसे यह भी कहा गया कि वे नकद, जमीन या माल के रूप में (1) मुकद्दम द्वारा और (2) राजस्व अधिकारी द्वारा नियुक्त गुमाश्ते को मिलनेवाले भत्ते की भी रिपोर्ट दें कि उन्हें भत्ता नियमित मिलता है अथवा नहीं, कितने आदिवासी *मुकद्दम* और *गुमाश्ता* वास्तविक आदिवासी मुखिया थे या प्रभावशाली व्यक्ति थे और कितने ऐसे थे जिनका कोई स्थानीय प्रभाव नहीं था; कम भत्ता और ज्यादा काम के कारण अच्छा आदिवासी गुमाश्ता मिलने में दिक्कत होती थी अथवा नहीं और किस हद तक राजस्व अधिकारी *मुकद्दम* द्वारा नए मुकद्दम नियम VI(2) का पालन करने का दबाव डाल रहे थे जिसके अनुसार आदिवासीबहुल गाँवों में किसी भी गैर-आदिवासी को गुमाश्ता नहीं नियुक्त किया जाना चाहिए जब तक कि राजस्व अधिकारी को यह भरोसा नहीं हो जाता कि कोई उपयुक्त आदिवासी उपलब्ध नहीं है। अन्त में मैंने उन आदिवासी इलाकों में तीन या चार गाँव मिलाकर मुकद्दम नियम II के तहत मुकद्दम अंचल बनाने की सम्भावना पर उनकी राय माँगी, जहाँ व्यक्तिगत गाँव इतने छोटे हैं कि भत्ता अपर्याप्त होता है। मुकद्दम नियम VI के इस प्रावधान कि आमतौर पर आदिवासियों को ही आदिवासी गाँवों में मुकद्दम नियुक्त किया जाना चाहिए, के बारे में पैराग्राफ 132 में गैर-आदिवासी मालगुज़ारों की बेदखली की सम्भावना की चर्चा करते हुए, उल्लेख किया गया है। दुर्भाग्य से यह आरक्षण सिर्फ गुमाश्ता पर ही लागू होता है, इसलिए किसी आदिवासी गाँव में भी जहाँ आदिवासी बड़ी संख्या में हों और स्वामित्व अधिकार का एक हिस्सा अभी भी आदिवासियों के पास है, आदिवासियों को अन्य सह-भागीदारों की अपेक्षा *लम्बरदार* या *मुकद्दम* की नियुक्ति में कोई वरीयता का अधिकार प्राप्त नहीं है। कोई ऐसा कारण नहीं कि क्यों एक गैर-आदिवासी मालगुज़ार या लम्बरदार, यदि आदिवासी गाँव में रहता हो तो भी, पदेन *मुकद्दम* होना चाहिए या क्यों भूराजस्व अधिनियम या उसके अन्तर्गत नियमों को संशोधित नहीं किया जाना चाहिए ताकि अनिवार्य रूप से बड़ी आदिवासी आबादीवाले गाँवों में आदिवासी को ही मुकद्दम नियुक्त किया जाए।

195. प्रश्न पत्र के जवाब इस हिसाब से बहुत अल्प थे कि वे सिर्फ आँकड़ों तक ही सीमित थे बिना उनसे कोई परिणाम निकाले या उन पर टिप्पणी किए। उत्तरों से यह पता चला कि जाँचे गए करीब 1,950 गाँवों में 763 आदिवासी *मुकद्दम-गुमाश्ता* और करीब 217 निवासी आदिवासी मुकद्दम थे। यह दावा किया गया है कि नया नियम लगभग सभी जगहों पर लागू किया गया है, इसलिए अनुमान लगाया जा सकता है कि जितने गैर-आदिवासी गुमाश्ते नियुक्त किए गए हैं वे नया नियम लागू होने से पहले के हैं। भत्तों में अन्तर बहुत ज्यादा है। रायपुर ज़िले में जहाँ इस प्रश्न की जाँच सिहावा अंचल, महासमुन्द तहसील के खाकोरी इलाके, बालोद बाज़ार तहसील के 13 गाँवों और फिंगेश्वर ज़मींदारी के सभी 83 गाँवों में की गई नकद भत्ते रुपए 12 से रुपए 19 प्रति वर्ष जमीन के साथ या उसके बिना जो चावल के खेत के एक-चौथाई एकड़ से लेकर 4 एकड़ तक होता था। सिहावा अंचल में कुछ *गुमाश्तों* को प्रति वर्ष 10 खंडी चावल मिलता है। दुर्ग की पनबरस ज़मींदारों में कोई नकद भुगतान दर्ज नहीं है लेकिन गुमाश्ते को 5 से 30 एकड़ लगान-मुक्त ज़मीन दी जाती है। दुर्ग की शाहपुर-लोहड़ा ज़मींदारी में गुमाश्ते को या तो रुपए 8 से

रुपए 10 तक नकद मिलता है या चार से पाँच एकड़ लगान-मुक्त जमीन। बालाघाट जिले की बैहर तहसील में भत्ता रुपए 8 नकद या 24 एकड़ सूखी कृषि लगान-मुक्त या 3 खंडी अनाज है। जबलपुर ज़िले की मुखारा तहसील की बटवारा अंचल में औसत भत्ता रुपए 5 नकद है और जबलपुर के 50 आदिवासी गाँवों में रुपए 4 है। होशंगाबाद ज़िले में नरसिंहपुर उप-मंडल में *गुमाश्ते* को औसतन रुपए 7 या 11 एकड़ लगान-मुक्त भूमि मिलती है; सोहागपुर तहसील के 35 गाँवों में औसत नकद भत्ता रुपए 16 है जबकि कुछ को 8 एकड़ लगान-मुक्त जमीन और कुछ को रुपए 36 मूल्य के 4 मन गेहूँ प्रतिवर्ष मिलते थे; होशंगाबाद तहसील में औसत नकद भत्ता रुपए 8 है और लगान-मुक्त जमीन 3 एकड़। मांडला ज़िले में निवास में 47 जाँचे गए गाँवों में नकद भत्ता रुपए 7 और लगान-मुक्त भत्ता रुपए 6 या रुपए 7 मूल्यांकित जमीन है, नीमड़ की हरसूद तहसील की पिछलिया सर्किल में आदिवासी *गुमाश्ते* को औसतन रुपए 20 नकद भत्ता या 18.3 एकड़ लगान-मुक्त ज़मीन मिलती थी। छिन्दवाड़ा ज़िले की सौसर तहसील में औसत भत्ता रुपए 8-2-0 नकद या रुपए 14 मूल्य का अनाज था; छिन्दवाड़ा तहसील में नकद भुगतान रुपए 7-4-0 से लेकर रुपए 12 तक था और औसत लगान-मुक्त जोत 6.08 एकड़ थी; अमरवाड़ा तहसील में नकद भत्ते सिर्फ रुपए 4 या रुपए 5 थे और लगान-मुक्त भूमि के रूप में दिए जानेवाले भत्ते रुपए 8 या रुपए 10 मूल्यांकन वाले थे; सिवनी तहसील में औसत नकद भत्ता रुपए 9 था और करीब 10 प्रतिशत *गुमाश्तों* के पास कुछ लगान-मुक्त जमीन भी है; लखनादन तहसील में भत्ता रुपए 5 या 3 एकड़ जमीन है। बैतूल ज़िले की भैंसदेही तहसील में आदिवासी *गुमाश्ते* को रुपए 15 नकद या 10 एकड़ लगान-मुक्त जमीन मिलती थी; और बैतूल तहसील में रुपए 12-8-0 नकद। अन्त में चन्दा ज़िले के गढ़चिरोली के उत्तर में 48 गाँवों में 44 आदिवासी गुमाश्ते थे जिनमें से 16 को औसत नक़द भत्ता रुपए 6 मिलता था, 12 को औसत 10 एकड़ लगान-मुफ्त ज़मीन मिलती थी और शेष बिना किसी भत्ते के काम करते थे। लगभग सभी ज़िलों की रपट थी कि असल में कोई भी गुमाश्ता वास्तविक जनजातीय ग्रामीण मुखिया या प्रभावशाली व्यक्ति नहीं था। कुछ अपवाद थे खासकर रायपुर के सिहावा अंचल, चन्दा ज़मींदारियों, और बालाघाट और होशंगाबाद तहसीलों में, लेकिन कुल 763 *गुमाश्तों* में सिर्फ 168 प्रभावशाली व्यक्ति थे। सिर्फ 8 *गुमाश्तों* की नियुक्ति राजस्व अधिकारी द्वारा धारा 190(4) के तहत करनी पड़ी थी। ऐसा दावा है कि मांडला, चन्दा और छिन्दवाड़ा के हिस्सों के अलावा *गुमाश्तों* को नियमित भुगतान मिलता है यद्यपि बालाघाट और बैतूल में इसे कुछ संकोच के साथ लिखा गया है। जितने ज़िलों में मैं घूमा वहाँ मेरा व्यक्तिगत अनुभव रहा कि गुमाश्तों के भुगतान में काफी अनियमितता है। चूँकि जबलपुर और छिन्दवाड़ा के अलावा सभी ज़िलों की रिपोर्ट के अनुसार वर्तमान भत्तों पर आदिवासी गुमाश्ता मिलने में कोई मुश्किल नहीं है सम्भवतः भत्ते पर्याप्त हैं औसत *मुकद्दमों* द्वारा नियुक्त भाड़े के नौकरों को आकृष्ट करने के लिए। कोई भी ज़िला नहीं है जिसमें *मुकद्दम* की नियुक्ति के लिए गाँवों का समूह बनाने का प्रयोग किया गया हो और सामान्य राय इस प्रयोग के विरोध में है, इस आधार पर कि आदिवासी इलाकों में गाँव इतने दूर-दूर बिखरे हुए हैं और इतने अलग-अलग पल्लियों में बँटे हुए हैं कि प्रणाली वहाँ ठीक से काम नहीं कर पाएगी। यह विश्वास करने योग्य नहीं है। आदिवासी इलाकों में कोटवार प्रायः गाँवों के समूह पर नियुक्त किए जाते हैं। सभी जगहों पर पटवारी गाँवों के समूह के लिए काम

करते हैं और बस्तर तथा हैदराबाद रियासतों के आदिवासी इलाकों में मैंने मुखिया या पटेलों को एक राजस्व गाँवों में नामित पल्लियों के समूह के लिए काम करते देखा है। मुख्य बात यह है कि वर्तमान में दिए जानेवाले भत्ते इतने कम हैं कि वे ऐसे लोगों को आकर्षित कर सकें जिनसे मुकद्दम के जिम्मे भूराजस्व अधिनियम द्वारा सौंपे गए तमाम कार्य ठीक से करने की उम्मीद की जा सके या सच्चे ग्रामीण मुखिया बनने की उम्मीद की जा सके। आगरा के राधास्वामी सत्संग सभा की हरदा तहसील के दक्षिण में राजाबोरारी रियासत दिखाती है कि एक प्रबुद्ध ज़मींदार अपने गोंड और कोर्कू *गुमाश्ता* को रुपए 75 प्रति वर्ष देकर क्या करा सकता है।

196. सिर्फ श्री हाइड, मांडला के डिप्टी कमिश्नर ने इस प्रश्न पर रोचक टिप्पणियाँ दीं—
"*मुकद्दमों* और *गुमाश्तों* में गोंड और बैगा आदि का अच्छा अनुपात है यद्यपि कई मामले हैं जिनमें *गुमाश्ता-मुकद्दम* मालगुज़ार के दलाल या निम्न नौकर से ज्यादा कुछ नहीं होता और वो किसी भी जाति का हो सकता है सम्भवतः एक बाहरी। गुमाश्तों का भत्ता बहुत अल्प होता है और उन्हें नियमित भुगतान नहीं मिलता। एक या दो दिन पहले ही शाहपुर के करीब नरिया के मुकद्दम ने मुझसे शिकायत की कि अन्यत्रवासी मालगुज़ार ने उसे तीन वर्षों से भत्ता नहीं दिया है। इस गाँव में जहाँ से रुपए 261 लगान वसूला जाता था उसका भत्ता सिर्फ रुपए 6 था और वह भी उसे नहीं मिलता था। यह एक विशिष्ट मामला है। सहजतः ऐसी परिस्थितियों में अच्छा आदिवासी गुमाश्ता मिलना कठिन हो जाता है। कई गाँवों में मुकद्दम का काम बहुत ज्यादा होता है विशेषकर जहाँ सड़कें या पगडंडियाँ मिलती हैं या जहाँ आसपास कोई अन्य गाँव नहीं होता। इस तरह के गाँवों में अधिकारियों को निरपवाद रूप से रुकना पड़ता है और परिणामस्वरूप *रसद* पूर्ति के दावे अत्यधिक होते हैं। दूरी, दुर्गम रास्तों और बड़ी जंगली पट्टियों के कारण इससे बच पाना लगभग असम्भव होता है। यदि कोई ज़िले के दक्षिण में चलता जाए तो उसे कुछ गाँवों में रुकना पड़ता है उदाहरण के लिए, चरा, ग्वाटा, भसना। भसना के बैगा *गुमाश्ता-मुकद्दम* ने मुझे बताया कि वह त्याग-पत्र देना चाहता है। उसका भत्ता स्पष्टतः अपर्याप्त था और मैंने उससे कहा कि मैं इसे बढ़वा दूँगा। उसने प्रतिवाद किया कि इससे कोई फायदा नहीं होगा क्योंकि यह सब खिलाने-पिलाने में खत्म हो जाएगा। सभी वर्गों के अधिकारी इस गाँव में लगातार रुकते थे और उस बेचारे को उनके राशन की व्यवस्था करनी पड़ती थी। यद्यपि ज्यादातर उच्च अधिकारी अपनी सेवा का भुगतान कर देते थे लेकिन दवा छिड़कनेवाले, कान्स्टेबल, वन रक्षक इत्यादि ऐसा नहीं करते थे। मैंने इस बारे में एक सख्त विभागीय आदेश जारी किया है लेकिन वैसे भी ऐसे गाँव में *मुकद्दम* का कार्य बहुत ज्यादा और कुख्यात होना ही है।

प्रायः कई गाँवों में एक अच्छा *मुकद्दम* मिल पाना असम्भव होता है और प्रायः यह पाया जाता है कि नियुक्त व्यक्ति महत्त्वहीन और स्थानीय स्तर पर प्रभावहीन होता है। आदिवासी रैयतवाड़ी पटेल जिन्हें भूराजस्व के प्रति एक रुपए में दो से तीन आने का अच्छा मेहनताना मिलता है आमतौर पर प्रभावशाली व्यक्ति होते हैं। मेरे विचार से मालगुज़ारी गाँव के *मुकद्दम* के लिए भी कानून के द्वारा पारिश्रमिक का एक न्यूनतम दर नियत करने की ज़रूरत है और भुगतान पर सख्त निगरानी होनी

चाहिए। मालगुज़ार से प्रति वर्ष लिखित में लिया जा सकता है कि उसने *मुकद्दम* को राशि का भुगतान कर दिया है।"

197. रैयतवाड़ी गाँव के आदिवासी पटेल और पड़ोसी मालगुज़ारी गाँव के आदिवासी *मुकद्दम-गुमाश्ता* के बीच का अन्तर वास्तव में गम्भीर है। पहला अपने गाँव का वास्तविक नेता है जबकि दूसरा मालगुज़ार का किराये का नौकर और टहल करनेवाला मातहत है। छत्तीसगढ़ के ज़िले *गाँवतिहाई* प्रणाली के अवशेषों के कामकाज पर एक विशेष रिपोर्ट की माँग पर जवाब देने में असफल रहे जिसके तहत *गेवंतिया* वास्तव में एक वंशागत ग्रामीण अधिकारी था, जैसा कि श्री विल्सन ने अपनी बिलासपुर ज़मींदारी बन्दोबस्त रिपोर्ट में लिखा है, लेकिन दुर्भाग्य से सभी जवाबों में इस बिन्दु को नज़रअन्दाज किया गया है।

198. समस्या यह है कि किस प्रकार गाँव में वास्तविक आदिवासी मुखिया को मुकद्दम के अधिकारों से लैस व्यक्ति बनाया जाए। सबसे पहले उसे उचित मेहनताना मिलना चाहिए; दूसरे, उसे पट्टे की सुरक्षा मिलनी चाहिए; तीसरे, उससे सरकारी या ज़मींदारी अधिकारियों को बेगार नहीं वहन करवाना चाहिए और चौथी बात कि उसे सरकार द्वारा निर्धारित पारिश्रमिक पर सरकार द्वारा ही नियुक्त दिया जाना चाहिए। चूँकि पारिश्रमिक मालिकों द्वारा किया जाएगा, गाँवों का समूह बनाने की प्रणाली की आवश्यकता महसूस की जाती है और एक प्रयोग के तौर पर इसको लागू किया जा सकता है। अन्य जगहों का अनुभव दर्शाता है कि आदिवासी क्षेत्रों की सन्तुष्टि, बेहतरी और, बेहतर प्रशासन के लिए आदिवासी नेताओं के साथ काम करना ज़रूरी है। उन्हें लगान की वसूली, कब्जों की स्वीकृति और नई भूमि के आवंटन और अन्य कामों पर भी नियन्त्रण करना चाहिए। सम्भवतः इस प्रान्त में गैर-आदिवासी मालगुजारों द्वारा इन अधिकारों के व्यवहार के बाद आदिवासियों को ये *लम्बरदारी* अधिकार देने में मुश्किल होगी, लेकिन कम से कम *मुकद्दम* अधिकार तो उन्हें मिलने ही चाहिए। यह रोचक है कि अपनी रिपोर्ट के अध्याय IV में सम्भलपुर भूमि कानून समिति, उड़ीसा, 1939 *लम्बरदारी* प्रणाली को हटाने का सुझाव करती है तथा उसके स्थान पर हर गाँव में डिप्टी कमिश्नर द्वारा वसूली एजेन्ट नियुक्त करने की बात करती है जो दलाली के आधार पर लगान वसूलेगा जिसे रैयतवाड़ी गाँवों के मामले में राजकोष को दिया जाएगा और मालगुज़ारी गाँवों में मालिक को, एजेन्ट को पारिश्रमिक वास्तविक वसूली के 10 प्रतिशत पर दावे के 75 प्रतिशत तक, 75 प्रतिशत के ऊपर 90 प्रतिशत तक वसूली का 12 1/2 प्रतिशत और 90 प्रतिशत से ऊपर की वसूली की 15 प्रतिशत मिलेगा। वास्तव में प्रस्ताव मालगुज़ारी गाँवों में पटेलों की नियुक्ति तक की बात करता है। इस प्रस्ताव में आदिवासी मालगुज़ारी गाँवों में ग्रामीण प्रबन्धन की समस्या के समाधान के बीज मौजूद हैं: गैर-आदिवासी मालगुज़ारी को खरीदने के ज्यादा कठोर कदम के बजाय उससे वसूली का अधिकार ले लेना उसे उसके गृह-खेत के प्रबन्धक और लगान प्राप्तकर्त्ता में रूपान्तरित कर देगा, जबकि लगान वसूलनेवाला जो सामान्यतः एक आदिवासी पटेल होगा, क्रमशः ग्राम प्रबन्धन में वास्तविक ग्रामीण मुखिया की स्थिति तक उन्नत हो जाएगा।

199. बरार में यह महत्त्वपूर्ण है कि आदिवासी इलाकों में आदिवासी पटेल ही रखे जाएँ। पैराग्राफ 181 में श्री ग्रीनफील्ड के 1935 के ज्ञापन से लिया गया उद्धरण मेलाघाट की ज़रूरतों का सार प्रस्तुत करता है। मेरा सिर्फ इतना सुझाव है कि आदिवासी गाँवों में आदिवासी पटेलों की नाति को मेलाघाट की सीमा के बाहर भी विस्तारित किया जाना चाहिए। मोरसी में

श्री मेनप्राइस की जाँच गोंड गाँवों में गैर-आदिवासी पटेल और पटवारी नियुक्त करने के परिणाम दर्शाती है। वह लिखते हैं–

> "व्यवहारतः सभी *गैर-वतन* गोंड गाँव सरकारी गाँव हैं। कम से कम पटेल एक निवासी गोंड होना चाहिए, लेकिन इसके बजाय मैंने पाया कि बड़े गाँवों के साहूकारों ने गोंड लोगों (उदाहरण के लिए करली और भायोकुन्डी) की *पटेलकी* और उनकी ज़मीन दोनों हथिया ली है, या कि बाहरी कुन्बी (उदाहरण के लिए कुमदारा, करवार, गणेशपुर, अम्भोरी) काम कर रहे थे और एक भी मामले में पटवारी किसी विशुद्ध गोंड गाँव में नहीं रहता था जबकि तालुक में कोई गोंड पटवारी नहीं था। अब इसे कुछ हद तक ठीक किया जा चुका है पर अभी तक मैं सिर्फ एक गोंड पटवारी (नाथु मंगलजी से वार्ड खुर्द आदि) ही नियुक्त कर पाया हूँ और कई गोंड पटेल शैक्षिक योग्यता नहीं रखते, कारण कि वे बहुत निर्धन हैं और आसपास स्कूल नहीं हैं। यद्यपि गाँव गैर-वतन हैं; आमतौर पर गोंडों का एक मान्य नेता या महाजन होता है और उसके परिवार को आधिकारिक *पटेलकी* परिवार की मान्यता होती है। वास्तव में वे बहुत रूढ़िवादी हैं। मैंने हाल ही में जमगाँव और चार अन्य गोंड गाँवों के गैर-निवासी पटवारी को बर्खास्त कर दिया, जिसने धोखे से तीन निरक्षर गोंड पटेलों का रुपए 626 गबन कर लिया था, लेकिन जब मैंने एक निवासी महार पटवारी को नियुक्त करना चाहा तो गोंड लोगों ने इसका अत्यन्त विरोध किया कि उन्हें एक हिन्दू पटवारी चाहिए, अपने बुरे अनुभव के बावजूद। खराब मिट्टी वाले इन गाँवों में भूराजस्व के 5 प्रतिशत का मूल्यांकन काफी अपर्याप्त है जो आमतौर पर रुपए 16 से लगभग रुपए 40 तक रहता है जबकि बाहरी *कब्ज़ेदार* भू-राजस्व वसूली में ज्यादा परेशान करते हैं और भेजी गई रकम के साथ तहसील की कुछ यात्राओं में पटेल का पारिश्रमिक खत्म हो जाता है।"

स्पष्टतः यह उचित है कि जहाँ ग्राम अधिकारियों की नियुक्ति में *वतनदारी* अधिकारों पर विचार नहीं करना है वहाँ उप-मांडलाधिकारो को आदिवासियों को नियुक्त करने की छूट होनी चाहिए यदि आदिवासी उपलब्ध हों और यह ज़रूरी नहीं कि आदिवासी पटेलों से उसी स्तर की शैक्षणिक योग्यता की माँग न की जाए जितनी अन्य से। गैर-वतनदारी गाँवों की कोई सूची नहीं रखी गई है और बरार पटेल और पटवारी कानून ऐसे गाँवों में ग्राम अधिकारियों की नियुक्ति के बारे में स्पष्ट उल्लेख नहीं करता। अभी तक कानून के नियमों के नियम 1 द्वारा आवश्यक शैक्षणिक अर्हताओं पर कठोर आग्रह रहा है और अपील सम्बन्धी न्यायालयों के अनुसार सिर्फ अत्यधिक विशिष्ट मामलों में ही इन योग्यताओं में छूट दी जानी चाहिए। ग्रामीण अधिकारियों का पारिश्रमिक कानून में संलग्न परिशिष्ट-ख द्वारा निर्धारित होता है। सरकार ने समय-समय पर मानदंड बदलने के प्रश्न पर विचार किया है और एक समय पर कुछ गाँवों में क्षतिपूरक भत्तों को निर्धारित किया था ताकि पारिश्रमिक को एक उचित न्यूनतम स्तर तक लाया जाए, लेकिन कुछ वर्ष पहले कमिश्नर के आदेश के तहत ये सभी भत्ते बन्द कर दिए गए। ज्यादा गाँव नहीं हैं जहाँ पारिश्रमिक रुपए 240 की न्यूनतम राशि से कम है। लेकिन श्री लेयार्ड कहते हैं कि छोटे गाँवों में ऐसे मामले अवश्य ही पाए जाते हैं। यद्यपि *पटेलकी* की प्रतिष्ठा, पटेल की राय में, काम की तुलना में पारिश्रमिक कम होने की भरपाई कर देती है फिर भी मैं श्री मेनप्राइस के इस सुझाव से सहमत हूँ कि–

"गैर-निवासी और बाहरी के स्थान पर निवासी गोंड पटेल और पटवारी को स्थापित करने की प्रक्रिया जारी रखनी चाहिए, और उप-मांडलाधिकारी को ऐसे गाँवों और उपयुक्त आदिवासियों की सूची रखनी चाहिए। यह सम्भव नहीं होगा कि सभी जगहों पर तुरन्त गोंड पटवारी नियुक्त कर दिये जाएँ बल्कि महार भी नियुक्त किये जा सकते हैं। पटेलकी के लिए पर्याप्त शिक्षित आदिवासी उपलब्ध हैं लेकिन सबसे बड़ी कमज़ोरी यह है कि सिर्फ पारिश्रमिक एक पटेल के लिए अत्यन्त अपर्याप्त है और एक पटवारी को एक पर्याप्त सर्किल के लिए छः गाँवों की ज़रूरत पड़ती है। इसके उपाय हैं कि ग्राम अधिकारियों के लिए भू-राजस्व माँग से स्वतन्त्र एक न्यूनतम मानदंड निर्धारित किया जाए या उन्हें खराब या *इनाम* ज़मीन का अनुदान दिया जाए। एक न्यूनतम मानदंड पटेलों के लिए रुपए 60 और पटवारियों के लिए रुपए 200 हो सकता है। मेहेदरी में *कामदार* महार रुपए 36 प्राप्त करता है और उसके पास एक *इनाम* खेत है जबकि पटेल, जो भी एक महार है, रुपए 16 प्रति वर्ष प्राप्त करता है। यह हास्यास्पद है कि इतने कम पारिश्रमिक पर किसी आदमी से सुरक्षा की उम्मीद की जाए जो अब सभी सरकारी पटेलों और पटवारियों से माँगी जाती है।"

यह भी आवश्यक होगा कि आदिवासी गाँवों के गैर-आदिवासी पटेलों के उत्तराधिकारियों की नियुक्ति में *धोन्दु महादेव निखाड़े बनाम मोहम्मद अब्दुल गफूर* के मामले में परिषद में गवर्नर के आदेश संख्या 63, दिनांक सितम्बर, 1931 में प्रकाशित सिद्धान्तों से विमुख हुआ जाए, जिसके अनुसार एक गैर-*वतनदारी* पटेल का उत्तराधिकारी चुनने में पिछले पटेल के उत्तराधिकारियों को वरीयता मिलनी चाहिए यदि वे योग्य हों।

अध्याय : सात

ऋण

"यह स्पष्टतः मान्य होना चाहिए कि ऋण के प्रति सबसे ग़लत नीति यह है कि उसे नज़रन्दाज़ कर दिया जाए और कुछ न किया जाए।"

(भारत में कृषि पर शाही आयोग की रपट।)

200. भूमि के नुकसान के साथ घनिष्टता से जुड़ा हुआ और उसके साथ एक कुचक्र रचता हुआ प्रश्न आदिवासी ऋण का है। आदिवासी जनसंख्या बढ़ जाती है और उतनी ही जोत की उपज से ज्यादा लोगों का पेट भरना होता है, या अच्छे समय में विवाह और अन्य समारोहों में होनेवाला खर्च बढ़ जाता है और अत्यधिक ब्याज पर कर्ज़ लिया जाता है जिसे जोत की उपज से चुकाया नहीं जा सकता। कर्ज़ बढ़ जाता है और जल्दी ही किसान न सिर्फ अपनी ज़मीन का हिस्सा दे देता है बल्कि अपना या अपने पुत्र या छोटे भाई की मज़दूरी भी अपने साहूकार को अर्पित कर देता है और इस दौरान उसकी समझ के बाहर के अनर्गल ब्याजों के द्वारा उसके ऋण का बोझ बढ़ता जाता है और अन्ततः उसकी चुका पाने की क्षमता के बाहर हो जाता है। यदि पिता की मौत पर एक आर्थिक रूप से अच्छी जोत को बच्चों में विभाजित करना पड़ता है, तो फिर यही कहानी दोहराई जाती है, क्योंकि दोनों बेटों का परिवार पहले सिर्फ एक परिवार के लिए पर्याप्त जोत से अपना गुजारा नहीं चला पाता। या एक कपड़ों या छल्लों का फेरीवाला आदिवासी को अपनी चीज़ें उधार दे देता है और आदिवासी को जल्दी ही पता चलता है कि इन तुच्छ सौदों पर ब्याज कुछ ही वर्षों में बढ़कर अविश्वसनीय माँग में बदल जाता है। बैंकिंग जाँच समिति या बन्दोबस्त रिपोर्ट द्वारा कृषि ऋणग्रस्तता के अध्ययन का ध्यान आमतौर पर ज्यादा खुले और उन्नत इलाकों में ऋण की समस्या पर ही रहा है और यह मान लेने कि प्रवृत्ति रही है कि आदिवासियों में ऋण नाम-मात्र का होता है। इस तरह 1929-30 की प्रान्तीय बैंकिंग जाँच समिति अपनी छिन्दवाड़ा ज़िले की रिपोर्ट के खंड II के पृष्ठ 698 पर लिखती है कि उसने उन ज्यादा जंगली गाँवों में सघन सर्वेक्षण करना ज़रूरी नहीं समझा जहाँ लोग अपने अस्तित्व के लिए अनिश्चित *कोदों* और *कुटकी* फ़सलों पर और महुआ जैसे जंगली उत्पादों पर निर्भर रहते हैं, क्योंकि वहाँ आदिवासियों पर व्यवहार्यतः कोई उधार नहीं है और नियमतः वे ऋणमुक्त हैं चूँकि वे किसान के बजाय मुख्यतः जंगलों में रहनेवाले हैं।

201. इसी प्रकार वर्तमान जाँच में बैतूल के डिप्टी कमिश्नर ने राय ज़ाहिर की है कि आदिवासी ऋण अन्य लोगों के मुकाबले बहुत कम है और इसका प्रभाव बहुत बढ़ा-चढ़ाकर दिखाया जाता है; दौरों पर वह हमेशा आश्चर्यचकित हो जाते थे जब जितने आदिवासियों से उन्होंने पूछा उनमें बहुत कम ऋण में थे सिवाय जहाँ सहकारी संस्थाएँ थीं जिनमें सभी

सदस्य असाध्य रूप से लिप्त थे। उन्होंने यह भी स्वीकार किया कि अनेक आदिवासियों पर तकावी बकाया था पर उनका सुझाव था कि निजी व्यक्तियों पर बहुत कम कर्ज़ था। इस ज़िले में पैराग्राफ 47 से 57 तक ऊपर लिखित भूमि के नुकसान का विवरण अलग ही तस्वीर पेश करता है और कुछ मामलों में आगे की कार्यवाही, जिनमें आदिवासियों की भूमि साहूकारों और अन्य लोगों की चली गई, उनका विचार बदल सकती थी। बैतूल ज़िले में कार्यरत ऋण समाधान बोर्ड के दो अध्यक्षों का अनुभव अलग है। श्री आर.डी. बेवहर, अतिरिक्त सहायक कमिश्नर, लिखते हैं कि यद्यपि आदिवासी सामाजिक परम्पराओं, निर्धनता, और मौसम की मार का शिकार और इस कारण ऋण में होने के मामले में निम्न जातियों के समान मालूम पड़ते हैं, फिर भी वे उनसे भिन्न हैं अपनी इतनी निरक्षरता के कारण कि किसी दूसरे को साहूकार इतनी आसानी से धोखा नहीं दे सकता; अब भी ज्यादातर गोंड 20 से आगे गिनती नहीं कर सकते और लगभग सभी आदिवासी बेबाक रूप से साहूकारों द्वारा उनके पिता या यहाँ तक कि पूर्वजों को दिए गए ऋण को स्वीकार करते हैं। श्री बेवहर द्वारा बैतूल और नागपुर ज़िलों के आदिवासियों के बारे में चिन्हित कुछ खास बातें इस प्रकार थीं–

(1) कि वे साहूकारों, ज़मींदारों एवं अन्य द्वारा सामान्यतः शोषित थे;

(2) कि वे ऊँचे ब्याज के प्रभाव में थे जो 2 प्रतिशत महीने से 4 पाई प्रति रुपया प्रति महीने तक था। दो पाई तुच्छ दर मानी जाती थी जबकि अन्न के उधार के लिए उन्हें 25 या 51 प्रतिशत देना पड़ता था;

(3) साहूकार कभी सही हिसाब नहीं रखते या उसे अपने कर्जदारों को नहीं समझाते और हिसाब में हर प्रकार की छेड़छाड़ सामान्य बात है;

(4) जब तक भू-हस्तांतरण कानून जो शेष बचा था उसे बचाने के लिए बना तब तक आदिवासियों ने कई गाँव खो दिए थे।

(5) यदि आदिवासी दूसरों की तरह व्यापक ऋण में नहीं हैं फिर भी ऋण का भार बहुत ज्यादा है, सम्भवतः प्रति 100 में 30 आदिवासी ऋण में हैं और उन पर उनके लगान का 20 से 40 गुना का ऋण है; और

(6) अनेक आदिवासी ऋणग्रस्तता के परिणामों के भय से अपने खेतों और अपने गाँवों से पलायन कर जाते हैं।

202. श्री सी.जे.आर. नायडू, अतिरिक्त-सहायक कमिश्नर, दूसरे अध्यक्ष ने लिखा कि बैतूल का गोंड एक जन्मजात ऋणी है और हमेशा ऋण में रहता है जबकि उसका परिवार एक स्वयं-सम्पूर्ण इकाई है जो अपनी ज़रूरत-भर का सब कुछ उत्पादित कर लेता है और कठिन दिनों में अपनी उपज को फलों और जड़ों से अनुपूरित करता है। वे अज्ञानी हैं तथा उनमें दूरदर्शिता एवं किफायत का अभाव है। यदि एक गोंड रुपए 10 उधार लेता है, वह रुपए 20 के लिए अँगूठा लगाता है और साहूकार कभी 20 प्रतिशत से कम ब्याज नहीं लेता। गोंड साधारण हिसाब भी जाँच नहीं सकता। हर साल साहूकार फ़सल कटते ही ऋणी की उपज के घर जाने के पहले ही उसे ले लेता है और इस प्रकार ली गई उपज को सूद में चढ़ाता है और शायद ही कभी यदि किया तो, मूल में समायोजित करता है। जल्दी ही फ़सल खराब होने या अन्य कारण से गोंड ब्याज अदा करने में चूक जाता है और साहूकार का कर्ज़ तेज़ी से बढ़ जाता है। गोंड का कर्ज़ चुकाने का सम्मान भाव बना रहता है लेकिन ऊँचा ब्याज उसका कर्ज़मुक्त होना असम्भव बना देता है; पैतृक कर्ज़ के मामले में भी उसका यही सम्मान

का भाव रहता है भले ही उसने स्वयं कभी एक पाई भी न उधार लिया हो। वह लिखते हैं कि अनेक गोंड अपनी ज़मीन साहूकारों को खो रहे हैं तथा अपनी ज़मीन के उप-काश्तकार बन रहे हैं या अपने नये मालिकों के भाड़े के नौकर बनकर खेती कर रहे हैं।

203. डिप्टी कमिश्नर ने फिर भी सोचा कि आदिवासियों के संरक्षण किसी भी कदम का विरोध किया जाना चाहिए क्योंकि यह अति दुलार करना होगा और इसमें वर्ग पक्षपात का पुट होगा। यवतमाल ज़िले में भी यह देखा गया है कि आदिवासी काश्तकार लगातार अपनी ज़मीन खो रहे हैं। इस ज़िले में आदिवासी कर्ज़ के कारणों और उसके परिणाम के बारे में विस्तृत जाँच नहीं हुई है। जैसा कि दूसरे ज़िलों से दर्ज किए हुए, और इस अध्याय में उद्धृत कई रिपोर्टों के सार दिखाएँगे और जैसा कि आदिवासियों के बीच में अन्वेषण का प्रयास करनेवाला कोई भी व्यक्ति अच्छे से जानता होगा, किसी आदिवासी को उसके व्यक्तिगत मामलों के बारे में थोड़े समय में कुछ उगलवा पाना आसान काम नहीं है, चाहे वह उसके परिवार के बारे में हो या आदिवासी संगठन या धर्म के बारे में, या जो कि उसे और ज्यादा करीब से छूती है, *साहूकार* के साथ उसके सम्बन्ध, उसका एकमात्र स्रोत है जहाँ से वह कम समय में बैलों, विवाहों या कोई जुर्माना चुकाने या किसी अन्य काम के लिए धन प्राप्त कर सकता है। हालाँकि यवतमाल रिपोर्ट का सुझाव था कि आदिवासी कर्ज़ की समस्या "बहुत गम्भीर" नहीं थी। किन्वत रेंज में डिप्टी कमिश्नर ने अन्ध, कोलम और बंजारा की एक सभा से पूछताछ की। इस बैठक ने भी निम्न तीन वाक्य प्रस्तुत किए–

(1) एक अन्ध ने किसी महादु अकोलकर से रुपए 25 प्रति वर्ष ब्याज पर रुपए 100 का उधार अपनी दूसरी शादी का खर्च उठाने के लिए लिया। रुपए 50 उसने अपने जाति भाइयों को खिलाने-पिलाने पर और रुपए 50 अपनी दुल्हन और उसके रिश्तेदारों के लिए वस्त्र पर खर्च किया। वन विभाग के कामों से मिलनेवाले भुगतान के अलावा कृषि से उसकी वार्षिक आय रुपए 61 जान पड़ती थी।

(2) एक अन्य आदिवासी ने अपने पिता से उत्तराधिकार में रुपए 60 ऋण प्राप्त किया था और लगभग 20 वर्ष पहले स्वयं उसने रुपए 20 उधार लिया था और वह अभी तक साहूकार को उसकी अदायगी कर रहा था। उसने दावा किया कि उसने *साहूकार* भीकू मारवाड़ी को रुपए 50 नक़द के साथ एक गाड़ी कपास और 10 मन ज्वार चुका दिया था मगर अब भी उस पर रुपए 175 का कर्ज़ था। उसने आगे बताया कि उसके पास भुगतान की कोई रसीद नहीं थी; और न ही उसने कभी ऋण समाधान बोर्ड या ऋण राहत बोर्ड के बारे में सुना था।

(3) एक अन्य व्यक्ति ने रुपए 48 उधार लिया था जिसके लिए उसने 125 तोला चाँदी और एक तोला सोना भवानी के *साहूकार* भीकू चन्द के पास गिरवी रखा। उसे सोने और चाँदी के लिए कोई रसीद नहीं मिली थी।

हालाँकि डिप्टी कमिश्नर मानते हैं कि यदि ऐसे असाक्षर आदिवासियों को साहूकार की गिरफ्त से बचाना है तो उन्हें सभी सौदों और भुगतानों की प्रामाणिक रसीद उपलब्ध करायी जानी चाहिए। कुछ गाँवों में जहाँ स्कूल हैं वहाँ उनका ख्याल है स्कूल अध्यापक मदद कर सकता है क्योंकि आमतौर पर वह गाँव के वृद्धजनों के सम्मान का पात्र होता है जबकि राजस्व और पुलिस अधिकारियों को रसीद न देनेवाले साहूकारों के खिलाफ कार्यवाही करनी चाहिए। उन्होंने लिखा कि मध्य प्रान्त कर्ज़दारी राहत अधिनियम, 1939 के प्रावधानों का

स्थानीय आदिवासी आबादी में प्रचार करने के लिए कार्यवाही करना स्पष्टतः ज़रूरी था यद्यपि जब कर्ज़ बहुत छोटा होता है ऋण राहत न्यायालय अपने आपमें स्थिति सुधारने के लिए कुछ नहीं कर सकते। उनके विचार से असली ज़रूरत ज्यादा अनैतिक साहूकारों के खिलाफ "प्रशासनिक कार्यवाही" करने की थी।

204. इस जाँच से सम्बन्धित दौरों में जितना समय मेरे पास है उसने आदिवासी कर्ज़ के किसी व्यक्तिगत विस्तृत सर्वेक्षण को असम्भव बना दिया है। मैं विभिन्न ज़िलों की रिपोर्टों के उद्धरणों को स्वयं ही कहने का मौका देता हूँ। पिछले अध्याय में विभिन्न ज़िलों पर टिप्पणियाँ और ज़िला रिपोर्टों के उद्धरणों में पहले ही साहूकारों के तौर-तरीकों का वर्णन कर दिया है; पैराग्राफ 23 से 25 तक में श्री आर.सी.वी.पी. नोरोन्हा की सौगोर रिपोर्ट और पैराग्राफ 103 में श्री ए.एन. जाफरी की बिलासपुर रिपोर्ट से उद्धरणों की तरफ ध्यान आकृष्ट किया गया है।

205. पहला उद्धरण छिन्दवाड़ा ऋण समाधान बोर्ड की कार्यप्रणाली पर राय साहब एन.पी. श्रीवास्तव, (अब राजस्व विभाग में प्रान्तीय सरकार के उप-सचिव) की अन्तिम रिपोर्ट से लिया गया है। जून 1938 में लिखित इस रिपोर्ट में उन्होंने आदिवासी कर्ज़ पर एक विशेष सेक्शन प्रस्तुत किया। यह बैतूल की सीमा के एक ज़िले से सम्बन्धित था जहाँ डिप्टी कमिश्नर के अनुसार आदिवासी कर्ज़ कोई बड़ी समस्या नहीं थी। उद्धरण को थोड़ा सम्पादित किया गया है–

"चूँकि आदिवासी छिन्दवाड़ा और अमरवाड़ा तहसीलों में निवास करने वाले कुल किसानों का एक-तिहाई हिस्सा है; यहाँ उनकी कर्ज़दारी के बारे में अलग आँकड़े दिए गए हैं जैसा कि मंडल के समक्ष उद्‌घाटित हुआ था।"

(क)	कुल संस्थापित और निवर्तित मामले	1,206
	संलिप्त राशि–	
	कर्ज़दारों के अनुसार	रुपए 5,77,064
	साहूकारों के अनुसार	रुपए 7,55,677
(ख)	धारा 7 के अन्तर्गत खारिज मामले	117
	साहूकारों के अनुसार संलिप्त राशि	रुपए 67,946
नोट करें–	इनमें से 98 मामले जिनमें रुपए 55,419 की राशि संलिप्त थी मंडल के बाहर निपटारे के कारण निवेदक की अनुपस्थिति में खारिज कर दिए गए।	
(ग)	ऋण समाधान अधिनियम, धारा 14 के अन्तर्गत खारिज मामले, जहाँ कोई मित्रतापूर्ण निपटारा सम्भव नहीं था।	79
	साहूकारों के अनुसार संलिप्त राशि	रुपए 84,511
(घ)	ऋण समाधान अधिनियम से धारा 12(1) के अन्तर्गत निपटाए गए मामले	1,010
	साहूकारों के अनुसार संलिप्त राशि	रुपए 6,03,220
	साहूकारों को दी जानेवाली बाकी राशि जिन्होंने अपने दावों पर समझौता किया	रुपए 5,75,196
	माफ़ की गई राशि	रुपए 3,79,763

पूर्णांक में यह छूट 64 प्रतिशत बनती है।

"1549 दावों में से बोर्ड के सामने सुलझाए 1,010 मामलों का विश्लेषण नीचे दिया जा रहा है :-

दावों की प्रकृति	दावों की संख्या	ऋणदाता के अनुसार सम्बन्धित राशि	राशि जिस पर समाधान हुआ
(1)	(2)	(3)	(4)
		रु.	रु.
गिरवी	29	82,755	40,872
गिरवी के दावोंवाली डिग्रियाँ	70	10,912	4,612
गिरवी के लम्बित पड़े सिविल मुकदमों के दावे	187	13,715	5,890
अन्य दावे	1,263	4,67,814	1,44,129
कुल	**1,549**	**5,75,196**	**1,95,503**

"*ऋण समाधान अधिनियम–दंड प्रमाणपत्र,* की धारा 15(1)–294 दावों में से 106 मामलों में जिनसे 47,218 रुपए की राशि जुड़ी हुई थी, को ऋण समाधान अधिनियम की धारा 15(1) के अन्तर्गत दंड लगाया गया, क्योंकि ऋणदाता समाधान के लिए तैयार नहीं हुए।

"मध्य प्रान्त भू-हस्तांतरण अधिनियम का प्रयोग–इस निकाय ने सम्पर्क करने वाले आदिवासियों की ऋणग्रस्तता पर खासतौर से ध्यान दिया; उनके ऋणदाताओं द्वारा प्रस्तुत किए गए लेखा-विवरणों से पता चलता है कि सुरक्षित दावों में निरपवाद रूप से सशर्त बिक्री गिरवी रखी जाती थी और ऋणदाता, ऋणी की देखभाल के लिए सम्पत्ति छोड़ने पर कभी तैयार नहीं होता था। इसी कारण से सरकार पहले की तरह केवल जागीरों की बजाय सारे पुराने छिन्दवाड़ा ज़िले में भू-हस्तांतरण अधिनियम को लागू करने की तरफ बढ़ी। यह 25 नवम्बर, 1936 से प्रभावी हुआ और सुरक्षित दावों का समाधान प्राप्त करने में इसका बहुत लाभकारी प्रभाव पड़ा; लगभग 100 गोंड मालिकों की ज़मीनें बच गईं।

"कुछ हैरान करने वाले आदिवासी मामलों को यहाँ उद्धृत किया जा रहा है–

"1935-36 का मामला संख्या 1898 (एक अधिभोगी काश्तकार का ऋण)–ऋणी गोंड के पास केवल अधिभोगी ज़मीन, जिसका किराया 21 रुपए था और हल में जुतने वाले तीन जोड़ी बैल थे। उसका कुल ऋण छः अलग-अलग दावों में तीन ऋणदाताओं के पास रुपए 5,045 था। मुख्य ऋणदाता दो कलार भाई और पड़ोसी गाँव डोंगरिया का मालगुज़ार था। उनका दावा 7 जुलाई, 1932 तक एक सिविल न्यायालय की डिग्री में रुपए 1,128-7-0, 5 मार्च, 1931 तक एक बांड पर (सीमाबद्धता के साथ 2,956-9-0 और रुपए 1,371 जोड़कर, पुराने हिसाब से नवीनीकरण करके रुपए 2400 मूलधन के लिए और उसी तिथि (5 मार्च, 1931) का एक बांड, रुपए 145 मूलधन (सीमाबद्धता के साथ) नक़द में अग्रिम का दावा करते हुए, कुल रुपए 4,085 हुआ। यह सौदा बहुत पुराना है, 1905 का जब प्रार्थी के पिता ने वास्तविक ऋण 200

रुपए का लिया था (कारण नहीं पता चला); और तब से लेकर 1931 तक ग्यारह नये बांड बनाए गए, प्रत्येक एक नये नक़द ऋण का दावा करने के लिए जिसमें पुराने हिसाब का कोई ब्यौरा नहीं होता था। इस अवधि के दौरान ऋणी ने 27 जून, 1926 को सम्पत्ति बेचकर रुपए 600 का भुगतान किया और 1934 में एक अनौपचारिक पंचायत के सामने रुपए 700 मूल्य के 28 पशुओं को दिया। उसने अपनी सारी ज़मीन को पट्टे पर दो साल के लिए ऋणदाता को दिया जिसकी पट्टे की राशि कम से कम रुपए 200 होगी। इन भुगतानों को ऋणदाता द्वारा स्वीकार किया गया और प्रार्थी के पिता की ज़िन्दगी में कुछ और भुगतान अवश्य हुए होंगे। लेकिन स्वीकारे गए भुगतान भी 1,500 रुपए होते हैं; अतः अभी भी 4,085 रुपए का ऋण ऋणी पर बकाया रहता है। ये जानकारियाँ वास्तविक बांडों द्वारा ली गईं जो अध्यक्ष ने ऋणदाताओं से प्राप्त किए थे हालाँकि वे आय कर के उद्‌देश्य के लिए सार्वजनिक तौर पर कह चुके थे कि वे कोई नियमित लेखा-बही नहीं रखा था।

"रामदास और उसके भाइयों पर बकाया तीन दावों की रुपए 4,035 की देनदारी और रुपए 1,128-7-0 की डिग्री सम्बन्धी राशि के निकाय ने भविष्य के सभी ब्याज से मुक्त करके प्रति वर्ष रुपए 18 की दर से 10 वर्षों में रुपए 180 देने का समाधान तय किया। सिर्फ यहीं नहीं हुआ। तीन दावों के दो अन्य ऋणदाताओं के रुपए 960 अभी भी बाकी थे और ऋण समाधान अधिनियम की धारा 15(1) के अन्तर्गत इस मामले में अपनी दुराग्रही भावना के कारण समझौते के जारी रहने के दौरान वसूली को टालने के लिए दंडित किया गया।

"1935-36 का मामला संख्या 3519 (*मोकसदार* यानी एक निम्न मालिक का ऋण)—ऋणी चार गाँवों का निम्न मालिक (कामिल जामा रुपए 550) और साथ ही कुछ *सिर* और *खुदकाश्त* ज़मीन रखता था; उसकी वार्षिक शुद्ध आय रुपए 1000 आँकी गई। वह रुपए 20,563-3-0 के छः ऋणदाताओं के आठ विभिन्न दावों का देनदार था। रुपए 15,728-4-0 के डिग्री योग्य राशि का रुपए 3,250 में 11 वर्षों में समान किश्तों में भुगतान देने का समाधान हुआ। उच्च मालिक द्वारा भविष्य के सभी ब्याज से मुक्त रुपए 1,800 को 12 वर्षों में रुपए 150 प्रतिवर्ष देने का समाधान होने के कारण गिरवी का दावा रुपए 2000 बकाया था। रुपए 2837-5-0 के बचे हुए दावों को 10 वर्षों में रुपए 700 देने का तय हुआ। इस तरह कुल वार्षिक किस्त रुपए 550 निश्चित हुई और पहले वर्ष की किश्त दे दी गई। ऋणी जागीरों में रहता था और भू-हस्तांतरण अधिनियम द्वारा उसकी रक्षा हुई या अन्यथा लम्बे समय तक वह कहीं नहीं पहुँच पाता। निश्चित रूप से विभिन्न ऋणों का मूल पता नहीं है, लेकिन ऐसा विश्वास किया जाता है कि वास्तव में ज्यादातर अनुत्पादक उद्‌देश्यों से *साल सवाई* गणना करके ये संख्या आई थी।

"1935-36 का मामला संख्या 3473 (एक गोंड जागीरदार का ऋण)—39 गाँवों वाली एक जागीर और सरकार को प्रतिवर्ष रुपए 375 *टकोली* देने वाला भारदागढ़ का ज़मींदार ऋणी था। जागीरदार का कुल ऋण रुपए 46,889 जिसमें पाँच डिग्री योग्य दावों की राशि रुपए 34,341 व 6 प्रतिशत वार्षिक की दर से लगने वाला ब्याज भी शामिल था। इन देनदारियों का समाधान निकाय द्वारा भविष्य के सभी ब्याज से मुक्त

रुपए 23,300 को नौ वर्षों में लगभग रुपए 2,500 की वार्षिक किश्त के रूप में देने का तय हुआ; पहले वर्ष की किश्त पहले ही दी जा चुकी है। इन ऋणों का मूलधन तो गुम या विस्मृत हो चुका है लेकिन यह सन्देह किया जाता है कि ये ज्यादातर छोटी राशियाँ भी जो गैर-कृषि या उत्सवों के उद्देश्य से उधार ली गई थीं और जो एक के बाद एक लेखा विवरणों में बड़ी होती गईं जिसे जागीरदार ने कभी ध्यानपूर्वक जाँचा-परखा नहीं।

"ये मामले शायद कुछ अतिवादी किस्म के हैं, लेकिन कुछ साहूकारों की भयंकर लोभी प्रवृत्ति और आदिवासी ऋणियों की अविवेकशीलता का वर्णन करते हैं। प्रत्येक गोंड ऋणी के अशोध्य और अवसूलीय ऋणों का औसत रुपए 400 या 500 आता है जो कि जागीरों में लगभग 20 एकड़ अधिभोगी ज़मीन रखने वाले, मिट्टी के वर्गीकरण में *बर्रा* और रुपए 6 से 7 तक के मूल्य का किराया देने वाले एक साधारण गोंड खेतिहर की तुलना में काफी बड़ी संख्या है। आदिवासी ऋणग्रस्तता के दुष्चक्र की शुरुआत परिवार में कोई त्यौहार या शादी का इन्तजाम करने के लिए उधार लेने की आवश्यकता से हो जाती है। सामान्यतः वार्षिक या अर्द्धवार्षिक चक्रवृद्धि दर से लगाया जाने वाला *साल सवाई* (25 प्रतिशत) ब्याज, ऋणी द्वारा अपना सारा अतिरिक्त उत्पाद या अतिरिक्त पशु ऋणदाता को प्रत्येक वर्ष देने के बावजूद ऋण की मात्रा को जल्द से जल्द बढ़ाने लगता है। भारी ब्याज दरों और पैदावार की खराब स्थिति के कारण मूलधन कभी चुक नहीं पाता है। समय-समय पर ऋणदाता द्वारा बनाए गए लेखा के आधार पर बांड का नवीकरण किया जाता है और अशिक्षित व अनजान आदिवासियों, जो मुश्किल से 8 या 9 तक गिन सकते हैं, को मूर्ख बनाया जाता है। इस तरह यह ऋण एक पीढ़ी से दूसरी पीढ़ी तक स्थायी होता जाता है और आदिवासी ऋणियों को निराशा के दलदल में छोड़ देता है। लगभग आधे मामलों में निकाय के सामने आदिवासी यह कसम खाने (और उस पर विश्वास करने के कारण भी हैं) के लिए तैयार है कि उसने व्यक्तिगत रूप से कभी नक़द ऋण नहीं लिया है और सारा ऋण उसके पूर्वजों से उसके पास आया है या फिर एक शादी के समय लिए गए एक *खाँडी* या *कोदोन* के दो आदिवासियों का उधार लेने से पैदा हुआ और कई बार भुगतान हो चुका है।

"यदि आदिवासियों की ऋणग्रस्तता एक सामाजिक आवश्यकता है तो इसकी मात्रा निश्चित तौर पर ऋणदाता द्वारा लेन-देन के तरीकों के कारण इतनी है। आदिवासियों के ऋणदाता ज्यादातर कलार और तेली हैं और उनके गोंड ग्राहक हमेशा से चाहते हैं कि वे खुले हाथ से ऋण दें। वे जागीरों की सीमाओं पर बाज़ार वाले गाँवों में रहते हैं और उनका धन्धा आधा दुकानदार, आधा उधार देने वाला और पूरी तौर पर एक सूदखोर का होता है। वे किसी आदिवासी को ऋण निवेश के रूप में देते हैं और उनका एकमात्र जोर जहाँ तक सम्भव हो सके सीधे उपज की कुटाई की जगह से माल की शक्ल में ब्याज के रूप में अनाज इकट्ठे करते रहने की क्रिया को स्थायी बनाने पर होता है।

"वे उन पर आश्रित भरी पंचायत की मदद से समय-समय पर बांड का नवीकरण करा लेते हैं और कभी भी शेष ब्याज को कई दस्तावेजों में विभाजित करने के लिए अपनी लेखा-बहियों को कई शाखाओं में बाँटने का मौका नहीं चूकते हैं ताकि दस

वर्षों के बाद गोंड ऋणी अपने आपको एक बांड, एक प्रतिज्ञा-पत्र और मकड़ी के नियमित जाले, अनाज के हिसाब का *खाता*, के जाल में अपने आपको फँसा पाए। जागीरों में इसमें से ज्यादातर ऋण कभी दोबारा दिया नहीं जाएगा परन्तु साहूकार की एक वस्तु के रूप में दूसरी वस्तु लेने की तरकीब के चलते वह बिना पैदावार की परेशानी मोल लिए ज़मीन का सुख लेता है।

''*खालसा* क्षेत्रों में छोटे आदिवासी खेतिहरों की ऋण की आवश्यकता का प्रयोग मालगुज़ार उन्हें बँधुआ-गुलामी में जकड़ने के लिए करता है। राशि इस शर्त पर दी जाती है कि परिवार का एक आदमी रुपए 30 से 40 के वार्षिक पारिश्रमिक पर पूर्णकालिक मजदूर के तौर पर काम करके वर्ष-भर का ब्याज चुकाएगा। काम करने की स्थितियाँ इतनी सख़्त होती हैं कि ऋणी या उसका बड़ा बेटा साल के अन्त तक कभी भी अपने पूरे पारिश्रमिक के हकदार नहीं हो पाते हैं। मानसून की शुरुआत में इन *बरसलिया* को, जैसा कि इन मजदूरों को पुकारा जाता है, उसके मालिक द्वारा परिवार के भरण-पोषण के लिए अग्रिम के रूप में अनाज दे दिया जाता है क्योंकि उनकी औरतों को तब कृषि-मजदूरी का काम नहीं मिल सकता है और परिवार का अनाज का भंडार खत्म हो चुका होता है। ऋणदाता को एक मौका देता है कि वह हिसाब को कई जगह बाँट दे और निकाय के सामने कई मामले आए हैं जिसमें रुपए 100 का मूल ऋण ऋणदाता की वर्तमान बहियों में रुपए 300 या 400 तक जा पहुँचा हालाँकि पिछले कई सालों से ऋणी या उसका कोई बेटा लगातार उसके लिए काम करते रहे थे। कोई आ़श्चर्य नहीं कि एक बार ऋण ले लेने के बाद आदिवासी अपने आपको हमेशा ऋण के चंगुल में फँसा हुआ पाता है।

"सिवाय कुछ मौकों के जिसमें कोई जिद्दी गोंड बांड का नवीकरण करने से बच निकलने की कोशिश करता है, इस तरह के ऋणों को कभी-कभी ही ऋणदाता द्वारा सिविल न्यायालय में ले जाया जाता है। इसका पाठ भी उसको जल्द ही पढ़ा दिया जाता है जब वो रसीदों के माँगे जाने पर सिविल न्यायालय में भुगतानों का सबूत नहीं दे पाता है और जैसे ही ऋणदाता अपनी डिग्री का पालन करवाने के लिए बांड में सम्पत्ति या पशु जोड़ता है तो और ज्यादा उत्पीड़न से बचने के लिए गोंड निर्मित-ऋणी डिग्री की राशि का समायोजन करने के लिए एक नये बांड को बनवाने के लिए राजी हो जाता है। निकाय द्वारा इस तरह के ऋणों को प्रकाश में लाने के लिए विशेष प्रयास किए गए और बड़ी मुश्किल के साथ ऋणदाताओं को आदिवासी प्रार्थियों को भीषण ऋणग्रस्तता के भँवर से मुक्त करने के लिए प्रेरित किया गया। जागीरों के कुछ ऋणदाताओं ने इस तरह से अपने निवेश को समाप्त करने की उत्प्रेरणा को कोई तवज्जो नहीं दी और इस उम्मीद के साथ कि उनके ग्राहक की भविष्य में ऋण की ज़रूरतें उसे जल्द ही वापस उनके पंजों में खींच लाएँगी, उन्होंने निकाय द्वारा ऋणसमाधान अधिनियम की धारा 15(1) के अन्तर्गत दंड प्रमाणपत्र जारी करवाने की सहमति दे दी।

"यह स्वाभाविक ही है कि आदिम जनजातियों में एक तरफ ऋणी की ऋणशोधनाक्षम न्यायालय में जाने की अनिच्छा के कारण यह सम्भव हो पाता है कि आदिम जनजातियों के पुराने ऋणों का संचय होता जाता है दूसरी तरफ ऋणदाता द्वारा

ऋणी को सिविल न्यायालय में खींच लेने की ताकत उसके पक्ष को मजबूत करती है। जागीरों का कोई आदिवासी अपने अज्ञान और अशिक्षा के चलते और बाहरी दुनिया के बारे में बहुत कम जानकारी होने के कारण अनुबन्ध की पवित्रता को जो इन दिनों लागू है, की कानूनी आधिकारिकता को बचा पाने में सक्षम नहीं है। यदि न्यायालय में कानून उसके खिलाफ जाने लगता है तो निष्पक्षता उसकी रक्षा में उतर पड़ती है और उसे डिग्री की राशि को किश्तों में अपनी भुगतानक्षमता के अन्दर देने की छूट दिलवाती है। इस ज़िले में कुछ न्यायालयों ने मध्य प्रान्त साहूकार अधिनियम की धारा 11 के अन्तर्गत आसान किश्तें प्रदान करने की शुरुआत भी कर दी है। इसलिए किश्तों को वास्तव में उनके भुगतान सामर्थ्य में लाने के लिए आदिवासी ऋणियों के लिए एक बेहद उधार व्यवस्था जैसे कि 6 रुपए या उससे कम, किए जाने की आवश्यकता है चाहे इस तरह डिग्री का भुगतान पूरा होने के लिए शताब्दी के बड़े हिस्से तक इसे विस्तारित ही क्यों न करना पड़े।

"चाहे लड़ाई किसी भी माध्यम से न जीती जा सके, कीमतों में लगातार गिरावट से आदिवासी एक बार फिर आवश्यकताओं के चंगुल में होंगे, भूतकाल में यह ज़रूरत थी चाहे सामाजिक हो या आर्थिक, जिसने उसे गाँव के साहूकार के हाथों अपने शोषण की तरफ धकेल दिया था।"

206. अब हम बैतूल के दूसरे हिस्से के एक ज़िले, बरार के अमरावती ज़िले, जो मोरसी और मेलाघाट तालुके बैतूल ज़िले की सीमा पर हैं, से सम्बन्धित कुछ उद्धरणों को देखते हैं। पहला उद्धरण श्री मेनप्राइस की मोरसी तालुक में आदिवासी समस्या पर रिपोर्ट में से लिया गया है। यह उद्धरण पिछले अध्यायों में जगह-जगह पर पहले से ही उल्लिखित है और इस अध्याय के विषय, बँधुआ मज़दूरी के प्रश्न को प्रमुखता से उठाता है। इस अध्याय में उद्धरण ग़लत जगह पर नहीं हैं क्योंकि वे बँधुआ मज़दूरी और आदिवासियों के लिए सस्ते ऋण की समस्या के बीच गहरा सम्पर्क दिखाता है, इसीलिए इनका सन्दर्भ लिया गया है—

"*ऋण*—ऋण उन आदिवासियों की ज़मीन छिन जाने का कारण बना जो पूरी तरह अशिक्षित और अदूरदर्शी थे। वे उन साहूकारों के हाथों में आसानी से पड़ जाते हैं जो शादी या फ़सल या फिर शादी और पीने-पिलाने के लिए छोटी राशियाँ दे देते हैं और वापस करने के लिए जोर नहीं डालते हैं लेकिन ब्याज को कुछ गिरवी या प्रतिज्ञा-पत्र पाने के पहले तक बढ़ने देते हैं। अपने अज्ञान, अशिक्षा और पैसों की ज़रूरत के दबाव के कारण अपने सामने रखे गए किसी भी दस्तावेज पर, बिना उसमें लिखे हुए को जाने, अँगूठा लगाने के लिए तैयार हो जाते हैं। यहाँ तक कि आज की तारीख में गणेशपुर, पिम्परी और अम्बाडा के निकट दासूर में वर्तमान ब्याज की दर *दिरी* (4-6 महीनों में 50 प्रतिशत) थी जबकि अन्य गाँवों में ऋण *सवाई* (या सूत की फ़सल का 25 प्रतिशत) पर दिया जाता था। ऋण की इस तरह की दरें यदि जल्द ही वापस न किया जाए तो अद्भुत संख्या तक बढ़ जाती है और भूमि का छिन जाना निश्चित हो जाता है। इसके अतिरिक्त प्रायः साहूकार भुगतान को अपने हिसाब-किताबों में दर्ज़ नहीं करते हैं खासतौर पर अलग किस्म के भुगतान को। कई गोंड जो अब ऋणी हैं अपने पिता या दादा द्वारा उधार ली गई मूल राशि को नहीं जानते हैं और प्रायः एक नाबालिग या विधवा की पीठ पर पुरातन ऋण जिसके बारे

में वे कुछ नहीं जानते हैं, लाद दिया जाता है। सतनूर के एक गोंड भूरा ने मुझे बताया कि उसने 10 रुपए उधार लिए थे और 80 रुपए वापस कर दिए और अभी भी उसे ऋण-समाधान निकाय द्वारा तय 600 रुपए को 24 वर्षों में 25 रुपए की किस्त के हिसाब से चुकाना है। जामगाँव के फकीरया पटेल को अपने बाप की 1910 में मृत्यु के बाद उनका एक ऋण उत्तराधिकार में मिला जिसके लिए उसने 1500 रुपए का एक प्रतिज्ञा-पत्र दिया इसके बाद भी लगभग 15,000 रुपए ज़मीन और नक़द देकर चुकाने के बाद उसे अपने बचे हुए खेत उसी *साहूकार* के पास 4,500 रुपए में गिरवी रखने पड़े। डिग्रियों के स्थानान्तरण और पैसा वापस लेने से मना करके साहूकार ऋणियों को ग़लती करने के लिए उकसाता है और फिर सिविल न्यायालय की मदद से उसकी ज़मीन प्राप्त कर लेता है। मैंने ध्यानपूर्वक आदिवासियों द्वारा लिए गए कई ऋणों के बारे में पूछताछ की और लगभग सभी मामलों में यह पाया कि छोटे-छोटे मूल ऋण कई गुना बढ़ चुके हैं और मूल ऋण से 10 या 20 गुना ज्यादा चुकाने के बावजूद *साहूकार* ने अन्त में बन्धक को छोड़ने के अधिकार से वंचित करते हुए अपने लिए ज़मीन ले ली।

"*ऋण-समाधान मंडल और ऋण राहत न्यायालय*—ऋण समाधान निकाय में जाने वाले आदिवासी नुकसान के सिवा कुछ नहीं पाते और रसीदों और दस्तावेजों, सबूतों के अभाव के बावजूद वे ऋण-राहत न्यायालयों से कहीं ज्यादा लाभ पा सकते थे। पिम्पलागड़ के सारे गोंड ऋण समाधान मंडल के समक्ष गए। एक गोंड टूकू ने 45 वर्ष पहले भीखूलाल मारवाड़ी से अपनी शादी के लिए 300 रुपए नक़द लिए थे और पूरे 3,000 रुपए चुका दिए लेकिन 1930 में अभी भी भीखूलाल के पास उसके खेत 4,000 रुपए के लिए गिरवी रखे हुए हैं जिसे उसने बाजीराव पटेल को हस्तांतरित कर दिया है। टूकू ऋण समाधान निकाय के पास गया और अब उसे 13 वर्षों तक 30 रुपए की वार्षिक किश्त देनी है। इन किश्तों को देने के लिए उसका एक लड़का बिना मज़दूरी लिए बाजीराव की 13 वर्षों तक *सलदार* (खेत मजदूर) के रूप में सेवा करेगा, लेकिन बाजीराव ने लिखित में यह दिखाने वाला कि किश्तों का भुगतान हो चुका है कुछ भी नहीं दिया है। निश्चित की हुई किश्तें इतनी ऊँची होती हैं कि वे ऋणी के किसी पारिवारिक सदस्य द्वारा ऋणदाता की सेवा करने पर ही पूरी की जा सकती हैं। सतनूर में दो गोंड लोगों ने शिकायत की कि वे मुश्किल से ही किश्तों को दे पाते हैं क्योंकि वे काफी ज्यादा राशि की होती हैं। अभी तक कोई गोंड अज्ञान और पैसे की कमी के कारण अपने मामले को प्रस्तुत करने के लिए ऋण राहत न्यायालय में नहीं गया है। लगभग सभी गोंड जो किसी भी मूल्य की ज़मीन के मालिक हैं नाउम्मीद हैं और दस्तावेजी सबूतों के अभाव में और इस तथ्य के कारण कि *साहूकार* कभी उन्हें रसीद नहीं देता है, सिविल न्यायालय में उनका जाना लाभ की जगह नुकसान करवा सकता है। मैंने कार्यकारी दबाव डालकर कुछ समाधान करवाने की कोशिशें कीं परन्तु असफल रहा क्योंकि कोई साहूकार पैसे या ज़मीन को नहीं त्याग सकता जिसे वह सोचता है कि सही समय आने पर सिविल न्यायालय की मदद से आसानी से प्राप्त कर लेगा।

"*बँधुआ मजदूरी और विवाह*—तालुक के आदिवासियों के बीच विवाह के लिए और

थोड़ी मात्रा में ऋण चुकाने के लिए नक़द ऋण प्राप्त करने के लिए *सलदार* के रूप में काम करना काफी प्रचलित है। एक साधारण गोंड काश्तकार या छोटे अधिभोगी को अपने विवाह के लिए लगभग 60 रुपए और *ज्वार* की दो *खाँडी* की ज़रूरत पड़ती है, यहाँ तक कि मजदूरों को भी इतने की ही जरूरत पड़ती है जबकि बड़े गोंड 150 रुपए तक खर्च कर देते हैं। सामान्यतः 60 रुपए नक़द पाने के लिए वे दो साल तक प्रायः बिना किसी लिखित *नौकरनामे* के काम करते हैं। वर-वधू द्वारा अपने सम्भावित माता-पिता की कुछ वर्षों तक सेवा करने की प्रथा अब समाप्त होती जा रही है और ज्यादातर गोंड किसी स्थानीय साहूकार की सेवा करते हैं। एक साधारण *सलदार* लगभग 40 से 60 रुपए तक वार्षिक मज़दूरी के रूप में पाता है और यदि वह इसे अनाज के रूप में लेता है तो नक़द मज़दूरी से ज्यादा पाता है। विवाह पर खर्चे विचारणीय रूप से कम हो चुके हैं। बाल-विवाह व्यावहारिक रूप से अपरिचित है और कई गोंड लोगों को विवाह करने की काफी बड़ी उम्र तक प्रतीक्षा करनी पड़ती है क्योंकि वे आवश्यक पैसा जल्दी नहीं जुटा पाते हैं। पिम्पलागड़ के साकरी गोंड के 7 लड़के हैं जिनकी शादी करनी है और बारी के हिसाब से सबसे पहले सबसे बड़े बेटे की, और 7 भाइयों को उनमें से एक ही शादी कराने के लिए पर्याप्त पैसा जुटाने में 2 वर्ष लग जाएँगे। बँधुआ मज़दूरी की यह व्यवस्था पूर्णरूपेण खराब नहीं है क्योंकि यह गोंड लोगों को नक़द ऋण प्राप्त करने और इसे चुकाने में सक्षम करती है जो वे अन्य कहीं से नहीं कर सकते।"

207. अगला उद्धरण श्री जे.के. अटल, आई.सी.एस. की मेलाघाट तालुक में आदिवासी समस्याओं पर लिखी गई रिपोर्ट में से लिया गया है—

"कुसुमकोट में भी काफी आदिवासी अपने माता-पिता का ऋण चुकाने के लिए बँधुआ मज़दूरी में आ गए। जहाँ तक मैं जानकारी इकट्ठी कर पाया, यहाँ इस तरह के ऋण या उधार पर कोई प्रचलित ब्याज की दर नहीं है। यह पूरी तरह से धूर्त साहूकार की सनक और झक और बेचारे आदिवासी शिकार की बुद्धिमानी या मूर्खता पर निर्भर करता है। बनिया *साहूकार* सामान्य तौर पर 50 प्रतिशत से 100 प्रतिशत तक कुछ भी ब्याज लेता है जबकि पठान लोग 300 प्रतिशत तक कुछ भी ब्याज ले सकते हैं। मुझे आशंका है कि जहाँ तक आदिवासी ऋण का सवाल है, साहूकार अधिनियम द्वारा तय की गई ब्याज की अधिकतम शायद ही कभी-कभार लागू हो पाती हो। जैसे कि पहली बात तो यही है कि आदिवासी यही नहीं जानते होंगे कि उनके पास अपने ऋणदाता द्वारा 12 प्रतिशत से ज्यादा ब्याज लेने के खिलाफ कानूनी समाधान है। दूसरी बात यह कि वह जान भी ले तब भी इस डर के कारण कि उसका ऋणदाता फिर भविष्य में उसे कभी ऋण नहीं देगा या फिर किसी कपट के द्वारा उसे उसकी सारी भौतिक सम्पदाओं से बेदखल कर सकता है, वह कभी-कभार ही इसका प्रयोग करता है। भोकरबारड़ी में मैंने एक शिकायत देखी कि धरनी में एक पंजीकृत साहूकार 50 प्रतिशत ब्याज वसूल रहा था। जब मेरे सामने आदिवासी शिकायतकर्त्ता और *साहूकार* दोनों आमने-सामने आए तो अभागा आदिवासी इतना डर गया कि जान सूख गई और वह सीप के समान चुप हो गया। मैंने उसकी खुशामद की कि वह सच बोल दे पर कोई सफलता नहीं मिली। हालाँकि बाद में उसके रिश्तेदारों ने उस कारण के

बारे में मुझे आश्वस्त किया कि क्यों उसने *साहूकार* के सामने सच बोलने से मना कर दिया और वह कारण यह था कि उसके लड़के की शादी आ रही थी और वह दोबारा *साहूकार* के पास जाने की सोच रहा था; लेकिन वह अच्छी तरह जानता था कि यदि उसने *साहूकार* को बेहिसाब ब्याज उगाहने के लिए बेनकाब कर दिया तो ना तो वह कभी शादी करवा सकने लायक हो पाएगा और ना ही कभी उस गाँव में अपनी शेष ज़िन्दगी में मन की शान्ति प्राप्त करने में समर्थ हो पाएगा। यह एक तथ्य है और व्यक्तिगत तौर पर दो घटनाओं में मैं संयोग से साक्षी रहा हूँ कि ये *साहूकार* परदेशियों या पठानों को अपने नौकर के तौर पर रखते हैं जो या तो उनके ऋण पर ब्याज वसूलने के लिए या फिर गैर-कानूनी तरीके से आदिवासी ऋणियों की चल सम्पत्ति को जब्त करने का काम करते हैं। पुलिस इस बारे में सब कुछ जानती है लेकिन वह ज्यादातर इन मामलों को हाथ में नहीं लेती है क्योंकि शिकायतकर्त्ता का न्यायालय में ऋणदाता या उसके नौकरों के सामने अपनी मूल शिकायत पर टिके रहना मुश्किल होता है। आदिवासी जानते हैं कि साहूकार अपने आदमियों के साथ हमेशा उसी जगह पर रहता है जबकि पुलिस मीलों दूर हो सकती है। इसलिए वह ठीक ही सोचता है कि अगर उसने एक बार शक्तिशाली *साहूकार* को दूर कर लिया तो उसके लगातार बिना किसी गवाह और बिना पुलिस द्वारा किसी तरह का सुधार किए जाने के जो जाँच के लिए हो सकता है कई दिन तक ना आए, पिटने के मौके आते रहेंगे। यह शादी और कभी-कभी खेती के खर्चे होते हैं, जिन्हें पूरा करने के लिए एक औसत आदिवासी ऋण लेता है।"

208. इसके बाद वाला उद्धरण जो उसी क्षेत्र से सम्बन्ध रखता है, कलकत्ता विश्वविद्यालय में मानवविज्ञान के विश्वविद्यालयी प्राध्यापक डा. के.पी. चट्टोपाध्याय द्वारा मेलाधाट के कोरकू लोगों पर लिखी गई एक टिप्पणी जो उन्होंने मुझे कृपापूर्वक दी है और जिसमें उन्होंने मानवविज्ञानी नज़रिए से जाँच की है, से दिया जा रहा है :

"कोरकू लोगों के बीच शादी एक खर्चीला मामला है। औसतन लगभग 150 रुपए *गोनोम* या 'वधू-मूल्य' के रूप में देने पड़ते हैं। पूरे धूमधाम के साथ शादी के अन्य खर्चे भी अविचारणीय नहीं हैं। इस तरह की शादी को *'ब्याह'* बोला जाता है। एक साधारण तरीका जिसमें दोनों तरफ के लोगों को शादी का भोज नहीं दिया जाता है, *'लोकर'* के नाम से जाना जाता है। यह दिखाते हुए कि 'वधू-मूल्य' शादी के खर्चों का ही एक भाग है जो वधू के माता-पिता द्वारा वहन किया जाएगा, इस संस्कार के लिए *गोनोम* प्रायः काफी कम ही होता है। सेवा करके होने वाली शादी भी सामान्य है। इस तरह के व्यक्ति को उसकी वधू के घर पर *'लेमजाना'* कहा जाता है। इस तरह के मामलों में कोई *गोनोम* नहीं दिया जाता है। कोई लड़की जो किसी व्यक्ति से शादी करना चाहती है लेकिन इसमें कुछ मुश्किलें आ रही हैं तो वह उस व्यक्ति की झोंपड़ी में पीछे के दरवाजे से घुसकर और वहाँ रहकर उस व्यक्ति को शादी के लिए मजबूर कर सकती है। इसे *बोलांव* बोला जाता है। एक छोटा-सा *गोनोम* दिया जाता है और समारोह को काफी संक्षिप्त कर दिया जाता है। विधवाओं के लिए देवर-अधिकार प्रथागत है और पंचायत को इस तथ्य की सामान्य सूचना ही काफी है। इस तरह के मामले में लड़की के पिता को कोई पैसा नहीं दिया जाता है।

"यदि पत्नी किसी दूसरे व्यक्ति के साथ भाग जाए तो कोरकू को आर्थिक नुकसान काफी होता है। यह उसके लिए बहुत मुश्किल होगा कि दूसरी पत्नी के लिए पर्याप्त पैसा जुटा ले। इसीलिए इस तरह के मामले में क्षतिपूर्ति का दावा किया जाता है और प्राप्त की जाती है।

"यह बेहद मुश्किल है कि ऋण के बारे में सीधे सवाल करके कोई जानकारी प्राप्त की जा सके। हरिसाल के रेंजर और सेग्वादोह के एक रेंज-सहायक ने बताया कि गाँव वाले बाहर के लोगों से ऋण लेते हैं। पटेल, साथ ही साथ गाँव वालों ने विरोध जताया। लेकिन सभी गाँव वालों की वंशावलियों को जानकर, प्रत्येक शादी के प्रकार का निश्चित पता लगाकर और दिए गए *गोनोम* की राशि का पता लगाकर और किस प्रकार प्राप्त हुआ, पता लगाकर ऋणों के बारे में कुछ और ब्यौरा सामने आया। गाँव में कुछ निश्चित राशि का उधार देना और लेना चलता रहता है लेकिन ऐसे मामले में जहाँ दोनों पक्ष कोर्कू होते थे ऐसा कहा जाता है कि कोई ब्याज नहीं लिया जाता था। अनाज के लिए गाँव की दुकानों से छोटी अवधि का ऋण भी माँगा जाता था क्योंकि कोर्कू लोगों को डिपो में काम करने पर रोजाना मजदूरी नहीं मिलती थी लेकिन कुछ निश्चित काम देने पर भुगतान कर दिया जाता था। इससे कोर्कू लोगों को थोड़ा आर्थिक नुकसान होता था। यदि सरकारी देखरेख में अनाज-भंडार स्थापित किए जाएँ और कोर्कू मजदूरों को लकड़ी को सजावटी बनाने या काटने के लिए अग्रिम के तौर पर यह अनाज दे दिया जाए तो इससे बचा जा सकता है।

"मैंने किसी भी गाँव में सामान्य दिनों में या मेलों में शराब पीने का कोई मामला नहीं देखा। हालाँकि मेलाघाट में मेरा रुकना केवल चार सप्ताह के लिए था लेकिन मुझे कहना चाहिए कि यह संकेत करता है कि कोर्कू लोगों के बीच शराब के नशे की लत नहीं है। संथाल के जंगली गाँवों में एक महीने के काम से अन्तर दिखने लगेंगे।

भगिया व्यवस्था--कोर्कू लोगों को लड़के और लड़कियों, वयस्क पुरुषों और स्त्रियों को एक वर्ष या कई वर्षों के लिए अनुबन्ध पर नौकरों की तरह रखा जा सकता है। औरतें मालिक के घर पर रहते हुए पूर्णकालिक नौकर की तरह काम नहीं करती थीं। वे केवल दिन के समय काम करती थीं। (या देर शाम तक) और रात को घर जाती थीं। पुरुष या लड़के नौकर सामान्यतः मालिक के घर में रहते थे। हालाँकि यदि मालिक और नौकर दोनों एक ही गाँव में रहते हों तो नौकर खाना खाने या फिर खाली समय में काम करने के लिए अपने घर जा सकता था। दो वक्त के खाने और कुछ कपड़ों व एक कम्बल प्रतिवर्ष के अतिरिक्त एक नौजवान लड़के को अब 12 से 15 रु. तक जबकि एक वयस्क पुरुष को 25 से 30 रु. वार्षिक मजदूरी मिलती है।"

जब एक *भगिया* को रखा जाता है तो कुछ गाँव के बुजुर्गों (पंच के बराबर) को बुलाया जाता है और नौकर की उपस्थिति में एकत्रित लोगों को की गई व्यवस्था के बारे में सूचित किया जाता है। ठोस किस्म का एक सेर गुड़ गवाहों के लिए बनाया जाता है जो इसे खाते हैं। कोई लिखित अनुबन्ध नहीं होता है। एक व्यक्ति भगिया के तौर पर काम कर सकता है। (क) अपने लिए या अपने किसी निकट सम्बन्धी के गोनोम के लिए पैसा इकट्ठे करने और (ख) जीविका के लिए काम को छोड़कर ऋण चुकाने के लिए।

उदाहरण

(i) भाऊ का लड़का पुलुम शादी करना चाहता था। उसके छोटे भाई झोला ने उसको *गोनोम* इकट्ठा करने में मदद देने के लिए मुल्तानीधाना के दादू के लड़के कालू के लिए भगिया के तौर पर काम किया। झोला ने एक वर्ष की सेवा के 30 रु. प्राप्त किए।

(ii) नासू के लड़के ओंकार ने सेम्बादोह के पटेल भूरा के पास 25 रु. वार्षिक मजदूरी पर 100 रु. कमाने के लिए चार साल तक भगिया के रूप में काम किया जिसे उसने फुरका से शादी करने के लिए दिए।

(iii) हरिसाल के निकट करा गाँव के नानू ने बोरी गाँव के एक लोधी परसात, जो अब करा गाँव में बस गया है, से 60 रु. उधार लिए। फारू के लड़के मोतीराम की शादी नानू की बहन लच्छमी से *लेमजाना* तरीके से हुई। लेकिन उसको नानू द्वारा एक साल की सेवा में रखे जाने के बाद, मोतीराम ऋण चुकाने के लिए *भगिया* के रूप में परसात को हस्तांतरित हो गया। इस व्यक्ति परसात ने मोतीराम को भोजन के बदले प्रत्येक महीने एक मन अनाज और साथ ही तीन सेर नमक और काली मिर्च, और तीन बाल्टी भर दाल, एक कम्बल, एक धोती और एक पगड़ी वार्षिक दिया है। मजदूरी के बदले 20 का मूलधन वार्षिक तौर पर समायोजित हो जाता है।

"यदि हम मजदूरी की उचित दर के रूप में 30 रु. लेते हैं तो इस मामले में ब्याज लगभग 30 प्रतिशत वार्षिक पर आ जाती है। बताया जाता है कि इस क्षेत्र में यह दर काफी सामान्य है। 50 प्रतिशत की उच्च दर को *डेढ़ी* (डेढ़ गुना) और 100 प्रतिशत को *दूना* (दुगना) के रूप में जाना जाता है।"

209. श्री आर.सी.वी.पी. नोरोन्हा, आई.सी.एस की सौगोर जिले के रेहली तहसील के केसली क्षेत्र के आदिवासियों पर रिपोर्ट के निम्नलिखित उद्धरणों में भी बँधुआ-मज़दूरी शामिल है—

"व्यापक तौर पर कहा जाए तो मैंने आदिवासियों के दो वर्ग पाए : एक वो जो ऋण में फँसे हैं और दूसरे वो जो दिवालिया हो चुके हैं। अगर- चल पूँजी का भी मामला हो तो एक गोंड कभी भी पूँजी का मालिक नहीं बन सकता जैसे कि अगर उसके पास पैसे होंगे तो वह तब तक काम नहीं करेगा जब तक कि वे खर्च नहीं हो जाते और उसकी समय-प्राथमिकता की सोच इतनी बेतुकी है कि व्यावहारिक रूप से ब्याज की कोई भी दर स्वीकार्य हो जाती है। समय-प्राथमिकता वाली सोच को बताने के लिए यह बनियों के लिए आवश्यक है कि वो वर्तमान मौसम में वस्तु-विनियम के लिए गुड़ लाएँ। गोंड लोगों के पास पैसा नहीं होता है लेकिन बनिये उनको लगभग 2 1/2 पैसे के बराबर गुड़ देने के लिए तैयार रहते हैं जिसके लिए उसे एक दिन जितनी घास काट सकता है काटनी पड़ती है। घास की कीमत चार या पाँच आना होती है। बेशक गोंड इसे अपने आप काटकर बेच सकता है और तब वह गुड़ खरीद ले लेकिन वह ज्यादा समय तक इंतजार नहीं कर सकता है।

"इस कारण से यह अपरिहार्य है कि उसे ऋण में फँसा हुआ होना चाहिए। मैंने

अपने दौरे के दौरान कुछ आँकड़े इकट्ठे किए हैं और ज्यादा ऋण समाधान मंडल के रिकार्डों से लिए जा सकते हैं। लेकिन बहुत सारे ऐसे कारण हैं जिनके चलते उन पर बहुत ज्यादा विश्वास नहीं किया जा सकता है :

(1) गोंड और भोई लोग अपने ऋणों की हद को भी नहीं जानते हैं।

(2) ऋण समाधान मंडल के सामने केवल वे ऋण लाए जाते हैं जिनके लिए ऋणदाता के पास पहले से जमीन का कब्जा नहीं था।

(3) अगर वह जानता भी है तो सवालों की बौछार से परेशान होकर वह बताने को अनिच्छुक हो जाता है।

"हम सरकारी अधिकारियों के रूप में 'उसकी' जमीन ले लेने के कारण उससे सवाल पूछते रहे और जो कुछ वह देख सका था, कुछ भी नहीं बताया।

"मैंने सामान्य तौर पर ऋण के बारे में विचार-विमर्श करने का कदम उठाया और फिर अचानक कुछ लोगों से उनके ऋणों के बारे में कुछ पूछने लगा। मेरे पास जो आँकड़े हैं वे औसत नहीं हैं लेकिन फिर भी वे सामान्यतः प्रत्येक गाँव के प्रातिनिधिक हैं; हालाँकि मैंने उन्हें परिशिष्ट टिप्पणी कॉलम में औसत कहा है। ये दिखाते हैं कि 22 गाँवों में से 12 पर भारी बोझ है। छः गाँव दिवालिया हैं। केवल चार वित्तीय रूप से मजबूत हैं और वे भी निकट भविष्य में शायद शेष गाँवों के रास्ते पर जाएँगे।

"ग्रामीण ऋणग्रस्तता के कारणों का इतनी बार विश्लेषण किया जा चुका है कि मैं उन्हें दुहराना नहीं चाहता हूँ। मैं सिर्फ इस मामले के कुछ पहलुओं पर विचार करूँगा।

"*तकावी*—दो तथ्य काफी स्पष्ट हैं—

(क) तकावी का प्रयोग बेहद कम संख्या में कृषि-कार्यों के लिए किया गया है। प्रायः या तो बनिए का भुगतान करने—अगर वो दबाव डालता है या फिर बकाया लगान चुकाने या *खुर्क*, रोजाना की गुजर-बसर पर खर्च करता है। जो कुछ मैंने देखा है उससे मैं आदिवासियों को नकद तकावी देने के सख्त खिलाफ हूँ। उदारता में बीज-ऋण दिया जा सकता है। साधारण शिकायत है कि वितरण केन्द्र काफी दूर हैं; इसका स्वाभाविक जवाब ज्यादा वितरण-केन्द्र खोलना ही है; और यह ना तो खर्चीला है ना ही मुश्किल, बशर्ते अगर कृषि विभाग ज्यादा दौरे करने और मुश्किल दौरे (जैसे कि बारिश के मौसम में) करना चाहे।

(ख) राजकोष में तकावी की रकम और गोंड या भोई को मिलने वाली वास्तविक राशि में अन्तर बहुत ज्यादा है। मैंने इस आरोप की गम्भीरता महसूस की और साथ ही सबूत खोजने की मुश्किलें भी (अपने दम पर) समझ गया। मेरा विश्वास है कि यह सच है। आदिवासी 25 रु. पाता है और उसके नाम पर 50 रु. चढ़ाए जाते हैं और इसलिए उसे 50 रु. वापस करने पड़ते हैं। वह सिर्फ इस अन्तर को ब्याज की दरों में वृद्धि मानता है और भुगतान करता है या करने की कोशिश करता है। नकद तकावी नहीं दिया जाना चाहिए।

"*बनिया*—कोई भी आदिवासी (मैं फिर से सामान्यीकरण कर रहा हूँ) ब्याज के साथ ऋण चुकाने में समर्थ नहीं है। वह कभी भी ब्याज के कार्यकलापों को समझने में कामयाब नहीं हो पाया। वह देता है, देता है फिर देता है लेकिन इस सबके बावजूद बनिया उसके पशु, घर और जमीन को हड़प लेता है। इस क्षेत्र में भू-हस्तांतरण

अधिनियम का विस्तार एक मदद हो सकती है लेकिन बहुत बड़ी नहीं। चूँकि मैंने बनियों पर ध्यान केन्द्रित किया इसलिए जितनी बार उसने जबर्दस्ती करके काश्तकारों से समर्पण कराने के बाद जमीन लेनी चाही लेकिन उसे मिल नहीं पाई। उसे यह प्रत्यक्ष तौर पर नहीं मिल पाई। आदिवासियों के इस निर्णय द्वारा कि कोई भी गैर-आदिवासी किसी आदिवासी का उप-काश्तकार बिना राजस्व-अधिकारी की अनुमति के नहीं हो सकता, मदद की जा सकती है। इससे ऊपर लिखी गई कपटपूर्ण उप-काश्तकारियों पर रोक लग सकेगी; लेकिन (क) यह मुश्किल है कि उन्हें वास्तव में रोका जाए हालाँकि कानूनन उप-काश्तकारियाँ नहीं होंगी लेकिन मुझे विश्वास है कि आदिवासी बिना प्रतिरोध किए आसानी से बनिया द्वारा डराकर या बहकाकर उसे उपज ले जाने देंगे; और (ख) भयभीत आदिवासियों की सहायता से नकली उप-काश्तकारियाँ बनाई जा सकती हैं।

"चल पूँजी के ऋण के बिना आदिवासी नहीं रह सकते; उसे यह लेना ही पड़ेगा। यदि बनियों को उधार नहीं देना है तो राज्य को अवश्य देना चाहिए। लेकिन यदि राज्य उधार दे तो राज्य को ऐसे साधन रखने चाहिए जो यह देखे कि ऋणों का ठीक से प्रयोग किया गया है। इस जिले में आदिवासियों की संख्या काफी ज्यादा नहीं है। इस उद्देश्य के लिए वर्तमान मशीनरी लोगों को इस काम में लगाने में असमर्थ है। उदाहरण के लिए कुछ विस्तार के साथ कृषि विभाग के लिए यह सम्भव है कि वह कुछ लोगों को उपलब्ध कराएँ जिनका मुख्य कार्य यह होगा कि वे आदिवासियों के हितों की रक्षा करें। वे उप-मंडलीय अधिकारी के अन्तर्गत कार्य करेंगे जिसका कर्त्तव्य होगा कि उनकी गतिविधियों की समय-समय पर जाँच करे। मैं एक बार फिर खतरों की सम्भावनाओं के प्रति सजग हूँ; लेकिन देखरेख और उचित नियन्त्रण के साथ यह गंभीर नहीं होना चाहिए। मैं इसी तरह की कुछ कोशिश संयुक्त प्रान्त में किए जाने के बारे में जानता हूँ।

"इस क्षेत्र में बँधुआ मज़दूरी किसी भी तरह मालगुजारों के अन्तर्गत नहीं होती है; कई गाँव सर विसेसर दास डागा के अधीन और उनका सरोकार मजदूरों की सारी जरूरतों के प्रति होता है; वास्तव में यहाँ पैसा उधार नहीं दिया जाता है। दूसरी तरफ स्थानीय बनिया अपने कर्जदार से काम करवाता है जब कभी उसे मजदूर चाहिए होता है। मजदूरी 2-8-0 रु. या 3-0-0 रु. प्रतिमाह है लेकिन काम करने वाले को इसमें से कुछ नहीं मिलता है। वह एक तरह का भोजन पाता है जिसकी अतिरिक्त कीमत उसकी 'मजदूरी' में से काटी जाती है। ब्याज से शेष राशि का निपटारा कर दिया जाता है। यदि ऐसी बँधुआ मज़दूरी पूरे साल-भर कम से कम भूमिहीन लोगों को खाना उपलब्ध कराती है तो यह पूर्णरूपेण एक खराब चीज नहीं है। लेकिन यह ऐसा नहीं करती है। बनिए को मजदूरों की जरूरत तभी पड़ती है जब किसी और को भी पड़ती है और इसीलिए तब मजदूरी भी ऊँची होती है। व्यावहारिक रूप से वह मुफ्त में मजदूरी करवाता है; और मन्दी के समय में वह मजदूरों को मुक्त कर देता है, जिससे कि ऋणी वंचित हो जाता है (क) मजदूरी की प्रचलित दर (2 1/2-3 आना प्रतिदिन) और उसे बनिए से मिलने वाले खाने की लागत के अन्तर से; और (ख) मन्दी के समय में रोजगार से। लेकिन तब भी बनिए का ऐसा प्रभाव होता है कि ऋणी उसे

कोसते हुए भी काम करता रहता है। हालाँकि उनमें से कुछ कंगाल हो जाते हैं लेकिन मना करने का विचार उनको कभी नहीं आता है। अनिच्छापूर्वक मैं इसे 'ईमानदारी' कहता हूँ। जहाँ तक मैं खोज पाने में समर्थ हूँ इस तरह की बंधक-सेवा की स्थितियों को निर्धारित करने वाला कोई लिखित-अनुबन्ध नहीं होता है; ऋण के लिए हाथ में दिए जाने वाले पर्चों में बन्धक सेवा का कोई जिक्र नहीं होता है।

"पाठा का मालगुजार (एक लोधी) गाँव में भूमिहीन लोगों को काम पर रखता है लेकिन वह साल-भर जैसे-जैसे काम आता जाता है लोगों को रखता है और उधार नहीं देता है। यह हो सकता है कि वे लोग पुराने ऋणों को चुकाने के लिए काम कर रहे हों पर वे इससे इन्कार करते हैं; और मैं उन पर भरोसा कर लेता हूँ। दूसरी तरफ डोंगफरिया (लाकड़िया) का मालगुजार एक बनिया है और वह पैसे उधार देता है। ऊपर उल्लिखित बँधुआ मज़दूरी भी अस्तित्व में है किन्तु इसे उधार देने वाले टाडा बनियों जैसी बँधुआ मज़दूरी श्रेणी में डाला जाना चाहिए।

"यह महत्त्वपूर्ण है कि इस बात पर एक बार फिर ध्यान दिया जाए कि आदिवासियों के मामले में साहूकार एक आवश्यक बुराई है। उसको तब तक समाप्त नहीं किया जा सकता जब तक उसका कार्य करने वाला कोई और साधन नहीं ढूँढ़ लिया जाता है।"

210. अगला उद्धरण चन्दा जिले और उसकी अहीरी जमींदारी के माड़िया गोंड लोगों से सम्बन्ध रखता है जिनके बारे में कभी यह संकेत किया जाता था कि वे ऋण से पूरी तरह मुक्त हैं। पहला उद्धरण श्री जे.डी. केडावाला, अतिरिक्त-सहायक आयुक्त द्वारा नवम्बर, 1940 में अहीरी जमींदारी के सुदूर में उनके सघन दौरे की एक रोचक रिपोर्ट से लिया गया है, जो उसी क्षेत्र में मेरे दौरे से ठीक पहले किया गया था, और इस दौरे में मैं उनके साथ था और माड़िया ऋणियों से उनकी रिपोर्ट की प्रत्यक्ष पुष्टि भी हासिल की थी। प्रसंगवश उस दौरे में एक पहाड़ी माड़िया गाँव, बेलनगुड़ी जो वास्तव में बस्तर राज्य में है परन्तु कुवाकोड़ी के चन्दा गाँव की सीमा पर है जहाँ हमने 1940 का क्रिसमस का दिन बिताया था, में मैं एक घूमते रहने वाले कपड़े के फेरीवाले से मिला जो वास्तव में पहाड़ी माड़िया ग्राहकों को उधार में कपड़ा बेचा करता था–

"*मिरकाल क्षेत्र*–मिरकाल माड़िया लोगों से बसा हुआ है, मुझे उनकी वित्तीय और सामाजिक परिस्थितियों को जानने का मौका मिला; सागनगट्टा और कासमपल्ली गाँववालों ने भी मुझे उनकी परिस्थितियों के बारे में बताया। लोगों की वित्तीय स्थिति सन्तोषजनक नहीं थी। कई लोगों पर ऋण था जिसके ब्यौरे के लिए वे पूरी तरह से अपने साहूकार के शब्दों पर निर्भर थे। इस क्षेत्र के प्रमुख साहूकार अहीरी और राजाराम में रहते थे। नकद ऋण बहुत कम लोगों द्वारा लिया जाता था। सागनगट्टा के बड़का माड़िया के लड़के, माडा जिसने कोई दस या बारह साल पहले एक शादी के लिए लगभग रु. 20 उधार लिए थे, ने बताया कि उसके साहूकार ने उसे बताया है कि अब उसे रु. 100 का भुगतान करना है।

माडा ने जोड़ा कि वह अपने *साहूकार* को समय-समय पर उदारता के साथ भुगतान करता रहा था और कभी-कभार फसल के लिए बीज उधार लेता रहा था। उसे वसूले जाने वाले ब्याज की दर या अपने ऋणदाता, जो राजाराम में रहता है, द्वारा माँगे

जाने वाले रुपए 100 के हिसाब के विवरण के बारे में कुछ पता नहीं है। केसू माड़िया के लड़के कोरके ने बताया कि वह अहीरी के चिनवार पोशट्टी का ऋणी है। वह अपने ऋण का कोई विवरण नहीं दे सकता और उसने कहा कि उसका साहूकार इतना दयालु है वह जो भी वार्षिक रूप से देता है ले लेता है और इस तरह वह कई वर्षों से भुगतान करता आ रहा है। सागनगट्टा के अल्लनपैया गोंड ने अहीरी के पादल नारायन कलार से कोई 20 वर्ष पहले 40 रुपए उधार लिए और उसने बताया कि उसके साहूकार ने उसे बताया है कि अब उसे 100 रुपए देने हैं; उसने जोड़ा कि वह कई बार अपने साहूकार को छोटी-छोटी राशियाँ दे चुका है और साथ ही एक बैल और एक गाय भी दे चुका है। उसने इस पर ध्यान दिलाया कि उसका साहूकार उसे कभी नहीं बताता है कि शेष राशि कैसे आई; वह सोचता था कि भारी ब्याज की दर वह सम्भावित कारण को सकता है जिसके चलते उसे तब तक इतना धन चुकाना पड़ा था। वास्तव में उसने पैसा शादी के लिए उधार लिया था। जैसे कि अहीरी और राजाराम के साहूकार जो बीज-ऋणों को अगली फ़सल पर 25 प्रतिशत ब्याज की शर्त पर उधार देते हैं; यदि पहली फ़सल पर काश्तकार चूक जाता है तो उसे अगली फ़सल पर 50 प्रतिशत ज़्यादा देना पड़ता है। इस बात का ज़्यादा मतलब नहीं है कि फ़सल ठीक न होने के कारण ऋणी की ग़लती को ब्याज लगाते समय साहूकार द्वारा ध्यान में रखा जाता है और यह केवल तभी होता है जब ऋणी जुर्माने के रूप में ब्याज देने के लिए तैयार हो जाता है कि उसे अगली फ़सल तक पुनर्भुगतान का समय दे दिया जाता है। यह देखा जाएगा कि क्षेत्र में ऋण सुविधाएँ निश्चित रूप से काफी खराब और असन्तोषजनक हैं; औसत माड़िया आदिवासी अज्ञानी है और अपने अनैतिक *साहूकार* की दया पर आश्रित है।

"इस क्षेत्र के अल्लापिल्ली और अहीरी से बहुत दूर न होने से यहाँ का एक औसत माड़िया आदिवासी हिन्दू संस्कृति से प्रभावित है। मैंने उनमें से कुछ को कोट और कमीज़ पहने हुए देखा जो प्रायः वे या तो अहीरी बाज़ार या फिर घूमने वाले फेरीवालों से खरीदते हैं।

"*वटेली क्षेत्र*—वटेली में मेरे शिविर पर इकट्ठा होने वाले कई गाँवों के असंख्य महार आदिवासियों से क्षेत्र की दिक्कतों के बारे में पूछताछ करना कुछ मुश्किल नहीं था। यह सच है कि केवल कुछ सीमित लोग ही साहूकार से नक़द उधार माँगते हैं। हालाँकि उनमें से ज्यादातर के पास अपने साहूकारों, जो या तो कलार होते हैं या फिर अन्य हिन्दू, का भुगतान करने के लिए छोटे बीज-ऋण ही होते हैं। यदि भुगतान तय समय पर कर दिया तो बीज-ऋणों पर वसूले जाने वाले ब्याज की दर 25 से लेकर 50 प्रतिशत तक होती है। हालाँकि चूक होने की दशा में ब्याज 100 तक ऊपर भी जा सकता है। प्रायः नक़द ऋणों पर ब्याज कई प्रकार से वसूला जाता है जैसे कि उधार लेने वाले को अपने साहूकार को जब तक वह उधार ली गई राशि को वापस नहीं लौटा देता तब तक उसे वार्षिक रूप से अनाज की एक निश्चित मात्रा देनी होती है। कुछ मामलों में 5 रु. या 10 रु. के छोटे ऋणों पर साहूकार को स्थायी रूप से ब्याज पाते हुए भी देखा गया है। खंडनवाड़ी के फारका के पुत्र, बान्दे ने अहीरी के बरलू कलार से चार साल पहले 10 रुपए उधार लिए। उसने बताया कि पहले और

दूसरे साल उसने हर बार अनाज की दो *खाँडी* ब्याज के रूप में दी लेकिन आखिरी साल उसकी फ़सल खराब हो गई और वह कुछ भी भुगतान नहीं कर पाया। वह इस वर्ष भी कुछ दे पाने में असमर्थ होगा और अब भरोसा नहीं है कि अगले साल *साहूकार* उससे धान की 8 या 10 खाँडी माँग लेगा। पोख्त के इरपा के लड़के विजया ने इन्द्रम के अरकनपल्ली रमैया से 6 वर्ष पहले 5 रु. उधार लिए लेकिन काफी समय तक चुकाया नहीं और फिर माड़िया बुजुर्ग का मत था कि अब वह बर्बाद इन्सान है, क्योंकि साहूकार का दावा अत्यधिक बढ़ गया है। उन्होंने बताया कि यदि विजया अपनी ज़िन्दगीभर में ऋण चुका पाने में असमर्थ हुआ तो उसके बेटे इसे चुकाने के लिए नैतिक रूप से बाध्य हो जाएँगे। इराक डुम्मे के बानी के लड़के बोदी ने इली के साहूकार लक्ष्मीनारायण से दस वर्ष पहले अपनी शादी के 20 रु. उधार लिए थे। अब तक वह साहूकार को 4 1/2 *खाँडी* धान दे चुका है, लेकिन अभी तक मूल ऋण को चुका पाने में समर्थ नहीं हुआ है और उसे पता नहीं कि ब्याज के लिए साहूकार अनाज की कितनी अतिरिक्त मात्रा माँग लेगा। वाटन-फूँदी के अन्सी के लड़के मासा ने अहीरी के राजमोबाद से छः या सात वर्ष पहले 12 रु. उधार लिए थे। उसने कहा कि वह ऋण चुकाने में सफल हुआ लेकिन अभी भी उसे ब्याज के रूप में अनाज की छः *खाँड़ी* देनी हैं। उसके अनुसार यदि वह आखिरी साल में अनाज दे पाने में असमर्थ हुआ तो उसे अभी के मुकाबले काफी ज्यादा देना होगा क्योंकि ब्याज की दर दुगुनी हो जाएगी।

"देखने पर पता चलेगा कि इस क्षेत्र में छोटे ऋण देने के लिए खासकर बीज-ऋण माड़िया लोगों को देने के लिए एक एजेन्सी की वास्तविक आवश्यकता है। इस मान्यता के साथ कि ज़मींदार को अपने काश्तकारों की जरूरतों को देखना चाहिए, ज़मींदारी क्षेत्रों में यदा-कदा ही तकावी दिया जाता है। हालाँकि मैं अब तक किसी भी ऐसे काश्तकार से नहीं मिला हूँ जिसे ज़मींदार द्वारा ऋण पर बीजों की आपूर्ति की गई हो। तथ्य यह है कि अहीरी, इछली और कुछ अन्य केन्द्रों पर माड़िया लोगों के एकमात्र ऋणदाता कलार ही दिखाई पड़ते हैं और उनकी शर्तें सामान्यतः भौंचक कर देने वाली हैं। एक औसत माड़िया ऋण-समाधान और ऋण-राहत कानून के बारे में जानने के हिसाब से काफी अज्ञानी होता है और वास्तव में कुछ मामलों में जहाँ मैंने उन्हें इन सुविधाओं के बारे में बताने की कोशिश की, मैं यह देखकर हैरान रह गया कि वे ज्यादा प्रभावित नहीं हुए; वास्तव में एक बुजुर्ग ने तो यहाँ तक कहा कि यदि उनमें से कोई उधार लेता है तो वह और उसके उत्तराधिकारी उस ऋण को चुकाने के लिए बाध्य हैं और ऋण समाप्त किए जाने का विचार उसे ज्यादा अपील करता नज़र नहीं आया। इसलिए स्वाभाविक ही है कि ऐसे सरल व साधारण लोगों के बीच ही साहूकारों का एक खुशनुमा शिकारगाह है।"

* * *

"*भामरागढ़-लाहिड़ी क्षेत्र*—भामरागढ़ के उत्तर और पश्चिम में 10 से 15 मील के घेरे वाले क्षेत्र में ना सिर्फ माड़िया बल्कि गोंड और तेली भी रहते हैं। वे छः महत्त्वपूर्ण गाँव जिनमें तेली लोगों का प्रभाव ज्यादा है—मल्लमपुदूर, लाहिड़ी, कूकामेटा, दोदराई,

आरेवाड़ा और मिदादापल्ली हैं। कुछ तेली काफी सम्पन्न हैं और बहुत सम्मान के साथ *साहूकार* बोले जाते हैं।

"हालाँकि तेली वित्तीय रूप से काफी सम्पन्न होते हैं लेकिन माड़िया और गोंड मेरे द्वारा दौरे किए जा चुके पूर्वी क्षेत्रों के अपने बँधुओं से ज्यादा अच्छी हालत में नहीं होते हैं; वे छोटे बीज-ऋणों को लेकर साहूकारों के पंजों में फँस जाते हैं। यहाँ इन बीज-ऋणों का चुकाया जाना भी लगभग नामुमकिन दिखाई पड़ता है। हिन्दवाड़ा के कुमारम दासरू और विन्का गट्टे ने कई साल पहले संयुक्त रूप से खाने के लिए धान के आठ *कुरो* लिए थे। वे *साहूकार* को धान के 32 *कुरो* और एक बैल दे चुके हैं और उन्हें कहा गया है कि उन्हें समय पर ब्याज चुकाना है और ऋण भी बढ़ गया है। हिन्दवाड़ा के जंगालू माड़िया के बेटे दासरू ने बकाया लगान चुकाने के लिए तीन वर्ष पहले रु. 20 उधार लिया था। उसके *साहूकार* अहीरी के नयन पोदालवार कलार द्वारा वसूला जाने वाला ब्याज एक रुपया और धान की दस *पैली* वार्षिक तय हुआ था। वह अपना ऋण पूरी तरह से चुका पाने में समर्थ नहीं हो पाया और उसने बताया कि अब वह अपने *साहूकार* को धान की छः *कुरो* और दो *पैली* वार्षिक दे रहा है। हिन्दवाड़ा के लछद्दहमा गोंड के बेटे दोड़के मुकद्दम ने खाने के लिए कई वर्ष पहले धान का एक *गुड्डा* (आठ कुरो) उधार लिया था; वह अपने साहूकार को रु. दो नकद और एक बकरी दे चुका है और अभी धान के 20 गुड्डा (160 करो) शेष का दावा किया गया है। लालू गोंड के बेटे साधमकी तानु ने इछली के सम्भैया कलार से दस वर्ष पहले लगान चुकाने के लिए रुपए 7 उधार लिए थे; वह रुपए 5-8 रुपए नक़द और धान के 15 *गुड्डा (120 कुरो)* का भुगतान कर चुका है; और उसे रुपए 1-8-0 नक़द और धान के पाँच *गुड्डों* का भुगतान अभी करना है।

"हिन्दवाड़ा में मुझे बताया गया कि साहूकार आदतन अपने ऋणों के भुगतान के लिए गाँव वालों का शोषण करते हैं। ऋण सुरक्षा अधिनियम के अन्तर्गत अब यह एक संज्ञेय अपराध है और मामले को पुलिस के जिला सुपरिंटेन्डेन्ट की जानकारी में लाया जाना चाहिए ताकि दौरा करने वाले पुलिस अधिकारियों को, जब वे इस क्षेत्र के दौरे पर हों तो मामले को देखने और इन अनैतिक साहूकारों के खिलाफ कार्यवाही करने के लिए कहा जा सके। एक नासमझ माड़िया या गोंड आदिवासी से यह आशा नहीं की जा सकती है कि वह 50 मील या इससे ज्यादा दूर ईटापल्ली के पुलिस थाने में साहूकारों द्वारा अपने उत्पीड़न की शिकायत करने के लिए जाएगा।

*　　　*　　　*

कुवाकोड़ी पहाड़ी माड़िया क्षेत्र—पैदावार का प्रबन्धन कैसे किया जाता है इसका संक्षेप में वर्णन इस प्रकार है—

"कई गाँव वालों द्वारा गैता की अनुमति से प्रत्येक *पेन्डा* को काटा जाता है और प्रत्येक द्वारा काटे गए हिस्से पर कच्चे निशान लगा दिए जाते हैं। मदद देने को तैयार गाँव वालों की मदद ली जाती है और फ़सल होने पर इसे अलग-अलग हिस्सेदारों में बाँट दिया जाता है; वे लोग जिन्होंने *पेन्डा* कटवाने में मदद की थी, को भी फ़सल का हिस्सा दिया जाता है। कुछ मामलों में *पेन्डा* के कुछ उत्पादों को बुजुर्गों के बीच

और गैता को जिन्होंने पेन्डा को कटवाने में उसकी देखरेख करने और फसल के लिए बाड़ लगाने में मदद की थी, के बीच बाँट दिया जाता है। बूढ़े और क्षीण गाँववालों को भी उनके भरण-पोषण के लिए पर्याप्त हिस्सा दे दिया जाता है। अपने सम्पूर्ण गाँव के लिए *गैता कामदार* को भुगतान करता है और विभिन्न *पेन्डों* से इस उद्देश्य के लिए एक मिलता-जुलता हिस्सा ले लेता है। इस प्रकार से एक पहाड़ी माड़िया गाँव सहकारिता के सिद्धान्तों पर चलने वाली एक अनोखी संस्था होती है और यह आश्चर्यजनक है कि ये लोग किस प्रकार इतनी दूर पहाड़ियों में रहते हैं और शेष सभ्य दुनिया से कटे हुए किस प्रकार इतने विलक्षण तरीके से आपस में प्रबन्ध कर लेते है।

"यह जानना उत्साहजनक था कि साधारणतया पहाड़ी माड़िया लोग किसी के ऋणी नहीं होते हैं। यह बहुत कम होता है कि कामदार की माँग को पूरा करने के लिए गाँव का *गैता* नीचे मैदान के तेली *साहूकार* से पैसा उधार लाता हो। हालाँकि वे ऋण को जल्दी चुकाने के इच्छुक होते हैं और उनसे सामान्यतः कपटपूर्ण ब्याज दरें ली जाती हैं तब भी वे लगभग एक या दो वर्षों में ऋण चुकाने काबिल हो जाते हैं मुख्यतः इसलिए क्योंकि सम्पूर्ण तौर पर गाँव इस ऋण को गाँव के ऋण के रूप में देखता है। हालाँकि मैंने ऊपर बताए विभिन्न गाँव वालों की अनौपचारिक बैठक में एकत्रित हुए 50 माड़िया लोगों से पूछने पर भी मैंने किसी पुराने ऋण के बारे में नहीं सुना। उन्होंने यह भी कहा कि उनके जिले का कोई भी व्यक्ति ऋणग्रस्त नहीं है।

"इस तरह अभी तक पहाड़ी माड़िया लोग साहूकारों के पंजों में नहीं फँसे हैं लेकिन तब भी साहूकारों ने मैदानों के माड़िया लोगों, जो पहाड़ों से बहुत दूर नहीं हैं, के बीच अपने-आपको मज़बूती से स्थापित कर लिया है। उनकी वर्तमान सामाजिक एवं आर्थिक ग्रामीण एकता को प्रोत्साहित करके इन पहाड़ी माड़िया लोगों की वित्तीय स्वतन्त्रता को सुरक्षित करना हमारे मुख्य उद्देश्यों में से एक होना चाहिए।"

* * *

"*आरेवाड़ा क्षेत्र*—दो साहूकारों वाला आरेवाड़ा एक काफी बड़ा गाँव है। खेतिहरों द्वारा साहूकारों से लिए गए ऋणों के बारे में पूछताछ करना कोई आसान काम नहीं है। उनको लगता है कि उनका अनैतिक तरीका सामने आ जाएगा और वे टालमटोल वाले जवाब देने लगते हैं। मेंगा साऊ, तेली के लड़के श्रीकन्ना ने मुझे 1939-40 के दौरान लिए गए 21 बीज-ऋणों का विवरण दिखाया, जिसमें से सात शादी के लिए और बाकी बकाया लगान चुकाने के लिए थे। सभी ऋणों को नक़द लिया गया था। सबसे बड़ा ऋण शादी के लिए रुपए 28 का और सबसे छोटा ऋण (लगान के लिए) रुपए 3 का था। उसके अनुसार उसकी कोई नियमित ब्याज की दर नहीं है लेकिन उसके विभिन्न ग्राहकों के लिए दरें अस्थिर रूप से तय की जाती हैं। यहाँ तक कि सबसे छोटे ऋण पर भी धान का *कुरो* या *कोसरी* का वार्षिक ब्याज साधारणतया वसूला जाता है।

"भीके साऊ, तेली के लड़के राव जी ने एक विवरण दिया कि उन्होंने 1939-40 के दौरान छः ऋण लिए जिसमें से एक शादी के लिए और अन्य लगान के भुगतान हेतु लिए गए थे। उसने अन्य *साहूकारों* के समान ब्याज की दर वसूली।

"मैंने अपने शिविर पर एकत्रित हुए विभिन्न गाँवों के लोगों से उनके ऋणों के बारे में सवाल पूछे। उनमें से कइयों पर छोटे ऋण थे लेकिन वे उनके बारे में या अपने साहूकार को दी जाने वाली अनाज की मात्रा के बारे में कोई जानकारी नहीं दे पाए। उन्होंने बताया कि जब कभी भी उनकी अच्छी फ़सल होती है वे कुछ भुट्टे अपने सादा साहूकार को ब्याज के रूप में दे आते हैं और शेष के बारे में ना तो *साहूकार* उन्हें सूचित करता है, न ही वे इसके बारे में चिन्तित होते हैं। एक सामान्य बोध था कि काश्तकारों को जो भी *साहूकार* माँगे, दे देना चाहिए। कुछ मामलों में उधार लेने वालों को समय-समय पर छोटी राशियाँ दी गईं, और कुछ वर्षों के बाद बताया गया कि उन्हें एक निश्चित रकम अदा करनी है। कोई विरोध नहीं किया जाता है और हालाँकि ऋणी ऋण का भुगतान नहीं कर पाता है पर वह कृतज्ञता महसूस करता है कि उस पर *साहूकार* मूल धन लौटाने के लिए दबाव नहीं डाल रहा है जब तक वह उसे उदारतापूर्वक वार्षिक ब्याज देता रहता है।

*   *   *

''*इछली क्षेत्र*—यहाँ के लोगों की वित्तीय स्थिति किसी भी तरह सन्तोषजनक नहीं है। ऋणग्रस्तता सिर्फ आदिवासियों में ही नहीं बल्कि अन्य जातियों में भी है। लोगों से उनके ऋणों के बारे में पूछते हुए एक अत्यधिक रोचक आश्चर्यचकित कर देने वाला मामला मेरी जानकारी में आया। बामनपल्ली के जादी कापेवर के लच्छया के पुत्र भच्छया ने भरमपट्टी के भिनागुड़ा कलार से दो वर्ष पहले शादी के लिए 100 रुपए उधार लिया। ब्याज की दर प्रति रुपया धान का एक कुरो थी; दूसरे शब्दों में भच्छया को अपने साहूकार को ब्याज के रूप में प्रतिवर्ष धान के 100 कुरो देने थे। उसने अपने साहूकार को ब्याज की पहली किश्त के रूप में धान से भरे दो ठेले दे दिए। वह एक बहुत बड़ा काश्तकार नहीं था लेकिन अब उसे एक सामान्य वर्ष में अपने साहूकार को 100 कुरो देने पड़ते हैं।

"यहाँ और भी विस्मित कर देने वाली घटनाएँ हुई हैं। मन्नीराजाराम के बोस्का, गोंड के लड़के किया ने अपने भरण-पोषण के लिए कई वर्ष पहले 10 रुपए और धान के 16 *कुरो* लिए थे। वह कई वर्षों से धान की दो *खाँड़ी* प्रतिवर्ष देता आ रहा था और नहीं जानता था कि अभी कितना और देना है। उसी गाँव के कुटका, गोंड के लड़के सोम्या ने बताया कि उसने कुछ वर्ष पहले अपने *साहूकार* से अनाज लिया था लेकिन अभी भी उसे बकाया मात्रा की जानकारी नहीं है हालाँकि वह प्रतिवर्ष जितना भुट्टा बचाता है उतना ब्याज के रूप में अपने साहूकार को दे देता है। किस्ता कापेवाड़ के पिता का लड़का पल्ली मोचिया ने कुछ साल पहले कुछ पैसे उधार लिए थे और पल्ली कहता है कि उसे नहीं पता कि उसे अब कितने पैसे चुकाने हैं लेकिन वह अपने साहूकार को साल-दर-साल अनाज दे रहा है। उसके द्वारा दी गई आखिरी किश्त दो साल पहले धान के 16 *कुरो* थी।

*   *   *

"लोगों की मुख्य शिकायत *जलापोढ़* के बारे में है। इनमें से एक ने कहा, 'हमें जलापोढ़

की जरूरत फायदे के लिए नहीं बल्कि हमारी जिन्दगी बचाने के लिए है'। उन्होंने तर्क दिया कि यदि *जलापोढ़* को एक तर्कसंगत ढंग से अनुमति दी जाए तो वे गिरावट या अनियमित बारिश के सालों में भी पर्याप्त मक्का उत्पादित करने में सक्षम हो सकते हैं। लोगों ने बताया कि *जलापोढ़* उपज के पुराने दिनों में वे प्रायः एक खेत को दो साल तक उपजाते थे और पाँच या छः वर्षों के लिए छोड़ देते थे, जिसके दौरान उनके लिए पर्याप्त रूप से काटने और जलाने के लिए छोटी अवधि की *पलाश* और अन्य वन्य-उपज काफी ज्यादा पैदा हो जाती है।"

* * *

211. माड़िया गाँवों में स्थितियों का यह वर्णन विशिष्ट रुचि पैदा करता है क्योंकि यह दिखाता है कि *वेनर* उपज, जिसे यहाँ *जलापोढ़* या *पोढ़* कहा जाता है, के उन्मूलन की रेलगाड़ी पर बैठकर *साहूकार* आ रहा है। हम यहाँ पर शायद प्रान्त के सबसे ज्यादा आदिम और सबसे कम नष्ट आदिवासी क्षेत्रों पर विचार कर रहे हैं। इस उद्धरण को श्री सी.सी. देसाई, आई.सी.एस. द्वारा स्थापित, जब वे 1935 में उपायुक्त थे, स्वैच्छिक ऋण समाधान मांडलों के कामों के साथ मिलाकर पढ़ा जा सकता है; इस काम में अहीरी के ज़मींदार, श्री धर्मराव भुजंग राव, एम.एल.ए. द्वारा जो खुद एक गोंड हैं, सबसे महत्त्वपूर्ण सहायता दी गई थी। श्री देसाई फरवरी 1936 में लिखते हुए बताते हैं कि ऋणदाताओं, साहूकारों व माड़िया लोगों के बीच ज्यादातर अनाज का लेनदेन था क्योंकि माड़िया लोग अभी भी काफी पिछड़े थे कि वे नकद की बजाय विनिमय के ज्यादा आदी थे और अपने कपड़ों, नमक, तम्बाकू, शराब और किराये के बैलों की जरूरतों को अनाज द्वारा भुगतान करके पूरी करते थे। समाधान की कार्यवाहियों ने संकेत किया कि माड़िया लोगों को *साहूकारों* और अहीरी एवं अल्लापिल्ली के अनाज-व्यापारियों के धोखे से बचाने के लिए विभिन्न केन्द्रों पर खाद्यान्न-विनिमय डिपो बनाने की जरूरत है। तब ज़मींदार अहीरी और ज़मींदार के अन्य केन्द्रों पर एक डिपो खोलने के लिए तैयार हो गए, लेकिन लगता है ये अनुशंसा भी आँखों से ओझल हो चुकी है। किसी मामले में यह भी सम्भावित है कि कम-से-कम शुरुआत करने के लिए ही सही ऐसे खाद्यान्न डिपो सरकारी प्रबन्धन के अन्तर्गत ही होने चाहिए। स्वैच्छिक ऋण समाधान मांडलों के काम करने पर श्री एन.एस. वर्मा की अन्तिम रिपोर्ट बताती है कि पहले-पहल जब मंडल ने काम करना शुरू किया था तो यह बहुत मुश्किल था कि किसी माड़िया आदिवासी से आवेदन प्राप्त हो; इसके विपरीत मंडल को शुरुआत में ऋणियों के अँगूठे के निशानों के साथ प्रार्थनापत्रों का एक पुलिंदा मिला जिसमें प्रार्थना की गई थी कि उनके और ऋणदाताओं के बीच में बाधा न डाली जाए अन्यथा भविष्य में उनके लिए ऋण प्राप्त करना बेहद मुश्किल हो जाएगा। अन्त में मंडल ने स्थिर रहकर 778 प्रार्थनापत्रों को प्राप्त किया। एक और आगे की मुश्किल थी कि साहूकारों की मातृभाषा तेलुगू थी जबकि कई ऋणी सिर्फ माड़िया गोंडी बोलते थे और मंडल के सदस्यों में सिर्फ ज़मींदार ही गोंडी जानते थे। रिपोर्ट में विशिष्ट ऋणों के कुछ उदाहरण दिए गए हैं। यहाँ दो खास उदाहरण दिए जा रहे हैं–

"(1) केस संख्या 410 इन्द्रम के आएन्चा नवैया बनाम कोरेली के डोबा बीजा माड़िया के मामले में आएन्चा ने डोबा को 16 साल पहले एक बैल किराये पर दिया था। इसके लिए धान के दो *गिट्टा* या रुपए 4 का सामान्य शुल्क वसूला गया था।

ऋणी पिछले 12 सालों से धान की एक *खाँडी* या 5 रुपए देता आ रहा था। तब 1932 में हिसाब की जाँच की गई और तब भी माड़िया ने पाया कि उसे ऋणदाता को धान की 140 *खाँडी* (रुपए 700) देने हैं। 50 प्रतिशत चक्रवृद्धि वार्षिक दर के अतिरिक्त ब्याज के साथ अब ऋणदाता का दावा 464 *खाँडी* या रुपए 2,320 की बेहिसाब राशि तक पहुँच गया है, जो एक बैल को किराये पर लेने की ऊँची कीमत से वास्तव में कहीं ज्यादा है। नये वायसराय लार्ड लिनलिथगो ने दिल्ली की रैयतों के फायदे के लिए खरीदे गए दो इनामी बैलों के लिए प्रत्येक के मात्र रुपए 400 दिए हैं।

(2) केस संख्या, 271, नेहन के बुबया माड़िया ने इन्द्रम के रमैय्या साहूकार से शताब्दी के ठीक एक चौथाई पहले धान के आठ गिद्धा या रुपए 16 उधार लिए थे। बुबया के पिता गत वर्ष मर गए और ऐसा कहा जाता है कि साहूकार को सब कुछ यानि *21 खाँडी* और धान के 270 *गिद्धा,* सात बैल और रुपए 750 की सम्पत्ति दे गए थे।

इनमें से ऋणदाता ने अपने आप स्वीकारा कि 270 *गिद्धा* और दो बैल या रुपए 600 [illegible] सामान प्राप्त हुआ। ऋणदाताओं के इस स्वर्ग में एक अभागे पिता का पुत्र, बुबया माड़िया [illegible] अभी भी इन्द्रम के रामैय्या साहूकार को कम-से-कम 130 *गिद्धा* या रुपए 260 का धान [illegible]ा है।"

ऐसा व्यवहार माड़िया ऋणियों तक ही सीमित नहीं है बल्कि ऋणदाताओं और अच्छी [illegible]ुगू खेतिहर जातियों जैसे कापेवाड़ के सदस्यों के साथ लेन-देनों के भी इसी तरह के मामले [illegible]ोर्ट में उद्धृत किए गए हैं। इन तेलुगू ऋणदाताओं द्वारा 50 प्रतिशत चक्रवृद्धि ब्याज पर [illegible]ाना करने के बावजूद इनके द्वारा लिखी गई ऋणों की अलग-अलग संख्याओं पर भी रिपोर्ट [illegible]प्पणी करती है। यहाँ एक मामला हुआ जिसमें इछली के कापेवाड़ ने कुछ साल पहले एक [illegible]दी का इंतजाम करने के लिए रुपए 32 उधार लिए थे और रुपए 20 वापस कर दिए [illegible]केन इछली के साहूकार की किताबों में उसकी तरफ़ अभी रुपए 17,519 बकाया दिखाया [illegible] है। रिपोर्ट बताती है कि *साहूकार* भलीभाँति जानते हैं कि औसत ऋणी की क्षमता रुपए [illegible] से ज्यादा की नहीं है तब भी वे एक बचकानी खुशी के लिए अपने हिसाब को विशाल [illegible]ायों तक फैला देते हैं जिसे वो अपने सबसे प्यारे सपने में भी पाने की उम्मीद नहीं कर [illegible]ते हैं। नतीजा यह होता है कि *साहूकार* के दावों में अत्यन्त घटोत्तरी होती है; 472 मामलों [illegible] *साहूकार* का दावा 2,33,300 रुपए था लेकिन पक्षों की सहमति से यह रुपए 7,286 या [illegible]भग 3 प्रतिशत पर आ गया और दो से लेकर छह तक की संख्या में किश्तें ऋणी के [illegible]िक वास्तविक किराये के लगभग औसतन 1.25 गुना पर निश्चित हुई। हालाँकि दुर्भाग्य [illegible]कार्यवाही स्वैच्छिक थी और यह ऋण के वैकल्पिक साधनों के प्रावधानों द्वारा पूरी नहीं [illegible] गई; ना ही *साहूकारों* की गतिविधियों को नियमित करने या रोकने के लिए कुछ किया [illegible]। इसीलिए यह ज्यादा आश्चर्यजनक नहीं है कि श्री जे.डी. केड़ावाला ने अपने चार साल [illegible] वाले दौरे में बहुत सारे ऋण पाए और उनकी रिपोर्ट में भूतपूर्व ऋण समाधान मंडल के [illegible] करने का कोई उल्लेख नहीं है।

212. आखिरी दो उद्धरण सामान्य तौर पर ऋणों का वर्णन करते हैं और [illegible]वासियों की आर्थिक स्थिति मेसर्स आर.सी.वी.पी. नोरोन्हा, आई.सी.एस. और के.बी.

लाल, आई.सी.एस. की कोर्ट ऑफ वार्ड्स के अन्तर्गत रायपुर ज़मींदारी में पैराग्राफ 19 से 31 और 46 से 50 तक दिखाई गई है; बीच में पड़ने वाले पैराग्राफ पहले ही पैराग्राफ 94 में रायपुर ज़िले में भूमि के नुकसान पर टिप्पणियों में उद्धृत की जा चुकी हैं।

सामान्य आर्थिक स्थिति

"19. प्रमुख खाद्य-अनाज-चावल है जो समतल क्षेत्र में 10-15 गुना और ज्यादा टूटे जंगल क्षेत्रों में 5-8 गुना आता है। नक़दी फ़सलें तिल, सरसों, अलसी और बाजरा है जिसे माड़िया या गोतो* भी कहते हैं।

"20. आदिवासी खेतिहर का मूल तरीका अपनी *दही* ज़मीन पर *हरूना धान* बोते रहना ही मालूम पड़ेगा। इसे अगस्त में बोया गया। इनमें से कुछ *कोछो (कोसना)* के साथ जुलाई में बोया गया था। साधारण खेतों में *'माई'* धान बोया गया था; गर्म मौसम के लगभग एक महीने वह *महुआ* व *शिकार* पर जीवित रहा। यह 30 साल पहले था; श्री नोरोन्हा ने यही कहानी सुआरमाड़, कौड़िया और नवाँगढ़ में सुनी और यह सच प्रतीत होती है। यह स्पष्ट है कि इस योजना में *खवाई*** ऋणों की ज़रूरत नहीं पड़ेगी। कोई सन्देह नहीं बचा है लेकिन हमें लगता है कि ये आंशिक रूप से ऋण देने वालों की अनुपस्थिति के कारण हुआ है।

"21. जहाँ तक गोंड और भुंजिया लोगों का सवाल है अब *दही* को रोक दिया गया है और पैदावार घट गई है (दही 25-40 गुना पैदा करता है)। संचार के बेहतर साधन ऋण देने वालों को ले आए हैं। आदिवासी ऋणग्रस्त हैं और उनकी ऋणग्रस्तता समय के साथ बढ़नी तय है।

"22. नीचे सिहावा क्षेत्र (धमतरी तहसील) के एक विशिष्ट सुदृढ़ गोंड का बजट दिया जा रहा है। उसके पास 35 एकड़ अधिभोगी ज़मीन है—

	रुपया	आना	पैसा	
आय—				
उत्पादन 80 खाँडी				
4 एकड़ के लिए उप-लगान	0	6	8	3¼ खाँडी
व्यय—				
लगान	10	8	0	5¼ खाँडी
खवाई (लागत और नौकरों के साथ)	2 (गाड़ा†)			40 खाँड़ी
बीज और ब्याज				17 खाँडी
कपड़ा	16	0	0	7½ खाँडी
नमक, सब्जियाँ आदि	15	0	0	7¼ खाँडी
	कुल			**77 खाँडी**

उसे दिहाड़ी मज़दूरों और चराई के बकाया देने हैं। उसका वर्तमान ऋण 40 प्रतिशत

* माड़िया या गोतो—एल्यूसाईन कोरोकाना।

** खवाई—भरण-पोषण, खाना-खिलाना।

† गाड़ा, क्षमता का एक पैमाना। 1 गाड़ा = 20 खाँडी और 1 खाँडी = 20 कट्ठा, 1 कट्ठा = 4 पैली। धान की एक खाँडी का वजन 91¼ सेर होता है।

पर 10 *खाँडी* (प्रति *खाँडी* 8 *कट्ठा*) है। लेकिन वह वन-उत्पादों की बिक्री, पशुधन और उसके दो बेटों के श्रम, जो सेवझियाँ हैं, से वह साथ-साथ कमाई कर लेता है। कुल मिलाकर वह खाने-पीने भर का प्रबन्ध लेता है और अपने आपको काफी सुदृढ़ पाता है।

"23. ये और अन्य परिशिष्टित बजट बेहद उथले और जल्दी में तैयार विवरण हैं। आदिवासियों से ठीक और पूरी संख्या पाना भी असंभव है। मुझे सन्देह है कि ऊपर *खवाई का 2 गाड़ा* नौकरों आदि को यदि वे मालिक के साथ रहें तो भी पूरा पड़ेगा। यह गोंड बेलावाहरा गाँव, सिहावा क्षेत्र (धमतरी तहसील *खालसा*) से सम्बन्ध रखता है। श्री नोरोन्हा ने उसका नाम नहीं लिया क्योंकि उन्होंने पाया कि लोगों द्वारा यदि उनका नाम न लिया जाए तो सच बोलने की ज्यादा सम्भावना होती है; अन्यथा वे परिणामों से डर जाते हैं।

"24. संख्या 2 गाँव काटनपाली (कौड़िया रियासत) से है। उसके पास 6 एकड़ अधिभोगी जमीन है–

	रुपया	आना	पैसा
व्यय			
लगान	–	0	6
अपने बीज, 2 **खाँडी**	–	4	0
खवाई (दिहाड़ी मज़दूरों की लागत समेत) 9 **खाँडी**	–	18	0
कपड़े	–	5	0
सब्जियाँ, तेल, नमक, मसाले आदि	–	15	0
आवाजाही	–	0	8
तिल्ली के बीज, 5 **कट्ठा**	–	1	12
अरुंडी, 1 **कट्ठा**	–	0	3
माड़िया, 1 **कट्ठा**	–	0	3
	कुल	**46**	**8**
आय–			
उत्पादन, 15 **खाँडी**	–	30	0
दस दिनों की मजदूरी	–	1	4
तिल्ली, 4 **खाँडी**	–	8	0
माड़िया, 3 **खाँडी**	–	12	0
अरुंडी, 10 **कट्ठा**	–	3	6
	कुल	**54**	**10**

कोई ऋण नहीं

यह जंगल के क्षेत्रों में एक गरीब आदिवासी की लाक्षणिक विशिष्टता है।

"25. संख्या 3 उड़िया गोंड के *नायक*† (मुखिया) की है। वह मुदागाँव में रहता

† एक *नायक* या *मुखिया* एक जातीय नेता होता है जो 10 से लेकर 40 तक की संख्या वाले गाँवों के समूहों की अध्यक्षता करता है; उसकी स्थिति बहुत कुछ बस्तर राज्य के *परगनिया गैता* या *परगना* मुखिया से मिलती-जुलती होती है।

है और उसके अन्तर्गत लगभग 40 गाँव आते हैं (बिन्द्रा–नवागढ़ ज़मींदारी) :–

	रुपया	आना
व्यय–		
30 एकड़ की अधिभोगी जमीन, लगान	10	8
अपने बीज 15 **खाँडी**	30	0
खवाई, 3 **गाड़ा** (इसमें 4 **कामिया** नौकरों, 4 **खाँडी** प्रति की लागत और रसना तथा उपज की आकस्मिक लागतें भी शामिल हैं)–	120	0
ज़मींदार को कर	17	0
ज़मींदार को **टीका**	3	0
सब्जियाँ, नमक, तेल आदि	25	0
कपड़े	30	0
कुल	**235**	**8**
(पशु-धन को उसने अपने रेवड़ में से बदला)		
आय–		
उत्पादन, 7 **गाड़ा**	280	0
जुर्माने आदि	60	0
शुल्क आदि	20	0
कुल	**360**	**0**

इस प्रकार उसकी अतिरिक्त आय कम-से-कम रुपए 124-8-0 वार्षिक है; और श्री नोरोन्हा को लगता है कि वह अपनी नक़दी फ़सलों से लगभग रुपया 30 शुद्ध कमाता है।

"26. हमारा निष्कर्ष है कि सामान्य खर्चों के साथ काश्तकार आसानी से दोनों तरफ तालमेल बिठा सकता है। दूसरी तरफ, यह साफ हो चुका है कि जिन क्षेत्रों में साहूकार होते हैं, ऋणग्रस्तता ऊँची होती है। यह सुझाया गया है कि इसका कारण बड़े स्तर के असाधारण खर्चों मुख्यतः शादी में देखा जा सकता है। सौगोर जिले में श्री नोरोन्हा ने पाया कि यह सच है। लेकिन यहाँ हम यह नहीं सोचते कि आदिवासियों की ऋणग्रस्तता के लिए शादी और अन्य समारोह ज़िम्मेदार हैं। हमने स्वतन्त्र रूप से प्रत्येक रियासत में कई मामलों की जाँच की; और हमें यह प्रतीत हुआ कि जहाँ साहूकार से उधार लेना पहले से एक आदत बन गई हो वहाँ *साहूकार* की भूमिका बहुत थोड़ी होती है। एक गोंड की शादी की लागत लगभग रुपए 80, एक कमाड़ की रुपए 10 से 15 और एक भुँजिया की लगभग रुपए 40 आती है। गोंड चालू वर्ष की नक़दी फ़सलों से अपनी खवाई और कपड़ों का खर्च काटकर आसानी से लागत का 50 से 75 प्रतिशत तक बचा लेता है। बाकी अपने सम्पर्कों से ले लिया जाता है और तब दिया जाता है जब उनको ऐसी ही आवश्यकता होती है और जो चाहे देने में कितना ही समय लगे, कोई ब्याज नहीं लेंगे। यदि *साहूकार* से कुछ लिया जाता है तो यह एक महत्त्वहीन राशि, 25 प्रतिशत से ज्यादा नहीं और एक साल के अन्दर लौटा देने के लिए होती है। यही भुँजिया पर भी लागू होता है। कमाड़ अपने सम्पर्कों

और गाँव से चन्दा लेकर अपनी लागत पूरी करता है। इसलिए हमारा संकेत है कि आदिवासी ऋणग्रस्तता इस तरह से आती है—

साहूकार एक गाँव में कपड़ों, चूड़ियों, सस्ते भड़कीले जेवरों, मिठाइयों (खासकर गुड़) के भंडार के साथ जगह जमा लेता है। वह आदिवासियों को ऋण पर खरीदने के लिए प्रोत्साहित करता है। इसके बाद ऋण लेने (नकद और अनाज दोनों तरह के) की सुविधा दी जाती है और ऋण लेने और भुगतान करने के दुर्दम्य चक्र का प्रारम्भ हो जाता है।

"27. हमारे मत का तथ्य भी समर्थन करते हैं कि ऋण उन्हीं क्षेत्रों में ज्यादा है जहाँ साहूकारों ने अपने व्यवसाय को बढ़ाने के कदम बढ़ाए जैसे पिथौरा, कोमरखान, गड़ियाबन्द, मैनपुर आदि। इन चावल क्षेत्रों की औसत समृद्धि काफी ऊँची है; अजीबोगरीब तरीके से लगान काफी कम है; और यहाँ ऋणग्रस्तता के लिए कोई प्रथम दृष्टया कारण नहीं है। इसके बावजूद यह मौजूद है। नीचे मैनपुर रा.नि. सर्कल (बिन्द्रा नवागढ़ जमींदारी) के ऋणग्रस्त गाँवों की एक तालिका दी जा रही है जो अपनी कहानी स्वयं कहती है—

गाँव	**आदिवासियों पर कुल ऋण**	**आदिवासी घरों की संख्या जिन पर यह बचा हुआ है और जनजाति**	**आदिवासी घरों की कुल संख्या**	**भू-हस्तांतरण टिप्पणी**
(1)	(2)	(3)	(4)	(5)
दवनी	2 **गाड़ा**	6 गोंड	11	नहीं
गोपालपुर	5 **गाड़ा**	28 गोंड	39	नहीं
फूलझाड़	5 **गाड़ा**	20 गोंड	28	27 एकड़ में से डोकरा, गोंड ने एक महाड़ को 4 एकड़ अधिभोगी ज़मीन (दो रुपए लगान) की बेच दी।
टोड़ामडार	5 **गाड़ा**	20 गोंड	25	पंचम, गोंड ने जलम कांची के हाथों 1 एकड़ गँवा दी। नाथन गोंड ने एक कलार के हाथों 6 एकड़ ज़मीन गँवा दी।
मैनपुर	–	–	–	–
तीरव	10 **गाड़ा**	30 गोंड	60 गोंड	–
टोड़ापाला	–	–	–	–
मैनपुर कलाँ	15 **गाड़ा**	60 गोंड	60 गोंड	–
बरदुला	3 **गाड़ा**	20 गोंड	20 गोंड	–
कोडाभाट	2 **गाड़ा**	10 गोंड	12 गोंड	–
गोरभाट	4 **गाड़ा**	10 गोंड	10 गोंड	–

ये संख्याएँ बेहद मेहनत के साथ सवाल पूछने का नतीजा है। हम यह दावा नहीं करते हैं कि ये एकदम सटीक हैं लेकिन ऋण के स्तर का साफ़ संकेत देने का ये संख्याएँ कोशिश अवश्य करती हैं। नकद ऋण को अनाज में बदला गया है; उनकी कुल क़ीमत काफी कम है।

"29. यह क्षेत्र बिन्द्रा-नवागढ़ ज़मींदारी के सबसे ज्यादा ऋणग्रस्त क्षेत्रों में से एक है और प्रति घर औसत ऋण 51/204 *गाड़ा* या 4 *खाँडी* = धान के 365 सेर निकलता है।

ऋण चुकाने के उद्देश्य से भूमि हस्तांतरित करने के केवल 3 मामले आए हैं जो कुल 11 एकड़ हैं।

"30. हमने आदिवासी किसान, जो ऋण से मुक्त था, के तीन बजट यहाँ प्रस्तुत किए हैं। नीचे एक ऋण गोंड का बजट दिया जा रहा है।

अन्य मामलों की तरह 6 सदस्यों का परिवार।

		रुपया	आना
व्यय–			
लगान (अधिभोगी जमीन का 28 एकड़)		13	0
बीज 6 1/2 *खाँडी* (आधी से ज्यादा ज़मीन बंजर) है; उसके पास इस पर खेती करने लायक पशु या संसाधन नहीं हैं)		26	0
खवाई (*कामिया* और खेती की लागत भी शामिल है)		80	0
नकदी फसलों के लिए बीज		3	0
कपड़े आदि		100	0
नमक आदि		15	0
	कुल	**234**	**0**
आय–			
उत्पादन 60 *खाँड़ी*		120	0
नक़दी फ़सलें		50	0
मजदूरी*		9	8
लाख		17	0
	कुल	**196**	**8**
	कमी	37	8
वार्षिक वर्तमान ऋण–16 गाड़ा		640	0

मैनपुर के एक साहूकार द्वारा इस क्षेत्र में अपना ऋण देने का धन्धा बढ़ाने के साथ ही इस व्यक्ति का ऋण लगभग आठ वर्ष पहले शुरू हुआ था। दो चीज़ों कपड़ों के लिए रुपया 100 और खेती की लागत के लिए 2 *गाड़ा* महत्त्वपूर्ण है। निस्सन्देह वह 'विलासिता' (कपड़ों और नौकरों) पर उससे कहीं ज्यादा खर्च करता है, जितना वह ऋण नहीं मिलने पर करता।

* रुपए 0-2-0 पर 72 ऋण-दिवस।

"31. तर्क को दिमाग में बेठाने के लिए, इस बार एक गैर-आदिवासी का अन्तिम बजट दिया जा रहा है। वह एक माली है और काफी सक्षम दिखाई पड़ता है।

देवभोग में और उसके आसपास अधिभोगी ज़मीन का तैंतीस एकड़–

		रुपया	आना
व्यय–			
लगान		29	8
खवाई (सारी लागत समेत) 8 गाड़ा		320	0
बीज 21 *खाँडी*		42	0
कपड़े, नमक, विविध व्यय		100	0
बैल		90	0
चराई		5	0
	कुल	**586**	**8**
आय–			
उत्पादन 17 *गाड़ा*		680	0
मटर (शुद्ध)		50	0
तम्बाकू (शुद्ध)		22	0
गन्ना (शुद्ध)		15	0
	कुल	**775**	**0**

बैल उसने अपने रेवड़ में से ही प्राप्त किए। उसके पिता उस पर गिरसूर के ठाकुर हनुमान सिंह का रुपए 800 का ऋण छोड़ गए थे। पिछले साल उसके एक बेटे की शादी में रुपए 250 लग गए। रुपए 200 वर्तमान आय में से बचाए गए और रुपए 50 उधार लिए गए। तब से रुपए 50 लौटाए जा चुके हैं। निस्सन्देह रियासतों में पर्याप्त ध्यान रखने और अध्यवसाय के साथ लगान का नीचा स्तर कृषि को लाभदायक बना देता है।

"46. *साहूकार* और *साहूकारी ज़मींदारी*–क्षेत्रों में ग्रामीण वित्त प्रबन्धक, ग्राम्य समुदाय के भाग नहीं होते हैं। ज्यादातर भामलों में बाहरी लोग होते हैं जिन्होंने केवल पन्द्रह या बीस वर्ष पहले अपना व्यवसाय स्थापित किया था। सुआरमाड़ और पिथौरा में मारवाड़ियों का आधिपत्य; बिन्द्रा-नवागढ़ के बाज़ार को काची और ब्राह्मण नियन्त्रित करते थे और फिंगेश्वर और फूलझाड़ में पंजाबी (सिख और मुस्लिम) अच्छी संख्या में पाए जाते हैं। उनके व्यवसाय करने का तरीका शायद ही अलग होता हो। उनमें से ज्यादातर ने व्यापार के साथ साहूकारी को जोड़ दिया है। एक ग्राहक आसानी से एक ऋणी और एक अग्रिम राशि क्रमशः और सूक्ष्मता से एक ऋण में बदल जाता है। ग्राहक-ऋणी जो नकद भुगतान करने में असमर्थ होता है, अपने उत्पाद धान या लाख या *तेंदु* पत्तों को अपने ऋणदाता को सस्ते दामों पर बेचने पर राजी हो जाता है। साहूकार अपने हिसाब को जाली बनाने में जरा भी झिझकता नहीं है। हमारा यह मत कई मामलों (100 से ज्यादा) की टिप्पणियों के आधार पर है जहाँ यह सम्भव नहीं दिखाई पड़ता कि ऋण अपनी वर्तमान मात्रा में, ईमानदारी बरतते हुए पहुँचा है। ब्याज 25 से लेकर 100 प्रतिशत तक अलग-अलग होते हुए भी हमेशा चक्रवृद्धि होता है।

"47. संक्षेप में साहूकार ब्याज के साथ-साथ जाली हिसाब और सस्ते दामों से भी फायदा प्राप्त करता है।

"48. कोई सन्देह नहीं है कि वह भयंकर खतरा उठाता है, उसके लिए सिविल न्यायालय द्वारा अपने ऋण को वापस पाना लगभग असम्भव है लेकिन उसका वसूली का तरीका खतरे को काफी कम कर देता है। वह ज़मीन कभी-कभार ही लेता है। ना ही वह कपटपूर्ण उप-कास्तकारियों की शरण लेता है जैसे सौगोर में, वह ऋणी पर अपने लिए काम करने का दबाव नहीं डालता। ज्यादातर वह पैदावार के समय पर उसकी फ़सलें ले लेता है और व्यवहारतः उसे अपना साँझिया बना लेता है। वह उसे लाख और *तेंदु* इकट्ठा करने और उसे बेच देने पर मजबूर कर देता है। सामान्यतः ऋणी अवज्ञाकारी नहीं होता है। यदि वह होता है तो मामला पंचायत में चला जाता है जिसमें से ज्यादातर सदस्य ऋणदाता-प्रार्थी के ऋणी हो सकते हैं; या एक ग्राम-पंचायत में जा सकता है जिसके दो या तीन सदस्य खुद साहूकार हो सकते हैं (जैसे कि बिन्द्रा-नवागढ़ ज़मींदारी की गड़ियाबन्द ग्राम-पंचायत)।

"49. हम पहले ही ध्यान दिला चुके हैं कि उपचार सस्ते ऋण के प्रावधान में है। इसे उपलब्ध करवाना कोर्ट ऑफ वार्ड्स के लिए शायद ही सम्भव हो। 1939-40 में कोर्ट ऑफ वार्ड्स द्वारा नक़द तकावी और बीज के लिए पेशगी के आँकड़े नीचे दिए गए हैं—

रियासत	वर्तमान बीज-ऋण (मन)	बकाया (मन)	नकद तकावी वर्तमान	नकद तकावी बकाया
बिन्द्रा-नवागढ़	1529	—	—	—
सुआरमाड़	—	—	—	—
नर्रा	789	—	—	—
देवरी	1733	27	470	—
फूलझाड़	—	—	—	—
कौड़िया	180	28	1835	117

बोनेवाले बीज का औसत 40 से 55 सेर प्रति एकड़ है। यह स्पष्ट है कि इस पैमाने पर मदद से किसानों को किसी खास हद तक छुटकारा नहीं मिल सकता है। और कोर्ट ऑफ वार्ड्स के साथ मदद बढ़ाने के संसाधन नहीं हैं। वास्तव में कुछ जगहों पर संग्रह करना खराब है और पुराने ऋणों की वसूली इतनी मुश्किल है (यह लगभग असम्भव है कि डिग्री का पालन करवाया जा सके) कि कोर्ट ऑफ वार्ड्स छोटे किसानों को अनाज या पैसा देने में संकोच करता है, जिन्हें इसकी सबसे ज्यादा जरूरत होती है। हालाँकि श्री लाल का मत यह है कि कोर्ट ऑफ वार्ड्स के लिए यह सम्भव है कि अनाज की यथेष्ट मात्रा (सम्भवतया बेहतरीन किस्में) और रुपयों की बड़ी राशि को वास्तविक कृषि उद्देश्यों के लिए ब्याज की कम दर पर दें, यदि यह सरकार द्वारा उपलब्ध कराए जाएँ तो कोर्ट ऑफ वार्ड्स के लिए आसान होगा कि नियमित चूककर्ताओं से ऋण वसूले जाएँ जैसे कि उनको बकाया लगान के रूप में वसूलने योग्य बनाया जा सके।

"50. खेतिहर अपने आप चाहते हैं कि–(1) 25 प्रतिशत तक का तर्कसंगत ब्याज, (2) सामान्य ब्याज, (3) एक राजस्व अधिकारी के सामने ऋणदाता द्वारा एक वार्षिक विवरण लागू हो।"

213. इसके साथ ही प्रान्त के चुने हुए आदिवासी क्षेत्रों की विशिष्ट परिस्थितियों को प्रदर्शित करनेवाले उद्धरणों की शृंखला समाप्त होती है। मैं सोचता हूँ कि ये उद्धरण यह दिखाने के लिए पर्याप्त हैं कि सुरक्षात्मक कदम उठाए जाने आवश्यक हैं और यह कतई सुरक्षित नहीं है कि आदिवासियों को शोषकों के रहम पर छोड़ दिया जाए। इस तरह से वह न केवल सीधे *साहूकार* और ऋणदाता द्वारा शोषित होता है बल्कि *हर्रा* और अन्य छोटे-मोटे वन-उत्पादों के ठेकेदारों द्वारा दिए जानेवाले अग्रिम नकद की व्यवस्था, जिसके तरीके का वर्णन आगे किया जाएगा, के द्वारा भी उसे कष्ट पहुँचाया जाता है। यह भली भाँति सबको मालूम है कि हाल के कुछ वर्षों में ऋण कानूनों की बौछार-सी हो गई है, जो ऋण समाधान अधिनियम 1933 (जो बाद में एक अधिनियम द्वारा 1934 में और 1935, 1936 व 1937 में प्रति वर्ष दो अधिनियमों द्वारा संशोधित हुआ) से प्रारम्भ हुई थी। 1934 में मध्य प्रान्त सूदखोरी ऋण (संशोधित) अधिनियम और मध्य प्रान्त साहूकारी अधिनियम 1934 आया; मध्य प्रान्त साहूकारी अधिनियम, 1934 बाद में 1936 में संशोधित हुआ (लचित अपीलों को बन्धक बनाने के लिए इसके कार्यों का विस्तार और ऋणदाताओं द्वारा वार्षिक शुल्क देकर पंजीकरण को आवश्यक बनाने के लिए), 1937 में और दोबारा 1940 में (अन्तिम अधिनियम एक अस्थायी अधिनियम था जो गवर्नर द्वारा गवर्मेंट ऑफ इंडिया अधिनियम की धारा 93 के अन्तर्गत 10 नवम्बर, 1939 को अपनी अन्तर्निहित शक्तियों का उपयोग करके घोषणा करके बनाया गया था, जिसमें एक ऋणदाता को उसके द्वारा व्यवसाय करनेवाले प्रत्येक जिले के लिए अलग पंजीकरण लेना आवश्यक बना दिया गया था और यह प्रावधान किया गया कि ऋणदाता द्वारा दिए गए ऋण की वसूली के लिए कोई अभियोग नहीं लगाया जा सकता जब तक कि न्यायालय सन्तुष्ट नहीं हो जाता कि उसके पास एक वैध पंजीकरण प्रमाणपत्र है।) 1937 में ऋणियों की उनके ऋणदाता द्वारा दुर्व्यवहार व भयभीत करने से सुरक्षित करने के लिए मध्य प्रान्त ऋणी सुरक्षा अधिनियम पारित किया गया। और अन्त में महत्त्वपूर्ण मध्य प्रान्त और बरार ऋणग्रस्तता राहत अधिनियम 1939 में आया और तब से तीन बार संशोधित हुआ जिसने ऋण-समाधान निकायों को ऋण-राहत न्यायालयों, जिसकी सिविल न्यायाधीशों द्वारा अध्यक्षता की जाती है, द्वारा बदल दिया; अधिनियम का उद्‌देश्य 18 जुलाई, 1939 से तीन सालों तक लागू रहने पर ऋण-समाधान अधिनियम को बेहतर बनाने के लिए था और किसी ऐसे ऋणग्रस्त खेतिहर का भुगतान करने में मदद करने में जिसकी राशि 25,000 से ज्यादा न हो। इसीलिए यह जानना बेहद आवश्यक था कि पिछले कानूनों ने किस हद तक आदिवासियों को फायदा पहुँचाया है। मेरी जाँच शुरू होने से कुछ पहले ही *रिपोर्ट आन द अबोरिजनल एंड हिल ट्राइब्स ऑफ द पार्शियली एक्सक्लूडेड एरियास इन द प्रोविन्स ऑफ बॉम्बे* (श्री डी. सिमिंग्टन, आई.सी.एस. द्वारा) आ गई जिसमें बम्बई के आदिवासियों के बीच ऋण की राहत के लिए आवश्यक कदम उठाने के बारे में मूल्यवान अनुशंसाएँ की गईं। इसीलिए इन विचारों की रोशनी में मेरी पहली प्रश्नावली के भाग के रूप में निम्नलिखित प्रश्न तैयार किए गए–

ऋण–(1) क्या जिले की प्रत्येक तहसील में ऋण-समाधान मंडल काम करते थे ?

(2) क्या प्रत्येक तहसील और जिले के आंशिक अपवर्जित क्षेत्रों की ऋण समाधान अधिनियम के अन्तर्गत आवेदनों की संख्या, जिसमें आदिवासी ऋणी हों, उपलब्ध है जो संख्या और उनकी राशि को बता सके–

(क) प्रस्तुत किए गए,

(ख) धारा 7 के अन्तर्गत खारिज किए गए

(ग) जिनमें धारा 12 के अन्तर्गत अनुबन्धों को लागू कराया गया

(घ) धारा 14 के अन्तर्गत खारिज किए गए

(3) कृपया अपने जिले में काम कर चुके प्रत्येक मंडल के भूतपूर्व अध्यक्ष से कार्यवाहियों द्वारा सामने आई आदिवासियों की ऋण स्थिति पर और शोषण, भूहस्तान्तरण, सूदखोरी ब्याज और उनकी ऋणग्रस्तता की सीमा और किस हद तक उन्होंने मंडल का प्रयोग किया पर विशेष सन्दर्भ के साथ एक टिप्पणी प्राप्त कीजिए।

(4) आदिवासी ऋणियों की कितनी मालगुजारी और मालिक-मकबूजा जमीनों के स्थानांतरण की अनुमति उपायुक्त द्वारा दी गई, विशेषतः मध्य प्रान्त भू-हस्तांतरण अधिनियम के अन्तर्गत ऋण-समाधान मांडलों और ऋण-राहत न्यायालयों के अनुरोध पर?

(5) मांडलों में क्या कोई आदिवासी सदस्य था?

(6) क्या जिले में निर्धारित निचली सीमा आदिवासी ऋणियों को राहत देने के लिए पर्याप्त है?

(7) ऋण समाधान अधिनियम के अन्तर्गत तय की गई किश्तों की आदिवासी ऋणियों से वसूली के लिए ऋणदाताओं द्वारा दिए गए आवेदनों से निष्कर्ष निकालते हुए क्या आप सोचते हैं कि किस्तें उपयुक्त हैं और क्या ज्यादातर आदिवासी इन्हें समय पर दे रहे हैं?

(8) (क) मध्य प्रान्त ऋणी सुरक्षा अधिनियम की धारा 4 के अन्तर्गत 8 मार्च, 1937 से 7 मार्च, 1940 के बीच (मध्य प्रान्त के लिए और बरार के लिए 30 मार्च, 1937 से 29 मार्च, 1940 तक) आपके जिले में अभियोजनों और दोषसिद्धि की कृपया संख्या बताइए।

(ख) क्या वहाँ पर अभी भी पठान, पंजाबी, परदेशी और इसी तरह के ऋणदाताओं द्वारा आदिवासी ऋणियों से दुर्व्यवहार और भयभीत करने की शिकायतें आ रही हैं ?

(9) (क) क्या आप सन्तुष्ट हैं कि सभी काम कर रहे ऐसे साहूकार और अन्य साहूकार अब भी मध्य प्रान्त साहूकारी अधिनियम की धारा 11-बी के अन्तर्गत विधिवत रूप से पंजीकृत हैं?

(ख) क्या अज्ञानी आदिवासी ऋणियों को अधिनियम द्वारा कोई सुरक्षा दी जा रही है?

(10) क्या आप सोचते हैं कि उप-प्रश्न (8) व (9) में उल्लिखित अधिनियमों द्वारा शोषण और दुर्व्यवहार से आदिवासी ऋणियों की यथेष्ठ सुरक्षा की जाती है, या आप कुछ और कदमों की अनुशंसा करेंगे?

***टिप्पणी*–*बम्बई रिपोर्ट ने निम्नलिखित दिशा पर एक विशेष प्रयास की अनुशंसा की है*–**

(क) जनजातीय क्षेत्रों में आदिवासियों और पिछड़े वर्गों के साथ साहूकारी लेन-देनों, प्रत्यक्ष और अप्रत्यक्ष के लिए (जिसमें सूदखोरी शर्तों पर उधार पर कपड़ा बेचने की सामान्य कोशिशें जो अब इस प्रान्त में पठान और पंजाबी किस्म के पुराने कई साहूकारों द्वारा औपचारिक साहूकारी के लिए प्रतिस्थापित हो गई हैं) एक विशेष लाइसेंस निर्धारित किया जाए।

(ख) यहाँ तक कि आदिवासी साहूकारों को भी ये लाइसेंस ले लेने चाहिए नहीं तो वे साहूकारों द्वारा औजार के रूप में प्रयोग किए जाएँगे।

(ग) जनजातीय क्षेत्रों में आदिवासियों या हरिजनों को बिना विशेष लाइसेंस के ब्याज पर पैसा या सामान उधार देना एक अपराध माना जाना चाहिए जिसका दंड कैद के साथ-साथ जुर्माना भी होना चाहिए और बच निकलने को रोकने के लिए अपराध एकदम परिभाषित होना चाहिए जैसे कि वास्तविक उधार की बजाय बड़ी राशि के लिए कोई रसीद या प्रतिज्ञा पत्र उधार देनेवाले द्वारा उधार लेनेवाले को दिया जाना भी इसमें शामिल हो।

(घ) किए जा चुके लेन-देनों में उल्लंघन की कार्यवाही करना कानूनन अप्रवर्तनीय होना चाहिए।

(ङ) ये विशेष लाइसेंस जो साहूकारी अधिनियम के अन्तर्गत पंजीकरण-शुल्क के अतिरिक्त होने चाहिए, उपायुक्त द्वारा प्राप्तकर्त्ता के चरित्र और वित्तीय स्थायित्व से सन्तुष्ट होने के बाद दिया जाना चाहिए।

(च) इस प्रयास के अन्तर्गत नियमों को अन्य बातों के साथ बताया जाना चाहिए कि कौन लाइसेंसधारक के नौकरों के रूप में रखे जा सकते हैं, "इस तरह से दलाल और गुंडे जैसे कि पठानों की सेवाओं की समाप्ति की जानी चाहिए और (बम्बई) आबाकारी विभाग द्वारा जारी नौकरनामा लागू किया जाना चाहिए।" सी.एफ. मध्य प्रान्त V सामान्य लाइसेंस शर्तें VIII, आबकारी नियमावली, खंड 1, पृष्ठ 78।"

(11) कृपया अपने जिले में ऋण राहत न्यायालयों से आदिवासियों और गैर-आदिवासी ऋणियों से प्राप्त प्रार्थनाओं की संख्या का एक विवरण, ऋण की राशि और दावा किए गए ऋणों पर निर्णीत मामलों की संख्या और अधिनियम के अन्तर्गत घटाए गए मामलों की संख्या प्राप्त कीजिए। कृपया अध्यक्षीय अधिकारी से कहिए कि वो एक टिप्पणी भी लिखे कि अधिनियम किस हद तक आदिवासियों की मदद कर रहा है।

(12) आदिवासी गाँवों में अधिनियम का प्रचार करने के लिए क्या कदम उठाए गए हैं?

(13) क्या आप सोचते हैं कि ऋण राहत न्यायालय ज्यादा उपयोगी हो सकते हैं यदि आदिवासी और पहाड़ी जनजातियों पर बम्बई रिपोर्ट की निम्न अनुशंसाएँ स्वीकार कर ली जाएँ—

(क) आदिवासी ऋणी द्वारा अपने ऋण का निर्धारण करवाने के लिए, जो सामान्यतः वह अपने अज्ञान और प्रायः ईमानदारी की गलत समझ के कारण नहीं करता है, ऋण राहत न्यायालय में प्रार्थना करने की बजाय यह जिम्मेदारी ऋणदाता की होनी चाहिए कि वह एक निर्दिष्ट अवधि में ऋणराहत न्यायालय में आदिवासियों के

खिलाफ सारे दावे प्रस्तुत करे और यदि कोई दावा ना सुलझे तो बाद में कानून द्वारा बाध्य करवाया जाना चाहिए।

(ख) ऋण राहत न्यायालयों को प्रत्येक तालुक में दौरा करना चाहिए।

(ग) प्रत्येक ऋण राहत न्यायालय में आदिवासी ऋणियों का प्रतिनिधित्व करने के लिए सार्वजनिक लागत पर एक या ज्यादा सरकारी वकील नियुक्त किए जाने चाहिए।

(घ) न्यायालय को शक्ति और निर्देश दिए जाने चाहिए कि वह अपने विवेक से मौखिक सबूतों की स्वीकार्यता को मानें और खासतौर पर किसी अशिक्षित या अज्ञानी द्वारा पूरे किए गए दस्तावेज को जैसा कि बताया गया, उस लेन-देन के मौखिक साक्ष्यों से ज्यादा विश्वसनीय ना मानें।

(14) क्या सिविल न्यायालय कृपा करके 1939 में ऋण वसूली के लिए आदिवासियों के खिलाफ किए गए मुकदमों की संख्या का आँकड़ा देंगे। ऋण और ऋणदाताओं द्वारा हारे जानेवाले मुकदमों की संख्या बताने के लिए?

(15) क्या आदिवासी और हरिजनों द्वारा शादी जुर्माना चुकाने आदि के लिए लिये गए ऋण को कुछ सालों की अवधि के लिए श्रम द्वारा चुकाने के अनुबन्ध को लागू कराने के मुकदमे नियमित सिविल न्यायालयों के सामने काफी आते हैं और क्या ऋण-राहत न्यायालयों को ऐसे अनुबन्धों या *नौकरीनामों* के अन्तर्गत ऋणियों के खिलाफ किए गए ऋण के दावों पर विचार करना पड़ता था? क्या न्यायालय ने सार्वजनिक नीति के खिलाफ या समझने योग्य अनुबन्ध होने के कारण ऐसे किसी मुकदमे को निरस्त किया? सामान्यतः ऐसे अनुबन्धों की सच्चाई और एक तर्कसंगत अवधि में भुगतान चुकाने के समझौते के अन्तर्गत ऋणदाता के कारण काम कर रहे बिना मजदूरी के मजदूरों के अवसरों को जानने के लिए विवरण दिए जा सकते हैं।

कृपया ध्यान दें—इसके बाद कृषि बन्धक-सेवा के सवाल पर एक अलग प्रश्नावली या सन्दर्भ जिलों के लिए जारी या निर्मित किया जाएगा।

214. मेरी प्रश्नावलियों की शृंखला पर प्राप्त जवाबों में से ज्यादातर जवाब कम सन्तुष्टिदायक थे, इस विचार के साथ कि बेहद कम और गैर-आधिकारिक रुचि दिखाई गई और विभिन्न जिलों के पूरी प्रश्नावली के जवाब भेजनेवाले मुश्किल से कुछेक वकीलों और सरकारी अधिवक्ताओं ने पिछले पैराग्राफ के गैर-सांख्यिकीय प्रश्नों के पूरे जवाब दिए, केवल दो या तीन वकीलों ने कुछ जगह लापरवाही से जवाब लिखे। यह मेरे लिए डरने की बात है कि भारत के शिक्षित मध्यवर्ग के बीच आदिवासी स्थितियों के प्रति व्याप्त उपेक्षा का एक मात्र एक उदाहरण है। कई मामलों में आधिकारिक जवाब इतने संक्षिप्त होते हैं कि बहुत कम उपयोगी होते हैं और कुछ अधिकारी ऐसे हैं जो कारण वाले जवाबों और वैकल्पिक सुझावों को देते समय अपना अनुभव उँडेल देते हैं। यहाँ तक कि सांख्यिकीय जवाबों को भी अपर्याप्त व कई बार लापरवाही से बिना ध्यान से पढ़े कि किस जानकारी के बारे में पूछा जा रहा है, दे दिया जाता है। इसीलिए यह सम्भव नहीं है कि प्रश्न संख्या 14 के जवाब में पूर्ण संख्या दी जा सके जबकि प्रश्नसंख्या 3 के जवाब के रूप में आदिवासी ऋण पर ऋण समाधान निकायों के कुछ भूतपूर्व अध्यक्षों की टिप्पणियाँ प्राप्त करने में उपायुक्त सफल रहे।

215. स्थिति यह उभर रही है कि ऋण समाधान निकायों ने रायपुर की महासमुंद

तहसील और मांडला की डिंडोरी और निवास तहसीलों को छोड़कर प्रान्त की प्रत्येक तहसील में काम किया है; पहले ही बताई जा चुकी सिरोंचा में केवल स्वैच्छिक ऋण समाधान कार्यवाहियाँ होती हुई दिखाई पड़ती हैं। हालाँकि सिवनी उप-मंडल को छोड़कर पुराने छिन्दवाड़ा जिले और बैतूल जिले में आदिवासी ऋणियों द्वारा समाधान व्यवस्था का कुछ प्रयोग होता दिखाई पड़ता है। बालाघाट जिले में ऋण कार्यवाहियों पर मैं पहले ही बालाघाट जिले में आदिवासी समस्या *(द अबोरिजनल प्राब्लम इन द बालाघाट डिस्ट्रिक्ट)* के पैराग्राफ 126 में विवरण दे चुका हूँ–

> "फरवरी 1934 से लेकर मार्च 1937 तक एक ऋण समाधान मंडल पूरे जिले के लिए काम करता रहा। इसने रुपए 60.82 लाख के ऋण के 4,836 प्रार्थनापत्रों पर विचार किया; 3,530 मामलों का समझौते के रूप परिणाम आए और रुपए 38.59 लाख के ऋण रुपया 22.65 लाख पर समाधान किया गया लेकिन बैहर तहसील में जहाँ के केवल 166 प्रार्थनापत्र प्राप्त हुए थे, बहुत कम काम हुआ। किसी ऋण के समाधान के लिए सबसे निचली सीमा रुपए 150 तय की गई; यह सीमा भी आदिम जनसंख्या के लिए बहुत ऊँची है। बैहर के 166 प्रार्थनापत्रों में से 134 मामले रुपए 1,000 के या उससे कम के ऋण के लिए थे (रुपए 150-200, 28; रुपए 200-400, 55; रुपए 400-600, 22; रुपए 600-800, 21, रुपए 800-1000,8)। यह कहना सम्भव नहीं है कि बालाघाट वारसिवनी तहसीलों में कितने आदिवासी ऋणियों के प्रार्थनापत्र प्राप्त हुए। हालाँकि यह एकदम स्पष्ट है कि बैहर में आदिवासियों ने ऋण समाधान अधिनियम से कोई व्यावहारिक मदद प्राप्त नहीं की।"

216. निस्सन्देह बैहर तहसील एक आंशिक अपवर्जित क्षेत्र है। लगभग सारा मांडला जिला ही आंशिक अपवर्जित क्षेत्र है। उस जिले में निकाय का कुछ प्रयोग मांडला तहसील में हुआ जहाँ 692 आदिवासी ने रुपए 10,22,418 के ऋण के समाधान के लिए निकाय के पास गए लेकिन इनमें से 311 दावे कुल रुपए 5,05,250 को अधिनियम (जो मंडल द्वारा किसी प्रार्थनापत्र को किसी भी समय निरस्त किया जा सकता है यदि लिखित में कारण दिया जाए कि विचार करने के बाद यह महसूस नहीं हुआ कि ऋणदाता और उसके ग्राहक के बीच बन्दोबस्त को प्रभावित किया जाए) की धारा 7 के अन्तर्गत प्रावधानों द्वारा निरस्त कर दिया गया और रुपया 1,40,741 के दावों के 75 मामलों को धारा 14 के अन्तर्गत निरस्त किया गया क्योंकि पक्षों के बीच कोई सौहार्दपूर्ण बन्दोबस्त नहीं हो पाया। केवल 334 आदिवासियों के ऋण जो ऋणदाताओं के मुताबिक रुपया 3,76,428 थे का समाधान हुआ; घटाई गई राशि नहीं बताई गई। निवास तहसील से, जहाँ ऋण समाधान निकाय द्वारा पूरा ध्यान कभी नहीं दिया गया, मांडला मंडल के सामने केवल 10 आदिवासी आए और उनके खिलाफ कुल रुपया 3,01,251 के दावे थे, रुपया 2,13,753 के कुल दावों वाले इनमें से सात मामलों को धारा 7 के अन्तर्गत निरस्त कर दिया गया; केवल रुपए 87,498 के तीन दावों का रुपया 38,500 पर समाधान किया गया जिसमें से 36,000 मालगुजारी अंशों के हस्तांतरण के लिए गए जिसके लिए भू-हस्तांतरण अधिनियम के अन्तर्गत अनुमति दे दी गई। मंडल के कामों पर अन्तिम रिपोर्ट टिप्पणी करती है कि आदिवासियों द्वारा इसका बहुत कम प्रयोग किया गया और सुझाव दिया गया है कि गोंड खेतिहरों की अनदेखी करने के कारण उनके द्वारा मंडल की उपेक्षा की गई हालाँकि एक सम्भावित कारण यह भी हो सकता है कि मंडल शुरू होने

पर मांडला जिले के लिए सरकार द्वारा तय की गई न्यूनतम कुल ऋण राशि अधिनियम की धारा 2(च) के अर्थ के अनुसार एक व्यक्ति को ऋणी मानने के लिए रुपए 150 है, जो बाद में घटाकर रुपए 80 कर दी गई। वास्तव में बैगा जनजाति या घुगरी और रायगढ़ क्षेत्र से कोई प्रार्थनापत्र नहीं आया। मांडला की संख्याओं द्वारा दिखाए गए औसत ऋणों के आकार से पता लगाते हुए ज्यादातर प्रार्थी राज-गोंड मालगुजार या समर्थ काश्तकार होने चाहिए और अधिनियम जिले में सारे आदिवासियों को कोई राहत नहीं दे पाया।

217. इस अध्याय के पैराग्राफ 205 में निकाय की अन्तिम रिपोर्ट में लिए उद्धरण में छिन्दवाड़ा और अमरवाड़ा तहसीलों से प्राप्त परिणामों का निष्कर्ष पहले ही दिया जा चुका है। सिवनी उपमंडल के लिए एक अलग मंडल है। यहाँ 531 आदिवासियों ने रुपए 3,64,799 के समाधान के लिए आवेदन किया। इनमें से रुपए 38,329 के इक्यावन मामले धारा 7 के अन्तर्गत निरस्त कर दिए गए और रुपए 30,453 के 15 मामले अधिनियम की धारा 14 के अन्तर्गत निरस्त किए गए। बचे हुए रुपए 2,96,017 के 465 दावों को रुपए 1,25,080 पर समाधान किया गया। हालाँकि उपायुक्त ने ध्यान दिया कि सिवनी उपमंडल में आदिवासी ऋणों का समाधान मंडल द्वारा करते हुए औसत ऋणी की भुगतान क्षमता से ज्यादा की किश्तें तय कर दी गईं जिसका नतीजा ये है कि व्यवहारतः कोई भी समय पर चुकाई नहीं जा रही है। सम्भवतया किश्तों की एक बड़ी संख्या तय की जानी चाहिए थी।

218. बैतूल जिले में भैंसदेही तहसील आंशिक अपवर्जित क्षेत्र है। उस तहसील में केवल 158 आदिवासियों ने ऋणदाताओं के कुल रुपए 1,64,601 के दावों के समाधान के लिए मंडल में आवेदन किया। धारा 7 के अन्तर्गत रुपए 91,128 के उन्नीस मामले और धारा 14 के अन्तर्गत रुपए 3,495 के आठ मामले निरस्त किए गए; ऋणदाताओं के 69,478 के दावों के 131 मामलों में समझौते पर प्रभाव पड़ा। घटाई गई राशि नहीं बताई गई है। जिले (बैतूल और मुल्ताई) की गैर-अपवर्जित तहसीलों के 953 आदिवासी मंडल के पास आए और उनके खिलाफ दावों का कुल योग रुपए 4,41,101 था लेकिन ऋणदाताओं के रुपए 3,57,461 के दावों के 618 मामलों में समझौते पर असर पड़ा; घटाई गई राशि की सीमा नहीं बताई गई।

219. नीमड़ में तीन जिलों के निकायों के कामों की कोई संख्या नहीं दी गई है सिवाय हरसूद तहसील के जहाँ ये बताया गया कि निकाय के पास 484 आदिवासी आए जिनमें से केवल 13 समझौते लागू करवाए जा सके; इसकी राशि की कोई जानकारी नहीं दी गई है। होशंगाबाद जिले में यह बताया गया कि पुराने होशंगाबाद जिले की कोई संख्या उपलब्ध नहीं है लेकिन नरसिंहपुर उपमंडल में केवल 89 आदिवासी रुपए 1,00,099 के ऋण समाधान के लिए निकाय के पास आए। केवल आठ मामलों को निरस्त किया गया लेकिन बचे हुए 81 मामलों की व्यवस्था के बारे में कोई संख्या नहीं दी गई। अध्यक्ष ने आदिवासियों से प्राप्त होनेवाले बहुत कम प्रार्थनापत्रों पर टिप्पणी की लेकिन इससे यह भी मालूम हुआ कि आदिवासी ऋणी अपनी बेहद ईमानदारी, सरलता और अज्ञान के कारण दूसरों के मुकाबले धनलोलुप ऋणदाताओं के लिए एकदम तैयार शिकार होते हैं, उन्होंने आदिवासियों के ऋणों के कई मामलों पर ध्यान दिया जिसमें रेहन के तौर पर अपना खुद का श्रम या अपने बेटों का श्रम रखा गया था।

220. वर्धा जिले में 9 आदिवासियों ने रुपया 26,15 के कुल दावों के लिए मंडल से

सम्पर्क किया। धारा 14 के अन्तर्गत एक दावा (रुपए 253 का) निरस्त हुआ और रुपया 25,852 के 8 अन्य मामलों का रुपए 4,200 पर समाधान हुआ।

221. मंडल के कामों की नागपुर तहसील को छोड़कर अन्य कहीं से कोई संख्या प्राप्त नहीं हुई और वहाँ भी केवल नौ या दस आदिवासी ऋणियों के प्रार्थनापत्र प्राप्त हुए जबकि दुरूग जिले में पाया गया कि केवल मुट्ठीभर आदिवासी ही निकाय के सामने आए; सभी जिलों को प्राप्त लिखित जवाबों का यह सामान्य गट्ठर था। बैहर, भैंसदेही, मांडला और सिवनी की संख्याएँ यह दिखाती हैं कि उन क्षेत्रों में भी जहाँ मांडलों का आदिवासियों द्वारा बहुत कम प्रयोग किया गया वहाँ भी ऋण समाधान अधिनियम के अन्तर्गत राहत पानेवाले आदिवासियों की कुल संख्या का एक छोटा हिस्सा ही था। प्रार्थनापत्र देने के लिए पात्र ग्राहक की वैधानिक निचली सीमा का रुपए 150 का कुल ऋण होना भी आदिवासियों के लिए काफी ऊँची सीमा है। लगभग सारी रिपोर्टें यही संकेत कर रही हैं। श्री हाइड ने अवलोकन किया कि हालाँकि अन्तिम व्यवस्था रिपोर्ट ने मांडला के पिछड़े क्षेत्रों में ऋण को महत्त्वहीन बताया और सुझाव दिया कि प्रत्येक तीन में से दो काश्तकार या रैयत पर कोई बकाया नहीं है और बीस बकायावालों में से केवल 1 पर रुपया 100 से ज्यादा बकाया है तब भी यदि व्यवस्था में यही सच है तो भू-राजस्व और तकावी के भारी बकायों को इकट्ठा करने में आ रही दिक्कतों से यह निर्णय किया जा सकता है कि तब से लेकर स्थिति और खराब हुई है। अतिरिक्त सहायक आयुक्त श्री जे.पी. मालवीय आकलन करते हैं कि सीमा रुपए 80 तक घटाने पर भी केवल 10 प्रतिशत मांडला आदिवासियों ने कोई राहत प्राप्त की, क्योंकि ऋणियों में से 80 प्रतिशत पर रुपया 50 या कम बकाया था और 10 प्रतिशत पर रुपए 50 से लेकर रुपए 80 तक बकाया थे; उनका विचार है कि रुपए 80 से कम ऋण वाले सभी लोगों को राहत देने के लिए एक नए मंडल की आवश्यकता है। मांडला के तहसीलदार ने ध्यान दिया कि अधिनियम द्वारा राहत पानेवाले प्रत्येक 20 ऋणियों में से उसकी तहसील में केवल एक आदिवासी था। नागपुर जिले में श्री आर.डी. ब्योहार ने अध्यक्ष के रूप में अभिव्यक्त किया कि आदिवासियों के लिए रुपए 150 की न्यूनतम सीमा काफी ज्यादा थी और सरकार ने इस सीमा को रुपए 50 तक कम दिया; लेकिन यह तब हुआ जब मंडल का काम अपनी अवस्था में था और कई आदिवासियों द्वारा फायदा उठाने के लिए काफी देर हो चुकी थी। इसी तरह यह भंडारा में रुपए 50 तक घटा दिया गया। रायपुर में बलोडा बाजार के तहसीलदार ने चिह्नित किया कि रुपए 150 की सीमा पूर्णरूप से काफी ऊँची है और सुझाव दिया कि वास्तव में राहत देने के लिए कोई भी सीमा नहीं होनी चाहिए। दुर्ग जिले में 150 रुपए की सीमा देने का मुख्य कारण यह था कि यहाँ बहुत कम प्रार्थनापत्र प्राप्त हुए। यही जबलपुर जिले की मुरवाड़ा तहसील पर भी लागू होता है।

222. कुछ आदिवासी आवेदनकर्ताओं के कुल ऋण प्रभावी रूप से घटा दिए गए पर ज्यादातर जवाब संकेत करते हैं कि तय की गई किश्तें पर्याप्त नहीं थीं। सिवनी उपमंडल की स्थिति ऊपर बताई गई है। मुरवाड़ा तहसील, सौगोर जिला, नए सिंहपुर उपमंडल, नीमड़, भंडारा और ज्यादातर नागपुर जिले में यह बताया गया कि किश्तें उपयुक्त हैं और सामान्यतया समय पर दी गईं। पुराने होशंगाबाद जिले में किश्तें नियमित रूप से नहीं दी जा रही हैं न ही नागपुर की उमरेर तहसील में और रायपुर की धमतरी तहसील में; बताया गया कि मांडला में प्रत्येक 6 आदिवासियों में से 2 ही दे पाने का प्रबन्ध कर पा रहे हैं और

बैतूल जिले में किश्तें नहीं दी जा रही हैं क्योंकि भुगतान फसल पर निर्भर होता है और निकाय द्वारा काम रोकने के बाद एक साल से फसल अच्छी नहीं हुई है।

223. पिछड़े क्षेत्रों में मांडलों के स्थापित होने का अप्रभावी प्रचार किया गया। यह लगभग प्रत्येक जगह स्वीकार भी किया गया। प्रभावी आदिवासियों को मांडलों का सदस्य नियुक्त करने से मदद मिल सकती थी; प्रत्येक मुरवाड़ा मंडल में एक गोंड सदस्य था, इसी तरह रामटेक मंडल (लेकिन वह अपनी नियुक्ति के कुछ समय बाद ही मर गया), भैंसदेही मंडल और छिन्दवाड़ा मंडल लेकिन और मांडलों में नहीं। प्रश्न संख्या 12 के जवाब संकेत करते हैं कि नए ऋणग्रस्तता राहत अधिनियम के अन्तर्गत बनाए गए ऋणराहत न्यायालयों की स्थापना के बारे में ज्यादातर जिलों में समान रूप से अप्रभावी प्रचार किया गया। इस तरह होशंगाबाद, नीमड़, वर्धा, नागपुर, छिन्दवाड़ा, बालाघाट, रायपुर, बिलासपुर और दुर्ग के उपायुक्तों ने बताया कि राहत न्यायालयों को जाना-पहचाना बनाने के लिए कोई विशेष कदम नहीं उठाए गए। मुरवाड़ा तहसील में ऋण राहत न्यायालय के अध्यक्षीय अधिकारी ने स्वयं सिविल न्यायालय के आदेश-तामीलकर्त्ताओं द्वारा तहसील में प्रत्येक तामीलकर्ता के अंचल में प्रचार करवाया लेकिन मुझे जवाब देने के समय उसने केवल दो आदिवासी ऋणियों से प्राप्त प्रार्थनापत्र प्रस्तुत किए। मांडला के अधिवक्ता श्री एल.डी. पाठक ने बुद्धियुक्त सुझाव दिया कि विद्यालय के अध्यापकों को प्रचार एजेंटों के रूप में प्रयोग किया जाना चाहिए और मांडला के उपायुक्त का विचार है कि राजस्व-निरीक्षकों और पटवारियों द्वारा किया जा रहा साधारण प्रचार बिल्कुल अपर्याप्त है और आवश्यकता है कि प्रत्येक गाँव में ढोल बजाकर घोषणा करवाई जाए। मैंने अपने दौरों के दौरान मध्य प्रान्त सरकार द्वारा 1920 में और उसके आसपास जारी किए पुराने प्रचार के पर्चों को अक्सर गाँव के मुकद्दम के गाँव की नोटबुक रखनेवाले टिन के डिब्बे में पाया है। ऐसा माना जाता है कि ये समय-समय पर पटवारियों द्वारा गाँववालों के सामने पढ़े जाते होंगे। कुछ क्षेत्रों में तो यह निस्सन्देह होता ही था। इसलिए प्रत्येक गाँव में पटवारी द्वारा पढ़े जाने और गाँव के बुजुर्गों के सामने इसकी व्याख्या करने के लिए हिन्दी, मराठी, गोंडी या कोर्कू (गोंडी व कोर्कू, नागरी लिपि में हों) में एक पर्चा जारी करना ठीक होगा। प्रचार का यह काम पिछड़े क्षेत्रों में काफी उपेक्षित है। इस विषय पर *नोट्स आन द अबोरिजनल प्रॉब्लम इन द मांडला डिस्ट्रिक्ट* के पैराग्राफ 24 में मेरी टिप्पणी प्रान्त के लगभग सभी जिलों में सच है। कोई भी उपचारात्मक कर्म जैसे कि विभिन्न ऋण कानून और काश्तकारों के चराई, जंगल के गाँवों, मछली मारने और शिकार करने आदि के सम्बन्ध में बनाए गए कानूनों और नियमों का बहुत कम प्रयोग होगा जब तक कि आदिवासियों को उन कानूनों के अस्तित्व में होने और उनके मन्तव्य के बारे में बताया नहीं जाएगा।

224. प्रश्न संख्या (11) जिसमें आदिवासी और गैर-आदिवासी ऋणियों द्वारा ऋण राहत न्यायालयों को प्राप्त प्रार्थनापत्रों की संख्या, इसके ऋणों की राशि, निर्णीत किए गए मामलों की संख्या और ऋणों जिनका दावा किया गया और जो अधिनियम के अन्तर्गत घटाए गए आदि के बारे में भाँति-भाँति के और अपूर्ण जवाब प्राप्त हुए। जब ये जवाब भेजे गए थे तो तुलनात्मक रूप से ऋण राहत न्यायालयों ने ज्यादातर क्षेत्रों में जल्द ही काम शुरू किया था। छिन्दवाड़ा से सबसे ज्यादा आदिवासी प्रार्थी आए जहाँ 609 प्रार्थनापत्रों में से 44 में ऋणदाताओं के रुपए 24,492 के दावे प्राप्त हुए। जबलपुर जिले में आदिवासियों ने कुल 632

में से 31 दावों को रखा; उनके द्वारा लिए गए ऋणों के कुल दस लाख से कुछ ज्यादा में से रुपए 31,986 का समाधान हुआ। मांडला जिले में केवल तीन आदिवासियों ने दावा किया; सौगोर में 25 ने, नीमड़ में 66 ने, वर्धा में एक, नागपुर में पाँच बैतुल की बैतूलताई तहसील में केवल नौ, बालाघाट में केवल छह, भंडारा की सकौली तहसील में केवल 18, रायपुर में कोई नहीं, बिलासपुर में एक और दुर्ग में चार लोगों ने ही दावा किया। इस नए अधिनियम के अन्तर्गत रुपए 150 की पुरानी सीमा पूरी तरह से गायब हो गई है ताकि सिवाय भूराजस्व के बकाया या भूराजस्व के रूप में वसूल किए जानेवाले कोई भी मामले के ऋण राहत न्यायालयों द्वारा रुपए 25,000 से कम की किसी भी राशि पर विचार किया जा सके।

हालाँकि सिवनी ऋण न्यायालय के पीठासीन अधिकारी के अनुसार अधिनियम व्यावहारिक रूप से उन आदिवासियों को बहुत कम राहत दे सकता है जिनके पास कोई दस्तावेज नहीं हैं और जो पुराने लेन-देनों को सिद्ध नहीं कर सकते हैं जबकि यदि ऋण नया है तो एकमात्र प्रशंसनीय राहत जो दी जा सकती है वो है किश्तें तय करना; सामान्यतः वह सोचते हैं कि केवल कुछ ही ऐसे मामले होते हैं जिनमें ऋणदाता हिसाब रखता है और उन्हें प्रस्तुत करने के लिए काफी ईमानदार होता है ताकि राहत मिल सके। लेकिन यदि किश्तें संख्या में पर्याप्त हैं और एक वर्ष में आदिवासी की भुगतान क्षमता के अन्दर हैं तो इन्हें तय करना ही अपने आपमें एक प्रभावी राहत है।

225. प्रश्न संख्या (8) के जवाब संकेत करते हैं कि भूहस्तान्तरण अधिनियम द्वारा सुरक्षित की गई बेहद कम जमीन वास्तव में अधिनियम की धारा 4 के अन्तर्गत उपायुक्तों की अनुमति के साथ हस्तान्तरित हुई ताकि ऋणदाताओं और आदिवासी मालिकों के बीच समझौते को सुसाध्य बनाया जा सके। जैसा कि हम देख चुके हैं इस तरह निवास तहसील में रु. 36,000 के ऋण का समाधान हुआ जबकि छिन्दवाड़ा जिले के सिवनी में एक मालगुजारी अंश, छिन्दवाड़ा तहसील में 16 मालगुजारी अंश और *मालिक मकबूजा* अधिकार और सौगोर तहसील में एक मालगुजारी अंश हस्तांतरित हुआ। पहले ही दी जा चुकी छिन्दवाड़ा मंडल की अन्तिम बैठक के उद्धरण में बताया गया है कि हालाँकि यह मंडल की अनुशंसा पर और आदिवासी मालगुज़ारों के हठीले ऋणदाताओं के ऊपर दबाव डालने के लिए कार्यवाहियों के दौरान पुराने छिन्दवाड़ा जिले में खालसा क्षेत्रों पर भू-हस्तान्तरण अधिनियम लागू किया गया। छिन्दवाड़ा के उपन्यायाधीश श्री फड़के, जो मेलाघाट ऋण समाधान निकाय के अध्यक्ष थे, ने ऋण की सुरक्षा के रूप में हस्तान्तरण पर प्रतिबन्ध के महत्त्व को देखा कि आदिवासी कब्जों के स्थानान्तरण पर बरार भू-राजस्व संहिता की धारा 66 के अन्तर्गत प्रतिबन्धों के कारण निकाय के सामने काफी कम मामले आए हालाँकि ऋणसमाधान अधिनियम की धारा 2 (च) के अन्तर्गत काफी कम सीमा निर्धारित की गई थी। आनेवाले मामले ने बताया कि साहूकार अज्ञानी कोर्कू रैयतों को हर तरह से बेवकूफ बना रहे हैं; वे दस्तावेज प्रस्तुत करते हैं जिसमें वास्तव में ली गई राशि से 2,3,4 या यहाँ तक 6 गुना भी बकाया उन पर दिखाया जाता है कि जबकि भुगतान की कोई रसीद नहीं दी गई थी। यह केवल संहिता की धारा 66 द्वारा आदिवासियों की काश्तकारियों पर लागू प्रतिबन्ध या जिसने साहूकारों से उनके कब्जों को बचाया।

226. प्रश्न संख्या (8) मध्य प्रान्त ऋण सुरक्षा अधिनियम, 1937 के IV, के जिलों में प्रयोगों के सम्बन्ध में था, जो मध्य प्रान्त में 8 मार्च, 1937 और बरार में 30 मार्च, 1937

से काम करने लगा। अधिनियम ऋणियों की साहूकारों और उनके किराए के गुंडों से जो कानूनी कार्यवाही* की जगह हिंसक धमकियों पर ज्यादा भरोसा करते हैं, सुरक्षा के लिए है।

यह ऋणी के साथ ऋणदाता द्वारा बकाये की वसूली के लिए दुर्व्यवहार को हस्तक्षेप्य अपराध मानता है जिसकी सजा तीन महीने या साधारण कैद या रु. 500 जुर्माना या दोनों है, दुर्व्यवहार को ऐसे परिभाषित किया गया है—

(क) रास्ता रोकना या हिंसा का प्रयोग करना या किसी व्यक्ति को भयभीत करना या

(ख) एक जगह से दूसरी जगह तक लगातार उसका पीछा करना या उसकी किसी सम्पत्ति या प्रयोग की जा रही सम्पत्ति में रुकावट डालना या उससे वंचित कर देना या ऐसी सम्पत्ति को प्रयोग करने में बाधा डालना, या

(ग) एक घर या स्थान के निकट जहाँ वह रहता हो, काम करता हो, व्यवसाय करता हो या करने वाला हो, के आसपास मटरगश्ती या इसी तरह का कोई मिलता-जुलता काम करना, यानि वह सब मंशाएँ जो उसे अपनी मर्जी का काम करने से रोकने का कारण बनें या कोई ऐसा काम करना जिसे करने का अधिकार उसके पास हो या सीधे-सीधे करने से रोक देने का काम। जनजातीय क्षेत्रों में *साहूकारों* और उसके गुर्गों हुए तथाकथित पठानों रोहिल्ला और परदेशियों द्वारा तगादा करने के तरीकों का आकलन करके अधिनियम एक वास्तविक बुराई का उपचार करना चाहता है। जिलों में पहले तीन सालों में इसका प्रयोग इसके कानून बनने के बाद से बदलता रहा है, जैसा की नीचे तालिका में दिखाया गया है :

जिला	व्यक्तियों की संख्या		
	अभियोगी	**दंडित**	**दोषमुक्त**
जबलपुर	16	7	9
मांडला	3	2	—
सौगोर	—	—	—
होशंगाबाद	1	1	—
नीमड़	12	5	7
वर्धा	—	—	—
नागपुर	—	—	—
छिन्दवाड़ा	41	17	22
बैतूल	10	3	7
बालाघाट	6	3	3
भंडारा	8	8	—
बिलासपुर	—	—	—
रायपुर	—	—	—
दुर्ग	14	8	6

1940 के आखिरी नौ महीनों में मांडला जिले में सात और दोषियों पर अभियोग लगाया गया और दंडित किया गया। छूटने वाले लोगों का अनुपात ज्यादा है और वह आंशिक रूप

* आपत्तियों और कारणों का कथन।

से दुर्व्यवहार की परिभाषा में निहित मंशा के कारण है; धारा की "ऋण भुगतान करने के लिए बाध्य करने की मंशा" को "अलग रहने के कारणों को पैदा करने की मंशा आदि" से बदला जाना चाहिए। हालाँकि अधिनियम ने उन जिलों में जहाँ ये किए जाते थे वहाँ पर ऋणियों के साथ गुंडागर्दी को कम कर दिया है। मांडला में श्री एल.डी. पाठक सुझाव देते हैं कि यह केवल कागजों में है और यह कि दुर्व्यवहार कभी-कभार ना सिर्फ ग्रामीण क्षेत्रों में बल्कि शहरों में भी हो जाता है। श्री हाइड यह सोचते हुए कि हालाँकि इसने कुछ मामलों में बहुत अच्छा किया है, लेकिन यह पाया कि अन्य मामलों में इसने *साहूकारों* को इतना क्रोधित कर दिया कि उन्होंने एकबारगी बदला लेने के लिए सिविल न्यायालयों में वसूली के लिए मुकदमा डाल दिया। इसी प्रकार डिंडोरी तहसील में करंजिया में एक गोंड विधवा ने अपने ऋणदाता की शिकायत लगाई जो दंडित हुआ और जुर्माना भी देना पड़ा; बदले में ऋणदाता ने मांडला में एक बांड पर जो उसके पति द्वारा पूरा करना था, विधवा द्वारा जालसाजी का आरोप लगाया, वह मामला जीत गया और तब फिर एक और मामला दायर कर दिया : निस्सन्देह अन्त में लगता है कि अभियोग लगाने से उस पर दुर्व्यवहार से ज्यादा मुसीबतें आ गईं। यह एक प्रावधान की आवश्यकता की तरफ इशारा करता है कि दुर्व्यवहार के लिए दंडित ऋणदाता द्वारा ऋण की वसूली के लिए कोई मुकदमा, उस ऋण को वसूलने की मंशा के साथ न्यायालय में नहीं रहेगा, या उसके द्वारा रखा गया कोई भी व्यक्ति तगादा करने वाले के रूप में अधिनियम के अन्तर्गत दुर्व्यवहार करता है तो मध्य प्रान्त साहूकारी अधिनियम, 1934 [जैसा कि मध्य प्रान्त और बरार (धारा 93) अधिनियम, 1940 का XIV संशोधित हुआ] की धारा 11-ख के अन्तर्गत उसके पंजीकरण प्रमाणपत्र को रद्द किया जा सकता है; इसका प्रभाव धारा 11-च के अन्तर्गत उसकी निरन्तर साहूकारी को गैरकानूनी करने और धारा 11-ज के अन्तर्गत उसे ऋण की वसूली के लिए सिविल न्यायालय के मंच का उपयोग करने से मना करके भी किया जा सकता है।

कई जवाब बताते हैं कि अधिनियम के अन्तर्गत अभियोग लगाए गए व्यक्ति पर लगातार पुलिस उप-निरीक्षकों और उसके स्टाक की निगरानी की आवश्यकता है। कुछ जिले यह दिखाते हैं कि कुछ अभियोगों में आरोपी ने अपराध के साथ शिकायककर्त्ता को जोड़ दिया। उन असंख्य मामलों पर विचार करते हुए जिनमें साहूकारों ने आदिवासी ऋणियों पर गलत प्रभाव डालने का व्यवहार किया, यह स्पष्टतः अवांछनीय है कि बिना न्यायालय की अनुमति के अपराधों को मिला देने दी अनुमति दी जाए जिसके लिए यह संतुष्ट होना चाहिए कि संयुक्तीकरण समझौता उपयुक्त है और यह केवल ऋणदाता द्वारा अधिनियम से बच निकलने का सिर्फ एक साधन नहीं है। यहाँ तक कि जब कोई मामला संयुक्त किया जाए तो न्यायालय द्वारा पंजीकरण प्रमाणपत्र को रद्द करने के निर्देश देने की अनुमति भी होनी चाहिए।

227. प्रश्न संख्या 9* मध्य प्रान्त साहूकारी अधिनियम की प्रभावक्षमता के बारे में पूछता है।

जवाब यह निर्दिष्ट करते हैं कि अभी भी कई जिलों में धारा 11-ख के अन्तर्गत पंजीकरण प्रमाणपत्र लेने की आवश्यकताओं से बच निकलने के बहुत रास्ते हैं; बालाघाट जिले में हाल ही में सिविल न्यायालयों के रजिस्टरों में जाँच करने पर पता चला कि लगभग 1000

* देखिए पैराग्राफ 213।

साहूकार अभी पंजीकृत नहीं हुए हैं और केवल बैतूल, बिलासपुर और रायपुर के उपायुक्त ही निश्चित थे कि उनके जिलों में कोई बच निकलने का रास्ता नहीं है। ऋणियों, आदिवासियों या अन्य की सुरक्षा के तौर पर अधिनियम की प्रभावक्षमता के बारे में अलग अल्पमत हैं। अतिवादी मत यह है कि इस अधिनियम का एकमात्र उपयोग वह पैसा है जो यह प्रान्तीय विजोरी में धारा 11-ग के अन्तर्गत पंजीकरण शुल्क के रूप में लाता है। एक अन्य वकील ने बताया कि इस और ऋणीसुरक्षा अधिनियम से साहूकार आसानी से पुलिस-अधिकारियों को रिश्वत के रूप में "सुरक्षा-शुल्क" देकर बच जाते हैं! प्रश्न संख्या 9 के भाग (ख) और प्रश्न संख्या 10* के लिए मिले जवाबों के मतों की सामान्य सहमति यहीं है कि ये दोनों अधिनियम आदिवासियों या निम्न जाति के ऋणियों की सुरक्षा ठीक से नहीं करते हैं।

आधिकारिक मत लगभग सर्वसम्मति से निम्न प्रश्न 10† के नीचे टिप्पणी में सार-संक्षेपित की गई बम्बई अनुशंसाओं के पक्ष में है। ज्यादा स्पष्टता के लिए मैं इस रिपोर्ट के परिशिष्ट घ में श्री सिमिंग्टन की रिपोर्ट के पैराग्राफ 24 से 28 तक दोबारा प्रस्तुत कर देता हूँ, जिससे मैं व्यावहारिक रूप से सहमत हूँ, इस मत-भिन्नता के साथ कि जब तक आदिवासियों के लिए ऋण के वैकल्पिक स्वरूपों की व्यवस्था, कपड़े, नमक और मसालों की सस्ती आपूर्ति के लिए प्रबन्ध करने के साथ नहीं की जाती तब तक साहूकार एक आवश्यक बुराई रहेगा। श्री सिमिंग्टन की अनुशंसाओं की दिशा पर आधारित कोई विशेष कदम केवल आंशिक अपवर्जित क्षेत्रों तक ही सीमित नहीं रखा जाना चाहिए सिवाय गवर्नमेन्ट ऑफ इंडिया एक्ट की धारा 92 के अन्तर्गत होने वाली विधायी कार्यवाहियों की राहत के; हमारे कई बहुत पिछड़े क्षेत्र आंशिक अपवर्जित नहीं हैं जैसे कि रायपुर जमींदारियाँ, दोन्डी-लोहारा जमींदारी, पंडरिया जमींदारी, बैतूल तहसील और छिन्दवाड़ा जिले का *खालसा* क्षेत्र। धारा 93 की प्रक्रिया के अन्तर्गत एक प्रायोगिक कार्यवाही सरलता से पूरे प्रान्त के लिए अधिनियमित की जा सकती है और इसके कामों के प्रभावों को जानकर विधायिका संविधान के सामान्य कामों को पूर्वजीवित करते हुए एक सारगर्भित और संशोधित अधिनियम पूरे प्रान्त के लिए बना सकती है। इस बीच धारा 93 के अनुसार अधिनियम उस धारा की उप-धारा (4) के अन्तर्गत केवल अस्थायी शक्ति रखेगा बजाय इसके कि धारा 92(1) के अन्तर्गत सामान्य अधिसूचना द्वारा प्रस्तावित धारा 93 अधिनियम को आंशिक अपवर्जित क्षेत्रों में लागू करें बल्कि संवैधानिक रूप से यह ज्यादा शक्तिशाली होगा कि इसे उन क्षेत्रों के लिए गवर्नमेन्ट ऑफ इंडिया एक्ट की धारा 92(2) के अन्तर्गत ठोस नियमों के रूप में अधिनियमित किया जाए।

228. साहूकारी अधिनियम की धारा 11-ख के द्वारा पहले से निर्धारित पंजीकरण प्रमाण पत्र के अतिरिक्त निश्चित तौर पर यह आवश्यक है कि आदिवासियों या अनुसूचित और अन्य पिछड़े वर्गों के सदस्यों के साथ लेन-देन के लिए एक विशेष लाइसेन्स होना चाहिए। यह विशेष लाइसेन्स आंशिक अपवर्जित क्षेत्रों में और उसके बाहर अधिसूचित क्षेत्रों की अधिसूचित जनजातियों और जातियों के साथ साहूकारी लेन-देन के लिए सभी साहूकारों के लिए आवश्यक कर दिया जाना चाहिए। साहूकारी में महाजनी जोड़ने (जैसा कि मद्रास ऋणी सुरक्षा अधिनियम में है) की बात भी स्पष्टता के साथ परिभाषित होनी चाहिए। सम्भवतया वर्तमान साहूकारी अधिनियम की धारा 2 (vii) की परिभाषा के अनुसार ऋण एक पेशगी है "चाहे पैसों या अन्य किसी रूप में ब्याज पर" और इसके साथ ही "कोई लेन-देन जो

* देखें पैराग्राफ 213।

न्यायालय को वास्तव में ऋण लगता है" में उधार पर कपड़ों और अन्य चीजों की बिक्री आ जाती है और इस तरह यह नीचे की टिप्पणी प्रश्न संख्या 10 के (क) और (ग) के सुझावों से जहाँ तक सामानों का सम्बन्ध है मेल खाता है; लेकिन विचार की ठोसपरकता के लिए कानूनी मत जान लेना चाहिए और यदि आवश्यक हो तो इस बिन्दु पर धारा-2 में "साहूकार" और "ऋण" की परिभाषा को और ज्यादा व्याख्यापूर्ण बनाया जाना चाहिए। एक पूरी परिभाषा का एक लाभ यह है कि यह पंजीकरण प्राधिकरण के लोगों के दिमागों से सन्देह को दूर कर देगा कि क्या कपड़े की फेरी वाले व अन्य साहूकार हैं और उन्हें वर्तमान सामान्य पंजीकरण प्रमाणपत्र और सुझाए गए विशेष लाइसेन्स की जरूरत है।

229. वर्तमान अधिनियम की धारा 2 (vii) के अनुच्छेद (ज) में ऋण की परिभाषा "एक कृषि मजदूर को उसके मालिक द्वारा दिया गया ऋण" से अलग है। यह अपनी शर्तों में काफी सामान्य है। श्री सिमिंग्टन अनुशंसा करते हैं कि उनके द्वारा सुझाए गए साहूकारी नियम द्वारा "एक नकद ऋण के बदले में कुछ वर्षों की बन्धक के रूप में सेवा करने की अपमानजनक व्यवस्था" को प्रतिबन्धित कर दिया जाना चाहिए। मेरा विचार है कि हमें इस काम को प्रतिबन्धित करने की बजाय नियमित कर देना चाहिए लेकिन यह पंजीकरण कराते वक्त उन साहूकारों को ध्यान दिलाने के लिए सुविधाजनक होगा जो आदतन अपने मजदूरों को इस तरह से फँसा देते हैं और वर्तमान परिच्छेद (ज) में स्वाभाविक रूप से एक दरार थी जिसमें से आदिवासी क्षेत्रों में साहूकार पंजीकरण कराने से बच सकते थे। यह बिन्दु एक बार फिर से बँधुआ-मजदूरी वाले अध्याय में उल्लिखित किया जाएगा। इसी सन्दर्भ में मैं यह भी सोचता हूँ कि अधिनियम की धारा 13 को आदिवासी क्षेत्रों में बचाए रखना सुरक्षित नहीं है जो उसे इसके प्रावधानों से बचाता है "एक मालिक जो केवल अपने किसी काश्तकार को बीज, जमीन की बेहतरी और कृषि-कार्यों के लिए अनाज या पैसा देता है"। ऐसे क्षेत्रों में असंख्य गाँव हैं जहाँ मालगुजार अपनी साहूकारी को केवल अपने काश्तकारों तक सीमित रखते हैं और सारा ऋण लगभग इन्हीं सारी आवश्यकताओं की पूर्ति के लिए (जब तक कि शादी के खर्चे न हों) देता है। ऐसे ऋणों से वह अपने काश्तकारों को अपनी पकड़ में रखता है और धीरे-धीरे उनकी जमीन या "बँधुआ मजदूरी" हथिया लेता है।

230. अधिनियम में (धारा 3) संशोधन अधिनियम, 1940 के XIV द्वारा जोड़ी गई धारा 11-ख से लेकर 11-ज तक (खासकर 11-ज) श्री सिमिंग्टन के सुझाव के लिए मशीनरी उपलब्ध कराता है कि ऐसे लेन-देन जो अधिनियम का उल्लंघन कर रहे हैं कानून द्वारा अप्रवर्त्तनीय होने चाहिए खासकर यदि ऋणी सुरक्षा अधिनियम ऊपर पैराग्राफ 226 में बताए गए सुझावों के आधार पर संशोधित किया जाता है जिससे न्यायालय को साहूकारी अधिनियम की धारा 11-ख के अन्तर्गत कोई पंजीकरण प्रमाणपत्र रद्द करने की शक्ति मिल जाए और यदि बताई गई शक्तियाँ उपायुक्त को मिल जाएँ जिससे वह किसी व्यक्ति के पास प्रस्तावित विशेष लाइसेन्स को जो आदिवासी जनजातियों व पिछड़ी जातियों से लेन-देन करता हो और किसी भी प्रकार से लाइसेन्स के अनुसार कामों का उल्लंघन करके इसकी साख को गिराता हो, रद्द कर सकता हो।

231. प्रश्न 10 के नीचे टिप्पणी में सुझाव (ग)* महत्त्वपूर्ण है। हम देख चुके हैं कि इस प्रान्त में भी बम्बई की तरह कितनी सामान्य बात है कि दस्तावेज में दिखाए गए ऋण की

* देखें पैराग्राफ 213।

राशि वास्तव में दिए गए ऋण से ज्यादा होती है चाहे इस दस्तावेज को एक बांड, एक रसीद, एक प्रतिज्ञापत्र या अन्य किसी रूप में लिखा जाए। जनजातीय क्षेत्रों में रहने वाले आदिवासी या अर्द्ध-आदिवासी पिछड़ी जाति के लोग (जैसे गोवरी, पाका, पबिया, बसोर और इसी तरह अन्य) इतने अशिक्षित, इतने अज्ञानी और बेहद भोल-भाले हैं कि कानून को स्पष्ट करने के लिए प्रयास करने चाहिए कि यह एक दंडनीय अपराध है कि ऋण के दस्तावेज में लेनदेन के वास्तविक तथ्यों की जगह कुछ और लिखा जाए। वास्तव में इसके लिए और साहूकारी, महाजनी, ब्याज पर उधार-बिक्री के लिए सम्भावित दंड को आंशिक अपवर्जित क्षेत्रों और आदिवासी क्षेत्रों जो प्रान्त के दूसरे भागों में इस उद्‌देश्य के लिए अधिसूचित किए गए हैं, के साथ कैद को भी शामिल किया जाना चाहिए न कि वर्तमान साहूकारी अधिनियम के दंड अनुच्छेद 11-च की तरह जो बिना वैध पंजीकरण प्रमाण पत्र के साहूकारी करने के लिए केवल जुर्माना लगाता है जो पहले अपराध के लिए 100 रुपए तक हो सकता है। मेरा विचार है कि कम-से-कम आंशिक अपवर्जित क्षेत्रों में यह शक्ति दी जानी चाहिए कि किसी साहूकार या इसके द्वारा रखे गए किसी व्यक्ति को सम्बन्धित क्षेत्र के अन्तर्गत अपना रहने का स्थान तय करने से रोक दिया जाए और उसकी गतिविधियों को परिणत कर दिया जाए चाहे वह कोई मालगुजार या अन्य सम्पत्ति का मालिक हो।

232. यहाँ हमें जनजातीय क्षेत्रों में जंगल के और अन्य ठेकेदारों के, खासकर छोटे वन-उत्पादों के, कार्यों को भी अवश्य ध्यान में रखना चाहिए। अतिरिक्त सहायक आयुक्त श्री जे.पी. मालवीय ने इंगित किया कि वास्तविक नुकसान आदिवासियों को ठेकों को अज्ञात कठिन शर्तों पर रखने से होता है बजाय शुद्ध साहूकारी के। उन्होंने एक हाल के मामले का उदाहरण दिया कि एक *हर्रा* (माईराबोलम) के ठेकेदार ने अपने ठेके में अपने क्षेत्र के सभी आदिवासियों को पैसे दिए इस शर्त पर कि यदि वे तीन महीन के अन्दर शर्त के अनुसार *हर्रा* की मात्रा की आपूर्ति नहीं कर पाए तो वह मात्रा से दोगुना ज्यादा पाने का हकदार हो जाएगा। वह सोच-समझकर तीन महीने के दौरान आपूर्ति लेने से बचा और तब आदिवासियों पर आपूर्ति दोगुनी करने के लिए दबाव डाला। दिए गए इस तरह के ठेके न केवल छोटे वन-उत्पादों बल्कि *घी*, सरसों के बीज, अन्य तिलहन बीज और मालगुजारी जंगलों और सरकारी जंगलों में जहाँ विभागीय कार्य नहीं किए जाते हैं, दुलाई के लिए भी दिए जाते हैं। ना सिर्फ़ ठेकेदारों द्वारा आदिवासियों को दिए गए अन्तिम पर तय की गई ऊँची दर से ब्याज लिया जाता है बल्कि वे कीमतें भी जो वे उत्पादों के लिए जिसे उन्होंने देने का ठेका लिया है, बाज़ार की वर्तमान कीमतों से तीन-चौथाई से ज्यादा नहीं होती है। इस तरह के पैसे देने और पहले वाले ठेकों को रोकने के लिए या कम से कम नियमित करने के लिए कानून की जरूरत है जो कि उन्हें साहूकारों को सुझाए गए इस तरह के विशेष लाइसेन्सों जो जनजातीय क्षेत्रों में ठेकों के लिए ठेकेदारों द्वारा रखना आवश्यक बना दे; आखिरकार यह उधार-व्यवस्था बेहद सूदखोर किस्म की साहूकारी को बढ़ाता है। श्री के.एन. सुब्रमण्यम, आई.सी.एस, चन्दा के उपायुक्त की गढ़चिरौली तहसील के एक आंशिक अपवर्जित क्षेत्र, मुस्लिम-बाहुल्य वाली गेवरधा जमींदारी की स्थितियों पर हाल ही में लिखी गई निरीक्षण-टिप्पणियों में से उद्धृत किया गया है जो ठेकेदारों के आदिवासियों के साथ कई तरह के व्यवहार और उपरिलिखित नियन्त्रण की आवश्यकता के बारे में और ज्यादा वर्णित करती है—

*   *   *

"कुछ अन्य गाँवों में शिकायतें कुछ अलग किस्म की होती हैं, मैं गोठानगाँव, कोरची, कोटरा और बैठकटी की तरह के गाँवों का जिक्र कर रहा हूँ। इन गाँवों में काश्तकारों को यह अहसास कराया जाता है कि लाख उनसे सम्बन्धित है जबकि बैठकी के जमींदारी *ठेकेदार* हाज़ी मोर अहमद हुसैन बड़ी संख्या में पेड़ों को पाँच या दस वर्षों के लिए अजीबोगरीब बेहद कम कीमत पर पट्टे पर लेकर काश्तकारों के साथ बेईमानी कर रहे हैं। मैं एक या दो उदाहरण देता हूँ। बैठकटी के गावली, कोजू के बेटे अको के पास अपने खेत में 100 पलाश के पेड़ थे जहाँ पर लाख उपजायी जाती थी। ये पेड़ ठेकेदार को 10 वर्षों के लिए कुल रुपए 16 में पट्टे पर दे दिए गए यानि कि लगभग रुपए 1-10-0 प्रतिवर्ष की कीमत पर। काश्तकार को ठेकेदार के साथ एक लिखित पट्टा देने के लिए प्रेरित किया गया। 100 पेड़ दो से चार मन तक लाख प्रतिवर्ष पैदा कर देंगे। लाख की वर्तमान कीमत रुपए 12 प्रति मन है और कभी कभार कीमतें रुपए 15 तक बढ़ जाती हैं। यदि न्यूनतम दो मन की पैदावार और रुपए 10 प्रति मन की न्यूनतम कीमत भी लें तो उत्पाद कम-से-कम प्रति वर्ष रुपए 20 का होगा। एक अच्छी उपज और अच्छी कीमत रुपए 50 से 60 तक कुछ भी दिलवा सकता है। इसी तरह बैठकटी के गोंड, जोगी के बेटे दन्हू के खेत में 80 *पलाश* के पेड़ हैं। वह भी एक ठेकेदार के साथ लिखित ठेके में पड़ गया है जिसमें उसने कुल रुपए 13-8-0 पर पाँच साल के लिए उत्पाद का पट्टा कर दिया है। लगभग रुपए 20 से 30 रुपए की एक उचित राशि की बजाय काश्तकार प्रतिवर्ष की दर से लगभग रुपए 2-12-0 प्राप्त कर चुका है। बुटेकास्सा के कलार, निम्बा के बेटे माधव के पास कोरची और बुटेकास्सा में अपने अधिकार में 1,000 पेड़ हैं। उसे रुपए 37 प्रतिवर्ष की दर से भुगतान मिला रहा है। मैं नहीं जानता कि क्या ये पेड़ों के लम्बी अवधि के पट्टे वैध हैं। काश्तकारी अधिनियम की धारा 96 का प्रावधान केवल भूस्वामी के पक्ष में लिखित ठेके की अनुमति देता है। धारा 12 (1) के अन्तर्गत कोई अधिभोगी काश्तकार केवल एक कृषि वर्ष के लिए अपने अधिकारों को किसी को दे सकता है। धारा (1) (ग) के अन्तर्गत एक पूर्ण अधिभोगी काश्तकार ऐसे अधिकारों को ऐसी अवधि के लिए जो 10 वर्षों से अधिक नहीं हो, दे सकता है। लेकिन जमींदारियों में ज्यादातर काश्तकार केवल अधिभोगी काश्तकार हैं। पाँच से दस साल की अवधि के लिए पेड़ों के अधिकार का पट्टा देना सन्देहपूर्ण वैधता वाला प्रतीत होता है। हालाँकि मैं इस मामले को और आगे तक देखूँगा। ठेकेदार जो कुछ कर रहे हैं वह पूरी तरह से ठगी है। इस वर्ष से कई गाँवों में काश्तकारों ने लाख पर अपने अधिकार के लिए मजबूती से खड़ा होना शुरू कर दिया है। अपनी इस व्यग्रता में कि जो भी अधिकार मिल सकें, वो मिल जाएँ वे अशिक्षित काश्तकार बहुत कम कीमतों पर राजी हो रहे हैं। जब मैंने उनसे इस बात पर प्रश्न पूछा तो उन्होंने कहा कि कोई अधिकार न होने से एक सामान्य अधिकार होना बेहतर है। मैंने उनमें से कुछ से पूछा क्यों नहीं वे लाख निकालते और उसे बाज़ार में जाकर बेच देते। इसके न हो पाने के कई कारण हैं। पहला, कि वे अपने गाँव से बाहर जाने के लिए बहुत आलसी हैं। वे बाहर की दुनिया के बारे में कुछ नहीं जानते हैं। दूसरा, उनमें से कुछ ने मुझे बताया कि यदि वो कोई ऐसा काम करने की कोशिश करते हैं तो ठेकेदार उनके प्रति कठोर हो जाते हैं और फिर शायद वे जो नाममात्र की राशि अभी दे रहे थे वह भी नहीं देंगे। मैं इस कथन पर परी तरह विश्वास कर सकता हूँ क्योंकि मैं जबर्दस्ती *हर्रा* को जब्त करने के कई मामले देख चुका हूँ जिसे लोग पड़ोस के बाज़ारों में बेचने के लिए

ले जा रहे थे। ठेकेदार एक दबंग होता है जिसके पास नौकरों के रूप में कई लफंगे होते हैं। बेचारा काश्तकार उनके खिलाफ जाने का साहस नहीं करता है। मैं इसी तरह के पट्टों में एक की नक़ल लगा रहा हूँ, जिसमें ज़िक्र है कि 140 पेड़ों का पट्टा ठेकेदार को पाँच सालों के लिए केवल रुपए 17-8-0 में दे दिया गया। मैं अब इस तरह के पट्टों की वैधता के बारे में कानूनी मत लेने का प्रस्ताव रखता हूँ। मैं नहीं जानता कि क्या ये सम्भव है कि ठेकेदार को पट्टेदार को उचित कीमतें देने के लिए बाध्य किया जा सके।"

"जमींदारी के किसी भी गाँव में काश्तकार अपने कब्जे से *हर्रा* और *तेन्दू* के पत्ते तोड़ने के अधिकार का सुख नहीं ले पाते हैं। वही ठेकेदार, बैठकटी का हाज़ी मीर अहमद हुसैन जमींदारी का *हर्रा* और *तेन्दू* पत्रों का भी ठेकेदार है। वह इन चीज़ों को लेने के लिए अधिभोगी मैदानों पर ज़ोर देता है। वह काश्तकारों को *हर्रा* इकट्ठा करने की अनुमति दे देता है चाहे उनके अपने खेतों से या मालगुजारी जंगलों से और उनको रुपए 0-1-6 से लेकर 0-2-0 प्रति दिन *हर्रा* की अलग-अलग दर से मज़दूरी देता है। ये केवल मज़दूरी है ना कि उत्पाद की कीमत। यह ठेकेदार द्वारा स्वयं स्वीकार किया गया। काश्तकारी अधिनियम की धारा 95 (1) के अनुसार उस अधिनियम के लागू होने के दिन तक के अधिकार या *वाजिब-उल-अर्ज* में किसी प्रविष्टि के अनुसार किसी काश्तकार का अपने जोत वाले पेड़ों के फलों पर उतना ही अधिकार है जितना कि उसकी जोत पर। अधिकार उन सभी गाँवों में जहाँ मैं गया, ग्राम प्रशासन के दस्तावेज के भाग-7 में "पेड़ों में अधिकार" शीर्षक से कहा गया है कि काश्तकारों का अपने कब्जे में पेड़ों के फलों का उतना ही है जितना कि उनका कब्जों पर है। दूसरे शब्दों में यह अधिनियम की धारा 85 (1) के प्रावधानों को दोहराता है। यह सच है कि इस भाग के अन्त में एक वाक्य है जो ये कहता है कि जमींदार के कब्जे में फलों वाले पेड़ हैं और उनके उत्पाद ग्राम प्रशासन दस्तावेज के भाग 6 (6) के अनुसार नियन्त्रित किए जाएँगे। यह केवल कब्जे में पाए गए ऐसे पेड़ों के बारे में है जो जमींदार के नाम से दर्ज हैं। अन्यथा सारे पेड़ काश्तकार के अधिकार में हैं। बड़ी संख्या में लोगों ने मुझसे शिकायत की है कि ठेकेदार ने उन्हें पास के बाज़ार में *हर्रा* ले जाने से रोका। कोटरा के जीता गोंड के बेटे हरसिंह, कोलूपाडी कासा के मेहर गोंड के बेटे महारू, हितापाडी के दुरूगशाह के बेटे तारी, शिकारहोला के अनोढी गोंड के बेटे सुमेरसिंह, कैमूर के शेरसिंह गोंड के बेटे बुद्ध, विहिते-खुर्द के बिसनाय कावड़ के बेटे रामदयाल और मारकेकासा के लाक्सी हलबा के बेटे नन्दू ऐसे कुछ शिकायतकर्त्ता हैं। उन्होंने कहा कि ठेकेदार ने उत्पाद को छीन लिया और उनकी पशु-माड़ियों को बाज़ार जाने से रोका। वहाँ पर इस तरह रोके जाने की हाल ही में एक घटना हुई। बिहिते-कलाँ के राजाराम कावड़ के बेटे पिल्लू ने पुष्टि करते हुए बताया कि एक महीने पहले वह भंडारा जिले के एक गाँव कोकड़ी की तरफ एक गाड़ी में 12 टिन *हर्रा* ले जा रहा था। हितापाडी के निकट ठेकेदार के नौकर टिर्रू गोंड ने उसे रोका और पूछा कि वह उत्पाद को उसके मालिक को क्यों नहीं बेच रहा। उसने बलपूर्वक माल पर कब्जा किया और बोरों को उठाकर ले गया। यहाँ तक कि पारम्परिक मजदूरी भी पिल्लू को नहीं दी गई। प्रथम दृष्टया यह चोरी का मामला लगता है। मैं नहीं जानता

कि क्या शिकायतकर्त्ता अपने आरोपों के समर्थन में सबूत प्रस्तुत करने में समर्थ हो पाएगा लेकिन मैं इस मामले को पुलिस को ऐसी कार्यवाही के लिए जो बेहद जरूरी है, रिपोर्ट दे दूँगा। मैं कानूनी स्थिति को देखना चाहता हूँ और यदि काश्तकारों के अधिकार को लागू किया गया तो ठेकेदारों की दबंगई को रोकना होगा।"

बालाघाट और मांडला जिलों के आदिवासी जनजातियों की स्थिति पर मार्च 1940 में दर्ज की गई निरीक्षण-टिप्पणी के दौरान होने वाले पत्रव्यवहार में कई वन अधिकारियों की तरह ही प्रान्त के गवर्नर सर फ्रांसिस वैली, के.सी.एस.आई., सी.आई.ई., आई.सी.एस. ने भी गाड़ी वाले ठेकेदारों की कारगुजारियों के बारे में उल्लेख किया कि सूदखोरी की शर्तों पर उधार देकर लगभग सभी आदिवासी गाड़ीवानों को अपना बँधुआ मज़दूर बना लेते हैं। मंडलीय वन अधिकारियों द्वारा इस पर नियन्त्रण करने के लिए काफी कुछ किया गया जैसे इन्हें काली सूची में डाल दिया गया जिसके बाद दोषियों ने इस बुराई को रोकने के लिए काफी कुछ किया; अन्तिम तौर पर सारे जंगलों को विभागीय रूप से बड़े उत्पादों के लिए काम करना चाहिए, जो आदिवासियों की सुरक्षा के लिए एक प्रशंसनीय व्यवस्था है और जिसकी वह शीघ्र ही प्रशंसा करने लगता है जिसकी गवाही उस वनमंडल में व्यवस्था शुरू करवाने के लिए बैतूल तहसील के गोंड और कोर्कू लोगों के कोलाहल से मिल सकती है, जो वे अपने प्राचीन होशंगाबाद वन मंडल के बोरी जंगलों में देख चुके हैं। जहाँ तक अन्य ठेकों का सवाल है श्री सिमिंग्टन ने दो अनुशंसाएँ* की हैं जो उपयोगी हो सकती हैं। (क) पिछड़े वर्गों के सदस्यों से पुराने या नये ऋणों की वसूली नकद के अलावा किसी और रूप में करने पर दंड दिया जाना चाहिए, और (ख) कि साहूकार पर अवश्य ही "साथ-साथ कृषि उत्पादों के विक्रेता के तौर पर व्यवसाय चलाने और भीलों या अन्य किसी व्यक्ति को इस शर्त पर ऋण देना कि उसकी फसल बेच दी जाएगी, पर प्रतिबन्ध लगाने के साथ निवारक जुर्माना भी लगाया जाना चाहिए।"

हालाँकि शायद शुरुआत करने के लिए सिवाय सबसे पिछड़े क्षेत्रों जैसे अहीरी जमींदारी, ज्यादातर गढ़चिरौली जमींदारियाँ, छिन्दवाड़ा जागीरें, सतगढ़ जमींदारियाँ, डिंडोरी तहसील, बैहर तहसील के बैगा क्षेत्रों के जमींदारी गाँव, दुर्ग जिले के आंशिक अपवर्जित क्षेत्रों और मेलाघाट के, यह ज्यादा ठोस होगा कि प्रतिबन्धित करने की बजाय नियमित किया जाए और विशेष लाइसेन्स के तरीके नियमित किया जाएँ : आखिरकार यह मुश्किल काम है और आदिवासियों के लिए ऋणों की व्यवस्था के लिए प्रभावी वैकल्पिक प्रबन्ध करने में समय लगेगा, जिनके पास सुरक्षा के नाम पर रखने के लिए कुछ नहीं है सिवाय अपने श्रम, अपने उत्पाद या वन उत्पादों के जो वह एकत्रित करता है।

233. खासतौर पर न्यायिक अधिकारियों का मत है कि साहूकारी अधिनियम, साहूकारों को ठीक ढंग से हिसाब-किताब रखने खासकर पिछड़े क्षेत्रों में, के लिए बाध्य करे। कई सारे जिक्र हैं कि सूदखोरी ऋण (मध्य प्रान्त संशोधन) अधिनियम और 29 मई, 1934 के पचमढ़ी अधिसूचना संख्या 1060-836-XIII के प्रावधानों से बचने के लिए और उसके अधीन यह निर्देशित करते हुए कि 10 प्रतिशत से ज्यादा ऊँची दर पर चक्रवृद्धि ब्याज को अत्यधिक माना जाएगा, आदतन साहूकार दस्तावेजों में वास्तविक दिए गए ऋण से ज्यादा लिख देते

* उनकी रिपोर्ट के पेज 16 पर।

हैं, प्रायः कई गुना ज्यादा और इस तरह न केवल वास्तविक उधार पर अपना पुराना अतिरिक्त ब्याज वसूलते हैं बल्कि दावा भी ठोकते हैं, जिसका खंडन कानून में करना मुश्किल है जो उनके अधिकार से कहीं बड़े एक सिद्धान्त के अनुसार है। वे सुझाव देते हैं कि ये लेनदेन पूरे प्रान्त में साहूकारी अधिनियम के अन्तर्गत एक गम्भीर दंडनीय अपराध माना जाना चाहिए। अतः साथ ही यह भी अनुशंसित किया गया है कि जब बांड का नवीकरण किया ज़ाता है तो पुराने एक हिसाब को दो या तीन जगह बाँटने और नये बांड में पुराने ऋण के लेनदेनों के बारे में गलत दर्ज करने जो वे प्रतिस्थापित या अनुपूरित करते हैं और संयुक्त से पुराने ऋण पर मूलधन और बकाया ब्याज को नये नकद उधार के रूप में दिखाना भी इसी तरह की जुड़ी हुई कार्यवाहियाँ हैं। बेशक यह वांछनीय है। प्रश्न संख्या (13)† में शामिल सुझावों पर लिए गए कामों के नीचे विचार करने के दौरान इसका दूसरा पहलू सामने आएगा।

234. प्रश्न संख्या (14)* में 1939 में आदिवासियों के खिलाफ ऋण वसूली के लिए किए गए मुकदमों की संख्या और उन मुकदमों के बारे में जिनमें ऋणदाता अपने मुकदमे हार गए हैं, की संख्या के बारे में पूछताछ की गई है। इस स्थान पर प्रश्न ठोस तार्किक क्रम में नहीं आ सके हैं लेकिन जवाब अपूर्ण होते हुए भी रोचक है क्योंकि ये दिखाते हैं कि पिछड़े क्षेत्रों में कितना कम विश्वास साहूकारों ने न्यायालय का पाया है और इसीलिए वह कितना दलाली करने वालों, तगादा करने वालों और अन्य तरीकों के माध्यम से अपना काम करता है या कभी-कभी अपने ग्राहक की जड़ता और अज्ञान के द्वारा जो, जैसा कि ऊपर चन्दा जिले के माड़िया लोगों के बारे में उद्धरण में बताया गया है, साल-दर-साल अपने अतिरिक्त उत्पाद को साहूकार को देता रहता है बिना ये जाने कि उसके खिलाफ उसके पास क्या कानूनी दावे हैं। जबलपुर जिले में 1939 में 5,111 धन के मुकदमों में से केवल 140 ऐसे थे जिनमें प्रतिवादी आदिवासी थे; पूरे जिले के उन ऋणदाताओं की संख्या जो आदिवासी प्रतिवादियों के हाथ हारे थे नहीं दी गई लेकिन जबलपुर में द्वितीय श्रेणी अतिरिक्त या उपन्यायाधीश की अदालत में ऐसे 36 मुकदमों में से 12 ऋणदाता हार गए। 6 1/2 वर्षों में मांडला जिले में ऋणदाताओं द्वारा गोंड आदिवासियों के खिलाफ केवल 206 मुकदमे दायर हुए और ऋणदाता सिर्फ 16 या 7.8 प्रतिशत जीत ही हासिल कर सके सौगोर जिले में 1939 में आदिवासी 5,142 धन के मुकदमों में से केवल 31 में प्रतिवादी था; ऋणदाताओं द्वारा हारने वालों की संख्या नहीं बताई गयी। होशंगाबाद जिले में 57 में से 20 ऋणदाता हार गए। नीमड़ जिले में केवल खांडवा के प्रथम श्रेणी के उपन्यायाधीश की अदालत में मुकदमों की संख्या पता चली जहाँ आदिवासियों के खिलाफ लाए गए सारे 58 मुकदमे ऋणदाताओं द्वारा जीते गए और बुरहानपुर उपन्यायाधीश की अदालत में इस तरह के 52 में से ऋणदाता 45 जीते, छः गलती के कारण निरस्त कर दिए गए और एक में समझौता हो गया। वर्धा जिले में इस तरह के केवल नौ मुकदमे थे जिनमें से छह ऋणदाता जीत गए और न्यायालय ने गलती के कारण एक को निरस्त कर दिया और दो को उनके गुण दोषों के कारण। पूरे नागपुर जिले के लिए कोई संख्या नहीं दी गई है; यह बताया गया कि काटोल और उमरेर के उपन्यायाधीश की अदालत में इसका कोई मुकदमा नहीं था। बिलासपुर जिले में केवल सात मुकदमे थे जिनमें से सारे ऋणदाताओं द्वारा जीते गए। दुर्ग जिले में ऐसे 12 मुकदमे थे, सभी गोंड या कावड़

† * देखें पैराग्राफ 213।

प्रतिवादियों के खिलाफ जिसमें से दो लम्बित हैं, एक पर समझौता हो गया, तीन गुणदोषों के आधार पर ऋणदाताओं द्वारा जीत लिए गए और छः एकतरफा थे। अमरावती के मेलाघाट तालुक में ऐसे 16 मुकदमे थे जिनमें से चार ऋणदाता हार गए। संख्याएँ बताती हैं कि न्यायालय हमेशा ऋणदाता को अपने हिसाब से चीज़ें करने नहीं देती हैं लेकिन तब भी बहुसंख्यक मुकदमों का परिणाम ऋणदाता के लिए डिक्री के रूप में आता है। लेकिन न्यायालय में आदिवासी ऋणियों के खिलाफ लाए गए कुल मामलों की संख्या बेहद कम होती है। वास्तव में ज्यादातर ऐसे मुकदमे सामर्थवान राज-गोंड या मुआसी कोर्कू या तैवर मालिकों के खिलाफ होते हैं : इन संख्याओं में आदिवासी जमींदारों के खिलाफ मुकदमों की संख्या भी शामिल है। वास्तव में सिविल न्यायालयों को आदिवासी ऋणों में ज्यादा कुछ करना नहीं होता है। इसका अनुपालन यही है कि पिछड़े क्षेत्रों में ऋणियों की मदद करने के प्रयासों को मुख्यतः कार्यकार अधिकारी या कम-से-कम संचल न्यायालयों द्वारा प्रशासित करवाना पड़ेगा। दूरस्थ तहसीलों में राजस्व अधिकारियों को सिविल शक्तियाँ देने या न देने पर विचार करते हुए उच्च न्यायालय और सरकार के लिए यह बिल्कुल असुरक्षित है कि वे ऐसे मुकदमों की असली संख्याओं पर विश्वास करें जिनमें आदिवासी शामिल हैं। ऐसे मामले आदिवासियों की ऋणदाता के प्रति मानसिक गुलामी के कारण न्यायालयों तक नहीं पहुँच पाते हैं जो अपने ऋण की वसूली अपने तरीकों से कर सकता है या फिर न्यायालयों की आदिवासियों से दूरी जिसके कारण यदि अभी उसे साहूकार या ऋणदाता के खिलाफ सिविल मामलों में हर्जाना पाना हो तो जाना पड़ता है। यह तर्क भी दिया जा सकता है कि प्रस्तावित कार्रवाइयाँ वसूली के लिए ऋणदाता को न्यायालयों की तरफ ज्यादा धकेल सकती हैं जैसा कि करंजिया में उल्लिखित मामले में हुआ जहाँ ऋणी सुरक्षा अधिनियम के अन्तर्गत एक गोंड विधवा अभियोगी बनाए जाने पर बदले में *साहूकार* ने मंडला के सिविल न्यायालय में उसके खिलाफ दो मुकदमे दायर कर दिए। अपने आपमें यह कोई खराब परिणाम नहीं है; न्यायालय, खर्चीले और सुस्त होते हुए भी व्यावहारिक न्याय करते हैं। यह ज्यादा अच्छा है कि आदिवासी शोषक द्वारा कानूनी कार्यवाहियों में भाग ले बजाय इसके कि सारी जिन्दगी निरन्तर शोषण से परेशान रहे। हालाँकि यदि उसे यह राहत पानी हो तो उसे सिर्फ यह कहना पड़ेगा, यदि न्यायालय उसके आसपास हों। औसतन प्रत्येक आदिवासी क्षेत्र में ग्राम पंचायत अधिनियम के अन्तर्गत व्यावहारिक रूप से कोई ग्राम पंचायतें नहीं हैं और इसीलिए इस अधिनियम के अन्तर्गत बहुत थोड़े से ग्राम-न्यायालय हैं; और इन न्यायालयों से वर्तमान समय में कोई बहुत ज्यादा न्याय पाने की उम्मीद नहीं की जा सकती है क्योंकि आदिवासी पंचायतों के सदस्यों की संख्या भी काफी कम है; और उसमें भी प्रायः स्थानीय साहूकार खुद ही ग्राम न्यायालय के सदस्य हैं या ऐसी स्थिति में हैं कि न्यायालय में बैठने वाले पंचायत सदस्यों पर प्रभाव डाल सकते हैं। वास्तव में किसी भी पंजीकृत साहूकार को ग्राम पंचायत कम-से-कम ग्राम न्यायालय या न्यायपीठ का सदस्य बनने के अयोग्य घोषित कर देना चाहिए। ये सब बातें तहसीलदार और नायब-तहसीलदार की स्थिति को मजबूत करने की वांछनीयता की तरफ इशारा करती हैं ताकि दौरे के दौरान वे सामान्य सिविल मामलों में न्याय कर सकें। इसे करने का सबसे अच्छा तरीका बम्बई मामलातदार न्यायालय अधिनियम, 1906 की खासकर धारा 6* के आधार पर कानून बनाना है। यह संकेत भी देता है कि बम्बई अधिनियम की धारा

* देखें पैराग्राफ 136 और इस रिपोर्ट के अन्त में परिशिष्ट च।

6 में दी गई शक्तियाँ विस्तारित की जानी चाहिए ताकि तहसील अधिकारी के लिए अपनी तहसील के पिछड़े क्षेत्रों में ऋण-राहत अधिकार-क्षेत्र में कुछ कर पाना सम्भव बनाया जा सके।

235. प्रश्न संख्या 13* आदिवासी क्षेत्रों में ऋण राहत कार्यवाहियों को लागू करने को और बेहतर बनाने के सुझावों पर विचार करता है। इस रिपोर्ट के अन्त में परिशिष्ट (ङ) में श्री सिमिंग्टन की रिपोर्ट के पैराग्राफ 215 और 217 को दोबारा प्रस्तुत किया गया है जिसमें से प्रश्न संख्या 13 में (क) व (घ) अनुशंसाएँ ली गई हैं। सिद्धान्त के रूप में हमारे पास ज्यादातर आदिवासी क्षेत्रों में ऋण समाधान है और सिद्धान्त में ही हमारे आदिवासी अभी भी वर्तमान ऋणराहत न्यायालयों से राहत प्राप्त कर सकते हैं। व्यवहार में, जैसाकि हम देख चुके हैं वे राहत प्राप्त नहीं कर रहे हैं और इसका एक स्वाभाविक कारण आदिवासी गाँवों से ऋण राहत न्यायालयों की दूरी है और बार-बार न्यायालयों में उपस्थिति की स्थिर परेशानी जिसका खर्च इन लम्बी कार्यवाहियों में होता है, यदि उसको ऋणग्रस्तता के साथ जोड़ के न भी देखा जाए। क्या यह वास्तव में सन्तोषप्रद है कि डिंडोरी तहसील के बीच में रहनेवाले आदिवासी ऋणी से यह उम्मीद की जाए कि वह ऋण राहत के लिए मांडला में स्थित न्यायालय में जाए? इसी कारण से यह सुझाव (ख) कि ऋणराहत न्यायालयों को प्रत्येक जिले का दौरा करना चाहिए, बहुत महत्त्वपूर्ण है। इस प्रान्त में हम हमेशा ऐसे कार्यों के लिए अतिरिक्त स्टाफ और घूमने के खर्चों के लिए अतिरिक्त पैसों की परेशानी का सामना करते रहते हैं। जैसाकि हम खोज पा रहे हैं खासकर युद्ध और अकाल कार्यों के लिए अतिरिक्त काम और अतिरिक्त स्टाफ की माँग का सामना करते वक्त कि छँटनी इतनी हो चुकी है कि स्टाफ की कमी के कारण कोई आपातकालीन प्रभावी काम भी अशक्त हो गया है। हालाँकि प्रश्न संख्या 13 को मिले प्रत्येक दस में से नौ जवाब इस सिद्धान्त को सिद्ध करते हैं कि ऋण राहत-न्यायालयों को भ्रमण करना चाहिए, हालाँकि यह स्वीकार करते हुए भी कि इस तरह न्यायालय के पास और ज्यादा मामले आएँगे और आदिवासियों को और ज्यादा राहत दी जा सकेगी, कई जवाबों में अतिरिक्त लागत के बारे में बोलते हुए योजना को निषेधात्मक बताया गया है। छिन्दवाड़ा सिविल जिले के जिला और सत्र न्यायाधीश, जिसमें सारे छिन्दवाड़ा और बालाघाट राजस्व जिले और इस कारण आंशिक अपवर्जित छिन्दवाड़ा जागीरें और बैहर तहसील भी शामिल हैं, ने निर्दिष्ट किया कि उनके जिले में उपन्यायाधीशों जो अब ऋण राहत-न्यायालयों के अध्यक्षीय अधिकारियों के रूप में काम कर रहे हैं (अपने सामान्य सिविल कार्यों के अतिरिक्त) के लिए अब यह बिल्कुल असम्भव हो गया है कि वो इस तरह से दौरे करें; ऋण राहत कार्यों के लिए कोई अतिरिक्त स्टाफ (या इस मामले के लिए प्रान्त के ज्यादातर भागों में) वहाँ नहीं दिया गया है और चार न्यायाधीश सात न्यायाधीशों का काम कर रहे हैं इसलिए बढ़ती हुई देरी अपरिहार्य है। वह सुझाव देते हैं कि यह सम्भव है कि हाल ही में विशेष तौर पर आपराधिक मामलों पर कार्यवाही के लिए नियुक्त किए गए नायब तहसीलदारों की तरह ही अस्थायी अध्यक्षीय अधिकारी नियुक्त किए जाएँ, लेकिन उसका विचार है कि यह काम शायद ज्यादा ही जटिल हो जाएगा। भंडारा के अनुभवी उपायुक्त रायसाहब एस. सान्याल का विचार है कि जनजातीय क्षेत्रों में ऋणराहत न्यायालयों का पीठासीन अधिकारी एक राजस्व अधिकारी को होना चाहिए, प्राथमिकता के साथ ऐसा तहसीलदार जिसे आदिवासियों का अनुभव हो। मेरे विचार से यह अपरिहार्य है कि यदि पिछड़े क्षेत्रों में ऋणों की संरचना

* देखें पैराग्राफ 213।

में कोई प्रभावी राहत देनी है तो दौरे करनेवाले राहत न्यायालय अवश्य होने चाहिए और जैसा कि अभी चल रहा है उपन्यायाधीशों के लिए दौरे करना असम्भव होगा। तहसीलदारों और नायब-तहसीलदारों को बम्बई मामलातदार न्यायालय अधिनियम* द्वारा इस तरह की शक्तियाँ दिया जाना ही केवल एक विकल्प है और यह भी आवश्यक हो सकता है कि हाल में सेवानिवृत्त हुए लोगों को पुनर्नियुक्त करके उनको सहायता दी जाए। उच्च न्यायालय ने मान्यता दी है कि ऋणी-खेतिहरों को मदद करने के लिए बनाए गए किसी अधिनियम से अधिकतम लाभ प्राप्त करने के लिए यह "आवश्यक है कि ऋण राहत जितनी ज्यादा सम्भव हो, होनी चाहिए इस तरह हर सम्भावित प्रार्थी को अधिनियम के अन्तर्गत एक सुविधाजनक मंच पर लाया जा सकता है और अधिनियम के प्रावधानों को जितना सम्भव हो उतने विस्तारित क्षेत्र में फैलाया जा सकता है।"† हालाँकि न्यायाधीशों को चुनने की एक जटिल कार्यवाही के अन्तर्गत अधिकार-क्षेत्र को सीमित करना वास्तव में वांछनीय मानते हुए इसीलिए यह निर्णय हुआ कि ऋण राहत न्यायालयों को हर उस जगह जहाँ सिविल न्यायाधीश हों, स्थापित किया जाए और उन्हें अधिनियम के अन्तर्गत अधिकतम अधिकार प्रदान किए जाएँ। वह एकमात्र स्थान जहाँ कोई सिविल न्यायालय नहीं है और यह सम्भव है कि यहाँ के लिए एक सचल ऋणराहत न्यायालय खोलने के लिए विशेष प्रबन्ध किए जाएँ, अकोला में बोलापुर है जो एक पिछड़ा क्षेत्र नहीं है जबकि कुछ जगहों पर जहाँ ऋणराहत कार्य काफी ज्यादा है यह सम्भव है कि केवल इस कार्य के लिए न्यायाधीशों को भेजा जाए। लेकिन उच्च न्यायालय सिविल न्यायाधीशों के छोटे कॉडर के कारण विवश था अतः ऋण राहत कार्यों के लिए प्रत्येक माह के कुछ दिन आरक्षित किए जा रहे हैं। कॉडरों की सीमित संख्या के कारण एक ही समय में सभी जगहों पर पर्याप्त मदद पहुँचा पाने की असम्भाविता के कारण विभिन्न जिलों में विकास की, जो होना चाहिए, असमान प्रकृति पर टिप्पणी की। रिपोर्ट के पैराग्रफ 9 में दिए गए विभिन्न सिविल जिलों में 1940 के अन्त तक अधिनियम के अन्तर्गत बनाए गए मामलों की तालिका पर विचार करने के बाद रायपुर में और अन्य पिछड़े क्षेत्रों जैसे माण्डला, बालाघाट और जबलपुर के सिहोरा-मुरवाड़ा क्षेत्र में लोगों के पिछड़ेपन को संस्थाओं की अत्यन्त कमी का कारण बताया गया। यह सुझाव देता है कि यहाँ संस्थाओं के धरातल और जनसंख्या की वृद्धि के बीच एक असमान रिश्ता है। यह तर्क करने योग्य बात है कि पिछड़े क्षेत्रों में संस्थाओं की कम संख्या होने का दूसरा कारण आदिवासियों से ऋण राहत न्यायालयों की दूरी है। इस अध्याय में ऋण राहत पर की गई अनुशंसाओं पर कोई निर्णय लेने से पहले इन सारी रिपोर्टों में से सबसे रोचक रिपोर्ट को ध्यान से पढ़ना ठीक होगा। उच्चतम न्यायालयों द्वारा ऋणराहत कार्यों पर नियन्त्रण करना स्पष्टतया आवश्यक है और यदि जैसा कि सुझाव दिया गया है तहसीलदारों को शक्तियाँ दे दी जाती हैं तो जिला न्यायाधीशों और उच्च न्यायालय के पास संशोधन और नियन्त्रण की शक्तियों का प्रबन्ध करना आवश्यक दिखाई पड़ता है, जैसा कि वर्तमान ऋण राहत न्यायालयों का। अधिनियम की धारा 8 में दी गई दण्डात्मक शक्तियों के विचार शून्य प्रयोग करने की प्रवृत्ति के खिलाफ रिपोर्ट सावधान करती है उन न्यायालयों के खिलाफ जो ठीक ढंग से तय की गई स्वीकारी

* देखें इस रिपोर्ट के अन्त में परिशिष्ट च।

† मध्य प्रान्त और बरार ऋणग्रस्तता राहत अधिनियम के प्रशासन पर एक रिपोर्ट, 18 जुलाई 1939 से लेकर 31 दिसम्बर, 1940 तक।

गई किश्तों पर आधारित योजनाएँ बनाकर जिम्मेदारियों से बचने की कोशिश करती हैं, साथ ही बिना व्यक्तिगत मामलों पर व्यक्तिगत ध्यान दिए कामकाजू औपचारिक तरीके से योजनाओं को बनाने के खिलाफ, यह सबसे ज्यादा स्वास्थ्यकर है और खासकर उन क्षेत्रों में जहाँ राजस्व अधिकारियों को ऋण राहत न्यायालयों के रूप में काम करना पड़ सकता है, इस पर ध्यान दिए जाने की सबसे ज्यादा जरूरत है। ये राजस्व अधिकारी विराट अनुभव की सहायता से काम करना शुरू कर देंगे जो सिविल न्यायाधीशों द्वारा अधिनियम का प्रबन्ध करते समय प्राप्त किए गए थे, और इसीलिए इसे उनके मार्गदर्शन के लिए ज्यादा व्याख्या सहित नियम उपलब्ध करवाना सम्भव बनाया जाना चाहिए। केवल एक सजगता आवश्यक है। पिछड़े क्षेत्रों में जहाँ तक सम्भव हो सके न्यायालयों को ऋण का निपटारा करने के लिए आदिवासी ऋणियों की जमीन के हस्तान्तरण से बचना चाहिए; रिपोर्ट पैराग्राफ 15 में इस शक्ति के कम प्रयोग पर शोक प्रकट करती है।

236. यदि इस तरह राजस्व अधिकारियों को ऋण राहत-न्यायाधिकार नहीं दिया जा सकता तो कम से कम पिछड़े क्षेत्रों में श्री सिमिंग्टन के सुझावों का प्रयोग अवश्य किया जाना चाहिए कि ऋण राहत न्यायालयों को भुगतान का आदेश जारी करने से पहले स्थानीय राजस्व या वन अधिकारी द्वारा ऋणी की सम्पत्ति, आय और आश्रितों की संख्या की जानकारी पर विचार करना चाहिए; दूसरे शब्दों में आदिवासी ऋणी की भुगतान करने की क्षमता का निर्णय उसके गाँव में की गई पूछताछ से पुष्टि करके होना चाहिए।

237. श्री सिमिंग्टन का लगभग सबसे महत्त्वपूर्ण सुझाव यह है कि बजाय आदिवासी ऋणी द्वारा अपने ऋण को निर्धारित करवाने के लिए ऋणराहत न्यायालयों में आवेदन करने के, जो उसकी अज्ञानता और ईमानदारी की गलत समझ होने के कारण वह सामान्यतया नहीं करेगा, जिम्मेदारी ऋणदाता की होनी चाहिए कि वह आदिवासियों के खिलाफ सारे दावों को ऋण राहत न्यायालयों में एक निर्दिष्ट अवधि के भीतर प्रस्तुत करें और जो दावा नहीं किया जाएगा इसके बाद कानून द्वारा प्रवर्तनीय होगा। इस प्रश्न के जवाब में प्रत्येक 100 में 99 ने इस सुझाव का स्वागत किया। एक ऋणराहत न्यायालय के पीठासीन अधिकारी ने कहा कि वर्तमान ऋणराहत अधिनियम आदिवासी ऋणियों के लिए अनुपयोगी है और कि ऋणदाताओं को एक तय किए गए समय में न्यायालय में आदिवासियों पर बकाया सभी ऋणों को लाने के लिए बाध्य किया जाना चाहिए अन्यथा आदिवासियों को सारी जिम्मेदारियों से मुक्त कर दिया जाना चाहिए; उनके विचार से ऋणों को घटाया जाना और आदिवासियों की भुगतान-क्षमता को उस पैमाने तक लाना चाहिए जो अधिनियम के हिसाब से कहीं ज्यादा हो। यह मत यह कहने में लगभग सर्वसम्मत है कि जहाँ भी आदिवासी ऋणी शामिल हों वहाँ पर साबित करने का बोझ ऋणदाता पर डाला जाना चाहिए। रायपुर के अधिवक्ता श्री इरशाद अली का विचार है कि वह अवधि जिसमें ऋणदाता को आदिवासी के खिलाफ अवश्य दावा प्रस्तुत कर देना चाहिए, एक वर्ष तक सीमित की जानी चाहिए।

इसमें खतरे वाली बात यही है कि इस कदम को उठाने से आदिवासियों को भविष्य में ऋण मिलना मुश्किल हो सकता है या यह ईमानदार ऋणदाताओं के लिए कठिन हो जाएगा। ऐसी सारी कार्यवाहियाँ आदिवासियों के लिए साहूकार से पैसा लेना मुश्किल बना देंगी पर सम्पूर्ण उद्देश्य यह है कि उन्हें ऐसे व्यक्ति से सुरक्षित किया जाए। एक संभावित ईमानदार साहूकार का जिक्र मुझे मेरे मूल गाँव, कोर्नवाल में पेलाइन्ट के चर्च के मकबरे

पर लिखे हुए लगभग 1630 ई.पू. के एक स्मृतिलेख की याद दिला देता है–

"यहाँ एक ईमानदार वकील रहता है, क्या तुम जानते हो,
एक ऐसी चीज जिस पर सारी दुनिया आश्चर्य कर सकती है।"

वकील की जगह साहूकार लिखिए स्मृतिलेख सच साबित होगा : मैं सोचता हूँ कि हमें ईमानदार साहूकार को औसत आदिवासी की समान ईमानदारी और न्यायालयों की अच्छी समझ और न्याय पर छोड़ सकते हैं। एक सत्र-न्यायाधीश ने सुझाव दिया कि यह जरूरी नहीं है कि आदिवासियों की जिम्मेदारी ऋणदाता पर डाल दी जाए, बल्कि यह विचार कि अधिनियम का प्रयोग करने में आदिवासियों को असफलता प्राप्त होती है, उन्हें जागृत करने के लिए एक सघन अभियान चलाया जा सकता है। इस तरह के अभियान चल सकने वाले लोगों की संख्या इस प्रान्त में सीमित है। मुट्ठीभर अधिकारी ही गोंडी बोल सकते हैं, एक या दो कोर्कू जानते हैं और शायद कोई भी कोलामी नहीं जानता है जबकि कुछ शिक्षित व्यक्ति जिनकी मातृभाषा हिन्दी है और जो जनजातीय क्षेत्रों में बोली जानी वाली हिन्दी के साथ स्थानीय बोलियों के साथ बोली जाती है। ये "जागरणकर्त्ता" कुछ केन्द्रों पर तूफानी दौरे करेंगे लेकिन साहूकार अपने विरोधी प्रचार के साथ हमेशा मौजूद रहेंगे; हम अहीरी जमींदारी में देख चुके हैं किस प्रकार उन्होंने माड़िया लोगों को तैयार कर लिया कि वे प्रार्थनापत्रों के साथ आगे आएँ कि वे नहीं चाहते कि कोई उनके और उनके प्यारे साहूकारों के बीच रुकावट बने। आदिवासी ऋणियों को ऋणराहत अधिनियम के अन्तर्गत अधिकारों के प्रति जागरूक करने के अभिमान में किसी प्रकार की आश्रित भावना केवल एक चीज की उपलब्धि करवा पाएगी; यह प्रभावी रूप से उन्हें आगे आने से रोकेगी।

238. श्री सिमिंग्टन का यह सुझाव कि जब ऋण राहत न्यायालय आदिवासी क्षेत्रों में काम करना शुरू कर देंगे तो मूल धन और बकाया ब्याज के सम्बन्ध में (वर्ष के वर्तमान ब्याज के लिए नहीं) एक विलम्ब काल होना चाहिए जो प्रत्येक मामले में निर्णय को लटका दे यह पर्याप्त रूप से अधिनियम की धारा 6 के अनुसार हो, हालाँकि अधिनियम की धारा 5 की उपधारा (1) को आदिवासियों पर लागू करते समय यह उपलब्ध कराने के लिए संशोधित करवाया जा सकता है कि जहाँ ऋणी एक आदिवासी हो वहाँ सिविल न्यायाधीश उसका ध्यान अधिनियम की धारा 6 की तरफ दिलाएगा और उपधारा (2) के अन्तर्गत ऋण राहत न्यायालय में एक प्रार्थनापत्र प्रस्तुत करने में उसकी मदद करेगा।

239. प्रश्न संख्या 13* में सुझाव (ग) यह था कि आदिवासी ऋणियों को प्रत्येक ऋणराहत न्यायालय में प्रतिनिधित्व दिलाने के लिए सार्वजनिक व्यय पर एक या ज्यादा सरकारी वकील नियुक्त किए जाने चाहिए। इस सुझाव को देने वाले श्री सिमिंग्टन जोड़ते हैं कि इन वकीलों को सामग्री जुटाने में स्थानीय अधिकारियों से सहायता प्राप्त होनी चाहिए। प्रश्न के जवाबों के मत लगभग इसके पक्ष और विरोध में बराबर बँटे हुए थे।

कुछ सुझाव थे कि अन्य ऐसे ही गरीबों की कीमत पर आदिवासियों का पक्ष लेता है, एक मत जो अनुभव निरपेक्ष युक्तिसंगतता रखता है लेकिन इस तथ्य की अनदेखी करता है कि आदिवासी प्रान्त में सबसे भोला-भाला इन्सान है और इस कथन के साथ आसानी से मिलाया जा सकता है कि यही विशेषाधिकार कानूनी सहायता लेने में असमर्थ अन्य जातियों के अशिक्षित और अज्ञानी सदस्यों के लिए भी दी जा सकती है। हालाँकि सम्पूर्णता

* देखें पैराग्राफ 213

में यह आवश्यक नहीं है यदि ऋण राहत न्यायालय स्थानीय राजस्व और वन अधिकारियों से ऋणी की परिस्थितियों और उन लेनदेनों जिनमें ऋणदाता उन पर शामिल होने का आरोप लगाता है, प्राप्त रिपोर्टों का पूर्ण उपयोग करे। कई पिछड़े क्षेत्र हैं जहाँ वकीलों को पाना बहुत मुश्किल होगा जैसे डिंडोरी निवास और बैहर तहसीलें और सतगढ़, चन्दा और दुर्ग जमींदारियाँ। आदिवासियों को निःशुल्क कानूनी सलाह के प्रावधान का पूरा प्रश्न की मुश्किलों से घिरा हुआ है। सम्भवतः इस प्रश्न पर सबसे बुद्धिमत्तापूर्ण तरीका श्री ई.ए.ए. स्नेलसन, आई.सी.एस नागपुर उच्च न्यायालय के वर्तमान रजिस्ट्रार द्वारा सुझावी योजना हो सकती है जो अंग्रेजी व्यवस्था पर आधारित है जहाँ पर निःशुल्क कानूनी सलाह कानूनी पेशे के स्वैच्छिक निःशुल्क सलाह देने वाले सदस्यों के पैनल द्वारा दी जाती है जैसा कि लन्दन, एस.ई. वलवर्थ रोड में कैम्ब्रिज कॉलेज द्वारा चलाई जा रही संस्था द्वारा संगठित किया गया पैनल है। हालाँकि सामान्यता राजस्व अधिकारियों द्वारा स्थानीय जाँच-पड़ताल से ऋण राहत न्यायालयों के सामने तथ्य खोजे व रखे जाएँगे, बशर्ते कि उन्हें तेजी के साथ ये रिपोर्ट देने के लिए प्रेरित किया जा सके।

240. प्रश्न संख्या 13* में सुझाव (घ), जो आदिवासी ऋणियों और उनके ऋणदाताओं के बीच मुकदमों में मौखिक सबूतों की स्वीकार्यता के बारे में है, ने काफी रोचकता पैदा कर दी है। नीमड़ के एक न्यायाधीश द्वारा रूढ़िवादी मत व्यक्त किया गया कि किसी भी हालत में दस्तावेजी सबूतों की जगह मौखिक सबूतों को मानने की वर्तमान प्रक्रिया चलती नहीं रहने दी जानी चाहिए। उन्होंने कहा कि आदिवासियों के मामले हमेशा सच नहीं होते हैं और तर्क दिया कि यदि एक बार उन्हें दस्तावेजों को गलत सिद्ध करने के लिए मौखिक सबूतों को प्रस्तुत करने की अनुमति मिल गई तो कोई कसौटी नहीं होगी जिस पर सबूतों को परखा जा सके; साक्ष्य अधिनियम की धारा 92 के अनुसार मौखिक सबूत हमेशा वहाँ स्वीकार किए जाते हैं जहाँ धोखाधड़ी, जोरज़बर्दस्ती या गलत प्रभाव डाला जाता है। इसके विरोध में सिवनी ऋणराहत न्यायालय के पीठासीन अधिकारी का मत लिया जा सकता है जिन्होंने इस सुझाव का स्वागत करते हुए कारण बताया कि औसत आदिवासी ऋणी कुछ सिद्ध नहीं कर सकता और उससे कभी भी किसी तरह के दस्तावेज पर बिना इसके लिखे हुए को जाने इसके अंगूठे का निशान लगवाया जा सकता है। जहाँ ऋणदाता ऋण की सही प्रकृति को सिद्ध करने में असफल हो जाता है और वहाँ कोई सबूत हो जैसे पुरानी रसीदें जो नए ऋण का दावा करने वाले को पुराना ऋण सिद्ध करवा दे, वहाँ कुछ राहत अवश्य दी जानी चाहिए, इस राहत को निर्धारित करने वाले कानून द्वारा एक नियम बनाया जाए जो मध्यस्थ प्रकृति का हो, लेकिन इससे मदद नहीं मिल सकती; वह सुझाव देते हैं जल्द ही ऋणदाता हिसाब प्रस्तुत करना सीख जाएगा यदि वे यह जान जाए कि यह मध्यस्थ नियम उनके लिए खतरनाक होगा यदि वे हिसाब नहीं देते हैं। बालाघाट के उपायुक्त ने यह देखते हुए कि न्यायालय के पास साक्ष्य अधिनियम के अन्तर्गत व्यापक शक्तियाँ हैं, कहते हैं कि न्यायपालिका द्वारा दस्तावेजों के लिए अतिरिक्त आदर दिखाया जाता है और सुझाव देते हैं कि असत्यता की प्रकल्पना की वैधानिकता या दस्तावेजों की प्रस्तुति को अंगूठे के निशान द्वारा सत्यापित करवाना वांछनीय हो सकते हैं। रायपुर के वकील श्री इरशाद अली सुझाव (घ) का समर्थन करते हुए जोड़ते हैं कि ऋणराहत न्यायालय के अध्यक्षीय अधिकारी को पुलिस या अन्य प्राधिकरणों द्वारा जाँच

* देखें पैराग्राफ 213।

करवाए जाने के निर्देश दिए जाने चाहिए जब कभी वह यह पाए कि हमेशा वही साहूकार विभिन्न प्रतिवादियों के अनुसार उसी गलत या बेईमान तरीके से काम करता है जैसे कि अंगूठे के निशान वाली रसीदों को अपने हिसाब से बनाना जबकि ऋणी कहते हैं कि उन्होंने वास्तव में उन कागजों पर अंगूठा लगाया था जो ये बताते थे कि उनका ऋण पूरा प्राप्त हो गया है या फिर शेष जो बचा हुआ था वह दस्तावेजों में वास्तव में लिखे गए शेष से कहीं कम था। श्री हक्सर, जो अब नागपुर के अतिरिक्त जिला और सत्र न्यायाधीश हैं, भी सुझाव (घ) से सहमत हैं और बताते हैं कि आदिवासियों को और ज्यादा सुरक्षा की जरूरत है; वे नहीं जान सकते कि दस्तावेजों में लिखे हुए का खंडन कैसे करें या तथ्यों को कैसे साबित करें ताकि न्यायालय पिछले दस्तावेजों को मँगवाए और उनमें लिखे पुराने लेनदेनों को खुलवाए। वह तर्क देते हैं कि कानून को यह सुनिश्चित करवाना चाहिए कि कोई भी दस्तावेज जो पुराने ऋणों के नवीनीकरण के लिए लिखा गया हो, में वास्तविक लेनदेनों को लिखा जाना चाहिए इस तरह नवीनीकृत हुए मामलों को ही न्यायालय द्वारा प्रवर्तनीय बनाया जा सकता है और कोई बांड जो नकद न दिखा रहे हो प्रवर्तनीय करवाया जाना चाहिए यदि वास्तव में यह एक नया ऋण नहीं बल्कि पुराने ऋणों का संचय मात्र हो। उनके मत के अनुसार यह बोझ हमेशा ऋणदाता पर डाला जाना चाहिए कि वो सिद्ध करें कि उसके पुराने ऋणों पर वैध रूप से दावा किया गया था या नए बांड में शामिल हैं और बिना इस सबूत के मुकदमा निरस्त किया जाना चाहिए; किसी भी न्यायालय के आदिवासियों को बिना दस्तावेजों के उधार बिक्री के मामले में मौखिक नकद लेनदेनों और मौखिक दावों को प्रवर्तनीय नहीं करना चाहिए। पिछड़े क्षेत्रों में साहूकारों के तरीकों के बारे में जो कुछ कहा गया है वह स्वाभाविक ही है कि साहूकारों द्वारा प्रस्तुत आम दस्तावेजों में हर प्रस्तुति झूठी होती है। इसीलिए ऐसे क्षेत्रों में कानून द्वारा न्यायालयों को इजाजत दी जानी चाहिए कि वो यह परिकल्पना करें लेकिन इस तरह प्रस्तुत कोई दस्तावेज जो आदिवासी ऋणी के अंगूठे के निशान या अन्य साक्ष्यांकन का अर्थ प्रस्तुत करता हो, झूठा है; तब ऋणदाता को यह सिद्ध करना पड़ेगा कि दस्तावेज को कैसे तैयार किया है।*

241. *ब्याज की दर*—वर्तमान ऋण राहत अधिनियम की धारा 10 में ऋणराहत न्यायालयों को निर्देश है कि वह 12 वर्ष पहले के अन्तिम लेनदेन या 1 जनवरी, 1932 के पहले, जो भी जल्दी पड़ता हो, सारे लेनदेनों को खोलें और जहाँ तक सम्भव हो सके लिए गए ऋण की मूल तिथि के मामले से सुनिश्चित हो जाए। तब न्यायालय को पहले चरण में तय की गई दर पर ब्याज की दोबारा गणना करनी पड़ेगी या ऐसी कम दर पर जो पक्षों द्वारा स्वीकार की गई होंगी। पहला चरण वार्षिक शेष के साथ प्रति वर्ष 5 प्रतिशत चक्रवृद्धि ब्याज तय करता है और सुरक्षित ऋण पर साधारण दर से 7 प्रतिशत वार्षिक, गैरअसुरक्षित ऋण पर 10 प्रतिशत वार्षिक। यदि ऋणराहत न्यायालय यह पाता है कि ऋण वास्तव में 1 जनवरी, 1932 से पहले लिया गया था इसे सबसे पहले ऊपर स्वीकारे गए ब्याज के सन्दर्भ में वास्तविक मूलधन का निर्धारण करना होता है और तब द्वितीय चरण के अन्तर्गत 30 प्रतिशत द्वारा मूलधन घटा देना होता है यदि 1926 से पहले लिया हो तो, यदि 1927, 1928, व 1929 में लिया हो तो 20 प्रतिशत और यदि 1930 व 1931 में लिया हो तो 15 प्रतिशत तक। 1932 में या उसके बाद लिए गए ऋण पर कुछ करना है सिवाय किश्तें तय करने और बकाया

* प्रश्न संख्या (15) के जवाबों पर अगले अध्याय के पैराग्राफ 249 व 267 में विचार किया गया है।

ब्याज के हिसाब पर कुल प्रतिफल को ऋण के मूलधन की राशि के बराबर तक सीमित कर देना है। प्रान्तीय सरकार मध्य प्रान्त सूदखोरी ऋण (संशोधन) अधिनियम के अन्तर्गत अधिसूचना द्वारा निर्देशित कर चुकी है जैसा कि पहले ही लिखा जा चुका है, कि 14 जून, 1934 के बाद लिए गए किसी भी ऋण पर 10 प्रतिशत से ज्यादा चक्रवृद्धि ब्याज, अत्यधिक माना जाएगा। मैंने सुझाव दिया कि इस बारे में अधिसूचित किए गए आंशिक अपवर्जित क्षेत्रों और अन्य आदिवासी क्षेत्रों में मद्रास एजेंसी क्षेत्र ब्याज और भू-क्षेत्र अधिनियम, 1917 (1917 का मद्रास अधिनियम I) की धारा 3 के निम्नलिखित साधारण प्रावधान, सरल साफ-सुधरे और व्यावहारिक होंगे :

"इस अधिनियम के लागू होने के बाद दायर किए गए किसी भी मुकदमे में इसके विपरीत किसी समझौते के बावजूद–

(क) किसी पहाड़ी जनजाति के सदस्य के खिलाफ ऋण पर कोई ब्याज या कोई देनदारी या छः से ज्यादा की ऊँची दर और प्रतिवर्ष प्रति सौ पर एक चौथाई पर की गई डिक्री और कोई चक्रवृद्धि ब्याज या कोई साथ-साथ होने वाली वृद्धि की अनुमति उसके खिलाफ नहीं दी जाएगी;

(ख) घोषित किया गया ब्याज या किसी ऋण या देनदारी पर पहाड़ी जनजाति के सदस्य के खिलाफ बिक्री, मूलधन की राशि से ज्यादा नहीं होगी।"

अध्याय : आठ

बँधुआ मजदूरी

"जब वह वर्ष खत्म हो चुका था, वे उसके पास दूसरे वर्ष आए और उससे कहा, हम अपने मालिक से नहीं छुपायेंगे कि हमारे पैसे कैसे खर्च हुए; आपके पास हमारे पशुओं के रेवड़ भी हैं; भगवान की नजरों में हमारे शरीर और हमारी जमीन के सिवा कोई अंश नहीं बचा है; किस कारण से क्या हम तेरी आँखों के आगे हम और हमारी जमीन दोनों, मर जाएँगे ? भोजन के लिए हमें और हमारी जमीन को ले लो, और हमारी जमीन फराश तक के लिए तुम्हारे गुलाम बन जाएँगे; और हमें बीज दो, ताकि हम जी सकें, और मरें नहीं, ताकि धरती सुनसान न हो जाए।"

—जेनेसिस, XXVII, 18-19

"कुछ लोग मुड़ा हुआ हल चलाते हैं, और उसी से जोतते रहे हैं, वनों से भरे धरती के खेतों को बरसों बरस बँधुआ बने हुए।"

—सोलोन (ई.पू. 594) अंग्रेजी अनुवाद : टी.ई. हिथम

"केवल तुम्हारा श्रम ही बेचा जा सकता है; तुम्हारी आत्मा नहीं।"

—रस्किन, समय और ज्वार, 81

242. इस जाँच के सन्दर्भ के पहलुओं का पहलू (ड) "आदिवासी खेत-मजदूरों के बीच बँधुआ मजदूरी की सीमा" था। पिछले अध्यायों में निर्मित आदिवासी क्षेत्रों में आर्थिक स्थिति की तस्वीर से जिन्दगी की स्थिति पहले ही प्रमुखता से आ चुकी है; जैसा कि इस अध्याय के शीर्ष पर दो उद्धरणों द्वारा इंगित किया गया है*, यह एक प्राचीन बुराई है, पहला उन दिनों का है जब जोसफ मिस्र से फराह का मन्त्री था, दूसरा सोलोन से है, जिसने ईसा से छह सदी पूर्व एटीका में ऋण-विरोधी कानून बनाया था। एटीका में लेनदेन जिन्सों में या विनिमय के स्थानापन्य के रूप में धातु की मुद्रा के रूप में चलन में आ गया था—जैसा कि हम देख सकते हैं कि माड़िया लोगों के मैदान में *पोढ़ू या बेवर* उपज की समाप्ति के साथ साहूकार और ऋण आ चुके हैं।

243. जिला गजेटियर में दिया गया प्रान्त में खेत-मजदूरों की सेवाओं की स्थिति का सार-विवरण कई सारे आदिवासियों के बीच खेत-मजदूरी की स्थितियों की एक अपूर्ण तस्वीर प्रस्तुत करता है, जो भूमिहीन मजदूर या आदिवासी काश्तकारों के छोटे भाई या बेटे हैं। जहाँ तक 1929-30 की प्रांतीय बैंकिंग जाँच द्वारा बँधुआ मजदूरी पर विचार किया गया है और जैसा कि इस रिपोर्ट के पैराग्राफ 791 में बताया गया है, यह काश्तकारों की हल्की-फुल्की समझा बन्धक-दासता ज्यादा है, जो अपने मालगुजारों के इतने ऋणी हैं कि उनके खेतों का

* उदाहरण के लिए देखें, पैराग्राफ 103, 184, 205-9 और 229।

सारा उत्पादन उसके पास चला जाता है और उनके पास पुराने ऋण के बन्धन से मुक्त होने का कोई मौका नहीं रहता है। बँधुआ मजदूरी जो कि उस जाँच का विषय है, मालगुजार साहूकारों या अन्य किसानों के लिए खेत-मजदूरों के रूप में काम करना है, जो शादी का इन्तजाम करने, जाति का जुर्माना देने, अन्तिम क्रिया, आपराधिक न्यायालय द्वारा जुर्माना भरने या इसी तरह के अन्य उद्देश्यों के खातिर लिए गए प्रारम्भिक ऋण के बदले में किया जाता है। सम्पूर्ण तौर पर बैंकिंग जाँच रिपोर्ट कृषि मजदूरों के बारे में बहुत कम कहती हैं, हालाँकि पैराग्राफ 370 में यह कई कृषि मजदूरों के बारे में बताती है जो प्रतिमाह रुपए 10 या 15 की मजदूरी पर जो नकद राशि का प्रान्तीय औसत है और खेत के काम में एक कृषि मजदूर के औसत परिवार के खाने और कपड़े की आवश्यकताओं के लिए जरूरी अनाज द्वारा अपना और अपने परिवार का पालन-पोषण करने में समर्थ हैं। (छिन्दवाड़ा जिले में बरसालिया आदिवासी खेत-मजदूर की मजदूरी देने के समय शायद ही कभी एक वर्ष में रु. 50 से अधिक होते हैं और प्रायः तो कम होते हैं हालाँकि इसकी पूर्ति उसकी पत्नी और बच्चों द्वारा कमाई गई मजदूरी से हो जाती है।)

244. समिति द्वारा कुछ आदिवासी गाँवों का सर्वेक्षण किया गया, लेकिन भैंसदेही तहसील में बैतूल-इलीचपुर सड़क पर झालर के नजदीक भीकरमाँडवा गाँव में किया गया सर्वेक्षण बन्धक-सेवा के प्रकारों का एक विशिष्ट उदाहरण देता है जो इस जाँच का विषय भी है। एक अशिक्षित कोर्कू रायजी जिनके पास 16 एकड़ जमीन है जिसका लगान रु. 8 और कीमत रु. 400 है, ने झालर के मालगुजार साहूकार से अपने बेटे की शादी के लिए रु. 200, 25 प्रतिशत ब्याज पर उधार लिए। इसका दूसरा एकमात्र आय का स्रोत इलीचपुर बाजार में बिक्री के लिए लकड़ियाँ निकालना है जिससे उसे 250 रुपए प्रतिवर्ष आय होती थी। उसने ऋण न चुकने तक साहूकार की सेवा में अपने बेटे के बन्धक रहने के बांड को मानकर वास्तव में साहूकार के पास अपने बेटे को बन्धक के रूप में बेच दिया है; इसके बदले में साहूकार को उसके बेटे को अनाज की केवल चार खाँडी, जो उस समय लगभग रुपए 48 के मूल्य का था उसकी वार्षिक मजदूरी के रूप में देता था।

245. छिन्दवाड़ा और अमरवाड़ा ऋण समाधान मांडलों के कार्यों पर अन्तिम रिपोर्ट, जिसमें से अध्याय में एक लम्बा गद्यांश पहले ही उद्धृत किया जा चुका है, के अध्यक्ष ने इस प्रश्न पर विशेष ध्यान दिया है। उन्होंने पाया कि जागीरों में 10 प्रतिशत आदिवासी जनसंख्या ऋणग्रस्त है, जमीन पर गोंड खेतिहर का औसत ऋण रु. 6 या रु. 7 है, लगान रु. 400 है और यह कि ऋण प्रायः कोई पारिवारिक उत्सव या शादी समारोह का इंतजाम करने के लिए लिया जाता था। *खालसा* में भी ऐसी ही परिस्थितियाँ थीं लेकिन खेत मजदूरों की भारी माँग के लिए, मालगुजार और खेतिहर साहूकार उधार लेने वाले व्यक्ति के परिवार के सदस्यों के श्रम को गिरवी रखने की शर्त पर उधार देने के लिए हमेशा तैयार रहते थे। आमतौर पर शर्त यह होती थी कि परिवार का कोई सदस्य शादी के ऋण पर वसूले जाने वाले वार्षिक ब्याज को एक पूर्णकालिक मजदूर के तौर पर रु. 20 से रु. 40 वार्षिक तक मेहनताने पर काम करके चुकाएगा। सख्त स्थितियाँ लागू की जाती हैं; अतः कोई छुट्टी नहीं दी जाती, ऋणदाता आदिवासियों के साथ अपनी आरामपसन्द आदतों और नाचने और सामाजिक समारोहों के प्रति अपने आवेश के कारण कठोरता से काम करते थे। उसके परिणामस्वरूप साल के अन्त में जब नियोक्ता अपना हिसाब दिखाते थे तो मजदूर पाता कि उसे पूरे वर्ष

की मजदूरी नहीं मिल पाती है। मानसून शुरू होने पर इस मजदूर या *बरसालिया* को अपना और अपने परिवार का पेट भरने के लिए अपने नियोक्ता से अनाज उधार लेना पड़ता था क्योंकि उसके बाद कोई भी कृषि मजदूर अपने परिवार के लिए उपलब्ध नहीं हो पाता है और परिवार का अनाज-भंडार खत्म हो चुका होता है। यह ऋणदाता को मौका देता है कि वो अपना जाल और फैलाए और ऋण समाधान मंडल छिन्दवाड़ा के पास ऐसे मामले आते हैं जिसमें नियोक्ता के वर्तमान हिसाब में रु. 50 का मूल ऋण रु. 150 या रु. 200 तक बढ़ गया, हालाँकि सात लगातार सालों तक *बरसालिया* या उसका कोई बेटा ऋणदाता के लिए काम करते रहे। रिपोर्ट के एक परिशिष्ट में एक विशिष्ट उदाहरण दिया गया है कि एक *बरसालिया* जो कि एक शादी के ऋण रु. 44-4-0 के बदले में रु. 38 के वार्षिक मेहनताने पर काम करता था, चार महीने और 19 दिन छुट्टियाँ, बीमारी या बाढ़ के कारण अनुपस्थित लिखाया गया। रु. 44 का उधार 50 प्रतिशत की शुरुआती ब्याज की दर पर एक गिरवी विलेख पर रु. 60 लिखा गया, और रु. 7 बरसालिया को उधार दिए गए 1 1/2 कि.ग्रा. कुटकी की खाँडी की लागत के रूप में जोड़े गए। इसके और वर्ष के दौरान लिए गए अन्य उधारों को जोड़कर साल के अन्त में बरसालिया पर रु. 23-3-0 के एक वर्ष के काम के बदले रु. 22-4-0 पहले से प्राप्त दिखाए गए जिसमें से चार महीने और 19 दिन की कुल अनुपस्थिति की मजदूरी घटानी थी। तब गिरवी का हिसाब 25 प्रतिशत और एक वर्ष के काम के साथ निपटाया गया, मगर इससे शादी के ऋण से बरसालिया के मुक्त होने की जगह उसके मालिक का उस पर कर्ज बढ़कर रु. 72 हो गया।

246. अभी हाल ही में छत्तीसगढ़ के आयुक्त द्वारा कुछ मामले देखे गए। उधार लेने वाले के बेटे की शादी के लिए रु. 50 के ऋण के सम्बन्ध में रायपुर का एक *नौकरीपत्र* विलेख द्वारा वह व्यक्ति ऋण चुकाने के लिए अपने खेत की पूरे वर्ष की फसल, दो पशु देने और अपने बेटे समेत खुद के द्वारा ऋण के चुकने तक ऋणदाता की सेवा करने की शर्तों में बँध गया। बांड फसल की लगाई जाने वाली कीमत, फसल की कीमत लगाने वाली एजेंसी या मजदूरी की मौद्रिक कीमत के बारे में कुछ निश्चित नहीं करता है। 1938 में भंडारा ऋण-समाधान मंडल के अध्यक्ष भी इसी तरह की स्थितियाँ बताते हैं, वे इसे अर्द्ध-गुलामी मानते हैं। उनके द्वारा दर्ज कराए गए एक मामले में एक महाड़ और उसके दो बेटों ने संयुक्त ऋणी के रूप में सकोली तहसील में दो में से एक बेटे की शादी के लिए मारवाड़ी साहूकार से रु. 24 उधार लिए यह वचन देते हुए कि सवाई ब्याज के साथ रु. 30 लौटाएँगे और यह कि वह और उसकी होने वाली वधू को साहूकार को पूर्णकालिक सेवा "हर वक्त और दिन में किसी भी समय बिना लापरवाही के" प्रदान करनी चाहिए; इसके लिए उन्हें रु. 3 मासिक मजदूरी मिलती थी जिसमें से रु. 2 ऋण के भुगतान के रूप में और रु. 1 लड़के और लड़की को उनके "खाने" के लिए मिलते थे; यदि वे साहूकार की सेवा करना छोड़ दें तो वे अपने आपको उधार लिए गए ऋण की दोगुनी राशि का उसे भुगतान करने पर मजबूर पाएँगे। अध्यक्ष ने निर्दिष्ट किया कि यह जवान जोड़ा एक रुपए मासिक पर सम्भवतया नहीं जी पाएगा और अपरिहार्य रूप से अवश्य और ऋण लेने की तरफ मुड़ेगा और अपने आपको तब तक मुक्त नहीं करवा पाएगा जब तक उसके बच्चे बड़े होकर उसका स्थान नहीं ले लेते। वह बताते हैं कि भंडारा जिले में यह बात बहुत समान्य है, और सामान्य अनुभव यह है कि उधार लेने वाला एक, दो या तीन साल की निर्धारित अवधि में बकाया राशि का भुगतान

कर पाने में कभी सफल नहीं हुआ और उसे सेवा का कुछ और समय देना पड़ता है जो कि परिस्थितियों में गुलामी से थोड़ी से बेहतर हो पाती थी।

247. हालाँकि जब छत्तीसगढ़ मंडल के कुछ जिलों में कानून की जरूरत के बारे में सलाह ली गई तो जवाब आए कि ऐसी चीजें इतनी सामान्य नहीं हैं जो कि कार्यवाही के लिए जरूरी हों। यह दो ऋण समाधान मांडलों के अध्यक्षों, जिन्हें कई सरकारी अधिकारियों से ज्यादा बड़े मौके मिले होंगे कि वो जान सकें ऐसी चीजें कितनी व्याप्त हैं, के अनुभवों, जैसा हम देख चुके हैं, के सीधे उलट है। बिलासपुर जमींदारी बन्दोबस्त रिपोर्ट, 1928-30 के पैराग्राफ 28 में श्री जयरत्नम टिप्पणी करते हैं कि *कामिया* या *साँझिया* व्यवस्था, जो वास्तव में अवैधानिक काश्तकारी और "नजदीकी रूप से बिहार और मालाबार के क्षेत्रों में अर्द्धगुलामी की *कम्यौटी* व्यवस्था से जुड़ी हुई थी," खुले मैदानों में सामान्य थी हालाँकि उत्तरी जमींदारियों के आदिवासी क्षेत्रों में नहीं मिलती थी; स्वाभाविक रूप से यह उन क्षेत्रों में जहाँ आदिवासी काश्तकारियों का 80 से 90 प्रतिशत तक रखते हैं, प्रायः आदिवासी मालगुजारों की, या *रैयतवाड़ी* गाँवों में रहते हैं, वहाँ सामान्य रूप से नहीं पाई जाती है। यह केवल वहीं पाई जाती है जहाँ आदिवासी हिन्दू या मुस्लिम मालगुजारों और साहूकारों के सम्पर्क में आते हैं कि वह इस तरह के समझौते के शिकार बन जाते हैं खासकर जब वह अपनी लगभग सारी जमीन खो चुके होते हैं और लगभग एक भूमिहीन मजदूर बन जाते हैं और खुद को या अपने किसी रिश्तेदार के बँध जाने की अपेक्षा शादी या अन्य उद्देश्यों के लिए आवश्यक पैसों का इन्तजाम करने का और कोई साधन उनके पास नहीं होता है।

248. मध्य प्रान्त के बाहरी कुछ क्षेत्रों में समस्या की पहचान ठीक-ठीक हो गई है। बिहार में 15 या उससे ज्यादा वर्षों पहले कम्यौटी समझौता अधिनियम पारित हुआ जिसमें ऐसे समझौतों के लिए पंजीकरण को आवश्यक और उन्हें नियमित बनाया गया ताकि उनकी शर्तें आदिवासियों के लिए ठीक हों; बिहार सरकार से कहा गया है कि वर्तमान स्थितियों का विवरण दे। वास्तर राज्य में जहाँ बहुसंख्यक प्रवासी साहूकार और गाँव के पट्टेदार छत्तीसगढ़ से आए हैं, आदिवासी खेत-मजदूरों, जिन्हें वहाँ *कबाड़ी* के नाम से जाना जाता है, की परिस्थितियाँ जिनमें उन्हें अपने बाहरी नियोक्ताओं के लिए काम करना पड़ता है इतनी खराब थीं कि विशेष कदम उठाने पड़े; सामान्यतः यह माना जाता था कि बेहद खराब किस्म के समझौते सार्वजनिक नीति के विरुद्ध होने के कारण सिविल न्यायालयों द्वारा प्रवर्त्तित नहीं करवाए जाएँगे और *कबाड़ी* नियमों का एक सेट बनाया गया जिसने ऐसा समझा जाता है कि व्यवस्था की सबसे खराब बुराइयों को उखाड़ फेंका है : बस्तर में ऐसे बहुत से मामले हैं जिनमें एक आदिवासी उसी गैर-आदिवासी परिवार की *कबाड़ी* के रूप में कई पीढ़ियों से सेवा कर रहा है। मद्रास के विजगपत्रनम जिले और उड़ीसा के कोरापट जिले में जहाँ इसे *गोटी* के नाम से जाना जाता है, की व्याप्ति लम्बे समय तक ख्यात रही। हैदराबाद राज्य में उन लोगों को *भगेला* के नाम से जाना जाता है जिनका श्रम बन्धक रखा गया हो, और राज्य इस खराब कलंक को धोने के लिए जल्द ही दंडात्मक अनुच्छेदों के साथ एक सख्त कानून बनाने जा रही है।

249. पिछले अध्याय में पुनर्प्रस्तुत किए गए प्रश्नों में से प्रश्न संख्या 15* के जवाबों में इस विषय पर कुछ जानकारी मिली है। हालाँकि प्रान्त में बँधुआ मजदूरी की स्थितियों

* देखें पैराग्राफ 213।

की सही तस्वीर का मूल्यांकन करने के लिए एक अलग प्रश्नावली बनाई गई है और इस रिपोर्ट के अन्त में परिशिष्ट छह के रूप में प्रस्तुत की गई है। यह जाना गया कि बरसालिया या कबाड़ी प्रायः अनुसूचित जाति के सदस्य होते हैं और यह कि इसलिए जाँच में गैर-आदिवासी-खेत-मजदूरों खासकर जैसे कि महरा पन्का आदिवासी मैदानों या अन्य अनुसूचित जाति के लोगों को नजरन्दाज नहीं करना चाहिए जो अपने गोंड या बैगा पड़ोसियों की तरह ही समान आदिम अवस्था में रहते हैं। यह सुझाव दिया गया कि प्रश्नों का अच्छा जवाब प्रत्येक तहसील में नौ या दस गाँव चुनकर, जिसमें एक या दो शुद्ध आदिवासी लेकिन जो गैर-आदिवासी मालिकों से घर की खेती के उपज के साथ सम्बन्धित हो, आदिवासी क्षेत्रों में एक या दो बाजार वाले गाँवों जिसमें कई सारे गैर-आदिवासी मालगुजार और साहूकार हों और अन्य ज्यादा खुले मैदानों में जहाँ आदिवासी अब मैदानों के हिन्दुओं के लिए रास्ता देने लगे हैं और इन चुने हुए गाँवों में सारे खेत-मजदूरों को बुलाकर उनके काम करने की शर्तों के बारे में पूछकर देना चाहिए। उपायुक्तों द्वारा प्रश्नावली की प्रतियाँ सामाजिक कार्यकर्त्ताओं और अन्य गैर-अधिकारियों, चाय जिला श्रम समितियों के स्थानीय एजेंटों से लेकर खदान और कारखाना-प्रबन्धकों तक को भेजी जानी चाहिए, भारत के कुछ और क्षेत्रों का अनुभव यह दिखा चुका है कि बँधुआ मजदूरी में बँधने की बजाय शादी और जरूरी खर्चों के लिए या ऋण और ऋण चुकाने के लिए की जाने वाली बँधुआ मजदूरी से बचने के लिए पैसों का इन्तजाम करने का एकमात्र वैकल्पिक उपाय असम के चायबागानों या काम के लिए खनन या औद्योगिक केन्द्रों पर जाना है।

250. केन्द्रीय विधायिका के लिए अधिनियम द्वारा बँधुआ मजदूरी से मिलती-जुलती किसी भी चीज पर काम करने की एकमात्र कोशिश बाल (श्रम बन्धक) अधिनियम, 1933 दिखाई पड़ती है। इस अधिनियम के अन्तर्गत कोई समझौता जिसके अन्तर्गत बन्धक रहने वाले की उम्र 15 वर्ष से कम हो, को अमान्य माना जाता था। प्रश्नावली के साथ दिए गए ज्ञापन (जिसमें प्रश्न संख्या 12 इस विषय पर विचार करता है) में इस बात पर जोर दिया है कि दुर्भाग्य से अधिनियम को स्थानीय प्रचार नहीं मिला, और इसके अपराध संज्ञेय नहीं थे; इसके अतिरिक्त कुछ आदिवासियों की शादी बचपन में हो जाती है और शादी के लिए या अन्य उद्देश्यों के लिए ऋण लेने के मामले में प्रायः खुद अपने श्रम को या एक वयस्क बेटे या छोटे भाई को बन्धक बना लेते हैं, तब अधिनियम कोई मदद नहीं कर पाता है। प्राप्त हुए सभी जवाब इसे पुष्ट करते हैं। प्रांत के किसी न्यायालय के पास इस अधिनियम की प्रति दिखाई नहीं पड़ी या इस प्रश्नावली से पहले इसके बारे में सुना भी नहीं था। प्रान्त के रिकार्ड में इस अधिनियम के अन्तर्गत एक भी अभियोग नहीं लगाया गया। वास्तव में बँधुआ बालश्रम होता है और कुछ जिलों से प्राप्त जवाबों में कुछ उदाहरण दिए गए हैं जैसे कि रायपुर जमींदारियों में इस तरह के सबसे छोटे बच्चे की उम्र नौ वर्ष है। यह अधिनियम उन कई अधिनियमों में से एक है जो भारतीय संविधि पुस्तकों में होते हैं लेकिन जितना ध्यान दिया जाना चाहिए उतना नहीं पाते हैं : जहाँ तक इसके लागू होने का सवाल है व्यक्तिगत शिकायतों पर निर्भरता रखता है तो इससे कोई परिणाम नहीं निकलेगा। यदि इस वर्तमान जाँच से कोई अधिनियम या नियम परिणाम के रूप में निकलते हैं तो इसमें बाल (श्रम बन्धक) अधिनियम, 1933 के अपराधों को किसी भी क्षेत्र में संज्ञेय बनाने वाली एक धारा जोड़ना अच्छा होगा, जिससे नए अधिनियम या नियम को लागू किया जा सके।

251. इस प्रश्नावली को मिले सामान्य जवाब बेहद रोचक और उनको मिला देने पर प्रान्त के सभी भागों में खेत मजदूरी या बँधुआ-मजदूरी की स्थितियों की एक सही सर्वांगपूर्ण तस्वीर प्रस्तुत हो जाती है। इस रिपोर्ट को लिखने के लिए मेरे लिए जो थोड़ा समय निर्धारित किया गया है उसके कारण जवाबों का यहाँ पर एक विस्तारित अध्ययन कर पाना असम्भव है। इस तरह का एक अध्ययन मेरी रिपोर्ट *द अबोरिजिनल प्राब्लम इन द बालाघाट डिस्ट्रिक्ट* के 54 से लेकर 61 पेज तक में बालाघाट जिले के लिए पहले ही किया जा चुका है, जिसका सन्दर्भ लिया जाना चाहिए। बालाघाट जिले में व्याप्त बुराइयों से भी खराब किस्मों की बुराइयाँ कुछ अन्य जिलों में खासकर जैसे मांडला, नीमड़ के आग, बैतूल, छिन्दवाड़ा, भण्डारा और रायपुर जमींदारियों में व्याप्त हैं। यहाँ तक कि सतगढ़ जमींदारियों और दुर्ग के क्षेत्रों, जहाँ अभी भी ज्यादातर काश्तकार आदिवासी हैं, जैसे कुछ सर्वाधिक पिछड़े क्षेत्रों में भी स्थितियाँ उतनी खराब नहीं हैं सिवाय उन कुछ गाँवों के जो गैर-आदिवासी मालगुजारों, पट्टेदारों, या पटेलों के नियन्त्रण में हैं जो अपनी खुद पैदावार उगाने की कृपा नहीं करते हैं। चन्दा जिले की जंगली माड़िया जमींदारियों में इस बुराई के बारे में शायद ही कोई जानता हो परन्तु जमीन छिन जाने के सन्दर्भ में पुनर्प्रस्तुत अपनी रिपोर्ट में उल्लिखित किए गए चन्दा तहसील के इन्हीं गाँवों में से कुछ खराब मामलों की तरफ अतिरिक्त उपायुक्त, श्री जे.डी. केड़ावाला द्वारा प्रश्नावाली को दिए गए रोचक जवाब में ध्यान दिलाया गया है। अतिरिक्त उपायुक्त श्री ए.एफ. जाफरी, जिन्होंने जिले की तरफ से जवाब दिया, ने सतगढ़ जमींदारियों की स्थितियों पर टिप्पणी की कि वहाँ की स्थितियाँ उन्नत मैदानी क्षेत्रों से व्यापक रूप से अलग हैं, जहाँ पर कि अब भूमि पर काफी भारी दबाव है। सतगढ़ में वर्तमान आवश्यकता से अधिक जमीन उपलब्ध है और प्रायः एक खेत-मजदूर एक काश्तकार बन जाता है। आदिवासी खेतिहर चाहे वो एक बड़ा काश्तकार हो या एक *गाँवतिया* को खेत-मजदूरों को रखने की जरूरत नहीं पड़ती है क्योंकि वह और उसके परिवार के सभी पुरुष और महिला सदस्य खेतों का सारा काम करते हैं, सिवाय निराई और कटाई के जिसमें कुछ बाहर से मजदूरों को रखना पड़ता है। गाँवों में जहाँ पर्याप्त खेतिहर या *गाँवतिया* हैं जो आदिवासी नहीं हैं, में लगे खेत-मजदूरों को *कामिया* के तौर पर जाना जाता है, यह शब्द बिहार में प्रयोग किया गया जहाँ हमने देखा कि *कमौती समझौते* को कानून द्वारा नियमित किया गया। उन्होंने बताया कि वह नाम जिससे सामान्यतः सतगढ़ गाँवों में *कामिया* जाना जाता है, उनकी सरल जिन्दगी के बारे में काफी कुछ बता देता है; यह नाम सुख-वासी (जो आसान जिन्दगी जीते हैं) है। इन सबके बावजूद सतगढ़ में आदिवासियों की स्थिति पर सामान्य टिप्पणी में उन कई मामलों का उल्लेख है जिनमें इन आदिवासियों ने शादी और अन्य खर्चों के लिए ऋण के बदले में अपना श्रम बन्धक रख दिया।

252. मांडला जिले से प्राप्त जवाब स्थिति की सबसे खराब तस्वीर प्रस्तुत करते हैं, यद्यपि हरदा के रोमन कैथोलिक धर्माधिकारी ने देशी कोर्कू गाँवों की स्थितियों की एक दुखद तस्वीर प्रस्तुत की है। सबसे पहले मैं रोमन कैथोलिक, मिशनरी पुजारियों द्वारा बताए गए मांडला और निवास तहसीलों में खेत मजदूरों की व्यवस्था और स्थितियों का रोचक वर्णन पुनर्प्रस्तुत कर रहा हूँ :

"जिले के लगभग सभी हिस्सों में खेत-मजदूरों को रखने की व्यवस्था लगभग एक

समान है लेकिन कई व्यवस्थाओं का प्रचलन भिन्न-भिन्न है। सामान्य तौर पर यहाँ मजदूरों को रखने के तीन तरीके मौजूद हैं—

(1) *बन्नी* यानी दिहाड़ी मजदूरी पर काम।

(2) *हरवाहा* या जोतनेवाले मानसून फसलों के लिए होली से पोला तक लगभग छह महीने के लिए मानसून-पूर्व फसलों के लिए *क्वार* या *भादों* से *कार्तिक* या *पूस* तक तीन महीनों के लिए रखे जाते हैं।

(3) बरसी (डिंडोरी *बारखी* के जैसा) को एक वर्ष के लिए रखा जाता है।

"मांडला के निकट *बन्नीहार* की मजदूरी 2 या 2 2/2, कभी-कभी 3 सेर धान या 1½ सेर गेहूँ, जबकि हरवाहा अपना खाना और कुल 15-2 सेर *कोदोन कुटकी, सन* और धान के बीज जो मालिक के बैलों के साथ मालिक के खेतों में बोए जाते हैं, प्राप्त होता है। बहुधा इन बीजों का उत्पादन बेहद कम होता है क्योंकि सबसे पहले मालिक के खेतों पर काम किया जाता है और हरवाहे के लिए सबसे खराब खेत आरक्षित कर दिए जाते हैं। हरवाहे की पत्नी को अपने बच्चों की देखभाल के लिए *बन्नी* करनी पड़ती है। हरवाहा मालिक के अलावा अन्य लोगों के लिए काम करता है परन्तु तब उसे अपनी मजदूरी मालिक को देनी पड़ती है। मांडला के निकट बरसी रु. 35 से रु. 40 तक में रखे जाते हैं। वो अपनी तनख्वाह आधी रुपयों में और आधी वस्तुओं के रूप में लेते हैं। सामान्यतः तनख्वाह का आधा हिस्सा सेवा के वर्ष की शुरुआत में बिना ब्याज के दे दिया जाता है। यदि तनख्वाह का दूसरा आधा हिस्सा सेवा के आधे वर्ष की शुरुआत में ले लिया जाता है तो ब्याज प्रतिमाह आधा आना प्रति रुपया की दर से वसूला जा सकता है या फिर *बरसी* वर्ष के अन्त में कुछ ज्यादा दिनों के लिए काम करता है।

"कभी-कभी मालिक जूतों का एक जोड़ा या कुछ कपड़े दे देता है। ब्याज, कपड़ों के उपहार और छुट्टियों के मामले में बरसी यदि हिन्दुओं के पास लगा है तो उतना अच्छा व्यवहार नहीं किया जाता है जैसा कि आदिवासी मालिकों द्वारा किया जाता है। मंडल के निकट और निवास तहसील में बरसी व्यवस्था सामान्य नहीं है।

"मैंने अपने विद्यालय के अध्यापकों के माध्यम से मांडला रेलवे स्टेशन से लेकर घाघा तक, मालपठार जंगलों और नर्वदा के बीच के क्षेत्रों में जाँच की। सभी अध्यापक आदिवासी हैं जिनमें से आधे उसी क्षेत्र के हैं और वहाँ के लोगों के साथ आराम से घुलेमिले हुए हैं; लेकिन बरसी नौकरों के किसी मामले की खबर नहीं है सिवाय पृथ्वीदास पाँका के जो अपने मालगुजार के पास 40 रुपए प्रतिवर्ष के पारिश्रमिक पर चार वर्षों से काम कर रहा था। इसमें से रु. 23 मालगुजार पाँका परिवार के खेतों के लगान के तौर पर घटा देता था। पृथ्वीदास को रुपए, बीजों या कपड़ों में से कुछ भी नहीं मिलता था और उसके लगान में से कुछ कम नहीं होता था। आखिरी साल जब पाँका 21 बरस का हो गया तो उसने और काम करने से मना कर दिया। अब मालगुजार ने उन्हें बताया कि यदि वे पूरा लगान नहीं दे देते हैं तो उनका खेत छिन जाएगा। इस क्षेत्र में छोटी राशियों और थोड़े बीजों के उधार को काम करके चुकाने की प्रवृत्ति काफी सामान्य है। ऋण 1 रु. से लेकर 20 रुपए तक अलग-अलग है। अध्यापकों ने कहा कि ऋण चुकाने के लिए छह महीने काम करना अपवाद है। घाघा में वे अब विद्यालय के अध्यापकों के पास अपने अनुबन्ध लिखवाने के लिए आते हैं; अब तक ज्यादातर जगहों पर औपचारिक रूप से भी अनुबन्ध मौखिक ही होता है।

"मोहगाँव में असरू गोंड ने एक रुपए के लिए जो उसने एक स्थानीय ब्राह्मण खेतिहर से उधार लिए थे, दस दिन तक काम किया। मोहगाँव के दौली गोंड (30) ने मांडला के एक बनिए से ऋण के रूप में कोदोन की दो खाँडी लीं। उस समय कोदोन की कीमत 3 रुपए प्रति खाँडी थी। एक वर्ष के बाद ऋण 3 खाँडी बन गया और उसके एक वर्ष बाद 4½ खाँडी हो गया। उसी दौरान दौली ने बनिए से कुछ रुपए लिए लेकिन उसे याद नहीं है कि कितने लिए थे। तब वह 4 रुपए प्रतिमाह पर बनिए के लिए काम करने लगा जिसने पाँच महीने बाद बताया कि ऋण पूरा हो गया है। इस क्षेत्र में लकड़ी के ठेकेदारों, लोक-निर्माण विभाग और मांडला शहर में काफी काम है। *थलवा* की संख्या ज्यादा नहीं है।

"मैंने विद्यालय के अध्यापकों से धनवाही, पिपरिया, बीजेपुर, बड़गाँव, बरोन्यी, सभी निवास तहसील में भी पूछताछ की। पिपरिया से धरमू गोंड (30) ने अपने लिए खेत खरीदने के लिए रु. 60 उधार लिए। ऋण जबलपुर जिले के बरेला के मुलया तेली द्वारा दिया गया जहाँ धरमू ने खाने और 6 रुपए प्रतिमाह पर दो वर्षों तक काम किया था। धरमू कहता है कि 6 रुपए प्रतिमाह काटे जाते थे और इन दो वर्षों के बाद ऋण चुकाया हुआ मान लिया गया। तब उसने बरेला के मौजीलाल तेली से 35 रुपए ऋण लिया और इन्हीं परिस्थितियों में आठ या नौ महीने के अन्दर इसे चुका दिया। आखिरी बरस, एक बार फिर उसने बरेला के परमा सेठ से 10 रुपए उधार लिए और 4 रुपए लौटा दिए। अब सेठ ने प्रस्ताव रखा कि धरमू को बचे हुए 6 रुपयों के लिए आकर काम करना चाहिए; उसने बताया नहीं कि कब तक। धरमू के खेतों पर काम करने के लिए उसके पिता और छोटा भाई, एक गाय और कोई बैल नहीं है। उसने कहा कि वह खुशी के साथ दूसरे ऋणों के समान शर्तों पर बैल खरीदने के लिए एक और ऋण लेगा।

"विद्यालय के एक अध्यापक ने मांडला-दिथोरी सड़क पर मांडला से नौ मील दूर एक मालगुजारी गाँव, सुभारिया से यह निम्नलिखित मामला दर्ज कराया। धानू गोंड ने कुछ खेतों को खरीदने के लिए दो से ज्यादा बन्दोबस्तों (भू-प्रबन्धों) से पहले अपने हिन्दू मालगुजार से रु. 50 का ऋण लिया। समझौते से सम्बन्धित कागज भी तैयार किए गए। प्रथम दो वर्षों के लिए कोई ब्याज नहीं लिया जाता था और रुपया दो वर्षों में 25 रुपए प्रति वर्ष की दो किस्तों में दिया जाना था। धानू ने पहले वर्ष 7½ खाँडी धान दिया जिसकी कीमत 25 रुपए और जो पहली किस्त के रूप में लिया गया। दूसरे वर्ष कुछ नहीं दिया गया। तीसरे वर्ष धानू ने 6 खाँडी धान और 3 खाँडी मसूर की दी जिसे 25 रुपए की दूसरी किस्त के रूप में स्वीकार कर लिया गया। लेकिन अब दूसरी किस्त पर 5 रुपए ब्याज लगाया गया जिसे धानू ने चार वर्षों तक नजरन्दाज किया। इसके बाद धानू के 12 साल के लड़के ने एक वर्ष के लिए 14 रुपए प्रतिवर्ष पर बरसी के रूप में मालगुजार के लिए काम करना शुरू कर दिया। उसकी तनख्वाह दूसरी किस्त पर 3 रुपए के ब्याज और इस पर लगे संचयी ब्याज के भुगतान के तौर पर मालगुजार ने रख ली। इसी तरीके से धानू के लड़के ने दूसरे वर्ष 25 रुपए के लिए, तीसरे वर्ष 30 रुपए के लिए और चौथे वर्ष 32 रुपए के लिए काम किया। इस चौथे वर्ष की समाप्ति जो सितम्बर 1940 में हुई, की तनख्वाह में से धानू ने कुछ अपने बेटे को मिलने की उम्मीद की क्योंकि उसने सोचा कि वह पहले ही काफी दे चुका है। लेकिन मालगुजार ने देने से मना कर दिया और साथ ही समझौते के कागजों को फाड़ने से भी मना कर दिया।

धानू घबरा गया कि उसके द्वारा 101 रुपए दिए जाने के बाद भी इन कागजों को उसके या उसके बेटे के खिलाफ प्रयोग किया जा सकता है।

फादर वान हीरतुम ने शाहपुर राजस्व सर्किल के 19 गाँवों में *हरवाहा* और *बरसी* नौकरों के बार में पड़ताल की—

क्र.सं.	गाँव		हरवाहा	बरसी
1	हनोटा	—	15	—
2	बिछरपुर	—	10	3
3	पलाड़िया (भरवाई)	—	12	—
4	भरवाई	—	6	4
5	गोपालपुर	—	6	—
6	देवकारा टी.वी.	—	—	—
7	रामगुड़ा	—	3	2
8	पारासी	—	11	—
9	गोइड़ा	—	4	—
10	बड़गाँव	—	2	—
11	नयागाँव	—	1	1
12	निओसा	—	1	—
13	पोंडी (निओसा)	—	4	—
14	कुई	—	8	2
15	सरसताल	—	3	1
16	मुरकी (दांड-बीड़ेपुर)	—	13	8
17	देवरी (दांड-बीड़ेपुर)	—	5	1
18	मीनेरी (दांड-बीड़ेपुर)	—	9	2
19	बीड़ेपुर (दांड)	—	3	1

"*हरवाहा—हरवाहे* अपना काम होली के बाद मानसून फसल के लिए शुरू करते हैं और भादों में समाप्त करते हैं। इस प्रकार वे पाँच या छह महीने काम करते हैं। उसको पारिश्रमिक मालिक के घर पर रोजाना खाना या यदि उसकी जाति इससे रोकती है तो 1 कुराया (2½ सेर) कोदोन, जो कूटने के बाद 1¼ सेर रह जाता है, दिया जाता है। यह उसके लिए एक दिन के लिए पर्याप्त होता है; पैसों में इसकी कीमत एक आना है। आगे उसे मालिक के खेतों में बोने के लिए और मालिक के बैलों के साथ 12½ सेर कोदोन या कुटकी (बोरा या बीज) दिया जाता है।

"यह बोवारा एक अच्छे वर्ष में अच्छी मिट्टी पर 5 से 6 खाँडी (500-600 सेर) तक उगा सकता है। हालाँकि अधिकांशतः उत्पादन 1 से 3 खाँडी तक होता है और कभी-कभी तो ½ खाँडी भी नहीं यहाँ तक कि 6 कुटो (30 सेर) ही हो पाता है। यह याद रखा जाना चाहिए कि कुटाई के बाद इसमें से केवल आधा ही बचता है। फसल के दो या तीन महीने के बाद तक सामान्यतः कोदोन का चावल एक सामान्य वर्ष में 10 कुरो (50 सेर) प्रति रुपए

की कीमत का होता है। वर्ष में बाद में यह 8 कुरो तक और किसी खराब वर्ष में 6 या 5 कुरो तक आ जाता है। गोबरा पर 3 खाँडी का औसत उत्पादन और प्रति रुपए 8 कुरो की औसत कीमत एक ठीकठाक दिखाई पड़ता है। इस औसत पर हरवाहा छह महीने में 7-8-0 रुपए (उसके खाने के अलावा) कीमत का अनाज या प्रतिमाह 1-4-0 रुपए का अनाज उसके खाने के अलावा पाता है। 1939 के कई हरवाहों को मात्र 10 कुरो यानी 1-4-0 रुपए छह महीने के मिले। 1940 में बोवारा का उत्पादन शून्य माना जा सकता है। मालिक हरवाहे को कभी अनुमति नहीं देगा कि वह सबसे अच्छे खेत पर जिस पर सबसे पहले बोया जाता है, अपना बोवारा बो ले। कुछ मालिक अपने हरवाहों को एक कम्बल या धोती या कम से कम एक खुमरी (किसानों का छाता) या एक जोड़ा जूता दे देते हैं, इसके अलावा कुछ नहीं। यदि मानसून से पहले कोई और काम अपने-आप आ जाता है जैसे कि मकान बनाने का तो हरवाहे को एक बोझा ढोने वाले के रूप में काम करना पड़ेगा, लेकिन उसकी मजदूरी उसका मालिक अपनी जेब में रख लेता है। जब फादर दुहनिया और दुल्हापुर में मकान बनवा रहे थे तो कुछ मालिक अपने आप तीन या चार महीने के लिए काम करने के लिए आए और कई बार उन्होंने हरवाहों से भी काम करवाया। सारा पैसा मालिकों ने ले लिया।

"मानसून-बाद की फसलों के लिए काम की अवधि क्वार या भादों से शुरू हो जाती है और कार्तिक या पूस तक चलती है। यह तीन महीने का समय होता है। हरवाहे 12½ सेर *बोवारा* बोते हैं जो ज्यादातर गेहूँ होता है। यह काफी सहायक परिस्थितियों में 2 से 2½ खाँडी तक अपना सकते हैं परन्तु सामान्य तौर पर 1 या 1½ खाँडी उत्पादन होता है और कई बार 10 या उससे भी कम। एक अच्छी फसल के बाद सुदूर इलाके में गेहूँ की कीमत 4 कुरो प्रति रुपया होती है। अगस्त से लेकर नई फसल आने तक ये 3 से 2½ कुरो तक बढ़ जाती है। 3 कुरो की औसतम कीमत और 1 खाँडी के औसत उत्पादन को लेते हुए एक हरवाहे ही तनख्वाह छह महीने के लिए 6-10-6 रुपए या 2-3-3 रुपए मासिक, प्रतिदिन एक आने के उसके खाने के मूल्य को छोड़कर, हो जाती है।

"कई *हरवाहों* को केवल एक उपज जो कि छह से तीन महीने की होती है, के लिए काम मिलता है। उसकी अपनी आजीविका और कपड़ों आदि के एक वर्ष के खर्च के लिए यह पर्याप्त नहीं होती है। बचे हुए पूरे वर्ष में उसे कोई काम नहीं मिल सकता है और उसे जड़ों और जंगली सब्जियों के सहारे जीना पड़ता है और *बरही* (अनाज का उधार) लेना पड़ता है जिस पर उसे नई फसल आने के बाद 50 प्रतिशत की दर से ब्याज देना पड़ता है। उनमें से लगभग सभी पर छोटी *बरी* होती है। उनमें से केवल कुछ ही खेतिहरों के पास सन्तानें हैं जिनके लिए काम करने वाले बेटे की आय के अतिरिक्त आय होती है। केवल कुछ के पास बैल होते हैं और वह उन्हें किराए पर दे सकते हैं। हरवाहे की पत्नी को अपने परिवार की मदद के लिए *बन्नी* करनी पड़ती है जैसे कि फसल की निराई और कटाई जिसके लिए उसे 3¾ सेर कोदोन मिलता है, जो कूटने के बाद 1⅞ सेर रह जाता है। वह खुशकिस्मत है यदि उसे प्रति वर्ष 60 दिन बन्नी मिल जाता है, जैसे कि चरवाहे और उनकी पत्नियों के अलावा कई अन्य हैं प्रत्येक गाँव में 15 से 20 परिवार तक हैं जिन्हें केवल बन्नी पर जीना पड़ता है।

"बरसी–

बिचारपुर; 3 बरसी नौकर।

हाफिज मुस्लिम ने रखे हैं–

(1) करिया गोंड जिसे 12 रुपए प्रतिवर्ष और खाना दिया जाता है।

(2) धोली, अगरिया, जिसे 12 रुपए प्रतिवर्ष और खाना दिया जाता है।

(3) नन्हू, पांका, जिसे 12 रुपए प्रतिवर्ष और खाना दिया जाता है।

तीनों के पास न खेत हैं न ऋण।

पलरिया; 2 बरसी नौकर (भरवाई)।

ढोकाल, गोंड, मालगुजार ने रखे हैं–

(1) जीतू, भूमिया बैगा, जिसे 12 रुपए प्रतिवर्ष और खाना-कपड़ा दिया जाता है।

(2) जीतू की पत्नी, जिसे 6 रुपए और खाना-कपड़ा मिलता है।

जीतू ने अपनी पत्नी का कर्जा चुकाने के लिए 1939 में अपने मालिक से 50 रुपए का ऋण लिया। यह काम का पहला वर्ष था।

भरवाई; 4 बरसी नौकर।

नन्ही कायस्थिन ने रखे हैं :–

(1) लालजू, भूमिया बैगा, 12 रुपए प्रतिवर्ष और खाना दिया जाता है। लालजू ने उससे 26 रुपए का ऋण लिया। उसने एक वर्ष काम किया और काम करने के लिए अभी 14 रुपए शेष हैं।

जुलूर, गोंड, पलारिया के 0-8-0 रुपए के पट्टीदार ने रखे हैं–

(2) बच्छु, भूमिया बैगा, 12 रुपए, खाना और कुछ कपड़े दिए जाते हैं।

(3) बच्छु की पत्नी, 6 रुपए खाना और कुछ कपड़े दिए जाते हैं।

(4) बुट्टु, भूमिया बैगा, दस रुपए और खाना दिया जाता है।

पोंडी (निऔसा); 15 बरसी नौकर।

पोंडी में शराब के ठेकेदार वजीर मुस्लिम ने 12 बरसी नौकर रखे हैं, 5 आसवन (शराब के) के लिए और 7 उसके खेतों पर काम करने के लिए–

(1) एक ब्राह्मण, 60 रुपए दिए जाते हैं।

(2) गिरधारी, लामन, 48 रुपए दिए जाते हैं।

(3) लधारी, कोल, 24 रुपए दिए जाते हैं।

(4) भगेला, भूमिया बैगा, 48 रुपए दिए जाते हैं।

(5) मोलाया, भूमिया बैगा, 24 रुपए दिए जाते हैं।

मोलाया ने एक वर्ष पहले 16 रुपए का ऋण लिया था।

इन सबको शराब के कारखाने में काम के लिए रखा गया था।

खेत पर हैं–

(6) बैसाखू, कोल, 24 रुपए और 5 कुरो धान बोवारा दिया जाता है। उसने पाँच साल पहले अपना आखिरी ऋण 24 रुपए का लिया था। पाँच साल की बरसी सेवा के बाद भी ऋण बकाया है क्योंकि वह अपनी सारी तनख्वाह ले लेता था। इस ऋण पर कोई ब्याज नहीं लिया जाता लेकिन यदि वह काम छोड़ता है तो उसे मूलधन और प्रतिवर्ष 0-4-0 ब्याज प्रति रुपया देना पड़ेगा। यदि वह फिर से ऋण

लेता है तो उसे इसके लिए ब्याज (0-4-0 रुपया प्रति रुपया प्रति वर्ष) चुकाना होगा।

(7) चमरू, कोल, 24 रुपए और 1 कुरो धान बोवारा दिया जाता है। उसने पाँच साल पहले अपना आखिरी ऋण 10 रुपए का लिया; शर्तें (6) की तरह ही हैं। चमरूथ ने वजीर के साथ 10 वर्षों तक काम किया।

(8) सौनु, कोल, 24 रुपए और 1 कुरो धान बोवारा दिया जाता है। 24 रुपए का आखिरी ऋण दो या तीन साल पहले लिया गया।
आगे (6) की तरह सौनू ने दो या तीन वर्षों तक काम किया।

(9) बेकया, भाड़िया बैगा, 24 रुपए और 1 कुरो बोवारा दिया जाता है। उसने अपना आखिरी ऋण 5 पाँच पहले 20 रुपए का लिया था। अन्य शर्तें (6) की तरह ही हैं। बेकया ने एक बरसी के रूप में 20 वर्षों तक काम किया।

(10) मोहन, भाड़िया बैगा, 24 रुपए और 1 कुरो धान बोवारा दिया जाता है। चार साल पहले मोहन ने 8 रुपए का एक ऋण लिया था। उसने बरसी के रूप में दो सालों तक काम किया।

(11) भाकड़, भाड़िया बैगा, 24 रुपए और 1 कुरो धान बोवारा दिया जाता है। पाँच साल पहले उसने अपना आखिरी ऋण 48 रुपए का लिया, शर्तें (6) की तरह ही हैं। वह पाँच वर्षों से बरसी है।

(12) भर्रा, भाड़िया बैगा, 24 रुपए और 1 कुरो धान बोवारा लिया जाता है। उसने अपना आखिरी ऋण जो 8 रुपए का था तीन वर्ष पहले लिया था; अन्य शर्तें (6) की तरह ही हैं। उसने दो वर्षों तक बरसी के रूप में काम किया। इसी गाँव में पोंडी के सह-साझीदार मालगुजार भादुसिंह गोंड ने रखे हैं—

(13) कोन्ड्रा, कोल, 12 रुपए और खाना दिया जाता है। उसने दो वर्षों तक काम किया।

(14) फंगू, भाड़िया बैगा, 24 रुपए और खाना दिया जाता है। उसने दो वर्षों तक काम किया।

(15) नन्हें, माहड़ा, 24 रुपए और खाना दिया जाता है। उसने भी दो वर्षों तक काम किया।

कुई, दो बरसी नौकर हैं।

नरधु, अहीर, *मुकद्दम* ने रखे हैं—

(1) दल्ली, लक्ष्मन, भूमिया बैगा के बेटे ने सात साल पहले (1933) नरधु या उसके भाई पहिलाद से 12 रुपए का ऋण लिया। पहले दल्ली ने हरवाहे के रूप में तीन साल काम करके इसे चुकाया। तब उसने तीन साल तक बरसी के रूप में काम किया और अभी तक कर रहा है। 1939 में दल्ली काम छोड़ना चाहता था लेकिन नरधु ने बताया कि उसे अभी भी 16 रुपए देने हैं। उसने ना तो कोई नया ऋण लिया और ना ही अपना काम छोड़ा। उसकी पत्नी बन्नी करती है और जड़ें ढूँढ़कर उसकी मदद करती है।

(2) फागु, तुमहिया, भूमिया बैगा का बेटा।

तुमहिया ने अपने मालिक से फागु की शादी पर जून 1939 या (1938) में 20 रुपए

का ऋण लिया। समझौते के अनुसार फागु को बरसी के रूप में तीन साल तक जो 10 रुपया प्रतिवर्ष की दर से और जिसमें एक वर्ष ब्याज चुकाने के लिए भी काम करना है। यह फागु का दूसरा वर्ष है, यदि कोई रोकटोक नहीं करेगा तो फागु कई सालों तक काम करने वाला है क्योंकि अहीर परिवार अपने नौकरों को आजीवन गुलाम बनाने की कोशिश करते हैं। रतनु, भूमिया बैगा (दल्ली का भाई) ने 11 वर्ष पहले (1929) नरधु से 20 रुपए का ऋण लिया और उसके चरवाहे के रूप में सात वर्षों तक काम किया (ऋण लेने से पहले पाँच वर्षों तक काम करने के बाद)। आखिर के पाँच निरन्तर वर्षों में रतनु ने 10 रुपए से 12 रुपए तक, कभी कम नहीं, लगातार चुकाए। वह नहीं जानता कि वह अब तक कितने चुका सका है। उसने कोई दूसरा ऋण नहीं लिया। जनवरी 1940 में उसका बकाया 4 रुपए था जिसे उसने देने से मना कर दिया। रतनु इसे पुजारी को बताने का इच्छुक नहीं था क्योंकि यदि नरधु को ये पता लग गया तो उसके लिए गाँव में रहना मुश्किल हो सकता था। अब रतनु के पास पाँच खेत और दो बैल हैं जो उसने कैथोलिक पुजारी द्वारा मिले ऋण से खरीदे थे।

"टिकरीपिपरी में भोखाई, भूमिया बैगा के बेटे लांगरा के पास नौ खेतों (तीन काली मिट्टी, पाँच भर्रा, एक बरी) का कुई में स्वामित्व था जो उसके पिता को एक रिश्तेदार के 1931 में मरने पर उत्ताधिकार में मिला था। इन खेतों को अपने नाम कराने के लिए भोखाई ने कुई के तत्कालीन मालगुजार नोएलसिंह लोधी को टीके के रूप में एक बैल दे दिया। भोखाई इन खेतों को लांगरा को देकर जो टिकरीपिपरी में रहता था, 1938 में मर गया। नरधु ने बताया कि भोखाई ने उससे एक ऋण लिया था लेकिन गाँव के बुजुर्ग नहीं जानते थे कि कितना ऋण है और कि क्या कोई ऋण लिया भी गया है। भोखाई ने कुई कई वर्ष पहले छोड़ दिया था। बताया गया कि नरधु और उसके भाई भोखाई या लांगारा से सम्बन्धित काली मिट्टी वाले खेत से पिछले पन्द्रह वर्षों से उपज ले चुके हैं। वर्तमान में तीन बर्रा खेत परती पड़े हैं और एक *बरी* पर कुई के अकाली गोंड द्वारा अधिया पर खेती की जाती है जो भोखाई या लांगरा को नियमित रूप से लगान देता रहा। बाकी खेतों पर या तो नरधु द्वारा खुद खेती की गई या फिर उसके द्वारा *अधिया* पर दूसरे गोंड या बैगा (एक बैगा परिजन फागु; रामगुड़ा का गोंड दालसिंह) को दे दिया जाता था। भोखाई और लांगरा ने इन खेतों का कोई उत्पाद कभी प्राप्त नहीं किया तथापि उन्हें हमेशा वार्षिक लगान देना पड़ता था।

"कुई के भूमिया बैगा, जीते का बेटा गिरधु लगभग 35 वर्ष पहले जब वह लगभग 16 वर्ष का था तो नरधु का बरसी नौकर बन गया था। उसने तुमहिया की बेटी कुमहारिन से शादी करने पर वधू-मूल्य चुकाने के लिए 20 रुपए का ऋण लिया था। यह तय किया गया कि गिरधु चार वर्षों तक नरधु की बरसी के रूप में सेवा करेगा। शादी के तीन साल बाद उसकी पत्नी उसे छोड़कर चली गई और पूरे पाँच वर्षों तक काम करवाने के बाद नरधु ने बरसी समझौता लौटा दिया। 20 रुपए के इस ऋण के अलावा गिरधु को सिवाय खाने के और कुछ नहीं मिला। अपनी दूसरी पत्नी (सरसताल के हुड़डा की बेटी अकली) के लिए गिरधु ने नरधु से 2 रुपए नकद और

2½ वर्ष का नर बैल उधार लिया जो तब भी काम के हिसाब से छोटा था। प्रत्यक्षदर्शियों के मुताबिक इसकी वास्तविक कीमत 9 रुपए थी लेकिन नरधु ने इसकी कीमत 28 रुपए लगाई और गिरधु ने 30 रुपए पर अंगूठा लगा दिया। जब गिरधु ने अपना दूसरा ऋण लिया तो वह नरधु की बरसी के रूप में 11 वर्ष सेवा और अपनी दूसरी पत्नी को छह वर्षों तक रख चुका था। दो साल बाद (यानी अपनी शादी के आठवें वर्ष और बरसी के काम के तेरहवें वर्ष में) गिरधु अपनी पत्नी और बच्चों समेत भाग गया लेकिन जल्द ही नरधु उसे वापस ले आया और दोबारा उस पर काम करने का दबाव डाला। हालाँकि तब नरधु ने उन्हें 12 रुपए प्रतिवर्ष देने का वादा किया जो उनके ऋण में से घटाया जाएगा। एक बार फिर गिरधु ने तीन वर्षों तक काम किया। इस बीच उसके तीन बच्चे हो गए। अपने खाने के अलावा गिरधु को प्रतिवर्ष 1 रुपया बख्शीश (जारावर) मिलता था जो प्रतिवर्ष नहीं मिल पाता था। उसने नरधु के लिए बरसी के रूप में 16 वर्षों तक काम किया लेकिन सिवाय अपने खाने और रुपए *जारावर* के उसे कभी कुछ नहीं मिला, यहाँ तक कि कपड़े का एक टुकड़ा भी नहीं। उसकी पत्नी को अपना व बच्चों की आजीविका और अपने पति के कपड़े-लत्ते के लिए एक स्वतन्त्र दिहाड़ी खेत-मजदूर के तौर पर काम करना पड़ता था। उसे प्रायः काम करना पड़ता था। वह नरधु के गौशालों की सफाई करती थी जिसके लिए उसे 2 रुपए प्रतिवर्ष मिला करतें थे। दिसम्बर 1939 में गिरधु अपनी पत्नी और बच्चों के साथ एक बार फिर भाग गया, इस बार दुहनिया के कैथोलिक पुजारी के पास आ गया। एक महीने बाद जब गिरधु अपना सामान लेने कुई वापस आया तो नरधु ने उसे 40 रुपए की रसीद पर अपना अंगूठा लगवाने का दबाव डाला जो नरधु के दोस्त निऔसा (पोंडी) के मालगुजार (गोंड) द्वारा लिखी गई थी। गिरधु दुहनिया लौट आया जल्द ही नरधु भी इस उम्मीद के साथ आ गया कि पुजारी या तो गिरधु को दोबारा काम करने के लिए कहेगा या फिर गिरधु के ऋण के 40 रुपए चुका देगा। इसके विपरीत पुजारी ने रसीद्द को फाड़ दिया और गिरधु दुहनिया में उन्हीं के पास रहा। नरधु के पास अभी भी रसीद की एक प्रति है और 'पुजारी के वापस स्वदेश जाने का इन्तजार कर रहा है' ताकि वह फिर से गिरधु को अपने अधिकार में ले ले। नरधु के तीन भाई हैं जो सभी शादीशुदा हैं और एक संयुक्त परिवार बनाते हैं। वे बहुत अमीर हैं उनके पास बहुत अच्छे पशु (सौर से ज्यादा) और छह हरवाहा और बरसी नौकर हैं। उन्होंने अपने आपको कई गाँव वालों की कीमत पर धनी बनाया है खासतौर पर बैगा लोगों की, जो चार अहीर भाइयों के डर के साये में जीते हैं। वे सारे अच्छे खेतों पर खेती करते हैं और अन्य लोगों को खेती के लिए अच्छे खेत मिलने का कोई अवसर नहीं मिलता है।

"मुरकी (दांड बीड़ेपुर); आठ बरसी नौकर।

काली, मुकद्दम ने रखे हैं–

(1) टिकवा, गोंड, अविवाहित, तनख्वाह कुछ नहीं, खाना और 5 कुरो बोवारा। उसने चार साल तक काम किया।

(2) रामला गोंड, अविवाहित, तनख्वाह कुछ नहीं, खाना और 5 कुरो बोवारा। उसने दो साल तक काम किया।

तीतरा गोंड ने रखे हैं—

(3) बोरू बैगा, विवाहित, तनख्वाह कुछ नहीं, खाना और पाँच कुरो बोवारा। उसने दो साल तक काम किया।

रामलाल लोहार (अगरिया?) ने रखे हैं—

(4) भायालाल लोहार (अगरिया?), विवाहित, तनख्वाह कुछ नहीं, खाना और उत्पादन की 3 कुरो प्रति खाँडी।

उसने एक साल तक काम किया।

(5) मोतीलाल कोल, कोई तनख्वाह नहीं, खाना और उत्पादन की 3 कुरो प्रति खाँडी।

आसाराम, राठौर, मालगुजार, ने रखे हैं—

(6) भद्दी कोल, कोई तनख्वाह नहीं, खाना और उत्पादन की 3 कुरो प्रति खाँडी।

उसने 22 वर्ष तक काम किया। उसने लगभग 1924 में आसाराम से 100 रुपए उधार लिए थे। उसके वाटा (उत्पादन का 3 कुरो प्रति खाँडी) का हिस्सा प्रतिवर्ष आसाराम द्वारा घटा दिया जाता था। भद्दी नहीं जानता कि अब उसे कितना और चुकाना है।

(7) मेखाया कोल, खाना और उत्पादन की 3 कुरो प्रति खाँडी। उसने 18 वर्षों तक काम किया और 1938 में 20 रुपए का एक कर्ज़ लिया। अब बकाया 5 रुपए है।

(8) मुड़िया कोल, खाना और उत्पादन की 3 कुरो प्रति खाँडी। उसने 1940 में 20 रुपए का एक कर्ज़ लिया जो अभी भी उसे देना है। उसने दो वर्षों तक काम किया।

देवरी (दांड बीड़पुर); एक बरसी नौकर।

रेवादास पांका ने रखे हैं—

नांसा पांका को खाने और 5 कुरो बोवारा पर। नांसा ने एक वर्ष काम किया और अविवाहित है।

मिंगरी (दांड बीड़पुर); दो बरसी नौकर।

कुंकरीया गोंड ने रखे हैं—

(1) नवलु बैगा, दस रुपए और खाने पर। नवलु अविवाहित है और उसने एक वर्ष तक काम किया।

(2) माहू बैगा, दस रुपए और खाने पर। माहु भी अविवाहित है और वह भी एक वर्ष तक काम कर चुका है।

बीड़पुर (दांड), एक बरसी नौकर।

नेक्की गोंड ने रखे हैं—

चैतू गोंड, खाने और 5 कुरो बोवारा पर। चैतु अविवाहित है और उसने एक वर्ष तक काम किया है।

पाँच और बरसी नौकर हैं, दुहनिया (1), सारंगपुर (3) और पलारिया (1), जो सभी 12 रुपए और खाने पर लगे हैं। चार आदिवासी हैं और एक पांका है। बहुत कम लोग ही अपने बरसी नौकरों को कपड़े देते हैं। वे एक बण्डी (0-4-0 रु.) या एक धोती (1 रुपया) या पिचोरी (1 रुपया) या एक जोड़ी जूता (0-9-0 रुपया) देते हैं।

"दुहनिया और अन्य जगहों पर यह कहा जाता है कि बरसी नौकरों की तनख्वाह तुरंत हाथ में आ जाती है, जो प्रायः हरवाहों से कहीं बेहतर है जिनकी तनख्वाह मौसम पर निर्भर करती है। दूसरी तरफ बरसी यह कहते सुने गए हैं कि हरवाहे ज्यादा ठीक रहते हैं, कम से कम एक अच्छे वर्ष में, संभवतः इस कारण कि हरवाहों के पास वर्ष के दौरान ऐसा कुछ समय तो होता है जिसे वो अपना कह सकते हैं। हरवाहे और बरसी की स्थितियों की बहुत सही तरीके से (तुलनात्मक रूप से) बन्नीहार से तुलना की जा सकती है जो प्रतिदिन 3¾ सेर कोदोन (बिना कुटा) या 0-1-6 रुपए कमा लेता है। इसके कारण हैं कि वे बहुत सारे हैं और एक बड़े अनुमान के अनुसार यहाँ केवल 60 दिनों का काम है क्योंकि किसान केवल अपने परिवार के सदस्यों से काम करवाने को ही प्राथमिकता देते हैं।"

253. कैथोलिक पुजारियों की प्रारंभिक अवस्था में रिपोर्ट मांडला तहसील में बन्नीहारों की स्थितियों का वर्णन करती है। रिपोर्ट आदिवासी काश्तकारों द्वारा कुछ गाँवों में जमीन के काफी नुकसान का वर्णन करते हुए बताती है कि शाहपुर सर्किल में नर्बदा के उत्तर में प्रत्येक गाँव में बन्नीहारों के 15 से 20 परिवार हैं जिनके पास न खेत है न पशु हैं और इनकी संख्या हाल के कुछ वर्षों में पशुओं की महामारी के कारण बढ़ गयी है। यह संकेत दिया गया कि इस क्षेत्र के प्रत्येक गाँव में बन्नीहार जनसंख्या का 25 प्रतिशत हैं। मालगुजारों द्वारा बहुत सारी जमीन अधिया* पर दी हुई है और बहुत सारी जमीन बेकार पड़ी है। कई गाँवों में मिट्टी से इतनी फसलें ली गयी हैं कि अब मुश्किल से ही कुछ उग सकता है। लेकिन बहुत बड़े परती पड़े क्षेत्र का काफी हिस्सा पथरीला है या मोआ घास से इतना भरा हुआ है कि किसी में कोदोन की 3 खाँडी या 1 खाँडी गेहूँ प्रति बैल की स्थानीय दर से किराए पर बैल लेकर इसे साफ करने का साहस नहीं है। उनका सोचना है कि इस समस्या का एकमात्र समाधान कुछ जगहों जैसे मालखा (बिजोरा के पास) और मोंहजीर, दुहनिया, बर्दवाड़ा, बतोंधा, गोइरा, और बासी देवरी में निर्वनीकरण करके जंगलों के पास नये गाँवों के लिए जमीन दे दी जाए। कुछ जंगली क्षेत्रों में कई वर्षों पहले गाँव थे और हाल ही में इन क्षेत्रों का निर्वनीकरण करने के लिए स्थानीय बैगा लोगों द्वारा कई असफल आवेदन किए गए। फादरों ने सुझाव दिया कि क्षेत्र जंगलों के रूप में काम के नहीं हैं और कृषि से काफी राजस्व पैदा करेंगे। इन जंगली क्षेत्रों की अछूती मिट्टी उनका आकर्षण है और इसकी बेहद उर्वरता के कारण वो आदमी अपने पशुओं के साथ खेती शुरू नहीं करता किराये पर बैल ले लेता है और जल्द ही उसके पास अपने बैल खरीदने लायक काफी पैसे हो जाते हैं। उनके विचार से बैगा बन्नीहारों की खासतौर पर मदद करने की जरूरत है क्योंकि पूरे क्षेत्र में गोंड और गैर-आदिवासियों की प्रतिस्पर्द्धा में उनकी भीरुता सामने आ जाने के कारण यह आवश्यक है : यदि एक गरीब बैगा के पास खेत है और वह इसे अधिया पर किसी गोंड या मुस्लिम को दे देता है तो वह शायद ही इसे वापस पा सके। यह तर्क दिया जाता है कि यहाँ पर आरक्षित किए गए जंगलों में बैगा लोगों के लिए अलग भूमि का विभाजन करने का एक सशक्त कारण है, उनके लिए जिन्हें फादरों

* इस अधिया व्यवस्था में मालगुज़ार या जमीन का मालिक प्रत्यक्षतः जमीन को शिकमी पट्‌ट पर और उपकाश्तकारों को बीज और पशु इस शर्त पर देता है कि वह जमीन के मूल्य का आधा और आधी फसल देगा। ठीक-ठीक शर्तें अलग-अलग हो सकती हैं।

ने भाड़िया-बैगा* कहा, जो भूमिया-बैगा से अलग होते हैं।

254. इसके बाद रेव. फादर लेर्चर एस.वी.डी. के द्वारा होशंगाबाद जिले की हरदा तहसील के उत्तर में नर्बदा और नीमड़ जिले की हरसूद तहसील के साथ रहने वाले देशी कोरकुओं की स्थितियों का संक्षिप्त वर्णन आगे दिया जा रहा है। यह समुदाय 8,000 से 10,000 के बीच का और हिन्दू गाँव वालों के साथ घुलामिला है सिवाय नदी किनारे वाले गाँवों के जहाँ कुछ शुद्ध कोरकू गाँव हैं। कोरकू भाषा मर रही है; प्रत्यक्षतः सभी स्थानीय हिन्दी बोली बोलते हैं, लेकिन खेलों में अभी भी बच्चे बहुत सारे कोरकू शब्द बोलते हैं।

उनका धर्म और जिन्दगी काफी हिन्दुओं जैसी हो गई है। दिहाड़ी मजदूरी पर काम को धरकी के नाम से जाना जाता है जिसके लिए एक आदमी को 2½ आना कीमत की 2 पाव ज्वारी, एक औरत को 1½ पाव और बच्चे को 1 पाव मिलता है; बच्चे आठ साल की उम्र से काम करना शुरू कर देते हैं। यहाँ पर एक वर्ष या लम्बे समय के लिए काम पर रखने की व्यवस्था को बरसूदिया कहते हैं और यह व्यवस्था मांडला, छिन्दवाड़ा और अन्य कहीं की व्यवस्था की तरह ही है। ज्यादातर स्थानीय कोरकू भूमिहीन हैं और कुछ एकड़ बेकार जमीन रखते हैं, अच्छी जमीनें हिन्दुओं को दी जा चुकी हैं। एकमात्र रास्ता जिससे एक कोरकू पैसे उधार ले सकता है अपने श्रम को बरसूदिया के रूप में बन्धक बनाना है। वह सामान्यतः इसे वधू-मुल्य चुकाने और शादी के खर्चों, जिसे मिलाकर 100 रुपए हो जाते हैं, के लिए लेता है; अन्य उद्देश्यों के लिए लिये जाने वाले ऋण 40 से 60 रुपए तक अलग-अलग होते हैं। सेवा-अनुबन्ध एक दस्तावेज पर लिखा जाता है जिसे कोरकू काट कहते हैं और ज्यादातर अनुबन्ध दस्तावेजी होते हैं। कोई भी कोरकू शिक्षित नहीं है और ना ही उसे काट का थोड़ा-सा भी अर्थ मालूम होता है जिस पर वो अँगूठा लगा देता है; वह अपने नये मालिक का दयनीय रूप से आभारी होता है जो उसे जरूरतों के लिए पैसे देता है जिससे कि वह भविष्य के प्रति चिन्तित नहीं रहता है। मालिक उधार पर 25 प्रतिशत ब्याज लेता है और प्रत्येक 15 दिनों बाद बरसूदिया को 30 पाव ज्वारी (प्रतिदिन 2 पाव पर) देता है। अनुबन्ध में कोई छुट्टी या अन्य लाभों की अनुमति नहीं होती है। अनाज द्वारा मजदूरी की वार्षिक कीमत 50 रुपए होती है, लेकिन ये सारा उसके खाने में लग जाता है और ब्याज व मूलधन चुकाने के लिए एक पैसा भी नहीं बचता है। कभी-कभी तो काम न होने पर मालिक बरसूदिया को निकाल देता है या कई बार भुगतान नहीं करता है जब तक कि अगला काम का समय नहीं आ जाता। मौके बे मौके खवाई के लिए ऋण दिए जाते हैं हमेशा ज्यादातर ब्याज पर। वर्ष में एक बार मालिक नौकर का हिसाब-किताब तैयार करता है और बताता है कि कितना अभी उसे और देना है; लेकिन भारी ब्याज, खाने के लिए नये ऋणों और बिना काम के बिना भुगतान वाले दिनों के कारण कोरकू कभी भी अनुबन्ध से छूट नहीं पाता है। इन परिस्थितियों में कुछ वर्षों का काम उसे जीवन-भर के लिए मालिक के साथ बाँध देता है और यदि वह मर जाता है तो उसका बेटा बोझ उठा लेता है और अपने मालिक के लिए काम करने लगता है। कभी कोई रसीद नहीं दी जाती है। कोरकू कभी भी ऋण से या

* मुझे मांडला जिले की जनगणना रिपोर्ट में तथाकथित भाड़िया-भूमिया और बैगा, या कम से कम भूमिया-बैगा के बीच गलतफहमी होने का शक है और यह कि तथाकथित भाड़िया-भूमिया वास्तव में बैगा ही हैं। छिन्दवाड़ा के गोंड हमेशा उन्हें कोर्कू लोगों की तरह भूमियालोर कहकर बुलाते हैं। वे निश्चित तौर पर लगभग कोलारियत या मुंडा (कोलीड) वंश, जैसे कि बैगा, कोर्कू और कोल की तरह ही हैं।

अनुबन्ध-सेवा से राहत पाने के लिए न्यायालय नहीं जाता है—अपने मालिक के कारण, न्यायालय के शुल्क के कारण और क्योंकि इसका कोई मतलब नहीं निकलता है। निम्नलिखित वास्तविक उदाहरण दिए जा रहे हैं :—

(क) धनगाँव—यह एक हिन्दू मालगुजार के क्षेत्र में है और 60 घरों में से 20 कोरकू लोगों के हैं। केवल चार कोरकुओं के पास कुछ काश्तकारी जमीन है, जिसमें से आधी पर खेती की जाती है और बाकी बेकार पड़ी है या वापस वनभूमि बनती जा रही है; 10 कोरकू परिवार नीमड़ जाकर बस गए हैं। लगभग 25 कोरकू बरसूदिया हैं और पाँच से लेकर 20 वर्षों तक की अलग-अलग अवधि की शर्तों पर अपने वर्तमान मालिक के लिए काम कर रहे हैं। गोपिया कोरकू जिसके पास पाँच बैल हैं, ने आठ साल पहले धनगाँव के एक बनिये से 100 रुपए उधार लिए थे, और तभी से उसके लिए काम कर रहा है और भुगतान के लिए अपने बैल भी दे चुका है। वह नहीं जानता कि अभी और कितने देने हैं।

(ख) धनगाँव से 13 मील दूर 200 घरों के गाँव रिछगाँव में केवल पाँच कोरकू परिवार हैं; तीन नीमड़ चले गए हैं। कासिया कोर्कू ने हाजर पटेल से 50 रुपए उधार लिए थे और उसे उम्मीद है कि वह काम करके इस ऋण को दस वर्षों में चुका देगा। छापु कोरकू ने अबगाँव के रामचन्द से चार वर्ष पहले काट पर बरसूदिया के रूप में काम करने की शर्त पर 25 रुपए उधार लिए थे। काट का हर तीसरे साल नवीनीकरण किया जाना था। उसे बताया गया कि उस पर अब 25 रुपए से ज्यादा बकाया है और उसके काम करने के बदले भुगतान के रूप में कोई रसीद कभी नहीं दी गई।

(ग) पिछोला में 250 घरों में से 40 कोर्कू लोगों के हैं; लगभग 30 अस्थायी रूप से जा चुके हैं। फादर लेर्चर ने पता लगाया कि कई बरसूदिया हैं लेकिन उनमें से किसी का भी पता नहीं लग पाया। 25 घरों में कोई बड़ी नहीं है। कुछ कोर्कू लोगों के पास प्राचीन रैयतवाड़ी क्षेत्र में से प्राप्त कुछ जमीनें हैं लेकिन मिट्टी बहुत खराब है और इस कारण उनमें से ज्यादातर मगरधा सरकारी वन रेन्ज में लकड़ी काटने का काम करते हैं।

(घ) काछवेरी में 10 कोर्कू घर हैं जिनमें से पाँच बरसूदिया के आते हैं; इनमें से एक ने अपने मालिक के लिए 10 वर्षों तक काम किया और आखिरी वर्ष उसके बेटे ने मालिक से 60 रुपए उधार लिए और वह भी काम में लग गया; जब पूछा गया कि उसे कब तक काम करना पड़ेगा तो उसने जवाब दिया—सारी उम्र।

255. फादर के विचार से यह काम गुलामी से कुछ ही बेहतर है। बेशक यह पूर्ण दासता (Dominium absolutum in homine) की भावना में गुलामी नहीं है लेकिन अनुबन्ध या समझौता इस तरह बनाया जाता है कि एक आदमी दूसरे की सभी मानसिक और शारीरिक क्षमताओं पर पूर्ण नियन्त्रण कर लेता है, जो एक तरह से अर्द्धगुलामी है और हो सकती है और यहाँ है भी—गुलामी से भी बदतर। इस प्रबंधन के बुरे लक्षण हैं :

(क) अनुबन्ध का उद्देश्य और मूल प्रयोजन पहले से परिभाषित नहीं किया जाता है;

(ख) मजदूरी अन्यायपूर्ण है;

(ग) कोर्कू को तब इस तरह के अनुबन्ध में शामिल नहीं होना चाहिए जबकि वह

अविवाहित रहने के लिए तैयार न हो जाए; और

(घ) एक बार वह इसमें आ गया तो उसे हमेशा के लिए अपने आपको मालिक की दया पर छोड़ देता है और कभी अपने आपको मुक्त नहीं करवा पाता।

उनका मानना है कि और ज्यादा जंगल के गाँवों की शुरुआत की जानी चाहिए और कोरकू लोगों की इस तरह और अन्य तरीकों से जमीन पाने में मदद की जानी चाहिए, कि एक आदमी के लिए धरकी और बरसूदिया काम के लिए 4 आना प्रतिदिन की न्यूनतम मजदूरी होनी चाहिए और बरसूदिया व्यवस्था या तो पूरी तरह से समाप्त या नियन्त्रित की जानी चाहिए। हालाँकि यह तभी किया जा सकता है जब ऋण के अन्य स्रोतों की उपलब्धता हो। यहाँ पर शिक्षा अनुपयोगी है; देशी कोर्कू इतने अभावग्रस्त हैं कि इसे पाने की सोच भी नहीं सकते और उनके लिए इस अवस्था में यह मात्र आकाश-कुसुम (Primum vivere, et deinde Philosophase)?? के समान है। फादर लेर्चर को हरदा तहसील में कोई भी ऐसा कोरकू नहीं मिला जिसने कभी ऋण समाधान मांडलों के बारे में सुना हो, हालाँकि हरसूद में कुछ लोगों ने मंडल का प्रयोग किया; लेकिन एक औसत आदिवासी न्यायालय से सम्बन्धित किसी भी चीज़ तक शैक्षिक, सामाजिक और आर्थिक रूप से पिछड़े होने, पूर्व के दुखदायी अनुभवों और अपने मालिक या साहूकार के भयंकर डर के कारण पहुँचने से डरता है। हरसूद तहसील में फादर लेर्चर का सोचना है कि कोर्कू लोगों का ऋण समाधान से नुकसान ही हुआ है क्योंकि जब से यह लागू हुआ है, साहूकार कोर्कू लोगों द्वारा ली गई और प्राप्त की गई राशि की दुगुनी राशि पर अँगूठा लगवा लेता है। उनके अनुसार कोई ऋणराहत कार्य या बँधुआ मजदूरी सुधारने की कार्यवाही सफल नहीं होगी जब तक ऋण लेने का कोई वैकल्पिक स्रोत उपलब्ध नहीं कराया जाता, जब तक कि मंडल या न्यायालय पूर्णरूप से गैरहितकारी हों (और पुराने मांडलों की तरह साहूकारों को शामिल न करते हों), जब तक कि आदिवासी जनज।ति और पिछड़ी जातियों से प्राप्त आवेदनों पर न्यायालय-शुल्क समाप्त नहीं कर दिया जाता, जब तक कि मंडल और न्यायालय स्वतन्त्र और साधारण रूप से गाँव-गाँव का भ्रमण नहीं करते और जब तक कि आदिवासियों की साहूकारों की धमकियों और कार्यवाहियों से पर्याप्त रूप से सुरक्षा नहीं की जाती है।

256. नीमड़ (हरसूद तहसील) के कालीभीत क्षेत्र में रैयतवाड़ी गाँवों के कम उत्पीड़ित कोर्कू लोगों पर एक अलग टिप्पणी में फादर लेर्चर ने वहाँ व्याप्त ऊँचे वधू-मूल्य के कारण लिए जाने वाले कहीं बड़े ऋणों के कुछ मामलों का जिक्र किया। उन्होंने एक कोर्कू का उल्लेख किया जिसने हाल ही में अपनी शादी में 325 रुपए दिए, 22 रुपए वधू-मूल्य के, समारोह के भोज के लिए अनाज पर 45 रुपए और 60 रुपए का अनाज जो अपनी वधू के माता-पिता को दिया। जबकि दूसरी तरफ देशी कोरकू लोगों के बीच बँधुआ मजदूरी ज्यादा प्रचलित नहीं है। उनके विचार से कालीभीत के कोर्कू लोगों की 5 मुख्य समस्याएँ जुलाई वाले पशुओं की कमी जो कि बड़ी रैयत वाले लोगों के बीच में भी है, अब प्रचलित बहुत अधिक वधू-मूल्य, 50 प्रतिशत ब्याज के अलावा बीजों की कमी, खाने के लिए उधार लिए जाने वाले अनाज पर भी वहीं ज्यादा ब्याज और पूजा पर भारी खर्च जैसी कि बीमारी भगाने के लिए की जाती है। स्वाभाविक तौर पर मुख्य दिक्कत सस्ते ऋण की है। वधू-मूल्य के बदले में की जाने वाली सेवा की अवधि जो लामसेना द्वारा की जाती है, 12 वर्ष है जो काफी लम्बी है, लेकिन ऊँचे वधू-मूल्य की लक्षणात्मकता है और फादर लेर्चर जोर देते हैं कि सभी कोर्कू क्षेत्रों में जिला

अधिकारियों को जनजातीय पंचायतों से सम्पर्क करके उन्हें शादी के ख़र्चों का स्तर सामान्य रूप से कम करने की एक आज्ञप्ति जारी करने के लिए प्रोत्साहित किया जाना चाहिए। यह समस्या अपनी स्थानीय घनीभूतता के साथ अलग-अलग तरह से सारे आदिवासी भारत में व्याप्त है; डब्ल्यू.जी. आर्चर द्वारा लिखी ब्ल्यू ग्रोव के पृष्ठ 127 पर एक ऊराँव (ओराँव) शादी के गीत का अनुवाद साक्ष्य के तौर पर देखिए* :

"बैठे ऊपर या नीचे, दामाद हमारे
सास माँगती अपना उपहार,
ससुर को चाहिए दूध की कीमत
दादी माँगती अपनी साड़ी
दुल्हन का भाई माँगता अपनी धोती
दुल्हन की बहन को चाहिए लहँगा।"

यहाँ दूध की कीमत का मतलब वधू-मूल्य से है, उस खर्च की भरपाई करना जो वधू के परिवार ने उसको खिलाने-पिलाने, कपड़े-लत्तों और पालन-पोषण पर किया है; यह मामले का आदिवासी नजरिया है। मैं एक आदिवासी को जानता हूँ जो अपनी बड़ी होती लड़कियों को ऐसे स्रोत के रूप में देखते हैं जो उसे ऋणों से मुक्ति दिलाएगी। जब तक उसके ऋण कम नहीं हो सकते, तब तक उसके द्वारा वधू-मूल्य घटाने के लिए सहमत होने के बहुत कम मौके हैं। उसके इस व्यवहार में भी उसकी पत्नी के दूसरे पुरुष के साथ भाग जाने की वजह की जड़ है; उसकी इस क्षति के लिए क्षतिपूर्ति अवश्य की जानी चाहिए जो उसने वधू-मूल्य के रूप में उसके माता-पिता को नकद या उसके पिता के लिए काफी श्रम द्वारा *लामसेना* के रूप में देना पड़ा था। प्रान्त के कुछ भागों में *लामसेना* सेवा की अवधि 12 वर्ष तक लम्बी है; और दामाद द्वारा लम्बे समय तक काम किए जाने से मना करने पर आमतौर पर सात वर्ष घटकर पाँच वर्ष या उससे कम रह जाते हैं और मेलाघाट में चूँकि सरकारी जंगलों के विभागीय कामों की व्यवस्था हो जाने के कारण कोर्कू लोगों के लिए अच्छी और नियमित आय के पर्याप्त अवसर हो गए हैं अतः अवधि को और ज्यादा छोटा कर दिया गया है ताकि *लामसेना* जल्द से जल्द इतना कमा सके। तकनीकी रूप से कहा जाए तो एक समृद्ध ससुर की उसकी बेटी से शादी करने के लिए सेवा करना बँधुआ मजदूरी का एक रूप है; लेकिन इसे किसी बँधुआ मजदूरी कानून के दायरे से बाहर रखा जाना चाहिए जब तक कि लेन-देन दावेदार और लड़की के माता-पिता के बीच साफ-सुथरे ढंग से चल रहा हो, सिर्फ *लामसेना* समझौते से खड़े होने वाले विवादों को हमेशा जनजातीय अदालतों पर छोड़ देना चाहिए और कभी सिविल न्यायालय के सामने मामला लाने की अनुमति नहीं देनी चाहिए।

257. आइए अब मांडला के अधिकारियों से प्राप्त प्रश्नावली के जवाबों को देखते हैं। एक आदिवासी *बरसिया* खेत मजदूर को मिलने वाला नकद वार्षिक भुगतान नौजवान के लिए 15 रुपए से लेकर एक आदमी के लिए 60 रुपए तक होता है; श्री हाइड के अनुसार एक आदिवासी खेत मजदूर के काम में मुख्य अन्तर एक समान आदिवासी या गैर-आदिवासी द्वारा काम देने से आता है कि आदिवासी अपने घर में काम करवाएगा, उसे खाना देगा और उसके साथ रहेगा, इस तरह कि वह लगभग उस परिवार का एक सदस्य बन जाएगा। खेत मजदूर के कुल पारिश्रमिक का मूल्य लगाना कठिन है सिवाय जब कि यह सारा नकद दिया जाए।

* लंदन, ऐलन एंड अनविन, 1941।

यदि उसे उत्पाद के हिस्से के रूप में पारिश्रमिक दिया जाना है तो सब कुछ फसलों के उत्पादन पर निर्भर करता है, लेकिन श्री हाइड का मानना है कि सिवाय जब वह बांड का भुगतान कर रहा हो, एक मजदूर के वार्षिक पारिश्रमिक का कुल नकद मूल्य, चाहे वह कैसी भी शर्तों पर लगा हो, शायद ही कभी 60 रुपए से ज्यादा और 24 रुपए से कम होता हो।

258. ज्यादातर मामलों में आदिवासी खेत मज़दूरों का अनुबन्ध मौखिक होता है लेकिन जब कभी दस्तावेज बनाए जाते हैं तो वे हमेशा यह दर्ज करते हैं कि किसी ऋण या ऋण के समायोजन के लिए सेवाएँ दी जाएँगी और ऋण का समायोजन लिखना ज्यादा सामान्य है; और प्रायः सेवा की कोई निश्चित अवधि नहीं लिखी जाती है। सामान्यतः ऋण लेने के पहले वर्ष में कोई ब्याज नहीं वसूला जाता है लेकिन उसके बाद ब्याज की सामान्य दर 25 प्रतिशत है हालाँकि प्रायः यह 37½ प्रतिशत तक ऊँची हो जाती है। पुराने नकद ऋणों पर ब्याज 12½ से 37½ प्रतिशत तक अलग-अलग होता है; अनाज के ऋणों पर 50 प्रतिशत तक ब्याज सामान्यतः वसूला जाता है। प्रायः बांड में छुट्टियों या बीमारी का कोई प्रावधान नहीं होता है लेकिन कुछ त्यौहारों पर आधे दिन की छुट्टी दे दी जाती है। बीमारी के समय अलग-अलग व्यवहार होता है; एक या दो दिन की छोटी-मोटी बीमारी की अनदेखी कर दी जाती है लेकिन लम्बा समय होने पर अतिरिक्त काम दिया जाता है या फिर मानी गई मजदूरी का आनुपातिक भाग माँगा जाता है। (छपे हुए नौकरनामा के एक सामान्य स्तरीय फार्म में मैंने नागपुर और यवतमाल जिलों से जानी-पहचानी शर्तों के नमूने देखे जिसमें प्रत्येक अनुपस्थित दिनों के लिए आना प्रतिदिन का जुर्माना लगाया जाता है।) मांडला में अनुपस्थिति का दंड अनुबन्ध की अवधि समाप्त होने पर तीन महीने तक अतिरिक्त काम करवाने के रूप में दिया जा सकता है। दस्तावेज के लिए मांडला में साधारण स्थानीय नाम बरसी-चिट्ठी, रसीद या "स्टेम्प" है।

259. काम के लिए बांड को लागू करने में गड़बड़ी पाए जाने पर सजा अलग-अलग है लेकिन मांडला जिले में आम तौर पर इसके तरीके को धमकी या जुल्म कहा जाता है। प्रायः प्रान्त के एक बड़े हिस्से में पंचायत बुलाई जाती है जिसे अपने प्रभावित लोगों से भरना मालिक जानता है। मालगुजार और साहूकार कई तरीकों से दबाव डलवाते हैं। वे कभी-कभी गुंडे रखते हैं, ज्यादातर मुस्लिम लोफर और खराब चरित्र वाले लोगों को; श्री हाइड ने ऐसे लोगों द्वारा गड़बड़ी करने वाले मजदूरों की औरतों की इज्जत खराब करने की धमकी देते भी सुना है। एक सामान्य तरीका उसे जूतों से पीटना या जाति बाहर करवा देना है या यदि उसके पास कोई पशु है तो उसे जब्त कर लेना है। मालगुजार प्रायः ऐसा आदमी ढूँढ़ लेते हैं जो उसे गाँव से बाहर कर दे या उसके खिलाफ सिविल या आपराधिक मुकदमा कर दे। मांडला जिले में मालिकों द्वारा बँधुआ मजदूरी पर बहुत कम सिविल मुकदमे किए गए लेकिन मांडला के उपन्यायाधीश ने 1937 से 1940 तक ऐसे पाँच मामलों का विवरण दिया है। इनमें से ज्यादातर में दिखायी गई अवधि केवल एक वर्ष है। दो बांडों में बताया गया कि सेवा का उद्देश्य हिसाब लिखते वक्त पाए गए पुराने बकाया ऋणों के शेष को चुकाना है, जबकि तीन अन्य उधार का कोई उद्देश्य नहीं बताते हैं। एक बांड ने प्रतिवादी के बेटे को वादी की छह महीने तक सेवा करने के लिए बाध्य कर दिया और प्रतिवादी ने अपील की कि उसने वास्तव में एक वर्ष तक सेवा की है, वादी द्वारा प्रस्तावित एक विशेष शपथ लेकर प्रतिवादी ने अपनी बात का समर्थन किया, जिसके फलस्वरूप न्यायालय ने वादी के मुकदमे को खारिज कर दिया।

260. मांडला में अनुबन्ध-सेवाओं में लगातार बँधने की वजह पत्नी के वधू-मूल्य चुकाने के लिए या इस उद्देश्य के लिए पहले लिए गए ऋण का ब्याज चुकाने के लिए या फिर अन्य समारोही कारणों के लिए या जाति या न्यायालय के जुर्माने को चुकाने के लिए आवश्यक रुपया प्राप्त करना होता है। इस तरह के ऋणों पर ब्याज की दर आमतौर पर लगभग 25 प्रतिशत होती है। मांडला जिले में इस तरह के ऋण कभी-कभार ही 100 रुपए जितने बड़े होते हैं; और अगर यह बहुत सारे हो गए हैं तो मत यह है कि कोई ऋणी 10 वर्ष से कम काम करने की सोच नहीं सकता; डिंडोरी के नायब तहसीलदार इसे 20 वर्ष मानते हैं और मांडला के नायब तहसीलदार जीवन-भर। इसकी तुलना रायपुर जिले में लालपुर के एक गोंड साँझिया के दिए गए जवाब से की जा सकती है। जाँच से सात साल पहले हुई शादी के लिए उसके पिता ने एक तेली खेतिहर से इस शर्त पर 40 रुपए उधार लिए कि बाप और बेटे उसके लिए कामिया नौकर के रूप में काम करेंगे। जब बाप मरा तो वे दोनों छह वर्ष तक काम कर चुके थे। तेली ने हिसाब-किताब बनाया और उसे बताया कि अब उसे 50 रुपए देने हैं। इससे नाखुश होकर गोंड ने अपना मालिक बदल दिया और 50 रुपए एक रावत खेतिहर से लिए, तेली को चुकाकर रावत का साँझिया बन गया। जब इस ऋण से उसके मुक्त होने के अवसरों के बारे में पूछा गया तो उसने जवाब दिया : *जीयत भर ला कमाबो; मर पावो, तो परलोक में देबो।* (अपनी पूरी जिन्दगी मैं कामिया के रूप में काम करूँगा और अगर मैं मर गया तो शायद दूसरी दुनिया में ऋण चुका पाऊँ)। श्री हाइड ध्यान दिलाते हैं कि बहुत कुछ मालिक पर निर्भर करता है। मांडला में प्रायः बार-बार (और जवाबों के अनुसार दूसरे जिलों में) एक आदमी पाया जाता रहेगा जो कोई ऋण चुकाने के लिए काम में लग गया है और कई साल काम करने के बाद मालिक से पता लगता है कि उसे मूल ऋण से ज्यादा देना है; 20 रुपए जैसी छोटी राशि के लिए एक आदमी को 20 से 30 वर्ष तक काम करता हुआ पाया जा सकता है हालाँकि बेशक काम के दौरान उसे कुछ रुपयों के छोटे अतिरिक्त ऋण मिलते रहते हैं जो मूल ऋण में जुड़ जाते हैं।

261. बारिश के मौसम के दौरान *खवाई* के लिए अनाज उधार लेने का चलन बहुत आम है और मांडला में वसूला जाने वाला ब्याज हमेशा 50 प्रतिशत होता है। आमतौर पर यह अलग ऋण समझा जाता है लेकिन मूल ऋण के हिसाब में भी जोड़ा जा सकता है; लेकिन प्रायः लेन-देन बिल्कुल मौखिक होता है और कोई हिसाब-किताब नहीं रखा जाता है, जैसे कि अनाज जब उधार दिया जाता है खासकर बोने के समय पर तो यह महँगा होता है और पैदावार होने पर वापस करना होता है जब अनाज सस्ता हो जाता है, सम्भवतया नकद के आधार पर यह कहा जा सकता है कि ब्याज की दर 50 प्रतिशत जितनी ऊँची नहीं है; हालाँकि मांडला में, ज्यादातर मजदूरी का भुगतान और अन्य लेनदेन अभी भी अनाजों के रूप में होते हैं जिसके चलते यह तर्क सिवाय साहूकारों के और किसी के द्वारा प्रशंत नहीं किए जाएँगे।

262. मांडला में ऐसे कई मामले पाए गए हैं जिनमें कोई परिवार, मालिक के उसी परिवार की सेवा में एक पीढ़ी से ज्यादा समय से लगा हुआ है। श्री हाइड को ऐसे मामले दिखाई पड़े जिनमें खेत-मजदूरों को वार्षिक मजदूरी दी जाती है और वे सन्तुष्ट दिखायी पड़ते हैं और कुछ अन्य मामले जिनमें एक बेटा अपने पिता द्वारा लिए गए कई वर्ष पहले के उधार को चुकाने के लिए काम कर रहा था। इस तरह के नौकरों के साथ व्यवहार मालिक-मालिक

का अलग-अलग होता है। मराठा देश के कुछ विकसित जिलों में वंशागत आदिवासी खेत-मजदूर अब लगभग परिवार के सदस्य बन गए हैं लेकिन इस तरह के लम्बे समय वाले मजदूर सामान्यतः अपनी पसन्द और वफादारी के कारण काम करते हैं न कि बकाया ऋण को चुकाने के लिए। मांडला में इसी तरह के मामलों पर श्री मालवीय लिखते हैं कि मालिक और नौकर दोनों ऐसे लम्बे समय के सम्बन्धों पर गर्व महसूस करते हैं; नौकर अच्छा व्यवहार, कई छूटें और उनको आदर मिलता है। वे अपने मालिकों के साथ बातचीत में खुले होते हैं और सभी मौकों पर समय पर मदद पा जाते हैं और जब बीमारी काम से अनुपस्थिति नहीं मानी जाती है जबकि उनकी पत्नियाँ या बेटियाँ परिवार में दिहाड़ी पर घरेलू नौकर के रूप में काम करती हैं। तस्वीर का दूसरा पहलू यह है कि मालिक हमेशा यह देखते हैं कि वे अपनी न्यूनतम आवश्यकताओं से ज्यादा नहीं लें सिवाय कुछ मौकों पर धोती के या शादी पर उनकी पत्नियों के लिए सस्ता चाँदी का गहना और यह कि यह व्यवस्था बेहतरी की किसी इच्छा की सम्पूर्ण अवरोधक है।

263. प्रश्न संख्या 9 जाँच के लिए खासतौर पर चुने गए गाँवों के खास मामलों से सम्बन्धित है। यहाँ प्रश्न के भाग (क) के कुछ उत्तर दिए जा रहे हैं–

(क) *डिंडोरी तहसील*–खेत मजदूर पिछले 20 से 30 वर्षों से उन्हीं मालिकों का काम करते पाए जाते हैं और उनके पिता के अनुसार वे भी वहीं पर काम करते थे। जगना कोल का बेटा कजरा पिछले 25 वर्षों से भैयालाल ब्राह्मण का नौकर है। 1920 में उसने 40 रुपए उधार लिए और फिर से 1923-24 में 25 रुपए लिए और 25 मई 1923 को 65 रुपए का एक बांड भरा। उसने बताया कि हिसाब उसे कभी भी समझाया नहीं गया और वह अपनी पूरी जिन्दगी ऋण को चुकाने की उम्मीद नहीं करता है और काम करते रहता है। उसकी पत्नी भी मालिक के लिए गोबर उठाती है और उसे *बोझा** और गरिमुदा† मिलता है। उसे अपना खाना और उत्पाद का 2½ *कुरो* प्रति *खाँडी* मिलता है। वह अशिक्षित है और उसे इतना धोखा दिया जाता है कि उसका मालिक उसे कभी कुल उत्पाद को ठीक से नहीं बताता है जिसमें से उसे अपना हिस्सा मिलता है। मालिक ने बांड को दिखाया जो पंजीकृत नहीं था और कहा कि कोई हिसाब नहीं रखा जाता है क्योंकि सभी भुगतान "मौखिक रूप से दर्ज हुए।" ठीक इसी तरह के मामले बिदनी कोल, हिरकू कोल और पटेला कोल के साथ हुए थे जो सभी ब्राह्मण मालिक के पास काम करते थे। उनके बांड भी ध्यान से पढ़े गए और सभी अपंजीकृत थे।

(ख) *निवास तहसील*–ऐसे खेत मजदूर पाए गए जो पिछले पाँच से लेकर दस वर्षों से लगातार उसी मालिक के पास काम करते आ रहे थे। मूल रूप से लिए गए ऋण अलग-अलग थे। सम्पत कुमार सिंह के खेत-मजदूर अधरी को 1927 में अपने मालिक को 32 रुपए लौटाने थे। उसने मालिक के हरवाहे के रूप में 1927 से काम किया और हिसाब दिखाता है कि अब उसे 329 रुपए देने हैं–

---

* बोझा, मालिक के खेतों में पैदा होने वाले प्रत्येक अनाज के दो या तीन कुरो का एक बंडल होता है।

† गरिमुदा पतला अनाज होता है जो मोटे अनाज से अलग किया जाता है और यह प्रत्येक खाँडी में दो या तीन कुरो होता है।

वर्ष	खवाई का ब्याज						मालिक की फसल में से हिस्से की कीमत		शेष	
(1)	(2)		(3)		(4)		(5)		(6)	
	रु.	आ.	रु.	आ.	रु.	आ.	रु.	आ.	रु.	आ.
1927	32	00	00	8	00	08	06	00	34	00
1928	34	08	08	10	01	00	03	08	40	10
1929	52	10	13	2	01	00	10	00	56	12
(इसमें शादी के लिए ऋण के 12 रुपए भी शामिल हैं)										
1930	56	12	14	13	00	00	04	08	67	07
1931	67	07	16	08	00	00	06	00	76	15
1932	76	15	19	01	01	00	03	12	99	04
1933	93	04	23	00	00	00	03	04	113	00
1934	113	03	29	08	01	00	03	00	139	08
1935	139	08	34	15	00	04	02	06	139	08
1936	172	05	25	02	00	00	03	00	194	05
1937	194	05	35	02	10	12	01	08	231	01
1938	231	01	50	02	00	00	01	04	280	12
1939	280	12	50	02	01	00	2	12	329	00
1940	329	00	—	—	—	—	—	—	—	—

सारा उत्पाद, या फिर इसकी कीमत प्रत्येक वर्ष बकाया राशि में से काटी जाती है। आदमी को कुछ नहीं मिलता क्योंकि उत्पाद उसके भुगतान में समायोजित कर लिया जाता है। *हरवाहे* का हिस्सा खेतों के उत्पादन की प्रत्येक *खाँडी* में से *3 कुरो* होता है, और यही वह हिस्सा होता है जिसकी कीमत उसके ऋण के हिसाब में से घटाई जाती है। वह अपने मालिक से कोई खाना नहीं पाता है लेकिन अपने पालन-पोषण के लिए पिता भइया किसी रिश्तेदार की कमाई पर अवश्य निर्भर रहता है। यदि वह अपने मालिक से खाने के लिए अनाज या खवाई लेता है तो मालिक इसकी कीमत उसके नाम से ऋण खाते में जोड़ देता है। यह हरवाहा कोल है। इसका मामला उनकी तरह विशिष्ट है जो खेत मजदूर अपने मालिक के बांड में अपने आपको कभी मुक्त नहीं कर पाते हैं। शाहपुर में भूस्वामियों द्वारा ऐसी शर्तों पर कोल नौकरों को रखने के कई सारे मामले हैं, जिनमें उनको जिन्दगी-भर अपनी स्वतन्त्रता वापस पाने की कोई सम्भावना नहीं है।

(ग) श्री मालवीय निम्नलिखित उदाहरण का उद्धरण देते हैं :

"चूरामन कोल ने मौला शाहपुरा के चूरामन तेली के पास 18 वर्ष की उम्र से 46 वर्ष तक खेत-मजदूर के रूप में काम दिया। उसने 18 वर्ष की उम्र में अपनी शादी के लिए 20 रुपए उधार लिए थे। अनुबन्ध दस वर्ष तक काम करने का था। यह तय

किया गया कि उसे रबी की फसल में से प्रति *खाँडी* अनाज में से तीन *कुरो* और खरीफ की फसल में से प्रति *खाँडी* चार *कुरो* अनाज दिया जाएगा साथ ही धुल्ला अमावस्या और दीवाली पर पूरी छुट्टी और जवारा दिवस पर आधे दिन की छुट्टी दी जाएगी। इसके अतिरिक्त और किसी अनुपस्थिति की भरपाई उसके पारिश्रमिक में से 3 आना प्रतिदिन काटकर की जाएगी। उसके साथ आठ *हरवाहे* और भी उसी मालिक के पास उन्हीं शर्तों पर काम कर रहे हैं।

"उत्पाद की प्रति *खाँडी* 3 *कुरो* पारिश्रमिक लोहार, बढ़ई आदि की मजदूरी निकालने के बाद हरवाहों में बाँटा जाता था लेकिन नकद ऋण पर 25 प्रतिशत और अनाज के उधार पर 50 प्रतिशत ब्याज लगाया जाता है। 0-4-0 रुपए की राशि एक जोड़ी जूते के लिए अवश्य दी जाती है लेकिन इसे भी ब्याज के साथ घटा दिया जाता है। कोई बांड नहीं बनवाया जाता। उसका अंगूठा प्रत्येक वर्ष लेखा-पुस्तक पर ले लिया जाता है। व्यवहारतः उसे अपने काम से कुछ प्राप्त नहीं होता है और उसे अपनी पत्नी और बच्चों की कमाई पर निर्भर रहना पड़ता है। वह नहीं जानता कि अब उसे कितना ऋण और चुकाना है।

"शाहपुर के सुन्दरलाल का खेत-मजदूर धंसा कोल लगभग 42 वर्ष का है और अपने मालिक की 25 वर्ष सेवा कर चुका है। उसने अपनी शादी के लिए 25 रुपए उधार लिए थे और भुगतान होने तक खेत मजदूर के रूप में काम करने का बांड भरा था। वह जमीन के उत्पाद की प्रति *खाँडी* तीन *कुरो* के भुगतान पर लगा था। अन्य कोई लाभ उसे नहीं दिया जाना था। किसी भी *खवाई* उधार को उसे फसल के समय 50 प्रतिशत ब्याज के साथ लौटाना था, उस अवधि का जब उसने उधार लिया था। वास्तव में वह अपने श्रम के बदले में प्रति वर्ष 6 कुरो अनाज पाता है। हिसाब दिखाता है कि उसकी तरफ अभी भी 300 रुपए का ऋण बकाया है।

"हिरदे कोल, उम्र 46 वर्ष मदिमारस के परसराम के पास खेत-मजदूर के रूप में 32 वर्ष काम कर चुका है। उसने अपनी शादी के समय 30 रुपए का ऋण लिया था। वह भी प्रति खाँडी 3 *कुरो* की उसी हिस्सा व्यवस्था में शामिल हो गया। अन्य कोई लाभ नहीं दिया गया। यदि वह अनुपस्थित होता है तो 2 *पैली* प्रतिदिन यानि प्रतिदिन 0-2-6 रुपए की दर से उसके पारिश्रमिक में से काटा जाता है। उसे केवल दो छुट्टियाँ मिली हैं धुल्ला अमावस्या और दिवाली की, उसके ऊपर अभी भी 150 रुपए का ऋण बकाया है। फसल खराब होने के कारण वह अपने ऋण को चुका पाने लायक नहीं कमा पाया जो 25 प्रतिशत के ब्याज से बढ़ चुका था। उसने अनाज का उधार भी ले लिया जो 50 प्रतिशत की दर से लगाया जाता था और उसके पारिश्रमिक में से काटा जाता था। उसी मालिक के अन्तर्गत लपसु कोल का भी यही हाल है। उसने अपनी शादी के लिए 50 रुपए उधार लिए और 30 वर्षों तक काम किया। उसे अभी भी 100 रुपए देने हैं।

"शाहपुर के मालगुजार सम्पत कुमार से कुन्नु कोल के पिता ने अपने समुदाय को भोज देने के लिए 10 रुपए उधार लिए थे। कुन्नु ने अपने पिता की मृत्यु के 20 वर्ष बाद तक अपने मालिक की सेवा की। उसे फसल के समय पर एक बोझा के सिवाय कुछ नहीं दिया गया : पिछले वर्ष उसे केवल 2 *कुरो* मिले। उसे कोई *गरिमुरा* (छोड़ा

हुआ अनाज) नहीं दिया गया लेकिन उसे 1 *कुरो नयापानी* या काम करने का खर्च प्रति *खाँडी* दिया गया। उस पर अभी भी 52 रुपए का ऋण बकाया है।

"सरजू बैगा, उम्र 57 वर्ष, ने पिछले 19 वर्षों से चूरामन तेली, शाहपुर की सेवा की। उसने एक जाति भोज के लिए 10 रुपए उधार लिए थे। उसने काम के दौरान कुछ भी नहीं चुकाया। उस पर अभी भी 80 रुपए का ऋण बाकी है।

"यहाँ पर ऐसी कई घटनाएँ हैं जिनमें उनके द्वारा शादी के लिए या जातिभोज के लिए या कपड़ों आदि खरीदने के लिए छोटे ऋणों को चुकाने के लिए उम्रभर काम करना पड़ा। यह आश्चर्यजनक है कि एक वर्ग के रूप में एक गोंड *हरवाहे* के रूप में सिवाय किसी गोंड के, कहीं और काम नहीं करेगा; केवल मण्डला तहसील में मैंने देखा कि वे नकद पारिश्रमिक पर काम कर रहे हैं। वे कम से कम अपने पालन-पोषण के लिए भुगतान पर जोर देने के मामले में काफी चतुर हैं। लेकिन कोल व बैगा ज्यादातर गुलामों की तरह काम करते हैं।"

264. मण्डला तहसील से अन्य उदाहरण (ऊपर श्री मालवीय के पर्यवेक्षक के अलावा, ज्यादातर गोंड लोगों का) गोंड सभा के सचिव श्री एम.जी. विक्की द्वारा दिए गए। आमतौर पर कहा जाता है कि खेत-मजदूरों की पत्नियाँ अपने मालिकों के लिए अनुबंध पर नहीं बल्कि बन्नीहार दिहाड़ी मजदूरों के रूप में काम करती हैं : कुछ जिलों में पत्नियों पर यह अनिवार्यता है कि वे किसी और के पास नहीं बल्कि अपने पति के मालिक के पास ही बन्नीहार के रूप में काम करेंगी। मांडला में वह उम्र जिससे खेत-मजदूर काम करना शुरू कर देते हैं 9 से 40 के बीच है और कई मृत्यु होने तक काम करते रहते हैं। मांडला और अन्य जिलों में कई मामले बताए गए जिनमें खेत-मजदूर अपनी काश्तकारी जमीन बचाए रखते हैं, उस पर अपने परिवार के सदस्यों की मदद से या अन्य किसी आदिवासी या अपने मालिक तक को (ऐसे मामलों में व्यावहारिक रूप से वे अपनी जमीन को गँवा देते हैं जैसा कि कैथोलिक पुजारियों की रिपोर्ट दिखाती है) अधिया पर देकर खेती करवाते हैं। कुछ मामलों में मालिक सरलता से अपने खेत-मजदूरों की ज़मीन को ले लेता है। दूसरी तरफ हम बरेला के नजदीक निवास तहसील की जबलपुर सीमा पर मेहनती और किफायती गोंड लोगों के उदाहरण फादरों की रिपोर्ट में देख चुके हैं जिन्होंने बरेला में तेली खेतिहरों से ऋण लेकर काश्तकारी जमीन हासिल की और बचत करते हुए ऋण को चुकाया और तब बैलों के लिए ऋण लिया और इस ऋण को भी सफलतापूर्वक चुका रहे हैं।

265. व्यावहारिक रूप से मांडला जिले में व अन्य जिलों में कोई खेत-मजदूर पढ़ या लिख नहीं सकता लेकिन छिन्दवाड़ा जिले में हुई पूछताछ बताती है कि आजकल छिन्दवाड़ा तहसील में कई खेत-मजदूर पढ़े-लिखे हैं।

266. स्थान व समय ने मुझे प्रत्येक जिलों की स्थितियों की और गहराई में जाने से रोक दिया। यद्यपि मराठी जिलों से प्राप्त जवाब यह दिखाते हैं कि स्थितियाँ उतनी बुरी नहीं हैं जितनी कि पूछताछ किए गए मेलाघाट और बरार के मोरसी तालुकों के गाँवों में या मध्य प्रान्त के सतपुड़ा जिले में है, अभी भी ये बुराई कम या ज्यादा, जहाँ कहीं भी आदिवासी हैं, वहाँ है। यवतमाल उदाहरण दे सकता है और नागपुर तो कई दे सकता है हालाँकि वे वास्तविक रूप से पूछताछ किए गए गाँवों में से नहीं हैं। फिर भी, जहाँ कहीं बड़े शहर, या खदानें और पढ़ने की अच्छी सुविधाएँ हैं, खेत-मजदूर अपने कामों की बड़ी कीमत रखते हैं

और उन्हें रखने के लिए वहाँ प्रतियोगिता होती है। यह भी उससे अभी भी यवतमाल और नागपुर में धोखा किया जा रहा है, देखने के लिए दोनों जिलों में प्रचलित स्तरीय रूप के छपे हुए नौकरनामों पर पहले से ही दर्ज दहला देने वाली शर्तों को देखा जा सकता है; यहाँ नौकर, जिम्मेदार सरकारी अधिकारी द्वारा चाहे जो दंड निर्धारित किया जाए, मानने की शपथ लेता है यदि वह समझौता तोड़ता है। ऐसा कोई कानून नहीं है जिसके अन्तर्गत ऐसा कोई दंड दिया जा सके।

267. *प्रश्नावली** के प्रश्न संख्या 15 को मिले जवाबों से निष्कर्ष निकालते हुए पिछले अध्याय में बहुत सारे मामले न्यायालय में दोबारा प्रस्तुत हुए। बँधुआ-मज़दूरी को लागू कराने वाले मुकदमों से सम्बन्ध रखने वाले लगभग सभी न्यायाधीशों का मानना है कि कानून आवश्यक है। उपन्यायाधीश श्री आर.एस. दुवे ने बताया कि उन्होंने ऐसे कई मामले देखे जब वो नीमड़ के बुरहानपुर में थे जिनमें कि मालिकों की आदत थी कि वे काम से अनुपस्थित रहने वाले नौकरों पर प्रतिदिन भारी नुकसान की शर्त पर बँधुआ-मज़दूरी के तहत ऋण दिया करते थे, ताकि नौकर द्वारा भुगतान करने का कोई उपयुक्त अवसर न हो और कि यह अनुबन्ध घोर अनैतिक व सार्वजनिक नीति के खिलाफ है। उन्होंने ध्यान दिया कि उद्देश्य जिसके लिए ऋण लिया गया है कभी बांड में नहीं लिखा जाता बल्कि केवल ली गई राशि लिखी जाती थी। यह सामान्यतः कहीं का भी मामला हो सकता है लेकिन काश्तकारी जमीन पर लगान का बकाया चुकाने या पुराना ऋण चुकता करने के लिए भरे गए बांडों का कुछ जिलों से उदाहरण दिया गया है। इन पर न्यायालय लगातार काम करते रहते हैं यद्यपि वे कभी कभार ही इन मुकदमों की पूरी तरह से सार्वजनिक नीति के विरुद्ध होने या घोर अनैतिक होने के आधार पर सिरे से खारिज करती है। 10 रुपए के एक ऋण को (दान 10 रुपए ऋण का और 20 रुपए नुकसान का था) को लौटाने के लिए 10 रुपए की मासिक मजदूरी पर 29 सितम्बर, 1939 से 19 जुलाई, 1940 तक काम करने के एक बांड पर काम न करने के कारण आठा आना प्रतिदिन के हिसाब से नुकसान की भरपाई के लिए हुए एक मुकदमे में दिए गए निर्णय का एक उदाहरण बताता है कि प्रतिवादी ने समझौते को स्वीकार किया लेकिन न्यायालय ने इसे घोर अनैतिक माना और इसलिए 10 रुपए के साधारण ऋण पर 10 प्रतिशत वार्षिक की दर से ब्याज की अनुमति देकर 10-12-0 रुपए की डिक्री जारी की। एक उपन्यायाधीश जिनको रायपुर और बिलासपुर में ऐसे मुकदमों का पर्याप्त अनुभव है, ने पाया कि सामान्य अनुबन्ध की शर्तें मजदूरों को गुलामी तक जाती ले जाती हैं क्योंकि पारिश्रमिक मुश्किल से ही शरीर और आत्मा को एक रख पाने लायक होता है; छत्तीसगढ़ में सामान्य प्रचलन है कि बँधुआ-मज़दूर की मजदूरी का नकद हिस्सा उसका ऋण चुकाने के लिए रख लिया जाता है और मजदूर को उसके खाने के लिए आवश्यक अनाज की न्यूनतम मात्रा प्रत्येक सप्ताह उधार दी जाती है; एक वर्ष या उससे कम समय के अन्दर समझौते करने की रोक के बावजूद भी मजदूरों के उपस्थिति-रजिस्टर में गलत प्रविष्टि करने या उन पर बकाया ब्याज का गलत हिसाब लिखकर मालिक मजदूरों को धोखा देते हैं। उन्हें याद नहीं है कि कभी घोर अनैतिक होने के कारण कोई मुकदमा पूरा खारिज किया गया हो लेकिन उन्होंने कहा कि सिविल न्यायालय सामान्यतया दावा की गई ब्याज की दर घटाकर मामले को सुलझाने की कोशिश करते हैं। बेशक इस सख्त व्यवहार के लिए मजदूर भी आंशिक रूप

---

* देखें ऊपर पैराग्राफ 213।

से जिम्मेदार हैं क्योंकि वे प्रायः कोई सूचना दिए काम से अनुपस्थित हो जाते हैं और अपने मालिक के काम को गम्भीर रूप से लटका देते हैं; इसके बाद याचिका डालने की मुश्किलें ऋणदाता को इतनी कठिन मेहनत करवाती हैं जिससे कि ऐसी याचिकाओं की लागत निकल जाए। एक और उपन्यायाधीश ने निर्दिष्ट किया कि ऐसे अनुबन्ध ऋणियों में तबाही ला देते हैं क्योंकि कोई भी धूर्त मालगुजार या साहूकार को किए गए काम की गलत प्रविष्टि करने या काम के दौरान दिए गए उधार के रुपयों को गलत चढ़ाने से रोक नहीं सकता है; उनके विचार से कानून की सभी याचिकाओं में अपने दावों के समर्थन से सबूत पेश करने का भार ऋणदाता के ऊपर डाल देना चाहिए।

268. परिशिष्ट 'छ' में प्रश्नावली का प्रश्न 11 समाधान पर विचार करता है। पहले प्रश्न का उत्तर कि क्या आदिवासियों और अन्य सेवक जातियों का खेत-मजदूरों के रूप में काम करने की वर्तमान व्यवस्था बँधुआ-मज़दूरी या कृषिदासता का एक रूप है, के प्रत्येक 10 में से 8 का जवाब सकारात्मक था, लेकिन इस प्रश्न पर गैर-अधिकारियों द्वारा बहुत कम ध्यान दिया गया। यह व्यवस्था ऐसी है जो क्रमशः विकसित हुई है और इस जाँच से पहले कई लोगों ने इसके लागू करने के बारे में सोचना बन्द नहीं किया था। जहाँ तक इस विषय पर शिक्षित लोगों के विचार का मामला है, इसे मुक्त आवाजाही शब्दों से भलीभाँति समझा जा सकता है। प्रश्न के भाग (क) का श्री हाइड का जवाब औसत सार्वजनिक विचार का सही निष्कर्ष और सार है—

> "कानूनी तौर पर कहा जाए तो गुलामी शब्द यहाँ लागू नहीं होता है क्योंकि अनुबन्ध में स्वैच्छिक तौर पर शामिल हुआ जाता है और इसमें हमेशा मुक्त होने की सैद्धान्तिक संभावना होती है। हालाँकि वास्तविक व्यवहार में यह बँधुआ मज़दूरी या कृषि दासता का ही एक रूप है जहाँ मालिक खराब या अनैतिक हो। जैसा कि इरा जिले में कई उदाहरणों द्वारा दिखाया गया है कि एक बँधुआ-मज़दूरी की ऋणग्रस्त हनुमान की पूँछ की तरह बढ़ती चली जाती है और यह उसके बेटे को हस्तांतरित हो जाएगी। बेशक बे भाग सकते हैं लेकिन यह आसान नहीं है। प्रत्यक्षतः लोगों का मत इन लेनदेनों में कुछ को अप्राकृतिक या असंगत नहीं देखता है। सिवाय कुछ अधिकारियों के, जिले के शिक्षित और बड़े लोग आदिवासियों को "सीधी चीज" मानते हैं और उनके साथ व्यवहार करने में थोड़ी या बिल्कुल अनैतिकता नहीं मिली। एक आदिवासी अपीलकर्त्ता के लिए मेरे न्यायालय में उपस्थिति एक सरकारी वकील के शब्दों, 6 गोंड निरे पशु होते हैं, से उनके व्यवहार का अंदाजा लगाया जा सकता है। इसीलिए दुर्भाग्य से बँधुआ मज़दूरी को कानून में प्रकार के अधिकार प्राप्त हैं, वास्तव में विशाल संख्या में उनके मामलों में उनकी स्थिति एक कृषिदास की होती है और कानून जिसे उनकी रक्षा करनी चाहिए वास्तविकता में उनका उत्पीड़न करने का एक सशक्त माध्यम बन जाते हैं। लोगों के मत के अलावा अन्य कारण जो बँधुआ-मजदूरों के नुकसान करने का काम करते हैं आदिवासियों का हिसाब-किताब के बारे में बुद्धूपना और उन्हें स्वीकार करने और उसके हिसाब से काम करने की उनकी हैरान कर देने वाली ईमानदारी है। मैं कह सकता हूँ कि यह और आदिवासी नौकरों के सवाल पर लागू होने वाली ज्यादातर आलोचना गैर-आदिवासियों द्वारा उन्हें काम पर रखने से पैदा होती है। सामान्य तौर पर गोंड अपने खेत-मजदूरों से अच्छा व्यवहार करते हैं और

हालाँकि वे ज्यादा पारिश्रमिक नहीं देते हैं परन्तु वे सामान्यतया उत्पीड़क मालिक नहीं होते हैं और वे आमतौर पर उन्हें अपने घरों में रखकर और खाना खिलाकर उन्हें अपने परिवार के एक सदस्य के रूप में देखते हैं।

"इस जाँच में एक रोचक तथ्य सामने आया कि एक बँधुआ मजदूर जो दिहाड़ी पर कहीं अस्थायी काम करता है जो अपना सारा नकद पारिश्रमिक अपने मालिक को दे देता है। मांडला में इसका एक उदाहरण खुद फादर वान डार्स्ट के घर बनाने के दौरान का दिया जा सकता है : उन्होंने पूछताछ में पाया कि घर बनाने में लगे कुछ मजदूर अपनी सारी मजदूरी अपने स्थायी मालिक को दे देते हैं। जाँच में यह भी पता चला कि बन्धक सेवा औपचारिक रूप से सोचे हुए से कहीं ज्यादा विस्तार में फैली हुई है। तथ्य धीरे-धीरे खोजे जा रहे हैं और मुश्किल के साथ और अभी भी काफी छिपे हुए हैं।"

269. यदि इस व्यवस्था को इसी समय बन्द करवा दिया जाए तो ज्यादातर लोगों का मानना है कि परिणाम अव्यवस्था के रूप में आएँगे क्योंकि आदिवासी एकाएक ऋण पाने से वंचित हो जाएँगे जबकि कुछ साधारण जिलों की खेती पूरी तरह से गड़बड़ा जाएगी; खेती खराब होने का डर खासतौर पर प्रश्न का जवाब देने वाले कुछ मालिकों ने बताया। बस्तर के प्रशासक के रूप में श्री हाइड को यहाँ पर इससे मिलती-जुलती व्यवस्था को रोकने के काम करने का अनुभव है परन्तु वे नहीं सोचते हैं कि इसे रोकने का कोई बुरा प्रभाव होगा खासकर यदि प्रतिबन्ध केवल गैर-आदिवासी मालिकों पर ही लगाया जाए। उन्होंने ध्यान दिलाया कि तथ्य यह है कि मालगुजारों और बड़े खेतिहरों को खेत-मजदूर चाहिए और मजदूरों को काम चाहिए। उनका मुख्य सन्देह है कि क्या प्रतिबन्ध का असर अच्छा होगा या बुरा। आदिवासियों को लगातार उधार की जरूरत पड़ती है और निश्चित रूप से वे इसे माँगेंगे और प्रायः देखा गया है कि कड़ी शर्तों पर काम के बदले प्रारम्भिक उधार लेने को बिना प्रारम्भिक उधार के ठीक शर्तों पर काम से ज्यादा प्राथमिकता देते हैं। यह लगभग असम्भव है कि आपसी समझ जैसे कि मालिक और मजदूर के बीच हो, को रोका जाए यद्यपि कानून की अदालत में उसे अप्रवर्तनीय बनाने का प्रबन्ध किया जा सकता है। यदि इसकी समाप्ति की जा सके तो यह बेशक आदिवासियों के ऋण लेने पर नियन्त्रण करेगा जिनके पास गिरवी रखने के लिए अपने श्रम के सिवाय कुछ नहीं है। श्री हाइड टिप्पणी करते हैं कि भारत में अतिनिर्धन वर्ग के बीच ऋण को समाप्त करने के बारे में काफी कुछ कहा गया है, क्योंकि जब वे इसे प्राप्त करते हैं तो बन्धक सेवा के बारे में या ग्रामीण साहूकारों के लेनदेन के बारे में की गई किसी भी जाँच से पता चलता है कि उन्हें इसकी भयानक कीमत चुकानी पड़ती है। कई अनुभवी अधिकारियों का मानना है कि काम की गारंटी पर पैसा उधार देने पर पूर्ण प्रतिबन्ध लगाया जाना चाहिए और ऐसा ही हम श्री सिमिंग्टन द्वारा अनुशंसित बम्बई रिपोर्ट में देख भी चुके हैं। यह विचार व्यक्त किया गया कि एक बार प्रतिबन्ध प्रभावी हो जाए तो सभी मजदूर दिहाड़ी मजदूरी पर काम करने लगेंगे जो समय के साथ बढ़ जाएगी चूँकि एकबारगी धूर्त मालिकों की पिछड़े वर्गों को शोषित करने और अत्यधिक अल्प वेतन पर जीवन भर काम करवाने की शक्ति छिन जाएगी। हालाँकि मैं सोचता हूँ कि बुद्धिमत्ता का सन्तुलन इस विचार के साथ है कि समाप्त करने से बेहतर है कि इसे नियमित किया जाए। समाप्त करने को प्रभावी बनाने के लिए एक बड़े और विशेष स्टाफ की जरूरत होगी।

भूतकाल के साथ टूटना अचानक और खतरनाक हो सकता है जो न तो मालिक को पता है न मजदूर को और यह देखना मुश्किल होगा कि कैसे आदिवासी अपनी शादी और अन्य वित्तीय आवश्यकताओं का प्रबन्ध करेगा।

270. जहाँ तक कानून के स्वरूप का सवाल है इस सुझाव पर आम सहमति है कि केन्द्रीय प्रान्तीय साहूकारी अधिनियम की धारा 2 (VII) (छ) को निरस्त या संशोधित किया जाए ताकि आदिवासी और अन्य कृषि मजदूरों को इस अधिनियम के दायरे में लाया जाए और उन्हें वार्षिक विवरण उपलब्ध कराया जाए; यह विषय पिछले अध्याय के पैराग्राफ 229 और 233 में भी विचारित किया गया है। यह सुझाव कि ऋणी और दो साक्ष्यांकित गवाहों की उपस्थिति में मालिक-ऋणदाता द्वारा प्रत्येक मजदूर का वार्षिक विवरण बनाया जाना चाहिए, का ज्यादा फायदा नहीं है क्योंकि बँधुआ मजदूर की अज्ञानता और अशिक्षा के कारण और उस आसानी के कारण जिसमें ऋणदाता गलत प्रविष्टि करके और ऐसे गवाह प्रस्तुत करके जो वही कहें जो मालिक चाहता है, उसे आसानी से धोखा दे सकता है। यह सम्भव हो सकता है कि मध्य-प्रान्त में काश्तकारों के लिए निर्धारित बही के अनुरूप ही किसी प्रकार की रसीद बही प्रत्येक खेत मजदूर के लिए उपलब्ध कराई जाए जिसमें दिए गए पारिश्रमिक और चुकाए गए ऋण के सारे के सारे विवरण दिए जाने चाहिए, ये रसीद बही मजदूरों के पास रहे और जब कभी श्री राजस्व, पुलिस, वन या भूमि रिकार्ड अधिकारियों द्वारा माँगी जाए तो प्रस्तुत कर दी जाए। इस पर भी सबकी सहमति थी कि कानून को बांड नियमित करने के लिए अधिकतम ऋण तय कर देना चाहिए और इस पर ज्यादा सहमति थी कि पूर्वानुमानित न्यूनतम मजदूरी तय की जाए जिसमें वास्तविक मजदूरी नकद और वस्तुओं और ऋण के भुगतान के रूप में मासिक घटोत्तरी की जाए। इसी प्रकार काम करने की अधिकतम सीमा तय की जाए जिसके पूरा होने पर लिया गया उधार और कोई अन्य उधार अपने आप समाप्त हो जाए, प्रश्नावली में सुझाया गया तीन साल को सामान्य सहमति मिली। अन्त में इस पर सहमति बनी कि यदि वास्तव में कोई राहत देनी है और यदि कानून को लागू कराना है तो मजदूरों को कठिन और गैरकानूनी बन्धकपत्रों के खिलाफ निकट के राजस्व न्यायालयों से संक्षिप्त समाधान पाने के योग्य अवश्य होना चाहिए न कि खर्चीले सिविल मुकदमों की प्रक्रिया से, और राजस्व अधिकारियों को बिना शिकायतों का इन्तजार किए स्वविवेक से काम करने के लिए अधिकृत किया जाना चाहिए। श्री हाइड का ठीक ही मानना है कि बन्धकपत्रों के अन्तर्गत ऋणों पर ब्याज को समाप्त कर देना चाहिए। उन्होंने जोर दिया कि अधिकतम उधार की राशि तय करना वास्तव में उतना महत्त्वपूर्ण नहीं है जितना कि एक समय अवधि और न्यूनतम मजदूरी, क्योंकि यदि अधिनियम के अन्तर्गत काम की अधिकतम अवधि तय हो गई तो उधार की राशि अपने आप ठीक हो जाएगी क्योंकि उस अवधि से आगे ले जाने की कोई सम्भावना नहीं होगी।

271. सभी चीजों पर विचार किया गया, और कानून बनाने के लिए सबसे उपयुक्त मॉडल हाल का मद्रास एजेंसी ऋणबंधक उन्मूलन विनियम, 1940 (1940 का मद्रास विनियम III) दिखाई पड़ा जो मद्रास के आंशिक अपवर्जित क्षेत्रों में लागू किया गया है। इस कार्यवाही की व्याख्या करने के लिए मैं 23 जुलाई 1940 को *फोर्ट सेंट जार्ज गजेट* में जारी की गई प्रेस विज्ञप्ति का नीचे उद्धरण दे रहा हूँ—

"मद्रास प्रान्त के विशाखापत्तनम और पूर्वी गोदावरी के जिलों में आंशिक अपवर्जित

क्षेत्रों के कुछ भागों में प्रचलित ऋण-बन्धक की व्यवस्था को 'गोठी' कहा जाता है। इस व्यवस्था में मजदूर ऋण के लिए अनुबन्ध करता है जिसे वो ऋणदाता के लिए काम करके चुकाने पर सहमत होता है। ऋण जुड़ता जाता है और कभी पूरी तरह नहीं चुक पाता जिससे कि ऋणी जिन्दगीभर के लिए ऋणदाता के बन्धन में आसानी से आ जाता है। कुछ मामलों में बँधुआ ऋणी के बच्चों तक विस्तारित हो जाता है। मद्रास एजेन्सी ऋण बन्धक उन्मूलन विनियम, 1940 (1940 का मद्रास विनियम III) ने इस व्यवस्था को समाप्त कर दिया और इस विनियम के प्रारम्भ होने के बाद होने वाले सभी गोठी समझौतों को अमान्य घोषित कर दिया। विनिमय लिखित श्रम समझौते उपलब्ध कराता है जिसके अन्तर्गत ऋण को श्रम द्वारा चुकाने की मंशा वाले ऋणों को एक समान तरीके से नियमित किया जा सकता है। कोई श्रम समझौता जो विनिमय के लागू होने के बाद किया गया है जिसके द्वारा एक मजदूर ऋण और उस पर ब्याज को मालिक के लिए काम करके चुकाने की सहमति देता है, को प्रवर्तनीय नहीं कराया जा सकता यदि इसकी एक प्रति एजेंसी मंडलीय अधिकारी के कार्यालय में है या सरकार द्वारा नियुक्त किसी अन्य प्राधिकरण में जमा नहीं कराई है। या वह अवधि जिसमें मजदूर को काम करना है, बढ़ाई जाती है या फिर एक वर्ष बढ़ाई जाने वाली है सरकार को यह शक्ति दी गई है कि वह समय-समय पर मजदूरी का स्तर तय करे। यदि कोई स्तर तय नहीं है तो मजदूरों की मजदूरी 7 रुपए मासिक से कम नहीं होनी चाहिए जहाँ पर उसे मालिक द्वारा खाना नहीं दिया जाता है और 4 रुपए मासिक जहाँ पर उसे मालिक द्वारा खाना दिया जाता है। विनिमय के लागू होने की तिथि पर जारी रहने वाले पुरानी गोठी व्यवस्था के अन्तर्गत समझौते तब तक प्रवर्तनीय नहीं कराए जा सकते हैं जब तक कि वे विनिमय द्वारा तय किए सिद्धान्तों के अनुसार व्यवस्थित नहीं किए जाते हैं। एक मजदूर किसी भी समय समझौते के अन्तर्गत श्रम देने की बाध्यता से अपने आपको किए जा चुके श्रम की कीमत घटाने के बाद शेष को चुकाकर मुक्त कर सकता है। समझौता मजदूर की मौत के साथ ही रद्द हो जाएगा और उसके उत्तराधिकारियों या सम्पत्ति के खिलाफ इसे लागू नहीं करवाया जा सकेगा। यदि मजदूर दिए गए काम को करने से मना करता है या पूरे मनोयोग से नहीं करता है तो मालिक एक महीने की सूचना देकर समझौते को निरस्त कर सकता है और नहीं किए गए श्रम की कीमत को वसूलने के लिए एजेंसी मंडलीय अधिकारी को आवेदन कर सकता है। कोई भी व्यक्ति जो पुरानी गोठी व्यवस्था के या किसी और समझौते के अन्तर्गत जो विनियम के अन्तर्गत मान्य नहीं हो, श्रम का उपयोग करता है तो उसे जुर्माने से दंडित किया जा सकता है जो दो सौ रुपए तक हो सकता है और जिसे न दिए जाने पर कैद हो सकती है जो छह महीने तक बढ़ाई जा सकती है। वह मालिक जो एजेंसी मंडलीय अधिकारी के कार्यालय में या सरकार द्वारा नियुक्त किसी व्यक्ति के पास श्रम समझौते की प्रति जमा कराने में असफल रहता है या जो मजदूर द्वारा माने गए अनुबन्धन की शर्तों को नहीं मानता है, भी जुर्माने के साथ दंडित किया जा सकता है जो दो सौ रुपए तक बढ़ सकता है जिसे न दिए जाने पर छह महीने तक बढ़ाई जा सकने वाली कैद भी दी जा सकती है। मालिक और मजदूर के बीच श्रम समझौते की किसी शर्त पर विवाद को आवेदन करने

पर एक तहसीलदार या नायब तहसीलदार द्वारा सुलझाया जा सकता है। विनियम के अन्तर्गत उठने वाले किसी भी मामले में किसी भी सिविल न्यायालय का अधिकार क्षेत्र नहीं है और विनियम के अन्तर्गत पहाड़ी जनजाति के किसी सदस्य से कोई दस्तावेज, शिकायत, आवेदन या अपील दायर करने पर कोई शुल्क नहीं वसूला जाएगा। सरकार को विश्वास है कि एजेन्सी क्षेत्रों में अकुशल शारीरिक श्रम के मालिकों द्वारा यह सुनिश्चित करने के लिए सभी संभावित कदम उठाए जाएँगे कि श्रम की पुरानी गोठी व्यवस्था समाप्त हो चुकी है।"

इस विनिमय का कथ्य इस रिपार्ट के परिशिष्ट ज में प्रकाशित किया गया है। मेरे ख्याल से धारा 4 में लिखित सभी ब्याज को निरस्त करने के लिए परिवर्तन किया जाना चाहिए और यह प्रबन्ध करना चाहिए कि श्रम समझौते पूरी तरह से मान्य हों यदि इनमें ब्याज के लिए कोई प्रावधान हो और ताकि ब्याज पर अधिभार को एक दंडनीय अपराध बनाया जा सके। प्रान्तीय सरकार को धारा 4 के अन्तर्गत व्याख्या के लिए उचित पारिश्रमिक तय करने की शक्ति काफी मजबूती देने वाली है और बिना खाने के 7 रुपए और खाने के साथ 4 रुपए की दर उन जिलों में जहाँ प्रान्तीय सरकार ने अभी तक अन्य दरें अधिसूचित नहीं की हैं, प्रान्त के ज्यादातर पिछड़े जिलों की स्थितियों से मेल खाती हैं, लेकिन मेलाघाट, यवतमाल, नीमड़ और शायद चन्दा में ऊँची दरों की जरूरत पड़ेगी। वास्तव में धारा 4 के अनुच्छेद (3) में समझौते के अन्तर्गत मजदूर द्वारा काम करने की अधिकतम अवधि निर्धारित होनी चाहिए अन्यथा कानून के प्रति बुरी तरह से टालमटोल होगी और उधार की राशि काफी छोटी होगी। मैं धारा 2 (1) और 23 के प्रावधानों की तर्कसंगतता के बारे में आश्वस्त नहीं हूँ कि एक महीने के उचित और समान पारिश्रमिक के बराबर से ज्यादा नहीं होने वाले उधार को देने पर विनिमय के द्वारा कुछ लागू नहीं होगा। मुझे ऐसा लगता है कि समझौते की अवधि के दौरान मालिक द्वारा इस प्रकार के ऋणों की शृंखला द्वारा मजदूर की अनुबन्ध में प्राप्त स्वतन्त्रता को उसी प्रकार बाधित करता है जिस प्रकार वह वर्तमान अनियमित व्यवस्था में कर सकता है। अन्त में जैसा कि पहले ही देखा जा चुका है, कानून को बाल (बँधुआ मजदूरी) अधिनियम, 1933 के अन्तर्गत होने वाले अपराधों को गम्भीर बनाया जाना चाहिए।

272. यहाँ अन्य मॉडल भी हैं जैसे कि बिहार कमौती समझौता अधिनियम, 1920। इस अधिनियम की धारा 4 यह तय करती है कि अधिनियम के प्रभावी होने की तिथि के बाद होने वाला कोई भी कमौती समझौता पूरी तरह से अमान्य होगा—

(क) जब तक कि समझौते की सारी शर्तें एक स्टेम्प सहित दस्तावेज पर नहीं लिखी जाती हैं;

(ख) जब तक कि कामिया को समझौते की एक प्रति नहीं दी जाती;

(ग) यदि काम की अवधि एक वर्ष से ज्यादा बढ़ती है;

(घ) जब तक कि समझौता ऋण के सम्बन्ध में काम की अवधि के खत्म हो जाने पर सारी जिम्मेदारियों से मुक्त करने की व्यवस्था नहीं कर देता है;

(ङ) जब तक कि यह उचित और समान पारिश्रमिक की व्यवस्था नहीं कर देता है। अधिनियम की धारा 5 यह सुनिश्चित करती है कि समझौता कामिया की मृत्यु होने पर अमान्य हो जाएगा और उसके उत्तराधिकारियों पर कोई जिम्मेदारी नहीं

रहेगी और धारा 7 मालिक को कामिया के खिलाफ कार्यवाही करने का अधिकार प्रदान करती है जो असंगत ढंग से काम करने में असफल रहता है।

273. अधिनियम द्वारा बुराई पर की गई चोट पर विचार करते हुए भारत में कृषि के शाही आयोग ने अपनी रिपोर्ट के पृष्ठ 434 पर 1908-1915 की हजारीबाग जिला बन्दोबस्त रिपोर्ट के एक अंश को उद्धृत किया। आयोग ने यह कहते हुए अपना निष्कर्ष समाप्त किया कि "कामिया कानून को गति देने के लिए काफी दीनहीन हैं और अधिनियम अप्रभावी सिद्ध हुआ है। स्थानीय सरकार ने अधिनियम के अपने उद्देश्य में असफल होने पर अतिरिक्त कार्यवाहियाँ करने की मंशा की घोषणा की थी लेकिन अभी तक कुछ नहीं हुआ।" अधिनियम की एक और मुख्य कमजोरी इसमें दंडात्मक अनुच्छेद का न होना है और सारी जिम्मेदारी सिविल न्यायालयों पर डाल दी गई थी जिधर कोई कामिया नहीं जाता। इस तरह यह मामला बिहार में अभी भी है हालाँकि यह पहचाना जा चुका है कि 1920 का अधिनियम असफल है, बिहार सरकार का यह मत रहा कि कानून कामिया को उसकी अकर्मण्यता से बचाने और ज्यादा व्यवहार में आने में असफल सिद्ध हुआ, अन्य कानून बनाना सन्देहपूर्ण महत्त्व का हो सकता है और भविष्य के प्रयास प्रत्यक्ष के बजाय अप्रत्यक्ष तौर पर करने होंगे; सुधार के रास्ते में सबसे बड़ी रुकावट कामिया की मानसिकता में है, यह महसूस किया गया कि यह सम्भव है कि उसके घर की जमीन (यानी उसकी बारी) में उसे अधिकार प्राप्त करने देकर उसके डर को समाप्त किया जा सके। पुराने कामिया मजदूरों के लिए एक कृषि बस्ती बसाने और एक औद्योगिक प्रशिक्षण विद्यालय स्थापित करने की योजनाओं पर भी विचार किया गया। ये योजनाएँ कामिया लोगों द्वारा प्रस्तावित बस्ती में रहने से मना करने के कारण ध्वस्त हो गईं, जिसके साथ ही औद्योगिक संस्थान चलाया जाना था, और निम्नलिखित उद्धरण, बिहार सरकार की एक हालिया (1941) फाइल में से इस विषय पर वर्तमान स्थिति दर्शाता है–

"प्रान्तीय सरकार उन तरीकों की अभी भी जाँच कर रही है जो कामिया लोगों को स्थापित खेतिहर बनाने के लिए प्रेरित कर सकेंगे और जो उनकी रूढ़िवादिता और जीवन के नये रास्ते के प्रति उनकी शंका को निर्मूल कर देंगे। पालामाऊ के उपायुक्त द्वारा खासमहल या वार्डों और भारग्रस्त रियासतों, जो कामिया लोगों और खेती के लिए उपयुक्त हो, में जमीन ढूँढ़ने के प्रयास किए जा रहे हैं।

इस वर्ष के बजट में कामिया परिवारों के लिए जंगली क्षेत्रों में चुनी गई जमीनों का प्रबन्ध करने के लिए 900 रुपए का विशेष प्रावधान किया गया है। योजना, वन विभाग और पालामाऊ के उपायुक्त की प्रत्यक्ष देखरेख में है। योजना का मकसद वर्तमान जंगलों जो अभी औपचारिक रूप से जंगलों से घिरे हैं, से जुड़ी हुई जमीन का पुनर्नवीकरण करना है, लेकिन इसमें खतरनाक कटाई भी शामिल है। यह प्रस्तावित किया गया कि कामिया परिवार अपने आवंटित भूखंडों पर वन विभाग द्वारा बताए गए पेड़ उगाएँगे और उनकी देखभाल करेंगे। इस सेवा के बदले में उन्हें जमीन के उस हिस्से पर फसलें उगाने की अनुमति दी जाएगी जो पुनर्नवीकरण के लिए आवश्यक नहीं है। प्राप्त फंडों का उपयोग कामिया लोगों को खेती के पशु और औज़ार देने के लिए किया जाएगा। यह उम्मीद की जाती है कि यह प्रयोग कामिया लोगों को एक ज्यादा स्वतन्त्र जीवन जीने के लिए प्रेरित करेगा, और यदि यह असफल

रहा तो इसी तरह के प्रयोग अन्य वन क्षेत्रों में भी किए जाएँगे।

"पिछली सरकार ने उन भूमिहीन मजदूरों की रक्षा करने के लिए एक विधेयक लाने का प्रस्ताव किया था जिनके घर या झोंपड़ी किसी कृषि जमीन का हिस्सा नहीं हैं और इस कारण से जो जमीन के मालिक की इच्छा पर निकाले जा सकते हैं, परन्तु मन्त्री के इस्तीफे के बाद से यह प्रश्न लटक गया। यह सरकार कामिया लोगों, और भूमिहीन मजदूरों और शिल्पकारों को सामान्य तौर पर रक्षा देने के प्रस्ताव से सहानुभूति रखती है लेकिन उनका मानना है कि इस तरह की विवादित कार्यवाहियों को सामान्य संवैधानिक मशीनरी के फिर से चलने की प्रतीक्षा करनी चाहिए और उनका मत है कि कामिया लोगों की समस्या को अलग से सुलझाया जाना चाहिए।"

यह जोड़ा जा सकता है कि मद्रास प्रस्ताव का मसौदा तैयार करने से पहले बिहार के अनुभव पर काफी विचार किया गया। इस पर सन्देह है कि क्या इस प्रान्त में कई कामिया-नौकर हैं जिन्हें प्रस्तावित कानून द्वारा काम से अलग किया जाएगा, लेकिन उनके लिए खाली रैयतवाड़ी जमीनें आरक्षित करने की कोशिशें निश्चित रूप से की जानी चाहिए और जहाँ सम्भव हो वहाँ भूमिहीन मजदूरों द्वारा बन्दोबस्त के लिए जंगल की जमीनों का प्रबन्ध है जो वन की बजाय खेती होने पर ज्यादा फायदेमन्द होगी। जैसा कि हम देख चुके हैं बिहार का सोचना है कि अन्य कानूनों को सामान्य संवैधानिक मशीनरी के फिर से चालू होने की प्रतीक्षा करनी चाहिए और इसे धारा 93 की शक्तियों के अन्तर्गत नहीं लिया जाना चाहिए। मेरे विचार से मामला अत्यावश्यक है और अधिनियम की धारा 93 को एक अन्तिम कार्यवाही करने के लिए एक उपयोगी पूर्ण कालिक प्रयोग होने का फायदा संविधान के दोबारा सामान्य रूप से काम करने पर होगा। आंशिक अपवर्जित क्षेत्रों के लिए एक विनिमय उन जिलों में कुछ राहत देगा जहाँ इसकी सबसे ज्यादा जरूरत है लेकिन छत्तीसगढ़ के खुले मैदानों या नीमड़ के किसी हिस्से और होशंगाबाद जिले, मोरसी तालुक, यवतमाल जिले या छिन्दवाड़ा जिले के खालसा क्षेत्रों में प्रभाव नहीं डालेगा। इसलिए मैं धारा 93 को उन क्षेत्रों में जो आंशिक अपवर्जित नहीं हैं, को अधिसूचना द्वारा प्रभावित करने को प्राथमिकता दूँगा, साथ ही आंशिक अपवर्जित क्षेत्रों के लिए गवर्नमेन्ट ऑफ इंडिया अधिनियम की धारा 92 (3) के अन्तर्गत इन्हीं शर्तों पर एक विनिमय को भी पिछले अध्याय के पैराग्राफ 227 में दिए गए कारणों के कारण प्राथमिकता दूँगा।

274. इस विषय पर हुई जाँच के पत्र बस्तर राज्य की कबाड़ी व्यवस्था से सम्बन्धित पूर्व के राज्यों के रेजिडेन्टों से और हैदराबाद की सरकार से उनके द्वारा हाल ही में भगेला अधिनियम द्वारा इसी बुराई को समाप्त करने के लिए उठाए गए क़दमों से सम्बन्धित प्राप्त हुए। पूरे तौर पर मेरा विश्वास है कि मद्रास विनिमय सर्वश्रेष्ठ मॉडल होगा।

275. सर्वेंट्स ऑफ इंडिया सोसायटी के एक सदस्य श्री दिनकर देसाई भारत में बन्धक-सेवा पर एक जाँच कर रहे हैं। मैं अनुशंसा करता हूँ कि उन्हें इसके लिए इस प्रान्त के विभिन्न जिलों से प्राप्त जवाबों को देखने की अनुमति दी जानी चाहिए, क्योंकि यह निश्चित रूप से उनके उपयोगी काम में उनकी मदद करेगा।

भाग : तीन

शिक्षा के अतिरिक्त राष्ट्र-निर्माण का कार्य

"कुछ समय पहले मैंने यह कहने का साहस किया था कि लोगों का स्वास्थ्य नीति-निर्माताओं के लिए सबसे महत्त्वपूर्ण विषय था। यह वृहद विषय है। इसकी कई शाखाएँ हैं। इसमें लोगों की आवास की स्थिति भी शामिल है, जिसके नैतिक परिणाम किसी भी मायने में साभौतिक परिणामों से कम नहीं हैं। इसमें उनके द्वारा रोशनी और पानी-जैसे प्रकृति के महत्त्वपूर्ण तत्त्वों का सुख उठाना भी शामिल है। इसमें उनके उद्योगों की व्यवस्था, श्रम का निरीक्षण भी शामिल है। इसमें उनकी आवास आदि व्यवस्थाओं की शुद्धता भी सम्मिलित है, और यह उन सभी तरीकों पर प्रकाश डालता है, जिनके जरिए आप उनकी क्रूरता और अतिरेक की आदत को छुड़ा सकते हैं...खैर, संसद के उदार ***(Liberal)*** *सदस्यों के लिए यह सीवेज नीति हो सकती है। लेकिन इंग्लैंड के श्रमिकों की भारी संख्या में से किसी श्रमिक के लिए जिसके परिवार में हमेशा किसी न किसी को बुखार रहता है, जिसने अपनी उन सन्तानों की संख्या साल-दर-साल कम होते देखी है, जिनकी सहानुभूति और सहायता की वह उम्मीद और विश्वास करता था; यह सीवेज की नीति नहीं, बल्कि जीवन और मरण का प्रश्न है।"*

—डिज़रायली (DISRAELI) (लोक स्वास्थ्य विधेयक, 1876 के पक्ष में वक्तव्य)

अध्याय : नौ

आदिवासी क्षेत्रों में कृषि-कार्य, पशु-चिकित्सा, सहकारी और औद्योगिक विभाग

[सन्दर्भ के बिन्दु (एम)]

क. कृषि

276. भू-स्वामित्व परिवर्तन पर रोक, कर्ज़ से मुक्ति और शोषण से सुरक्षा जरूरी है, लेकिन आवश्यकता का केवल एक तत्त्व है। जनसंख्या बढ़ती है और कभी अनछुई रही उन्नत भूमि न केवल उतनी फ़सल पैदा नहीं करती जितनी उस समय देती थी जब उसे पहली बार खेती योग्य बनाया गया, बल्कि उतनी पैदावार भी नहीं होती जितनी उस वक़्त होती थी जब पहली बार फ़सल बोई गई थी लेकिन साठ साल पहले की जोत के आकार के कारण बनाई गई लम्बे समय से परती ज़मीन द्वारा अब भी प्राप्त होती थी। हालाँकि प्रत्येक एकड़ को कई पेट भरने चाहिए। दक्कन के पठार में फॉरसिथ बताते हैं कि कैसे; खाद्यान्न के लिए तय नागपुर और बरार के मैदानों में जैसे-जैसे ज्यादा से ज्यादा ज़मीन पर कपास की पैदावार होने लगी वैसे-वैसे पगरी जिलों की ज़मीन की कीमत बढ़ती गई; उस समय जब अधिकतर प्रान्तों में सरकार द्वारा संरक्षित विशाल भूमियों का सीमांकन किया जा रहा था और फ़सल परिवर्तन को पहली बार रोका जा रहा था। यह शुरुआत में निश्चित क्षेत्रों में प्रतिबन्ध द्वारा किया गया, जो लगातार छोटा होता गया। उनका चित्र आदिकालीन बेवार और दाह्या खेती को जारी रखे हुए आदिवासियों का है–

> "खेती-बाड़ी के उनके विशिष्ट तरीके में अधिक मेहनत होने के बावजूद अनियमितता है। कुछ सप्ताहों की कठोर मशक्कत के बाद के अन्तराल में वे कुछ नहीं करते। इस आराम के समय में वे केवल शिकार अभियान में निरुद्देश्य घूमते हैं। आदिम ढंग की कसरतों की अवधि, जहाँ फसल के अनुरूप बरसात है, सफल शिकार और महुवा की फसल की अधिक पैदावार के बाद समय आता है कमी और जरूरतों का।"

स्वाभाविक तौर पर यह क़िफायतसारी के किसी विचार की ओर नहीं ले जाता; उनके अनुसार, निश्चित अन्तराल पर खेती और गाँव की जगह बदलने की उनकी जरूर ही स्थायी जुड़ाव और व्यवसाय एवं व्यवहार में अस्थिरता की चाहत उत्पन्न करती है। दरअसल, हिल मारिया की बेवार या पेंडा काटनेवाले कबीले की अर्थव्यवस्था के अध्ययन की रोशनी में मुझे ये विचार बहुत उलटा लगता है। क्योंकि मूलतः प्रत्येक कबीला और हरेक कबीले में प्रत्येक गाँव के पास खुद पारम्परिक ग्रामीण और कृषि भूमि थी। जैसे कि, उनके पास अब भी मध्य प्रान्त में है, जहाँ बेवार को अब भी अनुमति है और वह वन एवं राजस्व अधिकारियों द्वारा

अति-नियमित और अति-प्रतिबन्धित नहीं है। इन दीर्घ अन्तरालों में, जो फॉरसिथ के अनुसार निरुद्देश्य घूमता है—वास्तव में रस्मी शिकार, कंद-मूल एकत्रित करना, आगामी वर्ष के लिए कृषि योग्य भूमि का चुनाव, मछली मारना-पकड़ना और शहद एकत्रित करने का समय होता था—"उन्होंने आरोप लगाया कि लोग कालार के शराब-भट्ठी मालिकों-साहूकारों शराब के नशे में डुबो दिए जाते थे। इन साहूकारों ने लम्बे समय से लकड़ी और लघु वन-उत्पाद के पूरे व्यापार पर एकाधिकार कायम कर लिया था और गोंड और कोर्कू लोगों को कड़ी शराब के रूप में भुगतान किया करते थे। इससे पहले जहाँ इन आदिवासियों ने खेत-मज़दूरों के रूप में, मैदानों में या हिन्दू मालगुजार या "कृषि साहूकार के साथ ऋण-भागीदारी (Loan-partnership) में काम किया था उन्हें कम से कम "पौष्टिक अनाज या नगदी" के रूप में मज़दूरी मिलती थी; अब आम चलन में था—

"उसे शराब के रूप में भुगतान कपड़े, और भोजन के जरिये शरीर और मन को ठीक रखने के लिए जरूरी न्यूनतम मज़दूरी के अलावा हर चीज़। कालारों ने अकसर तीन काम किए—उस मौसम में जब जंगल में काम करना असम्भव था, गोंड आदिवासियों से उनके खुद के निर्वाहं के लिए और व्यापारियों के मुनाफे के लिए अनाज की शरत्कालीन फसल उगवाई, तुरन्त बाद में शराब के बदले तब तक अतिरिक्त अनाज दिया जब तक आदिवासियों को दुबारा बहीखातों में उलझा नहीं दिया और उन्हें पुनः भुगतान और जीवन-निर्वाह के लिए खुद का अनाज वापस खरीदने के लिए जंगलों में लकड़ी काटने के लिए मजबूर किया।"

इसके बावजूद वह लिखते हैं कि कैसे प्रान्त के अन्दर खेतीबाड़ी के विस्तार में हर जगह आदिवासी "अधिक स्थायी जातियों से जंगलीपन के बजाय आगे थे। उसकी मेहनत की क्षमता जिससे एक हिन्दू का दिल टूट जाए, उसकी मलेरिया से लड़ने की क्षमता और जंगल में निडरता उसे इस कार्य के योग्य बनाती है, और उसकी फिजूलखर्ची एवं एक स्थान पर लम्बे समय तक रहने से नफ़रत निश्चित तौर पर उसी तरह उसकी मेहनत का फल लौटाने का विश्वास दिलाती है, जिस तरह से मैदानों की एक स्थान पर बसी जातियों को स्थायित्व का।" फॉरसिथ के अनुसार यही प्रक्रिया थी। हिन्दू ज़मींदारों और गोंड मुखियाओं की जंगलों से घिरी जमीन में झांड-झंकाड़ से घिरी अच्छी खास कृषि योग्य भूमि पर वह आदिवासी जिन्होंने जो लकड़हारे के रूप में बड़ी संख्या में घूम चुके थे और दिहाड़ी मज़दूर जो हमेशा ही इन्हें नष्ट करने के लिए तैयार रहते थे, उनके पास पूँजी और सुरक्षा नहीं होती थी। उन्हें ज़मींदारों द्वारा सीधे या साहूकार से ऋण लेने के लिए जमानत के रूप में धन मुहैया कराया जाता था। उन्हें बैलों की जोड़ी और हल खरीदने के लिए कम से कम 24 प्रतिशत सालाना की ब्याज दर पर धन और अनाज के बीज एवं कटाई तक के लिए पर्याप्त भोजन देते थे, ताकि बाद में दुगुनी मात्रा वसूली जा सके। यह ज़मींदारों और आदिवासियों के बीच साझेदारी किस्म की प्रक्रिया थी, जिसमें आदिवासी अपने श्रम और खेत की देखरेख के रूप में योगदान करता था। सुदृढ़ आबकारी प्रणाली की शुरुआत द्वारा कालारों के नियन्त्रण ने आदिवासियों को लगातार नशे में डूबे रहने और अपनी कमाई कालार शोषकों को सौंपने से बचाया। (क्या अब हम इसी प्रक्रिया को ज़ारी रख सकते हैं और उसे साधारण साहूकार एवं वहाँ बसे हिन्दुओं से सुरक्षा प्रदान कर सकते हैं जिन्होंने इन आदिवासियों को उन जमीनों से बेदखल कर दिया, जो उनके परदादा ने कृषि योग्य बनाई थी?) फॉरसिथ उनके व्यवहार और फिजूलखर्ची में सुधार का वर्णन करते हैं; खेत मज़दूर और खुदाई मजदूर के रूप में

मिली मज़दूरी में से थोड़ा बचाकर उनमें से बहुत से आदिवासी अपने बूते पर खेती करने लगे। वह नीमड़ जिले के दो कोर्कू का उदाहरण देते हैं, जिन्होंने 1876 से 30 एकड़ ज़मीन को खेती योग्य बनाया और उसमें तिल्ली (Tilli) के बीज बो दिए। उन्होंने बैल और औज़ार खरीदने के लिए 80 रुपए एवं खाने के लिए दो *मानी* (1,920 पाउंड (lb)) *ज्वारी* उधार लिए। उन्होंने 6,150 lb (पाउंड) तिल्ली बीज उगाए और उसे 215 रुपए में बेच दिया। इसमें से उन्होंने ब्याज के 20 रुपए सहित नक़द ऋण और उधार लिए गए अन्न को दुगुने का पुनर्भुगतान कर दिया, जो कि लगभग 80 रुपए का होगा। उनके पास 35 रुपए और शेष फ़सल बच गए, इस तरह वे एक मौसम में कर्ज़-मुक्त हो गए थे। इस पर टिप्पणी के तौर पर मि. श्री सी.एफ. वाटरफाल, सी.एस.आई, सी.आई.एफ., आई.सी.एस. की 1925 को रायपुर और ड्रग ज़मींदारी व्यवस्था रिपोर्ट के पृष्ठ 17 पर दिए गए विचारों को उद्धृत करूँगा–

"तिल्ली अन्य अल्प वर्षा फसल है जिसे कम उगाया जा रहा है, हालाँकि पिछली व्यवस्था में वह चढ़ान पर थी। पूर्वी इलाके में यह ज्यादा महत्त्वपूर्ण है, जहाँ किसानों ने जाँच-पड़ताल के बाद तिल्ली के उत्पादन में कमी का कारण बताया कि लगातार खराब फसलों के कारण तिल्ली की उपज में कमी आई। इसका वास्तविक कारण यह था कि हर साल बहुत ही कम भूमि *से खर-पतवार व अन्य गंदगी हटाई जा रही है,* और तिल्ली केवल उसी ज़मीन पर फलती-फूलती है जिसे हाल में जोता गया हो।"

277. भू-व्यवस्था रिपोर्ट आदिवासियों में कृषि के विस्तार और पद्धति से भरी हुई है। यह सब केवल कृषि परिवर्तन या भूमि को कृषि योग्य बनाना ही नहीं था। धान की भूमि को पानी में डुबोने के लिए बाँध निर्माण में मारिया की क्षमता का उदाहरण लूसी-स्मिथ की 1869 की यदि भू-व्यवस्था रिपोर्ट में मिलता है। उस ज़मीन को वे जब साधन उपलब्ध हो जाएँ तब बो देते थे–

"गट्टा में बाँध से ऊपर की भूमि जोती गई है। निर्माण के लिए गट्टा को चुना गया है–गट्टा छोटी घाटी को कहते हैं जिसके किनारों पर हल्की ढलान होती है, जिससे जल-धारा बहती है। धारा के किनारों के बीच की भूमि गर्म मौसम में *पेड़ों के तनों* से निर्मित होती है, जिसका पतला हिस्सा उस तरफ होता है, जहाँ से बिजली का प्रवाह होता है और इनके दूसरी तरफ छोटे लट्ठे और घनी झाड़ी रहती है। इस प्रकार, धारा के ऊपरी हिस्से के मुहाने पर सामने की तरफ हल्की ढलान है, जबकि पिछला हिस्सा लगभग लम्बवत है और कहीं-कहीं से ऊर्ध्वाकार खम्भों से मज़बूती मिलती है। किनारों के स्तर से चार से आठ फीट की ऊँचाई पर अवरोध बनाया गया है और उसके बाद ज़मीन से मिला दिया गया है। जैसे ही पहली बारिश ने मैदान, पन्द्रह इंच लम्बी, बारह इंच चौड़ी और पाँच इंच मोटी घास से ढकी जमीन को नर्म किया, उसे सागौन की लकड़ी से बने *कटवा* नामक भारी औज़ार और फावड़े से ऊँची मेड़ बना दी गई। इनको लट्ठों के अवरोधों की निरन्तरता में और उनके बराबर तब तक रखा जाता है जब घाटी के किनारों की ऊँचाई से एक फुट नीचे न रह जाएँ। तब उन्हें सामने और पार्श्व की तरफ झुकाया जाता है; और *मोहवा* व गुगूल का पाइप आर-पार लगा दिया जाता है। इसी तरह के *गट्टा* धारा के अन्य हिस्सों पर उचित दूरी पर बनाये जाते हैं, और अनुकूल परिस्थिति में घाटी में नियत क्रम में इस तरह के *गट्टों* का

फैलाव देखा जा सकता है। अतिरिक्त जल गट्टों के पीछे से बह जाता है, और कभी-कभी बाढ़ में जलधारा बाँध तक पहुँच जाती है और झरने के रूप में बाहर गिर जाती है। बाँध के ऊपर नम भूमि पर चावल बोया जाता है और जहाँ क्रम में *गट्टे* हों, वहाँ ज़रूरत पढ़ने पर मेड़ में लगे लकड़ी के पाइपों के जरिये ऊपर से नीचे के स्तर तक पानी पहुँचा दिया जाता है। कुछ गट्टे धारा के स्तर से 20 फीट ऊँचे हैं और बड़े क्षेत्र में फैले हैं। उनका ढाँचा बहुत मजबूत होता है।"

यह पारम्परिक कौशल अब भी जारी है; इस उदाहरण की तुलना राव बहादुर डी. लक्ष्मण स्वामी की 1922-24 की सिरोनचा और गढ़चिरोली भू-व्यवस्था रिपोर्ट के पैरा 31 से कीजिए :–

"इन जमींदारियों के तहत आनेवाले क्षेत्रों में खेती-बाड़ी उसी तरह से होती है, जैसे बेहद उन्नत खालसा इलाकों में होती हैं। कोई भी माड़ियाओं के धान के वृहद खेत और गट्टों को देखकर प्रशंसा किए बिना नहीं रह पाएगा कि उन्होंने खेतों के तटबन्धों को लगभग गणितीय ढंग से समतल किया है। माडिया गोंड को धान की खेती में महारत हासिल है। वह बढ़िया *जिलान* स्थिति वाले इलाकों का चुनाव करता है और सिंचाई के अपने सहजबोध से एक के नीचे दूसरे खेत बनाता है ताकि नीचे के खेतों के लिए ऊपर के खेतों का पानी इस्तेमाल कर सके। सामान्यतः वह प्राकृतिक रूप से प्राप्त पानी के सोते या धारा को कभी बर्बाद नहीं होने देता है। पूरे धान के क्षेत्र में पानी के भंडार का पूरा इस्तेमाल करने के लिए, चाहे वह कितना ही दूर हो, वह सुव्यवस्थित ढंग से मेड़ बनाकर पानी का बहाव मोड़ता था, ताकि पानी की एक भी बूँद बर्बाद न हो। यहाँ तक कि ज़मींदारी के दूरस्थ इलाकों में भी खेती घरेलू मंजिल से विकसित होकर वाणिज्यिक मुकाम हासिल कर चुकी है। इन ज़मींदारियों के अधिकतम भाग में बसे इन आदिवासियों का जीवन पुराने चावल, मोटे अनाज और सेम पर आधारित है, जबकि बड़े *गट्टों* और तटबन्धीय इलाकों में उगाया गया *ज्यादातर* चावल बाज़ारों को आयात किया जाता है।"

278. दिसम्बर 1940 में, मैंने भाम्रगढ़ और लाहिरी के बीच मरिया काश्तकारों द्वारा हाल ही में निर्मित इस तरह के कामों को देखा और *बस्तर के मरिया गोंड* के पृष्ठ 146 के उलट बस्तर के तोंड़ावाड़ स्थित मरिया बाँध का वर्णन किया है। उस पुस्तक* में मरिया की परका, पेंडा व पोंडू एवं परावर्तक फसलों की अन्य प्रजातियों का सम्पूर्ण ब्योरा है, जिसने चाँद जिले के पहाड़ी मरिया गाँवों को भी बेहतर बनाया है जिसका वर्णन श्री केरावाला की हालिया रिपोर्ट में किया गया है। मैं कुवाकोड़ी और उसके आसपास के इलाकों में पुरानी एवं पुनः जोते गए खेतों के बीच से और 1940 के पूरे तरह से नहीं काटे गए खेतों के बीच से गुज़रा। पैदावार असामान्य रूप से अच्छी थी, लेकिन ज़मीन को खेती योग्य बनाने, जुताई, बुनाई, भूसे को इकट्ठा करने, बाढ़बन्दी करने गए मज़दूरों की संख्या भी कम नहीं थी। इस व्यवस्था के बारे में लूसी-स्मिथ ने 1869 की रिपोर्ट के पैरा 232 में लिखा है कि–

"व्यंगूंगा के वृहद पूर्वी वन क्षेत्र में इससे बेहतर किसी और चीज़ की कल्पना नहीं की जा सकती। इसके जरिये साल दर साल ज़्यादा से ज़्यादा भूमि से जंगल साफ़ करके उसे जोतने लायक बनाया जाता है। इसलिए, प्रत्येक मरिया गाँव के चारों तरफ

---

* अध्याय सात में।

पुरानी जोत के प्रयोग की अपेक्षा अधिक वृहद खुला मैदान होता है। वह व्यक्ति काम के दौरान आग और कुल्हाड़ी के इस्तेमाल से ज़रूर प्रसन्न होगा जो इन घने जंगलों से गुज़रते समय विशाल वृक्षों और सघन बाँसों में घिरा है और कई दिनों तक आदमी की बसावट के निशान तक नहीं देखे हैं। हालाँकि, क़ीमती लकड़ी के जंगलों को नष्ट होने से बचाना और कृषि भूमि के क़रीब वनीय लकड़ी, घास और बाँस संरक्षण की व्यवस्था के लिए वन ज़रूरी हैं, लेकिन *ध्याह* संस्कृति और इस कार्य को प्रोत्साहित किया जाना चाहिए। यह कल्पना करना व्यर्थ है कि जनसंख्या पूरी बढ़ जाए तो भी तापमान में परिवर्तन पर चिन्तन और बारिश में वनों की सफ़ाई से कुछ हासिल होगा और कोयला खदानें, रेलवे और जहाजरानी वह समृद्धि ले आएँगे जिसकी हमें उम्मीद है। फिर भी, मानवीय सम्भावना है कि अस्तित्व में आ रही सागौन की पोंद बड़ी होगी और पूर्वी उजाड़ इलाके के काफी कम होने से पहले मुरझाकर नष्ट हो जाएगी।"

वह अन्तिम भविष्यवाणी सही सिद्ध होती नज़र आती है : अहीरी ज़मींदारी के केन्द्र में स्थित सूरजगढ़ पहाड़ी की चोटी पर खड़े होइए, और तब भी उत्तर, दक्षिण, पूरब, पश्चिम जहाँ भी आप देखेंगे, सिरोनचा और गढ़चिरोली तहसील और बस्तर की अबूझमार पहाड़ी से उत्तर तक विशाल वन है जिसमें यहाँ-वहाँ ग्रामीण स्थल और खेतों को दर्शाते छोटे पीले धब्बे हैं। फिर भी, अब यहाँ यह अन्तर है। अचानक, बिना किसी चेतावनी के और जैसा कि अब तक होता था, बिना किसी सरकारी आदेश के इस पोंडू कृषि को 1922-24 की भू-व्यवस्था के तुरन्त बाद अहीरी और गढ़चिरोली ज़मींदारियों में बन्द कर दिया गया। भू-व्यवस्था रिपोर्ट केवल यह कहती है कि स्थायी आदेश के तहत जलपौद, फसल परिवर्तन और लोहे को गलाना मद के अन्तर्गत *सिवाई* आय को शामिल नहीं किया गया था, इस आय की उपेक्षा इसलिए की गई थी कि अगर यह वन को नुकसान पहुँचाती है तो सरकारी हस्तक्षेप न्यायोचित होगा : लोहे को गलाने से प्राप्त आय को इसलिए शामिल नहीं किया गया था क्योंकि आदिकालीन पद्धतियों के जरिये लघु उत्पादन किया जा रहा था और कृषि औज़ारों के निर्माण तक सीमित था; बल्कि सभी खनिज सम्पदा सरकार की थी, ज़मींदारों की नहीं (वास्तव में ज़मींदारों ने लौह अयस्क के लिए नहीं, बल्कि गलन के लिए प्रयुक्त तारकोल के लिए रक़म उगाही थी)। अन्तिम भू-व्यवस्था तक गेवाढ़ा को छोड़कर हर गढ़चिरोली ज़मींदारी में जलपौद और पोडू जारी थे, लेकिन बताया जाता है कि कुल क्षेत्रफल 993 एकड़ था; भू-व्यवस्था अधिकारी ने सूचित किया कि इसकी अनुमति उच्च गुणवत्ता की लकड़ी के विशाल वृक्षों वाले वन नहीं थी बल्कि केवल उन्हीं इलाकों में अनुमति थी जहाँ वन घने नहीं थे और बाज़ार में लकड़ी की कोई क़ीमत नहीं थी; क्षेत्र में दो वर्ष तक फसल उगाई गई और उसके बाद खाली छोड़ दिया गया। दस साल बाद फिर जंगली घास उग आई जिसको जलाकर खेती की जा सकती थी। प्रत्येक कृषि भूमि से लगान उपज के रूप में लिया जाता था, नकदी के रूप में नहीं। प्रत्येक कटाई की राशि कोटगल में 3 कुरो से राँगी ज़मींदारी में 10 कुरो तक होती थी। मैदानी इलाके (Level Country) में प्रथम वर्ष हमेशा ही पतले चावल की फसल उगाई जाती थी और दूसरे वर्ष कोडन, कुटकी और ऐसे ही मोटे अनाज को उगाया जाता था; दूसरे वर्ष वसूले जाने वाला लगान हमेशा ही पहले वर्ष की तुलना में कम होता था। रावबहादुर लक्ष्मणस्वामी ने टिप्पणी की कि यह इन परावर्तक फसलों को जारी रखने का विशेष लाभ है, जिसने अप्रत्यक्ष रूप से स्थायी व्यवसाय और उसके विस्तार में योगदान दिया है। उन्होंने सुझाव दिया कि इसको

बन्द करने से वर्तमान में इस सम्पत्ति के अधिकारी विस्थापित हो सकते हैं, यह भविष्यवाणी बस्तर के सीमावर्त्ती इलाकों में सही साबित हुई। *झरपापड़* के छोटे ज़मींदारों के रिश्तेदारों ने यात्रा के दौरान मुझसे आक्रोश के साथ शिकायत की कि जलपौद पर रोक के कारण अनेक मारिया परिवार सीमा पार बस्तर जिले में चले गए हैं, जहाँ कोई रोक नहीं है। रावबहादुर ने वर्तमान परिस्थितियों में जलपौद के साथ किसी भी तरह की छेड़खानी न करने की वकालत की; मारिया के विशेषाधिकारों में बढ़ोत्तरी के लिए, वह इलाका छोटा और वन-मूल्यों से रहित था। रेलवे और बेहतर संचार माध्यमों के आगमन के बाद उनके जंगलों के बढ़ते मूल्यों के मद्‌देनज़र, ज़मींदार जलपौद के क्षेत्र पर पर्याप्त रूप से रोक लगा रहे थे और दूरस्थ ज़मींदारियों की तुलना में खालसा और रेल-लाइन के क़रीबी क्षेत्रों में अधिक क़ीमत वसूल रहे थे। बहुत जल्द ही एक डिप्टी कमिश्नर द्वारा जलपौद पर रोक लगाने से उनके तर्क निष्फल साबित हुए, हालाँकि 1930 में उसके बाद के अधिकारी इस आशय के वास्तविक आदेश का पालन नहीं कर पाए। फिर भी, अनेक ज़मींदारों ने मुझसे शिकायत की कि अतीत में जलपौद को अनुमति देने पर उन्हें जुर्माना भरना पड़ा। एक जनवरी, 1941 में मुरमगाँव में दुबारा अपनी बात रखते समय वे सब उपायुक्त द्वारा भू-राजस्व कानून की धारा 202 के तहत जल्दी-जल्दी जुर्माना लगाने के कारण परेशान थे। जुर्माने का कथित कारण था समय पर बिना अनुमति के विशाल वृक्षों को काटना जब उनकी रैयतें कृषि के लिए नयी ज़मीन तैयार कर चुके थे; इसके बाद उन्होंने निरापवाद रूप से उस ज़मीन से साफ़ की गई जंगली उपज को जला दिया। राख में पारम्परिक रूप से फ़सल उगाई। ज़मींदारों ने कहा कि *जलपौद* पर रोक लगाने का कोई औचित्य नहीं था। उन्होंने कहा कि यदि उसे अन्य बेकार जंगल तक सीमित कर दिया गया, जहाँ से वर्तमान में उन्हें कोई आय नहीं होती, तो इससे उन्हें कुछ हासिल होने लगेगा और सबसे महत्त्वपूर्ण बात यह कि यह रैयतों को 1939-1940 की तरह होने वाली धान की बर्बादी के प्रभावों से बचाएगा। वास्तव में, 1939 में धान की बर्बादी को झेलने के बजाय मारिया ने उस तहसील और उससे सती दुर्ग की आंशिक निषिद्ध ज़मींदारी पोडू* में (जो कि गढ़चिरोली के पूर्व में समपौर के नाम से भी जानी जाती है) की फ़सल काटना शुरू कर दिया। बताया जा रहा है कि वहाँ डोंडी लोहर कृषि आन्दोलन के नेता सरजूप्रसाद के प्रतिनिधियों ने इस व्यवहार को प्रोत्साहित किया। कुवाकोड़ी क्षेत्र और लाहिरी के आस-पास के पहाड़ों की सीमा से सटे गाँवों में अहीरी ज़मींदारी में पहाड़ी ढलवा खेती पर ध्यान नहीं दिया गया। 1917 में, तत्कालीन उपायुक्त श्री डब्ल्यू ई.सी, सी. आई.ई, ने बेवार को हतोत्साहित करने और *जुताई खेती* (Plough cultivation) को प्रोत्साहित करने की नीति शुरू की। उन्होंने ग्रामीण इलाकों के बाहर बेवार को अनुमति नहीं

* पोडू एकदम दह्या जैसा ही है; जंगली उपज से ढका भूमि का समतल भाग चुना जाता है और जनवरी या फरवरी में उसको पूरी तरह काटकर लकड़ी को सूखने के लिए छोड़ दिया जाता है। मई में उसको जला दिया जाता है लेकिन वहाँ जुताई नहीं होती। कुछ बारिशों के बाद पतला चावल, कोडन, कुटकी, सावर माँडिया, बाजरा और पोपट को बो और छिटक दिया जाता है। जल और खमोरी को निचली भूमि पर लगाया जाता है, जहाँ प्राकृतिक तौर पर बारिश का पानी इकट्ठा होता है। ज़मीन के इन टुकड़ों पर सामान्यतः कोई जंगली उपज नहीं होती लेकिन साथ में लगे वनों से लकड़ी काटकर सुखाने के बाद इन पर फैला दी जाती है और मई में जला दिया जाता है। भूमि को जोता नहीं जाता। केवल धान ही बरसात की शुरुआत में बोया और प्रसारित किया जाता है। स्पष्टतः 'जल' पर कोई प्रतिबन्ध नहीं होना चाहिए; साथ में लगे वनों की कोई व्यावसायिक क़ीमत नहीं होती और झाड़-झंखाड़ व टहनियों की छँटाई से कोई नुकसान नहीं होता।

देने, प्रत्येक गाँव के मुखिया को बेवार की खेती करने वाले का नाम और काटी व बोई गई भूमि का क्षेत्रफल (बाँस से नापकर) बताने और जोती गई भूमि के बराबर लगान वसूलने की ज़िम्मेदारी देने का फैसला किया। पहली बार *प्रतिबन्धित* खेती करने की सूचना न देने पर दंड के रूप में अधिक मात्रा में लगान देने और दूसरी बार ऐसा करने पर पूरे गाँव में बेवार की खेती प्रतिबन्धित करने का आदेश था। बताया गया कि बेवार की खेती पर पूर्ण रोक से मारिया इतने डरे हुए थे कि गाँव में इस तरह की खेती पर रोक का बड़ा प्रभाव पड़ता और शायद केवल धमकी ही पर्याप्त होती। यह कठोर प्रतिबन्ध परलकोट और कोठारी नदी के पूर्वी हिस्से के सिवाय सभी गाँवों में लगाया गया था, यानि मारिया पहाड़ के अतिरिक्त पर्वतीय राज्य के अतिरिक्त सभी गाँवों में, इसे बस्तर में अन्तरीप के रूप में प्रस्तुत किया गया, और जहाँ क़ीमती सागौन नहीं थी; वहाँ प्रतिबन्ध लागू करने का दबाव नहीं था (और आज तक ज़बरदस्ती नहीं की गई है।) श्री ली के दौरे की समाप्ति पर अहीरी में एकत्रित गैरा और गाँवों के सैकड़ों मुखियाओं को प्रस्ताव की विस्तृत जानकारी दी गई थी और बताया जाता है कि उन्होंने व्यवस्था के न्याय को स्वीकारा था और इस पर काम करने में मदद देने का वायदा किया था। हालाँकि, तब से अब तक व्यावहारिक ढंग से मारिया पहाड़ के क्षेत्र और उन सभी इलाकों में जलपौद प्रतिबन्धित कर दी गई है, जहाँ अहीरी के दौरे के दौरान मैं ठहरा, मारियाओं ने मुझ पर इसको दोबारा शुरू करने की इजाज़त देने का दबाव डाला। मेरे विचार से उनकी बातें मानी जानी चाहिए। द्विवर्षीय चक्रों में पड़ने वाले नियमित चकों को तय करके जलपौद और जोडू लगाने की अनुमति देने में परेशानी नहीं होनी चाहिए। जब वर्तमान प्रतिबन्ध पहली बार जबरन लागू करवाया गया था, तो अन्य जंगलों को वैसे ही उगने दिया गया था जैसे वे थे, पिछले पोडू में बचे ऊँचे ठूँठ और झुके हुए तनों के साथ। यहाँ तक कि सागौन के पौधे भी अकसर बेकार होते हैं क्योंकि उन्हें पुराने सूखे तनों से उगने दिया गया है। सूरजगढ़, भाम्रगढ़ और झारवंडी के चारों तरफ फैले इस विशाल वन का अधिकतर हिस्सा व्यावसायिक रूप से किसी काम का नहीं है और ऐसा तब तक रहेगा तब तक बेहतर सागौन नहीं लगाया जाता। लगभग चालीस साल पहले *पनबरस* ज़मींदारी में कोर्ट ऑफ वॉर्ड्स ने पोडू की खेती करने वाले किसानों के लिए कृषि भूमि को परती छोड़ने से पहले उसमें सागौन के बीज बोने को ज़रूरी करने की शुरुआत की। इसने अच्छे वनों के विकास में भौतिक योगदान दिया, जो कि अब इस रियासत के लिए बहुत मूल्यवान है। अहीरी, झड़पापड़, औंधी, कोरचा, मुरुमगाँव, राँगी और धनोरा ज़मींदारियों में शिविर में और अपनी यात्रा के दौरान मारिया आदिवासियों से बातचीत के दौरान मुझे पता चला कि सबसे ज़्यादा इस विचार को वे ही समझ रहे हैं। हाल के वर्षों में मारिया आदिवासियों के आर्थिक उद्धार से अल्पापल्ली में विभागीय वन अभियानों में बहुत इज़ाफा हुआ है। इसी वजह से मारिया आदिवासियों ने इस विचार को जल्दी ग्रहण किया कि बचे हुए सागौन के संरक्षण, सागौन को इसी उद्‌देश्य के लिए चुनी गई भूमि पर उगाने और पोडू की फ़सल के सागौन के बीज लगाने से उनके परपोतों के समय तक उसी तरह की सुविधाएँ मिल जाएँगी जैसी उनके गाँव के बेहद नज़दीक स्थित अल्लापल्ली में हैं। उन्होंने सरकार द्वारा सूरजगढ़ या किसी और इलाके के आसपास की अहीरी ज़मींदारी में सागौन के बेकार जंगलों के बचे हुए टुकड़ों को पट्टे पर देने का स्वागत किया; बशर्ते, वर्तमान में पट्टे पर दिए गए अहीरी के वनों की भू-व्यवस्था के अनुसार, संरक्षित क्षेत्र में गाँव के चरागाह और *निस्तार* अधिकारों की हिफाज़त

पर विशेष ध्यान* दिया जाए। जिन क्षेत्रों में, उन क्षेत्रों के अलावा, जिनमें सागौन के पुनर्उत्पादन के लिए पोडू को अनुमति दी गई है, प्रत्येक के पास नियत क्षेत्र होना चाहिए जहाँ इसको जारी किया जा सके।

279. वर्तमान मनःस्थिति में मारिया आदिवासी फिर से क़ानून अपने हाथ में लेने और पोडू की कटाई का बहुत दिनों तक इन्तज़ार नहीं करेंगे। और एक-दो वर्ष धान की फ़सल की बर्बादी से अप्रतिबन्धित परिवर्तनीय फ़सल का सामान्य पुनरावर्तन नज़र आ सकता है। शायद पलासगढ़ के अतिरिक्त गढ़चिरोली के अन्य ज़मींदारों पर इस बात का भरोसा किया जा सकता है कि वे ध्यान देंगे कि पोडू की फसल बहुतायत में नहीं हो और व्यावसायिक रूप से क़ीमती जंगलों को नुक़सान न पहुँचाए। अहीरी में प्रभावशाली ढंग से काम तभी हो सकता है, जबकि जिस नए प्रबन्धक को ज़मींदार ने नियुक्त करने का वायदा किया है, वह विनियमित पोडू मदद से वनों के प्रबन्धन की उचित कार्ययोजना के अमल पर शीघ्र क़दम उठाएगा। भूमि को कृषियोग्य बनाने, पेड़ गिराने और पोडू उपज के बाद पुनर्उत्पादन के लिए आवश्यक ज़मीन के सम्बन्ध में और गाँवों के चारों तरफ उस क्षेत्र के सम्बन्ध में जहाँ पोडू को तब तक सुरक्षित ढंग से उगाने की अनुमति दी जा सकती है, जब तक का अनुमान कर सकते हैं; विशेषज्ञों की राय ली जा सकती है। इस मामले में मारिया आदिवासियों से उनके *गैटा* और सेंडिया या गाँवों के समूहों (पट्टी) के मुखियाओं से पूरा सहयोग आसानी से लिया जा सकता है, वास्तविक है और उसको चुनौती नहीं दी जा सकती है। सर्वाधिक महत्त्वपूर्ण बात यह है कि धमकी देने की पद्धति को छोड़ देना चाहिए और आगे किए जाने वाले कामों के जरिए व कामों के क्रियान्वयन की जिम्मेदारी उनके मुखियाओं को सौंपकर उनकी सहानुभूति हासिल करने का प्रयास करना चाहिए।

280. हालाँकि, वर्तमान सन्दर्भ में ऐसा दिखाई नहीं पड़ता है। मैं उल्लेख करना चाहूँगा कि पहले वे बाज़ार जिनमें मुर्गों की लड़ाई होती थी, माड़िया आदिवासियों का पसन्दीदा मनोरंजन था। बस्तर जिले में अब भी ऐसा ही होता है; बस्तर से सटे क्षेत्रों में भी लाहिरी और आइकाल बाज़ार प्रसिद्ध थे। मैं लाहिरी शिविर में पड़ाव के दौरान यह देखकर हैरान हो गया कि इस पर अनावश्यक पुलिस कार्यवाही के जरिए रोक लगा दी गई। इसके पीछे तर्क दिया गया कि यह सट्टेबाजी क़ानून का उल्लंघन है। आदिवासी शर्त में नगदी का आदान-प्रदान नहीं करते थे। उस समय वही सब हुआ जो बस्तर के ज्यादातर हिस्से में अब तक होता है; जीतनेवाले मुर्गे का मालिक अपने विरोधी के हारे हुए पक्षी को लेता था, चाहे वह जिन्दा या मरा हुआ हो। मुर्ग़े के पैरों में जो लोहे की नोंक या चाकू लगाए जाते थे वे भी छोटे होते थे। इस तरह से मुर्ग़े के प्राकृतिक हथियारों में इज़ाफा करने को सामान्यतः क्रूर माना जाता है, हालाँकि एक मारिया आदिवासी ने मुझे तर्क दिया कि अगर हम तेजी से मुर्ग़े की मौत चाहते हैं तो यह क्रूरता नहीं है। यद्यपि, *गैटा* ने पूरी जिम्मेदारी ली कि अगर मुर्ग़ों को लड़ाने की अनुमति दी जाए, तो लोहे की नोंक लगाने या सट्टे में नग़दी या अनाज देने की इजाज़त नहीं होगी, लेकिन हारे हुए मुर्ग़ों को जीतने वालों को सौंपने की इजाज़त होगी। स्थानीय पैमाने पर मुर्ग़ों की लड़ाई को केवल इसलिए रोकना कि गैर-आदिवासी गाँवों में मुर्गों में मुर्गों की लड़ाई निरपवाद रूप से पक्षियों के प्रति क्रूर होती है और जनता में

* मध्य प्रान्तों की रियासत में चरागाह और निस्तार पर श्री एच.एस. कामथ की रिपोर्ट का अनुच्छेद संख्या 570 देखिए।

सट्टेबाजी की प्रवृत्ति को बढ़ावा देती है, विचारहीन और अनुचित हस्तक्षेप है। इसी की वजह से इन क्षुद्र अधिकारियों ने उन चीज़ों में दखलंदाजी की, जो आदिवासियों की जिन्दगी को रंगीन बनाती हैं। मुझे यक़ीन है कि इस मामले में प्रतिबन्ध एक अनुभवहीन यूरोपियन जिला पुलिस अधीक्षक ने लगाया होगा। यह मामला पूर्णतः कृषि से अलग नहीं है क्योंकि लड़ाए जाने वाले मुर्ग़े पोल्ट्री की उन्नत नस्ल के होते हैं।

281. मैंने रिकॉर्ड के तौर पर एक फाइल छोड़ दी है जिसमें उन पद्धतियों का ब्योरा है, जिनके जरिए प्रान्त में अब भी परिवर्तनीय फसलें लगाई जा रही हैं। उल्लेखनीय तौर पर ऐला; (मारिया आदिवासियों के इलाके के अलावा) मांडला जिले के बैगा चक में, बैहर और सतगढ़ जमींदारियों में, लॉरभी संरक्षित वनों में, पंडारिया ज़मींदारी के उत्तर में, छिन्दवाड़ा जागीर के इलाकों और पंचमढ़ी के नजदीकी सरकारी वनों में अब भी होता है। ऐसा ही उत्तर-पश्चिम मेलाघाट के कोर्कू और इससे थोड़ी ही दूर स्थित भैंसदेही तहसील के गाँवों में भी होता है। यह होशंगाबाद* के कोर्कू के स्वामित्व वाले बैरम-पागरा जागीर में बचा हुआ है, जिसमें दखलंदाजी नहीं की जानी चाहिए।

282. बिलासपुर वन डिवीज़न में लोरमी के चारों तरफ के वन विभाग ने जंगली बैगा और भूमिया की सन्तुष्टि और विस्थापना के लिए विनियमित बेवार की सफलता का सुन्दर उदाहरण प्रस्तुत किया है। श्री वेरियर *बैगा* में बैगा के पुराणों और संस्कृति में *बेवार* खेती का एक लम्बा उदाहरण देते हैं। मैंने कुछ हद तक इस विषय पर *बालाघाट जिले में आदिवासी समस्या* के पैरा 96 से 100 में लिखा है और मेरे सुझावों को परिशिष्ट के विषय 18 से 21 तक दिया है। मेरी क़िताब *मांडला की व्याख्या* के अनुच्छेद 55 मेरी इस टिप्पणी पर चक के बैगा अब इस बात की चिन्ता नहीं करते कि वे हल से खेतों की धरती माता का हृदय छिन्न-विच्छिन्न कर रहे हैं और यह महापाप है—श्री एल्विन इस बात पर विशेष ज़ोर देते हैं कि चक के बैगा पूरी जनजाति के प्रतिनिधि नहीं हैं, जो वन विभाग पिछले छह साल से उनका इतना ज़ोरदार प्रचार कर रहा है। ताकि वे स्वाभाविक रूप से या तो अपनी परम्पराओं में विश्वास खो दें या कम से कम कहें कि वे उन्हें भुला चुके हैं। सेरना बस्तर जिले में होता है, जहाँ पूछे जाने पर मारिया और मुरिया आदिवासी कहते हैं कि उन्होंने गाय का मांस खाना छोड़ दिया है, जबकि अधिकांश बस्तर में गाय के मांस का अब भी उतना दी आनन्द उठाया जाता है। उन्होंने कहा कि हाल में ही डिंडोरी तहसील में पुलिस को एक बैगा जोड़े को गिरफ्तार करना था, जो कि उनके *बेवार* पर प्रतिबन्ध लगने से अपराध की दुनिया में चले गए थे; फलतः उन्होंने कहा कि चूँकि उन्हें *बेवार* को छोड़ने और पाप की जिन्दगी जीने को मजबूर किया गया इसलिए वे अपराध व अन्य दूसरे तरीकों को ही अपनाएँगे।

283. परिवर्तनीय फ़सल के अवशेष किसी को नुकसान नहीं पहुँचाते और इसके उलट

* दो जिलों में अन्तर का एक हास्यास्पद उदाहरण अल्मोड़ और पंचमढ़ी जागीरों में दिखाई पड़ता है, जिनके कुछ गाँव होशंगाबाद में हैं और कुछ छिन्दवाड़ा जिले में; छिन्दवाड़ा जिले में बेवर की अनुमति है, जबकि होशंगाबाद में इसकी अनुमति नहीं है! इसलिए रोरीघाट के ग्रामीणों को बेवर भूमि तक पहुँचने के लिए तीन या चार मील की अतिरिक्त यात्रा पैदल ही तय करनी होती है, क्योंकि छिन्दवाड़ा जिले की सीमा में ही बेवड़ की अनुमति है। प्रशासन द्वारा इस तरह के मार्ग परिवर्तन से बचने और सभी रियासतों के साथ समान व्यवहार को सुनिश्चित करने का सर्वोत्तम तरीका यह होगा कि होशंगाबाद के कुछ गाँवों को छिन्दवाड़ा जिले में स्थानांतरित कर दिया जाए; उन्हें होशंगाबाद में बनाए रखने से कुछ भी हासिल नहीं हुआ है। साथ ही रोरीघाट में अत्यधिक वन जागीर है, जिसके चलते विस्थापित बेवड़ वहाँ कोई नुकसान नहीं पहुँचाएगा।

प्रान्त के सबसे आदिम लोगों जैसे पहाड़ी मारिया, बैगा, कमार, भारिया-भूमिया और कोरवा, की ज़रूरतें पूरी करते हैं। किसी भी हालत में इस पर रोक नहीं लगाई जानी चाहिए, न ही जिला अधिकारियों को इस पर रोक लगाने का अधिकार दिया जाना चाहिए। इस पर केवल प्रान्तीय सरकार के सुविचारित आदेश द्वारा ही रोक लगाई जानी चाहिए। वह भी तब, जबकि यह आंशिक निषिद्ध क्षेत्र में शान्ति और सुशासन बनाए रखने की गवर्नर की जिम्मेदारी को प्रभावित कर रहा हो या ऐसा अल्पसंख्यक आदिवासियों के वैधानिक अधिकारों की रक्षा के लिए किया जाना चाहिए।

284. इस अध्याय के मुख्य विषय आदिवासी कृषि पर लौटें तो भू-व्यवस्था रिपोर्टों के कुछ और उद्धरण, क्षेत्र विशेष के घटनाक्रम को दर्शाते हैं। श्री विल्स ने बिलासपुर ज़मींदारी की अपनी रिपोर्ट के अनुच्छेद 126 में वर्णन किया है कि 1866 में पहली बार भूमि बन्दोबस्त किया गया तो वहाँ गाँव से गाँव के बीच जनजातीय सीमाएँ थीं, और भूमि की पारम्परिक सीमाएँ थीं जिसमें प्रत्येक गाँव (बस्तर के अनुभव के कारण मैं इसे कबीला कहूँगा) *बेवार* की फसल उगा सकता था (जिसको बिलासपुर में *बेवरा* बोला जाता है)। इसके बारे में गाँव वाले अच्छी तरह जानते थे, खासतौर पर बैगा गाँव के लोग। गाँवों के आकार में अत्यधिक विषमता थी, सामान्य तौर पर कहा जाए तो जितना अलग-थलग गाँव होता था उतना ही अधिक उसका क्षेत्रफल होता था। श्री विल्सन का यह विचार स्थानीय कृषि के धीमे विकास के कारण पनपा है। सतगढ़ के दूरस्थ इलाकों में शोधित धान की खेती हाल ही में शुरू की गई, और शुरुआत होते ही उसने *बेवार* की पारम्परिक फसल का पूरी तरह खात्मा नहीं कर दिया; दोनों कृषि प्रणालियाँ उसी तरह साथ-साथ जारी रहीं जैसे दूरस्थ गाँवों में अब भी हैं। और धान को मुख्य स्थानीय फसल के रूप में स्वीकार किए जाने के बावजूद, काश्तकार साथ लगे जंगल के विशाल क्षेत्र में *बेवार* के अधिकारों को मूल्यवान मानते हैं। जनसंख्या के अधिक घनत्व और जंगलों तक आसान पहुँचवाले मैदानी भूभाग में; वनों की सुरक्षा के अभाव के कारण 1886 में पहले भूमि बन्दोबस्त के समय ही भूभाग उजाड़ हो गया था, *बेवार* के अधिकार भुलाए जा चुके थे, काश्तकार विनियमित खेती के प्रति समर्पित थे, और बंजर भूमि को पुरवों में तब्दील कर दिया था, जो कि जल्द स्वतन्त्र गाँवों के रूप में विकसित हो गए। यह पता चलने के उपरान्त कि भूमिया, बिंझवार, महोतो, कोरवा और अन्य आदिवासी अब भी *बेवार* कृषि कर रहे हैं, श्री विल्स जारी रखते हैं—

> "खेत को जोतने वाली प्रणाली की शुरुआत सम्भवतः पूरब और उत्तर से आए गोंड और कावड़ आप्रवासियों ने की थी, जिन्होंने पहले के वासियों को हरा दिया और उनको गुलाम बना लिया या उनको पहाड़ों की तरफ खदेड़ दिया। इस प्रणाली की शुरुआत *बेवरा* प्रणाली के साथ की गई, जिसके तहत धान घाटी में उगाया जाता था और बेवरा की फसल ऊपर ढलानों पर लगाई गई। लेकिन अब धीरे-धीरे हल ने पूरी तरह कुल्हाड़ी का स्थान ले लिया है, सिवाय दहिया प्रणाली के—इसमें बहुत कम क्षेत्र में छोटे पेड़ों और झाड़-झंकाड़ को काटकर डाल दिया जाता है और उनको जलाने के बाद खेत में राख छिड़ककर उसमें धान बो दिया जाता है। लेकिन धान की खेती में अनिवार्य मिट्टी ऊबड़-खाबड़ और उथली हो जाती थी और खेती की मेड़बन्दी होती थी, इस तरह की मेड़बन्दी का तात्कालिक परिणाम होता था परिवर्तनीय फसलों पर रोक लगाना। यहाँ की तरह ही, साथ लगे मांडला जिले में, जहाँ देहाती इलाके के बड़े भू-भाग

पर आदिवासी बसे हुए हैं, मुख्य फ़सल गेहूँ है जिसमें मेड़बन्दी की ज़रूतर नहीं होती। हालाँकि, इस तरह, मांडला के गोंड आदिवासी बिलासपुर के कावड़ जितने ही उन्नत हैं, फिर भी, साथ लगे पंडारिया जमींदारों के जंगलों की तरह उस जिले में भी, आज की तारीख में एक जगह से दूसरी जगह पर बड़े पैमाने पर स्थानान्तरण कृषि प्रणाली की आम विशेषता है। दूसरी तरफ, बिलासपुर की उत्तरी जमींदारियों में परिवर्तनीय खेती (*बेवरा* के मामले के अतिरिक्त) को कोई नहीं जानता। जैसे ही काश्तकार ने अपने खेत की मेड़बन्दी की है, उसने अपनी पूँजी डुबो दी है जिसे वह निकाल नहीं सकता। अन्धविश्वासों के डर के कारण कोई व्यक्ति अपनी सम्पत्ति छोड़ सकता है। काश्तकारों का समूह भी उनकी सामाजिक व्यवस्था में किसी कमी के विरोधस्वरूप भी जा सकता है, फौरन उन पर दूसरी जाति मुखिया को लादना। लेकिन ये अपवाद हैं। नियमतः एक बार कोई काश्तकार किसी गाँव में बस जाए, तो वह हमेशा के लिए वहीं का हो जाता है और यही वह है जो क्षेत्र की कृषि प्रणाली को स्थायित्व प्रदान करती है काश्तकार गाँव से फसल परिवर्तन नहीं करते हैं। अगर उस ज़मीन पर धान उगाया जाता है जो वे मेड़बन्दी कर चुके हैं। अगर यह किसी और तरह की खेती है, तो वे कम से कम उसके लिए जंगल तो साफ कर दी देंगे, हो सकता है कि उसे सूअर और हिरण से बचाने के लिए बाढ़ भी लगा दें।

"इस तरह, वे उनकी समस्त भूमि पर स्थायी अधिकार का दावा करते हैं और हो सकता है कि उसमें से कुछ ज़मीन लगातार कई वर्षों तक परती छोड़ दें, फिर भी उन्हें अधिकार रहता है कि वे उस ज़मीन से अन्य काश्तकारों को निकाल दें। यूँ तो, कृषि का स्थायित्व सतगढ़ के गाँवों के लिए बहुत मूल्यवान है, फिर भी कृषि का सामान्य मानक खालसा में प्रचलित मानकों से अब भी काफी पीछे है। यह अब भी व्याप्त है; और यहाँ विकास की कितनी सम्भावना है इसको इन रैयतों के सामान्य वनीय किस्म के गाँवों और खालसा के साधारण गाँव की तुलना करके देखा जा सकता है। वनीय गाँवों में मकान दूर-दूर बने हुए होंगे तो खालसा के गाँवों के घर खपरैल से निर्मित होंगे। जबकि खालसा गाँवों में नज़दीक बसे होंगे। पहले किस्म के गाँवों में मकान छप्पर के बने होंगे। खालसा में काश्तकार के घर के सामने बाड़ से घिरा बगीचा विशेष महत्त्व का नहीं होता। वह ज्यादा से ज्यादा अपने निजी इस्तेमाल के लिए उसमें कुछ मसाले या थोड़ी-सी तम्बाकू उगा सकता है। दूसरी तरफ, वनों में *बाड़ी* का विशेष महत्त्व है। वह अकसर आधा एकड़ तक फैली होगी और सबसे ज़्यादा मेहनत उसके चारों तरफ तार लगाने में की जाती है। व्यवहारतः उसमें वहाँ उपलब्ध सारी ख़ाद डाल दी जाती है और वह दो महत्त्वपूर्ण फसलें पैदा करती है। पहली है मक्का या *जौंधरी*, जो कि जल्दी पकती है और धान की कटाई से पहले दो महीने तक काश्तकार के जीवन निर्वाह का इन्तज़ाम कर देती है। *जौंधरी* के बाद आम तौर पर सरसों उगाई जाती है, जिससे पर्याप्त उपज होती है और काश्तकार अपना लगान चुका पाते हैं। इस तरह, हम गेहूँ, धान और लघु फसल पर विचार करें तो दोनों तरह के गाँवों में अन्तर साफ दिखेगा। जहाँ तक गेहूँ का सम्बन्ध है, हमारे प्रमाण-पत्रों के अनुसार पूरे सतगढ़ में यह फसल 1,200 एकड़ भूमि पर उगाई जाती है। इसको लगातार उगाया जाता है और फसल परिवर्तन, खर-पतवार की साफ-सफाई नहीं की जाती न ही

मेड़बन्दी की जाती है, जिससे इस फसल को कोई लाभ हो। इन अर्थों में इसकी खेती खालसा में आमतौर पर प्रचलित खेती के उलट है। धान की खेती में भी निम्नस्तर की पद्धति का इस्तेमाल किया जा रहा है। साधारण वनीय किस्म के गाँवों में धान की खेती में न तो खरपतवार उखाड़ी जाती है नहीं खाद डाली जाती है, न ही खालसा की तरह एक क़िस्म की उपज के उपरान्त इस्तेमाल की जाने वाली अलसी या उड़द जैसी फसलें उगाई जाती हैं। काश्तकार के पास उपलब्ध सारी खाद *बाड़ी* या कपास की भूमि के एक टुकड़े में इस्तेमाल कर ली जाती है। उसकी धान की खेती में सूखी पत्तियों या चारों तरफ मौजूद जंगल में पिछली बार आग लगने के कारण उत्पन्न राख जैसी बाहरी खाद प्रयुक्त होती है, जो बहकर उसके खेत में आ गई थी। खर-पतवार से निपटने के लिए काश्तकार केवल बुवाई की पद्धति पर निर्भर रहता है। लेकिन खरपतवार के खतरों से बचने के लिए सर्वत्र छिटका बुवाई प्रयुक्त होती है (इसे *बाटर* के नाम से जाना जाता है।) हालाँकि, यह आवश्यक हो जाता है कि प्रत्येक कुछ वर्षों में किसान कुछ सप्ताहों के लिए बुवाई न करे और खरपतवार को उगने का मौका दे ताकि वह उसे उखाड़ सके। इस दौरान खेतों में पानी भर गया है, अब उन्नत बीज (लेही बोने या नज़दीक बनी नर्सरी से लेकर धान की पौद लगाने की पद्धति प्रयुक्त करनी चाहिए।) ये दोनों तरीके अपेक्षाकृत कठिन श्रम की माँग करते हैं और केवल खर-पतवार से सुरक्षा के उपाय के रूप में अपनाए जाते हैं, जिसे हाथ से उखाड़ने के बारे में काश्तकार कभी नहीं सोचता है। कृषि के लिए आसान पद्धति बेहद आवश्यक है क्योंकि काश्तकार की सम्पत्ति के कारण सामान्य गाँव का ढाँचा उतना ही ढीला-ढाला व काम करने में मुश्किल बन जाता है, हालाँकि *खालसा* की लाकबाटा प्रणाली इन रैयतों में कभी प्रचलन में नहीं रही। धान के खेत मुख्यतः छोटी नहर और खड्ड तक सीमित हैं जो कि गाँव की भूमि को साफ करते हैं। अत्यधिक दूरी अक्सर एक खेत समूह को दूसरे से अलग कर देगी, और बुवाई से लेकर कटाई तक प्रत्येक कृषि-कार्य को प्रभावित करेगी, जो कि गंभीर समस्या है। और फिर वनीय गाँवों में गौण फसल की खेती कम होती है। काश्तकार यह जानते हुए कि उसके पास प्रचुर भूमि है, उसी टीकरा (धान-रहित भूमि) की खेती को प्राथमिकता नहीं देता। दो-तीन वर्ष की खेती के बाद अनजुती मिट्टी की उर्वरता का ह्रास होने लगता है और उसके बाद काश्तकार कुछ वर्षों के लिए खेत को परती छोड़ देता है, ताकि वह फिर से उर्वर हो जाए। भूमि को परती छोड़ने की यह प्रणाली विलासिता है और *खालसा* गाँवों की तरह भूमि की उर्वरता की कमी के कारण उत्पन्न आवश्यकता नहीं है जहाँ अतिरिक्त भूमि न होने के कारण लगातार गौण फसलें उगाई जाती हैं।

"...लेकिन ऐसा नहीं माना जाना चाहिए कि वहाँ सारे गाँव, जिनकी मैं खालसा से तुलना कर रहा हूँ, सामान्य वनीय किस्म के हैं। वहाँ उत्तरी ज़मीदारियों में ऐसे कई गाँव हैं, जहाँ *खालसा* की प्रणालियों को पहले ही अपना लिया गया है; विशेषकर *खालस*ा की सीमा पर स्थित कोरबा गाँव में। और स्थानों पर भी आप्रवासियों ने मैदानी भागों की प्रणालियों या उनमें से कुछ की शुरुआत कई गाँवों में की है और जनसंख्या का दबाव बढ़ने के साथ ही यह प्रणाली पड़ोस के गाँवों में भी अपनाई जाने लगती है इसके साथ ही जनता कम प्रचलित और नाम साध्य पद्धति अपनाने को बाध्य होती

है। यह मानने की गलती बिल्कुल नहीं करनी चाहिए कि ज़मींदारियों में निम्नस्तरीय कृषि प्रणालियों की एकमात्र वजह आलस्य और खेतिहर जातियों में प्रतियोगिता है। निस्सन्देह कुछ हद तक भूमिया जनसंख्या के हल्के दबाव के कारण भी काश्तकार खेती के कम श्रम-साध्य तरीके को अपनाते हैं। मगर यह देखना कष्टप्रद है कि वर्षों तक धान के बड़े खेतों की मेड़बन्दी में काश्तकार कठिन परिश्रम करते हैं; बिना इस एहसास के कि लोगों की कमअक्ली के चलते उस समय ऊर्जा का अभाव होता है जब सबसे ज़्यादा उसकी ज़रूरत हो। कृषि धन में बढ़ोत्तरी का कोई प्रयास न हो पाने की वजह से उनके पास पूँजी की बेहद कमी है। इस प्रकार सुधारों की संख्या कम है और उन पर किया गया कुल व्यय नगण्य है, सुधार यानि सिंचाई टैंक, तिरछी मेड़बन्दी और खेतों तक पानी पहुँचाने के लिए नहरें। पर उनके उद्यम में कोई कमी नहीं है। *खालसा* से विषम तुलना के कुछ बिन्दु परिस्थितियों के स्वाभाविक परिणाम हैं। उदाहरण के लिए, धान की भूमि में दोहरी फसल का अभाव का कारण मात्र ज़मींदारी के काश्तकारों का आलस ही नहीं है। औसत काश्तकार बिखरे हुए धान के खेतों, सर्दी के महीने में पाला पड़ने, और दूसरी फसल को हिरणों के उत्पात से बचाने की समस्या के कारण भी औसत काश्तकार अपने खेतों में लंबे समय तक काम करने के बजाय वन के श्रम की ओर उन्मुख हो सकता है। अनौपचारिक ढंग से श्रम के सम्पादन में समस्या और वनों से नजदीकी के कारण हर प्रकार की झाड़-झंकाड़ उल्लेखनीय वृद्धि भी काश्तकार को हाथ से खर-पतवार उखाड़ने के किसी भी प्रयास से रोक सकती है। बेहद बेहतर स्थिति के अतिरिक्त, मैदान में अनुभवी किसान द्वारा हासिल फसल की तुलना में उपज की पैदावार निस्संदेह कम है। लेकिन मेरा मानना यह है कि इन ढेरों कमियों के कारण वह प्राकृतिक बाधाएँ हैं जिनमें वनीय काश्तकार काम करता है। अगर भूभाग खुल जाए और उन्नत प्रणालियाँ लागू करने के अवसर उत्पन्न हों, तो सम्भवतः पता लगेगा कि गोंड और कांवड़ कृषि सामान्य तौर पर कृषि-कार्य में उतने ही दक्ष हैं, बल्कि ज्यादा उद्यमशील हैं, जितने साधारण खालसा किसान।''

285. श्री जयरत्नम की 1928-30 की मूल्यवस्था रिपोर्टों से लिया गया निम्नलिखित उद्धरण सतगढ़ में अगले बीस वर्षों में कृषि की उन्नति को दर्शाता है–

"गत 20 वर्षों के दौरान, सतगढ़ में दौहरी फसल के क्षेत्र का विस्तार कृषि में विकास का उल्लेखनीय उदाहरण है। प्रश्न पूछा गया है कि क्या सतगढ़ में धान की प्रणालियों में उन्नति हुई है। प्रयोग किए जानेवाले औजारों में कोई परिवर्तन नहीं आया है; वही *सराई* ग्रहनिर्मित हल्का हल है, मेड़बन्दी *कुरी* से की जाती है और केवल भूमि को समतल करने के लिए *कौपर* नामक औजार प्रयुक्त होता है। कठघोड़ा के नजदीक कुछ *गांवटिओं* ने लोहे के हलों का इस्तेमाल किया। लेकिन खेतों की प्रगतिशील ढंग से सफाई के कारण विशाल क्षेत्र में सूखी बुवाई (*कुटरा* और *बतार*) हुई है। इस प्रणाली के जरिए ज्यादा फसल हासिल होती है। बीस से तीस साल पहले जो खेत जल्दी बुआई के कारण खरपतवार से अट गए होते, अब उन्हें गरमी के मौसम में बुआई के लिए तैयार किया गया है। हालाँकि अब भी बड़े पैमाने पर *लेही* को खेतों से खरपतवार साफ करने के लिए लगाया जाता है। भू-व्यवस्था में लिखित 3,200 एकड़ भूमि के बजाय 1300 एकड़ में रोपण किया गया है। धान की खेती की यह पद्धति विशेषतः

रीवा की सीमा पर स्थित घनी आबादी वाले पेंडरा गाँव में अपनाई जाती है। खरपतवार उखाड़ने और खाद के महल की पुष्टि होने पर और कुछ बेहतर धान के खेतों की निराई-गुड़ाई के बावजूद ये दोनों प्रक्रियाएँ विरले ही अपनाई जाती हैं। पर्याप्त मात्रा में खाद की उपलब्धता के बावजूद खाद के प्रयोग के तरीके में विस्तार होने में मुस्लिम आने का कारण है खेतों में शुरुआती मूसलाधार बारिश के पानी का भर जाना। दूरदराज के खेतों में निराई-गुड़ाई कर रहे मजदूरों के लिए लौटना लाभदायक नहीं समझा जाता है। फिर भी खेतों को आसपास के जंगलों के मलबे से निश्चित मात्रा में खाद मिल जाती है और खरपतवार को निश्चित अन्तराल पर *लेही* के जरिए नष्ट कर दिया जाता है। अगर वह *बायसीड* हो तभी सम्भव है वरना *टांगर* भूमि पर धान दुर्लभ है। काफी मात्रा में शुरुआती *दाही* और *कारेन्ही* किस्म के चावल को *टीकरों* में बोया गया है। दूरस्थ इलाकों विशेषतः कोरबा, माटिन और अपरोरा में हाल-फिलहाल तक राख की खाद के लिए नजदीक की ढलानों से झांड़-झंखाड़ काटकर ढलान पर स्थित खेतों में जमा कर दी जाती थी और गरमी के अन्त में उन्हें जला दिया जाता था। यह संशोधित किस्म की बेवरा प्रणाली व्यवहारतः अब विलुप्त हो चुकी है, हालाँकि काश्तकार अब भी अत्यधिक उपज का जिक्र करते हैं। आश्चर्यजनक रूप से धान की खेती का स्तर बहुत ऊँचा है और ढलुवा भूमि को काटने, नहरों पर मेड़ बनाने और ऊबड़खाबड़ सतह को समतल करने में शामिल श्रम से विचलित हुए बिना धान के खेतों के निर्माण में आदिवासियों विशेषकर काँवर आदिवासियों द्वारा प्रदर्शित कुशलता और उद्यम से प्रेरणा ली जा सकती है। नहरों से या टीकरों या पहाड़ की तलहटी के आरपार तारों के जरिए पानी खेतों तक पहुँचाने के तरीके किसानों के बुद्धिकौशल और दूरदृष्टि को साबित करते हैं।

"विशुद्ध रबी की फसलें पहाड़ों तक सीमित हैं। पेंडरा रोड बाजार में और *कोडो* रेलवे के पास काली मिट्टी के गाँवों की पट्टी में गेहूँ की माँग के कारण पेंडरा में गेहूँ की खेती के क्षेत्र में उल्लेखनीय वृद्धि हुई है और गेहूँ व गौण *रबी* फसलों को बढ़त मिली है। माटिन जमींदारी में नदियों और नालों के किनारों की गाद वाली जमीन के विस्तृत इलाकों में जौ और चने का उगाया जाना ध्यान देने योग्य है। जौ इस रियासत की काश्तकारी के रीढ़ सिंगरोलिय-गोंड का पसन्दीदा खाद्य पदार्थ है।

"कोडो, कुटकी, दिखा रामतिल्ली और अन्य गौण फसलों पर नाम मात्र को ध्यान जाता है। इन्हें *टीकरों* में उगाया जाता है, जिनमें से ज्यादातर घास-पात और जंगली पौधों से मुक्त नहीं है। नई भूमि पर सामान्य चक्र में प्रथम वर्ष *तिल्ली*, द्वितीय वर्ष कोडो, तृतीय वर्ष में *रामतिल्ली, कुटकी* और बाकी दो से पाँच वर्ष के अनुसार उगाई जाती हैं। अनुच्छेद 17 (II) के आँकड़े दर्शाते हैं कि गौण फसलों की गुणवत्ता और मात्रा में किस हद तक सुधार आया है।

"*बाड़ियों* में सरसों और राई व मक्का या होंडरी की खेती के उल्लेख के बिना सतगढ़ की कृषि का कोई वर्णन पूरा नहीं होगा। आधा एकड़ से एक एकड़ तक के आकार की इन *बाड़ियों* को चारों तरफ मजबूती से बाड़ से घेर दिया जाता है और सावधानीपूर्वक इनमें खाद डाली जाती है। दूरस्थ गाँवों के चारों तरफ स्थित समतल *टीकरों* पर घनी झाड़ियों की मोटी परत जलाकर सरसों उगाई जाती है।

"कोई अब भी माटिन और अपरोरा के उत्तरी सीमान्त में कोरिया और सिरगुजा की सीमा पर कृषि की आदिम जंगली प्रणाली का इस्तेमाल होते हुए देख सकता है, जहाँ कृषि योग्य वन भूमि के टुकड़ों पर खेती होती है और कुल्हाड़ी व आग हल से ज्यादा महत्त्वपूर्ण भूमिका निभाते हैं। कोरबा की केरल पहाड़ियों पर कोरबा आदिवासी और केंडा पंडारिया की सीमा पर स्थित पहाड़ियों पर भूमिया जनजाति अब भी कुछ हद तक *बेवरा* प्रणाली का प्रयोग करते हैं। ये क्षेत्र दुर्गम व आर्थिक मूल्यरहित हैं और इन रियासतों के सबसे आदिम लोगों की तेजी से घटती बस्तियों को सुरक्षा प्रदान करते हैं। इनके सम्बन्ध में बाहरी दुनिया तक एक शब्द भी नहीं पहुँचेगा। जिले की आर्थिक समृद्धि को पहाड़ी ढलानों पर *बेवरा* कृषि प्रणाली और खड्ड से उस तरह की लकड़ी का दोहन न कर पाने, जैसे वहाँ होती है, से कोई नुकसान नहीं पहुँचेगा। कोरबा और भूमिया आदिवासी हल से खेती के इच्छुक नहीं होते, लेकिन कोरबा के वनीय गाँवों में स्थापित उनकी एक या दो बस्तियों ने साबित किया है कि वे इसे समय पर करेंगे विशेषतः कोरबा आदिवासी। जिले में तेज़ी से विलुप्त होती जनजातियों के पूर्ण विनाश को तभी रोका जा सकता है, जब उनके लिए जंगल जैसे मूल्यरहित इलाकों में *बेवरा* खेती के लिए भूमि के टुकड़े सुरक्षित कर दिए जाएँ, बशर्ते वन काटने पर नियन्त्रण हो।"

रिपोर्ट के अनुसार, सतगढ़ में बसावट का क्षेत्र 1906-10 में बढ़कर 125,000 एकड़ हो गया है यानी 31 प्रतिशत की बढ़त। प्रत्येक वर्ष 6,000 एकड़ खराब भूमि को इस्तेमाल लायक बनाया जा रहा है, जबकि कृषि क्षेत्र 104,086 एकड़ तक बढ़ गया। इस तरह प्रत्येक 100 एकड़ भूमि में 91 एकड़ पर हमेशा खेती होती है और स्पष्टतः वहाँ–

"कृषि सम्पत्ति की वास्तविक और विशुद्ध प्राप्ति हुई है और विस्तार लूटमार के तरीके से नहीं हुआ है। कोई पहली बार आँकड़ों पर सरसरी निगाह डालने पर वन प्रदेश के अविकसित क्षेत्रों में रहने वाले काश्तकारों के बारे में ऐसा भुगतान कर सकता है। बंजर भूमि की खुदाई के साथ-साथ धान की खेती के लिए खुली भूमि मेड़बन्दी जारी है और श्री. विल्स द्वारा जल्दबाजी में बन्दोबस्त किए गए इलाकों को छोड़कर भराव की गई भूमि 70,199 एकड़ है। यह आँकड़े दर्शाते हैं कि सीमावर्ती ज़मींदारियों में पिछले बीस सालों में बड़ी मात्रा में और बिना किसी आडम्बर के लगातार जारी है।"

286. बर्रा मिट्टी तक पर भूमि को लम्बे समय तक परती छोड़ने को ऐयाशी मानने वाले श्री विल्स के विचारों की तुलना श्री लिली की मांडला भूव्यवस्था रिपोर्ट–1928 के पैरा 5 में व्यक्त विचारों से की जा सकती है–

"(मांडला जिले का) बहुत बड़ा क्षेत्रफल 39 प्रतिशत, अभी या पहले से परती है। विस्तृत तौर पर परती छोड़ी गई यह भूमि, मुख्यतः कृषि की आदिवासी प्रणाली *बर्रा* का परिणाम है। चूँकि इस मिट्टी पर एक ही फसल नहीं उगाई जा सकती, इसलिए भूमि पर लगातार तीन वर्षों तक फसलें उगाई जाती हैं। सामान्य चक्र में प्रथम वर्ष *जगनी* उगाई जाती है, माना जाता है कि यह *कोदों* और कुटकी फसल की पैदावार बढ़ाने में सहायक होती है, जो कि क्रमशः दूसरे और तीसरे वर्ष में उगाई जाती है। तीन साल बाद मृदा की उर्वरता खत्म हो जाती है और उसे पाँच से सात साल के लिए परती छोड़ दिया जाता है। लगभग एक-तिहाई खराब भूमि पर एक समय में लगातार तीन वर्ष तक खेती करने और उसके बाद उर्वरता पुनः प्राप्त करने के लिए

खाली छोड़ने की इस पद्धति को उचित ही चक्रीय खेती बताया गया है। लगभग सम्पूर्ण जिले में खाद के प्रयोग की जानकारी नहीं है।"

बर्रा के इन क्षेत्रों में सामान्यतः *कोदों* और *कुटकी* उगाई जाती है, जिसका जिक्र श्री वॉटरफॉल ने रायपुर और दुर्ग ज़मींदारियों की भूव्यवस्था रिपोर्ट के अनुच्छेद 18 में किया है। वे कहते हैं कि यह नई भूमि की फसलें हैं और कम पैदावार व खेती के बाद दो या उससे अधिक वर्षों के लिए परती छोड़ने की आवश्यकता के कारण व्यर्थ है। हालाँकि, यह आदिवासियों की पसन्दीदा मुख्य और हर मौसम में उगनेवाली व कम लागत व समस्या पैदा करने वाली फसलें हैं। उन्हें कभी खाद नहीं दी गई, लेकिन हाल तक कृषि विभाग ने केवल 'दाना-दुनका' की संज्ञा दी है, जबकि आहार विशेषज्ञों के अनुसार वे चावल से ज़्यादा पोषक हैं। भू-अभिलेखों के विवरण में उन्हें अब भी एक जैसा समझा जाता है, जब कि न केवल उनकी बढ़ोत्तरी अलग ढंग से होती है और उनका आकार-प्रकार भिन्न होता है, बल्कि *कोदों* की बुवाई के लिए तैयार खेत में *कोदों* के काफी समय बाद भी *कुटकी* को उगाया जा सकता है और *कुटकी* की दो क़िस्में हैं—*भादों* के महीने में *भदेली* और *कार्तिक* माह में *कार्तक्ये*। छत्तीसगढ़ में *भदेली* को *माई* के नाम से जाना जाता है और *तर* मिली काली मिट्टी में बुवाई के बाद जनवरी के अन्त में कटाई की जाती है।

287. सभी पिछड़े इलाकों में सतगढ़ जैसा विकास नहीं हो सकता। उदाहरण के लिए जैसा कि निम्न तालिका में दिखाया गया है, छिन्दवाड़ा जागीरों में निश्चित पतन भी हुआ है—

जागीर		एकड़ अंतर्गत			
		खरीफ़ फ़सलें		रबी फ़सलें	
		1915-16	1939-40	1915-16	1939-40
पगाड़ा	—	48,327	43,705	7,058	12,227
पचमढ़ी	—	9,184	7,428	1,149	1,543
अल्मोद	—	2,444	2,731	632	544
भारदागढ़	—	4,074	3,610	383	381
गोरखघाट	—	1,013	1,004	108	188
बारिआम-पगाड़ा	—	859	662	56	110
सोनपुर	—	32,362	24,884	6,411	7,835
बटकाखापा	—	20,828	16,146	778	1,333
हर्राई	—	26,453	18,229	2,901	3,749
गौरपानी	—	5,348	4,700	497	867
	कुल	**150,892**	**123,059**	**19,973**	**28,777**

नर्मदा घाटी के मैदानों की सीमा पर स्थित पगाड़ा में खरीफ में घटती की कसर मुख्यतया चने और गेहूँ के जरिये रबी में वृद्धि से पूरी कर ली गई है और इसलिए वहाँ सुधार हुआ है। हालाँकि, उस रियासत में भी 1937-38 से बोया गया क्षेत्र घटकर 5,054 एकड़ तक पहुँच गया है और *कोदों-कुटकी अब भी* भू-व्यवस्था में उल्लिखित 23,500 एकड़ के बजाय 22,000

एकड़ में उगाया जाता है। खरीफ के क्षेत्रफल में कमी का मुख्य कारण *कोदों-कुटकी* में गिरावट है जो कि मृदा के निश्शेष होने का सूचक है, लेकिन जागीरों में जगनी, रामतिल्ली और तिल्ली के खरीफ तिलहन इलाके भी 33,937 से घटकर 20,475 एकड़ में सीमित हो गए हैं। खरीफ फसलों में केवल क्षेत्र में *बाड़ी* की मुख्य फ़सल मक्का की स्थिति ठीक है, जिससे मुझे सोचने के लिए एक बिन्दु मिला कि पिछड़े इलाकों में सघन रूप से खाद-पानी देकर तैयार की गई *बाड़ी* या रिहायशी भूमि और घर के चारों तरफ की उस ज़मीन पर ध्यान केन्द्रित करना होगा जहाँ मवेशी बाँधे जाते हैं।

288. आदिवासियों को कृषि की बेहतर पद्धति सिखाने के लिए क्या कृषि विभाग ने किया है? पहले तो *बेवार* कृषि से राख मिलने की सम्भावनाएँ कम हो गईं, मिट्टी पर जनसंख्या के बढ़ते दबाव के कारण खेत को लम्बे समय तक परती छोड़ने की प्रणाली *बर्रा* मिट्टी के लिए अव्यावहारिक हो गई। अपनी मांडला व बालाघाट रिपोर्ट में, मुख्यतः मांडला रिपोर्ट में, मैंने कुछ हद तक सन्देह जाहिर किया था कि आदिवासियों को मांडला ज़िले और बैहर तहसील के विभाग की गतिविधियों से कुछ लाभ भी मिला है या नहीं। फिर भी, डिंडोरी और गढ़ी के कृषि क्षेत्र सही दिशा में बढ़ते हैं। आदिवासी भू-भाग के केन्द्र में ऐसे दो स्थान हैं जहाँ से बेहतर कृषि पद्धतियों का विस्तार होता है। ऐसा अन्य कृषि-क्षेत्र मेलाघाट में धरनी के निकट स्थित बांड कृषि क्षेत्र है और अन्य क्षेत्रों की भूमि पर भी इस तरह का प्रदर्शन हुआ है। हालाँकि, बैतूल ज़िले के बैतूल कृषि क्षेत्र में मात्र ऐसी फ़सलें उगाई जाती हैं जो खुले इलाकों के समृद्ध हिन्दू और मुस्लिम किसानों के लिए लाभदायक होती हैं। पिछड़े इलाकों के कृषि विभाग के कार्यों में पुराने ज़माने के औसत राजस्व अधिकारी या मालगुज़ारों की इतनी कम भागीदारी होती थी कि उन पर हाल ही में मांडला ज़िले के उपायुक्त की इस टिप्पणी का दोष मढ़ना मुश्किल है कि कृषि विभाग मात्र "पेंशन पाने वालों" का जमावड़ा है। वह विभाग हर स्थान पर चिन्तनीय ढंग से कर्मचारियों की कमी से परेशान है, जिसे प्रान्त में राष्ट्र-निर्माण की मुख्य भूमिका निभानी चाहिए और कर्मचारियों की यह कमी उन पिछड़े इलाकों में कष्टदायी ढँग से नज़र आती है, जहाँ गाँव बहुत कम और दूर-दूर बसे हुए हैं। विभाग ने कर्मचारियों को पहले-पहल उन खुले क्षेत्रों में भेजकर शायद समझदारी दिखायी, जहाँ भारत के मैदानी इलाकों की पारम्परिक कृषि विद्या के माहिर संवेदनशील और समझदार किसानों से त्वरित व्यावहारिक परिणाम हासिल किए जा सकते हैं। हाल में, जिस आंशिक अपवर्जित क्षेत्र में सबसे ज़्यादा काम किया गया वह है सतगढ़। पेंडरा में पाँच साल पहले और माटिन, लाफा व अपरोरा में तीन वर्ष पहले एक-एक निजी निरूपण खेत की शुरुआत की गई जहाँ खेत की देखभाल और ज़मींदारियों में निरूपण और प्रचार के लिए निरूपण जमादार या कामदार होता था; एक वरिष्ठ जमादार की देखरेख में एक निरूपण खेत कठघोड़ा में भी है। इन खेतों में धान, गन्ना, मटर, मूँगफली और गेहूँ की फ़सल निरूपित की जाती हैं। पेंडरा ज़मींदारी में 74 धान बोने योग्य और 10 गेहूँ योग्य खेत हैं और अन्य पाँच ज़मींदारियों में धान की कृषि योग्य 102 खेत हैं। ये खेत अपने जन्मकाल से अब तक 432,763 पाउंड उन्नत धान के बीज और 9,670 पाउंड मूँगफली, 4,080 पाउंड गेहूँ, 18,200 गन्ने एवं मटर, मटर व अलसी के बीज की कुछ मात्रा वितरित की गई है। पाँच ज़मींदारियों में 842 सदस्यों और धान के बीज के 278,448 पाउंड के भंडार वाले 42 बीज संघों को संगठित किया गया है। रियासतों में बिखरी सौ एकड़ भूमि पर नयी फ़सल के रूप में मूँगफली

उगाई गई है, जबकि, उन 51 गाँवों में कोयंबटूर गन्ने की उन्नत किस्मों को बोया गया है जहाँ सिंचाई की सुविधाएँ उपलब्ध थीं (यानी उनसे गैर-आदिवासियों को लाभ मिला)। फल के पेड़ उगाने के लिए प्रोत्साहित करने का विशेष प्रयास किया गया, वितरित की गई क़िस्मों में संतरा (1,113), नींबू (94), कटहल (100), आम (109), केले का फल (731), पपीता (638), मौसमी (172), अमरूद (172) और अन्य (408) शामिल हैं। इनमें से ज्यादातर फलवाले पेड़ *बाड़ियों* में लगाए गए हैं; उदाहरण के लिए पेंडरा ज़मींदारी में 44 गाँवों की *बाड़ियों* में इस तरह के 4,145 पेड़ लगाए गए हैं। तेईस बाग तैयार किए गए हैं और किसानों को लगातार उन्हें सुधारने और खाद-पानी देने की सलाह दी जाती है। कई केन्द्रों में सब्जी की खेती के लिए प्रेरित किया जा रहा है। फल के पेड़ों के लिए कृत्रिम खाद की आपूर्ति की गई है और लोगों को कम्पोस्ट खाद व अन्य पद्धतियों से खाद की मात्रा बढ़ाने के लिए समझाने का प्रयास किया गया है। पेंडरा के पकारिया में दस वर्षों से पशुशालाएँ संचालित की जा रही हैं और यहाँ से भेजे गए बैलों को माटिन ज़मींदारी में तीन साल पहले शुरू की गई कृषि-भूमि के लिए इस्तेमाल किया जा रहा हैः हर हालत में इनका उद्देश्य स्थानीय कार्यों के लिए अच्छे बैल तैयार करना है। केंडा ज़मींदारी में उल्लेखनीय विकास नहीं हुआ है, लेकिन तीन वर्ष पहले शुरू किए गए *विद्या मन्दिर* से सटी भूमि को निरूपण केन्द्र के रूप में प्रयोग किया जा रहा है, यहाँ धान के कृषि योग्य तीन खेत भी हैं जो 30,100 पाउंड बीज वितरित कर चुके हैं और फलों के बाग व सब्जियों की खेती भी शुरू की जा चुकी है। अतिरिक्त सहायक निदेशक कहते हैं कि विकास बहुत धीमा है; भूमि के प्रभारी जमादारों के पास दूरस्थ अन्दरूनी इलाकों में जाने के लिए पर्याप्त समय नहीं है और प्रचार-कार्य के लिए अतिरिक्त कर्मचारियों की बेहद ज़रूरत है। सबसे महत्त्वपूर्ण बात यह है कि ज़मींदारियों के लोग बिचौलिये के माध्यम से अपनी उपज बेचने व आवश्यकता की वस्तुएँ खरीदने में बहुत घाटा उठाते हैं। उचित दामों पर अपनी पैदावार बेचने और आवश्यकता का सामान खरीदने के लिए उन्हें एक सहकारी संस्था की तुरन्त आवश्यकता है।

289. (इन संस्थाओं पर मेरी आलोचना के उलट) मांडला के डिंडोरी व गढ़सराय के बीज-गृहों में उन्नत बीजों का वितरण इसी तरह किया गया है और मैंने अपनी बालाघाट रिपोर्ट में विभाग द्वारा उस ज़िले में किए गए कार्य का उल्लेख किया है, लेकिन छिन्दवाड़ा जागीरों पर मेरी टिप्पणी से लिया गया निम्न उद्धरण दर्शाता है कि उन विशेष आंशिक अपवर्जित क्षेत्रों और ज़िले के मैदानी खालसा क्षेत्रों में भी वास्तव में कितना काम हुआ है—

> "*खालसा* और *जागीर* समेत ज़िले का लगभग प्रत्येक आदिवासी मुर्गीपालन करता है। जब पशुपालन केन्द्र का प्रभार कृषि विभाग के पास था, तो तामिया और बिजारी में व्हाइट लेगहॉर्न मुर्गे के वितरण द्वारा स्थानीय नस्ल में सुधार करने का प्रयास किया गया था। लेकिन कृषि सहायक का मानना था कि पशु चिकित्सा विभाग को कार्यों के हस्तांतरण के बाद इसमें गतिरोध आया है। नागपुर, परलिया के खदान क्षेत्र और जबलपुर में अंडों और मुर्गियों की भारी माँग है और सम्भवतः बंबई के साथ व्यापार भी शुरू हो सकता है; उदाहरण के लिए, हैदराबाद के पश्चिमी ज़िलों में हाल के वर्षों के दौरान बम्बई के साथ मुर्गियों और अंडों के व्यापार में उल्लेखनीय वृद्धि हुई है। किसी भी मुर्गीपालन योजना में, सम्भवतः सहकारी क्रय-विक्रय समिति के माध्यम से, अंडों और मुर्गियों के संग्रह और विपणन की व्यवस्था थी।

"छिन्दवाड़ा सिवनी मार्ग स्थित चौराई एक कृषि सहायक है जो कि अमरवाड़ा तहसील और जागीरों का प्रभारी भी है, जबकि छिन्दवाड़ा स्थित मुख्य पोल्ट्री फार्म का प्रभारी कृषि सहायक छिन्दवाड़ा तहसील और जागीरों में विभागीय कामों की ज़िम्मेदारी भी उठाता है। जैसा कि पहले ही उल्लेख किया गया है, हर्राई का निरूपण केन्द्र बन्द कर दिया गया है और जमादार को स्थानांतरित करके विद्या मन्दिर के खेतों का प्रभारी बना दिया गया है, जहाँ वह आधुनिक कृषि प्रणाली में प्रभावशाली भूमिका नहीं निभा सकता। यह स्वीकारा जा चुका है कि व्यावहारिक तौर पर अच्छी मिट्टी के भू-खंडों और गैर-आदिवासी किसानों वाले कुछ गाँवों के अतिरिक्त जागीरों के अन्दरूनी हिस्सों में कृषि विभाग ने कोई कार्य नहीं किया है। छिन्दवाड़ा के कृषि सहायक के पास छिन्दवाड़ा के फार्म के अलावा परलिया के निकट खिरसादोह की जागीरों के बाहर एक 14 एकड़ मालगुज़ारी ज़मीन की निरूपण भूमि की ज़िम्मेदारी भी है, जहाँ कुछ आदिवासी ग्रामीण हैं और वहाँ ज्वारी, मूँगफली, गन्ना, गेहूँ व सब्जियाँ उगाई जाती हैं। कृषि सहायक बहुत कम दौरे कर पाता है और छिन्दवाड़ा में रहने वाला छिन्दवाड़ा तहसील का कृषि जमादार ज्यादातर दौरे तहसील के खुले क्षेत्रों में करता है। चौराई में रहने वाले अमरवाड़ा तहसील के कृषि सहायक के पास चौराई की ज़मीन के अतिरिक्त, अमरवाड़ा से 8 मील आगे तहसील के पश्चिम में स्थित चारनखाप में एक छोटी निरूपण भूमि की ज़िम्मेदारी है। ये विभिन्न कृषि क्षेत्र मुख्यतः *खालसा* क्षेत्र के गैर-आदिवासी किसानों को लाभ पहुँचाते हैं।

"कृषि सहायक का दावा है कि जागीर के इलाकों की तीव्र पथरीली ढलानों पर खेती में किसी तरह की उन्नति व्यावहारिक तौर पर सम्भव नहीं है। हालाँकि, वहाँ, हर्राई में, अमरवाड़ा में दो अन्य स्थानों पर, पचमढ़ी जागीर की पचमढ़ी सड़क पर देलखड़ी में और पगार जागीर में उमरिया से सटे गाँव व तामिया के निकट बिजोरी में बीज-संघ हैं। देलखड़ी बीज संघ के लगभग सभी नौ सदस्य तेली जाति के, उमरिया संघ के गोंड जाति के और बिजौरी संघ के सदस्य गोंड व ईसाई हैं। आन्दोलन ने स्थानीय पैमाने पर पर्याप्त असर नहीं दिखाया है, जिससे ऐसे किसी निष्कर्ष को न्यायोचित ठहराया जा सके कि यह आदिवासियों के उद्धार की किसी आम योजना के लिए व्यावहारिक है। बीज-संघ वास्तव में केवल उन्नत किस्म के *ज्वारी* और गेहूँ के बीच वितरित करते हैं। वे पूरी तरह से कृषि विभाग के नियंत्रण में है। बेहतर होता कि वे बम्बई अपवर्जित क्षेत्र भी पूर्णरूपेण राजस्व विभाग के नियन्त्रण में होते और बीज-संघ या संस्थाओं के बजाय वे सरकारी भंडार-गृह होते।

"जागीरों में खेती में कुछ भी सुधार न किए जा सकने का सुझाव पराजयवादी है। *कोदों* और *कुटकी* निःसन्देह प्रमुख फ़सल रहेंगे, लेकिन उनमें पर्याप्त पोषक तत्त्व भी हैं। सभी जगह उन्नति का आधार कृषि से प्राप्त आय में सुधार है। इन कम उर्वर ज़मीनों पर सम्भवतः अरंडी जैसी किसी व्यावसायिक फ़सल को उगाया जा सकता है और पथरीली पहाड़ी ढलानों पर मोटे अनाज की कम उपज पर गैर-ज़रूरी निर्भरता के बजाय, जो पुराने तरीके से केवल लम्बे समय तक परती छोड़ी ज़मीन और *दाह्या* खेती के जरिए ही अच्छी फ़सल देती थी, बड़ी और बेहतर ढंग से जोती गई *बाड़ियों* को प्रोत्साहित करने की नीति अपनाई जा सकती है। इन *बाड़ियों* में तिलहन के अतिरिक्त

अच्छी सब्जियाँ और उन्नत तम्बाकू उगाए जा सकते हैं। पिछड़े इलाकों के लिए फसलीय योजना का कोई भी प्रयास पोषण सर्वेक्षण के बाद ही किया जाना चाहिए।

"भारत के ज़्यादातर पहाड़ी क्षेत्रों की तरह जागीरों में भी आलू उग सकते हैं; स्वर्गीय श्री बोर्न ने बैतूल ज़िले में आलू की खेती के लिए बहुत काम किया। बटका-खाप साप्ताहिक बाज़ार में मैंने कई दुकानदारों को आलू बेचते देखा, लेकिन पहाड़ों में नरसिंहपुर से आलू लाए गए थे। कृषि सहायक मुझे बताता है कि वहाँ थोड़े समय पहले तक आलू की खेती के प्रोत्साहन के लिए एक निरूपण भूमि थी, लेकिन मुख्यतः ताजा बीज की आपूर्ति की अधिक लागत की वजह से उसे बन्द कर दिया गया है। आलू की खेती को बढ़ावा दिया गया, तो क्रय-विक्रय सहकारी संस्थानों के जरिये विपणन को आसान बनाना होगा। यह छिन्दवाड़ा के आसपास आलू की खेती के अनुभव से स्पष्ट हो चुका है। यहाँ सब्जियों की खरीद-फरोख्त पर छिन्दवाड़ा के स्थानीय व्यापारियों का नियन्त्रण है। वर्तमान में स्थानीय किसानों को दो मन आलू के 3 रुपए मिल रहे हैं। उसको लॉरी के जरिए नागपुर पहुँचाने का परिवहन खर्च 0-12-0 रुपए, बोरियों में बन्द करवाने का 0-2-0 रुपए और नागपुर चुंगी कर 0-2-0 रुपए है। इस तरह व्यापारी 4 रुपए खर्च करता है। कृषि सहायक के अनुसार नागपुर में इसकी क़ीमत 6 रुपए है, इस तरह नागपुर में आलुओं के दाम की 33 प्रतिशत बिचौलियों के पास और मात्र 50 प्रतिशत किसान के पास जाता है। गत वर्ष कुछ स्थानीय किसानों ने खुद अपने आलू नागपुर ले जाने की कोशिश की। स्थानीय व्यापारियों ने लॉरी-चालकों के साथ गठजोड़ करके ऐसी व्यवस्था की कि वे खुद किसानों द्वारा आलू ले जाने पर 1-1-0 प्रति बोरी वसूले, जबकि व्यापारियों से इसी काम के लिए लिया जाने वाला दाम 0-12-0 प्रति बोरी था।"

290. आदिवासी इलाकों में अपने विभाग के कार्यों और भविष्य के लिए कार्यक्रम के सम्बन्ध में सलाह-मशविरा के बाद कृषि निदेशक ने प्रान्तीय सरकार को 19 अक्टूबर, 1940 के ज्ञापन संख्या-6063 में लिखा—

"बदक़िस्मती से सच है कि कृषि विभाग के लिए प्रान्त के आदिवासियों की रिहायश वाले पहाड़ी क्षेत्रों पर पर्याप्त ध्यान देना सम्भव नहीं रहा है। फिर भी, मैं साहस के साथ कहता हूँ कि विभाग पूरी तरह से इसका ज़िम्मेदार नहीं है क्योंकि विभाग के कर्मचारियों के पास ज़्यादा आसानी से विकसित क्षेत्रों तक की न्यूनतम ज़रूरतों को पूरा करने का पर्याप्त समय नहीं रहा। प्रान्तीय कृषि परिषद ने इस न्यूनतम आवश्यकता की संस्तुति की थी कि प्रत्येक तहसील के लिए एक कृषि सहायक और दो *जमादार* होने चाहिए। इसी के अनुसार विभाग ने कर्मचारियों की वृद्धि पर साल-दर-साल ज़ोर दिया और कर्मचारियों की संख्या बढ़ने के साथ-साथ अनछुए इलाकों में कृषि सहायकों और निरूपण *जमादारों* की तैनाती के द्वारा धीरे-धीरे विभाग के कामों में विस्तार हुआ। हालाँकि, सरकार ने आर्थिक संकट को आधार बनाकर 1932 में कृषि सहायकों की संख्या घटाकर 133 से 119 कर दी। कृषि सहायकों की संख्या घटाने से विकास कार्यों पर गम्भीर प्रभाव पड़ा और तहसील के संयुक्त प्रभार व ज्यादा-से-ज्यादा लाभ उठाने के लिए विभागीय कार्यों को सुगम इलाकों तक सीमित करके इस कमी का सामना किया गया। अब ऐसी 21 तहसीलें हैं, जिनमें स्वतन्त्र कृषि

सहायक नहीं हैं। समय-बा-समय कर्मचारियों की संख्या में वृद्धि के प्रस्ताव दिए जाते रहे हैं, लेकिन आर्थिक प्रश्न इन प्रस्तावों को पूरी तरह कार्यान्वित करने में हमेशा बाधा बना। पिछले आठ वर्षों में कुछ खास मक़सदों से निम्न प्रकार के सुधार पारित किए गए हैं :—

(1) 1937 में कीटविज्ञान सम्बन्धी स्वतन्त्र अनुभाग के गठन के लिए दो कृषि सहायकों के पद स्वीकृत किए गए।

(2) विद्यार्थियों की संख्या में वृद्धि को ध्यान में रखते हुए 1937 में रासायनिक अनुभाग के लिए निरूपक का एक पद स्वीकृत किया गया।

(3) कपास ओटाई और अधिनियम की व्यवस्था के लिए 1938 में कृषि सहायक का एक पद स्वीकृत किया गया।

(4) 1939 में रासायनिक अनुभाग के विस्तार के लिए सहायकों के दो पद स्वीकृत किए गए।

(5) मध्य प्रान्त और बरार की कपास उत्पादन योजना के कपास सम्बन्धी कार्यों के लिए तैनात स्थायी कृषि सहायकों की सहायता के लिए 1939 में कृषि सहायकों के तीन पद पाँच साल के लिए स्वीकृत किए गए।

(6) कृषि अभियान्त्रिकी अनुभाग के बोरिंग के कार्यों के लिए कृषि सहायक का एक पद 1940 में स्वीकृत किया गया।

"2. हालाँकि आदिवासी इलाकों की पूरी तरह उपेक्षा नहीं की गई है। मांडला जिले के डिंडोरी का फार्म, विशेष तौर पर उस इलाके की विशाल आदिवासी जनसंख्या के फायदे के लिए स्थापित किया गया है। मूलतः वह बीज उत्पादन और निरूपण के उद्‌देश्य से स्थापित किया गया था, लेकिन अब कुछ प्रस्ताव पेश किए हैं, जिससे वह उस इलाके के लिए अति महत्त्वपूर्ण फसलों में सुधार के लिए अनुसंधान केन्द्र में विकसित होगा। मांडला जिले में फार्म की स्थापना के प्रस्ताव बहुत पहले 1923 में दिए गए थे; 1927 व 1935 में दुबारा प्रस्ताव दिए गए और वह भारत सरकार द्वारा ग्रामीण विकास के आकस्मिक आदेश के परिणामस्वरूप कार्यान्वित हुए। अन्य पिछड़े क्षेत्र जिनमें विभाग कर रहा है, वह है—मेलाघाट, गढ़चिरोली तहसील और छत्तीसगढ़ के वे हिस्से जहाँ उन्नत बीजों के उत्पादन व वितरण और उन्नत औज़ारों के प्रयोग के लिए निरूपण केन्द्र और बीज भंडार गृह खोले गए हैं। ये क्षेत्र उन दूरस्थ इलाकों में हैं, जहाँ रेल और सड़क की सुविधाएँ नहीं हैं। इसी वजह से उन इलाकों के बिल्कुल पड़ोस में रहने वाले लोगों के अलावा बहुत कम ही लोग कुछ निरूपण केन्द्रों को देख पाते हैं और संख्या कम होने की वजह से कर्मचारी भी आवश्यक सघनता के साथ प्रचार नहीं कर पाते, न ही उन कामों को कर पाते हैं जो वे कर सकते हैं। इन कारणों से विभाग पिछड़े इलाकों में ज्यादा प्रभावशाली नहीं है।

"3. ग्रामोद्धार अभियान के सम्बन्ध में, 1937 में, *कामदारों* के 80 अतिरिक्त अस्थायी पद पाँच वर्ष के लिए स्वीकृत किए गए। अतिरिक्त दूरस्थ इलाकों में खुलने वाले निरूपण केन्द्रों के प्रबन्धन के लिए था और प्रस्ताव दिया गया था आवश्यकता अनुसार अधिक कर्मचारी नियुक्त किए जाने चाहिए। इसके बाद भी, थोड़े समय बाद ही *विद्या मन्दिर* योजना के उद्‌घाटन पर पूरा अतिरिक्त स्टाफ *विद्या मन्दिर*

केन्द्रों के प्रबन्धन के लिए या उस कार्य के लिए प्रतिनियुक्त स्टाफ को मुक्त करने के लिए भेजना पड़ा। इसलिए वे विभाग के सामान्य विकास कार्यों के सुदृढ़ीकरण में बहुत कम सहायक हैं। अगस्त 1939 में *कामदारों* के 20 अतिरिक्त पद स्वीकृत किए गए, मगर यह बढ़ोत्तरी *विद्या मन्दिर* की बढ़ती संख्या से तालमेल बिठाने से ज़्यादा कुछ नहीं कर पाई। संक्षेप में, *विद्या मन्दिर* योजना ने पिछड़े इलाकों के विकास के उद्देश्य को पृष्ठभूमि में धकेल दिया, जिसके लिए अतिरिक्त स्टाफ उपलब्ध कराया गया था।

''(4) जिन क्षेत्रों में तुरन्त अत्यधिक ध्यान देने की आवश्यकता है, वे निम्न प्रकार से हैं—

(1) मांडला ज़िले की डिंडोरी तहसील का पिछड़ा इलाका।
(2) बालाघाट ज़िले की बैहर तहसील के अन्दरूनी इलाके।
(3) बैतूल ज़िले की भैंसदेही व बैतूल तहसील और चाँद ज़िले की सिरोनचा तहसील।
(4) छत्तीसगढ़ के पहाड़ी इलाके।

''उक्त इलाकों में *जमादारों* व *कामदारों* के प्रभार में निरूपण केन्द्र और बीज भंडार शुरू करके कृषि सुधार लागू किए जाएँगे।

"5 जिन क्षेत्रों में पहले से ही कार्य किया जा रहा है, वहाँ प्रचार स्टाफ में बढ़ोत्तरी करके सघन प्रयास किए जाएँगे। ऐसे इलाके निम्न हैं—

(1) ज़िले की गढ़चिरौली तहसील।
(2) छिन्दवाड़ा ज़िले की अगरवाड़ा, सिवनी और छिन्दवाड़ा तहसील।
(3) बरार का मेलाघाट क्षेत्र।
(4) होशंगाबाद ज़िले की हरदा तहसील।

"(6) उपर्युक्त क्षेत्रों में प्रभावशाली ढंग से काम करने के लिए निम्न अतिरिक्त आवश्यकताएँ हैं—

ज़िला	**अतिरिक्त आवश्यकताएँ**			
	कृषि सहायक	**निरूपण जमादार**	**निरूपण बीज**	**केन्द्र भंडार**
छिन्दवाड़ा	1	5	0	1
बैतूल	1	4	4	1
चन्दा	1	5	2	1
बालाघाट	0	3	3	1
मांडला	1	3	0	3
नीमड़	0	3	0	0
हरदा तहसील (होशंगाबाद)	0	1	0	1
छत्तीसगढ़ (तीन ज़िले)	0	8	0	0
मेलाघाट	0	4	0	2

"स्वीकृति मिलने पर स्टाफ को दूरस्थ अन्दरूनी इलाकों में तैनात किया जाएगा और आवश्यकता के अनुसार उनके मुख्यालय स्थानान्तरित किए जाएँगे। विभाग के कार्यों में निरूपण केन्द्रों पर उन्नत क़िस्म के बीज की पैदावार और उनका वितरण शामिल होगा। बीजों का भंडार बीज गृहों में किया जाएगा और उन्हें तकावी या *बाढ़ी* प्रणाली के अनुसार जारी किया जाएगा। अन्य काम जो किए जाएँगे वे निम्न प्रकार से हैं :–

(1) फल वाले पेड़ों को रोपना और किसानों को उनकी मुफ्त आपूर्ति।
(2) कृषि के उन्नत तरीके।
(3) चारा तैयार करना।
(4) मधुमक्खी पालन।
(5) मुर्गीपालन।
(6) समस्त उर्वरक संसाधनों का संरक्षण।
(7) कीटनाशकों का प्रयोग।

"(7) उपर्युक्त प्रस्तावों में शामिल लागत के विस्तृत आकलन संलग्नक में दिए गए हैं–

आदिवासी क्षेत्रों में कृषि सुधारों की शुरुआत के लिए आवश्यक व्यय का आकलन

कार्य	गैर-आवर्ती	आवर्ती
I. प्रदर्शनी–भू-खंडों की शुरुआत नौ प्रदर्शनी–भू-खंड	7,200	3,600
II. कार्य के लिए संस्थापना		
(1) चार कृषि सहायक प्रति व्यक्ति 50 रुपए मासिक पर (वेतनमान रुपए 50-5/2-100)।	–	2,000
(2) चार कृषि सहायकों के लिए खराब मौसम भत्ता प्रत्येक 10 रुपए मासिक पर		480
(3) 36 निर्देशक जमादार प्रति व्यक्ति 20 रुपए मासिक पर वेतनमान (रु. 20-1-30-5-50)		8,640
(4) 36 जमादारों के लिए खराब मौसम भत्ता प्रति व्यक्ति 3 रुपए मासिक		1,296
(5) उपरोक्त स्टाफ के लिए यात्रा भत्ता		5,600
प्रचार स्टाफ के लिए कुल	**7,200**	**22,016**
III. बीज केन्द्रों की शुरुआत	10,000	–
दस बीज केन्द्र, प्रत्येक का खर्च	10,00	2,000
IV. निःशुल्क वितरण के लिए फलों की पौध तैयार करने वाली नर्सरी	10,000	2,000
I से IV तक का कुल	**17,200**	**24,016**

उपरोक्त के अतिरिक्त दस बीज केन्द्रों में से प्रत्येक के लिए 3,000 रुपए के स्थायी अग्रिम की ज़रूरत पड़ेगी।"

स्पष्टतः अभी तक यह सब उपलब्ध कराया नहीं गया है, जबकि ऐसा किया जाना था। और अगर अब यह सब उपलब्ध करा भी दिया जाए, तो यह आदिवासियों को उपलब्ध भूमि के बेहतर प्रयोग और उससे अपना जीविकोपार्जन प्राप्त करना, सिखाने की समस्या का केवल किनारा छू पाएगा। शैक्षिक, राजनीतिक और सामाजिक विकास व पसन्दगी की सारी बातों का आधार आदिवासी का पेट भर पाना है; यहाँ फादर सर्चर की यह उक्ति सही साबित होती है। यह विचार फिलहाल आकाश-कुसुम ले जाने के समान है। (Primum vivere et deinde Philosophare).

291. श्री मैक्डगल ने मुझ पर विनम्र स्वर में इस उम्मीद से टिप्पणी की है कि उन्होंने अपने प्रस्ताव दिए थे कि वित्त के सवाल पर उनका गला नहीं घोंट दिया जाएगा। वह मांडला ज़िले के लिए केवल एक और कृषि सहायक, तीन निरूपण जमादारों और तीन बीज-गृहों की व्यवस्था किए जाने को कहते हैं। डिंडोरी फार्म के स्टाफ के अतिरिक्त ज़िले के वर्तमान कृषि स्टाफ में केवल एक कृषि सहायक मांडला में और दो निरूपण जमादार, एक गढ़सराय और एक डिंडोरी में हैं। वह टिप्पणी करते हैं कि 2,020 गाँवों वाले ज़िले में इतने कम स्टाफ से पर्याप्त परिणामों की आशा करना व्यर्थ है। वहाँ पिछले तीन वर्षों में एक कृषि सहायक का ज़्यादातर समय ज़िले के चार *विद्या मन्दिरों* की तैयारी ने ले लिया। 1940 के ये प्रस्ताव 1941-42 के प्रान्तीय बजट में पारित नहीं किए गए। अगर यह हो जाता, तो संगठित कामों की कम-से-कम शुरुआत हो जाती। पाँच ज़मींदार 15 या 20 गाँवों के समूहों में अब तक सघन कार्यों की शुरुआत कर चुके होते, जिनमें से प्रत्येक के पास एक बीज-भंडार और कई निरूपण भूमियों का प्रभार होता, और दो या तीन साल बाद इन समूहों में काम जम जाता तो नये समूहों का प्रभार ले लेते। केवल इस तरह के केन्द्रित प्रयासों से ही वास्तविक विकास किया जा सकता है और उसे बनाए रखा जा सकता है। यहाँ तक कि निदेशक द्वारा प्रस्तावित स्टाफ से भी विकास धीमी गति से होगा और प्रत्येक दो या शायद तीन साल बाद ढेर सारे नये समूहों की ज़िम्मेदारी लेते हुए विभाग एक बार में मात्र 75 या 100 गाँवों को सँभाल पाता; लेकिन निश्चित तौर पर यह विकास होता।

292. अन्य विशेष बिन्दु वह मूल्यवान शोध कार्य हैं, जो हाल ही में विशेष तौर पर नियुक्त तिलहन विशेषज्ञों ने तिलहनों के क्षेत्र में शुरू किए हैं, जिसका एक हिस्सा डिंडोरी फार्म में किया जा रहा है। औसत आदिवासी अब भी *तिल्ली, जगनी* और अन्य गौण तिलहनों के जरिए अपना किराया और सालाना देनदारियाँ चुकाते हैं। 1940 में कृषि निदेशक ने इम्पीरियल काउंसिल ऑफ एग्रीकल्चरल रिसर्च के पास डिंडोरी में राजपत्रित स्तर के एक विशेषज्ञ द्वारा कोदों; कुटकी एवं अन्य मोटे अनाजों पर सघन शोध के प्रस्ताव भी भेजे। अन्ततः यह सही दिशा में उठाया गया कदम है। काउंसिल इस बिन्दु पर विचार कर रही है कि अखिल भारतीय आधार पर मोटे अनाजों पर शोध कैसे किया जाए, जिस वजह से अब तक योजना पर अमल नहीं हो पाया है। एक बार फिर कृषि निदेशक ने 26,500 वाली योजना की लागत भेजी है। इम्पीरियल काउंसिल फंड न जुटा पाए तो भी प्रान्तीय सरकार को इस योजना का आधा या पूरा भार भी उठाने में झिझकना नहीं चाहिए। फिर भी, जैसा कि श्री मैक्डगल कहते हैं, यहाँ ग्रामीण अर्थव्यवस्था में महत्त्वपूर्ण स्थान रखने

वाले इलाकों में इन फ़सलों पर गम्भीर शोध कार्य की कोई व्यवस्था नहीं है। अनेक वर्षों से मुख्य *बाड़ी* फ़सल मक्का पर भी शोध की आवश्यकता है और यह भी निदेशक के कार्यों में है।

293. निदेशक बीजों के वितरण और उनके लिए नगद के बजाय *तकावी* क़िस्म से अनुदान और लेखा की उन्नत प्रणालियों की ज़रूरत पर बेहद ज़ोर देते हैं। इस बिन्दु पर सहकारिता के भाग में विस्तार से चर्चा की गई है। इस पर हरेक ने ज़ोर दिया है।

294. कृषि अनुसंधान की शाही परिषद के सहयोग से अभी चल रही अत्यन्त लाभदायक योजना का उल्लेख भी किया जाना चाहिए। नागपुर से नागपुर सिवनी सड़क पर 57वें मील के पास स्थित कोडाझिड़ी का आदिवासी रैयतवाड़ी गाँव एक विशिष्ट आदिवासी इलाके में हरसम्भव कृषि सुधार के तरीकों के प्रदर्शन और प्रवर्तन के लिए एक परियोजना के नमूने के तौर पर चुना गया है। गाँव की आबादी 210 है जिसमें 148 आदिवासी हैं और उसका क्षेत्रफल 882 एकड़ है जिसमें 643 एकड़ कृषि योग्य है, लेकिन 1939-40 में वास्तविक कृषि वाली भूमि सिर्फ 272 एकड़ थी। गाँव में 30 जोतें हैं, 5 एकड़ से कम 2 हैं, एक 5 से 10 एकड़ के बीच है, तेरह 10 से 20 एकड़ के बीच है और चौदह 20 एकड़ से ज़्यादा हैं। ज़्यादातर ज़मीन हल्की *बर्रा* है और स्थानीय फ़सलें तोरी, *कोदों, कुटकी,* थोड़ी *ज्वार,* चना और अलसी हैं। कृषि का स्तर विशिष्टतः आदिवासी और निम्न है। लोग अपनी खेतों की आय को समीप के सरकारी जंगलों में काम करके अनुपूरित करते हैं; यद्यपि उन्हें कुछ तत्काल नक़द मिल जाता है यह उनकी खेती की कुशलता को आगे और छटाता है। यह प्रयोग पाँच वर्षों तक किया जाना है, रुपए 1,500 के शुरुआती खर्च और रुपए 1,900 के आवर्ती खर्च के साथ। इस कार्यक्रम में शामिल है अपरदन से बचने के लिए मिट्टी की तटबन्दी द्वारा भूमि सुधार, खेतों का समतलीकरण और उनका वर्गीकरण और खर-पतवार की सफ़ाई, उन्नत औज़ारों का प्रयोग, विभिन्न खादों का सही इस्तेमाल और उनको बनाना, उन्नत क़िस्म की फ़सलों और फल-वृक्षों का प्रवर्तन, फलों का बाड़ियों में प्रयोग और फ़सलों को अदल-बदलकर बोना। इसके साथ ही मवेशियों के सुधार, घास के मैदानों का सुधार, घास बनाना और खत्ती संरक्षण, मुर्गी-पालन, खेती, रेशम के कीड़े पालना, मधुमक्खी पालना, कीड़ों और बीमारियों पर नियन्त्रण और कृषि के सामान खरीदने और कृषि-उत्पाद बेचने के लिए सहकारी संगठनों का गठन। इन सब माध्यमों से प्रति एकड़ शुद्ध लाभ में रुपए 5-7-0 की वृद्धि की आशा की जाती है। यह बड़ी सम्भावनाओं वाला प्रयोग मालूम पड़ता है; एकमात्र अफ़सोस यह है कि ऐसे कई और प्रयोग नहीं किये जा सकते, कम-से-कम हर आंशिक अपवर्जित क्षेत्र में एक। मांडला ज़िले में अकाल राहत के लिए जंगल से काटी गई ज़मीन पर नये गाँव बनाने की योजना की शुरुआत का उल्लेख कहीं पर किया गया है जहाँ कृषि अधिकारियों द्वारा विकास की एक योजना बनाई जानी है और नई रैयतों को इस शर्त पर दी जानी है कि वे इस योजना के अनुसार कृषि करेंगे। यह भी एक तर्कपरक रास्ता है। लगभग हर ज़िले में कम-से-कम कुछ रैयतवाड़ी गाँव ऐसे हैं जहाँ सरकार द्वारा रैयतों के लिए कुछ खास नहीं किया गया है कभी-कभार एक कुँआ खुदवाने के सिवाय; चुनिन्दा रैयतवाड़ी गाँवों में इस दिशा में कार्य मूल्यवान होगा।

295. *विद्या मन्दिर* योजना ने, जैसा हमने देखा, पिछड़े और अन्य इलाकों में कृषि प्रदर्शन के लिए उपलब्ध ज़्यादातर स्टाफ के काम को तीन वर्षों तक अवशोषित किया। दुर्भाग्य से

ये *विद्या मन्दिर* स्थान अब विद्या मन्दिर अधिनियम के तहत बनी समितियों को दिये जा रहे हैं और यद्यपि कृषि सहायक या जमादार समिति का एक सदस्य बना रहेगा वह *विद्या मन्दिर* की ज़मीन पर कृषि या उसके प्रबन्धन को सीधे नियन्त्रित नहीं करेगा। कृषि निदेशक आरम्भ से ही *विद्या मन्दिर* योजना का समर्थक था और मन्दिरों को दी गई ज़मीन को सही कृषि योग्य दशा में लाने के लिए अपने स्टाफ की सेवाएँ प्रदान करने को तैयार था इस आशा में कि ये जगहें पूरे प्रान्त में बिखरी मूल्यवान प्रदर्शन जगहों के रूप में काम आएँगी। मैं पुरज़ोर सिफारिश करता हूँ कि इस दृष्टि से ओझल नहीं होने देना चाहिए, कम-से-कम पिछड़े इलाकों में और यह कि जहाँ तक सम्भव हो बच्चों को इन कपासरहित इलाकों में दूर से आयातित कपास प्रतिदिन घंटों सूत कातने में समय की हास्यास्पद बर्बादी करने से बचाया जाना चाहिए। इन इलाकों में खासतौर पर कृषि के तत्त्वों की शिक्षा देने की आवश्यकता है; बतौर बुनियादी शिल्प कृषि को सूत कताई का स्थान ले लेना चाहिए *विद्या मन्दिरों* और सभी पिछड़े इलाकों के राष्ट्रीय बुनियादी शिक्षा पाठ्यक्रम विद्यालयों में। इस रास्ते में कुछ कठिनाइयाँ हैं जैसे खर्च और अध्यापकों के प्रशिक्षण पर इनमें से कोई भी कठिनाई दुर्लंघ्य नहीं है। कई बार यह सुझाव दिया जाता है कि छोटे बच्चे खेतों पर काम करने के लिए उपयुक्त नहीं हैं। होशंगाबाद के निकट पोवरखेड़ा कृषि माध्यमिक विद्यालय में 11 से 15 वर्ष तक की आयु के बच्चों को शुरुआती वर्षों में हल्के हलों का प्रयोग करना सिखाया जाता है। ऐसे ही बुनियादी शैक्षिक पाठ्यक्रम में कृषि (पृष्ठ 1 से 11 में दिया हुआ) का पाठ्यक्रम सात वर्गों में बँटा हुआ है। पहले वर्ग में लड़के सामान्यतः 6 वर्ष के होते हैं। प्रथम पाँच वर्गों में उन्हें सभी कृषि-कार्यों को देखने दिया जाता है और कुछ हल्के काम करने दिया जाता है, लेकिन छठे और सातवें वर्ष में 12 से 14 वर्ष के लड़कों को हल चलाने को कहा जाता है। श्री मैक्डगल स्वयं यह नहीं सोचते ऐसे कृषि शिक्षकों के लिए ज़्यादा खर्च पड़ेगा। इसे अवश्य ही जल्द से जल्द उन पिछड़े इलाकों में आजमाने की ज़रूरत है जहाँ कृषि के तौर-तरीके अभी भी पुराने और अलाभकारी हैं। कताई और बुनाई सम्भवतः कपास उत्पादन करने वाले मैदानी इलाकों के ज़िलों के विद्यालयों के लिए सम्मानित शिल्प है लेकिन पिछड़े इलाकों में इस वास्तविकता के अलावा कि कताई प्रायः जनजातीय कानून का उल्लंघन करती है, गाँव के दैनिक जीवन से उसका कोई वास्ता नहीं होता और यदि विद्यालय आने से उन्हें रोका नहीं गया तो भी विद्यालय छोड़ते ही वे उन पाठों को भी भूल जाएँगे।

296. मैं इस बात को खासतौर से ज़ोर देकर कहना चाहता हूँ कि आदिवासी मुहल्लों के सभी विद्यालयों के साथ एक बड़ी *बाड़ी* लगी होनी चाहिए जहाँ बच्चों को फल और सब्ज़ियाँ तथा मक्के और तिलहन के उन्नत बीज लगाना और उनका सेवन करना सिखाना चाहिए। इनके साथ ही मुर्गियों का दड़बा भी होना चाहिए और बच्चों को इसके और आगे बढ़कर पालतू जानवर रखना, खरगोश और कबूतर पालना भी सिखाना चाहिए। इस दिशा में और क्या किया जा सकता है यह नागपुर ज़िले के कोटाडीह में श्रीमती विवियन बोस के उत्थान कार्य से सम्बन्धित विद्यालय में देखा जा सकता है। यदि प्रभावकारी विकास करना है तो मैं ऊपर पैराग्राफ 84 और 129 में दिए अपने सुझाव को दोहराता हूँ कि सरकार को मराड़ जाति के जमादार रखने या कुछ रैयतवाड़ी इलाके में मराड़ रैयतों के नियन्त्रित गाँव बनाने पर विचार करना चाहिए जो कृषि और सहकारी कार्यों के अच्छे तरीकों को फैलाने के केन्द्रों का काम करें। यह भी सम्भव हो सकता है कि पठारी ज़िलों में गोंड और कोर्कू

नौजवानों को इस दिशा में काम करने के लिए चुना जाए। औसत आदिवासी को उन्नत कृषि महाविद्यालय प्रशिक्षण की ज़रूरत नहीं है (ऐसे भी मैं समझता हूँ कि नागपुर कृषि महाविद्यालय में कभी कोई आदिवासी विद्यार्थी नहीं रहा), लेकिन उसे अच्छा कृषि-कार्य और बाज़ार में उसकी उपज के खरीदार जिससे वह कपड़े, नमक, मसाले और परचून का सामान खरीदता है, के साथ सौदा करने का तरीका आना चाहिए। यह सम्भव है कि इस तरह के प्रयोग मांडला ज़िले के पाटन में भूमिजन सेवा मंडल के साथ-साथ किया जाए।

ख. पशु-रोग सम्बन्धी

297. अपने छिन्दवाड़ा जागीरों के नोट में मैंने पैराग्राफ 21 में निम्न टिप्पणी की थी :

"बतौर बन्दोबस्त अधिकारी, श्री सी.जे. इरविन, आई.सी.एस. ने अपने नोट में भटकागढ़, हर्रई-पगड़ा और भरदागढ़ में इस प्रथा की तरफ ध्यान दिलाया जिसके द्वारा पिछड़े गोंड या कोर्कू या जागीरों में रहने वाले स्थानीय अहीर और गावली, जो वास्तव में आदिवासियों जितने ही जंगली हैं, अपनी आजीविका में नर्बदा घाटी के *हवेली* इलाके से आयातित मवेशियों के पालन से काफी वृद्धि करते हैं। उदाहरण के लिए उन्होंने दिखाया कि भटकागढ़ में काश्तकारों द्वारा अधिग्रहीत भूमि के क्षेत्रफल के मद्देनज़र लगान स्पष्ट रूप से ऊँचे थे लेकिन वास्तव में ज़मीन से उनका कोई सम्बन्ध नहीं था, और लिखा–

> 'जंगलों की पैठ वाले गाँवों में रहने का एक अति मूल्यवान अधिकार। एक बार मुझे अहीरों का एक गाँव मिला, जिसके लगान की प्रति एकड़ दर रुपए 1 थी, यद्यपि ज़मीन खराब थी...इसी प्रकार मालपानी में, एक गाँव जो...जागीरों में पहाड़ की सबसे ऊँचाइयों पर था, काश्तकार अपनी आजीविका के लिए वास्तव में नरसिंहपुर से आयातित मवेशियों को चराने के लिए मिलने वाले 2 आना प्रति मवेशी प्रति माह पर निर्भर रहते हैं। ऐसे लोग ऊँचा बाड़ी लगान देने के लिए हमेशा तैयार रहते हैं और कई बार ऐसा करते भी हैं। दूसरा फायदा जो इस जागीर के जंगली गाँवों के निवासियों को नरसिंहपुर और कुछ हद तक छिन्दवाड़ा के *खालसा* इलाकों से लाए गए मवेशियों को चराने से मिलता है वह यह है कि प्रायः परम्परा के अनुसार मवेशी चराने के झंझट के एवज में स्थानीय किसान को खेती के कामों को करने के लिए मवेशियों का प्रयोग करने दिया जाता है। ऐसे अनेक गाँवों में काश्तकारों का एक बड़ा अनुपात मवेशी नहीं रखता और पूरी तरह कृषि के लिए बाहर से चराने के लिए लाए गए मवेशियों पर ही निर्भर रहता है। हालाँकि अब फायदा सिर्फ एक तरफ ही होता है क्योंकि इस तरह भेजे गए साँड ज्यादातर जवान और अप्रशिक्षित होते हैं और स्थानीय गोंड जंगलों में उनकी देखभाल करते हुए उनको उनके मालिकों के लिए प्रशिक्षित भी करते हैं।
>
> 'खापा के पश्चिम और उत्तर के पहाड़ों के जंगली गाँवों में...बहुत ही असभ्य अहीर और गावली पाए जाते हैं और यह सम्भवतः एक समय पठार में विद्यमान पुरानी शैली के पशु-चारण वाला इलाका है। बिक्री के लिए कुछ मात्रा में मवेशियों का व्यापार होता है, मुख्यतः जागीर के उत्तरी और पश्चिमी भागों में। अहीर मारही, गाय पालने और बछड़ों की बिक्री करने के अलावा, *खोवा* नाम का एक यौगिक भी बनाते हैं। यह दूध

को तब तक उबालकर बनाते हैं जब तक वह मलाई पनीर जैसा मोटा नहीं हो जाता। ये लोग वास्तविक किसान बिल्कुल ही नहीं हैं और साधारण आदिवासियों से भी ज़्यादा बेवकूफ हैं।'

''जागीरों में पशु विभाग द्वारा ज्यादा ध्यान देने से न सिर्फ जागीरों के निवासियों का फायदा होगा बल्कि नर्मदा घाटी और छिन्दवाड़ा के *खालसा* के ग्रामीणों का भी भला होगा। यह भी सम्भव है कि इस प्रकार के पशु-पालन की स्थिति सुधारने के लिए कुछ किया जा सके ताकि आदिवासियों की आय बढ़े और एक उद्देश्य जो संम्भवतः कृषि के विकास से पूरा न किया जा सके।' ''

अनेक आंशिक अपवर्जित क्षेत्रों में पशु-पालन कृषि की अपेक्षा आदिवासियों की सहायता का अधिक मूल्यवान माध्यम हो सकता है। मेलाघाट का धरनी इलाका सम्भवतः ऐसा ही क्षेत्र है। पिछली मवेशी गणना के अनुसार वहाँ 9,630 वृष, 2,856 नर बछड़े, 5,244 गायें, 2,865 मादा बछड़े, 39 नर भैंसे, 1,821 मादा भैंस, 475 नर भैंस के बच्चे और 853 मादा भैंस के बच्चे थे। 1,675 बकरियाँ, 27 सुअर और 12,404 मुर्गे-मुर्गियाँ थे, लगभग सभी मवेशी गैर-आदिवासियों की सम्पत्ति थे सिर्फ कोर्कू गाड़ीवानों के मवेशियों को छोड़कर जो जंगलों में काम करते हैं। बन्ध्यीकरण और मवेशियों के देखभाल का कोर्कूओं का तरीका अत्यन्त पिछड़ा है। 1940 में पशुमहामारी से जानवरों का भारी नुकसान हुआ था। लम्बे समय से हिन्दूकरण के कारण कोर्कू सुअर नहीं पालते मगर मुर्गी-पालन में उनका अधिकार है। ऐसे इलाके में पशु-पालन पर एक अग्रवर्ती नीति अत्यन्त लाभदायक होगी क्योंकि सभी जंगली क्षेत्रों में लकड़ी की गाड़ियाँ प्रायः बैलों की क्षमता से अधिक लादी जाती हैं। बोड में एक पशु-पालन फार्म है जो अंशतः मेलाघाट बन्दोबस्त रिपोर्ट में श्री क्राफ्टन के सुझावों पर शुरू हुआ था। वहाँ अपनाई गई नीति और मेरे इस सुझाव पर कि बोड फार्म को धरनी इलाके में एक बड़े राष्ट्र-निर्माण के प्रयोग के केन्द्र के रूप में विकसित किया जा सकता है, श्री एच. बी.शाही, निदेशक पशु सेवा के 10 दिसम्बर 1941 के पत्र का निम्नलिखित उद्धरण रोचक टिप्पणी देता है–

"पिछले दस्तावेजों का परिशीलन यह दर्शाता है कि बोड फार्म की शुरुआत 1928 में बोरे गाँव, खंडवा और इलीचपुर फार्मों से लाए गए आधार पर पशुओं के साथ हुई थी और कुछ नागपुर और मेलाघाट से खरीदे गए थे। इनमें से ज्यादातर जानवर नीमड़ी, खमगाँव और गावलाव गायों की साहिवाल प्रजातियाँ थीं। उद्देश्य था उत्तरोत्तर संकर प्रजातियों का मध्यम नाप वाले हिसार वृषों के साथ संकर प्रजनन करवाना ताकि बरार की परिस्थितियों के अनुकूल हिसार की तरह के जानवरों का विकास करना। नर पशुओं को बन्ध्यीकृत करके स्थानीय या अन्य लाभकारी बाज़ारों में बेच दिया जाता है। जहाँ तक इस योजना की बात है इसमें कोई खामी नहीं है सिवाय इसके कि यह एक वृहत आनुवंशिक कार्य है क्योंकि इस प्रकार मिश्रित मूल पशुओं से पर्याप्त शुद्ध जानवर (वास्तव में अपने प्रकार के) विकसित करने में पाँच या छह पीढ़ियाँ लग जाती हैं। इस समय कार्य तीसरी पीढ़ी के स्तर पर है। इसके अलावा हालाँकि, जैसा आपने स्वयं ही देखा है, वर्गीकृत प्रजाति उम्मीद के मुताबिक तैयार हो रही है और हड्डी, सौष्ठव और कुछ हद तक दूध देने के मामले में इसमें काफी सुधार हुआ है।

"जहाँ तक बरार और नीमड़ के लिए इस फार्म की उपयोगिता का प्रश्न है, जो इसका मूल मकसद था, मुझे वास्तव में कुछ आपत्ति है। बरार और नीमड़ में भारी मात्रा में हिसार वृषों के वितरण और इस प्रजाति को विख्यात करने के प्रयासों के बावजूद इस भूरे जानवर को इस इलाके में ज्यादा स्वीकृति नहीं मिली है। अभी भी खरगोनी और नीमड़ी प्रकार के अशुद्ध रंगीन जानवर ज्यादा पसन्द किए जाते हैं। इस कारण मैं समझता हूँ कि यद्यपि हिसार प्रजाति ने कई केन्द्रों पर जहाँ मैंने गम्भीरता से लिए गए सन्तोषप्रद परिणाम दिए, बोर्ड की वर्तमान गतिविधियाँ बरार और नीमड़ के मैदानों के ज्यादा काम लायक नहीं होंगी। यदि हिसार आखिर में कभी इस इलाके में घुस पाने में सफल रहा तो वृष की माँग सम्भवतः इलीचपुर फार्म में पाले गए शुद्ध हिसार प्रजाति से आसानी से पूरी की जा सकती है।

"कालान्तर में जब बोड में शुद्ध जानवर तैयार कर लिए जाएँगे तो इन प्रयासों को इस स्रोत से और मदद मिल सकती है। मैं आपसे पूरी तरह सहमत हूँ कि बरार में प्रसिद्ध खरगोनी और नीमरी प्रकार के बैलों के लिए कुछ किया जाना चाहिए था यद्यपि कि खरगोनी इस प्रान्त का देशज नहीं है और अधिकतर होल्कर और धार रियासतों में पाला जाता है। यदि इन दोनों प्रजातियों के सुधार के लिए कोई फार्म शुरू किया जाता है, मैं निश्चितपूर्वक कह सकता हूँ कि शुद्ध खरगोनी और नीमरी वृष की भारी माँग होगी। पशुओं का उचित आधार जुटाने में कुछ प्रारम्भिक दिक्कत हो सकती है, लेकिन एक बार इस पर विजय प्राप्त करने के बाद उस उद्यम का भविष्य उज्ज्वल होगा।

"जहाँ तक बोड फार्म के भविष्य की बात है, हम घड़ी को उल्टा नहीं घुमा सकते और अब प्रजनन नीति में कोई आमूल-चूल परिवर्तन नहीं कर सकते हैं। चूँकि परिणाम आशाजनक हैं, हमें वर्तमान वर्गीकरण क्रिया के साथ आगे बढ़ना चाहिए।

"हालाँकि गतिविधियों का क्षेत्र आस-पास के इलाकों में ही सीमित रहना चाहिए और इस हद तक मूल योजना में संशोधन की आवश्यकता है। इस नीति को अपनाने के बाद वर्तमान संकर वृष भी मेलाघाट में जानवरों के वर्गीकरण के लिए जारी किए जा सकते हैं। नाप और हड्डी में सुधार करने के अलावा वर्गीकृत हिसार प्रजाति में दूध लाने में भी मदद करेगा। वृष को जारी करने में मुख्य दिक्कत जो अकस्मात पूरे प्रान्त के स्तर पर महसूस की जा रही है वह है इन जानवरों की उचित देखभाल और यथोचित रख-रखाव करने वाले लोगों का मिलना। यदि राजस्व और वन विभाग वृष के लिए उचित स्थान और रख-रखाव में सहयोग करे तो प्रति वर्ष एक बड़ी संख्या उपलब्ध कराई जा सकती है। इन केन्द्रों में जहाँ इन वृषों को रखा गया है, चारे और खत्ती के निर्माण और भंडारण को लाभदायक तरीके से प्रदर्शित किया जा सकता है। जहाँ तक बैलों की बिक्री का मामला है हमें लगातार फार्म की प्राप्ति के प्रश्न का सामना करना पड़ता है। बोड की परिस्थितियों में बैलों के एक जोड़े का 3 वर्ष की उम्र तक पालन करने में रु. 150 का खर्च आता है। हमें इन बैलों के लिए पहले से ही रु. 175 से रु. 200 तक प्रति जोड़ा मिल रहा है। हालाँकि मैं काफी सहमत हूँ कि कोर्कू लोगों को दूध न देने वाले जानवरों की पूर्ति के विषय में कुछ किया जाना जरूरी है, यदि सरकार एक रियायती दर निर्धारित करने पर राजी हो जाती है और

राजस्व तथा वन विभाग हमें माँग प्राप्त करने में सहयोग करते हैं, हमें जितनी बड़ी संख्या में सम्भव हो, पूर्ति करने की उत्सुकता होगी।

"जैसी कि आपने सम्भावना व्यक्त की है, 'उन्नयन' में एक बड़े स्तर का प्रयोग जिसमें सरकार के सभी विभाग शामिल हों, प्रभावी ढंग से सम्पन्न किया जा सकता है, बोड को इन गतिविधियों के केन्द्र में रखकर। हालाँकि प्रभावी सेवा और सहयोग के लिए हमें या तो एक सहायक पशु चिकित्सक या कृषि सहायक की जरूरत पड़ेगी जिसकी सहायता के लिए एक या दो पशुपालक हों। वर्तमान फार्म अधीक्षक फार्म की विभिन्न गतिविधियों में व्यस्त रहते हैं और हम इस सीमित फार्म स्टॉफ के साथ ज्यादा आगे नहीं बढ़ पाएँगे। प्रस्तावित अतिरिक्त सहायता के साथ फार्म अधीक्षक कुछ समय प्रचार और विकास गतिविधियों को भी दे पाएँगे।

"छह से आठ दाँतों वाले जानवर चार से पाँच वर्ष की आयु के होंगे और यदि उनको बधिया नहीं किया गया तो काफी नुकसान करेंगे। यह विलम्बित विकास मुख्यतः खान-पान की स्थिति और जानवरों की वर्तमान अवस्था के कारण है। इस प्रकार की समस्या छत्तीसगढ़ में भी अनुभव की जाती है। जहाँ खाने की व्यवस्था उत्तम है वहाँ जानवर जल्दी वयस्क हो जाते हैं और जल्दी बधियाकरण 18 महीने से दो वर्ष का होने पर भी जानवर के विकास पर प्रतिकूल प्रभाव नहीं डालती। हालाँकि इस समय हमारे पास कोई निश्चित सूचना या आँकड़े प्रायोगिक जाँच पर आधारित नहीं हैं और मैं इस जाँच को हमारे कुछ फार्मों पर करने का मन बना रहा हूँ।

"अब मैं लगभग सभी फार्मों से अच्छा-खासा भंडार बाहर निकाल रहा हूँ। यह प्रजनन के लिए सर्वोत्तम पशुओं को बचाने और चारे तथा श्रम पर खर्च कम करने के लिए किया जा रहा है। पिछले तीन-चार वर्षों में पिछले वर्षों की अपेक्षा साँड़ों की माँग कम रही है। इसलिए यह जरूरी है कि तत्काल के लिए सख्त निराकरण द्वारा और सिर्फ सर्वोत्तम पशुओं का ही रख-रखाव करके खर्च को कम किया जाए। हाल ही में हमने बोड में 50 मवेशियों का निराकरण किया है। इस फार्म में हम कुल मिलाकर 75 से 100 वयस्क गायें और उनके अच्छे बछड़ों को ही रखने का इरादा रखते हैं।"

298. हमें दुरगम्य इलाकों के फार्मों में सिर्फ मैदानों की भारी मिट्टी में काम करने के लिए उपयुक्त मवेशियों को पालने की नीति को त्यागने की जरूरत है। हमारे सभी पिछड़े इलाके बड़े चरागाहों वाले हैं और उनकी ज़मीन अन्न के बजाय घास उगाने के अनुकूल है। आदिवासी कर्ज़ का एक प्रमुख कारण मवेशियों की खरीद और पशु बीमारियों के कारण होने वाली मौत है। सभी जगहों पर यही कहानी है। मांडला जिले में हाल में पशु बीमारियों के ज्वलन्त हादसे हुए और श्री हाइड के अनुसार स्थानीय आदिवासियों में बैठे अवसाद का मुख्य कारण है। श्री ए.एन. मिचेल, आई.सी.एस. जो हाल तक बस्तर रियासत के प्रशासक थे, ने छिन्दवाड़ा जागीरों के बारे में मुझे प्रेषित एक नोट में लिखा कि कुछ वर्ष पहले जब वह वहाँ उप-मंडलीय अधिकारी थे वह इस नतीजे पर पहुँचे कि स्थानीय भरिया-भूमिया, कोर्कू और गोंड के सामान्य उन्नति के उपाय उतने आवश्यक नहीं थे जितना कि सुप्रशासन, मातहतों के उत्पीड़न से सुरक्षा और सबसे बढ़कर उसके तथा उसके मवेशियों की बीमारियों से उपचार की व्यवस्था।

299. इसलिए मैं मवाई की तर्ज पर मांडला ज़िले में सभी पिछड़े इलाकों में सचल पशु औषधालयों के वृहत विस्तार और पशु बीमारियों के विरुद्ध सघन उपायों, जो लगभग हमेशा

ही इन इलाकों में मध्य भारत से लाए गए और पिछड़े ज़िलों से होकर बरार, नागपुर और छत्तीसगढ़ के मैदानों को ले जाए जाने वाले भैंसों के विशालकाय झुंडों द्वारा आयातित होती हैं, की वकालत करूँगा : इस उद्देश्य से उत्तरी सीमा पर पहले से मौजूद संगरोधी चौकियों की संख्या बढ़ाने की ज़रूरत है ताकि कोई ऐसा रास्ता न बचे जिससे होकर मवेशी बिना आवश्यक रोग निरोधी टीका लगवाए प्रान्त में प्रवेश न कर सकें। वर्तमान में सौगोर जिले में सिर्फ पाँच और होशंगाबाद में सिर्फ चार ऐसी चौकियाँ हैं; इन दो ज़िलों के लिए यदि यह संख्या पर्याप्त हो तो भी (जो कि सीमा की लम्बाई को देखते हुए सन्देहपूर्ण है।) मांडला, जबलपुर और नीमड़ के उत्तरी जिले बिल्कुल असुरक्षित रह जाते हैं। इन केन्द्रों में, प्रान्त में सबसे ज्यादा कहर बरपाने वाले पशुओं के प्लेग से बचाव के लिए मवेशियों को बकरी के कीटाणु का टीका लगाया जाता है और केन्द्र पर किसी विशेष रोग की पहचान होने पर उसे बचाव के लिए मवेशियों का इलाज किया जाता है, जिससे यह बीमारी पठारी प्रान्त और छत्तीसगढ़, नागपुर और बरार के मैदानी इलाकों में पाँव न पसार सके।

ग. उद्योग

300. आदिवासी जनजातियों के नैतिक एवं भौतिक उत्थान के लिए ज़रूरी उपायों पर 1935 के चिन्तन के दौरान वाणिज्य और उद्योग विभाग को निर्देशित एक बिन्दु था "कुटीर उद्योग, इत्यादि...के उन्नत तरीकों का प्रशिक्षण" देशी उद्योगों जैसे टोकरी बुनना, पीतल और लोहे का काम, बुनाई इत्यादि जैसे देशी उद्योगों का सुधार अति महत्त्वपूर्ण है।" टोकरी बुनने जैसे देशी उद्योगों का सुधार जो सभी आदिवासियों द्वारा किया जाता है और जनजातीय इलाकों में सिर्फ विशेषज्ञ आदिवासियों या निम्न जातियों जैसे अगड़िया और घसिया द्वारा। औद्योगिक विद्यालयों के इंस्पेक्टर ने राय दी कि टोकरीसाजी और बेंत का काम वास्तव में ऐसे शिल्प थे जिनके लिए किसी सैद्धान्तिक ज्ञान की आवश्यकता नहीं थी और इसमें उन्नत उपकरणों और तरीकों के प्रयोग की गुंजाइश भी न के बराबर थी; उनके विचार से सिर्फ शारीरिक कुशलता की जरूरत थी जो माँग के साथ विकसित होती जो स्वयं बाज़ार के आश्वासन पर निर्भर थी।

बुनाई अधीक्षक ने रु. 1000 एक बार और रु. 550 आवर्ती के खर्च से एक बुनाई कार्यशाला की योजना बनाई, लेकिन यह इंगित किया कि एक नियमित बुनाई विद्यालय बेकार होगा क्योंकि आदिवासी लोग सम्भवतः इसमें कभी नहीं आएँगे और यह सिर्फ कम डरपोक और ज्यादा आक्रामक जातियों के विद्यार्थियों से भरा रहेगा। तब डिप्टी कमिश्नरों से परामर्श लिया गया लेकिन ठोस सुझाव सिर्फ चन्दा, वर्धा और भंडारा से ही प्राप्त हुए। जवाबों का सारांश निम्नलिखित रूप में किया जा सकता है—

(क) *नागपुर* ने सेवनट तहसील के बगलवाड़ी इलाके और रामटेक तहसील के डोंगरताल इलाके में टोकरीसाजी, बुनाई और ताँबे के कामों की प्राथमिक विद्यालयों में कक्षाएँ लगाने का सुझाव किया।

(ख) *वर्धा* के अनुसार ज़िले में सुधार की गुंजाइश वाले एकमात्र लाभप्रद ग्रामीण उद्योग हस्त-करघा बुनाई, बढ़ईगिरी, लुहारगिरी, रस्सी बुनाई और डेयरी उत्पादन थे और उसने किसी चुने हुए केन्द्रीय स्थान पर एक छोटी हस्तकरघा बुनाई फैक्ट्री का

विरोध किया क्योंकि इससे सिर्फ कुछ कार्यालय वालों को ही काम मिलेगा और आदिवासियों या किसी अन्य के लिए बेकार होगा। यह सुझाव दिया गया कि आदिवासी इलाकों में चुनिन्दा गाँवों में मौजूदा विद्यालयों में अतिरिक्त कक्षाएँ ली जाएँ ताकि ऊपर दिए गए पाँच उद्योगों में से एक या ज्यादा में आधुनिक तरीके सिखाए जाएँ, तथा विद्यालयों के एक समूह के लिए विशेषज्ञ स्टाफ की नियुक्ति जो घूम-घूमकर शिक्षकों को निर्देश दे सके, भारत जैसे कृषि प्रधान देश के लिए उद्योग विभाग का प्रमुख उद्देश्य उद्योगों का विकास करना होना चाहिए जो आदिवासी उत्थान में मदद करने के अलावा किसान के लिए भी लाभकारी हो। जवाब खास तौर पर कृषि उपकरणों जैसे हल, *फान*, दंड, धुरी, छल्ले आदि के खाली पुर्जों के निर्माण को प्रोत्साहन देने के पक्ष में था जिन्हें फिलहाल शहरों से खरीदना पड़ता है। इसने यह भी बतलाया कि वर्धा के भागों में बड़े पैमाने पर उगाया जाने वाला सन लगभग पूरा ही भारत के अन्य भागों में निर्यात कर दिया जाता है जहाँ से रस्सियाँ, घोड़े की रस्सी इत्यादि जो इसी कच्चे माल से बनाए जाते हैं वापस ज़िले में आयात की जाती है। इस प्रकार वर्धा में रस्सी बनाने के उद्योग की वास्तविक सम्भावना थी।

(ग) *चन्दा* ने बताया कि जिले के माड़िया-गोंड काफी टोकरी बनाते थे लेकिन यद्यपि टोकरियाँ उम्दा होती थीं, बाज़ार की कमी के कारण निर्माता को कोई लाभ नहीं होता था। मंडलीय वन अधिकारी चन्दा और बल्लरशाह को कोयला खानों से कोयले की टोकरियों की माँग प्राप्त करने का प्रयास करता रहा है ताकि वह उन्हें सस्ती दर पर उपलब्ध करा सके। हालाँकि स्थानीय आदिवासी टोकरीसाजी, माचिस बनाने और बाँस के शिल्प में इतने निपुण हैं कि निर्देश से उनको कम ही फायदा होगा। इसलिए यह सुझाव दिया गया कि अल्लापल्ली में एक बढ़ईगिरी का विद्यालय खोला जाना चाहिए जहाँ जितना सम्भव हो सके उतने माड़िया को फर्नीचर बनाने, और लकड़ी चीरने का प्रशिक्षण दिया जाना चाहिए। दूसरी चीजों की माँग और आपूर्ति के तालमेल की आसान व्यवस्था की जानी चाहिए, जिन्हें आदिवासी पहले से ही बनाते रहे हैं।

(घ) *बैतूल* के विचार से स्थानीय गोंड और कोर्कू कोई व्यवसाय सीखने के लायक नहीं हैं, यहाँ तक कि बैलगाड़ियों और कृषि उपकरणों की मरम्मत भी निरपवाद रूप से दूसरी जातियों द्वारा की जाती है जिस कारण से लगभग हर आदिवासी गाँव में लोहार, बासोर, आदि के एक या दो परिवार बसे हुए हैं; कुकुरु का एक उदाहरण है जिसके कोर्कू मुहल्ले में जहाँ 150 कोर्कू थे, 2 बासोर बस गए थे और टोकरी तथा *टाट* बेचते थे; ये बासोर बाँस काटने और पड़ोसी मालगुज़ारी जंगलों से उसे लादकर लाने के लिए कोर्कू ग्रामीणों की सेवाएँ लेते थे।

(ङ) छिन्दवाड़ा ने रिपोर्ट किया कि एकमात्र स्थानीय आदिवासी उद्योग जिनमें सुधार की गुंजाइश थी वे थे टोकरी बुनना, *माहुल* पौधों से जो जागीरों में प्रचुरता से पाए जाते थे, रस्सी बनाना, मधुमक्खी पालन, कत्था बनाना, कालीन बनाना, कृषि उपकरणों के लिए आसान बढ़ईगिरी, टाइल और ईंट बनाना और *मोया* घास से चटाई बनाना।

(च) *जबलपुर* का विचार था कि लाभदायक तरीके से कुछ नहीं किया जा सकता है; एकमात्र ज्ञात आदिवासी उद्योग मांडला के दक्षिण में लोहा गलाना था। आदिवासी बुनाई नहीं करेंगे, क्योंकि यह उद्योग पंका के हाथ में था।

(छ) *सौगोर* का कहना था सिर्फ डेयरी उत्पादन और कोयला बनाना एकमात्र महत्त्वपूर्ण स्थानीय आदिवासी उद्योग थे; बुनाई की शुरुआत करना असम्भव होगा।

(ज) *होशंगाबाद* का जवाब जो मैंने तैयार किया शा यह था कि स्थानीय आदिवासी कुटीर उद्योग के बहुत कम चिह्न यहाँ पर थे सिवाय बासोर द्वारा टोकरी बनाने और बाँस की चटाइयाँ बनाने के। बासोर वास्तव में एक निम्न आदिवासी जाति थी; रंग और नमूना तथा नए आकार-प्रकार उपलब्ध करवाकर काफी कुछ किया जा सकता है। इसने कस्बों के बाहर बढ़ई की कमी को रेखांकित किया, यद्यपि सुदूर के कई गाँवों में कई घंटों में नक्काशी वाले दरवाज़े देखे जा सकते हैं जो आदिवासियों के अनुसार उनके पूर्वजों द्वारा बनाये गए थे। निम्न वर्गों से जुड़ी शिल्प के प्रति आदिवासियों के मन में जातीय पूर्वाग्रह अत्यन्त प्रबल था, होशंगाबाद के गोंड टोकरीसाजी को सिर्फ बासोर जैसी निम्न जातियों के लिए उपयुक्त कार्य मानते थे। बस्तर के गोंड बुनाई को सिर्फ मेहरा और पीतल के काम को घसिया लोगों के उपयुक्त मानते थे। लेकिन इन निम्न जातीय शिल्पियों के आदिवासी जीवन का ज़रूरी लक्षण होने के कारण उनकी मदद का कोई भी उपाय आदिवासी इलाके के सुधार में मदद करेगा। इसलिए मैंने बढ़ईगिरी तथा रस्सी और निवाड़ बनाने में सुधार करने की वकालत की और स्थानीय सन से बनी रस्सी की गुणवत्ता बढ़ाने की सम्भावना पर सुझाव दिया।

(झ) नीमड़ का विचार था कि कोर्कू के लिए कुछ नहीं किया जा सकता जब तक उसका जीवन स्तर ऊपर नहीं लाया जाता और इस प्रकार काम के प्रति उसकी अनिच्छा दूर नहीं कर ली जाती, इसलिए सरकार को कृषि सुधारने और लकड़ी बेचने के तरीके सुधारने पर ध्यान देना चाहिए। कोर्कू को लकड़ी चीरना सिखाया जाना चाहिए और गाड़ी उपलब्ध करवाई जानी चाहिए, वर्तमान में सभी लकड़ी चीरने वाले गुजरात और मारवाड़ से मँगाये जाते हैं।

(ञ) मांडला का सुझाव था कि हस्तशिल्प के प्रति आदिवासियों का पूर्वाग्रह दूर किया जा सकता है। इस तथ्य के माध्यम से उदाहरण दिया गया कि पटपड़ा मिशन ने अपने विद्यालयों में टोकरी बुनना शुरू किया था और अल्प समय में कक्षा लगभग आत्मनिर्भर हो गई थी। पीतल और लोहे के काम का सवाल ही नहीं उठता और गोंड बुनाई को निम्न पेशा समझते थे : सबसे ज़रूरी उद्योगों में दर्ज़ीगिरी और बढ़ईगिरी थे।

(ट) *बालाघाट* के विचार से स्थानीय आदिवासियों को सिर्फ टोकरी और रस्सी बुनाना सिखाया जा सकता है।

(ठ) *भंडारा* का सुझाव था कि आदिवासियों को जंगली उत्पादों (टोकरी, चटाई और बेंत के काम तथा बढ़ईगिरी) से जुड़े कुटीर उद्योगों में निर्देश दिये जाने चाहिए। एक शुरुआत हर तहसील मुख्यालय पर या सकोली पर यदि ज्यादा की जा सकें टोकरीसाजी का प्रशिक्षण कक्षाओं की शुरुआत करके की जा रही है; भंडारा और

आसपास के ज़िलों, खासकर नागपुर के सन्तरा उत्पादकों की तरफ से निर्यात के लिए टोकरियों की बढ़ती माँग थी, और वर्तमान टोकरियाँ अच्छी नहीं थीं तथा लम्बी यात्राओं में फलों की सुरक्षा के लिए पर्याप्त मजबूत नहीं थीं।

(ड) *दुर्ग* को सन्देह था कि टोकरी और घास के झाड़ू बनाने के एकमात्र स्थानीय गोंड उद्योग सुधारे जा सकते थे।

(ढ) *बिलासपुर* का विचार था कि एकमात्र आदिवासी उद्योग जिसे विकसित करने से लाभ हो सकता है वह टोकरी बनाना तथा बाँस की चीज़ों का निर्माण करना था। बहुत अल्प प्रशिक्षण से ही स्थानीय आदिवासी अपने वर्तमान पिछड़े तरीकों में सुधार कर लेंगे तथा सुन्दर चीज़ें बनाने लगेंगे जैसी वर्मा की अर्द्ध-जंगली जनजातियाँ बाँस से बनाती हैं; बुनाई की कोई सम्भावना नहीं थी।

(ण) *रायपुर* ने बिन्द्रा नवागढ़ ज़मींदारी में गरियाबन्द पर बुनाई की बात बताई जिसे बुनाई अधीक्षक के निर्देशन में चलाया जा रहा था, लेकिन यह उजागर किया कि सारा काम कोश्ता द्वारा किया जा रहा था, कि स्थानीय आदिवासी बुनाई करने से इन्कार करते थे और कि पूर्वाग्रह इतना गम्भीर था कि इसे छँटने में वर्षों लग जायेंगे। कुछ टोकरी बुनाई होती थी मगर वह सिर्फ स्थानीय ज़रूरतों को ही पूरा कर पाती थी, और दूरियाँ इतनी ज्यादा थीं कि टोकरियों का शहरों में निर्यात करने पर दाम अत्यन्त बढ़ जायेंगे। श्री यादु, अतिरिक्त सहायक कमिश्नर जो कुछ वर्षों तक बिन्द्रा-नवागढ़ के प्रबन्धक रहे हैं, ने सिर्फ गाड़ी के चक्के तथा सन और *माहुल* से रस्सी बनाने का सुझाव दिया।

(त) *अमरावती* ने तत्कालीन मंडलीय वन अधिकारी (श्री मैटलैंड) का उद्धरण दिया कि एकमात्र स्थानीय आदिवासी उद्योग टोकरीसाजी और अन्य बाँस के काम थे, जो विशेषज्ञ परामर्श के द्वारा सुधारे जा सकते थे। विकास का एक अन्य क्षेत्र हाथ की आरी का इस्तेमाल और छोटे लकड़ी के सामान बनाना था, जिसमें मुख्य दिक्कत कोर्कूओं की उदासीनता थी, विशेषज्ञ सलाह नहीं।

(थ) अकीला ने बताया कि आदिवासी जनसंख्या बहुत छोटी थी और टोकरीसाजी एकमात्र मौजूद उद्योग था। इसे सुधारा जा सकता था मगर बिक्री मुश्किल होगी। नये उद्योगों में सिर्फ बुनाई, कम्बल बनाना और शायद चर्मकारी ही सम्भव थे।

(द) बुल्दाना की रिपोर्ट थी कि ज़िले की छोटी आदिवासी आबादी के लिए कुछ भी कर पाना सम्भव नहीं था।

(ध) यवतमाल का विचार था कि ध्यान देने योग्य एकमात्र उद्योग जंगली उत्पादों पर आधारित उद्योग जैसे टोकरीसाजी, और फर्नीचर बनाना थे : बुनाई की कोई सम्भावना नहीं थी।

301. जाँच के परिणामस्वरूप सिर्फ चन्दा ज़िले के सिरोंचा तहसील में अल्लापल्ली पर एक बढ़ईगिरी और टोकरी बनाने के विद्यालय की शुरुआत हुई तथा भंडारा ज़िले के सकोली तहसील में देवरी पर एक टोकरी बनाने के विद्यालय की। देवरी वाले स्कूल में प्रतिवर्ष 10 विद्यार्थियों को प्रशिक्षण दिया जाता है और उन्हें रुपए 2-8-0 भत्ता मिलता है। जून और दिसम्बर में पाँच के दो बैचों में उनको लिया जाता है और कोर्स की समाप्ति पर रुपए 2 लागत के उपकरण उन्हें मुफ्त दिये जाते हैं। लम्बा कोर्स सम्भव नहीं है और न ही ज़रूरी

है क्योंकि ज्यों ही वे रुपए 5 या रुपए 6 प्रतिमाह कमाने भर का सीख लेते हैं वे विद्यालय छोड़ देते हैं। इस विद्यालय को स्थायी करने का सुझाव दिया गया है। मैं इसे देख नहीं पाया हूँ और न ही यह स्पष्ट है कि इसके छात्र किस हद तक आदिवासी हैं। उद्योगों के निदेशक मुझे यह बता पाने में असमर्थ रहे हैं कि 1935 के सुझाव कि सन्तरा निर्यात व्यवसाय के लिए उपयुक्त अच्छी टोकरियों के निर्माण पर विशेष ध्यान दिया जाए का कितना पालन हुआ है, लेकिन मेरा अनुमान है कि कुछ भी नहीं किया गया है। अल्लापल्ली में 1935 में शुरू किया गया एक छोटा बढ़ईगिरी का विद्यालय अनुदान की कमी के कारण जल्दी ही बन्द हो गया (सर प्रान्सिस विली ने एक बार लिखा कि एक बार इसे डिप्टी कमिश्नर द्वारा अपनी जेब से दिये रुपए 100 की मदद से चलाया जाता रहा), जबकि टोकरीसाजी वर्ग को असफल बताया गया क्योंकि माड़िया लोग सम्पूर्ण बेंत की टोकरियाँ बनाने को तैयार नहीं थे जैसी बल्लश्शाह की कोयला खानों के प्रबन्धक को चाहिए थीं जो उदार दरों पर एक बड़ी खेप का आदेश देने को तैयार था। सर फ्रान्सिस चाहते थे कि इस पूरे प्रश्न पर दोबारा विचार किया जाए और अल्लापल्ली तथा सुपखर में एक जंगली ग्रामीण विद्यालय की योजना शुरू की जाए जिससे कि एक छोटा छात्रावास जुड़ा हुआ हो जहाँ लड़के भत्तों पर रह सकें तथा जो अध्यापक के नियन्त्रण में हो, तथा एक कुशल बढ़ई और एक नियमित दुकान हो और बढ़ई, बढ़ईगिरी तथा टोकरी बनाने के विद्यालय में पढ़ा सके; छात्रावास के भत्ताधारियों को विद्यालय में पढ़ना, लिखना और अंकगणित सिखाया जाए तथा कार्यशाला में बढ़ईगिरी और टोकरीसाजी। आदिवासियों के उत्थान के लिए भारत सरकार के रुपए 1,00,000 के अनुदान से अब ऐसे एक विद्यालय की व्यवस्था की गई है, और पूरी आशा है कि 1942-43 के शुरुआत में यह योजना प्रभावी हो जाएगी। इसी तर्ज़ पर छिन्दवाड़ा जागीरों में तमिया, बालाघाट में गढ़ी और मांडला के डिंडोरी तहसील के सुनपुरी (भूमिजन सेवा मंडल के तत्वावधान में) में बढ़ईगिरी विद्यालय की व्यवस्था की गई है। पिछड़े इलाकों में सबसे ज़रूरी है प्रारम्भिक बढ़ईगिरी और कृषि उपकरण बनाने और ठीक करने की क्षमता।

302. अपनी बालाघाट रिपोर्ट पैराग्राफ 129 में मैंने लिखा कि सहकारिता या उद्योग विभाग द्वारा 1939 की प्रान्तीय उद्योग सर्वेक्षण समिति की रिपोर्ट में समाहित किसी भी उद्योग जैसे तेल की पिराई, डेयरी उत्पादन, अमरूद उत्पादन, मधुमक्खी पालन, कपास और *कोसर* रेशम कताई, भेड़ पालन, बढ़ईगिरी, लुहारी, बाँस का काम, रस्सी बनाना, मुर्गी पालन, लाख का काम और छोटे जंगली उद्योगों जिसमें मैंने संगठित रूप से गाड़ी चलाना, और जंगली अनुबन्धों के लिए ग्रामीणों का संगठन बनाना जोड़ दिया था, को प्रोत्साहित करने के लिए कुछ नहीं किया गया। इस मुददे को सहकारिता विभाग* के खंड में दोबारा लिखा गया है।

303. टोकरी बनाने के प्रश्न को और ढंग से संगठित करने की ज़रूरत है। कुछ इलाकों में अब टोकरी के काम के प्रति आदिवासी पूर्वाग्रह है, मुख्यतः क्योंकि यह बासोर के साथ जुड़ा हुआ है, जिन्हें गोंड और कोर्कू निम्न मानते हैं। बैतूल में कुकरी गाँव के बारे में 1935 के पत्रव्यवहार का ऊपर दिया गया सारांश इस तरह विशिष्ट है कि आदिवासी इलाकों में बसने वाले बासोर जैसी व्यवसायी जातियाँ स्थानीय लोगों के दिमाग में ऐसे व्यवसायों पर अपना एकाधिकार कायम कर लेती हैं यद्यपि जैसी कि कुकरु में टोकरी बनाने के मामले में, स्थानीय आदिवासी पीढ़ियों से अपने लिए टोकरियाँ बनाते रहे हैं; बैतूल में दौरा करते हुए

* आगे पैराग्राफ 313 देखें।

मैंने पाया कि अनेक कोर्कू अभी भी स्वयं बाँस की चटाई और टोकरी बनाते हैं और उन्हें बाज़ारों में बेचने के लिए लाते हैं। अपने *मांडला नोट्स* के पैराग्राफ 62 में मैंने श्री एल्विन (बैगा, पृष्ठ 80) को उद्धृत किया इस प्रभाव के साथ कि मांडला के बैगा ने बाँस के काम से अपनी आय लगभग समाप्त कर ली है, अंशतः बासोर जाति के इस प्रतिरोध के कारण कि बैगा उनके जातिगत अधिकारों पर चोट कर रहे थे, इसलिए कई बैगा सिर्फ अपने प्रयोग के लिए टोकरी और चटाई बनाते हैं। फिर भी माड़िया, बैगा, बिन्झवर, कोर्कू, गोंड और दूसरी आदिवासी जनजातियों द्वारा काफी मात्रा में बाँस और टोकरी का काम किया जाता है। विभिन्न आकार-प्रकार और रूप के टोकरे चन्दा, बस्तर और पूर्वी रायपुर के बाज़ारों में आदिवासियों द्वारा लाए जाते देखे जा सकते हैं; सरगढ़ रियासत की राजधानी के साप्ताहिक बाज़ारों में सावरा, खोंड और अन्य आदिवासियों द्वारा चमकीले रंगों की कृतियों में उत्कृष्ट टोकरियों के नमूने बिक्री के लिए लाए जाते हैं। सिर्फ टोकरियों के अलावा वहाँ अनेक प्रकार के सुन्दर रूपों वाले मछली के जाले और बक्से मिलते हैं। यद्यपि आदिवासी पारम्परिक बनावटों से ही चिपके रहते हैं वे भिन्नता की भी सराहना करते हैं और डिंडोरी तहसील में पाटन के श्री एल्विन के घर में एक अति रोचक चीज़ देखी जा सकती है वह है वह उत्सुकता जिसके साथ स्थानीय गोंड, बैगा और अगड़िया भारत के दूसरे भागों से एकत्रित आदिवासियों द्वारा निर्मित विभिन्न नमूनों को देखते और टिप्पणी करते हैं। यद्यपि टोकरी बनाने का व्यावहारिक पक्ष होना चाहिए और उसे सन्तरा निर्यात तथा कोयला और मैगनीज खानों की माँग को पूरा करने का प्रयास करना चाहिए फिर भी यह नहीं भूलना चाहिए कि आदिवासी के पास रंग और आकृति के बारे में उसकी स्वयं की जनजातीय कुशलता और रुचि होती है। श्री ए.एच. पैरी, हाल तक पारसिया में मेसर्स शॉ वॉलेस एंड क., पेन्च घाटी कोयला खदान के प्रबन्धक एजेंट, के प्रतिनिधि, ने मुझे सूचित किया कि स्थानीय स्तर पर निर्मित और रुपए के 8 से 12 तक के मूल्य वाली टोकरियों की खपत प्रति माह कुछ हज़ार तक चली जाती है। वे ठेकेदारों या खदानकर्मियों द्वारा स्वयं ही खरीदी जाती है। औसत टोकरी उपयोग की हालत के अनुसार एक या दो हफ्ते ही चल पाती है। एक उत्तम गुणवत्ता वाली टोकरी जो इतनी सघन बुनी हुई हो कि ढोते समय महीन कोयला उसमें से न गिरे की बिक्री अधिक दाम पर भी तत्काल हो जाएगी यदि वह इतने ज्यादा दिन तक काम आ सके कि बढ़ी क़ीमत की क्षतिपूर्ति कर सके; लेकिन स्थानीय स्तर पर निर्मित टोकरी का एक गुण है इसका हल्कापन और यह लक्षण खदानकर्मियों के लिए महत्त्वपूर्ण है और यह इसके पक्ष में नये और भारी टोकरी की अपेक्षा पूर्वाग्रह भी पैदा कर सकती है।

304. रस्सी बनाना, टोकरी बनाना, बाँस के जाल बनाना और बक्से तथा अन्य सामान बनाना जो जंगली पत्तों और रेशों से बनते हैं, ये वे सब चीज़ें हैं जिन्हें आदिवासी गाँवों या अर्द्ध-जंगली इलाकों में आदिवासी विद्यालयों के पाठ्यक्रम में शामिल किया जाना चाहिए। एक बात है कि स्थानीय आदिवासियों को ऐसे विषय बच्चों को पढ़ाने के लिए ढूँढ़ना सम्भव होना चाहिए और विद्यालय जाने के प्रति काफी पूर्वाग्रह दूर हो जाएगा जब उन्हें महसूस होगा कि विद्यालयी शिक्षा उनके माहौल के साथ कुछ सामंजस्य रखती है। पिछड़े इलाकों में बढ़ईगिरी सिखाने की हाल की योजनाओं पर टिप्पणी करते हुए, मैंने विद्यालय छोड़ते समय विद्यार्थियों को यूरोपीय ढंग या निर्माण के उपकरण प्रदान किए जाने के प्रस्ताव की आलोचना की। उन्हें ऐसे उपकरण चाहिए जो स्थानीय लुहार द्वारा ठीक किए या पाए जा सकें खासकर

मांडला, बैहर और छत्तीसगढ़ में अगड़िया द्वारा जो अभी भी वहाँ पाए जाते हैं तथा अन्य जगहों पर तथाकथित गोंडी-लुहार या माड़िया लुहार द्वारा। यह मुद्दा महत्त्वपूर्ण है। कुछ समय में यह सम्भव हो सकता है कि एक या दो सचल निदेशक नियुक्त करके अगड़िया लोहा और अगड़िया तरीकों की गुणवत्ता सुधारने के लिए कुछ किया जा सके। इस मुद्दे को अगड़िया पर श्री एल्विन की आगामी पुस्तक में विस्तार से विचार किया गया है और मैं वहाँ किए गए सुझावों से पूरी तरह सहमत हूँ।

305. उद्योग विभाग का बजट और स्टाफ छोटा है और प्रगति बहुत धीमी रहेगी यदि विभाग सिर्फ आधुनिक तरीकों में प्रशिक्षित विशेषज्ञों पर निर्भर रहेगा। यह याद रखना चाहिए कि साधारण बढ़ईगिरी और दैनिक जीवन के लिए ज़रूरी उपकरणों और उत्पादों के निर्माण और उनकी मरम्मत के तरीकों में आदिवासी अत्यन्त पिछड़े हैं। साधारण कारीगरी वाले अच्छे *मिस्त्रियों* को आर्थिक सहायता देकर गाँवों में बसाना और स्थानीय गोंड, बैगा और कोर्कू को एक केन्द्र में चार या पाँच वर्ष तक उनसे उनके हुनर की शिक्षा दिलवाना, और फिर उन्हें दूसरे केन्द्र पर भेजना अतीत के किसी भी तरीके की अपेक्षा जल्दी और सस्ता परिणाम देगा।

घ. सहकारिता और स्थानीय उधार

306. भूमि नुकसान, कर्ज़, बँधुआ मज़दूरी के अध्याय और इस अध्याय के पूर्वगामी अंश इस बात पर बल देते हैं कि भूमि के नुकसान से साहूकार तथा उधार में सामान बेचने वाले फेरीवाले के उत्पीड़न से सुरक्षा के अलावा आदिवासियों की मुख्य आर्थिक ज़रूरत है सस्ते उधार का एक वैकल्पिक स्रोत। चूँकि उसे ठेकेदारों से तथा मालिकों के लोभ से जो काश्तकारों के वृक्षों एवं उत्पादों पर काश्तकारी अधिनियम के प्रावधानों को ठेंगा दिखाते हैं, से भी सुरक्षा की ज़रूरत है, स्पष्टतः उसे अपने एक संगठन की भी ज़रूरत है जो छोटे जंगली उत्पादों के ठेके ले सके तथा उसके कृषि, मुर्गी और डेयरी उत्पादों को बिकवाने का काम कर सके और बदले में उसे कपड़ा, नमक, मसाले और उनकी अन्य छोटी ज़रूरतों को सस्ते दर पर पूरा कर सकें। उसकी इसमें भी मदद की जानी चाहिए कि वह अपने विवाहों, जन्म के मौकों, अन्तिम क्रिया तथा उसकी जनजाति द्वारा मान्य अन्य सामाजिक एवं सांस्कृतिक परम्पराओं के लिए ज़रूरी अन्य समारोह और सामाजिक खर्चों के लिए धन एकत्र कर सके। ये सामाजिक और सांस्कृतिक आदतें बुरी नहीं होतीं। वे समाज की संगबद्धता को बनाने में मदद करती हैं तथा उसके नृत्य और काव्य तथा वो सब जो पुरानी संस्कृति से जुड़ा हुआ था, को बचाये रखने में मदद करती हैं। जनजातीय कविता पर वैवाहिक रस्मों के प्रभाव पर कोई सन्देह नहीं कर सकता जिसने आदिवासी गीतों के अच्छे संग्रह जैसे *सांग्स ऑफ द्रु फारेस्ट* शमराव हिवाले और वेरियर एल्विन द्वारा तथा *द् ब्ल्यू ग्रोव,* श्री डब्ल्यू. जी. आर्चर, आई.सी.एस. द्वारा, को पढ़ा हो। श्री एल्विन की *बैगा* में बैगा गीतों के कई नमूने दिए गए हैं। किसी भी संगठन को जो आदिवासियों की भलाई का उद्देश्य रखता हो आदिवासियों के रस्मी आभारों को हल्के से नहीं लेना चाहिए तथा उसे बुरा या हतोत्साहित करने का विचार नहीं रखना चाहिए, इसके विपरीत उनकी विशिष्ट संस्कृति के इन अवशेषों को प्रोत्साहन देने की ज़रूरत है, क्योंकि इससे आदिवासी को कोई लाभ नहीं होगा कि वह सारी दुनिया पा ले मगर अपनी आत्मा खो बैठे। ऐसे समारोहों के दौरान ही, गानों

और नृत्य के साथ, एक पीढ़ी को दूसरे से जोड़ने वाले परस्पर आभारों और ग्रामीण बन्धुत्व को गाँव के सभी परिवारों द्वारा मिल-जुलकर एक परिवार को उसकी रस्में अदा करने तथा आभारों को पूरा करने में मदद के द्वारा प्रोत्साहित करने के द्वारा, आदिवासी अपनी आत्मा को उजागर करते हैं।

307. यह भी याद रखना चाहिए कि, जैसा पहले इस रिपोर्ट में अन्तर्निहित है, प्रान्त के कई हिस्सों में अभी तक आदिवासियों ने स्वयं को मुद्रा का अभ्यस्त नहीं बनाया है और अपने जीवन को अन्न के सौदों, माल के रूप में भुगतान पाकर, प्रान्त के कुछ हिस्सों में यहाँ तक कि अन्न का कपड़ों और परचून से विनिमय करके, नियन्त्रित करता है। सहकारी सोसाइटी और अन्न डिपो या बीज समूह जो नक़द रखते हैं इस मानसिक अभिवृत्ति के खिलाफ होते हैं जो एक पिछड़े समाज, जो आधुनिक विश्व की शक्तियों के खिलाफ़ खड़ा रहने का प्रयास कर रहा है, के लिए एक बुरी अभिवृत्ति नहीं है। उदाहरण के लिए यदि किसी सहकारी सोसाइटी से या उसके द्वारा बीज खरीदे जाते हैं तो इसका भुगतान माल के रूप में किया जाना चाहिए और यही सरकार से बीज के खातिर लिए गए तकावी कर्ज़ पर भी लागू होना चाहिए।

308. मैं इस विषय में श्री सिमिंग्टन द्वारा बम्बई प्रान्त के आंशिक अपवर्जित क्षेत्रों के आदिवासी और पहाड़ी जनजातियों पर उनकी रिपोर्ट में लिखी बातों से लगभग पूर्णतः सहमत हूँ। मैंने आदिवासी इलाकों में सहयोग के विषय पर जारी प्रश्नमाला के मूल पाठ के रूप में इन सुझावों को लिया। मैं यहाँ उस रिपोर्ट के पैराग्राफ 29 से 37 तथा सुझाव 14 से 19 के उद्धरण प्रस्तुत कर रहा हूँ जिसे मैंने उस प्रश्नमाला के साथ जारी किया था–

* * *

"29. पश्चिमी खानदेश के आंशिक अपवर्जित क्षेत्र में कुल 37 भील समुदाय हैं और उनकी वित्तीय स्थिति खराब है। वे लगभग पूर्णतः ठहराव की स्थिति में हैं। अगस्त 1936 से इन तालुकों की भील समुदाय के लिए उप-अंकेक्षक वर्ग का एक विशेष अधिकारी लगाया गया है। बीस तालोड़ा समुदाय उसके समय में पंजीकृत किए गए, लेकिन उनकी स्थिति पहले से ही असन्तोषप्रद होने लगी है। सहकारिता आन्दोलन इन क्षेत्रों में प्रायोगिक स्तर से आगे नहीं बढ़ पाया है, समुदायों और उनके सदस्यों की संख्या इतने बड़े इलाके की उधार की ज़रूरत को ध्यान में रखते हुए बहुत कम है। इसके अलावा अब तक प्राप्त परिणाम प्रोत्साहित करने वाले नहीं रहे हैं। सहकारिता और सामूहिक ज़िम्मेदारी का पूरा भाव भील जैसे जंगली लोगों की समझ के परे है, और उपक़ानूनों, पंजीकरण पदाधिकारियों का चुनाव, शेयरों की खरीदारी, वार्षिक बैठकों आदि को अंजाम देने की प्रक्रिया भी उसी प्रकार उनकी समझ और रुचि के दायरे के बाहर है। सहकारिता नियमावली के अध्याय IV के अन्त में दिए गए 'सहयोग के दस मुख्य बिन्दु' का अध्ययन मेरे मन्तव्य को स्पष्ट करेगा। मैं क्रम संख्या 7 को उद्धृत करता हूँ : समुदाय की आम सभा के कार्य भार हैं, एक प्रबन्धक समिति और एक सचिव का चुनाव, बैलेंस शीट और ऑडिट नोट्स पर वार्षिक विचार, समिति से उसके क्रिया-कलापों पर सवाल-जवाब करना और चिन्हित ग़लतियों पर आदेश जारी करना; और क्रम संख्या 10 हमेशा याद रखें कि यद्यपि रजिस्ट्रार

ऑडिट करता है और चेतावनी देता है फिर भी सोसायटी को चलाना सदस्यों की जिम्मेदारी है। सरकार उनकी सोसाइटियों का प्रबन्धन करने नहीं जाएगी।

"यदि वे उन्हें सफल देखना चाहते हैं तो उन्हें चीजों के बारे में स्वयं ही देखना चाहिए। यहाँ तक कि प्रेसीडेन्सी के सामान्य किसानों के मामले में भी ये निर्देश समय से आगे के सिद्ध हुए हैं; भीलों के मामले में वे हास्यास्पद हैं। उनके उत्साह की कमी का एक अन्य महत्त्वपूर्ण कारण कर्ज लेने में होने वाली देरी और औपचारिकता है। मौजूदा प्रणाली में हानि से बचने के लिए इतने उपाय करने पड़ते हैं कि–हालाँकि अशोधित ऋण की संख्या बताती है कि वे निष्प्रभावी हैं–कर्ज मिल पाने में महीनों लग जाते हैं। भील महीनों तक इन्तज़ार नहीं कर सकते। उसे अपनी तत्काल की ज़रूरत को पूरा करने के लिए समय-समय पर तत्काल कुछ छोटे कर्ज़ चाहिए होते हैं। इन्हें वह साहूकार से मिल सकता है और वे उससे लेते भी हैं। इसके अतिरिक्त कर्ज़ देने के लिए साहूकार हज़ार तरह के नाहक प्रश्न भी नहीं पूछता है। यदि भील को रु. 2 या रु. 3 चाहिए होते हैं तो साहूकार नहीं पूछता कि वह बीज खरीदने के लिए है या पुत्र जन्म की खुशी में मदिरापान करने के लिए है; और यदि वह उस व्यक्ति के बारे में आश्वस्त है तो तुरन्त कर्ज़ दे देता है। आम प्राथमिक कर्ज़ सोसाइटी जैसी अभी है ऐसी माँगें पूरी नहीं कर सकती, और यहाँ तक कि वास्तविक किसानी समस्याओं के लिए कर्ज़ के मामले में भी दो से चार महीने का विलम्ब आम बात है। इसके अतिरिक्त साहूकार सहज ही सहकारी सोसाइटियों के एकदम ख़िलाफ होते हैं और वह सोसाइटियों के प्रति पक्षधरता प्रदर्शित करने से भीलों को हतोत्साहित करते हैं तथा उसके लिए अपना पूरा प्रभाव डालते हैं, जिसमें रिश्वत देना और धमकिया देना भी शामिल है। हालाँकि ऐसा करने से पहले वे अपने ग्राहक को सोसाइटी से क्षमता भर कर्ज़ लेकर उसका उधार चुकाने के लिए प्रेरित करते हैं। इस प्रकार वह एक बड़ा नगद हिस्सा हथिया पाने में सफल हो सकता है। फसल कटाई के समय वह सबसे पहले आ धमकता है और जरूरत पड़ने पर ग्राम अधिकारियों के साथ मिलकर षड्यन्त्रपूर्वक झूठी गवाहियाँ दिलवा देता है। तब सोसाइटी द्वारा वसूल करने के लिए कुछ भी बचा नहीं रह जाता और आने वाली फसलों में कर्जदार की फसल पर सबसे पहले दावा करने का सैद्धान्तिक आधार भी समाप्त हो जाता है और इसीलिए वसूली की संभावना लगभग समाप्त ही हो जाती है।

"30. एक शब्द में कहें तो पश्चिमी खानदेश में सहकारिता आन्दोलन भील इलाकों में पूरी तरह असफल रहा है और वर्तमान परिस्थितियों में और ज्यादा असफल होने के लिए अभिशप्त है–अपने आन्तरिक उलझावों और काम करने की दिक्कतों और साहूकारों के व्यापक विरोध, दोनों के ही कारण वास्तव में यहाँ ऐसी सोसाइटियों का संगठित किया जाना और उन्हें चलाया जाना सिर्फ जिम्मेदार लोगों की जिद्द और आशावाद को दर्शाता है।

"31. अन्य जगहों पर साहूकारों पर प्रस्तावित सख्त प्रतिबन्धों के कारण, यह उम्मीद की जाती है कि अन्य एजेन्सियों को परास्त करने वाली साहूकारी की शक्ति कम हो जाएगी। वास्तव में इन प्रस्तावों का एक जरूरी उप-सिद्धान्त है कि साहूकार का एक

स्थानापन्न ढूँढ़ा जाना चाहिए, और नीचे मैं उन तरीकों को बताता हूँ जो मेरे ख्याल से, अगर उन पर दृढ़ता से चला गया, लागू किए जा सकते हैं। इनकी व्याख्या करते हुए मैं 'समाज' शब्द का प्रयोग सिर्फ एक ज्यादा उपयुक्त शब्द न मिल पाने के लिए कर रहा हूँ चूँकि यदि सख्ती से लिया जाए तो यह एक मिथ्या नाम होता है।

"32. इस योजना का सार तत्त्व यह है कि साहूकारों पर नियन्त्रण और साहूकारी व्यवसाय में कमी और भीलों के ऋणों में संकुचन के साथ प्रत्येक गाँव में पहुँच रखने वाली एक ऐसी एजेन्सी स्थापित की जानी चाहिए जो सीधी-साधी शर्तों पर वही काम करे जो साहूकार टेढ़ी-मेढ़ी शर्तों पर करता है।

इस चरित्र वाली सबसे उपयुक्त एजेन्सी एक कई शाखाओं वाली क्रय-विक्रय सोसायटी और एक अनाज डिपो वाली प्रणाली होगी जैसी कि थाना जिले में कई वर्षों से चल रही है। अनाज डिपो बहुत आसान और असरकारी होते हैं। एक छोटी पूँजी से शुरू करके—जो मेरे विचार से मूलतः सरकार द्वारा उपलब्ध कराई गई थी—वे बुआई के समय अनाज के बीज जारी करती हैं और अगली फसल के समय उसे 12½ प्रतिशत ब्याज के साथ माल के रूप में वसूली करती हैं। उन्हें उल्लेखनीय सफलता मिली है, जिसका राज़ यह है कि चूँकि राजस्व विभाग उन्हें संचालित करता है, वसूलियाँ तत्परता के साथ और आसानी से की जाती हैं।

"33. एक सहकारी क्रय-विक्रय सोसाइटी अपने सदस्यों की फसल ज्यादा लाभ पर लेगी और खर्च के लिए उपयुक्त लाभांश लेकर हर सदस्य को बीज, सब्जियों, कपड़े और अन्य ज़रूरी चीजों के रूप में भुगतान करेगी—ये सारी वस्तुएँ अच्छी गुणवत्ता वाली तथा लाभकारी शर्तों पर थोक में खरीदी हुई होंगी, बची हुई राशि नगद दी जाएगी। भीलों को उनकी फसलों के लिए नगद भुगतान करके उन पर भरोसा नहीं किया जा सकता क्योंकि वे निश्चित रूप से उसे असंयत जीवन में तत्काल उड़ा देंगे। इस परिप्रेक्ष्य में पश्चिमी खानदेश ज़िला सहकारी क्रय-विक्रय सोसाइटी सही दिशा में कार्य कर रही है यद्यपि इसकी आगे की उन्नति सौकरों द्वारा कड़ी प्रतियोगिता मिलने से फिलहाल बाधित है। मैं तलोड़ा में प्रान्तीय सहकारी बैंक की साझेदारी में इसकी बाहरी एजेन्सी के कार्य से अत्यन्त प्रभावित था। वहाँ भीलों की उपज सोसाइटी डिपो पर ली जाती है और उच्च लाभ के साथ बेची जाती है। व्यक्तिगत भीलों की ऋण योग्यता का भी सटीकता के साथ उसकी जोत, पिछली फसलों, परिवार की संख्या आदि के आधार पर आकलन किया जाता है और कर्ज जरूरत के अनुसार छोटी किश्तों में तत्काल मुहैया करवाया जाता है, आमतौर पर माल के रूप में। उदाहरण के लिए, स्थानीय व्यापारियों के साथ व्यवस्था करके कपड़े और अन्य उपयोगी सामान निर्धारित सीमा तक भीलों को विशेष अधिकारी द्वारा प्रदान किए हुए पर्चे (चिट) प्रस्तुत करने पर एकदाम पर उपलब्ध करवाई जाती हैं। यदि बैल खरीदने, *सलदार* का भुगतान करने आदि के लिए नगद की आवश्यकता हो तो उसे भी पड़ोस की इमारत में स्थित बैंक द्वारा दी गई इसी प्रकार की पर्ची (चिट) को प्रस्तुत करने पर उपलब्ध कराया जाता है; और यह देखा जाता है कि इसे वास्तव में बताए मद में खर्च किया जा रहा है। छोटे नगद उधार समारोहों आदि में खर्च करने के लिए भी दिए जाते हैं। इसलिए इस शाखा को वास्तव में

साहूकार का विकल्प कहा जा सकता है, एकमात्र अन्तर यह है कि इसका कार्य सख़्त ईमानदारी की शर्तों पर होता है। हालाँकि इस प्रणाली का बड़े पैमाने पर विकास असम्भव हो जाता है क्योंकि जैसा मैंने ऊपर बताया है, साहूकार जबरदस्ती अपने सदस्यों की उपज हड़पने में समर्थ हो जाते हैं, जो उनके पुराने कर्जदार होते हैं, इसके पहले कि वैधानिक नियमों के चलते हुए सोसाइटी अपनी वसूली कर सके। यह सदस्यों के ऋण को बर्बाद करता है तथा पूरी प्रणाली की जड़ पर चोट करता है। इन मुश्किलों के बावजूद सोसाइटी तलोड़ा और नन्दरवार की बैंक शाखाओं की मदद से 1936-37 में रुपए 19,786 की भीलों की उपज बेच पाने में समर्थ हुई थी तथा कपड़े, बीज और कृषि-कार्यों के लिए तथा सरकारी कर्ज़ के भुगतान के मद में रुपए 30,000 से रुपए 35,000 का ऋण प्रदान किया था।

"34. मेरे विचार से निम्नलिखित प्रक्रिया ठीक रहेगी। लाइसेंसिंग प्रणाली के फलस्वरूप साहूकारों की संख्या में कमी आएगी। भीलों के ऋण भी संकुचित होंगे क्योंकि साहूकारों द्वारा जाली कागजातों, ऋण वसूलने के लिए उपज हड़पने और आम दादागीरी के तरीकों पर नियन्त्रण के कारण उनकी कर्ज़ देने की लालसा भी खत्म हो जाएगी। कुछ साहूकार नई शर्तों पर व्यवसाय करने की क्षमता और रुचि रखेंगे और जो किसान उनके साथ सौदा करना चाहेंगे वो पैराग्राफ 27 में प्रस्तावित उपायों द्वारा सुरक्षित रहेंगे। हालाँकि यह उम्मीद की जानी चाहिए कि ज्यादातर भील किसानों को उधार के लिए कहीं और तलाश करनी पड़ेगी और उन्हें सोसाइटियों में शामिल किया जाना चाहिए जिन्हें मेरा सुझाव है, ऊपर दी गई दिशा के आधार पर तथा अब और विस्तार में समझाए गए आधार पर संगठित किया जाना चाहिए। वर्तमान सोसाइटियों को बड़े संगठन में विलयित कर देना चाहिए—

(क) क्रय-विक्रय सोसाइटियों की शाखाएँ भील गाँवों की पहुँच में उपयुक्त केन्द्रों पर स्थापित की जानी चाहिए, उदाहरण के लिए नवापुर, चिन्चपड़ा, तलोड़ा, कुकुरमुंडा, अकलकुवा, छादगाँव, काठी और शाहदा।

(ख) सभी आवेदकों के लिए ऋण पत्रों की तत्काल तैयारी की व्यवस्था की जानी चाहिए। सदस्यता की औपचारिकता मुझे एक ज़रूरी पूर्व शर्त नहीं मालूम पड़ती। ऋण पत्रों की सामग्री ग्राम अधिकारियों द्वारा उपलब्ध कराई जानी चाहिए।

(ग) व्यक्तिगत आवेदकों को कर्ज़ उसी प्रकार दिया जाना चाहिए जैसा अभी तलोड़ा में होता है यानी एकमुश्त नहीं बल्कि छोटे तत्काल दिए जाने वाले नगद या माल के रूप में--बेहतर हो माल के रूप में—समय-समय पर आने वाली ज़रूरतों को पूरा करने के लिए जिसमें समारोहों पर होने वाले आवश्यक खर्च भी शामिल हों। यह देखने के उपाय किए जाने चाहिए कि नगद ऋण बताई गई मदों में हो खर्च हों।

(घ) पूर्व-लिखित कर्ज़ अगली फसल की सुरक्षा पर दिया जाना चाहिए तथा यह उपज के ठीक-ठीक आकलन के एक निर्धारित प्रतिशत से ज्यादा नहीं होना चाहिए। इन कर्जों का अनुदान थाना अनाज डिपो के सिद्धान्त पर अनाज के अलावा अन्य वस्तुओं पर विस्तार निर्मित करेगा।

नोट–(1) लम्बी अवधि वाले ऋण जैसे भूमि सुधार के लिए, लम्बे समय में वसूले जाने चाहिए और सम्भवतः उन्हें तगाई के रूप में देना बेहतर होगा।*

(2) आदिवासी अपनी चुका सकने की क्षमता से ज्यादा कर्ज़ नहीं लेगा जैसा कि वो अभी करते हैं। वे कठोर कहते हुए इसका विरोध कर सकते हैं पर वास्तव में यह उनके लिए मुक्ति होगी।

(ङ) हर महत्त्वपूर्ण गाँव और पाँच या दस छोटे गाँवों के हर समूह को सोसाइटी की सम्पत्ति के तौर पर उत्पाद डिपो उपलब्ध कराया जाना चाहिए। अपनी फसलों की सुरक्षा पर कर्ज लेने वाले किसानों को अपनी उपज का एक पर्याप्त हिस्सा अपनी देनदारी के एवज में डिपो में देने के लिए बाध्य होना चाहिए। इसके अतिरिक्त सबको इसके लिए प्रोत्साहित करना चाहिए कि उन्हें अपनी उपज को इस एजेन्सी के माध्यम से ठिकाने लगाना चाहिए चाहे उसने ऋण लिया हो या नहीं। डिपो में रखा ज्यादातर अन्न लेनदारों को दोबारा ज़ारी करने के लिए बचाकर रखे जाएँगे। दूसरे उत्पाद जैसे कपास बिना हटाए व्यापारियों को बेच दिए जाएँगे या यदि अच्छा सौदा मिल जाए तो पास के बाज़ार में ले जाए जा सकते हैं।

प्रत्येक डिपो में एक लेखाकार की आवश्यकता होगी और वहाँ मापक यन्त्रों की व्यवस्था होनी चाहिए। प्रणाली के विकसित होने पर पक्के गोदामों की जरूरत होगी।

(च) थाना ज़िले की तरह ग्राम अधिकारियों को यह ज़िम्मेदारी सौंपी जानी चाहिए कि वे यह देखें कि लेनदार डिपो में अपना उत्पाद जमा करवाएँ। इससे वसूली आसान हो जाएगी जैसे थाना ज़िले के अनाज डिपो में हुआ और सोसाइटियों का कर्ज़ काफी बढ़ा देगा। यह न सिर्फ उसके कर्ज से बोई फसल पर सोसाइटी के दावों को प्रथम वरीयता प्रदान करेगा बल्कि इससे साहूकार द्वारा माल के रूप में वसूली करने को गैर-कानूनी बना देगा। वह नगद द्वारा भुगतान प्राप्ति के लिए बाध्य हो जाएगा जब भील सोसाइटी के माध्यम से या यदि वह इच्छुक हो और सोसाइटी का उस पर कोई बकाया न हो तो बाज़ार में अपनी उपज बेचकर उसे भुगतान करे। राजस्व अधिकारियों पर सोसाइटी की तरफ से वसूली करने के अलावा यह ज़िम्मेदारी भी दी जानी चाहिए कि वे किसी बाहरी व्यक्ति द्वारा या उसके लिए गैर-कानूनी तरीके से फसल ले जाने पर रोक लगाएँ। अधीनस्थ राजस्व स्टाफ में वृद्धि करना ज़रूरी हो जाएगा।

(छ) मेरा सुझाव यह नहीं है कि इस संगठन को सख्त सहकारी आधार पर प्रबन्ध किया जाना चाहिए या किया जा सकता है, चूँकि मैं यह नहीं समझता कि भील सहकारिता का सिद्धान्त समझ सकने की क्षमता रखते हैं, और अतीत के अनुभव दर्शाते हैं कि उनकी सोसाइटियाँ कुप्रबन्ध और अनियमितता से भरी होती हैं। सोसाइटी को प्रबन्धन और ऋण प्रदान करने का अधिकार मेरे विचार से सरकारी अधिकारियों के हाथ में होना चाहिए। हालाँकि सहकारिता के कामों के बारे में जागरूक करने के लिए और उनके स्वयं के व्यवसाय में रुचि बनाए रखने के लिए मुझे लगता है कि कुछ समय में सोसाइटियों को बतौर सदस्य के रूप में भीलों

---

* यानी कि तकावी।

को शामिल करना चाहिए—सदस्यता के साथ कुछ फायदे जुड़े होने चाहिए—यद्यपि प्राथमिक सोसाइटियों के सदस्यों की संख्या पर प्रतिबन्ध का अनुसरण नहीं किया जा सकता; और स्थानीय कमेटियों का चुनाव करने देना चाहिए। डिपो के लिए जगह चुनने और सदस्यों के लिए खरीदे जानेवाले सामानों की गुणवत्ता तथा उनके प्रकार निर्धारित करने जैसे मामलों में इन कमेटियों को विभाग के अधिकारियों की मदद करने के लिए बुलाया जाना चाहिए। उन पर कोई वित्तीय ज़िम्मेदारी या बोझ नहीं लादना चाहिए तथा उनकी जिम्मेदारी सिर्फ परामर्श देने की होनी चाहिए। अचानक ही यह प्रतीत होगा कि यह योजना एक सहकारी सोसाइटी या यूनियन से जैसी कि वे होती हैं, भिन्न है और सहकारी सोसाइटी अधिनियम के तहत पंजीकरण लगभग असम्भव हो जाता यदि यह आवश्यक होता तब भी।

(ज) फिर से, यद्यपि मेरे विचार से यदि राजस्व अधिकारियों को वसूली के लिए ज़िम्मेदार बना दिया गया तो उधार की सुरक्षा बहुत अच्छी हो जाएगी, फिर भी यह सन्देहास्पद है कि प्रान्तीय सहकारी बैंक प्रारम्भिक वित्त उपलब्ध करा पाएँगे। सम्भवतः सरकार के लिए यह ज़रूरी होगा कि वह प्रान्तीय ऋण और उधार के अन्तर्गत इस प्रावधान को बतौर वापस किए जानेवाला उधार बनाए।

(झ) इस योजना का प्रबन्धन और निर्देशन सहकारिता विभाग के मातहत होना चाहिए। यद्यपि यह एक सहकारी उपक्रम नहीं है फिर भी इसके प्रशासन में ऋण-पत्र बनाना, सहकारी क्रय-विक्रय एवं मालों की खरीद जैसे कार्य शामिल होंगे जिनसे वह विभाग अच्छी तरह अवगत है। ग्राम राजस्व अधिकारी वसूली एजेंट की तरह काम करेंगे और अपने रिकार्डों से सोसाइटी अधिकारियों को सूचनाएँ मुहैया करवाएँगे जिनसे प्रत्येक आवेदक के उधार का मूल्यांकन किया जाएगा।

(ञ) काम बहुत ज्यादा हो जाएगा। यह अपने पूरे विस्तार तक कुछ वर्षों में पहुँचेगा या तत्काल यह इस पर निर्भर करेगा कि साहूकारी पर प्रतिबन्ध कितनी शक्ति और दृढ़ता से लागू किए गए हैं। इस दिशा में अन्यमनस्कता या आधे-अधूरे उपाय इस बात की गुंजाइश रखेंगे कि नए नियमों से बच जाने के तरीके ढूँढ़ लिए जाएँ और पूरी योजना में क्षति या विलम्ब हो सकता है।

"35. इसमें शामिल कार्य का सटीक अनुमान लगा पाना असम्भव है, पर मेरे विचार से यह करीब-करीब निम्नलिखित के अनुरूप होगा। सहकारी सोसाइटियों द्वारा यह गणना की गई है कि वर्तमान में इस जिले में एक भील की जमीन के कृषि उत्पाद का मूल्य रुपए 17 से रुपए 20 प्रति एकड़ है और खेतों का खर्च रुपए 10 से रुपए 15 है। उत्पाद का आकलन मेरे ख्याल से बहुत रूढ़िवादी है, लेकिन सम्भवतः यह एक अच्छी गलती है। आंशिक अपवर्जित क्षेत्रों में भीलों की ज़मीन का क्षेत्रफल 272,032 एकड़ है। अकरानी महल (34,293 एकड़) को छोड़कर तथा साहूकारों के पास बचे हुए व्यापार, मान लें, 50,000 एकड़ का वित्त, का मोटा आकलन करने के बाद भी सोसाइटी द्वारा वित्तीय मदद के लिए लगभग दो लाख शेष रह जाता है। इसलिए वित्त का प्रावधान लगभग बीस लाख के आस-पास होना चाहिए। इसकी अपेक्षा किसानों की तरफ से व्यापार की जानेवाली फसल का मूल्य तीस से चालीस लाख के करीब होगा। इस स्तर के वित्त और उत्पाद,

खासकर जब अनेक गूढ़ सौदे शामिल हों, को सँभालने के लिए बड़े स्टाफ की आवश्यकता होगी। क्रय-विक्रय सोसाइटी की प्रत्येक शाखा एक जिम्मेदार अधिकारी के हाथ में होनी चाहिए जो एक *अथल कारकून* की श्रेणी से कम का न हो और उसे एक बड़े कार्यालय की आवश्यकता होगी। इसके अतिरिक्त 50 डिपो क्लर्कों की जरूरत होगी जो संग्रहीत उत्पाद को माप सकें, ले सकें और रसीद जारी कर सकें तथा सोसाइटी के स्थानीय बैंक द्वारा प्रदत्त अधिकार दिखलाने पर लेनदारों को अनाज एवं बीज जारी कर सकें। इसके भी आगे वसूली के लिए *तलथियों* की संख्या में वृद्धि भी आवश्यक होगी।

"36. यद्यपि ये जरूरतें बहुत ज्यादा हैं। मेरा विश्वास है कि सोसाइटी की वसूली में ब्याज और दलाली के माध्यम से पूरी लागत आसानी से वहन की जा सकती है। अपरिपक्व विस्तार में गए बिना निम्नलिखित मोटी गणना अतिरिक्त खर्च का ब्यौरा प्रदान करेगी, यह मानते हुए कि प्रणाली काम करने लगती है—

	प्रतिवर्ष
दस शाखा कार्यालय	**रुपए**
प्रभारी अधिकारी का वेतन और भत्ता रुपए 150 प्रति माह पर	1,800
कार्यालय संस्थान का वेतन और भत्ता रुपए 200 प्रति माह पर	2,400
किराया और आपतित घटनाओं का खर्च	800
	5,000
5000 × 10	**50,000**
पचास डिपो	
डिपो क्लर्क का वेतन रुपए 300 प्रति माह पर	360
पहरेदार, किराया और आपतित घटनाओं का खर्च रुपए 30 प्रति माह पर	360
	720
720 × 50	**36,000**
बीस अतिरिक्त तलाथी	
तलाथी का वेतन रुपए 25 पर, 300 × 20	6,000
छुट्टी और पेंशन के मद में और आपतित घटनाओं के लिए प्रति वर्ष	2,000
	8,000
योग	
शाखा अधिकारी	50,000
डिपो	36,000
तथा	
तलाथी	8,000
कुल योग	**94,000**

यदि उच्च अधिकारियों द्वारा निरीक्षण के अतिरिक्त खर्च के लिए भत्ता दिया जाए तो कुल योग प्रति वर्ष एक लाख रुपए के आसपास पहुँच जाएगा। यह जान-बूझकर किया हुआ एक उदार आकलन है जिसे व्यवहार में किया जा सकता है। इस खर्च के सम्मुख 20 लाख उधार पर दिया ब्याज-थाना अनाज डिपो द्वारा लागू 'नीम-सवाई' (12½ प्रतिशत) पर 2½ लाख होगा, जिससे पर्याप्त बचत हो पाएगी और सरकार तथा बैंक के कर्ज़ चुकाए जा सकेंगे तथा ग़लत कर्ज़ को ढका जा सकेगा। हालाँकि ऊपर दी गई ब्याज की दर तुलनात्मक रूप से सोसाइटियों द्वारा प्रायः भारित दर के समान है और जरूरत पड़ने पर इसे बढ़ाया भी जा सकता है। इसके अतिरिक्त लगभग 5 प्रतिशत का ब्याज जो विक्रय किए हुए उत्पाद पर लिया जाएगा, भी लगभग एक लाख या उससे ज्यादा देगा। मुझे नहीं लगता कि ज्यादा उधारों के डूबने की सम्भावना है। मुख्य खतरा ख़राब फसलों का है, जो सौभाग्य से इस क्षेत्र में प्रायः नहीं होतीं, लेकिन सरकार को खराब फसलों के समय राहत कार्यों में बड़ी मदद देनी होती है और उनकी देनदारी इस हिसाब से ज्यादा बढ़ेगी नहीं।

"37. मेरा विश्वास है कि न सिर्फ यह योजना आत्मनिर्भर होगी बल्कि यह थाना और फीन्ट के अनाज बैंकों की तरह बड़े लाभ भी कमाएगी, जिसे इन तालुकों के लिए कहीं और प्रस्तावित अनिवार्य प्राथमिक शिक्षा के मद में खर्च किया जाना चाहिए।"

*　　　*　　　*

परिशिष्ट अ से सुझाव 14 और 19 पूर्वोक्त ग्रामीण कर्ज़

"(14) आंशिक अपवर्जित क्षेत्रों की पिछड़ी जातियों के सदस्यों के साथ साहूकारी सौदों पर सख्त प्रकृति के विशेष प्रतिबन्ध लगाए जाने चाहिए।

(15) पश्चिमी खानदेश क्षेत्रों के लिए वैकल्पिक ऋण की एक सम्भावित प्रणाली, सहकारिता विभाग द्वारा नियन्त्रित, की विवेचना की गई है।

(16) ऊपर दी गई प्रणाली के समान ही एक प्रणाली कल्वान, दोहाद और झालोड़ में भी लाई जानी चाहिए।

(17) थाना ज़िले में अनाज डिपो की प्रणाली को समान बनाना चाहिए तथा उसका मजबूती से विकास करना चाहिए ताकि आंशिक अपवर्जित क्षेत्रों के सभी इलाकों तक पहुँचा जा सके। अनाज के अलावा अन्य मालों की भी आपूर्ति की जानी चाहिए। सरकार द्वारा पूँजी को बढ़ाया जाना चाहिए। राजस्व विभाग को नियन्त्रण अपने पास रखना चाहिए।

(18) फीन्ट में भी ऊपर दिए गए उपायों को लागू करना चाहिए।

(19) ऋण का अनिवार्य संयोजन होना चाहिए।"

*　　　*　　　*

वास्तविक जारी प्रश्नपत्र और उसमें शामिल क्षेत्र इस रिपोर्ट में बतौर परिशिष्ट-I दिए गए हैं। मैंने इस विषय में सामान्य विचार *बालाघाट ज़िले में आदिवासी समस्या* के पैराग्राफ 125 और 129 में भी दिए हैं, तथा *मांडला ज़िले में आदिवासी समस्या पर टिप्पणियाँ* के पैराग्राफ

92 और परिशिष्ट-अ में भी दिए हैं। एक बार फिर दिक् और काल प्रश्न पत्र के जवाबों पर यहाँ विस्तृत चर्चा में बाधक हैं; हालाँकि उनका सारांश बहुत अच्छी तरह श्री डी.वी. रेगे, आई.सी.एस., सहकारी सोसाइटियों के रजिस्ट्रार के जवाब में निहित है जिसे निम्नलिखित चर्चा के लिए आधार बनाया गया है।

309. जैसा कि कुख्यात है, इस प्रान्त में सहकारिता आन्दोलन संकटों के चक्र से गुजरता रहा है और एक अत्यन्त गिरावट जहाँ तक यह सेन्ट्रल बैंकों के पुनरुद्धार शुरू होने के पहले तक गिर गया था, से उबरने का प्रयास कर रहा है। जैसा कि मेरे मांडला और बालाघाट रिपोर्टों में निहित है, आदिवासियों द्वारा सहकारी संस्थाओं का बहुत कम प्रयोग हुआ है और आदिवासियों को सहकारी कार्यों में शामिल न करने की अतीत की भूल का कम से कम यह लाभ हुआ है कि पिछड़े इलाकों में हम एकदम नई शुरुआत कर सकते हैं। रिपोर्ट का परिशिष्ट-ञ आदिवासी इलाकों में सहकारी सोसाइटियों एवं सदस्यता के वर्तमान आँकड़ों के बारे में प्रथम प्रश्न के भाग (क) और (ख) की जँच के जवाबों का सारांश देता है। ये वो क्षेत्र हैं जो परिशिष्ट-I में दिए गए हैं। यह पाया जाएगा कि इन क्षेत्रों में 1941 में यहाँ सिर्फ 266 सोसाइटियाँ ऐसी थीं जिनमें सिर्फ आदिवासी थे और उनकी सदस्यता 2,831 थी जबकि 423 अन्य सोसाइटियाँ थीं जिनमें दूसरों के साथ आदिवासी भी शामिल थे तथा इनमें आदिवासियों की संख्या 1,871 थी। इन क्षेत्रों में आदिवासी सदस्योंवाली 150 सोसाइटियाँ और 109 अन्य दीवालिया हो चुकी हैं। आँकड़ों को ध्यान से देखने पर यह पता चलेगा कि आदिवासी सदस्योंवाली सहकारी सोसाइटियाँ निम्नलिखित आंशिक अपवर्जित क्षेत्रों में अस्तित्वमान नहीं हैं या वैसा होने की कगार पर हैं—

भैंसदेही तहसील
चन्दा ज़मींदारियाँ
दुर्ग की आंशिक अपवर्जित ज़मींदारियाँ
बैहर तहसील
मेलाघाट तालुक

310. छिन्दवाड़ा जागीर के आँकड़े नहीं दिए हुए हैं पर मैं समझता हूँ कि वहाँ कोई सोसाइटी नहीं है। यहाँ तक कि सतगढ़ ज़मींदारी में 41 सोसाइटियों में सिर्फ 278 आदिवासी सदस्य हैं, लेकिन इनमें से कोई भी दीवालिया नहीं है। मांडला जिले में 113 पूर्ण आदिवासी सोसाइटियाँ हैं जिनमें 1,231 सदस्य हैं और 40 अन्य सोसाइटियों में 243 आदिवासी सदस्य हैं; लेकिन 46 सोसाइटी जिनमें 216 आदिवासी सदस्य हैं, दीवालिया हैं; डिंडोरी तहसील में सिर्फ 164 आदिवासी सहकारी सदस्य हैं। ज्यादा उन्नत क्षेत्रों जैसे छिन्दवाड़ा के छिन्दवाड़ा, अमरवाड़ा और सौसर तहसीलों के *खालसा* क्षेत्र, होशंगाबाद ज़िला, नागपुर ज़िला, दुर्ग के वो हिस्से जो आंशिक अपवर्जित नहीं हैं, यवतमाल का केलापुर तालुक और बालाघाट के बड़ासिवनी और बालाघाट तहसीलों में लगभग एक भी आदिवासी सहकारी सदस्य नहीं है। रजिस्ट्रार का विचार है कि दीवालिया सोसाइटियों से पुराने बकायों की वसूली ने आदिवासियों के बीच इस आन्दोलन को कमजोर किया है, लेकिन चूँकि ज्यादातर आदिवासी इलाकों में यह मुश्किल से ही शुरू हो पाया है, इससे ज्यादा नुकसान नहीं हुआ है। प्रान्त में विशेष प्रकार की आदिवासी सोसाइटियाँ नहीं हैं जैसे जनजातीय उन्नयन सोसाइटियाँ। प्रान्त में कहा जाता है कि सेन्ट्रल बैंकों के दस आदिवासी निदेशक हैं जो ज़मींदार नहीं हैं लेकिन वे

आदिवासी राज-गोंडों के बड़े हिन्दूकृत वर्ग से लिए गए मालूम पड़ते हैं।

311. आमतौर पर माना जाता है कि सहकारी सोसाइटियों के आदिवासी सदस्य दूसरों की अपेक्षा ज्यादा ईमानदार और भुगतान करने में ज्यादा नियमित हैं यदि फसल बर्बाद न हो और उनके परिवारों में समारोहों पर भारी खर्च न हो। सहकारिता विभाग ने आदिवासी इलाकों में काम की कोई विशेष दिशा नहीं तय की है और काम के तरीके वैसे ही हैं जैसे प्रान्त के बाकी हिस्सों में। यह दुर्भाग्यपूर्ण है; यह देखते हुए कि निरक्षरता और साधारण हिसाब-किताब की अक्षमता तथा "सहयोग के दस मुख्य बिन्दु" जैसी चीजें, जिस पर श्री सिमिंगटन झुके, प्रान्त के अन्य लोगों की अपेक्षा आदिवासियों में ज्यादा है, यह स्पष्ट है कि इन इलाकों में काम और निरीक्षण के विशेष तरीकों की आवश्यकता है। कोई सहायक रजिस्ट्रार या सर्किल आडिटर गोंडी या कोर्कू नहीं बोल सकता; विभाग में गोंडी बोलनेवाले एकमात्र अधिकारी मांडला जिले में एक संगठनकर्ता तथा सिवनी उप-मंडल में एक संगठनकर्ता हैं जबकि नीमड़ में दो सोसाइटी इंस्पेक्टर थोड़ी बोलचाल की कोर्कू जानते हैं। हिन्दी की छत्तीसगढ़ी बोली संगठनकर्ता के तौर पर काम करनेवाले तीन अधिकारियों द्वारा धाराप्रवाह बोली जाती है; यह भी सुझाव दिया जाता है कि सभी सहायक रजिस्ट्रार, सर्किल ऑडिटर और संगठनकर्ताओं को आदिवासियों की समझ में आ सकनेवाली स्थानीय हिन्दी बोलियाँ आनी चाहिए, लेकिन मैं इस जवाब के लिए प्रति सशंकित हूँ; उदाहरण के लिए मुझे ऐसा कोई नहीं मिला जो उत्तर में व्याप्त बुन्देलखंडी बोली बोलता हो। आदिवासी परिस्थितियों या आदिवासियों के बीच प्रचार के बारे में सहकारी अधिकारियों को कोई प्रशिक्षण नहीं दिया जाता जिन्हें आदिवासी इलाकों में काम करना होता है। लेकिन जैसा कि मेरे *मांडला नोट्स* में दिया गया है–

> "प्रचार एक कला है जिसके लिए प्रशिक्षण की ज़रूरत होती है और न तो हमारे सर्किल आडिटर और न हमारे इंस्पेक्टरों के पास ऐसा प्रशिक्षण है। न ही विभाग देहाती समाजविज्ञान और मनोविज्ञान के बारे में प्रशिक्षण देता है, आदिवासी तो एकदम नहीं; उदाहरण के लिए सर्किल ऑडिटर को गोंड विवाहों, अन्तिम संस्कारों और अन्य समारोहों में होनेवाले खर्च का कोई अन्दाज नहीं था।''

312. रजिस्ट्रार के विचार से आदिवासियों के बीच सहकारिता आन्दोलन की धीमी प्रगति का मुख्य कारण उनकी निरक्षरता और पिछड़ापन, उनकी निम्न भुगतान वापस करने की क्षमता और चल सम्पत्ति की कमी, आदिवासी इलाकों की बैंकों से अधिक दूरी, उनकी सामान्य दुर्गमता, इसके परिणामस्वरूप सोसाइटियों के संगठन और उनके निरीक्षण में मुश्किल, जैसा कि आमतौर पर होता है जहाँ आदिवासी गाँव कम और बिखरे हुए हों वहाँ सोसाइटी बनाने के लिए दस उपयुक्त पड़ोसियों को जोड़ना और अन्ततोगत्वा साहूकारों की ज़बरदस्त सख्त प्रतियोगिता। यदि कर्ज़ और बँधुआ मजदूरीवाले अध्याय में दिए सुझावों को प्रयोग में लाया गया तो इस अन्तिम समस्या से काफी राहत मिल जाएगी। मेरे विचार से छोटे और बिखरे आदिवासी गाँवों के कारण होनेवाली समस्या को बहुत बढ़ा-चढ़ाकर बताया गया है चूँकि उदाहरण के लिए डिंडोरी तहसील में कई बड़े गाँव हैं जहाँ सिर्फ सात सोसाइटियों में आदिवासी सदस्य हैं। आदिवासी इलाकों की बैंकों से दूरी एक समस्या होती यदि इस क्षेत्र में आन्दोलन को अभी भी मैदानी भागों के जैसा ही चलाना होता। तब भी समस्या

असमाधेय नहीं होगी; मेरे *मांडला* नोट्स के पैराग्राफ 92 में मांडला के शाहपुर निवास क्षेत्र में नई सोसाइटियों के हाल के गठन से तुलना करें। निम्न भुगतान चुकाने की क्षमता और चल सम्पत्ति की कमी की बात फिर शायद इस बात को नजरन्दाज़ करती है कि सदस्यों को सहकारी सोसाइटियों के मार्फत फसल बेचने से क्या हासिल हो सकता है इसके बजाय कि वे पैराग्राफ 232 में बताए तरीकों से छद्म अनुबन्धों के द्वारा साहूकारों द्वारा निर्धारित दरों पर उन्हें फसल बेचें। श्री रेगे यह नहीं मानते कि रैयतवाड़ी जोतों, मालगुज़ारी और काश्तकारी अधिकारों के हस्तांतरण पर प्रतिबन्ध या रैयतवाड़ी प्रणाली की सामान्य कार्य विधि (उदाहरण के लिए कुछ इलाकों में आदिवासियों के लिए भूमि आरक्षण के साथ) सहकारी सोसाइटियों की राह में कोई बाधा पहुँचाते हैं जहाँ तक छोटी अवधि के कर्ज जो बीज, खाद, खरपतवार की सफाई और अन्य ऐसे कामों की बात है, लेकिन बैल खरीदने, कुएँ खोदने और मेड़ बनाने और कर्ज़ चुकाने के लिए लम्बी अवधि वाले ऋण और भूमि सुधारने जैसे कामों के लिए मध्यवर्ती ऋण सिर्फ ज़मीन को गिरवी रखकर ही हासिल किए जा सकते हैं।

तब भी कोई खास परेशानी नहीं है यदि रेहन भू-हस्तांतरण अधिनियम द्वारा स्वीकृत तरीकों के द्वारा किया गया हो, जबकि अन्य आदिवासियों को हस्तांतरण वैध होगा। श्री रेगे सोचते हैं कि इस सुरक्षा की कठिनाई के बावजूद सम्पत्ति हस्तांतरण पर प्रतिबन्ध आदिवासियों के इतना हित में है कि उन्हें हटाया नहीं जाना चाहिए, इस प्रकार वर्तमान में एकमात्र कर्ज़ जो सहकारी सोसाइटी को आदिवासियों को देना चाहिए वो तत्काल की जरूरतों के लिए छोटे कर्ज होने चाहिए, आवश्यकता पड़ने पर बड़े कर्ज़ सरकार द्वारा तकावी के रूप में दिया जाना चाहिए। यह आदिवासी विवाहों को वित्त देने को नजरअन्दाज करता है। इसके अतिरिक्त जैसा हमने देखा है, आदिवासी इलाक़ों में कर्ज़ का एक मुख्य स्रोत कम-से-कम हाल के वर्षों में तकावी रहा है। क्या यह सम्भव होगा कि तकावी को व्यक्तियों के बजाय सहकारी सोसाइटियों को प्रदान किया जाए ?

313. सहकारिता विभाग द्वारा प्रान्त के आदिवासी इलाकों में औद्योगिक सर्वेक्षण समिति, 1939 में निर्दिष्ट किसी भी कुटीर उद्योग को मजबूत करने के प्रयास के लिए कुछ भी नहीं किया गया है। मैंने आशा के साथ यह सुझाव दिया कि मेरे प्रश्न पत्रों का जवाब देनेवाले व्यक्ति, विशेष रूप से तेल पीसने, गुड़, शहद बनाना, कपास और कोरा रेशम की कताई और बुनाई, भेड़ पालन, बढ़ईगीरी, लुहार का काम, चटाई और बाँस का काम, रस्सी बनाना, मुर्गी पालन, लाख का काम और दवा-दारू के लिए जंगली उत्पादों को एकत्र करना, गाड़ी हाँकना को उद्योग तथा जंगल के ठेकों के लिए श्रम संगठन की तरह माना जाए : किसी अन्तर से कोई लाभदायक टिप्पणी नहीं प्राप्त हुई। पर इन सभी दिशाओं में आदिवासियों के लिए उम्मीदें हैं, यदि सरकार तथा स्टाफ की तरफ से प्रारम्भिक खर्चों में मदद मिल जाए। हालाँकि यह प्रान्त नए खर्चों के लिए वित्तीय स्रोतों के मामले में इतना पिछड़ा है कि जो भी सम्भव हो उसे एक ही क्षेत्र में पहले चार-पाँच वर्षों तक लगाना और वहाँ सोसाइटियों को सुदृढ़ करना ठीक होगा। गाड़ीवानी या जंगली ठेकों के आदिवासी संगठन के लिए एक वेतनभोगी स्टाफ की आवश्यकता होगी, और स्टाफ द्वारा सदस्यों के साथ धोखाधड़ी पर नियन्त्रण रखने के लिए सहकारी, राजस्व और वन अधिकारियों के लगातार निरीक्षण की जरूरत होगी।

विकल्प के तौर पर कुछ इलाकों में यह किया जा सकता है कि सारे गोंड जंगली उत्पाद सिर्फ वन विभाग को ही सरकार द्वारा अनुमोदित दरों पर बेचे जाएँ; व्यवहार में इसका मतलब होगा कि निम्न जंगली उत्पादों पर मुख्य उत्पादों के साथ ही विभाग का प्रबन्धन। रजिस्टार ने यह स्वीकार करते हुए समाप्ति की कि वास्तव में सहकारिता विभाग द्वारा आदिवासी इलाकों में ग्राम कल्याण के लिए कुछ भी नहीं किया जा रहा है, प्रचार के लिए इक्का-दुक्का रैलियाँ आयोजित करने के अलावा।

314. आगे यह भी बताया जाना चाहिए कि प्रान्त में 17 बीज यूनियन हैं जो कृषि विभाग द्वारा प्रबन्धित हैं और उनकी चल पूँजी रु. 12, 221 है। कहा जाता है कि 1939-40 में उन्होंने रु. 3,085 का लाभ कमाया। 21 अच्छी चलती हुई सोसाइटियाँ हैं मगर रजिस्टार के खयाल से कोई भी ठीक से काम नहीं कर रही है। प्रान्त में 9 बहु उद्देशीय सोसाइटियों में से सिर्फ 6 काम कर रही हैं; उनकी चल पूँजी रु. 1,440 है और 1939-40 में उनका लाभ रु. 275 था; 6 प्रबन्धक जो सरकार से वेतन पाते हैं इन सोसाइटियों के प्रभारी हैं। एक सोसाइटी ने अनाज की सुरक्षा पर अपने सदस्यों को वित्त प्रदान करना शुरू किया और दो अन्य ने गन्ना, आलू और सब्जी उगाना शुरू किया। उनकी अन्य गतिविधियाँ प्रौढ़ शिक्षा, खादों के लिए गड्ढे खोदना, फसलों की अदला-बदली और फलों के वृक्ष लगाना हैं। ये अति सम्भावनाओं वाले नए विकास हैं। प्रान्त में 30 क्रय-कम-विक्रय (भण्डार) सोसाइटियाँ भी हैं जिनकी सदस्यता 1,832 और चल पूँजी रु. 79,599 है। प्रान्त में पाँच डेयरी उत्पादन केन्द्र हैं पर इनमें से सिर्फ नागपुर में तेलखेड़ी केन्द्र और जबलपुर केन्द्र ही ठीक से काम कर रहे हैं। रजिस्ट्रार का विचार है कि अनाज डिपो के अलावा दूसरी एकमात्र सहकारी संस्थाएँ जो आदिवासी क्षेत्रों में सफल हो सकती हैं वे हैं श्री सिमिंग्टन द्वारा प्रस्तावित क्रय-विक्रय सोसाइटियाँ या उनसे भी बेहतर, आम भण्डार व विक्रय डिपो जैसी मद्रास सरकार द्वारा पूर्वी गोदावरी एजेन्सी जो कुरनूल जिले के चेंचू इलाके में शुरू की गई है। परिशिष्ट-ट में इन उपायों पर टिप्पणियाँ हैं जो सहकारिता पर मेरी प्रश्नावली के साथ वितरित किए गए थे। 1940-41 की मद्रास "आदिवासी जनजातियों और अत्यन्त पिछड़े समुदायों की भौतिक परिस्थिति और उन्नति पर रिपोर्ट" बतलाती है कि व्यय और कर्ज सहकारी सोसाइटी ने इन्दिरेश्वरम कुरबूल पश्चिमी वन मंडल में दो तेल कूपों का पट्टा लेने की सलाह दी पर सदस्यों ने कूपों का भरपूर इस्तेमाल नहीं किया। अटमाकुट चेंचू सहकारी क्रय और विक्रय सोसाइटी ने 1941-42 में लाभ कमाया और फिर जेलों के साथ इमली, चिरोंजी, शहद की आपूर्ति करने का अनुबन्ध किया। इसने एक बड़े गोदाम का निर्माण शुरू किया था तथा और विस्तार के लिए 1941-42 में सरकार ने इसे रु.10,000 का एक ऋण प्रदान किया। दूसरी तरफ पूर्वी गोदावरी एजेन्सी के सहकारी क्रय आम भंडार डिपो मद्रास रिपोर्ट में संलग्न पत्राचार में दिए कारणों से बन्द कर दिए गए :

> "यह माना जाता है कि बिक्री व भंडार डिपो का खुलना पहाड़ी लोगों द्वारा एकत्रित उत्पाद का अच्छा भुगतान सुनिश्चित करेगा और इस प्रकार साहूकारों द्वारा उनके शोषण पर रोक लगाएगा और उन्हें नमक, कपड़ा, केरोसीन और जीवन की अन्य जरूरी चीजें उनके सही दाम पर उपलब्ध कराएगा। इसी प्रकार की एक योजना 3 फरवरी 1940 को उसके आदेश संख्या 258 विकास में सरकार द्वारा इमली की खरीद और पुनः बिक्री के लिए स्वीकार की गई जिसे वन विभाग द्वारा रम्वा चूड़ावरम

में एक प्रयोग के तौर पर आजमाया गया। लेकिन योजना असफल रही क्योंकि पहाड़ी लोगों ने उम्मीद के मुताबिक इसका प्रयोग नहीं किया। पहाड़ी लोगों पर साहूकार की मजबूत पकड़ है। कोया को तत्काल के उद्देश्यों जैसे विवाह, अन्तिम संस्कार और त्यौहारों के लिए तत्काल नगद उधार चाहिए होता है। साहूकारों, जिसे लम्बे समय से कोया लोगों की मानसिकता का अनुभव होता है उन्हें उधार दे देता है, बाद में विभिन्न तरीकों से उसका दो गुना वसूलने के लिए। पहाड़ी व्यक्ति साहूकार पर अव्यक्त भरोसा कर लेता है तथा वह इतना शिक्षित नहीं होता कि सरकार की मंशा को ठीक से समझ सके। चूँकि वन विभाग की योजना ठीक से नहीं चल पाई। मेरे पूर्ववर्ती ने सोचा कि बिक्री व भंडारण डिपो योजना भी असफल हो जाएगी। सरकार ने भी तब से 268 विकास, दिनांक 12 फरवरी 1941 में अपनाया है कि योजना में सहयोग के आवश्यक सिद्धान्तों का अभाव है और यह अनिवार्य रूप से पहाड़ी लोगों द्वारा उत्पाद एकत्रित करवाकर उसे एक सरकारी एजेन्सी के मार्फत बिकवाती है। इसलिए उन्होंने निर्देश दिया है कि योजना को बंद कर दिया जाए।''

यह कहना कि इस प्रकार की योजना में सहयोग के आवश्यक सिद्धान्तों का अभाव है, इसे त्यागने का एक कमजोर कारण है। मैंने गोदावरी घाटी में बस्तर राज्य और उसके पड़ोसी वारंगल जिले, दोनों स्थानों पर साहूकारों की पकड़ को महसूस किया है और डॉ. सी. वॉन फ्यूरेर हैमेन्डॉर्फ, जिन्होंने हाल ही में नदी के किनारे के पहाड़ी रेड्डी गाँवों पर एक अध्ययन लिखा है, ने उस दासत्व के बारे में गम्भीर रहस्योद्घाटन किया है जिसमें मद्रासी वन ठेकेदारों ने पहाड़ी रेड्डी और कोया को जकड़कर रखा है। इस प्रान्त में विभागीय कामों को ज्यादा सफलता मिलनी चाहिए जहाँ हमारे वन विभाग ने पहले ही तौर-तरीकों को समझ रखा है जिससे सरकारी राजस्व और आदिवासी दोनों की उन्नति होगी और इस प्रकार आदिवासी वन ठेकेदारों से स्वतन्त्र हो जाएँगे। श्री रेगे भंडार व बिक्री डिपो को आजमाने के पक्ष में हैं। मैं उनका विचार यहाँ उद्धृत करता हूँ :

''भंडार व ब्रिकी डिपो भी एक प्रकार की क्रय-विक्रय सोसाइटी है जिसका उद्देश्य सदस्यों के उत्पाद बेचना और बिक्री से अर्जित आय से उनकी घरेलू जरूरतों को पूरा करना है। चूँकि साहूकारों और सेन्ट्रल बैंकों से कोई वित्त नहीं मिल पाएगा क्योंकि वे सिर्फ पंजीकृत सोसाइटियों को वित्त प्रदान करते हैं, इन्हें सरकार द्वारा वित्तीय मदद देनी पड़ेगी। इस पर जोर देना अनावश्यक है कि ऐसे संगठनों की सफलता राजस्व, वन और सहकारिता विभाग के सामंजस्य पर निर्भर करेगी। डिपो को उपयुक्त केन्द्रों पर संगठित करना चाहिए जो आदिवासियों की पहुँच के अन्दर हो, जहाँ प्रत्येक डिपो का कार्य क्षेत्र पाँच से दस मील के लगभग हो। ग्राम डिपो तहसील मुख्यालय पर स्थित एक केन्द्रीय डिपो के साथ जुड़े होने चाहिए। ये डिपो आवश्यकता पड़ने पर कुछ वर्षों बाद नियमित सहकारी सोसाइटियों में तब्दील किए जा सकते हैं। इनको एक पूर्णकालिक सरकारी अधिकारी के नियन्त्रण में रखना चाहिए जो कि सहकारिता विभाग का एक ऑडिटर हो सकता है, लेकिन उन्हें चलाने की सामान्य जिम्मेदारी राजस्व विभाग को होनी चाहिए जो कर्ज अनुमोदित करेगा, वसूली को अंजाम देगा तथा प्रबन्धन के खर्च वहन करेगा।''

मेरा प्रस्ताव है कि इसे पहले दक्षिणी चन्दा में अल्लापिल्ली के आसपास, मेलाघाट में तथा बैहर तहसील में आजमाया जाए।

315. मैं इस समय सर्वाधिक महत्त्व श्री सिमिंग्टन की रिपोर्ट से ऊपर दिए गए उद्धरण की तर्ज पर अनाज डिपो शुरू करने को देता हूँ। आदिवासियों के लिए कुछ भी इतना ज्यादा जरूरी नहीं है जितना एक बीज भंडार। यहाँ तक कि विवाह और अन्तिम संस्कार के भोजों के लिए उन्हें ऐसे डिपों से अनाज उधार ले जाने की आज्ञा दूँगा और ऐसे मामले में वसूली को एक लम्बी अवधि में अंजाम दिया जाएगा। श्री जे.सी. मैक्डगल, सी.आई.ई., आई.ए.एस. ने आदिवासी किसानों के लिए उपायों पर विचार करते हुए ऐसे बीज भंडारों की उपयुक्तता पर विशेष जोर दिया है तथा बीज उधारों के वितरण और वसूली को माल के रूप में करने पर भी जोर दिया है। इस विषय में उनकी टिप्पणियाँ इतनी महत्त्वपूर्ण हैं कि मैं उन्हें सम्पूर्णता में उद्धृत करता हूँ :

> "आदिवासी इलाकों में बीज वितरण व्यवस्था से सम्बन्धित एक बिन्दु के बारे में मैं बहुत सशंकित हूँ कि नगद भुगतान वाली कोई प्रणाली कभी सफल हो भी पाएगी या नहीं। मेरी राय में कोई भी चीज आदिवासी को उतना निरुत्साहित नहीं करती जितना किसी चीज के लिए नगद भुगतान करना। इसलिए मेरा विचार है कि एक ऐसी प्रणाली बनाने की आवश्यकता है जिसमें बीज के रूप में दिए गए उधार उपज के बाद माल रूप में वापस लिए जा सकें। इससे बीज भंडारों के प्रभारी जमादारों का काम काफी बढ़ जाएगा और स्टाफ को और बढ़ाना आवश्यक हो जाएगा। माल के रूप में भुगतान स्वीकार करने में भी प्रायः दिक्कतें आएँगी खासकर खराब उपज के समय में और सरकार को इससे होनेवाली हानि वहन करनी पड़ेगी, पर मेरा विचार है कि प्रणाली एक प्रयास के काबिल होनी चाहिए।"

इसमें हानि हो सकती है मगर योजना शुरू करने के लिए और उसे चलायमान रखने के लिए सरकार को उन्हें वहन करना पड़ेगा। एक महत्त्वपूर्ण बात यह है कि हिसाब-किताब अनाज के रूप में रखा जाना चाहिए न कि रुपया, आना और पाई में।

316. इस प्रश्नावली में आदिवासी विवाहों पर होनेवाले वर्तमान खर्च की जाँच की गई। रजिस्ट्रार द्वारा किया गया अन्तरों का सारांश है या कि यह खर्च रु. 15 से रु. 150 तक होता है यद्यपि नीमड़ के बुरहानपुर तहसील के कपास क्षेत्र में यह रु. 300 से रु. 400 तक जाता है; कहा जाता है कि अन्य समारोहों पर खर्च 2.4 से 2.25 रखता है और कहता है कि अन्तिम क्रियाओं में रु. 10 से रु. 20 और जन्म समारोहों में औसत रु. 50 खर्च होता है। यह खर्च ही साहूकार की शक्ति का मुख्य स्रोत है और यदि सहकारी सोसाइटियाँ मदद नहीं करेंगी तो उनके सदस्यों को साहूकार के पास जाना पड़ेगा। जिस भी तरह के सहकारी क्रय-विक्रय सोसाइटी या निम्न उत्पादों के विभागीय खरीद की प्रणाली संगठित की जाए, व्यय की कुछ प्रणाली बनाना आवश्यक है। दूसरे शब्दों में प्रत्येक सदस्य से भविष्य के खर्चों के एवज में लाभ में से कुछ हिस्सा रखवा लेना चाहिए। बम्बई के नमूने पर अनाज डिपो बनाना भी इस उद्देश्य में मदद करेगा। एक बार प्रारम्भिक खर्चों के लिए प्राप्त सरकारी कर्ज चुका दिया जाए। हालाँकि एक बार साहूकार की शक्ति पर काबू पा लिया गया तो फिर वह स्वयं विवाहों के लिए इतनी बड़ी राशि देने के लिए तैयार नहीं होगा और ऐसे उधार को माँग को स्वतः कम कर देगा। सारा कुछ आदिवासी की आर्थिक स्थिति की बेहतरी पर निर्भर करता है जो उसके परिश्रम का पर्याप्त पारिश्रमिक सुनिश्चित करवाकर चाहे वह निजी मालिक, या वन विभाग या लोक निर्माण विभ।ग के लिए हो और उसके द्वारा एकत्रित जंगली उत्पाद तथा

फसल का पर्याप्त मूल्य सुनिश्चित करवाकर किया जा सकता है।

उसके पास मवेशी भी होने चाहिए पर माना जा सकता है कि सामाजिक खर्चों के बजाय इसके लिए सहकारी सोसाइटियाँ सहयोग करने को ज्यादा तत्पर रहेंगी। पिछड़े और अर्द्ध जंगली इलाकों में मवेशी पालने की ज्यादा व्यावहारिक नीति भी इस दिशा में काफी मदद कर सकती है।

317. मैंने ''आदिवासी सोसाइटियों'' के बारे में इस भाग में बोला है। हालाँकि मैं उसे दोहराऊँगा जो मैंने अपनी बालाघाट रिपोर्ट के पैराग्राफ 125 में कहा है :

> ''मैं सिर्फ आदिवासियों की सोसाइटी बनाने की वकालत नहीं करता बल्कि बैहर जैसे आदिवासी बहुल इलाकों में सभी समुदायों के ग्रामीणों के लिए खुले सिर्फ कुछ सहकारी संस्थाओं की जिन इलाकों में आदिवासियों की प्रचुरता के कारण ऐसी संस्थाएँ मुख्य रूप से आदिवासी होंगी और जहाँ अभी तक कुछ नहीं किया गया है। मुझे सरकार द्वारा प्रदत्त कार्य यह है कि प्रान्त में खासकर आंशिक अपवर्जित क्षेत्रों में आदिवासियों की स्थिति सुधारने के लिए जरूरी उपायों की जाँच करूँ। लेकिन मैं यह स्पष्ट करना चाहूँगा कि लगभग हर चीज जिसकी मैं गोंड, कोर्कू, बैगा और भील के लिए वकालत करता हूँ वह उतनी ही मात्रा में नहीं मगर पिछड़े इलाकों को सभी जातियों और जनजातियों के लिए आवश्यक हैं। सिर्फ इतना है कि ज्यादा पिछड़े होने, निम्न आर्थिक परिस्थिति या भाषायी मुश्किलों के कारण कुछ समस्याएँ 'आदिवासियों' के लिए विशिष्ट हैं। तथापि सहयोग का बुनियादी सिद्धान्त आर्थिक व सामाजिक मुश्किलों से लड़ने के लिए एकजुट होना है, एक संगठन जिसके ज्यादातर सदस्य एक सामाजिक समुदाय के हों, के सफल होने की सम्भावना अन्य से ज्यादा है। उन पिछड़े इलाकों में जहाँ भ्रातृत्व या समुदायिक-चेतना की जनजातीय भावना समाज की मुख्यधारा बनी हुई हो।''

अध्याय : दस

जन स्वास्थ्य एवं चिकित्सा राहत

(निर्देश बिन्दु (ढ))

"बीमारी गाँव में आ गई है।
हर घर से शव निकाले गए हैं।
मत रोओ, मेरी बहनो, मत रोओ।
दिलासा रखो। ये दो दिन का जीवन बीतने के बाद,
हमें आगे अकेले ही जाना होगा,
और सभी को उसी राह का अनुसरण करना होगा।"

(मांडला का एक प्रधान करमा गीत, संख्या 283,
जंगल के गीत, एल्विन और हिवाले)

318. एक आंशिक अपवर्जित क्षेत्र में स्वास्थ्य परिस्थितियों की एक तस्वीर मेरे मांडला जिले में आदिवासी समस्या पर टिप्पणियों के पैराग्राफ 74 से 84 में दी गई है। उसके लिखे जाने के बाद पाटन और करन्जिपा के आस-पास यौन रोग-रोधी काम शुरू करने के लिए धन प्राप्त हो गया है तथा इसके लिए एक स्वास्थ्य-अधिकारी को विशेष प्रशिक्षण दिया गया है। उसके प्रशिक्षण और काम के लिए वित्त आदिवासियों की बेहतरी के लिए मिले रु. 100,000 के केन्द्रीय अनुदान से लिया जा रहा है। यही अनुदान (दुर्भाग्य से जो अक्षय भंडार नहीं है) दक्षिणी चन्दा में गोंड को और माड़िया के लोगों के बीच अत्यावश्यक चर्म रोग विरोधी अभियान चलाने में भी इस्तेमाल किया गया है। आदिवासियों की सहायता के प्रयास में बाधा पहुँचाने वाले उदाहरण के तौर पर यह बताया जा सकता है कि 1936 में इन्द्रावती के किनारे माड़िया इलाके के भामरागढ़ में एक चिकित्सा केन्द्र खोला गया, इस विचार के साथ कि यह चर्म रोग के उपचार के एक केन्द्र के रूप में काम करेगा। नवम्बर 1940 में यह पाया गया कि किसी बीमार के वहाँ न आने का कारण यह था कि वहाँ नियुक्त सहायक चिकित्सा अधिकारी प्रत्येक माड़िया से हर इन्जेक्शन की फीस के तौर पर एक मुर्गी और अंडे की माँग करता था।

वर्तमान अभियान के पहले कुछ चर्म रोग विरोधी काम किया गया था मगर वह बेतरतीब और योजनाविहीन था और यह सुनिश्चित करने के लिए कोई कदम नहीं उठाया गया कि हर मरीज स्थायी इलाज के लिए जरूरी पूरे इन्जेक्शन ले रहा था अथवा नहीं। माड़िया इलाके में मेरे सभी शिविरों पर एक के बाद एक मरीज इलाज के लिए आते थे और चूँकि चर्म रोग के इलाज के लिए नियुक्त उपचिकित्सा अधिकारी मेरी लॉरी में ही सफर कर रहा था और

रास्ते के हर गाँव में चर्मरोगियों की चिकित्सा के लिए रुकना पड़ता था। हम शिविर में अक्सर शाम को बहुत देर से पहुँचते थे। इन सभी माड़िया गाँवों में उत्तम मानवीय संसाधन हैं। एक समय में लड़कों का स्काउट आन्दोलन कुछ सफलता के साथ शुरू किया गया था। कुछ बच्चों को एक बालचटो के प्रदर्शन में दिल्ली ले जाया गया था जहाँ एक बच्चे ने मुझे बताया कि वह कुतुबमीनार से बहुत प्रभावित हुआ जो उसके विचार से अल्लापल्ली को लकड़ी चीरने वाली फैक्टरी की चिमनी की तरह प्रभावशाली था। हालाँकि इस स्काउट प्रशिक्षण से जो स्थायी पाठ उस लड़के ने पाया वह था व्यक्तिगत स्वच्छता और यह उसने गाँव के अन्य बच्चों को भी सिखा दिया था इसके बावजूद कि स्थानीय स्काउट आन्दोलन का लम्बे समय से ह्रास हो चुका था। झखंडी, झरापपरा और औंधी तथा बस्तर सीमा पर लगे बीच के गाँवों में ग्रामीणों ने सीमापार के बस्तर के गाँवों की तुलना में चर्म रोग विरोधी और अन्य स्वास्थ्य कामों के बारे में दुर्ग और चन्दा के ग्रामीणों के प्रति प्रान्तीय सरकार से उपेक्षा की शिकायत की। जहाँ तक बस्तर की बात है मुझे इस तुलना में गर्व महसूस हो सकता था पर इस अहसास से बहुत शर्मिन्दगी हुई कि विशाल वित्तीय स्रोतों के बावजूद इस प्रान्त द्वारा माड़िया लोगों के लिए तुलनात्मक रूप से कितना कम काम हुआ है। मेरे मांडला दौरे के परिणामस्वरूप बिलासपुर जिले के उत्तर में उसी केन्द्रीय अनुदान से चर्म रोग चिकित्सा का काम भी अब शुरू हो गया है।

319. पोषण सम्बन्धी सर्वेक्षण के लिए भी एक योजना बनाई गई है और इसे भी केन्द्रीय अनुदान से वित्त मिलना है जब तक प्रान्तीय राजस्व इसकी मदद करने के लिए नहीं आ जाता। आदिवासी इलाकों का एक पोषण सम्बन्धी सर्वेक्षण मेरे खयाल से प्रभावकारी कृषि और जन स्वास्थ्य कार्यों की योजनाओं के लिए आवश्यक जरूरत है। एक आदमी जितना तन्दुरुस्त होगा उसकी पोषण की जरूरत भी उतनी ज्यादा होगी और विलोम करें तो उसका भोजन जितना कम सन्तोषप्रद होगा वह उतना ही कमजोर होगा।

जैसा कि पहले ही देखा जा चुका है पौष्टिकता के बारे में जानकारी न होने का एक उत्कृष्ट उदाहरण है कि अतीत में कृषि विज्ञान ने उच्च पौष्टिकता वाले निम्न मोटे अनाजों कोदों, कुटकी, कंगनी, सामा, माड़िया और उस जैसे अन्य की उपेक्षा कर उसके स्थान पर चावल की वकालत की जो हाथ से कूटने के बाद भी कम पौष्टिक होता है। इसके अतिरिक्त मैदानी लोगों से अछूते आदिवासियों का भोजन बहुत विविध होता है, चूहे से लेकर बाघ के मांस तक तथा अनेक प्रकार जंगली फलों, जड़ों और कन्दमूलों के साथ। अध्यापक, पटवारी, वन पहरेदार, साहूकार और दुकानदार के आने की एक पहली प्रतिक्रिया इन विविधता और पारम्परिक भोजन को जायकेदार बनाने वाले अनेक उत्पादों को हेय दृष्टि से देखने की प्रवृत्ति है। हम उन्हें नए फल और सब्जियाँ लेने को भी प्रोत्साहित करते हैं; क्या हम निश्चिन्त हैं कि हम जो सलाह दे रहे हैं वह उससे बेहतर है जो वह पहले से प्रयोग करता रहा है और क्या यह बेहतर नहीं होगा कि हम उन जंगली फलों और जड़ों में सुधार करें जिन्हें वह लेता रहा है और जो उसकी मिट्टी और जलवायु के उपयुक्त है? यह भी हो सकता है कि उसके भोजन की विविधता में मैदानों के ग्रामीणों के लिए पोषक मुक्ति निहित हो। श्री हाइड ने मांडला के गोंड द्वारा खा जाने वाली चीजों की श्री हिवाले से प्राप्त* एक असाधारण विस्तृत सूची भेजी है जो दिखलाती है कि पिछड़े इलाकों में पोषण अनुसन्धान के लिए कितनी

* इस रिपोर्ट के अन्त में परिशिष्ट-ठ देखें।

गुंजाइश है। फिर आदिवासियों को ब्रिटिश या भारतीय अधिकारी या उनके बीच रहनेवाले गैर-आदिवासियों द्वारा दी जानेवाली आम गाली या सहने लायक टिप्पणी यह है कि वे आलसी होते हैं, काम से जी चुराते हैं तथा उनमें टिकने की क्षमता नहीं होती। यह निश्चित ही गलत है यदि काम अनुकूल हो; इसका गवाह है बेवार कृषि में लगा विशाल उद्योग। फिर भी कुछ बस्तियों में इसमें और भी कई चीजें हैं, और उनका भोजन एक कारक हो सकता है। यद्यपि बालाघाट जिले में नागरिक अस्पतालों के इंस्पेक्टर जनरल और जन स्वास्थ्य के निदेशक, कुनूर के पोषण संस्थान के डा. ऐक्रॉयड ने कर्नल जे.बी.हॉस, सी.आई.ई.ओ, बी.ई., आई.एम.एस. के साथ हाल के एक दौरे में आश्चर्यजनक रूप से कुपोषण के बहुत कम लक्षण पाए और उन्होंने तथा कर्नल हॉस ने सोचा कि मलेरिया की भीषण महामारी आलस्य के आरोप के लिए पूरी तरह जिम्मेदार है। यह हमें दूसरे मुद्दे पर लाता है कि पूरे प्रान्त में आदिवासियों का अभिशाप मलेरिया और उसके कारण अन्य बीमारियों के प्रति प्रतिरोधक क्षमता का ह्रास है। प्रान्त, जहाँ मलेरिया का प्रभाव पूरे भारत में सबसे ज्यादा है, ने कुछ वर्ष पहले आर्थिक कारणों से अपने जन स्वास्थ्य विभाग की विशेष मलेरिया शाखा बन्द कर दी। एक मजबूत मलेरिया रोधी सेवा को इस प्रान्त के सरकारी फंड पर सबसे पहला हक मिलना चाहिए, खासकर पिछड़े इलाकों में।

320. श्री ए.एन. मिचेल, आई.सी.एस. ने छिन्दवाड़ा जागीरों के बारे में टिप्पणी की कि स्थानीय आदिवासियों को मुख्य जरूरत एक सक्रिय बेहतरी या उन्नयन करने की नीति नहीं बल्कि उनके दरवाजे या जितना नजदीक हो सके चिकित्सकीय और पशु चिकित्सा से सम्बन्धित राहत है। आमतौर पर कहा जाता है कि आदिवासी आधुनिक दवाएँ नहीं लेंगे और यदि उनके बीच चिकित्सा केन्द्र स्थापित किए गए तो वे उसका उपयोग नहीं करेंगे। मुझे कोई सन्देह नहीं कि ऊपर दिया गया भमरागढ़ चिकित्सा केन्द्र का मामला इस विचार के पक्ष में उदाहरण के तौर पर पेश कर दिया जाता, यदि माड़िया द्वारा इसका प्रयोग न किए जाने के असली कारणों की तलाश नहीं हुई होती। लम्बे समय से पिछड़े इलाकों में चिकित्सा केन्द्रों के प्रभारी सहायक चिकित्सा अधिकारियों के दौरों के प्रति पूर्वाग्रह रहा है, चाहे वह खर्च के कारण हो या इस मत के कारण कि आदिवासी अपने गाँवों में उसकी उपस्थिति का लाभ नहीं उठाएँगे। मैंने बस्तर में अपने अनुभव से इसे खारिज कर दिया, जहाँ एक नया चिकित्सा केन्द्र स्थापित करने से पहले चिकित्सक को बस्ती में दौरा करने के लिए नियुक्त किया गया जिसके परिणामस्वरूप जब से चिकित्सा केन्द्र शुरू हुआ प्रत्येक बाजार के दिन वहाँ भीड़ लगी रही और जल्दी ही मरीजों को भर्ती करने के लिए व्यवस्था करनी पड़ी। इस अध्याय में पहले ही दिया जा चुका मेरा दक्षिणी चन्दा जिले का दौरा मेरे इस दृष्टिकोण को प्रभावित करता है कि यहाँ इस प्रान्त और बस्तर राज्य के आदिवासियों में कोई अन्तर नहीं है; दोनों वास्तविक सराहना के साथ उनको दी गई चिकित्सा राहत स्वीकार करते हैं। समस्या दौरे पर आए चिकित्सकों के पास आदिवासियों के आने की इच्छा की उतनी नहीं है जितनी 'आम चिकित्सकों की जैसा कि वे सोचते हैं' आदिवासी काला पानी इलाकों में दौरा करने की अनिच्छा की है। इसीलिए लगभग हर जिले में यदि कोई सचल चिकित्सा केन्द्रों के प्रभारी सहायक चिकित्सा अधिकारियों के दौरों की विस्तृत जाँच करे तो पता चलेगा कि वे कितना मुख्य सड़कों और रेलवे तथा बड़े गैर-आदिवासी तत्त्वों वाले गाँवों तक सीमित रहे हैं। अन्ततोगत्वा यह इन्सानी प्रवृत्ति है। आदिवासी इलाके पिछड़े और स्वास्थ्य के लिए ठीक नहीं

होते हैं और शॅबर्ट्सन मेडिकल कालेज से सीधे निकले युवा चिकित्सक के लिए इन बीहड़ों में कोई समाज नहीं है। यह माना जाना चाहिए कि यह कार्य कठिन है और स्वास्थ्य के लिए ठीक नहीं है, और या तो इन इलाकों में घूमने वाले चिकित्सकों की पगार बढ़ानी चाहिए या उन्हें यहाँ एक बार में छः महीने से ज्यादा के लिए नियुक्त नहीं किया जाना चाहिए। वहाँ रहते हुए उन्हें आरामदायक स्थायी मुख्यालय मिलने चाहिए जहाँ वे अपने परिवार को छोड़ सके तथा दौरों के समय अन्तरालों में वहाँ जाकर पारिवारिक सुख पा सकें। यह संयुक्त चल व सचल चिकित्सा केन्द्रों की नीति का आधार है जिसके लिए कर्नल हॉस व मैंने सरकार पर जोर दिया है, तथा पाँच या छह ऐसे चिकित्सा केन्द्रों की माँग की है जिसका खर्च उसी केन्द्रीय अनुदान से उठाया जाना है।

321. दूसरा लाभप्रद तरीका वह है जो बिलासपुर के मुंगेली तहसील के आदिवासी इलाकों में क्राइस्ट मिशन अस्पताल के शिष्यों द्वारा डा.वी.सी. रैम्बों के अन्तर्गत आजमाया जा रहा है। मिशन आदिवासी इलाकों में मलेरिया, यौन रोगों, कुष्ठ रोग और छोटी बीमारियों के इलाज के लिए नियमित और व्यवस्थित दौरों के लिए चिकित्सकीय दल संगठित करता है। दौरे का कार्यक्रम गाँवों में पहले से ही बता दिया जाता है। दल द्वारा किए जानेवाले कामों के बारे में श्री रैम्बो के हाल के पत्र का उद्धरण बतलाता है :

> ''बैगाओं की शारीरिक स्थिति जैसा कि मैंने देखा वीभत्स थी। खुजली और चमड़े पर लाल चकत्ते बनानेवाले कीटाणु का प्रकोप था। हमें कुछ कुष्ठ रोगी भी मिले। कुछ वर्ष पहले जितने देखने में आए उससे ज्यादा चर्म रोगी सामने आए। गोनोरिया और सिफिलिस के कई मामले पाए गए। मलेरिया बड़ी महामारी है। एक गाँव में मैंने 13 बच्चे पाए जिनका प्लोहा बढ़ गया था। मैंने पूछा कि 13 से 18 वर्ष तक के बच्चे कहाँ हैं। गाँववालों ने बताया कि वे सब मर चुके हैं। इसी गाँव गें आधे से कुछ ही ज्यादा घर बसे हुए थे। एक दूसरे गाँव में ग्यारह में से दस बच्चों का प्लोहा बढ़ गया था। यहाँ भी कोई किशोर नहीं था। मैंने महसूस किया कि ये किशोर हो सकता है गाँव के बाहर हों या भय से छुप गए हों, लेकिन जाँच से पता चला कि वहाँ इस आयु के बच्चे ही नहीं थे। वास्तव में इन बच्चों में जो दीर्घकालिक मलेरिया से कमजोर हो जाते हैं उनकी मृत्यु दर बहुत ऊँची रहती है और एक बड़ी संख्या किशोरावस्था तक नहीं पहुँच पाती। सम्भवतः कुछ हद तक यह हिन्दू धर्म के प्रभाव के कारण उत्पन्न माँस की कमी का कारण है। मैं श्री वी. एल्विन के बैगा की तरफ आपका ध्यान खींचना चाहता हूँ जिसने कहा कि गाय को मारना सबसे बड़ा पाप है। हिन्दुओं द्वारा सूअर और मुर्गा रखने और खाने के लिए लगातार शर्मिन्दा करना उनकी ताकत को और कम कर रहा है। शाकाहारी भोजन उन्हें और अधिक शारीरिक रूप से कमजोर बनाएगी, खासकर बढ़नेवाले बच्चों और किशोरों को। कावर्धा राज्य के एक अधिकारी से बात करते हुए मैंने सुना कि बैगाओं की जनसंख्या साल दर साल कम होती जा रही है। मैं जनगणना के आँकड़े नहीं जानता मगर यह अधिकारी बैगाओं के सम्पर्क में था और ऐसी उसकी धारणा थी।''

उसी केन्द्रीय अनुदान ने इस काम में रु. 500 की दवाओं से मदद की, और मिशनरी चिकित्सकों द्वारा संगठित ऐसे मानवीय कार्य के लिए आर्थिक मदद धन का सदुपयोग है। यह हो सकता है कि दलों का दौरा सुदूर क्षेत्रों में दौरा करनेवाले आम उप-सहायक-स्वास्थ्य

अधिकारी को हतोत्साहित करनेवाले अकेलेपन से निजात दिला सके।

322. नेत्र विशेषज्ञ के तौर पर डा. रैम्बो की ख्याति मोतियाबिन्द का इलाज करनेवाले नीम हकीम, "सूई चुभोकर मोतियाबिन्द निकालनेवालों" के विरुद्ध कानूनी कार्रवाई की उनकी लगातार प्रार्थना पर विशेष जोर देती है। इन नीम हकीमों के कारण मोतियाबिन्द ठीक होने के बजाय पिछड़े इलाकों में बहुत लोगों को दृष्टि का नुकसान हुआ है।

323. प्रान्त के चिकित्सा केन्द्रों का नक्शा भी सबसे पिछड़े इलाकों में सबसे ज्यादा दूरी दिखलाता है। ये दूरियाँ क्रमशः कम हो रही हैं लेकिन प्रान्तीय वित्त स्थायी चिकित्सा केन्द्रों की अनिश्चित वृद्धि का बोझ नहीं उठा पाएगा। पिछड़े इलाकों में चिकित्सा राहत की आपूर्ति कभी भी उन्नत इलाकों जितनी नहीं रही है, लेकिन पिछड़े इलाकों में जन स्वास्थ्य की उपेक्षा की प्रतिक्रिया विकसित इलाकों पर भी पड़नी चाहिए।

अब समय आ गया है कि शहरों में और अधिक चिकित्सा केन्द्रों के लिए सरकारी अनुदान न दिया जाए जब तक पिछड़े इलाकों की आवश्यकता पूरी न की जा सके। कर्नल हांस के इस विचार में काफी दम है कि जहाँ स्थानीय निकाय (आम भाषा में नगरपालिकाएँ) सरकार द्वारा उपलब्ध कराए गए वेतनभोगी चिकित्सकों वाले स्थानीय चिकित्सा केन्द्रों को चिकित्सा राहत और पर्याप्त फंड मुहैया कराना अपनी जिम्मेदारी नहीं समझते, वहाँ से उन चिकित्सकों को हटाकर उन जगहों पर लगाना चाहिए जहाँ चिकित्सा राहत सीधे सरकार की जिम्मेदारी है। अच्छे स्वास्थ्य वाले शहरों में यह सुझाव दिया जा सकता है कि नगर समितियों को चिकित्सा केन्द्रों के प्रभारी स्वास्थ्य अधिकारियों की पगार का एक हिस्सा वहन करना चाहिए।

324. मैं इस अध्याय को कर्नल हांस के एक लेख के साथ समाप्त करता हूँ। मैंने इस प्रश्न पर उनके साथ प्रायः इतनी चर्चा की है कि मैं समझता हूँ कि आदिवासियों की जन स्वास्थ्य आवश्यकताओं पर हमारे विचार लगभग एक जैसे हैं। मैं जोर देता हूँ कि जन स्वास्थ्य कार्य एक महत्त्वपूर्ण चीज है और कुछ भी उतना खतरनाक नहीं होगा जितना आर्थिक और किफायत के कारणों से मांडला और बालाघाट जैसे आदिवासी जिलों से अलग-अलग नागरिक शल्य-चिकित्सकों के पदों को खत्म करना, जिन्हें न सिर्फ एक अलग नागरिक शल्य-चिकित्सक की जरूरत है बल्कि उतने ही योग्य जिला स्वास्थ्य अधिकारी की भी।

"आदिवासी जनजातियों को स्वास्थ्य समस्या" (द्वारा कर्नल जे.बी. हांस, सी.आई.ई., ओ.बी.ई., एम.डी., एम.ए., बी.सी.एच. (कैम्ब्रिज)), एफ.आर.सी.एस. (इडिनबर्ग), एल. आर.सी.पी., वी.एच.एस., आई.एम.एस.)

"325. आदिवासी जनजातियों की स्वास्थ्य समस्या को दो शब्दों में व्यक्त किया जा सकता है : चिकित्सा राहत।

हालाँकि प्रान्त के ज्यादा आबादी वाले हिस्सों में ज्यादातर निवासी चिकित्सा सुविधा की पहुँच में होते हैं और संचार की सुविधाएँ पर्याप्त होती हैं—कुछ मामलों में आसान भी—आदिवासियों के इलाके घने जंगलों में होते हैं जहाँ पहुँच पाना कठिन होता है और मानसून में लगभग नामुमकिन। इस प्रकार के जो भी चिकित्सा केन्द्र वहाँ हैं वो बहुत दूर अपेक्षाकृत ज्यादा बसे हुए क्षेत्रों में हैं। बीमार आदिवासी इसलिए कहीं नहीं जाता और अधिकतर अपनी बीमारी के साथ ही जीता-मरता है उसे दूसरों तक फैलाता है और किसी प्रकार की सहायता या बाधा नहीं बर्दाश्त करता।

"326. इन लोगों को परेशान करनेवाली बीमारियाँ अपेक्षाकृत बहुत कम हैं। जो बच जाते हैं और वयस्क बन जाते हैं वे हृष्ट-पुष्ट और सुगठित शरीर वाले होते हैं, अपेक्षाकृत अच्छा खाए-पीए (अकाल के समय को छोड़कर), और जीवन की जो सुविधाएँ ज्यादा सभ्य परिस्थितियों में रहनेवाले लोगों को सहज प्राप्त होती हैं उन्हें नसीब नहीं होती। शिशुओं और बच्चों की मृत्यु-दर गम्भीर है; लेकिन जो इस कठिन समय को झेल जाते हैं वे वयस्क होकर कई आम बीमारियों के प्रति प्रतिरोधक क्षमता विकसित कर लेते हैं।

"327. आदिवासियों की मुख्य चिकित्सा समस्याएँ मलेरिया, यौन रोग और चर्म रोग हैं, जो सभी आदिवासी इलाकों में उतने ही खतरनाक हैं। इसके अतिरिक्त कुछ स्थानीय समस्याएँ हैं, जैसे बस्तर और उड़ीसा की सीमा से लगे सभी दक्षिणी क्षेत्रों में चर्म रोग और उससे कुछ कम मांडला और उत्तरी बिलासपुर में कुष्ठ रोग)।

"328. इनमें से मलेरिया सबसे बड़ी समस्या है। यह शिशु और बच्चों की ऊँची मृत्यु-दर के लिए अकेले जिम्मेदार है। इसका वितरण आदिवासी जनजातियों के वितरण के साथ सहावसानी है, और इलाके की दुर्गमता किसी व्यवस्थित मलेरिया विरोधी उपाय को तकनीकी दिक्कत और खर्च के आधार पर निष्फल बना देती है। यह समस्या इतनी बड़ी है कि हाल तक कुछ लोगों की राय थी कि एकमात्र व्यावहारिक उपाय यह है कि बार-बार होनेवाले हमलों से बचने के लिए व्यक्तियों को कुनैन की पर्याप्त मात्रा का वितरण किया जाए, खासकर बच्चों में, जब तक वह उतनी प्रतिरोधक क्षमता विकसित न कर ले जितनी बच जानेवालों के पास होती है। यह निराशाजनक परामर्श की स्वीकारोक्ति है जो यद्यपि कुछ हद तक समस्या की अन्तर्निहित परेशानियों के कारण न्यायसंगत है, एक क्षण के लिए भी किसी जीवित और प्रगतिशील स्वास्थ्य नीति के लिए स्वीकारणीय नहीं है।

"329. बड़े अभियान्त्रिक कामों वाले बड़े स्तर के लार्वा विरोधी उपायों का निकट भविष्य में आर्थिक आधार पर कोई प्रश्न ही नहीं उठता, इसके अतिरिक्त ऐसे उपाय अपने साथ काफी मौसमी और मिलते-जुलते बदलाव लेकर आते हैं जिनका कार्य शुरू करने से पहले ध्यानपूर्वक अध्ययन जरूरी है। हालाँकि इसके अलावा आक्रमण की दो प्रमाणित दिशाएँ बचती हैं :

1. मच्छरों के विरुद्ध लार्वा की अवस्था में ग्रामीणों द्वारा स्वयं किए जानेवाले उपाय

सभी अधिकारी आदिवासियों के बीच शिक्षा के प्रसार की उपयुक्तता और आवश्यकता पर एकमत हैं, और इसी प्रकार की एकता इस बात पर है कि यह शिक्षा लोगों की आदतों और उनकी जरूरतों के अनुरूप ढली हुई हो। इस शिक्षा में जन-स्वास्थ्य, खासकर मलेरिया के बारे में बुनियादी निर्देश शामिल होना चाहिए जिसे शुरू में गाँवों के समूहों में नियन्त्रित प्रयोगों द्वारा प्रमाणित किया जाना चाहिए, जब तक इसके व्यावहारिक परिणाम दृष्टिगोचर न हो जाएँ। ऐसी शिक्षा में ठहरे हुए पानी के तालाबों को सुखाना गाँव के आस-पास के नालों को बहाना (आधे मील की त्रिज्या में) तथा जानबूझकर सभी ठहरे पानी के गड्ढों जिन्हें सुखाया नहीं जा सकता और जो मनुष्य द्वारा पानी पीने के काम नहीं आते को गोबर या घास-पात से भर डालना। इस तरह से सड़ाए गए पानी में एनोफिलिस मच्छर पैदा नहीं होते।

2. गाँव के अन्दर ही घरों और मवेशियों के बाड़ों में मच्छर ढोनेवाले वयस्कों पर कीटनाशकों का छिड़काव

ग्रामीण मलेरिया के काम में सबसे उम्मीद का विकास रहा है पाइरेथ्रम (एक प्रकार के गुलदाऊदी) के कीटनाशक गुण की खोज और भारत में इस गुलदाऊदी की सफलतापूर्वक कृषि। पाइरेथ्रम के साथ मद्रास प्रेसीडेन्सी में रसेल और कुर्ग में कार्लेवुड और कलापा के प्रयोगों ने जो परिणाम दिए हैं उन्हें क्रान्तिकारी कहा जा सकता है। रसेल ने कावेरी डेल्टा के एक अत्यन्त मलेरियाग्रस्त इलाके में रु. 0.5-0 प्रति व्यक्ति प्रति मौसम के खर्च से सिर्फ वयस्क मच्छरों को छिड़काव से मारकर मलेरिया पर नियन्त्रण पाने में सफलता पाई। कार्लेवुड और कलापा ने कुर्ग के चुने हुए पुलिस और जंगली बस्तियों में इसी प्रकार का उपाय किया जहाँ जल भराव के कारण लार्वा विरोधी काम नामुमकिन था। एक साल में उन्होंने जंगलों और पुलिस वालों के बीच बीमारी होने की दर 75 प्रतिशत से 33 प्रतिशत से भी कम तक पहुँचा दी और लेखक को यह सूचना दी गई है कि बीमारी और प्लाह घटने के बाद के आँकड़े उतने ही चकित करनेवाले हैं। इससे भी आगे इन उपायों के परिणाम इतने स्पष्ट थे कि आस-पास के गाँववालों ने इसे उनके गाँवों में चलाने की अर्जी दी। इसे चुने हुए गाँवों में उतनी ही सफलता के साथ लागू किया गया, जिन गाँवों को नहीं चुना गया वे नियन्त्रक का काम करते थे। ग्रामीण इस उपाय की कुशलता पर पूरा भरोसा करने लगे हैं जिसे अब उपयुक्त बस्तियों में लागू किया गया है और इसकी सीमा सिर्फ बजट की उपलब्धता पर निर्भर है।

"330. यद्यपि पाइरेथ्रम की बढ़ती कृषि से इसका दाम गिरता जाएगा। दुर्भाग्य से ऐसा है कि मौसम के कारण इसकी कृषि सिर्फ कुछ ही आदिवासी इलाकों में सफल हो पाएगी। हालाँकि केन्द्रीय मलेरिया संस्थान में लन्तना तेल के कीटनाशक गुणों की जाँच चल रही है। यदि यह सफल हो गया तो आदिवासियों के दरवाजे पर कीटनाशकों की पर्याप्त उपलब्धता रहेगी; और कुर्ग का अनुभव बताता है कि नियन्त्रित प्रदर्शन के बाद आदिवासी इसके फायदों की सराहना किए बगैर नहीं रह सकेंगे।

"331. तब यहाँ आदिवासियों की मलेरिया समस्या से निपटने के दो आशाजनक तरीके हैं, जिन्हें आदिवासी स्वयं ही लागू कर सकता है उसे सिर्फ निर्देश और प्रदर्शन की जरूरत होगी।

"332. यौन रोग—यह एक ज्यादा मुश्किल पैदा करनेवाली समस्या है क्योंकि तथाकथित सभ्यता के साथ उनके सम्पर्कों के कारण यदि एक बार यह बीमारी जनजातियों में पहुँच गई तो उनकी आदतें और परम्पराएँ ऐसी हैं कि वे इसके फैलने में सहयोग करेंगी; और रोग अधिक बुद्धिमत्ता और शिक्षा के एक स्तर की माँग करता है जिसे कि आदिवासी निकट भविष्य में नहीं प्राप्त कर सकते। इसलिए इस समस्या से निजात के लिए इसके उपचार पर ही निर्भर हुआ जा सकता है और इसे उपलब्ध कराने का अच्छा तरीका ज्ञात नहीं है और न ही यह बल सुधार की लम्बी प्रक्रिया से गुजरे बगैर मिल सकता है। सरकार द्वारा भूमिजन सेवा मंडल के सक्रिय सहयोग से मांडला जिले के पाटन में एक-एक विशेष प्रशिक्षण प्राप्त अधिकारी के अन्तर्गत एक यौन रोग क्लीनिक की स्थापना के द्वारा एक शुरुआत की गई है। इस कार्य को अंजाम देने की दो सहज दिशाएँ सम्भव हैं—

(1) कि क्लीनिक स्थायी रहना चाहिए और मरीज उपचार के लिए केन्द्र पर आए, या

(2) कि क्लीनिक परिगामी हो जो व्यवस्थित रूप से एक केन्द्र से दूसरे केन्द्र तक चलायमान रहे।

दोनों तरीकों में मामले की पर्याप्त निरन्तर जाँच-पड़ताल करना एक सहज समस्या है, और सिर्फ अनुभव से ही इस परेशानी का सबसे अच्छा उपाय खोजा जा सकता है। यह अनुभव भी हासिल होने के बाद यौन रोग विरोधी उपचार के दायरे को बढ़ा पाना काफी सम्भव हो सकेगा। इसमें काफी ज्यादा खर्च आएगा; लेकिन ये बीमारियाँ सामाजिक बीमारियाँ हैं जो आनेवाली पीढ़ियों के स्वास्थ्य पर प्रभाब डालेंगी। आदिवासी जनजातियाँ सीधे तौर पर सरकार की जिम्मेदारी हैं और लेखक इसके अतिरिक्त और कोई विकल्प नहीं देखता कि सरकार इस जिम्मेदारी को स्वीकार करे।

"333. *चर्म रोग*—ये मुख्यतः गन्दगी और व्यक्तिगत सम्पर्कों के कारण होनेवाली बीमारियाँ हैं और इनका उन्मूलन सस्ते औषधीय मलहम और लोशन की पर्याप्त उपलब्धता को देखते हुए तथा पानी और जहाँ सम्भव हो साबुन के फायदे का प्रचार करके किया जा सकता है और इसमें कोई बड़ी कठिनाई नहीं आनी चाहिए।

"334. विशेष बीमारियाँ 'एक प्रकार का चर्म रोग और कुष्ठ रोग में से चर्म रोग' के खिलाफ, हालाँकि काफी देर से ही सही, अब सघन और व्यवस्थित अभियान छेड़ा गया है; और फंड तथा लोगों की पर्याप्त उपलब्धता बनी रहती है तो इसका शीघ्र उन्मूलन सम्भव हो सकेगा। यहाँ फिर से जरूरी दवाइयों का खर्च बहुत ज्यादा है लेकिन यौन रोगों के मामले की तरह ही यहाँ भी जिम्मेदारी से मुँह नहीं मोड़ा जा सकता।

"335. *कुष्ठ रोग*—कहा जाता है कि प्रभावित इलाकों में यह बीमारी बढ़ रही है। इसके प्रकार और वितरण पर विश्वस्त सूचना अभी उपलब्ध नहीं हो पाई है और यह व्यवस्थित काम शुरू करने के लिए एक आवश्यक सामग्री है। प्रान्त के शेष हिस्सों में कुष्ठ रोग के सदृश्य यह प्रकार सम्भवतः अपेक्षाकृत कम गम्भीर है। दूसरी बस्तियों की तरह ही इसका नियन्त्रण दो मुख्य तरीकों पर निर्भर है, संक्रामक किस्म के कुष्ठ रोगियों को अलग रखना और उनका उपचार करना और कुष्ठ रोगियों के बच्चों को रोग के सम्पर्क से दूर रखना। भूमिजन सेवा मंडल द्वारा मांडला जिले में एक बहुत अच्छी शुरुआत पहले ही की जा चुकी है और मुंगेली में मिशनरी के अधिकारियों द्वारा बहुमूल्य पथप्रदर्शक कार्य किया जा रहा है। लेकिन जैसा कि स्वास्थ्य के केन्द्रीय सलाहकार बोर्ड द्वारा जोर दिया जा रहा था कुष्ठ रोग का नियन्त्रण और उसकी रोकथाम सम्बन्धित सरकार की जिम्मेदारी है। इसलिए जरूरी यह है कि प्रभावित आदिवासी गाँवों में बीमारी का विस्तृत और सटीक सर्वेक्षण किया जाए, संक्रामक किस्म के रोगियों के लिए उपचार बस्तियाँ बनाई जाएँ और उनके अपने नेताओं द्वारा सघन प्रचार कराया जाए बच्चों की इस बीमारी से सुरक्षा की आवश्यकता पर। युद्ध की स्थितियों के कारण जरूरी उपायों को फिलहाल के लिए टालना पड़ रहा है मगर यह आशा की जाती है कि सरकार इस समस्या की अपरिहार्यता और अपनी जिम्मेदारी दोनों समझेगी और युद्ध की समाप्ति के बाद जल्द से जल्द उन्हें प्रारम्भ करेगी।

"336. सारांश में आदिवासी इलाकों में स्वास्थ्य समस्या पर एक संक्षिप्त टिप्पणी दी गई है। पर्याप्त दृष्टिकोण का एक मुख्य अवयव सभी में साझा है : चिकित्सा राहत (बचाव और उपचार दोनों तरह की) को लोगों के गाँवों और उनके दरवाजे तक लाना। ऐसा करने

के लिए आदिवासी इलाकों में लगे स्वास्थ्य कर्मियों की संख्या में वृद्धि आवश्यक होगी; और लेखक की प्रतिबद्धता है कि अनुशासनहीन स्थानीय निकायों जिनमें उनकी सेवाओं को न तो वित्तीय मदद मिलती है और नहीं सराहना, से सरकारी कर्मचारियों को निकालकर और उन्हें आदिवासी इलाकों में लगाकर इस माँग की जल्दी और उचित तरीके से पूर्ति की जा सकती है। लेकिन पर्याप्त निगरानी के बिना अधीनस्थ स्वास्थ्य कर्मचारियों की संख्या बढ़ाने का भी कोई फायदा नहीं है। और यह मांडला और बालाघाट जैसे जिलों में नागरिक शल्य चिकित्सकों की पुनर्स्थापिका भी आवश्यक बना देता है जहाँ से उन्हें हटाया गया था और उनकी ड्यूटी को व्यवस्थित करना ताकि नियमित और सघन दौरों के द्वारा न सिर्फ वे प्रभावी निगरानी कर सकें बल्कि अपने साथ जरूरी उपकरणों को लेकर वे आदिवासियों को कुशल उच्चस्तरीय दवा और शल्य चिकित्सा के सम्पर्क में लाएँ।''

अध्याय : ग्यारह

आदिवासी क्षेत्रों में आबकारी नीति और प्रशासन

"किसी भले आदमी ने एक बार कहा कि जहाँ रहस्य शुरू होता है, धर्म समाप्त हो जाता है। क्या मैं उतनी ही सच्चाई के साथ मानवीय कानूनों के बारे में नहीं कह सकता कि जहाँ रहस्य शुरू होता है, न्याय खत्म हो जाता है?"

(बर्क--प्राकृतिक समाज का एक पुष्टिकरण)

337. प्रान्त के पिछड़े इलाकों में आबकारी नीति ने कई चढ़ाव-उतार देखे हैं। ये परिवर्तन एक विद्यार्थी के लिए भी झुँझलाहट पैदा करनेवाले हैं--उन्होंने उस दुर्भाग्यशाली आदिवासी को कितना परेशान किया होगा जो पहले जहाँ चाहे कच्ची दारू बनाने के लिए स्वतन्त्र था, और फिर उसने वैध कच्ची दारू के क्षेत्र पर लगातार प्रतिबन्ध देखा जिसके साथ ही अजीब-सी आन्तरिक आबकारी सीमाएँ थीं जिसके दोनों तरफ नए और कुख्यात कारखाने की दारू के दामों में अन्तर था, प्रायः उसके रंग में भी, विशिष्ट नियम जिन्होंने महँगी शराब वाले क्षेत्र के एक गोंड के लिए यह एक अपराध बना दिया कि वह सीमा के दूसरी तरफ से सस्ती दारू खरीदकर घर लाए। प्रान्त के पहले अंग्रेज प्रशासकों द्वारा आदिवासियों को नशाखोरी से छुड़ाने और कला दारू विक्रेता की असाध्य आर्थिक गुलामी, जिसे हम पहले के अध्यायों में देख चुके हैं (उदाहरण के लिए ऊपर पैराग्राफ 138-139 और 205 देखें) कि वह आदिवासियों के आर्थिक पतन का मुख्य कारण रहा है, से छुड़ाने के लिए सोची गई प्रशासन की आबकारी नीति ने निःसन्देह उन्हें उस गुलामी से छुड़ाने में बहुत कुछ किया है; लेकिन अन्त में इसका बढ़ता उलझाव और यह वास्तविकता कि इसका मुख्य प्रभाव आदिवासियों का कल्याण नहीं बल्कि नशाखोरी के प्रति हिन्दुओं और मुसलमानों को अरुचि ने भी इसे आदिवासी जीवन पर एक बोझ और रुकावट बन गया।

शराब के अवैध निर्माण या सीमावर्ती क्षेत्रों या कम शुल्क वाले क्षेत्रों से अधिक शुल्क वाले क्षेत्रों में तस्करी के लिए भारी जुर्माने तथा "कौसर" या गैर आदिवासी आबकारी कर्मचारी द्वारा घर की तलाशी लेने या हथकड़ी या जेल से होनेवाले अपमान के जनजातीय जुर्माने ने ग्रामीण जीवन को तहस-नहस कर दिया और इस जुर्माने को चुकाने की उत्तेजना पुनः उन्हें कलार या अन्य साहूकारों के पंजों में ले गई लेकिन पहले हम इस नीति और इसके विकास तथा काम करने के तरीके के बारे में एक संक्षिप्त विवरण देखते हैं जैसा कि आधिकारिक स्रोतों में दिया गया है; पैराग्राफ 338 से 348 तक शब्दशः आबकारी विभाग द्वारा कृपापूर्वक मुझे दी गई एक टिप्पणी से लिए गए हैं।

338. जब प्रान्त में शामिल भूभाग पहली बार ब्रिटिश प्रबन्धन के अधीन आया तो पाया गया कि देसी दारू बनाने पर फीस लगाने का अधिकार भू राजस्व वाले किसानों को बतौर "विविध राजस्व" पट्टे पर दिया गया था। ब्रिटिश शासन के अन्तर्गत इस प्रणाली को रोक दिया गया लेकिन पहले-पहल बदलाव सिर्फ इतना किया गया कि बनाने और बेचने का एकाधिकार किसानों को बेचा गया जो उसी समय जरूरी नहीं था कि भू राजस्व वसूली के ठेकेदार हों। इन किसानों ने अपने हित में पाया कि सस्ते दरों पर और जितनी ज्यादा जगहों पर सम्भव हो दारू बेचकर इसके प्रयोग को बढ़ावा दें। भट्ठियों और दुकानों की संख्या पर कोई प्रतिबन्ध नहीं था। इसका परिणाम था बहुतेरी आबादी द्वारा नशाखोरी, खासकर गोंडों में जिनके बारे में कहा गया था कि वे जी-पीकर धरती से समाप्त हो जाएँगे।

सर रिचर्ड टेम्पल के शब्दों में—

> "मदिरापान की बुराई समुदाय के कम सभ्यता वाले वर्गों की क्रमशः बर्बादी की चेतावनी देती प्रतीत होती है।"

339. मध्य प्रान्त प्रशासन ने तब खेती या भट्ठी प्रणाली लागू की जिसके द्वारा एक ठेकेदार द्वारा उसके अधिकार क्षेत्र में खोली जा सकनेवाली भट्ठियों और दुकानों की संख्या प्रतिबन्धित कर दी। पहले यह प्रणाली पूरे मध्य प्रान्त में एकसमान थी और प्रान्त के विभिन्न हिस्सों में मिलनेवाली विभिन्न आर्थिक स्थितियों का ध्यान नहीं रखा गया था। इस प्रणाली को सदर शराब निर्माण प्रणाली के नाम से जानी जानेवाली प्रणाली से प्रतिस्थापित कर दिया गया। इस प्रणाली के तहत खुदरा बिक्री क्षेत्रों के लाइसेंसधारकों को अपनी शराब सदर (जिला मुख्यालय) में स्थित एक भट्ठी में ही बनानी थी या वहाँ शराब बनानेवाले से ही खरीदना था और खरीदी शराब पर शुल्क देना था और इसके साथ बिक्री के अधिकार के लिए फीस भी चुकानी थी। इस प्रणाली को आगे चलकर अनुबन्ध-पूर्ति या मद्रास प्रणाली से स्थानान्तरित कर दिया गया जिसके तहत शराब बनानेवाले को अपने क्षेत्र में खुदरा शराब बेचने पर प्रतिबन्ध लगाया गया, और खुदरा बिक्री के लाइसेन्स नीलामी के द्वारा लाइसेन्स धारकों को बेचे जाते हैं जो अपना माल लाइसेन्सधारी निर्माताओं से निर्धारित जारी मूल्य चुकाकर प्राप्त करते हैं। ऊपर दी गईं सभी प्रणालियों में देसी भट्ठी प्रणाली को प्रान्त के सभी सुदूरवर्ती क्षेत्रों जहाँ संचार की व्यवस्था खराब है तथा उन जगहों पर जहाँ की सस्ती और हल्की किस्म की शराब की माँग थी, में बनाकर रखा गया।

340. 1904 में मुख्य कमिश्नर द्वारा प्रान्त में आबकारी प्रणाली की जाँच और उसे सुधारने के लिए सलाह देने की खातिर एक आबकारी समिति की नियुक्त की गई। समिति का विचार था कि देसी भट्ठा प्रणाली ने अनियन्त्रित नशाखोरी को बढ़ाया है। यद्यपि इसे रोकने के कुछ उपाय हैं जो कि धारिता सीमित करके और भट्ठों की संख्या सीमित करने के द्वारा किए गए हैं पर उन्हें लागू नहीं किया जा सका, अपर्याप्त नियन्त्रण के साथ जंगलों की विशालता और अवैध शराब बनाने की सहूलियतों के कारण। समिति ने पिछड़े इलाकों की स्थिति का सीधा मुआयना नहीं किया बल्कि अनेक जिला रिपोर्टों का उद्धरण दिया। इस प्रकार श्री गैस्किन बैतूल के डिप्टी कमिश्नर ने लिखा :

> "देसी भट्ठों के क्षेत्र को सीमित करना लोगों के हित में जरूरी है। जिले के जंगली भागों में आदिवासियों द्वारा बड़े पैमाने पर शराब का सेवन किया जाता है; वे इस आदत और इसके द्वारा आपूर्ति करनेवाले कलार के पक्के गुलाम बन जाते

हैं। इसका असर अत्यन्त घातक है। यह हर प्रगति और कृषि के हर विस्तार को बाधित करता है।''

श्री लो, बालाघाट के डिप्टी कमिश्नर ने लिखा :

''वर्तमान हालात से ज्यादा बुरा कुछ भी नहीं हो सकता है। अपराध बहुत ज्यादा नहीं हैं लेकिन शराब के कारण होनेवाला अनुपात बहुत ज्यादा है और यह सबसे दुखद लक्षण है। एक बलात्कार, एक खून, एक हत्या, कई घातक हमले और बड़ी संख्या में दुर्घटनाओं में मौतें सब शराब पीने के कारण हुई हैं। जंगली इलाकों में शराब का सेवन भारी पैमाने पर होता है। ऐसे प्रणाली की जरूरत है जो शराब का दाम दो गुना कर दे।''

इन हालात में समिति ने सुझाव दिया कि पहले इलाके के सेवन का अनुमान लगा लेना चाहिए और उसके अनुसार भट्ठी का आकार निश्चित करना चाहिए। यंत्रों को इसी प्रकार निर्धारित करना चाहिए ताकि एक दिन में एक खेप से ज्यादा निकालना असम्भव हो जाए। फिर भट्ठी से लगे इलाके के लिए एक रिजर्व मूल्य जो इस प्रकार बनाई गई शराब पर प्रति गैलन एक अच्छे शुल्क का प्रतिनिधित्व करता हो, निश्चित करना चाहिए।

समिति ने आगे सुझाव दिया कि उन प्रस्तावों को निम्नलिखित इलाकों में लागू किया जाना चाहिए :

(1) डिंडोरी तहसील सहित प्रान्त के उत्तर पूर्व में जंगली इलाके का एक हिस्सा, मांडला की बिछिया अंचल जबलपुर के कुन्दम अंचल का एक हिस्सा और बिलासपुर की उत्तरी जमींदारियाँ तथा उनके बीच में स्थित संरक्षित वनों का एक टुकड़ा;

(2) छत्तीसगढ़ अंचल की शेष बिखरी जमींदारियाँ खालसा भूभाग के कुछ हिस्सों के साथ घुलमिल गया है, इस प्रकार परिभाषित किया है :

रायपुर—सभी जमींदारियाँ गुंदरवाही को छोड़कर और महानदी के पूर्व में सभी गैर जमींदारी खालसा क्षेत्र धमतरी तहसील के सदोल और राजिम इलाके तथा सुंजरी और दुर्गाहन इलाके को छोड़कर;

बिलासपुर—सोनाखान समूह;

(3) वैनगंगा नदी के पूर्व में चन्दा जिले के सभी हिस्से, साथ ही इससे लगे भंडारा जिले के चिंचगढ़, राजोरी और काकोरी इलाके।

(4) नर्बदा के पार स्थित नीमड़ जिले के हिस्से या इन्दौर भूभाग द्वारा शेष जिले अलग किए गए हिस्से;

(5) मकरई राज्य और बरार सीमा के बीच होशंगाबाद जिले का हिस्सा।

ऊपर दिए गए सभी इलाकों में आबकारी प्रशासन जमींदारों के हाथ में था, जहाँ तक देसी शराब की बात है। ये जमींदार उनकी टकोली या आभार में शामिल कर देते थे, इस तथ्य की स्वीकारोक्ति में कि वे इन अधिकारों का उपयोग सरकार के एजेन्ट के तौर पर करते हैं। सरकार द्वारा वास्तव में नियन्त्रण लेना 1903-04 से शुरू हुआ, कम-से-कम चन्दा जिले की जमींदारियों में। इन परिवर्तनों के परिणामस्वरूप बालाघाट में भट्ठियों की संख्या छः से, चन्दा में 202, छिन्दवाड़ा में छः और होशंगाबाद में दो से कम हुई जबकि दुकानों की संख्या चन्दा में 274, बिलासपुर में 44 और होशंगाबाद में चार से घटी। देशी भट्ठा प्रणाली का

सदर शराब निर्माण प्रणाली या अनुबन्ध आपूर्ति प्रणाली द्वारा प्रतिस्थापन जहाँ कहीं भी उचित लगा लागू किया गया। 1905-06 में चन्दा, छिन्दवाड़ा, बैतूल, बालाघाट, भंडारा, रायपुर, बिलासपुर, दुर्ग और मांडला में देशी भट्ठे थे जिनकी संख्या 1,244 थी और जो 3,037 दुकानों को आपूर्ति करते थे और रु. 7,40,800 लाइसेंस फीस अदा करते थे। 1920-21 में देसी भट्ठे चन्दा के सिर्फ 1,151 वर्ग मील में, छिन्दवाड़ा के 218 वर्ग मील में, रायपुर के 2,385 वर्ग मील में, दुर्ग के 284 वर्ग मील में और मांडला के 3,362 वर्ग मील में रह गए थे या पूरे प्रान्त में 7,401 वर्ग मील में उनकी संख्या घटकर 106 हो गई है, जो 223 दुकानों को आपूर्ति करते हैं और रु. 99,064 लाइसेंस फीस देते हैं। भट्ठों के अन्तर्गत क्षेत्रफल आदि पर प्रतिबन्ध के अलावा पात्रों की क्षमता भी सीमित की गई और कुछ जिलों में लाइसेन्स फीस भट्ठी की रोज के उत्पादन के आधार पर लिया जाता था। उदाहरण के लिए, मांडला जिले की एक दुकान से रु. 250 प्रतिवर्ष लाइसेंस फीस लिया जाता था जिसकी पात्रों की क्षमता 54 गैलन थी। इन सभी प्रतिबन्धों का अन्तर्निहित सिद्धान्त था बिना इसे प्रतिबन्धित किए आदिवासी इलाकों में शराबखोरी में कमी लाना।

341. वर्ष 1920-21 में एक नीतिगत परिवर्तन हुआ। मॉन्टेग्यू चेम्सफोर्ड संशोधन के तहत आबकारी विधान परिषद के प्रति जिम्मेदार एक मन्त्री द्वारा प्रशासित एक हस्तांतरित विषय बन गया था। सरकार ने पूरे प्रान्त में देशी शराब की बिक्री पर रोक लगाने का विधान परिषद का सुझाव स्वीकार कर लिया। नीति की व्याख्या करते हुए मन्त्री (स्वर्गीय श्री एन. के. केलकर) ने यह घोषित करते हुए इसको अर्हता प्रदान की कि प्रतिबन्ध अन्तिम लक्ष्य होगा, इसे प्राप्त करने का माध्यम देसी शराब निर्गम मूल्य में क्रमशः वृद्धि के द्वारा इस पर क्रमिक रोक लगाना होगा। निर्गम मूल्य बढ़ने और बड़ी संख्या में दुकानों के बन्द होने के कारण सभी पिछड़े इलाकों में शराब के सेवन में भारी कमी आई, और वर्ष 1923 तक यह पाया गया कि छिन्दवाड़ा, मांडला और बैतूल जिले के पिछड़े इलाकों में वैध शराब ने अवैध शराब को प्रतिस्थापित करना शुरू कर दिया था। प्रान्त में शुल्क की दरें रु. 0-15-0 से रु. 12-13-0 प्रति प्रूफ गैलन की दर से बढ़ाकर रु. 1-4-0 से रु. 17-80 प्रति प्रूफ गैलन कर दी गई। देशी शराब का सेवन 12 प्रतिशत से कम हुआ। वर्ष की वार्षिक प्रशासनिक रिपोर्ट में यह सुझाव दिया गया था कि सरकार की यह नीति चन्दा के पिछड़े इलाकों, पठार के जिलों और छत्तीसगढ़ के आदिवासियों को स्वीकार्य थी, लेकिन यह भी इंगित किया गया था कि पठारी जिलों में रहनेवाले अनेक आदिवासी शराब के आदी हैं। वे अज्ञानी और भोले हैं। जब उन्होंने इस नीति को स्वीकारा तब उन्हें पता था कि यह उनकी सहज इच्छा और सामाजिक दबाव के बीच लड़ाई थी।

342. 1924 तक आदिम भट्ठा प्रणाली सिर्फ 4 जिलों में चल रही थी, चन्दा के 1,151 वर्ग मील, रायपुर के 2,385, दुर्ग के 285 और मांडला के 2,506 वर्ग मील में। अनुबन्ध आपूर्ति प्रणाली आदिवासियों के सभी इलाकों में लागू हो चुकी थी। निर्गम मूल्य दर रु. 1-9-0 से बढ़ाकर रु. 6 प्रति प्रूफ गैलन कर दिया गया था, मांडला और बिलासपुर जिलों के अलावा, जबकि शराब का सेवन लगातार कम हुआ शहरी इलाकों में 65 प्रतिशत से और कम विकसित इलाकों में 84 प्रतिशत और 76 प्रतिशत से। पिछड़े इलाकों में सेवन में कमी उतनी ज्यादा नहीं हुई। इसका कारण यह था कि इन इलाकों में वैध शराब का मूल्य आदिवासियों की क्रय क्षमता से ज्यादा बढ़ने नहीं दिया गया था। हालाँकि निर्गम मूल्य इतने ऊँचे थे कि

उन्हें आपूर्ति के अवैध स्रोतों की तरफ उन्मुख करें। 1926 में पाए गए अवैध शराब बनाने के मामलों की संख्या 1925 के मुकाबले इस प्रकार थी :

जिला	–	1935	1936
नागपुर	–	44	147
भंडारा	–	78	120
चन्दा	–	72	103
सिवनी	–	921	30
मांडला	–	312	385
बैतूल	–	357	353
छिन्दवाड़ा	–	335	501

अवैध शराब बनानेवालों को दिए जानेवाले भारी दंड पहले ही आदिवासियों को अवैध शराब बनाने के लिए उनके घरों से दूर सुदूर जंगलों में धकेल रहे थे और अपराध पकड़ने की कठिनाई और बढ़ रही थी। 1926 के लिए आबकारी प्रशासन पर सरकार का प्रस्ताव था कि शराबबन्दी के हित में यह बुद्धिमानी नहीं होगी कि जरूरत से ज्यादा रफ्तार बढ़ाई जाए और वैध शराब का मूल्य नियमित पीने वालों की पहुँच से ज्यादा रखा जाए जब तक कि इन इलाकों के लोगों की सामाजिक और आर्थिक स्थिति ऐसे उपाय लागू करने के लायक नहीं हो जाती।

343. 1933 तक ऐसा लगता था कि सरकार की नीति असफल हो गई है। शराब का अवैध निर्माण प्रान्त के सभी हिस्सों, शहरों, देहातों और पिछड़े इलाकों में समान रूप से धड़ल्ले से चल रहा था। ज्ञात मामलों की संख्या 1919-20 में 435 से बढ़कर 1933 में 3,795 हो गई। नागपुर मंडल के कमिश्नर ने नागपुर जिले की वार्षिक प्रशासनिक रिपोर्ट में लिखा :

> "मेरा विचार है कि बैतूल, छिन्दवाड़ा के कुछ हिस्सों और चन्दा के एक बड़े हिस्से के गरीब आदिवासी इलाकों में देसी शराब का खुदरा मूल्य अभी भी बहुत ऊँचा है। इस तथ्य को ध्यान में रखना चाहिए कि शराब के आदी आदिवासी इसकी ऊँची कीमत से रुकनेवाले नहीं हैं। वे सिर्फ वैध शराब से अवैध शराब की तरफ मुड़ जाएँगे। उनके इलाके का स्वरूप अवैध शराब निर्माण के प्रभावकारी रोकथाम को असम्भव बना देता है। ठीक-ठाक बिक्री मूल्य तय करने से, यह सम्भव हो सकता है कि लोगों के साथ अवैध शराब निर्माण से दूर रहने का समझौता हो जाए।"

उसी वर्ष की प्रान्तीय रिपोर्ट में आबकारी कमिश्नर ने टिप्पणी की :

> "सरकार की शराबबन्दी की नीति उनके दुख के कारणों में छोटा स्थान नहीं रखती, जिसके बारे में उनसे कभी परामर्श नहीं लिया गया, क्योंकि कई कबीलों में शराब का प्रयोग उनके कबीले के देवताओं को पूजने या उनके समारोहों के नृत्य में करना समय की माँग है और अपरिहार्य है।"

अपने प्रस्ताव में सरकार ने कहा कि उसे लगता है कि समय आ गया है जब स्थिति को ध्यानपूर्वक समझा जाए और यह विचार कर लिया जाए कि कुछ साल पहले अपनाई

गई क्रमिक और पूर्व शराबबन्दी की नीति का कोई विकल्प था या नहीं; ऐसे समय में जब आदिम जनजातियों के कल्याण पर पहले के मुकाबले यथोचित ज्यादा ध्यान दिया जा रहा था, वर्तमान नीति का पुनःसंस्करण जरूरी समझा गया।

344. इसके अनुसार 1935 से देशी शराब का निर्गम मूल्य दर प्रान्त के सभी विभिन्न हिस्सों में कम किया जाने लगा। फरवरी 1934 में प्रान्त में आदिवासी जनजातियों के नैतिक और भौतिक उन्नयन का प्रश्न सरकार द्वारा उठाया गया, और मांडलों के कमिश्नरों और बन्दोबस्त कमिश्नर को आवश्यक कानूनी और प्रशासनिक उपायों की पड़ताल करने को कहा गया। इन इलाकों में लागू की जानेवाली आबकारी नीति पर उनकी राय पृथक राजस्व विभाग द्वारा एक पुस्तिका के रूप में छापी गई। उन्नीस में से पन्द्रह डिप्टी कमिश्नरों की राय थी कि आदिवासी इलाकों में भट्ठा प्रथा फिर चालू की जानी चाहिए : अन्य चार अपने जिलों (चन्दा और दुर्ग) में वर्तमान भट्ठा क्षेत्र बढ़ाने या भट्ठे शुरू करने (सौगोर और भंडारा) को गैर जरूरी मानते थे।

345. 1935 में सरकार ने अपनी आबकारी नीति के कामकाज की समीक्षा के लिए एक समिति नियुक्त की। उसके सुझाव आदिवासी और अन्य पिछड़े इलाकों में अपनाई जानेवाली नीति से सम्बन्धित थे। चन्दा जिले के माड़िया इलाके के बारे में समिति का निष्कर्ष था कि माड़िया लोगों को पीने की आदत है जिन्हें त्यौहार, विवाह और पूजा के लिए घर की बनाई शराब चाहिए। उन्होंने घरेलू उपभोग के लिए मुफ्त ताड़ी निकालने के लाइसेंस का और अधिक विस्तार करने का सुझाव दिया, विशेषकर उन गाँवों में जहाँ माड़िया गोंड रहते हैं। अन्य जगहों पर समिति का सुझाव था कि भट्ठा प्रणाली को दोबारा लागू करना पिछड़े इलाकों में अवैध शराब निर्माण पर नियन्त्रण करने का पहला कदम था। भट्ठा प्रणाली लागू करने में निम्न प्रतिबन्ध सुझाए गए :

(क) प्रत्येक भट्ठे पर शराब बनाने की अधिकतम सीमा निर्धारित की जानी चाहिए
(ख) आदिवासी इलाकों में शराब व्यवसाय से बिचौलियों को हटाया जाना चाहिए।
(ग) यदि सम्भव हो तो मुखिया या अन्य आदिवासी जो अपने गाँवों में भट्ठा लगाना चाहें, को लाइसेंस जारी किए जाने चाहिए।
(घ) प्रत्येक लाइसेंस धारक द्वारा महुआ के प्रयोग की मात्रा को सीमित करके और अधिक नियन्त्रण लगाया जाना चाहिए।

समिति ने यह विचार रखा कि इन इलाकों में एक विशेष तरह का आबकारी प्रशासन लागू करने की बहुत गुंजाइश थी जो इन लोगों के आर्थिक और सामाजिक विकास की जरूरतों के अनुरूप हो।

346. इसलिए भट्ठा प्रणाली को 1935 में फिर से बढ़ाया गया जब मांडला जिले में 497 वर्ग मील, भट्ठा क्षेत्र में परिवर्तित किया गया जिससे प्रान्त का कुल भट्ठा क्षेत्र बढ़कर 4,740 वर्ग मील हो गया। 1936 में इसे मांडला, चन्दा, रायपुर और दुर्ग के जिलों में विस्तारित किया गया और बैतूल, छिन्दवाड़ा, बालाघाट और जबलपुर जिलों में दोबारा शुरू किया गया। कुल भट्ठा क्षेत्र इस प्रकार बढ़कर 19,000 वर्ग मील हो गया। 1937 में 6,375 वर्ग मील से छिन्दवाड़ा, जबलपुर और रायपुर जिलों में और विस्तार किया गया और कुल क्षेत्रफल बढ़कर 25,375 वर्ग मील हो गया। लेकिन 1938 में स्थिति की एक पड़ताल (जो मेरे विचार से रिवाजी और अधूरा था) की गई जिससे पता चला कि प्रयोग जरूरत से ज्यादा बढ़ गया

था। यह यथोचित समझा गया कि पुराने भट्ठा विरोधी प्रणाली पर वापस लौटा जाए और इस प्रकार भट्ठा प्रणाली छिन्दवाड़ा, ज़बलपुर, बैतूल और बिलासपुर जिलों से पूरी तरह खत्म कर दी गई और शेष जिलों में उसे काफी सीमित कर दिया गया। 1939 में इसे बालाघाट जिले में समाप्त कर दिया गया और 1940 तक यह सिर्फ चन्दा के 1,151 वर्ग मील में रह गई थी जहाँ 8 भट्ठे और 14 दुकानें रह गई थीं जिनसे रु. 2,108 लाइसेंस फीस मिलती थी, रायपुर में यह 223 वर्ग मील में था जहाँ छः भट्ठे और छः दुकानें थीं जो रु. 6;375 लाइसेंस फीस अदा करती थीं, दुर्ग के 285 वर्ग मील में छः भट्ठे और छः दुकानें थीं जो रु. 1,242 लाइसेंस फीस देते थे तथा मांडला के 2,588 वर्ग मील में 43 भट्ठे और 104 दुकानें जो रु. 48,471 लाइसेंस फीस देते थे शेष रह गए थे।

347. 1937 में नई कांग्रेस मन्त्रालय ने देशी शराब और ताड़ी पर तत्काल पूर्ण प्रतिबन्ध का निर्णय लिया। हालाँकि सरकार ने महसूस किया कि आदिवासी इलाकों में ऐसी किसी नीति की सफलता की पूर्व शर्त यानी नशे के खिलाफ सामाजिक चेतना की न सिर्फ कमी थी बल्कि इसका स्थान नशे के पक्ष में सामाजिक और आर्थिक विधानों ने ले लिया था। इसलिए सरकार ने पूर्ण रूप से आदिवासी या आदिवासी जातियों और जनजातियों के बहुलांश वाले इलाकों को नई नीति के अधिकार क्षेत्र से बाहर रखा। मांडला, बैतूल और छिन्दवाड़ा के जिले इस प्रकार पूर्ण रूप से छूटे थे, और कई अन्य जिलों के सुपरिभाषित इलाके भी जैसे, पुराने छत्तीसगढ़ जिले के जमींदारी वाले हिस्से, बालाघाट की बैहर तहसील, चन्दा जिले का एक बड़ा हिस्सा और अमरावती जिले की मेलाघाट तहसील।

348. *ताड़ी*—चन्दा की सिरोंचा तहसील के माड़िया गोंडों को सभी प्रकार के ताड़ वृक्षों पर से निःशुल्क ताड़ी निकालने का अधिकार था। 1904 की आबकारी समिति ने माड़िया गोंड को घरेलू उपभोग के लिए नियगित ताड़ी पर किसी भी कर से छूट देने और कुछ खालसा तथा सभी जमींदारी गाँवों सिवाय उनके जहाँ डिप्टी कमिश्नर की राय में दूसरे समुदायों से ताड़ी की बहुत माँग एक ताड़ी की दुकान खोलने को न्यायोचित ठहराती थी, में लाइसेंस की जरूरत निर्धारित करनेवाले किसी भी नियम से छूट देने का प्रस्ताव किया। सेवन रोकने के लिए आगे यह भी सुझाव दिया गया कि घरेलू उपभोग के लिए लाइसेंस प्रणाली को लागू किया जाना चाहिए। वर्तमान में घरेलू उपभोग के लिए निःशुल्क ताड़ी निकालने के लाइसेंस माड़िया गोंडों के कुछ अनुसूचित गाँवों को जारी किए जाते हैं। उन्हें तीन वर्षों की अवधि के लिए जारी किया जाता है। ताड़ी निकालने के लिए पेड़ों की संख्या गाँव की जनसंख्या और पेड़ों की उपलब्धता के आधार पर निश्चित की जाती है। यह प्रणाली सिर्फ चन्दा जिले में प्रचलित है।

349. इस समीक्षा से जो पहली चीज स्पष्ट होती है वह यह है कि आदिवासी इलाकों में आबकारी प्रबन्धन की कोई स्थिर नीति नहीं रही है, सम्भवतः मेलाघाट जहाँ शुल्क दरें और मूल्य काफी ऊँचे रहे हैं, दक्षिणी चन्दा के कुछ हिस्से जहाँ भट्ठियाँ चल रही हैं और माड़िया को अभी भी कैरिपोटिस यूरेनम ताड़ से ताड़ी निकालने के निःशुल्क लाइसेंस मिलते हैं और दुर्ग और रायपुर की कुछ जमींदारियों जिनमें भट्ठा प्रणाली कायम है, को छोड़कर। मेलाघाट की स्थितियाँ तोधन्तर समिति के पहले के दिनों की विरासत हैं, जिसने इस तथ्य पर टिप्पणी की कि उस समय जंगल के गाँवों में एक भी दुकान नहीं थी, यद्यपि जंगल का क्षेत्र और जनसंख्या अब के जैसे ही तालुक के क्षेत्रफल और जनसंख्या का बड़ा भाग था। अवैध शराब निर्माण के इस सहज प्रोत्साहन को समिति की रिपोर्ट के बाद समाप्त कर दिया

गया और अब तालुक में चिकल्दा इलाके में 3 दुकानें हैं, कटकुम्भ इलाके में एक और धरनी इलाके में 10 दुकानें हैं और शराब का सेवन 1939 में इन इलाकों में 650,2,381 और 683 प्रूफ गैलन था, इसके बावजूद कि 450 यू.पी. शराब के प्रत्येक 8 ड्राम का खुदरा मूल्य क्रमशः 17, 11 और 8 आना था। एक समय (1925-31) प्रति प्रूफ गैलन पर शुल्क क्रमशः रु.21-14-0, रु. 14-6-0 और रु. 5-60 तक की ऊँची दर पर था, लेकिन 1925 की कृषि और वन उत्पादों के मूल्य में गिरावट के बाद खपत बहुत तेजी से कम हुई और शुल्क की दरें भी कम करनी पड़ीं : 1936 से इन तीनों इलाकों में शुल्क रु. 9-8-0, रु. 5 और रु. 3-12-0 प्रति प्रूफ गैलन है, लेकिन खपत अभी भी 1921-26 की रिकार्ड अवधि से काफी कम है। इसके अतिरिक्त जिला अधिकारियों ने बुद्धिमत्तापूर्वक व्यक्तिगत अधिकार को निश्चित सीमा के अन्दर बैतूल जिले की ताप्ती घाटी के निम्न शुल्क क्षेत्र से मेलाघाट के रंगूबेली इलाके के 11 जंगली गाँवों में लाने ले जाने की छूट दी। अवैध शराब निर्माण की कोई जानकारी नहीं है काठकुम्भ इलाके में कुछ मामलों को छोड़कर जहाँ गोंड और कोर्कू 450 और 60. यू.पी. शराब पर 8 आना और 6 आना के भिन्न मूल्य चुकाते हैं जो उन्हें पास के बैतूल जिले के रु. 2-8-0 और रु. 1-14-0 के कम शुल्क वाले इलाकों के कम मूल्य के साथ अदा करना पड़ता है। यद्यपि मेलाघाट के कोर्कू कई धार्मिक और सामाजिक उत्सवों जैसे सिदोली भोज जो मृतकों के लिए लकड़ी के स्तम्भ (झुंड) यादगार के रूप में बनाए जाते हैं, फिर वे कारखाने की शराब से काफी सन्तुष्ट हैं जबकि विभागीय वन कार्यों से प्राप्त ऊँची दिहाड़ी उन्हें उस दर पर शराब खरीद पाने में समर्थ बनाती है जो अन्य आदिवासी इलाकों में नहीं चल पाते और इलीचपुर में इससे भी ज्यादा मूल्य पर शराब खरीद सकने में सम्भव बनाती है जब वह वहाँ के बाजार में लकड़ी लेकर जाता है।

350. लेकिन बाकी जगहों पर परिवर्तन उतार-चढ़ाव वाले रहे हैं खासकर वहाँ जहाँ हाल के वर्षों में सरकार ने अपनी भट्ठा नीति में काँट-छाँट और परिवर्तन किया है। बालाघाट की बेहर तहसील का मामला एक खराब मामला है : यहाँ 1911-12 में भट्ठियों को खत्म कर दिया गया, 1936, 1937 और 1938 में उन्हें दोबारा शुरू किया गया, 1939 में बिना किसी उपयुक्त कारण के समाप्त कर दिया गया और 1942 में पुनर्जीवित किया जा रहा है। या मांडला जिले को लें : वहाँ भट्ठों के अन्तर्गत क्षेत्र 1916 में 4,022 वर्ग मील था, 1917 में 3,637 वर्ग मील, 1918 से 1920 तक 3,362 वर्ग मील, 1921 से 1922 तक 2,377 वर्ग मील, 1923 से 1924 तक 2,506 वर्ग मील, 1925 से 1927 तक 2,256 वर्ग मील, 1928 से 1931 तक 2,159 वर्ग मील और 1932 से 1934 तक 1,474 वर्ग मील, फिर 1935 में जब नीति भट्ठों के विस्तार की तरफ बढ़ी तब क्षेत्रफल बढ़कर 1,971 वर्ग मील, 1936 में 3,496 वर्ग मील, 1937 में 4,862 वर्ग मील हो गया जिसके बाद दोलन की उल्टी गति के साथ यह 1938 में 3,496 वर्ग मील तक और 1939 तथा 1940 में 2,588 वर्ग मील तक गिर गया, अन्तिम प्रतिबन्ध का आदेश अचानक और जिला अधिकारियों तथा सलाहकारी समितियों की सलाह के खिलाफ लिया गया। यदि जगह की कमी न होने पर अन्य जिलों से इसी प्रकार के आँकड़े और सबसे बढ़कर सभी जिलों के लिए शुल्क दरों, खुदरा मूल्य, भण्डारण की सीमा, शुल्क क्षेत्र की सीमाओं, पास नियमों आदि के परिवर्तनों का विश्लेषण किया जाता, तो परिणाम पाठकों के लिए भी उतने ही हैरान करने वाले होंगे जितने कि भुक्तभोगी आदिवासी पियक्कड़ों के लिए।

351. हमेशा परेशानी पिछड़े इलाकों में शराब सेवन के तथ्यों की सही तस्वीर पाने की रही है। ये इलाके बहुत बड़े हैं, पहाड़ों और जंगलों से उभरे हुए हैं, संचार की व्यवस्था अत्यन्त खराब है, महुआ की प्रचुरता है तथा अवैध शराब निर्माण के अनंत अवसर हैं। सरकार द्वारा दुकानों की संख्या लगातार कम कराई गई है और शराब का मूल्य दिहाड़ी और अनाज के मूल्य की तुलना में बढ़ता गया है।

इसलिए मेरी अपनी राय है कि अवैध शराब निर्माण हमेशा मौजूद रहा है, इसकी मात्रा सरकारी भट्ठी के शराब की उपलब्धता और मूल्य के अनुसार या किसी आम आन्दोलन जो आम लोगों में कानून की इज्जत कम करने की प्रवृत्ति पैदा करता हो, की सफलता के अनुरूप घटती-बढ़ती रही है। तोधन्तर समिति ने इस विचार के समर्थन में तब के जिला अधिकारियों को उद्धृत किया कि भट्ठा प्रणाली ने व्यापक पैमाने पर नशाखोरी को बढ़ावा दिया है; ऊपर पैराग्राफ 340 में उदाहरण के लिए बैहर तहसील की स्थितियों पर तो (अब सर ई) लोग से प्राप्त उनके उद्धरण दोबारा दिए गए है; लेकिन रिपोर्ट का परिशिष्ट दर्शाता है कि उस समय बैहर में 40 भट्ठियाँ थीं जिनमें प्रत्येक के पास तीन या चार उप दुकानें थीं, इस प्रकार शराब पीने की सुविधा हर जगह उपलब्ध थी। इसके अतिरिक्त तोधन्तर समिति ने आदिवासी इलाकों में दौरा किया, जाँच नहीं की। मैंने अपनी बालाघाट रिपोर्ट (पैराग्राफ 27-45 और 72) में दिखाया है कि वहाँ शराबखोरी अब भी त्यौहारों के समय होती हैं जब कहने के लिए भट्ठे बन्द किए जा चुके हैं, लेकिन वास्तव में जो दूसरे गाँव में अवैध रूप से मौजूद हैं। क्या हमेशा से ऐसा नहीं रहा है? कई जिलों में यह कुख्यात है, जैसाकि मेरी बालाघाट रिपोर्ट के पैराग्राफ 27 में लिखा गया है, कि—

> "प्रमुख आदिवासी त्यौहारों और समारोहों के समय अवैध शराब निर्माण खूब होता है। कोई आबकारी सब इंस्पेक्टर त्यौहारों के समय किसी आदिवासी गाँव पर छापा मारकर अवैध शराब निर्माण की जाँच कर सकता है, यदि वह ऐसा चाहे।"

समिति ने खुद ही व्यक्त किया कि आबकारी अपराध जितने रिपोर्ट किए गए थे उससे बहुत ज्यादा थे, इसकी पहचान पुलिस के जिला सुपरिंटेंडेंट के निजी व्यक्तित्व पर निर्भर थी; 1903-04 में 1,221 लोगों को सजा दी गई, जिसमें माण्डला में यह संख्या बहुत ज्यादा थी जहाँ शराब सबसे सस्ती थी और दुकानों की संख्या सबसे ज्यादा थी लेकिन जिले का पुलिस सुपरिंटेंडेंट अवैध शराब बनाने वालों के लिए आतंक था। जब तक बिल्कुल शराब न पीने वालों द्वारा बनाए गए अव्यावहारिक प्रतिबन्ध आदिवासियों के लिए सस्ते और आसानी से उपलब्ध शराब उसकी जरूरत के समय मिलना असम्भव बनाते रहेंगे तब तक लम्बे शराबबन्दी प्रचार के अभाव में आबकारी अपराध और न्यायिक मामले बढ़ते जाएँगे। एक अन्य ऐसा ही प्रतिबन्ध त्यौहारों के दिनों में शराब की दुकानों का बन्द रहना है। अपनी बालाघाट रिपोर्ट के पैराग्राफ 30 में मैंने लिखा :

> "दीवाली के त्यौहार के लिए टिकड़िया की दुकान अगले दिन बन्द रहने वाली थी। यह कदम आदिवासी इलाकों के लिए व्यर्थ था जहाँ दिवाली और अन्य हिन्दू त्यौहार जरूरी नहीं कि खगोलिए तिथि के अनुसार मनाए जाएँ। यदि एक शराब की दुकान बन्द हो, तो ग्रामीण दुकानदार जाकर बाहर खूब पीते हैं और ज्यादा शराब खरीदकर गाँव लाते हैं और इस प्रकार दुकान खुले रहने की तुलना में ज्यादा खर्च कर देते हैं या वे त्यौहार किसी दूसरे दिन मनाते हैं जब दुकान बन्द न हो। तीसरा विकल्प है

कि जब जरूरत के समय ग्रामीणों को शराब नहीं मिलती है तब वे उसे स्वयं ही बना लेते हैं। घरों में मनाए जाने वाले त्यौहारों में दुकान को सिर्फ नाम के लिए बन्द रखना व्यर्थ है। शायद ही कभी कोई आबकारी पुलिस अधिकारी यह देखता हो कि ठेकेदार बन्दी के दिन शराब बेचता है या नहीं और कोई ठेकेदार ऐसे किसी व्यक्ति को एक बोतल देने से मना नहीं करता जो उसे अपने गाँव ले जाना चाहता हो। एक या दूसरे तरीके से आबकारी नीति अभी भी इन बैहर आदिवासियों को अवैध शराब निर्माण और कपट की तरफ उन्मुख करती है, और यह सब आदिवासियों की पारम्परिक सत्यनिष्ठा को नीचे गिराता है।''

352. आपूर्ति प्रणाली में 1938 और 1939 के परिवर्तनों का आधिकारिक कारण यह था कि भट्ठों ने ''शराबखोरी की ऐय्याशी'' उत्पन्न कर दी थी और उनका उत्पाद बहुत अशुद्ध था और एक दो जगहों पर उसे पीने वालों को वास्तव में जहरीली मौत मिली थी। जहरीली शराब की अड़चन अतिशयोक्तिपूर्ण हैः ताँबे के पात्रों को भट्ठों में प्रतिबन्धित किया जा सकता है, भट्ठा मालिकों को भट्ठे के मुँह और ठण्डा करने वाले यन्त्र के बीच डबलर प्रयोग करने के लिए बाध्य किया जा सकता है ताकि ताँबे के जहर और अन्य अशुद्धियों से बचाया जा सके और सबसे ऊपर, भट्ठों की आबकारी उप-निरीक्षक और जहाँ सम्भव हो सके सहायक चिकित्सा या स्वास्थ्य अधिकारी या पुलिस अधिकारियों द्वारा जाँच कराई जा सकती है जिन्हें स्वच्छता और सफाई के एक उचित स्तर के लिए आग्रही होने के निर्देश दिए गए हों।

''शराबखोरी की ऐय्याशी'' वाला सिद्धान्त तथ्यों की जाँच करने पर राजनीतिक और शराब विरोधी प्रचार के कारण व्याप्त कानूनी अव्यवस्था जो नीचे पैराग्राफ 356-359 में वर्णित है, के साथ सरकार की शराब को महँगा बनाये जाने के द्वारा क्रमशः शराबबन्दी को नीति के तहत निर्धारित ऊँचे निर्गम मूल्य और इसी बीच ''निम्न खपत से ज्यादा राजस्व'' प्राप्त कर लेने की नीति ने अवैध शराब निर्माण को लगातार बढ़ाया है, और पाए गए मामलों की संख्या 1918-19 में 354 से बढ़कर 1935 में 4,534 हो गई जिससे 7,154 अपराधी प्रभावित हुए और आपूर्ति प्रणाली की शराब की खपत 1920-21 में 1,011, 345 प्रूफ गैलन से बढ़कर 1935 में 317, 820 हो गई (1932 में यह 188, 289 प्रूफ गैलन तक गिर गई थी जब 3,889 अवैध शराब निर्माण के मामले पाए गए थे)। बालाघाट जिले में जब 1936 में बैहर को भट्ठा प्रणाली के अन्तर्गत लिया गया था, आपूर्ति प्रणाली के शराब की खपत में सिर्फ 2,881 प्रूफ गैलन की कमी आई थी। प्रत्येक तहसील में खपत के उस वर्ष के आँकड़े नहीं दिए गए हैं लेकिन 1939 में जब बैहर में भट्ठे फिर से बन्द किए गए तब पूरे जिले की 46,123 गैलन की खपत में बैहर का हिस्सा 29,961 या 65 प्रतिशत था। इसी आधार पर 1935 में बैहर ने जिले को 19,679 गैलन की खपत में से 12, 870 की खपत की होगी और शेष जिले ने सिर्फ 6,305 गैलन की। इस प्रकार बालाघाट और बड़ा सिवानी में निर्गम मूल्य को कमी का असर वैध शराब की खपत को 6,305 से 15, 686 गैलन वैध शराब पी गई होगी और जिले की कुल वैध शराब की खपत करीब 49,000 प्रूफ गैलन रही होगी। 1939 में जब भट्ठों को फ़िर से प्रतिबन्धित किया गया तब जिले की खपत 46,123 प्रूफ गैलन थी। यह आँकड़ा 1936 के अनुमान के इतना करीब है कि भट्ठों को चालू करने से शराबखोरी की ऐय्याशी होने के सिद्धान्त

का कोई आधार नजर नहीं आता। दूसरी तरफ से देखें तो 1939 में भट्ठों पर रोक के समय, लोगों के इस आकस्मिक परिवर्तन से उबरने और अवैध शराब की तरफ वापस जाने से पहले बैहर ने सरकारी शराब कारखानों से लगभग 30,000 प्रूफ गैलन शराब की खपत की और यदि इस आँकड़े को 1936 में, जब बैहर को भट्ठों के अन्तर्गत लाया गया था, बालाघाट और बड़ा द्वारा खपत किए गए 16,798 गैलनों के साथ जोड़ दे तो उस वर्ष जिले की खपत 46,300 गैलन थी। वास्तव में भट्ठों को दोबारा चलाना सम्भवतः अवैध भट्ठों के शराब को खपत में 30,000 गैलन की कमी करने में सफल रहा बल्कि शायद और ज्यादा की। उनकी पुनर्स्थापना के पहले साल में अवैध शराब निर्माण के मामले पूरे जिले में 262 से गिरकर 76 हो गए, लेकिन बैहर तहसील में सिर्फ 7 मामले थे और 1937 तथा 1938 दोनों वर्षों में वहाँ चार मामलों में वृद्धि 124 से बढ़कर 1939 में 150 और 1940 के पहले नौ महीनों में 135 हो गई है। बैहर में यह वृद्धि उल्लेखनीय रही है; 1937 में छः आपराधिक मामले की तुलना में 1938 में 11 और 1935 में 55 मामले तहसील दण्डाधिकारी के कोर्ट में आए। बैहर में मामलों को तहकीकात वास्तविक आबकारी ''अपराध'' की संख्या से बहुत कम होती है; 1940 में जिला आबकारी अधिकारी ने लिखा कि अवैध शराब निर्माण तहसील में हर जगह व्याप्त है और पकड़ में आए मामले इसकी प्रचुरता की कोई निशानी नहीं है। मेरी बालाघाट रिपोर्ट के पैराग्राफ 27-30 और 45 का मेरा तहसील में दीवाली के समय शराब शराबखोरी का विवरण इसकी सच्चाई दर्शाता है। तब भट्ठों की शुरुआत के कारण शराबखोरी की ऐय्याशी होने की बात करना पूर्णतः गलत है। इसकी अपेक्षा इसका प्रभाव असली* शराब को लाइसेंसी भट्ठों पर उपलब्ध करवाकर उसके निर्माण के प्रलोभन को कम करना था। दलील यही दी जा रही कि इसने अवैध शराब निर्माण को बन्द कर दिया, लेकिन पाए गए मामलों की संख्या में तत्काल और लम्बी गिरावट निःसन्देह दिखाती है कि इसमें भारी कमी आई। यह इस ज्ञान का एक मनोवैज्ञानिक परिणाम हो सकता है कि त्यौहारों और घरेलू समारोहों के लिए किसी की अपनी खुद की असली शराब बनाने की जोखिम और परेशानी मोल लेने की कोई आवश्यकता नहीं है बल्कि यह बिना कानून के उल्लंघन किए जब और जैसी आवश्यकता हो उस हिसाब से लाइसेंसधारी दुकानों से लिया जा सकता है। आदिवासी इलाके में आबकारी नीति की इस प्रकार काट-छाँट और परिवर्तन जैसे 1936 में भट्ठों की पुनः शुरुआत और 1939 में उनकी बन्दी सिर्फ आदिवासी को हैरान करती है और विधिहीनता की उनकी प्रवृत्ति को प्रोत्साहित करता है जो अभी तक उनके अन्दर विद्यमान है, और यह तत्काल उसको नया नियम तोड़ने के लिए उकसाएगा यदि वह उसकी जीवनशैली या उसकी सोच के अनुसार न हुआ तो।

353. बालाघाट जिला विशेष नहीं है। हम माण्डला पर ध्यान देते हैं। उस जिले की स्थिति के बारे में मेरे विचार माण्डला जिले में आदिवासी समस्या या टिप्पणी के पैराग्राफ 35-43 में दिए गए हैं : मैं पैराग्राफ 38 में हाल में भट्ठा प्रणाली से आपूर्ति प्रणाली पर जाने के कारण मांडला तहसील में अवैध शराब निर्माण के फिर से चौतरफा शुरू होने के बारे में स्थानीय अधिकारियों और आदरणीय फादर वैन दोर्स्त को राय की तरफ विशेष रूप से ध्यान

* भट्ठे की शराब और सरकारी कारखाने की शराब के बारे में आदिवासियों का दृष्टिकोण इसी से साफ हो जाता है कि वे भट्ठे की शराब को असली और सरकारी शराब को नकली कहते हैं।

आकर्षित करता हूँ। सितम्बर 1940 में श्री.ई.एस.हाइड, आई.सी.एस., डिप्टी कमिश्नर द्वारा मुझे लिखे गए पत्र और साथ ही 1941 के लिए उनके आबकारी प्रस्तावों की प्रति से लिए गए निम्नलिखित उद्धरण वर्तमान हालात का सारांश प्रस्तुत करते हैं :

> ''इस जिले में आबकारी प्रशासन का पिछला इतिहास...आदिवासी लोगों, जो जनसंख्या का दो तिहाई हिस्सा हैं, की आदतों, चाहतों और परिस्थितियों से जुदा एक नीति का अनुसरण करने के विनाशकारी परिणाम दर्शाता है...ये आदिवासी जनजातियाँ, आमतौर पर शान्तिप्रिय और कानून का सम्मान करनेवाली हैं। वे सरकारी कर्जों का सबसे तत्परता से भुगतान करनेवाली हैं; इस मामले में वे स्थानीय हिन्दुओं से उल्लेखनीय रूप से भिन्न हैं जो भू-राजस्व, तकावी विविध कर, सहकारी बैंक के भुगतान आदि सभी चीजों में बड़े बकायेदार हैं। अपनी खराब आर्थिक स्थिति के बावजूद गोंड समय पर अपना पूरा भूमि राजस्व चुका देते हैं : एकमात्र सहकारी सोसाइटियाँ जो बकाए में नहीं हैं आदिवासी सदस्यों वाली हैं। फिर यही वो लोग हैं जिन्हें सरकार की आबकारी नीति अपराध की तरफ धकेलती है। उन्हें जैसी चाहिए वैसी शराब न देकर, मूल्य को उनकी क्षमता से अधिक बढ़ाकर और प्रताड़ना के विभिन्न रूपों के द्वारा आदिवासी काश्तकारों और मजदूरों को अवैध शराब निर्माण और तस्करी की तरफ धकेला जाता है।''

श्री हाइड तब प्रोफेसर जे.बी.एस. हैल्डेन एफ.आर.एस.को उद्धृत करते हैं कि देशी शराब भारतीय गाँवों के साधारण अन्न की कई कमियों की पूर्ति करता है तथा वे पुराने विधान परिषद में श्री सी.यू. विल्स, सी.आई.ई., आई.सी.एस. का एक भाषण उद्धृत करते हैं कि गोंड के लिए महुआ शराब सिर्फ एक सामाजिक आदत नहीं है बल्कि एक आवश्यक धार्मिक जरूरत है, और जबकि लोगों की सामाजिक आदतों से छेड़छाड़ कानून सम्मत है, आपको उनके धार्मिक कर्मकांडों को नहीं छूना चाहिए। तब यह दिखाने के लिए कि किस प्रकार हाल की आबकारी नीति ने अपराध में वृद्धि की है, श्री हाइड कुछ लाक्षविक आँकड़े प्रस्तुत करते हैं :

> ''बिछिया के आबकारी उप-निरीक्षक ने 1940 के पहले आठ महीनों में 28 अवैध शराब निर्माण के मामले पाए जिसकी तुलना में 1939 में इसी अवधि के दौरान आठ मामले पाए गए थे। जहाँ 1935 में निर्गम मूल्य रु.1-14-0 था, मूल्य बढ़ाने के कारण अवैध शराब निर्माण के मामले इसी अवधि में 43 से बढ़कर 89 हो गए। मांडला तहसील के क्षेत्र में जहाँ वर्तमान निर्गम मूल्य रु. 2-8-0 है, 1937 में सिर्फ 13 अवैध शराब बनाने के मामले पाए गए थे जब सभी 14 दुकानें भट्ठी थीं। 1938 में आपूर्ति प्रणाली में परिवर्तन के परिणामस्वरूप अवैध शराब निर्माण के मामले बढ़कर 73 हो गए; वर्तमान वर्ष (1940) के आठ महीनों के आँकड़ों पर यह वर्ष के अन्त तक 100 तक पहुँच जाएँगे। इस प्रकार लागू की गई नीति ने तीन वर्षों में अपराध में 600 प्रतिशत की वृद्धि की है। मांडला जिले के वर्तमान रु. 1-14-0 निर्गम मूल्य वाले इलाके में 1936 में 12 मामले थे जब इलाका भट्ठा प्रणाली के अन्तर्गत था; 1939 में 75 मामले थे, और इस वर्ष के पहले आठ महीनों के आँकड़े देखते हुए मैं अनुमान लगा सकता हूँ कि 31 दिसम्बर तक लगभग 104 मामले हो जाएँगे। मांडला तहसील के अवैध शराब निर्माण के आँकड़े, जो अभी पूरी तरह आपूर्ति प्रणाली के तहत हैं, जिले के अधिकांश हिस्से वाले भट्ठा क्षेत्र के आँकड़े के साथ रोचक और महत्त्वपूर्ण तुलना

बनाते हैं। 1940 के पहले आठ महीनों में मांडला तहसील में अवैध शराब निर्माण के 219 से कम मामले नहीं थे (1935 मे 109 थे)। इसके विपरीत पूरा भट्ठा क्षेत्र में पहले सात महीनों में सिर्फ पाँच अवैध शराब निर्माण के मामले थे जिसकी तुलना में 1939 की इसी अवधि में 10 थे। इन आँकड़ों से यह स्पष्ट है कि मांडला तहसील में आबकारी अपराध में वर्तमान अति वृद्धि बनावटी है और यह हमारी आबकारी नीति का नतीजा है। ये परिणाम इस नीति की पूर्ण निन्दा करते हैं। मैं इस बिन्दु में एक और टिप्पणी जोड़ना चाहूँगा। मांडला तहसील न्यायालयों की जाँच करते हुए मैं तहसीलदार और नायब तहसीलदार की आपराधिक फाइलों में आबकारी मामलों की संख्या देखकर चकित था। 1936 और 1937 में जब तहसील का बड़ा हिस्सा भट्ठा प्रणाली के अन्तर्गत था, इन दोनों न्यायालयों में संस्थापित आबकारी मामले कमशः 16 और 17 थे। यदि वर्तमान वर्ष के आँकड़े दिसम्बर के अन्त तक ऐसे ही चलते रहे तो इन दोनों न्यायालयों के पास 1940 में 240 से कम मामले नहीं होंगे। इस प्रकार इन अधिकारियों को जो समय तहसील के प्रशासन में खर्च करना चाहिए था वो ये तहसील की जनसंख्या के सबसे शान्तिप्रिय और सबसे कम परेशान करनेवाली आबादी को प्रताड़ित करने और सजा देने में लग जाता है।

"इस गैर जरूरी आबकारी अपराध का नाश करने के लिए, दो चीजें आवश्यक हैं :

(1) आदिवासियों को उनकी क्षमता लायक दरों पर वैध शराब की आपूर्ति को सुनिश्चित करना, और

(2) उन्हें उनकी पसन्द की शराब उपलब्ध कराना न कि उन पर ऐसी शराब थोपना जो उन्हें नापसन्द हो।

"पहले बिन्दु पर, आपूर्ति प्रणाली क्षेत्र के ज्यादातर हिस्से में वर्तमान मूल्य आदिवासी ग्रामीण की पहुँच के बाहर है। आमतौर पर यह महसूस नहीं किया जाता कि कस्बों, रेलवे, और औद्योगिक क्षेत्रों की निकटता वाले कृषि मजदूरों की दिहाड़ी माल के रूप में अदा की जाती है और यह सुदूर के जंगली भागों में मजदूरों को दी जानेवाली दिहाड़ी से ज्यादा भिन्न नहीं होती। निम्न आदिवासी काश्तकार और कृषि मजदूर शायद ही कभी इन इलाकों में ली जानेवाली शराब की ऊँची कीमत देने में सफल हो पाते हैं। इस समस्या का संतोषजनक हल कर पाना मुश्किल है। हालाँकि एक काम जो किया जा सकता है कि जहाँ आदिवासी काश्तकारों या मजदूरों के बड़े समूह हों वहाँ उन्हें उनकी क्षमता के मुताबिक दरों पर शराब उपलब्ध कराना सुनिश्चित करना चाहिए, यदि जरूरी हो तो उन्हें विशेष रियायती दरों पर इसे खरीदने की अनुमति देकर या किसी खास दुकान में बिक्री सिर्फ ऐसे वर्गों के लिए आरक्षित करके।

"दूसरे बिन्दु के बारे में, केन्द्रीय कारखानों की शराब के बारे में गोंड लोगों के दृष्टिकोण पर किसी तरह का कोई सन्देह नहीं हो सकता। वे इसे पसन्द नहीं करते और भट्ठों में बनी शराब को इससे ज्यादा पसन्द करते हैं। जब तक हम इस बारे में उनकी इच्छा का निरादर करते रहेंगे अवैध शराब निर्माण चलता रहेगा। हमें क्यों उन्हें उनकी इच्छा के विरुद्ध कारखाने की शराब पीने के लिए मजबूर करना चाहिए? यह निजी स्वतन्त्रता पर अन्यायपूर्ण हमले जैसा है। सम्भवतः आदिवासी के भट्ठे की शराब की चाहत के अच्छे कारण हैं। एक कारण जैसा कि वे कहते हैं कारखाने की शराब में होनेवाली गड़बड़ियाँ हो सकती हैं; वे पानी ब्रिकी मिलावट की शिकायत करते हैं। दूसरा यह हो सकता है कि ताजी शराब में ज्यादा पोषण

होता हो; यहाँ और बस्तर राज्य दोनों जगहों पर आदिवासी भट्ठे से ताजी निकाली शराब पसन्द करते हैं और ऐसी शराब में लाभदायक गुण हो सकते हैं जो कारखाने की शराब में न होते हों। निश्चित ही शराब की तीव्रता के आधार पर नहीं है क्योंकि आमतौर पर पाया जाता है कि भट्ठे की शराब कारखाने की शराब से कम तेज होती है। मैंने इस आरोप का कोई प्रमाण नहीं पाया कि भट्ठा प्रणाली नशाखोरी को बढ़ाती है। उन सभी लोगों जिनसे मैंने परामर्श लिया, मानते हैं कि डिंडोरी में जिले के दूसरे इलाकों की अपेक्षा नशाखोरी कम है, जहाँ भट्ठा प्रणाली लागू है, निश्चित ही डिंडोरी में मांडला तहसील की अपेक्षा कम अपराध होते हैं (दंड सहिता अपराध)। आबकारी अधिकारियों का आम तौर पर मानना है कि जहाँ भट्ठा प्रणाली चलती है वहाँ ज्यादा शराब पी जाती है, लेकिन यहाँ भी कोई निश्चित नहीं हो सकता, जैसा स्वीकार किया जाता है कि भट्ठों की खपत के आँकड़े आमतौर पर अविश्वसनीय होते हैं।* हालाँकि मेरा बस्तर का अनुभव मुझे यह सोचने पर मजबूर करता है कि एक यथोचित कुशल और नियन्त्रित भट्ठा प्रणाली आदिवासी इलाकों के लिए अब तक प्राप्त सबसे उत्तम उपाय है।

"मैं एक और बात कहूँगा, नीति और निर्गम मूल्य में और अधिक जल्दी-जल्दी बदलाव रोकने की जरूरत है। हाल के वर्षों में प्रान्त के कई भागों में आदिवासी यह नहीं जानता कि वह कहाँ खड़ा है। हर वर्ष परिवर्तन और घट-बढ़ होते रहे हैं, प्रायः और बिना उनकी इच्छाओं और सहूलियतों पर थोड़ा भी विचार किए, और इस बेवकूफी वाले परिवर्तनों की नीति उन्हें आबकारी अपराध की तरफ ले गई है। डिंडोरी तहसील के बजग इलाके में, जहाँ वर्षा से प्रणाली और कीमत अपरिवर्तित रहे हैं, वहाँ खुशहाली रही है और लगभग कोई आबकारी अपराध नहीं हुआ है। यही हमारा लक्ष्य होना चाहिए। हमें यथोचित मूल्य निश्चित करना चाहिए, उन्हें उनके पसन्द की शराब देनी चाहिए और अकेला छोड़ देना चाहिए।"

354 निर्गम मूल्य की कमी और भट्ठा प्रणाली की आंशिक पुनर्स्थापना के पहले 1935 से पुराने छिन्दवाड़ा जिले में आबकारी अपराध के सबसे अधिक आँकड़े रहे हैं। यहाँ आपूर्ति प्रणाली सबसे पहले सौसर तहसील में 1905 में लागू हुई थी और क्रमशः इसका विकास हुआ जब तक कि 1916 में 4,578 में से सिर्फ 510 वर्ग मील (पूरा जंगली नागीर देहात में) भट्ठा प्रणाली के अन्दर रह गया। 1924 तक सम्पूर्ण जागीर भी आपूर्ति प्रणाली के तहत 3 ले लिए गए थे। 1923 में पाए गए 195 अवैध शराब निर्माण के मामलों की तुलना में 1924 में 335 और 1925 में 501 मामले थे। 1935 के साथ समाप्त होनेवाले 10 वर्षों में औसत वार्षिक संख्या 450 थी, उच्चतम आँकड़ा 1935 में 609 रहा था। उस वर्ष निर्गम मूल्य पर सामान्य कटौती का आबकारी अपराध पर कोई तत्काल प्रभाव नहीं पड़ा लेकिन 1936 और 1937 में भट्ठों को सुदूर क्षेत्रों के 1,904 वर्ग मील में फिर से शुरू किया गया और अवैध शराब निर्माण के मामले गिरकर क्रमशः 438 और 256 रह गए। 1938 में भट्ठे फिर प्रतिबन्धित कर दिए गए और अवैध शराब निर्माण फिर से शुरू हो रहा है; 1940 में 367 मामले पकड़े गए थे। हालाँकि पुराने सिवनी जिले में आँकड़े यह दर्शाते हैं कि भट्ठों पर वापस लौटना उतना जरूरी नहीं था; पाए गए औसत मामले 1935 में समाप्त होनेवाले 10 वर्षों में 64 थे, जो 1934 और 1935 में क्रमशः 118 और 53 थे। 1,601 वर्ग मील में भट्ठे फिर से 1936 और 1937 (जब मामले 46 और 24 तक गिर गए) में शुरू हुए और 1938 में रोक

* और निश्चित ही अवैध निर्मित शराब की खपत के कोई आँकड़े नहीं हैं।

दिए गए; अगले तीन वर्षों में 65, 32 और 60 मामले पाए गए हैं। बैतूल जिले में जहाँ इसी प्रकार भट्ठे बन्द किए गए थे, अवैध शराब निर्माण के मामलों की संख्या 1934 और 1935 में 534 और 454 थी; 1936 और 1937 में भट्ठों को फिर से शुरू करने पर आँकड़े घटकर 168 और 135 हो गए यद्यपि थोड़ी भट्ठे की शराब की आपूर्ति के क्षेत्र में तस्करी हुई थी। 1938 में भट्ठे फिर से प्रतिबन्धित कर दिए गए और अवैध शराब निर्माण फिर से शुरू हो रहा है, जिससे 1940 में 220 मामले पाए गए। पूरे मांडला, बालाघाट, बैतूल, छिन्दवाड़ा, चन्दा, रायपुर, बिलासपुर और दुर्ग जिलों और जबलपुर जिले के कुन्दम इलाके के आँकड़े लेने पर, जहाँ इन सभी जगहों में भट्ठा क्षेत्र 1936 में बढ़ाया गया और 1937 या 1938 में कम या प्रतिबन्धित किया गया, जबकि आपूर्ति क्षेत्र के निर्गम मूल्य 1935 में भी कम किए गए, पाए गए अवैध शराब निर्माण के मामले 1934 में 2,263, 1935 में, 2,348, 1936 में 1,226 और 1937 में 882 थे; मांडला, चन्दा, दुर्ग और रायपुर को छोड़कर सभी जिलों में भट्ठों के उन्मूलन के बाद से तथा मांडला और दुर्ग में 1937-38 में उन पर रोक के बाद से आँकड़े फिर से बढ़कर 1938 में 1,001, 1939 में 1,023, और 1940 में 1,432 हो गए हैं; बाद के आँकड़े अधूरे हैं क्योंकि 1940 में उनमें मांडला के सिर्फ पहले आठ महीने के मामले ही शामिल हैं। यहाँ तक कि तस्करी भी बढ़ रही है, भट्ठा क्षेत्रों पर रोक के बावजूद क्योंकि शुल्क क्षेत्रों में भट्ठा शराब बेचने का लालच बढ़ रहा है; पाए गए अपराध के मामले 1937 में 141, 1938 में 205, 1939 में 179 और 1940 में 307 थे।

355. यदि मंत्रालयों को, इस सच्ची धारणा से प्रेरित होकर कि जहरीली शराब का सेवन हर स्थिति में और सबके लिए हानिकारक है कि इसे हिन्दुओं और मुसलमानों जिनका धर्म इसकी निन्दा करता है, के लिए तत्काल पूर्णतः प्रतिबन्धित करना है, लेकिन आदिवासियों में जिनकी धर्म और परम्पराएँ इसकी माँग करती हैं, के बीच धीरे-धीरे समाप्त करना है, आदिवासी पियक्कड़ को अपनी शराब पर रोक लगाने या बन्द करने के लिए तैयार करना है तो इसे संजीदगी के साथ सिर्फ धीरे-धीरे एक लम्बे और सतर्क प्रचार के बाद जो सम्भवतः एक शताब्दी तक विस्तृत हो और सामान्य तथा राजनीतिक शिक्षा में उन्नति, चिकित्सा राहत, कृषि, वन प्रशासन और सामान्य राष्ट्र निर्माण के एक सतर्क कार्यक्रम के साथ जुड़ा हो, से ही किया जा सकता है। शराब के मूल्य में अत्यन्त वृद्धि या दुकानों की संख्या में कमी का परिणाम सिर्फ किसी भी तरह से शराब पा लेने के लिए अनिश्चयी और कानून तोड़ने को उत्सुक व्यक्ति को कलार का ऋणी बना देगा। किसी भी प्रकार के सामाजिक सुधार के लिए लोगों या उनके नेताओं का सहयोग प्राप्त होना चाहिए; किसी ने भी मध्य प्रान्त और बरार में शराबबन्दी के लिए आदिवासी मुखियाओं और गाँव के वृद्धजनों का सहयोग या सहानुभूति प्राप्त करने का सच्चा प्रयास नहीं किया है। आइए हम बालाघाट जिले और आसपास में शराबबन्दी आन्दोलन और प्रचार के पुराने अनुभवों की जाँच करते हैं।

356.* स्वर्गीय श्री एन.के केलकर (प्रथम आबकारी मन्त्री) और बैहर मिशन के आदरणीय टी. डब्ल्यू. विलियम्स, दोनों ने बालाघाट के गोंडों के बीच कई वर्ष पहले कुछ सुधार आन्दोलनों के बारे में लिखा है। श्री विलियम्स लिखते हैं :

> ''करीब 25 वर्ष पहले इस जिले में गोंडों के बीच शराबबन्दी लागू करने के दो बहुत निश्चित प्रयास हुए थे। कुछ समय के लिए ऐसा लगा कि परिणाम वास्तव में अच्छे

* पैराग्राफ 356-9 कमोबेश बालाघाट जिले में आदिवासी समस्या के पैराग्राफ 154-7 की पुनरावृत्ति हैं।

और स्थायी हो सकते थे। उनके बीच शराबखोरी के मामलों में सजा दी गई और विवाहों और अत्येष्टि संस्कार में शराब की जगह चीनी में बनी मिठाइयों का सेवन करने की शिक्षा दी गई। आगे चलकर गोंडों ने अपने उन्नयन के लिए आपस में बहुत प्रयास किए और अगुआ लोग महीने में एक बार एक समिति में मिलकर अगले चखों पर निर्णय करते थे। सूअर, मुर्गे और बकरियों को रखना प्रतिबन्धित कर दिया गया और एक समय गोंडों को दूसरे लोगों के लिए काम करने की अनुमति नहीं दी जाती थी और इसके कारण पोवारों को नौकरी पाने में बहुत दिक्कत होने लगी। ये सभी आन्दोलन लम्बे समय से मृतप्राय हैं और जहाँ तक मेरी जानकारी है इस इलाके के गोंडों में शराबबन्दी या सामाजिक उन्नयन की दिशा में कोई प्रयास नहीं हो रहे हैं। वे अभी भी वैसे ही दिखते हैं जैसे 40 वर्ष पहले मेरे बालाघाट जिले में आने के समय थे।''

उन्हीं आन्दोलनों के बारे में श्री केलकर ने लिखा :

''नशाबन्दी लगभग हासिल कर ली गई थी और यदि उच्चस्तरीय राजनीतिज्ञ आलस्य में डूब नहीं गए होते तो शराबबन्दी अधिनियम पास करने की कोई जरूरत नहीं होती...पहले गोंड, पवारों के घरेलू नौकर होते थे। अपने घरेलू नौकरों के प्रति पवारों का रवैया कठोर और तानाशाहीपूर्ण था। गोंडों ने पवारों के खिलाफ आन्दोलन संगठित किया और उन्हें घुटने टेकने को मजबूर किया। उन्हें कई मुश्किलें भी आईं जिनका उन्होंने धैर्य से सामना किया। इस जिले में दो गोंड असहयोग के दिनों में प्रमुख उपदेशक थे और उनमें से एक जो अभी भी जीवित है, समुदाय द्वारा उनके मार्गदर्शक, दार्शनिक और मित्र की तरह माना जाता है।''

आधिकारिक रिपोर्टों में वार्षिक आबकारी रिपोर्ट के अलावा बहुत कम जानकारी दर्ज है। ये कुछ अलग ही तस्वीर बनाती हैं। इस प्रकार श्री सी.यू. विल्स, आई.सी.एस. ने 1920-21 की रिपोर्ट में लिखा :

''जब तक असहयोग शराबबन्दी के आदर्श को मजबूत करता है और इस आदर्श पर कायम रहने के द्वारा सामाजिक उन्नति की आम धारणा सुनिश्चित करता है तब तक यह उम्मीद की जा सकती है कि इस बुराई से कुछ फायदा मिल जाए। लेकिन इसकी वकालत करनेवालों का उद्देश्य कलंकित है। और उनकी दलीलें इतनी ज्यादा बेईमान हैं कि वे लम्बे समय तक गम्भीर प्रतिबद्धता बनाए नहीं रख सकतीं। बारह साल पहले, हमारी शराब में कुत्ते, सूअर और गाय का माँस मिला होने का आरोप लगाकर उन्होंने महार, मुसलमान और हिन्दुओं पर एकसमान अपील करने की उम्मीद की थी। इस वर्ष उन्होंने लोगों को सिखाया है कि कारखाने की शराब गन्दगी से प्रदूषित होती है, और मांडला के गोंडों को इस आधार पर भट्ठे या अवैध रूप से निर्मित शराब लेने के लिए प्रेरित किया गया है। अन्य जगहों पर लोगों से कहा गया है कि यदि वे डटे रहे और स्वराज पा गए तो उन्हें मुफ्त शराब बनाने की छूट मिलेगी जैसा पुराने 'सुख के दिनों' में होता था।''

रिपोर्ट इसके आगे यह दिखाती है कि शराब के खिलाफ आन्दोलन की तात्कालिक सफलता का कारण जैसा कि 1908-09 में, आर्थिक संकट था। यद्यपि वहाँ सिर्फ 423 अवैध शराब निर्माण के मामले हुए, यह वृद्धि का परिचायक था, जिसके लिए यह पाया गया कि राजनीतिक प्रचार मुख्य रूप से जिम्मेदार था।

357. अगले साल असहयोग आन्दोलन मर चुका था मगर उसने अनुशासनहीनता की वसीयत सौंप दी थी जिसके कारण अवैध शराब निर्माण के मामले बढ़कर 798 हो गए। इनमें से सिर्फ मांडला जिले का हिस्सा 330 था, जिसका कारण असहयोग के प्रचारकों, जो इस बात पर जोर देते थे कि सारी वैध शराब प्रदूषित थी, की वजह पूरे आपूर्ति क्षेत्र में व्याप्त अवैध शराब निर्माण की महामारी थी। 1921-22 के लिए अपनी रिपोर्ट में श्री विल्स ने आदिवासियों और अन्य पिछड़ी जातियों के बीच शराब विरोधी आन्दोलन का एक रोचक विश्लेषण प्रस्तुत किया :

> "सुधार के इन प्रयासों के पीछे कार्य करनेवाला...बल यह प्रतिबद्धता दिखाता है कि दारू या शराब का शरीर पर बुरा प्रभाव पड़ता है, और इससे निजात पा लेना ही सबसे अच्छा होता है...समुदाय के भौतिक हित में; इसका सरल उद्देश्य स्थानीय सामाजिक श्रेणी में एक विशेष जाति का रुतबा बढ़ाना था।"

जैसा कि तथ्यों से स्पष्ट है कि आन्दोलन ने सिर्फ शराब की निन्दा की और इससे ज्यादा नुकसानदायक माँग द्रव्यों की नहीं। उन्होंने दिखाया कि इन सामाजिक आकांक्षाओं का सभी में होना प्राकृतिक था, और जिन महत्वाकांक्षाओं से ये प्रस्तुति होती थी वे वर्षों तक सुसुप्त रहने के बाद गतिशील हो सकते थे; इसलिए यह आश्चर्यजनक नहीं था कि असहयोग आन्दोलन की भारी उत्तेजना ने, प्रान्त के सभी कोनों में इसके प्रचार के साथ, हिन्दुओं और आदिवासियों में बड़े पैमाने पर मद्यनिषेध आन्दोलनों को शुरू किया। असहयोग के उतार के साथ यह सम्भव हो सका कि राजनीतिक दबावों के कारण शराबबन्दी को जातिगत सामाजिक महत्त्वाकांक्षाओं के कारण होनेवाली शराबबन्दी से अलग किया जा सके। अनेक जिलों में गोंड, कोर्कू, भील, कोश्ती, तेली, धोबी, महार, बलाही, चमार, बंजारा, कहार, गुराव, धीमर, अहोर, केवट और अन्य जनजातियों और जातियों में मद्यनिषेध आन्दोलन हो चुके थे अच्छी भावना की स्वस्थ एवं स्वागत योग्य फसल; लेकिन श्री विल्स (जैसा कि घटनाओं ने ठीक दर्शाया) का विचार था कि अतीत की तरह ही इसका कोई अच्छा स्थायी परिणाम नहीं निकलेगा। उन्होंने दिखाया कि मंदिर का एक अस्थायी विरोध, जो उसके नुकसानदायक होने की तार्किक प्रतिबद्धता के आधार पर नहीं बल्कि जातिगत नेताओं द्वारा नए राजनीतिक और धार्मिक नेताओं की शह पर अपनी जाति के लोगों में प्रचारित पूर्वाग्रहों पर आधारित हो, शराबबन्दी सुधार का स्थायी आधार नहीं था जिसे स्थायी परिणामों के लिए इस प्रतिबद्धता पर आधारित होना चाहिए कि ज्यादा पीना नुकसानदायक है। अपनी 1923 की रिपोर्ट में श्री विल्स ने फिर लिखा :

> "अब जबकि असहयोगियों की राजनीतिक गतिविधि...शराब व्यवसाय के विरुद्ध उतार पर है, यह स्पष्ट हो गया है कि शराब पीने वाले वर्गों की असली भावनाएँ उनकी सामाजिक शिक्षाओं से बहुत कम ही प्रभावित हुई हैं। पठारी जिलों की गोंड आबादी के कुछ हिस्सों में शराब से परहेज अभी भी बड़ी मात्रा में विद्यमान है, खासकर राज-गोंड जागीरवारों वाली छिन्दवाड़ा जागीरों में। बाकी जगहों पर 1920-21 के आन्दोलन ने अपना निशान छोड़ते हुए शराब न पीने वालों द्वारा उसे पीने वालों की सामाजिक निन्दा सुनिश्चित कर दी है। लेकिन यह निन्दा प्राचीन प्रस्थापना पर टिकी है और 1920-21 में इसका प्रभाव सामाजिक आतंकवाद के कारण था।"

इस "आतंकवाद" के ढीला पड़ने पर पियक्कड़ अपनी पुरानी आदत पर फिर लौट गए

बस एक कसर सरकार द्वारा शराब के मूल्य में वृद्धि थी। इस शराब विरोधी धर्म युद्ध की अस्थायी उत्तेजना के अन्तर्गत सरकार और विधान परिषद ने मद्यपान-निषेध को अन्तिम लक्ष्य के तौर पर अंगीकार कर लिया; लेकिन जब उत्तेजना शान्त हो गई तो विधायकों ने अपने निर्वाचन क्षेत्रों में प्रयास बन्द कर दिए और जैसा असहयोग के पहले था, उसके बाद भी आबकारी विभाग ही एकमात्र प्रभावी शराबबन्दी करानेवाली संस्था रह गया। गोंडों ने शराब के खिलाफ अपना जनजातीय अभियान औरों के मुकाबले ज्यादा लम्बा चलाया लेकिन 1924 तक उनके प्रयास भी दम तोड़ने लगे। हालाँकि इस दरम्यान, चूँकि प्रचार सरकारी शराब के खिलाफ किया गया था न कि शराब के खिलाफ, अवैध शराब निर्माण खूब जोर-शोर से चलने लगा है, विशेषकर गोंड जिलों में और 1920-21 में 423 मामलों का आँकड़ा 1925 में बढ़कर 2,340 हो गया था जिसमें 1,506 मामले सिर्फ पठार के जिलों से थे।

358. इस प्रकार के आन्दोलन गोंडों के बीच समय-समय पर होते रहे हैं, आमतौर पर बाहरी राजनीतिक प्रभावों के कारण न कि किसी व्यापक जनजातीय सुधार की लालसा के कारण। इस प्रकार 1927 में वार्षिक आबकारी रिपोर्ट मांडला और बैहर के गोंडों के बीच एक सामाजिक सुधार आन्दोलन का उद्धरण देती है। इसका उद्देश्य हिन्दू धारा पर एक सामाजिक और धार्मिक उन्नयन की अभिलाषा थी, लेकिन मानसून में एक अशुभ घटना से इसे बल मिला। शराबबन्दी के आन्दोलन के तौर पर काफी कुछ इसके पक्ष में था, लेकिन इसका बुरा लक्षण अन्य आदतों और प्रथाओं पर आक्रमण था, विशेषकर माँस और अंडे तथा बकरों और मुर्गों को मारने पर प्रतिबन्ध का इसमें शामिल होना जो कि गोंड गाँवों की बुरी आर्थिक दशा और पहले से ही उनके भोजन में आ चुकी विविधता की कमी पर एक दुर्भाग्यपूर्ण कुठाराघात था। लेकिन मौसम में सुधार हुआ और जैसे ही फसल खराब होने का डर जाता रहा, आन्दोलन का असर भी मांडला और बैहर में समाप्त हो गया। 1929 में राजनीतिक उद्वेलन के पुनर्जीवित होने से गोंड इलाकों में, विशेषकर बैतूल जिले में, 1920 और 1920 की तरह के लक्षण दिखाई पड़ने लगे : संगठनकर्ता समझाने-बुझाने के बजाय हिंसात्मक तरीके अपनाने लगे जैसे दुकानों से शान्तिपूर्वक माल उठा लेने के बजाय, आबकारी ठेकेदारों का सामाजिक बहिष्कार तथा उन पर और उपभोक्ताओं पर शारीरिक आक्रमण करना। हालाँकि इसी समय अवैध शराब निर्माण में वृद्धि होती रही जो 1931 में बढ़कर 2,481 के स्तर तक पहुँच गई और सविनय अवज्ञा आन्दोलन के बाद से यह बढ़ता जा रहा है क्योंकि आबकारी कानून की उपेक्षा की भावना फैल गई है जो इन परेशानियों की विरासत था, 1935 तक 4,537 मामले पाए गए और इसमें 7,154 अपराधी शामिल थे और यह "रौब-दाब और धूर्तता से चलनेवाला एक संगठित उद्योग" बन गया था।

359. आदिवासी "उन्नयन" की दृष्टि से यह दुखद था कि जनजातीय पुनर्गठन और स्वयंसेवा की तरफ उन्मुख ये आवेग सरकार विरोधी आन्दोलन से एकरूप थे, यदि हमेशा उससे प्रेरित नहीं थे तो भी वे कभी इतने "जिम्मेदार" नहीं रहे कि सरकारी अधिकारियों या धार्मिक या सामाजिक मिशनरियों की सहायता प्राप्त कर सकें यद्यपि उन्होंने पुनरूद्भूत जनजातीय आत्मसजगता को दर्शाया और सहकारी विभाग के इस सिद्धान्त का माकूल जवाब दिया कि सहयोग आदिवासी की बुद्धिमानी के परे है। ये आवेग आधिकारिक रूप से प्रोत्साहित किए जाने चाहिए और जनजातीय मुखिया और वृद्धजनों द्वारा इनका मार्गदर्शन होना चाहिए,

और इन्हें अज्ञानी आन्दोलनकारियों के रहम पर नहीं छोड़ा जाना चाहिए जो इन सुदूर इलाकों में प्रतिष्ठित राजनीतिक आन्दोलनों के पिछलग्गू हैं और जिनके अराजक कार्यों की इन आन्दोलनों के नेताओं के अतिरिक्त कुछ और लोगों द्वारा आलोचना होगी।

360. आदिवासी इलाकों में अतीत की आबकारी नीति के वृत्तान्त को हम श्री एल्विन के पर्चे 'धैर्य का टूटना' के अध्याय के पुनः प्रस्तुतिकरण के साथ समाप्त करते हैं। इस अध्याय का शीर्षक है "घरेलू भट्ठे का अतिक्रमण" और आबकारी मामलों में आदिवासियों के पक्ष को रखने में अतिवादी होने के बावजूद यह एक प्रबुद्ध सामाजिक मिशनरी का सुविचारित दृष्टिकोण है जिसने मांडला में गोंड और बैगा के बीच वर्षों तक काम किया है और हाल में बस्तर के माड़िया और मुरिया के बीच और जिन्होंने एक गोंड महिला से विवाह किया है :

"कांग्रेस ने घोषणा की है कि वह मद्यपान निषेध का कानून—जब उसे कानून बनाने का अधिकार मिल जाएगा—आदिवासी इलाकों में नहीं लागू करेगी। यह एक उचित नीति है, यद्यपि आदिवासी दृष्टिकोण से वास्तविक हानि बहुत पहले की जा चुकी थी जब घरेलू शराब निर्माण पर पाबन्दी लगाई गई। दूसरे न सिर्फ लोगों को एक लाभदायक ग्रामोद्योग से वंचित किया, बल्कि इसने आदिवासी इलाकों में बड़ी संख्या में गन्दे प्रकार के सट्टेबाजों को ला दिया जिन्होंने लाइसेंसी भट्ठों पर अधिकार कर लिया और आदिवासियों को अपनी गिरफ्त में लेने का हरसम्भव प्रयास किया। यह आदिवासी जमीन के नुकसान का, आजीवन कर्ज का और पतित चरित्रवालों के सम्पर्क के कारण प्रायः शराब की दुकानों में मँडराते रहते हैं—भारतीय "दुकान" को यूरोपीय मदिरालय से कोई समानता नहीं है—मुख्य महत्त्वपूर्ण कारण था। हालाँकि सर रिचर्ड टेम्पल मानते थे कि आबकारी के अच्छे प्रबन्धन ने काफी भलाई की है। पुराने दिनों में इन सभी जन-जातियों के लिए मदिरापान एक अभिशाप रहा है। लेकिन यह सभी न्याय करने के सबसे योग्य लोगों की समकालीन गवाही है कि पिछले कुछ समय से एक उल्लेखनीय सुधार हो रहा है।* फिर भी सत्तर वर्षों के बाद सुधार अभी भी निष्प्रभावी है।

"आदिवासी आराधना और सामाजिक समारोहों में शराब एक जरूरी सामग्री है। यह बिदरी समारोह में बीज के ऊपर छिड़का जाता है। यह आदमखोर का मुँह बाँधने के अनुष्ठान के समय मिट्टी की मूर्ति पर छिड़का जाता है, धरती को उसके स्थान पर रखने वाली या बीमारी भगाने वाली की लौ पर तथा, भगवान को समर्पित की जाने वाली हर बलि पर छिड़का जाता है। शोकग्रस्त लोग अन्त्येष्ठियों में इसका सेवन करते हैं तथा मृत व्यक्ति को अन्तिम जाम पेश करते हैं। विवाह के दौरान कई मौकों पर इसका आनुष्ठानिक प्रयोग किया जाता है। सगाई के मौकों पर यह उपहार का जरूरी सामान है; जाति-बहिष्कार के समय यह आमतौर पर शुल्क के रूप में लिया जाता है; उत्तरी बस्तर में इसे नृत्य के पहले ढोलक की वेदी पर चढ़ाया जाता है तथा शिकार से पहले तीर-धनुष की वेदी पर।

"लेकिन इस सबके लिए शराब घर में निर्मित होनी चाहिए। एक विनम्र कल्पना प्रायः इसको दुरुस्त करती है—दवा लेनेवाला व्यक्ति पहले थोड़ा ताजा महुआ निचोड़ता

---

* पेपर्स रिलेटिव टू द एबोरिजिनल ट्राइब्स ऑफ द सेन्ट्रल प्रोविन्सेज, द्वारा आदरणीय एस हिस्लॉप, सम्पादन आर. टेम्पल, 1866 पैराग्राफ vii।

है और फिर भट्ठे से शराब निकालकर उसमें डाल देता है—लेकिन पुराने समारोहों की ताजगी और ऊर्जा अब नहीं रह गई है।

"श्री सिमिंगटन बम्बई के आंशिक अपवर्जित क्षेत्र में मदिरापान निषेध की वकालत करते हैं; उड़ीसा समिति ने उड़ीसा के लिए इस पर जोर दिया है और महुआ के फूल पर नियन्त्रण करने का सुझाव दिया है* एक जेसूइट, फादर लालेमाँड, जिन्होंने बैहर के आदिवासियों के अधिकारों के लिए लम्बे समय से संघर्ष किया है, ने अन्य समुदायों पर मद्यपान निषेध थोपने के लिए कांग्रेस की आलोचना की है जहाँ यह गैरजरूरी और हानिकारक था लेकिन समुदाय ने एक वर्ग को रियायत दी है जिनके लिए यह 'जरूरी और लाभदायक' दोनों था। लेकिन मध्य प्रान्त के आदिवासी के लिए, कुछ स्पष्ट मामलों को छोड़कर, शराब पतित होने या बीमारी का स्रोत नहीं है। आदिवासी की जिन्दगी इतनी तकलीफदेह है, बुखार के कारण उसकी ऊर्जा इतनी क्षरित हो चुकी होती है, उसका भोजन इतना एकरस होता है कि उसके लिए शराब की एक बोतल एक टॉनिक, एक दवा, एक क्षुधावर्धक और आराम देने वाली चीज की तरह है। जहाँ इस पर पाबन्दी है, या जहाँ इसका मूल्य बहुत ऊँचा है जैसे बिलासपुर में वह ज्यादा हानिकारक गाँजा या अफीम लेता है। बिलासपुर के कुछ हिस्से अब 'गाँजा इलाका' के नाम से जाने जाते हैं और मैंने स्वयं जन-जातीय लोगों में गाँजे की आदत के दुखद परिणाम देखे हैं।

"बस्तर में चावल की दारू तथा सागू तथा ताड़ के रस पिए जाते हैं और साथ ही महुआ की शराब भी। सिर्फ महुआ शराब पर ही राज्य अधिकारियों का नियन्त्रण है और अनेक आदिवासी ताड़ रस के अलावा और कुछ नहीं पीते इस प्रकार इस भाग की शुरुआत में मेरी बताई बुराइयों से बच जाते हैं। हालाँकि महुआ शराब का प्रयोग धार्मिक और सामाजिक समारोहों के समय मुड़िया और पहाड़ी माड़ियाओं के लिए आवश्यक होता है, यद्यपि बैल सींग वाले माड़िया इसके बजाय चावल की दारू प्रयोग करते हैं। लेकिन बस्तर में, मध्य प्रान्तों की तरह शराब संस्कृति सम्पर्क का उपकरण नहीं है। आदिवासी के लिए शराब की वास्तविक बुराई यह नहीं है कि शराब उसे नशे में डुबा देती है, बल्कि यह कि शराब उसे पतित बाहरी लोगों के सम्पर्क में लाती है और प्रायः आदिवासी को उस पर निर्भर बना देती है।"

361. अब भविष्य की नीति की तरफ आने पर, मेरे विचारों के पूर्वसंकेत माण्डला जिले में आदिवासी समस्या पर टिप्पणियाँ के पैराग्राफ 37-43 में तथा बालाघाट जिले में आदिवासी समस्या के पैराग्राफ 164-69 में मिल चुके हैं। एक पूर्व मौके पर 1935 में, बतौर होशंगाबाद के डिप्टी कमिश्नर मैंने अपने विचारों को व्यवस्थित करके पृथक राजस्व विभाग द्वारा आदिवासी जन-जातियों के नैतिक और भौतिक उन्नयन के आबकारी चरित्र यह सामान्य निर्देश के जवाब में लिखा, जो अन्य जिलों के जवाबों के साथ ऊपर पैराग्राफ 344 में उद्धृत पुस्तिका में छपा है। जहाँ तक शराब की बात है उस पत्र ने समस्या को कुछ शब्दों में परिभाषित किया जो अभी भी पर्याप्त मालूम पड़ते हैं, जैसे :

(क) यह देखना कि अपने वर्तमान सामाजिक विकास में आदिवासी को मुफ्त शराब मिले उसके सामाजिक और धार्मिक अवसरों के लिए और बीमारी में वह शराब

* रिपोर्ट ऑफ दी पार्शियली एक्सक्लूडेड एरियाज कमिटी, उड़ीसा (कटक, 1940)।

ऐसे मूल्य पर प्राप्त कर सके जो उसकी पहुँच के इतनी बाहर न हो कि उसे शराब बनानी पड़े या सस्ते इलाकों से उसकी तस्करी करनी पड़े;

(ख) उसे शराब की लत से बचाकर रखा जाए या उनकी पीने की आदत को दोबारा न शुरू होने दिया जाए जहाँ यह पुरानी बात हो चुकी है; और

(ग) उसे शराबबन्दी सिखाने की कोशिश करना। (मद्यपान निषेध के बजाय)

इसलिए जैसा वहाँ जोर दिया गया है, जो भी कदम उठाए जाने हैं, जहाँ तक सम्भव हो उन्हें आदिवासियों के साथ परामर्श करके अन्ततः पंचायतों, संघ मांडलों और अप्रत्यक्ष चयनित स्थानीय मांडलों जिनके बारे में राजनीतिक शिक्षा के अगले अध्याय में चर्चा की गई है के माध्यम से लागू किए जाने चाहिए, और इस दरम्यान वर्तमान जन-जातीय मुखिया और वृद्धजनों या जन-जातीय पंचायतों जहाँ वे मौजूद हों, के द्वारा लागू किया जाना चाहिए। जब तक स्थानीय स्व-शासित निकायों का एक सुव्यवस्थित ढाँचा खड़ा नहीं हो जाता तब एक अमुआ आदिवासियों के साथ अनौपचारिक बातचीत में प्रयोग किए हुए विचार विशेष आदिवासी आबकारी सलाहकार समितियों जिन्हें सभी महत्त्वपूर्ण आदिवासी जिलों में बनाया गया है, के पहले आने चाहिए, चूँकि आदिवासी इलाकों में आबकारी प्रबन्धन पर प्रस्तावों को स्पष्टतः नियमित सलाहकार आबकारी समितियों के अधिकार से हटा लिया गया है (आबकारी नियमावली 1, पैराग्राफ 77, नियम 111)। इन विशेष समितियों को डिप्टी कमिश्नर के अधीन होना चाहिए और मण्डलीय वन अधिकारी, जिला पुलिस सुपरिटेंडेंट और जिला आबकारी अधिकारी को इसका सदस्य होना चाहिए, इसके साथ ही किन्हीं आदिवासी इलाकों के लिए गठित स्वतन्त्र स्थानीय मण्डलों के प्रतिनिधि या जिला परिषद और उसके स्थानीय मण्डलों (यदि हो तो) के चयनित आदिवासी सदस्य, और कमिश्नर द्वारा मनोनीत आदिवासियों का प्रतिनिधित्व करने वाले चार सदस्य भी इसके सदस्य होने चाहिए : ये चार यदि सम्भव हो तो बुद्धिमान अमुआ आदिवासी होने चाहिए लेकिन यदि पर्याप्त ज्ञान और प्रभाव वाले आदिवासी न मिल सकें तो इन्हें क्षेत्र में काम करनेवाले अनाधिकारिक स्वास्थ्य, सामाजिक और धार्मिक कार्यकर्ताओं में से लिया जा सकता है। कम से कम ऐसी समितियाँ आंशिक अपवर्जित क्षेत्रों वाले सभी जिलों के आंशिक अपवर्जित हिस्सों में गठित की जानी चाहिए, यद्यपि यह काफी नहीं होगा।

362. मादक पदार्थों की नीति पर संक्षेप में पहले चर्चा करनी चाहिए। श्री एल्विन ने ऊपर पैराग्राफ 360 में "धैर्य का टूटना" के उद्धरण के अन्त से पहले वाले पैराग्राफ में बिलासपुर जिले के आदिवासियों में गाँजा की लट का उद्धरण दिया है जिसका प्रभाव यहाँ तक बढ़ गया है कि जिले के एक हिस्से को "गाँजा इलाका" कहते हैं और उन्होंने गाँजे और अफीम के महुआ शराब से ज्यादा हानिकारक प्रभाव की भी चर्चा की है। अपनी बालाघाट रिपोर्ट के पैराग्राफ 166 में मैंने लिखा :

> "बैहर में मादक पदार्थों पर प्रतिबन्ध लगाने के लिए कुछ तेज कदम उठाए जा सकते हैं। वे देशी शराब से कहीं ज्यादा हानिकारक हैं और अब तक स्पष्टतः आदिवासियों को उनकी लत नहीं लगी है। फिर भी 1940 तक गाँजा और अफीम का खुदरा मूल्य अन्य जगहों की अपेक्षा बैहर में बहुत कम था, जो एक गैर जरूरी भेद था। हाल के प्रत्येक वर्षों में मादक पदार्थों पर शुल्क में भारी वृद्धि होती रही है, जो प्रशंसनीय है; पर मेरा विश्वास है कि अब से दो या तीन वर्षों में इन्हें बैहर में पूर्णतः प्रतिबन्धित किया जा सकता है।"

निश्चित तौर पर गाँजा और सम्भवतः अफीम की आदत भी वे बुराइयाँ हैं जो आदिवासियों ने हिन्दुओं के साथ सम्पर्क के होने से सीखी हैं; और उतना ही निश्चित है कि पिछड़े इलाकों में इन पदार्थों का मूल्य मैदानों के विकसित जिलों के मूल्य को इतना बढ़ाकर रखने से आदिवासियों द्वारा इनके सेवन को नियन्त्रित किया जा सकता है। ऐसा सभी दुकानों को बन्द करके सिर्फ कुछ केन्द्रों को छोड़कर जहाँ आदिवासी और अर्द्धआदिवासी निम्न जातियाँ निर्णायक अल्पसंख्या में हों (जिसका मतलब है मुख्यालय कस्बों में प्रत्येक तहसील में सिर्फ एक अफीम और एक गाँजा की दूकान) और ऐसे केन्द्रों पर आदिवासी और अर्द्धआदिवासी खरीदारों पर प्रतिबन्ध लगाकर किया जा सकता है। और अन्त में चार या पाँच वर्षों बाद मद्यपान को पूर्ण निषेध करके भी ऐसा करना सम्भव है। इन कदमों को निश्चित ही सभी आंशिक अपवर्जित क्षेत्रों में अपनाया जाना चाहिए, तथा बिलासपुर के पन्दरिया जमींदारी में, रायपुर जमींदारियों में और छिन्दवाड़ा, बैतूल और दुर्ग जिले के ज्यादा पिछड़े गैर अपवर्जित इलाकों में। अफीम का सेवन पूरे जिले में कई वर्षों से लगातार कम होता जा रहा है और 1940 की आबकारी रिपोर्ट ने रायपुर, छिन्दवाड़ा, दुर्ग और बालाघाट जिलों में अफीम के सेवन में विशेष गिरावट उद्धृत की है। कई वर्षों से अफीम की आदत के क्रमशः उन्मूलन की तरफ नीति निर्देशित की जाती रही है। जो मुख्य कदम उठाए गए हैं वे हैं निर्गम मूल्य और परिणामस्वरूप बिक्री मूल्य में काफी बढ़ोत्तरी, व्यक्तिगत भण्डारण और धूम्रपान अधिनियम का सख्त पालन, यद्यपि अब (1940) प्रति सेट अफीम पर शुल्क पूरे प्रान्त में 91-13-0 है, फिर भी कुछ पिछड़े इलाके हैं जहाँ प्रति सेर औसत खुदरा मूल्य अन्य जगहों से ज्यादा है; वर्धा और चन्दा जिले के रु. 240 के मूल्य की तुलना में, छिन्दवाड़ा (रु. 160) नीमड़ (रु. 160). बालाघाट (रु. 162) और दुर्ग (रु. 170-190) के हिस्सों में मूल्य कम है। प्रति 100 व्यक्तियों पर 1940 में खपत 0.04 सेर थी। आंशिक अपवर्जित क्षेत्रों में सिर्फ मण्डला जिले के आँकड़े अलग से उपलब्ध हैं और यहाँ खपत 0.05 सेर थी; लेकिन आंशिक अपवर्जित क्षेत्रों वाले अन्य जिलों में था। आबादी में आदिवासियों की बहुतायत वाले अन्य जिलों में खपत प्रान्त के औसत से काफी ज्यादा थी उदाहरण के लिए बालाघाट (0.08), रायपुर (0.07), दुर्ग (0.06)। अमरावती और विनी उप-मण्डल (प्रत्येक में 0.05)। पूरे प्रान्त में देहाती इलाकों में प्रति 10,000 की आबादी पर अफीम की दुकानों का औसत 0.5 था; बालाघाट में यह 15 के स्तर तक ऊँचा था और सिवनी उपमंडल में 0.7 था, और मांडला तथा छिन्दवाड़ा एकमात्र ऐसे आदिवासी जिले हैं जो औसत से नीचे हैं। इसी प्रकार, दुकानों के बीच की दूरी को अफीम पाने के अवसर का आधार मानने पर, पूरे प्रान्त में प्रति 146.8 वर्ग मील में एक देहाती अफीम की दुकान थी। आदिवासी इलाकों में उनकी दूरी और कम आबादी के कारण यह आँकड़ा ज्यादा होना चाहिए और इस तरह यह ज्यादा है मांडला (252-6), चन्दा (244.8), पुराना छिन्दवाड़ा (207.4) और बैतूल (203.1) में; लेकिन यह बहुत कम है, दुर्ग (124.5) और बिलासपुर (12.77) में। अब पूरे प्रान्त में गांजे पर शुल्क एक समान रु. 52-8-0 प्रति सेर है, लेकिन खुदरा मूल्य में बहुत अन्तर है, पूरे प्रान्त में रु. 100 प्रति सेर के सामान्य स्तर की अपेक्षा यह पदार्थ काफी सस्ते में जबलपुर के हिस्सों में रु. 65 की दर से, छिन्दवाड़ा रुकी दुर्ग, और बालाघाट के हिस्सों में रु. 70 की दर से, रायपुर के भागों में रु. 73 की लेकिन मांडला और बैतूल में रु. 90 प्रति सेर की दर से बेचा जाता है जो नागपुर और अमरावती के शहरी जिलों के बराबर है तथा चन्दा और बिलासपुर

यह रु. 100 प्रति सेर की दर से बिकता है। निम्नतम खुदरा मूल्य नीचे करने की गुंजाइश महसूस होती है जो पिछड़े इलाकों में अन्य इलाकों की अपेक्षा ज्यादा होनी चाहिए जहाँ के लोग लम्बे समय से गाँजा पीने के आदी रहे हैं। यद्यपि शुल्क में वृद्धि की गई है, पूरे प्रान्त में गाँजा की खपत 1940 में 3 प्रतिशत से बढ़कर 12.264 सेर हो गई जिसकी वजह से नागपुर कर्था और बेशर के चार जिलों में 576 शेर की वृद्धि हुई थी। यह सुखद है कि बिलासपुर में 115 सेर, मांडला में 55 सेर और बालाघाट में 47 सेर की गिरावट हुई थी, लेकिन कुल खपत बिलासपुर (1,161.5 सेर-एक आँकड़ा जो सिर्फ जबलपुर और नागपुर से कम था) में ज्यादा थी, जबकि चन्दा (364.5) और दुर्ग (451) की तुलना में बालाघाट (722.5 सेर) की हालत ठीक नहीं है। प्रति सौ व्यक्तियों पर पूरे प्रान्त में औसत खपत 0.08 सेर थी, यह आँकड़ा आदिवासी जिलों के बीच बालाघाट (0.12), पुराना सिवनी (0.10) से कम था पर बैतूल (0.03), चन्दा (0.03) यवतमाल (0.03), दुर्ग (0.05) और पुराने छिन्दवाड़ा (0.06) से अधिक था और मांडला, नीमड़, रायपुर और बिलासपुर के बराबर था। मांडला, बालाघाट और बिलासपुर के आदिवासी इलाकों में स्पष्ट खतरे हैं। पूरे प्रान्त में देहाती गाँजा दुकानों की औसत संख्या प्रति 10,000 आबादी पर 1940 में 0.5 थी; यह औसत बालाघाट (1.7), पुराना सिवनी (0.7) नीमड़ (0.64) और मांडला, होशंगाबाद और जबलपुर (प्रत्येक में 0.6) से कम था मगर पुराने छिन्दवाड़ा (0.3), चन्दा (0.33), रायपुर, बिलासपुर और दुर्ग (प्रत्येक में 0.4) और बैतूल (0.47) से ज्यादा था। पूरे प्रान्त में प्रत्येक देहाती गाँजा दुकान पर औसत वर्ग मील संख्या 157.7 थी, लेकिन दुर्ग (119.7), पुराना सिवनी (123.6), बिलासपुर (125.6), बालाघाट (136.6) और रायपुर (148.0) में यह औसत कम था, जबकि चन्दा (344.8), पुराना छिन्दवाड़ा (285.3), बैतूल (2031) और मांडला (187.1) में यह औसत काफी ज्यादा था। गाँजा खरीदने की सुविधाओं गें विभिन्न जिलों में बहुत अन्तर है और बालाघाट, सिवनी और पुराने छत्तीसगढ़ में इनकी संख्या बहुत ज्यादा है, जबकि खपत मांडला में भी बहुत अधिक है। आदिवासी अवश्य ही प्रभावित होते होंगे, यद्यपि आदिवासियों द्वारा खपत या यहाँ तक कि मांडला जिले के अलावा प्रत्येक आंशिक अपवर्जित क्षेत्रों में खपत के कोई आँकड़े उपलब्ध नहीं हैं। यद्यपि बैतूल, पुराने छिन्दवाड़ा और चन्दा में, गाँजा ने आदिवासियों को अपना शिकार नहीं बनाया है, इस पर स्पष्टतः भविष्य में ऐसा होने से रोकने के लिए तत्काल कदम उठाए जाने पर कोई आपत्ति नहीं होनी चाहिए। इसलिए इस पैराग्राफ के शुरुआत में आंशिक अपवर्जित क्षेत्रों और वहाँ सुझाए गए अन्य भागों में आदिवासियों के बीच मादक पदार्थों के सेवन में तीव्र कमी लाने के लिए सुझाई गई नीति को अवश्य लागू किया जाना चाहिए।

363. *ताड़ी*–ऊपर पैराग्राफ 348 में चन्दा जिले में माड़िया गोंड लोगों के कुछ अधिसूचित गाँवों में मुक्त निकाली लाइसेंसों का वर्णन किया गया है जैसा कि ताड़ी निकालनेवालों के लिए बनी समिति ने स्वीकृत किया था, और यह व्यवस्था आबकारी समिति, 1935 की मसौदा रिपोर्ट में सहमति के साथ दर्ज है जिसने अनुशंसा की कि 66 खासतौर पर माड़िया गोंड के गाँवों में भविष्य में आप सुरक्षा के विचार से इस तरह के लाइसेंसों को उदारता से देना चाहिए। अन्य विषयों के साथ जिन विषयों पर 1935 में आबकारी के सम्बन्ध में उपायुक्तों से राय ली गई थी उनमें इस व्यवस्था को अन्य उपयुक्त क्षेत्रों में विस्तारित करने की सम्भावनाएँ भी शामिल थीं। कई लोगों ने जवाब दिया कि उनके

जिलों में कोई उपयुक्त क्षेत्र नहीं है और न उन लोगों के जिले से जिन्होंने उल्लिखित सुझाव का समर्थन किया था किसी ने क्षेत्र को उपयुक्त नहीं बताया। वर्तमान में सिरोन्चा में 239 गाँव और चन्दा जिले की गढ़चिरौली तहसील में 58 गाँव हैं जहाँ माड़िया और गोंड लोगों को यह विशेषाधिकार प्राप्त है। मेरे खयाल से ऐसे गाँवों की संख्या गढ़चिरौली तहसील के आंशिक अपवर्जित क्षेत्रों और दुर्ग जिले में काफी अधिक विस्तारित की जा सकती है, शायद गेवरधा, पलासगढ़ और अम्बागढ़-चौकी के उत्तर में कुछ जगहों को भूल रहा हूँ। निश्चित रूप से कोई कारण नहीं है कि औंधी, कोरछा और पनबरस के माड़िया लोगों को यह अधिकार नहीं मिलना चाहिए। जिरो तो शायद ले चुके होते यदि ये रियासतें चन्दा से दुर्ग जिले में स्थानान्तरित नहीं हुई होतीं। दूसरी और दक्षिणी अहीरी जमींदारियों के कुछ बड़े गाँवों में जो सिरोन्चा तहसील के बड़े गैर-आदिवासी खालसा गाँवों के नजदीक और उनके प्रभाव में हैं, जहाँ पर कि माड़िया लोग जनसंख्या का एक प्रमुख भाग नहीं हैं और श्री केड़ावाला ने निर्दिष्ट किया कि रियायतों के साथ अनुचित व्यवहार किया गया; कम-से-कम यदि यह साबित हो जाए कि उन गाँवों में निःशुल्क लाइसेंस के अन्तर्गत ताड़ी निकालकर निकटवर्ती गाँवों में बेची जा रही है तो चेतावनी देने के बाद इस विशेषाधिकार को निलम्बित या वापस लिया जाना चाहिए। वास्तव में यह छूट सिद्धान्ततः माड़िया व अन्य गोंड लोगों के लिए है; यह 1935 में नागपुर जिले के आबकारी अधिकारी (जो अभी हाल तक चन्दा जिले में कार्यरत या) ने नागपुर के उपायुक्त को 1935 की जाँच के लिए भेजे गए अपने जवाब में कहा जो उपायुक्त के जवाबों के अनुलग्नक के रूप में प्रकाशित हुआ था और जिसको पहले ही प्रकाशित जवाबों की पुस्तिकाओं के रूप में सदर्भित किया जा चुका है कि उन क्षेत्रों में रहनेवाली बहुत सारी अन्य स्थानीय जातियाँ और जनजातियाँ हैं और उनके जीने के ढँग में माड़िया लोगों से कोई ज्यादा बौद्धिक अन्तर नहीं है और कि ये भी रियायत की हकदार हैं। उसकी सूची कहीं ज्यादा लम्बी है क्योंकि इसमें कलार, सालेवाड़, कापेवाड़, और धीमर जातियाँ भी शामिल हैं; लेकिन यह विशेषाधिकार स्पष्ट तौर पर आदिवासियों जैसे परधान, हलका, नगरची और ओझाओं से लेकर कुम्हारों, लुहारों, बढ़इयों जो आदिवासी गाँवों में रहते हैं महाड़, माला और "अछूत" मादगा और ग्वारी और रावत चरवाहों तक को प्राप्त होना चाहिए। यह रियायत प्राप्त करनेवाले गाँवों और समुदायों की संख्या में तार्किक ढँग से वृद्धि करके गैरकानूनी अधिकार बेचने और स्थानान्तरित करने और आबकारी अधीनस्थ कर्मचारियों द्वारा उत्पीड़न के अवसरों को कम किया जा सकेगा। वास्तविकता में समय-समय पर आनेवाले प्रस्तावों कि मुक्त निकाली के नियन्त्रण को और ज्यादा सरल किए जाने से कुछ हासिल होनेवाला नहीं है। व्यवहारतः माड़िया लोग खुद अपने पेड़ों की देखभाल को लेकर और ज्यादा निकासी को रोकने के लिए और किसी भी गाँव वाले को उसके उचित हिस्से के अतिरिक्त अनुमति नहीं देने के लिए सजग रहते हैं। मेरे विचार से कोई रोकटोक नहीं होनी चाहिए सिवाय जहाँ लाइसेंस के अन्तर्गत निकाली गई ताड़ी को गाँवों में बेचा जाता है या तस्करी की जाती है जिसके लिए विशेषाधिकार को विस्तारित नहीं किया गया है। आज शराब पीना बहुत नुकसानदेह है खमीर उठाया हुआ खजर का रस, महुआ की शराब की तुलना में कहीं ज्यादा नशे वाली स्वादिष्ट शराब होती है और पहले की आबकारी नीति ने ठीक पहचान की थी कि महुआ से ताड़ी पर आ जाना एक शक्तिशाली आत्मसंयम वाला कदम है। उनके गाँवों में स्वादिष्ट शराब के

निःशुल्क स्रोत की उपस्थिति उन कई कारणों में से एक थी जिसने उन्हें कम सौभाग्यशाली पठारी जिलों के आदिवासियों की तुलना में कलार और साहूकारों की आर्थिक दासता से बहुत देर तक स्वतन्त्र रखा।

364. इसीलिए मैं तब के आबकारी आयुक्त द्वारा अप्रैल, 1938 में जिला आबकारी कार्यालयों का निरीक्षण करने के बाद नहीं, इस पर ध्यान दिया जाए कि युक्त ताड़ी अंचलों का दौरा करने के बाद सबसे पहले प्रस्तावित किए गए प्रस्ताव का जोरदार ढँग से विरोध करता हूँ कि नियमन व प्रशासन की लागत को पूरा करने के लिए मुक्त निकासी लाइसेंसों के धारकों पर नाममात्र का वृक्षकर का अधिभार लगा दिया जाए। पहली जगह पर वास्तव में इन लाइसेंसों के होने से कुछ प्राप्त नहीं। सबसे ज्यादा जरूरी है कि विशेष गाँवों के मुखिया या गैता पर नियन्त्रण का काम छोड़ दिया, इस सीमा के साथ कि उसके गाँव के क्षेत्रों में प्रतिवर्ष ताड़ी निकाले जानेवाले पेड़ों की कुछ संख्या अवश्य ज्ञात हो और कुछ मौकों पर निकासी वाले पेड़ों की संख्या जाँचने के लिए, अपने सामान्य दौरों के दौरान पटवारी या दौरे पर राजस्व-अधिकारियों या राजस्व-निरीक्षकों द्वारा निरीक्षण किया जाए। तब वहाँ पर वसूले जानेवाले नियमन व प्रशासन के कोई खर्चे नहीं होंगे। पहला प्रस्ताव था कि अहीरी के जमींदार द्वारा अपने पेड़ों के उपयोगकर्त्ता पर एक आना का पहले से ही लगाया जा चुका अधिभार से मिलता-जुलता प्रति पेड़ एक आने का कर निर्धारित किया जाए। खराब फसलों की एक शृंखला के कारण इसे टाल दिया गया। लेकिन जून 1941 में अपनी ग्रामीण आबकारी सलाहकार समिति के समर्थन से चन्दा के उपायुक्त ने प्रस्तावित किया कि पहली बार में मुक्त निकासी की अनुमति प्राप्त गढ़चिरौली तहसील के 58 गाँवों में प्रति पेड़ दो आने का कर लगाया जाना चाहिए। इस सबके साथ यह माना कि प्रत्येक गाँव में 20 पेड़ों से प्रतिवर्ष निकासी की जाती है तो प्रतिवर्ष 145 रुपए होंगे। इसमें बेकार का लेखन कार्य, रसीदें और हिसाब-किताब होगा जो ऐसे क्षेत्र में बेकार हैं जहाँ कोई पटेल या रैयत ना पढ़ सकता है ना लिख सकता है, आबकारी अधीनस्थ कर्मचारियों द्वारा लम्बे दौरों का यात्रा भत्ता कर की कार्यवाही से ज्यादा होगा और "गुजारा करनेवाले" और उत्पीड़ित आदिम गाँववालों जिनकी मुख्य इच्छा है कि उन्हें उनके हाल पर छोड़ दिया जाए। यह चारों तरफ टालमटोल के भाव को पैदा करेगा और निश्चित रूप से ताड़ी का उपभोग इससे कम नहीं होगा, जो कि पिछले अध्याय में उल्लिखित सिरोन्चा खालसा के निकट गैर-आदिवासियों के सम्पर्कों के प्रभाव में कुछ गाँवों में उदारता से बचाई जाती है। यह सुझाव दिया गया कि 66 सिरोन्चा के माड़िया लोगों द्वारा ताड़ी पीने को नियन्त्रित करने की दिशा में एक बनाया जाना चाहिए जो कि "शब्दशः वर्ष के कुछ महीने ताड़ी पर जिन्दा रहते हैं और बाकी ज्यादातर समय पिए रहते हैं" और यह कि लगभग इसी समय "माड़िया लोगों को रोजगार देने के लिए कुछ रचनात्मक कार्य किया जाना चाहिए ताकि वे अपनी आर्थिक स्थिति सुधार सकें"। यह कथन कि वे ताड़ी के महीनों के दौरान ज्यादातर समय पिए रहते हैं, एक काल्पनिक मनगढ़न्त बात है। आड़ी-तिरछी सीढ़ियों के सहारे लम्बे खजूर के पेड़ पर चढ़ना, जो बाँस के तनों से बनी हुई खजूर के पेड़ पर बाँस के किनारे की छालों से बँधे हुए जो सीढ़ियों के डंडे के रूप में बनाए गए हों, पर चलना एक शराबी के लिए असम्भव कार्य है। ठीक माड़िया क्षेत्रों में लम्बे दौरों के दौरान जिसमें मैं रोजाना देखा करता था कि माड़िया लोग खजूर पर रस निकालने के लिए चढ़ रहे हैं जो पूरी रात या दिन भर में बाँस की नलियों में यहाँ पर बर्तन के रूप

में मिट्टी के बर्तनों की जगह प्रयोग होती है इकट्ठे होती है, मैंने देखा कि किसी ने ताड़ी नहीं पी थी। हाल में दिए गए उद्धरण में संकेत किए गए सर्वव्यापी शराबखोरी का दसवाँ हिस्से लायक भी औसत माड़िया गाँवों में पेड़ उपलब्ध नहीं हैं। जहाँ तक आर्थिक स्थिति का सवाल है अल्लापल्ली वन विभागों की कार्यवाहियों और आरा जिलों ने पहले ही कुछ मीलों के आसपास माड़िया लोगों को काम प्रदान करवा दिया है। यहाँ तक कि बस्तर राज्य के सुदूर गाँवों में भी और उनकी मदद करने के लिए उनकी इच्छाओं को तार्किक ढंग से पूरा करने के लिए पोदू खेती (देखिए ऊपर पैराग्राफ 276-85) की जा रही है और इसी प्रकार अहीरी और अन्य जमींदारी जंगलों को बेहतर बनाया जा रहा है ताकि समय आने पर इस जगती क्षेत्र में और भी अल्लापिल्ली हो जाएँ। मेरी सुविचारित अनुशंसा है कि इसलिए किसी भी तरह उन गाँवों में जहाँ मुक्त निकासी लाइसेंस की व्यवस्था वर्तमान समय में है या आगे लागू की जा सकती है वहाँ पर कोई वृक्ष कर चाहे नाममात्र का ही सही, नहीं लगाया जाना चाहिए।

365. *महुआ की शराब का प्रस्ताव*—आदिवासीबहुल क्षेत्रों में कच्ची शराब स्पष्टतया उपलब्ध कराई जानी चाहिए, सिवाय मेलाघाट के और कच्ची शराब और आसबित शराब के बारे में निरन्तर परिवर्तनशील नीति पर रोक लगाई जानी चाहिए। हालाँकि यह शायद अनावश्यक होगा कि सिवनी उपमंडल से छिन्दवाड़ा में जागीरों के बाहर से असबित शराब के कारखाने हटाए जाएँ। यवतमाल जिले में गैरकानूनी शराब की भट्ठियाँ अभी भी चल रही हैं और मुख्य अपराधी बंजारे लोग हैं जबकि भवतमाल के आदिवासियों के बीच ऋण का मुख्य कारण शराब की ऊँची कीमत दिखाई पड़ा है; मैं वहाँ जा पाने में असफल रहा लेकिन तथ्य संकेत करते हैं कि कम-से-कम अति पिछड़े क्षेत्रों में कीमतें घटाई जाने की सम्भावना है, यदि नहीं तो जंगली क्षेत्रों में कच्ची शराब उपलब्ध कराई जा सकती है। कहीं और यह सुझाव दिया गया कि सरकार को कच्ची शराब की नीति बदल देनी चाहिए—जरूरी नहीं कि कच्ची शराब के कारखानों की उन सभी जगहों पर जहाँ पर 1935 व 1936 में कच्ची शराब की व्यवस्था आई थी; यदि प्रशासनिक रूप से इसके दोबारा आने में जबलपुर के छोटे कुन्दम क्षेत्र में कोई परेशानी आनी चाहिए जो 1935-36 में हुई थी तो यह एकमात्र अपवाद हो सकता है।

366. अन्तिम पैराग्राफ में कहा गया था कि कच्ची शराब के बारे में बदलाव जरूरी नहीं है कि कच्ची शराब के कारखानों के बारे में भी हो जिसका मतलब है कि पूरे क्षेत्र में यहाँ-वहाँ कारखाने बिखरे हुए और गन्दे तरीके से एक कलार या एक आदिवासी ठेकेदार द्वारा भी नहीं होने चाहिए। मुझे कोई कारण नहीं नजर आता कि क्यों बर्तनवाली शराब कलार के एकाधिकार में है और इसे उसे अन्य स्थानीय ठेकेदारों, आदिवासियों के साथ मिलकर करना चाहिए। निजी उद्यमियों और मुनाफाखोरी के क्षेत्र से शराब उद्योग को कहीं और हटाने के आत्मसम्पर्क के सुधारों में एक मुख्य कदम जो भारत में केवल आंशिक तौर पर हासिल हुआ—शराब बनाने के अधिकार के लिए लाइसेंस देना था जबकि यह प्रयोग होशंगाबाद और अन्य जगहों पर कुछ वर्षों पहले विभागीय संचालित शराब की दुकानें कांग्रेस सरकार द्वारा एकदम बन्द करवा दी जबकि उपयोगी अनुभव प्राप्त किया जा रहा था जो मद्यनिषेध के नजरिये से बहुत महत्त्वपूर्ण परिणाम देने का वायदा करता है। पिछड़े क्षेत्रों में हमारे पास विभाग द्वारा संचालित केन्द्रीय शराब के कारखाने तहसील मुख्यालयों पर क्यों नहीं होने

चाहिए? यह एक साफ-सुथरे व स्वच्छतापूर्वक ढंग से चलाये जा सकते हैं और नियमित चिकित्सकीय जाँच करवाई जा सकती है। ताँबे के जहर की कठिनाई को ताँबे के बर्तनों पर रोक लगाकर या स्टिल-हेड और कंडेसर के बीच में डबलर के अनिवार्य प्रयोग द्वारा ताँबे व अन्य प्रदूषित पदार्थों को मिलने से रोका जा सकता है। धार्मिक पूर्वाग्रहों पर आधारित आदिवासियों की पुरानी आपत्ति गैर-आदिवासियों द्वारा शराब बनाने को शराब के कारखानों में आदिवासी नौकर रखने की अनिवार्यता की जा सकती है यदि सारे कामों में नहीं तो कम-से-कम असवन से पहले महुआ के फूलों पर पानी छिड़कने के काम में तो अवश्य लगाया जा सकता है। कम-से-कम योजना के शुरुआती दौर में काम के लिए विभागीय प्रबन्धन ठीक रहेगा क्योंकि दूर तरीके से मात्रा, आसवन के घंटों, और आवश्यक प्रतिबन्धों और सजगताओं को प्राप्त किया जा सकेगा, बाद में इसके आधार पर ऐसी शराब के कारखानों को चलाने के अधिकारों की नीलामी की जा सकती है यदि यह पाया जाए कि इन्हें हमेशा चलाना कठिन है। यदि यह अधिकार कलार या अन्य शराब बनानेवालों को दिया जाए तो महुआ के फूलों पर पानी छिड़कने के लिए आदिवासियों को रखने और जहाँ तक सम्भव हो सके वहाँ पर सारे कामों के लिए आदिवासी रखने पर जोर दिया जाना चाहिए।

367. इस तरह के स्थानीय केन्द्रीय मिट्टी के बर्तन वाली शराब के कारखाने होने पर वर्तमान प्रत्येक नीलामी की कच्ची शराब के साथ जोड़ने के लिए उप-दुकानों की आवश्यकता नहीं रह जाएगी। अलग-अलग स्थानीय दुकानों की ठीक उसी प्रकार नीलामी की जा सकती है जिस प्रकार केन्द्रीय आसवन व्यवस्था के तहत की जाती है और क्रमशः यह सम्भव है कि गैर-आदिवासियों को खुदरा व्यापार से दूर कर दिया जाए और दुकानों को आदिवासी ठेकेदारों को दे दिया जाए बिना उन्हें शराब का आदी बनाए जाने के खतरे के जो तब सामने आता है जन आदिवासी कच्ची शराब के ठेकेदारों द्वारा अपनी शराब बनाई जाती है (देखें नोट्स ऑन द अबोरिजनल प्रॉब्लम इन द मांडला डिस्ट्रिक्ट)। इस तरह से मिट्टी के बर्तनों में शराब का स्थानीय कारखानों से दुकान तक का परिवहन, वर्तमान में सिऔवी या अन्य कारखानों से रेल द्वारा जिला आबकारी गोदामों तक में परिवहन से कहीं ज्यादा सस्ता पड़ता है।

368. इस व्यवस्था को प्रायोगिक तौर पर उन क्षेत्रों में लागू करना चाहिए जहाँ संचार के साधन कुछ ठीक हों, बजाय बड़ी तहसीलों की शराब सड़कों, मीलों तक जंगलों, असंख्य महुआ पेड़ों और बिखरे हुए गाँवों के। मैं बैहर तहसील, मांडला तहसील, भैंसदेही तहसील और छिन्दवाड़ा की जागीरों का पहले-पहल प्रयोग के लिए सुझाव दूँगा, खासकर संचार के नजरिए से बैहर का और अनुभवी कच्ची शराब बनानेवाली जो साधारण शराब के ठेके लेते हैं, को प्राप्त करने की सम्भावित मुश्किलों के नजरिए से भैंसदेही गैर छिन्दवाड़ा की जागीरों को। अन्य 1935-37 के शराब क्षेत्रों में इस व्यवस्था को चलाए रखना या बदला जाना चाहिए इस शर्त के साथ कि महुआ के फूलों पर पानी डालने के लिए आदिवासी ही रखे जाएँ, बिना डबलर के ताँबे के बर्तनों के प्रयोग पर प्रतिबंध, और साफ और स्वच्छता वाली स्थितियाँ हों। 1935 की आबकारी समिति द्वारा अनुशंसित की गई स्थितियाँ ऊपर पैराग्राफ 345 में बताई गई हैं। जैसा कि पहले कहा जा चुका है मैं एक सामान्य नीति के तौर पर आदिवासियों को शराब बेचने के लिए लाइसेंस देने के पक्ष में नहीं हूँ लेकिन समिति की इच्छा से सहमत हूँ कि आदिवासी क्षेत्रों में शराब के व्यापार में से बिचौलियों को समाप्त किया जाए, जिसे मैं

ऊपर पैराग्राफ 366-67 में रेखांकित किए गए बर्तनवाली शराब की व्यवस्था के क्रमिक विकास द्वारा प्राप्त करना चाहूँगा। व्यवहार में महुआ की वह मात्रा जिसकी प्रत्येक शराब के लाइसेंस पर अनुमति दी गई थी और शराब की वह अधिकतम मात्रा जो वह बना सकता है, को सीमित करने की अनुशंसा को लागू करना बहुत मुश्किल है। इस मुद्दे पर मैंने 1935 में लिखा था कि शराब व्यवस्था में अन्तर्निहित खतरों से लड़ने के लिए आबकारी नियमावली, खंड पैराग्राफ 517 में उल्लेखित युक्ति (क), (ख) और (ग) का प्रयोग किया जा सकता है, लेकिन जैसा कि पैराग्राफ 520 ईबीडेम में दिखाया गया है मुक्ति (ग) कभी व्यावहारिक सिद्ध नहीं हुई जबकि साधारण ठेकेदार सम्भावित उच्चतम लाभ पर ध्यान ज्यादा केन्द्रित करते हैं, इसलिए केवल कीमतों की अधिकतम सीमा को निर्धारित करने की आवश्यकता है; कि मुक्ति (ख) में खमीरा उठाने की क्षमता पर प्रतिबंध है, के बारे में मैंने पाया कि बस्तर के दूरदराज के आम ठेकेदारों की समझ से बाहर की चीज है; और केवल एकमात्र व्यावहारिक मुक्ति यह है कि कारखाने के काम कर सकने के घंटों को सीमित कर दिया जाए। हालाँकि मैंने इसमें जोड़ा कि वास्तविक सुरक्षा जनजातियों के मुखियाओं और बुजुर्गों का समर्थन गड़बड़ी रोकने के लिए प्राप्त किया जाए और उसका आबकारी नियमावली के पैराग्राफ 263 (5) में विचार किए गए अन्य कारणों जैसे कि आबकारी अधिनियम की धारा 7 (छ) के अन्तर्गत चुने गए ग्राम अधिकारियों और आदिवासियों को आबकारी अधिकारी भी घोषित किया जा सकता है। ऐसे लोग नियम तोड़नेवाले शराब के ठेकेदारों पर रोक लगाने में मदद कर सकते हैं और यदि उन्हें उचित इनाम दिया जाए तो वे बिना धार्मिक संवेदनशीलता पर चोट किए, यह मामला बाद में संदर्भित किया गया, उन संदेहास्पद आदिवासियों के घरों की तलाशी लेने में भी उपयोगी हो सकते हैं, जिन पर आबकारी अपराधों का शक हो।

369. 1935 में मेरे द्वारा अनुशंसित किए गए अन्य कार्यों की मैं अभी भी अनुशंसा करता हूँ :

(क) 3 वर्ग मील और 3,000 लोगों पर एक शराब की दुकान होने की बजाय प्रत्येक 25 वर्ग मील और 2500 लोगों पर शराब की दुकान होनी चाहिए (आबकारी नियमावली, पैराग्राफ 232 (4)(ग))।

(ख) आदिवासी उपभोक्ताओं की पहुँच के अन्दर अधिकतम फुटकर विक्रय कीमतों का तार्किक निर्धारण (ईबीडेम, पैराग्राफ 78, नियम XVI)।

(ग) प्रत्येक आदिवासी क्षेत्र में फुटकर बिक्री की सीमा, देशी शराब के अधिकार और परिवहन पर 8 ड्रमों की 2 बोतलों के खर्च को निर्धारित करना।

(घ) आदिवासी क्षेत्रों में नियमावली के पैराग्राफ 83 (I) और (111) के अन्तर्गत पटवारी या अन्य के द्वारा 2 गैलन तक शराब की मात्रा बढ़ाने के लिए विशेष पास जारी करना।

(ङ) मांडला जिले की व्यवस्था को देशी शराब और ताड़ी के परिवहन के लिए सभी आदिवासी क्षेत्रों में निस्तारित करना (नियमावली, पैराग्राफ 478)।

370. मैंने वहाँ पर आदिवासियों को धार्मिक और सामाजिक समारोहों में उनके अपने महुआ से राशन निकालने के लिए तालमेल के शुल्क पर विशेष मौके के लाइसेंस देने का प्रश्न भी उठाया था, जो उपायुक्त, मंडलीय वन अधिकारी, पुलिस के जिला अधीक्षक, जिले का आबकारी अधिकारी या उनके अन्य अधीनस्थों जो नीचे राजस्व निरीक्षकों तक, रेंजरों

या पुलिस-उप-निरीक्षकों द्वारा अनुमति प्रदान करने पर दिया जा सके। ज्यादातर जिला अधिकारी लगातार कहते रहे कि इस व्यवस्था को हमेशा भंग किया जाएगा और इस पर रोक लगाना असम्भव है। लेकिन पूरा विचार आदिवासियों की कानून के पक्ष में सहानुभूति प्राप्त करने का है, बजाय वे एक ऐसी व्यवस्था से चिपकें जिसमें उन्हें कानून के लिए कोई आदर न हो और उन्हें इसे तोड़ने के लिए बाध्य होना पड़े। यदि उसे उसके त्यौहारों और उत्सवों के लिए आवश्यक शराब के लिए समुचित सुविधाएँ दी जाएँ, जिस प्रकार की वह चाहता है और जो जहाँ तक सम्भव हो सस्ती हो, जिसमें अधीनस्थ कर्मचारियों का न्यूनतम दखल हो और उनके सम्मान पर छोड़ दिया जाए कि वो देखे कि विशेषाधिकारों का गलत उपयोग न हो और साथ ही चेतावनी भी दी जाए कि इनके उल्लंघन का परिणाम इनको वापस लेने या सामूहिक जुर्माने के रूप में सामने आ सकता है तब फिर वे उन्हें उल्लंघन क्यों करना चाहिए? मैंने अपनी बालाघाट रिपोर्ट के पैराग्राफ 168 में पाया कि–

> "हम आदिवासियों के बीच शराब के उपभोग को कम करने की तरफ तब तक प्रगति नहीं कर सकते जब तक कि हम जनजातीय बुजुर्गों को समझा न लें कि मद्यनिषेध एक अच्छी चीज है और उनका समर्थन प्राप्त कर लें...। 1919-20 के लिए आबकारी रिपोर्ट में उल्लिखित दृष्टिकोण की सम्भावित दिशा का उदाहरण हैं जिसमें छिन्दवाड़ा के उपायुक्त श्री जी.एल. कारबेट, आई.सी.एस. द्वारा 1918 में किए गए एक प्रबन्ध का वर्णन किया गया है जिसने भटोरिया और अम्बाड़ा के क्षेत्रों के लोगों के साथ मिलकर मघसार शराब की 60 की बोतल की कीमत 3 आना व 4 आना क्रमशः विक्रय-मूल्य निर्धारित किया जिसके बदले में मुखियाओं ने गैरकानूनी शराब बनानेवालों का साथ न देने और उन्हें ढूँढ़ निकालने में मदद देने का वचन दिया। उन्होंने अपना वचन पूरा किया; और इन क्षेत्रों में अगले तीन वर्षों में 55, 24 और 29 मामले पकड़े गए और वहाँ पर कानूनी शराब के उपभोग में ध्यान देने योग्य वृद्धि हुई।"

रिपोर्ट ऑफ द पार्शियली एक्सक्लूडेड एरियाज कमेटी, उड़ीसा 1940 के पैराग्राफ 178 व 179 से उद्धरण लेने के लिए मैं उस रिपोर्ट के पैराग्राफ 169 में चला गया था, जिसमें गंजम एजेंसी के घुमसुर-उदयगिरी तालुक में प्रचलित व्यवस्था का वर्णन दिया गया है। 1920 में तालुक के दो मुट्टाह में सम्पूर्ण प्रतिबन्ध लगाया गया जो बाद में पाँच मुट्टाह और एक गाँव तक विस्तारित कर दिया गया। देशी शराब का आसवन या निर्माण को तालुक में दो प्रकारों में विभाजित कर दिया गया (1) सार्वजनिक के लिए और (11) प्रमाणित ग्रह उपयोग और निजी समारोहों के लिए। केवल खोंड आदिवासियों को सार्वजनिक समारोहों और निजी उपभोग के लिए शराब निर्माण की अनुमति दी गई; प्रतिबन्धित क्षेत्रों में गैर-खोंड व्यक्तियों द्वारा शराब बनाने पर रोक है। खोंड लोगों को पूरे तालुक में सार्वजनिक पर्वों के लिए एक परमिट लेना पड़ता है; इस परमिट में एक खोंड परिवार को लाइसेंस में निर्धारित अवधि के लिए सार्वजनिक पर्वों के लिए शराब की अनिश्चित मात्रा बनाने और अधिकार में रखने की अनुमति दी जाती है। इस अवधि के समाप्त होने पर "आबकारी अधिनियम के अन्तर्गत अपराध दर्ज करने के प्रावधान प्रभावी हो जाते हैं" (इस वाक्य का अर्थ थोड़ा अस्पष्ट है)। हालाँकि पाया गया कि प्रतिबन्धित क्षेत्रों में खोंड लोगों के बीच काफी शराबखोरी की आदत थी, जो बेचने के साथ शराब बनाते भी हैं। तब उन्हें निजी समारोहों और गृह उपयोग के

लिए शराब बनाने के लिए परमिट रख लेना पड़ता है और लाइसेंस सीमित अवधि और मात्रा के लिए आवेदन करने पर व्यक्तिगत तौर पर दिए जाते हैं। प्रतिबन्धित क्षेत्र के बाहर निजी तौर पर शराब बनाने के लिए खोंड लोगों को परमिट की जरूरत नहीं पड़ती है। इस प्रकार पूरे तालुक में परमिट सब पर (सिवाय खोंड लोगों के) लागू है और खोंड लोगों द्वारा शराब के उपभोग पर कुछ नियन्त्रण है; खोंड अपने घर शराब बना सकते हैं लेकिन सार्वजनिक पर्वों के लिए कुछ नियन्त्रण के साथ और मुनासिब घरेलू उपयोग के लिए, लेकिन बिक्री के लिए कतई नहीं। बाद में उन्हें पानी जनजाति के सदस्यों को उपहार के रूप में शराब देने की अनुमति दी गई जो हमेशा उनके समारोहों में साथ होते हैं। खोंडमाल के अन्य हिस्सों में अन्य व्यवस्थाएँ लागू थीं यद्यपि सिद्धान्त में पूर्ण प्रतिबन्ध लागू था; लेकिन समिति ने पाया कि प्रतिबन्ध आबकारी के छोटे कर्मचारियों और लोगों की पीने की आदत के कारण अप्रभावी है। इसीलिए गैर-आदिवासियों के लिए प्रतिबन्ध की घुमसुर-उदयगिरी व्यवस्था के पक्ष में गंजम एजेंसी से पूर्ण प्रतिबन्ध लगाने की कोशिशों को त्याग देने की अनुशंसा की गई, साथ ही क और ख परमिटों, जिन पर एक परमिट के लिए कुछ शुल्क वसूला गया और प्रत्येक परमिट में बताया गया कि कितनी शराब बनाई जा सकती है। इन परमिटों की जैसा कि कहा गया है कुछ त्यौहारों व सामाजिक समारोहों जैसे कि जन्म, मृत्यु और शादी के समारोहों के लिए अनुमति दी जानी चाहिए। सरकार को विस्तारपूर्वक प्रबन्धों पर काम करने के लिए और बताए गए सामुदायिक समारोहों के लिए अनुमति जारी करने के लिए वर्ष के कुछ समय को निर्धारित करने के लिए भी कहा गया है। राशन की बिक्री के लिए किसी भी प्रकार का कोई परमिट नहीं दिया जाएगा। रिपोर्ट में कहा गया है कि आबकारी के कर्मचारियों को परमिट जारी करने और आंशिक प्रतिबन्ध आदेशों के उल्लंघन का पता लगाना चाहिए और सरकार को सलाह दी गई कि वह खोंड लोगों के बीच सम्भावित पूर्ण प्रतिबन्ध को ध्यान में रखते हुए विशेष मद्यनिषेध प्रचार तैयार करने चाहिए।

371. मैंने अपनी बालाघाट रिपोर्ट के पैराग्राफ 169 में अनुशंसा को दोहराया है कि इस योजना के काम करने के अन्य विवरणों को उड़ीसा आबकारी विभाग से प्राप्त किया जाना चाहिए क्योंकि यह केन्द्रीय प्रान्त के हिस्सों में आदिवासियों के बीच शराब पीने की आदत को कम करने की कुंजी हो सकती है। खासकर यदि इसे गैर कानूनी शराब बनाने से रोकने के लिए मुखियाओं और बुजुर्गों का सहयोग प्राप्त करने के अनुकूल बनाया जा सके। मैं गृह उपयोग और निजी समारोहों के लिए परमिट देने के प्रति शंकित रहता हूँ। सामान्य पीने के लिए शराब लाइसेंस वाली दुकानों से ही खरीदी जानी चाहिए चाहे यह कच्ची शराब हो, बर्तनों वाली शराब हो, या केन्द्रीय आपूर्ति व्यवस्था क्षेत्रों से हो। लेकिन परमिट क सार्वजनिक त्यौहारों, शादी के लिए, अन्तिम संस्कार पर और सिदोली भोज के लिए दिया जा सकता है। एक बार ये व्यवस्था स्थापित हो जाए और इसे आदिवासियों का सहयोग प्राप्त हो जाए तो देशी शराब और बर्तन वाली शराब के खुदरा मूल्य क्रमशः बढ़ाए जा सकते हैं। परमिट क का विशेषाधिकार किसी भी गाँव से वापस लिया जा सकता है जहाँ गैर कानूनी शराब बनाने और तस्करी के दो से ज्यादा मामले पकड़े जाएँ पिछले चार महीनों के दौरान लेकिन एक बार में केवल वर्ष के चार महीनों का मामला हो। मेरा सोचना है कि इस व्यवस्था को डिंडोरी तहसील, छिन्दवाड़ा जागीरों और चन्दा जमींदारियों में प्रयोग करके देखा जाना चाहिए।

372. आदिवासियों द्वारा सूखे महुआ के फूलों या महुआ के फूलों की कर सहित बिक्री

(जैसा कि भोजन उड़ीसा रिपोर्ट के परिशिष्ट में प्रस्तावित किया गया) को नियन्त्रित अधिकार में रखने के लिए किसी योजना को इस प्रान्त में लागू करना एकदम दूर की कौड़ी है जहाँ पर कि महुआ के पेड़ों के उत्पादों का अधिकार सारे आदिवासी क्षेत्रों में ग्राम प्रशासन के दस्तावेजों द्वारा सुरक्षित रखे गए प्रमुख विशेषाधिकारों में से एक है और कोई भी रोकटोक आदिवासियों की खुराक, आदतों और आर्थिक स्थिति में बुरी तरह से व्यवधान डालेगी, जिनके लिए महुओं को बचाकर रखने की स्वतन्त्रता बिना नियन्त्रण के अनुपलब्धता और अकाल के खिलाफ एक प्रमुख सुरक्षा है।

373. 1935 की जाँच में आदिवासी आबकारी चपरासियों की बढ़ी हुई भर्ती की इच्छा पर जोर दिया गया था, दोनों तरह के यानी विस्तृत दृष्टिकोण की अधीनस्थ सरकारी नौकरों के सामान्य ढाँचे को आदिवासी गाँववालों से कम-से-कम पृथक बनाया जाए और विशेष दृष्टिकोण से कि गैरकानूनी शराब बनाने या रखने के संदेह पर आदिवासी घरों की तलाशी लेने के लिए आदिवासी चपरासी उपलब्ध हों। बहुत कम वास्तविक प्रयास गोंड या कोर्कू चपरासियों की भर्ती के लिए किए गए। लेकिन यह अभी भी सत्य है कि यदि एक गैर-गोंड या गैर-कोर्कू एक घर की तलाशी लेने के लिए अन्दर घुसे, जो उसे करना ही चाहिए, अन्दर का कमरा जहाँ मृत लोगों के रीतिरिवाज किए जाते हैं और खाना बनता है, तो ज्यादातर आदिवासी क्षेत्रों का रिवाज उस घर के मालिक को अपने सारे घरेलू बर्तन फेंकने और शायद इस प्रदूषण के लिए कुछ अन्य जनजातीय जुर्माना भरने के लिए बाध्य कर देंगे, चाहे तलाशी में उसकी गलती साबित हो या ना हो। यदि सम्भव हो तो आबकारी अधिकारियों को आदिवासी घरों की तलाशी लेते समय संदेहास्पद मकान मालिक को जनजाति के किसी आदरणीय आदिवासी को आसपास के उपगाँवों या गाँवों से बुलाकर मदद लेनी चाहिए। यदि सम्भव हो तो ऊपर पैराग्राफ 368 में अनुशंसित किए गए इन लोगों को आबकारी अधिकारी घोषित किया जा सकता है। ऐसे गवाहों के शत्रु बन जाने के खतरे को रोका जा सकता है यदि जिला मजिस्ट्रेट आबकारी नियमावली के पैराग्राफ 286 के प्रावधानों को लागू करें जिसमें जहाँ अपराध हुआ है वहीं पर संक्षिप्त सुनवाई को जोड़ा गया है, खासकर मानसून के दौरान। जहाँ पर एक घर की तलाशी बिना आदिवासी सहायकों के ली जाती है और कोई अपराध नहीं मिलता है तो वहाँ पर नष्ट हुए बर्तनों के लिए क्षतिपूर्ति दी जानी चाहिए।

374. मैंने 1935 में दुकानें बन्द करने और त्यौहारों और मेलों के दौरान बिक्री पर रोक लगाने को समाप्त करने का समर्थन किया था और सभी जिलों के सभी आदिवासी क्षेत्रों में दी गई विशेष छूट को विस्तारित करने पर जोर दिया था जो कि पहले से ही आबकारी नियमावली के पैराग्राफ 221 व 222 के अन्तर्गत मांडला, बैतूल और छिन्दवाड़ा जिलों में दी जा चुकी है। मेरे मांडला नोट्स में मैंने श्री वेरियर एल्विन की सहमति के साथ सुझावों को पुनः प्रस्तुत किया है कि एक तरफ तो बाजार के दिनों में शराब की दुकानें बन्द रहनी चाहिए जहाँ पर आदिवासियों को अपने साथ लाए थोड़े पैसे या बाजार में अपने उत्पादों को बेचकर कमाए हुए पैसों में से तुच्छ किस्म के गैर-आदिवासियों के साथ शराब पीने का लालच हमेशा बना रहता है। उन्होंने त्यौहारों के दिनों में शराब की दुकानें बन्द करने का विरोध इसलिए किया था–

(क) आदिवासी निर्धारित दिनों में अपने त्यौहार नहीं रखते हैं उदाहरण के लिए उनक दशहरा गाँव-गाँव से विभिन्न दिनों पर देखते हुए एक महीने चलता रहता है औ

जब तक आमोद-प्रमोद की मौसमी भावना उन्हें बाँधे रखती है तब तक फाग चलता रहता है;

(ख) इसका काफी बुरा माना जाएगा क्योंकि उन्हें प्राप्त थोड़ी-सी स्वतन्त्रता में यह एक और घुसपैठ होगी; और

(ग) यह मात्र उन्हें अपने त्यौहारों के लिए शराब प्राप्त करने, चाहे इसे अग्रिम में रखकर या खास मौकों के लिए गैरकानूनी रूप से बनाने के लिए दृढ़प्रतिज्ञ कर देता है।

इन समस्याओं के सच को देखकर किसी के भी दिमाग में थोड़ा संदेह रह सकता है जो 'द अबोरिजिनल प्राब्लम इन द बालाघाट डिस्ट्रिक्ट' के पैराग्राफ 27-30, 32, 37 और 44-45 में 1940 के बैहर तहसील में दीवाली पर शराबखोरी के बारे में मेरे आँखों देखे हाल के अजीब उदाहरणों से दूर हो सकता है। जिन त्यौहारों पर आदिवासी गाँवों में शराब की दुकानें बन्द रहनी चाहिए वो हैं स्थानीय मंडाई और मेघनाथ त्यौहार और अन्य विशुद्ध स्थानीय यात्रा। बाजार वाले दिनों के अलावा मैं उन्हें इन दिनों की पूर्व संध्या और अगली सुबह भी बन्द रखूँगा। मैं केवल उन क्षेत्रों में शराब की दुकानें बन्द करने को दोबारा लागू करूँगा जहाँ ऊपर के पैराग्राफ 371 में दर्शाए गए कुछ मौकों पर शराब बनाने के लिए परमिट देने की व्यवस्था पहले ही लागू की जा चुकी हो।

375. इस अध्याय के पिछले पैराग्राफ में समर्थित की गई कार्यवाहियों द्वारा एकबारगी और हमेशा के लिए वैधानिक पुस्तक आबकारी "अपराधों" के लिए दंडित किए आदिवासियों से भरी जेलों के व्यथापूर्ण दृश्यों की समाप्ति हो जानी चाहिए जिसमें कि वे कोई नैतिक गलती नहीं देखते हैं। इसे माना जाना चाहिए कि इस दौरान सम्पूर्ण तौर पर न्यायालय द्वारा उचित बुद्धिमत्तापूर्ण विवेक दिखाया गया। जलदिडंड मामला अभी भी दुर्लभ से काफी दूर है जो मेरी बालाघाट रिपोर्ट के पैराग्राफ 27 में वर्णित किया गया है। जिला मजिस्ट्रेटों और सत्र न्यायाधीशों को मजिस्ट्रेटों की जरूरत होती है जो आबकारी नियमावली की विवेकसम्मत राय द्वारा आबकारी अपराधों के दंड दें। इस सबके अतिरिक्त जब कभी सम्भव हो तो सुनवाई स्थल पर ही और तेजी से निर्णय होना चाहिए। बेशक इसे उन सभी अपराधिक मामलों में लागू करना चाहिए जो आदिवासियों को प्रभावित करते हैं चाहे पक्ष के रूप में या गवाह के रूप में। मांडला के जिला मजिस्ट्रेट (श्री हाइडे) ने मेरे मांडला नोट्स के पैराग्राफ 48 के सुझावों पर प्रतिक्रिया देते हुए कहा कि प्रत्येक अधीनस्थ मजिस्ट्रेट को मामलों का एक मासिक ब्यौरा जिला मजिस्ट्रेट को प्रस्तुत करना चाहिए जिसमें उसने आदिवासियों को अपराधी घोषित किया, और इसे जुर्माने के स्तर और मामलों की अवधि की एकरूपता के लिए एक कीमती मार्गदर्शन के रूप में देखना चाहिए।

376. जहाँ तक प्रचार का सवाल है, किसी आदिवासी क्षेत्र में आबकारी परिवर्तन बिना पहले से आदिवासियों से विचार किये, कभी-कभार ही लागू करना चाहिए। इस बिन्दु पर ऊपर पैराग्राफ 361 में विचार किया जा चुका है। पैराग्राफ 359 में मैंने जनजातीय मद्यनिषेध आन्दोलनों को आधिकारिक मार्गदर्शन और प्रोत्साहन देने का समर्थन किया है। वास्तविक सफलता के लिए हमें मुखियाओं और बुजुर्गों और जनजातीय पंचायतों या अन्य कोई पंचायतें जो राजनीतिक शिक्षा पर पिछले अध्याय में सुझाई गई नीतियों के आधार पर उभरकर आएँगी, का सहयोग अवश्य प्राप्त करना चाहिए, और मेरा विश्वास है कि इसे करने का श्रेष्ठ तरीका यह होगा कि ऊपर सुझाए गए नए आबकारी सुधारों या विशेषाधिकारों के उल्लंघन

को रोकने के लिए उन पर भरोसा किया जाए और गैरकानूनी शराब बनाने और तस्करी को रोकने के लिए जिम्मेदारी उन्हीं पर डाली जाए। मैं स्वीकार करता हूँ कि मेरे मांडला नोट्स के पैराग्राफ 41 में मैंने श्री एल्विन के विचारों को दोहराया और सहमति दी थी कि "जनजातीय मुखियाओं और पंचायत या पटेल और मुकद्दम द्वारा प्रचार किए जाने की उम्मीद कम ही रखनी चाहिए क्योंकि सामान्यतया वे ही गाँव के सबसे बड़े शराबी होते हैं और पंचायत शराब पीने पर पहले से किए हुए किसी परिषद निर्णय के बिना कुछ नहीं करती है।" लेकिन वास्तव में इन लोगों द्वारा मद्यनिषेध के समर्थन में प्रचार से उनको अपनी जनजाति के लिए कुछ आबकारी विशेषाधिकार बनाए रखने में मदद देने के लिए इन विशेषाधिकारों के उल्लंघन को रोकना एक बिल्कुल अलग चीज है। मैं सहमत हूँ कि प्रचार के लिए सबसे अच्छी जगह विद्यालय और औषधालय हैं जिसके अतिरिक्त हमें दौरे करनेवाले अधिकारियों और सामाजिक व धार्मिक मिशनरियों पर भरोसा करना चाहिए, वर्तमान में आदिवासी मद्यनिषेध प्रचारक नियुक्त नहीं किए जाने चाहिए; अभी उनके लिए समय परिपक्व नहीं हुआ है क्योंकि आदिवासी दुनिया की वर्तमान अवस्था में वे केवल स्थानीय उत्पीड़क जैसे कि ठोकाल सिंह और हरिप्रसाद प्रधान मांडला जिले* देखिए। और पोतुलाल गोंड बालाघाट जिले† में ही वे स्थिति का दुरुपयोग करेंगे। लेकिन मैं अभी भी सोचता हूँ कि आदिवासी क्षेत्रों में से आबकारी द्वारा शुद्ध राजस्व में से या कम-से-कम इसका आधा उनकी स्थिति बेहतर करने के कामों के खर्चों के लिए अलग रखा जाना चाहिए, खासकर सामान्य और मद्यनिषेध शिक्षा पर। खासतौर पर मद्यनिषेध शिक्षा के लिए उपयोगी और सामान्य सार्वजनिक स्वास्थ्य, कृषि और राष्ट्र-निर्माण के प्रचार के लिए सिनेमा प्रोजेक्टर के साथ भ्रम करनेवाले प्रचारकों द्वारा दृश्य शिक्षा के लिए वित्तीय प्रबन्ध किया जाना चाहिए।

377. आबकारी समिति 1935 ने पहचान की कि आदिवासी क्षेत्रों में आदिवासियों की जरूरतों और आर्थिक व सामाजिक विकास से तालमेल करता हुआ आबकारी प्रशासन के विशिष्टीकृत स्वरूप के लिए काफी सम्भावना है, और जोर दिया कि इस विषय पर सरकार का जल्द से जल्द ध्यान जाना चाहिए और इन क्षेत्रों में नीति "केवल मद्यनिषेध की तरफ" होनी चाहिए। सरकार द्वारा आखिरी सुधारों को लागू करके व्यवस्था में आए परिवर्तनों और युद्ध के बाद आंशिक अपवर्जन के सम्भावित विलुप्तीकरण द्वारा एक सुनिश्चित नीति की आवश्यकता अत्यन्त्र प्रबल हो गई है। यह कहा जा चुका है कि यह अध्याय भविष्य के लिए एक तार्किक नीति तय करेगा जिनको स्वीकार करके पूर्व की गलतियों को ठीक किया जा सकेगा और यह कानून के शासन के लिए आदिवासियों के समर्थन पर काफी निर्भर करेगा और उसके आत्म-सम्मान के रास्ते में कड़वाहट भरी रोकटोक से उसे मुक्त करेगा जबकि इसी समय यह वास्तविक मद्यनिषेध और आत्मसंयम की तरफ बढ़ने के बीज भी बोएगा।

---

* मांडला नोट्स, पैराग्राफ 12, 24, 41, 94।

† देखिए बालाघाट रिपोर्ट, पैराग्राफ 157।

अध्याय : बारह

वन-नीति

"वनों के मुक्त उपयोग में रुकावट से अप्रसन्न आदिम जनजातियों के साथ व्यवहार करने के लिए अत्यन्त व्यवहारकुशलता और दृढ़ता की आवश्यकता होती है।"

—इम्पीरियल गजेटियर, सेन्ट्रल प्रोविंसेज, पृष्ठ 56।

378. आदिवासी जीवन और अर्थव्यवस्था के दृष्टिकोण से तार्किक वन-नीति की महत्ता पर जोर देने की अनदेखी केन्द्रीय प्रान्त एवं बरार जैसे प्रान्तों में नहीं की जा सकती जहाँ प्रत्येक जिले में विशाल भूभाग न सिर्फ राज्य के आरक्षित वन हैं बल्कि निजी जंगल भी हैं चाहे वे छत्तीसगढ़, चन्दा, बालाघाट, भंडारा, छिन्दवाड़ा के विशाल जमींदारी जंगल हों या लगभग सभी जिलों के दूर-दूर तक बिखरे मालगुजारी ग्राम वन और खासतौर पर जबलपुर मंडल के ग्राम वन हों। केवल राज्य के वनों ने ही प्रान्त के कुल क्षेत्र का लगभग पाँचवाँ हिस्सा अधिकार में ले रखा है और इम्पीरियल गजेटियर में निजी अधिकार में वनों का क्षेत्र 9874 वर्गमील दिया है इस तरह 98,445 वर्ग मील के कुल क्षेत्र में से मध्य प्रान्त एवं बरार क्षेत्र में लगभग 30,000 वर्ग मील का वन क्षेत्र आता है। वनों का बड़ा क्षेत्र हमेशा उन जिलों में पड़ता है जिन जिलों में ज्यादातर आदिवासी रहते हैं, इसका अनुमान इस तथ्य से लगाया जा सकता है कि आदिवासी प्रायः वनों या पहाड़ी जनजातियों से सम्बन्धित होते हैं या इस ऐतिहासिक तथ्य से कि पहाड़ और वन कई सदियों से भारत के आदिम लोगों का अंतिम दुर्ग रहा है।

379. इस रिपोर्ट में लगातार संदर्भित की जाती रही श्री वैरियर एल्विन ने अपनी पुस्तिका *लॉस ऑफ नर्व* में वनों के प्रश्न पर अध्याय *द लॉस ऑफ द फ्रीडम ऑफ द फोरेस्ट* शीर्षक से और अध्याय 5 *डिस्अपीयरेंस ऑफ द रीचुअलहंट* शीर्षक से समर्पित किया है। अपने पहले के लेखन में श्री एल्विन प्रान्त के वन प्रशासन के सबसे प्रमुख आलोचकों में से एक रहे हैं। मुख्य तौर पर सामान्य नीति के आदिवासी जीवन पर प्रभाव के और जबर्दस्ती आपूर्ति और श्रम का अधिकार डालने के और आदिवासी गाँववालों से वन विभाग के अधीनस्थ कर्मचारियों द्वारा गैरकानूनी मामूल और अन्य वसूलियाँ करने के। उनकी कुछ आलोचनाएँ उपयोगी सिद्ध हुई हैं जैसे कि अगड़िया ढलाई करनेवालों के लिए कम वन्य कीमतें और सफेद मिट्टी पर शुल्क समाप्त करवाना जो मांडला और अन्य जगहों पर घरों की दीवारों पर सफेदी के काम आती है। साथ ही सामान्य तौर पर न सिर्फ उनकी आलोचना के कारण बल्कि ज्यादा कांग्रेस व अन्य राजनीतिज्ञों के सजग दबाव के कारण पिछले कुछ

वर्षों में प्रयास किए गए हैं और खासतौर पर 1930 के वन सत्याग्रह के बाद से और उस वर्ष की वन समिति की रिपोर्ट कि वनों में और उसके आसपास रहनेवाले गाँववालों की जिन्दगियों से व्यवहार करते समय वन प्रशासन को मानवीय बनाया जाए। *लास ऑफ नर्व* के अध्याय में श्री एल्विन सबसे पहले ध्यान दिलाते हैं कि ज्यादातर आदिवासी किसी भी अन्य चीज की अपेक्षा सबसे ज्यादा यह महसूस करते हैं कि उनकी घूमने-फिरने की स्वतन्त्रता ''जंगल में अपनी मर्जी से, जो उनका घर है'' छिन गई है और जिसमें से उन्हें ''अपनी भौतिक जीविका'' ''कई वर्षों तक के लिए'' निकाली थी इसलिए ''जंगलों के विशाल क्षेत्रों का आरक्षण जो कि अपरिहार्य ऐच्छिक था, इसीलिए यह जनजातीय लोगों के लिए एक गम्भीर धक्का था''। वे आगे कहते हैं :

> ''उसे खेती करने के अपने पारम्परिक तरीके से रोका गया। उसे आदेश दिया गया कि वह एक गाँव में रहे और जगह-जगह न घूमे। जब उसके पास पशु हों तो वह डर के मारे निरन्तर परेशानी की हालत में रहता है कि वे सीमा से दूर रहने चाहिए और जो उसे भारी जुर्माने के लिए पात्र बना सकते हैं। यदि वह एक वन ग्राम का निवासी है तो वह किसी भी क्षण वनविभाग के लिए काम करने के लिए उत्तरदायी हो जाता है। यदि वह कहीं और रहता है तो उस पर लगभग प्रत्येक प्रकार के वन-उत्पादों के लिए लाइसेंस प्राप्त करने के लिए दबाव डाला जाता है। प्रत्येक मोड़ पर वन कानून उसकी जिन्दगी में आते हैं और उसके आत्मविश्वास को समाप्त कर देते हैं। वर्ष 1934 के दौरान मध्य प्रान्त एवं बरार में 27,000 वन अपराध दर्ज हुए और इसके लगभग दस गुना ज्यादा को ज्यादा का चाबुक नहीं लगाया गया होगा। यह स्वाभाविक ही है कि इतनी बड़ी संख्या में अपराध नहीं हो सकते जब तक कि वन के नियम जनजातीय लोगों की आधारभूत आवश्यकताओं और भावनाओं के आड़े नहीं आ जाते हैं। एक वन अधिकारी ने एक बार मुझसे कहा था : 'हमारे कानून इस प्रकार के हैं कि प्रत्येक गाँववाला प्रतिदिन अपनी जिन्दगी भर एक वन कानून तोड़ता है। बेशक इसका मतलब है कि गाँववाले सरकार के सम्बन्ध में स्थानीय रूप से एक गलत बोध से पीड़ित हैं। वह कायर और चापलूस दोनों बन जाता है और यह लगभग असम्भव है कि उसके दिमाग में नागरिकता की भावना डाली जाए जिसे उसने अपने देश में अपने घर में कभी महसूस नहीं किया है'। अध्याय का बाकी हिस्सा श्री एल्विन के खास विषय बेवर के प्रतिबन्ध और परिवर्तित खेती के बारे में विचार करता है। हालाँकि यह अब आदिवासी जनसंख्या के भी अपेक्षाकृत छोटे हिस्से को प्रभावित करता है और इसका कोई प्रत्यक्ष प्रमाण नहीं है कि पिछले 1000 वर्षों में सिवाय कुछ क्षेत्रों के इसका इतना प्रयोग हुआ हो, जिन क्षेत्रों में यह बचा हुआ है या पिछले 80 वर्षों से प्रतिबन्धित है। परिवर्तित खेती पर दोबारा सन्दर्भ लेने से पहले मैं ऊपर बड़ी संख्या में वन अपराधों से ऊपर निकाले गए निष्कर्षों को देखना चाहूँगा। इनकी संख्या बहुत तेजी से ऊपर-नीचे हुई है। क्रमशः 31 मार्च, 1934 और 31 मार्च, 1939 को समाप्त होनेवाली पंचवर्षीय योजना में प्रान्त की संख्याएँ निम्न थीं—

अपराधों की श्रेणी		1929-34	1934-39
आग द्वारा नुकसान	–	533	581
अनधिकृत कटाई	–	10,124	12,811
अनधिकृत चराई	–	10,361	11,577
अन्य अपराध	–	1,240	2,168
कुल	–	**22,258**	**27,137**

पंचवर्षीय योजनाओं के मुख्य संरक्षक ने समीक्षा करते हुए टिप्पणी की कि–

> "आखिरी दो पंचवर्षीय योजनाओं के दौरान स्थिर वृद्धि मुख्यतया आर्थिक मंदी के कारण हुई। प्रान्त के कुछ पिछड़े क्षेत्रों में से ईंधन, घास और अन्य छोटे मोटे वन उत्पादों को मुक्त रूप से निकालने के लिए सरकारी वनों को खोल देने के परिणामस्वरूप पंचवर्षीय योजना के बाद वाले भाग में वन अपराधों की संख्या काफी कम हो गई।"

31 मार्च, 1937 को समाप्त होनेवाले तीन वर्षों के दौरान सभी तरह के अपराधों की औसत संख्या 28,751 थी। यह 1937-38 में 25,165 तक और 1938-39 में 24,266 तक गिर गई। इस प्रकार से श्री एल्विन की 27,000 की संख्या किसी अधिकतम वर्ष का प्रतिनिधित्व करती है। पुरानी सामान्य संख्या 1929-34 की औसत संख्या 22,258 से भी काफी कम थी : आर्थिक मंदी के अतिरिक्त वन अपराधों में वृद्धि का एक बड़ा कारण 1920-22 और खासकर 1929-31 का राजनीतिक विरोध प्रदर्शन रहा जब वन प्रतिबन्धों पर जनजातीय लोगों की नाराजगी के कारण अन्दर ही अन्दर सुलगने वाली आग को सक्रिय रूप से कानून तोड़ने के लिए हवा देने की सोची-समझी कोशिश की गई। हालाँकि यदि वन अपराधों की सामान्य संख्या 20,000 वर्ग मील वनों से प्रान्त के 1,00,000 वर्ग मील तक पहुँच जाए और जनसंख्या, एक करोड़ अस्सी में से 25,000 प्रतिवर्ष जितनी ज्यादा हो जाए, तब भी यह सच रहेगा, जैसा कि इम्पीरियल गजेटियर ऑफ इन्डिया के मध्य प्रान्त खंड के पृष्ठ 56 पर पाया गया कि "लोगों के साथ रिश्ते सामान्यतया अच्छे हैं और वन अपराधों की संख्या वनों के बारे में अत्यधिक गम्भीरता की हद तक सोचने लायक नहीं है"। वास्तव में संख्या पूरे प्रान्त के लिए है न कि सिर्फ इसके तीस लाख आदिवासियों के लिए। वार्षिक बन रिपोर्ट में दुर्भाग्य से प्रत्येक वन मंडल के लिए अलग संख्या नहीं दी गई है न ही मैं इस जाँच के दौरान संख्याएँ इकट्ठी कर पाने में समर्थ हो सका। लेकिन मेरा ख्याल है कि वन अपराध घनी आबादी वाले क्षेत्रों में जहाँ सुविकसित गाँव जंगलों के निकट हैं, कहीं ज्यादा संख्या में होंगे और इस तरह यहाँ पर चराई के लिए भारी दबाव (बड़े रेवड़ों के कारण) और इमारती लकड़ी और छोटे वन उत्पादों की भवन-निर्माण कृषि-कार्यों और बाड़ा लगाने की सामग्री के लिए एक बेहद माँग, दोनों होंगे। अपराधों की वार्षिक पैदावार में से लगभग 11,000 चराई के अपराध होंगे; एक औसत आदिवासी पशु के मामले में धनी नहीं होता है।

380. मेरे मांडला नोट्स के पैराग्राफ 47 में मैंने वन अपराधों पर अत्यधिक जुर्माना ठोकने के कुछ उदाहरण दिए हैं। आलोचकों द्वारा दोषियों की गरीबी की तुलना में वन जुर्मानों की कठोर प्रकृति के बारे में काफी कुछ कहा जा चुका है। लेकिन 1938-39 में 24,266 वन अपराधों में से 20,108 (जिसमें 50,331 व्यक्ति शामिल हैं) मामलों का वन अधिनियम की

धारा 68 के अन्तर्गत समझौता हो गया और दोषियों द्वारा दिए जानेवाले औसत प्रशमन शुल्क केवल 4-8-10 रुपए प्रति मुकदमा और 1-13-1 रुपए प्रति व्यक्ति था। कई छोटे-मोटे अपराधों के लिए कोई जुर्माना नहीं लगाया गया और प्रतिवर्ष लगभग पन्द्रह सौ अपराध अनचीन्हे व्यक्तियों द्वारा किए जाते हैं; दोनों तरह के मामले वर्ष भर के अपराधों के कुल योग में शामिल हैं। 1938-39 में वन अधिनियम के अन्तर्गत फौजदारी न्यायालय के सामने मात्र 372 मामले आए और इनमें से 31 उसी समय वापस ले लिए गए और समझौते हो गए और 39 मामले भरपाई चुकाने के साथ खत्म हो गए। मैं श्री एल्विन की बात के प्रति खुले तौर पर शंका में हूँ कि ज्यादा पंजीकृत होनेवाले मामलों के कम-से-कम दस गुना ज्यादा वन अपराधों के लिए इन्साफ का चाबुक नहीं लगता है; हमारे वन विभाग के कर्मचारी न तो इतने अक्षम या नरम दिल या इस हद तक लोलुप हैं और न दिए गए गाँव वाले इतने कानून तोड़ने वाले या शासन से निडर हैं। ऊपर दिया गया औसत प्रशमन शुल्क पूरे प्रान्त के लिए हैं न कि सिर्फ आदिवासी जनजातियों के लिए है। जैसा कि सामान्य तौर पर कहा जाता है कि वन अधिकारी दोषी की वित्तीय प्रतिष्ठा को दिमाग में रखते हैं और उनके सामने आनेवाले लोगों में सबसे गरीब जनजातीय लोग होते हैं। यह स्वाभाविक ही है कि प्रान्त में कुल मिलाकर जनजातीय वन अपराधियों के साथ नरम व्यवहार किया जाता है। इस पर विवाद नहीं है कि हमेशा ऐसा ही होता है। हाल के वर्षों में काफी कदम उठाए गए हैं। विशेष और साधारण चराई कीमतों में 25 प्रतिशत कमी ने कई पशु मालिकों को चराई का लाइसेंस लेने के लिए प्रेरित किया है। रियायती मूल्यों पर चराई के लाइसेंस जारी करने के लिए संशोधित चराई नियमों के अन्तर्गत अनुमति प्राप्त अवधि को विस्तारित किया गया था। गाँवों को निश्चित चराई इकाइयाँ आवंटित करने में काफी ध्यान रखा गया है। और तब से ही 1930 के वन व राजस्व अधिकारियों की वन समिति वनों के बारे में उठने वाली स्थानीय शिकायतों को दूर करने में काफी चौकन्ने हो गए हैं जो कि वनों की सीमाओं के गाँव या खेतों के काफी नजदीक होने, जंगलों में अत्यधिक पानी होने, या वनों से निकलनेवाले रास्तों या गाड़ियों के रास्ते के बारे में होती हैं। सरकार ने आदेश दिया है कि भविष्य में सीमा रेखा के आसपास बिना लाइसेंस जंगलों के अन्दर चरते हुए पशु पाए जाने पर बजाय कानूनन जब्त करने के उन्हें बाहर को पक्का करने या उनकी पहली वेतन वृद्धि प्राप्त करने से पहले एक टेस्ट पास करना आवश्यक किया गया था। यह दिखाते हुए कि वे अपने कर्तव्य जानते हैं और उन्हें अपराधों के सन्दर्भ में वन अधिनियम के सारे प्रावधानों की पर्याप्त जानकारी है; वन विभाग के सभी अधीनस्थ कर्मचारियों को उनके कर्तव्यों की एक प्रकाशित सूची भी दी गई थी; और इन दो कार्यवाहियों ने कर्मचारियों को कानून का ज्यादा जानकार बना दिया और अत्यधिक उत्साह और लोगों के अनावश्यक उत्पीड़न पर रोक लगाने में काफी मदद दी चाहे ये अत्यधिक उत्साह या गलत मंशा के कारण होती हो। हाल के कई वर्षों में वास्तव में जंगल निःशुल्क घास या अन्य छोटे उत्पाद ले जाने के लिए खोल दिए गए, या तो पिछड़े क्षेत्रों में अनुपलब्धता राहत के लिए या फिर सामान्य रियायत के लिए; 351 हरण के लिए 1938-39 में सरकार ने सामान्य रियायत के लिए पिछड़े क्षेत्रों में सिर-भर ईंधन, घास (उन जगहों से जहाँ माँग है) और महुआ, अचार, तेंदू, आँवला और खानेवाली जड़ें और कन्दमूल मुक्त रूप से ले जाने की अनुमति दी थी। इस सिद्धान्त को कि जनजातीय लोग जंगलों से जो मर्जी हो ले जाने की पुरानी आदतों पर रोक लगने से हमेशा नाराज रहते हैं,

इस तथ्य की रोशनी में देखा जाना चाहिए कि उस वर्ष प्रान्त के सभी पिछड़े क्षेत्रों में इस प्रकार ले जाए गए वन के निःशुल्क उत्पादों की कीमत केवल 4,642 रुपए थी। 1940 में मांडला में सुझाई गई एक और खोज यह थी कि अपराधों के समझौते को नियमित करनेवाले नियमों को इस प्रकार संशोधित किया जाना चाहिए कि दौरा करनेवाले मंडलीय वन अधिकारियों को सहायकों या रेंजरों द्वारा निर्मित किए गए मामलों में वसूले गए शुल्क को पुनःनिर्धारित करने का अधिकार मिल जाए; यदि यह संशोधन अभी तक नहीं हुआ है तो इसे शीघ्र ही किया जाना चाहिए; मैं पूर्वी अंचल के संरक्षक द्वारा उस समय जारी किए गए परिपत्र को सामान्यतः स्वीकार करने की सिफारिश करूँगा जिसमें उनके मंडलीय वन अधिकारियों द्वारा जहाँ तक उनकी सेवा अनुमति देती है, दौरे पर उनके अन्तर्गत काम कर रहे अधिकारियों द्वारा समझौते के लिए लाए गए वास्तविक मामलों के तथ्यों की और लगाए गए हर्जाने के स्तर की जाँच करें। हालाँकि श्री मेटलैंड ने मांडला में वन अपराधों पर गलत ढंग से विचार किए गए मामलों का सन्दर्भ देते हुए ठीक ध्यान आकर्षित किया है कि वहाँ और अन्य वन मांडलों में वन मंडल अधिकारियों को विशाल क्षेत्रों में नियन्त्रण करने, जो हाल में मांडलों को मिला देने से बढ़ गए हैं, काम के बढ़े हुए बोझ और छंटनी के लिए सरकार द्वारा विभागों में लागू घटोत्तरी द्वारा कर्मचारियों की भयंकर कमी और प्रान्तीय वन सेवा में भर्ती पर रोक के कारण इतना समय नहीं है कि वन अपराधों के मामलों की विस्तारित व्यक्तिगत स्तर पर और ध्यानपूर्वक जाँच की जाए जो जरूरी है, खासकर पिछड़े क्षेत्रों में आदिवासियों को सुधारने के लिए व्यवहारकुशलता, सहानुभूति और समझ का होना आवश्यक है। 1940 में अगस्त के अन्त तक मांडला जिले में कम-से-कम 1757 वन अपराधों के मामले दर्ज हुए, इस प्रकार प्रायः मंडलीय वन अधिकारियों को या उसके उपमंडलीय अधिकारी को एक समय में 60 से 70 मामलों पर निर्णय करना होता है। यह सच है कि एक और जाँच का तरीका है कि समझौते कराए गए वन अपराधों के रजिस्टर एक नियमित अन्तराल के बाद उपायुक्त के पास भी प्रस्तुत किए जाएँ लेकिन वह भी काफी व्यस्त आदमी हैं, प्रविष्टियों के तेजी से निरीक्षण में, केवल जिसके लिए उसके पास समय है, वह अत्यधिक हर्जाने के कुछ मामलों को ढूँढ़ पाने में असफल हो सकता है। दौरे के दौरान फिर से जाँच करने का भी महत्त्व है कि कुछ मामलों में आरोपित दोषी न्यायालय में मुकदमा लड़ने के बजाय जुर्माना दे देता है चाहे वह वास्तव में दोषी न होकर कुछ हद तक दोषी हो। यह एक से ज्यादा बार सुझाया जा चुका है कि एक परिवर्तित होनेवाले स्तर पर अपराधों के लिए अधिकतम दंडों की शमन-अधिकारियों के लिए एक तालिका बनाई जानी चाहिए और कि यह "सामान्य बार-बार होनेवाली शिकायतों को दूर कर सकता है कि कबूलियतनामा का वर्तमान स्वरूप एक तरह का खाली चेक है जिस पर दोषी को हस्ताक्षर* करने पड़ते हैं।" इस तरह का कोई स्तर अव्यावहारिक दिखाई पड़ सकता है : हर्जाने की राशि लाजिमी तौर पर मामले पर विचार कर रहे अधिकारी के विवेक का मामला है; एक जिले से दूसरे जिले में स्थितियाँ भयंकर रूप से भिन्न हो सकती हैं। बरार या वर्धा में जो एक छोटा जुर्माना होगा वही मांडला या बालाघाट में बड़ा हो जाएगा; और यहाँ तक कि एक ही वन मंडल में भी आर्थिक स्थिति में काफी अन्तर है, इस प्रकार एक जुर्माना चाहे वह एक समर्थ भू-स्वामी या काश्तकार के साधनों के अन्दर हो, एक मजदूर के लिए बर्बादी ला सकता है। इस विचार

* प्रान्तीय वन रिपोर्ट, 1938-39, पैराग्राफ 21।

दृष्टि से यदि एक निर्धारित स्तर होगा तो दोनों एक जैसे अपराध के लिए एक जैसे जुर्माने के हकदार होंगे। परीक्षण के तौर पर निर्णीत मामलों का दौरा करनेवाले राजस्व और वन अधिकारियों द्वारा स्थल पर जाकर जाँच करना ही ऊपर उल्लिखित उदाहरण में खाली चेक की शिकायतों के व्यावहारिक समाधान का एक मात्र रास्ता है।

381. "वनों की स्वतन्त्रता दिन जाने" पर कोई भी विचार-विमर्श करते हुए एक कारक को हमेशा याद रखना होगा कि पिछड़े क्षेत्रों की जनसंख्या में भयंकर वृद्धि हुई है, जिसके बारे में कुछ वनीय जिलों के लिए कुछ संकेत निम्नलिखित तालिका देती है :

जिला	जनसंख्या		साठ वर्षों में वृद्धि
	1881	1941	
मांडला	3,01,377	5,04,580	2,03,203
नीमड़	2,53,921	5,13,276	2,59,355
बैतूल	3,06,796	4,38,342	1,31,546
छिन्दवाड़ा-सिवनी	7,09,343	1,034,040	3,24,697
चन्दा	5,89,000	873,284	2,84,284
बालाघाट	4,16,792	6,34,350	2,17,558
बिलासपुर	8,08,878	15,49,509	6,68,631
रायपुर	9,80,783	1,525,686	5,44,903
दुर्ग	7,46,269	9,28,851	1,82,598

पठारों के जिलों में जनसंख्या का घनत्व 1881 से 1931 के बीच 79 से बढ़कर 109 व्यक्ति प्रति वर्ग मील हो गया। नीमड़ जिले में 60 से बढ़कर 110, चन्दा में 63 से बढ़कर 82, बालाघाट में 117 से बढ़कर 158, बिलासपुर में 116 से बढ़कर 184, रायपुर में 101 से बढ़कर 157 और दुर्ग में 158 से बढ़कर 173 हो गया है। मध्य प्रान्त के बनने के दौरान 1861 से 1881 के बीच जनसंख्या में काफी वृद्धि हुई और हजारों आस-पास पिछड़े क्षेत्रों के लिए विश्वसनीय जनसंख्या आँकड़े 1861 के हैं। ऊपर दिखाई गई अवधि 1881-1931 की तुलना में 1861 से 1941 के बीच घनत्व कहीं ज्यादा होगा। निष्कर्ष यह है कि जब वन विभाग बनाया गया था और आरक्षण सबसे पहले 1861 में शुरू किया गया था तो 1941 की तुलना में कहीं कम लोग थे जिनके लिए वनों की स्वतन्त्रता जैसी कोई चीज कभी हुआ करती थी। इस रिपोर्ट के साथ परिशिष्टित तालिका दिखाती है कि 1891 से किस प्रकार ज्यादातर आदिवासी जनजातियों की ताकत बढ़ी है; बेशक वृद्धि 1881 से 1941 के बीच काफी हुई लेकिन 1881 की सारी जनजातियों के आँकड़े नहीं उपलब्ध हैं ना ही अभी तक 1941 के आँकड़े प्रकाशित हुए हैं। 1881 से 1931 के बीच केवल बैगा और भील जनजातियाँ ही थी जिनकी संख्या में कमी दिखाई देती है। लेकिन बैगा मांडला जिले में उस अवधि में 11493 से 19,938 तक बढ़ गए जहाँ मुख्य तौर पर श्री एल्विन ने उनका अध्ययन किया था। छत्तीसगढ़, भंडारा और बालाघाट में कभी निश्चित रूप से बिझावर बैगा द्वारा अपनी जाति नाम का बैगा वाला हिस्सा छोड़कर अलग से बिंझावर के रूप में जाति नाम रखने के

कारण हुई। साथ ही वनों की स्वतन्त्रता की एक और तस्वीर जैसी कि वास्तव में प्रचलित है, शुरुआती रिपोर्टों में पाई जा सकती हैं या उदाहरण के लिए फोरसिथ की 1919 में छपी द हाईलैंड आफ सेन्ट्रल इन्डिया के खासतौर पर पृष्ठ 129 से 133 तक में मिल सकते हैं। देश के हित में यह अपरिहार्य है कि वनों की स्वतन्त्रता पर अपनी मर्जी से नोच-खसोंट कर लूट ले जाने पर रोक लगाई जानी चाहिए और इस अमूल्यवान राष्ट्रीय सम्पत्ति को संरक्षित और बढ़ाने के लिए सभी सम्भावित कदम उठाने चाहिए।

382. जैसा कि ऊपर पैराग्राफ 379 में देखा जा चुका है कि श्री एल्विन के *लॉस ऑफ नर्व* के वनों की स्वतन्त्रता छिन जाने के अध्याय की मुख्य विषय वस्तु परिवर्तनीय खेती पर लगाया गया प्रतिबन्ध है। खासतौर पर जैसा कि 1861 से बैगा जनजाति की कहानी से व्याख्यायित हुआ है। श्री एल्विन के विचार से मुझे काफी सहानुभूति है; परन्तु समस्या को उसके सही रूप में देखना चाहिए और यह याद रखा जाना चाहिए कि प्रतिबन्ध की नीति से वास्तव में प्रभावित होनेवाली बेतर, दल्या और पोटू काटनेवाली जनजातियों में वास्तव में बैतूल मेलाघाट और छिन्दवाड़ा की जागीरों और होशंगाबाद के कुछ कोर्कू, छिन्दवाड़ा जागीरों में माड़िया-भूमिया, मांडला, बालाघाट, उत्तरी दुर्ग और बिलासपुर में बैगा, दक्षिणी रायपुर में कमाड़, बिलासपुर में कोरवा और चन्दा व दुर्ग जमींदारियों में माड़िया लोग हैं। प्रतिबन्धों ने किसी भी तरह से गोंड लोगों का पूरे तौर पर, ज्यादातर कोर्कू से लेकर हलवा, कावड़, सवारा, आन्ध, मील, कोल, कोलम या कोली तक का कोई नुकसान नहीं हुआ है। मैं इस समस्या पर पिछले अध्यायों में खासकर पैराग्राफ 210-212 और 276-285 तक ऊपर विचार कर चुका हूँ और मैंने अपनी अनुशंसाओं पर पैराग्राफ 278,279 व 283 में ध्यान दिलाया है। इस विषय पर अन्य सामग्री मेरे मांडला नोट्स के पैराग्राफ 49-58 में और *द अबोरिजनल प्रॉब्लम इन द बालाघाट डिस्ट्रिक्ट* के पैराग्राफ 96-100 और 121 में दी गई हैं। इन रिपोर्टों की अनुशंसाएँ, क्योंकि वे यहाँ पैराग्राफ 276-285 में दोहराई नहीं गई हैं अतः उनका सार नीचे दिया जा रहा है :

क. मांडला नोट्स

(क) बेवर और दहया के बीच में अन्तर याद रखा जाना चाहिए (पैराग्राफ 56)।

(ख) किसी भी तरह से बैगा के लिए एक समय पर दो वर्ष से ज्यादा उसी बेवर की सफाई करके प्रयोग करना आवश्यक नहीं होना चाहिए (पैराग्राफ 52)।

(ग) वन विभाग द्वारा बेवर और कन्दावारी भूखंडों के बीच अर्थहीन अन्तर को छोड़ देना चाहिए और बेवर के लिए आवश्यक झीलन और बैगा के चाक के निकट अन्य वन ग्रामों को मिलना चाहिए (पैराग्राफ 55, 49, 58, और 72)।

(घ) जब बैगा लोगों के बेटे या लामसेना चाक में या कहीं और जहाँ बेवर की अनुमति हो, अलग घर बनाते हैं तो उन्हें अलग से सिर्फ उनके बेवर भूखंड आवंटित किए जाने चाहिए (पैराग्राफ 51)।

(ङ) बैगा लोगों को अपनी बर्रा जमीनों को यथेष्ट रूप से परती छोड़ने के लिए सार्थ बनाने के लिए नियन्त्रित खेती करने के लिए बड़े क्षेत्र आवंटित किए जाने चाहिए (पैराग्राफ 58 और 72)।

ख. बालाघाट रिपोर्ट

(च) बिठली क्षेत्र में बेवर के दौरे के दौरान उपायुक्त और मंडलीय वन अधिकारियों द्वारा संयुक्त जाँच की जानी चाहिए (पैराग्राफ 98)।

(छ) बेवर को उन क्षेत्रों में निरन्तर रखना चाहिए जहाँ इनकी अभी अनुमति दी गई है (पैराग्राफ 100)।

(ज) मालगुजारी सम्पत्ति में बेवर आम को शामिल न करना और कटाई की कीमतों को नियमित करने से मना करना या भूस्वामी और काटने वाले के बीच हस्तक्षेप करने और परिवर्तनीय खेती के मिलते-जुलते स्वरूपों आदि नीति पर रोक लगनी चाहिए; कीमतें पहले वर्ष के लिए 4 रुपए तथा दूसरे वर्ष के लिए 2 रुपए से ज्यादा नहीं होनी चाहिए; साधारण बेवर भू-रिकार्ड रखे जा सकते हैं; यदि और नियमों की जरूरत पड़े तो यह श्री एल्विन की द बैगा के पृष्ठ 520 में की गई अनुशंसाओं की दिशा पर बनाए जाने चाहिए (पैराग्राफ 100)।

383. दक्षिणी रायपुर में कमाड़ जनजाति द्वारा दहया खेती का उल्लेख पैराग्राफ 281, 283 और 382 में किया जा चुका है। श्री लाल और श्री लोरोन्हा ने इसकी जाँच की है। भूराजस्व अधिनियम की धारा 202 का उल्लंघन करते हुए यह लगभग 100 कमाड़ परिवारों और कुछ अवसरों पर एक या दो भुंझिया परिवारों द्वारा भी छिप-छिपकर की जाती हैं; गाड़िया हॉट राजस्व निरीक्षक सर्किल में कभी-कभार कटाई के अतिरिक्त, यह हमेशा बिन्द्रा-नवागढ़ जमींदारी के मैनपुर राजस्वनिरीक्षक अंचल और यहाँ से लेकर पटवारी अंचल 16 के मोहदा और जरान्दीह गाँवों में, पटवारी अंचल 17 के सतनार, पुषेन्गा, पठारी और थेमली गाँवों में और पटवारी अंचल 18 के फरसरा, छिन्डोला, सिहार, जादापढ़ाड़, देवडोंगर, टोहमेटा, कमारामा, नर्रीपनी और अमली गाँवों तक में होती हैं। यह तरीका दहया है न कि बेवर; जमींदारी जंगलों के लगभग दो एकड़ को कहा जाता है और पेड़ों और जंगली उपज को एक चौथाई या आधे मील दूर एक खेत में खींचकर ले जाया जाता है वहाँ लगभग एक एकड़ जमीन में ढेर लगा दिया जाता है और सूखने पर आग लगा दी जाती है। राख को विशेष कुल्हाड़ी के द्वारा जमीन में बोने से पहले दबा दिया जाता है या हल्का चावल मांडिया (एल्युसाईन कोरेकाना) या कोदोन को। पूरे तौर पर लगभग 200 एकड़ में प्रतिवर्ष जंगल काटे जाते हैं और फिर से काटने के लिए पर्याप्त रूप से तैयार होने में जंगल को 7 से 10 वर्ष तक लग जाते हैं। कमाड़ लोगों को पृथक करना और उनकी दहया को एक क्षेत्र तक सीमित कर देने में खतरा उनके द्वारा अपने आवास परिवर्तन करने की आवृत्ति का है; लेकिन वर्तमान में यह आवृत्ति आंशिक रूप से इस जानकारी के कारण है कि दहया गैर कानूनी है और इसे गुप्त रखने का उपाय लगातार स्थान बदलते रहना है। रायपुर के मंडलीय वन अधिकारी का सुझाव है कि यदि प्रत्येक सफाई के लिए 14 वर्ष के आवर्तन की अनुमति दे दी जाए तो 5,000 एकड़ जमीन का आरक्षण पर्याप्त होगा। लेकिन यह माना जाए कि प्रत्येक सफाई से प्राप्त राख से जमीन को लगातार दो वर्षों तक काफी उर्वरक बनाया जा सकता है; कमाड़ लोगों की मान्यता है कि राख केवल एक वर्ष के लिए काफी है जो सम्भवतया एक पुराने अनुभव पर आधारित है। वास्तव में एक बार में एक वर्ष के लिए जंगल की कटाई की भरपाई लगातार दो वर्षों तक जंगल की कटाई की तुलना में ज्यादा जल्दी से होती है। इस उपचार

से यह दिखाई पड़ता है कि उल्लेखित तीन पटवारी सर्किलों में दहया की इजाजत दी जाए, परन्तु प्रतिबन्धित जातियों के पेड़ों, फलों के पेड़ों या एक निश्चित बढ़त से ऊपर के पेड़ों को काटना प्रतिबन्धित किया जाए और न्यूनतम न काटे गए जंगलों को छोड़ना आवश्यक बना दिया जाए। झाड़-झंखाड़ व शाखाएँ काटकर भी दहया काफी अच्छी तरीके से की जा सकती है। इस बेहद रोचक और जंगली जनजाति के अस्तित्व को बचाने में मदद करने में इस अति सीमित क्षेत्र में ये कोशिशें इसीलिए हैं।

384. राख-पैदावार का एक और रोचक स्थानीय तरीका उन्हीं तीन पटवारी सर्किलों और बिन्द्रा नवागढ़ जमींदारी के देवझोम क्षेत्र में धुर, आमद और उड़िया गोंड द्वारा की जाती है और इसे फराक के नाम से जाना जाता है। चावल के खेत के निकट जंगलों के एक हिस्से को जलाकर चावल के लिए राख से तैयार बोने योग्य खेत बनाया जाता है; छोटी पौध को जब ये 1½ फीट लम्बी हो जाए तो खेत में रोप दिया जाता है। जलाए गए क्षेत्र और खेत के क्षेत्र का अनुपात 1:3 से लेकर 1:10 तक अलग-अलग होता है। और काटी गई और जलाई गई जंगली उपज या तो आबादी जंगलों से या कभी-कभार गोंड के अपने खेतों में से होती है जो वह इस उद्देश्य के लिए बचाकर रखता है। शायद ही कभी ऐसा हुआ हो कि फरार के लिए कोई नियमित जमींदारी जंगल जलाया गया हो, लेकिन 1941 में फसल खराब होने के कारण वहाँ पर फरार जलाने के लिए अनुमति देने की माँग की गई थी। हालाँकि जबकि फरार के साथ कोई रोकटोक नहीं होनी चाहिए जब तक कि ये 'आबादी जंगलों' या किसी के अधिकार वाली जगह पर जलाया जाता हो, मैं सहमत हूँ कि इसे जमींदारी जंगलों तक विस्तारित करने की अनुमति को अस्वीकार कर देना चाहिए।

385. *लॉस ऑफ नर्व* के अध्याय में *द डिस्अपीयरेंस आफ द रीचुयल हंट* शीर्षक से थोड़ा संक्षेप में ''आधुनिक युग में खेल कानून'' का आदिवासी जिन्दगी पर प्रभाव पर विचार किया गया है। इसमें हाल के वर्षों में इस प्रान्त में आदिवासियों के पक्ष में बनाए गए कानूनों में कई रियायतें देने का उल्लेख किया गया है। वास्तव में शिकार अधिनियम जैसा कि अब यह है मुझे एक समझदारी द्वारा और व्यावहारिक कानून दिखाई पड़ता है; मुश्किल जो हमेशा होती है, वह है आदिवासियों को उनके अधिकारों के बारे में बताने की असफलता जैसे कि बैगा एक बार फिर अपने धनुष-बाण ले जा सकते हैं और सभी तरह के खेतिहर अपनी फसल की रक्षा करने के लिए जानवरों और पक्षियों को मार सकते हैं, लेकिन इसके साथ ही अनैतिक छोटे वन, राजस्व या पुलिस अधिकारियों की प्रवृत्ति जिसमें वे वसूली के लिए उसके जाल डालने या शिकार करने को चाहे असंरक्षित प्रजातियों का ही हो, को शिकार अधिनियम के उल्लंघन के रूप में या उनके मछली पकड़ने को वन अधिनियम या मत्स्य-अधिनियम तोड़ने के रूप में प्रस्तुत करते हैं, को लगातार रोके जाने की आवश्यकता है। इन अधिनियमों व नियमों के अन्तर्गत कानूनी स्थिति एक ऐसा विषय है जिस पर वन रक्षकों व पुलिस कांस्टेबलों को निर्देश दिए जाने की जरूरत है, और राजस्व अधिकारी को लगातार निर्देश देते रहने चाहिए कि अपने दौरों के दौरान गाँववालों को कानून की व्याख्या करके समझाते रहें। जनजातियों द्वारा शिकार करना सम्भवतया अभी भी प्रान्त के कुछ भागों में विलुप्त कार्य नहीं है। जैसे कि सुदूरवर्ती सतगढ़ जमींदारियाँ बिन्द्रा नवागढ़ और रायपुर की बस्तर सीमा, दुर्ग और चन्दा जिला, हालाँकि मैं इसे सत्यापित करने में असमर्थ रहा। यदि यह अभी भी बची है तो इसमें रोक-टोक नहीं करनी चाहिए। मछलियों को जहर देने का तथाकथित कार्य

अभी भी बड़े स्तर पर पिछड़े क्षेत्रों में किया जाता है हालाँकि तकनीकी रूप से यह एक अपराध है—सौभाग्य से एक गम्भीर अपराध—भारतीय मत्स्य अधिनियम की धारा 5 के अन्तर्गत; लेकिन मैंने इस धारा के अन्तर्गत किसी अभियोजन के बारे में नहीं सुना। हालाँकि सभी आंशिक अपवर्जित क्षेत्रों, और अन्य दुर्ग जमींदारियों में और रायपुर की महासमुंद और डिंडोरी तहसीलों में, पंडारिया जमींदारी और बिलासपुर के लोआमी जंगलों में, यवतमाल के वनीय क्षेत्रों में और ज्यादातर छिन्दवाड़ा, बैतूल, बालाघाट, भंडारा और नीमड़ जिलों में इस धारा के काम करने पर रोक लगाने की अधिसूचना जारी करके स्थिति को नियमित किया जाना चाहिए। इस तरह मछली पकड़ने पर भारतीय वन अधिनियम की धारा 26 (1) (ज) के अन्तर्गत नियमों द्वारा दंडित भी किया जा सकता है, इस तरह की कार्यवाहियों की पूरे प्रान्त भर में आदिवासी वन ग्रामों में करने की जरूरत है। मैं सरकार को पहले ही अनुशंसित कर चुका हूँ कि भारत में वन्य जीवन संरक्षण संघ के मसौदे की अनिवार्यताओं को प्रान्त में विस्तारित करने के लिए आरक्षण किया जाना चाहिए जैसा कि बस्तर राज्य में है कि "आदिवासी जनजातियों को उनके प्राचीन रिवाजों के अनुसार मछली को मारने और पकड़ने के लिए धाराओं से पानी मोड़ना, मछली के लिए पानी को जहरीला करना और पारम्परिक शिकार में जाल, शिकंजे और फंदों का उपयोग करने की अनुमति ही देना जारी रखा जाना चाहिए"; मेरे मांडला नोट्स के पैराग्राफ 24 और 64 में और मेरी बालाघाट रिपोर्ट के पैराग्राफ 47 में मछली के सीमाशुल्क पर हुए पर्यवेक्षण से तुलना करते हुए।

386. आखेट अभ्यारण्यों पर मैं *द अबोरिजनल प्रॉब्लम इन द बालाघाट डिस्ट्रिक्ट* के पैराग्राफ 43 और 122-23 में विचार कर चुका हूँ, जहाँ मैंने श्री मेटलेंड द्वारा सुझाए गए कार्यों की निम्नलिखित उद्धरण में जोरदार अनुशंसा की है :

> "मेरा अपना विचार है कि अभ्यारण्य पूर्णतः असंगत हैं जब तक इन पर बाड़ नहीं लगाई जाती है। वर्तमान में कान्हा का अभ्यारण्य बाहर के बाघों को आकर्षित कर रहा है जिसका परिणाम केवल वास्तविक दुर्लभ प्रजाति के बारहसिंगा की संख्या अब घट रही है। चीतलों के बड़े झुंड जो अभ्यारण्य से बाहर कर दिए गए हैं, आसपास के वृद्धि क्षेत्रों में भारी नुकसान पहुँचा रहे हैं जैसे कि केसली में। मैं हिरनों को साल वनों में अप्रशम्य चोट पहुँचानेवाला मानता हूँ। वर्तमान अभ्यारण्य के क्षेत्रों को बाड़ लगाने पर काफी खर्च किए बिना कभी दोबारा विकसित नहीं किया जा सकता है। कान्हा में एक राष्ट्रीय पार्क बनाए जाने के प्रस्ताव की माँग कर दी गई है और उसे इस कार्यालय से भेजा जा चुका है। अभी तक कोई आदेश प्राप्त नहीं हुए, शायद इसलिए कि प्रस्ताव में लाभ की कोई आशा के बिना खर्चे शामिल हैं। मेरा प्रस्ताव है कि इस प्रान्त में सभी अभ्यारण्य समाप्त किए जाने चाहिए और मंडलीय वन अधिकारियों द्वारा शिकार पर नियन्त्रण करनेवाले पुराने प्रबन्ध को फिर से लागू करना चाहिए।"

मैंने वर्तमान मुख्य संरक्षक श्री हरलो को भी उद्धृत किया है :

> "इस विषय पर मैं अपने आपमें विध्वंसक हूँ और लाजिमी तौर पर मेरे विचार अन्य वन अधिकारियों से मेल नहीं खाते हैं। वर्तमान में मैं प्रान्त में इस तरह के अभ्यारण्यों की कोई जरूरत नहीं देखता हूँ। हमारे पास सुदूर जंगलों के काफी बड़े क्षेत्र हैं और वहाँ पर किसी प्रकार के शिकार किए जाने का कोई खतरा नहीं है। कानूनी शिकार

का आमतौर पर लगभग नियम प्रभावी है, और जब कभी कोई प्रभाव होता है तो यह आसानी से विश्राम की अवधि के साथ दूर किया जा सकता है। इस तरह के स्थानों पर आमतौर पर अनधिकृत शिकार कोई मुश्किल पैदा करनेवाली चीज नहीं है। इस प्रान्त में राष्ट्रीय फर्क का विचार बहुत आगे की चीज है। मेरे विचार से इसमें कोई खतरा नहीं है चाहे सुदूर जंगलों में कितना भी शिकार हो और छोटे जंगलों को शिकार से बचाने के लिए खेतों से घेरने का कोई तुक नहीं है। बेशक यहाँ पर जो मध्यम श्रेणी के जंगल हैं उनमें यह प्रश्न आसान नहीं है।''

जब से मेरी रिपोर्ट आई है प्रान्तीय सरकार ने सम्पूर्ण अभ्यारण्य प्रश्न की समीक्षा की है। अभ्यारण्य शब्द को अब आखेट-आरक्षण शब्द से बदल दिया गया है और वहाँ अब मंडलीय वन अधिकारियों को आखेट नियन्त्रण के सम्बन्ध में उच्चतम अधिकारियों को रिपोर्ट करते हुए ''सामने आने वाली किसी भी परिस्थिति का सामना करने के लिए अपनी योग्यता के सर्वश्रेष्ठ के साथ सम्पूर्ण विवेक का प्रयोग'' करना होगा। सुपखर भी आखेट-आरक्षण के रूप में और जैसे कि पुराने थे दोबारा जिला अधिकारियों के निशानेबाजी के अड्डे बन जाते हैं; तीन आखेट-आरक्षण उत्तरी चन्दा में तरोबा, होशंगाबाद में बोदी और मांडला में वर्जन घाटी हैं। मुख्य संरक्षक को 500 रुपए प्रतिवर्ष का अनुदान (जो काफी कम है) गाँववालों और स्टाफ को दुर्घटनाओं की क्षतिपूर्ति देने के लिए या बाड़ लगाने आदि के लिए दिए जाते हैं। और अन्त में हमेशा की तरह सामान्यतया वन अधिकारियों को शिकार अधिनियम के अन्तर्गत लाइसेंस शुल्क देने से छूट दे दी जाती है और वे आदिवासियों की फसलों और पशुओं की रक्षा करने के लिए जंगली जानवरों और पक्षियों को मारने के लिए और ज्यादा तैयार हो जाते हैं इसके साथ ही उनकी खाने की आपूर्ति बढ़ जाती है और गाँववालों पर रसद का बोझ कम हो जाता है।*

387. इस अध्याय के पिछले पैराग्राफ में वन प्रशासन की मुख्य आलोचना की गई थी। दोनों तरह की भावुक और सामान्य। आदिवासियों के दृष्टिकोण से अब वन विभाग का आदिवासियों की अर्थव्यवस्था पर प्रभाव पर विचार करना बाकी रह गया है। क्या यह पर्याप्त है या कुछ और किया जा सकता है? इसके सम्बन्ध में सर फ्रांसिस वैली द्वारा अपने 1940 में बालाघाट और मांडला जिले के दौरे में उठाए गए कई बिन्दुओं पर प्रत्येक मंडलीय वन अधिकारी और संरक्षक की विस्तारित रिपोर्ट की रोशनी में श्री सिमिंग्टन की रिपोर्ट *आन द अबोरिजिनल एंड हिल ट्राइब्स आफ द पार्शियली एक्सक्लूडेड एरिया ऑफ द प्रोविंस ऑफ बोम्बे* भी है। मेरे पास स्थान और समय अब इन जवाबों का सार करने से रोक रहा है—तीनों संरक्षकों की बढ़िया रिपोर्ट मांडलों के जवाबों के साथ जुड़ी हुई है। मैं श्री फ्रांसिस वैली के पर्यवेक्षण पर अपनी बालाघाट रिपोर्ट में पहले ही अपनी प्रतिक्रिया का संकेत दे चुका हूँ खासकर पैराग्राफ 113-121 में। सामान्यतः लागू करने के लिए मेरी अनुशंसाएँ ये थीं—

(क) यदि वन उत्पादों को पक्की सड़कों से लेकर रेल मार्ग तक से भी सस्ता परिवहन

* मैं श्री मेटलेंड द्वारा सुझाई गई अनुशंसाओं को मेरी बालाघाट रिपोर्ट के पैराग्राफ 123 में दोहराऊँगा कि आदिवासियों और वन ग्रामों के लोगों की शिकार की चाहत को पूरा करने के लिए 'शिकार का मन' अधिनियम के अन्तर्गत प्रत्येक वर्ष कुछ हिरन बिना डरे मारने की इजाजत दी जानी चाहिए। यह रियायत सम्भवतया रैयतबाड़ी और जमींदारी जंगलों में भी विस्तारित की जा सकती है।

मोटर परिवहन सरकार को पड़ता है और ये आदिवासियों के हित में है तो इसे रोकने की नीति को बदल दिया जाना चाहिए (पैराग्राफ 2, 52 और 114)।

(ख) चराई के वर्तमान मूल्य ठीक हैं और इन्हें घटाया नहीं जाना चाहिए (पैराग्राफ 37 और 118)।

(ग) बैहर के ग्राम वनों दिहाड़ी मजदूरों की खेती एक आना से बढ़ाकर 4 आना कर देनी चाहिए और मजदूरी तय करने में मंडलीय वन अधिकारियों को खुली छूट देनी चाहिए (पैराग्राफ 51 और 114)।

(घ) वन एवं अन्य राष्ट्र निर्माण विभागों के बीच नजदीकी सम्पर्क होना चाहिए, अर्द्ध वनीय स्थानों जैसे कि रायगढ़ क्षेत्र में राष्ट्रनिर्माण कार्यों का समन्वय करने के लिए सबसे उपयुक्त वन विभाग ही है (पैराग्राफ 71)।

(ङ) जहाँ तक सम्भव हो विभागीय कार्यों को ठेकों से प्रतिस्थापित किया जाना चाहिए और वन में मजदूरों के लिए न्यूनतम मजदूरी बताते हुए वन के ठेकों में एक अनुच्छेद जोड़ देना चाहिए (पैराग्राफ 115)।

(च) पशु क्रूरता निवारक अधिनियम को एक निश्चित दिशा के आधार पर संशोधित किया जाना चाहिए और इसे गाड़ी के पशुओं पर अत्यधिक बोझा लादने और आदिवासियों के पशुओं के निरन्तर कम होने से रोकने के लिए विभिन्न वन क्षेत्रों में विस्तारित करना चाहिए (पैराग्राफ 117)।

(छ) जंगलों के मुकद्दम और कोटवार का पारिश्रमिक बढ़ाया जाना चाहिए खासकर कोटवार का (पैराग्राफ 119)।

(ज) ज्यादा वन विद्यालय खोले जाने चाहिए (पैराग्राफ 121)।

388. इनमें से कुछ अनुशंसाएँ टिप्पणी की माँग करती हैं। पहली मोटर परिवहन के प्रश्न के बारे में है। युद्ध के दौरान पेट्रोल की राशनिंग ने बेशक इस पर अपना प्रभाव डाला होगा सिवाय जहाँ तक निर्माता गैस से चलनेवाली लारियों ने पेट्रोल की लारियों को प्रतिस्थापित किया होगा। इस मामले का गहरा ताल्लुक ढुलाई की कीमतों से है जिसकी संगतता के बारे में श्री सिमिंग्टन की टिप्पणी की रोशनी में सर फ्रांसिस वैली ने पूछा था। श्री एच.सी.बी. जोलए, आई.एफ.एस. मुख्य संरक्षक, पश्चिमी सर्किल ने पाया कि लारी द्वारा तत्काल, सस्ता और तेज परिवहन की शिकायतें सही सिद्ध हुईं और गाड़ीवान अपनी इच्छा से काम माँगने आए थे और दी गई दरों पर भुगतान से सन्तुष्ट थे। उत्तरी और दक्षिणी चन्दा में अल्लापिल्ली और बल्लारशाई के बीच मोटर परिवहन के प्रयोग के बावजूद गाड़ियों की माँग आपूर्ति से कहीं ज्यादा होती है अतः गाड़ीवान अपनी शर्तों पर माँग कर सकते हैं। कूपे से अल्लापिल्ली डिपो तक ढुलाई में 35,000 से 40,000 रुपए वार्षिक तक खर्च हो जाते हैं और लगभग सारे गाड़ीवान ग्राम वनों वाले हैं जो प्रतिदिन 15 आना की औसत से कमाते हैं; बैलों की एक अच्छी जोड़ी रखनेवाले आदमी द्वारा एक दिन में 3-8-0 रुपए कमाते हुए देखा गया। गाड़ियों में अत्यधिक ढुलाई चन्दा में काफी गम्भीर है और अब तो मोटर परिवहन के साथ भी यही बात थी और इतनी बढ़ गई कि मोटर को रोकना पड़ा। मोटर परिवहन द्वारा ढुलाई और गाड़ीवान की मजदूरी पर श्री मेटलेंड के विचार मेरी बालाघाट रिपोर्ट के पैराग्राफ 116 में पुनर्प्रस्तुत किए गए हैं। वह श्री सिमिंग्टन की अनुशंसाओं पर सर फ्रांसिस की स्वीकृति पर टिप्पणी कर रहे हैं कि ढुलाई की कीमतों की गणना प्रत्येक कूपे में

अलग-अलग की जानी चाहिए ताकि एक गाड़ी एक महीने में 18 रुपए की आय करवाने में समर्थ हो सके :

"बैहर और सुपखर रेंज में काम कर रहे प्रत्येक कूपे के लिए लामटा तक ढुलाई की कीमतों पर विस्तार के साथ काम किया गया है। मैंने भी बालाघाट के मंडलीय वन अधिकारी के रूप में यही करते हुए काफी समय बिताया है। जंगल के आधार पर तय किए गए पीस-रेट जंगल की सड़कों पर निर्भर हैं, जंगल की सड़कें लोक निर्माण विभाग की सड़कों पर और लोक निर्माण विभाग की सड़कें शीर्ष पर हैं। गणना के आधार के लिए पहली कीमतें दूसरी की दुगुनी ली जाती हैं और दूसरी कीमतें तीसरी की दुगुनी होती हैं। खास सड़कों पर खास दिक्कतें और खास कूपों पर काफी ध्यानपूर्वक विचार किया गया है। भुगतान के लिए एकमात्र व्यावहारिक तरीका पीस-रेट है यानी कि प्रतियात्रा के प्रति क्यूबिक फुट की कीमतें। यह कथन कि दो बैलों और एक गाड़ी के साथ आदमी 2 आना प्रतिदिन कमा सकता है, एक औसत आदमी और एक औसत गाड़ी जो एक औसत गति से चलती है की पूर्वमान्यता के आधार पर कहा गया हैं। पीस-कार्य पर जैसे कि यहाँ पर, एक जो कमाता है वह मुख्य तौर पर इन तीन विचलनों पर निर्भर करता है।

"मेरे विचार से बालाघाट और मांडला की गाड़ियाँ और उनकी काम करने की गति अभी दी जा रही कीमतों से ज्यादा के लायक नहीं हैं। पशु पूरे तौर पर असमर्थ हैं और गाड़ियाँ छोटी और खराब ढँग से रखी गई हैं। सारे गाड़ीवान किसी भी तरह से आदिवासी नहीं हैं और काफी स्वतन्त्र हैं। कुछ छोटे ठेकेदारों के नौकर हैं। बालाघाट जिले में खदान फर्में काफी पहले उन्हें महँगी और अविश्वसनीय कहकर छोड़ चुकी हैं...। गाड़ीवानों द्वारा हमेशा वनविभाग की साख गिराई गई है। बालाघाट और मांडला के मंडलीय वन अधिकारियों के पास रेलवे की आपूर्ति के लिए स्लीपरों का ठेका था और ये लोग एकदम अड़ गए; इस तरह से गाड़ियों को काम देने से गम्भीर परेशानियाँ खड़ी हो गईं। इन्हीं कारणों से जब मैं बालाघाट का मंडलीय वन अधिकारी था तो मैंने लोक निर्माण विभाग की सड़कों पर डिपो तक सामान को ले जाने के लिए उनके प्रयोग को बंद करवा दिया, और मैंने लारी परिवहन शुरू करवाया जो इन डिपो से रेल तक ले जाता था। जैसे कि मेलाघाट में आदिवासियों ने गाड़ीवान या गाड़ीवानों* का नौकर बनकर कुल्हाड़ी के प्रयोग की अपनी कला को खो जाने दिया...। सरकार के सीधे आदेश (सन्दर्भ संख्या 954-711-1, दिनांक 15 सितम्बर, 1939) द्वारा वन विभाग को हाल में गाड़ियों के प्रयोग पर वापस लौटने के लिए दबाव डाला गया था, और अब हम औपचारिक परेशानी में हैं। दक्षिणी चन्दा के इमारती लकड़ी और परिवहन के एक ठेकेदार द्वारा हाल ही में एक प्रस्ताव दिया गया था जो बालाघाट मण्डल से लामटा तक इमारती लकड़ी पहुँचाने के लिए चारकोट गैस की लारियों का प्रयोग काफी कम कीमतों पर करता है जो पेट्रोल-लारी के ठेकेदार को दी जानेवाली कीमतों से काफी कम हैं और मोटे तौर पर वर्तमान गाड़ियों की कीमतों से आधी हैं। इससे यह पता चलता हैं कि हम पहले ही गाड़ीवानों को लगभग दुगुना भुगतान कर

* (मेरी बालाघाट रिपोर्ट के परिशिष्ट में पृष्ठ 98 पर प्रकाशित श्री मेटलेंड के सितम्बर, 1939 में लिखे गए एक पत्र में कई कारण विस्तार से दिए गए हैं।)

रहे हैं। उदाहरण के लिए केवल बैहर तहसील में ही 4,818 रुपए प्रतिवर्ष ज्यादा, इसकी तुलना में हमें लारियों द्वारा ज्यादा सक्षम परिवहन के लिए भुगतान करना चाहिए था। इसके अतिरिक्त गाड़ीवानों को काम देना एक अतिरिक्त काम का बोझ बढ़ा देता है जो स्टाफ में कमी के कारण असहनीय है जो केवल तभी स्वीकार किया गया था जब मण्डलीय वन अधिकारी के विरोध के बावजूद शुरू किए गए मशीनी परिवहन को निरन्तर बनाए रखना तय हुआ था (फण्ड की कमी के कारण)। तब भी यह शिकायत की जाती है कि गाड़ी की कीमतें काफी कम हैं।''

मैं श्री मैटलेण्ड के साथ पूरी तरह सहमत हूँ। इस काम को गाड़ियों के लिए आरक्षित करना जंगलों से पक्की सड़कों तक की एक कड़ी है यदि यह आरक्षित कर दिया गया तो यह उसकी गाड़ियों और बैलों को पर्याप्त रूप से काम दे देगा और सामान्य तौर पर कहा जाता है कि उसे शराब और अन्य चीजों के लालच से बचा देता है जो शहरों की लगातार यात्राओं में उसके सामने अवश्य आते हैं। वास्तव में यदि गाड़ियों का प्रयोग किया जाए तो, एक अच्छा वन अधिकारी यह प्रबन्ध करके आदिवासियों की काफी बचत कर सकता है कि जब वे रेलवे स्टेशनों से खाली वापस आ रही हों तो उन्हें नमक, कपड़े और अन्य किराने के सामान को लाना चाहिए जो ग्राम वनों के निवासियों के लिए जरूरी हों, जिससे कीमतों में काफी बचत होगी। मैं वन सहकारी समितियों को शीर्ष पर आगे देखता हूँ जब उनके पास अपनी लारियाँ होंगी, ढुलाई को संगठित करके और छोटे वन उत्पादों के लिए ठेके लेकर और परिवहन का काम करने लगेंगी।

389. मेरे दौरों या जाँचों के दौरान कहीं पर भी मैंने चराई की कीमतों के बारे में कोई सामान्य शिकायत नहीं सुनी। मण्डला में श्री एल्विन का मानना था कि शिकायत कीमतों के बारे में नहीं बल्कि क्षेत्रों के बारे में है कि गाँववालों को चराने की अनुमति कहाँ दी जाए। जैसा कि मेरी बालघाट रिपोर्ट के पैराग्राफ 118 में ध्यान दिलाया गया है कि वास्तव में कीमतें अनोखे ढंग से काफी आसान हैं। सरकार द्वारा इस प्रान्त में या किसी और प्रान्त में चराई की कीमतें और नियमों के बारे में कुछ मामलों पर बेहद गहनता और ध्यानपूर्वक विचार किया गया। श्री के. पी. सगरैया, में आइ. एफ. एस. ने इस पूरे प्रश्न पर, जिसकी तरफ ध्यान दिलाया गया है*, यथेष्टता के साथ एक हालिया पुस्तिका में सर्वेक्षण किया है।

390. ऊपर पैराग्राफ 387 में वनों में मजदूरी के प्रश्न को अनुशंसा (ग), (ङ) और (छ) में सारबद्ध किया गया है। सबसे पहले वन ग्रामों का प्रश्न आता है। श्री एल्विन ने पैराग्राफ 378 के अन्त में यह कहते हुए उद्धृत किया है कि यदि कोई आदिवासी ग्राम वन वाला है तो उसे किसी भी समय वन विभाग द्वारा काम करने के लिए बुलाया जा सकता है। हालाँकि यहाँ पर कोई वास्तविक शिकायत नहीं है। बिना काम वाले समय पर गाँव के मजदूरों को निरन्तर बुलाए जाने के कारण पूर्व में ग्राम वनों के खाली हो जाने के मामले हो चुके हैं। लेकिन ये बहुत कम हैं; आखिरकार एक वन अधिकारी की योग्यता की बड़ी पहचान उसके द्वारा मजदूरों की फौज खड़ी रखने से होती है, जो उसके ग्राम वन वाले होते हैं साथ-साथ और संघर्ष करते हुए। हाल के वर्षों में हर कहीं पर विभागीय काम शुरू करने से ग्राम वन वालों की संख्या और समृद्धि में काफी वृद्धि हुई है, जिनमें से ज्यादातर मण्डल

---

* द लाईव-स्टोक प्रॉब्लम ऑफ द प्रोविंस विज-ए-विज ग्रेजिंग केन्द्रीय प्रान्त एवं बरार वन विभाग का बुलेटिन संख्या 2, नागपुर, सरकारी प्रकाशन, 1940, मूल्य 8 आना।

के बोरी, मगरधा और रहटगाँव रेंजों के गाँवों की जनसंख्या 726 गाड़ियों वाले 7,085 से बढ़कर 1013 गाड़ियोंवाले 8.175 तक पहुँच गया है; 1921 से नीमड़ के पूर्वी और पश्चिम कालीभीम रेंजों के 17 गाँवों की जनसंख्या 1,764 से 3,254 तक बढ़ गया है और कुछ गाँवों को आवंटित खेती की जमीन को भी अधिकांशतः बढ़ाना पड़ा। मेलाघाट में भी कई लोगों को ग्राम वनों में बसाने के लिए यही प्रवृत्ति दिखाई दी।

मण्डला, रायपुर, जबलपुर और बालाघाट मण्डल के नमूने के तौर पर 11 ग्राम वनों की जनसंख्या 1937 से चार वर्षों के दौरान 1,687 से बढ़कर 1983 हो गई। यह वृद्धि मुख्य तौर पर साथ के जंगलों में विभागीय कामों को शुरू करने के कारण हुई। बिलासपुर का लामनी गाँव बैगा लोगों की 10 झोंपड़ियों से शुरू हुआ था और कई वर्षों तक स्थिर रहने के बाद विभागीय काम शुरू होने के बाद जनसंख्या एकदम 287 पर पहुँच गई। केन्द्रीय सर्किल के गाँवों में भी इसी तरह की वृद्धि देखी जा सकती है, फिर से विभागीय कामों के कारण। निम्नलिखित कारणों के साथ कई अन्य कारण भी ग्रामवनों की लोकप्रियता के लिए दिए गए हैं :

(क) खेती के लिए जमीन और जमीन से राजस्व प्राप्त करने की शक्ति में कमी, खासतौर पर मालगुजारी गाँवों में;

(ख) बेगार और अन्य गैरकानूनी वसूली और भूस्वामी द्वारा अधिभारित चराई के भुगतान से बचने की इच्छा;

(ग) भूस्वामी द्वारा नजराना देने से मुक्ति;

(घ) साहूकारों से पूर्णतः मुक्ति, जिनको ग्रामवनों में काम करने की अनुमति नहीं है;

(ङ) पक्का काम, बेहतर मजदूरी और नियमित भुगतान;

(च) जमीन का कम मूल्यांकन;

(छ) ग्रामवनों में चराई और विस्तार पर काफी उपयुक्त रियायतें;

(ज) अनुपलब्धता के समय पर प्रशासकीय मदद किया जाना;

(झ) उपयुक्त ग्राम तकावी का तुरन्त भुगतान द्वारा निपटारा;

(ञ) वन विद्यालयों को खोला जाना।

अलग-अलग स्तर पर ये सभी सत्य हैं। यह एक अवसादग्रस्त नीरस मालगुजारी गाँव को एक या दो मील दर से पड़ोसी ग्राम वन द्वारा एक शिक्षा देने जैसा है। जैसे कि बैतूल के निकट धराकोह गाँव द्वारा, अपने पड़ोसी मालगुजारी गाँवों में भाई-बँधुओं की तुलना में अपने बेहतर, साफ और हवादार घरों में रहने वाले साफ-सुथरे और खुशमिजाज लोग भी प्रेरणा देते हैं। अतः स्पष्ट तौर पर यह मानते रहना ठीक नहीं है कि ग्राम वनवाले विभाग के कम भुगतान प्राप्त करने वाले कृषि दास हैं। शिकायतें जिस प्रकार की हैं वे वन सहायकों और रेंजरों द्वारा बिना सोचे-समझे उनके कृषि-कार्यों के बीच में वार्षिक सड़क मरम्मत के लिए बुलाना या सरकार द्वारा कीमतें बढ़ने के समय जैसे कि अभी युद्ध के समय, मजदूरी को समायोजित करने में देरी के कारण पैदा होती हैं। जंगल के कामों के साथ कृषि-कार्यों का कुछ संयोग होना अपरिहार्य है। श्री हरलो साफ-साफ लिखते हैं :

> ''असली समस्या केवल वृक्षारोपण और सड़कों के नाले खोदने के दौरान आती है जो अवश्य ही कृषि में बीज बोने के समय के साथ होता है। प्रान्त में वृक्षारोपण का काम थोड़ा है, और ये जब तक रहेगा, परेशानी होती रहेगी। सड़कों के नाले खोदने का

काम आमतौर पर बीज बोने से ठीक पहले किया जा सकता है। अगला मुख्य बिन्दु सड़क मरम्मत का है जो बारिश कम होने पर करना होता है और इसीलिए फसल कटाई के समय से मिल सकता है, शायद न भी मिले। मैं हमेशा सोचता हूँ कि लेन-देन की व्यवस्था के साधनों द्वारा इस विभाग के अधिकारियों द्वारा परिस्थितियों को ज्यादा व्यवहारकुशलता से सँभाला गया है जैसे कि कृषि की आवश्यकता और ढुलाई के सत्र के लिए समय पर सड़कों की मरम्मत करने की जरूरत को। समस्या असमाधेय होती है जब तक कि इस समझौते की अनुमति नहीं दी जाती है; अगर मंशा यह है कि गाँववाले दूर रहें यहाँ तक कि इस समझौते की परेशानियों से भी तब वन विभाग के पास कहने के लिए कुछ भी नहीं है।"

श्री जौली ने पाया कि सड़क का पूरा प्रश्न फंड का मामला है। मौसम शुरू होने पर बिना तैयार सड़कों के विभाग अपना काम शुरू नहीं कर सकता है। लोक निर्माण विभाग को सरकार को प्रथम श्रेणी की मरम्मत के लिए 50 रुपए प्रति मील और द्वितीय श्रेणी की मरम्मत के लिए 250 रुपए प्रति मील मिलते हैं; मरम्मत के लिए औसत आवंटन, जंगल की सड़कों के घाटवाले हिस्सों के लिए भी, जहाँ लगातार भारी बोझ वाला यातायात गुजरता मात्र 30 रुपए प्रति मील है।

उसके सभी वन-अधिकारियों ने खुदरा कामों के भुगतान के बारे में शिकायतें की हैं जो आम से सुरक्षा, सीमा खींचने, सीमा-रेखाओं की मरम्मत और इन सबके साथ सड़कों की मरम्मत के लिए भी की जाती है। यह फण्ड की कमी के कारण है जिसकी वजह से प्रायः अपर्याप्त भुगतान होता है, जिसके लिए सरकार जिम्मेदार है और यद्यपि अन्य कार्यों के लिए तेजी रो भुगतान हो जाता है, इन मामलों में भुगतान तब तक सामान्यतया देर से होता है जब तक काम खत्म नहीं हो जाताः हालाँकि पुरानी परम्परा ने सामान्य तौर पर गाँववालों को इस स्थिति से सामंजस्य बिठा दिया है। सभी सहमत हैं कि इसका समाधान किया जाना चाहिए। केन्द्रीय सर्किल से श्री एच. एस. जार्ज, आई. एफ एस. साथ ही सरकार पर सड़क की शिकायतों में सत्य के ज्यादा होने पर दोष लगाते हैं क्योंकि इस समय सड़क के लिए आवंटन 32,804 रुपए से घटकर 31,587 रुपए पर आ गया है, हालाँकि इस दौरान इमारती लकड़ी और ईंधन के सामान की मात्रा 29 प्रतिशत बढ़कर 1,71,21,000 क्युपिक फुट हो गई है; क्या मरम्मत के लिए आवंटन 29 प्रतिशत बढ़ा है, यहाँ अत्यधिक कड़ी मेहनत कराए जाने की कोई शिकायत नहीं मिली है। श्री मैटलेंड के ग्रामवनों में मजदूरी के प्रश्न पर जोरदार विचारों को मेरी बालाघाट रिपोर्ट के पैराग्राफ 114 में पहले ही पुनर्प्रस्तुत किया जा चुका है। सर फ्रांसिस वैली सहायक होते हुए भी एक बढ़ते हुए बाजार में वन गाँववालों से हमारे रिश्तों की जरूरत है की नैतिक रूप से, यह देखें कि वहाँ कोई पिछड़ापन न हो और "मजदूरी कम-से-कम उन चीजों की कीमतों में वृद्धि के समान होनी चाहिए जिन्हें इन लोगों को खरीदना पड़ता है," उन्होंने ध्यान दिलाया कि जब तक ज्यादा धन उपलब्ध नहीं कराया जाता है पिछड़ापन होना अपरिहार्य है और मंडलीय वन अधिकारियों को ज्यादा स्वतन्त्रता दी जानी चाहिए जिनको "थकाऊ बल्कि डाँट-फटकार वाले पत्राचारों का कड़वा अनुभव होता है। जिसमें कई शुरुआत की कार्यवाही भी शामिल होती हैं और अतिरिक्त फंड की माँग सुन-सुनकर कान पक जाते हैं"। हमें यह खासतौर पर देखना चाहिए कि ग्राम इलाकों के मुकद्दम और कोतवार को ठीक से उचित पारिश्रमिक दिया जाए, मेरी बालाघाट रिपोर्ट के

पैराग्राफ 119 में एक मामले पर विचार किया गया है जिसमें मैंने सुझाव दिया था कि प्रत्येक मुकद्दम को वन भूराजस्व से मुक्त दो कृषि योग्य भूमि दी जानी चाहिए जो जंगल के मजदूरों से अलग हो सिवाय जंगल में आम लगाने के और यह कि कोतवार के पारिश्रमिक में वन विभाग का न्यूनतम वार्षिक अंशदान 36 रुपए प्रतिवर्ष का होना चाहिए।

391. हाल में हुए सभी अनुभव पैराग्राफ 387 में अनुशंसा (ङ) पर जोर देते हैं कि विभागीय नियमों को सामान्य नियम बनाया जाना चाहिए और यह कि बचे हुए हिस्सों में वनों के ठेकों में जंगल के मजदूरों के लिए न्यूनतम मजदूरी निर्धारित करते हुए एक अनुच्छेद जोड़ा जाना चाहिए। सामान्य तौर पर कहा जाता है कि ठेकेदार लुटेरे होते हैं जो अपनी ऋण की व्यवस्था द्वारा जंगल के मजदूरों को अपना बंधक बना लेते हैं। मैं पहले ही इस रिपोर्ट के पैराग्राफ 232 में सरकार और निजी जंगलों ठेकेदारों की कुछ कारगुजारियों पर विचार कर चुका हूँ और ठेकेदारों के ऋणों और पुराने ठेकों द्वारा उनको जनजातीय क्षेत्रों में ठेकों के लिए विशेष प्रकार का लाइसेंस लेना आवश्यक बनाना और उत्पीड़क व शोषक ठेकेदारों को वन अधिकारियों को काली सूची में डालने को नियमित करने के लिए मैंने कानून बनाने की अनुशंसा की थी। ठेकेदारों और विभागीय कामों के बारे में श्री हरलो ने लिखा है :

> "ठेकेदारों को मजदूरों के लिए तीव्र प्रतिस्पर्धा का सामना करना पड़ता है क्योंकि ये कभी-कभार ही माँग से अधिक होते हैं। आमतौर पर उनके ठेके एक या दो वर्ष की अवधि के लिए होते हैं अतः उनके पास मजदूरों की आपूर्ति को संगठित करने का बहुत कम अवसर होता है।* व्यवस्था का सबसे खराब लक्षण जो आदिवासियों को प्रभावित करता है अभी तक छुआ नहीं गया है। कुछ ठेकेदार दृढ़, ईमानदार और आदरणीय व्यक्ति होते हैं। बहुसंख्यक नहीं। वे हमेशा मजदूरी के लिए स्तरीय दरें देते हैं लेकिन अज्ञानी और अशिक्षित कर्मचारियों को धोखा देने के लिए हर प्रकार के गन्दे वाक्छल कर सकते हैं। काम के काल्पनिक दोषों के लिए मजदूरी की अवधि कम करना या पैसे कम देना, दो तरह के सामान्य तरीके हैं परन्तु प्रयोग किए जानेवाले तरीके असंख्य हैं। इस प्रकार के ठेकेदारों को हतोत्साहित करने के लिए वन विभाग वह सब करता है जो वह कर सकता है, लेकिन यह हमेशा एक हारनेवाली लड़ाई होती है। यह सच बहुत स्वाभाविक है जब कोई विभागीय कामों को करनेवाले गाँवों (जैसे होशंगाबाद और नीमड़ में) की तुलना साथ लगे हुए ठेकेदारों के क्षेत्रों से करता है। होशंगाबाद के रहटगाँव और ममरधा रेंजों में गाँवों और नीमड़ के दोनों कालीभीत क्षेत्र विभागीय कामों के सामान्य नियम बन जाने के बाद से एक ध्यान देने योग्य पद्धति से कामों को पूरा कर रहे हैं। हमारा काम आगे बढ़ा है और बेहतर हुआ है क्योंकि हमारे ज्यादा से ज्यादा मजदूर उपलब्ध हैं। गाँव वाले खुश और सन्तुष्ट हैं क्योंकि उनको अच्छी मजदूरी और अच्छा व्यवहार मिलता है। यह काफी सम्भव है कि कुछ छोटी-मोटी वसूली की जाती है लेकिन मुझे विश्वास है कि ऐसी परिस्थितियों में इसे न्यूनतम तक घटाया जा सकता है क्योंकि नियन्त्रक बहुत पास हैं और समाधान पीड़ित के लिए बेहद स्वाभाविक है। लेकिन यदि विभागीय काम बढ़ाए जाते हैं तो

* दुर्भाग्य से यह कथन निजी जंगलों के मालिकों के साथ ठेकों के लिए सच नहीं है जो प्रायः कई वर्षों के लिए होते हैं। अतः इस प्रकार उद्धरण की दूसरी पंक्ति में निकाला गया निष्कर्ष भी निजी जंगलों पर लागू नहीं होता है।

डिवीजनों और रेंजों को मिलाया जाना और स्टाफ की छँटनी पर रोक लगाई जानी चाहिए, क्योंकि इसमें क्षमता के हिसाब से ठेकेदारी व्यवस्था की अपेक्षा ज्यादा स्टाफ चाहिए।''

392. जहाँ तक ठेकेदार द्वारा भाड़े की कीमतों के भुगतान की बात है, मैं डॉ. स्टेन, आई.एफ.एस. के सुझाव स्वीकार करने की श्री जौली की अनुशंसा से सहमत हूँ–

''भुगतान की ठेकेदारी व्यवस्था से उनके लिए यह सम्भव हो पाता है कि वो माल ढोनेवाले को और एजेंट के साथ बेईमानी करें और ऐसा अक्सर होता है। इसका निराकरण ठेके के लिए यह शर्त लागू करने से हो सकता है कि भाड़े की कीमतें तय करने के लिए अनुबन्ध बनाने के लिए अधिकृत अफसर की स्वीकृति आवश्यक होगी, और इसके अतिरिक्त माल ढोनेवाले को भुगतान, ठेकेदारी लाइसेंस के पृष्ठ भाग पर प्रतीकों के रूप में दिखाया जाना चाहिए जो कि यात्रा के दौरान ठेकेदार के गोदाम से रेलवे-स्टेशन तक जाने के लिए माल ढोनेवाले के गोदाम छोड़ने से पहले जब लाइसेंस दिया जाता है जो यात्रा के दौरान गाड़ी के साथ होता है। विभागीय कामों में माल ढुलाई चालानों में प्रयोग किए गए प्रतीकों का इस्तेमाल किया जा सकता है; उदाहरण के लिए 3-30 रु. को तीन बिन्दुओं के बाद तीन आड़ी लाइनों द्वारा दिखाया जा सकता है। तब माल ढोनेवाला इस स्थिति में होगा कि वह अपनी यात्रा शुरू करने से पहले 'यह ठीक-ठीक जान पाए कि उसे रेलवे-स्टेशन पहुँचने पर कितने पैसे मिलेंगे। चूँकि ठेकेदार को हर गोदाम पर ठेकेदारी लाइसेंस देने लायक एजेंट रखने पड़ेंगे, अतः एजेंट के लिए यह कोई बड़ी मुश्किल चीज नहीं होगी कि वह खास पहले से तय आय के अतिरिक्त गाड़ी में लदनेवाले सामान और लाइसेंस पर दिए जानेवाले भुगतान में गड़बड़ी कर दें।''

इस तरह की परिस्थितियों में और साथ ही ज्यादातर सारे वन-अधिकारियों द्वारा सुझाए और समर्थित की गई अनुशंसाओं में ठेकेदार द्वारा जंगल के मजदूरों को न्यूनतम वेतन देने की बात कही गई है, हालाँकि घटे हुए वर्तमान स्टाफ के साथ इसे लागू कर पाना जरूरी होते हुए भी काफी मुश्किल है, अतः सबसे पहले ठेकेदारों द्वारा लगाई जानेवाली बोलियों पर इससे लगाम कसी जाएगी।

393. माल ढोने और अन्य ठेकों में सबसे ज्यादा नियम तोड़नेवालों में निजी जंगलों के ठेकेदार शामिल हैं, और यहाँ पिछले पैराग्राफ में सुझाई गई जाँच या अन्य कोई जाँच जिसकी उपयोगिता वन अधिकारियों के निरीक्षण पर निर्भर रहेगी, बेकार साबित होगी। जंगलों में गाड़ियों में क्षमता से ज्यादा माल ढोने जैसे खराब मामले भी होते हैं। पैराग्राफ 232 और 391 में सुझाए गए कानून कुछ काम कर सकते हैं, यदि राजस्व और पुलिस विभाग इन्हें लागू करवा पाए। अन्यथा हमें अनुबन्ध-सेवा को कम करने और जनजातीय इलाकों में ऋण कम करने जैसे कदम उठाने चाहिए, और आदिवासी जो अपनी गाड़ी रखते हैं, द्वारा वन-उत्पादों को ढोने के लिए और इसे बनाए रखने के कदम उठाने चाहिए। इस उद्देश्य के लिए जंगल के गाँवों में उचित अनुदान दिया जाना चाहिए, और यहाँ और निजी जंगलों में सहकारी विभाग को वन या राजस्व विभाग से परामर्श और सहयोग लेकर आदिवासी मालढुलाई सहकारी संस्थानों को बनाने के प्रयास करने चाहिए। यह विशेषकर उन क्षेत्रों में जैसे विन्दोरी तहसील में सुझाव योग्य है जहाँ गाड़ियाँ कम हैं और यातायात पूरी तरह से

गैर-आदिवासी गाड़ी वालों या खच्चर और बैल हाँकने वालों के पास है। इन क्षेत्रों में आदिवासियों के लिए गाड़ी बनाने या मरम्मत करने के लिए पैराग्राफ 116 में दिए गए वन नियमावली के वादुयम या निजी जंगलों नियमवाली के पैराग्राफ 114 में जो अन्य उद्देश्य से सूची में शामिल किए जा सकते हैं—(क) किसी आदिवासी गाँव को आदर्श गाँव के रूप में पुनर्निर्माण के लिए चुनने या ऐसा क्षेत्र जहाँ गाँव को योजनाबद्ध ढँग से बसाया जा रहा हो, के लिए घर बनाने का सामान (ख) कुआँ खोदने के लिए सामान और (ग) सरकारी जंगलों के निकट आदिवासी विद्यालयों और जंगल के विद्यालयों में पढ़ाए जानेवाले वन और गृह-उद्योगों के लिए कच्चा माल, के लिए स्वीकृत किसी भी कार्य-योजना के अन्तर्गत दी जानेवाली लकड़ी की सहायता देने के उद्देश्यों में शामिल किया जा सकता है।*

394. भारी बोझा ढोनेवाले पशुओं की सेहत को ध्यान में रखते हुए जंगल की सड़कों की उचित मरम्मत भी काफी महत्त्वपूर्ण है। खराब सड़कों से गड़बड़ी बढ़ जाती है जिसका दुष्परिणाम ज्यादा माल ढोने के रूप में सामने आता है। अतः जंगलों में नई सड़के बनाने या वर्तमान सड़कों की मरम्मत करवाने से ज्यादा जरूरी काम यह है कि नदी पार करनेवाले स्थायी मार्ग बनाए जाएँ और सड़कों की सतह पर कोई धातु डाली जाए; इसका एक तात्कालिक फायदा यह होगा कि अस्थायी क्रासिंग बनाने के लिए मजदूरों की वार्षिक माँग में कमी आएगी। बेशक यह लोकनिर्माण विभाग की सड़कों जैसे छिन्दवाड़ा जागीर में तामिया-हारा सड़क, चन्दा और दुर्ग जिले के आंशिक रूप से बाहरी हिस्से में गढ़चिरौली-मुरुमगाँव—धमतरी सड़क में, बिलासपुर की जमींदारी में बिलासपुर-कटग्रोरा सड़क में और बिलास्पुर-माँडला सड़क पर लागू हो सकता है।

395. पैराग्राफ 393 का फुटनोट यह दर्शाता है कि जंगल के गाँवों में आवास व्यवस्था में सुधार की काफी गुंजाइश है, जैसे कि इन गाँवों को स्थानीय निकायों और जागरूक जमींदारों के साथ-साथ बड़े रैयतबाड़ी व्यवस्था को प्रशासित करनेवाले उप-आयुक्त के सामने एक उदाहरण के रूप में प्रस्तुत करने के लिए इनको आदर्श गाँव के रूप में विकसित किया जाए; आवास व्यवस्था को सुधारने को सरकार द्वारा रैयतबाड़ी व्यवस्था स्थापित करने के लिए किए जानेवाले खर्चों के लिए मिलनेवाले अनुदान के उद्देश्यों के साथ भी जोड़ा जा सकता है। अध्याय में काफी उपयोगी प्रावधान है वन-नियमावली के। जैसे कि जंगल के गाँवों का खाका और स्वास्थ्य सम्बन्धी पहलू और हर घर के लिए उचित बाड़ी का प्रावधान और नियम जैसे (1) (11) और (111) जबकि नियम (4) में जंगल के गाँवों के लिए स्वास्थ्य नियमों का उल्लेख है; लेकिन यहाँ कुछ बेहद गन्दे जंगल के गाँव हैं जैसे मांडला के क्षेत्रों में और मामले पर ज्यादा ध्यान दिया जाना बेहद जरूरी है। पैराग्राफ 69 में जंगल के गाँवों के लिए तकावी नियम काफी सख्त हैं लेकिन इसके साथ शादी और अन्तिम संस्कार भी जोड़े जाने चाहिए जिसके लिए उनको सामाजिक बाध्यता के खर्चों के लिए कर्ज दिया जा सके, चूँकि हम देख चुके हैं कि आदिवासियों के कर्जों का यह सामान्य कारण है : तकावी का बजट प्रावधान इस लाभ के लिए बढ़ाया जा सकता है।

---

* नियमावली के पैराग्राफ 116 में जो अन्य उद्देश्य सूची में शामिल किए जा सकते हैं—(क) किसी आदिवासी गाँव को आदर्श गाँव के रूप में पुनर्निर्माण के लिए चुनने या ऐसा क्षेत्र जहाँ गाँव को योजनाबद्ध ढंग से बसाया जा रहा हो, के लिए घर बनाने का सामान (ख) कुआँ खोदने के लिए सामान और (ग) सरकारी जंगलों के निकट आदिवासी विद्यालयों और जंगल के विद्यालयों में पढ़ाए जानेवाले वन और गृह-उद्योगों के लिए कच्चा माल।

396. जंगल के गाँवों के लिए अग्रगामी और मानवीय नीति के लिए कुओं और एनीकनों के लिए बड़े अनुदानों की जरूरत है। श्री हारलो ने पाया कि यह नहीं कहा जा सकता कि किसी जंगल में पानी की आपूर्ति संतोषजनक है, और इस डीवीजन में गर्म मौसम में सब ओर काफी मुश्किल हो जाती है खासकर बरार के समतल जंगलों में। मार्च 31, 1941 में समाप्त होने वाले दस वर्षों के दौरान प्रान्त के जंगलों में पानी-आपूर्ति पर खर्च होनेवाला वार्षिक औसत केवल 4,850 रु. नए काम पर और 5,890 रु. मरम्मत पर खर्च किए गए। इसको ग्रामीण विकास के लिए केन्द्रीय सरकार के सार्वजनिक स्वास्थ्य विभाग से 1939-40 में प्राप्त 5274 रु. के विशेष अनुदान द्वारा पूरा किया गया। कंजरवेटिव लोगों ने अब यह अनुमान लगाया है कि उन्हें अगले दशक में नए कामों के लिए 86,000 रु. चाहिए, जिसे श्री हारलो एक उपयुक्त राशि मानते हैं। ये नए बने कुएँ मरम्मत के खर्चों को ज्यादा नहीं बढ़ाएँगे क्योंकि ठीक ढंग से बने कुँओं में मामूली मरम्मत की जरूरत पड़ती है। सरकारी जंगलों के बाहर रास्तों में पड़ने वाले कुँओं के लिए वन विभाग को फण्ड दिए जाने चाहिए क्योंकि ये कुएँ पानी निकालने के लिए समान रूप से प्रयोग में आते हैं।

397. पैराग्राफ 387 में अन्तिम अनुशंसा ज्यादा वन विद्यालयों को खोलने के बारे में थी। जैसा कि मेरी बालघाट रिपोर्ट के पैराग्राफ 121 में पाया गया कि विद्यालयों के खोले जाने के लिए सरकार के निर्णय का इन्तजार किया जाना चाहिए, चूँकि यह आदिवासी विद्यालयों के नियन्त्रण, शैक्षिक अनुभव, स्टाफ और अध्यापकों के प्रशिक्षण का एक सामान्य प्रश्न है जो अध्याय XIV की विषयवस्तु की सामग्री का स्रोत है। पश्चिमी सर्किल में अभी 20 वन-विद्यालय हैं, और परिणाम उत्साहजनक है; लेकिन कंजरवेटर लिखते हैं कि "जो चीज मुश्किल है, और अभी ऐसे ही रहेगी, कोरकू और गोंडी जाननेवाले अध्यापकों की कमी है, और इस मजबूरी की बहुतायत प्रथम श्रेणी का महत्त्व रखती है।" पूर्वी सर्किल में सब जगह ज्यादा वन-विद्यालय खोले जा सकते हैं लेकिन फंड की कमी की शिकायत है और यह असम्भव है कि फंड जारी किए जा सकें; कंजरवेटर (श्री मैटलेंड) जिन्होंने होशंगाबाद, बालाघाट और मेलाघाट में मंडलीय वन अधिकारी के रूप में काम किया है और जंगल के गाँवों में विद्यालय शुरू करवाने के लिए काफी कुछ किया है, ने पाया कि अब विद्यालयों का और विस्तार करना, वन औषधालयों द्वारा चिकित्सकीय मदद देने से कम महत्त्वपूर्ण है। केन्द्रीय सर्किल में काफी कम वन-विद्यालय हैं; उदाहरण के लिए नागपुर-वर्धा मंडल में केवल एक आखी रेंज में गरपिन में है : सामान्य तौर पर वास्तविक रूप से पिछड़े क्षेत्रों में जहाँ अच्छे अध्यापक मिल पाना काफी मुश्किल होता है, वन-विद्यालयों के लिए काफी कुछ किया जा चुका है, खासकर मैदानी जंगलों की तुलना में जहाँ भाषा की दिक्कत मुश्किल से ही आती होंगी। इसके अतिरिक्त वह समय बहुत तेजी से आ रहा है जब बड़े जंगल के गाँवों में कोई भी गाँव बिना स्कूल का होगा; श्री हारलो लिखते हैं—

> "यदि केवल कुछ साल पहले की स्थिति से तुलना करें तो अब उनके अन्दर शिक्षा के लिए प्रबल उत्साह की माँग एकदम निश्चित तौर पर है, जोकि आश्चर्यजनक है। इस समय की सबसे बड़ी दिक्कत यही है कि सुदूर की जगहों के लिए उपयुक्त अध्यापक ढूँढ़े जाएँ। वहाँ मिलनेवाले साधारण अध्यापकों का कोई परोपकारी उद्‌देश्य नहीं होता है, और हालाँकि वे जंगल के गाँवों में शुरू कर देते हैं परन्तु उसके अन्दर या उसके परिवार की कोई बुराई उसके उत्साह को बुझा देती है। जंगल के कई गाँवों

में विद्यालय पहले से ही एक सामान्य संस्कृति के केन्द्र और ऐसा माध्यम बन चुके हैं जिसके द्वारा विकास बताया जा रहा है। जंगल के गाँव अपनी मदद स्वयं करने के लिए तैयार हो रहे हैं और मैंने ऐसे कई उदाहरण सुने हैं जहाँ गाँववालों ने अपने आप विद्यालय खोल लिए। इस तरह के प्रयासों को प्रोत्साहित करने की जरूरत है। मुख्य समस्या हमेशा वित्त की रहेगी।''

मैंने अनुशंसा की कि सरकार के निर्णयों को आदिवासियों की शिक्षा की सामान्य नीति, और नियन्त्रण के हिसाब से लंबित रखते हुए भी प्रत्येक वन मंडल को विद्यालयों की बढ़ती हुई संख्या के लिए अनुदान दिया जाना चाहिए। इमारतें और अध्यापकों का इन्तजाम करने में समय लगेगा, लेकिन इस दौरान उन गाँवों में एक शुरुआत की जाएगी जहाँ कोई विद्यालय नहीं है, एक शुरुआत जो बेकार नहीं होगी यदि ये विद्यालय मेरी बालाघाट रिपोर्ट के 67 पैराग्राफ में वर्जित जैतपुरी के वन-विद्यालयों की दिशा में काम करेंगे। मैं जंगल के गाँवों के किसी भी वन-विद्यालय का नियन्त्रण जिला परिषदों को देने का सख्त विरोध करता हूँ। सबसे अच्छे विद्यालय वे हैं जो सीधे वन-विभाग द्वारा नियन्त्रित किए जाते हैं जिसमें वन-सेवा की सभी श्रेणियों के लोग ऐच्छिक और सक्रिय रुचि दिखाते हैं।

398. सर फ्रांसिस वैली द्वारा जंगल के गाँवों के लिए चिकित्सकीय राहत को एक आधारभूत आवश्यकता मानते हुए जोर दिया गया। मैंने इस स्थिति पर मेरे मांडला नोट्स के पैराग्राफ 74-77 में तथा मेरी बालाघाट रिपोर्ट के पैराग्राफ 142-143 में लिखा है। सर फ्रांसिस यह सुझाव देते हुए बिल्कुल सही कह रहे हैं कि उनके द्वारा अनुशंसित चार नए औषधालय जो जल्द ही डिंडोरी और बलिहार तहसील में खुलने वाले हैं, का नियन्त्रण का अधिकार वन-विभाग को देना चाहिए, चूँकि वन-अधिकारी साल-भर में कम-से-कम आठ महीने तो दौरा पर ही रहते हैं और आदिवासियों के कल्याण में वास्तविक रुचि रखते हैं अतः उनके द्वारा चलाए जानेवाले औषधालयों से (1) वे जनजातीय लोगों की जरूरतों को ज्यादा करीब से समझ पाएँगे। (2) स्वास्थ्य-विभाग द्वारा चलाए जाने वाले नियमित औषधालयों की तुलना में उन्होंने जोर देकर कहा कि जवान डॉक्टरों को पाँच-साल के अनुबन्ध पर नियुक्त किया जाए और जंगलों में चारों तरफ मुक्त रूप से कुनैन की असीमित गोलियों के साथ दौरे पर भेजा जाए, उनके काम का स्वास्थ्य-विभाग द्वारा निरीक्षण किया जाए किन्तु इस योजना की सारी लागत वन-विभाग के बजट पर डाली जाए। चीफ कंजरवेटर पूरी तरह से चिकित्सकीय राहत की महत्ता को समझ गए हैं, लेकिन वह स्थायी औषधालयों के घूमते रहने को प्राथमिकता देते हैं और समतल जगह के लिए रबड़-टायरों वाली चार-पहिया गाड़ी और शक्तिशाली बैलों का, जबकि पहाड़ी क्षेत्रों जैसे कि मेलाघाट है, के लिए वह एक मोटर को प्राथमिकता पर लेने की कोशिश करेंगे चाहे योजना में अन्तर्निहित मुश्किल भी हो। मेरे अनुसार मोटर चाहे टायर वाली गाड़ी के लिए भी युद्ध के बाद की सामान्य स्थितियों की प्रतीक्षा करनी चाहिए और दौरा पर रहनेवाले सभी औषधालयों के साथ दिक्कत है कि चिकित्सा अधिकारी के परिवारों के रहने के लिए उचित घर हो। इसीलिए अस्थिर औषधालयों की योजना का खाका पैराग्राफ 320 में दिया गया है; मैं समझता हूँ कि इन सबमें से कम-से-कम एक का भुगतान प्रत्येक बड़े वन मांडलों में जंगल के बजट से किया जाना चाहिए।

399. जंगल के अच्छी सड़कें जंगल के गाँवों के लिए बेहतर योजना और आवास-व्यवस्था, समुचित जल-आपूर्ति, ज्यादा वन-विद्यालय और चिकित्सकीय मदद के लिए ज्यादा सुविधाएँ,

ये सब चीजें जंगल के गाँववालों की सरकार के प्रति शिकायतों को दूर करने का काम करेंगी; अब जबकि युद्ध-आपूर्ति इतनी बढ़ गई है कि विभाग की आय से मुझे लगता है कि यह एक नैतिक कारण है कि काफी ज्यादा लाभ, जो जंगल से बाहर ले जाया जा रहा है, बचे इन उद्देश्यों के लिए पुनर्निवेश करने हेतु माँगे जाएँ। इस तरह की नीति के साथ जंगल के गाँवों पर सहकारी संस्थाओं, कृषि, पशु चिकित्सा और सार्वजनिक स्वास्थ्य विभाग के द्वारा बेहद ध्यान देना चाहिए; इसी तरह एक चल व अचल औषधालय और पशु चिकित्सालय के लिए। जंगल के बजट में से भुगतान करना, बड़े विभागीय कामों के साथ वनमांडलों में एक अच्छा और उपयोगी निवेश होगा। ये सारी बातें पैराग्राफ 387 के (ङ) में की गई अनुशंसाओं पर जोर डालती हैं कि वन-विभाग और राष्ट्र निर्माण के अन्य विभागों के बीच सम्पर्क होना चाहिए, इसमें से पहले वाला विभाग जंगलों जैसी स्थानीय जगहों जैसे कि मांडला और मेलाघाट के पुराने भागों बालाघाट का रायगढ़ क्षेत्र में राष्ट्र निर्माण के कार्यों का समन्वय करने के लिए सबसे उपयुक्त विभाग है।

400. मेरे सन्दर्भ के पहलुओं में से एक कई तरह की रसद, बेगार और मामूल के लगातार बलात् ग्रहण के बारे में है। यद्यपि यह एक सामान्य प्रशासनिक समस्याओं के रूप में एक वास्तविक मुद्दा था, पर यह सुगमता के साथ मंदा पर सुलझाया जा सकता था। वन विभाग के अधिकांश कर्मचारियों पर जबर्दस्ती करने का आरोप सामान्य है, और उनके प्रति विचार मुतातिस मुतांडिस को दूसरे विभागों में लागू करने के लिए हो सकते हैं। जहाँ तक बेगार का सवाल है, वन अधिकारियों पर उनके द्वारा वन के श्रम और राजस्व अधिनियम के अन्तर्गत आरक्षित जंगलों में सीमा-रेखा साफ करने के लिए राजस्व गाँवों के किराएदारों की जरूरत सम्बन्धित उसकी ताकत इस्तेमाल करने के ही मामले ज्यादातर बचे हैं। जैसा कि पिछले पैराग्राफ में बताया जा चुका है; भूराजस्व अधिनियम के आखिरी संशोधन के बाद सीमा-रेखा की मुश्किल प्रायः समाप्त हो गई है। लेकिन सभी अधीनस्थ कई वर्षों से मजदूरों को उनके यात्रा के सामान ढोने या उनके कच्चे मकानों की मरम्मत करने या उनके लिए घास या ईंधन लाने के लिए प्रभावित करने में लगे रहते हैं। मेरी यात्रा के दौरान हर जगह मुझ पर यह प्रभाव डालने की कोशिश की गई कि यह जबर्दस्ती बन्द हो चुकी है खासतौर पर कांग्रेस मन्त्रालय द्वारा आदेश जारी करने और इसे प्रचार मिलने के बाद। उदाहरण के लिए मांडला में—मैंने पाया कि पुलिसवाले ढँग से बात कर रहे हैं और हालाँकि मैं कई सिपाहियों से मिला लेकिन मैंने किसी को भी ''बेगारी'' के साथ नहीं देखा जैसा कि 20 साल पहले आमतौर पर देखा जा सकता था। इस तरह के मामले भी हुए कि हालाँकि सरकार ने सिपाहियों को मच्छरदानियाँ उपलब्ध करा रखी हैं लेकिन अपने लिए सामान के थैलों का वजन कम करने की जरूरत के कारण यात्रा करते समय वे इन्हें पीछे ही छोड़ देते हैं। हाल के वर्षों में लगभग हर पुलिस स्टेशन में पक्के क्वार्टर उपलब्ध कराने का प्रावधान करके पुलिसवालों के साथ अच्छा किया जा रहा है और मजदूरों, घास और, देशी ईंटों को उनके द्वारा ले लेना समाप्त हो चुका है। समय-समय पर मरम्मत के लिए पुराने तरीके से लेकिन ज्यादातर वन रेंजों में वनरक्षक और वनपाल असंतोषजनक तरीके से रह रहे हैं और वन विभाग के अधीनस्थों के लिए उचित मकान की व्यवस्था करने की आगे की नीति की जरूरत है, न सिर्फ वन गाँवों में मजदूरों की माँग कम करने के लिए बल्कि अधीनस्थों के स्वास्थ्य और सन्तोष के लिए भी; उनको कई तरीकों की जबरदस्तियाँ करने के लिए बुरी सेवा

स्थितियों से ज्यादा कुछ प्रेरित नहीं करता है। वन विभाग को भी पुलिस विभाग द्वारा हाल के वर्षों में दिए गए फंड की तरह फंड का उपयुक्त आवंटन करना चाहिए जब तक सारा स्टाफ ठीक घरों में रहने ना लग जाए।

401. बेगार लेने घर बनाने या मरम्मत के लिए अन्य जरूरी चीजों और छप्पर लगाने के लिए घास की जबरिया माँग करने के साथ-साथ घी, महुआ और दूसरी छोटी-मोटी वन्य उत्पाद जबर्दस्ती ले लेने के नियम को अब सबसे ज्यादा तोड़ने वाले गाँव के मालगुजार हैं। जमींदारी में जमींदारों के अधिकारों की व्यवस्था जैसे कृषि के कामों और दूसरे कामों के लिए बेगारी लेने को ग्राम पंचायत के दस्तावेजों द्वारा समाप्त किए जाने के आखिरी चरण के बाद से चीजें काफी सुधर गई हैं लेकिन मैंने अपनी चन्दा-यात्रा में पाया कि मारिया अपने जमींदारों के लिए अभी भी बेगारी के रूप में ईंधन और घास ले जा रही है, क्योंकि वह इसे सामंती जमींदारों और उनके नीचे की जातियों का प्राकृतिक अधिकार समझती है कि वे उन्हें इस मदद के लिए बुलाएँ। जब तक कि पुकार पूरी नहीं की गई और इस मामले में परस्पर सहमति का तत्त्व (बेगारी को उसके जमींदार द्वारा चालू रखा जा रहा है और निस्तार, बीज के लिए कर्ज या अन्य चीजों के द्वारा खुले तौर पर प्रयोग किया जा रहा है) प्रथा अतः शिकायतें बहुत कम मिलीं; लेकिन जैसे ही जमींदारों ने अपनी सम्पत्तियों खासतौर पर जंगलों के प्रबन्धन के लिए 'व्यावसायिक' तरीके लगाने शुरू किए, समस्या शुरू हो गई। लेकिन आलोचना बड़े जमींदारों की हुई; जो खुद सामान्यतया एक आदिवासी हैं जबकि असली तानाशाह एक या ज्यादा बँटे हुए गाँवों का मालगुजार है जोकि अपने राजनीतिक या दूसरे प्रभावों के कारण ध्यान में आने से बच जाता है। मेरे मांडला नोट के पैराग्राफ 33 में वर्णन किए गए भूमि का छिनना, कर्ज और बँधुआ मजदूरी के अध्यायों में बताई गई बातों और अन्य परिस्थितियों पर विचार भी करना है—

> ''जैसे कि मैंने मवाई में देखा कि वहाँ पर और उससे जुड़े 13 गाँवों में मालगुजार ने पशुओं पर भी चारा-शुल्क लगा दिया है चाहे वे उसके गाँव के साथ मोतीनाला-कबीरचबूतरा मार्ग से ही गुजरें, और वह कास्तकारों से हल जोतने और निराई-गुड़ाई के लिए। दिन का बेगार भी जरूर लेता था। मैंने उसके मवाई वाले मकान को मानसून से पहले भारी मरम्मत किया जाएगा। काश्तकार और पाँच या छह गोंड काश्तकारों द्वारा जिन्हें उनके एजेंट ने भुगतान वाले मजदूर बताया न कि बेगारी। उसने बताया कि वे एक दिन का ढाई आना पा रहे हैं। उन मजदूरों ने कहा कि उन्हें उनकी मर्जी के खिलाफ काम करने पर मजबूर किया गया है जबकि उनको अपनी जमीन को खरीफ की बुआई (समई) के लिए तैयार करना था, उनकी मजदूरी उन पर फेंकी जाती है; उनको कई बार चार से लेकर सात दिनों तक के लिए काम करना पड़ता है। दुर्भाग्येसे हाल ही में प्रभाव में आए काश्तकारी अधिनियम की धारा 88 की दंडात्मक शर्त को जबरिया मजदूरों के भुगतान किए जाने पर लागू नहीं किया जा सकता...। यह तो तुलनात्मक तौर पर एक नरम घटना है। यह कहा जाता है कि कम-से-कम डिंडोरी तहसील में ज्यादातर मालगुजार...एक साल में पाँच तरह की बेगार, उनके कानूनी भुगतान के अलावा लेते हैं; सारा गाँव...को हल जोतने, बीज बोने, निराई-गुड़ाई करने, फटकारने के लिए एक दिन और मालगुजार के भवन की छत पर छप्पर डालने के लिए घास लाने के लिए पाँच दिन बेगार करनी पड़ती है। कई जमींदार

सिर्फ गाँव में रहने के अधिकार के नाम पर प्रत्येक भूमिहीन मजदूर (थलवा) से गाँव में प्रति व्यक्ति 2 रु. पोल-हैक्स लिया जाता है। हिन्दू मालगुजार, होली या दीवाली के मौके पर प्रत्येक घर से एक अतिरिक्त रुपए की माँग 'टीके' के रूप में प्रायः करते हैं। मालगुजार और उसके एजेंटों द्वारा खाना, सामान, जलावन लकड़ी और सामान ढोने के लिए मजदूर लगातार बिना भुगतान के ले लिए जाते हैं।''

मैंने मांडला जिला और बैतूल जिला के बारे में आगे की रपट पैराग्राफ 131 में दी और इनकी केन्द्रीय प्रान्त के जिलों से तुलना की जा सकती है। मैंने पैराग्राफ 34 में अपने मांडला नोट की अनुशंसाओं को दोहराया कि प्रभावकारी यात्राओं और काश्तकारी अधिनियम धारा 74 व 58 के द्वारा समस्या दूर की जा सकती है, बाद वाली धारा को संशोधित करके बेगार को चाहे जिसका भुगतान हो या न हो दंडनीय बना दिया गया यानी गम्भीर अपराध को और आदिवासी खेतों में बेगार लेना और अन्य गैरकानूनी जबरदस्ती करना। तब से पुलिस जो इसे छोटे-मोटे अपराधों की तरह ही लेती थी, ''आदिवासियों के लिए कहीं ज्यादा उपयोगी और इस तरह के उत्पीड़न को खत्म करने के लिए एक सच्ची उम्मीद पैदा होगी, जोकि काफी समय तक ऐसी ही चलती रहती चूँकि शिकायतें यात्रा पर आनेवाले राजस्व अधिकारी द्वारा कदम उठाने के अवसरों के लिए पड़ी रहतीं।'' मिस्टर एल्विन ने स्वीकारा कि हालाँकि सरकारी अधीनस्थ अधिकारियों के खिलाफ काफी शिकायतें रहती हैं, लेकिन ये निम्न जमींदारों के अधीनस्थों और मालगुजारों के एजेंटों की शिकायतों के मुकाबले काफी कम होती हैं। यदि अभी बताए गए तरीके से जमींदारों के संगतों का रख-रखाव किया जाए तो इस तरह के काम कुछ समय में उसी तरह काफी कम हो जाएँगे जैसे कि सरकारी जंगलों में सक्रिय मंडल वन अधिकारी के अन्तर्गत हो रहे हैं। लेकिन इस तरह की बुराइयों का दमन एक उपयुक्त राजस्व वन या पुलिस स्टाफ के तार्किक रूप से कार्यालयी रुटीनों से मुक्त होकर यात्राओं पर या जाने पर निर्भर करता है, और यह जिलों, वन मांडलों और रेंजों के (आर्थिक लक्ष्यों को ध्यान में रखते हुए) प्रत्येक एकीकरण से और ज्यादा मुश्किल हो जाता है।

402, सर फ्रांसिस वैली ने बताया कि यात्रा पर आनेवाले अफसर के लिए आपूर्ति जंगल और गाँववालों की शिकायतों का एक प्रमुख कारण रहा है वह इसे इस तरह रखते हैं–

''जब किसी अफसर को जंगल के रेस्टहाउस में आना होता है–और यह नहीं भूलना चाहिए कि जंगल के रेस्टहाउसों का भी काफी उपयोग किया जाता है–वन रक्षक मुकद्दम को गाँव जाकर पकड़ने हैं और कई मुर्गों, कई अंडों और काफी घी आदि-आदि की माँग करते हैं। मुकद्दम सारे गाँव का चक्कर लगाता है और दिखाई पड़नेवाले मुर्गों का पीछा करता है, घर-घर जाकर माँगी गई मात्रा के अनुसार अंडों का इन्तजाम करता है और जहाँ से मिलता है, जरूरत का सारा घी ले लेता है। इसके बाद उसे सामान पहुँचाने के लिए वन-रक्षक के साथ जाना पड़ता है। उस रेस्टहाउस को छोड़ने के समय तक अफसर द्वारा कोई भुगतान नहीं किया जाता है। उसके बाद एक लम्बे अन्तराल के बाद लगभग तीन या चार सप्ताह बताया गया है–मुकद्दम को भेजा जाता है और उसे पैसा दे दिया जाता है। लोग इसके बारे में धीरे-धीरे बोलते हैं, और जब मैंने उनसे सीधे पूछा कि क्या भुगतान वास्तव में किया जा रहा है तो उन्होंने अलग-अलग बात कहीं; यहाँ पर वन-रक्षक या मुकद्दम की तरफ से कोई

बेईमानी की शिकायत नहीं है। लेकिन यहाँ शिकायत है कि वन विभाग द्वारा तय की गई कीमतें काफी कम हैं—हर आकार के मुर्गों की कीमत 3 आना और एक दर्जन अंडों के लिए 3 आना।"

सर फ्रांसिस सुझाव देते हैं कि भुगतान में देरी की शिकायत को स्थानीय वन विभाग के अधीनस्थों को एडवांस पैसे देकर या टूर पर आनेवाले अफसरों से उनके रेस्टहाउस पहुँचते ही आपूर्ति के लिए पैसे माँगकर दूर किया जा सकता है। वन विभाग के सभी अफसरों ने बादवाले सुझाव का पक्ष लिया क्योंकि यह साफ तौर पर उपयुक्त है और सभी विभागों के टूर करनेवाले अफसरों द्वारा माना जाना चाहिए। हालाँकि यह कनिष्ठ और कम वेतनवाले अफसरों के लिए आसान नहीं होगा कि वह इस एडवांस को वहन कर सकें, और यह नियम ज्यादा अच्छी तरह काम करेगा अगर ऐसे अफसर को सम्बन्धित टूर के उनके यात्रा वहन भत्ते के बिलों में से काटकर इस उद्देश्य के लिए एडवांस दे दिया जाए। अफसरों के या तो किसी रेस्टहाउस में पहुँचने पर या किसी तहसील या रेंज या लम्बे टूर के मामले में स्थानीय क्षेत्र में आने पर एडवांस पैसा दिया जाना चाहिए। मि. जौली ने ठीक ही पाया है कि आखिरकार यह देखने की इच्छा पूरी होना कि गाँववालों को आपूर्ति के लिए ठीक और समय पर भुगतान हो गया है—किसी व्यक्ति के आदर की भावना पर निर्भर करना चाहिए (मैं इसमें व्यक्तिगत देखभाल और सजगता भी जोड़ना चाहूँगा) कि उनका यह अनुभव रहा है कि इस प्रान्त में अफसरों द्वारा ऊँचा स्तर बनाया गया है, इसके लिए पुरानी तरह के अफसरों द्वारा आपूर्ति और हाँका लगानेवालों को व्यक्तिगत भुगतान करने के एक सामान्य नियम लम्बी परम्परा को धन्यवाद करना चाहिए। सभी आपूर्ति (निरखनामा) की सूचियाँ इस सलाह के साथ कि अफसरों को रेस्टहाउस या कैम्प पहुँचने पर छुट्टे पैसों में एडवांस देना चाहिए, सभी रेस्टहाउसों और जाँच-बंगलों और स्थानीय कार्यालयों में दिखाई जानी चाहिए; यह बहुत आवश्यक है कि टूर करनेवाला अफसर बहुत सारे छुट्टे पैसे ले जाए। इसका विकल्प यह है कि स्थानीय बनियों को ढूँढ़ा जाए जिन्हें रुकने की जगहों पर आपूर्ति की व्यवस्था करने के लिए सरकारी एडवांस दे दिया जाए; मैंने खुद लम्बे दौरों पर कैम्प से कैम्प तक एक बनिए की दुकान को साथ चलने की व्यवस्था प्रायः की हुई थी। तहसीलदारों द्वारा निरखनामा निकालने पर काफी ज्यादा ध्यान दिए जाने की जरूरत है; सिवाय कुछ स्थानीय अन्तर के कीमतों की एक सूची प्रायः सारे तहसील में चलती है, और कीमतों की सूची तहसील की सबसे सस्ती दरों पर बनाने की कोशिश की जाती है।

403. मि. मैटलेंड और आगे आकर प्रस्ताव करते हैं कि यह तय किया जाए कि वन विभाग के अधीनस्थों द्वारा की गई सारी खरीदारी को मंडलीय वन अफसर द्वारा स्वीकार कराया जाना चाहिए; वह कभी भी उनके द्वारा अन्न व पशु गाँववालों से खरीदने पर प्रसन्न नहीं हुआ, और यह पक्का है कि यह सर फ्रांसिस द्वारा उल्लिखित शिकायत से कहीं ज्यादा गम्भीर शिकायत है इसके बावजूद मैं स्वीकार करता हूँ कि सभी सरकारी और कोर्ट ऑफ वार्ड्स में अधीनस्थ क्लर्कों और घरेलू सेवा करनेवालों पर यह आदेश लागू किया जाना चाहिए। मैं आदरणीय जे.डब्ल्यू. बेस्ट द्वारा अपनायी गई योजना की सिफारिश करता हूँ, जब कि एक मंडलीय वन अधिकारी द्वारा* :

* फारेस्ट लाइफ इन इंडिया, जे.डब्ल्यू. बेस्ट द्वारा लिखित, ओ.बी.ई., पृ. संख्या 136-37 (लंदन, जॉन मुर्रे, 1935)।

"हर गाँव के मुखिया को एक किताब दी जाती है जिसमें गाँव की तरफ से दिए गए सभी पैसों का हिसाब, प्रत्येक व्यक्ति के पास कितनी जमीन है और उसने कितना लगान चुकाया है, मुफ्त या लाइसेंस पर चरनेवाले उसके पशुओं की संख्या या अन्य कोई अधिकार जो उसे दिया गया हो, आदि दर्ज होता है। बल्कि आदेश तो यह है कि गाँववालों को दिए गए सभी भुगतान इस किताब में दर्ज होने चाहिए। यह सब सूचनाएँ गाँव में होनेवाली घटनाओं का साफ ब्यौरा दे देती हैं, और मैं अपने स्टाफ की जाँच करने में सक्षम हो जाता हूँ। लेकिन इन लोगों की एक बड़ी माँग है कि मुखिया द्वारा माँगने के अलावा किसी को भी गाँव से कोई मजदूर ले जाने की इजाजत नहीं होनी चाहिए, यदि किसी को कोई सेवा चाहिए तो वह किताब में लिखे, जिसके बाद मुखिया के लिए इस माँग को पूरा करना आवश्यक हो जाएगा। इसके साथ ही मैंने आदेश दिया कि जब मजदूर या अन्य कोई चीज इस तरह माँगी जाए तो इस पर हुए भुगतान को भी इसमें दर्ज किया जाए। इस तरह की किताबें गाँववालों के पास एक बड़े खजाने की तरह हैं। जल्द ही वे इसके लाभों को समझ जाते हैं। मैं कभी उस खुशी को नहीं भूल सकता जो एक बैगा ने बताते हुए दिखाई थी कि जब एक पुलिसवाले ने गाँव से इस तरह की माँग की तो उसे यह किताब में लिखने को कहा गया, लेकिन उसने कागज पर लिखने से मना कर दिया। उसकी माँग अस्वीकार कर दी गई और उसने अपने अफसर से शिकायत की, जिसने मुझे बताया। मेरा जवाब था कि अगर पुलिसवाले की मंशा ठीक थी तो उसे किताब में यह लिखना था कि क्या चाहिए और तब सबकुछ ठीक हो जाता। यह भी सच है कि हमारे गाँवों में कोई भी मुखिया ऐसा नहीं है जो पढ़ पाए कि क्या लिखा गया है, लेकिन इससे फर्क नहीं पड़ता; बेईमान लोगों पर नियन्त्रण के लिए कागज पर लिखकर देने का नैतिक प्रभाव ही काफी था।"

इस प्रक्रिया को काफी लाभदायक तरीके से सभी गाँवों, जंगल के गाँवों में नहीं, के लिए मानदंड बनाया जा सकता है।

404. बेगार, आपूर्ति, मामूल और निकासी के सारे मसलों का अन्तिम उपाय आदिवासियों में बुद्धिमत्तापूर्ण और शैक्षिक आत्मसम्मान जगाने की प्रेरणा देने से निकलेगा, और विद्यालयी शिक्षा और राजनीतिक शिक्षा का मिश्रण करना चाहिए। सर फ्रांसिस वैली जिक्र करते हैं कि एक बार पंजाब में रसद' के सवाल पर असंतोष चरम तक पहुँच गया था, लेकिन जैसे-जैसे समय बीता, लोग साहसी होते गए और उसके बाद दूरदराज के रेस्टहाउसों में भी आपूर्ति नहीं मँगवायी जा सकती थी। हमें आदिवासियों को उस स्तर तक अवश्य ही शिक्षित करते रहना चाहिए कि वो एक नागरिक के अधिकारों को जान लें। अगर हम उनकी मालगुजार साहूकार या शोषक से रक्षा करना चाहते हैं तो सबसे पहले अपने अधीनस्थों, जो उनका शोषण करते हैं, को छाँटना या दंडित करना चाहिए। अधीनस्थ अफसरों के लोकप्रिय अनुभव पर आधारित एक सबसे खराब बात यह है कि जब दी जा रही सरकारी सेवाएँ अपने आप आवश्यक की जा रही हैं तो आदिवासी यह क्यों नहीं देख रहे हैं कि उन्हें अपने आपको विकसित करने के साथ न अपनाने चाहिए जबकि वो अपने बचपन से अपनी जनजाति के लोगों को ऐसे ही जीते देख रहे हैं।

निजी जंगल

405. मेरे सन्दर्भ के बिन्दुओं में निजी जंगलों के प्रशासन के कारण आदिवासी जनजातियों पर पड़नेवाले प्रभाव भी शामिल थे। इसके बाद से जमींदारी में चराई और निस्तार के सवाल को श्री.एच.एस. कामथ, आई.सी.एस.* की बेहद मेहनत से सर्वे करके तैयार की गई रिपोर्ट में उठाया गया है, और निजी जंगलों के प्रशासन के मुख्य पहलू चराई और निस्तार हैं, ताकि परिवर्तनीय पैदावार जो कि सबसे ज्यादा आदिवासियों को प्रभावित करते हैं। उनकी सिफारिशें जमींदारी के लिए चराई और निस्तार अधिनियम बनाने का विचार देती हैं। एक ऐसा अधिनियम जो जमींदारी में सभी अतिरिक्त चीजों का प्रबन्ध राज्य को देने के लिए अधिकृत करता है, और यह जमींदारी को आंशिक रूप से या पूरे तौर पर अपनी रियासतों को अलग कर लेने में सक्षम करता है और साथ ही इस प्रस्तावित अधिनियम के पहले प्रारूप के स्वीकार होने पर जमींदारी में रियासतों और गाँवों के प्रशासन के नीतियों का सामान्य पूर्ण विवेचन किया जाना चाहिए। जहाँ तक प्रस्ताव पर सामान्य स्वीकृति का सवाल है, मैं कम-से-कम आदिवासी जमींदारों के मामले में जमींदारी के अलग हो सकने को अधिकृत करनेवाले इस अधिनियम के खिलाफ हूँ। सन्दर्भ के बिन्दुओं पर अपनी जाँच के लिए पहले भाग में यह प्रस्ताव ठीक है, किन्तु बाद वाले भाग में किसी भी तरह तार्किक रूप से चलना या अपने अन्य प्रस्तावों को आवश्यक निष्कर्ष के रूप में निकलता दिखाई नहीं देता है। यह अपनी रिपोर्ट के पैराग्राफ 357 में वास्तव में माना गया है जहाँ श्री कामथ ने कुछ पुराने निष्कर्षों को दुहराते हुए कहा है कि "इसका उद्देश्य वास्तव में यह है कि विकास जिसकी यहाँ बेहद जरूरत है, आज की जमींदारी व्यवस्था के अन्तर्गत हो पाना लगभग नामुमकिन है। लेकिन सवाल यह है कि वर्तमान के जाँच के दायरों के अतिरिक्त वर्तमान समय के उपयुक्त या ज्यादा बेहतर कोई रास्ता निकाला जाना चाहिए। इसके साथ ही यह भी महसूस किया गया कि वर्तमान ढाँचे में सुधार के लिए सुझाव देना गलत है जो कि चराई और निस्तार समस्या को सुलझाने के बारे में हो।" अतः वे बिन्द्रा-नवागढ़ रियासत हस्तक्षरण अधिनियम 1934 के अनुसार नियमों का सुझाव देते हैं जिसको तत्कालीन विधायी परिषद ने नामंजूर कर दिया था। उस अधिनियम की निर्देशक धारा ने कोर्ट ऑफ वार्ड्स को बिन्द्रा-नवागढ़ जमींदारी का प्रबन्धन करते समय शक्तिशाली बना दिया था ताकि केन्द्रीय रियासतों के कोर्ट ऑफ वार्ड्स अधिनियम, 1899, के भाग 25 के अनुसार किसी रियासत के भाग को हस्तांतरित किया जा सके, हालाँकि रियासत की अहस्तांतरणीयता को स्थापित करनेवाले व्यवहार की बजाय, श्री कामथ प्रस्तावित कदम की तुलना बिना कष्ट के होनेवाली मौत यानी 'सुख मृत्यु' से करते हैं; इसके परिणामस्वरूप सारी जमींदारियाँ टूट नहीं जाएँगी बल्कि हँसते उन जमींदारों का पता लग जाएगा जिनकी अपनी सम्पत्ति में न तो कोई रुचि है न अपने आपको उसका प्रबन्ध कर पाने में सक्षम महसूस कर रहे हैं। बल्कि सिर्फ फायदा उठा रहे हैं; सुख मृत्यु के समान यह इस व्यवस्था को बिना दर्द किए समाप्त कर देगा और "जो सबसे महत्त्वपूर्ण है, केवल तभी जब मरीज यह चाहेगा।"† वहीं तब वह गैर आदिवासियों, छोटी आदिवासी रियासतों और बड़ी आदिवासी सम्पत्तियों वाली रियासतों पर इसके पड़नेवाले

* मध्यप्रांत स्टेट में 'ग्रेजिंग और निस्तार' पर मि. एच.एस. कामथ, आई.सी.एस. की एक जाँच रिपोर्ट (नागपुर, गवर्नमेंट प्रिंटिंग, 1941)।

† वही, पैराग्राफ 358।

सम्भावित प्रभावों की समीक्षा करते हैं। मैं उनसे सहमत हूँ कि गैर आदिवासी जमींदारों की समाप्ति में 'दुख नहीं मकसद जरूरी है' का ध्यान होना चाहिए चूँकि वे इन क्षेत्रों में रहनेवाले सामान्य व्यक्तियों के बहुमत की तुलना में काफी अलग हैं। और "लोगों के हितों को बहुत थोड़ा आदर देते हैं वह भी नियम के तौर पर।"* जहाँ तक छोटे आदिवासी जमींदारों का सवाल है, वह अन्तिम भंडारा भू-व्यवस्था रिपोर्ट का हवाला देते हुए कहते हैं कि बचे हुए छोटे जमींदार प्रायः फिजूलखर्च आदिवासी हैं जो बुरी तरह से कर्जे में डूबे हुए हैं, उनकी समाप्ति किसी खेद न होने का ही कारण नहीं बनेगी बल्कि 'उन्नति' की तरफ ले जाएगी जैसा कि उनके नियन्त्रण में रह चुके कुछ गाँवों में एक बार देखा गया था; श्री कामथ सुझाव देते हैं कि कहीं के भी छोटे आदिवासी जमींदार उनके भंडारा वाले अनुभव से बहुत अलग नहीं थे। वह लिखते हैं† कि बड़े आदिवासी जमींदारों की समाप्ति मुख्यतौर पर भावनात्मक कारणों से उनके लिए शायद खेदजनक हो, जो इन्हें नष्ट हो चुके अतीत के एक चित्तात्मक प्रतिनिधि के तौर पर देखते थे। लेकिन वास्तव में इन्हें समाप्त करने की कोई जरूरत नहीं है यदि वे अपनी सम्पत्ति की उचित देखभाल और क्षमता के साथ से देखने के काबिल हों। यदि नहीं तो उनकी रियासत घटाकर निर्वाह लायक जोड़तोड़ के साथ उनको बचाए रखने पर वे कोई उपयोगी उद्देश्य पूरा नहीं कर पाएँगे। कुछ लोगों के भावनात्मक ख्यालों के कारण†† हमें लोगों की बड़ी संख्या की आवश्यक जरूरतों की तरफ से आँखे नहीं मूँद लेनी चाहिए। उन मालिकों के बारे में भी, जो जमींदारों का स्थान लेनेवाले हैं, श्री कामथ अनुशंसा करते हैं कि राज्य को पूर्व-कथन का अधिकार होना चाहिए यह एक आदर्श स्थिति होगी; इससे हम एक छलाँग में जमींदारी से रैयतवारी व्यवस्था तक बिना बीच की मालगुजारी रुकावट को पार करें, पहुँच सकते हैं;††† यदि राज्य बेदखल ना करें तो नए मालिक साधारण मालगुजार होंगे, जो प्रायः गैर-आदिवासी होंगे और वे ज्यादातर मामलों में प्रान्तीय राजस्व में अपने पहलेवालों से ज्यादा ही योगदान देंगे। श्री कामथ के अनुसार इसके आगे कभी लाभ होगा—

> "ऊपर-ऊपर से पढ़नेवाले पाठक शायद कह सकते हैं कि क्या पैराग्राफ 360 में कहे गए विचार की बजाय कैसे गैर-आदिवासी, आदिवासियों का स्थान ले सकते हैं। इसका उत्तर होगा—ले सकते हैं। एक गैर-आदिवासी मालगुजार, एक गैर-आदिवासी जमींदार की तुलना में कम आपत्तिजनक होगा और दूसरे यह कि बेहतर होगा कि एक गाँव किसी गैर-आदिवासी द्वारा ठीक से चलाया जाए बजाय इसके कि किसी आदिवासी द्वारा गलत ढँग से या एकदम उपेक्षित ढँग से चलाया जाए। यहाँ पर इसके अतिरिक्त और भी कई फायदे हैं। नया आनेवाला व्यक्ति जो सामान्य तौर पर इस जंगली क्षेत्र में पैसा लगाने को तैयार है, सम्भावित तौर पर एक उद्यमी ही होगा। पूँजी और साथ ही शायद नए विचारों से जो वह अपने साथ लाया है, इस क्षेत्र के विकास में योगदान मिलेगा।"

406. वे लोग जो जमीन के नष्ट होने, छिन जाने और कर्ज पर मेरी इस रिपोर्ट के अध्याय पढ़ चुके हैं, इस बहस के बाद मुश्किल से एक बात समझ पाएँगे जो मैं स्वीकार कर सकता हूँ कि यदि जमींदारी हस्तांतरित करनी है तो रुकिए, जमींदारी सरकार को हस्तांतरित होनी

* मध्यप्रांत स्टेट में 'ग्रेजिंग और निस्तार' पर मि. एच.एस. कामथ, आई.सी.एस. की एक जाँच रिपोर्ट (नागपुर, गवर्नमेंट प्रिंटिंग, 1941), पैराग्राफ 360।

† वही पैराग्राफ 364।

†† वही पैराग्राफ 360, 362।

††† वही पैराग्राफ 363।

चाहिए ताकि गाँव रैयतबाड़ी बन सकें; केवल पूर्वोक्त अधिकार देना काफी नहीं होगा। परन्तु इन विशाल क्षेत्रों को विभाजित करवा केवल इन जनजातीय क्षेत्रों को शोषकों से परिचित करवा देना होगा, खासतौर पर यदि गैर-आदिवासी मालगुजारों को गाँव से गुजरने दिया जाए। मुझे शक है कि किसी गैर-आदिवासी मालगुजार ने पिछले चालीस सालों में, नहीं तो मध्य प्रान्त बनने के बाद से, पुराने आदिवासी मालिकों को खरीदकर या धकेलकर बाहर कर देने के बाद आदिवासी काश्तकारों को सिवा लकड़ी काटनेवाले या पानी लेनेवाले बनाने के अतिरिक्त कुछ किया हो। उनके द्वारा लाए गए वे तरीके—वे 'नए तरीके' जिनके बारे में श्री कामथ ने बहुत विश्वास के साथ बताया था—जातीय रीति-रिवाजों और संस्कृति की अच्छी चीजों को नष्ट या उन्हें खाने के लिए होते हैं; उनके अनुसार क्षेत्र का 'विकास' आदिवासियों को कर्ज देकर उस क्षेत्र में जबरदस्ती घुसकर नए मालगुजारों या अन्य जाति के हिन्दुओं जो उनके लिए ज्यादा स्वीकार्य हैं, के काश्तकार के रूप में परिवर्तन से है। श्री कामथ के अन्तिम उद्धरण के सारे विचार पुरानी प्रशासनिक रिपोर्टों या पत्र-व्यवहार में ढूँढ़े जा सकते हैं जिसमें पिछली सदी (18 वीं सदी) के साठ के दशक में स्वामित्व अधिकार दिए जाने की वकालत की गई थी—यहाँ तक कि बंगाल में स्थायी प्रबन्ध के बारे में हुए पत्र-व्यवहारों में भी यही विचार है; तब भी यह लगभग सर्वमान्य तौर पर मान लिया गया है कि इस प्रान्त में मालगुजारी व्यवस्था लागू करना एक गलती थी और इससे लगाई गई उम्मीदें यहाँ तक कि खुले विकसित क्षेत्रों में भी पूरी नहीं हुईं जबकि आदिवासी क्षेत्रों में तो बहुत कम ही हुईं। वस्तुतः मैंने पैराग्राफ 143 से लेकर 147 तक में यह साफ कर दिया है कि किस प्रकार एक आदिवासी जमींदार का अस्तित्व आदिवासी काश्तकारों को उनकी चीजों के छिन दिन जाने से रक्षा करता है, क्योंकि एक गैर आदिवासी के पक्ष में काश्तकारी का निर्माण करना भूमि का स्थायी हस्तांतरण है जो कि भूमि हस्तांतरण अधिनियम के अन्तर्गत डिप्टी-कमिश्नर की अनुमति के बिना गैरकानूनी है। यदि जिन्दगी का यह तरीका जो 'बेहतर और समय के अनुकूल' इस तरह का होगा जिसमें अन्तिम तौर पर आदिवासी एक भूमिहीन और अछूत नौकर की स्थिति में आ जाएगा, इस कदम के कारण कुछ चीजों में तेजी आ सकती है जिससे आदिवासी रियासत के गैर आदिवासी शोषक के हाथ में आने की प्रक्रिया शुरू हो जाएगी। इस बारे में कोई गलतफहमी नहीं होनी चाहिए; कि एक बार इस तरह के हस्तांतरण की अनुमति दे दी गई तो गोंडवाना में प्रत्येक शाईलाक आदिवासी मालिकों को उनकी रियासतें दे देने के लिए लालच देने के लिए जमींदारी क्षेत्र में भीड़ लगा लेंगे। पिछले पैराग्राफ में भंडारा भू-व्यवस्था रिपोर्ट में वर्जित भंडारा जमींदारों की स्थिति का वर्णन मुख्य तौर पर इसी तथ्य के कारण किया गया कि भंडारा जिले में जमींदारी हस्तांतरणीय और विभाज्य दोनों तरह की थी, जिस प्रकार अन्य रियासतों में नहीं है, बैहर तहसील में इसी प्रकार की सुरक्षा की कमी के प्रभावों का जिक्र द अबोरिजिनल प्रॉब्लम इन द बालाघाट डिस्ट्रिक्ट के पैराग्राफ 101-105 में किया गया था, और दोनों जिलों में हस्तांतरण अधिनियम को लागू करने के कारण (चाहे देर से ही सही) ही बाकी रियासतों को बचाया जा सका। यह सच नहीं है कि आदिवासी जमींदारों के अन्तर्गत कोई विकास नहीं हुआ; किसी को केवल छिन्दवाड़ा जागीर और छत्तीसगढ़ और चन्दा की जमींदारियों की वर्तमान स्थिति की तुलना 1861 से यह देखने के लिए करनी चाहिए कि कितने बड़े परिवर्तन हुए हैं। आदिवासियों के लिए यह तथ्य कि उनका राजा—जो प्रायः उनके जमींदारों के रूप में होता है चाहे सरकार उसे उत्तराधिकारी

उपाधि-धारक की मान्यता दें या न दें एक कोर्कू, एक गोंड, एक हलवा, एक भारिया या एक अपनी जनजाति का एक अंतर होना उनके लिए एक बड़ा मनोवैज्ञानिक पहलू होता है; उसकी सारी जनजातियों को शक्तिशाली लोगों की श्रेणी से अलग नहीं किया गया है और एक गोंड भी एक ब्राह्मण या एक बनिए पर शासन कर सकता है, और अगले अध्याय के पैराग्राफ 432 में दिए गए वर्णन के अनुसार हिन्दू जातियों के सामाजिक विवादों तक में एक अन्तिम पंच हो सकता है जिस तरह वह अपनी जनजातियों में होता है। कई जमींदारियों में शिक्षा और चिकित्सकीय मदद के लिए चाहे जितनी राशि खर्च हो, का ज्यादातर भाग जमींदार द्वारा भुगतान किया जाता है; अगले अध्याय में बताया गया है कि जिला परिषदों की उपेक्षा का कितना बड़ा प्रभाव पड़ा है और संचार और राष्ट्र निर्माण की सुविधाओं की कभी सामानता यह दिखाती है कि इन क्षेत्रों की सरकार भी कितनी उपेक्षा भरी है। पिछड़ापन जिसके लिए सरकार मुख्य तौर पर और स्थानीय निकाय द्वितीयक और नैतिक रूप से जिम्मेदार है, के लिए जमींदारों को दोष देना निरर्थक है। प्रायः वह जनजाति-समाज और व्यवस्था का एकमात्र केन्द्र बिन्दु बन जाता है। गाँववालों की चराई और निस्तार अधिकारों को समर्थन देने के एक आगामी कदम के रूप में जमींदारी को समाप्त करने की अनुशंसा करते समय हमें यह याद रखना चाहिए कि सामान्य तौर पर काश्तकारों की चराई और निस्तार की शिकायतें जमींदारों के कम संख्या में होने के दौरान कोर्ट आफ वार्ड्स द्वारा तरक्की और व्यवसाय–जैसे–प्रबन्धन के नाम पर खोजे गए नए तरीकों के कारण पैदा हुई हैं।

407. यद्यपि मैं जमींदारों के उनके अपने हितों के कारण श्री कामथ के प्रस्तावित चराई और निस्तार कानून का इसके व्यापक सन्दर्भ में स्वागत करता हूँ, चूँकि इससे उनके और काश्तकारों के बीच में दूरियाँ बढ़ाने के लिए बढ़ते हुए आन्दोलनकारियों के स्रोत को समाप्त कर देना चाहिए, हालाँकि यह विकास की जरूरतों के हिसाब से जमींदारों के पक्ष में कुछ सही व्यवस्था होने से जुड़ा मसला है उदाहरण के लिए बिरस घास को आरक्षित करना, क्योंकि इसी तरीके से पशुओं की चारा-व्यवस्था करना सम्भव है। "सभी अतिरिक्त वस्तुओं" का प्रबन्धन लेने के लिए सरकार को अधिकृत करनेवाले अधिनियम से मैं सहमत हूँ और सभी जमींदारी के जंगल कहकर गलतफहमी से बचना चाहता हूँ (प्रत्येक गाँव की तात्कालिक जरूरतों के लिए आरक्षित 'आबादी' जंगलों के अतिरिक्त) और यह आवश्यक भी है क्योंकि सभी अलग-अलग रियासती जंगलों को अलग-अलग प्रभावी और वैज्ञानिक प्रबन्ध नहीं दिया जा सकता। देश के पर्यावरणीय और आर्थिक हितों को ध्यान में रखते हुए सभी सरकारी और निजी जंगलों का ऐसा ही प्रबन्धन किया जाना चाहिए। जमींदारों के पास न तो वैज्ञानिक और व्यावसायिक प्रशिक्षण और आवश्यक ज्ञान है और न ही आवश्यक कानूनी अधिकार है जो एक वन्य अधिनियम ही दे सकता है, न ही वे एक स्तरीय पैमाने के वन कर्मचारियों का भुगतान वहन कर सकते हैं। केन्द्रीय प्रान्त भू-राजस्व अधिनियम की धारा 202 के अन्तर्गत बने नियमों के अनुसार बनाई गई और स्वीकृत की गई कार्ययोजना के आधार वन्य रियासतों का प्रबन्ध करने के प्रयासों को केवल आंशिक सफलता ही मिली है, और ये अक्सर रियासती और ग्राम प्रशासन द्वारा प्रतिपाड़ित चराई और निस्तार अधिकारों या अन्य निजी अधिकारों के विरोध में दिखाई पड़ते हैं जिन्हें केवल एक नियमित वन्य अधिनियम के अन्तर्गत जंगलों को संरक्षण के लिए अधिसूचित करने के बाद एक नियमित वय भू-व्यवस्था के द्वारा ही नियमित और निर्वाचित किया जा सकता है। यह सम्भव नहीं है कि निकट की

रियासतों के जंगलों का वर्तमान भारतीय वन्य अधिनियम के अन्तर्गत समन्वित और संयुक्त प्रबन्ध का लक्षण प्राप्त किया जा सके। यहाँ एक बार फिर जमींदारों को ही दोषी नहीं ठहराया जा सकता। मैं ऐसे कई जमींदारों के बारे में जानता हूँ जो अपने जंगलों के लिए कार्ययोजना बनाने के लिए वन अधिकारियों का कर्ज माँगते हैं, यहाँ तक कि सिर्फ सरकार को यह बताने के लिए कि इस उद्देश्य के लिए कोई वन अधिकार उपलब्ध नहीं हैं कई बार वे सरकार के पास लागत तक जमा कराते थे; कुछ पर यह आरोप लगाया गया कि उन्होंने सेवामुक्त वन-अधिकारियों से काम करने के लिए अक्षम योजना बनवाई। जिस प्रकार अहीरी जमींदारी में हुआ था उसी तरह परिवर्तनीय पैदावार पर प्रतिबन्ध लगा दिया गया कोर्ट ऑफ वार्ड्स या जिला आदेश द्वारा अचानक बिना यह सोचे कि क्या कदम उठाए जाने चाहिए यदि भविष्य में जंगल के भूमि की जंगली फसलों के लिए व्यवस्था करनी है न कि साधारण फसलों के लिए उर्वरकों के स्रोत के रूप में। इस सबके बावजूद मैं जमींदारियों के आदिवासियों को आर्थिक सुरक्षा दिया जाना देखना चाहूँगा, जोकि बड़े स्तर के विभागीय कामों से आती है जैसे कि बोरी या होशंगाबाद के अन्य हिस्सों, या दक्षिणी चन्दा में अल्लापिल्ली (यह वास्तव में पट्टे पर दिया गया जमींदारी जंगल है), और जमींदार अपने आप वित्तीय सुरक्षा को सहारा देते हैं जो कि उनके द्वारा वन संसाधनों की उचित सामूहिक निधि बनाकर और प्रबन्ध करके दी जाती है। आदिवासी कहीं पर भी जंगल के ठेकेदार की दया पर इतना निर्भर नहीं है जितना निजी जंगलों में जहाँ कोई वन अधिनियम, और कानूनी रूप से शक्तिशाली वन अधिकारी नहीं है जो 'अनुबन्ध' के कानून के 'मुक्त' व्यवहार से उनकी रक्षा कर सकें। ऊपर के पैराग्राफ 278-279 में मैंने चन्दा जमींदारी के मारिया से बात करने का जिक्र किया है जो जानता है कि कैसे अल्लापिल्ली योजना ने उन्हें कर्ज और परेशानियों से बचा लिया, जैसे कि सम्भावना जमींदारी के अन्य भागों में उनके घरों के आसपास रहनेवाले अन्य अल्लापिल्ली के लोगों पर भी हो सकती थी यदि उचित संरक्षण और टोंग्या पेड़ का रोपण किया जा सकता : मैंने गढ़चिरौली और आंशिक रूप से दरूग के बाहरी हिस्से आदिवासी जमींदारों के एक सम्मेलन में पाया जो मुरूमगाँव में नए साल के दिन 1941 में हुआ था कि वह एक सरकारी मण्डलीय वन अधिकारी जो उनके लिए जंगलों का प्रबन्ध करें और शुद्ध आय को उनके बीच आनुपातिक ढंग से बाँट दें, के अन्तर्गत एक जमींदारी वन मंडल को बनाने से होने वाले लाभों जो उन्हें परिणाम दे सकते हैं, की प्रशंसा कराने को उत्सुक थे।

वे भूराजस्व अधिनियम की धारा 202 की अनुपयुक्तता को समझ गए थे और इस धारा के अन्तर्गत उनके खिलाफ की गई बिना सोची-समझी कार्यवाही से पीड़ित थे जिसमें उनके काश्तकारों ने जंगल की जमीन को परिवर्तनीय या स्थायी पैदावार के लिए बाँटकर तकनीकी रूप से नियम तोड़ा और दोण्डी-लोहरा विरोध प्रदर्शन द्वारा पैदा हुए कानून का पालन न करने की भावना का उनके जंगलों पर प्रभाव भी विचार करने योग्य है। इसी कारण से जिस वजह से मैं श्री कामथ के प्रस्तावित कानून जिसकी रूपरेखा उनकी रिपोर्ट के अध्याय में दी गई है की प्रंशसा करता हूँ उनके कारणों से थोड़ी अलग है, यद्यपि मैं उनके प्रस्ताव की आवश्यक दृढ़ता से सहमत हूँ, कि जमींदारों के नीचे, घुमक्कड़ जीवों को एक अनुशासित वन्य सेवा के प्रति स्थापित करने के कोई कम फायदे नहीं हैं; यहाँ उस तरह के लोग भारत-भर में नहीं हैं जो मध्य प्रान्त और बरार के वन अधिकारियों की तुलना में आदिवासियों के बारे में इतनी अच्छी समझ के साथ इतना सारा काम कर सकें।

408. दुर्भाग्य से श्री कामथ के चराई और निस्तार के बारे में प्रस्ताव और निजी जंगलों पर नियन्त्रण केवल जमींदारी वाले जंगलों पर लागू हो सकते हैं चूँकि उनके सन्दर्भ के बिन्दु उस पर ही सीमित थे। एक और महत्त्वपूर्ण कारण गाँव-दर-गाँव जमींदारी ये अलग करके मालगुजारों के लिए बनाने के उनके प्रस्ताव का विरोध करना भी है, क्योंकि मालगुजार चराई और निस्तार के मामले में जमींदारों, कम-से-कम बड़े जमींदारों कहीं ज्यादा निष्ठुर और कठोर शासक होते हैं। एक बार रियासतें टूटने के बाद आदिवासियों को अपने पशु चराने के लिए या एक बड़े क्षेत्र से अपना निस्तार ले जाने के लिए स्वतन्त्र होने की बजाय प्रायः एक मालिक होने के कारण आसान तरीके से भुगतान करना होता था, लेकिन वे अब अपने आपको एक छोटे क्षेत्र में सीमित कर लेने या कई गाँवों के मालगुजारों को अत्यधिक ज्यादा चराई के पैसे देने को मजबूर पाएँगे। अपनी रिपोर्ट के पैराग्राफ 267 में श्री. कामथ ने आलोचना का जवाब देते हुए कहा है कि जब मालगुजारी क्षेत्रों में उनकी सीमित प्रणाली लागू कर दी जाएगी तो साथ ही मालगुजारों की तुलना में जमींदारों की स्थिति पर बुरा असर पड़ेगा। वह यह बताते हैं कि वह बुराई जो दूर करना चाहते हैं जमींदारी क्षेत्र की तुलना में मालगुजारी के क्षेत्रों में ज्यादा फैली हुई है, और इसीलिए ध्यान दिलाते हैं कि इसका मतलब है कि जल्दी या देर से ये उपाय मालगुजारी क्षेत्र में भी लागू करने होंगे। मेरे विचार से ये उपाय दोनों क्षेत्रों में एक साथ लागू किए जाने चाहिए और होशंगाबाद, बैतूल, बालाघाट, छिन्दवाड़ा और मण्डला के क्षेत्रों में तो कई जमींदारियों की तुलना में समस्या ख्यात गम्भीर है, खासकर बड़ी मालगुजारी रियासतों में जो महाजनों और अन्य लोगों के स्वामित्व में है; इनमें से कई क्षेत्र तो जमींदारियों की तरह ही गरीब और असभ्य पिछड़े हैं, श्री कामथ के अपनी रिपोर्ट के आखिरी पैराग्राफ में दिए गए तर्क को याद करिये जिसमें जमींदारियों के लिए कानून बनाने को प्राथमिक बताया गया है। जहाँ तक जंगलों की घास के कुप्रबन्ध का सवाल है, मुझे शक है कि मेरी जमींदारी में भी नर्बदा घाटी से जुड़े मालगुजारी जंगलों जितना ही बेफिकर दोहन उतनी बुरी तरह होता होगा, खासकर नरसिंहपुर उपमण्डल में जहाँ इसके कारण तेजी से शानदार जलोढ़ (नदी के बहाव से बनी जमीन) कृषि भूमि का विनाश परत और पट्टी के कढ़ाव के कारण हो रहा है। चारकोल बर्नर के ओर के सामने तेजी से मालगुजारी जंगलों का गायब होते जाने से वह दिन बहुत करीब आ रहा है जब आदिवासी अपनी कुल्हाड़ी से अपनी जरूरतें पूरी नहीं कर पाएँगे, इसके साथ-ही-साथ यह भी सम्भव है कि बहुत दूर के भविष्य में नहीं बल्कि जल्द ही नर्बदा की उपजाऊ घाटी और उसकी सहायक नदियों का दबाव खेतिहर किसानों को नष्ट कर सकता है जैसे चम्बल के साथ ग्वालियर से आगरा के बीच में भयानक खड्डों की भूलभुलैया में हो चुका है।

भाग : चार

राजनीतिक, सामान्य शिक्षा और निष्कर्ष

"Et Deinde Philosophare"

अध्याय : तेरह

राजनीतिक शिक्षा, विधि और न्याय

ऐसी सरकार जो सामाजिक राज्य की सभी अनिवार्य आवश्यकताओं को पूर्ण रूप से सन्तुष्ट कर सकती है, केवल वही होती है जिसमें सीमित लोग भागीदारी करते हैं, इस तरह की भागीदारी कि छोटे-से-छोटे सार्वजनिक काम में भी यह उपयोगी होती है; कि यह भागीदारी इतनी बड़ी होनी चाहिए कि समुदाय के विकास के सामान्य स्तर की स्वीकृति दें; और अन्तिम तौर पर इससे कम ऐच्छिक न हो कि राज्य क़ी सार्वभौम शक्ति में हिस्सेदारी के लिए सब लोगों का प्रवेश हो सके। परन्तु यह नहीं हो सकता कि एक समुदाय ही बढ़ते-बढ़ते एक छोटा नगर बन जाए और सार्वजनिक जीवन में किसी तरह बहुत छोटे से भाग में व्यक्तिगत रूप से भाग ले, बल्कि इसके आगे कि एक सम्पूर्ण सरकार का आदर्श रूप प्रातिनिधिक अवश्य होना चाहिए।''

जे. एस. मिल, प्रातिनिधिक सरकार पर विचार (1861)

409. मेरे विचारणीय विषय के कुछ भागों (क), (ख), (झ) व (ङ) को इस अध्याय में लिया गया है, और खासतौर पर मेरी पहली व दूसरी प्रश्नावली में उठाए गए मुद्दों को। समस्या के विधि एवं न्याय पक्ष को राजनीतिक शिक्षा की बड़ी समस्या की एक शाखा के रूप में थोड़ा संक्षेप में उठाया गया है, और इतने समय में, मेरी तरफ से यह सम्भव नहीं हो पाया कि प्रश्नावली में दिए गए जवाबों का विस्तार से विश्लेषण किया जा सकता है।

410. यहाँ शिक्षित लोगों की एक सामान्य प्रवृत्ति है जो यह मानते हैं कि यदि आदिवासियों को मताधिकार दे दिया जाए तो उनकी सारी परेशानियाँ हमेशा के लिए समाप्त हो जाएँगी। हालाँकि वर्तमान में इस बात के कम संकेत हैं कि या तो आदिवासी मताधिकार की ताकत प्रतिनिधित्व प्राप्त करने के लिए अपने लोग संख्या जान पाएँगे या फिर एक बार चुनाव खत्म होने के बाद जब तक अगला चुनाव नहीं आ जाता, गैर-आदिवासी उम्मीदवार खुद आदिवासी जरूरतों में रुचि दिखाने लगें; बेशक यहाँ पर इससे बड़े अपवाद भी हो सकते हैं।

411. परिसीमन आयोग की सलाह पर भारत सरकार अधिनियम के अन्तर्गत प्रान्तीय विधानसभाओं की केवल एक सीट पिछड़े और जनजातीय क्षेत्रों के लिए आरक्षित की गई है। इसकी तुलना अनुसूचित जातियों के लिए आरक्षित 20 सीटों से की जाती है। बाद वाले लोग आदिवासियों की तुलना में कहीं ज्यादा बुद्धिमान और राजनीतिक रूप से सजग लोग हैं, और कई प्रकार से अपनी सामाजिक अयोग्यताओं को गायब करने के बाद उन्हें रक्षा की कम जरूरत चाहिए। 1931 में अनुसूचित जाति के 31, 80, 175 थी। यहाँ तक कि पिछड़े और जनजातीय क्षेत्रों के लिए आरक्षित एक सीट भी प्रान्त के सभी आदिवासियों का

प्रतिनिधित्व नहीं करती थी; और यह निर्णय लिया गया कि यह मांडला और स्योनी तहसील के आदिवासी मतदाताओं के लिए सुरक्षित कर दी जाए। सम्भव है कि आदिवासी हितों का एक प्रभाषी प्रतिनिधित्व प्राप्त किया जा सकता था यदि समिति ने कुछ अधिकारियों द्वारा दी गई यह सलाह मान ली होती कि सीट को नामांकन द्वारा भरा जाए ताकि विधानसभा में आदिवासी हितों के जागरूक नेता की उपस्थिति सुनिश्चित करवाई जा सके। हालाँकि हराई के प्रगतिशील गोंड जमींदार जो हमेशा आदिवासियों के समर्थ हिमायती रहे हैं (1) द्वारा यह सीट जीती गई थी। शेष प्रान्त में केवल दो आदिवासी ही सीट जीत पाने में कामयाब हुए, अहीरी के जमींदार राज-गोंड द्वारा सिरोंचा-गढ़ चिरौली ग्रामीण सामान्य निर्वाचन क्षेत्र हैं और जबलपुर जिले के एक राज-गोंड मालगुजार लाल चूरामन शाह द्वारा डिंडोरी-निवास ग्रामीण निर्वाचन क्षेत्र अमखाड़ा-लखनाडन निर्वाचन क्षेत्र के लिए खड़ा एक गोंड उम्मीदवार, सार्जेंट डी.के.मेहता, एम.एल.ए. जो बाद में प्रान्त के कांग्रेसी वित्तमन्त्री बने, एक अच्छे संघर्ष के बाद हार गया।

412. अब यह असम्भव है कि प्रान्तीय विधानसभा के लिए हुए अन्तिम आम चुनावों की उस हद तक सम्पूर्ण संख्या जानी जा सके कि कितने आदिवासियों ने अपने मताधिकार का प्रयोग किया। नीचे दी गई तालिका में लगभग आधे प्रान्त में निर्वाचन सूची के मतदाताओं में आदिवासी और अन्य लोगों की वास्तविक संख्या की तुलना की गई है (मुसलमान और विशेष निर्वाचन क्षेत्र, पिछड़े क्षेत्रों और जनजातीय निर्वाचन क्षेत्रों को छोड़कर), और सभी मतदाताओं की तुलना में आदिवासियों का प्रतिशत और कुल जनसंख्या में आदिवासियों का प्रतिशत :

प्रान्तीय विधानसभा

जिला	मतदाताओं की संख्या		आदिवासी मतदाताओं का प्रतिशत	
	आदिवासी	अन्य	कुल मतदाता	कुल जनसंख्या
मांडला	36,853	16,535	69	3
होशंगाबाद	3,973	71,940	5	15
नीमड़	8,227	412	21	21
छिन्दवाड़ा	33,432	53,889	39	37
बैतूल	13,087	28,531	31	38
नागपुर (रामटेक तहसील)	1,341	12,493	10	14
वर्धा	2,258	49,710	4	10
चन्दा	7,609	61,346	11	20
भण्डारा	4,950	103,408	5	12
रायपुर	17,912	1,14,362	14	20
दुर्ग	16,337	87,427	16	21
कुल	**145,979**	**6,29,553**	**19**	**23**

इन क्षेत्रों में 1941 में आदिवासी की संख्या कुल जनसंख्या 82,58,685 में से 19,32,682 थी। दोबारा पिछड़े और जनजातीय निर्वाचन क्षेत्रों के अलावा मुस्लिम और विशेष क्षेत्र छोड़कर, इन क्षेत्रों ने अन्तिम चुनावों में प्रान्तीय विधानसभा क्षेत्रों में 41 सदस्य हारे। अनुपातिक आधार पर, आदिवासियों के 8 सदस्य होने चाहिए थे; जबकि वास्तव में अनुसूचित जाति के लिए आरक्षित 7 की तुलना में उनके सिर्फ 3 लोग जीत पाए।

413. नीचे दी गई तालिका अन्तिम चुनावों में आदिवासी मतदाताओं द्वारा अपने मत प्रयोग करने तक की संख्या अब उपलब्ध है :

निर्वाचन-क्षेत्र	मतदाताओं की संख्या		मतदान करनेवाले आदिवासी मतदाताओं की संख्या	कॉलम (4) व कॉलम (2) का प्रतिशत
	आदिवासी	अन्य		
मांडला सामान्य ग्रामीण	9,659	8,899	6,303	65
डिंडोरी-निवास सामान्य ग्रामीण	17,651	7,636	9,598	54
मांडला-सिवनी पिछड़ी जाति क्षेत्र का मांडला वाला भाग	9,543	—	5,578	58
बैतूल-भैंसदेही और मुल्ताई सामान्य ग्रामीण क्षेत्र	13,087	28,531	7,100	54
चन्दा ब्रह्मपुरी, वरोरा और सिरोंचना-गढ़ चिरौली सामान्य ग्रामीण क्षेत्र	7609	61,346	3,400	45

वास्तव में अपने मत का प्रयोग करनेवाले आदिवासियों का प्रतिशत गैरआदिवासियों से शायद ही थोड़ा अलग है। स्पष्ट है कि मताधिकार का बुद्धिसंगत प्रयोग अनुपस्थित था। श्री वेरियर एल्विन ने आदिवासी मतदाताओं को अपने निबन्ध में साहस की कमी बताते हुए लिखा है :

> "उनके पास मताधिकार है। उसे प्रयोग करने का बहुत थोड़ा ज्ञान है। अन्तिम चुनावों में कुछ आदिवासी इस विश्वास के साथ चुनाव केन्द्र पर गए कि इसका सम्बन्ध भू-राजस्व से है; कुछ महात्मा गांधी की जय करने गए थे; अन्य लोगों ने जाने से परहेज किया क्योंकि उन्हें जाने के लिए स्थानीय अधिकारियों से आदेश नहीं मिला था। मैं एक बड़े गोंड को जानता हूँ जो चुनाव वाले पूरे दिन एक सूखे हुए सोते में छुपा रहा क्योंकि उसे यह पक्का लग रहा था कि इस मामले में पकड़ा भी जा सकता है।"

यही विचार लगभग प्रत्येक व्यक्ति के थे जिन्हें पिछले चुनाव का अनुभव था और जिन्होंने मेरी दूसरी प्रश्नावली के 3 व 4 प्रश्न का जवाब दिया था। आमतौर पर कहा जाए तो आदिवासी इसलिए मत देने गए कि उन्हें समझाया गया था कि ये सरकार का आदेश है इसलिए उन्हें मानना चाहिए और यदि नहीं माना तो उन पर दंड लगाया जाएगा और 'गांधीजी के डिब्बे' में एक मत डालने के लिए भी उन्हें जाना चाहिए। वास्तव में यह स्वीकृति उम्मीदवारों की सूची के लिए होनेवाले एक दलीय चुनावों से थोड़ा ही भिन्न है, सिवाय मांडला जिले के जहाँ एक निश्चित रुख था कि गोंड मत केवल गोंड उम्मीदवारों को या जो गोंड लोगों की मदद करने का वायदा करेगा, उसी को दिए जाएँगे। बेशक यह तर्क करने योग्य

बात है कि गोंड की 'गांधीजी के डिब्बे' में मत डालने की इच्छा का मतलब है कि उसने आधुनिक राजनीतिक प्रचार को काफी समझ लिया है कि कांग्रेस को दिया गया मत एक नया युग ले आएगा; इस नए युग के लक्षणों या इसे प्राप्त करने के साधनों से वह अनभिज्ञ था और वह कदापि नहीं जानता था कि डिब्बे में एक कागज डालने का परिणाम यह होगा कि दूर शहर का हिन्दू सज्जन, प्रान्त की मुख्य परिषद में उसका प्रतिनिधि चुन लिया जाएगा।

414. मेरी प्रश्नावली का जवाब देनेवाले लगभग सभी लोगों द्वारा यह स्वीकार किया गया कि पिछड़े क्षेत्रों के ज्यादातर गाँवों में किसी भी ऐसे आदिवासी मतदाता को ढूँढ़ना मुश्किल है जो विधानसभा के स्थानीय प्रतिनिधि, यहाँ तक कि स्थानीय निकाय या जिला परिषद तक का नाम बता सके।

415. अब हम जिला परिषदों और स्थानीय निकायों की तरफ बढ़ते हैं। इस रिपोर्ट के अन्त में परिशिष्ट-एम में 1940 में स्थानीय निकायों और जिला परिषदों के गठन किए जाने पर प्राप्त जवाबों का सार संक्षेप है। कुछ मामलों में स्थानीय निकायों में नामांकित उम्मीदवारों को दिखाया गया है, यद्यपि मध्य प्रान्त एवं बरार अधिनियम 1939 के द्वारा स्थानीय स्वशासन अधिनियम की धारा 5 को बदला गया था कि नामांकन को समाप्त किया जाए और इसे निर्वाचित सदस्यों द्वारा एकल हस्तांतरणीय मत द्वारा या सहयोजित करके किसी मुसलमान, किसी हरिजन या किसी महिला को यदि निर्वाचित सदस्यों में इन श्रेणियों का प्रतिनिधित्व नहीं हुआ है, चुनकर प्रतिस्थापित किया जा सके। 1940 के अन्त तक कुछ स्थानीय निकाय नई धारा 5 के लागू होने से पहले ही चुन लिए गए थे और कुछ इसके बाद। इस तालिका में निर्वाचित सदस्यों के साथ अधिनियम की धारा 10-1 के अन्तर्गत नामांकित सदस्य भी शामिल हैं, जो ऐरो सर्कल का प्रतिनिधित्व करते हैं जहाँ कोई उम्मीदवार चुनाव के लिए आगे नहीं आया; निर्वाचित सदस्यों के कॉलम में सदस्यों द्वारा अपने स्थान के अलावा बाहर से चुने गए पदाधिकारी भी शामिल हैं। उस समय प्रान्त में स्थानीय निकायों में कुल 1312 सदस्यों में से केवल 56 ही आदिवासी सदस्य थे, जिला परिषदों में भी इससे मिलती-जुलती संख्या यानि 597 में से 14 ही आदिवासी थे। स्थानीय निकाय के 56 सदस्यों में से 45 निर्वाचित और 11 नामांकित सदस्य थे; पहलेवाली संख्या में धारा 101 के अन्तर्गत ऐसे सर्किल से कोई उम्मीदवार आगे नहीं आया जहाँ चुनाव के लिए प्रतिनिधित्व देने के लिए नियुक्त सदस्यों की संख्या भी शामिल है। काफी पिछड़े क्षेत्रों में कुछ ऐसे सर्किल भी हैं जहाँ केवल एक उम्मीदवार नामांकित किया गया, जो ज्यादातर आदिवासी नहीं होता था ताकि कोई चुनाव न हो। अभी हाल में 1941 में बैतूल जिले में हुए स्थानीय निकाय के चुनावों में कांग्रेस उम्मीदवारों की स्वीकृत सूची में होने के कारण पूरे जिले में लगभग सभी उम्मीदवार निर्विरोध चुन लिए गए। नामांकित करने की शक्ति को समाप्त करने का मतलब है कि स्थानीय निकायों में आदिवासी प्रतिनिधियों की संख्या में और ज्यादा कमी करना; तभी धारा 5 में उन आदिवासियों को शामिल नहीं किया जाता है जो कोई आदिवासी न चुने जाने की स्थिति में सहयोजन द्वारा प्रतिनिधित्व करनेवाली श्रेणियों में से होते हैं।

416. आदिवासियों की औसत संख्या निर्वाचित और नामांकित होने के बावजूद लगभग नगण्य है। मेरी मांडला और बालाघाट रिपोर्ट में से निम्नलिखित उदाहरण रोचक हैं। पहला उदाहरण* मांडला जिले में 1939 में हुए स्थानीय निकाय के चुनावों में गोंड

* मांडला जिले में आदिवासी समस्या पर टिप्पणी, पैराग्राफ 14

आदिवासियों को सफलता मिलने का वर्जन करता है—

"स्थानीय निकाय के चुनावों में मांडला में 12 में से 4 सीटों पर, निवास में 11 में से 6 सीटों पर और डिंडोरी में 11 में से 7 सीटों पर गोंड आदिवासियों ने कब्जा किया; डिंडोरी निकाय में तो फिर से गोंड ही अध्यक्ष बना, जहाँ पिछले चुनावों में भी गोंड आदिवासियों का ही बहुमत था। लेकिन जिला परिषद में 18 सदस्यों में से केवल 4 ही गोंड हैं। गोंड और बैगा मिलकर प्रत्येक सर्किल में बहुमत रखते हैं सिवाय बामहनी और अनजानिया के ज्यादातर गोंड महासभा के नेतृत्व में लगभग 40 प्रतिशत मतदाताओं ने अपनी सारी परेशानियों का कारण हिन्दू धर्म को मानते हुए गोंड राज्य की वापसी के नारे पर मत दिया। जहाँ तक वहाँ उठनेवाली किसी माँग की बात है तो यह शिक्षा थी। यद्यपि बिछिया और मांडला तहसील के आसपास कांग्रेसी प्रोपेगैण्डा काफी सक्रिय था किन्तु इस जिले में न तो कांग्रेस और न किसी और राजनीतिक दल की आदिवासियों पर इतनी पकड़ थी। गोंड आदिवासियों की चुनावी सफलता के प्रभावों में मैंने कुछ गोंड आदिवासियों, जिला-परिषद के पदाधिकारियों से बातचीत की। स्थानीय निकाय के सदस्यों में से 6 लोग बुद्धिमान हैं किन्तु अनुभवहीन थे, और बाकी सदस्य 'डमी' थे।

"परिषद के चार गोंड आदिवासी सदस्य भी बुद्धिमान थे। चूँकि डिंडोरी स्थानीय निकाय में गोंड आदिवासियों का बहुमत है इसलिए कहा जाता है कि सदस्यों की लापरवाही और अयोग्यता की वजह से यह बर्बाद हो रहा है; मैंने एक दर्दनाक कहानी सुनी जिसमें गोंड अध्यक्ष घोराल सिंह के जेल जाने पर भूतपूर्व उपाध्यक्ष ने एक ब्राह्मण स्कूल मास्टर के खिलाफ जाँच में अपनी ताकत का इस्तेमाल करने की कोशिशें कीं जो न सुधारने वाले आदिवासियों पर अपने अधिकार का गलत प्रयोग करके शुल्क इत्यादि लगाता था जिसे गोंडी राज्य का 'कर' कहा जाता था। सत्ता को कलंकित करने की बेईमानी के रूप में सदस्यों की उदासीनता एक खतरा है जब वो यह जान जाते हैं कि स्थानीय निकायों की ताकत सीमित है और यह कोई 'गोंडी राज्य' की बुनियाद नहीं है। गोंड सदस्यों को कोई उपलब्धि प्राप्त होने में असफलता बाद के चुनावों में उनके खिलाफ जा सकती है। उनकी लापरवाही दयनीय है और वे आसानी से अनुभवी गैर-आदिवासी सदस्यों के प्रभाव में आ जाते हैं। मैं समझता हूँ कि वो अध्यक्ष का पक्ष लेते हैं जब तक कि इस खेल को समझ नहीं जाते। इसके अलावा इन कृत्रिम गोंड आदिवासियों में से कुछ लोग, विस्तृत और ज्यादा पिछड़े आदिवासियों, वे चाहे जिस रूप में हों, वो प्रतिनिधि हैं; हालाँकि वो जो गोंड महासभा से जुड़े हुए हैं और हिन्दू धर्म के खिलाफ बाहरी तौर पर 'गोंडी धर्म' का प्रदर्शन करते हैं, वास्तव में हिन्दूकृत गोंड होते हैं तो आवश्यक है कि कम-से-कम आनेवाले कई सालों तक नामांकन किया जाए यदि नए गोंड सदस्यों को उपयोगी प्रतिनिधि बनाना है।"

दूसरा उदाहरण बालघाट जिले में आदिवासी समस्या के पैराग्राफ 151 से लिया गया है—

"कोई यह उम्मीद कर सकता है कि कई आदिवासी सदस्यों में से काफी स्थानीय निकायों में जीतकर वापस आएँगे, खासकर बैहर में, जहाँ आधी से ज्यादा आबादी आदिवासी है। वास्तव में बैहर निकाय में केवल एक गोंड जीत पाया, और वह मील का पत्थर प्रतीत होता है। इतनी जानकारी उपलब्ध नहीं है कि अन्तिम विधानसभा

चुनावों में आदिवासियों ने किसे अपने मत दिए थे; सभी रिकार्ड समाप्त किए जा चुके हैं। बैहर तहसील में 1939 के स्थानीय निकाय के चुनावों में सात सर्किलों में से केवल एक में संघर्षपूर्ण चुनाव हुआ था। यहाँ भी रिकार्ड समाप्त कर दिया गया और कोई रिकार्ड नहीं है कि कितने आदिवासियों ने मत दिए। उन्होंने चुनावों में कोई दिलचस्पी नहीं ली और लगभग सभी अपने मत डालने के अधिकार, नामांकित करने या उम्मीदवार के रूप में खड़े होने के अधिकार से अनभिज्ञ थे। न तो कोई गोंड प्रधान या बैगा आदिवासी जिला परिषद या स्थानीय निकाय के लिए जीत पाया; और न ही कोई नामांकित या सहयोजित किया गया। कोई आश्चर्य की बात नहीं है कि जिला परिषद ने आदिवासियों के लिए कोई खास कदम नहीं उठाया बल्कि आदिवासियों के विकास और विभिन्न तहसीलों और राजस्वनिरीक्षक सर्किलों में हुए खर्चे की राशि बताने से भी कतराते रहे। इन संस्थाओं ने पिछड़े लोगों के लिए कोई विशेष काम नहीं किया और ना ही गम्भीरता से कुछ सोचा। हम ऊपर देख चुके हैं कि इनकी शिक्षा नीति में इन लोगों पर कोई विशेष ध्यान नहीं दिया गया, और बैहर तहसील में सिवा बैहर अपने सरकारी औषधालय के और कोई औषधालय नहीं है। तथाकथित जिला-परिषद की सड़कें उपेक्षित पड़ी हैं। हालाँकि कुछ आदिवासियों को जिला परिषद में काम मिल गया है।''

417. किसी भी जिला परिषद द्वारा आदिवासियों के विकास के लिए कोई सुविचारित योजना बनी हुई दिखाई नहीं पड़ती है। प्रश्नावली में उनसे आदिवासियों के विकास पर हुए किन्हीं खास खर्चों का ब्यौरा देने के लिए और आदिवासी क्षेत्रों में संचार, बेहतर बाजार की सुविधाएँ, शिक्षा, सार्वजनिक स्वास्थ्य (टीके लगाने के साथ), कुटीर उद्योग और अन्य उद्देश्यों के लिए शुरू की गई या सोची गई योजनाओं की लागत बताने के लिए कहा गया। उनसे यह भी कहा गया कि वे प्रत्येक तहसील या तालुक और यदि सम्भव हो तो प्रत्येक सर्किल में होने वाले खर्चों के बारे में बताएँ। लगभग सभी ने विभिन्न क्षेत्रों में हुए खर्चों का ब्यौरा देने को असम्भव बताया। सौगोरा, दमोह, जबलपुर, सियोरी वर्धा, नागपुर, चन्दा, बालाघाट, दुर्ग, अमरावती, बुलदाना, और यवतमाल और सिरोंचना स्वायत्त स्थानीय निकाय ने बताया कि उन्होंने आदिवासियों के क्षेत्रों की सुविधाओं जैसे, विद्यालय, टीकाकरण, बाजार, कुएँ और औषधालयों, जो आम लोगों के भी काम आते हैं, पर आने वाली लागत के अलावा आदिवासियों के लिए कोई विशेष खर्चा ना तो किया है और न ही सोचा है। कुछ क्षेत्र जिनमें आदिवासियों का बाहुल्य है जैसे छिन्दवाड़ा जागीर, भैंसदेही तहसील और बैतूल के अन्य भाग, सिरोंचा तहसील, मांडला जिला और मेलाघाट में यह सम्भव है कि माना जाए कि जिला परिषदों और स्थानीय निकायों के होनेवाले खर्चों का एक बड़ा भाग आदिवासियों के कल्याण के लिए खर्च हुआ। दुर्भाग्य से चीजें उतनी आसान नहीं हैं जितनी दिखती हैं; यदि आदिवासी मजमूली नक्शों पर विद्यालयों, तालाबों, सार्वजनिक बाजारों, और औषधालयों की स्थिति देखी जाए तो लगभग निश्चित रूप से यह पाया जाएगा कि ये सुविधाएँ जो पिछड़े क्षेत्रों में प्रदान की गई हैं, ज्यादातर इन क्षेत्रों के गैर-आदिवासी बाहुल्य क्षेत्रों मे केन्द्रित हैं। (1) कोई भी स्थानीय निकाय यह महसूस करता हुआ दिखाई नहीं पड़ता है कि उनके कार्यभार में आनेवाली जनसंख्या के सबसे पिछड़े भाग की आगे आकर मदद करना उसका एक सुनिश्चित उत्तरदायित्व है; या फिर आदिवासियों और पिछड़ी जातियों के नैतिक और भौतिक विकास

के लिए कोई सुसंगत योजना बनानी चाहिए। सिवा मांडला और बैतूल जिले के आदिवासी शिक्षा की योजनाओं, और मांडला और पुराने छिन्दवाड़ा जिले में गाँव के रास्तों में सुधार के अलावा।

418. वर्ष 1936-37 के दौरान जिला परिषदों और स्वायत्त स्थानीय निकायों द्वारा आदिवासियों पर होने वाले विशेष खर्चों को जो स्वीकृत किए गए थे, का सार-संकलन नीचे दी गई तालिका में दिया गया है। आदिवासियों के विकास के लिए विशेष योजनाओं, सुधरी हुई बाजार की सुविधाओं और अन्य उद्देश्यों के लिए कोई कॉलम नहीं दिया गया है चूँकि इन मदों में कोई खर्चा होते हुए दिखाया नहीं गया है। मैंने कुटीर उद्योग के लिए कॉलम को भी हटा दिया है; इस मद में किसी स्थानीय निकाय द्वारा आवर्ती खर्चे के रूप में प्राप्त किए जाने वाली राशि केवल 133 रु. थी जो छिन्दवाड़ा जिला परिषद द्वारा तामिया में एक टेकरी बनाने वाले विद्यालय के लिए अनुदान के रूप में लिया गया था। यह देखा जाए कि इन स्थानीय निकायों की कुल आय की तुलना में होनेवाला खर्च नगण्य है :

जिला परिषद या स्वायत्त स्थानीय निकाय	**आदिवासी क्षेत्रों में संचार रुपए**	**शिक्षा रुपए**	**सार्वजनिक स्वास्थ्य रुपए**
मांडला	12,300 (ख) (छ)	13,385 (क)	—
		12,000 (ख) (ङ)	25,742 (ख) (झ)
होशंगाबाद	—	5,750 (ग)	8,500(ख)
नरसिंहपुर	—	3,000 (ग)	2,337 (घ)
नीमड़	—	27 (ञ)	—
छिन्दवाड़ा	1,100 (छ) (ख)	1,000 (क)	792 (क) (झ)
		6,560 (ख)	7925 (ख) (छ) }
			5,110 (ज) } 133
छिन्दवाड़ा खान	1,70,000 (च)	—	— }
बैतूल	—	62,500 (ङ)	—
भंडारा	290 (ट)	—	—
रायपुर	200 (ग) (छ)	—	—
मेलाघाट	25 (छ)	80 (ङ)	2,497 (ढ)
अकोला	—	1,500 (ण)	1,097 (त)

(क) आदिवासी विद्यालयों पर 1938-39 और 1939-40 में खर्च हुए।

(ख) सुविचारित।

(ग) वार्षिक रूप से खर्च होनेवाला।

(घ) तीन कुँओं की लागत।

(ङ) एक हिन्दी-कोर्कू शब्दावली की छपाई की लागत।

(च) परसिया-जमाई सड़क इसकी लागत जोड़िए क्योंकि यह एक आदिवासी क्षेत्र से मिलाती है लेकिन मुख्य तौर पर यह खदान क्षेत्र के लिए है।

(छ) गाँव के रास्तों का सुधार कार्य।

(ज) एक नया औषधालय।

(झ) कुएँ खोदना।

(ञ) 1937-38 से लेकर 1939-40 के दौरान।

(ट) ग्रामीण संचार के लिए भारत सरकार से प्राप्त अनुदान।

(ठ) सूचना प्राप्त नहीं।

(ड) आदिवासी विद्यालय।

(ढ) 897 रु. टीकाकरण, 400 रु. दवाइयों और 1200 रु. कुँओं के लिए।

(ण) दो आदिवासी विद्यालयों पर तीन सालों तक 500 रु. का आवर्ती खर्च।

(त) आदिवासी गाँवों में 1936-37 में कुएँ।

बिलासपुर स्थानीय निकाय ने सवालों के जवाबों के ऐसे उत्तर नहीं दिए ताकि उपरोक्त तालिका पूरी भरी जा सकती; हालाँकि बाद में अलग से स्थितियों पर गौर किया गया।

419. अब इस निष्कर्ष से बचने का कोई रास्ता नहीं है कि मांडला और बैतूल को छोड़कर जिला परिषदों द्वारा आदिवासी क्षेत्रों को पूरी तौर पर उपेक्षित छोड़ा गया है और जो स्थानीय निकाय वह जिला परिषदें हैं वह बिना किसी प्रभावी आदिवासी प्रतिनिधि और बिना किसी ऐसे सदस्य के हैं जो आदिवासी हितों की रक्षा कर सकें। हालाँकि मेलाघाट और सिरोन्चा के स्वायत्त स्थानीय निकाय मुख्य तौर पर आदिवासी क्षेत्रों के लिए काम करते हैं, तब भी सिरोन्चा और अहीरी के आस-पास सिरोन्चा के खुले मैदानों में जहाँ गैर-आदिवासी बड़ी संख्या में हैं, अहीरी जमींदारी के सुदूर जंगलों के तुलना में कहीं ज्यादा निकायों के कामों से सुविधाएँ प्राप्त करते हैं। सामान्य तौर पर कहा जाता है कि मेलाघाट स्वायत्त स्थानीय निकाय कोई बहुसंख्यकों के हित में काम करता है, और अपने अल्प संसाधनों द्वारा ये कुएँ खोदना, विद्यालय खोलने और संचार सुविधाओं में बेहतरी करते हुए धीरे-धीरे आगे बढ़ रहा है। छिन्दवाड़ा खान स्वायत्त स्थानीय निकाय ने स्थानीय आदिवासियों के लिए कुछ उपयोगी काम किए हैं, लेकिन यह निकाय मुख्य तौर पर खान-केन्द्रों के लिए काम करता है। जिला परिषद द्वारा आदिवासी हितों की उपेक्षा करने का सबसे बेजोड़ उदाहरण चन्दा जिले की गढ़चिरौली तहसील की आंशिक रूप से बाहरी जमींदारी वाला क्षेत्र हैं। इनमें से ज्यादातर जमींदारियों में कोई विद्यालय, अस्पताल, या पशु चिकित्सालय नहीं है, पशु चिकित्सक सहायक का वहाँ आना एक दुर्लभ घटना होती है, और व्यवहार में कोई कुआँ खोदा नहीं गया है। कहीं जमींदारों ने मुझे बताया कि काफी संख्या में विद्यालय कम उपस्थिति के कारण बंद हो गए, इसका कारण था कि बच्चे जो मारिया गोंडी के अलावा कोई भाषा नहीं जानते थे, एक परायी भाषा (मराठी) में पाठ पढ़-पढ़ कर बोर हो गए थे, जबकि अध्यापक जो गोंडी नहीं जानते थे और इन जंगल के क्षेत्रों में निर्वासन से चिढ़े रहते थे लगातार बीमार हो जाते थे अक्सर सच में और साथ-साथ बहाना बनाकर। घनोरा में एक छोटा विद्यालय बिना अध्यापक के छः महीने तक बंद रहने के बाद जिला परिषद द्वारा हाल ही में खोला गया; एक स्थानीय अप्रशिक्षित महाड़ नौजवान को नियुक्त किया गया और 17 शिष्य आए जिनमें से केवल पाँच ही आदिवासी थे; विद्यालय एक सुस्त निष्प्रभावी और छोटी संख्या है। पोते गाँव के जमींदार ने बताया कि यहाँ पर एक आदिवासी विद्यालय खोलने के लिए दो या तीन साल पहले सरकार ने अनुदान देना मंजूर किया था, लेकिन जिला परिषद कोई अध्यापक

उपलब्ध नहीं करा पायी; और एक अध्यापक को वह अपने पास से भुगतान कर रहा है। झारापापड़ी जमींदारी में पेन्डरी जो रियासत का अकेला सबसे बड़ा गाँव है—में कोई जिला परिषद का विद्यालय नहीं है—हकीकत में पूरी रियासत नहीं हैः हालाँकि जमींदार ने एक गोंडी बोलनेवाले मरार अध्यापक के साथ एक निजी विद्यालय खोला है, जो छः मरार, छः हलवा और दो प्रधान लड़कों की एक कक्षा को पढ़ाता है। यहाँ पर दो विद्या मन्दिर हैं, एक राँगी जमींदारी में एरका में और दूसरा खुट गाँव जमींदारी में चटगाँव में। इनमें काफी कम उपस्थिति होती है। एरका में विद्या मन्दिर का मैदान विद्यालय से एक मील की दूरी पर है जो बाहर से देखने पर किसी मैदानी बस्ती का एक साधारण प्राथमिक विद्यालय लगता है, यहाँ तक कि छत पर कांग्रेस का तिरंगे रंग का झंडा भी लगा है। यद्यपि 33 लड़कों में से 22 मारिया बोलनेवाले आदिवासी हैं और गुरु एक शहरी महाड़ है जो अपनी मात्रभाषा मराठी के अलावा कोई भाषा नहीं जानता है और आदिवासी जिन्दगी और रिवाजों से पूरी तरह अनजान हैं। जब मैं वहाँ पहुँचा तो वो अनियमित तरीके से कुछ काम कर रहे थे हालाँकि वहाँ आसपास् कोई सूत बनता दिखाई नहीं दिया। लड़कों के लिए कातने के लिए रूई चन्दा से भेजी है औए बाद की जिन्दगी में इनमें से कोई भी लड़का नहीं कातेगा। मेरे यह कहने पर कि क्या लड़के गा सकते हैं, गुरु ने उनको कातने से हटाकर एक मराठी गीत को गाया वह रूप से नीरस तर्ज पर भिनभिनाने पर लगा दिया, जिसका मतलब उनमें से कोई नहीं जानता था। उनके माता-पिता की मदद से मैंने किसी लड़के से मारिया गीत गाने और मारिया नृत्य करवाने की कोशिश की लेकिन उनकी खूबियों को विद्या मन्दिर की परायी सत्ता ने इतना कुंठित कर दिया था कि अपने माता-पिता के समर्थन के बावजूद वे अपने अनोखे गीत और नृत्य को करने में बेहद शरमा और झेंप रहे थे। उनके वर्तमान पाठ्यक्रम में ऐसा कुछ नहीं है जो उनकी जनजातीय संस्कृति से जुड़ा हुआ हो या उनके माता-पिता की कल्पनाओं को आकर्षित कर सके। विद्या मन्दिर के खेत गाँव से इतनी दूर हैं कि लड़के वहाँ कभी नहीं जाते और कृषि जया-द्वार प्रभावी उन्हें कभी आधुनिक खेती के तरीके नहीं सिखाता बल्कि इस असामान्यतः अप्रभावी संस्था के खर्च वहन करने के लिए केवल चावल उगाता है। मांडला, भैंसदेही और मेलाघाट को छोड़कर ज्यादातर के आंशिक अपवर्जित क्षेत्र की तरह गढ़चिरौली में जिला परिषद द्वारा पिछड़े क्षेत्रों की पूरे तौर पर उपेक्षा की गई है। जमींदार बताते हैं कि स्थिति बेहतर थी जब यहाँ अलग जमींदारी स्थानीय निकाय हुआ करता था, लेकिन यह स्थानीय स्व-शासन अधिनियम, 1920 के आने के बाद समाप्त हो गया। बेशक जमींदारियों की उपेक्षा करने पर जिला परिषद का स्पष्टीकरण यह होगा कि जमींदारियों के कमीलजामा पर लगाए गए उपकरों से प्राप्त आय काफी कम है।

420. छत्तीसगढ़ में अभी भी पृथक जमींदारी स्थानीय निकाय चल रहे हैं, जैसे रायपुर जिले में सात रियासतों में जमींदारी स्थानीय निकाय बिन्द्रा-नवागढ़, फिंगेश्वर, देवरी-सुधारमार, नर्श, कौड़िया, और फूल झाड़ में, बिलासपुर जिले में आठ रियासतों कोखा, चम्पा, छूरी, केन्दा, पेन्ड्रा, मातिन, अपरोरा और लाफा में (जिसमें से सिर्फ चम्पा आंशिक अपवर्जित क्षेत्र है,) दुर्ग जिले में दक्षिणी जमींदारी स्थानीय निकाय की पाँच रियासतें दोन्डी-लोहारा, खुज्जी अम्बागढ़-चौकी, पनबरस, औंधी और कोराचार (जिसमें बाकी के अलावा सिर्फ दोन्डी लोहारा, और खुज्जी आंशिक अपवर्जित क्षेत्र हैं), और उत्तरी निकाय में छह रियासतें बरबसपुर, सहसपुर-लोहारा, गन्ढाई, ठाकुरटोला, सिलहेटी और परपोढ़ी हैं। ये स्थानीय निकाय स्वतन्त्र

नहीं हैं लेकिन जिला परिषद के अन्तर्गत सामान्य नियन्त्रण और अधीनस्थ एजेंट के रूप में अन्य स्थानीय निकायों की तरह ही होता है। बिलासपुर जिला परिषद के कार्यालय-प्रभारी ने जमींदारी स्थानीय निकाय के कार्यों और वित्त के सम्बन्ध में जानकारी दी है जिस पर निम्नलिखित हिसाब आधारित है। बिलासपुर तहसील में पेन्ड्रा और केन्डा रियासतों के बावजूद इसका मुख्यालय काटघोरा में है और काटघोरा उनके लिए (या मातिन से) आसानी से पहुँच वाला क्षेत्र नहीं है, खासकर बरसात के दिनों में। इसीलिए शायद नियम के हिसाब से निकाय को एक साल में छह बार मिलना चाहिए, लेकिन 1939-40 और 1940-41 में कुल छह बार मिले। 1938 के चुनावों तक कम या ज्यादा तौर पर निकाय की सीटों पर जमींदार परिवारों और उनके दीवानों का एकछत्र अधिकार रहा, और ये परिवार ज्यादातर आदिवासी थे, हालाँकि ये काफी हिन्दूकृत राज-गोंड या तथाकथित तँवर-क्षत्रिय परिवारों से सम्बन्धित थे। 1938 के चुनावों में केवल अपरोरा के जमींदार का भाई ही आदिवासी सदस्य के रूप में दोबारा जीतकर लौटा जबकि आठ में से पाँच सदस्य निर्विरोध दोबारा जीते थे। जिला परिषद द्वारा अपने अधिकार-क्षेत्र के अनुसार सारे मामले सिवा विद्यालयों की स्थापना, रखरखाव और प्रबन्धन तथा टीके लगानेवालों की नियुक्ति के, निकायों को सौंप दिए गए हैं, साथ ही स्थानीय एवं शासन अधिनियम की धारा 21 के अन्तर्गत जिला परिषद के सभी कार्य भी सौंप दिए हैं लेकिन उसके द्वारा आकलन को स्वीकृत करने की शक्ति को अधिकतम 250 रु. तक सीमित कर दिया है। इस निकाय द्वारा प्रशासित किया जानेवाला इलाका बिलासपुर जिले का एकदम आधा है, और इस जिले में 1931 में जनसंख्या की 28 प्रतिशत जनसंख्या यहाँ है जो इलाके को छोड़ते हुए हाल ही में उड़ीसा स्थानान्तरित हो गई है। लोगों द्वारा इलाका छोड़ने में सरकारी अनुदानों का बहुत बड़ा योगदान है, निकाय के क्षेत्र ने 1940-41 में समाप्त होनेवाले तीन सालों में जिला परिषद को औसत 30-842 रु. का योगदान दिया है जिसमें से मुख्य मद उपकर 12,851 रु. थे, सार्वजनिक बाजार की देनदारियाँ लगभग 4,800 रु. पशुओं की बिक्री से प्राप्त पंजीकरण शुल्क 3700 रु. और पशुओं के लिए बने तालाबों से प्राप्त 88,100 रु. थे। इसी अवधि में औसत वार्षिक खर्चे 51,691 रु. थे; और मुख्य मद (लगभग) शिक्षा (26, 700 रु.) तालान (5,800 रु.), सामान्य प्रशासन (7333 रु. के साथ 5,333 अतिरिक्त खर्चे), चिकित्सा (2,159 रु.), टीकाकरण (2,633), पशु-चिकित्सा अनुदान (1,400 रु.) और नागरिक कार्य (1,895 रु.)। आखिरी मद में स्थापना के 730 रु. शामिल हैं, लेकिन 3724 वर्ग मील के विशाल क्षेत्र की सबसे बड़ी जरूरत संचार पर कुछ खर्च नहीं किया गया है। जिला परिषद ने निकाय क्षेत्रों में केवल 41 विद्यालय खोले हैं, यानि प्रत्येक 91 वर्ग मील और 8917 निवासियों पर एक विद्यालय का औसत आता है; बाकी जिलें में यही औसत एक विद्यालय 19 वर्ग मील में और 4,835 निवासियों के लिए आता है। परिषद ने निकाय-क्षेत्रों में शिक्षा पर औसत वार्षिक खर्च प्रति वर्गमील 12 आना, या 7-60 रु. प्रति हजार जनसंख्या रखा है, जो कि जिले में 36 रु. और 141 रु. है। जमींदारी निकाय क्षेत्रों में चिकित्सा और पशु-चिकित्सा पर औसतन खर्च 4892 रु. (लोकाकरण समेत) और 1400 रु. है जबकि बाकी जिले में यही खर्च 14,700 रु. और 4,700 रु. है। जिला परिषद को सरकार द्वारा वार्षिक रूप से 30,610 रुका सामान्य उद्देश्य अनुदान और 84,038 रु. का शिक्षा अनुदान मिलता है। इस क्षेत्र और जनसंख्या-अनुपात को बाकी जिले से संतुलित करते हुए शायद जमींदारी स्थानीय निकाय को इस अनुदान का एक-तिहाई या लगभग

10,000 रु. और 28,000 रु. मिलने चाहिए। इस आधार पर तीन वर्षों की उसकी औसत वार्षिक आय 68,842 हो जाएगी जो उसके खर्चों 17,151 रु. से ज्यादा हो जाएगी। बेशक आंशिक अपवर्जित क्षेत्रों को जिला परिषद के खर्चों में से अपना सही हिस्सा प्राप्त नहीं हुआ है। जमींदारी क्षेत्रों से तुलनात्मक रूप से पिछड़ेपन को देखते हुए इन क्षेत्रों के कम क्षेत्रफल और जनसंख्या के आधार पर प्राप्त होनेवाले हक की बजाय इन पर ज्यादा ध्यान दिए जाने की जरूरत है। इसके अतिरिक्त यहाँ पर यह भी पाया जा सकता है कि जमींदारियों में कम आदिवासी पट्टियों के ज्यादा आदिवासी पट्टियों की तुलना में जिला परिषद से ज्यादा लाभ प्राप्त होते हैं।

421. दुर्ग जिले में उत्तरी जमींदारी स्थानीय निकाय में सात निर्वाचित सदस्य (सहसपुर-लोहारा रियासत से दो और बाकी पाँच रियासतों में से एक-एक), और दक्षिणी जमींदारी स्थानीय निकाय में छह (अम्बागढ़ चौकी से दो, पनबरस और औंधी से संयुक्त रूप से एक बाकी तीन रियासतों में से प्रत्येक से एक); अधिनियम की धारा 5 में संशोधन होने से पहले प्रत्येक निकाय में एक नामांकित सदस्य और निर्वाचित सदस्यों में एक कम हुआ करता था। 1940 के चुनाव असंशोधित अधिनियम के अन्तर्गत हुए। उत्तरी निकाय में उस समय दो आदिवासी (एक जमींदार और दूसरा एक जमींदार का रिश्तेदार) थे और तीन अन्य निर्विरोध जीतकर लौटे थे, दक्षिणी निकाय में खुज्जी से एक आदिवासी निर्विरोध जीतकर लौटा; केवल उत्तरी निकाय के बरबसपुर जमींदारी में संघर्षपूर्ण चुनाव हुआ जहाँ जमींदार का एक आदिवासी रिश्तेदार जीता, और दक्षिणी निकाय के छोन्दी लोहारा जमींदारी में जहाँ दोनों गैर-आदिवासी चुनाव जीते; दक्षिणी जमींदारी के तीन क्षेत्रों में कोई उम्मीदवार चुनाव नहीं लड़ा, और इसलिए धारा 10 के अन्तर्गत दो आदिवासियों और एक गैर-आदिवासी को नियुक्त किया गया। प्रत्येक निकाय की नामांकित सीटों को एक आदिवासी द्वारा भरा गया। इसी वजह से उत्तरी निकाय में सात में से चार सदस्य आदिवासी थे और दक्षिणी में छह में से तीन; पहले के चार आदिवासी सदस्यों में से एक जमींदार और अन्य तीन जमींदारों के रिश्तेदार थे जबकि दक्षिण के तीन आदिवासी सदस्यों में से केवल एक जमींदार था। जमींदार हिन्दूकृत राज-गोंड थे, इसलिए आदिवासियों का वास्तविक प्रतिनिधित्व बहुत कम था।

422. दोनों निकायों ने बैठकों के लिए निर्धारित न्यूनतम संख्या से कुछ ही ज्यादा बैठकें कीं, लेकिन 1939-40 में खत्म होनेवाले तीन सालों में उत्तरी निकाय की 24 में से 7 बैठकें और दक्षिणी निकाय की 22 में से 13 बैठकें कोरम न होने के कारण रद्द कर दी गईं; इन तीन सालों में उत्तरी निकाय के सदस्यों की उपस्थिति का प्रतिशत सिर्फ 48, 46 और 35 रहा है और दक्षिणी निकाय का बेहद कम 14, 10 और 24 रहा है। खराब उपस्थिति के लिए रुचि के कम होने का कारण दिया जाता है; लेकिन एक बेहद प्रभावी योगदान करनेवाला कारण है बेमेतरा और बालोद में तहसील मुख्यालयों से जमींदारियों की दूरी, जहाँ ये निकाय बेमेतरा और संजरी-बालोद के खालसा निकायों के साथ साझा कार्यालय रखते हैं। एक समय जब गन्ढाई और अम्बागढ़-चौकी के जमींदार दो निकायों के अध्यक्ष थे तो वे गन्ढाई और अम्बागढ़ चौकी में मिला करते थे और उनके लिए हर बार तहसील मुख्यालय से लिपिक और रिकार्ड आ जाते थे। यहाँ तक कि यह तथ्य कि अध्यक्ष बेमेतरा और बालोद में नहीं रहते हैं, के कारण कामों के तेज प्रेक्षण में परेशानी आती है, हालाँकि हर अध्यक्ष को अवैतनिक सचिव जो इन स्थानों में से एक जगह पर रहता है, के रूप में नामित किया

जाता है और सचिव को अध्यक्ष की सारी ताकत यहाँ तक कि चैक पर हस्ताक्षर करने को भी दे दी जाती है। दुरूम जिले के अन्य स्थानीय निकायों की तरह इन दोनों निकायों ने भी उनको स्थानीय स्वशासन अधिनियम की धारा 80 (2) के अन्तर्गत बनाए गए आदर्श उपनियमों में बताई गई सारी शक्तियों को सौंप दिया है, लेकिन 700 रु. अधिकतम हैं जो वे मूल कार्य या मरम्मत के लिए स्वीकृत कर सकते हैं, ने बेमेतरा और बालोद निकायों के लिए उन्हीं कर्मचारियों से काम करवाते हैं, लेकिन प्रत्येक के लिए सिर्फ एक चपरासी और उनकी तनख्वाहों के लिए अंशदान नहीं करते। शिक्षा, चिकित्सा राहत और सामान्य उद्देश्यों के लिए मिलनेवाले और प्रतिशत सरकारी अनुदानों में उत्तरी और दक्षिणी निकायों का तर्कसंगत अंश निर्धारित करने का आधार कम जनसंख्या को मानते हुए, उप-आयुक्त ने 1940-41 में समाप्त होनेवाले तीन सालों में दोनों निकायों की आय की औसत गणना करते हुए निम्न आँकड़े दिए हैं–

मद	उत्तरी निकाय रु.	दक्षिणी निकाय रु.
उपकर	4,055	5,091
ब्याज	65	125
पशुओं के बाड़े	1,300	1,550
शिक्षा-अनुदान	3,770	7,540
चिकित्सा-अनुदान	187	374
निजी सहयोग	150	–
निजी बाजारों की फीस	600	27
सामान्य उद्देश्य के अनुदान	1,580	3,160
कुल	**11,707**	**17,867**

उसने जिला परिषद मुख्यालयों की स्थापना की लागत को बाँटने वाले अंशों और दो खालसा स्थानीय निकाय के कार्यालय के कर्मचारियों के खर्च को छोड़ते हुए औसत खर्च निकाला, जो निम्नलिखित है–

मद	उत्तरी निकाय रु.	दक्षिणी निकाय रु.
शिक्षा	3,700	7,500
चिकित्सा और सार्वजनिक स्वास्थ्य	1,282	2,024
पशुचिकित्सा-राहत	1,000	–
बाड़ा	800	833
नागरिक कार्य, मरम्मत	630	535
डाक खर्च	10	30
कुल	**7,422**	**10,922**

ऊपर दिखाई गई खर्चों की मद में जमींदारियों में काम करनेवाले परिषद के कर्मचारियों की तनखाह और भविष्य-निधि अंशदान भी शामिल हैं। यदि इसमें जिला परिषदों और स्थानीय निकाय के कर्मचारियों की तनख्वाहें और भत्ते जोड़ दें तो शायद उत्तरी निकाय का खर्च 1000 रु. और दक्षिणी निकाय का खर्च 2,000 बढ़ जाएगा। अब यह स्पष्ट हो गया है कि दुर्ग की जिला परिषद जमींदारियों पर अपनी आय का एक उचित भाग खर्च नहीं कर रही है। इस तरह कोर्ट ऑफ वार्ड्स के अन्तर्गत पनबरस रियासत द्वारा दक्षिणी जमींदारी में केवल पशु-चिकित्सा राहत उपलब्ध करायी गई है, जिसने उस क्षेत्र में तीन में से एक औषधालय भी उपलब्ध कराया है; जितने के लिए जमींदारी अधिकृत है, उससे कम विद्यालय और अध्यापक उनको मिले हैं, और उनके रास्तों के लिए बहुत कम काम किया गया है। इसके अतिरिक्त जिले के सबसे पिछड़े हुए भाग होने के कारण उनको उन्नत मैदानी क्षेत्रों की अपेक्षा कहीं ज्यादा अनुदान मिलने चाहिए।

423. पहली नजर में इन दो अप्रभावी जमींदारी स्थानीय निकायों को एक स्वायत्त स्थानीय निकाय जिसका मुख्यालय जिले की सर्वोत्तम जगह पर होगा, से प्रतिस्थापित करने का उचित मामला नजर आ रहा है। उपायुक्त ने सुझाव दिया कि इसका मतलब होगा कि सदस्यों को बैठक में भाग लेने आने के लिए लम्बा रास्ता पार करना होगा जो उदासीनता पैदा करेगा, खासतौर पर यदि कार्यालयी पदाधिकारियों के मेलाघाट और खान स्वायत्त स्थानीय निकाय वाले मांडला के अनुवर्ती सुझाव को लागू कर दिया जाए। उसने रायपुर और बिलासपुर के उपायुक्तों की तरह जोर देते हुए कहा कि जिला परिषदों द्वारा अपनी आय का ज्यादा हिस्सा इन पिछड़े क्षेत्रों पर खर्च करने के लिए कहना और सरकार को जिला-परिषदों को दिए जानेवाले अनुपात को स्थिर करने के लिए कहना ताकि ये निकाय अपने पिछड़े क्षेत्रों में अवश्य खर्च करें, एक ठोस समाधान हो सकता है। बाद वाला सुझाव 1935 में रखा गया था और दोबारा मेरी प्रश्नावली में; लेकिन एक बहुत बड़ी राजनीतिक कठिनाई आ रही है कि यद्यपि बेशक यह न्यायोचित है कि इन अनुदानों को उन्नत और पिछड़े क्षेत्रों के बीच पूर्ण विभाजित किया जाना चाहिए, लेकिन यह उन्नत क्षेत्रों में विद्यालय और अन्य सुविधाएँ बंद करवाकर ही हो सकता है जो कि इन अनुदानों द्वारा लम्बे समय से पैसा प्राप्त कर रहे थे। हमें एक तथ्य से आँखें नहीं चुरानी चाहिए कि पिछड़े इलाकों में कार्यकारी अध्यक्ष और सचिवों के अन्तर्गत स्वाय्रत्त निकायों में कुछ निर्वाचित सदस्य नगण्य भूमिका निभाने या फिर अरुचि के साथ आते हैं। अब वे या तो नगण्य होते हैं या उनमें रुचि का अभाव होता है; कार्यालयी पदाधिकारी कम-से-कम देखते हैं कि चीजें हो रही हैं, और वे आर्थिक मामले में इतने सजग होते हैं, कि एक मुख्य लिपिक और विस्तारित कार्यालयों और प्रतिष्ठानों की आवश्यकता नहीं पड़ती है।

424. आज की स्थिति में जिला परिषदों द्वारा आदिवासियों की मदद करने की आशा बहुत कम है क्योंकि उसके पास चुनावों को सुधारने के बहुत कम मौके होते हैं, और चुने जानेवाले सदस्य कभी-कभार ही उपयुक्त प्रभाव, शिक्षा और जिला परिषदों और स्थानीय निकायों की शक्तियों और प्रक्रियाओं को जानने और आदिवासियों के हितों के लिए उचित ध्यान देने के लिए दूसरे सदस्यों को प्रभावित कर सकने की बौद्धिक क्षमता से युक्त होते हैं। 17 अगस्त, 1939 को तत्कालीन प्रधानमन्त्री आदरणीय पंडित आर.एस. शुक्ला ने विधानसभा के प्रश्न संख्या 471 का जवाब देते हुए कहा कि—

"जिला परिषदों में आदिवासी प्रतिनिधियों का नामांकन किया जाना स्थानीय स्व-शासन विभाग द्वारा अनुमोदित कर लिया गया है, लेकिन *जब तक प्रतिनिधि उपयुक्त रूप से शिक्षित नहीं होंगे तब तक मात्र उनकी उपस्थिति के कारण जिला परिषदों द्वारा आदिवासियों के कल्याण के लिए ज्यादा रुचि दिखाना शुरू नहीं हो पाएगा।* आदिवासी क्षेत्रों के लिए स्वायत्त स्थानीय निकायों की स्थापना करना जिसमें सारे सदस्य नामित हों, से सम्बन्धित मामले पर विचार किया जा रहा है।"

तिरछे टाइपवाले शब्द महत्त्वपूर्ण हैं। लगभग प्रत्येक गैर-कार्यालयी सज्जन ने मेरी प्रश्नावली का उत्तर देते हुए सुझाव दिया है कि मताधिकार अपने आप मतदाताओं को इसका मतलब और इसकी ताकत सिखा देता है और निर्वाचित सदस्य को चाहे अशिक्षित ही हो, नामित सदस्य से ज्यादा प्राथमिकता देनी चाहिए, शायद इस सिद्धान्त पर कि 'कुर्सी काम सिखा देती है'। मेरे ख्याल से मेरे मांडला नोट्स में से इस अध्याय के पहले दिए गए उद्धरण इसे गलत सिद्ध कर देते हैं। मेरी प्रश्नावली का जवाब देनेवाले ज्यादातर लोगों का यह सामान्य मत इस पक्ष में था कि आदिवासी प्रतिनिधित्व प्राप्त करने के लिए विशेष कदम उठाए जाने चाहिए। मुख्य तौर पर शायद नामांकन द्वारा, यद्यपि बड़ी संख्या में लोगों ने अति पिछड़े क्षेत्रों के लिए पूरी तरह से नामित सदस्यों वाले स्वायत्त स्थानीय निकायों के पक्ष में भी मत दिया। एक छोटा रूप सुझाव सार्जेंट डी.बी. नायक, एम.एल.ए. ने दिया कि कम-से-कम स्थानीय स्व-शासन अधिनियम की धारा 5 को पूर्ण-संशोधित किया जाना चाहिए ताकि "एक आदिवासी" शब्द "एक हरिजन" के बाद दोनों उपधाराओं (2) और (3) में जोड़ा जा सके। हालाँकि इससे कोई फर्क नहीं पड़ता कि समूह में आदिवासियों की संख्या कितनी ज्यादा है तब भी इससे स्थानीय निकाय में एक आदिवासी की उपस्थिति तो सुनिश्चित करवाई ही जा सकती है, और यह व्यक्ति पहले कुछ चुने हुए या नामित आदिवासी सदस्यों की तुलना में भविष्य में निकाय जिला परिषद से आदिवासियों के लिए कुछ नहीं करवा पाएगा। इसीलिए अति पिछड़े क्षेत्रों में सबसे ज्यादा जरूरी स्वायत्त स्थानीय निकाय हैं।

425. यद्यपि यह नहीं कहा जा सकता है कि ऐसे स्वायत्त निकाय चाहे वो पहले से उद्धृत भूतपूर्व प्रधानमन्त्री के जवाब में शामिल सुझाव के अनुसार पूरी तरह नामित सदस्यों का हो या अभी की तरह कार्यालयी तत्त्व के साथ निर्वाचित तत्त्व रखते हुए हो, स्वशासन के लिए प्रभावी प्रशिक्षण दे पाएगा। स्थानीय समस्याओं में स्थानीय रुचि पैदा कर पाएगा। न ही इस दिशा में बनाए गए एक स्वायत्त निकाय, मेलाघाट निकाय का उदाहरण बहुत उत्साहजनक रहा है। उस निकाय का अध्यक्ष, इलीचपुर का 34. मंडलीय अधिकारी वास्तव में एक उड़ता पंछी था, जो आठ या नौ महीने में शायद ही कभी कार्यालय में आया हो, यहाँ किसी नीति की निरन्तरता नहीं रही, यदि वास्तव में निकाय के प्रशासन के अन्तर्गत कोई नीति रही हो। इसने इस निर्वाचन क्षेत्र में अत्यधिक बहुमत रखनेवाले आदिवासियों या गैर-कार्यालयी सदस्यों जो नगण्य रहे हैं, की बुद्धिसंगत रुचि पैदा नहीं की। चाहे उल्लेख के लिए ही सही, इस निकाय ने किसी तरह एक चीज प्राप्त की है कि यह पिछड़ा हुआ तालुक अपने द्वारा दिए जानेवाले सारे उपकरों और अन्य स्थानीय करों और सरकारी अनुदान के अच्छे खास भाग को अपने क्षेत्र में खर्च कर देता है। यह भी एक अच्छी बात है जो सिरोन्चा स्वायत्त स्थानीय निकाय के बारे में कही जा सकती है, और इसी के परिणामस्वरूप आंशिक रूप से अपवर्जित अहीरी जमींदारी के बावजूद सिरोन्चा में स्थानीय शासन की संस्था ने गढ़चिरौली आंशिक

अपवर्जित जमींदारी में चन्दा जिला परिषद द्वारा आदिवासियों के लिए किए गए काम से कहीं ज्यादा काम करके दिखाया है। हालाँकि सिरोन्चा निकाय के मारिया सदस्य बिल्कुल अशिक्षित और अप्रभावी होते हैं और केवल जमींदारों द्वारा दिए गए यूरोपियन कपड़े और टोपियाँ पहनना सीखते हुए दिखते हैं, इसके बावजूद यदि वो अपने साथी मारिया को नृत्य शुरू करते हुए देखते हैं तो तुरन्त इन्हें उतारकर अपने सामान्य नृत्य के कपड़ों में आ जाएँगे!

426. सम्पूर्णता में, मेरा सोचना है कि वर्तमान समय में पिछड़े क्षेत्रों के लिए स्वायत्त स्थानीय निकायों के विचार को आगे बढ़ाया जाना चाहिए। जिला परिषदों के द्वारा ऐसे क्षेत्रों को प्रशासित करते रहने और करों और सरकारी अनुदानों से प्राप्त आय में से एक स्थिर अनुपात उन पर खर्च कर देने से जिला परिषदों के पदाधिकारी और तत्कालीन सरकार दोनों राजनीतिक कठिनाई में पड़ जाएँगे, क्योंकि मैदानी क्षेत्रों के मतदाताओं को पिछड़े क्षेत्रों के मतदाताओं की तुलना में कहीं ज्यादा राजनीतिक प्रभाव के कारण लम्बे समय तक लुभाए रखना पड़ता है। इसके अतिरिक्त जहाँ हम वर्तमान पैटर्न पर चुने गए स्थानीय निकायों में संख्यात्मक रूप से ज्यादा आदिवासी तत्त्वों को प्रशासन चलाने को बिल्कुल असमर्थ पाते हैं, ऐसा हम डिंडोरी स्थानीय निकाय में देख चुके हैं जहाँ प्रशासन गैर-आदिवासी सदस्यों या कार्यालयी कर्मचारियों के नियन्त्रण में था। मैदानी क्षेत्रों में स्थानीय सरकारी संस्थाओं का अनुभव रखनेवाले सैकड़ों लोग होंगे! आदिवासी क्षेत्रों में प्रायः नहीं होते हैं सिवाय कुछ जमींदारों या उनके रिश्तेदारों के, इसमें से जमींदारी क्षेत्रों में भी स्थानीय निकायों में एकाधिकार बनाए रखने के मौके लगातार कम होते जा रहे हैं। मैदानी क्षेत्रों में स्थानीय सरकार में प्रशिक्षण, कार्यालयी अध्यक्ष और सदस्यों के साथ काम के दो या तीन कार्यकालों के बाद विस्तारित हुआ है। केन्द्रीय प्रान्त में स्थानीय सरकार को पूर्ण गठित करने में सबसे बड़ी समस्या जिले के अधिकारियों और जिला परिषद के अधिकारियों के बीच पुराना व गहरा सम्पर्क पूर्ण जीवित करना है। यह स्थानीय स्वशासन के अन्तिम मन्त्री के प्रस्ताव को पीछे धकेल देता है। यह भी तर्क दिया जा सकता है कि पिछड़े क्षेत्रों में नामांकित स्वायत्त स्थानीय निकायों के लिए यह हमेशा सम्भव है कि अनिच्छुक गैर-आदिवासी ढूढे जाएँ जो योग्य हों और निकाय का प्रशासन चलाना चाहते हों। लेकिन गैर-कार्यालयी सदस्यों की प्रायः कमाने के लिए अपनी जीविका होती है और वे हमेशा निकाय द्वारा नियन्त्रित क्षेत्रों के सभी भागों के इतना करीब नहीं हो सकते हैं जितना कि तहसील, उपमंडल या जिले का राजस्व अधिकारी। मेरा विश्वास है कि यह सभी तरह से श्रेष्ठ होगा कि स्वायत्त स्थानीय निकाय का अध्यक्ष, क्षेत्र के सरकारी प्रशासन के प्रभाव के साथ स्थायी सरकारी अधिकारी होना चाहिए; और मैं सुझाव दूँगा कि सामान्य तौर पर यह तहसीलदार होना चाहिए, सिवाय मेलाघाट की तरह के विशेष मामले के, जहाँ निकाय की बैठक के लिए बेहतर केन्द्र इलीचपुर है या फिर तहसीलदार के मुख्यालय घरती, या नायब-तहसीलदार के मुख्यालय चिकाल्दा में, या जब निकाय द्वारा प्रशासित किया जानेवाला क्षेत्र एक से ज्यादा तहसील में आता है। ऐसे निकाय जो आंशिक अपवर्जित क्षेत्र के बाहर होते हैं, को रायपुर और दुर्ग जैसे जमींदारी स्थानीय निकायों द्वारा प्रशासित क्षेत्रों के लिए सुझाव दिया गया। मैं बिलासपुर जमींदारी स्वायत्त स्थानीय निकाय क्षेत्र में से चम्पा जमींदारी जो आंशिक अपवर्जित नहीं है और बाकी क्षेत्र से ज्यादा उन्नत है, को अलग करना चाहूँगा ताकि यह पूर्ण रूप से बिलासपुर जिला परिषद के अन्तर्गत जांजमीर स्थानीय निकाय के साथ सरलता से जोड़ी जा सके। इस निकाय

का अध्यक्ष उप-मंडलीय अधिकारी को बनाना चाहिए क्योंकि दो जमींदारियाँ बिलासपुर तहसील में हैं, लेकिन काठघोड़ा का तहसीलदार उपाध्यक्ष और सचिव होना चाहिए। दुर्ग के दोनों जमींदारी स्थानीय निकाय जैसे हैं, शायद वैसे ही रहें लेकिन इन्हें बेमेतरा और बालोद के तहसीलदारों की अध्यक्षता के अन्तर्गत स्वायत्त बनाया जाना चाहिए। मेरा सुझाव है कि चन्दा जिले में सिरोन्चा स्थानीय निकाय को समाप्त कर और सिरोन्चा के खालसा वाले भाग को चन्दा जिले के शेष भाग के साथ मिला देना चाहिए; गढ़चिरौली और सिरोन्चा तहसील की सभी आंशिक अपवर्जित जमींदारियों के साथ गढ़चिरौली तहसील में स्थानान्तरित हो चुकी अहीरी जमींदारी के गाँवों, जिन पर सदेह है कि वे कानूनी रूप से आंशिक अपवर्जित हैं या नहीं, को चन्दा और अहीरी में मुख्यालय के साथ एक स्वायत्त स्थानीय निकाय के अन्तर्गत लाना चाहिए। अपनी उपेक्षा के लिए छिन्दवाड़ा जिला परिषद की तीखी आलोचना करनेवाली छिन्दवाड़ा जागीर का अपना एक निकाय होना चाहिए जिसका मुख्यालय तामिया या परसिया में जागीरों के प्रभारी उपमंडलीय अधिकारी की अध्यक्षता में हो। मेरी बालाघाट रिपोर्ट के पैराग्राफ 161-163 में बैहर तहसील का मामला उठाया गया है, लेकिन मैं अब सोचता हूँ कि बैहर स्वायत्त स्थानीय निकाय का अध्यक्ष तहसीलदार होना चाहिए, चूँकि वह हमेशा क्षेत्र में रहता है। बैतूल जिले में भैंसदेही को भी समान स्वायत्तता मिलनी चाहिए। मांडला में एक जिला परिषद काम कर रही है जिसमें आदिवासी तत्त्वों का कम प्रतिनिधित्व और कार्यकारी में कम स्थान है। यहाँ पर यह पश्चगामी बात होगी कि वापस एक शुद्ध नामित निकाय की तरफ लौटा जाए। लेकिन यहाँ पर उपायुक्त, जो जिला परिषद का अध्यक्ष होता है और मांडला और डिंडोरी निवास का तहसीलदार, जो इन दोनों स्थानीय निकायों का पदेन अध्यक्ष होता है और जिला परिषद व तीनों स्थानीय निकायों में बढ़ रहे नामित तत्त्वों के बारे में अभी बहुत कुछ कहा जाना बाकी है।

427. जब कोई तहसीलदार या उपमंडलीय अधिकारी किसी स्थानीय निकाय का पदेन अध्यक्ष हो तो उसको उपमंडलीय अधिकारी या उपायुक्त के अधीनस्थ काम करनेवाले के समान तरजीह दी जानी चाहिए और इन वरिष्ठ अधिकारियों को होनेवाली किसी भी बैठक में अध्यक्षता करने के लिए यदि वे उपस्थित हैं तो अधिकृत किया जाना चाहिए। जहाँ तक सम्भव हो कार्यालय के अलग-अलग कर्मचारी रखे जाने से बचना चाहिए और स्थानीय निकायों के काम को एक या दो तहसील लिपिकों या इस उद्देश्य के लिए तहसील के स्टाफ में जोड़े गए विशेष लिपिक द्वारा कराया जाना चाहिए। स्थानान्तरित किया गया कोई भी काम जैसे कि जागीरी भाग में छिन्दवाड़ा-नरसिंहपुर सड़क और हराई और वतकाखापा में सरकारी भवन के निर्माण कार्य को लोक निर्माण विभाग को दोबारा हस्तान्तरित कर देना चाहिए ताकि इस तरह एक क्षेत्र में इंजीनियरिंग स्टाफ के दोहराव और पिछड़े क्षेत्रों में स्थानीय निकायों द्वारा अलग इंजीनियरिंग उपविभाग को खोलने के खर्चों से बचा जा सके। स्वायत्त स्थानीय निकायों की तरफ से किया जानेवाला कोई काम जहाँ तक सम्भव हो सके लोक निर्माण विभाग पर्यवेक्षण-शुल्क, जो हो चुका है की आसान शर्तों पर या वन विभाग द्वारा किया जाना चाहिए। सामान्य तौर पर देखा जाए तो अलग-अलग सचिवों की जरूरत नहीं पड़ेगी क्योंकि तहसीलदार और उनके नायब पर्यवेक्षण और निरीक्षण के प्रभारी होंगे; जो पहले से ही उपकर और विद्यालयी दरें वसूल कर रहे हैं। यदि यहाँ पर कोई निर्वाचित तत्त्व हो तो उसे मांडला जिले के अतिरिक्त वर्तमान समय के लिए गैर-आदिवासियों का प्रतिनिधित्व करना चाहिए।

428. मेरे विचार से पिछड़े क्षेत्रों में स्थानीय सरकारी विकास का यह एक अस्थायी चरण है। अपनी बालाघाट रिपोर्ट (पैराग्राफ 160 से 163 तक) में मैं पहले ही सुझाव दे चुका हूँ कि मताधिकार का अर्थ समझाने के लिए प्रशिक्षण देने का सबसे बेहतर तरीका अप्रत्यक्ष निर्वाचन की व्यवस्था को विकसित करना हो सकता है जिसमें मतदाता क्षेत्रीय पंचायतों के निर्वाचित पंच होने चाहिए। इस पर मैं थोड़ी देर बाद लौटूँगा। यह भी सुझाव दिया जा सकता है कि वर्तमान ग्राम पंचायत अधिनियम वह सब कर सकी है जो जरूरी है, तब हमें आदिवासी क्षेत्रों में इसकी प्रक्रियाओं को जाँचना चाहिए। इस रिपोर्ट के अन्त में दिए गए परिशिष्ट-एन में दी गई तालिका के आँकड़े यह दिखाते हैं कि अधिनियम आदिवासी क्षेत्रों में व्यावहारिक रूप से उपयोगी नहीं है। यह तालिका मेरी प्रश्नावली द्वारा प्राप्त जवाबों को एकत्रित करके बनाई गई है, सिवाय बिलासपुर और सिहोरा जिलों को छोड़कर जहाँ से कोई जवाब प्राप्त नहीं हुआ। प्रान्त में बहुसंख्यक आदिवासियों वाले गाँवों में केवल 40 पंचायतें थीं, जिसमें से 15 के अच्छा काम करने के बारे में कहा जा सकता है यहाँ पर भी केवल सात सरपंच और 85 पंच आदिवासी थे यद्यपि इन पंचायतों के सदस्यों की कुल संख्या 500 से कम नहीं होगी। ऐसे गाँव जहाँ आदिवासी बहुसंख्यक नहीं हैं की ग्राम पंचायतों की संख्या 821 थी, जिसमें से तीन के सरपंच आदिवासी थे; और उनके शायद 10,000 सदस्यों में से केवल 100 ही आदिवासी सदस्य थे। यह एकदम स्पष्ट है कि यह अधिनियम आज की स्थिति में पिछड़े क्षेत्रों में व्यावहारिक रूप से अनुपयोगी है। बहुत बड़े क्षेत्रों में फैले गाँव छोटे-छोटे और एक दूसरे से काफी दूर और सुदूर आदिवासी क्षेत्रों में अपने आप सामान्य तौर पर पल्लियों (उपग्रामों) या धन में बँटे होते हैं। सामूहिक पंचायतों द्वारा प्रशासन के लिए गाँवों को एक साथ बड़ी इकाइयों में समूहबद्ध करने के कुछ प्रयास किए गए, वर्तमान अधिनियम के अन्तर्गत एक स्पष्ट आपत्ति यह है कि समूहबद्ध किए गए प्रत्येक गाँवों का प्रत्येक स्थानिक मुकद्दम या मुकद्दम गुमाश्ता कानूनी रूप से पदेन पंच होना चाहिए, ताकि एक साथ ऐसी सामूहिक पंचायतों में बड़ी संख्या में ऐसे तत्त्वों को शामिल किया जा सके जो ना तो मतदाताओं द्वारा चुने गए हैं और ना ही योग्यता और प्रभाव को ध्यान में रखकर नामित किए गए हैं; गुमाश्ता सदस्य अध्याय में वर्णित नगण्य गैर-आदिवासियों या आदिवासियों में से हो सकता है। चुनाव द्वारा भरे जाने के लिए कुछ सीटें भी छोड़ी जाती हैं बेहद थोड़ी ताकि आदिवासी इन पर कब्जा जमाने में समर्थ हो सके। वित्त की कमी और इस अधिनियम के अन्तर्गत गाँववालों पर कर लगाने की अनिच्छा के कारण औसत ग्राम पंचायतों द्वारा बेहद थोड़ा प्रशासनिक काम किया गया है; मैसूर राज्य और भारत के कुछ अन्य भागों के उदाहरण और करदाताओं को अपना पंचायत-कर चुकाने की बजाय शौचालय सम्बन्धी और गाँव की बेहतरी के लिए अन्य कामों को वर्ष में कुछ दिन बेगारी मजदूरी करने देने की अनुमति देकर इसका एक सम्भावित उपाय खोजा जा सकता है। इस सुझाव का पक्ष इस बिन्दु पर मेरे सवालों के ज्यादातर जवाबों में लिया गया। पिछड़े क्षेत्रों में वर्तमान अधिनियम और नियमों के लिए सबसे मुश्किल गाँव की न्यायपीठ और न्यायालयों में आए मामलों के न्यायिक निर्णयों और कार्यवाहियों के लिखित रिकार्डों की जरूरत और लेखा और कार्यवाहियों को दर्ज करने की है। दिए गए जवाबों में आमतौर पर यह सहमति थी कि यदि प्रत्येक आदिवासी ग्राम पंचायत में पंचायती निर्णयों को सुरक्षित रखने की व्यवस्था हो जाए तो मामले के रिकार्ड गायब हो जाएँगे, निर्णयों और इसे लागू करने के सभी रिकार्ड जो चाहिए, बस्तर की तरह,

गाँव के चौकीदार की पुलिस स्टेशन में साप्ताहिक, पाक्षिक या मासिक यात्रा के आधार पर दी गई रिपोर्टों को बहुत आसानी से पुलिस स्टेशन में रखे रजिस्टर में सरलता से रखा जा सकता है। एक बात स्पष्ट है; वर्तमान ग्राम न्याय पीठें और न्यायालय उतने ही भयंकर विलम्बकारी हैं जितने कि पुराने अवैतनिक न्यायाधीशों वाले न्यायालय हुआ करते थे और कई गाँवों में तो पंचों के वकील लम्बे और थकाऊ निर्णयों को लिखना पसन्द करते थे। साथ ही अक्सर कोई पंच पक्षपाती होने के कारण या किसी पक्ष के खिलाफ होने के कारण देर करता है, क्योंकि तब उपायुक्त द्वारा गाँव की न्यायपीठों और न्यायालयों के निर्णयों को रद्द करवाने के लिए कोशिशें की जाती हैं। मैं पहले ही* सुझाव दे चुका हूँ कि सभी साहूकारों को किसी भी न्यायपीठ या न्यायालय का सदस्य होने के अयोग्य माना जाए। यह मेरे मांडला नोट्स में स्पष्ट किया गया है कि आदिवासियों की एक सबसे बड़ी कठिनाई (और शिकायत) दूरी है जिसमें उसे राजस्व और आपराधिक मामले में न्याय पाने के लिए पिछड़े क्षेत्रों में तहसीलदार तक जाना पड़ता है और इसके बाद भी सिविल न्यायालयों और कर्जों से राहत के लिए उसे काफी दूर जाना पड़ता है। इसीलिए मैंने सिविल न्यायिक शक्तियों वाले क्षेत्र को राजस्व अधिकारियों को स्वतन्त्र रूप से प्रदान करने, कैम्प में सिविल मामलों की सुनवाई करने, कर्ज राहत के न्यायालयों के दौरों और बम्बई मामलातदार न्यायालय अधिनियम के आधार पर कानून बनाने की वकालत की है। हालाँकि ये सब चीजें पिछड़े क्षेत्रों में तुरन्त, सरसता और ज्यादा सहानुभूतिपूर्ण न्याय पाने की समस्या के केवल एक छोटे हिस्से को छू पाएँगी। इसीलिए दूसरी प्रश्नावली में मैंने यह पता लगाने के लिए तीन प्रश्न तैयार किए कि वैधानिक पंचायतों और न्यायालयों के बावजूद किस प्रकार जाति और जनजातीय पंचायतें, गाँव और मुखिया द्वारा संयोजित और अध्यक्षता की जाती है, और अभी भी बिना न्यायालयों की शरण लिए वैवाहिक, आपराधिक, सिविल और अन्य विवाद निपटाए जाते हैं। बस्तर राज्य में इस तरह की शक्तिशाली संस्थाओं को बचाए रखने के कारण यह सम्भव हो पाया कि नियम बनाकर अधिकारिक तौर पर ऐसी ग्राम समुदाय की पंचायतों को सभी सरल आपराधिक मामलों, वैवाहिक और मानहानि के मामलों के साथ सभी सरल सिविल मामलों के अधिकार-क्षेत्र को सौंप दिया जाए। न्यायालयों का काम कम करने और लोगों का अपनी संस्थाओं और न्याय के प्रशासन में विश्वास बढ़ाने में इस परिणामों की बेहद आश्चर्यजनक भूमिका रही है; उन क्षेत्रों में भी जहाँ गैर-आदिवासी व्यापारियों और गाँव के पट्टेदारों या काश्तकारों की प्रभावी उपस्थिति के कारण यह पहली बार में ही आवश्यक हो गया कि गाँव और परगना पंचायतों (गाँव के निर्णयों पर परगना की एक अपील है) के अधिकार-क्षेत्र को सीमित किया जाए, बाद में गैर-आदिवासियों द्वारा खुद प्रार्थना करके इन प्रतिबन्धों को हटा दिया गया।

429. 1911 की प्रान्तीय जनगणना रिपोर्ट के पृष्ठ संख्या 139 में वर्णित जनजातीय मुखिया और पंचायती व्यवस्था, जो कि चन्दा जिले के माड़िया लोगों में लागू की गई है, का उदाहरण अपनी प्रश्नावली में दिया था, और पूछा था कि क्या ऐसी व्यवस्था वहाँ पर या प्रान्त के किसी अन्य भाग में अभी भी लागू है; वहाँ दिए गए तथ्यों को मैंने इस रिपोर्ट के परिशिष्ट-ओ में दोबारा दिया है। उन क्षेत्रों के बारे में बताने से पहले जहाँ पूछताछ यह बताती है कि वहाँ अभी भी इस तरह की एक शक्तिशाली जनजातीय व्यवस्था है, मैं अपनी

* देखिए पैराग्राफ 234।

बालाघाट रिपोर्ट के पैराग्राफ 158 में उद्धृत श्री कन्हैयालाल, एम.एल.ए. के शब्दों, जो बेहद निश्चय के साथ हैं, पर एक बेहद मनपसन्द तरीके से टिप्पणी करना चाहूँगा–

> "पंचों पर अब भरोसा नहीं किया जाता है, और यह विश्वास किया जाता है कि वे किसी एक पक्ष या दूसरे के प्रति पूर्वाग्रहित हैं। पुरानी कहावत 'पंच परमेश्वर है' आदिवासियों के बीच में थी, अब विश्वास की वस्तु नहीं रह गई है।"

साथ ही वर्तमान प्रान्तीय ग्राम पंचायत अधिकारी ने पाया है कि तथाकथित जनजातीय पंचायतें अब अपनी प्रतिष्ठा खो चुकी हैं और आदिवासियों के बीच बहुत कम प्रभाव पैदा करती हैं। वह सुझाव देते हैं कि चन्दा जिले में गोंड जमींदारों ने कुछ हद तक मुखिया का स्थान हथिया लिया और अपने आप कुछ मामलों को निपटा दिया और ऐसी पंचायतों ने साधारण वैवाहिक और मानहानि और जनजातीय रिवाजों के उल्लंघन के मामलों को छोड़कर कोई सिविल अभियोग या आपराधिक मामले पर निर्णय नहीं किया। उसने बताया कि चूँकि मुखिया और बुजुर्ग निश्चित रूप से अशिक्षित और संकीर्ण दिमाग के होते थे, उनके निर्णय भी संतोषजनक नहीं होते थे। उसने सुझाव दिया कि मुखिया और बुजुर्गों को अधिकार क्षेत्र सौंपने के बजाय कोशिश की जानी चाहिए कि उनको ग्राम पंचायत अधिनियम के अन्तर्गत पंचायतों में लाया जा सके। ऐसे सिविल और आपराधिक मामलों की वास्तविक संख्या, जिसमें आदिवासी, किसी पक्ष के रूप में होते हैं, मेरी पहली प्रश्नावली के जवाबों में से इकट्ठा की गई है। मालगुजारों द्वारा असंशोधित काश्तकारी अधिनियम (हमेशा राजस्व अधिकारी द्वारा सिविल शक्तियों के साथ इसका प्रयोग करने की कोशिशें की गईं) के अन्तर्गत लगाए गए लगान के अभियोगों के अतिरिक्त आश्चर्यजनक रूप से आदिवासियों ने प्रान्त के किसी भी हिस्से में सिविल न्यायालयों का बहुत कम प्रयोग किया। उदाहरण के लिए 1938-39 में पूरे प्रान्त में सिविल न्यायालयों में आदिवासियों के बीच केवल 31 उत्तराधिकार के मामले, 2 बँटवारे के मामले, 9 मानहानि के मामले और 39 मामले भगाकर ले जाने और व्यभिचार के कारण होनेवाले नुकसान की क्षतिपूर्ति के लिए आए। पूरे प्रान्त के सभी न्यायालयों में इन्हीं दो सालों में जहाँ तक वैवाहिक और मानहानि श्रेणियों के अन्तर्गत आपराधिक मामलों की बात है तो धारा 366 के अन्तर्गत 47 मामले, 366 और 366- के अन्तर्गत कोई मामला नहीं, धारा 497 के अन्तर्गत 329 मामले, धारा 498 के अन्तर्गत 7 मामले, और भारतीय दंड संहिता की धारा 500 के अन्तर्गत 126 मामले और दंड प्रक्रिया संहिता की धारा 448 के अन्तर्गत 4 मामले और धारा 552 के अन्तर्गत एक मामला सामने आया। धारा 497 के अन्तर्गत ज्यादातर मामले मांडला और दुर्ग जिले से आए, और दुर्ग जिला, भारतीय दंड संहिता की धारा 500 के अन्तर्गत मानहानि के 53 मामलों के लिए भी जिम्मेदार है। बेशक ये मामले वास्तव में होनेवाले मामलों की संख्या का बहुत थोड़ा-सा भाग हैं क्योंकि आज की तारीख में भी ज्यादातर मामले जनजातीय पंचायतों द्वारा निर्णीत किए जा रहे हैं। असली बात यह है कि इन अनाधिकारिक संस्थाओं द्वारा भारत के विधिशास्त्र को व्यवस्थित रूप से कम महत्त्व देने या अनदेखी करने का मामला बहुत लम्बे समय से यानि ब्रिटिश भारत में नियमित न्यायालयों की पहली स्थापना के दिनों से चल रहा है; यह बात इस प्रान्त और अन्य प्रान्तों के न्यायालयों के विकास के इतिहास का अध्ययन करनेवाले किसी भी व्यक्ति को स्पष्ट हो जाएगी, और इससे पहले के प्रशासकों, जैसे कि इस प्रान्त में जेनकिंस मेल्काम और टेम्पल के गम्भीर प्रयासों की वकीलों के विरोध के कारण असफलता, जो इस बात पर जोर देते

थे कि पंचायतों द्वारा गाँव के सारे छोटे विवादों या सिविल और आपराधिक मामलों को निपटाने में इनका जहाँ तक हो सके, ज्यादा से ज्यादा प्रयोग करना चाहिए, और ज्यादा महत्त्वपूर्ण मामलों में मध्यस्थ पंचायतों से सन्दर्भ समझने के लिए उपयोग किया जाना चाहिए।

430. इस अध्याय की मुख्य विषयवस्तु से थोड़ा हटते हुए मैंने अपनी विधि और न्याय से जुड़ी पहली प्रश्नावली में आदिवासी विचारों और व्यवहार को ज्यादा से ज्यादा ध्यान में रखते हुए वर्तमान वैतनिक न्यायालयों की प्रक्रिया को बनाने के लिए कुछ सुझाव प्रस्तुत किए थे। उत्तराधिकार और अन्य मामले में एक मुख्य परेशानी जो आदिवासियों को हैरान कर देती है जजों, मजिस्ट्रेटों और वकीलों के साथ-साथ आदिवासी कानूनों और रिवाजों के प्रति उपेक्षा का भाव है। यह स्थापित हो चुका है कि ज्यादातर आदिवासी हिन्दू नहीं हैं और इसलिए हिन्दू कानूनों से सम्बन्धित नहीं हैं, जहाँ तक इससे बचे रहने का सवाल है हमेशा यह साबित किया जा सकता है कि परिवार ने हिन्दू कानूनों के किसी खास स्वरूप को स्वीकार कर लिया है। इसी वजह से जब इस तरह का मामला न्यायालय के सामने आता है, ज्यादातर वकील अपने केस में मदद पाने के लिए राह साबित करने या न साबित करने की कोशिश करते हैं कि उनके मुवक्किल के परिवार ने हिन्दू कानूनों का स्वरूप स्वीकार कर लिया है। जनजातीय कानूनों और रिवाजों को निर्धारित करनेवाला कोई आधिकारिक काम नहीं हुआ है, और 2 रोल और हीरालाल की 'ट्राइब्स एंड कास्ट्स ऑफ द् सेन्ट्रल प्राविंसेस' में विभिन्न जनजातियों पर इस विषय में लिखे गए लेखों की टिप्पणियाँ काफी अपूर्ण हैं और किसी खास क्षेत्र की रिपोर्ट का सामान्यीकरण करने की कोशिश की गई है। यह कोई आसान काम नहीं है कि जनजातीय प्रथागत कानूनों की कोई स्थिर ढाँचा खड़ा किया जा सके। इसके लिए पूरे प्रान्त में वंशावलिक और अन्य प्रणालियों की मदद लेते हुए प्रशिक्षित जाँचों द्वारा कई सालों तक ब्यौरेवार मानवविज्ञानी जाँच करनी होगी, इसके साथ ही ब्रिटिश शासन के अन्तर्गत आने के बाद से की गई विभिन्न व्यवस्थाओं के रिकार्ड के आधार पर एक औसत आदिवासी को अपने तात्कालिक पूर्वज की तुलना में कुख्यात दोषपूर्ण याददाश्त को भी इसके समय जोड़ना होगा। श्री वेरियर एल्विन की 'द बैगा' में कानून पर बैगा लोगों के विचारों पर अन्याय है; और मेरी पुस्तक 'द् माड़िया गोंड्स ऑफ बस्तर' के अध्याय में कुछ पृष्ठों पर माड़िया कानूनों और रिवाजों को नियन्त्रित करनेवाले कुछ सिद्धान्त बताए गए हैं। एक स्थान पर एक जनजाति की ही जाँच करने के बावजूद मैं ऐसी जाँचों में आनेवाली कठिनाइयों को जानता हूँ; विभिन्न क्षेत्रों की विभिन्न जनजातियों में हिन्दूकरण की अलग-अलग मात्राओं को जानने के लक्ष्य में कई सालों की जाँच शामिल होगी : आधुनिक परिस्थितियों के प्रभाव के कारण जनजातीय लोगों के दृष्टिकोण में इतनी तेजी से परिवर्तन हो सकता है कि जाँच की शुरुआत में जो सच था, वह अन्त तक आते-आते सच न रह जाए। यही कारण है कि मैं सिविल मामलों की मध्यस्थ पंचायतों के सन्दर्भों का काफी सहारा लेने की इच्छा होने, जिसमें जनजातीय कानूनों और रिवाजों पर होनेवाले निर्णय भी शामिल हों, पर काफी जोर देता हूँ। मैंने प्रश्नावली संख्या एक के प्रश्न संख्या 8 में यह सुझाव दिया है कि भारतीय दंड संहिता और दंड प्रक्रिया संहिता के अन्तर्गत कुछ ऐसे प्रावधानों को सिविल प्रक्रिया और वैवाहिक व मानहानि के मामले दोनों में स्वीकार किया जाए ताकि आदिवासी लोग बेहतर और जल्द न्याय प्राप्त कर सकें और जैसे कि मद्रास सरकार द्वारा उस प्रान्त में विभिन्न संस्थाओं के क्षेत्रों में

सिविल प्रक्रिया को नियमित करने के लिए अनुसूचित जिला अधिनियम के अन्तर्गत बनाए गए संस्थाओं के नियमों को नीचे उद्धृत किया गया है–

"45. (1) जब किसी मामले को बिना न्यायालय के हस्तक्षेप के मध्यस्थ को दे दिया जाता है और उस पर एक पंचाट बैठा दिया जाता है तो पंचाट में रुचि रखनेवाला कोई व्यक्ति न्यायालय में अपील कर सकता है जो पंचाट की विषयवस्तु के आधार पर न्यायालय के अधिकार-क्षेत्र में आता है कि पंचाट को न्यायालय में प्रस्तुत किया जाए।

(2) (क) आवेदन लिखित में दिया जाएगा, और आवेदन को वादी और दूसरे पक्ष को प्रतिवादी मानकर उनके बीच अभियोग को पंजीकृत और संख्यांकित किया जाएगा।"

(ख) (न्यायालय-शुल्क के बारे में है, और इसमें काफी सुधार की जरूरत है।)

(3) न्यायालय आवेदक को छोड़कर, सभी पक्षों को मध्यस्थता के लिए सूचना भेजेगा कि वे एक बताए गए समय में कारण बताएँ कि क्यों न पंचाट को न्यायालय में प्रस्तुत किया जाए।

(4) जब न्यायालय सन्तुष्ट हो जाए कि मामला अब मध्यस्थता के लिए दे दिया गया है और उस पर एक पंचाट गठित हो गया है, तो न्यायालय पंचाट को आदेश देगा कि वह इसे प्रस्तुत करे और पंचाट के अनुसार निर्णय सुनाने के लिए कार्यवाही करे, यदि पंचाट गैर कानूनी या बाहरी तौर पर दोषपूर्ण या किसी पक्ष की धोखेबाजी से दूषित होने या मध्यस्थ के भ्रष्टाचार या दुर्व्यवहार का मामला न हो।

(5) दिए गए निर्णय पर एक डिग्री दी जाएगी, इस डिग्री पर कोई अपील नहीं सुनी जाएगी सिवाय यदि डिग्री पंचाट के अधिकार क्षेत्र के बाहर और उसके अनुसार न हो।"

"46. (क) जब कभी भी यह न्यायालय के सामने आएगा, जिससे पहले यह अभियोग न्यायालय के समक्ष प्रस्तुत किया गया हो या जिसमें एक अभियोग हस्तांतरित या वापस लौटाया गया हो, क्योंकि विषय विवादित है और अभियोग का कोई मुद्दा मध्यस्थता से सन्दर्भ लेने के लिए उपयुक्त है, तो न्यायालय इस अभियोग या मुद्दे को तीन या पाँच सदस्यों जैसा भी न्यायालय निश्चित करे, की पंचायतों के समक्ष मध्यस्थता के लिए भेज सकता है। यदि पंचायतदारों की संख्या तीन है तो न्यायालय की सहमति से प्रत्येक पक्ष एक व्यक्ति चुन लेगा और तीसरा व्यक्ति जो अध्यक्ष होगा न्यायालय द्वारा चुना जाएगा। यदि पंचायतदारों की संख्या पाँच है तो चार लोग न्यायालय द्वारा बनाए गए तरीके से अभियोग के विषय में अलग-अलग और विरोधी हितों के साथ पक्षों द्वारा चुने जाएँगे, और पाँचवाँ व्यक्ति जो अध्यक्ष होगा, न्यायालय द्वारा चुना जाएगा। पंचायत का निर्णय न्यायालय के सामने राजीनामे की शक्ल में प्रस्तुत किया जाएगा। तब न्यायालय अपने आपको सन्तुष्ट करने के बाद कि राजीनामे की शर्तें दोनों पक्षों को भलीभाँति पता लगा गई हैं, उस पर एक डिग्री जारी करेगा, जिसके अनुसार न्यायालय कारणों को दर्ज करके पंचायतों के ऐसे निर्णयों को अस्वीकार कर सकता है जो स्पष्ट तौर पर अन्यायपूर्ण या निष्कर्षहीन लगते हों।

* * *

"53. इन नियमों में कहीं पर भी नियम 45 (5) के अन्तर्गत पंचाट के अनुसार या नियम (46) के अन्तर्गत राजीनामा के अनुसार स्वीकार की गई डिक्री पर कोई अपील करने को अधिकृत नहीं किया गया है। "

इस सुझाव को न्यायिक सेवा और बार के सदस्यों का व्यापक समर्थन मिला।

431. अन्य सुझाव प्रश्नावली एक के प्रश्न संख्या 9 में दिए गए हैं कि आदिवासी गवाहों के पवित्र प्रतिज्ञा लेने के मामले में कम मूल्य जुड़े हैं, जो कि लगभग निश्चित रूप से शपथ अधिनियम के अन्तर्गत गवाहों को नियन्त्रित करने का एकमात्र तरीका है। जवाब यह बताते हैं कि शपथ अधिनियम के प्रावधानों की आदिवासियों के मामले में कुछ प्रयोग किया गया और अनुमति दी गई कि "लोगों के बीच सामान्य रूप से शपथ का कोई सबूत किसी पक्ष या गवाह द्वारा न्यायिक कार्यवाही में दिया जाए, या उसकी जाति या सम्प्रदाय की मान्यताओं का वास्ता देकर और न्याय के प्रति प्रतिकूल न होकर"; और न्यायालयों को यह अनुमति देकर कि वह किसी पक्ष या गवाह से कहे कि क्या वे विरोधी पक्ष द्वारा प्रस्तावित शपथ लेंगे, और न्यायालय को यह माँगने का अधिकार यदि वह प्रस्ताव को दर्ज करने से मना कर दे "कार्यवाही के अंग के रूप में, प्रस्तावित शपथ या प्रतिज्ञा की प्रकृति के अतिरिक्त तथ्य यह है कि उससे कहने पर उसने माना या अस्वीकार किया"। कई जजों ने कई मामलों का जिक्र किया है जिसमें आदिवासियों ने एक विशेष प्रकार की शपथ ग्रहण करने की चुनौती स्वीकार करके मुकदमे जीत लिए। सामान्य तौर पर कहा जाए तो आदिवासियों या किसी आदिवासी क्षेत्र में इस प्रकार की विशेष शपथ लेने के प्रस्ताव को न्यायालय को उसके 'स्व विवेक' पर अधिकृत करने के लिए शपथ अधिनियम में संशोधन के लिए व्यावहारिक उत्तरों का पक्ष मिला है, और मैं अनुशंसा करता हूँ कि कार्यवाही तद्नुसार हो।

432. जनजातीय पंचायतों पर लौटते हुए चन्दा जिले में मेरी अपनी जाँच यह दिखाती है कि इस रिपोर्ट के परिशिष्टों में वर्णित किए गए सेथिया और पट्टी व्यवस्था लगभग बिना कम-ज्यादा हुए स्थानीय माड़िया आदिवासियों में चल रही है, और इसीलिए अहीरी जमींदारी और गढ़चिरौली जमींदारी के ज्यादातर हिस्सों में बस्तर पंचायत व्यवस्था को लागू करना आसान हो जाता है। ग्राम पंचायत अधिकार द्वारा सुझाया गया विचार सही प्रतीत नहीं होता है कि जमींदारों ने सेथिया और समूह या पट्टी पंचायतों के अधिकारों को छीन लिया है। वास्तविकता में तो जमींदारों ने सेथिया के उत्तराधिकारियों की नियुक्ति या पुष्टि की है और दो अलग-अलग सेथिया पट्टी के पक्षों के शामिल होने पर मध्यस्थ भी बन जाता है। कई मामलों में शायद जमींदार खुद पुराने जनजातीय मुखियाओं में से आए हैं, और इस प्रान्त के दक्षिण, पूर्व और केन्द्र में सारी जमींदारी व्यवस्था, एक पुराने क्षेत्रीय संगठन में से उत्पन्न हुई है, इसका एक चिन्ह यह है कि जातिगत मामलों में प्रायः जमींदार ही अन्तिम निर्णायक मध्यस्थ होता है। इसी तरह किसी रियासत के कोर्ट ऑफ वार्ड्स के प्रबन्धन में आ जाने पर वह एक उपयोगी काम करता है, जो अपचलन की अवस्था में है; बस्तर राज्य के लम्बे अल्पसंख्यक प्रशासन के दौरान यह उपलब्ध कराया गया कि महाराजा के मिलते-जुलते कामों को राजपरिवार के किसी सम्पर्क द्वारा कार्यमुक्त करवाया जाना चाहिए, जो कोर्ट ऑफ वार्ड्स की तरफ से रियासतों को राज्य की राजधानी के कुछ मन्दिरों के साथ सम्बन्धित करना है ; हालाँकि मैंने कभी नहीं सुना कि माड़िया पंचायत के निर्णय के खिलाफ किसी राजा को प्रतिनिधित्व दिया गया हो।

433. रायपुर जमींदारी की स्थितियों के बारे में के.बी.लाल, आई.सी.एस और आर.सी.वी.पी. नोरोन्हा, आई.सी.एस की रिपोर्ट यह स्पष्ट कर देती है कि इन जमींदारियों में गोंड और भुँजिया और अन्य जनजातियों की उत्तरजीविता एक समान है। लगभग प्रत्येक गाँव में दो या तीन बूढ़े या पंच जिन्हें सामान्यतः सियान आदमी और 10 से लेकर 40 गाँवों के समूह के लिए एक मुखिया होता है जिसे उड़िया गोंड नायक भी कहते हैं; व्यावहारिक रूप से सारे आपराधिक, सिविल और जनजातीय विवादों को या तो सियान आदमी या फिर मुखिया और कुछ पंचों के द्वारा निपटाया जाता है। न्यायालय के निकट के क्षेत्रों में कई बार सिविल, वैवाहिक और आपराधिक मामलों में जनजातीय पंचाट गठित करने के लिए बाध्य करने के माध्यम के रूप में मुखिया की मदद ली जाती है, लेकिन अन्य जगहों पर सुआरमार देवरी और फिंगेश्वर की तरह जमींदार से ही अपील की जाती है, चाहे उसे कहीं पर भी ढूँढ़ा जाए। मुखिया, पक्षों की हैसियत के आधार पर 8 आना से लेकर 3 रु. तक की फीस वसूलता था, और पंचायत के सदस्यों को भोजन मिलता था; पंचाट के लिए बाध्य करने हेतु अन्तिम उपाय जाति-बहिष्कृत करना होता है। मुखिया या नायक जमींदार को एक वार्षिक फीस देता है; इसी तरह मुदागाँव के उड़िया गोंड का नायक बिन्द्रा-नवागढ़ के जमींदार को रु. 17 वार्षिक और 3 रु. टीका देता है। इसी तरह की समान उत्तरजीविता भंडारा और दुरूग जिलों में भी पाई जा सकती है और मुझे कोई संदेह नहीं है कि बिलासपुर जमींदारी में भी पाई जा सकती है। यद्यपि इस पर संदेह किया जा सकता है कि प्रान्त के किसी भाग में यह व्यवस्था उतनी प्रभावी होगी, जितनी माड़िया आदिवासियों के बीच प्रभावी है। यहाँ तक कि मेलाघाट में कोर्कू जनजातीय पंचायतें वैवाहिक मामलों को प्रभावी ढँग से सुलझा रही हैं। वास्तविक तथ्य यह है कि यह स्वीकार्य नहीं है क्योंकि हिन्दू और मुस्लिम मत व्यभिचार से सम्बन्धित दंड संहिता की धाराओं को इस प्रान्त के सारे आदिवासियों पर लागू करवाना चाहते हैं। सबसे अच्छा होगा कि इस तरह के मामले पंचायतों पर छोड़ दिए जाएँ।

434. इसके अतिरिक्त जब तक देशी संस्थाएँ बची रहेंगी, गाँव या शुद्ध रूप से स्थानीय जनजातीय पंचायतें भी अन्तिम फैसला नहीं दे सकतीं, लेकिन गाँव के समूहों के लिए सेथिया या नायक तक अपील करने का कुछ रास्ता है, और कभी-कभी तो जमींदार तक भी और अपीलें की जाती हैं। इससे कानूनी शुद्धतावादियों को दोबारा आश्वस्त होना चाहिए जो न्यायालय के अधिकार-क्षेत्र को 'अशिक्षित' गाँव के मुखिया और बुजुर्गों को हस्तांतरित करना पसन्द नहीं करते हैं, और इस आधारभूत आपत्ति को छोड़ देना चाहिए कि एक छोटे से गाँव में एक या दूसरा बूढ़ा किसी के लिए पूर्वाग्रहित और किसी एक पक्ष के खिलाफ हो सकता है। शायद यह विचार भी पटवारियों के सर्किल और राजस्व निरीक्षकों के सर्किल के लिए बनी न्याय पंचायतों की अवधारणा के विचारों में कहीं अन्तर्निहित है जिसे 1939 में धारा 93 के प्रभावी होने से पहले ही प्रान्त के राजनीतिक हलकों में समर्थन मिल रहा था। सम्पूर्ण तौर पर यह बुद्धिमानी नहीं होगी कि गाँव के बूढ़ों या जब जातीय बूढ़ों की पंचायतों को नियमित करने की कोशिश की जाए, बल्कि उन्हें वह करने दिया जाए जो वे कर रहे हैं, और न्याय व प्रशासन दोनों के लिए सामूहिक पंचायतों की योजना बनाने दी जानी चाहिए। शायद राजनीतिक मत इस विचार का विरोध करेगा कि सामूहिक पंचायतों में प्रतिनिधित्व समुदाय या जाति के आधार पर होना चाहिए; फिर भी कम-से-कम पिछड़े क्षेत्रों में सामाजिक संगठन का सबसे प्रमुख रूप जाति और जनजाति ही है, और एक आदिवासी क्षेत्र में सारे

गैर-आदिवासियों की और गोंड और कोर्कू की मिश्रित आबादी वाले क्षेत्र में सारे गोंड आदिवासियों के पंचायत में होने से वह लोगों का विश्वास नहीं जीत पाएगी, वर्तमान अवस्था में मतपत्रों के साथ नियमित चुनाव कराना ज्यादा आगे की चीज हो जाएगा। यदि गाँव के बुजुर्गों की पंचायत को नियमित करना है तो गाँववालों की एक खुले स्थान पर अनौपचारिक बैठक होनी चाहिए जिसमें तहसीलदार या नायब-तहसीलदार द्वारा गाँव के बुजुर्गों के एक निकाय का "चुनाव" अनौपचारिक बातचीत द्वारा करते समय इस आवश्यकता पर जोर दिया जाना चाहिए कि इस निकाय में गाँव के प्रत्येक महत्त्वपूर्ण समुदाय को प्रतिनिधित्व मिले। यदि पटवारी सर्किल और गाँवों के समूहों के लिए पंचायतें चुननी हैं तो आदिवासियों के लिए सीटों का आरक्षण एकदम सुनिश्चित होना चाहिए और फिर से मताधिकार रखनेवाले गाँव वालों की आमसभा में पंचों को चुनना चाहिए। इस तरह की व्यवस्था की आम कार्य दिशा बंगाल यूनियन बोर्ड मैनुअल, वाल्यूम के पृष्ठ संख्या 59 से 65 तक में बंगाल ग्राम स्व-शासन अधिनियम, 1919 के अन्तर्गत बनाए गए ठोस नियम के आधार पर तय की जा सकती है; लेकिन बेशक इन नियमों का आदिवासियों या अन्य समुदायों का प्रतिनिधित्व सुनिश्चित करनेवाले प्रयासों से कोई सम्बन्ध नहीं है और उम्मीदवारों को चुनाव के लिए खुद को प्रस्तुत करने दिया जाता है, परन्तु ऐसी स्थिति में यदि हमें पिछड़े क्षेत्रों में ऐसी ही संस्थाएँ खड़ी करनी हैं तो तहसीलदार या राजस्व अधिकारी के लिए यह आवश्यक है कि अनौपचारिक रूप से गाँव और सर्किलों की बैठकों के माध्यम से उपयुक्त आदिवासियों को उम्मीदवार के रूप में खड़ा होने के लिए प्रेरित करे। कोई संदेह नहीं है कि कुछ समय बाद उम्मीदवारों का नामांकन और मतदान एक ज्यादा औपचारिक कार्य हो जाएगा क्योंकि लोग इन सामूहिक पंचायतों के सदस्य चुनने की अपनी ताकत और इन सामूहिक पंचायतों द्वारा छोटे-मोटे सिविल और आपराधिक मामलों के निर्णय तुरन्त देने, जिसके लिए उन्हें पहले दूरदराज के न्यायालयों तक जाना पड़ता था, के फायदों की प्रशंसा करने के लिए धीरे-धीरे आगे आएँगे। स्थानीय जनजातीय और जातीय पंचायतों पर सुलझाए जानेवाले वैवाहिक और मानहानि के मामलों के लिए पंचाट बनाने के लिए बाध्य करने का काम दिया जा सकता है। इस जल्दबाजी में बनाई गई रिपोर्ट में यह सम्भव नहीं है कि विस्तार में जाया जाए, लेकिन इस पर जोर देना चाहिए कि प्रारम्भिक अवस्था में कोई कारण नहीं है कि प्रान्त के सभी भागों में यही पैटर्न लागू किया जाना चाहिए; विभिन्न क्षेत्रों में विभिन्न तरह के स्वरूपों का प्रयोग किया जा सकता है, और परिणामों का पुनरावलोकन करके कुछ सालों बाद नियमों का ज्यादा सूत्रबद्ध सामान्य समूह बनाया जा सकता है।

435. मुझे पिछड़े क्षेत्रों के लिए स्थानीय शासन संस्थाओं का सबसे बढ़िया आम पश्चिमी बंगाल का यूनियन बोर्ड सिस्टम लगता है, निश्चित नहीं कि पूरे प्रान्त में वास्तव में लागू हो। बंगाल ग्राम स्व-शासन अधिनियम के अन्तर्गत प्रान्तीय सरकार जिला निकायों और स्थानीय निकायों के विचारों को समझकर अधिसूचना द्वारा उतने स्थानीय निकायों में जिले को विभाजित कर देता है जितना ठीक समझता है और अधिनियम के उद्देश्य को पूरा करने के लिए प्रत्येक स्थानीय निकाय को एक इकाई घोषित कर देता है। इस तरह के प्रत्येक निकाय के लिए धारा 6 के अन्तर्गत न्यूनतम और अधिकतम 9 सदस्यों का एक बोर्ड गठित कर देता है, और सरकार के पास यह घोषित करने का अधिकार है कि बोर्ड के कुल सदस्यों में से एक-तिहाई जिला मजिस्ट्रेट द्वारा नियुक्त किए जाएँगे। प्रत्येक बोर्ड अपना अध्यक्ष और

उपाध्यक्ष चुनता है और इसका कार्यकाल चार साल का होता है। बोर्ड के नियन्त्रण का विभाजन जिला निकाय और जिला मजिस्ट्रेट के बीच तार्किक ढंग से होता है, और कई मामलों में जिला-मजिस्ट्रेट का निर्णय अन्तिम करने के लिए तर्कसंगत प्रावधान किए गए हैं क्योंकि यदि बंगाल जितना स्थानीय बोर्डों का विस्तार है तो यह बिल्कुल असम्भव है कि प्रान्तीय सरकार के पास सारा नियन्त्रण केन्द्रीकृत कर दिया जाए। प्रत्येक बोर्ड के लिए अनिवार्य है कि वह इकाई के अन्तर्गत आनेवाले भवनों के मालिकों या अधिकारकर्त्ताओं पर एक इकाई शुल्क निर्धारित करे ताकि दफेदारों और चौकीदारों के वेतन और बोर्ड के संस्थापन और अधिनियम के किसी भी उद्देश्य को प्राप्त करने के लिए बोर्ड द्वारा किए जानेवाले खर्चों को उठाया जा सके, अधिकतम व्यक्तिगत वार्षिक अनुमान 84 रु. है और वे सभी लोग जो महीने का आधा आना भी नहीं दे सकते, इस शुल्क से मुक्त कर दिए गए हैं। बोर्ड चौकीदारों या गाँव के रखवालों और दफेदारों या मुख्य चौकीदार को चुनता है। बोर्ड के पास साधारण स्वच्छता और सार्वजनिक स्वास्थ्य सम्बन्धी शक्तियों के अतिरिक्त प्राथमिक विद्यालयों या विद्यालयों और औषधालयों की स्थापना के लिए अनुदान देने, इकाई में किसी सार्वजनिक पुस्तकालय की मदद करने और जलापूर्ति और संचार के विकास के लिए कदम उठाने का काम अपने पास लेने के अधिकार हैं। प्रान्तीय सरकार छोटे-मोटे आपराधिक और सिविल मामलों की सुनवाई के लिए इकाई न्यायपीठ या इकाई न्यायालय को गठित करने के लिए दो या दो से ज्यादा सदस्यों को नियुक्त कर सकती है। 1938-39 में बंगाल में जिला और स्थानीय निकायों के काम पर जारी वार्षिक रिपोर्ट को देखकर बंगाल में गठित किए गए इकाई निकायों के विस्तार का पता चलता है; उस साल के अन्त में 5,072 इकाई निकाय अस्तित्व में थे जो 58,008 वर्ग मील के क्षेत्र और 4,17, 45, 898 लोगों की जनसंख्या, नियन्त्रित कर रहे थे, जिसमें से 64,69,387 लोग शुल्क-दाता और 48,95,094 मतदाता थे। 45,576 सदस्यों में से 250 अधिकारी और 45,361 गैर-अधिकारी थे। इकाई-पंचायतों ने 93,674 अपराधों की सुनवाई की जबकि इकाई न्यायालयों ने 72,600 अभियोगों की सुनवाई की।

436. अप्रभावी बिखरी हुई ग्राम पंचायतों की तुलना में इस तरह के संगठनों द्वारा पिछड़े हुए जनजातीय लोगों के राजनीतिक प्रशिक्षण की सम्भावनाएँ कहीं ज्यादा हैं। इकाई निकाय का क्षेत्र छोटा और सघन है जिससे मतदाताओं को उम्मीदवारों के बारे में जानने का पर्याप्त मौका मिल जाता है। इस तरह की व्यवस्था उन क्षेत्रों के लिए खासतौर पर बहुत अच्छी है, जहाँ जनजातीय संगठन टूट चुके हैं। मेरी बालाघाट रिपोर्ट के पैराग्राफ 160 में से लिए गए निम्नलिखित उद्धरणों में व्यक्त विचार इसकी व्यापक रूपरेखा से मिलते-जुलते दिखाई देते हैं—

> "बैहर की वर्तमान सामाजिक पंचायतों की प्रकृति और कामों की जाँच से यह नहीं लगता है कि ये स्थानीय स्व-शासन के साथ-साथ स्थानीय आपराधिक और सिविल न्याय करने की योजना को चला सकेंगी। सामान्यतः कहा जाता है कि बैहर की जनसंख्या जनजातीय पंचायतों के लिए काफी मिश्रित है जो छोटे-मोटे सिविल और आपराधिक मामलों में व्यापक स्थानीय अधिकार-क्षेत्र रखने में समर्थ हो सकें, जैसे कि बस्तर राज्य में पंचायतें प्रभावी रूप से पुनर्स्थापित हुईं, जहाँ गाँव और परगना तक प्रायः 95 प्रतिशत से ज्यादा मुड़िया, माड़िया, परजा या भतरा लोगों के होते हैं।

इसलिए हमें गाँव के समूहों या पटवारी सर्किलों के लिए पंचायतों की जरूरत है जो प्रमुख स्थानीय समुदायों के प्रतिनिधियों से मिलकर बनी हों, यदि छोटे-मोटे मामलों का अधिकार-क्षेत्र स्थानीय बुजुर्गों को दे दिया जाए, जो अभी अति-व्याख्यायित ग्राम पंचायत अधिनियम के अन्तर्गत न्यायपीठों और न्यायालयों द्वारा सुने जाते हैं, और ऐसी पंचायतें एक सच्ची प्रातिनिधिक स्थानीय निकाय की नींव या ऐसे निकाय की स्थानीय एजेंट बन जाएँ। पंचायतों का गठन प्रमुख स्थानीय समुदायों का उनकी संख्यात्मक शक्ति के आधार पर प्रतिनिधित्व सुनिश्चित करवाने के लिए हुआ है, अन्यथा हम मुख्यतः गोंड और बैगा सर्किल में शुद्ध पोवार, तेली और कलार निकायों को प्रशासन करते हुए देख सकते हैं, या फिर अनुबन्ध-सेवाओं और बेगार के मामले से सम्बन्ध रखनेवाले मालगुजारों की पंचायतें भी देख सकते हैं। अगर हमारे पास कोई ऐसा निकाय हो जिसमें प्रत्येक पटवारी सर्किल में 10 प्रतिनिधि हों तो हमें बैहर तहसील में 450 पंच चाहिए, जो स्थानीय निकाय में निर्वाचित सदस्यों के मतदाता हो सकते हैं। 'अप्रत्यक्ष निर्वाचन' आलोचना का विषय होगा। हाँ, यह एक तरह से अप्रत्यक्ष होगा, लेकिन इसीलिए यह अब तथाकथित प्रत्यक्ष चुनाव है, पचास में से एक मतदाता भी उनकी पहचान के बारे में नहीं जानता होगा जिसे उसे मत देना है या सबसे प्रमुख मुद्‌दे का कोई सार या उस प्रक्रिया के बारे में जिसमें उसे विडम्बनापूर्ण तरीके से अनजान की भूमिका निभानी है उसे पता नहीं होगा। लेकिन ऊपर सुझाई गई व्यवस्था के अन्तर्गत उसे कम-से-कम कुछ पंचों जिन्हें उसे चुनना है और पंचों द्वारा चुने गए निकाय के सदस्यों के साथ मतदाताओं का एक छोटा निकाय होगा, जिसके साथ वे कोई माफी नहीं माँग सकते। वर्तमान समय में इस सुझाव को केवल विचार-विमर्श के लिए रखा गया है, कोई कारण नहीं है कि सरकार को कम-से-कम पिछड़े हुए आंशिक अपवर्जित क्षेत्रों में आवश्यक तौर पर इसकी नागरिक संस्थाओं के पैटर्न में एकदम सही एकरूपता ले आनी चाहिए, और भूल और सुधार की एक विविध प्रक्रिया द्वारा अन्तिम तौर पर कुछ ऐसा खोजा जा सके जो ऐसे सभी क्षेत्रों के लिए मानकीकृत हो।"

इकाई के सदस्यों के निकाय या जिला परिषद के लिए और प्रान्तीय विधानसभा के लिए मतदाता के तौर पर सामूहिक पंचायतें यह सुनिश्चित करती हैं कि पिछड़ी जनजातियाँ, उनके द्वारा चुने गए इकाई निकायों या सामूहिक पंचायतों के सदस्यों के रूप में अनुभवी बुजुर्गों की मदद से, विधानसभा और बड़ी स्थानीय इकाइयों में अपने प्रतिनिधि सूझबूझ भरे मत के द्वारा चुनती है, ना कि आज की तरह एक बाड़े में भेड़ों के झुंड के जाने और एक डिब्बे में कागज के टुकड़े डालने जैसे कामों की तरह जो उनके लिए किसी तर्कसंगत उद्‌देश्य के लिए नहीं किए जाते हैं। इस व्यवस्था का एक अतिरिक्त फायदा यह होगा कि विधानसभा के सदस्यों के लिए अपने निर्वाचन-क्षेत्र से प्रभावी सम्पर्क रख पाना बेहद आसान हो जाएगा, और सरकार, जनता और उम्मीदवारों को फायदा करते हुए चुनावों पर खर्च होनेवाली लागत और समय को यह काफी कम कर देगी।

437. इस व्यवस्था के अन्तर्गत स्थानीय निकाय गायब हो जाएँगे और इकाई निकाय, जिला परिषदों के सीधे नीचे काम करेंगी। यह बंगाल में पहले से लगातार हो रहा है, जहाँ इकाई निकायों के अनुभव ग्रहण करने के कारण स्वीकृत नीति, स्थानीय निकायों का

प्रगतिशील उन्मूलन है; 1937-38 के दौरान जिला और स्थानीय निकायों के कामकाज पर बंगाल सरकार के प्रस्ताव को उद्धृत करते हुए—

"पूरे प्रान्त में इकाई निकायों की व्यवस्था के क्रमिक विकास और विस्तार के साथ-साथ स्थानीय निकायों और उनकी सीमित शक्तियों और संसाधनों के साथ यह विचार बहुत तेजी से समर्थन प्राप्त कर रहा है कि स्थानीय निकाय स्थानीय स्व-शासन की योजना में अपनी उपयोगिता एक अन्तर्माध्यमिक संस्थान के रूप में निभा चुके हैं, रिपोर्ट के अन्तर्गत साल के दौरान कई जिला परिषदों ने अपने अधिकार-क्षेत्र में आनेवाले स्थानीय निकायों को समाप्त करने की सरकार से गुजारिश की। इसके परिणामस्वरूप वर्ष 1938-39 से वीरभूम, डक्का, चिटगाँव, नोआखाली, और रंगपुर जिलों में स्थानीय निकाय समाप्त कर दिए गए, जबकि फरीदपुर, बकरगंज और हावड़ा जिलों के स्थानीय निकायों को उनके वर्तमान कार्यकाल के समाप्त होने पर, भंग कर दिए जाने के आदेश जारी किए जा चुके हैं।"

1938-39 के अन्त तक इस नीति को पूरा लागू करते हुए बंगाल में स्थानीय निकायों की संख्या घट गई है।

438. यह भी सुझाव दिया जा सकता है कि इकाई निकाय उदासीनता से छुटकारा पाने के लिए बहुत प्रयास करेंगे, जिससे जमींदारी और अन्य स्थानीय निकाय की बैठकों में अनियमित उपस्थिति रहती है। चूँकि वे सुदूर के छोटे क्षेत्रों के लिए काम करते हैं इसलिए बैठक का स्थान सभी सदस्यों के लिए पास का हो; यह ज्यादा व्यावहारिक सिद्ध होगा कि कई जमींदारियों को स्थानीय निकाय के क्षेत्रों में सामूहिक करने की बजाय प्रत्येक जमींदारी के लिए एक इकाई निकाय बनाया जाए। हालाँकि मैं अभी भी यही सोचता हूँ कि यह अच्छा होगा कि इन क्षेत्रों के लिए प्रस्तावित स्वायत्त स्थानीय निकायों का गठन पदेन और नामित सदस्यों द्वारा कर दिया जाए, कम-से-कम तब तक के लिए जब तक कि इकाई निकाय प्रभावी रूप से काम करना शुरू नहीं कर देते क्योंकि प्रारम्भ में काफी मार्गदर्शन और निर्देश आवश्यक होंगे; यदि केवल आंशिक अपवर्जित क्षेत्रों और जमींदारियों के लिए इकाई निकाय व्यवस्था स्वीकारी गई है तो इन क्षेत्रों के लिए पहले से सुझाए गए स्वायत्त स्थानीय निकाय ज्यादा आवश्यक हो जाएँगे, क्योंकि नियमित जिला परिषदों के लिए यह असंगत हो जाएगा कि वह पिछड़े क्षेत्रों के लिए विशेष रूप से बनाई गई व्यवस्था को नियन्त्रित करे। वास्तव में इकाई निकाय व्यवस्था पूरे प्रान्त में लागू किए जाने के लिए उपयुक्त है, या कम-से-कम पठार और अन्य जिलों के मिश्रित आदिवासी और गैर-आदिवासी क्षेत्रों में, जहाँ आदिवासी, जनसंख्या का 25 प्रतिशत या ज्यादा प्रतिशत भाग हैं।

439. राजनीतिक शिक्षा पर ध्यान देते समय जिस आखिरी बिन्दु पर जोर देना है वो है कि आदिवासी क्षेत्रों में किसी विद्यालय या प्रशिक्षण महाविद्यालय में शिष्यों को नागरिक कर्त्तव्यों और जिम्मेदारियों में व्यावहारिक निर्देशों और चुनाव और अपनी विद्यालयी पंचायतें बनाकर स्थानीय निकायों और मताधिकार के अर्थों के बारे में प्रशिक्षित किया जाना चाहिए।

अध्याय : चौदह

शिक्षा

"इस देश का भाग्य, इस देश के लोगों की शिक्षा पर निर्भर करता है।"

—डिज़रायली, हाउस ऑफ कामन्स में बोलते हुए, 15 जून 1874

"गाँव के विद्यालयों के लिए यह अनिवार्य रूप से जरूरी है कि वे प्रचुरता में, गाँव की जरूरतों के हिसाब से और उनके लिए काम करने के लिए लक्षित होने चाहिए। इन विद्यालयों का लक्ष्य आत्मनिर्भर बनना होना चाहिए, ना कि सिर्फ उच्च विद्यालयों की प्रारम्भिक अवस्था बनना। दूसरे शब्दों में ये पेशेवर विद्यालय नहीं बल्कि विषय की उच्चस्तरीय और सर्वश्रेष्ठ भावना के अनुसार शैक्षिक विद्यालय, और समुदाय से अलग नहीं बल्कि इसके साथ नैसर्गिक रूप से एकबद्ध होने चाहिए।"

—डाईड्रीच बेस्टरगेन, द अफ्रीकन टूटे एंट टुमारो, 1939 संस्करण, पृष्ठ 219

440. आदिवासी शिक्षा पर मेरे सामान्य विचारों की रूपरेखा मेरी *रिपोर्ट नोट्स आन द अबोरिजनल प्रॉब्लम इन द मांडला डिस्ट्रिक्ट* के पैराग्राफ 99 से 108 तक और मेरी बालाघाट रिपोर्ट के पैराग्राफ 144 से लेकर 150 तक में दी गई है। मैंने मांडला नोट्स को शिक्षा के विषय के साथ समाप्त किया है क्योंकि मेरे विचार से वे सब प्रारम्भिक विचार जो शिक्षा पर खंड लिखते समय थे, रिपोर्ट के अन्त तक एक मुख्य इच्छित वस्तु शिक्षा की ओर इशारा कर रहे थे और शिक्षा की कमी ही वह कारण है जो आदिवासियों को उनके शोषकों की दया पर रखती है और उन्हें स्थानीय निकायों को नियन्त्रित करने और प्रान्तीय विधानसभा के द्वारा सरकार को ठीक तरह से प्रभावित करने के लिए अपनी संख्यात्मक श्रेष्ठता का प्रयोग करने से रोकती है। ये विचार मेरी बालाघाट रिपोर्ट में आगे विकसित हुए हैं जिसमें शिक्षा पर लिखे गए पैराग्राफ आदिवासी शिक्षा पर मेरी प्रश्नावली के जवाबों की रोशनी में लिखे गए हैं। वह प्रश्नावली इस रिपोर्ट में परिशिष्ट के रूप में प्रकाशित हुई है। किसी प्रश्नावली में इतने रोचक जवाब नहीं मिले। इसीलिए यह विशेष तौर पर दुर्भाग्यपूर्ण है कि इस पुस्तक को समाप्त करने के लिए बहुत कम समय बचा होने के कारण, मैं जवाबों का विस्तारित अध्ययन या इसके लिए आवश्यक विस्तार में आदिवासी शिक्षा के महत्त्वपूर्ण प्रश्न पर गौर नहीं कर पाया। वास्तव में इस प्रश्न पर सिर्फ इसके लिए एक अलग रिपोर्ट की जरूरत है; और किसी एक अधिकारी द्वारा अपनी अन्य कार्यालयीय जिम्मेदारियाँ पूरी करने के दौरान

आदिवासी जीवन पर जाँच के सभी चरणों द्वारा रिपोर्ट का एक अध्याय लिखने की बजाय आदिवासी शिक्षा को विशेष प्रान्तीय समिति द्वारा जाँच का विषय बनाया जाना चाहिए, और बेहतर होगा कि अभी बिहार और उड़ीसा के प्रान्तों के साथ-साथ इस प्रान्त के लिए भी एक अन्तर्प्रान्तीय समिति बना दी जाए। खासतौर पर बिहार ने संथाल और मुंडा आदिवासियों के बीच प्राथमिक शिक्षा में जनजातीय भाषाओं का प्रयोग करने का बेशकीमती मार्गदर्शन कार्य किया है; मेरे द्वारा देखा गया सबसे हालिया प्रकाशन श्री डब्ल्यू.जी. आर्चर, आई.सी.एस. द्वारा बनाए गए एक प्रशंसनीय संग्रह हो सांग बुक को देखा, यह आशा की जाती है कि यह बिहार में संन्यासी लोगों का मौखिक साहित्य शिक्षा का आधार बनेगा। एल्विन और हिवाले द्वारा ऐसे ही संग्रह सांग्स ऑफ द् फारेस्ट में इस प्रान्त में उपलब्ध गोंडी भाषा के इसी तरह के मौखिक काव्य का असाधारण खजाना मिलता है; और खोजबीन से पता चला है कि इस तरह के संग्रह और अन्य जनजातीय गीत कोर्कू में बनाए जा सकते हैं। अतः मेरी पहली अनुशंसा होगी कि मध्य प्रान्त और बरार सरकार को कम-से-कम इस जाँच और अलग से शिक्षा विभाग की जाँच से इकट्ठा हुई सामग्री के आधार पर आदिवासी शिक्षा पर सलाह देने के लिए एक समिति को नियुक्त कर देना चाहिए। पब्लिक इन्स्ट्रक्शन के वर्तमान निदेशक श्री ज़ी.जी.आर. हंटर ने इस विषय में गहरी रुचि दिखाई है और उनके विचारों और सुझावों में व्यावहारिकता और सुदृढ़ता की मुहर लगी होती है। समिति के अन्य सदस्यों के लिए मैं मांडला के धर्मदूतीय मिशन के रेव्रेंड फादर वान डार्स्ट श्री वैरियर एल्विन, खंडवा के दैनीय विश्व समाज के रेवरेंड फादर स्टीवन फूचेस, हिन्दुस्तानी तालीमी संघ का एक प्रतिनिधि, कलकत्ता विश्वविद्यालय में मानवविज्ञान के प्रोफेसर और कलकत्ता नगर निगम के भूतपूर्व शिक्षा अधिकारी श्री के.पी. चट्टोपाध्याय, हर्राई के जागीरदार ठाकुर उदय भानु शाह, एम.एल.ए., नागपुर के एम.एल.ए. श्री अब्दुल रजाक खान, हरदा के एम.एल.ए. श्री डी.बी. नायक, मांडला के एम.एल.ए. चौधरी महेन्द्रलाल और शायद बैतूल जिला परिषद के भूतपूर्व अध्यक्ष श्री के.एम. धर्माधिकारी। विधानसभा के सदस्यों को उनके आदिवासी प्रश्नों में रुचि के कारण सुझाया गया है (ठाकुर उदय भानु शाह खुद एक गोंड हैं)। प्रोफेसर चट्टोपाध्याय केन्द्रीय प्रान्त में कोर्कू लोगों के बीच मानवविज्ञानी जाँच कर रहे हैं। फादर वान डार्स्ट को मांडला जिले के गोंड लोगों के बीच और फादर फूचेस को मध्य भारत और नीमड़ के भील और कोर्कू लोगों के बीच आदिवासी शिक्षा देने का प्रत्यक्ष अनुभव है; फादर फूचेस तो एक मानवविज्ञानी भी हैं। मैं श्री ई.एस. हाइडे, आई.सी.एस. के नाम का सचिव और सदस्य के तौर पर सुझाव दूँगा क्योंकि उनके पास बस्तर और मांडला में आदिवासी समस्याओं का गहरा अनुभव है।

441. मेरी प्रश्नावली के लिए मिले जवाबों में से मुझे काफी उपयोगी सामग्री प्राप्त हो जाएगी। मैं मांडला जिले में धर्मदूतीय मिशन के फादर वान डार्स्ट और अन्य कैथोलिक फादरों की टिप्पणियों से लेकर भील और कोर्कू लोगों के बीच शिक्षा पर फादर फूचेस की टिप्पणियों तक जंगलों के मुख्य संरक्षक के माध्यम से प्राप्त विभिन्न वन-अधिकारियों के मतों से लेकर मांडला जिले में श्री ई.एस. हाइड, आई.सी.एस. द्वारा सम्भावित आधारभूत शिल्पों पर कुछ उपयोगी विचारों तक और खासतौर पर अतिरिक्त-सहायक आयुक्त श्री जे.पी. मालवीय की टिप्पणी, राजाबरारी रियासत के दीवान श्री एन.बंगाराम और राधास्वामी सत्संग सभा, आगरा द्वारा हरदा तहसील में चलाए जा रहे टिमरनी हाई स्कूल द्वारा भेजे गए जवाबों और विद्यालयों

के जिला निरीक्षकों को हुए कई अनुभवों पर आधारित काफी रोचक विचार और पब्लिक इन्स्ट्रक्शन के उपनिदेशक श्री एल.जी.डी. सिल्वा, एम.बी.ई. द्वारा भेजे गए विचारों पर विशेष ध्यान दूँगा।

442. मैं इस अवसर का उपयोग आदिवासी शिक्षा पर मेरे अपने कुछ सामान्य विचारों को रिकार्ड में दर्ज करवाने के लिए करूँगा। इस रिपोर्ट के अन्त में परिशिष्ट-थ में इस प्रान्त के आदिवासियों के 1941 के मुख्य शैक्षिक आँकड़ों में से कुछ का सार संक्षेपण की हुई एक तालिका मिलेगी। पूरे प्रान्त में पुरुष जनजातीय जनसंख्या के अनुपात में गैर-आदिवासी नामांकित छात्रों की संख्या 42 प्रति मील की तुलना में आदिवासी छात्रों की संख्या केवल 21 प्रति मील थी; लड़कियों की भी इससे मिलती-जुलती संख्या आदिवासियों में 1.6 प्रति मील और अन्य लोगों में 9.7 प्रति मील थी। प्रान्त के 9,041 प्रशिक्षित और 4416 अप्रशिक्षित अध्यापकों में से केवल 97 और 76 क्रमशः आदिवासी थे। प्रान्त के आंशिक अपवर्जित क्षेत्रों की 1941 में 7,19205 पुरुषों और 7,21,305 स्त्रियों की जनसंख्या में से केवल 61, 439 पुरुष और 7,725 स्त्री शिक्षित थे, इसमें मांडला जिले का योग 26, 174 और 3,05 और बैहर तहसील का 19,004 और 3,025 क्रमशः भी शामिल है; आंशिक अपवर्जित क्षेत्रों के इन शिक्षितों में से आदिवासियों के प्रतिशत की संख्या उपलब्ध नहीं है। बैतूल जिले में शिक्षा के विस्तार पर काफी कुछ कहा गया है; लेकिन भैंसदेही तहसील में 1941 में 52, 144 पुरुषों और 52,291 स्त्रियों में से केवल 5,667 पुरुष और 370 स्त्री ही शिक्षित थे।

443. मेरी प्रश्नावली को मिले जवाबों में से बचे हुए आँकड़ों को प्रस्तावित समिति या ऐसी समिति नियुक्त न किए जाने पर शिक्षा विभाग द्वारा संकलित किए जाने के लिए मुझे अनिच्छापूर्वक छोड़ना पड़ेगा। सामान्य तौर पर देखा जाए तो ये आँकड़े दिखाते हैं कि आदिवासी शिक्षा कितनी पिछड़ गई है; यहाँ उँगलियों पर गिनने लायक आदिवासी शिक्षक और विद्यालय हैं और मैदानी क्षेत्रों के विद्यालयों से तुलना में भी काफी दूर हैं। प्रान्त के कई भागों में आदिवासियों के बीच शिक्षा की माँग है, परन्तु या तो जिला परिषद इस माँग को पूरा करने के लिए कुछ नहीं करती, या फिर जहाँ कहीं वह इस माँग को पूरा करती है, वहाँ भी ब्राह्मण या अन्य हिन्दू अध्यापक के साथ, जो आदिवासी जिन्दगी से पूरी तरह अनजान होता है, मैदानी इलाकों की तरह के कुछ और प्राथमिक विद्यालय हिन्दी और मराठी की जानकारी के बिना शुरुआत करनेवाले आदिवासी बच्चों को पढ़ाने के लिए खोल देती है, और नतीजतन शिक्षा के लिए आदिवासियों की महत्त्वाकांक्षा की बहुत जल्दी ही मौत हो जाती है। बैतूल जिले में यह आश्चर्यजनक रूप से घटित हुआ जहाँ दर्जनों नए विद्यालय और कई क्षेत्रों में बाध्यता के साथ एक आदिवासी शैक्षिक अभियान चलाने की कोशिश की गई परन्तु इसके शुद्ध परिणामों के रूप में विद्यालयों के प्रति गोंड लोगों की शत्रुता में वृद्धि सामने आई। मैंने भैंसदेही तहसील में एक विद्या मन्दिर की यात्रा की जहाँ एक भी लड़का हिन्दी नहीं बोल सकता था; ज्यादातर छात्रों की मातृभाषा गोंडी थी लेकिन वहाँ कुछ कोर्कू बोलनेवाले छात्र भी थे। विद्यालय का गुरु काफी अन्तर्विवेकशील था किन्तु जब तक अपने-आपको गोंडी सीखने के लिए तैयार नहीं कर लेता, प्रगति नहीं कर सकता। आदिवासी अपने बच्चों को गोंडी में पढ़ाना पसन्द करते हैं, इस सुझाव पर जवाब देते हुए कई जिलों ने कहा कि इसके बजाय आदिवासी सोचते हैं कि अपने बच्चों को विद्यालय भेजने का मुख्य लाभ यह है कि

वे बाजार की भाषाएँ हिन्दी या मराठी सीख जाएँगे, जिसमें उन्हें साहूकार, दुकानदार, पटवारी और छोटे अधिकारियों से बातचीत करनी पड़ती है। इसमें कोई संदेह नहीं है कि यह सच है लेकिन यदि आप किसी आदिवासी से पूछें तो वह इस प्रश्न का जवाब ज्यादा दिल से देगा और खासतौर पर तब जब हम उनकी भाषा को प्रयोग करेंगे, आप तुरन्त देख सकते हैं कि अपनी भाषा की आवाज सुनकर उसके चेहरे पर कैसी चमक आ जाती है और वह कैसे इस सुझाव का स्वागत करता है कि उसके बच्चों को बाजार की भाषाएँ सिखानेवाले अध्यापक उनका पहला पाठ उनकी अपनी भाषा में सिखाने में समर्थ होना चाहिए और कैसे वह इस विचार का आनन्द लेता है कि इसके बाद बच्चे अपने गीतों को गाएँ और अपनी जनजातीय लोककथा और इतिहास को अपनी भाषा में याद रखें। यह विचार अक्सर रखा जाता रहा है कि चूँकि गोंडी और कोर्कू* लिखित भाषाएँ नहीं हैं इसलिए यह सम्भव नहीं है कि इन भाषाओं में पाठ्य पुस्तकें उपलब्ध कराई जा सकें।

बेशक यह एक भ्रांति है। बाजार में गोंडी भाषा के व्याकरण की चार अच्छी किताबें हैं जिसमें एक गोंडी-हिन्दी व्याकरण और शब्दकोष भी शामिल है, और कम-से-कम एक अंग्रेजी-कोर्कू व्याकरण के साथ गोंडी और कोर्कू दोनों भाषाओं में काफी शब्दावलियाँ हैं। कोलामी भाषा में कुछ काम नहीं हुआ है, लेकिन कोलामी जनजाति तुलनात्मक रूप से काफी छोटी और द्विभाषिक है और कोलामी में शैक्षिक कार्य का प्रश्न उठने में अभी ज्यादा समय लगेगा। वर्तमान शिक्षा में आधारभूत गलती यह है कि अध्यापक और शिष्यों के बीच भावनाओं का पूर्ण विच्छेद हो चुका है। मैं अन्तिम अध्याय में चन्दा जमींदारी के एक माड़िया गाँव में विद्या मन्दिर चलाने के लिए भेजे गए शहर में जन्मे मराठी-भाषी अध्यापक का विशेषतासूचक उदाहरण दे चुका हूँ। इस तथ्य की ओर ध्यान न देते हुए इस तरह के कई उदाहरण दिए जा सकते हैं कि अध्यापक अकेले होते हैं, वे अपने-आपको असमान, अस्वस्थ और कटुतापूर्ण वातावरण में अकेला महसूस करते हैं और अपनी तरफ से ऐसी जगह हस्तांतरण करवाने की पूरी कोशिश करते हैं जहाँ वे घर जैसा महसूस कर सकें। जब तक अध्यापकों और शिष्यों, जिन्हें उनको पढ़ाना है, के बीच विच्छेद को दूर नहीं कर दिया जाता, यह बेहतर होगा कि पिछड़े क्षेत्रों में विद्यालयों के विस्तार को धीमा कर दिया जाए। मेरे विचार से विच्छेद केवल आदिवासी क्षेत्रों में ऐसे अध्यापकों को भेजकर दूर किया जा सकता है जो

---

* बिहार में प्राथमिक शिक्षा के पुनर्गठन के लिए बनी शाह समिति ने जनजातीय भाषाओं को आंशिक मान्यता देने की जरूरत को समझते हुए अपनी रिपोर्ट के पैराग्राफ 114 में लिखा था, जो यहाँ दोबारा से दिया जा रहा है :

"यह बेहद आवश्यक है कि हम एक सामान्य सिद्धान्त बनाएँ। छोटा नागपुर और सन्थाल परगना जैसे क्षेत्रों में जहाँ आदिवासी जनजातियों की जनसंख्या का बहुत बड़ा हिस्सा है, हिन्दुस्तानी इन लोगों की मातृभाषा नहीं है। मुंडा, ओराँव और सन्थाल लोना अपनी एक या अन्य बोलियों का ही प्रयोग करते हैं, और स्थानीय भावनाओं की वर्तमान स्थिति में वे इन्हें एक स्वतन्त्र भाषा के रूप में उन्नत करना चाहते हैं। हमारी ऐसी कोई इच्छा नहीं है कि इन बोलियों को नगण्य बनाएँ। लेकिन हमें संदेह है कि ये भाषाएँ उपयुक्त रूप से विकसित नहीं हैं जो प्राथमिक विद्यालयों के पूरे पाठ्यक्रम के दौरान निर्देशों के माध्यम के रूप में प्रयोग की जा सकें। इसलिए हम अनुशंसा करते हैं कि किसी भी मामले में पहले वर्ष में सारी मौखिक शिक्षा, शिष्य की मातृ-भाषा में दी जानी चाहिए; और यहाँ तक कि विद्यालयी पाठ्यक्रम के बाद की अवस्थाओं में भी अध्यापकों की अनुमति होनी चाहिए कि वे जहाँ तक उपयुक्त लगे बच्चों को मातृ-भाषा में मौखिक स्पष्टीकरण दें, और इन भाषाओं में बच्चों की किताबें भी उपलब्ध कराई जाएँ। इन टिप्पणियों के सन्दर्भ में, हिन्दुस्तानी निर्देशों के माध्यम के रूप में प्रयोग की जानी चाहिए।"

आदिवासी समुदाय से सम्बन्धित हों, जनजातीय भाषा को जानते हों। यह कोई बड़ी बात नहीं कह रहा हूँ कि वे हिन्दी की स्थानीय बोली को जानते हों, और अपना बचपन इसी तरह के वातावरण में बिताने के बाद आदिवासी अध्यापकों के लिए बने विशेष प्रशिक्षण विद्यालयों में विशेष प्रशिक्षण प्राप्त कर चुके हों। ऐसा प्रशिक्षण-विद्यालय किसी शहर में नहीं होना चाहिए, बल्कि किसी खास आदिवासी क्षेत्र के किसी आदिवासी गाँव में या उसके निकट होना चाहिए जहाँ कक्षाओं में अभ्यास के लिए पर्याप्त संख्या में गोंडी और कोर्कू इन दोनों भाषाओं को बोलनेवाले बच्चे उपलब्ध हों। इस तरह की शुरुआत मैं जल्द से जल्द होते हुए देखना चाहूँगा। इस तरह के विद्यालय के लिए मुझे दिखाई पड़नेवाला उपयुक्त क्षेत्र भैंसदेही तहसील है, जहाँ कई गाँव हैं जिसमें बड़ी संख्या में गोंडी और कोर्कू मातृभाषा वाले बच्चे हैं और साथ ही मेलाघाट कोर्कू अध्यापकों के प्रशिक्षण के लिए सुविधाजनक भी है। बैतूल-इलीचपुर सड़क पर सावलमेन्घा में एक जगह चुनी गई थी, लेकिन मलेरिया-सम्बन्धी सर्वेक्षण में पाया गया कि यह मलेरिया की काफी सम्भावनाओं वाला क्षेत्र है और यद्यपि किसी भी तरह बचा नहीं जा सकता अतः मलेरिया का नियन्त्रण करना आसान नहीं होगा। एक आदिवासी सामान्य विद्यालय में प्रशिक्षण के लिए उपयुक्त आदिवासी युवकों को एक केन्द्र उपलब्ध कराने के लिए निकट भविष्य में दो अवासीय आदिवासी माध्यमिक विद्यालयों की जरूरत पड़ेगी, और मेलाघाट में इलीचपुर-चिकाल्दा सड़क पर घटाँग में और बैतूल-इलीचपुर सड़क पर झालार के निकट छिछोलाधाना में डॉ. हंटर द्वारा सुझाई गई जगहें भी उत्कृष्ट प्रतीत होती हैं। इन तीनों संस्थाओं में से कहीं पर मैं नहीं ईंट और न ही गारे वाले मकान बनाऊँगा बल्कि इसकी बजाय विकसित तरीके के गाँव के घरों को बनाना होगा ताकि संस्थाएँ अपने आप ही शिष्यों को सिखाएँ जो पहले से ही गाँव में घर बनाने के तरीके जानते हैं कि बेहतर हवादार, जल निकास और स्वच्छतापूर्ण घर उन्हीं सामानों और तरीकों से किस प्रकार बनाए जा सकते हैं। मेरे विचार से संस्थाओं का सबसे ज्यादा खर्चीला भाग आवर्ती और अनावर्ती दोनों तरह के मलेरिया-रोधी कदम उठाने पर होगा; एक और चीज जो आवर्ती कदमों में आ सकती है और यह अच्छा होगा कि एक मुख्य चीज मलेरिया नियन्त्रण के सरल उपाय जो शिष्यों को सीखनी और उन गाँवों में आगे सिखानी चाहिए।

444. अध्यापक क्या पढ़ाएँ? इस प्रश्न पर निर्णय करने से पहले हमें अपने विचारों को साफ करना होगा। मेरी प्रश्नावली के जवाब में श्री एल्विन, जिनके इस विषय पर विचार मेरे विचारों के समानान्तर चलते हैं—वास्तव में हमारे विचार विचार-विमर्श और पत्र-व्यवहार के आदान-प्रदान से विकसित हुए हैं, ने इस विषय को निम्नलिखित टिप्पणी में बेहद सारगर्भित तरीके से लिखा है; इसी तरह के विचार उन्होंने अपने हालिया निबन्ध *लॉस ऑफ नर्व्स* में और रूरल इंडिया के हाल के अंकों के लिए आदिवासी शिक्षा पर लिखे अपने लेख में रखे थे। मैंने अपने द्वारा लिखे गए पैराग्राफों के साथ जारी रखते हुए क्रमांक से संख्या लिखे हुए पैराग्राफों के साथ टिप्पणी को सन्दर्भ देखने और इस पर जोर देने कि मैंने श्री एल्विन के विचारों को स्वीकार कर लिया है, के लिए दोबारा प्रस्तुत किया।

445. "*शिक्षा के लक्ष्य*—मैंने सुझाव दिया कि आदिवासी शिक्षा के तीन लक्ष्य होने चाहिए—

(क) आदिवासी सभ्यता, धर्म और जनजातीय संस्थाओं को संरक्षित और विकसित करना;

(ख) आदिवासियों को तैयार करना कि वे ना सिर्फ उन्हें नष्ट या अवक्रमित करनेवाले खतरे जो सभ्यता के तत्त्वों से मिल रहे हैं, से अपनी रक्षा कर सकें बल्कि साथ ही इस तेजी से बदल रहे विश्व में अपना स्थान ले सकें और इसमें अपना योगदान दे सकें; और

(ग) अपनी आर्थिक स्थिति को सुधारें।

446. "*वर्तमान स्थिति*—जनजातीय लोगों के लिए शिक्षा लाने की पीढ़ियों से कोशिश करनेवाले लोगों के कार्यों की निन्दा या आलोचना करने की कोई इच्छा न होते हुए यदि हम 34 लिखित उद्देश्यों की रोशनी में वर्तमान परिस्थितियों की जाँच करें तो हमारे विचारों में स्पष्टता आ जाएगी। केन्द्रीय प्रान्त के जंगलों और पहाड़ों पर लगभग दस सालों के अनुभव के बाद मैं इस निष्कर्ष पर पहुँचा हूँ कि वर्तमान व्यवस्था निम्नलिखित त्रुटियों से ग्रस्त है—

(1) आदिम जीवन और संस्कृति के लिए यह विनाशकारी है। विद्यालय प्रायः पुलिस-स्टेशनों व बाजारों के निकट गैर-आदिवासी क्षेत्रों में हैं और आदिवासी लोगों और उनकी संस्थाओं से बेहद नफरत करनेवाले लोगों के बीच आदिवासी बच्चे बड़े होते हैं। जहाँ कहीं ऐसा नहीं भी है, वहाँ भी अध्यापक जो सामान्यतः शहरी होते हैं उन असभ्य लोगों से अपने-आपको और अपनी संस्कृति को अपरिमित रूप से श्रेष्ठ मानते हैं जिनके बीच उन्हें रहना और उनकी संस्थाओं की उपेक्षा या आलोचना करनी पड़ती है। विद्यालय की छुट्टियों में हिन्दू, मुसलमान और ईसाई त्यौहार तो आते हैं लेकिन आदिवासी त्यौहारों पर कोई छुट्टी नहीं होती। बच्चों को अनजाने ईश्वरों की प्रार्थना करना और गीत गाना तो सिखाया जाता है लेकिन अपने सदियों पुराने देवताओं जिनकी आस्था में वे गहरे रूप से बँधे होते हैं, की पूजा नहीं करवाई जाती है। वे भारतीय उदारपंथियों (नेताओं) व अंग्रेज वायसरायों के जीवन के बारे में तो पढ़ते हैं लेकिन अपने नायकों और नेताओं के बारे में कुछ सुना तक नहीं होता। विद्यालय के कितने लड़के रॉय लिंगा की पारम्परिक कथा को खूबसूरती से गा सकते हैं या बता सकते हैं कि भारत में कितने गोंड राजा हुए हैं? उन्हें एक विदेशी भाषा में पढ़ाया जाता है और उनकी अपनी जबान के नष्ट होने के साथ-साथ काव्य के एक पूरे संसार और पारम्परिक कथाओं का भी लोप हो जाता है। शिक्षा का सौन्दर्यात्यक प्रभाव भी पूरे तौर पर विनाशकारी होता है। एक गोंड या बैगा लड़का अपने लम्बे घुँघराले बालों, अपने उजले रंगों वाले हार और अपने बालों में लगे पंखों के साथ कितना सुन्दर लगता है! लेकिन विद्यालय का अध्यापक उसके बाल कटवाता है, उसके हार पर हँसता है और उसके पंखों को फेंक देता है; बँधनेवाली पगड़ी की जगह एक छोटी गोल काली टोपी आ जाती है, और जल्द ही 'शाश्वत रूप से भूरी चमड़ी के नंगेपन से बनी वेशभूषा' को ढँकने के लिए गंदी खाकी निक्कर और बदसूरत छोटा कोट पहना जाने लगता है।

इस प्रक्रिया को बेहद जीवन्त रूप से मैंने मुड़िया लोगों के बीच देखा। मुड़िया नौजवान घोटुल व्यवस्था के अन्तर्गत बड़ी संख्या में संगठित होते हैं; जो कि सामाजिक दायित्वों की सहशिक्षा और प्रशिक्षण की एक विस्तारित योजना है। घोटुल जनजातीय धर्म और परम्पराओं को सिखाने वाला केन्द्र है। मुड़िया लड़के

अपने बहुसंख्यक मनकों, कानों की बालियों और सिर की पट्टियों, फूलों और पंखों, नक्काशी की हुई कंघियों और उनके बालों में सजावटी पिनों के साथ दिखने में बेहद खुशी महसूस करते हैं। मैंने कई अच्छे लड़कों को देखा जो एक या दो साल से विद्यालय जा रहे थे : उनका सारा आकर्षण और स्नेह खत्म हो गया था; उन्होंने अपनी घोटुल की सदस्यता बनाए रखी थी लेकिन वे नृत्यों और शानदार खेलों में भाग लेते वक्त अहंकारपूर्ण थे; उनकी वेशभूषा और मानसिकता ने उन्हें अपने ही घर में असम्बद्ध बना दिया था। सामान्य तौर पर शिक्षा एक आदिवासी लड़के को अपने घर में अजनबी बना देती है।

(2) शायद शिक्षा का सबसे बुरा परिणाम गाने और नृत्य पर पड़ा इसका प्रभाव है। कई लड़के एक बार पढ़ना-लिखना सीख जाने के बाद अपने-आपको जनजातीय मनोरंजन से ऊपर समझने लगते हैं। अपने आसपास वो शहर के हानिकारक मनबहलावों को अपना लेते हैं। नृत्य का स्थान जुआ ले लेता है; खूबसूरत और सीधे-सरल त्यौहार करमा का स्थान होली की फूहड़ता ले लेती है; मैंने कई स्त्रियों व पुरुषों को देखा जो दादरिया के सुन्दर मधुर गीतों को पसन्द नहीं करते हैं और उससे कहीं नीचे स्तर के तमाशे में प्रसन्न होते हैं जिसमें जन्म लेने की पूरी प्रक्रिया, मैथुन से लेकर प्रसूति तक की नकल की जाती है।

(3) साथ ही जनजातीय क्षेत्रों में खुलनेवाले विद्यालय संसार भर में बुरे सामाजिक रिवाजों से भी परिचित होते हैं। आदिवासी अछूत में थोड़ा-सा विश्वास रखते हैं, वे अपनी औरतों को परदे में नहीं रखते हैं, वे विधवा-पूर्णविवाह की मुक्त रूप से इजाजत देते हैं, उनके यहाँ वयस्क विवाह की एक सामान्य परम्परा है। लेकिन उन गाँवों में जहाँ कोई विद्यालय है, अध्यापकों का उदाहरण (जो प्रायः इन सब चीजों को व्यवहार में लाते हैं) के परिणामस्वरूप सामान्यतया अछूतों का मान घटना और औरतों की निम्न स्थिति होने लगती है। जनजातीय क्षेत्रों को बाल-विवाह से परिचित करवाना खासतौर पर घातक है और अर्ध-सभ्य क्षेत्रों में शादी के बन्धनों में हल्की पकड़ होने का एक कारण है। बड़ी संख्या में प्रशिक्षित किन्तु 'अपरिवर्तित' अध्यापकों को भेजने से विनाशकारी प्रभाव पड़ रहा है।

(4) कुछ छोटे-छोटे बिन्दु नोट किए जा सकते हैं। निरीक्षकों द्वारा अच्छे अंक प्राप्त करनेवाले सुन्दर भवन सामान्य जगहों की तरह ही बच्चों से काफी अनजानापन लिए हुए हैं। परीक्षा जनजातीय बच्चों पर एक अनावश्यक दबाव डालती है और इसका परिणाम चारित्रिक-विकास की कीमत पर बहुत सारी अनुपयोगी न्यूनतम जानकारी को रटने के रूप में सामने आता है। आदतन अनियमित होनेवाले आदिवासी बच्चों और उनके परिवार वालों की आदिम प्रवृत्तियों के लिए भत्ते नहीं दिए जाते हैं। मैं एक दस साल की छोटी लड़की को जानता हूँ जो पहले से ही चार अलग-अलग विद्यालयों में जा चुकी है। जंगल की आवश्यकताओं के हिसाब से शिल्पकला नहीं सिखाई जाती है।

(5) आदिवासी बच्चों पर दंड का काफी बुरा प्रभाव पड़ता है खासतौर पर शारीरिक दंड का। शिक्षित आदिवासियों में चापलूसी और गुलामी की प्रवृत्ति होती है और इसे किसी भी कीमत पर रोका जाना चाहिए। मैंने अध्यापकों द्वारा भयंकर पिटाई

के कारण शरीर पर पड़े लाल निशानों वाले कई लड़के देखे; हाल ही एक मामले में एक अध्यापक एक गोंड लड़के को अपने कमरे में ले गया, उसे नंगा किया और चाकू निकालते हुए बोला कि अनियमित उपस्थिति के दंड के रूप में लड़के को बधिया बना रहा हूँ। आतंक से भयभीत होकर बच्चा किसी तरह भागने में सफल हुआ और जंगल में बिना कुछ खाए और सोए दो दिन तक छुपा रहा। दूसरे अध्यापक ने कक्षा में एक लड़के को इतनी बुरी तरह से पीटा कि बदहवास बच्चे ने वहीं मलोत्सर्ग कर दिया, और अध्यापक ने उसे अपने हँसते हुए साथियों के सामने गन्दगी को चाटने और फिर उसे साफ करने पर मजबूर कर दिया। कायदे के छात्र यह कल्पना कर सकते हैं कि इस तरह की घटनाओं के बाद लड़कों की बाकी जिन्दगी पर कैसा असर पड़ा होगा।

447. "*भविष्य के लिए एक कार्यक्रम*—आदिवासियों के बीच शिक्षा की कोई सफल योजना लागू करने के लिए सबसे पहले जरूरी है कि एक विशेष-विभाग खोला जाए, इसका नियन्त्रण जिला परिषदों और निजी निकायों से ले लिया जाए और सरकार द्वारा स्थिति पर वैज्ञानिक मानवविज्ञानी सिद्धान्त लागू करने का नाजुक और मुश्किल काम करने की बात मानी जाए। एक विशेष अधिकारी की नियुक्ति की जानी चाहिए, चाहे वह आधिकारिक हो या गैर-आधिकारिक जो श्री ग्रिग्सन की रिपोर्ट के आलोक में स्थितियों पर गौर करे और सभी पहले से ही आदिवासी प्रभुत्व वाले क्षेत्रों में शिक्षा की नई नीति लागू करे। यदि ऐसे किसी अधिकारी को मुझसे विचार-विमर्श करना हो तो मैं उसके सामने निम्नलिखित सुझाव रखूँगा—

(क) यदि हम आस्ट्रेलिया, अफ्रीका और अमरीका के आदिवासियों के हो चुके विनाश से बचना चाहते हैं तो यह आवश्यक है कि अत्यन्त सावधानी के साथ हम आगे बढ़ें। वैश्विक रूप से आवश्यक शिक्षा देने की कोई भी कोशिश फायदे के बजाय नुकसान ज्यादा पहुँचाएगी। कोई विद्यालय नहीं खोला जाना चाहिए जब तक कि ये प्रथम श्रेणी के अध्यापकों और अच्छे साजो-सामान, किताबों, भवनों और शिल्प के सामान को उपलब्ध कराने के लिए अच्छी धनराशि के साथ बढ़िया तरीके से चलने न लग जाए। कुछ वास्तविक अच्छे विद्यालय कई 'सस्ते और गन्दे' विद्यालयों की तुलना में कहीं ज्यादा उपयोगी होंगे।

(ख) मेरा अनुभव है कि बीस दिन के विद्यालयों का बराबर एक बोर्डिंग छात्रावास होता है। मेरे ख्याल से करंजिया और सनपुरी में भूमिजन सेवा मंडल द्वारा चलाए जानेवाले छात्रावास, मेरी समझ से आदिवासी शिक्षा के वास्तविक उद्देश्यों को पूरा करने में काफी सफल हैं। हमारे छात्रावास के लड़कों और दिन के विद्यालयों के लड़कों या पड़ोसी जिलापरिषद के विद्यालयों के लड़कों में कोई तुलना नहीं की जा सकती है। चरित्र, शारीरिक क्षमता, स्वतन्त्र बोध, मौलिकता और चहलकदमी का विकास ध्यान देनेवाली चीजें हैं। छात्रावास में जहाँ कुछ अध्यापकों की एक टीम ठहरायी जा सकती है, प्रयोग किए जा सकते हैं और खासतौर पर आदिवासी मनोरंजन के साधनों का विकास किया जा सकता है। मैं इस तरह का एक छात्रावास हर आदिवासी जिले में देखना चाहूँगा, और अन्तिम तौर पर प्रत्येक तहसील में एक—लेकिन कम-से-कम वर्तमान समय में तो एक तहसील में एक से ज्यादा आवास नहीं होने चाहिए।

जबकि सामान्य तौर पर आदिवासी शिक्षा पर सरकार का प्रत्यक्ष प्रभाव होना चाहिए, लेकिन छात्रावासों को निजी निकायों और अन्य जो स्थल पर ही रहेंगे, के प्रचार में देने का निर्णीत लाभ मिलता है। छात्रावास बहुत खर्चीले होते हैं और निजी निकाय अपने कोटे के अंशदान ठीक से दे सकते हैं; वास्तव में यह हमेशा आसान नहीं होता है कि ऐसे विश्वास योग्य लोग ढूँढ़े जा सकें जो उपलब्ध हो सकने वाले वेतन पर बड़ी मात्रा में खाने और कपड़ों की सुव्यवस्था कर सकें।

(ग) भवन गोंड शैली के होने चाहिए, सामान्य मिट्टी के बने घर और पहाड़ी की चोटी पर (टिकारा) स्थित हों या नदी के किनारे पर। एक बार यह सिद्धान्त स्थापित हो जाए कि आदिवासी क्षेत्रों के विद्यालय मुख्य तौर पर अधिकारियों और व्यापारियों के बच्चों के लिए नहीं हैं तो यह मुश्किल नहीं होना चाहिए। पास में एक नदी होना एक अच्छा वरदान है।

(घ) 'वर्धा बेसिक शिक्षा' के पाठ्यक्रम के सामान्य विचार और योजना मुझे आदिवासियों के लिए बहुत अच्छे लगे, लेकिन इनको ठीक ढंग से रूपांतरित किए जाने की जरूरत है। दुर्भाग्यपूर्ण है लेकिन मैं नहीं सोचता कि कभी आदिवासी कातना और बुनना शुरू करेंगे। कुछ निश्चित जातियों का यह विशेषाधिकार है और एक गोंड को यह करने पर जाति-बाहर किया जा सकता है। इसे तोड़ने के लिए पचास वर्षों तक शिक्षा की जरूरत पड़ेगी। यह सच है कि आप शायद विद्यालय में कातने के लिए लड़कों को ढूँढ़ लें लेकिन विद्यालय में ऐसा कुछ पढ़ाने का कोई फायदा नहीं है जो बाद की जिन्दगी में जाकर अनुपयोगी हो जाए। इसके अतिरिक्त कई आदिवासी क्षेत्रों में सूत उपलब्ध नहीं है।

आदिवासियों के लिए श्रेष्ठ हस्तकला बढ़ई का काम है पर इसमें लोहे का काम बिल्कुल शामिल नहीं किया जाना चाहिए। उदाहरण के लिए किसी गोंड, बैगा, कोर्कू या बस्तर आदिवासी को लोहे का काम करना पड़ता है। लोहे के काम की बजाय मैं दो साल के लिए लकड़ी के लिए अनुशंसा करूँगा। अत्यन्त दुख का विषय है कि इस पुरातन आदिवासी कला को मरने के लिए छोड़ दिया गया है। लोग अपने घरों में दरवाजे और खम्भे नक्काशीदार लगवाना पसन्द करते हैं (गणचिन्हों में विश्वास की भी इसमें सम्भावनाएँ हैं)। बस्तर में, मैं कई घोटुलों और घरों में विस्तारपूर्ण नक्काशी देखकर काफी प्रभावित हुआ, और मैंने पाया कि कई बढ़ई बहुत बढ़िया जीवन जीते हैं और माँग को भी पूरा नहीं कर पाते हैं।

मैं चाहूँगा कि मध्य प्रान्त में सब जगह बस्तर की *मसनी* दिखाई जाए। यह एक शानदार सोने की चटाई है और इसे बनाना हर कहीं बहुत आसानी से सिखाया जा सकता है।

टोकरी बनाने का काम भी काफी उपयोगी है पर कुछ जनजातियाँ इस पर आपत्ति करती हैं। हालाँकि मछली पकड़ने का जाल बनाना सर्वव्यापी है। आदिवासियों की खुराक में मछली एक बेशकीमती चीज है, और काम आनेवाले कई जाल वास्तव में कला के नमूने होते हैं : उन्हें बनाना हाथों और आँखों का एक शानदार अभ्यास होता है।

छोटे लड़कों के लिए खेती करना बेहद मुश्किल काम है, और खासतौर पर

पहाड़ियों की सख्त और ऊबड़खाबड़ जमीन पर। मुझे बाड़ी या बगीचे में उत्पादन करना शिल्प का एक ज्यादा विश्वस्त ढँग नजर आता है। बगीचे के उत्पाद बहुत अच्छे बिकते हैं जैसे सेम की फलियाँ, गाजर, चुकन्दर–जड़ोंवाली फसल की कोई किस्म–या चढ़ती हुई बेल की सब्जियाँ जो आदिवासी मानसिकता से मेल खाती हैं। छोटा नागपुर के आदिवासियों के बीच टमाटर को भी काफी सफलता मिल रही है। आदिवासी फलों के वृक्षों को प्यार करते हैं; मैं उन्हें एक बच्चे की तरह दुरनी होते हुए देख चुका हूँ, जब एक पकता हुआ आम खराब हो जाता है। प्रत्येक विद्यार्थी को यह अवश्य जानना चाहिए कि एक फलों का बागीचा लगाने के लिए आम, केला, अमरूद और पपीते के पेड़ कैसे उगाए जाते हैं।

पाठ्यक्रम का आधार कोई कला होनी चाहिए, लेकिन यह एक ऐसी कला होनी चाहिए जिसका आदिवासी आनेवाले सालों में ज्यादा लाभ उठाने में सक्षम हों, और यह अवश्य ग्राम्य जीवन से न कि शहरी जीवन से जुड़ी हुई होनी चाहिए। दूरस्थ आदिवासी क्षेत्रों में गत्ते का काम, नक्काशीकारी, तस्वीरों के फ्रेम बनाना, फूलदानों की चित्रकारी, और सजावटी पर्दों को बुनना बिल्कुल अनुपयोगी है।

(ङ) आदिवासी विद्यालयों के लिए सरकार द्वारा पाठमालाओं की एक विशेष शृंखला चलाई जानी चाहिए और इसे अनिवार्य कर देना चाहिए। इन पाठमालाओं में गाने, पहेलियाँ, और कहानियाँ विभिन्न आदिवासी भाषाओं में होनी चाहिए। इसमें पुराने गोंड साम्राज्यों और जैसे कि आधुनिक गोंड राजाओं का भी वर्णन किया जाना चाहिए। भारत के अन्य हिस्सों की जनजातियों का भी अच्छे तरीके से वर्णन किया जाना चाहिए जैसे कि नगा, ओराँव और मड़िया आदि। जनजातीय खेलों और नृत्यों को विस्तार से वर्णित और बताया जाना चाहिए। स्थानीय आदिवासी लड़कों को यह समझाने का प्रयास किया जाना चाहिए कि वो दो करोड़ के बड़े समुदाय के साथ-साथ भारत के नागरिक भी हैं। मेरे द्वारा पहले ही बताए जा चुके कुछ बुरे सामाजिक रिवाजों के विस्तार को रोकने के लिए कुछ प्रचारात्मक पाठ भी जोड़े जाने चाहिए। महात्मा गांधी की जिन्दगी और उनके द्वारा अछूत समस्या, महिलाओं की खराब स्थिति और बाल-विवाह के खिलाफ लड़े गए धर्मयुद्धों की जानकारी देना भी काफी उपयोगी होगा।

(च) सभी विद्यालयों में सेक्स और रनिज रोगों के खतरों, बचाव और उपचारों के बारे में सरल पढ़ाई करवानी चाहिए। यह निरीक्षक का एक बढ़िया लक्षण हो सकता है। कई आदिवासी संभोग के बाद नहाते नहीं हैं। मेरा विश्वास है कि अगर यह आदत डलवाई जाए तो जनजातीय लोगों के स्वास्थ्य में आर्श्चजनक बदलाव आ जाएँगे।

(छ) आदिवासी विद्यालयों में मनोरंजन भी काफी महत्त्वपूर्ण होता है। ऐसे लोग जिनके पास मनोरंजन के साधारण साधन–किताबें, खेल, वायरलैस, सिनेमा आदि नहीं हैं उन्हें अपने फुर्सत के क्षण बिताने के तरीके सिखाए जाना बहुत आवश्यक है। कुछ पथभ्रष्ट आदिवासी नेताओं द्वारा नृत्य बंद करवाने के कारण उन लोगों के बीच जो काफी बोरियत के कारण उस तरफ उन्मुख हुए थे, अनैतिकता में वृद्धि हुई। पश्चिमी जिलों में सैला नृत्य लड़कों के व्यायाम का शानदार ढँग है : यह

कई तरीके से होता है, कभी एक साम्भर हिरन के शिकार की नकल, तो कभी एक मछुआरे द्वारा अपना जाल बाँधते हुए। पूर्वी जिलों में *डंडा पता* काफी सामान्य है और यह भी अच्छा व्यायाम है। बस्तर में नृत्यों की विस्मयकारी किस्में हैं : इनमें से कुछ को मैंने मांडला में बताया तो वहाँ पर उत्साह के साथ इसे स्वीकार लिया गया। विद्यालय अलग-अलग जगहों के कई प्रकार के नृत्यों, ड्रम ताल, धुनों और गानों की जानकारी को विस्तारित करने की बहुत अच्छी सेवा प्रदान कर सकते हैं।

यहाँ पर खासतौर पर बस्तर में आदिवासी खेलों की भी समृद्ध विविधताएँ हैं और इनमें से सर्वश्रेष्ठ को एक छोटी पुस्तिका में संगृहीत किया जा सकता है और जानकारी को दूर-दूर तक फैलाया जा सकता है। इनमें से कुछ जैसे बैगा लोगों का जड़-खेल और मुड़िया लोगों का धरती-खेल कृषि के साथ जुड़े हुए हैं : अन्य शिकार, शहद इकट्ठा करने, मछली पकड़ने का वर्णन करते हैं; सभी गहरे तौर पर जनजातीय जीवन से जुड़े हुए हैं।

पंच महल में भील सेवा मांडलों में मैंने उत्कृष्ट तीरंदाजी की कक्षाएँ लगती देखीं। प्रत्येक विद्यार्थी के पास अपना तीर-कमान या अपनी गुलेल-कमान होनी चाहिए और इसे लाने और इसका प्रयोग करने में दक्षता हासिल करने में कोई शर्म नहीं आनी चाहिए। हाथ और आँखों को प्रशिक्षित करनेवाला यह एक अच्छा व्यायाम है और जनजातीय आत्मसम्मान को पूर्ण स्थापित करनेवाला एक महत्त्वपूर्ण साधन है। तीरंदाजी एक ध्यान देने योग्य अस्तित्व मूल्य रखती है। छोटा नागपुर में मैं काफी सन्न रह गया जब पाया कि सभी लड़के और आदमी अपने साथ जहाँ कहीं जाते हैं, तीर-कमान लेकर जाते हैं।

(ज) बिहार सरकार ने ओरॉन और अन्य भाषाओं में गानों और पहेलियों की कुछ किताबें निकाली हैं। मांडला, बालाघाट और बिलासपुर के गाने और पहेलियाँ–मेरे अनुभव के अनुसार अपनी विविधता और खूबसूरती के कारण–अतुलनीय हैं। सभी आदिवासी विद्यालयों में इसको अनिवार्य विषय के रूप में पढ़ाया जाना चाहिए। (1) विद्यालयी पंचायतों के गठन का श्री ग्रिग्सन का सुझाव वही है जो मेरे दिमाग में इंग्लैंड में श्री ए.एस. नेल्स के विद्यालय का दौरा करने के बाद से था। विद्यालय के अनुशासन और गुलामी से बचाव का यह वास्तविक समाधान है। चुनाव के लिए अध्यापक योग्य होने चाहिए और यदि वे अपना काम ठीक से नहीं करते हैं या लड़कों को मारते-पीटते हैं तो उन्हें चुना नहीं जाना चाहिए। विद्यालयी पंचायतों को असली ताकत दी जानी चाहिए और मताधिकार का प्रयोग करने और स्थानीय मामलों को निपटाने के बारे में अच्छा प्रशिक्षण आधार दिया जाना चाहिए।

''448. *निष्कर्ष*–इस प्रकार मेरे सुझावों का सार यह है कि विद्यालय कम और बेहतर होने चाहिए: कि वो एक सरकारी विशेष की प्रत्यक्ष निगरानी में होने चाहिए; कि केवल चुनिंदा लोगों को ही आदिवासी क्षेत्रों में अध्यापक के रूप में भेजा जाना चाहिए; कि विशेष पाठ्य पुस्तकें तैयार की जानी चाहिए; कि कलाओं पर एक प्राथमिक जोर दिया जाना चाहिए जो आदिवासी जीवन से आवश्यक रूप से जुड़ी हुई हों कि विचार, मनोरंजन और संगठन आदिवासी चरित्र के होने चाहिए।

अगर ऐसा किया जाना है तो आदिवासी क्षेत्रों में एकदम अध्यापकों के लिए एक प्रशिक्षण-विद्यालय खोल दिया जाना चाहिए और उस विशेषज्ञ को जिसका मैंने अभी जिक्र किया था इसका प्रभार दे देना चाहिए। साधारण प्रशिक्षण-महाविद्यालयों से आए अध्यापक शहरी दिमाग वाले होते हैं और आदिवासियों के लिए उनके दिलों में अवज्ञा होती है।

मामला काफी गम्भीर है। यदि वर्तमान तरह के विद्यालय काफी संख्या में खोले जाते हैं और अनिवार्यता के नियम के साथ तो आदिवासियों के लिए परिणाम काफी विनाशकारी होंगे, विनाश जो प्रायद्वीप या अन्य जगहों पर हुए विनाश की तुलना में दस प्रतिशत समान तरह के लोगों का हुआ था। केवल वैज्ञानिक अनुसंधान को लागू करके, बेहद सावधानी के साथ, केन्द्रीकृत नियन्त्रण के द्वारा ही इन ना खुशी वाले परिणामों से बचा जा सकता है।"

449. मैं श्री एल्विन की इस टिप्पणी से पूर्णतया सहमत हूँ और मानता हूँ कि इस पर प्रभाव डालनेवाले व्यावहारिक कदमों द्वारा समिति के विचार करनेवाले बिन्दुओं के अंशों को निर्मित किया जा सकता है और इसका सुझाव मैं पहले ही इस अध्याय में दे चुका हूँ। मुझे खासतौर पर आदिवासी विद्यालयों में कला-शिक्षा देने की इच्छा पर जोर देना चाहिए। उन स्थितियों से सम्बन्ध रखते हुए जिनमें छात्रों को विद्यालय के दिन समाप्त करके रहना पड़ेगा। कातना और बुनना उन क्षेत्रों के लिए बहुत अच्छा है जहाँ कच्चा माल तुरन्त मिल जाता है यह सहज-स्वाभाविक लगता है कि आदिवासी सारी जिन्दगी कात और बुन रहे हैं; मैं पंजाब के कांगरा जिले के कुट्टू उपमंडल की 42 बती और व्यारा घाटियों में बिताए एक महीने के दौरान यह देखकर काफी प्रभावित हुआ कि किस प्रकार लगभग सभी लोग अपनी भेड़ या बकरी के ऊन को कातने के लिए तिरना या तकली प्रयोग करते थे, और लगभग प्रत्येक घर में एक करघा होता है जिस पर मकानमालिक अपने प्रयोग के लिए और बाजार में बेचने के लिए बेहद शानदार ऊनी कपड़ों और कम्बलों को बुन रहा था। लेकिन जहाँ पर कातने और बुनने के लिए कोई स्थायी कच्चा माल न हो तो बच्चों को यह कला सिखाना पूरे तौर पर समय और ऊर्जा की बर्बादी नजर आती है। आदिवासी क्षेत्रों की बेहद आवश्यक जरूरत उपयुक्त कृषि का प्रशिक्षण खासतौर पर काफी उपजाऊ बनाकर तैयार की गई बाड़ी या आदिवासी घरों के आसपास के क्षेत्र में फलों, सब्जियों और तिलहनों की पैदावार और साधारण औजारों, टोकरियों, रस्सियों, सोने की चटाइयों और अन्य चीजों को बनाने और मरम्मत करने का प्रशिक्षण देने की है। कुछ जवाब बताते हैं कि जब आदिवासियों से पाठ्यक्रम के बारे में पूछा गया तो उन्होंने अपने आप कहा कि वे नहीं चाहते कि उनके बच्चों को कृषि सिखाई जाए क्योंकि वे खुद इस काबिल हैं कि अपनी जरूरतों के हिसाब से जो कुछ जानना चाहिए उसे सिखा सकते हैं। उनकी कृषि काफी पुरातन है और सुधरी हुई प्रणालियों की इतनी जरूरत है कि इस तरह के विचारों पर ध्यान नहीं दिया जाना चाहिए। मैं आदिवासी विद्यालयों में पशु, घरेलू* जानवर, मुर्गी पालन और पालतू जानवरों को रखने के महत्त्व पर भी जोर देता हूँ। हमें इस विचार से अवश्य छुटकारा पा लेना चाहिए कि मुर्गी पालन का काम स्थापित करने और यहाँ तक कि सूअर पालने में भी कोई नीचापन है; गाँव के सुअर जिस प्रकार कि वे गन्दी जातियों के झोंड़पों में मैदानी गाँवों में रखे जाते हैं, एक

* इसके आर्थिक 455 और शैक्षिक महत्त्व के अलावा, यह जानवरों के प्रति क्रूरता को नफरत सिखाने का उपयोगी रास्ता होने के साथ-साथ गाड़ियों में बहुत ज्यादा लादने या बधिया करने के प्राचीन तरीके से नफरत सिखाने का भी अच्छा तरीका हो सकता है।

आवश्यक अपमार्जक हैं बल्कि एक गन्दे अपमार्जक; सूअर जिस प्रकार पहाड़ी माड़िया गाँवों में एक साफ-सुथरे सूअरबाड़े में वहीं इसका आहार देकर रखने का तरीका एकदम अलग कार्य होता है। आदिवासियों की भविष्य की पीढ़ियों की शारीरिक क्षमता को हिन्दू और अन्य अध्यापकों द्वारा उन्हें उनकी पारम्परिक मांसाहारी खुराक से दूर कर देने की बुराई पर ज्यादा जोर नहीं दिया जा सकता है। यदि वास्तव में हम आदिवासियों का आर्थिक स्तर उठाना चाहते हैं तो हमें उन्हें इस प्रकार के धन्धे जैसे मुर्गी पालन, फल और सब्जियाँ उगाना और मधुमक्खी पालन के लिए प्रोत्साहित करना चाहिए; दोबारा कुल्लू क्षेत्र का सन्दर्भ लेते हुए औसतन हर कुल्लू गाँव में लगभग प्रत्येक घर की दीवारों पर तीन या चार मधुमक्खियों के छत्ते होते हैं। यहाँ दोबारा श्री एल्विन का बुद्धिमत्ता भरा विचार आता है कि विद्यालय कम और बेहतर होने चाहिए; हम कई सालों तक यह उम्मीद नहीं कर सकते कि इस तरह के कई व्यावहारिक विद्यालय खोल पाएँगे जब तक कि उपलब्ध होनेवाले अध्यापकों की संख्या में काफी विस्तार न हो जाए और आदिवासी नई किस्म के विद्यालयों की प्रशंसा करना सीख ना जाए।

450. उन क्षेत्रों में जहाँ ज्यादातर आदिवासियों द्वारा गोंडी और कोर्कू अभी भी बोली जाती है, को शुरुआती कक्षाओं में पहले स्थान पर और बाद में कविता और गानों के निर्देश के माध्यम के रूप में इन भाषाओं को परिचित करवाने की इच्छा को मैं पहले ही बता चुका हूँ, कि जैसे ही ज्यादा सामग्री संगृहीत हो और अध्यापक इन भाषाओं के साथ समरूपता प्राप्त करने लग जाएँ तो बाद में पढ़ाने और लिखने के लिए भी उपयोग की जानी चाहिए। जब तक प्रान्त के विद्यालयों में हिन्दी और मराठी की लिपि के रूप में देवनागरी रहेगी, तब तक अच्छा होगा कि गोंडी और कोर्कू में भी हालाँकि स्वर के चिह्नों में थोड़े परिवर्तन के साथ यही लिपि प्रयोग की जाए, जो गोंडी और कोर्कू की ध्वनियों के उचित प्रतिनिधित्व के लिए उसी प्रकार आवश्यक सिद्ध होंगी जिस प्रकार कुछ जनजातीय भाषाओं और बोलियों को भारत में किसी अन्य जगह लिखने के लिए आवश्यक है। इसके अलावा मैं आदिवासी बच्चों द्वारा अपना गाना गाने, अपना नृत्य करने और अपने जनजातीय खेल खेलने की आवश्यकता पर मैदानी क्षेत्रों के गाँवों के विद्यालयों से आयातित चीजों की बजाय ज्यादा प्राथमिकता देने पर जोर दूँगा। मेरे मांडला नोट्स के पैराग्राफ 104 और मेरी बालाघाट रिपोर्ट के पैराग्राफ 57-67 में लिखे गए विषय पर मैं यहाँ दोबारा ध्यान अर्जित करवाना चाहता हूँ। मांडला जिले में तथाकथित राज़-गोंड आन्दोलन द्वारा सभी नृत्यों और खासतौर पर करमा नृत्य के खिलाफ बुद्धिहीन प्रोपेगंडा करने से रोकनेवाले कदम उठाने बेहद आवश्यक हैं। मांडला के कैथोलिक फादरों के दिए गए जवाबों में निम्नलिखित घटना द्वारा इसकी कृत्रिमता दिख जाती है। निवास तहसील में एक गाँव में जहाँ राजगोंड आन्दोलन द्वारा यह सिखाया गया था कि सभी तरह के नृत्यों को अनुपयुक्त समझा जाए, मिशन विद्यालय के एक अध्यापक को सेला नृत्य सिखाने का आदेश दिया गया। इसके बाद एक फादर वहाँ गए और बच्चों ने इस नृत्य को करने की इजाजत उनसे माँगी। यद्यपि राज-गोंड मालगुजार जिनको आन्दोलन के प्रभाव में सभी नृत्यों पर अपत्ति करनी चाहिए थी, भी वहाँ उपस्थित थे और उन्होंने नृत्य के प्रति स्वाभाविक प्रसन्नता दिखाई और जल्द ही लड़कों को बताने लगे कि किस प्रकार पैर उठाने चाहिए। यह उस गाँव में हुआ जहाँ आन्दोलन के प्रभाव में सारे नृत्य बंद किए जा चुके थे, यद्यपि कुछ 'असुधारणीय' गाँवों में कुछ गाँववाले अभी भी नृत्य करने

के लिए ललचा जाते थे। बाद में फादर वान डार्स्ट ने विद्यालय समिति को समझाया कि क्यों नृत्य करवाना शुरू कराया गया है और सभी सदस्य सहमत हो गए कि यह एक अच्छी चीज है, हालाँकि उन्होंने करमा नृत्य के लिए अपनी आपत्ति जारी रखी। अन्य जगहों पर हालाँकि यह चलता रहा; लगभग पूरे प्रान्त में आदिवासी नृत्यों में यह श्रेष्ठ है और ज्यादातर श्रेष्ठ आदिवासी काव्य का प्रेरणा स्रोत रहा है। फादर वान हीरटम ने जिक्र किया कि करमा के लगातार नृत्य के साथ फूहड़ गानों और रात भर चलने वाले पीने के दौर के कारण कामुक उत्तेजना और अनैतिकता होती है, अन्य फादरों ने बताया कि उनमें से कोई भी करमा गाने या नृत्य के खिलाफ नहीं है लेकिन वे कुछ क्षेत्रों में फूहड़ता के कारण स्तर में आई गिरावट के खिलाफ हैं। वे अपने आप अच्छे करमा गानों के संग्रह और प्रकाशन और इसके बाद करमा गानों और नृत्यों को विद्यालयों में शुरू करवाने के पक्ष में हैं। उल्लिखित स्तरहीनता जनजातीय नैतिकता के क्रमिक विनाश का विशिष्ट स्वरूप है जैसा कि श्री एल्विन ने पैराग्राफ 446 में बताया है जो आदिवासियों के बाहरी दुनिया के सम्पर्क में आने के बाद जब वे पहली बार अपने जनजातीय रिवाजों पर शर्मिन्दा होते हैं, के बाद से शुरू हो जाता है। कोई भी आदिवासी जीवन और विचारों की अन्दरूनी परत तक नहीं पहुँच सकता जब तक कि वह आदिवासियों द्वारा अपने पारम्परिक गीतों, नृत्यों और खेलों से मिलनेवाली खुशी की प्रशंसा करना न सीख जाए जिसके बिना वे मैदानी गाँवों की सेवक जातियों की तरह नीरस और उबाऊ अवसाद में डूब जाएँगे। उन क्षेत्रों में जहाँ सांस्कृतिक सम्पर्क सबसे तेज है, बूढ़े आदिवासियों को नौजवान पीढ़ी द्वारा जनजातीय कला और कानूनों को त्याग देने पर विलाप करते हुए पा सकते हैं। 1933 में नागपुर जिले के कौरस पठार में मैंने पाया कि कई गोंड गाँवों में उनके पुराने त्यौहारों के मेघनाथ खम्भे और अन्य चिह्न खराब होने के लिए गिरा दिए गए हैं क्योंकि वे हिन्दू कर्मचारियों और पड़ोसियों की सनक से घबराते हैं; जब मैंने एक मालगुजार को प्रेरित किया कि वह इन्हें दोबारा लगाने के लिए लकड़ी दे तो वह उत्साह जो पुराने त्यौहार दोबारा मनाने पर देखने को मिला, बेहद प्रसन्नतादायक था। फादर फुचेस ने नीमड़ के भीलों के बारे में नोट किया है कि वे अब कोई विशेष खेल, गाने, कथाएँ, नृत्य या जनजातीय कानून नहीं मानते हैं जो उनकी जिन्दगी में विशेष महत्त्व रखता था; बुजुर्ग आदमी अक्सर मूल जनजातीय परम्पराओं के खो जाने की शिकायत करते हैं जो होल्कर राज्य के आदिवासी भीलों से प्राप्त करके दोबारा पैदा की जा सकती है जिन्होंने पुरानी भील संस्कृति और नृत्य को बचाकर रखा हुआ है। परन्तु इसके लिए नीमड़ के आधुनिक हिन्दूकृत भीलों द्वारा असली भीलों की अशिक्षित जंगली के समान उपेक्षा करना बन्द करना होगा।

451. अन्त में, अपनी पूरी ताकत के साथ जितना सम्भव है, मैं जोर डालना चाहता हूँ कि आदिवासियों और उनकी तरह ही अर्ध आदिवासियों, जो जिन्दगी की समान परिस्थितियों में आदिवासियों के बीच ही रहते हैं की शिक्षा का मामला भी काफी मुश्किल मामला है, जिसमें कोई भी गलत शुरुआत अनचाहा नुकसान पहुँचा सकती है। इसे केवल जिला परिषदों या स्थानीय निकायों पर ही सुरक्षित तौर पर नहीं छोड़ा जा सकता जिनकी आय खर्चीले प्रयोगों या जाँचों या विशेष स्टाफ को प्रशिक्षित करने के कामों को अपने जिम्मे लेने के लिए असम्भव बना देगी। पूरे भारत भर में, बेशक इस तरह के विचारों का एक केन्द्र है जो यह मानता है कि सभी तरह की प्राथमिक शिक्षा को स्थानीय निकायों की जिम्मेदारी बनाने से रोका जाना चाहिए और इसे सीधे प्रान्तीय सरकार के नियन्त्रण में होना चाहिए,

व्यक्तिगत रूप से मैं भी इस विचार के प्रति झुकाव रखता हूँ : लेकिन आवश्यक है कि कम-से-कम इस नीति को पिछड़े जनजातीय समुदायों की शिक्षा के लिए स्वीकार करने के महत्त्व पर जोर दिया जाए। वे अभी भी अनिवार्यता के लिए बिल्कुल अपरिपक्व हैं और किसी कोशिश द्वारा उन्हें अपने बच्चों को विद्यालय भेजने पर बाध्य करना इस उद्देश्य को ही पराजित करवा देगा। विद्यालय की छुट्टियाँ जनजातीय हिसाब से बुआई, जुताई और फलों को तोड़ने के कामों और हिन्दू त्यौहारों की जगह जनजातीय त्यौहारों के आधार पर तय की जानी चाहिए; साप्ताहिक अवकाश रविवार को नहीं होना चाहिए, बल्कि मुख्य स्थानीय बाजार वाले दिन होना चाहिए। यदि यह अब भी आवश्यक हो कि मैदानी क्षेत्रों से अध्यापक बुलाने पड़ रहे हैं तो उनकी काला पानी की तरह रहने की आपत्ति को खराब मानसून वाले महीनों में विद्यालय बन्द करके ताकि वे अपने घर छुट्टियों पर जा सके, दूर करना चाहिए। इनमें से ज्यादातर बिन्दुओं पर जोर पाया जाएगा जो मैं कहीं लिख चुका हूँ या प्रश्नावली के जवाबों के रिकार्ड में छोड़ी गई सामग्री में भी यह होगा। इस अध्याय में कही गई सारी बातों के बारे में हालाँकि सबसे महत्त्वपूर्ण यह है कि आदिवासी शिक्षा प्रान्तीय सरकार की प्रत्यक्ष जिम्मेदारी होनी चाहिए और इसे स्थानीय निकायों पर अब और ज्यादा छोड़ा नहीं जाना चाहिए।

अध्याय : पन्द्रह

विविध एवं निष्कर्ष

"शायद यह बेहद दुर्भाग्यपूर्ण है कि पूरे भारत में कई छोटी जनजातियाँ जिन्हें सुरक्षा की सबसे ज्यादा जरूरत है और जो अपने पैरों पर खड़े होने में भौगोलिक और सामाजिक वातावरण के कारण सबसे कम सक्षम हैं, संशोधित संविधान द्वारा आंशिक बाहरी तौर पर वहन किए जानेवाले सुरक्षा के उपायों से भी वंचित किया जा रहा है। यदि ठीक से ध्यान रखा जाए तो भारत की आदिम जनजातियों की शक्ति से बाहर की बात नहीं है कि वे अपने पैरों पर खड़ी हो जाएँ, अपने मामलों पर खुद नियन्त्रण करें, और भारत के राष्ट्रीय जीवन में मौलिक और व्यक्तिगत मेधा का अपना कोटा पूरा करें।"

—जे.एच. हट्टन, शाटिला जनजातियाँ, आधुनिक भारत और पश्चिम में, पृष्ठ 444

452. इससे पहले कि मैं आदिवासियों के भविष्य के अनुसार अपना सामान्य निष्कर्ष दर्ज करूँ, कुछ सुनिश्चित प्रशासनिक मामले हैं जिनका जिक्र किया जा रहा है। पहली बात यह है कि पिछले अध्याय में की गई बहुत सारी अनुशंसाएँ पिछड़े क्षेत्रों में उप-आयुक्त और अन्य विभागों के अधिकारियों के लिए एक पूर्व धारणा पर आधारित सक्रिय नीति है। कोई भी व्यक्ति जिसने इस तरह की जाँच की, से इस विचार पर पहुँचने को मजबूर हो जाएगा कि सरकार आदिवासी मामलों के बारे में बहुत थोड़ा जानती है, उनके विकास का निर्देशन करने के लिए कोर्ड एकाग्र नीति तैयार नहीं की है, और इस सुनिश्चित उद्देश्य को ध्यान में रखकर बहुत थोड़े काम किए हैं, हालाँकि चिर सम्मानित चरण का प्रयोग करते हुए भारत के लोगों के भौतिक व नैतिक विकास के लिए ज्यादातर सामान्य कदम पहले ही उठाए जा चुके हैं। आदिम आधार के लाभ के लिए बल्कि उनके सुनिश्चित हितों को ध्यान में न रखते हुए या उनके हितों में बदलाव की अनुमति की लोचशीलता को सरल बनाते हुए भी नहीं किया गया। यदि किसी को लगता है कि मेरा कथन अतिरंजित है तो उनके विचार करने के लिए इस रिपोर्ट के परिशिष्ट-द में जून 1938 में प्रान्तीय सरकार द्वारा *मैन इन इंडिया* के सम्पादक एक रायबहादुर शरतचन्द्र रॉय को भेजी गई टिप्पणी प्रकाशित करवा रहा हूँ जो "इस सरकार द्वारा विभिन्न विभागों में प्रान्त के आदिवासियों की स्थिति में सुधार के लिए उठाए गए कदमों की तरफ इशारा करते हुए पर है, कि यह यदि इस सबके आधार पर सरकार यह दावा करने लगे कि उसने आदिवासियों के लिए कुछ निश्चित कदम उठाए हैं तो यह रिकार्ड ऐसा नहीं है जिस पर गर्व किया जा सके।"

453. आदिवासियों और सरकारी विभागों के बीच में सम्पर्क का अभाव बहुत ध्यान देनेवाली चीज है। मैंने उपायुक्त के सुझाव से निष्कर्ष निकालने की कोशिश की जैसे कि

गाँव के मुखिया और जनजातीय संस्थाओं की स्थिति को मजबूत करने की इच्छा पर खासतौर से डटे रहते हुए उनके और सरकार के बीच संचार के रास्तों को बढ़ाने की प्रणालियों को ढूँढ़ा जाए। इन उत्तरों का आम स्तर यह है कि कुछ स्थानों को छोड़कर विजनजातिकरण इतना अधिक हो चुका है कि जहाँ मुख्यि प्रथा खत्म हो चुकी है वहाँ, उसे बहाल करना सम्भव नहीं है और गाँव का मुकद्दमा जमींदार या बाहरी मालगुजार का कम वेतन पानेवाला भाड़े का नौकर बनकर रह गया है। इसके आगे यह निश्चयपूर्वक कहा जा सकता है कि इन दिनों व्यक्तिवाद इतना बढ़ गया है कि औसतन प्रत्येक गाँववाला अपने अधिकारों के प्रति इतना ज्यादा आग्रही हो गया है कि मुखिया या बुजुर्ग के प्रभाव के प्रति काफी उत्तरदायी हो गया है। मेरे हिसाब से यह मामले को बढ़ा-चढ़ाकर प्रस्तुत करना है, ऐसा कोई भी व्यक्ति स्वीकार कर लेगा जिसने मेरे पास आदिवासियों जो इस जाँच के लिए दौरे के दौरान मेरे पास आए थे, की बड़ी भारी भीड़ को देखा था। जहाँ कहीं भी शक्तिशाली मुखिया व्यवस्था बची है जैसे कि चन्दा और दुर्ग जमींदारी में और दक्षिणी रायपुर के भागों और बिलासपुर जमींदारी में वहाँ पर जिले के अधिकारियों को गाँव के मुखिया के साथ और सेठी या गाँवों के समूहों को मिले जुले मुखिया के साथ करीबी सम्पर्क रखने की अवश्य कोशिश करनी चाहिए। लेकिन मैं सहमत हूँ कि ऐसा बहुत बड़ा क्षेत्र है जैसे ज्यादातर मांडला जिला और नीमड़, बैतूल, छिन्दवाड़ा और बालाघाट जिले के खुले खालसा आदिवासी क्षेत्र जहाँ आदिवासियों के साथ प्रभावी सम्पर्क की एकमात्र आशा अध्याय में समर्थित की गई व्यवस्था कि पंचायतों के क्रमिक निर्माण और इन पंचायतों के सदस्यों द्वारा चुने हुए इकाई निकायों और स्थानीय निकायों में उनके अपने प्रतिनिधियों पर टिकी हुई है। जैसा कि कई उपायुक्तों द्वारा ध्यान दिलाया गया है। इस दौरान आवश्यक है कि पिछड़े क्षेत्रों में उपयुक्त संख्या में सही समय पर और सही क्षेत्र में दौरे किए जाएँ। क्षेत्रों का स्थान खासतौर पर काफी महत्त्वपूर्ण है। कई उपायुक्तों ने राष्ट्र निर्माण विभागों के स्थानीय अधिकारियों की धात्विक सड़कों से चिपके रहने की निर्मूल करने योग्य प्रवृत्ति का जिक्र किया है; मैंने खुद इस जाँच में कुछ जिलों में पिछले वर्षों के दौरान कृषि सहायकों, उप-सहायक स्वास्थ्य-अधिकारी, यहाँ तक कि तहसीलदारों व नायब-तहसीलदारों द्वारा किए गए दौरों का विश्लेषण किया और इस आलोचना को सही पाया। दौरा उन अधिकारियों द्वारा अवश्य किए जाने चाहिए जिनका हस्तांतरण उनके द्वारा दौरों से सीखे गए सबकों द्वारा प्रशासनिक सुधारों के कोई प्रयास लागू करने के समय से पहले न होने पाए। जिले के अन्तर्गत सभी विभागों के दौरे करनेवाले अधिकारियों को नियन्त्रित और निर्देशित कर सकनेवाला एक अधिकारी अवश्य होना चाहिए। यह अधिकारी अवश्य उपायुक्त ही हो, मध्यप्रांत की सरकार की अधिसूचना पुस्तक के भाग की अधिसूचना संख्या 15 और 16 में साफ-साफ बताया गया है कि अपने जिले में सरकार का प्रतिनिधि उपयुक्त होगा और सरकार के सभी अधिकारियों का लोगों को राजनीतिक शिक्षा देने का कर्तव्य है। इस बात पर जोर देते हुए कि जिला अधिकारी और उनके सहायकों को अपने प्रभार में आनेवाले लोगों के साथ सम्भावित करीबी सम्पर्क में रहना चाहिए और अपने दौरे के दौरान रुकने के स्थान पर स्थानीय रैली या लोगों की बैठकों को प्रोत्साहित करना चाहिए : हालाँकि अधिसूचना में पूर्ण रूप से उपायुक्त द्वारा सभी विभागों खासकर उसके जिले के राष्ट्र निर्माण विभागों के कार्यों के संयोजन और निमन्त्रण के अधिकारी के रूप में उसकी स्थिति को स्पष्ट नहीं किया गया है। वास्तव में सरकार की

मन्त्रिमंडलीय व्यवस्था का स्वाभाविक विकास है कि प्रत्येक विभाग के अधिकारी, जिले के प्रमुख की बजाय अपने मन्त्री की तरफ या नागपुर में विभागाध्यक्ष की तरफ देखने लग गए हैं।

454. सभी जिलों में सभी सरकारी विभागों के कार्यालयों की निरन्तरता वांछनीय है किन्तु पिछड़े क्षेत्रों में खासकर उपायुक्त, उपमंडलीय अधिकारी और तहसीलदार के पदों पर यह जरूरी है। मैंने 1925 से 1940 तक के वर्षों के आंशिक अपवर्जित क्षेत्रों के प्रभारी अधिकारियों के हाल के वर्षों में औसत कार्यकाल के आँकड़ों को इकट्ठा किया है, और परिणामों को इस रिपोर्ट के परिशिष्ट-ध में पुनर्प्रस्तुत किया गया है। मेरे विचार से किसी अधिकारी को एक पिछड़े क्षेत्र का यदि वह अपनी देखरेख में आनेवाले लोगों के लिए समर्पित होकर उपलब्धि प्राप्त करने योग्य है तो कम-से-कम तीन साल का प्रभार लेना चाहिए। 1925 से 1940 के बीच के आँकड़े दिखाते हैं कि आंशिक अपवर्जित क्षेत्रों समेत कोई भी ऐसा जिला नहीं है जहाँ उन कुछ उपायुक्तों का औसत कार्यकाल भी जो एक साल से ज्यादा रहे हैं, दो साल आठ महीने से ज्यादा रहा हो। बालाघाट और दुर्ग जिलों में भी उपायुक्तों का औसत कार्यकाल जो पाँच सालों के दौरान विखंडित अवधि समेत एक या उससे ज्यादा साल रहे हैं, का एक वर्ष दस महीने और 21 दिन, एक वर्ष नौ महीने और 20 दिन और एक वर्ष नौ महीने और 10 दिन क्रमशः रहा है। उपायुक्तों समेत सभी का, जिनके पास एक साल से कम प्रभार रहा, का औसत कार्यकाल भयंकर रूप से सभी जिलों में कम रहा, सबसे कम बैतूल में पाँच महीने और 24 दिन, चन्दा में आठ महीने 11 दिन, छिन्दवाड़ा में आठ महीने 18 दिन और बालाघाट में आठ महीने 21 दिन। उपमंडलीय अधिकारियों का हस्तांतरण बहुत खराब तरह से नहीं हुआ, सिवाय महत्त्वपूर्ण इलीचपुर उपमंडल के जिसे भारतीय सिविल सर्विस के कनिष्ठ अधिकारियों के लिए बेशकीमती प्रशिक्षण केन्द्र की तरह प्रायः माना जाता है। इस पद के लिए 1925 से 1940 के बीच औसत कार्यकाल सात महीने 21 दिन रहा, केवल चार अधिकारियों के पास एक साल से ज्यादा प्रभार रहा, और उनका औसत कार्यकाल एक साल दस महीने और 6 दिन रहा; एक साल से कम प्रभान रखनेवाले इलीचपुर के उपमंडलीय अधिकारी 14 से कम नहीं थे, उनका औसत कार्यकाल छह महीने और 14 दिन रहा। तहसीलदारों और नायब-तहसीलदारों का औसत कार्यकाल भी कई जिलों में बेहद कम रहा। सामान्य तौर पर आँकड़े यह दिखाने की कोशिश करते हैं कि काडर इतने बड़े नहीं हैं कि दूसरे जिलों में अनावश्यक गलत जगहों पर पोस्टिंग के अलावा छुट्टियाँ लेने की अनुमति दे सके, साथ ही शायद छुट्टी के प्रार्थना पत्रों पर अपर्याप्त रूप से सख्त रवैया है। जहाँ तक इम्पीरियल सर्विस के अधिकारियों का सवाल है, मैंने शायद ही कोई ऐसा कनिष्ठ अधिकारी देखा हो, जो पिछड़े क्षेत्रों में जाने से घबराता हो, उनके पास खिलाड़ी वाला आकर्षण होता है। हालाँकि प्रान्त के सदस्यों से सन्तुष्टिदायक सेवा प्राप्त करना और पिछड़े क्षेत्रों में अधीनस्थ सेवा प्राप्त करना, जिसके लिए नियुक्त किए जाने के वे उत्तरदायी हैं, काफी मुश्किल है। संकेत ये हैं कि सरकार को खराब मौसम का भत्ता देने के प्रावधान के बारे में ज्यादा उदार होना चाहिए और साथ ही अधिकारियों को ज्यादा स्वस्थ स्थानों पर प्रत्येक साल विश्राम की अनुमति देनी चाहिए, बल्कि यहाँ तक कि न्यायिक विभाग के अधिकारियों की तरह समान स्थितियों के अन्तर्गत छुट्टियाँ बिताने के लिए सहमत करवा लेना चाहिए। जिला, उपमंडल और तहसील मुख्यालयों पर मलेरिया-रोधी कार्यों पर और

ज्यादा पैसा खर्च किया जाना चाहिए और सुख-सुविधाओं के प्रावधान जैसे छोटे तहसील मुख्यालयों पर सामाजिक क्लबों के लिए अनुदान-राशि देकर; सामाजिक क्लबों वाले उद्देश्यों को पूरा करने का सबसे सरल उपाय आयुक्तों को इस उद्देश्य के लिए विवेकाधीन अनुदान दे देना है जैसा कि मैं पहले ही जोर दे चुका हूँ, इसके उपपरिणामों के रूप में जो पूर्ण रूप से आवश्यक भी हैं, सरकारी कर्मचारियों की पिछड़े क्षेत्रों में दंड या अक्षमता के कारण पोस्टिंग कर देने की लम्बे समय से चली आ रही प्रक्रिया को त्याग देने और अन्तिम तौर पर प्रतिबन्धित कर देने की जरूरत है।

455. वर्ष के दौरान विभिन्न केन्द्रों पर आदिवासियों को एकत्रित करके बुलाना काफी महत्त्व रखता है। बस्तर राज्य में इस तरह की एक शानदार संस्था, दशहरे पर लगनेवाला वार्षिक जनजातीय दरबार है जब प्रत्येक परगना का मुखिया अपने गाँव के कुछ पंचों और बूढ़ों के साथ राजा को प्रत्येक परगना की तरफ से पारम्परिक प्रतीकात्मक उपहार भेंट करने के लिए और अपनी शिकायतें कहने के लिए 'जो दरबार में राजा या उसके दीवान द्वारा सुनी जाती हैं और राजा या उसके दीवान द्वारा राज्य के प्रशासनिक कदमों और नीतियों पर एक भाषण सुनने के लिए' उपस्थित होते हैं। अधिसूचना पुस्तक 16 में सुझायी गई और पहले ही अनौपचारिक बैठक, चाहे मैदानी क्षेत्रों के विकसित गाँवों में अप्रचलित हो चुकी हो (जैसा कि प्रायः आरोप लगाया जाता है, लेकिन यह पूर्ण सच नहीं है) पिछड़े क्षेत्रों के लिए काफी प्रशंसनीय है। दिसम्बर, 1940 में चन्दा जमींदारी का दौरा करते हुए मैं प्रत्येक कैम्प पर ऐसी बैठक करवा पाया, जिसकी हर जगह मुखिया और बुजुर्गों द्वारा काफी स्वागत और प्रशंसा की गई, और इसका मेरी जाँच में काफी महत्त्व है। आदिवासी क्षेत्रों में औपचारिकता का तत्त्व शायद इस भाव के साथ होना चाहिए कि नियमित रूप से निमन्त्रण मिलना बन्द हो जाए, न कि इस भाव से कि कोई भी उत्सव या समारोह देखा जाना चाहिएः इसकी बजाय उनके साथ एक भोज में या सम्भव हो तो खेलों में शामिल हुआ जाए जैसा कि बस्तर जिले के माड़िया-मुड़िया खेल या चिकाल्दा के मंडलीय वन अधिकारी द्वारा वार्षिक रूप से कराए जानेवाले कोर्कू खेल। आदिवासी स्वभाव से ही एक हँसमुख व्यक्ति होते हैं और सरकार के प्रतिनिधियों के साथ उनकी बैठक की व्यवस्था करने से उनकी इस विशेषता को मान्यता मिलती है।

456. यदि आदिवासियों के साथ करीबी सम्पर्क बनाया जाता है तो अधिकारियों को दो प्रमुख आदिवासी भाषाओं गोंड और कोर्कू को सीखने के लिए निश्चित रूप से प्रोत्साहित किया जाना चाहिए। वो लोग जो वर्तमान में गोंड भाषा बोल सकते हैं आसानी से दो हाथों की उँगलियों पर गिने जा सकते हैं; कोर्कू बोलनेवाले भी काफी कम हैं : दोनों मामलों में मैं पुलिस के निचले स्तर, वनरक्षक और तहसील के चपरासियों को शामिल नहीं कर रहा हूँ जिनमें से काफी की मातृभाषा गोंडी या कोर्कू है या जो अपनी ड्यूटी निभाने के लिए एक या दोनों भाषाओं में कम-से-कम अल्पज्ञान अवश्य रखते हैं। श्री.सी.जी. चेनेविक्स ट्रेंच, सी.आई.ई. के उनकी ग्रामर ऑफ गोंडी के भाग की प्रस्तावना में कहे गए तर्कसंगत शब्द जो आज भी उतने ही सच हैं जितने कि 23 साल पहले जब ये लिखे गए थे—

> "यह सच है कि जहाँ तक मैं जानता हूँ प्रत्येक गोंड हिन्दी या मराठी और कई तो दोनों भाषाएँ बोल सकते हैं। लेकिन उसे हर तरह का काम, शेर के शिकार के लिए हाँका लगाने से लेकर किसी राजस्व के मामले तक, अपनी भाषा में करने दीजिए और

एकाएक वह किसी नुकसान के तौर पर नहीं बल्कि अपने आपको अभिव्यक्त करने के संघर्ष के तौर पर जिसे वो दयनीय और जन्म देनेवाली शर्त मानता है! 'महाजनी पारसी' लेकिन सही तरीके से। वह विश्वस्त अभिव्यक्तिशील, ज्यादा सच्चा और कारणों के प्रति ज्यादा खुला बन जाता है। उसके लिए और उसके साथ काम करना और खेलना आनन्ददायक है। यहाँ तक कि उसकी लगातार चूकें झुँझलाने की बजाय मनोरंजन करती हैं।

बैतूल जिले के हिन्दू निवासियों ने इस सिद्धान्त को गहराई से पकड़ लिया है। उनमें से सैकड़ों, धनी साहूकार से लेकर विनम्र कोटवार तक, गोंडी को धाराप्रवाह बकना हैं। एक बड़ी रियासत के तेली मालिक ने इस तरह कहा, 'उनकी भाषा जानने का मूल्य मुझे मिलता है।' तेली से कहीं ज्यादा बड़े कारणों के साथ जिले के अधिकारियों को दिखना चाहिए कि उन्हें भी इसका मूल्य प्राप्त होगा।''

मैं सर्विस के अधिकारियों द्वारा गोंडी और कोर्कू सीखकर योग्यता जाँच को पास करके एक इनाम लेने के लिए प्रोत्साहित करने का जोरदार समर्थन करता हूँ। यह मानव स्वभाव है और एक बार किसी व्यक्ति को उन परीक्षाओं का बोझ महसूस हो जाए जिन्हें पास करना उसके लिए अत्यावश्यक है तो स्वाभाविक है कि कोई व्यक्ति प्रारम्भिक अधेड़ उम्र में नई भाषा पर पकड़ बनाने के लिए किए जानेवाले मानसिक प्रयासों को करने के खिलाफ हो जाता है, वह भी एक ऐसी परीक्षा पास करना जिसमें कोई इनाम नहीं मिलनेवाला है जिस प्रकार लम्बे समय से भारत की साहित्यिक भाषाओं की विकसित अवस्थाओं में श्रेणीगत परीक्षाओं को पास करनेवाले लोगों को मिलता रहा है। शुरुआत में गोंडी और कोर्कू में परीक्षा करवाना मुश्किल होगा; लेकिन यदि जैसी कि अनुशंसा पिछले अध्याय में की गई है, इन भाषाओं को मान्यता दे दी जाए और शिक्षा विभाग द्वारा पढ़ाने के लिए प्रयोग की जाने लगे तो कई शिक्षित व्यक्ति उपलब्ध हो जाएँगे जो उम्मीद कि गोंडी या कोर्कू भाषा में मौखिक परीक्षा ले सकेंगे, कम-से-कम उच्च-अधिकारियों और एक या दो बुद्धिमान आदिवासियों की मदद से यह सम्भव है।

457. सम्पर्कों और दौरों का सवाल स्वाभाविक तौर पर बेहतर संचार सुविधाएँ लगता है। लेकिन एक बार भी यह जरूर देखा जाना चाहिए कि जिला अधिकारी के गाँव-गाँव, रास्ते से हटकर दौरों के लिए धात्विक सड़क होना कोई जरूरी नहीं है, जबकि अगर सरकारी अधिकारी और आदिवासियों के बीच सच्चा सम्पर्क बनाना है तो ऐसी सड़क का होना बेहद जरूरी है। हालाँकि पिछड़े क्षेत्रों में ऐसे कई क्षेत्र हैं जहाँ पशुओं से खींचे जानेवाली गाड़ियों से यातयात भी मुश्किल से विकसित हुआ है, या जहाँ तहसील और पुलिस वाले मानसून के सारे महीनों के दौरान जिला मुख्यालय से कटे रहते हैं, और जो इन अत्यधिक दबाव वाले मुख्यालय के कामों वाले दिनों में विभागाध्यक्ष या आयुक्त की पहुँच में नहीं होते हैं यदि वे वहाँ कार द्वारा न पहुँच जाएँ। जितना ज्यादा गाँव की सड़कों और पशुओं द्वारा खींचे जानेवाली गाड़ियों पर खर्च किया जाएगा, उतना ही अच्छा होगा। जहाँ तक धात्विक सड़कों का सवाल है तो यह मोटर-बस और शोषकों को भी लाती है, पिछड़े हुए लोग, जो अभी तक अपने को ''सभ्यता'' से बचाने में समर्थ नहीं हैं की उचित सुरक्षा (लगातार अकेलेपन के कारण) और प्रशासनिक आवश्यकताओं (जिसमें आदिवासियों को पहले से पहुँच चुके, शोषकों और मालगुजार और निचले अधिकारियों से सुरक्षा के लिए सुगमता भी शामिल है)

और आर्थिक तरक्की, जिसकी माँग है कि आदिवासी अपने खेतों और वन उत्पादों को बेचने के लिए बाजार तक आसानी से आ-जा सकें, के बीच सन्तुलन बनाना पड़ेगा। इस बिन्दु पर मैं जाने-माने मानव जीवविज्ञानी बेरन सी. वान फ्यूरर हैमेनडोर्फ द्वारा हैदराबाद राज्य के अदीलाबाद जिले के अविकसित और बड़े सुदूर आदिवासी क्षेत्रों में निश्चित प्रस्तावित सड़कों के बारे में अभी हाल में लिखे गए पत्र को उद्धृत कर रहा हूँ–

"जहाँ तक सड़कों का सवाल है, मैं ज्यादातर प्रशासकों से थोड़ा अलग मत रखता हूँ। इसके लिए मुझे ऐसा दिखाई पड़ता है कि आदिवासियों की स्थिति स्थिर हो जाने, और सामाजिक और आर्थिक दोनों तरह की समानता का निश्चित स्तर प्राप्त करने से पहले यदि सड़कें बनाई जाती हैं तो खतरनाक है। विभिन्न जनजातियों और विभिन्न रंगों से चिह्नित करके इस जिले का एक नक्शा मैं बना रहा हूँ जो एक नजर में दिखाएगा कि जहाँ कहीं भी सड़कें आदिवासियों के आसपास से गुजरती हैं, बड़े पैमाने पर उन्हें अन्य जातियों द्वारा विस्थापित कर दिया जाता है और उनकी जमीनें बाहरी लोगों के पास चली जाती हैं। यहाँ तक कि लक्षित किए गए आसिफाबाद-केरीमेरी सड़क पर भी आसिफाबाद और केरीमेरी के बीच पड़नेवाले गाँवों के गैर-आदिवासी पट्टेदारों द्वारा व्यवहारतः कब्जा कर लिए जाने का परिणाम सामने आया और यही चीज गुरीहटनूर-उटनूर सड़क पर भी हुई। हालाँकि गुरीहटनूर-उटनूर सड़क का पूरा होना निश्चित रूप से एक अच्छी चीज होगा; इस जगह और उटनूर के आसपास का अलगाव दूर करना एक पहले किया जानेवाला काम है और दौरे पर जानेवाले अधिकारियों को बेहतर संचार के द्वारा लाभ मिलेगा; लेकिन आसिफाबाद के साथ उटनूर को जोड़ने का मतलब होगा कि आदिवासियों के हाथ के आंशिक हिस्से को भी जमीन के भूखे मैदानी क्षेत्रों के बनियों और मुसलमानों के आगे खोल देना जो सारे भू-हस्तांतरण कानूनों और नियमों से बच निकलने के रास्ते और साधन ढूँढ़ निकालेंगे। इन आदिवासी क्षेत्रों को खोलना अब तक अवांछित मैदानों को मैदानी क्षेत्रों के अधिवासियों (खरीददारों) द्वारा वांछित मैदानों के रूप में प्रस्तुत करेगा और इसका परिणाम उसी तरह की खराब परिस्थितियों के रूप में होगा जिस तरह कि नए गुरीहटनूर-उटनूर और निरमाल-आदिलाबाद सड़क के बीच हुआ जहाँ गोंड लोग अपने अस्तित्व के लिए अत्यधिक विषमताओं के खिलाफ जूझ रहे हैं। यहाँ तक कि संचार के अच्छे साधनों के बिना भी आदिवासी दूर-दूर के स्थानों से वहाँ तक पहुँच जाते हैं जहाँ उन्हें उम्मीद होती है कि सहानुभूतिपूर्वक सुना जाएगा, इसका उदाहरण है कि अन्य तालुकों के सुदूर कोनों से हमारे पास उटनूर के निकट बहुत सारे लोग आए और सैकड़ों गोंड छोटी-सी सूचना पर कलेक्टर को देखने हाल ही में पहुँचे और उससे पहले उटनूर में राजस्व के महानिर्देशक को देखने पहुँचे थे। वास्तव में आदिवासियों का शोषण कम-से-कम सुगम भागों में ही भयंकर ढंग से नहीं होता बल्कि उटनूर जैसे प्रशासनिक केन्द्रों के लगभग अड़ोस-पड़ोस में भी काफी होता है। व्यक्तिगत रूप से मैं आसिफाबाद और आदिलाबाद–निरमाल सड़क के बीच के क्षेत्र में बीस विद्यालयों की स्थापना को सड़क को जोड़ने वाले काम के समाप्त होने से कहीं ज्यादा उत्साहपूर्णक स्वागत करूँगा। भूमि और वन बंदोबस्त के सवालों को छोड़कर शिक्षा सबसे ज्यादा जरूरी आवश्यकता दिखाई पड़ती है, यदि गोंड लोगों को ज्यादा

प्रगतिशील जनसंख्या के प्रभावों के सामने मजबूर किया जाए तो वे इसे अपने आप समझ लेंगे ताकि कुछ धनी पटेल अपने लड़कों के लिए निजी शिक्षक रखने लगेंगे।''

458. निश्चित रूप से यह माना जा सकता है कि प्रान्त के सबसे पिछड़े क्षेत्रों को उनके शैक्षिक और आर्थिक विकास की वर्तमान स्तर के साथ बारहमासी सड़कों द्वारा बाहरी दुनिया के लिए खोल देना अपरिपक्वता होगी। इसी समय उन आदिवासियों जिनके बीच डा. हैमेनडोर्फ काफी समय से हैं और उनका आधुनिक भारतीय दुनिया से सम्पर्क करवाने के लिए काम कर रहे हैं, से ज्यादा हमारे आदिवासी सम्पूर्ण तरीके से सामने आ गए हैं, और शायद उनके अपने हितों के अनुसार समय आ गया है कि उन्हें और उनके गाँवों को उनकी रक्षा करनेवाले अधिकारियों और बाहरी दुनिया के लिए ज्यादा सुगम बना दिया जाए। बहुत पिछड़े क्षेत्र अभी तैयार नहीं हैं कि उन्हें खोल दिया जाए ताकि बारहमासी सड़कें और उसके साथ मोटर-बस आने लगे; इस तरह के क्षेत्रों में अहीरी जमींदारी का सुदूर क्षेत्र, और कई दूसरी चन्दा जमींदरियाँ, छिन्दवाड़ा जागीर में माड़िया—भूमिया मैदान, बिलासपुर की उत्तरी सतगढ़ जमींदारी, दक्षिणी रायपुर में बिन्द्रा-नवागढ़ जमींदारी के भाग, और मांडला-बिलासपुर सीमा के दोनों ओर के बैगा क्षेत्र। लेकिन अन्य जगहों पर बेहतर संचार के साधन जरूरी हैं, और यदि इस रिपोर्ट में समर्थित किए गए सुधारों को आगे बढ़ाया गया तो बढ़ते हुए शोषण का कोई असम्भावित खतरा नहीं होगा क्योंकि जहाँ कहीं भी रक्षा या आपूर्ति के उद्देश्य से जरूरी के अलावा नई सड़कों के निर्माण का युद्ध के बाद तक के लिए अपरिहार्य रूप से इंतजार किया जाना चाहिए। शुरुआती जरूरतों के अनुसार सड़कों का निर्माण मुझे इस तरह दिखाई पड़ता है।

मांडला जिला

(क) मांडला से निवास और डिंडोरी तक और निवास से शाहपुरा तक सड़कों पर पुल बनाने का काम इस तरह से कि सारे मौसमों में प्रत्येक तहसील से मुख्यालय सीधी सड़क द्वारा पहुँचा जा सकता हो;

(ख) सिवनी-मांडला सड़क के स्तर को बढ़ाने वाले काम का समापन;

(ग) मांडला-बिलासपुर सड़क को श्रेणी 1 तक बढ़ाना, जिसका सम्पर्क बालाघाट की बैहर तहसील में मोतीनाला से गढ़ी तक हो।

छिन्दवाड़ा जिला

(घ) नए तामिया-छिन्दी-बटकाखाया-हराई सड़क की श्रेणी सेकण्ड तक बढ़ाना और पुल बनाना;

(ङ) तामिया से लेकर जमाई तक एक सड़क बनाना;

बैतूल जिला

(च) बैतूल-छिछोली-हरदा सड़क को श्रेणी फस्ट तक पूरा करके बनाना;

(छ) भैंसदेही की एक रतित जंगल की सड़क के साथ नए घटांग-कुकरू जंगल की सड़क को जोड़ना;

चन्दा जिला

(ज) चन्दा-सिरोन्चा सड़क को श्रेणी फस्ट तक बढ़ाना और पुल बनाना ताकि अल्पपिछली, अहीरी और सिरोन्चा तक बारहमासी सड़क के साथ पहुँचा जा सके;

(झ) मुल और गढ़चिरौली के बीच में वैनगंगा और मुल नदी पर पुल बनाना, ताकि गढ़चिरौली तक हर मौसम में पहुँचा जा सके;

(त) गढ़चिरौली-वरसा सड़क पर पुल बनाना;

(ट) गढ़चिरौली-मुरुमगाँव-मानपुर-कुसुमकासा सड़क पर पुल बनाना ताकि चन्दा और दक्षिणी दुर्ग आंशिक अपवर्जित क्षेत्रों से होता हुआ एक मुख्य मार्ग मिल जाए;

दुर्ग जिला

(ठ) बैहर तहसील में गंडाई-नावेगाँव सड़क को सालेटेकरी तक विस्तारित करना;

रायपुर जिला

(ड) ग्रेट ईस्टर्न रोड पर महानदी के ऊपर स्थायी क्रासिंग बनाना;

बिलासपुर जिला

(ढ) बिलासपुर-कठघोड़ा सड़क पर पुल बनाना और श्रेणी बढ़ाना;

(ग) बिलासपुर-मांडला सड़क की श्रेणी बढ़ाना;

बालाघाट जिला

(त) सालेटेकरी से बैहर तक एक सड़क बनाना;

(थ) बैहर और मांडला के बीच वाया चिराईडोंगरी होते हुए एक सड़क बनाना और

(ट) घटांग-कुकरू सड़क से कटकुम्भ तक एक जंगल की सड़क को बनाना।

459. मैंने सूची में से कई छोटे स्थानीय जंगलों और लोक निर्माण विभाग की सड़कों के साथ मेरी पिछली रिपोर्ट में संकेत की गई सड़कों को जल्दी में छोड़ दिया है ताकि आदिवासी क्षेत्रों के प्रभावी प्रशासन के नजरिए से आवश्यकताओं पर ध्यान केन्द्रित किया जा सके। सुझाई गई सड़कों और पुलों का एक बड़ा आर्थिक महत्त्व भी है जिसके साथ जंगलों से पशुओं की गाड़ियों, मजदूरी और कृषि उत्पादों की कीमतें भी शामिल हैं। यहाँ सुझाई गई या दूसरी रिपोर्ट में उनमें से कुछ सड़कें जैसे गढ़चिरौली-कुसुमकासा और तामिया-हराई सड़क और बैहर व मांडला जिले के बीच सम्पर्क से प्रशासनिक सीमाओं में परिवर्तन की सुविधा मिलेगी। इस कार्यक्रम को निश्चित रूप से लागू किया जाएगा लेकिन यह एक अवधि तक फैलेगा, शायद 20 सालों तक। अतः इसे क्रमिक रूप से करते हुए ताकि कार्यक्रम से ना तो प्रांतीय वित्त पर दबाव पड़े और नहीं इस रिपोर्ट में सुझाए गए शिक्षा और अन्य कदमों को लागू करने से पहले आदिवासियों को अचानक नए सम्पर्कों के सामने खोल देना चाहिए।

460. अधिकारियों और आदिवासियों के बीच करीबी सम्पर्क को सुरक्षित रखने के बारे में विचार करते हुए दो आगामी कारक सामने आते हैं। पहला आदिवासियों की सरकारी सेवाओं में निरन्तर कमी है। मेरा विश्वास है कि यहाँ प्रांतीय सेवा में केवल एक गोंड अतिरिक्त-सहायक आयुक्त है, जबकि अधीनस्थ सेवा में एक गोंड तहसीलदार और दो या तीन गोंड रेंजर या डिप्टीरेंजर ही शायद आदिवासी हैं। शायद एकमात्र आदिवासी राजस्व निरीक्षक, चिकाल्दा* की सचिवालय में भी गोंड चपरासियों की संख्या तुलनात्मक रूप से अच्छी

* आखिरी दो वाक्य सुधारे जाने के लिए हैं, क्योंकि मैंने इन्हें हैदराबाद में अपने लिखे हुए को सत्यापित करने के साधनों के बिना लिखा था।

है; वे प्रायः अपने परिश्रमी स्वभाव, आज्ञाकारिता और इच्छाशीलता के कारण श्रेष्ठ चपरासियों में माने जाते हैं। प्रत्येक जिले में जहाँ मैंने काम किया और सचिवालय में मैंने हमेशा एक गोंडी बोलने वाले निजी चपरासी के रूप में प्राप्त करने का प्रबन्ध किया है और हमेशा उन्हें आज्ञाकारी, बुद्धिमान और मेहनती और दौरे के दौरान तो सम्पत्ति के रूप में पाया है। कृषि विभाग में और ज्यादा आदिवासी चपरासी होने चाहिए। ऊपर पैराग्राफ 373 में घर तलाशने में आदिवासी आबकारी चपरासियों की जरूरत को रेखांकित किया गया है, लेकिन वे किसी और विभाग में अन्य आधारों पर भी आवश्यक हैं जहाँ काम आदिवासी को बेहद करीब से प्रभावित करते हैं। आबकारी के अपराधों के अलावा शायद ही कभी जाँच के लिए आदिवासी के घरों में तलाशी ली जाती हो, लेकिन इसी तरह की परिस्थितियाँ तो कुछ हद तक वन व पुलिस अपराधों के मामले में भी आती होंगी, चूँकि दोनों विभाग प्रायः आदिवासियों के सम्पर्क में आते रहते हैं तो यह स्वाभाविक है कि हमें आदिवासी वन रक्षकों और सिपाहियों की ज्यादा भर्ती के लिए काम करना चाहिए। वास्तव में सरकार को सभी विभागों के सभी पदों पर आदिवासियों को भर्ती करने के लिए प्रोत्साहित करने के लिए हरसम्भव कोशिश की जानी चाहिए क्योंकि अधीनस्थ सरकारी सेवा के सामान्य ढाँचे को आदिवासियों से न्यूनतम अनजान बनाए जाने की जरूरत है और व्यापक हितों में सरकार की पूरी इमारत को उनमें न्यूनतम अनजान बनाने की भी जरूरत है। बेशक यह लक्ष्य काफी ऊँचा है। इसी तरह के एक सोपान के अन्तर्गत सरकार ने पहले केवल अनुसूचित जातियों को सरकारी सेवाओं में प्रवेश की आयुसीमा 30 वर्ष तक की छूट को आदिवासियों के लिए विस्तारित कर दिया है, लेकिन स्वाभाविक तौर पर गजेटेड और ऊपरी अधीनस्थ पदों के लिए आवश्यक शैक्षिक मानदण्डों में राहत नहीं दी जा सकती है। उपायुक्तों और अन्य विभागों के जिला प्रतिनिधियों द्वारा विद्यालयों के जिला निरीक्षकों के साथ सम्पर्क रखकर और प्रत्येक वर्ष के आदिवासी लड़कों के रूप में प्राप्त परिणामों को प्राथमिकता देकर जहाँ कहीं भी कोई नौकरी के लिए वे उपयुक्त हों, बहुत कुछ किया जा सकता है। यदि इस रिपोर्ट में सुझाई गई शिक्षा नीति को लागू किया जाए तो भविष्य में ज्यादा तेज तरक्की की सम्भावना बन सकेगी, लेकिन अभी इसमें एक लम्बा समय लगेगा। बेशक शिकायतें बनाई जाती हैं, जैसे कि उदाहरण के लिए मांडला जिले में ये पंक्तियाँ ''हमारी पटवारियों और वन विभाग वालों से रक्षा करो लेकिन उससे ज्यादा गोंड पटवारी और गोंड वन विभाग वालों से'', कही जाती हैं और वर्तमान में आदिवासियों की भर्ती के खिलाफ एक तर्क के रूप में प्रयोग की जाती हैं। ऐसी शिकायतें आसानी से बनाई जा सकती हैं, लेकिन यह कोई भविष्य के लिए कसौटी नहीं बन सकता है, क्योंकि ऐसी सरकारी सेवाओं में पहले चुने गए गोंड लोगों ने सामान्य तौर पर अपनी शिक्षा और सम्पर्कों के द्वारा पूर्ण रूप से जनजातीकरण किया; एक बार हमारी जनजातीय दिशा में शिक्षा का नया ढंग लागू होने लगे तो यह सब बहुत जल्द बदल जाएगा। वास्तव में शिकायतें काफी अतिरंजित हैं; यदि एक गोंड वनरक्षक से डर जाता है तो सामान्यतः इसलिए क्योंकि वह गोंड गाँववालों द्वारा जंगलों से चोरी करने के रास्तों के बारे में बहुत कुछ जानता है। इस मामले का एक अन्य पक्ष भी है, और वह यह है कि किसी आदिवासी क्षेत्र का सम्भावित आर्थिक महत्त्व जो कि लगातार बढ़ती संख्या में आदिवासियों द्वारा पेंशन वाली सेवाओं में उस दर पर जो कागज पर चाहे छोटी हो, लगातार नियमित रूप से सरकारी वेतन पाने के कारण बन जाता है और गरीब गोंड काफी अमीर दिखाई पड़ने लगते हैं। अन्त में

पिछड़े क्षेत्रों में राष्ट्रनिर्माण के रास्ते में एक मुख्य रुकावट का मात्र अन्तिम समाधान शायद यही दिखाई देता है कि उपयुक्त स्थानीय आदिवासियों की भर्ती की जाए और यही रुकावटें जैसे कि खराब जलवायु, अनजानी भाषा और सौहार्दहीन समाज जो जंगली स्टेशनों पर तैनात मैदानी क्षेत्रों के लोगों द्वारा काफी तीक्ष्णता से महसूस की जाती है।

461. दूसरा कारण प्रशासनिक क्षेत्र का आकार है। सम्पूर्णता में प्रान्त में तहसीलों का क्षेत्र काफी भिन्न-भिन्न लेकिन पिछड़े क्षेत्रों में यह काफी बड़ा और संचार के साधन काफी खराब हैं। जिन तहसीलों में आदिवासी जनसंख्या का 25 प्रतिशत या संख्या में 50,000 से ज्यादा हैं, उनका औसत आकार 1845 वर्ग मील है। इसमें एक तहसील का 5,194 वर्ग मील, दूसरी तहसील का 3,089 वर्ग मील और चार अन्य का 2,000 वर्ग मील से ज्यादा क्षेत्र शामिल है। ये बड़े क्षेत्र हमारे आंशिक अपवर्जित क्षेत्रों का मुख्य लक्षण प्रशासन की कमी या कम से कम करीबी देखरेख की कमी के लिए आंशिक रूप से जिम्मेदार हैं। दूरियाँ इतनी ज्यादा हैं कि उपलब्ध दौरे करने वाला स्टाफ पर्याप्त नहीं होता है, और आदिवासियों के बीच एक सामान्य शिकायत भूराजस्व या आपराधिक और सिविल मामलों में भुगतान करने के लिए तहसील मुख्यालय में उपस्थित होने से जुड़ी परेशानियों के बारे में है। उदाहरण के लिए, इसकी तुलना में बम्बई में आदिवासी समस्या इस मामले में काफी साधारण है। मध्य प्रान्त और बरार के मुकाबले बम्बई में लगभग आधे आदिवासी हैं। 5,439 वर्ग मील के कुल क्षेत्र के साथ पश्चिमी खानदेश जिले में लगभग 600 वर्ग मील पर एक प्रशासनिक इकाई के औसत से सात तालुक और दो पेठा हैं। थाना जिला इससे बेहतर है; 3,376 वर्ग मील के कुल क्षेत्र में 400 वर्ग मील पर एक इकाई के औसत से छह तालुक और तीन पेठा हैं। पेठा (कभी-कभी महल भी बोला जाता है) व्यवहार में लगभग आधे आकार के तालुक के बराबर होता है और सभी व्यावहारिक उद्देश्यों के लिए इसकी एक अलग इकाई और अपना एक अलग मुख्यालय होता है यहाँ एक महलकारी का प्रभारी होता है जो व्यवहार में ममलतदार बम्बई का अधिकारी जो हमारे तहसीलदार के साथ पत्र-व्यवहार करता है, के समान अधिकार रखता है। एक औसत तालुक की जनसंख्या लगभग 100,000 और एक औसत पेठा में लगभग 50,000 होती है।

462. इसके आधार पर एक जोरदार मामला बड़ी शासित न हो पाने वाली तहसीलों को विचार करने योग्य विभाजन द्वारा छोटी तहसीलों में बाँटने और उचित रूप से विभाजित उप-तहसीलों कम-से-कम खुले मौसम में नायब-तहसीलदारों की नियुक्ति का बताया जा सकता था। हालाँकि जिलों और तहसीलों को विभाजित करने के खिलाफ शक्तिशाली तर्क दिए जाते हैं; एक ऐसी प्रशासनिक इकाई, जो 80 से ज्यादा सालों से चल रही है, अपने साथ भावनात्मक, राजनीतिक, आर्थिक और प्रशासनिक बन्धनों को जोड़ लेती है और इसे नष्ट करने से विस्थापन व हानि हो सकती है। इस तरह के विभाजन से नए भवनों और नए स्टाफ पर भारी खर्चे होते हैं और ऐसे खर्चे प्रान्त के वित्तीय साधनों के वश में नहीं हैं। अतः मैं प्रस्तावित वास्तविक प्रशासनिक परिवर्तनों को न्यूनतम तक रोक लगाने के लिए कहता हूँ। पहले वाले तीनों सुझाव आंशिक अपवर्जित क्षेत्रों के निकटवर्ती समूहों के प्रशासन को बेहतर और ज्यादा सुव्यवस्थित बनाने के लिए बनाए गए हैं।

463. वर्तमान स्वरूप में चन्दा जिले की जनसंख्या 7,59,695 और क्षेत्र, 9,312 वर्ग मील है जिसमें आंशिक अपवर्जित क्षेत्र 4,013 वर्ग मील और जनसंख्या 1,15,031 से कम नहीं

होगी। उपायुक्त का ज्यादातर काम जिले के गैर आदिवासी हिस्से से आता है और कई साल हो गए जब वे सामान्य अधिसूचना पुस्तक सेकण्ड-20 द्वारा दी गई जिम्मेदारी कि प्रत्येक जमींदारी (जो सब आंशिक अपवर्जित है) का आवधिक निरीक्षण किया जाए, जो कर पाया था। इसके विपरीत निकटवर्ती वर्धा जिला मात्र 2,434 वर्ग मील में फैला है और जनसंख्या 5,16,266 है जबकि यह तथ्य है कि यह हालिया वर्षों में भारतीय राजनीति का केन्द्र रहा है तब भी उपायुक्त का काम हल्का था; जब मैंने अगस्त 1940 में अतिरिक्त आयुक्त के रूप में और इस जाँच के सम्बन्ध में इस जिले का दौरा किया तो मैं एक सुनिश्चित निष्कर्ष पर पहुँचा कि सम्पूर्ण स्थान पर स्टाफ के पास केवल आधे दिन का काम था। मेरा सुझाव है कि चन्दा की विकसित बड़ोदा तहसील (क्षेत्र 1282 वर्ग मील और जनसंख्या 1,74,084) जिसके पास सन्तोषजनक, सड़क और रेल यातायात और वर्धा के सामाजिक व्यापारिक, राजनीतिक और अन्य समीपताएँ हैं, को वर्धा में स्थानांतरित कर देना चाहिए, जिससे इसका क्षेत्र 3,176 वर्ग मील और जनसंख्या 6,90,352 हो जाएगी। क्षतिपूर्ति के रूप में दुर्ग की चार आंशिक अपवर्जित जमींदारियाँ जो दुर्ग जिला बनते समय चन्दा से ली गई थीं, को वापस चन्दा को पुनः हस्तांतरित कर देनी चाहिए। इसका क्षेत्र 880 वर्ग मील और जनसंख्या 82,202 है। वे परिस्थितियाँ जिनके अन्तर्गत इन चार जमींदारियों को रखा गया है वे चन्दा जमींदारियों से निकट का सम्बन्ध रखते हैं और उनकी जमींदारियाँ भी जनसंख्या और समास्याओं के मामले में दुर्ग की बजाय चन्दा जिले को ज्यादा सजातीय हैं। जनवरी, 1941 को मुरमगाँव में हुए जमींदारों के सम्मेलन में इस सुझाव का स्वागत किया गया। वर्तमान में सरकार चारों जमींदारियों के प्रशासनिक कामों पर पैसा खर्च कर रही है लेकिन पनबरस-औन्धी रियासत के प्रबन्धक का आनरेरी तहसीलदार और दण्डाधिकारी के रूप में उसकी सेवाओं का उपयोग करके इन रियासतों (कोर्ट ऑफ वार्ड्स के एक वार्ड, जो इन दोनों रियासतों की सम्पत्ति का जमींदार है) के खर्चे पर तहसील और दण्डाधिकारी सम्बन्धी काम करवा रही है। यह एक तथ्य है कि बालेद के तहसीलदार को इन आंशिक अपवर्जित रियासतों के भार के बगैर काफी सारा काम करना है। इस हस्तांतरण में तहसील मुख्यालय का गढ़चिरौली से मुरमगाँव बदला जाना भी शामिल है। गढ़चिरौली तहसील का खालसा या तो ब्रह्मपुरी तहसील में वापस जा सकता है या फिर बम्बई के पेठा की सजातीय दिशा पर एक नायब-तहसीलदार और एक संक्षिप्त स्टाफ के अन्तर्गत रह सकता है। इन परिवर्तनों के द्वारा प्रशासनिक रूप से जमींदारियों का तब एक केन्द्रीय प्रशासनिक मुख्यालय होगा। बड़ोदा तहसील का वर्धा में हस्तांतरण चन्दा के उपायुक्त को सारी जमींदारियों में दौरा करने का और ज्यादा समय प्रदान करेगा, यद्यपि उसके जिले का क्षेत्र मात्र 9,312 से 8,910 वर्ग मील और जनसंख्या 7,59,695 से 6,67,811 तक ही कम होगी परन्तु वह अपने जिले के सबसे ज्यादा विवाद सम्बन्धी हिस्से से छुटकारा पा लेंगे। तब दुर्ग जिला 3,836 वर्ग मील और 7,35,722 जनसंख्या के साथ शेष बचेगा।

464. दूसरा परिवर्तन बैहर तहसील का मांडला जिले में हस्तांतरण है। मैं पहले ही बालाघाट रिपोर्ट के पैराग्राफ 160-163 में इस सम्भावना का संकेत कर चुका हूँ जबकि बैहर एक आंशिक अपवर्जित क्षेत्र है और जल्द ही मांडला के आंशिक अपवर्जित जिले में जुड़ने वाला है तो इनके एक जिले में जुड़ जाने से निश्चित फायदे हो सकते हैं। सिवनी, मांडला और भण्डारा के भागों को लेते हुए आखिरकार बालाघाट जिला बनाया गया था और इसे

जिला बनाने का एक मुख्य कारण बैहर का आवासीकृत होना था : और यह काम पूरा हो चुका है। यह एक छोटा और हल्के काम वाला जिला है और इसे एक जिले के तौर पर बनाए रखने का एकमात्र स्पष्टीकरण यहाँ की मैगनीज खानें हैं जिनकी लीज का काम बिना किसी परेशानी के सिवनी, मांडला या भण्डारा में उपायुक्त द्वारा किया जा सकता है। स्वीकृत मांडला-बैहर जिले में क्षेत्र 6,613 वर्ग मील और जनसंख्या 5,44,858 होगी। सिवनी जिले को दोबारा व्यवस्थित किया जाना चाहिए, और इसमें वारसिवनी और बालाघाट तहसीलों को जोड़ दिया जाना चाहिए; तब इसका क्षेत्र 5,217 वर्ग मील और जनसंख्या 8,56,242 हो जाएगी। इसका फायदा आगे अभी शासन न कर पाने वाले छिन्दवाड़ा जिले को तोड़ने और छिन्दवाड़ा और सिवनी जिले को उनकी 37.2 प्रतिशत आदिवासी जनसंख्या के साथ ज्यादा गहराई के साथ प्रशासन करने को सम्भव बनाने में मिलेगा। बालाघाट में एक स्थानीय उप-मण्डल अधिकारी भी रखा जा सकता है। यह आवश्यक हो जाएगा कि बैहर को मांडला के साथ सीधी सड़क द्वारा जोड़ा जाए। यह आसानी से दोनों तरफ से वाया गढ़ी से मोतीनाला तक और वाया मुकी और कसमीरी से चिराईगोंडी तक लोकनिर्माण विभाग की सड़क पर और सिवनी से लेकर मांडला* तक बंगाल-नागपुर नैरो लाइन पर किया जा सकता है। बेशक सिवनी में सभी आवश्यक जिला भवन हैं और रिकार्ड और स्टाफ के हो जाने की वास्तविक कीमत के अलावा एकमात्र मांडला और बैहर के बीच सड़क यातायात को सुधारने पर होगा, जो अनुशंसित प्रशासनिक परिवर्तनों को लागू होने या न होने पर भी आवश्यक है।

465. प्रशासनिक परिवर्तनों का तीसरा सुझाव है कि बिलासपुर के आंशिक अपवर्जित जमींदारी को कठघोड़ा तहसील में शामिल किया जाना चाहिए। यह सच है कि इससे तहसील का क्षेत्र 2,553 वर्ग मील से बढ़कर 3,623 वर्ग मील और जनसंख्या 2,14,718 से बढ़कर 3,34,489 हो जाएगी लेकिन तब भी यह बिलासपुर के तहसील मुख्यालय को 1,135 वर्ग मील और 3,25,267 जनसंख्या के साथ पीछे छोड़ेगा; एक अतिरिक्त नायब-तहसीलदार कठघोड़ा के लिए चाहिए जो शायद बिलासपुर तहसील से हटाकर उपलब्ध करवाया जा सकता है। इस परिवर्तन के प्रशासनिक फायदे होने निश्चित हैं और यह आंशिक अपवर्जित जमींदारियों के लिए स्वायत्त स्थानीय निकाय की योजना में सही बैठेगा; यह तथ्य कि वहाँ पर इन जमींदारियों के लिए पहले से ही एक स्थानीय निकाय है, इस परिवर्तन के लिए मामले की आंशिक अनुमति है। इससे पेन्ड्रा रोड से लेकर कठघोड़ा तक वांछित सीधी सड़क का यातायात बन जाएगा। कोई अन्य खर्च नहीं होगा।

466. शेष बचे जिलों के लिए और सामान्यतः प्रशासनिक क्षेत्रों के आकार के कारण आने वाली दिक्कतों से निबटने के उपायों के लिए कुछ निश्चित कदम उठाए जाने चाहिए। सबसे पहले आदिवासी जमींदारों के प्रति आधुनिक नीति को बदला जाना चाहिए; जमींदारी व्यवस्था को समाप्त करने की और काम करने की बजाय खुले तौर पर यह स्वीकारा जाना चाहिए कि छत्तीसगढ़, चन्दा और छिन्दवाड़ा के विशाल क्षेत्रों के आदिवासी जमींदारों को सरकारी करने के बड़े काम में लगाया जा सकता है। हालाँकि मेरे पास गैर-आदिवासी जमींदारों का कोई ब्यौरा नहीं है किन्तु मेरा झुकाव भी कामथ की रिपोर्ट ग्रजिंग एण्ड निस्तार इन द सेन्ट्रल प्रोविन्स में कही गई सारी बातों के पक्ष में है। जहाँ तक आदिवासियों का सवाल है मामला दूसरा है। ज्यादातर आदिवासी जमींदारियाँ पुराने अर्ध-जनजातीय अर्ध-सामंती

* देखिए मेरी बालाघाट रिपोर्ट का पैराग्राफ 41 और ऊपर पैराग्राफ 458 ।

व्यवस्था के अन्तर्गत सदियों पहले* संगठित पूर्व से अविकसित होने वाले बहुत प्राचीन नेतृत्व के स्वरूप के अवशेष हैं। ठीक-ठीक कहें तो अपने किसानों और सम्बद्ध जनजाति के लोगों के साथ सम्बन्धों के मामले में ये जमींदारियाँ primi inter pares हैं। यदि छत्तीसगढ़ में कुछ बड़े आदिवासी जमींदार रायपुर राजकुमार कॉलेज के शिक्षित शासक नेतृत्व की नकल करने और कहीं ज्यादा सम्पन्न राज्यों पर शासन करने को उन्मुख हैं तो तब भी इस तरह शिक्षित आदिवासी नेतृत्व अपने विषय के साथ करीबी और प्रगाढ़ सम्पर्कों द्वारा और अपनी रियासत के प्रशासन के लिए समय और ऊर्जा लगाकर जमींदारों के सामने एक उदाहरण प्रस्तुत करते हैं। दूसरे छोर पर ऐसी भी रियासतें देखी जा सकती हैं जैसे कि चन्दा में राँगी जमींदारी जहाँ लोग और जमींदार एक समान रुपए माड़िया है, या होशंगाबाद की बरियाम- पगारा जमींदार, जहाँ किसानों के बहुमत वाले लोग अपने कोर्स्क जमींदार के साथ सम्बन्धों पर गर्व करते हैं। इस रिपोर्ट के पैराग्राफ 143-147 में आदिवासी जमींदारों का एक रक्षक के तौर पर आदिवासी काश्तकार की जमीन का हस्तांतरण एक गैर-आदिवासी को करने पर महत्त्व का वर्जन किया गया है। पैराग्राफ 405-406 में मैंने आदिवासी जमींदार की प्रतिरक्षा करने के लिए एक मामला बताया था। सरकार का लक्ष्य पुराने तरीके की बजाय सख्त नियमावली में आदिवासी जमींदारों का एक बार फिर से सम्मानार्थ दण्डाधिकारी, सम्मानार्थ तहसीलदार, और बल्कि सम्मानार्थ न्यायाधीश तक जो उसकी शैक्षिक, नैतिक और वित्तीय सुगढ़ता पर निर्भर है, के रूप में प्रयोग होना चाहिए, और उसे राष्ट्र-निर्माण सेवाओं जैसे मानवीय और पशु औषधालयों और इसी तरह की अन्य चीजों को उपलब्ध करवाने के लिए उससे उम्मीद और प्रेरित किया जाना चाहिए। इसमें दुर्भाग्यशाली रियासतों के भूराजस्व का संशोधित मध्य प्रान्त अधिनियम, 1939 पर पुनः विचार करना भी शामिल होगा जो कांग्रेस पार्टी का कदम था और जिसने प्रान्त में रियासतों की सम्पत्तियों की पुनर्गणना किए बगैर प्रत्येक रियासत द्वारा टकोली का भुगतान करने की प्रवृत्ति को बढ़ा दिया था। यदि आवश्यक हो तो सरकार को जमींदारों पर (यह उपलब्ध होते हुए कि उनकी सम्पत्ति के 50 प्रतिशत से कम टकोली रखने का अधिकार उनके पास है) उनकी शिक्षा और प्रशिक्षण और उन्हें गद्दी से हटाने या यदि वे अयोग्य या कंजूस या उत्पीड़क हैं तो उनकी तरफ से उनके परिवार के सदस्य को रियासत का प्रबन्धक बनाने के लिए शुल्क लगाने वाला कानून बनाना चाहिए। जैसे कि जंगलों के मामले में वन सेवा प्रदान करने के लिए जमींदारियों के सामूहिकीकरण का सुझाव दिया गया था उसी प्रकार शायद वे अन्य राष्ट्र निर्माण के उद्देश्यों के लिए जुड़ सकते हैं। भविष्य में सामान्य अधिसूचना पुस्तक सेकण्ड-20 के प्रावधानों को और ज्यादा सख्ती के साथ लागू किया जाना चाहिए जिसमें जमींदारियों के जिला स्टाफ के आवधिक निरीक्षणों के बारे में बताया गया है, और भविष्य के मुकाबले निरीक्षण के बाद दर्ज की जानेवाली टिप्पणियों पर ज्यादा ध्यान दिया जाना चाहिए जैसे कि जमींदार की अपनी रियासत के विभिन्न भागों के बारे में जानकारी, उसके किसानों के साथ सम्बन्ध और उसकी उनके बारे में जानकारी, उनकी शिकायतें और जरूरतें, उसकी राष्ट्रीय निर्माण की गतिविधियों में रुचि, टकोली वाले प्रसंग का उनकी रियासत पर प्रभाव, किस हद तक भू-हस्तांतरण अधिनियम का पर्यवेक्षण

* देखिए सी.यू.किस, आई.सी.एस का, जर्नल ऑफ द एशियाटिक सोसाइटी आफ बंगाल में प्रकाशित द टेरिटोरियल सिस्टम आफ द राजपूत किंगडम्स आफ मिडाईवल छत्तीसगढ़ नई शृंखला खण्ड, 1919 पृष्ठ संख्या 197-262 तक और मेरी द मारिया गोंड आफ बस्तर, पृष्ठ 4 पर।

किया गया है। जमींदारी में सरकार या जिला परिषद द्वारा किया गया कार्य, किसानों की स्थिति और ऋणग्रस्तता और किए गए, आवश्यक और सुनियोजित सुधार। आंशिक अपवर्जित खाली क्षेत्रों में भी इसी आधार पर एक वार्षिक रिपोर्ट जारी की जानी चाहिए।

467. जमींदारों का उपयोग करने के अलावा हमें पिछड़े क्षेत्रों में कुछ निश्चित गम्भीर अपराधों, जो खासतौर पर आदिवासियों की शिकायतें हैं, के लिए पुलिस कार्यवाही की सम्भावना के दायरे को विस्तृत करना चाहिए जैसे कि सभी तरह बेगार आपूर्ति की गैरकानूनी वसूली और मामूली कर्जों की वापसी के जोर-जबदस्ती, लाइसेंस के बिना पैसा कर्ज देना और गलत वजन और पैमानों का प्रयोग करना। इस सबके अतिरिक्त हमें अध्याय में सुझायी गई योजना के अन्तर्गत सामान्य शिक्षा के फैलाव पर अवश्य जोर देना चाहिए और अध्याय में सुझायी गई राजनीतिक शिक्षा द्वारा इकाई निकायों और न्याय पंचायतों पर भी जोर देना चाहिए। संस्थाओं पर भी जोर देना चाहिए। जब ये संस्थाएँ बिना किसी बाहरी मदद के विश्वसनीय काम करने लायक विश्वस्त हो जाएँ तो जिलों और तहसीलों के आकार से पैदा होनेवाली मुख्य परेशानी को भी सुलझा लिया जाएगा।

468. जैसा पहले कभी नहीं हुआ था उस तरह से आदिवासी समस्या के अस्तित्व के रूप में अपवर्जन और आंशिक अपवर्जन से सम्बन्धित गवर्नमेंट आफ इंडिया एक्ट, 1935 की बुरी तरह से आलोचना करवा चुके प्रावधानों पर शुक्र है बड़े पैमाने पर लोकमत पैदा हो गया है। इस रिपोर्ट में कई अनुशंसाएँ की गई हैं जिनको लागू करना ना सिर्फ वरिष्ठ अधिकारियों बल्कि इसके ऊपर लोकमत के दीर्घकालिक मार्गदर्शन पर निर्भर करेगा। इसी तरह के कारणों के कारण, जैसा मैंने लिखा है, कुछ प्रान्तों में आदिवासी समस्या पर सलाहकार निकाय बनाने के लिए कदम उठाए गए हैं। इसी वजह से 1940 की उड़ीसा में आंशिक अपवर्जित क्षेत्रों की जाँच समिति ने अपनी रिपोर्ट के पैराग्राफ 488,489, 491 और 498 में अनुशंसा की है कि भारतीय या प्रान्तीय सिविल सर्विसेज में चुना हुआ कोई एक अधिकारी होना चाहिए जिसे सलाहकार निकाय द्वारा मदद दी जाए और जो सब-डिप्टी कलेक्टर के पदों से चुने हुए तीन खास क्षेत्रों के तीन निर्वाचित सहायकों के साथ प्रान्त के पिछड़े वर्गों के कल्याण विभाग का "इन जनजातियों के सर्वांगीण विकास के लिए" प्रभारी हो। रिपोर्ट यह भी जोड़ती है कि प्रभारी मन्त्री या अध्यक्ष के रूप में राज्यपाल का सलाहकार, सचिव के रूप में पिछड़े वर्ग का अधिकारी "तीन क्षेत्रों के विधानसभा सदस्यों"* के बीच से चुने गए प्रान्तीय विधानसभा के पाँच सदस्यों, पिछड़ी जनजातियों में से नामित तीन सदस्यों और दो विशेषज्ञों के द्वारा एक सलाहकार निकाय का गठन किया जाना चाहिए। इसके आगे सुझाव दिया गया है कि यदि सरकार द्वारा पिछड़े वर्गों के लिए एक विशेष कल्याण विभाग बनाया जाता है तो इस विभाग द्वारा बनाई गई और सरकार द्वारा स्वीकार की गई योजनाओं पर वार्षिक रूप से सुरक्षित एक लाख रुपए से कम राशि खर्च नहीं की जानी चाहिए। समिति ने प्रान्तीय सरकार से कहा कि वे केन्द्रीय सरकार को पिछड़े क्षेत्रों के तत्काल विकास और आदिवासी जनजातियों के कल्याण के लिए 10 वर्षों तक लगातार समान रूप से बँटने वाली 50 लाख रुपए की राशि का प्रारम्भिक अनुदान देना चाहिए।

469. सिमिंग्टन रिपोर्ट के पैराग्राफ 213-214 में दिए गए प्रस्तावों के पुनर्गठन के लिए बम्बई सरकार में पहले से ही पिछड़े वर्गों के अधिकारियों के सहायकों के स्टाफ के साथ एक

* (1) कोरापुट, (11) गंजम एजेंसी और खोंडमाल्स, (3) सम्बलपुर।

पिछड़े वर्ग का अधिकारी है। रिपोर्ट के पैराग्राफ 211 में श्री सिमिंग्टन ने यह भी पाया कि वर्तमान ग्रामीण विकास समितियों और तालुका विकास सभाओं का काम संयोजनहीन, असमान और आकस्मिक अ0वेगयुक्त और किसी-किसी मौके पर अच्छा होनेवाला है, और यह कि पूर्व की सामाजिक गतिविधियों की सबसे बड़ी कमी विभिन्न निकायों, अर्थ-आधिकारिक और गैर-आधिकारिक दोनों में संयोजन की जरूरत और प्रयासों का निरन्तर अपव्यय होना था। उनका विचार था कि निमन्त्रण का स्वीकृत होना और उन सरकारी संसाधनों को इकट्ठा करना जो वर्तमान में सामाजिक सेवाओं के लिए लगे हुए थे और इसलिए यह देखना कि भारत और यूरोपियन मिशनों की समान परिषदों, ग्रामीण विकास समितियों, विकास सभाओं आदि के साधनों द्वारा सभी सामाजिक गतिविधियों के स्थानीय संयोजन से आपस में मिलना और समान लक्ष्य के लिए उनके प्रयासों को कैसे एकत्रित किया जाए, इस पर निर्णय करना। अपनी रिपोर्ट के पैराग्राफ 212 में उन्होंने रिपोर्ट में पहले की गई पैराग्राफ 188 और 198 में अनुशंसाओं का सन्दर्भ लेते हुए कहा है कि सामाजिक कार्यकर्ताओं के साथ सम्बन्धित जिले के प्रत्येक आंशिक अपवर्जित क्षेत्रों के लिए अलग से स्थानीय फंड सलाहकार समितियाँ बनाई जानी चाहिए, और उनका मानना है कि इन समितियों को उनके अन्य कामों के साथ-साथ ग्रामीण प्रचार को संगठित करने और सामाजिक सेवाओं को संयोजित करने की जिम्मेदारी भी सौंपी जानी चाहिए; तब इस तरह आदिवासी जनजातियों की स्थिति सुधारने के लिए सरकारी अभियान के सम्पूर्ण सामाजिक और शैक्षिक पक्ष को समाहित करके प्रत्येक क्षेत्र में एक शक्तिशाली निकाय बन सकेगा। उन्होंने अनुशंसित किया कि वर्तमान ग्रामीण विकास समितियों, विकास आभाओं और इसी तरह की अन्य संस्थाओं और भविष्य के सभी सरकारी अनुदानों के फंड की शेष राशियों को यदि सम्भव हो तो इन समितियों को दे देना और निमन्त्रित करने देना चाहिए। हालाँकि बम्बई सरकार ने प्रस्तावित स्थानीय फंड सलाहकार समितियों को स्वीकार नहीं किया क्योंकि उन्होंने सिमिंग्टन रिपोर्ट छपने के बाद से एक सहकारी और ग्रामीण विकास विभाग को स्थापित किया है जिसका काम ग्रामीण विकास के कार्यों और प्रचार के सभी रूपों का संयोजन करना है। यह निर्णय गम्भीर आपत्तियों को आमन्त्रित करता है जैसे कि यह आदिवासी समस्याओं और ग्रामीण विकास की सामान्य समस्याओं के बीच अनिवार्य अन्तर को पहचान पाने में असमर्थ रहता है।

470. बंगाल की रिपोर्ट *ऑन द स्टेट ऑफ अफेयर्स प्रिवेलिंग इन द अबोरिजनल एरिया इन परगना शुसुंग एंड शेरपुर, डिस्ट्रिक्ट मीमेंसिंग** में वाकई निकाय क्षेत्रों के समूहों के लिए 11 आदिवासी रक्षा और कल्याण निकाय गठित करने की अनुशंसा की गई है। बंगाल के गवर्नर ने गवर्नमेंट आफ इंडिया एक्ट, 1935 की धारा 52 (1) (ख) और (ङ) के अन्तर्गत और गवर्नर के लिखित अनुदेश के अनुच्छेद के अनुसार अपनी विशेष जिम्मेदारियों को पूरा करते हुए प्रान्त की आदिवासी जनजातियों के कल्याण पर विशेष ध्यान देने के लिए बोर्ड आफ रिवेन्यू का एक सदस्य नियुक्त किया है, और सचिवालय विभाग से सम्बन्धित कोई भी मामला जिसमें आदिवासी जनजातियों का हित शामिल है, इस सदस्य से परामर्श करता है।

471. मद्रास में कोई प्रान्तीय निकाय नहीं है, बल्कि आदिवासी जनजातियों और बेहद पिछड़े समुदायों की प्रगति और भौतिक अवस्था पर एक वार्षिक रिपोर्ट के रूप में एक बेहद महत्त्वपूर्ण संस्था है, जिसमें प्रत्येक जिले के कलेक्टर की बोर्ड आफ रिवेन्यू और सरकार के

* बंगाल शासकीय प्रेस, अलीपोर, 1938।

प्रस्तावों द्वारा पुनर्विचार करते हुए संक्षिप्त वार्षिक रिपोर्ट भी शामिल है। यहाँ पर पिछड़ी जनजातियों की कुछ समस्याओं से निपटने के लिए श्रम विभाग की एक विशेष शाखा भी बनने की सम्भावना दिखाई पड़ती है। शायद सरकार पर्याप्त रूप से आदिवासियों और अनुसूचित जातियों की समस्याओं के बीच अन्तर नहीं कर पाती है।

472. ट्रावसकार की सरकार ने विशेष कदम उठाते हुए आदिम जनजातियों को वन विभाग के हितकारी संरक्षण के अन्तर्गत स्थान दिया है और पिछड़े वर्गों के लिए एक संरक्षक नियुक्त किया है।

473. बिहार सरकार ने विधानसभा में जनजातिय सदस्यों के राजनीतिक दबाव के जवाब में एक विशेष अधिकारी नियुक्त कर दिया है जो राँची में मुख्यालय के साथ छोटा नागपुर और संथाल परगना में आदिवासी और पिछड़े वर्गों के विकास को स्थायी रखने के प्रयासों का प्रभारी है, लेकिन इस अधिकारी की गतिविधियों के बारे में जो सूचनाएँ मैं इकट्ठी कर पाने में सफल हुआ हूँ वे संकेत करती हैं कि ये गतिविधियाँ बहुत ज्यादा आश्चर्य पैदा करनेवाली या ध्यान में आनेवाली भी नहीं हैं। उड़ीसा समिति द्वारा अनुशंसित की हुई दिशा पर आधारित एक सलाहकार निकाय भी 1939 में नियुक्त किया गया था जो चार महीने में एक बार मिलता है : यह अब उपयोगी काम करता हुआ दिखाई पड़ रहा है; उदाहरण के लिए जून 1942 की इसकी बैठक में राँची जिले में विभिन्न केन्द्रों पर आदिवासी छात्रों के लिए छात्रावास बनाने पर संशोधित बन्दोबस्ती व्ययों के शेष में से 30,000 रु. खर्च करने का संकल्प लिया और गेहूँ के गोला के पूर्वगठन की योजना को मंजूरी दी। वार्षिक रिपोर्ट प्रकाशित नहीं की गई।

474. कुछ साल पहले मध्य प्रान्त सरकार ने आदिवासियों के संरक्षक के पद पर एक अधिकारी को नियुक्त करने का विचार किया और यह अपेक्षा की कि इस पद को उत्पादन शुल्क आयुक्त के साथ मिला देने पर प्रान्तीय भारतीय सिविल सर्विस काडर में एक अलग पद बनाया जा सकेगा लेकिन वर्तमान में दुविधा में या किसी और वजह से बन्दोबस्त आयुक्त की अन्य जिम्मेदारियों के साथ मिलाकर रखा गया है। वास्तव में गवर्नर के लिखित अनुदेश के अनुच्छेद में बहुत जोर से कहा गया है कि "उसको प्रदत्त कानून द्वारा शक्तियों को प्रयोग करने के सम्बन्ध में" "हमारे गवर्नर आंशिक अपवर्जित क्षेत्रों या अल्पसंख्यकों के वैधानिक हितों की रक्षा करने के लिए अपनी विशेष जिम्मेदारियों को पूरा करने के लिए यदि वे सोचते हैं कि ऐसा करने से वे उन क्षेत्रों के निवासियों के प्रति अपने कर्तव्यों को बेहतर ढँग से निभा सकते हैं या अन्य कहीं पर जनसंख्या के आदिम हिस्सों के प्रति भी निभा सकते हैं तो वे इस कर्तव्य के साथ एक अधिकारी को नियुक्त कर सकते हैं कि वह आदिम जनजातियों की जरूरतों को इसके ध्यान में लाए और उनके कल्याण के लिए कदम उठाने के बारे में उसे सलाह दे।" यह रिपोर्ट इस तरह के अधिकारी या आदिवासियों के संरक्षक की नियुक्ति के लिए एक अनुत्तरित मामला बनाती है और यदि उसे आदिवासी स्थितियों के वास्तविक रुके हुए विकास को प्रभावित करना है तो उसे एक विशेष विभाग की सहायता मिलनी चाहिए। केन्द्रीय प्रान्त और बेरार में इस विभाग को चलाने की जिम्मेदारी या तो श्रम विभाग को या फिर अन्य जिम्मेदारियों के साथ उत्पादन शुल्क आयुक्त को सौंपी जा सकती है, लेकिन पूरे तौर पर उत्पादन शुल्क आयुक्त को प्राथमिकता दी जाए, क्योंकि श्रम विभाग के काम और एक आदिवासी विभाग के बीच कोई वास्तविक सम्पर्क नहीं है; वास्तव में श्रम

आयुक्त के कर्तव्य मुख्य तौर पर श्रम संगठनों और अनुसूचित जातियों से सम्बधित होते हैं; आदिवासियों की समस्या पूरी तरह से अलग होती है। आदिवासियों का संरक्षक भारतीय सिविल सेवा का एक वरिष्ठ अधिकारी होना चाहिए जो विभाग के अध्यक्षों, आयुक्तों, उपायुक्तों, और सरकार के सचिवों पर अपना प्रभाव दिखा सके। आदिवासियों के इस संरक्षक के सचिव या संयोजक के तौर पर काम किए बिना आदिवासी सलाहकार निकायों और समितियों का कोई भी संगठन उपयोगी नहीं हो पाएगा। इस पद को उत्पादन शुल्क आयुक्त के साथ जोड़ देने से कोई नया पद नहीं बनेगा।

475. तब निकाय को प्रधानमन्त्री या जब तक धारा 93 का प्रभाव है, ग्राम विकास कार्यों के प्रभारी सलाहकार को अध्यक्ष के रूप में, और ग्राम विकास के प्रभारी मन्त्री को सदस्य के रूप में, आदिवासियों के संरक्षक को सदस्य और सचिव के रूप में और विधानसभा के सभी आदिवासी सदस्यों को सदस्य के नामित में, सरकार द्वारा विधानसभा तीन अन्य नामित सदस्यों को उनके आदिवासी मामलों में रुचि के कारण सदस्यों के रूप में, मांडला और चन्दा के उपायुक्तों को, राष्ट्र-निर्माण विभागों के अध्यक्षों को, वनों के मुख्य संरक्षक या संरक्षकों में से किसी एक को, प्रान्त के अलग-अलग हिस्सों से नामित छह या सात गैर-अधिकारियों और विशेष तौर पर प्रत्येक भूमिजन सेवा मंडल और सर्वेंट्स ऑफ इंडिया सोसायटी, धार्मिक, चिकित्सकीय या सामाजिक मिशनरियों जो किसी भी समुदाय के हों, जो आदिवासियों के बीच सक्रिय कार्य कर रहे हों और यदि उपलब्ध हों तो दो मानवविज्ञानी को सदस्य के रूप में एक साथ मिलाकर एक निकाय बनाना चाहिए। इस निकाय द्वारा अनुशासित एक आदिवासी कल्याण ट्रस्ट फंड, प्रान्तीय सरकार से कम-से-कम 3 लाख रु. के वार्षिक अनुदान के साथ बनाया जाना चाहिए, जिसके लिए दानदाता लोगों से दान, चन्दे और अतिरिक्त राशियाँ भी माँगी जानी चाहिए। आदिवासियों की बेहतरी के लिए सभी योजनाओं और केन्द्रीय या प्रान्तीय सरकारों द्वारा इन उद्देश्यों के लिए दिए गए अनुदानों को आदिवासियों के संरक्षक द्वारा व्यवस्था करने को नियन्त्रित करने के लिए इस निकाय से परामर्श लिया जाना चाहिए। इसमें चार महीने में एक बार बैठक, एक वार्षिक बजट और खासतौर पर एक वार्षिक प्रगति रिपोर्ट दी जानी चाहिए। इस रिपोर्ट में कहीं प्रस्तावित जिला समितियों द्वारा आदिवासी क्षेत्रों में उत्पादन शुल्क और शिक्षा के मामले में काम करने के लिए निकाय एक संयोजक संस्था के तौर पर काम कर सकता है। इसके कामों को प्रत्येक जिले के लिए विशेष आदिवासी विकास समितियों के साथ आंशिक अपवर्जित क्षेत्रों के कामों को अनुपूरित किए जाने की जरूरत है और साथ ही रायपुर, यवतमाल, नीमड़, होशंगाबाद, और यदि दोबारा जिला बनाया गया तो सिवनी के कामों को भी अनुपूरित करना है। यह सुझाव दिया गया है कि इस काम के लिए वर्तमान जिला ग्राम विकास समितियाँ बिना विशेष निकायों को बनाए भी समर्थ हैं। मैं सहमत नहीं हो सकता। मेरी बालाघाट रिपोर्ट के पैराग्राफ 129 में यह दिशा बताई गई है जिस पर प्रस्तावित जिला आदिवासी विकास समितियाँ काम करेंगी—

> "पिछड़े क्षेत्रों के लिए उपायुक्त के अन्तर्गत काम करनेवाली एक जिला विकास समिति बनाई जानी चाहिए जिसमें जंगल, लोक निर्माण, कृषि, शिक्षा, पशु चिकित्सा, सहकारी, न्यायिक (ऋणराहत), चिकित्सा, सार्वजनिक स्वास्थ्य उत्पादन शुल्क और पुलिस विभाग के वरिष्ठ स्थानीय प्रतिनिधियों और साथ ही उपमंडलीय अधिकारी

और तहसीलदार, विधानसभा के सदस्य, जिला परिषदों और स्थानीय निकायों के अध्यक्षों और क्षेत्र में रहनेवाले कुछ नामित शिक्षित गैर-अधिकारी लोग शामिल हों। इस समिति को हर चार महीने पर मिलना चाहिए और कृषि संगठनों, तहसील विकास समितियों, बीज इकाइयों आदि के साथ इसके अन्तर्गत होनेवाले सारे विकास कार्यों को समन्वित किए जाने की जरूरत है। जहाँ ऐसी समिति का क्षेत्र एक तहसील से ज्यादा क्षेत्र घेरता है तो तहसीलदार के अन्तर्गत उसी तरह से तहसील उप-समितियाँ बनायी जा सकती हैं। समितियों और उप-समितियों को जहाँ उपलब्ध हों वहाँ शिक्षित आदिवासी सदस्यों को सहयोजित और कम-से-कम स्थानीय आदिवासी 'संवाद सूचकों' (चाहे शिक्षित हों या न हों) का कोई संगठन बनाने की कोशिश करनी चाहिए जिनके द्वारा उन लोगों से करीबी सम्पर्क बनाया जाना है जिनके लिए ये गतिविधियाँ मुख्य तौर पर अर्थ रखती हैं। क्षेत्र में सभी सरकारी विभागीय और स्थानीय निकायों के कामों में अपर्याप्त संयोजन के कारण पिछड़े क्षेत्रों में वर्तमान तहसील ग्राम विकास समितियाँ असफल हुईं और उन क्षेत्रों में जहाँ के अकार्यालयीकरण के आदर्श तक पहुँचने के लिए कई सालों तक यह दूर का लक्ष्य रहेगा वहाँ पर बहुत ज्यादा मौखिक बातें हुईं।''

आदिवासी समस्याओं के बारे में सबसे महत्त्वपूर्ण बात यह है कि इसे मात्र अन्य ग्रामीण कल्याण समस्याओं के साथ हल नहीं किया जा सकता है। यह एक स्वतन्त्र समस्या है जो अपने आपको विशेष रूप से व्यवस्थित किए बिना एक बार फिर से लम्बित अलमारियों या रिकार्ड-रसों में, जहाँ ये पहले भी कई साल तक पड़े रहे हैं, निर्वासित कर दिए जाएँगे। इन जिला समितियों को अपने आप प्रान्तीय निकायों को वार्षिक प्रस्तावों को देना होगा और वार्षिक रिपोर्ट प्रस्तुत करनी होगी जो आदिवासियों के संरक्षक द्वारा संग्रहीत और प्रान्तीय निकाय और प्रान्तीय सरकार द्वारा प्रत्येक वर्ष पुनर्विचारित प्रान्तीय रिपोर्ट का आधार होगा।

476. काफी लम्बे समय से आंशिक अपवर्जन राजनीतिज्ञों की आलोचना का केन्द्र रहा है। हर कोई जो उन सभी तर्कों को पढ़ना चाहता है जो इसके खिलाफ आ सकते हैं या इनमें से कुछ इसके पक्ष में आ सकते हैं, को प्रान्तीय सरकार और भारत सरकार की इस विषय पर फरवरी 1936 में भारतीय विधानसभा में चली लम्बी बहस और अपवर्जित और आंशिक अपवर्जित क्षेत्रों के लिए गवर्नमेंट आफ इंडिया एक्ट, 1935 की धारा 91 के अन्तर्गत जनवरी 1936 में हिजमेजेस्टी के आदेश पर संसदीय कार्यवाही के लिए संसद में प्रस्तुत अनुशंसाओं* का सन्दर्भ लेना चाहिए। पुराने विवाद को फिर से पैदा करने की कोई इच्छा न रखते हुए, मैं इस विषय पर कुछ राय रखना चाहता हूँ। 1941 में मध्य प्रान्त और बरार के आंशिक अपवर्जित क्षेत्रों में कुल जनजातीय जनसंख्या 29,90,701 में से केवल 8,33,143 ही रहती है। कुछ निश्चित व स्वाभाविक भूलों के साथ प्रान्त के इन क्षेत्रों में आदिवासियों का सबसे ज्यादा आदिम और पिछड़ा हिस्सा रहता है। इन क्षेत्रों के बाहर रहनेवाले आदिवासियों के बहुत बेहद हिस्से की विशेष सुरक्षा के लिए सिवाय मतों का प्रयोग करने की अपनी बुद्धिमत्ता की अविकसित शक्ति और गवर्नमेंट ऑफ इंडिया एक्ट की धारा 52 (1) (ख) के अन्तर्गत ''अल्पसंख्यकों के वैधानिक हितों की रक्षा करने'' के लिए गवर्नर की विशेष जिम्मेदारी का कोई अधिनियम या कानून नहीं है। आंशिक अपवर्जन का यह मकसद

* भारतीय पुनर्प्रकाशन, भारत सरकार प्रेस, नई दिल्ली 1936।

नहीं था कि किसी प्रान्त के किसी क्षेत्र को हर समय पिछड़े क्षेत्र के तौर पर जाना जाए या कलंकित किया जाए : गवर्नमेंट आफ इंडिया एक्ट के इन प्रावधानों को सिर्फ एक वर्तमान अवस्था पर ध्यान दिलाने के लिए लगाया गया था। प्रान्त के विभिन्न जिलों के विभिन्न समुदायों की जिन्दगी से सभ्यता का लगभग प्रत्येक काल पाषाणयुग से लेकर बीसवीं शताब्दी तक देखा जा सकता है। क्या इसका दावा किया जा सकता है कि एक कमाड़ या एक भाड़िया-भूमिया या एक महाड़ कलम की एक रेखा द्वारा आधुनिक राज्य में एक बुद्धिमान नागरिक और मतदाता के रूप में बदला जा सकता है? इसीलिए आंशिक अपवर्जन उन जनजातियों की रक्षा करने के लिए आगे आया है जो आधुनिक सभ्यता के दबाव में अभी तक अपनी पकड़ नहीं बना पाए हैं और ये जब तक अपनी पकड़ बनाने लायक नहीं बन जाते हैं, लागू रहेगा। इस रिपोर्ट में अब तक जो कुछ कहा गया है उससे साफ हो जाता है कि यहाँ तक कि ज्यादा बुद्धिमान गोंड और कोर्कू लोगों को भी मदद की जरूरत होती है जो उन्हें पहले कभी नहीं मिली थी। सम्पूर्ण तौर पर आदिवासी अपनी भाषाएँ, अपनी संस्कृति, अपना नृत्य, अपनी जनजातीय एकजुटता, अपनी जमीन और अपना हँसी-मजाक खो चुके हैं या खो रहे हैं और भूमिहीन मजदूरों के शोषित वर्ग के स्तर पर आ गए हैं। पूर्व-प्रान्तीय-स्वायत्त शासन का रिकार्ड इस मामले में कोई बहुत अच्छा नहीं रहा, हालाँकि नवम्बर 1861 से होकर प्रान्त बनने के बीच 1936 तक मुख्य तौर पर पुराने प्रशासन द्वारा लोगों को उत्पीड़न से बचाने के लिए, कानून और व्यवस्था फिर से बहाल करने के लिए, जमीनों के अधिकार और आदिवासियों को शराब बेचनेवालों की क्रूरता से बचाने के लिए एक बड़ा काम किया गया था; यह मुश्किल है कि 1919 से पहले या बाद में आदिवासियों के हितों के लिए निर्मित हुए किसी कानून के बारे में सोचा जाए। सिवाय 1961 के काफी कमजोर भू-हस्तांतरण अधिनियम, गाँव के मुखियाओं और पट्टेदारों की रक्षा के लिए 1917 के मध्य प्रान्त भू राजस्व अधिनियम के प्रावधानों, बेरार भू राजस्व संहिता की धारा 66 और काश्तकारी अधिनियम की कुछ धाराओं के। सभी विधायी प्रयासों का ऐसा प्रारूप बनाने में हमेशा ऐसी दिक्कत सामने आई है जो प्रान्त के विकसित भागों के लिए आवश्यक हो और आदिवासियों की विशेष परिस्थितियों के लिए विशेष प्रावधान या अपवाद बनाए जा सकें, खासतौर पर जबकि वास्तव में आदिवासियों के अपने ही विभिन्न भागों में अलग-अलग व्यवहार किए जाने की जरूरत हो। इसीलिए हमारे स्थानीथ सरकारी कानूनों के आदिवासी क्षेत्रों के लिए पर्याप्त प्रावधान बनते हैं, हमारे उत्पादन शुल्क और प्रतिबन्ध कानून, विकसित मैदानों के सामाजिक सुधार आन्दोलनों को ध्यान में रखकर बनाए जाते हैं, और सभी पिछड़े क्षेत्रों में राष्ट्र-निर्माण की गतिविधियों के विशिष्टीकरण की पूर्णतया उपेक्षा की गई है।

477. यह सुझाव दिया गया था कि अपवर्जित और आंशिक अपवर्जित निश्चित क्षेत्रों द्वारा ब्रिटिश सरकार एक हाथ से ले रही है और प्रान्तीय स्वायत्तता द्वारा दूसरे हाथ से दे रही है। इस बात को नजरअन्दाज किया गया कि आंशिक अपवर्जन की सारी योजना, जिससे केवल हम मध्य प्रान्त में जुड़े हुए हैं, में शुरुआत से ही आंशिक अपवर्जित क्षेत्रों का प्रशासन मन्त्रियों द्वारा करना शामिल था और इसे आदिवासियों की रक्षा में उन्हें मदद देने के लिए ही तैयार करवाया गया था। वास्तव यें आंशिक अपवर्जन ने ही पहली बार आदिवासी समस्या को प्रसिद्धि दिलवाई और मन्त्रियों की मदद से सम्पूर्ण विधानसभा और प्रान्तीय जनता के सरोकार का विषय बनाया। इस तरह इसमें समस्या के समाधान के साथ जागरूक लोगों की

राय भी जुड़ जाती है। आदिवासियों की सच्ची सुरक्षा लम्बे समय तक करने के लिए जागरूक लोगों की राय जीवन्त समस्या का मुकाबला करने के लिए तैयार है, और स्थिति यह है कि संवैधानिक परिवर्तनों द्वारा आदिवासियों को मुख्यतः सबसे प्रभावी भूस्वामियों, व्यापारियों और शहरी लोगों के अपने हितों के कारण आह्लादित हिन्दू और मुसलमान मतदाताओं के आमने-सामने ला दिया। नए मन्त्रियों के लिए बिना आंशिक अपवर्जन और विशेष जिम्मेदारियों के राजनीतिक रूप से बेहद कठिन हो जाता है कि सरकारी राजस्व को प्रमुखता से शहरों और गाँवों 'जहाँ मतदाता ज्यादा विकसित हैं' के सौन्दर्य और बेहतरी पर खर्च करने के लिए नए मतदाताओं के आवाज बुलन्द करनेवाले कोलाहल का सामना कैसे किया जाए।

478. अन्य महत्त्वपूर्ण पहलू यह है कि गवर्नमेंट आफ इंडिया एक्ट, 1935 की धारा 92 (1) के अन्तर्गत केन्द्रीय और प्रान्तीय विधानसभा का कोई अधिनियम आंशिक अपवर्जित क्षेत्रों पर तब तक लागू नहीं होगा जब तक कि "गवर्नर सार्वजनिक अधिसूचना द्वारा ऐसा निर्देश नहीं देता है, और गवर्नर अन्य अधिनियमों का ध्यान रखते हुए इस तरह का निर्देश देते वक्त यह आदेश दे सकता है कि इस क्षेत्र या इसका कोई विशिष्ट भाग पर यह अधिनियम लागू करते समय कुछ प्रभाव, जैसे कुछ अपवाद या सुधार जो गवर्नर के अनुसार उचित हो, पड़ सकते हैं।" साथ ही उसको अधिकार दिए जाते हैं कि वह "किसी आंशिक अपवर्जित क्षेत्र की शान्ति और अच्छे प्रशासन के लिए नियम बनाए।" आदिवासी अल्पसंख्यकों के वैधानिक हितों की रक्षा करने और आंशिक अपवर्जित क्षेत्रों में शान्ति और अच्छे प्रशासन के लिए गवर्नर को गवर्नमेंट ऑफ इंडिया एक्ट, की धारा 52 (1) के परिच्छेद (ख) और (ङ) के अन्तर्गत विशेष जिम्मेदारियाँ दी गई हैं, और धारा 52 (3) के अन्तर्गत जहाँ तक इन जिम्मेदारियों का सवाल है, उसे लिए जानेवाले काम के अनुसार व्यक्तिगत निर्णय लागू करने होते हैं। लिखित अनुदेशों के अनुच्छेद के अन्तर्गत यह कहा जाता है कि वह सामान्यतः आदिवासी समस्याओं पर विचार करते समय "अपने मन्त्रियों की सलाह पर काम करेगा जब तक उसके विचार से ये सलाहें उद्देश्यों के हिसाब से अस्थिर या अनियमित नहीं हो जाती हैं" और उसकी "विशेष जिम्मेदारियों" "या हिन्दी कार्यों का उचित निष्पादन जो वह अन्यथा से या अपने व्यक्तिगत निर्णय को लागू करने के अधिनियम के अन्तर्गत जरूरत से करता है"; साथ ही वह "अपनी शक्तियों का प्रयोग करने के प्रति काफी सतर्क रहता है ताकि उसके मन्त्री उसकी विशेष जिम्मेदारियों पर भरोसा न करें जिससे वे अपने आप पर भरोसा करने लगें जो जिम्मेदारियाँ वास्तव में उनकी अपनी हैं।

479. आंशिक अपवर्जित क्षेत्रों में अधिनियम को लागू करने का अधिकार उचित अपवादों और सुधारों के साथ एक बहुमूल्य अधिकार है, और मैं साहस के साथ कह रहा हूँ कि यदि यहाँ पर आंशिक अपवर्जन न हो तो प्रान्तीय सरकारों को देर सबेर उनके सामान्य अनुच्छेदों अधिनियमों में समान प्रावधानों को जोड़ने की जरूरत महसूस होगी ताकि पिछड़े क्षेत्रों की विशेष समस्याओं से जूझा जा सके और उन्नत क्षेत्रों में आवश्यक कानूनों को लम्बित रखने से बचना होगा क्योंकि अभी पिछड़े क्षेत्र उनके लिए परिपक्व नहीं हुए हैं। जैसा कि हमने देखा—मध्य प्रान्त में हमारे अपने मन्त्रालय में 1939 के काश्तकारी संशोधन बिल पर बहस करते समय यह आवश्यक लगा कि आदिवासी काश्तकारों की रक्षा के लिए स्वीकार्य रूप से आवश्यक कुछ निश्चित अपवादों को छोड़ दिया जाए जो बाद में पूरे प्रान्त के लिए काश्तकारी संशोधन अधिनियम को अधिनियमित करने के बाद गवर्नमेंट आफ इंडिया एक्ट

की धारा 92 के अन्तर्गत बाद में विचार किया जाए। लेकिन भूमि के छिन जाने पर विचार कर रही इस रिपोर्ट के हिस्सों में इस बात पर कई बार ध्यान दिलाया गया है कि आर्थिक मामलों में आदिवासियों के पूरे ढाँचे की रक्षा करने में कितना अपर्याप्त है, और गवर्नमेंट आफ इंडिया एक्ट का आंशिक अपवर्जन वाला भाग सुरक्षा चाहने वाले आदिवासियों के एक छोटे से हिस्से पर ही लागू होता है। इसलिए मेरे विचार से मध्य प्रान्त सामान्य अनुच्छेद अधिनियम में एक प्रावधान जोड़ने की बेहद सख्त जरूरत है जो प्रान्तीय सरकार को अधिकृत करे कि वह निश्चित क्षेत्रों का आदिवासी क्षेत्रों के रूप में पहचान करे और यह सुनिश्चित किया जाए कि एक विशेष अधिसूचना के बिना प्रान्तीय विधानसभा का कोई अधिनियम ऐसे क्षेत्रों पर लागू न हो पाए, और यदि आवश्यक हो तो विशेष अपवाद और सुधार प्रमुखतया उसी आधार पर हों जैसे कि गवर्नमेंट ऑफ इंडिया एक्ट की धारा 92 द्वारा आंशिक अपवर्जित क्षेत्रों में लागू करने के लिए किए गए थे। गवर्नमेंट आफ इंडिया एक्ट के आंशिक अपवर्जन के प्रावधानों से अन्तर रखते हुए ऐसा निर्णय, जो केवल सामान्य गठन के पुनर्स्थापित के बाद ही लिया जाना चाहिए था, एक ऐसे स्वायत्त प्रान्तीय विधानसभा के सुविचारित निर्णय का प्रतिनिधित्व करेगा जो स्वैच्छिक रूप से इसके कानून बनाने के अधिकार की सामान्यता पर कुछ प्रतिबन्धों को लाद रहा है। इसी तरह का एक प्रावधान केन्द्रीय विधानसभा के सामान्य अनुच्छेद अधिनियम में करना भी वास्तव में आवश्यक है।

480. यह व्यावहारिक राजनीति नहीं होगी कि इस अवस्था में आंशिक अपवर्जित क्षेत्रों में जोड़ने की कोशिश की जाए। गवर्नमेंट आफ इंडिया एक्ट अपने आप धारा 91 (2) में प्रारम्भिक तौर पर घोषित आंशिक अपवर्जित क्षेत्रों में कमी की या काँट-छाँट की अनुमति देता है लेकिन केवल किसी आंशिक अपवर्जित क्षेत्र की सीमाओं को सुधारने के विकल्प के द्वारा। पिछले पैराग्राफ में सुझाए गए सामान्य अनुच्छेद अधिनियम में संशोधन के साथ इस रिपोर्ट में सुझाए गए विशेष प्रयास भी जुड़े हुए हैं, खासतौर पर एक आदिवासी जनजातीय विभाग बनाना, जिसको भारत की सरकार द्वारा आंशिक अपवर्जन के लिए अन्तिम प्रस्तावों को पूरा करने और संसद द्वारा स्वीकार करने के बाद एक त्वरित सूचना के प्रभावों का निराकरण करने के लिए आवश्यक कदम उठाने चाहिए। केन्द्रीय प्रान्त में दक्षिणी रायपुर जमींदारी बिलासपुर का बैगा क्षेत्र, बैतूल तहसील का आधा और होशंगाबाद और नीमड़ जिले का आधा हिस्सा भी क्षेत्र में लागू किए गए पैमाने के आधार पर आंशिक अपवर्जित घोषित किया जाना चाहिए जो वास्तव में इसी तरह रखा गया था। इन क्षेत्रों को आंशिक अपवर्जित बनाने के लिए अब कुछ नहीं किया जा सकता है और इन क्षेत्रों के आदिवासियों की सुरक्षा मन्त्रियों और विधायकों की बुद्धि पर निर्भर करेगी, जैसा कि गवर्नमेंट आफ इंडिया एक्ट की धारा 521 के परिच्छेद (ख) और (ङ) और गवर्नर के लिखित अनुदेशों के अनुच्छेद में बताया गया है।

481. लेकिन वर्तमान आंशिक अपवर्जन क्षेत्रों में कुछ सीमागत कठिनाइयाँ हैं। तभी गवर्नमेंट आफ इंडिया (अपवर्जित और आंशिक अपवर्जित क्षेत्रों) आदेश, 1936 के साथ जुड़ी हुई अनुसूची में अहीरी जमींदारी को "सिरोन्चा तहसील में अहीरी जमींदारी" के रूप में दिखाया गया है। इस बात को नजरन्दाज किया गया कि जमींदारी के 16 गाँवों को प्रशासनिक उद्देश्यों के कारण गढ़चिरौली तहसील में हस्तांतरित कर दिया गया है, जिसकी सभी जमींदारियों को भी आंशिक अपवर्जित बना दिया गया है। निश्चित रूप से मकसद यह

था कि सारी अहीरी जमींदारी आंशिक अपवर्जित हो जानी चाहिए, और क्योंकि सिरोन्चा तहसील की जमींदारी के एक हिस्से के बारे में कोई जिक्र नहीं किया गया (ऐसा पचमढ़ी जागीर के साथ भी किया गया था जो कुछ होशंगाबाद और कुछ छिन्दवाड़ा जिले में थी) अतः यह स्पष्ट था कि कभी ऐसी कोशिश नहीं की गई कि जमींदारी के गढ़चिरौली गाँवों को आंशिक रूप से शामिल नहीं किया जाए। कानूनी अनुस्मारक यह विचार करता है कि इसे स्पष्ट करने के लिए अनुसूची को संशोधित किया जाना चाहिए, और यह गवर्नमेंट आफ इंडिया एक्ट की धारा 91 (2) (ग) के अन्तर्गत परिषद के आदेश द्वारा ही कानूनी रूप से किया जा सकता है।

482. यह कोशिश की गई कि सारी छिन्दवाड़ा जागीर को आंशिक अपवर्जित बना दिया जाना चाहिए, लेकिन इसे नजरन्दाज किया गया कि वास्तविक आंशिक अपवर्जित छिन्दवाड़ा जागीरों के बीच में बरियाम-पगारा जागीर के दो या तीन गाँव आ गए, जिसके बाकी गाँव होशंगाबाद में हैं। यदि कानून अनुमति देता है तो छिन्दवाड़ा जिले के इन गाँवों को भी परिषद में एक संशोधन आदेश द्वारा आंशिक अपवर्जित बना देना चाहिए; स्वाभाविक तौर पर इतने छोटे और अनपवर्जित हिस्से को आंशिक अपवर्जित क्षेत्रों के बीच में रखने से प्रशासनिक समस्याएँ आएँगी। अगर इस रिपोर्ट में कहीं और दिए गए सुझावों को स्वीकार कर लेने के बाद यह सम्भव हो पाता कि छिन्दवाड़ा की अलमोद और पचमढ़ी जागीरों के होशंगाबाद गाँवों को छिन्दवाड़ा जिले में हस्तांतरित कर दिया जाना चाहिए ताकि जागीरों के अनपवर्जित छोटे होशंगाबाद हिस्से की बजाय इन सारी जागीरों को आंशिक अपवर्जित बनाया जाए तो यह एक प्रशासनिक फायदा होगा हालाँकि इसको कानूनी तौर पर गवर्नमेंट ऑफ इंडिया एक्ट की धारा 92 (1) (ग) के अन्तर्गत किया जा सकता है परन्तु ज्यादा संदेह वाला मामला है।

483. अन्त में बिलासपुर के अन्यत्र आंशिक अपवर्जित काठघोड़ा तहसील में काठघोड़ा गाँव को अपने आप आंशिक अपवर्जित बनाने की विस्मयकारी गलती हुई। यह स्पष्ट तौर पर एक गलती के कारण हुई, जो किसी को भी होनी स्वाभाविक थी। मध्य प्रान्त सरकार के पत्र संख्या सी. 1747-853-आर. दिनांक 11 अक्टूबर, 1935 के पैराग्राफ 13 को पढ़ें। यह पत्र प्रान्तीय सरकारों व गवर्नमेंट ऑफ इंडिया एक्ट की धारा 91 के अन्तर्गत भारत सरकार द्वारा की गई अनुशंसाओं के भारतीय पुनर्प्रकाशन के पृष्ठ 155-156 पर प्रकाशित और जून 1936 में भारत के मुख्य सचिव द्वारा संसद में प्रस्तुत किया गया था। पैराग्राफ में एक वाक्य इस प्रकार है—

> "काठघोड़ा तहसील की जनसंख्या 2,14,719 है जिसमें से 54.2 प्रतिशत आदिम जनजातियों से सम्बन्ध रखती हैं, लेकिन क्षेत्र उतना पिछड़ा नहीं है जितना कि पड़ोसी जमींदारियों का है, जो आंशिक अपवर्जन के लिए अनुशंसित की गई है।"

इस आधार पर और क्योंकि तब तहसील को विशेषाधिकार प्राप्त थे, परिषद के गवर्नर ने इसके लिए विशेष कदम उठाने की जरूरत पर विचार नहीं किया, और इस तथ्य को पूर्णतया नजरन्दाज कर दिया कि पूरी तरह से जमींदारियों से बनी काठघोड़ा तहसील को आंशिक अपवर्जन के लिए अनुशंसित किया गया था सिवाय काठघोड़ा गाँव के जो सारी तहसील में एकमात्र खालसा गाँव था। इसे भी गवर्नमेंट आफ इंडिया एक्ट की धारा 91 के 2 (ग) परिच्छेद के अन्तर्गत परिषद में एक संशोधन आदेश द्वारा सुधारा जाना चाहिए।

484. इस तरह हम लम्बे काम के अन्त तक पहुँचे हैं। और सामाजिक विज्ञान में रुचि

रखनेवाली भारतीय पत्रिकाओं में हाल में और टाइम्स ऑफ इंडिया में ध्यान देनेवाले विवाद भारत की आदिवासी जनजातियों के भविष्य पर और इस पर हुए कि क्या नीति होनी चाहिए, पृथक्करण या आत्मसातीकरण; इस रिपोर्ट के साथ परिशिष्ट ग्रन्थवृत्त में इस विवाद से जुड़े प्रमुख लेखों का सन्दर्भ दिया गया है। इस पूरी रिपोर्ट में मेरे द्वारा लिखे हुए से यह स्पष्ट हो जाना चाहिए कि मैं मध्य प्रान्त के आदिवासियों के लिए पृथककरण को एक व्यावहारिक राजनीति नहीं मानता हूँ। मेरी सारी अनुशंसाएँ इस विचार से प्रेरित हैं कि आदिवासियों को अवश्य ही अपने पैरों पर खड़े हो जाना चाहिए ताकि आधुनिक सभ्यता की तेज वृद्धि का सामना किया जा सके और भारत और विश्व की जिन्दगी में अपना योगदान दे पाए। विलियम मौरिस* ने बहुत पहले कहा था, "सभ्यता की भयंकर गलतियों का समाधान सिवाय ज्यादा सभ्यता के और क्या हो सकता है?" इस विचार के साथ कि सबसे पिछड़े इलाकों को बहुत तेजी के साथ यातायात और अन्य साधनों के द्वारा खोलना नहीं चाहिए, सीमित अकेलापन केवल वहीं पर प्रस्तावित किया गया है जहाँ पर जनजातीय समुदाय इतने पिछड़े हैं कि वे यदि आधुनिक परिस्थितियों की सम्पूर्ण चकाचौंध देख लें तो उन्हें इनसे धकियाये जाने के लिए मजबूर होना पड़ेगा। सबकुछ कहने और करने के बाद यह असम्भव है कि किसी पूरी तरह से पृथकतावादी को ढूँढ़ा जाए, और कोई विवाद बेकार होगा। श्री एल्विन ने खुद, जिन्हें एक पृथकतावादी माना जाता है, ने अपने लेख *द प्राब्लॅम आफ कल्चर-कान्टेक्ट इन द सोशल सर्विस क्वार्टर्ली* (बोम्बे) अप्रैल 1942 की अन्तिम पंक्ति में सारी कही गयी बातों के सवाल पर वास्तव में समीक्षा करते हुए उन्होंने अपने ऐसे दोस्तों जो "इस बहस में सदन के दूसरे पक्ष में थे" को "अस्तित्वहीन पृथकतावादियों की तरफ झुकाव" बन्द करने को कहा और "पूरी सजगता के साथ विचार करने और लागू करने जिसमें वे समर्थ हैं कि सांस्कृतिक सम्पर्क और सांस्कृतिक परिवर्तन की समस्या को कैसे हल किया जाए ताकि इस नाजुक और खतरनाक प्रकिया में भारत के सबसे श्रेष्ठ, अच्छे और सबसे ज्यादा प्यारे इन्सानों को कम-से-कम सम्भावित चोट पहुँचे।" इस अध्याय के शीर्ष पर दिया गया उद्धरण उस विश्वास की व्याख्या करता है जिसमें इस रिपोर्ट को लिखा गया है; यदि ठीक से ध्यान रखा जाए तो भारत की आदिम जनजातियों की शक्ति से बाहर की चीज नहीं है कि वे अपने पैरों पर खड़े हो जाएँ, अपने मामलों को निपटाएँ और भारत के राष्ट्रीय जीवन में मौलिक और व्यक्तिगत मेधा के अपने हिस्से का योगदान दे सकें।" इस तरह के कार्यक्रम विख्यात रूप से व्यावहारिक हैं, और शायद उनके इंग्लैंड के मजदूर आन्दोलन के मार्गदर्शकों द्वारा स्थापित किए गए उदाहरण से कुछ ही भिन्न हैं। आदिवासी समय के साथ अपने नेता पैदा करेंगे, और उनमें से कोई अपने बुढ़ापे में उसी प्रकार कहने में सक्षम हो जाएगा जैसे 1923 में एक अंग्रेज मजदूर नेता†, जो एक गरीब प्रशिक्षार्णी से प्रिवी कौंसिलरशिप और मंत्रालय की कुर्सी तक जा पहुँचा, के मजदूर आन्दोलन ने अपनी सारी जिन्दगी की सेवाओं को पीछे मुड़कर देखते हुए कहा था :

"मैंने कई जगहें देखीं लेकिन कोई भी उतनी अच्छी नहीं थी जितनी मेरी अपनी जगह। मैं कई तरह के लोगों के साथ घुला-मिला लेकिन किसी के साथ भाईचारे की विराट

* द ब्यूटी आफ लाइफ में।

† मैंने यह उद्धरण लिया है, जो राइट आन.जी.एन. बर्नेस द्वारा लिखी फ्रॉम वर्कशॉप टू वार कैबिनेट के पेज 295 से लेकर, आर्थर ब्रायन्टस इंगलिश सागा 1840-1940 के पेज 230 तक से लिए गए हैं।

इच्छा या निष्पक्ष व्यवहार की वह भावना महसूस नहीं की जो अपने लोगों के साथ।

और अन्तिम रूप से, मैं जिस वर्ग में जन्मा था और जिसकी सेवा करने की कोशिश की, उस वर्ग में नीचे तक स्वतन्त्रता को विस्तारित होते हुए देख चुका हूँ। जब मैं जवान था तो काम करनेवाले लोग अशिक्षित और किसी भी विशेषाधिकार से वंचित थे। वे गरीब और अशिक्षित थे और उनके काम करने के दिन उम्र और आवश्यकता से बँधे हुए थे, जिनका कोई सरोकार राज्य नहीं रखता था, जिसे उनका श्रम समृद्ध करता था। अब वे कम-से-कम थोड़े शिक्षित हैं, वे राजनीतिक और साथ ही औद्योगिक रूप से भी संगठित हैं, और यद्यपि वहाँ बहुत बेरोजगारी है और कई मौकों पर अभाव का भाव पैदा हो जाता है, तब भी इन निर्दयी समस्याओं के साथ पहले से कहीं ज्यादा ज्ञान और ज्यादा मानवीय भावनाओं के साथ निपटा जा रहा है। मैं वर्तमान चिह्नों और प्रतीकों को होनेवाली बेहतर चीजों के संकेत के रूप में लेता हूँ।''

हैदराबाद, दक्कन — **डब्ल्यू. वी. ग्रिग्सन**

23 नवम्बर, 1942 — *आदिवासी जनजातीय जाँच अधिकार*

अनुशंसाओं, ग्रन्थवृत्त, तालिकाओं और परिशिष्टों का सार-संक्षेप

अनुशंसाओं का सार-संक्षेप

खानें

1. लीज पर खदान लेनेवाले सभी आवेदकों के लिए खान-मजदूरों के रहने के लिए घरों की व्यवस्था लायक वित्तीय योग्यता होनी आवश्यक है (पैराग्राफ 7)।
2. खानों के वेतन भुगतान अधिनियम के विस्तार पर विचार किया जाना चाहिए (पैराग्राफ 7)।

भूमि का कम होना

3. प्रान्त में काश्तकारी भूमि बल्कि रैयतवाड़ी भूमि का भी बड़े स्तर पर और लगातार कम होते जाने का सर्वेक्षण पैराग्राफ 15-119 में है। कानून बनाए जाने को एक अनिवार्य आवश्यकता समझी गई है और इसके ढाँचे के अनुरूप अनुशंसाएँ की गई हैं (पैराग्राफ 120-125 और 127-128)।
4. जन (3) में की गई अनुशंसाओं पर आधारित अधिनियम कानून बन जाता है तो इसे किसी जिले पर लागू करना केवल जिला अधिकारी की पहल पर ही निर्भर नहीं होना चाहिए, बल्कि उन क्षेत्रों में जहाँ इसे लागू किया जाना है, प्रत्येक जिले में एक निश्चित जाँच के आदेश दे देने चाहिए और जवाबों के लिए एक समय-सीमा निर्धारित कर देनी चाहिए (पैराग्राफ 126)।
5. आदिवासीबहुल क्षेत्रों जैसे कि ज्यादातर मांडला में हालाँकि पूर्वस्वामित्व का कोई गम्भीर तात्कालिक खतरा नहीं है लेकिन जमीन चाहे जमींदारी हो, मालगुजारी या रैयतवाड़ी हो उसको किसी गैर आदिवासी पटट्ेदार, स्वाती, काश्तकार या रैयत को बेचने या देने से पहले स्वामी या अन्य को उपायुक्त की सहमति लेनी आवश्यक है (पैराग्राफ 129)।
6. नए अधिनियम को तत्काल कुछ निश्चित क्षेत्रों में लागू करने की अनुशंसा की गई है (पैराग्राफ 130)
7. चुने हुए आदिवासी क्षेत्रों में मालगुजारी क्षेत्र को खरीदने के लिए लागत के बारे में एक विस्तारित जाँच की जानी चाहिए, और उपायुक्त को इस उद्देश्य के लिए फंड उपलब्ध कराते हुए आदिवासी क्षेत्रों में न्यायालय या भूराजस्व की वसूली बिक्री में कोई मालगुजारी हिस्सा खरीदने के लिए सकारात्मक रूप से निर्देशित किया जाना चाहिए (पैराग्राफ 132)।
8. वर्तमान समय में रैयतवाड़ी गाँवों में आदिवासियों की रक्षा करने के लिए कानून की जरूरत नहीं है, लेकिन केन्द्रीय प्रान्तीय भूराजस्व अधिनियम की धारा 211

के अन्तर्गत इस आधार पर कि आदिवासीबहुल क्षेत्रों में खाली सर्वेक्षण संख्याएँ केवल आदिवासियों को ही जारी की जाएँ और गाँव के आवश्यक शिल्पी और नौकर, और पटेल और मुकद्दम निरपवादस्वरूप आदिवासी ही होने चाहिए, कुछ नए नियमों की अनुशंसा की गई है (पैराग्राफ 134)।

9. यद्यपि वर्तमान समय में रैयतवाड़ी भूमि के हस्तांतरण सम्बन्धी कानून जरूरी नहीं है परन्तु (3) में अनुशंसित किए गए कानून में एक अनुच्छेद जुड़ना चाहिए जो इसे रैयतवाड़ी कब्जे पर भी लागू करने लायक बना सकें क्योंकि यह निवर्तमान मन्त्रालय द्वारा भूराजस्व अधिनियम को संशोधित करने के लिए प्रस्तावित किया गया था ताकि अन्य चीजों के साथ रैयतवाड़ी भूमि को मुक्त हस्तांतरणीय बनाया जा सके। (पैराग्राफ 135)।

10. वर्तमान भू-हस्तांतरण अधिनियम को अन्य क्षेत्रों और जनजातियों में भी लागू किया जाना चाहिए (पैराग्राफ 141-147: वैकल्पिक मसौदा अधिसूचना परिशिष्ट(क) और (ख) में दिए गए हैं)।

11. भू-हस्तांतरण अधिनियम और इसके अन्तर्गत नियम राजस्व नियमावली के प्रथम खंड में प्रकाशित होने चाहिए और द्वितीय खंड में नीति और प्रक्रिया को पूर्ण रूप से वर्णित करते हुए जोड़ा जाना चाहिए साथ ही दूसरी अन्य चीजों के बीच धारा 6 के अन्तर्गत अनुमति प्राप्त गिरवी का हर प्रकार का नमूना भी शामिल होना चाहिए (पैराग्राफ 148-152)।

12. राजस्व अधिसूचना पुस्तक 111-8 में कलेक्टरों को उनके कामों के सही तरीकों के बारे में निर्देश भी जोड़े जाने चाहिए "जैसे कि यदि भू-हस्तांतरण अधिनियम के कुछ प्रावधानों को न मानने के आरोप में सिविल न्यायालय द्वारा कार्यान्वयन के लिए डिग्री भेजना" (पैराग्राफ 151)।

13. आदिवासी जमींदारी वाले गाँवों को गैर-आदिवासी ठेकेदारों को पट्टे पर देने को हतोत्साहित किया जाना चाहिए, और जब भी सम्भव हो वर्तमान पट्टों को निरस्त कर देना चाहिए, इस बात की पहचान करते हुए कि जमींदारियों में व्यवस्था वास्तव में रैयतवाड़ी है, रैयतों का अधिकार जमींदार की तरफ से है न कि सरकार की तरफ से। (पैराग्राफ 153)।

14. भू-हस्तांतरण अधिनियम के अन्तर्गत अब बिना मंजूरी के अस्थायी पट्टा देने की अनुमति देने की अवधि का समय 20 साल से घटाकर 10 साल कर दिया जाना चाहिए, और कोई भी पट्टा उपायुक्त द्वारा निरस्त करने योग्य होना चाहिए। यदि पट्टेदार सम्पत्ति का कुप्रबन्ध करता है या काश्तकारों को उत्पीड़ित करता है तो पट्टादाता का नई काश्तकारियाँ बनाने का अधिकार स्पष्ट किया जाना चाहिए। (पैराग्राफ 154)।

15. भू-हस्तांतरण अधिनियम की धारा 2 (2) में "भूमि" की परिभाषा घरों के स्थानों को शामिल करने के लिए संशोधित की जानी चाहिए (पैराग्राफ 155 और 170)।

16. बेरार के इजारा गाँवों में मध्य प्रान्त भू-हस्तांतरण अधिनियम को लागू करने का सुझाव दिया गया है। (पैराग्राफ 165)।

17. बेरार में आदिवासियों के कब्जे वाली जमीन के और ज्यादा कम होते जाने से रोकने

के लिए बेरार भू-राजस्व संहिता की धारा 66 को मेलाघाट तालुक के अतिरिक्त अन्य क्षेत्रों में लागू करने के लिए संशोधित किया जाना चाहिए जो कि 1911 में यह सोचकर प्रान्तीय सरकार द्वारा बनाया गया था कि यह आदिवासी जनजातियों और पिछड़े वर्गों के लिए आवश्यक है (पैराग्राफ 168), और इस संशोधन को यवतमाल वही के क्षेत्रों में, अमरावती (पैराग्राफ 171) और बुलदाना (पैराग्राफ 177) में भी लागू किया जाना चाहिए। संशोधन को जनवरी 1940 और इसके प्रभावी होने की तिथि (पैराग्राफ 171) के बीच के सारे हस्तांतरणों के साथ वार्षिक रूप से पुनर्मूल्यांकित कर लेना चाहिए। (पैराग्राफ 171)।

18. बरार राजस्व नियमावली खंड (1938 संस्करण) के पेज 49 पर प्रकाशित, अधिसूचना संख्या 466, दिनांक 20 अप्रैल, 1920 के प्रावधानों को रद्द किया जाना चाहिए, और जहाँ आदिवासी जनजातियों और पिछड़ी जातियों की रक्षा करना आवश्यक है उन क्षेत्रों में गाँवधान की कोई नई जगह किसी भी ऐसे व्यक्ति को नहीं दी जानी चाहिए जो ऐसी जनजाति या जाति का सदस्य न हो (पैराग्राफ 170)।
19. कुछ चुने हुए निश्चित क्षेत्रों में प्रायोगिक आधार पर आदिवासियों को पूर्वस्वामियों से भूमि वापस लेने के लिए एक भूमि अधिग्रहण फंड बनाया जाना चाहिए (पैराग्राफ 170 एवं 172)।
20. जहाँ गैर-आदिवासी शोषकों ने आदिवासी गाँववालों को उनकी भूमि के मालिकाने से बेदखल कर दिया है, वहाँ उपयुक्त मामलों में आदिवासियों के आर्थिक पुनर्स्थापन के सामान्य उद्देश्य के लिए इन नए लोगों की सम्पत्ति भूमि अधिग्रहण अधिनियम के अन्तर्गत, अधिग्रहीत कर लेनी चाहिए (पैराग्राफ 170 व 173)।
21. मेलाघाट के बारे में कुछ अनुशंसाएँ की गई हैं (पैराग्राफ 187 व 188)।
22. एक बड़े स्तर के राष्ट्र-निर्माण के प्रयोग के लिए धरनी क्षेत्र को एक आदर्श क्षेत्र के रूप में सुझाया गया है (पैराग्राफ 189)।

ग्रामीण अधिकारी

23. यह सुनिश्चित करवाने के लिए कि बड़े आदिवासी बहुसंख्या वाले गाँवों में न सिर्फ गुमाश्ता बल्कि मुकद्दम भी एक आदिवासी ही होना चाहिए, भू-राजस्व अधिनियम और नियमों को संशोधित किया जाना चाहिए (पैराग्राफ 194)।
24. सरकार द्वारा नियुक्त एक आदिवासी मुकद्दम या गुमाश्ता को सरकार द्वारा तय किया गया उचित पारिश्रामिक मिलना चाहिए। उसकी नौकरी सुरक्षित होनी चाहिए और उसे सभी तरह के बेगार से मुक्त होना चाहिए। जहाँ तक सम्भव हो, उचित पारिश्रामिक देना सुनिश्चित करने के लिए उसे कुछ गाँवों के समूहों के लिए नियुक्त किया जाना चाहिए। सम्बलपुर भूमि कानून समिति, उड़ीसा, 1939 द्वारा लम्बरदारी व्यवस्था के स्थान पर सुझायी गई व्यवस्था के अनुसार लगान वसूली, कब्जों की स्वीकृति, भू-अनुदानों आदि को नियन्त्रित कर अन्तिम रूप से उसे एक कलेक्टिंग एजेंट के रूप में होना चाहिए (पैराग्राफ 198)।
25. बरार में आदिवासियों को पटेल और पटवारी नियुक्त करने के लिए विशेष

प्रावधान करने हेतु पटेल और पटवारी कानूनों को संशोधित किया जाना चाहिए न सिर्फ मेलाघाट और भूतपूर्व मेलाघाट गाँवों में बल्कि मेलाघाट के बाहरी हिस्सों के क्षेत्रों जैसे मोरसी-बैतूल सीमा और यवतमाल के आदिवासी गाँवों में भी (पैराग्राफ 181 व 199)।

26. आदिवासी पटेलों का न्यूनतम पारिश्रमिक 60 और आदिवासी पटवारियों का रु. 200 होना चाहिए (पैराग्राफ 199)।

ऋण

27. मध्य प्रान्त एवं बरार ऋणग्रस्तता राहत अधिनियम और ऋण-राहत न्यायालयों के बारे में बहुत ज्यादा प्रचार किया जाना चाहिए (पैराग्राफ 223)।

28. मध्य प्रान्त ऋण सुरक्षा अधिनियम, 1937 में ये प्रावधान जोड़े जाने चाहिए कि अपने ऋण की वसूली की मंशा से उत्पीड़न करने के दोषी ऋणदाता द्वारा कर्ज वसूली के लिए न्यायालय में कोई मुकदमा नहीं चलाया जाएगा, और न्यायालय, साहूकार या उसके द्वारा रखने गए तगादा करनेवाले व्यक्ति को दोषी पाए जाने पर मध्य प्रान्त साहूकार अधिनियम की धारा 11 के अन्तर्गत पंजीकरण-प्रमाणपत्र को रद्द करने के निर्देश जारी कर सकता है। ऋण सुरक्षा अधिनियम के अन्तर्गत किसी अपराध को संयोजित् करने के लिए न्यायालय की अनुमति की आवश्यकता होनी चाहिए (पैराग्राफ 226)।

29. इस आखिरी अनुशंसा में जिक्र किए गए दोनों अधिनियम, आदिवासी ऋणियों की रक्षा करने के लिए पर्याप्त नहीं हैं, और श्री सिमिंग्टन द्वारा बम्बई के लिए की गई अनुशंसाओं के आधार पर कुछ और चीजें जोड़कर तत्काल विशेष कानून बनाने की अनुशंसा की गई (पैराग्राफ 213, 227-231)।

30. इस विशेष कानून के दायरे में पिछड़े क्षेत्रों में काम करनेवाले जंगल के और अन्य ठेकेदारों को लाया जाना चाहिए (पैराग्राफ 232 और 391)।

31. साहूकार अधिनियम द्वारा साहूकारों को ठीक ढंग से हिसाब-किताब रखने के लिए बाध्य किया जाना चाहिए, और किसी बांड में किसी काल्पनिक मूलधन की फर्जी प्रविष्टि करने या बांड का नवीनीकरण करते समय पुराने हिसाब को दो या तीन जगह विभाजित कर देने पर जुर्माना लगाया जाना चाहिए (पैराग्राफ 233)।

32. पिछड़े क्षेत्रों में ऋण-राहत के कार्य मुख्तया कार्यकारी अधिकारी या कम-से-कम चल-न्यायालयों द्वारा नियन्त्रित किए जाने चाहिए (पैराग्राफ 234 व 235)।

33. पंजीकृत साहूकारों को ग्राम पंचायतों, न्यायालयों व न्यायपीठों की सदस्यता के लिए अयोग्य घोषित किया जाना चाहिए (पैराग्राफ 234)।

34. पिछड़े क्षेत्रों में तहसील अधिकारियों के ऋणराहत न्यायालयों के रूप में काम करने को वैधता प्रदान करने के लिए एक विस्तारित, बम्बई ममलतदार न्यायालय अधिनियम, 1906 की धारा 6 की दिशा पर आधारित कानून की अनुशंसा की गई है (पैराग्राफ 234 व 235)।

35. ऋण राहत न्यायालय भुगतान के लिए आदेश जारी करने से पहले ऋणी की सम्पत्ति, आय और आश्रितों की संख्या जानने के लिए स्थानीय राजस्व या

वन-अधिकारी को बुला सकता है और उनके द्वारा उपलब्ध कराए गए विवरणों पर ध्यानपूर्वक विचार कर सकता है (पैराग्राफ 236)।

36. यदि आदिवासी क्षेत्रों में ऋण-राहत को प्रभावी बनाना है तो सभी ऋणदाताओं के लिए कानूनी तौर पर यह आवश्यक होना चाहिए कि वे आदिवासी ऋणियों के खिलाफ सारे मामलों को ऋण-राहत न्यायालय के सामने प्रस्तुत करें और यदि किसी बताई गई अवधि में यह दावा प्रस्तुत नहीं किया जाता है तो उसके बाद कानून द्वारा दबाव डलवाकर लागू करवाया जाना चाहिए (पैराग्राफ 237)।

37. ऋणग्रस्तता राहत अधिनियम की धारा 5 (1) को संशोधित किया जाना चाहिए ताकि जब ऋणी एक आदिवासी हो तो सिविल न्यायाधीश धारा 6 की तरफ उसका ध्यान दिलाएँ और उसे उपधारा (2) के अन्तर्गत ऋण-राहत न्यायालय में एक प्रार्थनापत्र प्रस्तुत करने में सहायता प्रदान करें (पैराग्राफ 238)।

38. कुछ निश्चित परिस्थितियों में आदिवासियों के लिए निःशुल्क कानूनी सलाह उपलब्ध होनी चाहिए (पैराग्राफ 239)।

39. किसी आदिवासी मामले में ऋणराहत न्यायालय को अधिकार प्रदान और निर्देश जारी किए जाने चाहिए कि वह अपने विवेक के अनुसार मौखिक साक्ष्यों को स्वीकार्य मानें और खासतौर पर किसी अशिक्षित या अनजान आदिवासी द्वारा पूरे किए गए दस्तावेजों को उस लेन-देन के मौखिक साक्ष्यों से स्वयं अपने आप ज्यादा विश्वसनीय ना समझें (पैराग्राफ 213 एवं 240)।

40. ऋणग्रस्तता राहत अधिनियम और मध्य प्रान्त सूदखोरी ऋण (संशोधित) अधिनियम के ब्याज प्रावधानों को आदिवासी क्षेत्रों में मद्रास एजेंसी क्षेत्र ब्याज और भू-हस्तांतरण अधिनियम, 1917 की धारा 3 से बदला जाना चाहिए (पैराग्राफ 241)।

बँधुआ मजदूरी

41. बँधुआ मजदूरी को नियमित करने के लिए बनाए जानेवाले कानून में बाल (बँधुआ मजदूरी) अधिनियम, 1933 संज्ञेय माने जानेवाले अपराधों के खिलाफ एक अनुच्छेद जोड़ा जाना चाहिए, यह अधिनियम अभी अपरिचित और अप्रचलित नियम के रूप में है (पैराग्राफ 250 और 271)।

42. मध्य प्रान्त साहूकार अधिनियम की धारा 2 (7) को निरस्त या संशोधित किया जाना चाहिए ताकि इस अधिनियम के दायरे के अन्तर्गत कृषि मजदूरों को लाभ पहुँचाया जाए और हिसाब का वार्षिक विवरण उपलब्ध हो सके (पैराग्राफ 229, 223 और 270)।

43. खेत-मजदूरों के लिए एक रसीद भी बनाने की सलाह दी जानी चाहिए जिसमें भुगतान किए गए मेहनताने का विवरण और ऋण का पुनर्भुगतान को दर्ज किया जाना चाहिए, ये रसीद बही राजस्व, पुलिस, वन व भू-अभिलेख अधिकारियों द्वारा जाँच के लिए खुली रहनी चाहिए (पैराग्राफ 270)।

44. मद्रास एजेंसी ऋण बन्धक उन्मूलन नियम, 1940 (1940 का मद्रास नियम 3) की दिशा पर आधारित कुछ परिवर्तनों (पैराग्राफ 271) के साथ एक कानून बनाए

जाने की आवश्यकता है। इसे गवर्नमेंट ऑफ इंडिया अधिनियम की धारा 93 के अधिनियम द्वारा एक साथ लागू कर दिया जाना चाहिए (पैराग्राफ 273)।

45. इस विषय पर बनी प्रश्नावली के लिए प्राप्त उत्तरों को सर्वेन्ट्स ऑफ इंडिया सोसायटी के श्री दिनकर देसाई को भारत में बँधुआ मजदूरी उनकी जाँच के लिए उपलब्ध कराया जाना चाहिए (पैराग्राफ 275)।

कृषि

46. चन्दा के आंशिक अपवर्जित क्षेत्रों में चीड़ के पौधे लगाने के साथ-साथ जलपौद या पोटू उपज को ध्यानपूर्वक योजना बनाकर और देख-रेख के अन्तर्गत अनुमति दे देनी चाहिए, और चीड़ के जंगलों के अन्य क्षेत्रों को सरकार द्वारा पट्टे पर दे देना चाहिए (पैराग्राफ 278-79)।

47. बरिआम-पगारा जागीर और होशंगाबाद के अन्य जागीर गाँवों में बची हुई बेवर फसल में रुकावट नहीं डाली जानी चाहिए (पैराग्राफ 278-79)।

48. कुछ जिलों में बची हुई परिवर्तनीय फसलों से कोई नुकसान नहीं होता है लेकिन इससे प्रान्त की सबसे आदिम जनजातियाँ सन्तुष्ट रहती हैं। किसी भी तरह इन्हें बन्द नहीं किया जाना चाहिए, और जिला-अधिकारियों को इसे बन्द करने के अधिकार से वंचित कर दिया जाना चाहिए (पैराग्राफ 283, 382, और 384)।

49. बेहद पिछड़े क्षेत्रों में कृषि विभाग को बाड़ी पैदावार को बेहतर बनाने पर ध्यान केन्द्रित करना चाहिए (पैराग्राफ 287, 447 (घ) और 449)।

50. आदितासियों द्वारा उत्पादित वस्तुओं की बिक्री और आदिवासियों की आवश्यकताओं के लिए उचित मूल्य पर खरीद के लिए एक सहकारी संगठन की बेहद आवश्यकता है (पैराग्राफ 288)।

51. आदिवासी क्षेत्रों के लिए कृषि निदेशक के कुछ प्रस्तावों को पारित किया जाना चाहिए (पैराग्राफ 290-291)।

52. कोड़ाझिरी प्रयोग शुरू हो चुका है, और यह सुझाव दिया जाता है कि अन्य जिलों के रैयतवाड़ी गाँवों में भी इसी तरह के प्रयोग किए जाने चाहिए (पैराग्राफ 294)।

54. पिछड़े क्षेत्रों के विद्या मन्दिर और अन्य विद्यालयों में एक आधारभूत कला के तौर पर कताई को कृषि में बदला जाना चाहिए (पैराग्राफ 295)।

55. लड़कों को फल व सब्जियाँ उगाने और बेहतर बाड़ी फसल पैदावार सिखाने के लिए प्रत्येक आदिवासी विद्यालय को एक बाड़ी से जोड़ा जाना चाहिए (पैराग्राफ 296)।

56. पिछड़े क्षेत्रों में मराड़ लोगों को कृषि जमींदारों के रूप में नियुक्त किया जाना चाहिए और प्रदर्शन का काम नियन्त्रित मराड़ कालोनियों द्वारा किया जाना चाहिए (पैराग्राफ 296)।

पशु चिकित्सा

57. कई आंशिक अपवर्जित क्षेत्रों में कृषि की बजाय पशु-पालन करने की सम्भावनाओं पर विचार किया जाना चाहिए (पैराग्राफ 297 और 316)।

58. ऐसे क्षेत्रों में पशु फार्मों में मैदानों के अनुकूल पशुओं का प्रजनन करवाने की एकमात्र नीति ही नहीं होनी चाहिए बल्कि स्थानीय आदिवासियों के अनुकूल पशुओं का प्रजनन कराने पर भी ध्यान दिया जाना चाहिए (पैराग्राफ 298)।

59. जनजातीय क्षेत्रों में कई सांगरोधी केन्द्रों को खोलने के साथ-साथ मवाई की तरह चल पशुचिकित्सा औषधालयों के व्यापक विस्तार और पशुओं के रोगों के खिलाफ गहन प्रचार किए जाने क़ी जरूरत है (पैराग्राफ 299)।

उद्योग

60. पिछड़े क्षेत्रों की सबसे बड़ी आवश्यकता बढ़ईगिरी का बुनियादी काम और कृषि यन्त्रों को बनाने और मरम्मत करने की योग्यता होना है (पैराग्राफ 301 और 305)।

61. 1939 की मध्य प्रान्त एवं बरार औद्योगिक सर्वेक्षण समिति की रिपोर्ट में उल्लेख किए गए कुटीर उद्योग को प्रोत्साहित करने के लिए कदम उठाये जाने चाहिए (पैराग्राफ 302 और 513)।

62. टोकरी उद्योग को विकसित करने और मदद करने के लिए कदम उठाए जाने चाहिए (पैराग्राफ 303)।

63. प्राथमिक विद्यालयों में कुटीर उद्योग को सिखाने की अनुशंसाएँ की गई हैं (पैराग्राफ 304)।

64. गाँव के शिल्पियों को सब्सिडी दी जानी चाहिए ताकि वे आदिवासी गाँवों में अपना हुनर सिखाने के लिए बस जाएँ (पैराग्राफ 305)।

सहकारी विभाग और ग्रामीण उधार

65. भूमि के छिन जाने और साहूकार से रक्षा के बाद आदिवासियों की सबसे बड़ी आवश्यकता एक सहकारी संगठन के माध्यम से सस्ते ऋण का वैकल्पिक स्रोत्र ढूँढ़ता है। ऐसा संगठन जो ढुलाई और अन्य वन ठेकों को प्राप्त करें, उत्पादों को बाजार में बेचे, सस्ते कपड़ों, नमक और मसालों और अन्य चीजों की आपूर्ति करे और शादी और अन्य घरेलू उत्सवों के लिए पैसों का प्रबन्ध करने में मदद करें। खासतौर पर यह जानना आवश्यक है कि ऐसे सामाजिक व्यय जनजातीय संस्कृति में एक आवश्यक और जीवन्त तत्त्व हैं (पैराग्राफ 306 और 316)।

66. सरकार, एक सहकारी समिति या एक बीज-यूनियन द्वारा आदिवासियों को बीज के लिए दिए गए कर्ज का हिसाब रखते समय और दोबारा भुगतान करते समय दयालुता रखनी चाहिए (पैराग्राफ 307 और 315)।

67. बम्बई प्रान्त में आंशिक अपवर्जित क्षेत्रों के आदिवासी और पहाड़ी जनजातीय लोगों पर दी गई सिमिंग्टन रिपोर्ट के पैराग्राफ 29-37 में सुझाई गई दिशा पर आधारित व्यापक पैमाने पर क्रय-विक्रय समितियों और खाद्यान्न डिपो की स्थापना की जानी चाहिए (पैराग्राफ 308, 315 और 316)।

68. यदि पिछड़े क्षेत्रों में सहकारी आन्दोलन को आगे बढ़ाना है तो प्रचार के तरीकों,

आदिवासी भाषाओं और हिन्दी की स्थानीय बोलियों की जानकारी होने पर विशेष ध्यान दिया जाना चाहिए (पैराग्राफ 311)।

69. मद्रास सरकार द्वारा पूर्वी गोदावरी और कुरनूल जिले के आदिवासियों के लिए किराने की दुकान के साथ विक्रय डिपो खोलने की जिस तरह कोशिश की गई उसी तरह दक्षिणी चन्दा, मेलाघाट और बैहर तहसील में इस तरह के प्रयोग किए जाने की कोशिश करनी चाहिए (पैराग्राफ 314)।

सार्वजनिक स्वास्थ्य और चिकित्सा राहत

71. कृषि और सार्वजनिक स्वास्थ्य के कार्यों की प्रभावी योजना बनाने के लिए आदिवासी क्षेत्रों का एक पौष्टिकता सर्वेक्षण करवाया जाना जरूरी है (पैराग्राफ 319)।

72. प्रान्त में और खासतौर पर पिछड़े क्षेत्रों में सरकारी फण्ड का पहला प्रभार एक शक्तिशाली मलेरिया-रोधी सेवा स्थापित करना होना चाहिए (पैराग्राफ 319)।

73. संयुक्त रूप से चल व अचल औषधालयों के लिए नीति बनाने की आवश्यकता है (पैराग्राफ 320)।

74. आदिवासी क्षेत्रों के नियमित और व्यवस्थित दौरा करने के लिए चिकित्सा अधिकारियों के ''दलों'' को संगठित किया जाना चाहिए (पैराग्राफ 321)।

75. मोतियाबिंद के इलाज के लिए नीम-हकीमी वाली गतिविधियों पर जुर्माना लगाने के लिए कानून बनाए जाने की जरूरत है (पैराग्राफ 322)।

76. जब तक गिछड़े क्षेत्रों में आवश्यक चीजें उपलब्ध हो जाएँ तब तक शहरों को चिकित्सा राहत के लिए और ज्यादा अनुदान नहीं दिए जाने चाहिए और नगर नियमों को शहरी औषधालयों के प्रभारी चिकित्सा अधिकारियों की कम से कम तनख्वाह तक के भाग का अंश वहन करना चाहिए (पैराग्राफ 323)।

77. मलेरिया के खिलाफ कार्रवाई की सबसे व्यावहारिक चीज गाँव वालों को खुद अपने आप मच्छरों के लाखा (बच्चों को) को खत्म करने के प्रयास करने के लिए शिक्षित करना है और कीड़ों के साथ वयस्क मच्छरों को घरों और पशु बाड़ों में पाइरिथरन और लेन्टाना तेल के साथ समाप्त कर देना (पैराग्राफ 329-331)।

78. सरकार को रतिजरोगों (पैराग्राफ 332), चर्म रोगों (पैराग्राफ 333), संक्रामक चर्म रोगों (पैराग्राफ 334) और कुष्ठ रोग (पैराग्राफ 335) के खिलाफ सख्त कदम उठाने के लिए प्रेरित करना चाहिए।

79. इन उद्देश्यों के लिए आदिवासी क्षेत्रों में नियुक्त स्वास्थ्य-कर्मियों की संख्या में भारी वृद्धि करना आवश्यक है, मंडल और बालाघाट जैसे जिलों में दोबारा सिविल सर्जन की नियुक्ति और उनकी सेवाओं को इस प्रकार से नियमित करना कि वे दौरों के लिए पर्याप्त समय निकालने के प्रति आश्वस्त हो जाएँ (पैराग्राफ 336)।

आबकारी

80. आदिवासी क्षेत्रों के लिए कोई प्रतिबन्ध या शराबबन्दी नीति केवल लगने समय तक और ध्यानपूर्वक किए गए प्रचार के साथ-साथ सुविचारित राष्ट्र-निर्माण

कार्यक्रमों के बाद ही शुरू किया जा सकता है। कुछ वास्तविक प्रयास आदिवासी मुखियाओं और बुजुर्गों के लगातार समर्थन और सहानुभूति को बनाए रखने के लिए किए जा रहे हैं (पैराग्राफ 356, 359 और 376)।

81. शराब के बारे में वर्तमान नीति होनी चाहिए कि--
   (i) यह देखना कि अपने वर्तमान सामाजिक विकास में आदिवासियों को सामाजिक और धार्मिक मौकों पर यह अवश्य पीनी पड़ती है और किसी खराब परिस्थिति में भी उसे यह उस कीमत पर मिल सके जिस पर वह तस्करी या गैरकानूनी शराब बनाने के बारे में न सोच पाए,
   (ii) उसे आदतन शराबी या शराब पीने की लत के दोबारा पड़ने के लिए खुला नहीं करना चाहिए जबकि वो एक बीते कल की बात हो चुकी हो,
   (iii) उसे आत्मसंयम सिखाया जाए (पैराग्राफ 361)।
82. आबकारी में परिवर्तन करने से पहले ही आदिवासियों और सभी प्रमुख आदिवासी क्षेत्रों में गठित की गई विशेष आदिवासी आबकारी सलाहकार समितियों की बैठक में विचार-विमर्श किया जाना चाहिए (पैराग्राफ 361)।
83. आदिवासी क्षेत्रों में अफीम और भाँग पर आने वाले चार या पाँच सालों में पूर्णतया प्रतिबन्ध लगाने की नीति होनी चाहिए (पैराग्राफ 362)।
84. चन्दा जिले के कुछ माड़िया गाँवों में प्रचलित ताड़ वृक्षों की ताड़ी निकालने के लिए निःशुल्क लाइसेंस देने की व्यवस्था का विस्तार चन्दा दुर्ग के आंशिक अपवर्जित क्षेत्रों के अन्य माड़िया गाँवों में भी होनी चाहिए, और अन्य जातियों के लिए भी होना चाहिए और इस मुक्त निकासी को सख्ती के साथ नियन्त्रित करने से कुछ भी हासिल होने वाला नहीं है (पैराग्राफ 363)।
85. जहाँ कहीं भी मुक्त निकासी के लाइसेंस की व्यवस्था प्रभावी हो या की जाने वाली हो, वहाँ पर किसी भी तरह का गाँवों में पेड़ पर कर, चाहे नाममात्र का ही हो, नहीं लगाया जाना चाहिए (पैराग्राफ 364)।
86. कच्ची और पक्की शराब के बारे में लगातार उतार-चढ़ाव वाली नीति पर रोक लगनी चाहिए। मेलाघाट को छोड़कर आदिवासीबाहुल्य वाले क्षेत्रों में कच्ची शराब उपलब्ध कराई जानी चाहिए और सरकार को छिन्दवाड़ा जिले में जागीरों के बाहर और शायद जबलपुर जिले के कुन्दम क्षेत्र को छोड़कर जहाँ कहीं भी कच्ची शराब की व्यवस्था 1935 व 1936 में प्रभावी थी, कच्ची शराब (जरूरी नहीं कि भट्ठे पर वापस लौट आना चाहिए) (पैराग्राफ 365)।
87. बैहर, मांडला और भैंसदेही तहसील और छिन्दवाड़ा जागीरों में केन्द्रीय प्रायोगिक विभागीय बर्तन वाली शराब, स्वच्छ परिस्थितियाँ और आवधिक चिकित्सकीय जाँचों के अन्तर्गत व आदिवासियों की आसवन से पूर्व महुआ के फूलों पर पानी डालने को रखने के लिए अनिवार्य रूप से नियुक्त करके, बनाने की कोशिश करनी चाहिए (पैराग्राफ 366-368)।
88. जहाँ कहीं भी कच्ची शराब बनाने की व्यवस्था चल रही हो वहाँ लाइसेंस में इस बात पर जोर देना चाहिए कि पहले की अनुशंसाओं के अनुसार आदिवासियों को नौकरी दी जाए और साफ व स्वच्छ आसवन की स्थितियाँ रखी जाएँ और बिना

सावधानी के ताँबे का प्रयोग करने पर प्रतिबन्ध लगा दिया जाए। इसके अतिरिक्त अन्य नियन्त्रण आसवन के घंटों को सीमित करके और गाली-गलौज रोकने के लिए जनजातीय मुखियाओं और बुजुर्गों का समर्थन प्राप्त करके और चुने हुए आदिवासियों को आबकारी अधिनियम की धारा 7 (घ) के अन्तर्गत आबकारी अधिकारी घोषित करके लागू किए जाने चाहिए (पैराग्राफ 368 और 376)।

89. दुकानों की संख्या, विक्रय, मूल्य, अधिकरण सीमा, आज्ञा के नियमों और डिस्क-व्यवस्था के प्रस्ताव किए गए हैं (पैराग्राफ 369)।

90. उड़ीसा के कुछ पहाड़ी क्षेत्रों में लागू व्यवस्था के आधार पर डिंडोरी तहसील, छिन्दवाड़ा जागीरों और चन्दा की जमींदारियों में सार्वजनिक त्यौहारों, शादी, दाह-संस्कार, और सिड़ोली भोज के लिए शराब बनाने के निःशुल्क परमिट देने की व्यवस्था को लागू करने का प्रयास करना चाहिए (पैराग्राफ 370-371)।

91. महुआ फूलों के अधिकार पर कोई पाबन्दी या महुआ फूलों की खरीद पर कर नहीं लगाया जाना चाहिए (पैराग्राफ 372)।

92. ज्यादा से ज्यादा आदिवासी आबकारी चपरासी रखे जाने चाहिए और घरों की तलाशी लेने में उनके घरों में गैर-आदिवासियों के प्रवेश पर आदिवासियों के पूर्वाग्रह का खयाल कर घर की तलाशी के लिए आदिवासियों को नियुक्त करके रखा जाना चाहिए (पैराग्राफ 373)।

93. मंडाई और मेघनाटा त्यौहारों व स्थानीय जात्ता को छोड़कर आदिवासी क्षेत्रों में त्यौहार के दिनों में शराब की दुकानें बंद नहीं की जानी चाहिए। हालाँकि इन्हें बाजार-दिवसों और एक दिन पहले की शाम या अगले दिन की सुबह को बंद किया जा सकता है (पैराग्राफ 374)।

94. गैरकानूनी शराब बनाने के मामलों को जहाँ तक हो सके गाँवों में ही निपटा दिया जाना चाहिए जहाँ अपराध पाया गया हो (पैराग्राफ 375)।

95. आत्मसंयम का प्रचार करने के लिए सबसे अच्छी जगह विद्यालय व औषधालय हैं; प्रचारकों के लिए हमें दौरा करनेवाले अधिकारियों और सामाजिक व धार्मिक मिशनरियों पर निर्भर होना चाहिए लेकिन वर्तमान समय में आदिवासियों को नियुक्त नहीं करना चाहिए जो स्थानीय तानाशाह बन सकते हैं (पैराग्राफ 376)।

96. आदिवासी क्षेत्रों से प्राप्त शुद्ध आबकारी राजस्व में से कम-से-कम आधा इन क्षेत्रों में शैक्षिक, आत्मसंयम और राष्ट्र-निर्माण कार्यों और प्रचार के लिए अलग रखा जाना चाहिए (पैराग्राफ 376)।

वन

97. छोटे वन उत्पादों के लिए विभागीय प्रबन्धन की अनुशंसा की गई है (पैराग्राफ 313)।

98. मंडलीय वन अधिकारियों को दौरे पर उनके सहायकों द्वारा कुछ वनसम्बन्धित अपराधों के अन्तर्निहित आरोपों की जाँच करनी चाहिए और जहाँ जरूरी लगे स्थायी मिश्रण शुल्क को बदल देना चाहिए (पैराग्राफ 380)।

99. परिवर्तनीय उपजों की विभिन्न किस्मों के बारे में कुछ और अनुशंसाएँ की गई हैं (पैराग्राफ 382-84)।

100. वन-रक्षकों और पुलिस के सिपाहियों को शिकार, वन व मत्स्य पालन अधिनियम के अन्तर्गत उनके कर्तव्यों व शक्तियों के बारे में ध्यानपूर्वक निर्देश दिए जाने की जरूरत है (पैराग्राफ 385)।

101. मत्स्य अधिनियम की धारा 5 और वन अधिनियम की धारा 26 (1) (क) के अन्तर्गत कुछ नियमों को आदिवासी क्षेत्रों में लागू करने से रोका जाना चाहिए (पैराग्राफ 385)।

102. जंगलों के गाँववालों को शिकार या वन अधिनियम के अन्तर्गत प्रत्येक वर्ष एक निश्चित संख्या में बिना किसी शुल्क के हिरन मारने की इजाजत देनी चाहिए (पैराग्राफ 386, पाद-टिप्पणी)।

103. धातु की सड़कों से रेलवे तक जंगल के उत्पादों को मोटर परिवहन द्वारा पहुँचाना सरकार के लिए किफायती है और आदिवासियों के हित में है; इसे समाप्त करने की नीति को बदला जाना चाहिए (पैराग्राफ 387 (क) और 388) ।

104. चराई की वर्तमान कीमतें सही हैं और इन्हें घटाया नहीं जाना चाहिए (पैराग्राफ 387 (ख) और 389)।

105. मंडलीय वन अधिकारी को मजदूरी तय करने की स्वतन्त्रता दी जानी चाहिए और वर्तमान मजदूरी को बढ़ाना चाहिए (पैराग्राफ 387 (ग) व 390)।

106. वन एवं अन्य राष्ट्र-निर्माण विभागों में करीबी सम्पर्क होना चाहिए, अर्द्ध-वनीय आवासीय स्थानों पर वन-विभाग राष्ट्र-निर्माण के कार्यों को समन्वित करने के लिए सबसे उपयुक्त है (पैराग्राफ 387 (घ) व 399)।

107. जहाँ कहीं भी सम्भव हो, ठेकों की जगह विभागीय कामों को तरजीह दी जानी चाहिए और वन के ठेकों में एक अनुच्छेद वन मजदूरों की न्यूनतम मजदूरी बतानेवाला भी होना चाहिए (पैराग्राफ 387 (ङ), 390 391 व 392)।

108. कुछ निश्चित तरीकों से पशुओं के प्रति क्रूरता रोकने के अधिनियम में संशोधन करना चाहिए और इसे वन क्षेत्रों में पशु-गाड़ियों में अत्यधिक लदान से रोकने और आदिवासियों के पशुओं के निरन्तर कम होते जाने से रोकने के लिए विस्तारित किया जाना चाहिए (पैराग्राफ 387 (च), 388 व 393)।

109. जंगल के मुकद्दम और कोढवार का पारिश्रमिक बढ़ाया जाना चाहिए (पैराग्राफ 387 (छ)।

110. और ज्यादा वन-विद्यालय खोले जाने चाहिए और किसी को भी जिला परिषद को स्थानान्तरित नहीं किया जाना चाहिए (पैराग्राफ 387 (ज) व 397)।

111. गाँववालों की उपज (पैराग्राफ 390) का खास ध्यान रखते हुए आमतौर पर जंगल के गाँवों की अच्छी देखभाल की जाती है, लेकिन ज्यादा जोर आवास एवं स्वच्छता पर दिए जाने की जरूरत है (पैराग्राफ 395)।

112. आदिवासी पशुगाड़ी सहकारी समितियाँ प्रारम्भ की जानी चाहिए और आदिवासी क्षेत्रों में इसे उद्देश्यों में शामिल करते हुए पशुगाड़ियों के निर्माण और मरम्मत के लिए निःशुल्क अनुदान के रूप में लकड़ी दी जा सकती है (पैराग्राफ 393)।

113. जंगल की सड़कों की पर्याप्त देखभाल और स्थायी पारपथों का निर्माण करना आवश्यक है (पैराग्राफ 394)।

114. वन तकावी का बड़ी संख्या में आवंटन किया जाना चाहिए और शादी एवं दाह-संस्कार को उन कारणों में शामिल किया जाना चाहिए जिस पर ऋण दिया जा सकता है (पैराग्राफ 395)।

115. जंगल के गाँवों में पानी की आपूर्ति के लिए ज्यादा पैसों की जरूरत है (पैराग्राफ 396)।

116. प्रत्येक बड़े वनमंडल में वन के बजट से भुगतान द्वारा चलनेवाला कम-से-कम एक चल व अचल औषधालय अवश्य होना चाहिए (पैराग्राफ 398)।

117. इसी तरह वनमंडलों में बड़े स्तर के विभागीय कार्यों के साथ यात्रा पर रहनेवाले पशु औषधालयों की भी जरूरत है (पैराग्राफ 399)।

118. वनों के युद्ध ठेकों द्वारा सरकार को प्राप्त होनेवाले बड़े मुनाफे में से कुछ भाग को जंगल के कल्याणकारी कामों में पुनर्निवेशित करने का एक प्रसन्नतादायक नैतिक कारण भी है (पैराग्राफ 399)।

119. वन विभाग के अधीनस्थों के लिए उनके स्वास्थ्य, सन्तुष्टि एवं हौसले और जंगल के गाँवों से मजदूरों की माँग कम करने के लिए उचित आवास व्यवस्था के लिए भविष्य में एक नीति की आवश्यकता है (पैराग्राफ 400)।

निजी वन

120. आदिवासी जमींदारियों को हस्तांतरित किए जाने का कोई भी प्रस्ताव आदिवासी हितों के खिलाफ है और इसका विरोध किया जाना चाहिए (पैराग्राफ 405-06 व 408)।

121. सरकार को जमींदारी जंगलों के प्रबन्धन को ले लेने के लिए अधिकृत करनेवाले श्री कामथ के प्रस्तावित चराई एवं विस्तार कानून एवं विधेयक का जमींदारों एवं रैयतों दोनों के हितों में स्वागत किया गया है, जिन्हें निजी वनों के विभागीय कार्यों के कारण प्रचुर रूप से लाभान्वित होना चाहिए (पैराग्राफ 407)।

122. ऐसे कानून जमींदारी जंगलों की अपेक्षा मालगुजारी जंगलों के लिए कहीं ज्यादा आवश्यक हैं (पैराग्राफ 408)।

संचार

123. पिछड़े क्षेत्रों को सड़कों द्वारा जोड़ने की एक सामान्य नीति अपनाए जाने की अनुशंसाएँ कर दी गई हैं (पैराग्राफ 457-459)।

124. अगले बीस वर्षों में किए जानेवाले कार्यों के एक विशिष्ट कार्यक्रम का सुझाव दिया गया है (पैराग्राफ 458)।

कानून एवं व्यवस्था

125. चन्दा जमींदारियों में मुर्गों की लड़ाई पर रोक लगाने की कोशिशें बिना आवश्यकता के अतिकारी हैं और इस विचार का परित्याग किया जाना चाहिए (पैराग्राफ 280)।

126. उन सभी मामलों में जिनमें आदिवासी कोई पक्ष है या गवाह है तुरन्त सुनवाई करना आवश्यक है और जितनी बार सम्भव हो सके यह गाँव में ही होनी चाहिए जहाँ अपराध किया गया था (पैराग्राफ 375)।

127. प्रत्येक अधीनस्थ दंडाधिकारी द्वारा जिला दंडाधिकारी को आदिवासियों वाले मामलों को प्रत्येक महीने वापस कर देने से एकरूपता, जुर्मानों के पैमाने और मामलों की अवधि के बारे में एक बहुमूल्य मार्गदर्शन प्राप्त होता है (पैराग्राफ 375)।

128. बेगार, रसद और थोड़ी क्रूरता के मामलों में सबसे बुरा दोषी गाँव का मालगुजार और अधीनस्थ जमींदारी अधिकारी होता है और इसके समाधान के रूप में सुझाव ज्यादा प्रभावी दौरे और काश्तकारी अधिनियम की धारा 74 और 88-क का प्रयोग सुझाए गए थे, काश्तकारी अधिनियम की धारा 74 और 88-क को बेगार लेने पर दंड देने के लिए, चाहे उसका भुगतान हुआ हो या न हुआ हो, और बेगार लेना और अन्य गैरकानूनी वसूली करने को संज्ञेय अपराध माने जाने के लिए संशोधित किया गया था (पैराग्राफ 400 व 467)।

129. दौरे के प्रबन्धन के लिए जिम्मेदार स्थानीय अधिकारियों के पास पेशगी देकर तुरन्त भुगतान द्वारा दौरे पर जानेवाले अधिकारियों के लिए की गई आपूर्ति की शिकायतें कम की जानी चाहिए। साथ ही दौरे पर जानेवाले अधिकारियों द्वारा अग्रिम देकर, तुरन्त व्यक्तिगत भुगतान के लिए छोटे नोट अथवा रेजगारी की पर्याप्त व्यवस्था द्वारा, दौरे पर रहनेवाली एक बनिये की दुकान द्वारा, और एक साफ-सुथरा निरखनामा बनाने के लिए काफी सावधानी के द्वारा भी शिकायतें कम की जा सकती हैं (पैराग्राफ 402)।

130. सभी गाँवों के लिए मजदूरों और अन्य आपूर्ति की सारी माँगों को गाँव के मुखिया की किताब में दर्ज करने की श्री बेस्ट की योजना को निर्धारित किया जाना चाहिए और गाँवों में खाद्यान्न, पशु, मुर्गियों की सारी खरीद के लिए जिला विभागीय अधिकारी की अनुमति की आवश्यकता होनी चाहिए (पैराग्राफ 403)।

131. बेगार, रसद, मामूल और निकासी की शिकायतों के लिए अन्तिम समाधान जनजातीय लोगों के बीच विद्यालय और राजनीतिक शिक्षा के मिश्रण द्वारा बुद्धिमान और शिक्षित आत्सम्मान बढ़ाना है (पैराग्राफ 404)।

132. पिछड़े क्षेत्रों में राजस्व अधिकारी को सिविल न्यायिक शक्तियाँ खुले तौर पर दी जानी चाहिए, सिविल मामलों पर कैम्प में ही सुनवाई होनी चाहिए, ऋण-राहत न्यायालयों को दौरे पर जाना चाहिए और तहसीलदारों को बम्बई ममलतदारों की शक्तियाँ प्राप्त होनी चाहिए (पैराग्राफ 428)।

133. न्यायाधीशों व वकीलों के मार्गदर्शन के लिए मानवविज्ञानी आधार पर प्रशिक्षित जाँचकर्त्ताओं द्वारा कई सालों में होनेवाली जनजातीय प्रथागत कानूनों की एक विस्तारित जाँच किए जाने की जरूरत है (पैराग्राफ 430)।

134. जहाँ कहीं जनजातीय कानूनों और प्रथाओं का मुद्दा हो, तो जनजातीय "कानूनों" की सामान्य न्यायिक उपेक्षा के कारण पैदा होनेवाली परेशानियों से निवारण का उपाय है कि सिविल मामलों में मध्यस्थ पंचायतों के पास और ज्यादा संसाधन होने

चाहिए और साथ ही जनजातीय शादी और मानहानि के मामलों में मद्रास एजेंसी क्षेत्र में सिविल प्रक्रिया को नियमित करने के लिए मद्रास एजेंसी नियमों के नियम 45 की तर्ज पर संसाधन होने चाहिए (पैराग्राफ 430)।

135. आदिवासियों या आदिवासी क्षेत्रों के लिए विशेष शपथ का प्रस्ताव करने के लिए न्यायालय को उसके स्वतःसंज्ञान के अनुसार अधिकृत करने के लिए शपथ अधिनियम में संशोधन करना चाहिए (पैराग्राफ 431)।

136. भारतीय दंडसंहिता के व्यभिचार से सम्बन्धित धाराओं को अधिकांश आदिवासियों पर लागू नहीं करना चाहिए और ऐसे मामले में फैसले सुनाने का काम जनजातीय न्यायालयों पर छोड़ दिया जाना चाहिए (पैराग्राफ 433)।

137. सभी पिछड़े क्षेत्रों में तौल एवं माप के अपराधों को संज्ञेय अपराध बनाया जाना चाहिए (पैराग्राफ 467)।

राजनीतिक शिक्षा

138. मध्य प्रान्त एवं बरार अधिनियम, 1939 द्वारा प्रभावी स्थानीय निकायों और जिला परिषदों के आदिवासी सदस्यों के नामांकन को समाप्त करना एक अपरिपक्व व शोचनीय परिवर्तन था (पैराग्राफ 415)।

139. वर्तमान जिला परिषदों एवं स्थानीय निकायों द्वारा आदिवासी क्षेत्रों को पूर्णतया नजरन्दाज किया गया (पैराग्राफ 416-23) और इन्हें कार्यालयी पदाधिकारियों और ज्यादातर नामित सदस्यों के साथ स्वायत्त स्थानीय निकायों द्वारा स्थानापन्न किया जाना चाहिए (पैराग्राफ 423-27)। इस तरह के निकाय आंशिक अपवर्जित क्षेत्रों (मांडला जिले के अलावा) और रायपुर एवं दुर्ग जमींदारी के लिए बनाए जाने चाहिए।

140. वर्तमान सिरोन्चा स्वायत्त स्थानीय निकाय समाप्त किया जाना चाहिए, सिरोन्चा के खालसा वाले भाग को चन्दा जिला परिषद में स्थान दिया जाना चाहिए और सभी चन्दा जमींदारियों के लिए एक स्वायत्त स्थानीय निकाय बनाया जाना चाहिए (पैराग्राफ 426)।

141. मांडला जिला परिषद को परिषद और इसकी तीन स्थानीय निकायों के लिए कार्यालयी अध्यक्ष नियुक्त करके और इन सभी निकायों में नामित व्यक्तियों की संख्या बढ़ाकर शक्तिशाली बनाया जाना चाहिए (पैराग्राफ 426)।

142. जन आदिवासी जिला परिषदों या स्थानीय स्वायत्त निकायों में नामित व्यक्ति को रखा जाए तो मांडला जिले को छोड़कर इसे केवल गैर-आदिवासियों का ही प्रतिनिधित्व करना चाहिए (पैराग्राफ 427)।

143. आदिवासी क्षेत्रों में ग्राम पंचायत अधिनियम द्वारा कर-दाताओं को अपना पंचायत कर चुकाने के लिए इसके बदले गाँव के कामों में श्रम देने की अनुमति दी जानी चाहिए (पैराग्राफ 428)।

144. आदिवासी गाँवों के लिए बनाए गए ग्राम-न्यायालयों और न्यायपीठों के लिए निर्धारित वर्तमान रिकार्डों को अति-विस्तारित और अत्यन्त सरल किया जाना चाहिए (पैराग्राफ 428)।

145. सम्पूर्ण तौर पर वर्तमान जनजातीय पंचायतों को नियमित करने की कोशिशें नहीं करनी चाहिए बल्कि वे जैसे अभी काम कर रही हैं वैसे ही काम करते रहने देना चाहिए, जबकि सरकारी नीति को पटवारी सर्किलों और गाँवों के समूहों के लिए बिना मतपत्रों द्वारा औपचारिक निर्वाचन की सामूहिक बैठकों में, बंगाल इकाई निकाय नियमावली खंड के पृष्ठ 59-65 में निर्धारित व्यवस्था की समान व्यवस्था पर आधारित, न्याय और प्रशासन के लिए सामूहिक पंचायतों के गठन को लक्ष्य बनाया जाना चाहिए, यह आवश्यक नहीं है कि सारे प्रान्त में एक समान व्यवस्था ही हो (पैराग्राफ 434)।

146. पिछड़े क्षेत्रों में स्थानीय सरकारी संस्थाओं के लिए सबसे अच्छा सामान्य ढाँचा बंगाल इकाई निकाय व्यवस्था में दिखाई पड़ता है (पैराग्राफ 435-38)।

147. पिछड़े क्षेत्रों के लिए अप्रत्यक्ष चुनाव की व्यवस्था उपयुक्त है (पैराग्राफ 436)।

148. पिछड़े क्षेत्रों के विद्यालयों को विद्यालयी पंचायतों और निर्वाचन द्वारा व्यावहारिक नागरिक प्रशिक्षण दिया जाना चाहिए (पैराग्राफ 439 व 447 (झ))।

149. राजनीतिक शिक्षा की प्रधान संस्था जिला अधिकारियों द्वारा सक्रिय एवं सही स्थानों पर दौरे करना है (पैराग्राफ 453)।

शिक्षा

150. इस जाँच और शिक्षा विभाग द्वारा एकत्रित की गई सामग्री के आधार पर आदिवासी शिक्षा पर सलाह देने के लिए प्रान्तीय सरकार को एक समिति गठित करनी चाहिए (पैराग्राफ 44)

151. आदिवासी क्षेत्रों में अध्यापकों और छात्रों के वर्तमान सम्बन्धहीनता के दौर का उपाय आदिवासी भाषा जाननेवाले युवकों को, आदिवासियों के लिए खोले गए विशेष प्रशिक्षण विद्यालयों में विशेष प्रशिक्षण देने के बाद नियुक्त करके खोजा जाना चाहिए और इसके लिए श्रेष्ठ जगह भैंसदेही तहसील का मिश्रित गोंड व कोर्कू क्षेत्र हो सकता है (पैराग्राफ 446 व 448)।

152. इलीचपुर-बरहामपुर सड़क पर घटाँग में और इलीचपुर-बैतूल सड़क पर छिछोला-धाना में आदिवासियों के समूह का प्रशिक्षण कराने के लिए जितनी जल्दी सम्भव हो ऐसे आदिवासी माध्यमिक विद्यालय खोले जाने चाहिए (पैराग्राफ 443)।

153. इन तीन विद्यालयों के लिए ईंटों और मोर्टार की बनी इमारतों की जरूरत नहीं है बल्कि बेहतर आवास और स्वच्छता का पाठ सिखाने के लिए बेहतर गाँव के घरों की तरह ही बन्दोबस्त किया जाना चाहिए जबकि मलेरिया-रोधी प्रयासों को सिखाने और अभ्यास कराने के लिए विशेष ध्यान दिया जाना चाहिए (पैराग्राफ 443)।

154. आदिवासी शिक्षा का लक्ष्य ये होना चाहिए—

(i) जनजातीय संस्कृति, धर्म और संस्थाओं को संरक्षित और विकसित करना;

(ii) आदिवासियों को सभ्यता के उन तत्त्वों से अपनी रक्षा करने के लिए लैस करना जिनसे उन्हें नष्ट या अवनति किए जाने का खतरा हो और अपने आपको आधुनिक विश्व में अपना योगदान देने के लिए स्वीकार करना; और

(iii) अपनी आर्थिक स्थिति को सुधारना (पैराग्राफ 445)।

155. आदिवासी क्षेत्रों में विद्यालयों के पढ़ाए जानेवाले विषय, मनोरंजन और विद्यालयों का संगठन, आदिवासी-चरित्र के अनुरूप होना चाहिए और वर्तमान कम स्टाफ और आदिवासी चरित्र से च्युत करनेवाले विद्यालयों को छोड़ देना चाहिए (पैराग्राफ 446-48)।

156. हिन्दू, मुस्लिम और ईसाई छुट्टियों की जगह आदिवासी छुट्टियों पर विद्यालय का अवकाश होना चाहिए और रविवार की बजाय साप्ताहिक बाजार वाले दिन जबकि लम्बी छुट्टियाँ स्थानीय बुआई, जुताई और खाद्यान्न एकत्रित करने के कामों के हिसाब से नियमित की जानी चाहिए (पैराग्राफ 446 (1) व 451)।

157. विद्यालय के जीवन में जनजातीय गीतों, नृत्यों, तीरंदाजी और खेलों की एक मुख्य भूमिका होनी चाहिए (पैराग्राफ 446 (2) व (3), 447 (छ) व 450)।

158. परीक्षाएँ आदिवासी बच्चों पर एक अनावश्यक दबाव डालती हैं (पैराग्राफ 446 (4))।

159. दंड, खासतौर पर शारीरिक दंड, आदिवासी बच्चों पर बहुत बुरा असर डालता है (पैराग्राफ 446 (5))।

160. आदिवासी शिक्षा के लिए एक विशेष विभाग होना चाहिए जिसका नियन्त्रण स्थानीय व निजी निकायों के हाथ में लेना चाहिए और भविष्य की व्यवस्था मानवविज्ञानी सिद्धान्तों पर आधारित होनी चाहिए (पैराग्राफ 447 व 451)।

161. अनिवार्य उपस्थिति की कोई आवश्यकता नहीं है। कुछ अच्छे विद्यालय कई बुरे विद्यालयों से ज्यादा अच्छे हैं और कोई विद्यालय नहीं खोला जाना चाहिए जब तक कि यह प्रथम स्तरीय अध्यापकों और पर्याप्त संसाधनों के साथ चलाया न जा सके (पैराग्राफ 447 (क))।

162. एक आवासीय छात्रावास बीस दिन के विद्यालयों के बराबर होता है और इन छात्रावासों का प्रबन्धन निजी निकायों को सौंप देना फायदेमन्द है (पैराग्राफ 447 (ख))।

163. इमारतें सामान्य मिट्टी के घरों में, पहाड़ी की चोटी या नदी के किनारे गोंड शैली में बनी हुई हों (पैराग्राफ 447 (ग))।

164. आदिवासी विद्यालयों के लिए वर्धा आधारभूत शैक्षिक पाठ्यक्रम के रूपांतरित स्वरूप की आवश्यकता है, बढ़ईगिरी न कि कातना या बुनना, कुछ टोकरी बनाने, लकड़ी पर शिल्पकारी और बाड़ी या बगीची पैदावार को एक आधारभूत कला के रूप में सिखाने की जरूरत है (पैराग्राफ 447 (क) व 449)।

165. आदिवासी भाषाओं में जहाँ वे बोली जाती हैं, विशेष पाठों को तैयार करना चाहिए (पैराग्राफ 447 (ङ))।

166. सामान्य स्वच्छता और यौन शिक्षा दी जानी चाहिए (पैराग्राफ 447 (च))।

167. आदिवासी विद्यालयों में बड़े पशु और अन्य घरेलू पशु, मुर्गियाँ और पालतू जानवरों के साथ मधुमक्खियाँ भी रखी जानी चाहिए (पैराग्राफ 449)।

168. यह अभी भी आवश्यक महसूस हो रहा है कि मैदानों से अध्यापक बुलवाए जाएँ उनकी "काला पानी" में रहने की नापसन्दगी को खराब मानसून वाले महीनों में

विद्यालय बन्द करके और उन्हें वेतन के साथ छुट्टी देकर घर जाने की अनुमति देकर दूर किया जाना चाहिए (पैराग्राफ 451)।

प्रशासनिक व्यवस्थाएँ

169. अलमोद और पचमढ़ी जागीरों के होशंगाबाद गाँवों को छिन्दवाड़ा जिले में स्थानान्तरित कर दिया जाना चाहिए (पैराग्राफ 281, वाद-टिप्पणी)।

170. सबसे महत्त्वपूर्ण चीज उपायुक्त द्वारा सभी विभागों का नियन्त्रण करने के लिए जिला स्टाफ द्वारा पर्याप्त संख्या में, सही समय और सही क्षेत्र में, पक्की सड़कों से दूर हटकर दौरा करना है (पैराग्राफ 453)।

171. सभी पिछड़े क्षेत्रों में व्यक्तिगत प्रशासन की निरन्तरता होनी चाहिए और राजस्व अधिकारियों के अत्यधिक लगातार हस्तांतरणों पर रोक लगाई जानी चाहिए जो हाल के वर्षों की विशेषता रही है (पैराग्राफ 454)

172. पिछड़े क्षेत्रों में अधिकारियों के स्वास्थ्य और सहमति को बनाए रखने के लिए खराब मौसम भत्ते के और ज्यादा उदार प्रावधान होने चाहिए, सामाजिक सुविधाओं और मलेरिया-रोधी कार्यों के लिए अनुदान और पिछड़े क्षेत्रों में दंड के रूप में तैनाती को समाप्त किया जाना चाहिए (पैराग्राफ 454)।

173. वर्ष के दौरान आदिवासियों की बड़ी बैठकें विभिन्न केन्द्रों पर होनी चाहिए (पैराग्राफ 455)।

174. अधिकारियों को गोंडी और कई भाषाओं में कुशलता प्राप्त करने पर इनामों द्वारा प्रोत्साहित किया जाना चाहिए (पैराग्राफ 456)।

175. सरकारी सेवाओं की सभी शाखाओं में आदिवासियों की भर्ती करने के लिए विशेष ध्यान दिया जाना चाहिए (पैराग्राफ 460)।

176. बड़ोदा तहसील को चन्दा जिले से वर्धा जिले में स्थानान्तरित कर दिया जाना चाहिए और दुर्ग के आंशिक अपवर्जित क्षेत्रों को एक नए मुख्यगाँव तहसील के साथ चन्दा जिले में स्थानान्तरित कर देना चाहिए, गढ़चिरौली के खालसा क्षेत्रों को भी जो ब्रह्मापुरी के अन्तर्गत या गढ़चिरौली में एक स्वायत्त नायब-तहसीलदार के अन्तर्गत आते हैं (पैराग्राफ 463)।

177. बैहर तहसील को मांडला जिले में और बालाघाट जिले के शेष हिस्से को बालाघाट में एक स्थानीय उपमंडलीय अधिकारी के साथ नवगठित सिवनी जिले में स्थानान्तरित कर दिया जाना चाहिए (पैराग्राफ 464)।

178. बिलासपुर जिले के सारे आंशिक अपवर्जित क्षेत्रों को काठघोड़ा तहसील में शामिल किया जाना चाहिए (पैराग्राफ 465)।

179. आदिवासी जमींदारों के सम्बन्ध में फिलहाल की नीति को बदला और उसके कर्त्तव्यों को उसे सौंप दिया जाना चाहिए और उसके विशेषाधिकारों की कानूनों द्वारा पुष्टि की जानी चाहिए जो सरकार द्वारा रोके जाने की शक्ति को बढ़ाने वाला होना चाहिए (पैराग्राफ 466)।

180. गवर्नर के लिखित अनुदेशों के परिच्छेद और सारी आदिवासी समस्याओं की गम्भीरता को ध्यान में रखते हुए एक वरिष्ठ आई.सी.एस. अधिकारी को उसके

अन्तर्गत एक विशेष विभाग के साथ आदिवासियों का प्रोटेक्टर (रक्षक) बनाया जाना चाहिए। इस पद को वर्तमान आबकारी आयुक्त के पद के साथ अच्छी तरह से मिलाया जा सकता है (पैराग्राफ 474)।

182. प्रान्तीय राजस्व के कम-से-कम रु. 3 लाख के वार्षिक अनुदान के साथ एक आदिवासी कल्याण ट्रस्ट फंड बनाया जाना चाहिए जो दान, चंदे और रिक्त वसीयतों द्वारा पूरा किया जाए और प्रान्तीय निकाय द्वारा प्रशासित किया जाए (पैराग्राफ 475)।

183. प्रत्येक जिले के आंशिक अपवर्जित क्षेत्रों के साथ और बड़ी आदिवासी जनसंख्या वाले अन्य जिलों में आदिवासी विकास समितियाँ होनी चाहिए (पैराग्राफ 475)।

184. आदिवासियों के प्रोटेक्टर (रक्षक) द्वारा संकलित की जानेवाली वार्षिक प्रगति रिपोर्ट जिसकी प्रान्तीय निकाय द्वारा समीक्षा की जाती है, का आधार तैयार करनेवाली वार्षिक रिपोर्टों को इन समितियों द्वारा बनाया जाना चाहिए (पैराग्राफ 475)।

185. प्रान्तीय सरकारों द्वारा आदिवासी क्षेत्रों को अधिसूचित करने और यह सुनिश्चित कर शक्ति प्राप्त करने के लिए कि प्रान्तीय कानूनों का कोई अधिनियम बिना विशेष अधिसूचना या विषय के यदि आवश्यक हो तो विशेष अपवादों और परिवर्तनों के लिए, ऐसे क्षेत्रों पर लागू नहीं होगा। मध्य प्रान्त सामान्य अनुच्छेद अधिनियम को संशोधित किया जाना चाहिए। इसी तरह का प्रावधान केन्द्रीय कानूनों के लिए भारतीय सामान्य अनुच्छेद अधिनियम में भी बेहद आवश्यक है (पैराग्राफ 479)।

186. गवर्नमेंट आफ इंडिया अधिनियम, 1935 की धारा 92 (1) (ग) के अन्तर्गत चन्दा (पैराग्राफ 481), छिन्दवाड़ा (पैराग्राफ 482) और बिलासपुर (पैराग्राफ 483) के आंशिक अपवर्जित क्षेत्रों की सीमाओं को ठीक करने के लिए परिषद में संशोधित आदेश की आवश्यकता है।

ग्रन्थवृत्त

क. सामान्य*

गवर्नमेंट ऑफ इंडिया अधिनियम, 1935 की धारा 91 के अन्तर्गत भारत सरकार एवं प्रान्तीय सरकारों द्वारा की गई अनुशंसाएँ जनवरी, 1936 में हिज मेजेस्टी के आदेश पर भारत राज्य के सचिव द्वारा संसद में प्रस्तुत की गई (भारतीय पुनर्मुद्रण, दिल्ली, 1936)।

माडर्न इंडिया एंड द वेस्ट, एल.एस.एस.ओ' मैली, सी.आई.इ. द्वारा सम्पादित (आक्सफोर्ड, अन्तर्राष्ट्रीय मामलों के शादी संस्थान के लिए, 1941); देखिए जे.एच. हट्टन, सी.आई.इ., डी.एस.सी. द्वारा लिखे आदिम जनजातियों पर लेख (पृष्ठ 417-444) और एल.एस.एस. ओ' मैली, सी.आई.इ. द्वारा जनरल सर्वे (पृष्ठ 725-739)।

द अफ्रीकन टूडे एंड टुमारो, डाइड्रीच वेस्टरमेन द्वारा (आक्सफोर्ड, अफ्रीकी भाषाओं और संस्कृति के अन्तरराष्ट्रीय संस्थान के लिए, 1939); अफ्रीका में जाति की समस्याओं पर एक उपयोगी सर्वेक्षण।

रिलीजन एंड फोल्क लोर ऑफ नादर्न इंडिया, विलियम क्रुक, सी.आई.इ. द्वारा (आक्सफोर्ड, 1926); अभी तक का भारत में आदिम धर्मों का श्रेष्ठ सर्वेक्षण।

रेड स्ट्रेन्जर्स, एल्सपेथ हक्सले द्वारा एक उपन्यास (छट्टो और विंडस, 1939) एक पूर्वी अफ्रीकी जनजाति पर आधुनिक सभ्यता के प्रभाव की जीवन्त तस्वीर प्रस्तुत करनेवाला।

सेन्सस ऑफ इंडिया, 1931, खंड, भाग-1, रिपोर्ट भाग-2, तालिकाएँ, और भाग 3, मानवजाति वर्णन, जे.एच. हट्टन, सी.आई.इ., डी.एस.सी. द्वारा।

द *रिस्टोरेशन आफ द पीजेन्ट्रीज*, उस भारत के विशेष सन्दर्भ के साथ, जी.टी.रेंच, एम.डी. द्वारा (लन्दन : द सी.डब्ल्यू. डेनियल कं., 1939), हालाँकि किताब आदिवासियों के साथ आदिवासियों जैसा सम्बन्ध नहीं रखती है परन्तु बहुत कुछ मूल्यवान और सुझाव की चीजें हैं।

कल्चरल एन्थ्रोपोलाजी इन द सर्विस ऑफ द इन्डीविजुअल एंड द नेशन, अध्यक्षीय भाषण, मानवविज्ञान प्रभाग, भारतीय विज्ञान कांग्रेस, 1941, तारक चन्द्र दास, एम.ए. द्वारा (अट्ठाईसवीं भारतीय विज्ञान कांग्रेस, बनारस की कार्यवाहियाँ, भारतीय विज्ञान कांग्रेस समिति, कलकत्ता द्वारा प्रकाशित, 1941) भारतीय आदिवासी समस्याओं से जुड़े एक मानवविज्ञान वैज्ञानिक द्वारा एक बहुमूल्य लघु व्याख्यान।

ख. केन्द्रीय प्रान्त एवं बरार

सेन्सन ऑफ इंडिया, 1931, खंड-12, केन्द्रीय प्रान्तीय एवं बरार, भाग-1, रिपोर्ट, और भाग-2,

* आधुनिक भारत का आर्थिक, प्रशासनिक और राजनीतिक साहित्य विशेष रूप से आदिवासियों और उनकी समस्याओं के बारे में मौन है।

तालिकाएँ, डब्ल्यू.एच. शूबर्ट, आई.सी.एस. द्वारा (1891, 1901 और 1911 की पिछली जन सांख्यिकीय रिपोर्टों को भी देखें)।

द ट्राइब्स एंड कास्ट्स ऑफ द सेन्ट्रल प्राविंसेस ऑफ इंडिया आर.वी. रसेल, आई.सी.एस. द्वारा राय बहादुर हीरा लाल की सहायता से (मैकमिलन, 1916): एक मूल्यवान संकलन, कई जनजातियों के अपूर्ण और प्रायः अप्रचलित हो चुकी सामग्री के अतिरिक्त संकलन करने के तरीकों के कारण पैदा होनेवाले विभेदों के साथ प्रयोग किया जानेवाला। इम्पीरियल गजेटियर ऑफ इंडिया, प्रान्तीय शृंखला, केन्द्रीय प्रान्त एवं बेरार पर खंड, कलकत्ता, 1908 (चौंतीस वर्ष, अप्रचलित।)

डिस्ट्रिक्ट गजेटियर, केन्द्रीय प्रान्त एवं बेरार। ज्यादातर का मिलना मुश्किल है और सभी लगभग 40 वर्षों से अप्रचलित, लेकिन खासतौर पर होशंगाबाद खंड में (कोर्कू के लिए), मांडला, बालाघाट, बैतूल और छिन्दवाड़ा खंडों (गोंड के लिए और मांडला व बालाघाट बैगा के लिए), चन्दा और सामंतीय राज्यों के खंड (माड़िया के लिए,) रायपुर और बिलासपुर खंड (माड़िया के लिए), रायपुर और बिलासपुर खंड (छत्तीसगढ़ की जनजातियों और जमींदारियों के लिए) और अमरावती खंड (मेलाघाट के लिए) में काफी मूल्यवान सामग्री हैं।

सेटलमेंट रिपोर्ट्स ऑफ द फर्स्ट सेटलमेंट्स : खासतौर पर चन्दा (ल्यूसी-स्मिथ), होशंगाबाद (एलिएट), बैतूल (रामसे), मांडला (वाडे), बिलासपुर (छिशोम), नीमड़ (फोरसिथ) को देखें। रिपोर्ट ऑन द एडमिनिस्ट्रेशन ऑफ द सेन्ट्रल प्राविंसेस अप टू अगस्त 1862, आर. टेम्पल द्वारा (नागपुर, 1923, प्रथम प्रान्तीय प्रशासनिक रिपोर्ट का पुनर्मुद्रण)।

बिलासपुर जमींदारी सेटलमेंट रिपोर्ट, 1912, सी.यू. विल्स, आई.सी.एस. द्वारा (सतगढ़ रियासत और मुखियाओं व गाँव तियास की रक्षा के लिए एक क्लासिक रिपोर्ट)।

द हाईलैंड्स ऑफ सेन्ट्रल इंडिया, केप्टन जे. फोरसिथ द्वारा, चैपमेन और हाल द्वारा पुनर्मुद्रित, 1919 (आदिवासियों के हालिया शोषण का बेहतरीन लेखा-जोखा दिया गया है)।

द भाड़िया गोंड्स ऑफ बस्तर, डब्ल्यू.वी. ग्रिग्सन, आई.सी.एस. द्वारा (आक्सफोर्ड, 1938), गोंड लोगों के किसी भी भाग का अब तक का एकमात्र सम्पूर्ण वर्णन।

द बैगा वैरियर एल्विन द्वारा, (जॉन मुरे, 1939); किसी केन्द्रीय प्रान्तीय जनजाति के लिए अभी तक का लिखा सर्वश्रेष्ठ वर्णन।

द अगरिया, वैरियर एल्विन द्वारा, (आक्सफोर्ड यूनिवर्सटी प्रेस, भारतीय शाखा, 1942); लोहे का पता लगानेवाली आदिम जनजाति का पूरा विवरण।

केन्द्रीय प्रान्त की विशिष्ट जनजातियों पर कोई किताब नहीं है लेकिन एस.सी. रॉय की किताबों, द ओराँव ऑफ छोटानागपुर, (राँची, 1915), द रिलीजन एंड कस्टम्स ऑफ द ओराँव (राँची, 1919) और द खरिया (राँची, 1937) से बहुत अच्छे सन्दर्भ लिए जा सकते हैं। सोशल आर्गनाईजेशन ऑफ द गोंड पर एक किताब जो काफी सम्भावनाओं वाली दिखाई पड़ रही है, श्री एम.पी. बुराड़कर द्वारा तैयार की जा रही है, जो नागपुर विश्वविद्यालय के एक अनुसंधानकर्त्ता हैं और वे अपने कुछ परिणामों को प्रारम्भिक अवस्था में दिसम्बर, 1940 के द नागपुर यूनिवर्सिटी जर्नल प्रकाशित करवा चुके हैं किन्शिप अमन्ग द गोंड : पृष्ठ 147-180) और मैन इन इंडिया, खंड, 1640 संख्या 3 4 (टोटेमिज्म अमन्ग द गोंड)। इनके द्वारा एक और लेख द नागपुर यूनिवर्सिटी जर्नल के अगले अंक में आ सकता है।

रेम्मू ब्लैकवुड के टेल्स ऑफ द आऊटपोस्ट्स के खंड के पृष्ठ 265-276 पर, सी.जी.

सी. ट्रेन्च, आई.सी.एस. द्वारा एक खाँटी गोंड का छोटा किन्तु उत्कृष्ट चरित्र-चित्रण।

गोंडवाना के इतिहास को जानने के लिए सी.यू. विल्स की दो किताबें द राज-गोंड महाराजास् ऑफ द सतपुड़ा हिल्स (नागपुर, सरकारी प्रेस, 1923) और ब्रिटिश रिलेशंस विद द नागपुर स्टेट इन द एट्टीन्थ सेन्चुरी (ईबीडेम, 1926) और प्रान्त के साथ प्रथम यूरोपीय सम्पर्क के लिए उनकी अर्ली *यूरोपियन ट्रेवलर्स इन द नागपुर टेरीटरीज* (ईबीडेम, 1924) को पढ़ें।

एल्विन द्वारा अन्य किताबें हैं, *लीव्स फ्राम द जंगल, लाइफ इन ए गोंड विलेज* (मुरे, 1936); *फुलमत ऑफ द हिल्स, ए टेल ऑफ द गोंड* (मुरे, 1937) और *ए क्लाऊ 5 दे टस ड्रेगोनिश* (मुरे, 1938), इस प्रान्त के मैकाल हिल्स की जनजातीय जिन्दगी पर दो उपन्यास, और शामराव हिवाले के साथ संयुक्त रूप से सांग्स ऑफ द फोरेस्ट (एलेन एंड अनविन, 1935) गोंड, प्रधान और बैगा के मौखिक काव्य के अनुवाद का बढ़िया संग्रह।

द ब्ल्यू ग्रोव, द पोएट्री ऑफ द ओरॉंव, डब्ल्यू.जी. आर्चर, आई.सी.एस. द्वारा (एलेन एंड अनिवन, 1940) भी छोटा नागपुर से इसी तरह का संग्रह है, जो अत्यधिक रोचक वृत्तान्तों से भरा पड़ा है।

जनजातीय काव्य के महत्त्व की तरफ महत्त्वपूर्ण संकेत करनेवाली ये दो किताबें हैं, जिनका महत्त्व नजरन्दाज किया गया है और ये आदिवासी विद्यालयों के पाठ्यक्रम के लिए सही है यद्यपि यह आरोप लगाया जाता है कि जनजातीय भाषाओं का कोई महत्त्व नहीं है।

ग्रामर ऑफ गोंडी, जैसा कि बैतूल जिले में बोली जाती है, गोंड लोगों का शब्द भंडार, लोककथाएँ, कहानियाँ और गीत सी.जी. चेनेविक्स-ट्रेन्च, आई.सी.एस. द्वारा (मद्रास गवर्नमेंट प्रेस, 1919, दो खंड); गोंडी भाषा का परिचय देनेवाली श्रेष्ठ और एक आकर्षक किताब।

ग्रामर ऑफ माड़िया गोंडी लेंग्वेज, ए.एन. मिशेल, आई.सी.एस. द्वारा (जगदलपुर, बस्तर राज्य प्रेस, 1942)। माड़िया गोंडी की एकमात्र अच्छी व्याकरण की किताब।

कोर्कू भाषा की अच्छी व्याकरण की कोई किताब नहीं है लेकिन केन्द्रीय प्रान्तीय और बेरार शिक्षा विभाग द्वारा हाल ही में एक उपयोगी छोटा शब्दकोश और विचार करके लोक-गीतों का एक संग्रह जारी किया है।

ग. प्रशासनिक समस्याएँ, और स्वामीकरण बनाम पृथकतावाद

नोट्स आन द अबोरिजनल प्रॉब्लम इन द मांडला डिस्ट्रिक्ट, डब्ल्यू. वी. ग्रिग्सन द्वारा (नागपुर, सरकारी प्रशासन, 1940)।

द अबोरिजनल प्रॉब्लम इन द बालाघाट डिस्ट्रिक्ट, डब्ल्यू.वी. ग्रिग्सन, आई.सी.एस. द्वारा एक प्रारम्भिक रिपोर्ट (ईबीडेम, 1941)।

ग्रेजिंग एंड निस्तार इन द सेन्ट्रल प्रोविन्सेज एस्टेट्स, एच.एस. कामथ, आई.सी.एस. द्वारा (ईबीडेम, 1941)।

द लाईवस्टाक प्रॉब्लम ऑफ द प्रोविन्स, विज-ए-विज ग्रेजिंग, के.पी. सगरैया, आई.एफ. एस. द्वारा केन्द्रीय प्रान्तीय और बेरार वन विभाग द्वारा बुलेटिन संख्या 2 (ईबीडेम, 1940)।

एजेंसी रूल्स, गवर्नमेंट ऑफ मद्रास (मद्रास सरकार, 1938)।

रिपोर्ट ऑफ द सम्बलपुर लैंड लॉ कमेटी, उड़ीसा, 1939 (सरकारी प्रेस, कटक, 1940)।

रिपोर्ट ऑफ पार्शियली एक्सक्लुडेड एरियास कमेटी, उड़ीसा, 1940 (ईबीडेम, 1940)।

रिपोर्ट आन द अबोरिजनल एंड हिल ट्राइब्स ऑफ द पार्शियली एक्सक्लूडेड एरियास *इन द प्रोविंस ऑफ बोम्बे,* डी. सिमिंग्टन, आई.सी.एस. द्वारा (बम्बई, सरकारी प्रकाशन, 1940)।

लॉस ऑफ नर्व, वैरियर एल्विन द्वारा (बम्बई, वागले प्रेस, 1941), "बस्तर राज्य के आदिवासी क्षेत्रों और भारत के केन्द्रीय प्रान्त में लोगों के सम्पर्क में आने के फलस्वरूप परिणामों का एक तुलनात्मक अध्ययन" करती हुई एक शानदार पुस्तिका।

द प्राब्लम ऑफ अबोरिजिन इन इंडिया, ए.वी. ठक्कर, एल.सी.ई. द्वारा (आर.आर. काले स्मृति व्याख्यान, 1941; गोखले राजनीतिक और आर्थिक संस्थान, पूना, 1941) आदिवासी कल्याण कार्यों के प्रमुख भारतीय समर्थक द्वारा पूर्णतयाः स्वांगीवादी नजरिए से लिखी गई पुस्तिका। श्री ठक्कर उड़ीसा आंशिक अपवर्जित क्षेत्रों की समिति के अध्यक्ष थे।

प्रॉब्लम ऑफ द प्रिमीटिव ट्राइब्स इन इंडिया, ए. अयप्पन, मानवविज्ञानी द्वारा, मद्रास सरकारी संग्रहालय, द जर्नल ऑफ द मद्रास यूनिवर्सिटी, खंड संख्या 3 में प्रकाशित यह असल में 18 मार्च, 1935 को ग्रेट ब्रिटेन और आयरलैंड के शाही मानवविज्ञानी संस्थान के सामने पढ़े गए एक पर्चे का पुनर्मुद्रण है जो संक्षेप में और सन्तुलित रूप से मुख्य समस्याओं का वर्णन करती है।

डू वी रियली वान्ट टू कीप देम इन ए जू? वैरियर एल्विन द्वारा द इंडियन जर्नल ऑफ सोशल वर्क के खंड 2, संख्या 4, पृष्ठ संख्या 438-448 पर मार्च, 1942 में लिखा गया यह लेख श्री ठक्कर की *द प्रॉब्लम ऑफ अबोरिजिन्स इन इंडिया* को एक भावनात्मक जवाब है।

बम्बई सामाजिक सेवा लीग के मुखपत्र *द सोशल सर्विस क्वार्टर्ली* में पृथकता या स्वांगीकरण? नाम से लेखों की शृंखला के साथ ही पृथकता या स्वांगीकरण के प्रश्नों पर विचार किया गया है, ये लेख पी.जी. कानेकर (खंड संख्या 3, जनवरी 1942, पृष्ठ 97-115) द्वारा लिखे गए हैं; द प्रॉब्लम ऑफ कल्चर-कान्टेक्ट, वैरियर एल्विन द्वारा खंड-XXVIII, संख्या 4, अप्रैल 1942, पृष्ठ 147-162); और डायरेक्ट एसीमिलेशन पी. कोडांडा राव द्वारा (खंड संख्या-XXIV जुलाई 1942, पृष्ठ 4-8)। (इस शानदार छोटी-सी त्रैमासिक पत्रिका ने अक्टूबर 1942 अंक से एक नियमित फीचर 'अबोरिजिन्स कार्नर' शुरू किया है जिसमें भारत की विभिन्न आदिवासी जनजातियों के बीच हो रहे कामों के नवीनतम समाचारों का सार-संक्षेप होता है)।

तालिकाएँ

तालिका-I

केन्द्रीय प्रान्त एवं बेरार के प्रत्येक जिले की जनसंख्या और जनजातीय जनसंख्या

जिला	सभी धर्मों के जनजातीय, 1941			जनजातीय लोग, (सभी धर्मों के)
	पुरुष	स्त्री	व्यक्ति	1931
1	2	3	4	5
सौगोर	41,766	41,841	293,607	87,789
जबलपुर	98,451	101,388	199,39	185,660
मांडला	149,938	152,980	302,918	265,426
होशंगाबाद	63,642	63,505	127,147	122,615
नीमड़	53,923	53,011	106,934	92,723
बैतूल	83,303	84,142	167,447	153,163
छिन्दवाड़ा	188,721	195,960	384681	373,078
वर्धा	24,833	25,697	50530	56,566
नागपुर	29,392	29,328	58720	62,354
चन्दा	85,233	84893	170126	157,386
भंडारा	54,659	56802	111461	110,202
बालाघाट	67,962	69180	137142	126,130
रायपुर	146,096	154,306	300,402	358,578
बिलासपुर	157,958	165,392	323,350	328,983
दुर्ग	91,830	100,455	192,285	179,336
अमरावती	31,776	30,427	62,203	70,397
अकोला	16,819	17,209	34,028	42,324
बुल्दाना	9,703	9,684	19,387	24,822
यवतमाल	78,901	79,593	158,494	160,740
कुल केन्द्रीय प्रान्त	1,337,709	1,378,880	2,716,589	2,659,989
कुल बरार	137,199	136,913	274,112	298,283
कुल केन्द्रीय प्रान्त एवं बरार	1,474,908	1,515,793	2,990,701	2,958,272

जिला	कॉलम (4) और (5) + या -	कुल जनसंख्या 1941	जनजातीय प्रतिशत 1941	1931
1	6	7	8	9
सौगोर	-4,182	939,068	8,9	9.7
जबलपुर	+14,079	910,603	21,9	24.0
मांडला	+37,492	504,580	6.,9	59.5
होशंगाबाद	-4,532	823,585	15.4	15.2
नीमड़	+14,211	513,276	20.8	19.8
बैतूल	+14282	438,342	38.2	37.7
छिन्दवाड़ा	+11,603	1,034,040	37.2	38.6
वर्धा	-6,036	519,3030	9.7	11.0
नागपुर	-3,634	1,059,98	5.7	6.6
चन्दा	+12,7040	873,084	19.5	20.7
भंडारा	+1,2059	6063,225	11.6	13.4
बालाघाट	+11,012	6034,350	21.6	22.5
रायपुर	-58,176	1,525,686	19.7	23.5
बिलासपुर	-5,633	1,549,509	20.9	23.5
दुर्ग	+12,949	928,851	20.7	21.9
अमरावती	-8,194	988,524	6.3	7.5
अकोला	-8,296	907,742	3.74.8	
बुल्दाना	-5,435	820,862	2.3	3.2
यवतमाल	-2,246	887,738	17.8	1.7
कुल केन्द्रीय प्रांत	+56,600	13,217,718	20.5	22.0
कुल बरार	-24,171	3,604,866	7.6	8.7
कुल केन्द्रीय प्रांत एवं बरार	+32,429	16,822,584	17.8	19.1

तालिका-II

आंशिक अपवर्जित क्षेत्रों की सामान्य, जनजातीय एवं हिन्दू जनसंख्या, साथ ही शिक्षित व्यक्तियों की कुल संख्या

तहसील	जनसंख्या पुरुष	जनसंख्या स्त्री	जनसंख्या कुल	जनजातीय धर्म	जनजातीय उन लोगों समेत कुल जो हिन्दू धर्म में वापस लौट गए हैं
1	2	3	4	5	6*
मांडला जिला–					
मांडला	107,328	108,832	216,160	90,402	110,248
डिंडोरी	75,657	76,347	152,004	73,485	98,339
निवास	68203	68213	136,416	34,748	94,331
कुल	251,188	253,392	504,580	195,635	362,918
बैतूल जिला–					
भैंसदेही	52,144	52,291	104,435	31990	60312
छिन्दवाड़ा जिला–					
छिन्दवाड़ा	28,363	27,051	55,414	25,339	33,011
अमरवाड़ा	19,082	19,327,	38,409	23,664	29,281
कुल	47,445	46,378	93,823	49,003	62,292
चन्दा जिला–					
गढ़चिरौली	34,717	34,176	68,893	19,812	35,345
सिरोंचा	22,135	24,003	46,138	29,991	32,476
कुल	56,852	58,179	115,031	49,803	70,821
बालाघाट जिला–					
बैहर	56,205	56,402	112,607	19,384	63,591
दुर्ग जिला–					
संजरी	40,651	41,551	82202	16750	51,452
बिलासपुर जिला–					
बिलासपुर	65,764	65,935	131,699	71	58,377
काठघोड़ा	124,010	124,194	248,204	320	127,852
कुल	189,774	190,129	379,903	391	186,229
अमरावती जिला–					
मेलाघाट–	24,946	22,983	47,929	27	35,528
कुल	719,205	721,305	1,440,510	365,983	833,143

(सभी आंशिक अपवर्जित क्षेत्रों का कुल योग)

* कालम (5) में दी गई संख्याओं से ज्यादा कॉलम (6) में दी गई अतिरिक्त संख्याएँ कुल आदिवासियों की संख्या दर्शाती है जो हिन्दू धर्म में वापस लौट आए; यह योग कालम (8) में दी गई संख्या में भी शामिल है।

तालिका-II...जारी

आंशिक अपवर्जित क्षेत्रों की सामान्य, जनजातीय एवं हिन्दू जनसंख्या, साथ ही शिक्षित व्यक्तियों की कुल संख्या (जारी)

	हिन्दू		शिक्षित	
तहसील	अनुसूचित जाति	अन्य	पुरुष	स्त्री
1	7	8*	9	10
भांडला जिला–				
मांडला	9,214	110,763	14,660	1,957
डिंडोरी	6128	70,550	5,949	724
निवास	3,991	96,343	5,5605	370
कुल	19,333	277,656	26,174	3,051
बैतूल जिला–				
भैंसदेही	8164	62,424	5,667	404
छिन्दवाड़ा जिला–				
छिन्दवाड़ा	4,629	24,016	1,993	263
अमरवाड़ा	3,134	11,095	894	62
कुल	7,763	35,111	2,887	325
चन्दा जिला–				
गढ़चिरौली	13,591	34,493	–	–
सिरोंचा	2,936	14,384	1,932	–
कुल	16,527	48,877	1,932	–
बालाघाट जिला–				
बैहर	7,658	83,942	19,004	3,025
दुर्ग जिला–				
संजेरी	7,278	57,560	–	–
बिलासपुर जिला–				
बिलासपुर	16,387	112,274	–	–
काठघोड़ा	43,777	202,097	4,033	171
कुल	60,164	314,371	–	–
अमरावती जिला–				
मेलाघाट	1,903	43,363	1,742	172
(सभी आंशिक अपवर्जित क्षेत्रों का कुल योग)	128,790	923,304	61,439	7,725

* कालम (5) में दी गई संख्याओं की तुलना में कालम (6) में दी गई अतिरिक्त संख्याएँ कुल आदिवासियों की संख्या दर्शाती है जो हिन्दू धर्म में वापस लौट आए; यह योग कॉलम (8) में दी गई संख्या में भी शामिल है।

तालिका-III

आदिवासी सम्बन्धी आँकड़े, 1891-1931, मध्य प्रान्त और बरार (राज्यों को छोड़कर) प्रान्त के कुल आँकड़े

जाति	1891	1901	1911	1921	1931	(आंशिक महत्त्व के क्रम में 1931)
गोंड	1,666,764	1,523,170	17,55,141	17,14,898	18,91,835	(1)
माड़िया	32,812	(क)	(क)	(क)	34,986	(12)
मुड़िया	23	(क)	(क)	(क)	1,761	(25)
भतरा	97	(क)	(क)	(क)	410	(29)
पर्जा		(क)	(क)	(क)	34	(31)
कोया	(क)	(क)	(क)	(क)	1	(32)
परधान	—	83,654	14,382	91,692	1,55,813	(3)
ओझा	(क)	(क)	(क)	क	4,936	(23)
गोंड योग	17,83,3350	15,37,552	18,70,018	1,806,590	20,49,777	—
कोर्कू	126,682	125,365	149,537	1,35,357	167,897	(2)
काँवर	71,154	71,199	90,501	90,063	111,203	(4)
हल्वा	75,277	63,795	73,420	83,941	92,275	(5)
कोल	74,757	55,363	76,485	90,884	83,228	(6)
अन्ध	43,602	39,679	52,378	52222,414	58,549	(8)
बिन्झवर	26,948	12,625	47,582	28,284	54,603	(9)
भारिया-भूमिया	48,202	33,512	50,125	48,657	53,819	(10)
कोली	32,628	28,038	36,146	40,866	43,130	(11)
बैगा	21,336	23,471	27,274	25,078	32,003	(13)
कोलम	19,318	15,799	24,976	23,721	31,713	(14)
भील	27,888	28,416	27,621	24,865	30,303	(15)
धनवार	9,280	8,397	11,188	12,046	18,929	(16)
सवरा	31,768	25,531	56,913	55,703	67,116	(7)
भैना	12,413	7,454	14,522	11,523	16,447	(17)
कमार	5,228	505	7,186	—	9,244	(18)
मझवार	—	—	6,473	7,136	9,231	(19)
भुंजिया	6,187	3,13	6,913	6,376	7,689	(20)
औरोन	1,151	—	4,328	176	6,950	(21)
नगार्ची*	6,326	—	6,148	—	6,299	(22)
खड़िया	—	—	—	—	3,246	(24)

टिप्पणी—यह तथ्य कि कुछ वर्षों में कुछ जनजातियों की कुल संख्या न दिखाना सिर्फ यह संकेत करता है कि उनकी उन वर्षों में अलग से गणना नहीं की गई थी या संख्याओं को ढूँढ़ पाना सम्भव नहीं है।

(क) सम्बन्धित जनगणना में गोंड लोगों के साथ शामिल किया गया है।

* कुछ वर्षों तक गोंड लोगों में शामिल किए जाते रहे।

भुईंहार	504	–	1,811	660	1,250	(26)
नगासिया	–	–	212	26	1,122	(27)
सौंता	–	–	–	642	705	(28)
कोरवा	439	105	876	444	384	(30)

तालिका-IV

आदिवासी भाषा में, 1931 जनगणना

क्षेत्र	गोंडी भाषा: गोंडी की मातृ-भाषा के रूप में बोलनेवालों की संख्या			गोंडों के द्वारा बोली जानेवाली उप-भाषाएँ: हिन्दुस्तानी		मराठी		कुल गोंड जनसंख्या
	पुरुष	स्त्रियाँ	व्यक्ति	पुरुष	स्त्रियाँ	पुरुष	स्त्रियाँ	
1	2	3	4	5	6	7	8	9
जबलपुर मंडल								
सौगोर, दमोह, जबलपुर और नरसिंहपुर	11,47	2,562	3,709	1,065	1,100	–	–	1,99,182
मांडला	39,115	40,236	79,451	31,741	31,475	–	–	88,656
डिडोंरी	84	77	161	84	77	–	–	72,633
निवास	11,592	12,076	23,668	8,833	9,247	–	–	70,777
कुल मांडला	50,791	52,389	1,03,180	40,658	40,799	–	–	2,32,066
पुराना होशंगाबाद–								
सोहागपुर	969	854	1,823	955	842	–	–	21,591
पुराने होशंगाबाद के शेष भाग	10,557	11,019	21,576	8,795	9,036	–	–	29,527
कुल होशंगाबाद	11,526	11,813	23,399	9,748	9,878	–	–	51,118
नीमड़–								
खंडवा	1,294	1,264	2,558	1,006	877	–	–	3,832
बुरहानपुर	507	433	960	213	178	–	–	1,293
हरसूद	2,795	2,710	5,505	2,344	2,236	–	–	5,777
कुल नीमड़	4,596	4,427	9,023	3,563	3,291	–	–	10,902
नागपुर मंडल								
बैतूल–								
बैतूल	28,674	30,058	58,732	22,932	23,742	1	9	58,520
मुल्ताई	14,605	15,743	30,348	10,311	10,703	149	173	29,412
भैंसदेही	14,772	13,917	29,689	10,114	11,016	29	11	27,716
कुल बैतूल	58,051	60,718	118,769	43,351	45,461	179	193	115,648

तालिका-IV...जारी

आदिवासी भाषा में, 1931 जनगणना

क्षेत्र	गोंडी भाषा: गोंडी की मातृ-भाषा के रूप में बोलनेवालों की संख्या			गोंडों के द्वारा बोली जानेवाली उप-भाषाएँ: हिन्दुस्तानी		मराठी		कुल गोंड जनसंख्या
	पुरुष	स्त्रियाँ	व्यक्ति	पुरुष	स्त्रियाँ	पुरुष	स्त्रियाँ	
1	2	3	4	5	6	7	8	9
सिवनी–								
सिवनी	27,637	37,222	64,859	22,418	31,199	2	38	83,608
लखनादों	13,896	14,049	27,945	10,809	11,824	–	–	70,408
कुल सिवनी	41,533	51,271	92,804	33,227	43,023	2	38	154,016
पुराना छिन्दवाड़ा–								
छिन्दवाड़ा खालसा	27,398	29,393	56,791	22,961	23,456	–	1	90,084
छिन्दवाड़ा जागीर	9,555	9,998	19,553	7,471	7,836	–	–	–
अमरवाड़ा खा़लसा	4,354	4,792	9,146	3,657	4,134	–	–	48,225
अमरवाड़ा जागीर	3,820	4,201	8,081	2,921	3,63222	–	–	–
सौसर	23,165	24,856	48,021	11,159	11,906	5,672	5,912	48,642
कुल पुराना छिन्दवाड़ा	68,292	73,300	141,592	48,169	50,564	5,672	5,913	186,951
वर्धा और हिंगनघाट–								
वर्धा और हिंगनघाट	13,680	14,270	27,950	4	12	11,643	12,675	32,069
अर्वि	10,396	10,372	20,768	14	3	9,087	9,012	19,758
कुल वर्धा और हिंगनघाट	24,076	24,642	48,718	18	15	20,730	21,687	51,827
नागपुर–								
नागपुर	6,919	7,248	14,167	563	497	5,064	5,347	17,930
रामटेक	8,019	7,985	16,004	1,443	1,042	4,804	4,548	17,054
उमरेर	2,524	2,756	5,280	–	–	2,487	2,728	7,160
कातोल	8,297	8,391	16,688	60	242	7,568	7,348	17,358
कुल नागपुर	25,759	26,380	52,139	2,066	1,781	19,923	19,971	59,302

तालिका-IV...जारी

आदिवासी भाषा में, 1931 जनगणना

क्षेत्र	गोंडी भाषा: गोंडी की मातृ-भाषा के रूप में बोलनेवालों की संख्या: पुरुष	स्त्रियाँ	व्यक्ति	गोंडों के द्वारा बोली जानेवाली उप-भाषाएँ: हिन्दुस्तानी: पुरुष	स्त्रियाँ	मराठी: पुरुष	स्त्रियाँ	कुल गोंड जनसंख्या
1	2	3	4	5	6	7	8	9
चन्दा–								
वरोरा	2,670	2,472	5,142	–	–	2,633	2,466	16,403
ब्रह्मपुर	2,121	2,325	4,446	–	–	2,075	2,292	17,203
चन्दा	9,860	10,006	19,866	17	8	9,155	9,274	27,602
गढ़चिरौली खालसा	6,947	7,678	14,625	14	15	9,738	5,159	54,188
गढ़चिरौली जमींदारी	15,074	16,352	31,426	1,079	1,037	9,150	8,461	–
सिरोंचा खालसा	3,190	2,972	6,162	89	86	26	25	36,005
अहीरी जमींदारी	13,945	14,210	28,155	12	4	214	152	–
कुल चन्दा	53,807	56,015	109,822	1,211	1,150	27,991	27,829	151,401
छत्तीसगढ़ मंडल								
भंडारा–								
भंडारा	6,073	6,412	12,485	97	79	5,124	5,469	16,709
गोंडिया	16,708	13,894	30,602	835	603	12,581	8,693	34,047
साकोली खालसा	2,843	2,284	5,127	17	15	2,437	2,125	32,709
साकोली जमींदारी	5,313	6,551	11,864	40	80	4,646	5,475	–
कुल भंडारा	30,937	29,141	60,078	989	777	24,788	21,762	83,465
बालाघाट–								
बालाघाट	9,981	10,752	20,733	7,864	8,344	125	157	22,391
बैहर खालसा	8,527	9,3-3	17,890	7,821	8,884	–	–	50,073
बैहर जमींदारी	796	744	1,540	617	622	–	–	–
बड़ा सिवनी	16,683	17,859	34,542	9,691	8,831	899	922	35,858
कुल बालाघाट	35,987	38,718	74,705	25,993	26,681	1,024	1,079	1,08,322
रायपुर	1,314	1,296	2,610	1,108	1,132	1	–	240,908
बिलासपुर	224	197	421	201	139	–	–	1,75,300

तालिका-IV...जारी

आदिवासी भाषा में, 1931 जनगणना

क्षेत्र	गोंडी भाषा: गोंडी की मातृ-भाषा के रूप में बोलनेवालों की संख्या			गोंडों के द्वारा बोली जानेवाली उप-भाषाएँ: हिन्दुस्तानी		मराठी		कुल गोंड जनसंख्या
	पुरुष	स्त्रियाँ	व्यक्ति	पुरुष	स्त्रियाँ	पुरुष	स्त्रियाँ	
1	2	3	4	5	6	7	8	9
दुर्ग—								
खालसा जिला	924	965	1,889	859	818	—	—	116,477
संजरी जमींदारी	10,119	10,877	20,996	8,882	5,554	—	—	—
कुल दुर्ग	11,043	11,842	22,885	9,741	6,372	—	—	116,477
बरार मंडल								
अमरावती—								
अमौटी-इलीचपुर एवं दरियापुर	1,701	1,765	3,466	202	267	1,122	1,142	4,973
चन्दुर	3,493	3,657	7,150	5	7	2,920	3,165	8,190
मोरसी	3,434	3,426	6,860	21	—	2,889	2,940	7,844
मेलाघाट	1,384	1,473	2,857	821	1,114	190	146	3,203
कुल अमरावती	10,012	10,321	20,333	1,049	1,388	7,121	7,393	24,210
अकोला	836	649	1,485	6	13	647	493	4,071
बुल्दाना	141	142	283	37	30	61	69	396
यवतमाल—								
दढ़वा और पुसद	3,061	2,374	5,35	26	29	2,536	1,928	9,142
यवतमाल	7,454	7,020	14,474	4	1	6,284	5,878	18,941
केलापुर	14,210	14,703	28,913	92	115	10,600	12,623	39,792
वुन	7,058	4,867	11,925	22	7	5,796	3,805	23,545
कुल यवतमाल	31,783	28,964	60,747	144	152	25,216	24,234	91,420
कुल प्रान्त	4,61,855	4,84,847	9,46,702	2,22,350	2,33,670	133,355	130,661	258,182
जबलपुर मंडल								
होशंगाबाद—								
होशंगाबाद जिला	6,018	5,602	11,620	4,765	4,765	4,391	—	—
सोहागपुर और नरसिंहपुर उपमंडलों को छोड़कर	494	436	930	494	436	—	—	—
कुल होशंगाबाद	6,512	6,038	12,550	5,259	4,827	—	—	—

तालिका-IV...जारी

आदिवासी भाषा में, 1931 जनगणना

क्षेत्र	गोंडी भाषा: गोंडी की मातृ-भाषा के रूप में बोलनेवालों की संख्या			गोंडों के द्वारा बोली जानेवाली उप-भाषाएँ: हिन्दुस्तानी		मराठी		कुल गोंड जनसंख्या
	पुरुष	स्त्रियाँ	व्यक्ति	पुरुष	स्त्रियाँ	पुरुष	स्त्रियाँ	
1	2	3	4	5	6	7	8	9
नीमड़–								
खंडवा	2,078	2,072	4,150	1,498	1,441	–	–	–
बुरहानपुर	9,892	10,102	19,994	4,107	2,425	–	–	–
हरसूद	10,847	11,019	21,866	8,565	8,457	–	–	–
कुल नीमड़	22,817	23,193	46,010	14,170	12,323	–	–	–
बैतूल–								
बैतूल	6,383	6,443	12,826	4,926	4,916	–	–	–
मुल्ताइ	684	647	1,331	513	483	10	11	–
भैंसदेही	11,467	11,955	23,422	7,882	8,194	9	2	–
कुल बैतूल	18,534	19,045	37,579	13,321	13,593	19	13	–
छिन्दवाड़ा–								
छिन्दवाड़ा खालसा	4,190	4,278	8,458	2,956	3,155	–	–	–
छिन्दवाड़ा जागीर	3,605	3,472	7,077	2,697	2,507	–	–	–
अमरवाड़ा	–	–	–	–	–	–	–	–
सौसर	1,410	1,348	2,758	1,082	1,019	45	37	–
कुल छिन्दवाड़ा	9,205	9,098	18,303	6,735	6,681	45	37	–
बरार मंडल								
अमरावती								
मेलाघाट	16,561	16,233	32,794	8,869	7,712	61	19	–
शेष	1,310	1,296	2,606	383 .361	532	588	–	–
कुल अमरावती	17,871	17,529	35,400	9,252	8,073	593	607	–
अकोला	737	682	1,419	200	140	126	68	–
बुल्दाना	653	654	1,307	124	124	271	204	–
शेष मध्य प्रान्त	163	107	270	160	82	–	–	–
कुल प्रान्त	76,492	76,346	152,838	49,221	45,843	1,054	969	–

तालिका-V

मध्य प्रान्तों में पिछले दो बन्दोबस्तों और 1939-40 में आदिवासी और काश्तकारी जोतों मालिकाना गाँवों की तुलना

जिला	पिछले बन्दों बस्तों से पहलेवाला बन्दोबस्त			
	सभी कास्तकारों की कुल संख्या	जोतों का क्षेत्रफल 100 एकड़ में	आदिवासी कास्तकारों की संख्या	आदिवासियों के जोतों का क्षेत्रफल 100 एकड़ में
1	2	3	4	5
सौगोर[1]	127,637	1,324,6	11,189	110,0
जबलपुर	98,729	1,004,9	19,123	216,6
मांडला	40,264	684,0	23,424	279,1
होशंगाबाद	102,354	1,311,1	12,441	125,7
नीमड़	21,439	2,89,9	3,530	56,2
बैतूल	44514	741,0	20,773	336,3
छिन्दवाड़ा खालसा	85448	1,278,9	30,433	514,9
छिन्दवाड़ा जागीर	—	—	—	—
वर्धा	22,178	540,1	1,968	46,2
नागपुर	62,457	1,188,4	3,426	59,7
चन्दा	46,691	496,4	10,449	92,4
भंडारा[2]	47,035	512,3	6,309	76,3
बालाघाट	46,226	406,5	7,429	72,1
रायपुर[3]	48,587	629,3	15456	171,7
बिलासपुर	191,979	1,390,5	37,894	341,1
दुर्ग	84,665	1,161,2	13,958	281,2
मध्य प्रान्त	10,61,204	12,959,1	218,499	2,969,5

जिला	पिछला बंदोबस्त			
	सभी कास्तकारों की कुल संख्या	जोतों का क्षेत्रफल 100 एकड़ में	आदिवासी कास्तकारों की संख्या	आदिवासियों के जोतों का क्षेत्रफल 100 एकड़ में
1	6	7	8	9
सौगोर	1,46,591	1,339,0	12,269	94,0
जबलपुर	1,17,224	984,2	16,728	208,5

1. सुरखी राजस्व इंस्पेक्टर सर्किल आँकड़ों में शामिल नहीं है।
2. तिरोरा और सकोली राजस्व इन्स्पेक्टर सर्किलों को छोड़कर।
3. रायपुर में सिर्फ रायपुर तहसील के छह पटवारी सर्किल, दो राजस्व इंस्पेक्टर सर्किल और 15 अन्य पटवारी सर्किल धमतरी के और पूरा महासमुन्द तहसील शामिल है।

मांडला	54,496	795,5	27,263	569,3
होशंगाबाद	119,418	1,384,3	11,55	119,9
नीमड़	27,770	386,5	4165	56,0
बैतूल	36,647	795,3	22748	330,3
छिन्दवाड़ा खालसा	112,394	1,263,3	39217	559,1
छिन्दवाड़ा जागीर	13,607	258,0	9,862	204,5
वर्धा	27,024	564,9	2020	35,8
नागपुर	74,812:	1,206,5	4,004	58,7
चन्दा	80,849	8,831	4,004	58,7
भंडारा	66,714	605,5	17,587	72,6
बालाघाट	69,507	459,1	6,391	115,7
रायपुर	64,612	775,1	11,932	281,1
बिलासपुर	230,491	1,524,9	11,853	438,0
दुर्ग	116,835	1,179,3	43,210	19,225
कुल	13,48,991	14,404,4	2,72,024	3631,9

1939-40

1	10	11	12	13
सौगोर*	173,982	1,439,9	13,339	85,5
जबलपुर	122,941	999,7	20,105	217,4
मांडला	56,993	780,0	29,840	568,0
होशंगाबाद	130,714	1,419,3	12,218	121,6
नीमड़	36,931	409,6	4,752	51,4
बैतूल	57,428	817,2	23,644	316,8
छिन्दवाड़ा खालसा	127,088	1,508,3	43,078	531,7
छिन्दवाड़ा जागीर	13,860	276,6	10,108	220,7
वर्धा	37,712	556,9	2,312	28,7
नागपुर	94,774	1,203,7	4,509	53,6
चन्दा	105,199	963,4	22,231	212,0
भंडारा	86,571	600,0	7,904	77,4
बालाघाट	84,108	481,1	14,249	92,1
रायपुर	83,682	844,6	23,427	285,2
बिलासपुर	265,258	1,558,7	54,248	441,7
दुर्ग	146,053	1,266,0	24,921	313,8
मध्य प्रान्त	1,623,294	15,125,0	310,885	3,617,6

तालिका-VI

पिछले दो बन्दोबस्तों और 1939-40 में मध्य प्रान्तों के रैयतवाड़ी गाँवों में आदिवासी जोतों की तुलना

जिला	उपांतिम बन्दोबस्त			
	सभी रैयतों की कुल संख्या	क्षेत्रफल सभी जोत (100 एकड़)	आदिवासी रैयतों की की संख्या	क्षेत्रफल सभी आदिवासी जोत (100 एकड़ में)
1	2	3	4	5
मांडला	12,992	228,7	9,669	182,9
होशंगाबाद	294	7,0	109	2,1
नीमड़	7,557	208,2	2,119	56,8
बैतूल	1,799	43,4	1,462	35,1
छिन्दवाड़ा	2,791	66,2	1,661	38,6
चन्दा	3,737	59,9	806	10,0
भंडारा	98	8	60	4
बालाघाट	38	5	14	2
कुल	29,306	614,7	15,900	326,1

तालिका-VI...जारी

जिला	पिछला बन्दोबस्त			
	सभी रैयतों की कुल संख्या	क्षेत्रफल सभी जोत (100 एकड़)	आदिवासी रैयतों की की संख्या	क्षेत्रफल सभी आदिवासी जोत (100 एकड़ में)
1	6	7	8	9
मांडला	15.620	302,6	11,526	244,5
होशंगाबाद	837	20,4	544	11,9
नीमड़	11,737	286,6	3,463	83,4
बैतूल	3,053	61,2	2,561	51,1
छिन्दवाड़ा	4,738	109,0	3269	74,6
चन्दा	8,615	117,7	61549	22,2
भंडारा	178	1,9	71	7
बालाघाट	4,597	95,5	2547	55,1
कुल	49,665	994,5	25,936	543,5

...(अगले पृष्ठ पर जारी)

तालिका-VI ...जारी

जिला	1939-40 जमाबन्दी कुल संख्या सभी रैयत	क्षेत्रफल सभी जोत (100 एकड़)	आदिवासी रैयतों की की संख्या	क्षेत्रफल सभी आदिवासी जोत (100 एकड़)	गाँवों की संख्या
1	10	11	12	13	14
मांडला	18,586	296,1	13770	242,5	569
होशंगाबाद	903	22,1	574	13,6	31
नीमड़	14,138	387,7	4,973	111,0	306
बैतूल	3,478	65,6	2,924	55,4	65
छिन्दवाड़ा	4,921	108,9	3,398	76,0	267
चन्दा	11,369	151,3	2,448	32,2	376
भंडारा	296	3,3	151	1,6	13
बालाघाट	6,793	115,9	4,332	71,0	238
कुल	60,484	1,150,9	32,570	603,3	1,869

तालिका-VII

ऐसे क्षेत्र जहाँ आदिवासियों को भूमि का नुकसान हुआ है (सिर्फ मालगुजारी और जमींदारी गाँवों में)

क्षेत्र	उपांतिम बन्दोबस्त आदिवासी काश्तकारों की संख्या	उनकी जोत का क्षेत्रफल (100 एकड़) में	1939-1940 आदिवासी काश्तकारों की की संख्या	इनकी जोत क्षेत्रफल (100 एकड़) में	प्रतिशत
सौगोर, बादा और खुटई को छोड़कर	10,446	56,1	11,996	78,7	-18
जबलपुर, सिहोरा, मुरवाड़ा और पाटन तहसील	12,564	109,7	13,185	52,3	-13-8
पन्गर राजरच इस्पेक्टर सर्किल, जबलपुर तहसील	599	2,4	492	1,7	
खमड़िया राजस्व इंस्पेक्टर सर्किल, जबलपुर तहसील	16,12	25,6	1,706	24,7	
मांडला, नैमपुर राजस्व इंस्पेक्टर सर्किल	3,263	56,7	3,807	52,6	-7.2
होशंगाबाद–					
पुराना होशंगाबाद जिला राहतगाँव राजस्व इंस्पेक्टर	7,925	67,0	6,938	54,2	

सर्किल को छोड़कर गदखाड़ा तहसील और नरसिंह का केरपानी सर्किल	2,418	22,6	2,421	18,9-18.4	-18.4
नीमड़–					
खँडवा तहसील (सिंगौत सर्किल को छोड़कर) बुरहानपुर का शाहपुर सर्किल, हरसूद तहसील (पदिया सर्किल को छोड़कर)	2,324	30,8	2,590	24,3	-24.32
जबलपुर मंडल	40,435	404,4	43,135	346,4	-14.3
बैतूल, पूरा जिला शाहपुर और नन्दा सर्किलों को छोड़कर	15,793	244,1	16,247	208,9	-14.4
छिन्दवाड़ा, सौसर और सिवनी तहसील, मोखेड़, छिन्दवाड़ा, चौदज और चन्दा सर्किल	18,469	279,1	23,254	249,3	-10.7
वर्धा जिला	1,968	46,2	2,312	28,7	-37.5
नागपुर जिला, रामटेक तहसील को छोड़कर	2,044	42,3	2,482	31,8	-24.8
चन्दा, सिरोंचा मालगुजारी	802	4,0	669	3,8	-5
नागपुर मंडल	39,065	615,7	44,564	522,5	-15.1
भंडारा–					
भंडारा तहसील (530 गाँव) और गोंडिया तहसील, तिरोरा सर्किल के अलावा	3,799	46,0	4,279	38,0	-17.4
बालाघाट–					
वारसेवनी तहसील, लंजी सर्किल और बालाघाट तहसील जमींदारियाँ	4,660	38,1	6,618	34,6	-9.2
रायपुर–					
रायपुर तहसील के छह पटवारी सर्किल	94	1,7	172	1,5	-12.3
महासमुन्द मालगुजारी	2,135	29,7	3,046	26,5	
फिंगेश्वर जमींदारी	677	9,1	858	7,5	
बिलासपुर–					
बिलासपुर और मुंगेली तहसीलें (खालसा) और जंजागीर तालुकदारी और जागीर	10,390	82,1	14,783	78,5	-2.6
कोखा, केन्द्रा, पेन्द्रा कंटेली और चम्बा जमींदारियाँ	19,855*	225,4†	22,122	220,5	

* पटवारी सर्किल संख्या 74, 76, 108, 114, 118 और 131।

† अन्तिम बन्दोबस्त के आँकड़े।

दुर्ग–					
दुर्ग खालसा	1,785	35,6	2,980	20,4	
बेमेतरा खालसा	1,544	14,2	1,572	10,1	
बलोड खालसा	4,759	108,9	8.916	96,2	-19.7
सुज्जी जमींदारी	208	5,3	408	5,0	
छत्तीसगढ़ मंडल–	49,906	556,1	65,754	539,2	-9.6
मध्य प्रान्त	125,412	1,616	153,853	1,408,1	-13

तालिका-VIII

ऐसे क्षेत्र जहाँ आदिवासियों को भूमि प्राप्त हुई है (सिर्फ मालगुजारी और जमींदारी गाँवों में)

	जमाबन्दी			**1939-40**
जिला और क्षेत्र	**आदिवासी काश्तकारों की संख्या**	**उनकी जोत का क्षेत्रफल 100 एकड़ में**	**आदिवासी काश्तकारों की संख्या**	**उनकी जोत का क्षेत्रफल 100 एकड़ में**
सौगोर, बाँदा और खुटई तहसीलें	663	3,9	1,343	6,8
जबलपुर–				
बारगी राजस्व इंस्पेक्टर सर्किल (जबलपुर तहसील)	1,263	18,4	1,567	18,7
मांडला जिला नैनपुर राजस्व इंस्पेक्टर सर्किल को छोड़कर	20,161	42223,4	26,033	515,4
होशंगाबाद–				
हरदा को राहतगाँव राजस्व इंस्पेक्टर सर्किल	555	4,5	512	5,4
नरसिंहपुर तहसील, केरपानी राजस्व इंस्पेक्टर सर्किल को छोड़कर	1,994	30,7	2,289	33,9
नीमड़–				
खंडला तहसील को सिंगट सर्किल, शाहपुर सर्किल के अलावा पूरा बुरहानपुर तहसील; हरसूद तहसील की पदलियाँ सर्किल	1,606	24,3	2,162	28,1
जबलपुर मंडल	29,207	565,8	37,061	688,3
बैतूल–				
बैतूल तहसील की शाहपुर सर्किल और भैंसदेही तहसील की नन्दा सर्किल	6,269	92,2	7,578	107,9
छिन्दवाड़ा खालसा–				
लखनादन तहसील, परसिया, भटोदिया और अमरवाड़ा सर्किलें	12,471	235,8	19,824	282,4

छिन्दवाड़ा जागीरें	9,862*	204,5*	10,108	220,7
नागपुर जिला, रामटेक तहसील	1,382	17,4	2,027	21,8
चन्दा खालसा, पूरा सिरोंचा मालगुजारी को छोड़कर	4,446	33,9	9,553	91,8
चन्दा जमींदारी, सम्पूर्ण	5,201	54,6	12,009	116,4
नागपुर मंडल–	39,631	638,4	61,099	841,0
भंडारा–				
सकोली, 213½ खालसा और 193½ जमींदारी गाँव	2,507	30,3	3,625	39,5
बालघाट–				
बैहर तहसील और बालघाट तहसील लंजो सर्किल को और जमींदारियों को छोड़कर	2,767	34,0	7,631	57,5
रायपुर–				
† धमतरी तहसील की दो राजस्व इंस्पेक्टर सिर्किलें और 15 अन्य पटवारी सर्किलें	9,956	54,6	6,413	54,3
महासमुन्द जमींदारियाँ, फिंगेश्वर को छोड़कर	8,594	146,8	12,938	195,4
बिलासपुर–				
जंजगीर और काठघोड़ा मालगुजारी	3,933	23,4	4,893	24,5
माटिन, उपरोरा, लाफा, छुरी, और पंडरियाँ जमींदारियाँ	10,216 ‡	107,5 ‡	12,450	117,9
दुर्ग–				
दुर्ग तहसील, जमींदारी	150	2,7	538	4.1
बेमेतरा तहसील, जमींदारी	924	15,8	1,682	25,5
संजरी-बालोड तहसील, जमींदारी खुज्जी को छोड़कर	4,585	98,7	8.825	152.6
छत्तीसगढ़ मंडल	37,635	513,8	58,995	671,3
मध्य प्रान्त	106,164	1,716,6	156,494	2,197,8

नोट–पिछले बन्दोबस्त के बाद से आदिवासी जोतों में 8,652 एकड़ की वृद्धि हुई है।

* पिछला बन्दोबस्त

† पटवारी सिर्किल संख्या 33, 36, 37, 41, 42 और 66-75

‡ पिछले बन्दोबस्त के आँकड़े।

परिशिष्ट

परिशिष्ट क

(रिपोर्ट का पैराग्राफ 147 देखें)

(क) भू-हस्तांतरण अधिनियम धारा 1 (2) के अन्तर्गत मसौदा अधिसूचना—मध्य प्रान्त भू-हस्तांतरण अधिनियम, 1916 (1916 का 2) की धारा '1' की उपधारा (2) के द्वारा प्रदत्त अधिकारों के अनुसार प्रान्तीय सरकार इस अधिनियम के प्रावधानों को मध्य प्रान्त के उन सभी इलाकों में सहर्ष विस्तारित करती है जहाँ ये पिछली अधिसूचना द्वारा विस्तारित नहीं की गई थी।

(ख) भू-हस्तांतरण अधिनियम, धारा 3 के तत्त्व मसौदा अधिसूचना—मध्य प्रान्त भू-हस्तांतरण अधिनियम की धारा 3 के द्वारा प्रदत्त अधिकारों के अनुसार और इस धारा के अन्तर्गत सभी पिछली अधिसूचनाओं को प्रतिस्थापित करते हुए प्रान्तीय सरकार यह घोषणा करती है कि निम्न जनजातियों के सभी लोग जिनके पास या तो जमीन है या जो साधारणतया मध्य प्रान्त में निवास करते हैं, उन्हें अधिनियम के लिए मध्य प्रान्त में आदिवासी जनजाति माना जाएगा—

> अगड़िया; अरख; बैगा; बिंझवर; भरिया-भुभिया (भरिया और भुमिया को शामिल करके); भील; भिल्लाला; भुईहार; भुंजिया, बिन्वर, धन्वर, गोंड (राज गोंड, खटोला या खटोल्हा, भोई-गोंड, माड़िया, मुरिया, भतरा, पर्जा, कोया, भूटा, कोयलाभूटा और भिम्भा); हल्बा; कलंगा; कमर; कन्वर उर्फ कवर उर्फ कौर (थन्वर उर्फ तरबर उर्फ तवर और तन्वर-क्षत्रिय को शामिल करके); खड़िया; कोल; कोलम : कोली; कोर्कू (मौसो को शामिल करके); कोखा; मझवर; मन्ने उर्फ मन्नेवर; नगार्ची; नगसिया, नहल या निहाल; नैकर; ओझा (मोधिया को लेकर); उराँव; परधान (राज-परधान, पठारी, राजनेगी और थोथिया); सोता; और सवरा उर्फ सवर उर्फ सौंरा।

मांडला जिले में धोबा और पंका तथा बिलासपुर जिले में पबिया उर्फ पब को अधिसूचित करने के लिए एक अलग अधिसूचना की आवश्यकता होगी। विशेष अधिसूचनाओं की आवश्यकता यह निर्देशित करने के लिए भी पड़ सकती है कि इन अधिसूचनाओं का आंशिक अपवर्जित क्षेत्रों में वही प्रभाव होगा जैसा कि शेष प्रान्त में है।

परिशिष्ट ख

(रिपोर्ट का पैराग्राफ 147 देखें)

(क) भू-हस्तांतरण अधिनियम, धारा 1 (2) के अन्तर्गत मसौदा अधिसूचना—मध्य प्रान्त

भू-हस्तांतरण अधिनियम, 1916 (1916 का 2) की धारा '1' की उपधारा (2) द्वारा प्रदत्त अधिकारों के अनुसार प्रान्तीय सरकार इस अधिनियम के प्रावधानों को निम्नलिखित इलाकों में सहर्ष विस्तारित करती है—

नागपुर मंडल

नागपुर जिला—काटोल तहसील
वर्धा जिला—वर्धा और हिंगनघाट तहसीलें
चन्दा जिला—चन्दा और वरोरा तहसीलें और सिरोंचा तहसील का खालसा क्षेत्र

जबलपुर मंडल

सौगोर जिला—सौगोर तहसील

छत्तीसगढ़ मंडल

रायपुर जिला—सम्पूर्ण जिला
बिलासपुर जिला—सम्पूर्ण जिला
दुर्ग जिला—सम्पूर्ण जिला
बालाघाट जिला—वारसेवनी तहसील
भंडारा जिला—भंडारा तहसील

(ख) भू-हस्तांतरण अधिनियम धारा 3 के अन्तर्गत मसौदा अधिसूचना—मध्य प्रान्त भू-हस्तांतरण अधिनियम, 1916 (1916 का 2) की धारा 3 के द्वारा प्रदत्त अधिकारों और इस अधिनियम के अन्तर्गत सभी पूर्व अधिसूचनाओं की प्रतिस्थापना के द्वारा प्रान्तीय सरकार सहर्ष घोषणा करती है कि निम्नलिखित जनजातियों के अन्तर्गत आनेवाले सभी लोग जो जमीन के मालिक हैं या साधारणतया प्रत्येक जनजाति के सम्मुख दिए इलाकों में निवास करते हैं को अधिनियम के लिए आदिवासी माना जाएगा—

जनजाति और क्षेत्र

1. बैगा—जबलपुर और मांडला जिले, दुर्ग जिले की बेमेतरा तहसील, और बालाघाट जिले की बैहर और बालाघाट तहसीलें।
2. बिंझवर—भंडारा, बालाघाट, रायपुर और बिलासपुर जिले।
3. भैना—बिलासपुर जिला।
4. भरिया—भुमिया, भटिया और भुमिया समेत—जबलपुर, मांडला और बिलासपुर जिले और छिन्दवाड़ा जिले की अमरवाड़ा तहसील।
5. भीम और भिल्लाला—नीमड़ जिला।
6. धन्वर—बिलासपुर जिला, और रायपुर जिले की बलोदा बाजार तहसील।
7. धोबा—मांडला जिला।
8. गोंड, राज-गोंड, खटोला या खटुल्हा, भोई-गोंड, माड़िया, मुड़िया और कोया समेत—प्रान्त के सभी इलाके जहाँ अधिनियम लागू हैं या इसके उपरान्त धारा 1, उपधारा 2 के तहत अधिसूचना द्वारा लागू हो सकता है।
9. हल्वा—दुर्ग और रायपुर जिले, और चन्दा जिले की गढ़चिरौली और सिरोंचा

तहसीलें, भंडारा जिले की सकोली और गोंडिया तहसीलें।

10. कमार–रायपुर जिले की महासमुन्द और धमतरी तहसीलें।
11. कंवर, कबर या कौर, थंवर या तवर समेत–बिलासपुर, दुर्ग और रायपुर जिले और चन्दा जिले की गढ़चिरौली तहसील।
12. कोला–जबलपुर जिले की सिहोरा और मुरवारा तहसीलें और मांडला और बिलासपुर जिले।
13. कोर्कू, मुर्सी समेत–बैतूल, नीमड़, छिन्दवाड़ा और होशंगाबाद जिले।
14. मझवार–बिलासपुर जिले की जंजगीर और कठघोड़ा तहसीलें।
15. नगार्ची–बालाघाट जिले की बालाघाट तहसील
16. निहल या नहल–बैतूल, नीमड़, छिन्दवाड़ा और होशंगाबाद जिले।
17. उराँव–रायपुर जिले की महासमुंद तहसील और बिलासपुर जिले की बिलासपुर जंजगीर, और कठघोड़ा तहसीलें।
18. पब या पबिया–बिलासपुर जिला।
19. पंका–मांडला जिला।
20. परधान, पठारी, राजनेगी, थोथिया और राज परधान सहित–प्रान्त के सभी इलाके जहाँ अधिनियम लागू है या धारा 1, उपधारा 2 के तहत अधिसूचना के द्वारा लागू होनेवाला है।
21. सवरा, सवर या सेवनरा–सौगोर जिला, रायपुर जिले की महासमुन्द और बलोड़ा बाजार तहसीलें और बिलासपुर जिले की जंजगीर तहसील।

परिशिष्ट ग

(पैराग्राफ 186 देखें)

मेलाघाट तालुक में भूमि आवंटन पर अमरावती जिला आदेश–उपमंडलीय अधिकारी, इलीचपुर द्वारा मुझे ज्ञात हुआ है कि अतीत में मेलाघाट तालुक में भूमि का आवंटन ठीक तरह से नहीं हुआ था जिसके परिणामस्वरूप तालुक के प्रति कुछ पूर्वाग्रह पैदा हो गए हैं और इससे जमीन पर कृषि न होने की प्रवृत्ति में वृद्धि हुई है। मुख्य सिद्धान्त जिनके आधार पर मेलाघाट में भूमि आवंटन होना चाहिए वे मेलाघाट नियमावली की प्रस्तावना के पैराग्राफ 11 पर दिए गए हैं। ये सिद्धान्त निम्नलिखित हैं और इन्हें निरपवाद रूप से भूमि आवंटन के हर मामले में लागू किया जाना चाहिए।

1. भूमि का आवंटन गाँव में निवास या मेलाघाट में स्थित किसी पड़ोसी गाँव में निवास की शर्त के अलावा और किसी भी हालत में नहीं होना चाहिए। यदि आवेदनकर्ता पड़ोसी गाँव में निवास करता हो तो यह इतना नजदीक होना चाहिए कि वह स्वयं भूमि पर कृषि कर सके। यदि सम्बन्धित भूमि से दूर गाँवों में रहनेवाले लोगों को आसानी से अनुमति दी जाने लगी तो अधिभोगी साल दर साल जमीन पट्टे पर देते रहेंगे जिसके कि मेलाघाट नियमावली के पृष्ठ 38 पर फार्म ख की शर्त 1 का फायदा उठाकर प्रतिबन्धित पट्टेवाले प्रावधानों को झाँसा दिया जाता रहेगा।

2. यदि एक से ज्यादा आवेदनकर्ता हों तो हमेशा आदिवासी को वरीयता दी जानी चाहिए। उपमंडलीय अधिकारी, इलीचपुर, मुझे बताते हैं कि ऐसे मामले उनको पता चले हैं जिनमें एक गैर-आदिवासी को एक आदिवासी के साथ-साथ नीलामियों में बोली लगाने दी गई। इस विषय में मेलाघाट नियमावली के अध्याय का नियम 4 और अध्याय 2 का नियम 4 देखें। यह सिद्धान्त दोनों तरह की जमीन पर लागू होता है जिस पर अभी तक हल नहीं चला है; और वह भूमि जिसे पिछले काश्तकार की बेदखली या उसके द्वारा अभ्यर्पण के कारण ज वर्ग का घोषित कर दिया गया है। इसलिए आवंटन के हर मामले में वर्तमान कानून के तहत आदिवासियों के दावों को वरीयता दी जानी चाहिए।
3. प्रमाणित किसानों के अलावा किसी और को भूमि आवंटित नहीं की जानी चाहिए, जिनमें निम्नलिखित वर्गों के सदस्य शामिल नहीं होने चाहिए; मारवाड़ी, बनिया, कलर और ब्राह्मण। हालाँकि यह सूची सम्पूर्ण नहीं बल्कि सांकेतिक है। उपमंडलीय अधिकारी इलीचपुर-तहसीलदार, धरनी, और नायब-तहसीलदार, चिकल्दा, दूसरी जातियों के सदस्यों को नीलामी में बोली लगाने से रोक सकते हैं, यदि उन्हें लगता है कि वे प्रमाणित किसान नहीं हैं। यह ध्यान देने योग्य है कि धरनी के आस-पास बोहराओं ने काफी जमीन एकत्रित कर ली है; और कोई कारण नहीं है कि उन्हें क्यों प्रमाणित किसान के रूप में वर्गीकृत किया जाए।
4. भूमि में स्थित पेड़ नीलाम नहीं किए जाने चाहिए जैसा बरार के अन्य तालुकों में होता है।

2. अगर ऊपर उल्लेखित किन्हीं भी सिद्धान्तों गें रो विचलन करना आवश्यक समझा जाए, तो मामले की विशेष परिस्थितियों को खासतौर पर उपमंडलीय अधिकारी इलीचपुर, के संज्ञान में लाया जाना चाहिए.जो इसके बाद ही मामले के गुण-दोषों का फैसला करेंगे। मेलाघाट के व्यवस्थापन से गैर-आदिवासियों को हराए जाने की कोशिश के सवाल पर यह वजह याद रखी जानी चाहिए कि अनुभवों से यह पाया गया है कि वे आदिवासियों के निम्न स्तर और बुद्धिमत्ता के स्तर का गैर-वाजिब फायदा उठाने की कोशिश करते हैं।

3. यह प्रतीत होता है कि मेलाघाट नियमावली के द्वितीय अध्याय की नियम संख्या पाँच के प्रावधानों का समुचित लाभ भी नहीं उठाया जा रहा है। नतीजे के तौर पर, आदिवासी लोग धीरे-धीरे जमीन से बेदखल होते जा रहे हैं। इस नियम के अन्तर्गत उपमंडलीय अधिकारी, इलीचपुर, को प्राधिकार दिया गया है कि वह नीलामी अधिमूल्य को किस्तों में अदा करने की अनुमति दे सकें, और आदिवासियों को जमीन पर पैदावार करने के लिए प्रोत्साहित करने के उद्देश्य से इसका पूरा लाभ उठाया जाए। इस सवाल पर संकीर्ण परिप्रेक्ष्य से ही विचार न करने की सावधानी बरती जानी चाहिए, इसके बजाय क्षतिपूरक लाभ को निगाह में रखा जाना चाहिए क्योंकि अगर ये लघार के विकास की कार्रवाई ठोस दिशा में आगे बढ़ सकी तो ज्यादा लाभ प्राप्त होंगे।

4. हाल ही में, मेलाघाट के धरनी क्षेत्र की अधियोगियों के कर्ज में इन जाने से यहाँ की काफी ज्यादा जमीन में कोई पैदावार नहीं हुई। कई मामलों यें भू-राजस्व की बकाया राशि में छूट देना आवश्यक हो गया। ऐसे मामलों में अगर निष्कासित अधियोगी छूट प्राप्त भू-राजस्व का एक तिहाई हिस्सा देने के लिए तैयार हो और बकाया राशि को दो समान

वार्षिक किश्तों में अदा कर सकता हो, तो धरनी के तहसीलदार या चिकाल्दा के नायब-तहसीलदार को इस मामले को उपमंडलीय अधिकारी के सम्मुख पेश करना चाहिए, जो, अगर उचित समझे तो, निष्कासन के आदेश पर समीक्षा करने के लिए मेरा आदेश प्राप्त कर सकता है। बेशक, ऐसे अनुमोदनों को सिर्फ तभी प्रस्तुत किया जाना चाहिए जबकि निष्कासित अधियोगी अपनी जमीन पर समुचित ढंग से पैदावार करने के लिए राजी हो।

5. इलीचपुर के उपमंडलीय अधिकारी मेरे संज्ञान में यह तत्त्व भी लाए कि ऐसे कई मामले रहे हैं जिनमें भूमि-स्थानापन्न की अनुमति काफी शीघ्रता से दे दी गई। इनमें से ज्यादातर मामलों में कर्ज के निपटारे के मद्देनजर स्थानांतरण की अनुमति दी गई। ऐसी अनुमतियों का सम्भावित परिणाम प्रतिबन्धित पट्टेदारियों के तन्त्र की अवहेलना के रूप में होता है। इसीलिए भूमि-स्थानांतरण के सभी आवेदनों की सावधानी से जाँच की जानी चाहिए और मामले की परिस्थितियों पर सर्वाधिक सावधानी से विचार के बाद ही अनुमति प्रदान की जानी चाहिए। मोटे तौर पर कहें तो, ऐसे मामलों में अनुमति प्रदान करने में कोई हर्ज नहीं है जिनमें जमीन दूसरे के नाम पर नहीं लिखी गई हो या अधियोगी के परिवार में किसी अन्य के हाथों में नहीं गई या जब स्थानांतरण के बाद जमीन में पहले की अपेक्षा बेहतर पैदावार हुई हो। धरनी और चिकाल्दा के राजस्व निरीक्षकों को अनधिकृत स्थानांतरण के मामलों पर सावधानी से नजर रखने और जरूरी होने पर रिपोर्ट देने के विशेष निर्देश दिए जाने चाहिए।

6. मेलाघाट नियमावली के द्वितीय अध्याय की नियम संख्या एक पर भी ध्यान देने की जरूरत है, जो उपायुक्त को इस बात के लिए प्राधिकृत करता है कि वह खराब मौसम, माँग न होने जैसी कुछ खास परिस्थितियों में जोत को न बेचे। यह नियम बताता है कि इन परिस्थितियों में अगर उपायुक्त को ठीक लगता हो तो वह बिना नीलामी के भी जमीन का आवंटन कर सकता है। इसलिए, उपमंडलीय अधिकारी को ऐसे मामलों पर उपायुक्त के आदेशों के लिए रिपोर्ट करनी चाहिए जिनमें वह समझता हो कि आदिवासियों के फायदों के लिए इस नियम का प्रावधान किया जाना चाहिए।

परिशिष्ट घ

(देखिए पैराग्राफ 227)

श्री सिमिंग्टन, आई.सी.एस. द्वारा लिखी *''रिपोर्ट आन द अबोरिजिनल एंड हिल ट्राइब्स ऑफ द पार्शियली एक्सक्लूडेड एरियाज इन द प्रोविंस ऑफ बोम्बे''* के पैराग्राफ 24 से 28 तक *के उद्धरण (बम्बई, 1939)।*

* * *

24. ''मेरा मानना है कि आंशिक अपवर्जित क्षेत्रों में साहूकारी पेशे को नियमित करने के लिए विशेष कार्यवाहियों को किया जाना आवश्यक है; और मैं दृढ़ तरीके से अवश्य जोर दूँगा कि यदि इन कार्यवाहियों से सफलता की उम्मीद रखनी है तो उनके लिए आवश्यक

है कि वो ऐसी उग्र और परिपूर्ण प्रकृति की हों कि बच निकलना असम्भव हो जाए। डेक्कन खेतिहर राहत अधिनियम ऐसे कानूनों से प्राप्त परिणामों का ज्वलंत उदाहरण है जिसमें बच निकलने के लिए रास्ते छोड़े जाते हैं। इसका परिणाम खेतिहरों और साहूकारों के बीच के रिश्ते में कटुता के रूप में सामने आता है और एक सामान्य हल के रूप में कपटबाजी में रूपांतरित हो जाता है; और यह संदेहजनक है कि क्या इसके परिणामों से खेतिहरों को बेहतरी मिली है। आंशिक अपवर्जित क्षेत्रों में साहूकारों के लिए मैंने जो प्रस्ताव बनाए हैं उनके प्रभाव उनमें से कइयों को इस व्यवसाय से बाहर कर देगा और इन भीलों के लिए ऋणों के बचे हुए शेष को प्राप्त करना ज्यादा मुश्किल बना देगा। इसीलिए बाद में किसी अन्य एजेंसी द्वारा आवश्यक वित्तीय प्रबन्ध करने के लिए प्रावधान बनाने के लिए प्रस्ताव भी आते हैं। मैं जानता हूँ कि इन प्रस्तावों पर हित रखनेवाले पक्षों द्वारा प्रत्यक्ष और अप्रत्यक्ष दोनों तौर पर बड़े विवाद और काफी विरोध किए जाने की उम्मीद है; लेकिन मुझे पूरा यकीन है कि इन क्षेत्रों में किसी भी प्रकार की आर्थिक उन्नति की उम्मीद नहीं की जा सकती है जब तक कि कृषि ऋण की वर्तमान व्यवस्था–यदि एक अज्ञानी और पिछड़ी आबादी के अनवरत व्यापक एवं बलात् शोषण को ऐसे शब्दों से महिमामंडित किया जा सकता हो–की जड़ और शाखाओं को निकाल बाहर नहीं किया जाता है। ग्रामीण साहूकारों का मामला अलग हो सकता है–उसके पास वास्तव में प्रभावी हिमायती होते हैं–अन्य स्थानों और अन्य समय पर लेकिन आज की तारीख में इन क्षेत्रों में उनके पास कोई नहीं है। चूँकि सरकार ने भील खेतिहरों के वित्तीय-प्रबन्ध के लिए कोई अन्य उपयुक्त व्यवस्था नहीं की है अतः कुल मिलाकर यही कहा जा सकता है कि इस प्रकार की व्यवस्था उत्पन्न होनी ही थी। मेरा विश्वास है कि साहूकारों और एक कुत्ते की आन्तरिक परिजीविता के बीच समानता की उपमा उच्च न्यायालय के एक न्यायाधीश ने दी थी। उन्होंने संकेत किया कि दुखी होकर एक जानवर को खाना खिलाने का कोई मतलब नहीं है; ऐसा करके आप सिर्फ परिजीविता का पोषण कर रहे हैं। परिजीविता को सबसे निकाल देना चाहिए। इस मामले में तुलना बिल्कुल सही है। यदि यह सम्भव हो पाए तो हम अपने आपको सन्तुष्ट करने के लिए भील को ज्यादा पैसे दे देंगे तो हम साहूकार को फायदा पहुँचा रहे होंगे और भील हमेशा की तरह गरीब ही रहेगा। साहूकार बल्कि अन्यायी साहूकार को सबसे पहले निकाल देना चाहिए। कहने की आवश्यकता नहीं है कि इसके साथ ही हाथों-हाथ भील लोगों को ऋण सुविधा उपलब्ध करवाने के लिए जिसकी उसे जरूरत है, अन्य प्रबन्ध भी होने चाहिए और इन पर बाद में विचार किया जाएगा।

25. "साहूकारों के सम्बन्ध में मेरे सुझावों के विस्तार में जाने से पहले मैं बम्बई प्रान्तीय बैकिंग जाँच समिति का सन्दर्भ अवश्य दूँगा। ग्रामीण ऋणग्रस्तता के विभिन्न पहलुओं के बारे में वर्तमान समय में कहे जा सकनेवाले अन्तिम शब्दों को शायद इस रिपोर्ट में ठोस रूप दिया गया है। लेकिन मेरे विचार से आदिवासी क्षेत्रों के बारे में नहीं कहा गया है। मेरा मानना है कि इसके लिए अवश्य यह कारण होगा कि समिति ने इन क्षेत्रों में विशेषीकृत सरकारी कार्यवाहियों की आवश्यकता और सम्भावनाओं पर विचार नहीं किया और साहूकार को स्थायी और कुल मिलाकर अनर्थकारी अद्भुत प्रकृति का नहीं मानती है। समिति ने पैराग्राफ 97 में ऋणों और वसूली की वर्तमान व्यवस्था का संक्षेप में विवरण दिया है लेकिन उन शक्तिहीन कर देनेवाले और दमनकारी प्रभावों की व्याख्या नहीं की है जो इस व्यवस्था के

कारण सम्बन्धित हजारों भील खेतिहरों पर पड़ा है और इन तालुकों में कृषि की एक सामान्य अवस्था है। यह वाक्य कि–'सामान्यतया भील आदतन शराबी होते हैं और ज्यादा नकद के साथ अपने आप पर भरोसा नहीं करते हैं जिनको उसके द्वारा शराब में उड़ा देना पक्की बात है। इस प्रकार साहूकार आवश्यक राशि उधार देने और साथ ही बचत को सँभालकर रखने की बहुत सुविधाजनक संस्था है'–नैतिकता का नया सिद्धान्त प्रतिपादित करता दिखता है यदि सही है तो बेहद रोचकता तक खींचा जा सकता है। जैसे कि उदाहरण के लिए भीलों को शराब पर पैसे खर्च करने से रोकने के लिए साहूकार 'एक बहुत सुविधाजनक संस्था' है तो डकैत जो साहूकारों को लूट लेते हैं और सरकार के अधीनस्थ कर्मचारियों को कार्य करने के साधनों से हटा देते हैं, यदि स्वर्ग के देवदूत नहीं हैं तो सम्भावित तौर पर कहीं ज्यादा सुविधाजनक संस्था हैं! आदिवासियों के बीच ऋणग्रस्तता की समस्या के अन्य पहलुओं पर समिति ने पूरे तौर पर एक विशेषज्ञता के साथ विचार नहीं किया। उदाहरण के लिए इसमें आदिवासी क्षेत्रों में नान्दूरबर, नवापुर, दोहाद और झलोद को शामिल किया गया है लेकिन इसने तलोड़ा, मेवाड़ रियासतों और अकरनी को छोड़ दिया है। हाल का पेठा एक रोचक अध्ययन वहन करता है जिसका जिक्र मैं बाद में करूँगा, क्योंकि वहाँ कृषि ऋणग्रस्तता का कोई अस्तित्व नहीं है। दूसरी तरफ तलोडा और मेवाड़ रियासतों में यह सब जगह व्याप्त है। समिति फिर से कहती है (पृष्ठ 44) 'आदिवासी क्षेत्रों में ऋणों की गणना (मूल्यांकन) बहुत ऊँची की जाती है। हमारी जाँच यह दिखाती है कि यह गणना उन गाँवों में कहीं ज्यादा ऊँची थी जहाँ पुराने पट्टे प्रचलित थे। उन गाँवों में जहाँ जमीन सीमित पट्टों पर ली गई थी स्वाभाविक तौर से ऋणग्रस्तता काफी कम थी'। समिति प्रत्यक्षतः इस तथ्य से अवगत नहीं थी कि पुराने पट्टों पर भील लोगों द्वारा ली गई जमीन पूर्णतः उपेक्षा के लायक है और इसके आँकड़ों को नान्दुरबर तालुका के गैर-भील गाँवों से सम्बन्धित संख्याओं द्वारा अनुचित रूप से परखना चाहिए। तथ्य यह है कि सभी भील भूधारक सीमित पट्टे वाले हैं और इसके अतिरिक्त उनकी ऋण व्यस्तता भयावह रूप से काफी ज्यादा है। इसके लिए मैं इन तथ्यों को श्रेय दूँगा कि साहूकार भी जानता है कि चाहे सही या गलत तरीके से ऋणी के खेतों से अच्छी से अच्छी वसूली कर सकता है यदि वह खुद मालिक हो और यह कि साहूकार यहाँ पर अपने हिसाब किताब को प्रेसीडेंसी में किसी भी स्थान से ज्यादा अच्छे तरीके से फेरबदल कर सकता है।

26. ''लेखा नियमन अधिनियम और डेक्कन खेतिहर राहत ऋण को प्रतिस्थापित करने के लिए एक नए अधिनियम का समर्थन करते हुए साहूकारी अधिनियम के खिलाफ था (पैराग्राफ 242)। इसका कारण यह था कि यह भय हुआ कि इस तरह अधिनियम से बचा जा सकेगा और यह भी डेक्कन खेतिहर राहत अधिनियम की तरह उधार लेनेवालों की स्थिति को खराब कर देगा। अब जबसे सरकार साहूकारी अध्यादेश को अधिनियमित कर रही है ये मान्यताएँ प्रचलित नहीं रही हैं। चाहे कुछ भी हो मेरे विचार से छोटे स्वरूप क्षेत्रों में व्यवसाय को नियमबद्ध करने के लिए और उत्पीड़न पर रोक लगाने के लिए विशेष कार्यवाहियों को काफी सफलता के साथ लागू किया जा सकता है, जैसे कि उन क्षेत्रों में जिन पर अभी विचार हो रहा है।

27. ''हालाँकि मैं नहीं मानता कि आंशिक अपवर्जित क्षेत्रों में उपचारात्मक मामलों में वर्तमान साहूकारी अधिनियम अपने आप प्रभावी हो पाएगा। एक विशेष नियमन आवश्यक

है और मैं अनुशंसा करता हूँ कि इसे निम्नलिखित प्रभाव प्राप्त करने के लिए स्वीकार किया जाना चाहिए–

1. आंशिक अपवर्जित क्षेत्रों में सीधे पिछड़े वर्ग के लोगों के साथ साहूकारी लेनदेन के लिए एक विशेष लाइसेंस पूर्वनिर्धारित किया जाना चाहिए। यहाँ तक कि पिछड़े वर्ग के लोगों को भी यह लाइसेंस अवश्य लेना चाहिए; अन्य या वे साहूकार के मोहरों की तरह इस्तेमाल किए जाने लगेंगे। पिछड़े वर्ग के लोगों को बिना लाइसेंस के पैसा या सामान ब्याज पर उधार देने पर इसे कैद के साथ और जुर्माने के साथ दंडनीय अपराध बनाया जाना चाहिए। बच निकलने के रास्तों को समाप्त करने के लिए अपराधों की परिभाषा में ऐसे लेनदेनों को शामिल करना चाहिए जिनमें उधार लेनेवालों को कोई रसीद या प्रतिज्ञापत्र ऐसी राशि के लिए दिया जाता है जो उसके द्वारा वास्तव में प्राप्त राशि से ज्यादा होती है।

निस्संदेह गैर-कानूनी लेनदेन कानून में अप्रवर्तनीय होंगे।

2. साहूकारी अधिनियम में निर्धारित साधारण लाइसेंसों के अतिरिक्त इन विशेष लाइसेंसों को जिला मजिस्ट्रेट द्वारा अनुग्राही के स्वयं को अच्छे चरित्र और वित्तीय सुदृढ़ता रखनेवाले के रूप में सन्तुष्ट कर देने के बाद प्रदान किया जाना चाहिए। अच्छे चरित्र का होना बहुत आवश्यक है क्योंकि अविश्सनीय व्यक्ति के गलत कामों के चक्कर में फँसने के ज्यादा कारण मौजूद होते हैं।

   नियमों के उल्लंघन के लिए लाइसेंस जब्त किया जाना चाहिए।

3. निम्नलिखित मसलों को निर्धारित करनेवाले कानून बनाए जाने चाहिए–

   (क) वह स्वरूप जिसमें हिसाब-किताब लिखे जाने चाहिए यह तालुका कार्यालय से भुगतान पर जारी प्रकाशित लेखा पुस्तकें हो सकती हैं, जिसके प्रत्येक पृष्ठ पर क्रम संख्या मुद्रांकित हो।

   (ख) उधार लेनेवाले की खाता-बही की देखरेख और उसे एक निश्चित अवधि में आवश्यक रूप से विवरण जारी करना,

   (ग) जिन्हें नौकर रखा जा सकता है : दलालों और गुंडों के रूप में जैसे कि पठानों को, इस प्रकार समाप्त करना और आबकारी विभाग की तरह का नौकरनामा जारी करना, और

   (घ) पालन न करने पर दंड देना, जैसे निर्धारित प्रक्रिया का पालन न करने पर मुकदमे के अयोग्य होने का दंड।

इस विषय के अन्तर्गत मैंने विवरणों में से निकाले हैं क्योंकि ये मामले कानूनी और लेखा विशेषज्ञों के लिए हैं। कुछ सीमा तक ये साहूकारी अध्यादेश में भी शामिल हैं।

(4) पिछड़े वर्ग के लोगों से पुराने और नए दोनों तरह के नकद के अतिरिक्त किसी और रूप में वसूल करने पर प्रतिबन्ध और दंड लगाया जाना चाहिए। यह आवश्यक है; अन्यथा भील हमेशा की तरह अभी भी अपने उत्पादों में धोखा खाते रहेंगे, जो सारा उसकी खेती के सारे लाभों के साथ निरन्तर उससे लिया जाता रहा है। अपनी सुरक्षा और अपनी शिक्षा दोनों के लिए भील को अपने उत्पाद अवश्य बेचने चाहिए या तो खुले बाजार में या फिर क्रय-विक्रय सोसायटियों द्वारा जिनका प्रस्ताव पहले ही दिया गया है और अपने ऋणों का भुगतान नकद पैसों में करना

चाहिए इस नियम के अन्तर्गत एक नकद ऋण के बदले में कुछ वर्ष काम करने की शपथ लेने की निम्नस्तरीय व्यवस्था को भी प्रतिबन्धित करना होगा। साहूकार को कृषि उत्पादों के व्यापारी के रूप में साथ-साथ और व्यापार भी करने और भील लोगों को इस शर्त पर ऋण देने कि उनकी फसल बेची जाएगी या किसी और व्यक्ति के माध्यम से ले ली जाएगी, से प्रतिबन्धित कर दिया जाना चाहिए और निवारक दंड उपलब्ध कराए जाने चाहिए।

(5) आदिवासी या पहाड़ी जनजाति के किसी मुकदमे में सिविल न्यायालय की डिग्री को लागू कराने के लिए उसके उत्पादों को, जो उसके और परिवार के भरण-पोषण के लिए और अगली फसल आने तक बीजों के लिए बेहद जरूरी हैं, साथ जोड़े जाने से रियायत देनी चाहिए। सिविल प्रक्रिया की संहिता की धारा 61 में इसके लिए पहले से ही कानूनी प्रावधान मौजूद हैं, हालाँकि जो अभी प्रेजीडेंसी में लागू नहीं हुए हैं।

अधिभोगी जमीन के आकार और प्रकृति और आश्रितों की संख्या पर आधारित ऊपर दिए गए उद्देश्यों के लिए रियायतों का एक मापदंड पूर्वनिर्धारित होना चाहिए।

28. ''यदि ऊपर के प्रस्तावों को नजदीक से जाँचा जाए तो यह दिखेगा कि अपनी उग्र प्रकृति के बावजूद ये उन साहूकारों को कोई नुकसान नहीं पहुँचाएँगे जो अपने लेनदेनों में बेहद साफ-सुथरे और ईमानदार हैं। हालाँकि इसकी ज्यादा उम्मीद है कि इस प्रकार से अन्य तरह के साहूकार व्यवसाय से बाहर कर दिए जाएँगे।''

परिशिष्ट ङ

(देखें पैराग्राफ 235)

श्री डी. सिमिंग्टन, आई.सी.एस. द्वारा लिखी गई *''रिपोर्ट आन द अबोरिजिनल एंड हिल ट्राइब्स ऑफ द पार्शियली एक्सक्लूडेड एरियाज इन द प्रोविंस ऑफ बोम्बे''* के पैराग्राफ 215 और 217 के मुख्य अंश।

*　　　*　　　*

215. ''ऋणों के समाधान और समझौते कराने की प्रक्रिया में कई तरह के कार्य शामिल होते हैं और मैंने सावधानीपूर्वक विचार किया कि क्या इन्हें किए बिना काम करवाना सम्भव है।

यदि साहूकारी के सम्बन्ध में मेरे अन्य प्रस्ताव ठोस रूप लेंगे तो साहूकारों को वसूली के लिए और वसूलों के रूप में वसूली करने के लिए गुंडों को रखने से रोका जा सकेगा; वास्तव में न्यायालय की डिग्री लागू करने में खेतिहर की फसल को साथ जोड़ने में अधिकांशतः रियायत दी जाएगी। इसीलिए यह कहा जा सकता है कि पुराने ऋणों का समझौता करवाना अनावश्यक है और साहूकार को पहले के पुराने ऋणों की वसूली के लिए किसी कानूनी तरीके का इस्तेमाल करने की अनुमति दी जा सकती है। हालाँकि मुझे डर है कि ये एक खतरनाक काम होगा; पहला क्योंकि साहूकार मुश्किल से ही अपने आपको मात्र

कानूनी तरीके अपनाने तक सीमित रखेगा; और दूसरे क्योंकि ज्यादातर वर्तमान साहूकार बिना नए लेन-देनों में पड़े या लाइसेंस लिए बिना अपने बकाया ऋणों को एकत्र करके या इसके लिए दूसरे लोगों को नियुक्त करके इस व्यवसाय को छोड़ना चाहते हैं। ऐसे लोगों द्वारा उत्पीड़न से आदिवासियों की रक्षा करने के लिए कुछ कार्यवाही करना आवश्यक है और साथ ऐसे लोगों के लिए उनके बकाया ऋणों की पहचान करना भी जरूरी है इसीलिए ऋण समझौते के तरीकों की मदद लेना अपरिहार्य दिखाई पड़ता है।

* * *

217. "मैं नियमों से प्रभावित होनेवाले ऋण समझौते का प्रस्ताव करता हूँ जो निम्नलिखित नियमों पर आधारित होगा–

(1) एक अवधि तय की जानी चाहिए जिसके अन्दर आंशिक अपवर्जित क्षेत्रों में पिछड़े वर्ग के लोगों के खिलाफ सारे दावों को आवश्यक विवरणों सहित निर्धारित प्राधिकरण के सामने प्रस्तुत करना चाहिए। प्रस्तुत न किए जानेवाला कोई भी दावा बाद में कानूनन प्रवर्तनीय नहीं होगा।

(2) मूलधन और बकाया ब्याज–इस वर्ष के लिए वर्तमान ब्याज को छोड़कर–के सम्बन्ध में प्रत्येक मामले में न्यायालय के निर्णय को लंबित करते हुए एक ऋण स्थगन आदेश लागू किया जाना चाहिए।

(3) प्रत्येक तालुका या पेठा में एक चलता-फिरता ऋण प्रशासन न्यायालय बनाया जाना चाहिए। इन क्षेत्रों में मैं गैर-आधिकारिक समाधान निकायों की अनुशंसा नहीं करूँगा क्योंकि यहाँ पर उन पर निगरानी करने में समर्थ कोई जनमत नहीं है और कर्मचारियों को मदद उपलब्ध करानेवाले अयोग्य अनिच्छुक और शिक्षित सदस्य हैं। मैंने चुने हुए उपन्यायाधीशों से बने हुए न्यायालयों का सुझाव दिया था जो जहाँ तक सम्भव हो सकें नियमित सिविल न्यायालयों की तरह काम करें।

(4) ऋणियों का प्रतिनिधित्व करने के लिए प्रत्येक न्यायालय में सार्वजनिक लागत पर एक या ज्यादा सरकारी वकील नियुक्त किए जाने चाहिए। इन्हें सामग्री एकत्रित करने में स्थानीय अधिकारियों की सहायता प्राप्त होनी चाहिए। बेंहद अपवाद-स्वरूप परिस्थितियों को छोड़कर कोई भी मुकदमा एकपक्षीय निर्णीत नहीं किया जाना चाहिए।

(5) मौखिक साक्ष्यों की स्वीकार्यता के बारे में न्यायालय को अधिकृत अपना विवेक प्रयोग करने के लिए निर्देशित किया जाना चाहिए। खासतौर पर यह सलाह दी जानी चाहिए कि एक अशिक्षित आदिवासी द्वारा पूरे किए गए दस्तावेजों को उसी लेन-देन के मौखिक साक्ष्यों की तुलना में समरूप समझते हुए ज्यादा विश्वसनीय नहीं मानना चाहिए।

(6) ब्याज की अनुमति प्राप्त दरों और इससे मिले-जुले मामलों के सम्बन्ध में न्यायालय द्वारा निर्देश दिए जाने चाहिए।

(7) न्यायालय को बताने चाहिए–

(क) ऊपर के निर्देशों के अनुसार बकाया राशियों का एक निर्धारण, और

(ख) भुगतान के लिए आदेश।

(8) भुगतान के लिए आदेश करने से पहले न्यायालय को विवरणों—स्थानीय राजस्व या वन अधिकारियों द्वारा दिए जानेवाले—ऋणी की सम्पत्ति, आय और उस पर आश्रितों की संख्या—पर विचार अवश्य कर लेना चाहिए।

(9) जब तक कि ऋणी के पास पहले से ही पर्याप्त चल सम्पत्ति नहीं होगी—जो बेहद असाधारण होगी—न्यायालय निम्नलिखित सीमाओं के साथ समान वार्षिक किश्तों में अन्तिम रूप से निर्धारित राशि के भुगतान के लिए डिक्री जारी करेगा—

(क) पैराग्राफ 27 (5) में प्रस्तावित मानदंड के अनुसार ऋणी के पास बीजों के लिए और भरणपोषण के लिए पर्याप्त उत्पाद प्रत्येक किश्त के अलावा छोड़े जाने चाहिए; और

(ख) किश्तें कुछ वर्षों की अवधि में सीमित होनी चाहिए जो बीस वर्ष कहे गए हैं। सभी किश्तें ऋणी की मृत्यु के साथ ही बन्द की जानी चाहिए।

इन नियन्त्रणों का परिणाम बकाया राशि के कई निर्धारणों में असंतोष के रूप में आएगा। हालाँकि इससे केवल इस तथ्य की पहचान होगी कि कई सारे आदिवासी ऋणी—शायद बहुसंख्यक वास्तव में ही कंगाल हैं। वर्तमान समय में साहूकार ही उनका वित्तीय प्रबन्ध करना वहन कर सकता है क्योंकि वह उन्हें भूखे रहने की नौबत या उससे थोड़ा नीचे तक बचाए रख सकता है और रखता है और क्योंकि वह मौत द्वारा उन्हें उसके पंजों से बचा लेने के बाद उनके उत्तराधिकारियों और रिश्तेदारों को ऋणों की जिम्मेदारी लेने के लिए 521
धमका या हिंसा का प्रयोग कर सकता और करता है। उन जिलों में जहाँ डेक्कन खेतिहर राहत अधिनियम का दिवालिया अध्याय लागू होता है वहाँ खेतिहर दिवालिया लोगों को बचने का एक आसान रास्ता उपलब्ध हो जाता है इस प्रकार मेरे द्वारा बढ़ाए जानेवाले तर्क के सिद्धान्त को एकबारगी पहले ही कानून में स्वीकार किया जा चुका है। हालाँकि यह प्रक्रिया खेतिहर ऋणियों द्वारा कभी प्रयोग नहीं की जाती है मुख्यः रूप से इसलिए क्योंकि वे साहूकारों को नाराज नहीं कर सकते हैं और आंशिक रूप से इसलिए कि उनकी मूलभूत ईमानदारी—एक औसत किसान उसकी कृपाओं से वंचित होने के लिए कोई इच्छा नहीं रखता है और यह खासतौर पर भील और अन्य जंगली जनजातियों के लिए सच है। लेकिन जब इन पिछड़ी जनजातियों के सम्बन्ध में प्रशमन कार्यवाहियों का क्रम चल रहा हो तो मेरा मानना है कि हमारा दायित्व है कि हम पहचान करें कि उनकी बही संख्या वास्तव में दिवालिया है चाहे वो इस बात का समर्थन करें या न करें या यदि मना भी करें। ऐसी परिस्थितियों में उनसे दिवालिया याचिकाकर्ता की तुलना में ज्यादा खराब व्यवहार नहीं होना चाहिए और उनकी जिम्मेदारी कड़ाई के साथ उनकी भुगतान करने की क्षमता के साथ कम कर देनी चाहिए। अगर ऐसा हो गया तो साहूकारों के मुकदमों को थोड़ी सहानुभूति मिलेगी क्योंकि उसने इस उम्मीद के साथ पैसा उधार दिया था कि दबाव डालकर या गैरकानूनी तरीकों से वह अपना भुगतान प्राप्त करने में सफल हो जाएगा। कई मामलों में पाया जाएगा कि उसे पहले ही भुगतान हो चुका है।

(10) न्यायालय द्वारा निर्धारित बकाया ऋण की किश्तों को एक सोसायटी द्वारा प्रदत्त ऋण की तरह से ही राजस्व प्राधिकरण द्वारा वसूला जाना चाहिए। (देखें पैराग्राफ 34 (च)) इससे ऋणदाता को सही रसीदें मिलेंगी और इसी के साथ यह ऋण लेनेवाले के लिए ऋणदाता से सीधे व्यवहार को अनावश्यक बना देगा।

परिशिष्ट च

ममलतदार न्यायालय अधिनियम, 1906 की धारा 6 की प्रति
(बम्बई संहिता, खंड-4 पाँचवाँ संस्करण, 1938)

*   *   *

"6. (1) प्रत्येक ममलतदार एक न्यायालय का अध्यक्ष होगा जिसे ममलतदार न्यायालय कहा जाएगा, और जिसके पास प्रान्तीय सरकार द्वारा समय-समय पर निर्धारित की गई प्रादेशिक सीमाओं के अन्तर्गत धारा 6 और 26 के प्रावधानों के अनुसार शक्तियाँ प्राप्त होंगी। यह न्यायालय कृषि या चराई के लिए कोई जमीन या स्थान, या पेड़ों, या फसलों, या मछली पालन केन्द्रों पर तत्काल कब्जा दिलाने या किसी कुएँ, तालाब, प्राकृतिक या कृत्रिम नहर या नदी पर कब्जा दिला सकता है, जो ऐसे किसी व्यक्ति द्वारा कृषि कार्य के लिए प्रयुक्त की जाएगी—जिसे उस जमीन से हटा दिया गया है या जो वंचित है (किसी कानून के तहत ऐसा किए जाने के अतिरिक्त), या जो किसी पट्टेदारी या अन्य किसी व्यक्ति के अधिकार के निर्धारण के द्वारा उस भूमि के मालिकाने या उसे दोबारा उसी स्थिति में पाने के लिए अधिकृत है, जो सम्पत्ति पर दायर मुकदमे के गत 12 वर्षों के भीतर उस जमीन का पूर्व स्वामी या आंशिक स्वामी नहीं रहा है, या जो ऐसे किसी पूर्व स्वामी या आंशिक स्वामी का कानूनी प्रतिनिधि नहीं है।

बशर्ते कि, ऐसी किसी भी स्थिति में सम्पत्ति का स्वामित्व सौंपना या ऐसे किसी व्यक्ति को पुनर्बहाल करना गलत लगता है, जो इसका अधिकारी महज किसी पट्टे या अन्य अधिकार के निर्धारण के जरिए हो गया है, या ममलतदार को प्रतीत होता है कि इस तरह के मामले को दीवानी अदालत ज्यादा बेहतर ढंग से निपटा सकती है; तो ममलतदार स्वविवेक के आधार पर उक्त अधिकार के क्रियान्वन से इंकार कर सकता है, लेकिन इसके लिए उसे ऐसे किसी भी इंकार का कारण लिखित में दर्ज करना होगा।

2. जब कोई व्यक्ति कानून के अतिरिक्त अन्य तरीकों से किसी व्यक्ति को कृषि या चराई के लिए प्रयोग की जानेवाली जमीन या स्थान पर अधिकार करने से, या पेड़ों, या फसलों, या मछली पालन केन्द्रों या किसी कुएँ, तालाब, नहर या नदी से चाहे प्राकृतिक हो या कृत्रिम, के पानी का प्रयोग कृषि-कार्यों के लिए या सड़कों या सीमाशुल्क मार्गों के प्रयोग करने में व्यवधान या बाधा डालता है या व्यवधान या बाधा डालने की कोशिश करता है तो उपरोक्त न्यायालय उन्हीं प्रावधानों के अनुसार उपरोक्त सीमाओं के अन्दर ऐसे व्यक्ति को जो यह करता है या करने की कोशिश करता है, को एक निषेधाज्ञा जारी करने की शक्ति रखता है जो उस व्यक्ति को और ज्यादा व्यवधान या बाधा डालने या डालने की कोशिश करने से दूर होना आवश्यक बना देता है।
3. किसी भी ऐसे मुकदमे पर ममलतदार न्यायालय में विचार नहीं किया जाएगा जब तक कि यह किए गए कार्य के लिए मुकदमा न किया जाए।
4. कार्य उस तिथि पर हुआ माना जाएगा जब बेदखली, वंचित कर देना, या निर्धारण

या काश्तकारी या अन्य कोई अधिकार किया जाए : या उस तिथि पर जब व्यवधान या बाधा या व्यवधान या बाधा डालने की कोशिश पहली बार हुई हो।

व्याख्या–इस धारा के अर्थ के अन्तर्गत एक संयुक्त मालिक द्वारा अपनी संयुक्त सम्पत्ति र किसी अधिकार को प्रयोग करना अन्य संयुक्त मालिक या मालिकों को बेदखल करना ा अधिकार में व्यवधान डालना नहीं माना जाएगा।

उदाहरण I

ः द्वारा ख को अपने खेत एक या ज्यादा वर्षों की निर्दिष्ट अवधि के लिए खेती के लिए देता है। ख उस अवधि के समाप्त होने पर अधिकार छोड़ने से मना कर देता है। यदि ा ऐसा व्यक्ति नहीं है जो सम्पत्ति पर मुकदमा होने के बारह वर्षों की अवधि के अन्दर ूतपूर्व मालिक या आंशिक मालिक रहा हो या वह ऐसे भूतपूर्व मालिक या आंशिक मालिक ा कानूनी प्रतिनिधि हो तो क उपरोक्त अवधि के समाप्त होने के छह महीने के अन्दर मलतदार न्यायालय में अधिकार जो सम्पत्ति पर मुकदमा होने के बारह वर्षों की अवधि के न्दर भूतपूर्व मालिक या आंशिक मालिक रहा हो या वह ऐसे भूतपूर्व मालिक या आंशिक ालिक का कानूनी प्रतिनिधित्व रहा तो क, ख पर ममलतदार न्यायालय में उपरोक्त अवधि ः समाप्त होने के छह महीने के अन्दर मुकदमा कर सकता है और ख को पानी लेने से कने के लिए निषेधाज्ञा प्राप्त कर सकता है।

उदाहरण II

ा, क का वार्षिक काश्तकार है जिसने उसे बम्बई भू-राजस्व संहिता, 1979 की धारा 84 ः अन्तर्गत काश्तकारी के उस चालू वर्ष के अन्त से कम-से-कम तीन महीने पहले जमीन ोड़ने का नोटिस दे दिया, जो ख को करनी पड़ेगी। अगले वर्ष की शुरुआत में ख ने छोड़ने मना कर दिया। यदि ख ऐसा व्यक्ति नहीं है जो सम्पत्ति पर मुकदमा होने की बारह वर्षों ी अवधि के अन्दर भूतपूर्व मालिक या आंशिक मालिक रहा हो या वह ऐसे भूतपूर्व मालिक ा आंशिक मालिक का कानूनी प्रतिनिधि रहा हो तो क उस वर्ष की शुरुआत से छह महीने ः अन्दर किसी भी समय ख पर ममलतदार न्यायालय में मुकदमा कर सकता है।

उदाहरण III

ः ने ख को अपने कुएँ या अपनी नहर से एक निर्दिष्ट अवधि के लिए पानी लेने की अनुमति ी, जिसके समाप्त होने पर भी ख कुएँ या नहर से बिना क की सहमति लिए पानी लेता हा। यदि ख ऐसा व्यक्ति नहीं है तिथि से छह महीनों के अन्दर प्रस्तुत नहीं किया जाता है।

उदाहरण IV

क पाट या फाँस या इसी तरह की कृत्रिम नहर से सटी हुई क और ख की जमीनें हैं, जो ब तक केवल ख द्वारा ही इस्तेमाल की जा रही थीं। क वहाँ से पानी निकालता है तो ख, ः द्वारा पानी लेना शुरू करने की तिथि से छह महीने के अन्दर किसी भी समय ममलतदार ्यायालय में क को ऐसा करने से रोकने की निषेधाज्ञा प्राप्त करने के लिए मुकदमा कर कता है।

परिशिष्ट छ

(देखें पैराग्राफ 249)

[प्रश्नावली संख्या 3]

(विचारार्थ विषय ङ)

1. (क) आपके गाँव इलाके में खेत-मजदूर खासकर आदिवासियों को नियुक्त करने की क्या व्यवस्था है?

(ख) क्या आदिवासी खेत-मजदूरों की नियुक्ति मासिक या वार्षिक पारिश्रमिक के आधार पर होती है?

(ग) कृपया निम्न तालिका में ऐसे पारिश्रमिकों के कुल मूल्य का उल्लेख कीजिए–

	नकद	अनाज		अन्य भत्ते		कुल मूल्य
		मात्रा	मूल्य	विवरण	मूल्य	रुपयों में
1	2	3	4	5	6	7
(i) एक पूर्ण विकसित आदमी						
(ii) एक लड़का						
(iii) एक मजदूर औरत						

2. (क) कृपया इस बात का उल्लेख कीजिए कि क्या खेत मजदूरी में आनेवाले किसी आदिवासी के साथ मौखिक अनुबन्ध होता है या दस्तावेजी?

(ख) अगर यह दस्तावेजी होता है तो क्या इसके अन्दर सेवा के लिए ऋण या पुराने ऋण के समायोजन कर देने के विचार का जिक्र किया जाता है?

(ग) ऐसे ऋणों या पुराने ऋणों पर ब्याज की सामान्य दर, अगर कोई है, तो क्या है?

3. (क) क्या इस अनुबन्ध में महत्त्वपूर्ण त्यौहारों के अवसरों पर या बीमारी के दौरान अवकाश देने का कोई खास प्रावधान है?

(ख) क्या ऐसी अनुपस्थितियाँ दंडनीय हैं? अगर हैं तो कैसे?

4. इस बन्धक-पत्र का स्थानीय नाम क्या है जैसे नौकरी पत्र या बरसी चिट्ठी?

5. (क) उल्लंघन किए जाने पर किस प्रकार सेवाओं के लिए बन्धक-पत्र को लागू करवाया जाता है?

(ख) क्या कोई सिविल मुकदमा दायर या कोई पंचायत बन्धक पत्र को लागू करवाने के लिए बुलाई गई?

6. (क) क्या यह तथ्य सही है कि किसी आदिवासी द्वारा अपने परिवार में शादी या कोई त्यौहार या उस पर जाति का जुर्माना या न्यायालय का जुर्माना चुकाने के लिए किए गए ऋण पर आमतौर से वसूले जानेवाले ब्याज को साधारणतया ऋणी द्वारा व्यक्तिगत रूप से या उसके परिवार के किसी सदस्य द्वारा सेवा करने के लिए बरसी अनुबन्ध करके चुकाया जाता है?

(ख) ऐसे ऋणों पर साधारणतया ब्याज की क्या दर होती है?

(ग) एक 100 रुपए के मूलधन वाले ऋण को चुकाने में आमतौर पर इस तरह कितने वर्ष लग जाते हैं?

7. क्या ऐसे मामले वहाँ पाए जाते हैं जहाँ वही परिवार पीढ़ियों से उसी नियोक्ता परिवार के यहाँ खेत मजदूरी करता आ रहा है?

8. (क) आदिवासी खेत मजदूरों की जाँच के लिए चुने गए गाँवों में से पाँच ऐसी सबसे लम्बी अवधि बताइए जिनमें आदिवासी नियोक्ता परिवार की सेवा में निरन्तर लगे रहे, उधार या अन्य तरीकों से वास्तव में लिए गए ऋण, उसके बाद भुगतान या अतिरिक्त उधार, और नौकरों के लिए उनके मालिकों द्वारा रखे हिसाब-किताब की वर्तमान स्थिति बताइए?

(ख) बताइए क्या उनकी पत्नियाँ और बच्चे (वयस्क या अन्य) और अन्य रिश्तेदार भी उसी मालिक के साथ मजदूरी करते हैं, और किन शर्तों पर?

(ग) वह उम्र जब ये आदिवासी खेत-मजदूरी शुरू करते हैं और उनकी वर्तमान उम्र का अनुमान लगाइए।

(घ) क्या उनके पास या उनके माता-पिता या भाइयों के पास कोई काश्तकारी जमीनें हैं?

(ङ) क्या उनके पास खेत मजदूर बनने से पहले काश्तकारी जमीनें थीं? यदि ऐसा था, तो उनके पास से कैसे चली गई और क्या वे अभी भी उन जमीनों पर अपने मालिकों के खेत मजदूरों के रूप में खेती करते हैं?

(च) क्या उनमें से कोई पढ़ और लिख सकता है?

9. ऐसे नौकरों की मजदूरी की तुलना किस प्रकार अन्य खेत-मजदूरों या निकटवर्ती खदानों या मौसमी या अन्य कारखानों के मजदूरों से की जाती है? इस तरह के रोजगार के वैकल्पिक स्रोतों की उपस्थिति ने किस हद तक खेत-मजदूरों की मजदूरी को बढ़ाया है या बुरे मालिकों की नौकरी से बचने में किसी व्यक्ति को समर्थ किया है?

10. (क) आपकी जाँच के परिणामस्वरूप क्या आपका मानना है कि आदिवासियों और सेवक जातियों के लोगों को खेत-मजदूरों के रूप में रोजगार देने की व्यवस्था, बँधुआ मजदूरी या कृषि दासता का एक रूप है? चाहे मजदूरों को बरसा लिया, बरसिया, बरसूदिया, कामिया, कबाड़ी, साँझिया, पोनहार, यहटिंकिया, परखया, या किसी और नाम से जाना जाए, बरसी, या साँझिया, या कमौती या किसी और नाम की व्यवस्था हो और नौकरी पत्र या नौकरनामा या कोई और नाम का सेवा-अनुबन्ध हो। यदि ऐसा है तो कारण दीजिए।

(ख) यदि इस व्यवस्था को पूरी तरह से रोक दिया जाए तो सम्पूर्ण रूप से आदिवासियों और गाँव के आर्थिक जीवन पर इसकी क्या प्रतिक्रिया होगी?

(ग) वर्तमान व्यवस्था की सबसे बड़ी बुराई क्या है और आप उसका समाधान कैसे करेंगे?

(घ) क्या केन्द्रीय प्रान्त साहूकारी अधिनियम की धारा 2 (छ) को निरस्त किया जाना चाहिए ताकि आदिवासी (और अन्य) कृषि मजदूरों को इस अधिनियम

के दायरे में लाया जाए और उन्हें हिसाब का वार्षिक विवरण उपलब्ध कराया जाए?

(ङ) क्या कानून द्वारा यह सुनिश्चित करवाया जाना चाहिए कि बरसी या इसी तरह की व्यवस्था के अन्तर्गत प्रत्येक मजदूर का वार्षिक विवरण नियोक्ता-ऋणदाता द्वारा ऋणी और दो साक्ष्यांकित गवाहों की उपस्थिति में बनाया जाए?

(च) क्या कानून द्वारा आदिवासियों या अन्य खेत-मजदूरों से काम करवाने के लिए बन्धक पत्रों पर पूर्णतः प्रतिबन्ध लगाया जाना चाहिए या इसे अधिकतम ऋण की राशि और एक मानी गई न्यूनतम मजदूरी निर्धारित करने जो नकद व सामान के रूप में वास्तविक मजदूरी के रूप में बँटी हुई हो और लिए गए ऋण के मासिक भुगतान के रूप में घटाई जाती हो, के रूप में निश्चित करने की कोशिश करनी चाहिए?

(छ) क्या कानून द्वारा एक ऐसी अधिकतम काम करने की अवधि निर्धारित करनी चाहिए जिसके समाप्त होने पर ऋण या उपरोक्त अवधि में अन्य लिए गए ऋण स्वतः समाप्त हो जाएँ और क्या आपका मानना है तीन साल एक उपयुक्त अवधि है?

(ज) क्या मजदूरों को सिविल मुकदमों की खर्चीली प्रक्रिया के बजाय निकटवर्ती राजस्व न्यायालयों से ऐसे सेवा-अनुबन्धों के खिलाफ तत्काल समाधान पाने का हकदार बनाया जाना चाहिए जो गैरकानूनी, अबोधगम्य या सार्वजनिक नीति के खिलाफ हों और क्या राजस्व अधिकारियों को स्वविवेक से निर्णय करने के लिए अधिकृत कर देना चाहिए?

11. (क) क्या आपके जिलें में सभी मजिस्ट्रेटों के पास बाल (बँधुआ मजदूरी) अधिनियम, 1933 (1933 का केन्द्रीय अधिनियम 2) की प्रतियाँ मौजूद हैं?

(ख) जुलाई, 1933 से प्रभावी होने के बाद से इस अधिनियम के अन्तर्गत लगाए गए अभियोगों की संख्या बताइए।

(ग) क्या आपके जिले में माता-पिता या संरक्षकों द्वारा प्राप्त पैसों या प्राप्त होनेवाले पैसों के बदले में 15 वर्ष से कम उम्र के बच्चे के श्रम को बँधुआ बनाने की कोशिशें तथाकथित माता-पिता या संरक्षक को कभी की गई है ?

(घ) अधिनियम के दंडात्मक अनुच्छेद किस प्रकार प्रभावी हो सकते हैं जब उनके खिलाफ अपराध असंज्ञेय हों?

(ङ) क्या अधिनियम के बारे में आदिवासी मजदूरों और उनके मालिकों को पता है ?

परिशिष्ट ज

(देखें पैराग्राफ 273)

मद्रास एजेंसी ऋण बन्धक उन्मूलन विनियम, 1940
(1940 का मद्रास विनियम संख्या 3)
सेंट जार्ज किला, 27 जून 1940
(सरकारी आदेश संख्या 111, कानूनी)

संख्या 16–निम्नलिखित नियम मद्रास के आदरणीय गवर्नर द्वारा भारत सरकार अधिनियम, 1935 की धारा 92 की उपधारा (2) के अन्तर्गत बनाया गया है, इसे 31 मई, 1940 को आदरणीय गवर्नर-जनरल की सहमति प्राप्त हुई और इसे यहाँ सामान्य सूचना के लिए प्रकाशित किया गया है–

1940 का मद्रास विनियम संख्या 3

मद्रास प्रान्त में आंशिक अपवर्जित क्षेत्रों में कुछ निश्चित प्रकार की मजदूरी को करने के लिए समझौतों के सम्बन्ध में प्रावधान बनाने और ऋण-बन्धक की व्यवस्था को समाप्त करने के लिए नियम। ऐसी अवस्था में यह वांछनीय है कि मद्रास प्रान्त के आंशिक अपवर्जित क्षेत्रों में प्राप्त ऋण-बन्धक की व्यवस्था, जिसे गोठी कहते हैं को समाप्त किया जाए; और इस विचार दृष्टि से इन क्षेत्रों में अकुशल शारीरिक श्रम करने के लिए समझौते की शर्तों को नियमित और अवधि को सीमित और इससे सम्बन्धित प्रावधान बनाया जाना वांछनीय है; इसे निम्नलिखित तरीके से अधिनियमित किया गया है–

1. शीर्षक और सीमा–(1) इस नियम को मद्रास एजेंसी ऋण बन्धक उन्मूलन विनियम, 1940 कहा जाएगा।

(2) यह सारे मद्रास प्रान्त के आंशिक अपवर्जित क्षेत्रों में विस्तारित होगा।

2. परिभाषाएँ–इस नियम में रहेंगी जब तक कि विषय या सन्दर्भ के प्रतिकूल कुछ न हो–

(i) 'ऋण' का अर्थ है पैसों में या सामान के रूप में या कुछ पैसों और कुछ सामान का उधार और जिसमें ऐसा लेनदेन शामिल हो जो ठोस रूप में ऋण हो।

(ii) "एजेंट" का मतलब है मद्रास सरकार का एजेंट;

(iii) "नियोक्ता" का मतलब ऐसे व्यक्ति से है जिसके लिए मजदूर समझौते की शर्त के अन्तर्गत काम करने के लिए बाध्य हो;

(iv) "गोठी समझौता" का मतलब एक ऐसे समझौते से है जो लिखित या मौखिक या आंशिक लिखित और आंशिक मौखिक हो जिसमें किसी व्यक्ति द्वारा श्रम करने का आधार उस व्यक्ति पर बकाया ऋण और ब्याज के कारण आती है जिसमें यदि ऐसा ऋण हो और ऐसे लेनदेन शामिल हों जो वास्तव में एक समझौते की तरह हों;

(v) "मजदूर" का मतलब कृषि मजदूर और इसमें घरेलू नौकर या मजदूर से है चाहे घर में काम करनेवाले या बाहर काम करनेवाले हों;

(vi) "श्रम समझौतों" का मतलब ऐसे समझौते से है जो लिखित हो या मौखिक या आंशिक लिखित और आंशिक मौखिक हो, जिसमें किसी व्यक्ति द्वारा श्रम करने का आधार एक महीने की साधारण और समतुल्य पारिश्रमिक के बराबर से ज्यादा

या किसी व्यक्ति द्वारा अपने निवेदन पर किसी और व्यक्ति को उधार और ब्याज, यदि ऐसे ऋण पर है तो, हो और उसमें शामिल हो; और

(vii) 'मजदूर' का मतलब ऐसे व्यक्ति से है जो समझौते की शर्तों के अनुसार श्रम करने के लिए बाध्य है।

3. *भविष्य के गोठी समझौते सामान्य*—इस विनियम के लाए जाने के बाद होनेवाले गोठी समझौते पूरी तरह से सामान्य होंगे।

4. *भविष्य के श्रम समझौते जब तक कुछ शर्तों को पूरा नहीं कर देते सामान्य*—इस विनियम के लागू होने के बाद होनेवाले श्रम पूरी तरह से सामान्य होंगे।

(i) यदि दोनों पक्षों के बीच हुए समझौते की सभी शर्तें लिखित में व्यक्त नहीं की गई हैं या यदि इस समझौते की एक प्रति एजेंसी मंडलीय अधिकारी के कार्यालय में या प्रान्तीय सरकार द्वारा उसकी जगह नियुक्त किसी और प्राधिकरण के पास जमा नहीं कराई गई है; या

(ii) यदि ऋण और उस पर ब्याज, यदि कोई है तो उस अवधि के लिए जिसमें उस व्यक्ति को काम करना पड़ा है, के पारिश्रमिक के अनुसार उचित और समतुल्य नहीं है; या

(iii) यदि बताई गई या लागू की गई अवधि जिसमें मजदूर को काम करना पड़ा, बढ़ती है या किसी सम्भावित कारण से एक वर्ष से ज्यादा बढ़ सकती है; या

(iv) जहाँ ब्याज का प्रावधान हो, यदि लगाया गया ब्याज हद और एक चौथाई प्रतिशत वार्षिक की दर से ज्यादा पर असाधारण ब्याज नहीं है।

व्याख्या—इस विनियम में उद्देश्य के लिए पारिश्रमिक उचित और समतुल्य नहीं माना जाएगा यदि यह प्रान्तीय सरकार द्वारा अधिसूचना से समय-समय पर निर्धारित की गई राशि से कम होगा और जहाँ राशि निर्धारित नहीं की गई है, मालिक द्वारा मजदूर को खाना न खिलाने पर यह सात रुपए से कम हो या खाना खिलाए जाने पर चार रुपए से कम हो।

5. *समझौते में निर्दिष्ट अवधि के समाप्त होने पर काम करने की जिम्मेदारी समाप्त*—एक वैध श्रम समझौते के अन्तर्गत काम करने की सारी जिम्मेदारियाँ ऐसे समझौते में निर्दिष्ट अवधि के समाप्त हो जाने पर समाप्त हो जाएँगी।

6. *मजदूर द्वारा बकाया चुकाने और अपने आपको काम करने की बाध्यता से मुक्त करवाने का अधिकार*—एक मजदूर को स्वतन्त्रता है कि वह अपने सारे बकाया ऋण के साथ उस पर लगे ब्याज, यदि कोई है को किसी भी समय एक वैध श्रम समझौते के लागू रहने के दौरान चुका सकता है और अपने आपको समझौते के अन्तर्गत काम करने की बाध्यता से मुक्त करवा सकता है।

7. *एक मजदूर द्वारा संपार्श्विक समझौता सामान्य*—एक श्रम समझौते में बँधा हुआ मजदूर ऋण या उस पर ब्याज के सम्बन्ध में किसी और दस्तावेज को मानने के लिए बाध्य नहीं होगा। यदि किसी मजदूर द्वारा कोई और दस्तावेज पूरा किया जाता है तो यह पूरी तरह से अमान्य होगा।

8. *मजदूर की मौत पर श्रम समझौता अमान्य और मजदूर की जिम्मेदारी समाप्त*—प्रत्येक श्रम समझौता धारा 4 के अनुसार मजदूर की मौत पर निरस्त हो जाएगा और श्रम समझौते के अन्तर्गत मृतक मजदूर की सम्पत्ति या उसके उत्तराधिकारियों के प्रति कोई जिम्मेदारी नहीं बचेगी।

9. *चल रहे गोठी और श्रम समझौते के बारे में विशेष प्रावधान*–(1) इस विनियम के प्रभावी होने पर चल रहे गोठी और श्रम समझौते पूरी तरह से अमान्य होंगे यदि इसकी शर्तें विनियम के प्रभावी होने के बाद किए गए श्रम समझौते में उपधारा 2 के अनुसार निर्धारित नहीं की जाएँगी और निर्धारित की गई शर्तों की एक प्रति एजेंसी मंडलीय अधिकारी या प्रान्तीय सरकार द्वारा धारा 4 के अनुच्छेद 1 के अन्तर्गत नियुक्त किसी प्राधिकरण के कार्यालय में जमा नहीं कराई जाएँगी।

(2) इस विनियम के प्रभावी होने के दौरान चल रहे गोठी या श्रम समझौते का कोई भी पक्ष प्रान्तीय सरकार द्वारा अधिकृत किसी भी अधिकारी के पास ऐसे समझौते की शर्तों को तय करने के लिहाज से आवेदन कर सकता है और यह अधिकारी ऐसे समझौते की शर्तों को तय कर सकेगा जो चाहे इस विनियम के प्रभावी होने के बाद हुए हों और ऐसे निर्धारण समझौते के पक्षों को इसे मानने के लिए बाध्य करेगा। निर्धारित समझौते की एक प्रति एजेंसी मंडलीय अधिकारी या प्रान्तीय सरकार द्वारा धारा 4 के अनुच्छेद 1 के अन्तर्गत नियुक्त किसी प्राधिकरण के कार्यालय में जमा करवाई जाएगी।

10. *एक अमान्य समझौते के पालन द्वारा श्रम प्राप्त करने पर दंड*–इस विनियम के अन्तर्गत अमान्य समझौते के पालन द्वारा जो कोई व्यक्ति किसी व्यक्ति का श्रम प्राप्त करता है, उस पर जुर्माने के साथ दंड दिया जा सकता है जो दो सौ रुपए तक बढ़ाया जा सकता है या कैद में किसी तरह की गड़बड़ी होने पर जो छह महीने तक बढ़ायी जा सकती है।

11. *अन्य दंड*–कोई नियोक्ता जो–

(i) एजेंसी मंडली अधिकारी या धारा 4 के अनुच्छेद (1) के अन्तर्गत नियुक्त प्राधिकरण कार्यालय में इस विनियम के प्रभावी होने के बाद किए गए श्रम समझौते या गोठी या श्रम समझौते, जिसकी शर्तें धारा 9 की उपधारा (2) के अन्तर्गत तय की गई हैं, की एक प्रति जमा करवाने में असफल रहता है; या

(ii) मजदूर को उसकी मजदूरी देने या उसे खाना खिलाने जबकि समझौते की शर्तों के अनुसार उसे खिलाने के लिए बाध्य है, में असफल होने पर जुर्माने के साथ दंड दिया जाएगा जो दो सौ रुपए तक या कैद में किसी तरह की गड़बड़ी होने पर छह महीने तक बढ़ाया जा सकता है।

12. *नियोक्ता द्वारा समझौता समाप्त करना*–(1) एक वैध श्रम समझौते या एक गोठी या श्रम समझौते की अवधि के दौरान जो धारा 9 की उपधारा (2) के अन्तर्गत निर्धारित किए गए थे, यदि कोई मजदूर बिना किसी कारण के शर्त के अनुसार काम को रोके रखता है या पर्याप्त मनोयोग के साथ काम नहीं करता है तो नियोक्ता अपना समझौता समाप्त करने की मंशा लिखते हुए एक महीने का नोटिस मजदूर को दे सकता है और इस नोटिस की एक प्रति के साथ मूल समझौते की प्रति एजेंसी मंडलीय अधिकारी या अन्य प्राधिकरण के कार्यालय में जमा करवा देता है। ऐसे नोटिस तिथि के एक महीना समाप्त होने के बाद या उपरोक्त जगहों पर प्रति जमा कराने के एक महीने बाद, जो भी बाद में हो, समझौता समाप्त हो जाएगा और इस आधार पर नियोक्ता रोके गए श्रम के मूल्य या समझौते की समाप्ति तक न किए गए काम के मूल्य और ऋण के मूलधन के शेष या समझौता समाप्त होने की तिथि तक बकाया ऋण और साथ ही इस पर लगे ब्याज, यदि कोई है, की वसूली के लिए एजेंसी मंडलीय अधिकारी के पास आवेदन कर सकता है।

(2) यदि उपरोक्त आवेदन पर एजेंसी मंडलीय अधिकारी की सन्तुष्टि के स्तर तक यह सिद्ध हो जाता है कि मजदूर ने बिना किसी कारण के शर्त के अनुसार काम को रोके रखा या पर्याप्त मनोयोग के साथ काम नहीं किया तो वह मजदूर को निर्देशित करते हुए एक-एक आदेश जारी कर सकता है कि वह नियोक्ता को ऐसी राशि का भुगतान करे जो रोके गए काम या समझौता समाप्त होने तक न किए गए काम और ऋण के मूलधन के शेष या समझौता समाप्त होने की तिथि तक बकाया ऋण और साथ ही इस पर लगे ब्याज यदि कोई है, की राशि से ज्यादा न हो।

(3) उपधारा (2) के अन्तर्गत किए गए आदेश के अनुसार नियोक्ता को किए जानेवाले भुगतान की राशि मजिस्ट्रेट को आवेदन करके वसूली जा सकती है जिसके अधिकार क्षेत्र में मजदूर की, जिसके द्वारा भुगतान वो वर्तमान समय में निवासी को किया जाना है किसी चल सम्पत्ति की जब्ती करना और बिक्री करना, जो मजदूर से सम्बन्धित हो, मजिस्ट्रेट के न्यायाधिकार की सीमा के अन्दर है।

13. *अपराध की सुनवाई*—इस अधिनियम द्वारा और इसके अन्तर्गत एजेंसी मंडलीय अधिकारियों द्वारा अपराधों के लिए दंडों को किसी न्यायालय द्वारा दिए गए दंडों से कम नहीं समझा जाएगा।

14. *मुकदमा करना और अपराधों के लिए समझौते करना*—(1) सिवाय भू-राजस्व विभाग के अधिकारी, जो नायब तहसीलदार से कम स्तर का नहीं होगा, किसी और के द्वारा इस विनियम के अन्तर्गत किसी अपराध के लिए मुकदमा नहीं किया जाएगा।

(2) कोई व्यक्ति जिस पर इस विनियम के अन्तर्गत कोई अपराध करने का पर्याप्त संदेह हो, से कोई अधिकारी अपराध के प्रशमन के लिए कोई राशि प्राप्त कर सकता है। ऐसी राशि के ऐसे अधिकारियों को दिए जाने पर उस व्यक्ति के खिलाफ उसी अपराध के लिए और कार्यवाहियाँ नहीं की जाएँगी।

15. *अपीलें*—पचास रुपए से ज्यादा के जुर्माने के किसी भी दंड पर एजेंट पर एक अपील डाली जा सकेगी। ऐसी अपीलों पर दंड के खिलाफ अपील करने की तिथि से तीस दिनों के अन्दर प्राथमिकता दी जाएगी।

16. *विवादों के निर्णय*—(1) यदि धारा 9 की उपधारा (2) के अन्तर्गत निर्धारित किए गए किसी वैध श्रम समझौते या गोठी या श्रम समझौते के सम्बन्ध में नियोक्ता और मजदूर के बीच यदि विवाद खड़ा हो जाता है तो नियोक्ता या मजदूर के आवेदन पर तहसीलदार या नायब तहसीलदार ऐसे विवादों पर निर्णय कर सकते हैं और अपनी समझ के अनुसार सटीक आदेश जारी कर सकता है और प्रत्येक ऐसा आदेश नियोक्ता और मजदूर के लिए बाध्य होगा।

(2) उपधारा (1) के अन्तर्गत किसी आदेश के अन्तर्गत चुकाई जानेवाली राशि को मजिस्ट्रेट से आवेदन करके वसूला जा सकता है जहाँ जिसके द्वारा भुगतान किया जाना है वह व्यक्ति वर्तमान समय में निवासी हो, तो उसकी किसी चल सम्पत्ति की जब्ती या बिक्री करना मजिस्ट्रेट के न्यायाधिकार की सीमा के अन्दर है।

(3) एक तहसीलदार या नायब तहसीलदार द्वारा इस धारा के अन्तर्गत किसी जारी किए गए आदेश को एजेंसी मंडलीय अधिकारी बदल सकता है।

17. *एजेंट द्वारा आदेश बदलना*—इस विनियम के अन्तर्गत जारी किए गए ऐसे आदेशों या दड़ों को जिनके खिलाफ कोई अपील नहीं की गई है, एजेंट बदल सकता है।

18. *एजेंट के आदेश अन्तिम*—अपीलों या संशोधन पर जारी किए गए एजेंट के आदेश, धारा 19 के प्रावधानों के अनुसार अन्तिम होते हैं।

19. *प्रान्तीय सरकार द्वारा आदेश बदलना*—अपीलों या संशोधन पर जारी एजेंट के आदेशों को प्रान्तीय सरकार बदल सकती है।

20. *शुल्क से छूट*—इस अधिनियम के अन्तर्गत किसी पहाड़ी जनजाति के सदस्य द्वारा कोई दस्तावेज, शिकायत, आवेदन या अपील जारी करने पर कोई शुल्क नहीं वसूला जाएगा।

व्याख्या—इस धारा के प्रयोग के लिए शब्द ''पहाड़ी जनजाति'' का वही मतलब होगा जैसा कि एजेंसी क्षेत्रहित और भूहस्तांतरण अधिनियम की धारा 2 के अनुच्छेद (ग) में दिया गया है (1917 का मद्रास अधिनियम)।

21. *सिविल न्यायालयों के अधिकार क्षेत्र पर रोक*—इस विनियम के अन्तर्गत उठने वाले किसी भी मामले में सिविल न्यायालय का अधिकार क्षेत्र नहीं होगा।

22. *नियम*—इस विनियम के उसके साथ अनवरत सारे उद्‌देश्यों या कुछ उद्‌देश्यों को पूरा करने के लिए प्रान्तीय सरकार नियम बना सकती है।

23. *बचाव*—एक महीने के उपयुक्त और समतुल्य पारिश्रमिक से ज्यादा मजदूरों के ऋणों के नहीं होने पर इस विनियम का कोई भी भाग लागू नहीं होगा।

(आदरणीय गवर्नर के आदेश पर)

पी. अप्पू नायर

सरकार के सचिव

परिशिष्ट झ

(पैराग्राफ 309 देखें)

क्षेत्रों की सूची

मांडला जिला—पूरा जिला (जो आंशिक अपवर्जित है)।

जबलपुर जिला—बरवारा, स्लीमानाबाद, उमरिया, कुंदम, खमरिया, और बाहरी राजस्व इंस्पेक्टर सर्किल और नर्बदा के दक्षिण वाले शाहपुरा राजस्व इंस्पेक्टर के सर्किल के हिस्से।

छिन्दवाड़ा जिला—(क) सम्पूर्ण खालसा क्षेत्र, सिवनी उप-मंडल के पृथक आँकड़े देते हुए।

(ख) हर्रई. गोरखघाट, गोड़पानी, बटकागढ़, बरदागढ़, प्रतापगढ़ (पगरा), अल्मोड़ और सोनपुर जागीरें और पंचमढ़ी जागीर (आंशिक अपवर्जित क्षेत्रों) के छिन्दवाड़ा जिले के गाँव।

बैतूल जिला—(क) सम्पूर्ण बैतूल तहसील

(ख) भैंसदेही तहसील (आंशिक अपवर्जित क्षेत्र)

होशंगाबाद जिला—नरसिंहपुर तहसील में बढ़ई राजस्व इंस्पेक्टर की सर्किल; थेमी राजस्व इंस्पेक्टर की सर्किल के पटवारी सर्किल 5 10 और 11; छोटा-छिन्दवाड़ा राजस्व इंस्पेक्टर की सर्किल के पटवारी सर्किल 76, 77 और 85 और करेली राजस्व इंस्पेक्टर की सर्किल के पटवारी सर्किल 25 से 28, 40 और 41। गदखाड़ा तहसील में पटवारी सर्किल 52 से 56, 86 से 88, 1 से 5, 13, 14, 17 और 81 सोहागपुर तहसील में रेलवे लाइन के दक्षिण का पूरा तहसील पटवारी सर्किल 8, 9, 10, 19, 20, 31, 32, 36, 37, 55 और 60 को छोड़कर पटवारी सर्किल 23 और 40 के रेलवे लाइन के उत्तर में स्थित हिस्से शामिल करते हुए तथा बम्बई-कलकत्ता रेलवे लाइन के उत्तर में पड़नेवाले पटवारी सर्किल 16, 19, 53, 54, 55 और

57 के हिस्से शामिल करते हुए। होशंगाबाद तहसील में रेलवे लाइन के दक्षिण का पूरा तहसील पटवारी सर्किल 3, 15, 22, 25 और 28 को छोड़कर। सिवनी मालवा तहसील में रेलवे लाइन के दक्षिण का पूरा तहसील सिवाय पटवारी सर्किल 21, 23, 25, 31, 32, 33, 35, 36, 37, 38 और 8 के। हरदा तहसील में, पटबारी सर्किल 1, 2, 3, 4, 5, 23, 24, 25 और 26 हंडिया राजस्व इंस्पेक्टर की सर्किल के, पटवारी सर्किल 74, 75, 76 और 75 चरवा राजस्व इंस्पेक्टर की सर्किल के साथ और राहत गाँव राजस्व इंस्पेक्टर की सर्किल के पटवारी सर्किल 51, 53, 56, 57, 58 और 801।

नीमड़ जिला--सम्पूर्ण हरसूद, खाकनाट और शाहपुर राजस्व इंस्पेक्टर की सर्किलें बुरहानपुर की और खंडवा तहसील की सिंगट राजस्व इंस्पेक्टर की सर्किल।

चन्दा जिला—(क) गढ़चिरौली और सिरोंचा तहसीलों का खालसा क्षेत्र।

(ख) आंशिक अपवर्जित क्षेत्र, नाम से, सिरोंचा तहसील में अहीरी जमींदारी, गढ़चिरौली तहसील में धनोरा, दुदमाला, गेवर्धा, झरापापटा, खटगाँव, कोटगल, भुरूभगाँव, पलसगढ़, राँगी, सिरसुंदी, सोंसारी, चन्दला, गिलगाँव, पाई-मुरान्दा और पोते गाँव जमींदारियाँ।

नागपुर जिला—देवलपार राजस्व इंस्पेक्टर की सर्किल।

पन्दरिया जमींदारी और बिलासपुर जिला—(क) मुंगेली तहसील में लोमी राजस्व इंस्पेक्टर की सर्किल की पटवारी सर्किलें 1 से 4 और कठघोड़ा कस्बा। (ख) पेन्द्रा, केन्डा, माटिन, लाफा, उपरोरा, छुटी और कोरबा जमींदारियाँ।

रायपुर जिला—जमींदारियाँ।

दुर्ग जिला—(क) जमींदारियाँ (ख) वाली छोड़कर।

(ख) आंशिक अपवर्जित क्षेत्र, नाम से, औन्दी, कोरछा, पनबरस और अम्बागढ़ चौकी जमींदारियाँ

भंडारा जिला—भंडारा तहसील की पटवारी सर्किलें 1 और 11, गोंडिया तहसील की पटवारी सर्किलें 1 से 46, सकोली तहसील की पटवारी तहसीलें 22 से 26 और 32 से 39।

बालाघाट जिला—(क) बड़ा सिवनी तहसील में कटंगी राजस्व इंस्पेक्टर की सर्किल और पटवारी सर्किलें 19 से 21, 32 से 34 और बालाघाट तहसील में किरनापुर, किन्हीं, विजयगढ़ और भद्रा जमींदारियाँ।

(ख) आंशिक अपवर्जित क्षेत्र (बैहर तहसील)

अमरावती जिला—मेलाघाट तालुक (आंशिक अपवर्जित क्षेत्र)

यवतमाल जिला—केलापुर और पुसद तालुकें।

प्रश्नावली संख्या 5

1. (क) कृपया ऊपर दिए गए क्षेत्रों के लिए, तहसीलों में (तहसीलों के आंशिक अपवर्जित क्षेत्रों को अलग से दर्शाते हुए) विभिन्न प्रकार की सोसाइटियों और उनकी कुशलता तथा आर्थिक स्थिति का विवरण, (1) पूर्णतः आदिवासी (2) अन्य सोसाइटियों की कुल संख्या बताते हुए तथा उनमें आदिवासी सदस्यों की कुल संख्या बताते हुए दें।

   (ख) उन इलाकों में कितनी सोसाइटियाँ दिवालिया हैं और उनमें से कितने में आदिवासी सदस्य हैं?

(ग) क्या पुराने बकायों की वसूली ने आदिवासियों के बीच इस आन्दोलन को कमजोर किया है!

2. क्या इन इलाकों में कोई विशेष आदिवासी सोसाइटियाँ हैं?
3. क्या वहाँ केन्द्रीय बैंकों के कोई आदिवासी निदेशक हैं जमींदारों के अलावा?
4. आदिवासी किस हद तक सहकारिता के सिद्धान्तों और बैंकों तथा सोसाइटियों के लिए बनाए गए नियमों को समझते हैं?
5. सहकारी सोसाइटियों के आदिवासी सदस्यों द्वारा कर्जों के भुगतान के बारे में आपका क्या अनुभव है।
6. कृपया सम्बन्धित इलाकों में आदिवासियों के बीच सहकारिता विभाग के कार्यों के किसी विशेष लक्षण की चर्चा करें।
7. आदिवासियों के बीच सहकारिता आन्दोलन की धीमी प्रगति का कारण क्या है?
8. क्या आपको लगता है कि इन इलाकों में सहकारी प्रणाली को आदिवासियों के बीच विस्तारित किया जा सकता है? यदि हाँ, तो क्या आप किसी विशेष प्रकार की सोसाइटी का सुझाव देना चाहेंगे और किस सुरक्षा के तहत?
9. क्या रैयतवाड़ी प्रणाली या सम्पत्ति हस्तांतरण के अधिकार पर प्रतिबन्ध के कारण कोई विशेष परेशानियाँ हैं?
10. क्या आदिवासियों के बीच सहकारिता को विस्तारित करने के लिए विशेष तरीकों पर कोई विशेष अध्ययन हुआ है?
11. कितने सहकारी सहायक रजिस्ट्रार, या सर्किल आडिटर या संगठनकर्ता गोंडी और कोर्कू बोल सकते हैं या छत्तीसगढ़ी अथव हिन्दी की किसी अन्य स्थानीय बोली में बोलने के अभ्यस्त हैं?
12. क्या आदिवासी इलाकों में कार्य करने जानेवाले सहकारी अधिकारियों को कोई विशेष प्रशिक्षण दिया जाता है!
13 (क) क्या विवाहों या अन्य आदिवासी समारोहों पर होनेवाले खर्च, जो आदिवासी कर्ज का प्रमुख कारण है, पर कोई सूचना उपलब्ध है? (इस प्रश्न का संक्षेप में बिना स्थानीय जाँच किए जवाब दिया जा सकता है; इसका मकसद सिर्फ यह देखना है कि संगठनकर्ताओं आदि को इन विषयों पर कोई ज्ञान है या नहीं)।

    (ख) क्या कभी प्राथमिक सोसाइटियों द्वारा विवाहों के लिए ऋण दिए जाते हैं?

    (ग) क्या सहकारी अधिकारियों के प्रशिक्षण में विभिन्न जनजातियों और जातियों की सामाजिक परम्पराओं का ज्ञान शामिल है या ग्रामीण प्रचार में प्रशिक्षण शामिल है?

14. क्या आप आदिवासी इलाकों में गाड़ी, आरी, नमक, वस्त्र, अनाज इत्यादि खरीदने के लिए ऋण दिए जाने के पक्ष में हैं?
15. सहकारिता विभाग को कृषि विभाग के साथ मिलकर क्या कदम उठाने चाहिए जिससे आदिवासियों को कृषि और विवाह के लिए वित्त की खातिर या अपने उत्पाद बेचने के लिए और जीवन की जरूरी चीजें खरीदने के लिए बनिया की निर्भरता से मुक्ति मिले?
16. क्या सहकारी भंडार गृह क्रय-विक्रय सोसाइटी की तरह संगठित किए जा सकते हैं?

17. सहकारिता विभाग द्वारा प्रश्नावली से सम्बन्धित इलाकों में कुटीर उद्योगों, जिनकी चर्चा उद्योग सर्वेक्षण समिति, 1939 की रिपोर्ट में की गई है, को सुदृढ़ करने के लिए क्या कदम उठाए गए हैं, खासकर कच्चे माल की खरीद के लिए ऋण सुविधाओं के माध्यम से और उत्पादों की बिक्री संगठित करके? (जिन उद्योगों पर विशेष ध्यान देना है, वे हैं, तेल निकालना, गुड़, शहद उत्पादन, कपास और कोसा रेशम की कताई बुनाई, भेड़ पालन, बढ़ईगिरी, लुहार का काम, चटाई और बाँस का काम, रस्सी बनाना, मुर्गा पालन, लाख का काम और दवा-दारू के लिए जंगली उत्पाद इकट्ठा करनाः जवाब में गाड़ीवालों को भी उद्योग के तौर पर रखा जा सकता है तथा जंगली ठेकों के लिए स्थानीय श्रम के संगठनों पर भी चर्चा की जा सकती है।)
18. विभाग स्थानीय स्तर पर जंगली उत्पादों को एकत्रित करने एवं बेचने, बीज संघ, उन्नत बीज, कृषि सोसाइटियाँ, मुर्गा पालन, भेड़ पालन और उन्नत विपणन के मामलों में वन, कृषि और पशु विभाग से किस हद तक सहयोग करता है?
19. आपके क्षेत्र में सहकारिता विभाग द्वारा अन्य विभागों और ग्राम उन्नयन मंडल के साथ मिलकर ग्रामीण विकास की योजनाओं में क्या भूमिका अदा कर रहा है?

परिशिष्ट ञ

(पैराग्राफ 309 देखें)

आदिवासी क्षेत्रों में सहकारी सोसाइटियों का बँटवारा

	प्रश्न सं. 1 (क) सहकारी सोसाइटियों में				प्रश्न सं. 1 (ख) दिवालिया सोसाइटियाँ		
	पूर्णतः आदिवासी		आदिवासी और अन्य				
जिला और तहसील	सोसाइटियों की संख्या	सदस्यों की की संख्या	सोसाइटियों की संख्या	आदिवासी सदस्यों की संख्या	सोसाइटियों की संख्या	आदिवासी सदस्यों वाली सोसाइटियों की संख्या	आदिवासी सदस्यों की संख्या
1	2	3	4	5	6	7	8
मांडला जिला							
डिंडोरी	7	93	14	71	1	0	–
मांडला	19	194	12	56	40	40	148
निवास	87	944	14	75	6	6	68
जबलपुर जिला							
मुरवाड़ा	0	0	20	90	17	11	48

परिशिष्ट ञ (...जारी)

(पैराग्राफ 309 देखें)

आदिवासी क्षेत्रों में सहकारी सोसाइटियों का बँटवारा

जिला और तहसील	प्रश्न सं. 1 (क)				प्रश्न सं. 1 (ख)		
	सहकारी सोसाइटियों में				दिवालिया सोसाइटियाँ		
	पूर्णतः आदिवासी		आदिवासी और अन्य		सोसाइटियों की संख्या	आदिवासी सदस्यों वाली सोसाइटियों की संख्या	आदिवासी सदस्यों की संख्या
	सोसाइटियों की संख्या	सदस्यों की की संख्या	सोसाइटियों की संख्या	आदिवासी सदस्यों की संख्या			
1	2	3	4	5	6	7	8
सिहोरा	0	0	1	10	4	4	11
जबलपुर	24	266	2	17	3	3	31
छिन्दवाड़ा जिला							
छिन्दवाड़ा (खालसा)	1	10	10	45	17	11	सदस्यों की संख्या नहीं दी गई है।
अमरवाड़ा (खालसा)	4	30	16	33	27	21	
सौसर	3	28	2	8	8	4	
सिवनी	5	40	75	468	44	6	52
लखनादन	4	50	8	62			
जागीर	*सूचना उपलब्ध नहीं*						
बैतूल जिला							
बैतूल	53	563	–	–	15	15	149
भैंसदेही	4	27	–	–			
होशंगाबाद जिला							
नरसिंहपुर	–	–	14	20			
गदरवाड़ा	–	–	7	6	1	1	0
सोहागपुर	1	10	11	41	15	15	66
होशंगाबाद	0	0	4	4	6	5	26
सिवनी-मालवा	0	0	0	0	0	13	एक भी नहीं
हरदा	0	0	6	15	1	1	1

परिशिष्ट ञ (...जारी)

(पैराग्राफ 309 देखें)

आदिवासी क्षेत्रों में सहकारी सोसाइटियों का बँटवारा

	प्रश्न सं. 1 (क)				प्रश्न सं. 1 (ख)		
	सहकारी सोसाइटियों में				दिवालिया सोसाइटियाँ		
	पूर्णतः आदिवासी		आदिवासी और अन्य		सोसाइटियों की संख्या	आदिवासी सदस्यों वाली सोसाइटियों की संख्या	आदिवासी सदस्यों की संख्या
जिला और तहसील	सोसाइटियों की संख्या	सदस्यों की की संख्या	सोसाइटियों की संख्या	आदिवासी सदस्यों की संख्या			
1	2	3	4	5	6	7	8
			नीमड़ जिला				
हरसूद	17	223	2	8	17	1	3
बुरहानपुर	12	226	8	22	10	7	25
खंडवा	7	70	11	50	6	5	23
			चन्दा जिला				
(क) सिरोंचा खालसा	(सिरोंचा केन्द्रीय बैंक लगभग दस वर्ष पहले बन्द कर दिया गया था। अब यहाँ कोई केन्द्रीय बैंक कार्य नहीं करता है और न ही यह बरोरा या ब्रह्मपुरी केन्द्रीय बैकों के क्षेत्र में आता है।)						
(ख) गढ़चिरौली (खालसा)	–	–	4	44	–	–	–
(ग) जमींदारियाँ	–	–	–	–	–	–	–
			नागपुर जिला				
रामटेक	0	0	6	62	0	0	–
			बिलासपुर जिला				
(क) पन्दारिया जमींदारी और परिशिष्ट क का खालसा इलाका	0	0	1	4	0	0	–
(ख) आंशिक	3	38	38	245	0	0	–
			रायपुर जिला				
फिंगेश्वर जमींदारी	0	0	18	108	0	0	–
अन्य जमींदारियाँ	*इन इलाकों में सहकारिता आन्दोलन शुरू नहीं किया गया है।*						

परिशिष्ट ञ (...जारी)

(पैराग्राफ 309 देखें)

आदिवासी क्षेत्रों में सहकारी सोसाइटियों का बँटवारा

जिला और तहसील	प्रश्न सं. 1 (क) सहकारी सोसाइटियों में: पूर्णतः आदिवासी — सोसाइटियों की संख्या	पूर्णतः आदिवासी — सदस्यों की संख्या	आदिवासी और अन्य — सोसाइटियों की संख्या	आदिवासी और अन्य — आदिवासी सदस्यों की संख्या	प्रश्न सं. 1 (ख) दिवालिया सोसाइटियाँ: सोसाइटियों की संख्या	आदिवासी सदस्यों वाली सोसाइटियों की संख्या	आदिवासी सदस्यों की संख्या
1	2	3	4	5	6	7	8
दुर्ग जिला							
(क)							
1. गुंदरदेही जमींदारी	0	0	4	17	1	1	2
2. डोंडी-लोहरा जमींदारी	0	0	2	12	0	0	–
3. खुज्जी जमींदारी	1	13	2	10	0	0	–
4. ओरदबन्ध जमींदारी	0	0	2	8	0	0	–
(ख)							
आंशिक अपवर्जित जमींदारियाँ	0	0	2	8	0	0	–
भंडारा जिला							
भंडारा	0	0	0	0	0	0	–
गोंडिया..	9	86	83	116	0	0	–
सकोली..	5	40	11	27	0	0	–
बालाघाट जिला							
वारसेवनी	0	0	1	12	3	1	–
बालाघाट	0	0	13	4	7	0	–
बैहर	0	0	1	सोसाइटी सुसुप्त है	0	0	–
अमरावती जिला							
मेलाघाट	0	0	0	0	0	0	–

परिशिष्ट ञ (...जारी)

(पैराग्राफ 309 देखें)

आदिवासी क्षेत्रों में सहकारी सोसाइटियों का बँटवारा

	प्रश्न सं. 1 (क)				प्रश्न सं. 1 (ख)		
	सहकारी सोसाइटियों में				दिवालिया सोसाइटियाँ		
	पूर्णतः आदिवासी		आदिवासी और अन्य		सोसाइटियों की संख्या	आदिवासी सदस्यों वाली सोसाइटियों की संख्या	आदिवासी सदस्यों की संख्या
जिला और तहसील	सोसाइटियों की संख्या	सदस्यों की संख्या	सोसाइटियों की संख्या	आदिवासी सदस्यों की संख्या			
1	2	3	4	5	6	7	8
				यवतमाल जिला			
केलापुर	0	0	0	0	5	0	--
पुसद	*सूचना उपलब्ध नहीं कराई गई है।*						
प्रांत के आदिवासी इलाकों का कुल	266	2,851	423	1,871	267	158	657

परिशिष्ट ट

(पैराग्राफ 314 देखें)

पूर्वी गोदावरी एजेन्सी और मद्रास के कुरनूल जिले के चेंचू क्षेत्र में सुझाए या अपनाए गए विशेष उपायों पर टिप्पणियाँ।

पूर्वी गोदावरी एजेंसी में अड्डातिगला पर भंडारण व बिक्री डिपो खोलने के लिए प्रस्तावित योजना नीचे दी गई है।

2. एजेंसी क्षेत्र हित और हस्तांतरण अधिनियम, 1917 के अनुसार पहाड़ी लोगों की जमीन मैदान के लोगों को हस्तांतरित नहीं की जा सकती सिवाय एजेंसी के विशेष सहायक एजेंट की विशेष अनुमति वाले मामलों को छोड़कर। लेकिन ऐसी जमीन की उपज पर किसी प्रकार का प्रतिबन्ध मौजूद नहीं है। एजेंट ने गवर्नर, पूर्वी गोदावरी को रिपोर्ट दिया कि पहाड़ियों की आम पिछड़ेपन और असाक्षरता का फायदा उठाकर मैदानों के व्यापारी और साहूकार स्पष्टतः पहाड़ियों के उत्पादों पर बहुत छोटी कीमत में बहुत लम्बे पट्टे हासिल कर लेते थे। ऐसे शोषण से बचाने के लिए यह सुझाव दिया गया कि एक ऐसी प्रणाली बनाई जाए जिसके तहत पहाड़ी लोगों को उनके उत्पाद का उचित मूल्य सुनिश्चित किया जा सके

और उन्हें उनके घरेलू खर्चों के लिए जरूरी आर्थिक सहायता प्राप्त हो सके जब तक उनके उत्पाद की कीमत चुका नहीं दी जाती।

3. एजेंसी इलाकों में काम करनेवाली थोड़ी सहकारी सोसाइटियों में ज्यादातर मैदानी लोग थे जो एजेंसी इलाकों मे बस गए थे और इसलिए वे इस बारे में कोई मदद नहीं कर पाते थे कि पहाड़ी लोगों में सहकारी तरीके किस हद तक लागू किए जा सकते थे। तथापि ये सोसाइटियाँ भी संतोषजनक ढंग से काम नहीं कर रही थीं। इसलिए यह महसूस किया गया कि सिर्फ पहाड़ियों के लिए सहकारी सोसाइटियाँ सफलतापूर्वक लागू करने की सम्भावना बहुत क्षीण थी; इसकी तरफ, यदि पहाड़ियों को संगठित ऋण और विपणन का प्रशिक्षण दिया जाए और उन्हें एक परीक्षण काल से गुजरने दिया जाए तो अन्ततः यह सहकारी सोसाइटियों को लागू कर सकने की तरफ ले जाएगा। इसके लिए सरकार को यह सुझाव दिया गया कि वह स्वयं कुछ सुविधाजनक केन्द्रों पर कुछ प्रकार के आम भंडारा व बिक्री डिपो खोल सकती है, बेहतर हो साप्ताहिक बाजार वाली जगहों पर। इन डिपों को एक पूर्ण कालिक सरकारी अधिकारी के नियन्त्रण में रख देना चाहिए जिसका काम हो पहाड़ियों के उत्पाद एकत्रित करना और उसकी वास्तविक बिक्री और भुगतान पर व्यक्तिगत निगरानी रखना। यह भंडारा पहाड़ियों की घरेलू जरूरतों की पूर्ति भी करेगा। यह आशा थी कि ऐसी योजना कीमतों, वजनों, मापों आदि मामलों में मैदानी साहूकारों के शोषण को प्रभावी मुक्ति दिलाएगी। लेकिन इसका भी ध्यान रखा जाना चाहिए था कि ऐसी व्यवस्था लागू करने पर मैदानी साहूकार पहाड़ियों को कृषि और घरेलू जरूरतों के लिए आर्थिक मदद देना बन्द कर देंगे। इन सब जरूरतों के लिए यह प्रस्ताव किया गया कि सरकार पहाड़ियों को छोटी राशियाँ उधार देगी, और उनकी वसूली उत्पाद की बिक्री से कर ली जाएगी। चूँकि योजना सरकार द्वारा लिया गया एक पूर्णतः उन्नतिकारक उपाय था और जो सहकारी सोसाइटीज अधिनियम के तहत किसी पंजीकृत निकाय द्वारा किया जानेवाला कार्य नहीं था इसलिए सहकारी बैंकों से वित्त मिलने का कोई सवाल ही नहीं था और इसलिए प्रस्ताव सरकारी वित्त की बात सोचकर चल रहा था। यह भी प्रस्तावित किया गया था कि पहाड़ियों को इस योजना के अन्तर्गत एक वर्ष तक प्रशिक्षित करने के बाद सहकारी संगठन बनाने के प्रश्न पर विचार किया जा सकता है।

4. जहाँ तक डिपो को चलाने के लिए अधिकारी नियुक्त करने की बात है, 1938 में यह सुझाव दिया गया कि एक राजस्व अधिकारी इस कार्य के लिए उपयुक्त होगा क्योंकि पहाड़ी लोग सिर्फ राजस्व विभाग के अधिकारियों से ही परिचित थे। हालाँकि इसके बाद 1939 में सहकारिता विभाग ने माना कि सहकारिता विभाग का एक इंस्पेक्टर इस काम के लिए सबसे उपयुक्त होगा लेकिन उसे एजेंसी इलाके के राजस्व अधिकारियों के सीधे नियन्त्रण में होना चाहिए, चूँकि डिपो राजस्व विभाग द्वारा चलाया जाएगा।

पत्र सं. 868-40 की प्रति, दिनांक 10 अगस्त, 1940 सहकारी सोसाइटियों कुरनूल के सहायक रजिस्ट्रार द्वारा कलेक्टर, कुरनूल को।

विषय–*इन्द्रेश्वरम चेंचू गुदेम–बचत* और *ऋण सहकारी सोसाइटी–काम-काज–प्रस्तुत रिपोर्ट*

सन्दर्भ–कलेक्टर का अनुमोदन रिकार्ड 6-5041-40, दिनांक 2 अगस्त, 1940

इन्द्रेश्वरम चेंचू गुदेम सहकारी बचत और ऋण सोसाइटी, लि., संख्या, पी. 422, 31 मार्च 1934 को पंजीकृत हुई थी और 30 अप्रैल 1934 से उसने कार्य शुरू किया था। गुदेम जिले के नन्दीकोटकुट तालुक में अटमाकुट से छः मील की दूरी पर नल्लामलाई में स्थित है।

सोसाइटी के उद्देश्य हैं–

(1) सदस्यों में बचत की आदत को धन बचाने की सुविधाएँ प्रदान करके प्रोत्साहित करना और उन्हें सिखाना कि "जो धन की बचत नहीं कर सकता वह ऋण भी नहीं ले सकता।"

(2) सदस्यों से धन उधार लेना और उन्हें लाभकारी कार्यों के लिए ऋण देना।

(3) सदस्यों की घरेलू और अन्य जरूरतों की साझा खरीद के लिए बतौर एजेंट काम करना और

(4) आमतौर पर सदस्यों के बीच स्वयंसेवा और सहयोग को प्रोत्साहित करना।

सोसाइटी के सदस्यों की देनदारी उनके द्वारा जमा साझा पूँजी तक सीमित रहती है। सोसाइटी की अधिकृत साझा पूँजी 1 रु. है, जो रु. 1 के 200 शेयरों से बनी है। इस समय सोसाइटी में 52 सदस्य नामांकित हैं जिसकी प्रदत्त पूँजी रु. 96 है।

प्रबन्धन–सोसाइटी का कार्यकारी प्रबन्धन एक तीन सदस्यीय पंचायत के जिम्मे है। गुदेम का वनरक्षक सोसाइटी का पदेन अध्यक्ष और कोषाध्यक्ष है। वह रसीद जारी करता है और लेखा-जोखा रखता है। पंचायत के दो सदस्य सदस्यों के बीच से दो वर्ष के लिए आम सभा द्वारा चुने जाते हैं।

व्यवसाय–सदस्यों से बचत एकत्रित करने के अलावा सोसाइटी ईंधन कूपों के ठेके और निम्न जंगली उत्पादों को एकत्रित करने के ठेके भी लेती है ताकि चेंचू लोगों को पर्याप्त काम मिले।

1939-40 के वर्ष के दौरान सोसाइटी ने निम्न जंगली उत्पाद एकत्र करने का कोई अनुबन्ध नहीं लिया क्योंकि अटमाकुर चेंचू सहकारी क्रय और विक्रय सोसाइटी, लि. 3 जनवरी 1940 को पंजीकृत हुई थी और उसने 29 जनवरी 1940 से कार्य शुरू किया। इन्द्रेश्वरम चेंचू गुदेम इस नई सोसाइटी के कार्य क्षेत्र में शामिल है जिसका अधिकार क्षेत्र पूरे पश्चिमी कुरनूल वन मंडल पर विस्तारित है। इन्द्रेश्वरम चेंचू गुदेम बचत और ऋण सहकारी सोसाइटी को अटमाकुर की नई सोसाइटी से जोड़ने का एक प्रस्ताव किया गया है। सोसाइटी की स्थिति दर्शाने वाला एक कच्चा बैलेंस नीचे दिया गया है :–

सम्पत्ति				देनदारी			
	रु.	आना	पाई		रु.	आना	पाई
उपलब्ध नकद	0	1	0	बचत फंड में जमा	120	3	0
बचत बैंक में नकद	810	3	0	अन्य जगहों पर जमा	495	1	0
सदस्यों पर बकाया ऋण	221	12	0	शेयर पूँजी	54	0	0
सदस्यों पर बकाया ब्याज	15	4	0	बकाया ब्याज	90	4	0
स्थगित चीजें	23	0	0	स्थगित चीजें	1	0	0
				सदस्यों का बकाया लाभांश	15	11	0

				सामूहिक वस्तु फंड	8	15	0
				अवितरित लाभ	322	2	0
				निवेश के लिए अतिरिक्त फंड	124	5	0
कुल	**1,070**	**4**	**0**	**कुल**	**1,221**	**9**	**0**

2. अटमाकुर चेंचू सहकारी क्रय और विक्रय सोसाइटी लि. की शुरुआत का मुख्य उद्देश्य सदस्यों और गैर-सदस्यीय चेंचू लोगों से निम्न जंगलों का उत्पाद खरीदना और उसे अधिकतम लाभ के साथ बेचना था। सोसाइटी के अन्य उद्देश्य हैं–

(1) सरकार के अधीन या अर्द्ध सरकारी विभागों से ठेका या पट्टा लेना और सदस्यों को दिहाड़ी दिलाने के दृष्टिकोण से उन पर कार्य करना।

(2) उत्पाद के भंडारण के लिए गोदाम रखना या किराए पर लेना, और,

(3) सदस्यों में स्वयंसेवा, बचत और सहयोग प्रोत्साहित करना। सदस्यों की देनदारी उनके द्वारा जमा शेयर पूँजी तक सीमित रहती है। सोसाइटी का अधिकृत शेयर पूँजी रु. 10,000 है जो रु. 5 के शेयरों से बना है। सोसाइटी के रोल पर अभी 464 सदस्य हैं जिनकी प्रदत्त पूँजी रु. 1,672-4-8 है।

प्रबन्धन–सोसाइटी का कार्यकारी प्रबन्धन एक निर्देशक मंडल करता है जिसमें सोसाइटी के कार्यक्षेत्र से प्रति गुदेम एक के हिसाब से चेंचू सदस्यों के 12 प्रतिनिधि चुने जाते हैं और निम्न चार अधिकारी मंडल के पदेन सदस्य होते हैं–

(1) जिला कलेक्टर कुरनूल जो विशेष चेंचू अधिकारी है (अध्यक्ष)।

(2) जिला वन अधिकारी, पश्चिमी मंडल कुरनूल (उपाध्यक्ष)।

(3) सहकारी सोसाइटियों का सहायक रजिस्ट्रार।

(4) वन रेंज अधिकारी जो सोसाइटी के अधिकार क्षेत्र के भीतर कार्य करता है, अध्यक्ष द्वारा नियुक्त (सचिव)

व्यवसाय–छोटे जंगली उत्पादों की निम्न मुख्य चीजों को एकत्रित करने का काम वर्ष 1939-40 में सोसाइटी द्वारा लिया गया था–

(1) इमली (2) गाल नट (3) इप्पापलुकु (4) मार्किंग नट और (5) शहद।

वर्तमान वर्ष में सोसाइटी अन्य छोटे जंगली उत्पाद जैसे सरापप्पु, मधुमक्खियों का मोम आदि को भी शामिल करके व्यवसाय का विस्तार करने की सोच रही है। छोटे जंगली उत्पादों को संग्रहीत करने में सुविधा के लिए महत्त्वपूर्ण गुदेमों के मुख्यालयों पर पाँच संग्रहण केन्द्र स्थापित किए गए और गुदेम के अध्यापकों को रु. 5 प्रति माह के भत्ते पर यहाँ डिपो रक्षक नियुक्त किया गया। मुख्य बिक्री डिपो एक अटमाकुर और एक वेलगोड़ पर स्थापित किए गए जहाँ उप-डिपो में संग्रहीत माल रखा जाता था। इन दो जगहों पर रेन्ज कलर्कों को रु. 10 प्रति माह के भत्ते पर डिपो रक्षक नियुक्त किया गया। इन दोनों जगहों पर वन रेस्ट हाउसों के पहरेदारों को रु. 1 प्रति माह के भत्ते पर पहरेदार नियुक्त किया गया। सोसाइटी का मुख्यालय अटमाकुर पर है।

सोसाइटी को सरकार द्वारा 4½ प्रतिशत के वार्षिक ब्याज पर रु. 6000 का ऋण दिया गया जिसे 30 जून 1940 तक चुकाना था। यह रु. 6000 का कर्ज सोसाइटी द्वारा उसकी

कार्यरत पूँजी के बतौर इस्तेमाल किया गया और सोसाइटी निम्न जंगली उत्पादों की बिक्री से निश्चित अवधि में पूरा ऋण ब्याज सहित अदा करने में सफल रही। 1939-40 के दौरान सोसाइटी द्वारा एकत्रित मुख्य निम्न जंगली उत्पाद इमली था। इसका विक्रय जेलों और सरकारी अस्पतालों को किया गया। वसूली और व्यय का एक विवरण वर्ष 1939-40 के लिए, संलग्न है। इन सौदों के कारण सोसाइटियों को होनेवाले लाभ की गणना अभी नहीं का जा सकी है क्योंकि स्टॉफ की जाँच अभी सम्पूर्ण नहीं हुई है।

प्राप्तियाँ

	रु.	आना	पाई
1. सदस्यों की शेयर पूँजी	1,672	4	8
2. प्रवेश शुल्क	32	14	5
3. सरकारी ऋण	6,000	0	0
4. अब तक विक्रय सौदों से प्राप्त धन	4,243	2	6
5. निम्न जंगली उत्पाद की बिक्री से रेंज अफसरों और डिपो रक्षकों से वसूले गए एडवांस	3,401	4	10
6. डाल बचत बैंक से निकाले गए	7,700	0	0
7. समायोजन का मद			
(क) सोसाइटी पर बकाया	1,658	15	6
(ख) सोसाइटी का बकाया	280	0	0
8. समायोजन से प्राप्त बिक्री की पूँजी	1,368	10	2
कुल	**26,357**	**4**	**2**

व्यय

	रु.	आना	पाई
1. डाक बचत बैंक में जमा	7,941	11	0
2. रेंज अफसरों और डिपो रक्षकों को एडवांस	3,845	0	0
3. निम्न जंगली उत्पादों को एकत्रित करना	2,286	0	0
4. सरकारी कर्ज	6,000	0	0
5. ब्याज	67	12	8
6. वन विभाग को वापस किया पट्टा धन	1,500	0	0
7. समायोजन का मद			
(क) सोसाइटी पर बकाया	1,740	2	1
(ख) सोसाइटी का बकाया	280	0	0
8. (क) फर्नीचर	110	5	0
(ख) शेड	174	0	0
9. समायोजन से प्राप्त उप-डिपो द्वारा प्रभावित बिक्रियाँ	1,368	10	8

10. संस्थापना और आकस्मिक घटनाएँ—	रु.	आना	पाई
(क) (i) छिलका उतारने का खर्च	546	15	11
(ii) बोझ	1	6	0
(iii) गाड़ी में ढोना	78	2	6
(iv) कुली	31	7	5
(v) रेल किराया	82	10	0
(vi) पैकिंग के सामान	33	12	10
(vii) हर शहद के टिन पर सील लगाना	1	0	6
कुल	**775**	**7**	**2**
(ख) (i) संस्था का वेतन	119	1	0
(ii) किराया	50	0	0
(iii) प्रेषण का खर्च	0	14	0
(iv) डाक व्यय	1	2	0
(v) टम टम		4	0
(vi) डिपो रक्षक का भत्ता	8	4	0
(vii) राजस्व टिकट	0	1	0
(viii) किरासन	1	4	0
(ix) पुस्तकें	89	5	0
(x) बांड पंजीकरण	12	12	0
(xi) लेखन	3	15	8
(xii) यात्रा खर्च	1	8	0
	288	**6**	**8**
कुल	**26,341**	**7**	**2**
क्लोजिंग बैलेंस	**15**	**13**	**0**
कुल	26,357	4	2

परिशिष्ट ठ

(पैराग्राफ 319 देखें)

डिंडोरी तहसील में आमतौर पर आदिवासियों द्वारा प्रयोग किए जानेवाले खाद्य पदार्थों की सूची

चावल—यह वर्ष भर खाया जाता है, ज्यादातर फसल कटाई के तुरन्त बाद। यह या तो भात की तरह लिया जाता है जब प्रति व्यक्ति 60 तोला प्रयोग होता है या पेज की तरह जब 30 तोला लगता है।

कोदई—कूटा हुआ कोदों, अभी भी बहुतायत से प्रयोग होता है क्योंकि इसका भंडारण

आसान है। भात की तरह पकाने पर 55 तोला और पेज की तरह बनाने पर 27 तोला इस्तेमाल होता है।

कुटकी—ऊपर की तरह ही।

गेहूँ—यह प्रचलित है मगर जनजातीय लोगों को इसे बेचना पड़ता है। गर्मियों में वे इसे खाते हैं। रोटी के लिए 60 तोला, भात के लिए 60 तोला और पेज या दर्श के लिए 40 तोला।

चना—लगभग गेहूँ के जैसा ही।

मक्का—बरसात के समय की महत्त्वपूर्ण फसल। इसका भंडारण कर लिया जाता है और तब तक प्रयोग किया जाता है जब तक यह चल सके। पेज के लिए 30 तोला, रोटी 60 तोला और भात 60 तोला

कोदेला या जंगली कोदों—कोदई की तरह

सँवा, चिचमी, नावरी, काँग और मुड़िया लगभग कोदों और कुटकी की तरह ही इस्तेमाल किए जाते हैं। काँग और मुड़िया विशेषकर बैगा भोजन हैं।

दालें—उड़द, रहर, जंजरू, भात या रोटी के साथ खाए जाते हैं। 20 तोला प्रति व्यक्ति प्रति भोजन। भत्तरा और मसूर भी उपलब्धता के अनुसार खाए जाते हैं।

मांस—अक्टूबर, फरवरी और मार्च में कभी-कभार विवाहों के समय या जब जादूगर बलि के लिए माँगता है तब बकरा खाया जाता है। मुर्गा पखवाड़े में एक बार या कम-से-कम महीने में एक बार। सुअर वर्ष में एक या दो बार या फिर जब त्यौहारों या बलि के लिए मँगाया जाता है। यह खासकर लारु-काज बलि के समय प्रयोग किया जाता है।

मछली—बरसात में जब भी सम्भव हो और कम-से-कम पूरे वर्ष भर सप्ताह में एक बार। यह सबसे प्रचलित भोजन है और आँखों के लिए अच्छा होता है।

मदिरा—एक बार में 24 औंस पीना ठीक माना जाता है और यह सप्ताह में कम-से-कम एक बार लिया जाना चाहिए, सामान्यतः बाजार वाले दिनों में। विवाहों और अन्य त्यौहारों इत्यादि के समय भी प्रयोग किया जाता है।

तम्बाकू—यह पोषण का एक रूप माना जाता है और 5 तोला प्रति सप्ताह लिया जाता है।

सब्जियाँ—निम्नलिखित सब्जियाँ इस्तेमाल की जाती हैं जिन्हें बगीचे में उगाया जाता है—बरबत्ती, खीरा (यह वर्ष भर प्रयोग करने के लिए सँभालकर रखा जाता है), कुम्हड़ा (जिससे एक प्रचलित बड़ी बनती है और सँभालकर रखा जाता है), टुमा (परिरक्षित), रामकारिया, तुरई, दोरका, कचेड़ी, सोरन-कांदा, कमर।

जंगली सब्जियाँ—पुरपुरी (अत्यन्त प्रचलित), चैच, कुटनी, को चई (इसे सँभालकर रखा जाता है), नंगा-केनी, कौआ-केनी, चिड़चिड़ा चरोटा (परिरक्षित और प्रचलित), गटलैपा, नूनिया, कोइलर (परिरक्षित और प्रचलित जून और जुलाई में उपलब्ध), पचगुड़िया, चन्ना (अत्यन्त महत्त्वपूर्ण; परिरक्षित), राई (परिरक्षित, प्रचलित; नवम्बर और दिसम्बर), रामतिला की पत्तियाँ (ज्यादा पसन्द नहीं की जातीं), पटुआ (परिरक्षित), कजेरा, अमटी, सिलिपारी, अजन (परिरक्षित, मार्च) बोहरा (मार्च में परिरक्षित), फकड़ी की पत्तियाँ (मुलायम पत्तियाँ जो गर्मियों में तोड़ ली जाती हैं और सँभालकर रख ली जाती हैं), पीपर, कटा-कुटनी, पथ्था-चट्टी बोटा (अप्रैल और मई), धोतो, मुंगा, कंडा (परिरक्षित), सेमी (मार्च और अप्रैल), सरोता,

चिरपोटी, कचर, खुमरा, गुम्मी (अप्रैल और मई), पोहरी कुकुरमुत्ता, करील, बाँस के नए तने, पुट्ट, कोटनी, खेरा।

भोजन में चावल या अन्य भात के साथ प्रायः 20 तोला वाला 20 तोला सब्जी, ½ तोला मिर्च, 1½ तोला नमक, धन्ना और जीरा ½ तोला और 1 तोला तेल या घी लिया जाता है। पेज के साथ सब्जी, नमक, मिर्च, चने की कढ़ी या दाल लिया जाता है। लेकिन प्रायः यह नमक के साथ लिया जाता है। महुआ का प्रयोग कई तरीकों से किया जाता है। रामतिला के साथ मिलाकर इससे लता बनती है जो एक प्रकार की मिठाई है। उसका रस निकालकर रोटी और खीर बनाई जाती है। इसे बनाने का एक और तरीका है कि सूखे फल को पानी में डालकर रात भर पकाया जाता है और चना या गेहूँ और सरई फल थेलका फल मिश्रित किया जाता है। वे इसे चावल के आटे के साथ फर्रा बनाकर भी खाते हैं।

अंडे–ज्यादा नहीं खाए जाते। वे बेच दिए जाते हैं या मुर्गा पालन के लिए प्रयोग किए जाते हैं। प्रायः गोबर में पकाया जाता है।

फल–सभी खाने योग्य जंगली फल खाए जाते हैं।

परिशिष्ट ड–स्थानीय मंडल, 1939-1942 *(पैराग्राफ 416 देखें)*

जिला परिषद क्षेत्र			स्थानीय मंडल सदस्य									जिला परिषद सदस्य						
		नामांकित मतदाताओं की संख्या			निर्वाचित*		मनोनीत†		चयनित‡	कुल		निर्वाचित		मनोनीत		चयनित‡		कुल
	आदिवासी	अन्य	आदिवासी	अन्य	आदिवासी	अन्य	आदिवासी	अन्य	आदिवासी	अन्य	आदिवासी	अन्य	आदिवासी	अन्य	आदिवासी	अन्य	आदिवासी	अन्य
1	2	3	4	5	6	7	8	9	10	11	12	13	14	15	16	17	18	19
सौगोर	2,381	49,865	—	46	—	—	—	15	—	61	—	20	1	—	—	6	1	26
दमोह	3,288	25,896	—	25	—	5	—	—	—	30	—	14	1	2	—	3	1	19
जबलपुर	(क)	(क)	3	56	1	11	—	—	4	67	1	19	1	4	—	5	2	30
मांडला	25,692	16,984	15	14	—	6	—	—	15	20	4	8	—	3	—	3	4	14
होशंगाबाद	3,920	33,993	—	55	—	10	—	2	—	67	—	(क)	—	(क)	—	(क)	—	28
नरसिंहपुर	2,509	19,864	—	18	—	2	—	3	—	23	—	(क)	—	(क)	—	(क)	—	24
नीमड़	6,792	41,406	1	28	—	—	—	8	1	37	1	14	—	—	—	7	1	21

परिशिष्ट ड–स्थानीय मंडल, 1939-1942 *(पैराग्राफ 416 देखें) ...जारी*

जिला परिषद क्षेत्र	नामांकित मतदाताओं की संख्या		स्थानीय मंडल सदस्य								जिला परिषद सदस्य							
			निर्वाचित*		मनोनीत†		चयनित‡		कुल		निर्वाचित		मनोनीत		चयनित‡		कुल	
	आदिवासी	अन्य	आदिवासी	अन्य	आदिवासी	अन्य	आदिवासी	अन्य	आदिवासी	अन्य	आदिवासी	अन्य	आदिवासी	अन्य	आदिवासी	अन्य	आदिवासी	अन्य
1	2	3	4	5	6	7	8	9	10	11	12	13	14	15	16	17	18	19
छिन्दवाड़ा	19,241	39,400	2	33	—	—	—	15	2	48	1	15	—	—	1	8	2	23
स्वतंत्र ख.	2,814	3,531	—	4	—	9	—	—	—	13	—	—	—	—	—	—	—	—
स्थानीय मंडल																		
सिवनी	(क)	(क)	2	28	1	4	—	4	3	36	—	12	—	—	—	5	—	20
बैतूल..	.13,254	24,977	2	27	1	4	—	—	3	31	—	12	—	3	—	3	—	18
नागपुर	2,360§	35,564§	—	57	—	10	—	—	—	67	—	24	—	3	—	6	—	36
वर्धा	2,482	44,144	—	42	—	—	—	12	—	54	—	24	—	6	—	8	—	32
चन्दा	9,002	(क)	2	56	—	—	—	12	2	68	1	24	—	—	—	7	1	37
सिरोंचा आई. एल. बी.	3,354	2,850	5	9	—	2	1	1	6	12	—	—	—	6	—	—	—	—
बालाघाट	12,315	37,611	1	22	—	3	—	4	1	29	—	16	—	4	—	2	—	22
भंडारा	6,303	107,307	—	29	1	4	—	2	1	35	—	16	—	4	—	6	—	26
रायपुर	21,829	105,575	3	66	—	12	—	—	3	78	1	19	—	5	—	5	1	29

परिशिष्ट ड–स्थानीय मंडल, 1939-1942 *(पैराग्राफ 416 देखें) ...जारी*

जिला परिषद क्षेत्र	स्थानीय मंडल सदस्य										जिल्प परिषद सदस्य							
	नामांकित मतदाताओं की संख्या				निर्वाचित*		मनोनीत†		चयनित‡		कुल	निर्वाचित		मनोनीत		चयनित‡		कुल
	आदिवासी	अन्य	आदिवासी	अन्य	आदिवासी	अन्य	आदिवासी	अन्य	आदिवासी	अन्य	आदिवासी	अन्य	आदिवासी	अन्य	आदिवासी	अन्य	आदिवासी	अन्य
1	2	3	4	5	6	7	8	9	10	11	12	13	14	15	16	17	18	19
बिलासपुर	18,179	119,135	2	64	1	12	—	—	3	76	—	16	—	4	—	4	—	24
दुर्ग	14,958	74,074	7	51	2	8	—	—	9	59	1	19	—	—	—	8	1	27
अमरावती	(क)	(क)	—	64	—	18	—	—	—	82	—	20	—	5	—	5	—	30
मेलाघाट आई.																		
एल.बी	2,935	1,071	—	5	3	4	—	—	3	9	—	—	—	—	—	—	—	—
अकोला	3,563	100,549	—	71	—	23	—	—	—	94	—	24	—	6	—	6	—	36
बुल्दाना	1,492	90,816	—	63	—	17	—	6	—	86	—	20	—	5	—	6	—	31
यवतमाल	8,000‖	70,500‖	—	67	1	16	—	—	—	84	—	20	—	5	—	5	—	30
कुल			**45**	**1,000**	**10**	**180**	**1**	**84**	**56**	**1,256**	**10**		**3**		**1**		**14**	**583**

* स्थानीय स्वशासन अधिनियम, धारा 10-ए के तहत नियुक्त व्यक्तियों सहित।† पदेन सदस्यों सहत। ‡ मंडल या परिषद के गैर-सदस्यों में से चयनित पदाधिकारियों सहित।
§ नागपुर तहसील के आँकड़े निकालकर। ‖ लगभग। (क) आँकड़े अनुपलब्ध।

परिशिष्ट ढ–ग्राम पंचायतें *(पैराग्राफ 428 देखें)*

जिला	आदिवासी गाँव				अन्य गाँव संख्या	आदिवासी		
	पंचायतों की संख्या संख्या	स्तम्भ 2 सरपंच	संख्या सरपंच जो कुशल हैं	आदिवासी पंच	पंचायत	सरपंच	पंच	
1	2	3	4	5	6	7	8	9
सौगोर–	—	—	—	—	34	—	2	
जबलपुर (क)	—	—	—	—	31	—	6	
मांडला	1	—	—	7	17	—	3	
होशंगाबाद	3	—	1	4	65	—	10 (ख)	
नीमड़	3	—	—	5	25	—	3	
छिन्दवाड़ा	6	4	2	14	55	—	23	

परिशिष्ट ढ–ग्राम पंचायतें *(पैराग्राफ 428 देखें)*...जारी

जिला	आदिवासी गाँव: पंचायतों की संख्या संख्या	आदिवासी गाँव: स्तम्भ 2 सरपंच	आदिवासी गाँव: संख्या सरपंच जो कुशल हैं	आदिवासी गाँव: आदिवासी पंच	अन्य गाँव संख्या: पंचायत	अन्य गाँव संख्या: आदिवासी सरपंच	अन्य गाँव संख्या: आदिवासी पंच	
1	2	3	4	5	6	7	8	9
नागपुर	2	—	—	3	37	—	6	टिप्पणी
वर्धा	—	—	—	—	9	—	—	(क) सिहोरा तहसील को निकालकर।
बैतूल(ग)	8	—	—	23	29	—	1	
चन्दा	1	1	1	—	32	—	1	(ख) ये 10 नरसिंहपुर उप-मंडल में हैं; यह स्पष्ट नहीं है कि आदिवासी या गैर-आदिवासी गाँवों में।
बालघाट	2	—	—	7	15	—	3	
भंडारा–	—	—	—	—	7	—	1	
रायपुर–	—	—	—	—	18	—	12	
बिलासपुर (घ)	—	—	—	—	—	—	—	
दुर्ग	5	—	3	10	35	3	29	(ग) आदिवासी गाँवों में कुल पंचों की संख्या 107 है और गैर-आदिवासी गाँवों में 370।
अमरावती (मेलाघाट)–	—	—	—	—	—	—	—	
अकोला	10	10	—	12	86	—	—	
बुल्दाना	—	—	—	—	79	—	—	
यवतमाल	—	—	—	—	247	—	—	(घ) कोई सूचना प्राप्त नहीं।
कुल	40	15	7	85	821	3	100	

परिशिष्ट ण

(पैराग्राफ 429 देखें)

मार्टेन की 1911, मध्य प्रान्तों और बरार जनगणना रिपोर्ट में जाति पर अध्याय (अध्याय 10, पृष्ठ 230) का परिशिष्ट–

"दक्षिणी चन्दा के माड़िया गोंडों की जनजातीय परिषद का निम्नलिखित विवरण अहीरी रियासत के प्रबन्धक द्वारा भेजा गया है और लगभग पूरा ही उद्धृत करने योग्य है। हर वास्तविक माड़िया गाँव में गाँव का एक मुखिया पटेल होता है, जिसे गैता कहते हैं। गैता के अपने कार्यों के अतिरिक्त वह आमतौर पर भुमिया या गाँव के धार्मिक मुखिया के उत्तराधिकार प्राप्त कार्य भी निष्पन्न करता है। यह दोनों कार्य पहले गाँव में एक ही व्यक्ति करता था और इक्का-दुक्का अपवादों को छोड़कर जो निर्धनता और लोगों पर भुमिया का प्रभाव कम होने की वजह से हो जाता था, ज्यादातर मामलों में अभी भी वैसा ही है। यह दोनों कार्यभार सँभालनेवाला व्यक्ति इस कारण पूरे गाँव के पितातुल्य बन जाता था और उसके अन्तर्गत आने वाले गाँव में (या दो या तीन गाँवों के समूह में) उसका अधिकार सबसे ऊँचा था। यह पद वंशानुगत है। जाबत की कोई पंचायत या प्रबन्ध निकाय नहीं होती है। जरूरत पड़ने पर पूरी जाति एक साथ बुला ली जाती है। लेकिन इस जाति में प्रचलित प्रणाली बहुत विकसित है और कुछ मामलों में दूसरी जातियों में प्रचलित पंचायत व्यवस्था से ज्यादा व्यापक है। गाँव का गैता किसी दुराचरण या गाँव में किसी अन्य घटना की खबर पाकर गाँव के दो या तीन वृद्ध लोगों को बुलाता है–यह संख्या निश्चित नहीं है और न ही यह जरूरी है कि उसी व्यक्ति को हर बार बुलाया जाए–शिकायतकर्ता और अपराधी को बुलवाता है और दोनों पक्षों की बात सुनने के बाद वृद्धजनों की मदद से मामले पर निर्णय सुनाता है। नियमतः वृद्धजन उसके निर्णय से सहमत रहते हैं।

"ग्राम पंचायत का अधिकार क्षेत्र गाँव तक ही सीमित रहता है और एक स्थानीय ग्राम पंचायत को किसी दूर के लोगों को मामले पर निर्णय सुनने के लिए नहीं बुलाया जाता। 50 से 100 गाँवों का समूह मिलकर जैसा कि स्थानीय भाषा में कहते हैं एक पट्टी का निर्माण करता है और यह पट्टी समूह के प्रमुख धार्मिक व सामाजिक मुखिया जिसे सेन्धिया कहा जाता है, का अधिकार मानती है। सेन्धिया पट्टी का मुख्य पुजारी और न्यायाधीश होता है। हर वैवाहिक अनुबन्ध, सामाजिक दुराचरण का हर मामला जिसमें शुल्क शामिल हो, और पट्टी के किसी भी गाँव में किया जानेवाले कोई भी धार्मिक या सामाजिक अनुष्ठान सेन्धिया को एक निश्चित नकद फीस प्रदान करता है, जो रु. 2 से रु. 10 या कुछ अपवादों में रु. 50 तक हो सकता है। सेन्धिया का पद भी वंशानुगत होता है और सेन्धिया पट्टी में प्रभावशाली सन्ता होता है। सेन्धिया का अधिकार (पंचायत के उद्देश्य से) सिर्फ असाधारण मामलों में ही इस्तेमाल होता है, जिसमें कई गाँवों का हित शामिल हो और ऐसे मामलों में सेन्धिया द्वारा पास लाई गई किसी ग्राम पंचायत के द्वारा या उसके खिलाफ (या कई ग्राम पंचायतों) अपील पर निर्णय अन्तिम होता है। इसलिए पंचयात के उद्देश्य से हर पट्टी एक विशिष्ट इकाई बनाती है, जिसकी आन्तरिक संरचना इस प्रकार होती है :–

(क) हर गाँव अपने लिए एक पंचायत बनाता है जिसमें कुछ गाँव के वृद्धजन होते हैं

और जो गाँव के मुखिया (गैता) द्वारा संचालित होता है।

(ख) गाँवों का हर समूह सेन्धिया का अधिकार स्वीकार करता है, जो कठिन और उलझे हुए अन्तर सामुदायिक विवादों में अपील की गद्दी होता है।

(ग) हर सेन्धिया की पट्टी नियम से, देहात का एक सघन संघटन होता है जो स्पष्ट प्राकृतिक सीमाओं से (पहाड़ों की एक शृंखला एक बड़ी नदी या एक नाला) से घिरा होता है, और एक सेन्धिया की सत्ता उसकी अपनी पट्टी तक ही सीमित रहती है।

''एक सेन्धिया की पट्टी के मामले दूसरी पट्टी के सेन्धिया के पास नहीं ले जाए जा सकते। हर पट्टी अपने स्थानीय भौगोलिक नाम से जानी जाती है (जैसे लाहिड़ी पट्टी, वेन्नासुगर पट्टी, जरावान्दी पट्टी, घाट पट्टी और ऐसे ही) और हर पट्टी स्थानीय सेन्धिया का अविवादित क्षेत्र होती है। इस आम नियम के अपवाद का एकमात्र अनूठा मामला जो एक जीवित आदमी की याद में या वह 1990 के जाड़े में कोटमी गाँव में हुआ, जो वेन्नासुगर पट्टी में आता है। गाँव के एक माड़िया की बेटी एक मुसलमान के साथ भाग गई। स्थानीय ग्राम पंचायत ने लड़की के पिता से भोज करवाया और उस पर सेन्धिया के आभार के लिए पर्याप्त शुल्क लगाया। सेन्धिया ने और ज्यादा की माँग की और ग्राम पंचायत को उस व्यक्ति को आसानी से छोड़ देने के कारण फटकार लगाई। ग्राम पंचायत की नजर में सेन्धिया की माँग बहुत ज्यादा थी और उसने सेन्धिया से अलग हो जाने और एक बाहरी सेन्धिया की महद लेने की धमकी दी। यह सेन्धिया के बर्दाश्त के बाहर था और उसने सीधे पूरे गाँव पंचायत को जाति निकाला दे दिया इसलिए पंचायत जुदत* (यह सम्भवतः घोट के बदले गलती से लिख गया था।) के सेन्धिया की शरण में गई, जिसने सहज ही गाँव को अपनी पट्टी में शामिल करने से मना कर दिया लेकिन मामले की कठिनाइयों को देखते हुए आरोपी को एक छोटे शुल्क के बदले पवित्र करने को तैयार हो गया, जिसका उसे भुगतान कर दिया गया। उसने आवश्यक कर्मकाण्डों को निष्पन्न किया और लड़की के पिता को शुद्ध कर दिया। इसके बाद वेन्नासुगर की पूरी पट्टी कोरमी गाँव के खिलाफ उठ खड़ी हुई और हिंसा प्रयोग करने की चेतावनी देने लगी। इससे पुलिस को परेशानियाँ होने लगीं और वह रिपोर्टें भेजने लगी। अहीरी जमींदारी का प्रबन्धक घटनास्थल पर पहुँचा और तत्काल ही पट्टी के सैकड़ों गैता और सेन्धिया ने उसका शिविर घेर लिया और न्याय के लिए आवाज उठाने लगे। उनकी शिकायत थी कि कोरमी के लोगों ने बुरा उदाहरण पेश किया है और पट्टी के लोगों को तब तक चैन नहीं मिलेगा जब तक वे सेन्धिया द्वारा उनका (कोटमी के लोगों) शुद्धिकरण नहीं हो जाता। कोटमी के माड़िया मानने को तैयार नहीं थे और बहुत कठिनाई करा पाने में सफल हुआ। वह एक छोटी राशि के बदले क्षमादान देने को तत्काल तैयार हो गया जो लड़की के पिता द्वारा दिया गया और इस प्रकार एक खुशी के पीने-पिलाने के दौर के साथ यह मामला समाप्त हुआ जिससे एक छोटा गृह युद्ध का रूप धारण करने की आशंका थी। अगली सुबह सेन्धिया ने आवश्यक मन्त्र दुहराए और पट्टी के सभी गैता और कोटमी के लोगों को लेकर उनके सिरों पर ताजा जल छिड़का और कोटमी को वापस अपनी पट्टी में शामिल करने की घोषणा की।

''यह खास उदाहरण न सिर्फ सेन्धिया का उसकी पट्टी में अधिकार प्रदर्शित

* यह सम्भवतः घोट के बदले गलती से लिख गया था।

कराता है बल्कि यह तथ्य भी दर्शाता है कि किसी गाँव के लिए अपनी पट्टी से अलग हो जाना और इस प्रकार सेन्धिया के अधिकार को न मानना असम्भव है।"

परिशिष्ट त

प्रश्नावली 4–शिक्षा

(निर्देश बिन्दु क, ख, ङ ट, ठ, त, और थ)

1. कृपया नीचे दी गई तालिका को सबसे नवीन पूरे वर्ष के लिए उपलब्ध आँकड़ों से भरें, ऐसी विवरणात्मक टिप्पणियों के साथ जैसी आप आवश्यक समझें :

	संख्या					
	प्राथमिक विद्यालय		शिक्षक		विद्यार्थी	
	लड़के	लड़कियाँ	प्रशिक्षित	अप्रशिक्षित	लड़के	लड़कियाँ
क. सम्पूर्ण जिला						
ख.* आंशिक अपवर्जित क्षेत्र						
(क)						
(ख)						
(ग)						
(घ)						
ख का कुल						
ग. जिले के अन्य आदिवासी इलाके†						
(क)						
(ख)						
(ग)						
(घ)						
ग का कुल						
घ. आदिवासियों द्वारा प्रयोग किए जानेवाले						
(i) ख में						
(ii) ग में						
घ का कुल						
ख से क का प्रतिशत						
ख-ग से क का प्रतिशत						
घ (i) से ख का प्रतिशत						
घ (ii) से ग का प्रतिशत						
घ से क का प्रतिशत						

* प्रत्येक आंशिक अपवर्णित क्षेत्र या जमींदारी या प्रत्येक तहसील के कुल आदिवासी क्षेत्रों के लिए अलग-अलग आँकड़े दें।

† प्रत्येक उपायुक्त ने हाल ही में प्रत्येक तहसील के आदिवासी बहुल क्षेत्रों को दर्शाने वाला एक मजमूली मानचित्र की आपूर्ति की है। यह सम्बन्धित जानकारी उपायुक्त से या, आवश्यकता हो तो, आदिवासी बहुल पटवारी सर्किलों से प्राप्त की जा सकती है।

निम्नलिखित जनजातियाँ आदिवासी हैं :

गोंड, राज-गोंड, माड़िया, मुड़िया, नगार्ची, परधान, पठारी, ओझा, थोत्या, थथिया, भत्तरा, जैकि, पर्जा, भिम्मा, ढोली, मन्नेवर, मोधिया, छेक्यी, कोर्कू (बुआसी समेत), नहल या निहाल, अगड़िया, अन्ध, अरख, बैगा, भैना, भरिया-भुमिया, भील, भिल्लाला, भुइंहार, भुंजिया, बिंझवर, धन्वर, हल्बा, कलंगा, कंवर (तंवर समेत) कमर, खड़िया, खोंद, कोल, कोलम, कोली, कोरवा, मझवर, नगसिया, नैकर, उराँव, सौन्ता, सवरा, धोबा (मांडला जिला के लिए, धोबी से मिलाया न जाए)

2. कृपया आँकड़े प्रदान किए जिले के आदिवासी प्राथमिक विद्यालयों में विद्यार्थियों के आयु के आधार पर बँटवारे का और प्रत्येक कक्षा में विद्यार्थियों की संख्या का। आम तौर पर कितने आदिवासी लड़के प्राथमिक पाठ्यक्रम पूरा करते हैं तथा प्राथमिक परीक्षा उत्तीर्ण करते हैं? क्या संख्याएँ हाल के वर्षों में बढ़ी हैं (क) सम्पूर्ण रूप में (ख) किसी खास क्षेत्र में? क्या 'बर्बादी' बहुत ज्यादा है?

3.(क) जिले में कितने आदिवासी लड़के और लड़कियाँ माध्यमिक और उच्च विद्यालय जा रहे हैं?

(ख) क्या हाल के वर्षों में संख्या में वृद्धि हुई है (1) सम्पूर्णता में (2) किसी खास क्षेत्र में?

(ग) जिले में 1935 और उसके बाद के वर्षों में कितने आदिवासियों ने मैट्रिक उत्तीर्ण किया है?

(घ) प्रान्त के कॉलेजों में कितने आदिवासी हैं?

4. कृपया जिला परिषद या स्वतन्त्र स्थानीय मंडल के विद्यालय मंडल या विद्यालय समिति के आदिवासी और गैर-आदिवासी सदस्यों की संख्या बताएँ।

5. आपके जिले के जिन प्राथमिक विद्यालयों में आदिवासी जाते हैं क्या वहाँ कुशल विद्यालय समितियाँ हैं? और इन समितियों के कुल आदिवासी और गैर-आदिवासी सदस्यों की संख्या क्या है?

शिक्षक

6. जिले के प्रशिक्षित और अप्रशिक्षित आदिवासी शिक्षकों की संख्या बताएँ।

*7. (क) कृपया संख्या बताएँ (1) आदिवासी, (2) गैर आदिवासी शिक्षकों को जो बोल सकते हैं (1) गोंडी (2) कोर्कू (3) कोलमी।

(ख) किस प्रकार गोंडी या कोर्कू या कोलमी न जाननेवाला हिन्दू या मुसलमान अध्यापक एक गोंडी, कोर्कू या कोलमी भाषी गाँव में गोंड, कोर्कू और कोलम बच्चों को पढ़ा पाता है जिन्हें हिन्दी या मराठी नहीं आती?

(ग) होशंगाबाद, छिन्दवाड़ा, बैतूल और सम्भवतः नीमड़ और अमरावती जिलों के कुछ हिस्सों में, एक ही गाँव में गोंड और कोर्कू मुहल्ले हैं या उसी विद्यालय के तीन मील के दायरे के गाँवों में कुछ गोंड और कुछ कोर्कू हैं। किस प्रकार एक या दो

---

* प्रश्न 7 का जवाब मांडला, सिवनी, छिन्दवाड़ा, बैतूल, होशंगाबाद, वर्धा, नागपुर, चन्दा, भंडारा, बालाघाट, और यवतमाल जिले के लिए गोंडी के सम्बन्ध में, होशंगाबाद, बैतूल, छिन्दवाड़ा, नीमड़ और अमरावती जिलों के लिए कोर्कू के सम्बन्ध में और सिर्फ यवतमाल जिले के लिए कोलमी के सम्बन्ध में दिया जाना चाहिए।

अध्यापकों वाला एक विद्यालय जिन्हें गोंडी या कोर्कू बोलना नहीं आता, लाभदायक शिक्षा दे पाएगा?

8. (क) क्या अध्यापक आदिवासी या जंगली इलाके के विद्यालयों में नौकरी करना नापसन्द करते हैं? यदि ऐसा है तो क्यों?

(ख) क्या छुट्टी और हस्तांतरण के आवेदन इन इलाकों में अन्य की अपेक्षा ज्यादा होते हैं?

(ग) क्या इन इलाकों में गैर-आदिवासी अध्यापकों को खुश रखने के लिए विशेष वेतन की जरूरत है?

(*कृपया ध्यान दें*—माना जाता है कि प्राथमिक अध्यापकों का वर्तमान वेतनमान कुछ अन्य प्रान्तों की अपेक्षा बहुत अच्छा है, और स्थानीय स्तर पर भर्ती किए गए अध्यापकों को पिछड़े इलाकों में आकर्षित करने के लिए काफी है।)

(घ) क्या आदिवासी इलाकों के अध्यापकों की अनुपस्थिति अनियमित है और वे दिन में सिर्फ एक घंटा या उससे थोड़ा अधिक काम करते हैं? इसे सुधारने के लिए क्या कदम उठाए जाने चाहिए?

(ङ) क्या आदिवासी गाँवों में तैनात अध्यापकों के लिए घर उपलब्ध हैं? नए विद्यालय खोलते समय अध्यापकों के लिए घर बनवाने सम्बन्धित सरकारी आदेश का जिला परिषद किस हद तक पालन कर रही है? उनके रहने के बन्दोबस्त के बारे में क्या किया जाना चाहिए?

(च) क्या इससे कुछ मुश्किल आसान होगी जहाँ तक सम्भव हो आदिवासी या अन्य स्थानीय निवासी नौजवानों को आदिवासी इलाकों में अध्यापक नियुक्त किया जाए?

(छ) स्थानीय अध्यापकों के प्रति आदिवासियों की क्या शिकायतें हैं?

(ज) क्या आदिवासी विद्यालयों के अध्यापकों और पर्यवेक्षकों को राजनीतिक एजेन्टों और प्रचारकों की तरह इस्तेमाल किया गया है?

(झ) क्या जिला परिषद या स्वायत्त स्थानीय मंडल आदिवासी इलाकों के काला पानी गाँवों में अध्यापकों की नियुक्ति सजा के तौर पर करते हैं?

(ञ) आदिवासी विद्यालयों में अध्यापकों की क्या दिक्कतें हैं?

(ट) क्या आप अन्य तरीके सुझा सकते हैं जिनसे आदिवासी विद्यालयों में नियुक्त अध्यापकों को ज्यादा लाभदायक और सुखी बनाया जा सके?

(*कृपया ध्यान दें*—प्रशिक्षण के प्रश्न पर नीचे प्रश्न 32 में विचार किया गया है।)

शिक्षा के प्रति आदिवासी दृष्टिकोण

9. (क) क्या स्वयं आदिवासियों की तरह से जिले के सभी या कुछ भागों में और सभी स्थानीय आदिवासियों या किसी खास जनजाति की तरफ से शिक्षा के लिए कोई वास्तविक माँग है?

(ख) वे किस प्रकार सोचते हैं कि शिक्षा से उन्हें लाभ होगा?

(ग) क्या वे बालिकाओं की शिक्षा भी चाहते हैं और लड़कों के स्तर तक ही?

(घ) क्या ऐसी कोई भावना है कि शिक्षा लड़कियों को वैवाहिक जीवन के लिए अनुपयुक्त बनाती है?

(ङ) क्या ऐसा कोई आदिवासी इलाका या जनजाति है जिसमें या जिनके बीच शिक्षा और विद्यालय अप्रचलित हैं! यदि ऐसा है तो क्यों?

(य) (i) यदि जिले के आदिवासी इलाके के किसी विद्यालय में अनिवार्यता लागू की गई है तो इस पर शिक्षा के प्रति आदिवासियों के क्या दृष्टिकोण या शिकायतें हैं?

(ii) यदि ऐसा नहीं लागू किया गया है तो आदिवासियों की इसकी उपयुक्तता पर क्या राय है?

(छ) जिले के आदिवासी इन चीजों के बारे में क्या सोचते हैं—

(i) आदिवासी अध्यापकों की आवश्यकता;

(ii) (जिन इलाकों में जनजातीय भाषाएँ बोली जाती हैं) जनजातीय भाषाएँ जाननेवाले अध्यापकों की आवश्यकता और कम से कम पहली और दूसरी कक्षाओं में उसी भाषा के माध्यम में शिक्षा प्रदान करने का,

(iii) हिन्दी और मराठी की अनिवार्य शिक्षा;

(iv) सामान्यतः विद्यार्थियों के जनजातीय खेल, गीत, कहानियाँ और नृत्य तथा जनजातीय लोककथाएँ सीखने की उपयुक्तता;

(v) इस समय प्रदान की जा रही शिक्षाओं का विद्यार्थी के चरित्र पर प्रभाव और आगे चलकर जनजातीय और राष्ट्रीय जीवन में उसकी भूमिका?

(ज)(i) क्या वे विद्यालय के वर्तमान घंटे और शर्तों पर आपत्ति करते हैं? क्या इन्हें इस प्रकार समायोजित किया जा सकता है ताकि उनकी शिकायत कि विद्यालय में अनुपस्थिति एक लड़के को मवेशी चराकर इत्यादि से कमाई करने के मौकों से वंचित करती है, को पूरा किया जा सके?

(ii) क्या विद्यालय आदिवासी त्यौहारों जैसे बिदरी, हरेलो, नबा, मंडई और चेरता पर बन्द रहते हैं या सिर्फ रविवार और हिन्दू त्यौहारों पर ही बन्द रहते हैं?

(iii) क्या फसल कटाई और बुआई, महुआ गुल्ली चिरोन्जी को बीनने आदि और गाँव में विवाहों पर अवकाश दिया जाता है? आदिवासी इलाकों में विद्यालय अधिकारियों ने आदिवासियों की शर्तों और छुट्टियों के निर्धारण में ढील देने सम्बन्धी आदेश के विषय में क्या कदम उठाया है?

(iv) क्या आदिवासी इस सम्बन्ध में सन्तुष्ट हैं या और जल्दी-जल्दी छुट्टियाँ तथा छोटे घंटे चाहते हैं?

(झ) क्या शिक्षा का उद्देश्य महज आदिवासी लड़कों को नौकरी पाने लायक बनाना है? क्या कई लड़के नौकरी पाने में कामयाब हुए हैं? किस तरह की नौकरियाँ? क्या शिक्षित आदिवासियों ने किसी खास नौकरी में अच्छा प्रदर्शन किया है?

(ञ) वर्तमान पाठ्यक्रम पर आदिवासियों की क्या राय है? (यह उन इलाकों में पता करना रोचक होगा जहाँ के विद्यालय पुराने, संशोधित और आधारभूत राष्ट्रीय शिक्षा पाठ्यक्रम के अन्तर्गत चल रहे हैं।)

(ट) क्या साधारण प्राथमिक शिक्षा उन्हें सन्तोषप्रद लगती है, या वे इसे पिछड़ी जनजातियों के जीवन, आवश्यकताओं और स्वभाव के अनुरूप ढली होना चाहते हैं? क्या पाठ्य क्रम के किसी खास विषय पर उन्हें आपत्ति है, और क्यों?

(ठ) शारीरिक ड्रिल और खेल और खासकर हस्तशिल्प के प्रति उनका क्या नजरिया

है? क्या उनकी नजर में कताई एक उपयुक्त विषय है या वे कृषि, रस्सी बनाना, टोकरी, चटाई और मछली के जाले बनाना और आमतौर पर कुल्हाड़ी, आटी और जंगल-शिल्प ज्यादा पसन्द करेंगे?

(ड) यदि आपके जिले में स्थानीय निकायों द्वारा संचालित आम प्राथमिक विद्यालयों के अलावा कोई जंगली, या हिन्दू, कैथोलिक या प्रोटेस्टेन्ट मिशन विद्यालय या विशेष विद्यालय जैसे मांडला जिला में भूमिजन सेवा मंडल के विद्यालय जिन्हें आदिवासियों के लिए विशिष्ट तरीके से चलाया जाता है, हैं तो क्या आदिवासियों का इस बारे में कोई दृष्टिकोण है कि वे किस विद्यालय को पसन्द करते हैं और क्यों?

(सम्भवतः वे तुलना कर पाने में असमर्थ होंगे, और इस प्रश्न का ठीक-ठीक उत्तर यह देखकर पाया जा सकता है कि किसी खास प्रकार के या कोई खास विद्यालय है जो दूसरे की अपेक्षा आदिवासियों के बीच बहुत प्रचलित है, और उनसे यह पूछकर कि उस विद्यालय या उस प्रकार के विद्यालयों में उन्हें क्या चीज अच्छी लगती है।)

(ढ) आदिवासियों के अनुसार कितने वर्षों तक (1) उनके लड़के, (2) लड़कियों को विद्यालय में रहना चाहिए?

(ण) क्या बड़े लोग कभी शिकायत करते हैं कि शिक्षा ने उनके बेटे-बेटियों को वर्वाद किया है? यदि ऐसा है तो किस प्रकार?

(त) आपके अपने अनुभव से शिकायत में क्या कोई दम है या आप शिक्षित आदिवासी नौजवानों को जनजातीय सामाजिक और आर्थिक जीवन में उनकी आम भूमिका में पाते हैं, या जो उन्होंने सीखा है उससे अपने जनजातीय बँधुओं की मदद करते हैं?

(थ) क्या आदिवासी प्रौढ़ शिक्षा और सर्व साक्षरता में कोई रुचि दिखाते हैं? क्या जिले में इसकी सुविधाएँ हैं? क्या कोई वयस्क बच्चों के विद्यालय में सीखने आता है या अपने बच्चों से सीखता है?

शैक्षिणिक सुविधाएँ

10. जिले में आदिवासी और गैर-आदिवासी जनसंख्या के, जिले के आपके अनुभव तथा आदिवासी आबादी के तुलनात्मक पिछड़ेपन के प्रश्नों 1 से 7 के उत्तरों में दिए आँकड़ों को देखते हुए क्या आप सोचते हैं कि अतीत में या अब सरकार या स्थानीय निकायों द्वारा शिक्षा के मद में किए जानेवाले धन का अच्छा खासा हिस्सा आदिवासी शिक्षा पर खर्च हुआ है या हो रहा है?

11. आपके जिले में सरकार और स्थानीय निकायों द्वारा आदिवासी शिक्षा के लिए क्या विशेष कदम उठाए गए हैं और अब, क्या कदम उठाने पर विचार किया गया है?

12. कृपया पूरे जिला परिषद या स्थानीय मंडल क्षेत्र में 1939-40 में जिला परिषद या स्वायत्त स्थानीय मंडल, सरकारी अनुदान संहिता, द्वारा किए गए व्यय की रिपोर्ट दें (क) जिलों में पूरी शिक्षा पर हुआ खर्च (ख) आदिवासी इलाकों में विद्यालयों पर खर्च।

13. क्या मौजूदा पक्का इमारतों का रखरखाव आदिवासी इलाकों में अन्य इलाकों की अपेक्षा बुरा है?

14. यदि किसी आदिवासी इलाके में अनिवार्यता लागू की गई है तो कृपया उसके काम-काज का विवरण दें। उपस्थिति किस प्रकार बनाई जाती है? क्या प्रतिशत है? बच्चों को कितनी दूर से आना पड़ता है? क्या अनुपस्थिति रिपोर्ट न करने के लिए अध्यापक रिश्वत लेते हैं? क्या बढ़ी हुई संख्या के लिए इमारत और अध्यापक पर्याप्त हैं या दो पार्टियाँ जरूरी हैं? अनुपस्थिति के लिए कितने आदिवासियों को दंडित किया गया है? वह न्यायालय कितनी दूर है जहाँ ऐसे अपराधों पर मुकदमा चलता है, और कितना औसत जुर्माना और अदालती कार्यवाही का शुल्क आरोपी आदिवासियों से वसूला गया है? आदिवासी माँ-बाप की क्या शिकायतें हैं? क्या अध्यापकों की संख्या पर्याप्त रही है? कितनी नई इमारतों की आवश्यकता है? क्या परिणाम किए गए व्यय के अनुकूल हैं? क्या अनिवार्यता ने शिक्षा के प्रति पुरानी उत्सुकता को कम किया है? अपने अनुभव के आलोक में क्या आपको लगता है कि प्रशिक्षित अध्यापकों, जनजातीय भाषा जाननेवाले अध्यापकों, इमारतों, अध्यापकों के विशेष प्रशिक्षण और आदिवासी जीवन के अनुकूल पाठ्यक्रमों के मौजूद अभाव में अनिवार्यता लागू करना, इस चरण पर एक सही नीति होगी?

15(क) क्या आप विद्यालय भवनों को पूर्व के खर्चीले पक्के भवनों की बजाय ग्रामीण घरों के लिए प्रयोग किए जानेवाले स्थानीय सामानों (परन्तु दरवाजों और खिड़कियों के साथ पर्याप्त हवादार और जहाँ तक सम्भव था आर्द्रतारोधक) से बनाए जाने के पक्ष में हैं? क्या उपयुक्त भवन 100 रुपए में बनाए जा सकते हैं?

(ख) क्या किसी भी तरह की कक्षाओं के प्रावधानों के बिना खुले मौसम में खुली हवा के बीच विशेष पाठ्यक्रम पर आधारित प्रभावी शिक्षा दी जा सकती है?

16. क्या आदिवासी ग्रामीण बिना किसी भवन-अनुदान के अपने आप सामान और श्रम का अंशदान करेंगे या सरकार या स्थानीय निकायों द्वारा दिए गए ऐसे किसी अनुदान में अंशदान दे सकते हैं जब सरकार या स्थानीय निकाय पूरी कीमत देंगे जिसका अनुमान 100 रुपए का हो सकता है, तो क्या ग्रामीण अपने आप, निर्माण की जिम्मेदारी एक अनौपचारिक ठेके के रूप में ले सकते हैं?

पाठ्यचर्या

17. आदिवासी विद्यालयों के लिए क्या आप पुराने पाठ्यक्रम संशोधित पाठ्यक्रम या आधारभूत राष्ट्रीय शिक्षा पाठ्यक्रम को प्राथमिकता देंगे? कारण बताइए।

18. क्या आप सोचते हैं कि गोंडी और कोर्कू जो क्रमशः 94,6,702 और 15,2,838 लोगों की मातृभषा है और गोंड और कोर्कू लोगों की बढ़ रही जनसंख्या द्वारा बोली जा रही है, को कम-से-कम प्रारम्भिक कक्षाओं में, हिन्दी और मराठी की अनिवार्य शिक्षा के साथ उन क्षेत्रों में शिक्षा का माध्यम होनी चाहिए जहाँ ये भाषाएँ बोली जाती हैं? अन्यथा कैसे गैर-आदिवासी अध्यापक आदिवासी बच्चों को पढ़ा रहे हैं? क्या आप कक्षा 1 से 5 तक सारी कक्षाओं में जनजातीय मातृभाषा के माध्यम से पढ़ाने की अनुशंसा करेंगे?

19. (क) क्या छात्र उच्च कक्षाओं में भी गोंडी और कोर्कू गीत, कहानियाँ और पहेलियाँ

सीख सकते हैं ताकि उनकी शिक्षा का उनकी मातृभाषा से पूरी तरह सम्बन्ध-विच्छेद न हो जाए?

(ख) यदि हिन्दी या मराठी के रूप में आनेवाला परिवर्तन कक्षा 5 में लाया जाए तो क्या जनजातीय मातृभाषा को विशेष विषय के रूप में पढ़ाया जाना जारी रखना चाहिए? और यदि ऐसा किया जाए तो क्या यह वैकल्पिक विषय हो या अनिवार्य?

20. क्या उनके जनजातीय नृत्य और खेलों को शारीरिक प्रशिक्षण पाठ्यक्रम में लाया जा सकता है?

21. क्या आप सुदूर आदिवासी क्षेत्रों में कातने और बुनने को आधारभूत शिल्प के रूप में देखने के पक्ष में हैं जहाँ किसी आदिवासी ने कभी काता या बुना नहीं है और कच्चा माल स्थानीय रूप से उपलब्ध नहीं है? बिना शारीरिक मेहनत या रुचि न होने पर एक समय में कब तक बच्चों से कातने की उम्मीद की जा सकती है?

22. कृषि के अलावा स्थानीय रूप से उपयुक्त होनेवाली कौन-सी कलाएँ हो सकती हैं? रस्सी बनाना, टोकरी बनाना, बाँस का काम (मछली के जाल समेत), बढ़ईगिरी, पेड़ों की कटाई और बुआई और लुहार के कामों का सुझाव दिया गया। कपड़ा बुनने और लुहार के काम या और किसी अन्य काम में क्या कोई जातिगत पूर्वाग्रह है? क्या घर बनाना और मरम्मत करना भी सिखाया जाता है?

23. क्या आदिवासी विद्यालयों में बड़े पैमाने पर बाड़ी और फलों की पैदावार पर ध्यान केन्द्रित करना विवेकपूर्ण होगा? (खराब बर्रा जमीन वाले पहाड़ी और जंगली क्षेत्रों में विद्यालयों के लिए निर्धारित किया गया आधारभूत कृषि पाठ्यक्रम काफी विस्तारित है; 1937 के संशोधित पाठ्यक्रम के पृष्ठ 12 के फुटनोट रूप में रेखित की गई बाड़ी स्तर की बागवानी और कृषि-कार्यों का विकास एक बेहतर विकल्प हो सकता है।)

24. क्या नागरिक और सहकारी कर्तव्यों के प्रशिक्षण को आदिवासी विद्यालयों को छोटे गाँवों के रूप में प्रत्येक कक्षा के लिए एक झोंपड़ी के साथ और एक विद्यालय-पंचायत और छात्रों द्वारा मत पत्र डालकर चुने हुए अधिकारियों के साथ चलाकर दिया जा सकता है, ताकि उन्हें प्रारम्भिक उम्र से ही मताधिकार, सामाजिक बाध्यताओं और ग्राम-प्रशासन और विकास करना सिखाया जा सके?

25. वर्तमान पाठ्यक्रम को आप किस अन्य दिशा में रूपांतरित करेंगे या एक विशेष आदिवासी पाठ्यक्रम को तैयार करेंगे जो आदिवासियों के आत्मसम्मान को सुरक्षित करेगा और बढ़ाएगा, ताकि उनकी जनजातीय संस्कृति के विशिष्ट लक्षणों को बढ़ाया जाए और उसे चुस्त-दुरुस्त किया जाए ताकि न सिर्फ वह अपने गैर-आदिवासी प्रतिद्वन्द्वियों के सामने अपने आपको खड़ा कर सके बल्कि राष्ट्रीय जीवन में अपना योगदान भी कर सके।

26. (क) आदिवासी विद्यालयों में पाठ्यक्रम कब तक चलना चाहिए?

(ख) कृपया बर्बादी की समस्या पर विचार करें और मेरी "नोट्स आन द अबोरिजिनल प्राब्लम इन द मांडला डिस्ट्रिक्ट" के पैराग्राफ 99 में व्यक्त किए गए विचारों की आलोचना कीजिए (नागपुर, सरकारी प्रकाशन, 1940, 4 से समान)।

(ग) औसत आदिवासी युवकों द्वारा विद्यालय छोड़ने पर होनेवाली अशिक्षा के लिए

कर्त्तव्य पालन में होनेवाली चूकों से बचने के लिए क्या कदम उठाए जा सकते हैं?

(घ) क्या छह महीने के लिए प्रत्येक विद्यालय में पुराने छात्रों के पुनर्आगमन के साथ गाने, नाचने आदि सरलतम ''प्रबोधन'' पाठ्यक्रमों और विचार-विमर्शों द्वारा कुछ प्राप्त किया जा सकेगा? इन्हें आयोजित कैसे किया जाएगा?

27. (क) क्या आदिवासी छात्रों को माध्यमिक विद्यालयों और बाद में उच्च विद्यालयों में पढ़ने में समर्थ बनाने के लिए छात्रवृत्तियाँ मुक्त रूप से दी जानी चाहिए?

(ख) क्या आदिवासी क्षेत्रों में आदिवासियों के लिए विशेष (क) माध्यमिक और (ख) उच्च विद्यालय होने चाहिए? (ये अध्यापकों के रूप में या अन्य सरकारी सेवाओं में आदिवासियों की भर्ती के कीमती स्रोत हो सकते हैं; शायद उन्हें जिले या तहसील मुख्यालयों के नियमित विद्यालयों में भिजवा पाना सम्भव नहीं है या वास्तव में यह ऐच्छिक है कि उन्हें वहाँ जाने दिया जाए जबकि उनके गाँव और जनजातीय जीवन शहरी परिस्थितियों से काफी भिन्न होते हैं।)

(ग) वह दूरी जिससे छात्रों को प्रवेश दिया जाएगा और उनके माता-पिता की गरीबी की दृष्टि से देखते हुए क्या आपका मानना है कि आदिवासी माध्यमिक और उच्च विद्यालयों के लिए सरकार या विद्यालय प्रशासन के लिए यह आवश्यक है कि रहने के लिए पर्याप्त छात्रावास उपलब्ध कराए और इस प्रकार रहना उन सभी छात्रों के लिए निःशुल्क हो जो भुगतान करने के दृष्टिकोण से काफी गरीब हैं? क्या एक निश्चित अधिकतम के अतिरिक्त उन छात्रों से जो फीस दे सकते हैं, से भी केवल ऐसी ही फीस ली जाए, क्योंकि वे संसाधनों की जाँच होने के बाद चुकाने में समर्थ पाए गए हैं?

28. क्या वर्तमान योजना के अन्तर्गत ज्यादातर आदिवासी क्षेत्रों की खराब बर्रा जमीन में विद्या मन्दिर हमेशा स्वयं-सहायता वाले रहे हैं? उनके संसाधनों को कैसे पूरा किया जा सकता है?

29. क्या आपके जिले में लाऊबाच या वयस्क जन शिक्षा के अन्य तरीके कुछ सफलता के साथ चलाए जा चुके हैं? क्या वे आदिवासी क्षेत्रों में भी प्रयोग किए गए हैं?

30. क्या प्राथमिक मास्टरों और पटवारियों या कृषि, सहकारी और सार्वजनिक स्वास्थ्य विभागों के स्थानीय अधिकारियों की शिक्षा के बीच कोई सम्पर्क है?

31. क्या विद्यालयों की नियमित चिकित्सा जाँच-कार्यों द्वारा बच्चों का स्वास्थ्य सुधारने में अच्छे परिणाम लाने के लिए कुछ किया जा सकता है?

32. (क) आदिवासी विद्यालयों में अध्यापकों के लिए विशेष प्रशिक्षण देने के लिए आप किन कदमों का सुझाव देंगे?

(ख) क्या आप इस उद्देश्य के लिए विशेष सामान्य विद्यालयों का समर्थन करेंगे जैसे कि एक कोरकू क्षेत्र में, प्रत्येक उत्तरी व दक्षिणी गोंडी बोलनेवाले क्षेत्रों में एक ओर मांडला और छत्तीसगढ़ के प्रत्येक आदिवासी क्षेत्र में एक जहाँ अब गोंडी नहीं बोली जाती है? क्या आप इससे सहमत हैं कि ये आदिवासी गाँवों में स्थित होने चाहिए न कि किसी शहर में?

(ग) ऐसे विद्यालयों में गैर-आदिवासी छात्रों को गोंडी और कोरकू बोलना सिखाने के लिए क्या प्रबन्ध किए जाने व्यावहारिक होंगे?

(घ) क्या इन विद्यालयों को प्रारम्भिक सफाई, स्वच्छता सिद्धान्त, कृषि, वनों के काम, रेशम उद्योग, भवन निर्माण, लोक गायन, ग्राम जीवन पंचायतों आदि का विशेष व व्यावहारिक प्रशिक्षण देने के साथ आदर्श गाँवों के रूप में संगठित किया चाहिए ताकि छात्रों को राष्ट्र-निर्माण के प्रचार में प्रशिक्षित किया जा सके।

33. पूर्व में आदिवासी शिक्षा की उपेक्षा को और भविष्य में आदिवासियों को अपने पैरों पर खड़े होने की आवश्यकता को और इस तथ्य को ध्यान में रखते हुए कि आदिवासी शिक्षा, शिक्षा की बहुत कठिन और विशेष शाखा है, क्या आपका मानना है कि वह सुरक्षित ढंग से स्थानीय निकायों पर छोड़ी जा सकती है या इससे प्रान्तीय सरकार का प्रत्यक्ष सम्बन्ध होना चाहिए?

परिशिष्ट थ–(आदिवासी प्राथमिक विद्यालय, छात्र और अध्यापक)

जिला	जनसंख्या, 1941				1941 में प्रति 1,000 हजार जनसंख्या पर शिक्षितों की संख्या		प्राथमिक विद्यालयों में छात्र, 1940-41				प्राथमिक विद्यालयों में अध्यापक, 1940-41			
	गैर-जनजातीय		जनजातीय				गैर-जनजातीय		जनजातीय		गैर-जनजातीय		जनजातीय	
	पुरुष	स्त्री	पुरुष	स्त्री	पुरुष	स्त्री	लड़के	लड़कियाँ	लड़के	लड़कियाँ	प्रशिक्षित	अप्रशिक्षित	प्रशिक्षित	अप्रशिक्षित
सौगोर	4,32,628	4,22,833	41,766	41,841	156	45	13,209	4,281	496	70	552	135	—	1
जबलपुर	371,099	339,665	98,451	1,01,388	167	34	14,895	4,889	1602	155	464	129	3	3
मांडला	1,01,250	100,412	1,49,938	1,52,980	104	12	5,068	313	3,788	151	134	134	15	8
होशंगाबाद	3,54,352	3,42,086	63,642	63,505	270	104	17952	4,581	538	125	644	170	5	—
नीमड़	2,09,946	1,96,396	53,923	53,011	206	28	9,522	2,887	698	41	319	161	—	—
जबलपुर मांडला	14,69,275	14,01,392	4,07,720	4,12,725	184	47	60,646	16,951	7,122	542	2113	729	23	12
बैतूल	135,496	135,403	83,305	84,142	136	15	14,334	15,86	7,180	292	190	410	—	8
छिन्दवाड़ा	3,25,521	3,23,838	188,721	195,960	122	15	12,071	1620	15,69	147	464	120	2	3

परिशिष्ट थ–(आदिवासी प्राथमिक विद्यालय, छात्र और अध्यापक)...जारी

जिला	जनसंख्या, 1941 गैर-जनजातीय		जनजातीय		1941 में प्रति 1,000 हजार जनसंख्या पर शिक्षितों की संख्या		प्राथमिक विद्यालयों में छात्र, 1940-41 गैर-जनजातीय		जनजातीय		प्राथमिक विद्यालयों में अध्यापक, 1940-41 गैर-जनजातीय		जनजातीय	
	पुरुष	स्त्री	पुरुष	स्त्री	पुरुष	स्त्री	लड़के	लड़कियाँ	लड़के	लड़कियाँ	प्रशिक्षित	अप्रशिक्षित	प्रशिक्षित	अप्रशिक्षित
वर्धा	2,37,784	2,31,016	24,833	25,697	200	47	11,901	19,29	342	47	591	231	2	—
नागपुर	5,12,740	4,88,529	29,392	29,328	233	52	22,476	8483	537	334	861	218	8	1
चन्दा	35,3,624	3,49,534	85,235	84,893	125	13	10,230	1,617	640	24	238	150	3	7
नागपुर मंडल	15,65,165	15,28,320	4,11,484	4,20,020	162	29	71,012	15,235	10,468	844	2,344	1,129	15	19
भंडारा	4,24,557	4,27,207	54,659	56,802	118	20	20,204	2,147	1,522	64	375	273	9	3
बालाघाट	2,45,894	2,51,314	67,962	69,180	182	21	8407	1,113	1,819	68	195	142	4	4
रायपुर	600,183	6,25,101	1,46,096	1,54,306	85	15	27,520	4,491	4,117	300	683	445	20	21
बिलासपुर	6,03,047	6,23,112	1,57,958	1,65,392	100	14	20,308	3,817	2,363	82	564	252	8	4
दुर्ग	3,56,546	3,80,020	91,830	1,00,455	119	12	12,671	1707	2,077	370	329	110	16	7
छत्तीस.- गढ़ मंडल	22,30,227	23,06,754	5,18,505	5,46,135	112	16	89,110	13,275	11,898	884	2,146	1,222	57	39
कुल केन्द्रीय प्रांत	52,64,667	5236,462	13,37709	13,78,880	158	28	2,20768	45,461	29,488	2,270	6,603	3,080	95	70

परिशिष्ट थ—(आदिवासी प्राथमिक विद्यालय, छात्र और अध्यापक)...जारी

जिला	जनसंख्या, 1941				1941 में प्रति 1,000 हजार जनसंख्या पर शिक्षितों की संख्या		प्राथमिक विद्यालयों में छात्र, 1940-41				प्राथमिक विद्यालयों में अध्यापक, 1940-41			
	गैर-जनजातीय		जनजातीय				गैर-जनजातीय		जनजातीय		गैर-जनजातीय		जनजातीय	
	पुरुष	स्त्री	पुरुष	स्त्री	पुरुष	स्त्री	लड़के	लड़कियाँ	लड़के	लड़कियाँ	प्रशिक्षित	अप्रशिक्षित	प्रशिक्षित	अप्रशिक्षित
अमरावती	4,76,144	4,50,177	31,776	30,427	456	307	26,446	5,525	394	58	834	163	—	5
अकोला	4,47,129	4,26,585	16,819	17,209	394	50	15,810	3,905	318	34	406	483	—	—
बुलदाना	4,07,611	3,94,864	9,703	9,684	274	53	19870	5,776	42	—	730	409	—	—
यवतमाल	3,69,823	3,59,421	78,901	79,593	176	30	12,511	5,749	722	48	371	205	2	1
कुल बरार	16,99,707	16,31,047	13,71,99	13,69,13	331	115	74637	20,955	14,76	140	2,341	1,260	2	6
केन्द्रीय प्रांत एवं बरार	69,64,374	68,67,509	14,74,908	15,15,793	196	47	295,405	66,416	30,964	2,410	8,944	4,340	97	76

परिशिष्ट द

(देखें पैराग्राफ 452)

**आदिवासियों के आर्थिक, शैक्षणिक एवं सामाजिक सुधार के लिए उठाए गए कदम–*

शैक्षणिक उपाय

वन विभाग ने आदिवासियों के लाभ के लिए जंगल के गाँवों में 36 विद्यालय खोलने की योजना बनाई है, योजना का कुल खर्चा 21,600 रु. अनुमानित है। विद्यालय तीन वर्ष में प्रारम्भ हो जाएँगे, जबकि 12 विद्यालय इसी वर्ष प्रारम्भ होंगे।

2. शिक्षा विभाग ने जिला परिषद, बैतूल को भुगतान के लिए 25,000 रु. अनुदान दिया है और इस अनुदान की मदद से जिला परिषद ने आदिवासियों में प्राथमिक शिक्षा के प्रसार हेतु जिले के अन्दर 46 विद्यालय खोले हैं।

3. आदिवासियों सहित पिछड़े वर्गों के बीच शिक्षा के प्रोत्साहन हेतु विभाग के द्वारा निम्नलिखित रियायतों की अनुमति दी गई है :

(1) जातिभेद के बगैर सभी सरकारी विद्यालयों और महाविद्यालयों में समान सामाजिक व्यवहार।

(2) सभी सरकारी विद्यालयों एवं महाविद्यालयों में निःशुल्क शिक्षा।

(3) विशेष ध्वनवृत्तियाँ जिनमें योग्यता के आधार पर आदिवासियों और अन्य पिछड़े वर्गों की हिस्सेदारी होगी : उच्च प्राथमिक विद्यालयों के योग्य विद्यार्थियों को 3 से 8 लाख रु. की तीस मासिक छात्रवृत्तियाँ।

उच्च माध्यमिक विद्यालयों के योग्य विद्यार्थियों को 5 से 10 लाख रु. की अठारह मासिक छात्रवृत्तियाँ।

जूनियर कॉलेज के योग्य विद्यार्थियों को 10 से 14 लाख रु. की चार मासिक छात्रवृत्तियाँ।

सीनियर कॉलेज के योग्य विद्यार्थियों को 14 से 18 लाख रु. की चार छात्रवृत्तियाँ।

(4) सामान्य विद्यालयों में पुरुषों के लिए कुल प्रवेश के 4 प्रतिशत आरक्षण।

आर्थिक उपाय

4. मध्य प्रान्त भूमि-हस्तान्तरण अधिनियम, 1916 के प्रावधानों को राजस्व विभाग के द्वारा निम्न आदिवासी जातियों तक विस्तारित किया गया है ताकि वे डिप्टी कमिश्नर की अनुमति के बिना अपनी भूमि हस्तान्तरित न कर सकें–

जातियाँ–कोर्कू, गोंड, राजगोंड, परधान, हल्बा, मारिया, कंवर, तंवर, पालि, बैगा–बैतूल, होशंगाबाद, मांडला, हिन्दवाड़ा, नीमड़, भंडारा, चन्दा, बिलासपुर, जबलपुर, और नागपुर के कुछ आदिवासी हिस्सों में।

5. जंगल के कामों के लिए मजदूरों की पर्याप्त आपूर्ति के लिए वन विभाग द्वारा जंगल

* यह परिशिष्ट राँची के स्वर्गीय रायबहादुर शरतचन्द्र रॉय को भेजी गई टिप्पणी को पुनर्प्रस्तुत करता है जो मध्य प्रान्त और बरार की सरकार को भी भेजी गई (सामान्य प्रशासन विभाग) पत्र संख्या 2-237-11, 1937, 13 जनवरी, 1938.

के गाँव स्थापित और पोषित किए गए हैं। इन गाँवों के निवासी आमतौर पर आदिवासी हैं, वन विभाग के द्वारा निर्देश जारी किए गए हैं कि जब भी वास्तविक कृषि के लिए भूमि की जरूरत होगी, वन संरक्षण को नुकसान के सिवाय उसके लिए इन्कार नहीं किया जाएगा और गाँववासियों को इस शर्त पर पट्टे दे दिए जाएँगे कि वे अपना राजस्व चुकाएँगे और स्वयं को जंगल में मजदूरी के लिए तैयार रखेंगे, वे अपनी जमीन अपने कब्जे में रख सकेंगे।

6. कृषि विभाग ने उन क्षेत्रों में जहाँ काफी संख्या में आदिवासी रहते हैं, बीज भंडार और प्रदर्शनी खेत खोलने की अनुमति दे दी है ताकि वे कृषि के नए तरीके सीख सकें–

(क) मेलाघाट में दो बीज भंडार और दो प्रदर्शन–कीमत 4,100 रु.

(ख) चन्दा, छिन्दवाड़ा और मांडला जिलों में पाँच बीज भंडार और छः प्रदर्शनी खेत–कीमत 12,050 रु.

(ग) छिन्दवाड़ा डिवीजन में जमींदारियों के प्रधान कार्यालय में 10 निजी प्रदर्शनी खेत परिवेक्षण के खर्चे (1500 रु.) को छोड़कर बाकी का खर्चा सम्बन्धित जमीदारों के द्वारा दिया जाएगा।–कीमत 1500 रु.

7. भंडारा जिले की सकोली तहसील के देवरी में आदिवासियों को टोकरी और चटाई बनाना सिखाने के लिए उद्योग विभाग ने एक विद्यालय स्थापित किया है।

8. प्रान्त में आदिवासियों के कल्याण के लिए भारत सरकार ने 40,000 रु. देने की अनुमति दी है। इसमें से 29,000 रु. आदिवासी क्षेत्रों में स्थायी सड़क के निर्माण, चलते-फिरते चिकित्सालय के रख-रखाव और चिकित्सा राहत के अन्य उपायों और जलापूर्ति एवं संचार सुविधाओं पर खर्च किए जा चुके हैं।

सामान्य

स्थानीय स्वशासन विभाग ने जिला परिषदों को आदिवासी इलाकों में अपनी कमाई का बड़ा हिस्सा खर्च करने की जरूरत बताते हुए निर्देश दिए हैं। जिला परिषदों में आदिवासी प्रतिनिधियों के मनोनयन को स्थानीय स्वशासन विभाग ने मान्यता दे दी है लेकिन जब तक प्रतिनिधि पर्याप्त शिक्षित नहीं होंगे उनकी मात्र उपस्थिति आदिवासियों के कल्याण के लिए जिला परिषद द्वारा उठाए जा रहे कदमों में सहायक नहीं होगी। पूर्णतः मनोनीत सदस्यों से बना हुआ स्वतन्त्र स्थानीय बोर्ड स्थापित करने का प्रश्न अभी विचाराधीन है।

होशंगाबाद तहसील में कोर्कू लोग अपने पैरों से कोदों का छिलका उतारते हुए।

अहीरी ज़मींदारी, भामरागढ़ के नजदीक माड़िया गाँव में एक पुराने किस्म का कोल्हू।

भामरागढ़ के नजदीक ताड़ी निकालता हुआ माड़िया।

भामरागढ़ में परलकोटा और इन्द्रावती नदियों का संगम।

पाटन तहसील, जबलपुर के गोंड खेतीहर

रानीतल गाँव में फसल काटनेवाले गोंडों का कैम्प।

जुगतारिया गाँव के आदिवासी फसल ले जाते हुए।

बस्तर-रायपुर सीमा के नजदीक मुरिया बढ़ई बसूला इस्तेमाल करते हुए।

बैहर तहसील में एक अगरिया भट्ठी।

एक नए सरकारी कुएँ के उद्घाटन के अवसर पर अपने पूर्वजों के स्तूपों के समक्ष जबलपुर तहसील, बसनपानी के बैगा गाँववाले पूजा-अर्चना करते हुए। इन पूजा संस्कारों में पूर्वजों के स्तूपों तथा गाँव के देवता पर कुएँ का पानी छिड़कना भी एक संस्कार माना जाता है।

एक कोर्कू शव पट्टिका, पंचमढ़ी।

लाहिड़ी, अहीरी जमींदारी में माड़िया हनल-गुट्टा समाधि स्तम्भ का ऊपरी हिस्सा ।

भैसदेवी तहसील में एक गोंड विवाह

दूल्हे के गाँव की सीमा पर पहुँचकर दुलहन पक्ष की ओर से सीमान्त देवता की शराब छिड़ककर पूजा करता आदिवासी।

दूल्हे के गाँव के प्रवेश-द्वार पर जमीन पर कपड़े से ढकी दुलहन पर शराब छिड़कता हुआ आदिवासी।

बैगा बच्चे खेलते हुए, अरवार वन ग्राम, बैहर तहसील।